2013

中国农业机械化年鉴

THE YEARBOOK OF AGRICULTURAL MECHANIZATION IN CHINA

主管　中华人民共和国农业部
主办　农业部南京农业机械化研究所

中国农业机械化年鉴

THE YEARBOOK OF AGRICULTURAL MECHANIZATION IN CHINA

主管　中华人民共和国农业部

主办　农业部南京农业机械化研究所

2013

中国农业科学技术出版社

图书在版编目 (CIP) 数据

中国农业机械化年鉴 . 2013 / 曹曙明主编 . — 北京 : 中国农业科学技术出版社 , 2013. 11

ISBN 978-7-5116-1423-0

Ⅰ. ①中… Ⅱ. ① 曹… Ⅲ. ①农业机械化－中国－2013－年鉴 Ⅳ. ①F323.3-54

中国版本图书馆CIP数据核字(2013)第259244号

责任编辑 徐 毅 姚 欢
责任校对 贾晓红

出 版 者 中国农业科学技术出版社
北京市中关村南大街 12 号 邮编：100081
电 话 （010）82106636（编辑室） （010）82109704（发行部）
（010）82109709（读者服务部）
传 真 （010）82106631
网 址 http://www.castp.cn
经 销 者 各地新华书店
印 刷 者 南京四彩印刷有限公司
开 本 889mm × 1194mm 1/16
印 张 23
字 数 1 033 千字
版 次 2013 年 12 月第 1 版 2013 年 12 月第 1 次印刷
定 价 320.00 元

序

盛世修志、传承文明，知往鉴来、共创辉煌。《中国农业机械化年鉴》的正式出版，客观地记载了我国农业机械化发展的历史进程，展现了各地农机化工作取得的新成就、新经验、新亮点，搭建了权威的农业机械化信息和数据交流平台，为正确把握农业机械化发展规律，科学制定农业机械化发展规划和发展战略提供了翔实资料，是一件非常有意义的工作。

发展农业机械化，是建设现代农业的物质基础，是促进农民增收的有效途径，是建设社会主义新农村的重要内容，是应用农业科技的主要载体，是促进国民经济发展的有生力量，是构建和谐社会的必然要求。当前，我国正处于传统农业向现代农业转变的关键时期。党中央、国务院把解决好“三农”问题作为全党工作和全部工作的重中之重，支农惠农政策得到进一步巩固、加强和完善，我国农业机械化面临良好发展机遇。《中华人民共和国农业机械化促进法》为农业机械化发展提供了有力的法律保障，购机补贴等扶持措施为农业机械化发展提供了强大的政策支持，农民收入持续增长为农业机械化发展奠定了重要的经济基础，农机科技进步为农业机械化发展提供了坚实的技术支撑，建设社会主义新农村为农业机械化发展带来了新的需求，大力发展现代农业为农业机械化发展营造了良好的社会氛围。可以说，条件已经具备，时机已经成熟，我国农业机械化事业正处在一个加快发展的历史新起点上。农机化系统广大干部职工要全面落实科学发展观，以前瞻性的眼光、全局性的高度、战略性的思维来统筹谋划好农机化工作，做到在认识上要有新提高，在实践上要有新举措，在工作上要有新成效，推动我国农机化发展由初级阶段向中级阶段跨越。

希望各级农机部门继续关心、支持《中国农业机械化年鉴》的编辑和发行工作。希望《中国农业机械化年鉴》突出权威性、综合性、科学性、指南性、文献性、数据性和史料性的特色，忠实记录农机化发展历史，传承农机文化精髓，博采农机化研究成果，推动我国农业机械化事业又好又快发展，为发展现代农业、建设社会主义新农村、构建社会主义和谐社会作出新的更大贡献！

宗锦耀

2007 年 1 月 24 日

中国农业机械化年鉴编辑委员会

编辑说明

一、《中国农业机械化年鉴》是我国农业机械化综合性行业年鉴，旨在逐年记载我国农业机械化发展的历史进程，提供农业机械化经济技术资料与统计数据，服务现代农业，促进行业发展，为政府决策提供发展借鉴与依据。

二、《中国农业机械化年鉴》2013年版设领导报告与论述、农业机械化论坛、农业机械化政策法规及规章、农业机械化工作、农机工业与流通、农业机械化统计资料、农机社团组织、机构与负责人、大事记、附录、索引等栏目。

三、《中国农业机械化年鉴》由中华人民共和国农业部主管，农业部南京农业机械化研究所主办。中国农业机械化年鉴编辑委员会由农业部农业机械化管理司、各省（自治区、直辖市）农业机械化主管部门、有关农业机械化企事业单位和高等院校领导与专家组成。《中国农业机械化年鉴》编辑部设在农业部南京农业机械化研究所。

四、《中国农业机械化年鉴》采用分类编辑法编辑，类目下设分目，年鉴以条目为记载资料的基本单元。

五、《中国农业机械化年鉴》的类目、分目、条目标题使用不同字体、字号，类目标明于页眉，以便于检索，条目标题均为黑体字加【 】号。

六、《中国农业机械化年鉴》所采用的稿件来自农业部、各省（自治区、直辖市）农业机械化主管部门、有关农业机械化企事业单位和高等院校，条目、数据、事实等经过有关部门反复核对。

七、《中国农业机械化年鉴》的各项全国统计数字均不含香港特别行政区、澳门特别行政区和台湾地区。

八、为便于读者查阅，《中国农业机械化年鉴》卷首有目录，卷末有大事记和索引，全书的信息资料可通过目录、大事记、索引3个检索渠道查阅。

九、由于编排格式的需求，年鉴农业机械化发展报告、领导报告与论述、农业机械化论坛等栏目文章略去了“参考文献”内容，在此深表歉意。

十、《中国农业机械化年鉴》的编辑工作得到中国农业科学院、各级农业机械化主管部门、农业机械化企事业单位和有关高等院校的大力支持，在此深表谢意。

目　录

领导报告与论述 ………… /1

全国农业工作会议农机专业会 ………… /1

在全国农业机械化工作会议上的讲话 ………… 张桃林/1
在全国农业机械化工作会议上的总结讲话 ………… 宗锦耀/5

其他会议 ………… /7

在全国农业机械试验鉴定站长会议上的讲话 ………… 张桃林/7
在全国农业机械化技术推广站长会上的讲话 ………… 张桃林/8
在农机购置补贴政策春季督导检查汇报会上的讲话 ………… 张桃林/9
在全国农机合作社建设经验交流会上的讲话 ………… 张桃林/11
在国务院安全生产委员会办公室视频会议上的讲话 ………… 牛　盾/15
在农机购置补贴政策实施情况专题座谈会上的讲话 ………… 朱保成/16
在农机购置补贴政策春季督导检查汇报会上的讲话 ………… 朱保成/17
在全国农业机械试验鉴定站长会议上的讲话 ………… 宗锦耀/19
在全国农机购置补贴工作会议上的讲话 ………… 宗锦耀/21
在全国农业机械化科技创新与推广行动启动仪式上的讲话 ………… 宗锦耀/25
在 2012 年全国农业机械化生产管理工作座谈会上的讲话 ………… 宗锦耀/25
在全国农业机械化技术推广站长会上的讲话 ………… 宗锦耀/29
在全国农业机械试验鉴定工作座谈会上的讲话 ………… 宗锦耀/30
在全国农业系统纪检监察工作座谈会上的讲话 ………… 宗锦耀/33
在全国农机农艺技术融合座谈会暨机采棉现场会上的讲话 ………… 宗锦耀/35
在全国农业机械化政策法规工作座谈会上的讲话 ………… 宗锦耀/37
在全国农业机械化评价指标体系和统计业务培训班上的讲话 ………… 宗锦耀/39
在 2012 年全国水稻育插秧机械化技术培训班上的讲话 ………… 刘恒新/41
在全国农业机械标准化技术委员会农业机械化分会三届四次会议上的讲话 ………… 刘恒新/44
在全国农机安全监理“为民服务创先争优”工作经验交流会上的讲话 ………… 刘恒新/45
在中国农机化导报宣传工作会议上的讲话 ………… 刘恒新/49
在全国农机购置补贴工作会议上的总结讲话 ………… 胡乐鸣/50
在全国农业机械化科技创新与推广培训班上的讲话 ………… 胡乐鸣/52
在华东片农机购置补贴工作座谈会上的讲话 ………… 胡乐鸣/54
在全国农业机械试验鉴定工作座谈会上的总结讲话 ………… 胡乐鸣/56
在全国农机农艺技术融合座谈会暨机采棉现场会上的总结讲话 ………… 胡乐鸣/58

农业机械化论坛 ………… /60

充分发挥农机在构建新型农业经营体系中的重要作用 ………… 宗锦耀/60
确保农机购置补贴政策科学高效规范廉洁实施 ………… 宗锦耀/61
持续推动农业机械化科学发展 ………… 刘恒新/64

让农机合作社扬帆远航……潘文博/66
关于农机协同创新的思考……刘　宪/67
关于农业机械化技术推广机构公益性职能的思考……李安宁/70
谁来种地　怎样种地——热点问题与农业机械化关系研究之一……白人朴/72
提升科技水平，推进农机化向更高层次迈进……王国占/74
论农机安全教育……王利民，凌小燕，乔　璐，张进龙/76
农机合作组织或能突破“谁种粮”难题……丁仕华/79
我国农机安全生产形势分析……白　艳/81
“全价购机”还是“差价购机”……张宗毅/84

农业机械化政策法规及规章……/86

农业部部门规章及文件……/86
地方性法规、规章及文件……/87

农业机械化工作……/90

各地工作要览……/90
北京市 90　天津市 92　河北省 93　山西省 94　内蒙古自治区 96　辽宁省 98　吉林省 100　黑龙江省 101　上海市 103
江苏省 104　浙江省 106　安徽省 107　福建省 109　江西省 111　山东省 112　河南省 114　湖　北　省 115　湖南省 116
广东省 118　广西壮族自治区 120　海南省 122　重庆市 123　四川省 126　贵州省 128　云南省 129　西藏自治区 131
陕西省 133　甘肃省 134　青海省 135　宁夏回族自治区 137　新疆维吾尔自治区 138　大连市 139　宁波市 140　青岛市 142
厦门市 144　新疆生产建设兵团 146　黑龙江省农垦总局 148
试验鉴定与标准化……/150
技术推广……/153
安全监理……/156
教育培训与职业技能鉴定……/157
农业机械化科研……/158
国际交流……/159

农机工业与流通……/160

中国农业机械工业……/160
中国农业机械流通……/165

农业机械化统计资料……/168

全国农业机械化统计分析……/168
全国农业机械化发展情况综合分析表(一)……/168
全国农业机械化发展情况综合分析表(二)……/169
农业机械化发展排序表……/170
全国农业机械化发展指标……/171
全国农业机械化系统机构及人员表……/171
全国农业机械化服务组织及人员表……/172
全国农业机械拥有量表……/173
全国农业机械化作业情况表……/177
全国农业机械化管理服务情况表……/179
全国农业机械化投入情况表……/180
全国农业机械化经营效益情况表……/181
全国农业生产燃油消耗情况表……/181
全国农业机械事故情况表……/182
各地区农业机械化发展指标……/183
各地区农业机械化系统机构及人员表……/183
各地区农业机械化服务组织及人员表……/191
各地区农业机械拥有量表……/196

各地区农业机械化作业情况表 …… /210
各地区农业机械化管理服务情况表 …… /218
各地区农业机械化投入情况表 …… /220
各地区农业机械化经营效益情况表 …… /227
各地区农业生产燃油消耗情况表 …… /231
各地区农业机械事故情况表 …… /233
其他统计资料 …… /236
各地区农业机械化作业水平情况表 …… /236
全国农机工业统计资料摘要 …… /241

农机社团组织 …… /242

中国农业机械化协会 …… /242
中国农业机械学会 …… /243
中国农业工程学会 …… /245

机构与负责人 …… /249

农业部农业机械化主管部门 …… /249
农业部农业机械化管理司 …… /249
农业机械化业务部门 …… /249
农业部农业机械试验鉴定总站（中国农机产品质量认证中心）249　农业部农业机械化技术开发推广总站（农业部农机监理总站）249　中国农机安全报社 249　农业部南京农业机械化研究所 249　中国农业机械化科学研究院 249
协会 …… /249
中国农业机械化协会 249　中国农业机械工业协会 249　中国农业机械流通协会 249
地方农业机械化主管部门 …… /249
北京市 249　天津市 249　河北省 249　山西省 249　内蒙古自治区 249　辽宁省 250　吉林省 250　黑龙江省 250　上海市 250　江苏省 250　浙江省 250　安徽省 250　福建省 250　江西省 250　山东省 250　河南省 250　湖北省 250　湖南省 250　广东省 250　广西壮族自治区 250　海南省 250　重庆市 250　四川省 250　贵州省 250　云南省 250　西藏自治区 250　陕西省 250　甘肃省 250　青海省 250　宁夏回族自治区 250　新疆维吾尔自治区 250　大连市 250　宁波市 250　青岛市 251　厦门市 251　新疆生产建设兵团 251　黑龙江省农垦总局 251　广东省农垦总局 251

大事记 …… /252

中央篇 …… /252
农业部农业机械化管理司 252　农业部农业机械试验鉴定总站（中国农机产品质量认证中心）257　农业部农业机械化技术开发推广总站（农业部农机监理总站）260　中国农机安全报社 262
地方篇 …… /263
北京市 263　天津市 264　河北省 267　山西省 267　内蒙古自治区 269　辽宁省 269　吉林省 270　黑龙江省 271　上海市 272　江苏省 273　浙江省 275　安徽省 277　福建省 279　江西省 281　山东省 282　河南省 285　湖北省 286　湖南省 288　广东省 290　广西壮族自治区 292　海南省 293　重庆市 294　四川省 295　贵州省 296　云南省 296　西藏自治区 298　陕西省 298　甘肃省 299　青海省 300　宁夏回族自治区 301　新疆维吾尔自治区 303　大连市 304　宁波市 304　青岛市 306　厦门市 307　新疆生产建设兵团 307　黑龙江省农垦总局 308

附录 …… /309

农业部部门规章及文件 …… /309
农业部关于进一步加强农机安全工作的通知（农机发[2012]1 号） …… /309
农业部关于加强农业机械化技术推广的意见（农机发[2012]3 号） …… /310
农业部办公厅关于贯彻落实农机安全监理惠农政策的通知（农办机[2012]2 号） …… /312
农业部办公厅关于印发《全国农机化科技创新与推广行动方案》的通知（农办机[2012]11 号） …… /313
农业部办公厅关于深入开展农业机械化教育培训大行动的通知（农办机[2012]15 号） …… /315
农业部办公厅关于进一步规范农机购置补贴产品经营行为的通知（农办机[2012]19 号） …… /316
农业部办公厅关于进一步加强农业机械质量投诉监督管理工作的通知（农办机[2012]22 号） …… /317
农业部办公厅关于印发马铃薯机械化生产技术指导意见的通知（农办机[2012]29 号） …… /318
农业部办公厅关于印发油菜机械化生产技术指导意见的通知（农办机[2012]31 号） …… /320

农业部办公厅关于公布2011－2012年度全国农机安全监理"为民服务创先争优"示范窗口和示范岗位标兵名单的通知(农办机[2012]34号) …… /321
农业部办公厅关于成立全国农机化科技创新战略咨询专家组的通知(农办机[2012]51号) …… /322
农业部办公厅关于开展农机合作社示范创建活动的通知(农办机[2012]56号) …… /322
地方性法规、规章及文件 …… /323
北京市农业局　北京市安全生产监督管理局　北京市公安局　北京市卫生局　北京市民政局关于印发《北京市农业机械事故应急预案》的通知(京农发[2012]65号) …… /323
北京市农村工作委员会　北京市安全生产监督管理局　北京市农业局关于印发开展2012年北京市"平安农机"创建活动实施方案的通知(京政农函[2012]35号) …… /327
河北省人大常委会关于贯彻执行《河北省农业机械管理条例》的通知(冀人常[2012]27号) …… /329
山西省农机局　山西省财政厅关于下发《山西省2012年柠条机械平茬作业补贴项目实施方案》通知(晋农机计字[2012]25号) …… /332
内蒙古自治区人民政府关于加快自治区农牧业机械工业发展的实施意见(内政发[2012]64号) …… /332
上海市人民政府办公厅转发市农委关于促进本市农业机械化和农机工业又好又快发展实施意见的通知(沪府办发[2012]13号) …… /334
江苏省政府办公厅转发省农机局关于实施农业机械化推进行动意见的通知(苏政办发[2012]14号) …… /336
中共江苏省委农工办　江苏省统计局　江苏省农业机械管理局关于印发《江苏省基本实现农业机械化考核验收办法(试行)》的通知(苏农机法[2012]12号) …… /339
浙江省财政厅　浙江省农业厅关于印发浙江省高耗能农业机械报废补偿实施办法(试行)的通知(浙财农[2011]597号) …… /341
浙江省财政厅　浙江省农业厅关于印发浙江省农业机械化作业环节补贴资金管理办法(试行)的通知(浙财农[2012]121号) …… /342
浙江省人民代表大会常务委员会公告(第81号) …… /343
福建省人民政府关于促进农业机械化和农机工业又好又快发展的实施意见(闽政[2012]25号) …… /346
江西省人民政府令(第199号) …… /347
江西省农业厅关于印发《江西省促进农业机械化和农机工业又好又快发展的实施意见》的通知(赣农发[2012]6号) …… /350
山东省农业机械管理局关于印发《山东省农机安全监理行政处罚自由裁量适用规则》的通知(鲁农机管字[2012]30号) …… /352
河南省人民政府关于促进农业机械化和农机工业又好又快发展的实施意见(豫政[2012]64号) …… /353
四川省农业厅　四川省财政厅　四川省发展和改革委员会关于启动实施"四川省农业机械化示范县建设工程"的通知(川农业[2012]99号) …… /356
四川省农业厅　四川省公安厅关于开展打击非法使用拖拉机牌证专项整治行动的通知(川农业[2012]132号) …… /357
贵州省人民政府办公厅关于印发贵州省促进农业机械化和农机工业又好又快更好更快发展意见的通知(黔府办发[2012]32号) …… /358
西藏自治区人民政府关于加快农业机械化发展的意见(藏政发[2012]74号) …… /360
宁波市农业机械化管理局　宁波市财政局关于印发《2012年宁波市农机作业补贴实施意见》的通知(甬农机管[2012]7号 甬财政农[2012]208号) …… /362
宁波市人民检察院　宁波市农业机械化管理局关于印发宁波市推进农机购置补贴廉政风险防控机制建设实施方案的通知(甬农机[2012]7号) …… /364
索引 …… /367

领导报告与论述

全国农业工作会议农机专业会

在全国农业机械化工作会议上的讲话

（2012 年 12 月 23 日 · 北京）

中华人民共和国农业部副部长　**张桃林**

全国农业机械化工作会议，主要任务是深入学习贯彻党的十八大精神，认真落实中央农村工作会议和全国农业工作会议精神，总结交流农业机械化发展成效经验，深入分析面临的新形势新任务，研究部署2013 年重点工作，继续推动农业机械化科学发展。

一、总结成效经验，巩固农业机械化发展好形势

2012 年以来，农业机械化继续保持全面快速健康发展的好势头，为实现粮食“九连增”、农民增收“九连快”和农业现代化建设做出了重要贡献。2012 年农机化发展呈现以下六个特点：

——农机装备总量持续增加。2012 年全国农机总动力迈上10 亿千瓦台阶，预计达到10.2 亿千瓦，同比增长4.3%。装备结构和布局不断优化，重点作物关键环节机械大型化、复式化、配套化趋势明显，丘陵山区农机装备发展提速。

——农机作业水平持续提高。全国耕种收综合机械化水平预计达到57%，同比提高 2.2 个百分点。薄弱环节机械化快速发展，水稻机械种植水平预计超过 30%，同比提高 4 个百分点；玉米机收水平预计超过 40%，同比提高 6.5 个百分点，近 4 年累计增幅近 30 个百分点。

——农机化技术推广面积持续扩大。全年新增免耕播种、机械深松、高效植保等各类农机化技术面积约 2.6 亿亩。保护性耕作应用面积突破 1 亿亩。新疆棉区机采棉新增 100 万亩（1 亩≈667 平方米，全书同），黄河流域棉区机采棉实现零的突破。

——农机社会化服务能力持续增强。全国农机合作社数量超过 3.1 万个，同比增加 10% 以上。全年农业机械化服务经营收入预计达到 4 800 亿元，同比增长 7%。农机作业服务领域向纵深发展。

——农机安全生产形势持续稳定。截至 11 月底，全国累计发生国家等级公路以外的农机事故 1 506 起，事故死亡人数占全年控制考核指标的 34%。全国未发生重特大农机安全生产事故。

——农机工业产值持续增长。农机制造业、农机流通业加快发展，大型化、专业化、品牌化发展趋势明显。农机工业总产值连续 6 年保持 20% 左右的增速，继续在机械行业中处于领先地位。2012 年预计达到 3 100 亿元，我国成为全球第一农机制造大国。

2012 年全国农机化发展成绩令人鼓舞。主要得益于党中央、国务院对农业机械化的高度重视，得益于地方各级党委政府正确领导和各有关部门关心支持、合力推进，得益于农机化系统开拓进取、扎实工作，得益于 5 000 万农机手辛勤劳动、埋头苦干。

一年来，各级农业机械化主管部门做了大量卓有成效的工作，主要体现在以下七个方面：

（一）重落实，抓监管，认真实施农机化扶持政策。以深入贯彻实施促进法、安全监管条例、国务院政策意见为重点，加强了农机化政策法规建设。2012 年中央财政农机购置补贴资金规模首次突破 200 亿元，达到 215 亿元，并利用补贴资金在 11

个省市启动报废更新补贴试点。补贴实施工作总体启动早、措施实、进度快,效果显著。各级农机化主管部门与财政部门密切配合,精心组织实施,进一步完善管理制度,规范农机购置补贴产品经营行为,明确补贴产品经销企业的资质条件和违规违纪惩处规定。积极推进补贴操作方式创新完善,在江苏、湖南、浙江等17个省份开展全价购机、县级结算及重点机具敞开补贴等试点。将农机购置补贴纳入农业部强农惠农富农政策落实延伸绩效管理范围,强化督导检查,采取随机抽查、带着举报线索核查等方式,对各省区市进行了实地检查。各级农机化主管部门进一步规范补贴操作行为、严惩不法企业、确保政策落实。

(二)重服务,抓关键,精心组织农机化生产。各级农机化主管部门早准备、早部署、早动手,积极组织农机跨区作业,收集发布天气、供求、交通等信息,协调保障柴油供应、落实免费通行政策,促进了作业机械的有序流动。组织调度各类机具投入春耕、"三夏"、"三秋"等重点农时季节的机械化生产和农业抗灾救灾,充分发挥了农业机械的主力军作用。特别要指出的是,针对黑龙江省今秋出现雨水增多、秋收难度大的情况,及时指导机具调度和改装,迅速组织多个省份对口支援,确保了丰收到手。

(三)重科技,抓融合,深入推进农机化技术创新与推广。深入开展了科技创新与推广行动,全面提升科技支撑与服务能力。积极推进农机化创新平台建设,成立了全国农机化科技创新战略咨询专家组。新启动实施了8个农业行业科研专项农机化项目,年投入资金规模、项目数量创新高。大力推进农机农艺技术融合,印发马铃薯、油菜、棉花等作物机械化生产技术指导意见,为品种改良、栽培模式创新、装备研发提出了统一规范的要求。继续安排中央预算内投资3亿元,新启动80个县保护性耕作示范基地建设。积极协调落实"一个衔接,两个覆盖"政策,基层农机化推广体系建设投入实现较大突破,河南、湖南、四川等省争取资金都达到1 200万元以上。发挥全国农机化示范区、农机农艺融合示范基地引领辐射作用,重点推广保护性耕作、"两深一精"技术、机插秧等12项先进适用农业机械化技术。

(四)重培育,抓示范,加快发展农机服务组织。成功召开了全国农机合作社建设经验交流会,提出了"十二五"农机合作社的发展目标和具体工作措施。深入推进农机社会化服务示范建设活动,引导规范内部管理、完善运行机制,培育了一批规模大、机制活、服务好、能力强的农机服务组织。13个省区市先后出台鼓励支持加快发展农机合作社的意见,明确了税费减免、信贷支持、基建投资、建设用地、培训服务等扶持措施。江苏、河南等省深入推进企社共建、银社对接、社社联合,实现多方共赢。

(五)重素质,抓培训,全面开展农机化人才队伍建设。结合重要农时季节,开展农机化生产技术培训示范;采取"政企联动"方式,举办了多期高技能维修人才培训和农机合作社理事长培训班;创建了103个农机职业技能培训和鉴定示范基地。组织对100个农机化示范县农机局长进行政策理论专题培训,引导各地进一步加强基层农机管理干部职工素质能力建设。各地精心组织开展多种形式的培训活动,全国累计培训农机管理、技术和实用人才500多万人次。

(六)重监理,抓创建,切实加强农机安全生产。扎实开展了"平安农机"示范县、"为民服务创先争优"示范窗口和岗位标兵创建活动,组织以打击无牌无证行驶、违规发放牌证等为主要内容的"打非治违"专项行动,促进了农机安全生产形势持续稳定好转。积极推动落实农机免费检验、把农机安全监理经费纳入财政预算等政策,继续实施移动式农机安全检测装备项目,带动各地加强农机执法条件建设。全国免费安全监理实施区域进一步扩大,拖拉机、联合收割机"三率"水平进一步提高。

(七)重质量,抓鉴定,努力维护农民合法权益。明确农机质量投诉"属地管理、就近处理、首问负责、无偿服务"的工作原则和各级投诉机构职责。组织玉米联合收获机质量调查活动,督促企业提升产品质量。印发《农业机械化标准概要》,公布《拖拉机安全操作规程》等14项农业行业标准,进一步强化了农机化质量工作基础;适应农机化技术发展和农机化生产的需要,调整了部级推广鉴定种类,制修订23个部级农业机械推广鉴定、选型大纲。开展全国农机推广鉴定工作监督检查,促进依法鉴定、规范鉴定。

2012年工作取得的新成效,巩固和发展了我国农业机械化发展的好形势。党的十六大以来的10年,是我国农业机械化发展速度明显加快、发展质量不断提升、地位作用持续增强的10年。10年来,基本构建了中国特色农机化法律法规政策体系,探索实践了"农民自主、政府扶持、市场引导、社会化服务、共同利用、提高效益"为主要特征的中国特色的农业机械化发展道路,农机装备总量、农机作业水平、农机工业产值以前所未有的速度加快发展。我国农业机械化发展成功完成了由初级阶段到中级阶段的重大跨越,我国农业生产方式成功实现了由人力畜力为主向机械作业为主的历史性跨越。10年农业机械化快速发展的实践表明,必须坚持将提高农业综合生产能力作为首要任务,把农机化工作放到农业农村经济发展大局中去谋划、去推动;必须坚持把强化政策法规建设作为根本保障,不断调动农民发展农机化的积极性、创造性;必须坚持把推进科技进步作为重要支撑,持续提高农业机械化发展质量和速度;必须坚持把"因地制宜、分类指导、重点突破、统筹协调"作为基本方法,努力推动农业机械化全面协调可持续发展;必须坚持把培育发展主体和创新机制作为主要抓手,不断增强农业机械化发展活力。成绩来之不易,经验弥足珍贵。我们要在工作实践中不断深化认识,改进方法,增强信心,凝聚力量,进一步推动我国农业机械化向更广领域、更高层次发展。

二、深入学习贯彻十八大精神,准确把握农业机械化发展新形势新任务

党的十八大再次强调了"三农"工作"重中之重"的战略定位,提出了"四化同步"、城乡一体化的发展思路,部署了农业发展农村改革的重点任务,进一步发展了党关于"三农"工作的指导思想和政策理念。这些要求和部署为农业机械化科学发展提供了有力的思想理论武器,是做好农机化工作的行动指南,我们要结合实际、认真学习、深刻理解、全面贯彻。

(一)深刻理解"重中之重"的战略思想,进一步深化对农业机械化肩负历史使命的认识。解决好农业农村农民问题是全党工作重中之重。农业机械化作为"三农"工作的重要组成部分,发挥着农业技术集成、节本增效和推动规模经营的重要功能,肩负着支撑引领农业现代化发展的历史重任,同时也要在促进农民增收、农村繁荣和谐中发挥积极作用。我们要强化使命意识，为早日实现农业机械化不懈努力、顽强奋斗。

（二）深刻理解"四化同步"、城乡发展一体化的目标途径，进一步深化对农业机械化面临战略机遇的认识。城乡发展一体化是解决"三农"问题的根本途径。随着工业化、信息化、城镇化、农业现代化同步发展步伐加快，统筹城乡、强农惠农富农政策力度加大，可以预见更多农业劳动力将向二三产业和城镇转移，更多工业化、信息化成果将应用到农业机械化中，将对农业机械化产生更强烈的发展需求，提供更广阔的发展空间、更丰富的手段、更有力的支持。我们要强化机遇意识，不失时机地加快推进农业机械化，实现新一轮跨越式发展。

（三）深刻理解加快建设现代农业的任务要求，进一步深化对加快发展全程全面机械化的认识。农业机械化是农业现代化的重要标志、农业综合生产能力的关键支撑，机械化程度的高低已经成为决定农民种养意愿从而影响农产品有效供给的重要因素。我们要尽快突破水稻种植、油菜甘蔗棉花收获等薄弱环节机械化技术瓶颈，引领品种改良耕作制度改进，在优势主产区加快实现主要作物生产全程机械化，协调推进林果业、畜牧业、渔业、设施农业和农产品初加工业机械化，促进农业机械化全面发展。

（四）深刻理解增强农村发展活力的改革方向，进一步深化对大力推进农机社会化服务的认识。坚持和完善农村基本经营制度，构建集约化、专业化、组织化、社会化相结合的新型农业经营体系，是增强农村发展活力的重要措施。我们要进一步加快培育农机合作社、作业公司等新型农机服务组织，培养一批农机能人，推进组织形式多样化、生产要素集约化，服务方式市场化、服务内容专业化，增强其社会化服务能力和发展后劲，带动规模作业、土地流转和规模种养，促进农业生产组织化程度提升，为促进农业经营体制机制创新、增强农村发展活力提供支撑。

（五）深刻理解建设生态文明的重要布局，进一步深化对加快推广资源节约型环境友好型农机化技术的认识。十八大报告首次把生态文明建设纳入中国特色社会主义事业总布局中，提出了建设美丽中国、实现中华民族永续发展的重大任务。当前农业资源利用强度高、转化效率低的矛盾日益加剧。农业机械化是农业投入品高效利用、减少农业面源污染的重要手段。我们要围绕发展绿色农业、循环农业、低碳农业，推进农机节能减排，加快淘汰报废高能耗老旧农机，大力推广保护性耕作、高效植保等资源节约型环境友好型农机化技术，促进农业可持续发展。

十八大为"三农"发展描绘了蓝图、指引了方向、明确了要求、作出了部署。展望未来，随着农业发展方式、农民生活方式和农村社会结构深刻变革，农业机械化进一步快速发展的需求迫切、潜力巨大、条件有利、前景广阔，仍处在黄金发展期。我们在增强发展信心的同时，要清醒认识到发展中存在的不平衡、不协调、不可持续的问题。一是虽然农机装备数量大幅增加，但装备结构不合理、农机运用基础设施条件差现象依然严重存在。二是虽然农业生产方式整体迈入了机械作业为主的新阶段，但还有10个省市耕种收机械化水平低于40%，双季稻地区机插秧水平、甘蔗主产区、棉花产区、油菜产区和丘陵山区机械化提高比较缓慢，经济作物机械化许多环节还是空白。三是虽然农机从业人员数量庞大（机手超过5000万人），农机专业合作社有了较大发展，但服务规模小、组织化程度低，高技能人才少，农机使用效率和经营效益亟待提高。四是虽然农机化机构队伍总体稳定发展，但管理服务手段落后、公共服务能力不高、干部人员能力不足等问题还较大程度存在。五是虽然我国农机工业产值全球第一，但技术自主创新能力弱，很多农机产品质量不稳定、可靠性不高，新产品新技术有效供给严重不足。六是虽然农机化发展环境日趋良好，但对农机化的认识深度不够、扶持力度不大、政策落实不力等问题在一些地方仍比较突出。

解决这些问题，需要我们保持清醒的头脑，紧紧抓住机遇，在"四化"同步发展、推动城乡一体化中主动入位体现作用，千方百计争取支持，凝聚力量攻坚克难，一心一意推动发展。我们要有信心、有决心在2020年全面建成小康社会之际，将耕种收机械化水平提高到70%，基本实现农业机械化。今后一个时期农机化发展总的思路是：深入学习贯彻党的十八大精神，以科学发展观为指导，坚持走中国特色农业机械化发展道路，以转变农业机械化发展方式、提高发展质量效益为主线，实施创新驱动战略，促进农机农艺融合、农机化信息化融合，着力调整优化农机装备布局结构，着力主攻薄弱环节机械化，着力推广先进适用农机化装备技术，落实完善政策，培育发展主体，壮大人才队伍，强化公共服务，进一步提高农机装备水平、作业水平、科技水平、服务水平和安全水平，继续推动农业机械化科学发展，为实现中国特色农业现代化提供有力支撑。

今后一个时期，我们要以推进五个体系建设为战略重点，加快构建促进农机化发展的长效机制。

一是坚持不懈地完善农机化政策法规保障体系。解决制约农机化科学发展的突出问题，必须要有国家政策法规强有力的支持保护和调控引导。要全面贯彻实施农业机械化促进法和农业机械安全监督管理条例、国务院促进农业机械化和农机工业又好又快发展的意见，加快构建相互衔接、综合配套、有效实施的农机化政策法规体系，努力提升依法促进、依法管理农机化的能力水平。在政策方面，要按照顶层设计、组合使用、突出重点、稳定渠道、规范实施、扩大效用的思路，围绕降低农机购置使用成本、保障农民经济利益这个核心，突出支持薄弱环节跨越发展、新型主体培育壮大等重点，综合运用财政补贴、税费减免、基建扶持、金融保险等多种政策工具，稳定财政投入渠道、强化政策落实监管，充分调动农民购置先进适用农业机械的积极性、主动应用资源节约型环境友好型农机化技术的积极性、农机服务组织积极发展社会化服务的积极性、农机手自觉遵守安全法规的积极性。要高度重视农机化政策法规重大问题调查研究工作，提高研究的系统性、前瞻性、预见性，为领导决策提供参考，为政策创新提供储备。

二是坚持不懈地完善新型农机社会化服务体系。解决农忙时节农业生产缺人手、技术推广难到位、作业质量难保证等问题，适应农业规模经营加快发展的需要，必须创新发展农机社会化服务。要以培育壮大新型服务组织为重点，以提高机械利用率和经济效益为动力，开展组织创新、机制创新和管理创新，建立以农机专业服务组织和农机大户为主体，农机户为基础，政府的支持服务为保障，组织化、专业化、规范化和品牌化程度高的新型农机社会化服务体系。要加快提高组织化程度。按照"引导不强迫、支持不包办、服务不干预"的原则，支持农机专业户发展成为农机大户，引导农机大户、种粮大户、普通农机专业户和农户，采取机具入股、技术入股、土地入股、资金入股等多种方式创建农机合作社等服务组织，推动农机合作社开展横向联合与纵向协作，成立合作社联社，探索发展农机作业公司。要不断提高农机服务组织发展质量。在增加数量的同时更加重视发展质量，要引导合作社实施民主决策、规范运作，建立紧密联结的利益机制，注重品牌建设，开展多形式服务，为农民提供低成本、便利化、全程化、高质量的农机作业服务，实现成员经济效益最大化，增强服务组织的生命力和活力。要持续优化农机服务市场环境。从发布供求信息、规范市场秩序、调解市场纠纷、保障燃油供应、支持建设区域性高性能机具维修中心、引导企业承担社会责任等环节入手，形成"统一规范、布局合理、竞争有序"的农机服务市场。

三是坚持不懈地完善农机化科技创新体系。解决农机化科技"有体无系"、"有专家缺团队"、新技术和新装备有效供给不足等突出问题，适应农业机械化向更高层次、更宽领域发展的趋势，必须加快完善以企业为主体，产业需求为导向，生产制造、教学科研、推广使用等密切结合的农机化科技创新体系。主要目标是：尽快培养一批具有技术创新能力的团队，突破一批具有自主知识产权的核心共性技术和产业发展亟需的重大集成产品，培育一批具有国际竞争能力的科技型企业集团，显著提高我国农业装备领域技术创新能力，全面支撑农业机械化跨越式发展。在创新方向上，要坚持着眼长远发展、面向产业需求，实现五个统筹发展：统筹发展传统农业生产技术升级所需机具与现代智能农业装备，统筹发展农业生产关键作业环节技术突破与全程机械化装备集成，统筹发展规模化作业与丘陵山地经济型作业装备，统筹发展大宗粮食生产与经、饲、果、牧、设施生产装备，统筹发展农机农艺相融合与节能环保技术，重点在田间作业、设施栽培、健康养殖、精深加工、储运保鲜等环节取得新进展。在扶持重点上，依托重大科研项目，突出支持重点实验室、技术研究中心建设和农机领域创新团队建设；发挥农机化政策导向作用，鼓励企业优先发展具有自主知识产权的农机新产品，营造敢于创新、善于创新、鼓励创新的良好环境。

四是坚持不懈地完善农机化人才支撑体系。人才是农机化事业发展的根本。实施人才优先发展战略，重点打造规模宏大、素质优良的人才队伍。充分整合和利用各种资源，有计划、分层次、多渠道开展农机化人才培养，为促进农业机械化科学发展提供强有力的智力支撑。要培养复合型农机化管理人才，制定实施农机化管理人才能力提升计划，以农机化主管部门负责同志为重点，努力培养造就一支准确把握农业机械化发展趋势、科技素养好、开拓能力强的管理干部队伍，提高指导和推动农机化科学发展的水平。要培养专业型农机化科技人才，以各级推广、鉴定、监理机构一线业务干部和技术人员为重点，着力打造一支结构合理、业务精通、具有专长的农机化技术人才队伍，承担起技术普及、质量把关、安全监管的重任。同时依托重大科研项目和推广示范项目，重点集聚和培养一批高层次中青年农机化装备技术科研领军人才、农机化发展战略研究专家，支持鼓励他们潜心研究、多出成果。要培养职业型农机实用人才，实施农机化教育培训大行动，在抓好新购机农民培训的基础上，要更加注重培养造就出一大批既精通农机驾驶、维修技术又懂农业、农艺栽培技术，同时又会农机经营管理、创业兴业的新型农机手、职业化的农机经营者、合作社领头人，不断提高农机从业人员素质能力，使他们成为一代新型职业农民。

五是坚持不懈地完善农机化公共服务体系。以满足农机化发展和农民群众的需求为根本目标，以农机技术推广、质量监督、教育培训、安全监理和信息宣传等五项公共服务为主要内容，拓展公共服务领域，提高公共服务能力，努力打造依法规范、综合配套、机制灵活、便捷高效、保障有力的农机化公共服务体系，不断提升公共服务水平，为农机化科学发展提供有效保障。紧紧抓住全社会重视农机化工作的时机，健全机构、充实力量，做到省市县乡有专门机构、有专岗人员、有必要条件手段履行职能提供公共服务，保障农民对农机化公共服务的需求得到有效响应。要抓住国家实施"一个衔接两个覆盖"政策的重要机遇，改善推广工作条件，提高推广效率，加快农机化技术普及应用。要坚持管理与服务并重，依法依规鉴定、依法依规监理、依法依规处理投诉，严把产品质量关和安全关，切实维护农民和企业的合法权益。要完善农机化信息收集、整理、发布制度，面向社会提供及时有效的农机化政策、科技、市场等信息，以信息化推动农业机械化进程。

健全五个体系是各级农机化主管部门的长期工作任务。我们要勇于实践、勇于变革、勇于创新，为农业机械化科学发展提供坚强有力的保障。

三、奋力扎实工作，继续推动农业机械化又好又快发展

2013 年是全面贯彻落实党的十八大精神开局之年，是实现农机化"十二五"规划目标承上启下的关键一年。在新的历史起点上将农机化科学发展引向深入，对于巩固和发展农业农村经济好形势具有十分重要的意义。

做好 2013 年农机化工作，要按照中央农村工作会议、全国农业工作会议的部署要求，继续坚持"稳中求进"的总基调，在解决发展"不平衡、不协调、不可持续"等突出问题上有新进展，力争农机化发展好中求快、又好又快。主要目标是，农作物耕种收综合机械化水平力争达到 59%；水稻机械化种植、玉米机收水平分别达到 33% 和 45%，较 2012 年分别提高 3 个和 5 个百分点；油菜、甘蔗、棉花等大宗经济作物机械化生产有突破性进展，林果业、畜牧业、渔业、设施农业和农产品初加工机械化协调推进。在工作着力点上，要突出"促发展、调结构、提质量、增效益、强能力、保安全"。促发展，就是要巩固农机化发展的好形势，促进农机农艺深度融合，加快主要农作物全过程、农业全领域机械化步伐。调结构，就是要推进农机装备结构持续改善，加强薄弱环节、后进领域和落后区域农机装备建设。提质量，就是持之以恒地促进农机产品质量、作业质量、服务质量、维修质量不断提高。增效益，就是要大力激发农机社会化服务活力，不断提高经营效益。强能力，就是要强化为民、务实、清廉理念，提高推动农机化科学发展能力。保安全，就是要管控好农机化发展中的各类风险，维护好农民群众的生命财产安全。

围绕上述工作目标和工作着力点，2013 年要扎实做好以下几方面的工作：

第一，突出规范实施，认真落实农机化发展政策。高效规范实施农机购置补贴政策，确保补贴机具关键农时用得上，作用早发挥。加快实施保护性耕作工程示范基地、新增千亿斤粮食工程农机服务体系建设等项目，及早发挥示范带动作用。完善农机化扶持政策体系，稳定投入渠道，继续开展农机报废更新补贴试点，争取扩大农机深松整地、机械化秸秆还田等关键环节作业补贴实施范围和投入力度，协调推动农机政策性保险、抵押贷款、库棚用地等政策落实到位。改进政策落实监督检查方式方法，不断提高政策实施规范度、受益对象满意度。扎实开展林果业、畜牧业、渔业、设施农业、农产品初加工机械化评价指标体系

试行工作，为准确评价农业机械化发展现状、针对薄弱环节争取扶持政策提供科学依据。发挥补贴政策、推广目录和重大项目的导向作用，支持农机工业、农机流通业持续健康发展。

关于农机购置补贴政策实施问题，我想强调几点。近年在农财两部不断完善措施办法和反复强调纪律要求的情况下，仍然有一些地方有令不行、有禁不止、屡屡出现违法乱纪问题，毁了干部、损了形象。各级农机化主管部门和全体同志务必警醒起来，从违规违纪案件中汲取沉痛教训。各省级农机化主管部门负责同志既要严于律己，又要加强对身边工作人员和市县农机化管理部门及工作人员的教育、监督和约束，发现问题要及时纠正和彻底整改，绝不能心存侥幸、以身试法。务必做到令行禁止，绝不能将各项政策规定束之高阁、置若罔闻。务必强化监督制约，建立多部门联合监管机制，确保关键岗位重点环节权力得到有效制约。务必严惩违规，重拳打击各类违法违规行为，落实行政问责制，督促地方依法追究失职渎职人员责任，确保扶持政策不折不扣落实到位。

第二，突出引导扶持，大力推进农机社会化服务。开展农机合作社示范创建活动，推出1000个全国示范社。加大服务组织扶持力度，提高农机作业组织化程度。精心组织主要产区、重要农时、重点作物、薄弱环节机械化生产，充分发挥农机在抢农时、争进度、保质量、抗灾夺丰收等方面重要作用。结合实施水稻产区集中育秧等项目，增加适合机插的秧苗比例，引导企业改进生产适宜机型，加快完善双季稻地区育插秧机械化技术模式，持续提高水稻栽植机械化率。引导玉米种植标准化，突出补贴重点，增加玉米联合收获机械保有量，提高东北华北及黄淮海地区玉米机收水平。发挥主要农作物生产机械化示范项目的带动作用，努力提高油菜、马铃薯、花生、棉花、甘蔗等作物机械化作业水平。

第三，突出技术集成，加快应用农机化先进技术。以加快农机、农艺、信息等技术的集成组装为重点，争取加大科研投入力度，推进农机化科技创新条件建设和创新团队建设，力争关键装备技术上有新的突破进展。贯彻实施新修订的《农业技术推广法》，推进农机化技术推广机构建设、队伍建设和制度建设，巩固强化国家推广机构公益性地位，提升技术普及能力。继续深入开展农业机械化教育培训大行动，重点培养一批农机作业人才、维修人才和农机合作社经营管理人才。以合作社和大户为主要对象，大范围推广农业部主推的12项增产增效型、资源节约型、环境友好型农机化技术。

第四，突出标准执行，全面开展农机化质量管理。在提高产品质量上，要开展在用农机产品质量调查和重点检查，规范农机推广鉴定和质量认证工作，确保工作程序不减少、工作标准不降低，把好机具质量源头关；严格执行国家支持推广的农机产品目录管理办法，对存在严重质量问题的、监督抽查不合格的等产品坚决取消其目录资格。在提高作业质量上，要通过宣传引导使执行作业质量标准成为机手的自觉行动。在提高服务质量上，要科学公正及时处理好质量纠纷，保护好服务对象的合法权益。在提高维修质量上，要规范维修技术合格证审核发放工作，优化维修网点布局，依法加强农机维修市场监督管理。

第五，突出源头管控，依法强化农机安全监理。深入贯彻实施《农业机械安全监督管理条例》，完善配套规章制度和标准，加快制定《报废农业机械回收办法》。各地要积极协调将农机安全监理各项经费按国务院文件要求纳入政府预算，积极推进农机免费安全管理、保费补贴等试点工作，扩大监理惠农政策覆盖面。继续开展"平安农机"示范县、示范窗口、岗位标兵创建活动。加快改善农机监理装备条件。积极推广应用反光标识、动力自动切离等农机安全生产技术。强化农业机械和驾驶员源头管理，严禁违法发放拖拉机牌证，深入开展安全隐患排查治理，持续提高拖拉机联合收割机上牌率、检验率、持证率和安全监管水平。

第六，突出能力提升，不断加强农机化系统自身建设。面对新形势新任务新要求，各级农机化主管部门必须大力抓好干部队伍建设，提高推动农机化科学发展的水平。强化学习能力，形成勤于学习、善于思考、乐于实践的良好风气，牢牢把握农机化工作的主动权。强化执行力，扎实开展农机化重大目标任务绩效考核及工作督查，确保落实到位。强化创新能力，敢闯敢试、勇攀新高，努力在农机化政策创设、管理创新上取得一些实质性突破。加强作风建设，坚决克服形式主义、官僚主义，深入一线了解需求、掌握动态、推广经验，千方百计为广大农机手做实事办好事解难事。加强反腐倡廉建设，完善廉政内部约束和外部监督机制，确保财政资金安全、干部政治安全。

在全国农业机械化工作会议上的总结讲话

（2012年12月23日·北京）

农业部农业机械化管理司司长　**宗锦耀**

张桃林副部长的讲话深入贯彻党的十八大和中央经济工作会议、中央农村工作会议精神以及全国农业工作会议精神，主题鲜明，内涵丰富，要求明确，提出了很多新思想、新观点、新论断。讲话全面回顾"七重七抓"的主要工作和"六个持续"的新成效，认真总结十年来"五个必须坚持"的基本经验；讲话结合深入学习贯彻十八大精神，深刻分析农机化发展面临的新形势新任务，阐述"五个深刻理解"、完善"五大体系"的新要求，明确提出做好2013年农机化工作的总体思路和工作部署。在这次会上，安徽、山西、黑龙江、江苏、山东、河南、湖南、新疆、宁波9个省、市农机化主管部门负责同志发言，从不同角度介绍本地区的好经验和好做法，各地要相互学习借鉴。现在，全国农业机械化工作会议就要结束，我就贯彻落实好这次会议精神，再强调几点意见。

一要明确目标抓落实。明确目标是抓好落实的基础和前提，目标明确才能有的放矢。张桃林副部长在讲话中提出了做好2013年农机化工作的目标任务，要求全国农作物耕种收综合机械化水平力争达到59%；水稻机械化种植、玉米机收水平分别达到33%和45%，较2012年分别提高3个和5个百分点；油菜、甘蔗、棉花等大宗经济作物机械化生产有突破性进展，林果业、畜牧业、渔业、设施农业、农产品初加工机械化协调推进。节后，农业部将把2013年农机化发展重大目标任务量化指标分解到各省（区、市），各省（区、市）也要将目标任务指标层层分解到市（地）、到县（区）。各地都要紧密结合本地区农机化发展实际，进一步细化、量化指标，明确进度和要求，精心组织，周密安排，明确分工，落实责任，确保圆满完成张桃林副部长提出的各项目标任务。

二要突出重点抓落实。农机化工作涉及面广、任务繁重，必须突出重点，做到抓重点、重点抓。张桃林副部长在讲话中提出"促发展、调结构、提质量、增效益、强能力、保安全"的工作布局，做出"六个突出"的工作部署，强调要突出规范实施，认真落实农机化发展政策；突出引导扶持，大力推进农机社会化服务；突出技术集成，加快应用农机化先进技术；突出标准执行，全面开展农机化质量管理；突出源头管控，依法强化农机安全监理；突出能力提升，不断加强农机化系统自身建设。各地农机化主管部门要切实围绕上述工作布局和部署，谋划思路，细化措施，整合力量，加强督查，在重点工作上细花心思，深下工夫，集中精力、人力、物力、财力保障各项重点工作开展。要熟练运用统筹兼顾"弹钢琴"的工作方法，把抓重点工作和一般工作结合起来，一般工作抓规范、抓程序，重点工作求突破、求创新，通过抓重点，促一般、带全局。

三要细化措施抓落实。张桃林副部长讲话中提出2013年农机化发展的总体思路和部署要求。各地要牢牢把握"一条主线"，推进"两个融合"，坚持"三个着力"，强化"四个支撑"，完善"五大体系"，提升"五个水平"。"一条主线"就是加快转变农机化发展方式，实施创新驱动，更加注重提高发展质量和效益；"两个融合"就是农机农艺融合、农机化信息化融合；"三个着力"就是着力调整优化农机装备布局结构，着力主攻薄弱环节机械化，着力推广先进适用农机化装备技术；"四个支撑"就是落实完善政策、培育发展主体、壮大人才队伍、强化公共服务；完善"五大体系"就是完善农机化政策法规保障体系、新型农机社会化服务体系、农机化科技创新体系、农机化人才支撑体系、农机化公共服务体系；提升"五个水平"就是全面提升农机装备水平、作业水平、科技水平、服务水平和安全水平。我们要对照张桃林副部长讲话要求，紧密结合本地区农机化发展实际，采取"具体问题具体分析"的办法，逐条逐项研究贯彻落实方案，细化工作措施，强化责任落实，为各项目标任务落实提供政策、资金、技术、人才等方面的保障，确保各项部署要求在本地区"落地生根、开花结果"。

四要转变作风抓落实。作风就是形象。良好工作作风是我们党性质、宗旨的具体体现，也是工作方法、思想方法、精神状态的具体体现。空谈误国，实干兴邦。我们要认真贯彻党中央关于改进工作作风、密切联系群众的有关规定，牢记使命、牢记宗旨、牢记责任，进一步转变作风，在求实、务实、落实上狠下工夫。切实强化执行力，坚决纠正"有令不行、有禁不止"的行为，确保农机化重大决策部署和政策措施不折不扣贯彻落实到位。要按照中央的部署，认真开展以为民务实清廉为主要内容的党的群众路线教育实践活动，坚持密切联系群众，深入调查研究，尊重人民群众的首创精神，尊重实践、尊重创造。要强化创新能力，敢闯敢试、勇攀新高，努力在农机化政策创设、管理创新上取得一些实质性突破。要加强团结协作，充分调动各方面的积极性，聚合推进农机化科学发展的"正能量"。要切实加强反腐倡廉建设，按照干部清正政府清廉政治清明的要求，全面推进农机化系统廉政风险防控机制建设，完善内部约束和外部监督措施，确保财政资金安全、干部政治安全。在这个问题上，各级农机化主管部门和全体同志务必警醒起来。

五要加强监督抓落实。要切实加强对各项工作措施落实、各项目标任务完成情况的监督检查，坚持监督检查常态化、制度化，切实做到有要求就有部署、有部署就有落实、有落实就有成效。要及时发现工作中存在的问题和不足，及时反馈，及时研究，及时改进。要创新农机购置补贴等农机化发展重大政策及项目实施监督检查方式，更多地采用随机抽查、入户走访、问卷分析等方式，真实地掌握实施进度和工作质量，保证政策和项目高效、规范、廉洁实施。

好目标不落空，好措施不走样，关键是下工夫狠抓落实。2013年农机化工作的思路、目标、任务都已经明确，各地要切实抓好落实，行动要快、措施要实、工作要细。要坚持稳中求进抓落实，常抓不懈抓落实，一以贯之抓落实。打铁还需自身硬。抓好各项工作落实必须要进一步加强农机化系统自身建设。要努力建设学习型服务型创新型机关，打造政治坚定、业务精通、作风优良的高素质干部队伍，为农机化发展提供思想、政治、作风、组织、纪律保障。要切实加强学习，形成勤于学习、善于思考、乐于实践的良好风气，用最新理论成果、科技知识、法治理念武装头脑。要不断增强对中国特色农业机械化发展道路和理论的自信，不断增强对农机化发展面临机遇和挑战及反腐倡廉形势的自省，不断增强推动农机化科学发展的自觉。农机化事业使命光荣，前景广阔，任重道远。我们务必要勤奋敬业、务必要有真心真情，务必要有方式方法，埋头苦干，真抓实干，科学巧干，推动农机化又好又快发展。

当前各地要集中精力抓好几项重点工作。一要继续做好农机购置补贴各项工作。要认真总结2012年工作，抓紧研究2013年实施方案，力争早部署、早启动、早落实。二要认真组织开展冬季农机具检修和人员培训，精心部署今冬明春的农机化生产；三要切实加强农机安全生产监督管理，保障农民群众的生命财产安全。

实现农业机械化是人民的愿望、时代的要求、历史的必然。我们要深入学习贯彻党的十八大精神，坚持与时俱进、改革创新，凝心聚力，攻坚克难，不断提高做好各项工作的主动性、自觉性、创造性，以更加奋发有为的精神状态、更加求真务实的工作作风、更加坚强有力的工作举措，继续推动农机化科学发展，为推进中国特色农业现代化、全面建成小康社会做出新的更大的贡献。

其他会议

在全国农业机械试验鉴定站长会议上的讲话

（2012年1月9日·北京）

中华人民共和国农业部副部长　张桃林

全国农业机械试验鉴定站长会，组织学习贯彻中央农村工作会议、全国农业工作会议和全国农业机械化工作会议精神，研究部署2012年的工作。2011年，我国农业农村呈现出持续发展、全面发展、加快发展的强劲势头，粮食生产和农民收入双双迈上新台阶，粮食总产达到5 712亿千克，农民人均纯收入增幅10%以上。其他主要农产品全面增产，农产品市场供应充足，品种丰富。农业农村的好形势，为管理通货预期、促进经济平稳较快发展，赢得战略主动、提供有力支撑，为保障改善民生、维护社会和谐稳定大局，做出突出贡献。

2011年耕种收综合机械化水平达到54.5%，同比提高2.2个百分点。薄弱环节机械化生产进一步快速推进，玉米收获机械化水平达到33%，比2010年提高7个百分点；水稻种植、收获机械化水平分别达到25%和67.5%；马铃薯机播机收、油菜机播、花生机收面积增长幅度均超过20%。农业机械化快速发展成为农业农村经济工作的突出亮点，为粮食连续增产和农业综合生产能力建设提供有力的装备支撑。

农机试验鉴定是农业机械化公共服务的重要内容，也是农业机械化健康发展的重要技术支撑。多年来，农机试验鉴定系统紧紧围绕农业和农业机械化发展需求，认真履行职能，积极开展试验鉴定和质量监督等工作，对加快农业机械化新技术新装备推广应用、保障农机购置补贴政策有效实施、维护农民合法权益、促进企业技术进步和产品质量提高，发挥重要作用。2011年，总站和各省级农机鉴定机构紧紧围绕农业部和地方政府的中心任务，继续深入贯彻《中华人民共和国农业机械化促进法》《农业机械安全监督管理条例》和《农业机械试验鉴定办法》等法律法规，求真务实，开拓创新，进一步推动农机试验鉴定和质量监督工作深入开展。这里有一组数据，2011年农机鉴定系统完成部级推广鉴定通则和大纲40个，农业机械化国家、行业、地方标准176个；完成部级农机推广鉴定689项，省级推广鉴定4 500多项，其他检验检测5 600多项；完成农机产品认证项目615项；受理农机质量投诉1 154例，为农民挽回经济损失1 000多万元；培训农机职业技能鉴定考评员621人，培养农机修理、驾驶操作等实用技能人才13万人次。一年来，工作量大，任务重，专业性、技术性强，大家付出艰辛努力，圆满地完成各项工作任务，不愧为农业机械化发展质量的守护者。

大力发展农业机械化，是同步推进工业化、城镇化和农业现代化的内在必然要求。当前，我国农业机械化事业正处在加快发展、改善结构、提升质量的关键时期。农机试验鉴定系统的干部职工要认真贯彻落实好全国农业工作会议和全国农业机械化工作会议精神，充分认识到肩负提升农业机械化发展质量的重任，认识到做好农机试验鉴定和质量监督等工作的重要性。只有提高农机产品的适用性、安全性、可靠性，提高农机技术状态和使用效率，才能降低消耗，提高效益，让广大农民从农业机械化发展中获取更多收益；只有提高农业机械化质量，积极排除农机安全隐患、降低机具故障率，最大限度地减少农机故障和人员伤亡，才能促进农业机械化安全、和谐、可持续发展；只有做好农业机械化质量工作，才能真正实现农业机械化发展的速度、结构、质量、效益的有机统一，才能实现农业机械化全面协调可持续发展。希望大家以高度的责任心和使命感，认真履行职责，埋头苦干，切实把农机试验鉴定和质量监督等工作抓紧抓好抓出成效。这里，我简单提几点要求：

一要切实加强农机试验鉴定科技创新。2012年的中央一号文件，2012年把推进农业科技创新作为“三农”工作的重点，作为保障粮食生产再夺丰收和现代农业发展的重要支撑，使之成为农业持续发展的强劲动力。在资源环境约束不断加剧的情形下，实现农业持续稳定发展、确保农产品有效供给，根本出路在科技。农机试验鉴定和质量监督等工作，是农业科技的重要组成部分，农机鉴定工作的进一步深化和拓展也要紧紧依靠科技进步，面临着艰巨的技术和管理创新任务。面对农机产品不断向大功率、多功能、智能化、信息化发展的新形势，农机农艺融合的新要求，农机试验鉴定机构要通过科学试验、检测和考核，对农机产品的先进性、安全性、可靠性和适用性做出科学公正评价，就必需对检测设备设施、试验方法、考核指标、判定规则进行创新。只有加快推进农机试验鉴定技术体系创新，才能适应农机装备和农业机械化新技术快速发展的需求，通过我们的工作选出先进适用、技术成熟、安全可靠、节能环保、服务到位的农机产品，推荐给农民并应用到农业生产中，促进农业实现高产、优质、高效、生态、安全的目标。农机试验鉴定系统要更加重视科研工作，尤其要抓住国家大力投入农业科技的有利时机，积极开展农机试验鉴定技术创新，确保试验鉴定的先进性、可靠性、权威性，保证其信誉度和美誉度。

二要着力提升鉴定能力和质量监督水平。要抓住农业机械化快速发展和国家重视农业科技工作的大好机遇，认真贯彻落实《全国农业机械试验鉴定“十二五”规划》和《农业部关于进一步加强农机试验鉴定工作的意见》，主动协调，积极争取项目，进一步加强鉴定基础设施建设，更新试验设备，不断强化鉴定检测手段，完善服务功能，提高服务水平。各级农业机械化主管部门要加强对农机试验鉴定和质量监督工作的领导，将农机试验鉴定工作与农业机械化重点工作相结合，列入日程进行研究、指导。按照鉴定有层次、任务要分工的原则，理顺部、省两级鉴定；按照"五统一"原则，组织具有部级鉴定能力的机构共同实施好部级鉴定，保证部级鉴定的科学性、权威性和公正性，促进系统密切配合，统筹发展、和谐发展。

三要加强人才队伍建设。事业要发展，人才是关键。要以解决工作中面临的突出问题为重点，以管用为原则，加强农机试验鉴定技术和相关新技术培训，建立一支技术水平高、业务能力强、工作作风正的农机试验鉴定队伍。坚持学以致用，努力把学习的成果应用到实际工作中，转化为谋划农机试验鉴定和质量监督等工作的具体思路、促进农业机械化质量工作发展的有力措施。

四要不断增强服务意识。农机试验鉴定和质量监督等工作，直接与农民和农机企业打交道，始终要牢记以民为本、为民服务、帮民解难、助民增收、保民平安的理念，切实转变工作作风，寓管理于服务之中。要深入实际调查研究，了解农民和企业的需求，拓宽服务领域，提供优质服务，树立农机试验鉴定工作者的良好形象。

农机试验鉴定系统的同志们要不断强化责任意识、创新意识、服务意识和廉政意识，抓住机遇，乘势而上，不断加强技术创新、制度创新、队伍建设、能力建设，为促进农业机械化又好又快发展做出新的更大贡献。

在全国农业机械化技术推广站长会上的讲话

（2012 年 6 月 12 日 · 山东青岛）

中华人民共和国农业部副部长　**张桃林**

农业机械化技术推广是我国农业科教工作和农业机械化工作的重要组成部分与结合点之一。这几年，我们农业机械化技术推广战线的全体同志，坚定不移地围绕中心服务大局，扎实开展先进农业机械化技术推广工作、创新完善推广机制、积极参与落实农机购置补贴政策、大力开展技术宣传培训，为推进我国农业机械化又好又快发展、实现"两个千方百计、两个努力确保"提供有力支撑，为促进建设现代农业和加快转变农业生产方式发挥重要作用，起码可以从以下四个方面予以总结：

一是在促进农业科技成果转化应用方面发挥重要的载体和加速作用。农业机械是农业科技的物化和重要载体，农业机械化是将现代农业科技成果转化为生产力的重要途径。农业机械化技术推广工作将先进的农业科技成果集成在农业机械化作业及农业生产过程中，加速农业科技成果的规模化、标准化应用，提升农业科技成果转化应用的效率和质量，起到重要的桥梁纽带和加速推动作用。2011 年，我国农业机械化综合水平达到 54%，表明大多数农业生产操作都已是借助农机完成，比如深耕深松、精量播种、均衡施肥、地膜覆盖、统防统治等先进农业技术，离开了农业机械化技术很难大面积推广应用。当前，建设现代农业更加迫切需要高产、优质、高效、生态、安全的综合技术支撑，这对农业机械化及农业机械化技术推广工作也提出新的更高要求，农业机械化技术推广的作用必将更加突出。

二是在促进农业机械化又好又快发展方面发挥重要的检验和引导作用。农业机械化技术推广工作是将现代农业机械与装备研发成果转化为生产力的一线环节。通过试验示范有效检验农机新技术新装备的实用性、安全性、可靠性、适应性、经济性，经过集成、配套、熟化，形成标准、规范的机械化生产技术模式和机具配置方案，促使新型农机装备与农业生产技术相结合，体现农业机械化技术推广工作在农业机械化发展中的重要引领作用。通过开展技术示范和宣传培训，"做给农民看，带着农民干"，农业机械化技术推广工作为农民提供认识、学习、接受农业机械化新技术的平台，加速农业机械化的步伐。2011 年，全国农业机械化技术推广系统累计举办各类现场会、培训班 4.8 万次，发放各种技术宣传资料近 909.3 万份，农业机械化新技术推广面积近 1 亿公顷，有效加快重点领域、主要作物、关键环节、薄弱地区农业机械化发展。

三是在落实强农惠农富农政策方面发挥重要的支持和保障作用。农机购置补贴是我国强农惠农富农政策的重要组成部分，极大地调动农民购买、使用农业机械的积极性。及时贯彻落实好这一好政策是各级农业机械化主管部门的重要职责。农业机械化技术推广机构积极参与编制国家和省级支持推广的农业机械产品目录，为制订补贴机具分档分类办法、测算补贴额度提供重要的技术依据，为贯彻落实农机购置补贴政策提供重要的技术保障。在农机购置补贴政策贯彻落实过程中，广大农业机械化技术推广工作者全方位参与政策宣传、起草制订规章制度、建立完善购机补贴现代化管理手段、培训技术人员、发放补贴款项、检查补贴政策执行情况等各项工作，成为贯彻落实农机购置补贴政策的重要保障力量。

四是在促进农民收入较快增长方面发挥着重要推力作用。农业机械化技术推广工作是培训新型职业农民、培育农机合作组织等农业社会化服务力量的重要平台，掌握和应用先进农业机械化技术已经成为农业增效、农民增收的重要的手段。2011 年，全国各类农机服务组织的经营收入达到 4 400 亿元，相当于为 4 000 多万农机户每户增收了 1.1 万元，为 6.7 亿农民每人增收了 656.7 元，占当年农民人均纯收入的 9.4%。农机手已经成为新型职业农民的代表，2011 年，各级农业机械化技术推广机构通过各种途径累计培训农机手 528.3 万人次，这些高素质的农机手通过农机作业服务不仅提高自己的收入和改善了生活水平，也为转移到城镇和第二三产业的农村劳动力创造更加安心就业环境，拓宽农民的增收渠道。

农业机械化技术推广工作发挥的重要作用值得充分肯定，这些成绩的取得，是广大农业机械化技术推广工作者辛勤工作、共同努力的结果。

当前,我国正处在传统农业向现代农业转变的关键时期,农业生产方式已经跨入以机械化为主的新时代,农业科技创新进入更需以生物技术和机械化技术等相结合、相融合的新阶段,农业机械化进入加快发展、改善结构、提升质量、拓宽领域的新时期,这些新形势对农业机械化技术推广改革创新提出新要求,农业机械化技术推广工作必须更加注重农机、农艺、信息等技术的相互融合。当前,一些地方还存在推广机构性质定位不明、投入不足、推广条件能力比较薄弱、农机农艺技术融合不够紧密等问题。广大农业机械化技术推广工作者要切实增强紧迫感、使命感和责任感,认真贯彻落实中央一号文件精神和回良玉副总理、韩长赋部长在全国农业科技教育工作会上的讲话精神,加快改革创新步伐,提升推广服务能力,在促进农业科技创新、提高成果应用转化效率、提升人才教育培训能力、加快破解农业科研成果转化应用"最后一公里"难题等方面发挥积极作用。2011 年 8 月在太原召开的全国农业机械化技术推广工作会,已经对当前和今后一个时期的农业机械化技术推广工作进行全面部署。现在我再强调几点:

第一,要坚持公益性职能定位,努力提升推广服务能力。2012 年的中央一号文件明确农业科技公共性、基础性和社会性的定性,要求强化基层公益性农业技术推广服务,提升农业技术推广服务能力,制定一系列含金量高、打基础、管长远的政策措施,大家要认真学习领会,积极主动采取措施推进相关政策的落实,明确农业机械化技术推广工作的公益性职能和经费保障,落实"一个衔接、两个覆盖"(即:乡镇农技人员工资待遇要与当地事业单位的平均收入相衔接,基层农技推广体系改革与建设示范县项目基本覆盖所有农业县,农业技术推广机构条件建设项目覆盖全部乡镇),改善推广工作条件,提高技术推广服务效能。全面实行人员聘用制度和三方考评办法,完善运行机制,提高推广工作活力,增加农业机械化技术推广的公益服务总量,提高公益服务质量和效率。

第二,要坚持创新完善机制,不断提升推广成效。要坚持推广主体多元化、服务优质化的方向,加快探索农业机械化技术推广服务的多元化实现形式,构建"一主多元"新型农业机械化技术推广体系,探索和创新推广服务机制的"一性三化",即:农业机械化技术推广工作的公益性和专业化、社会化、市场化,体现乡(镇)或区域性基层农业机械化(农技)推广机构的主导作用("一主")。要加快创新农业机械化科研、教学、推广、生产单位协作长效机制,建立高效的成果衔接转化渠道,促进农业机械化技术研发、集成和转化应用。要加快创新农机、农艺融合发展的协调推进机制,围绕生产实际中的突出需求,加强与种植(农技)、畜牧、水产等技术推广单位合作,突破一批制约农业机械化发展的技术瓶颈,拓展农业机械化技术推广领域。要积极参与现代农业产业体系建设,通过与农机企业、农业机械化合作组织、农业科技示范户等共建示范基地等形式,尽快建立一批农业机械化技术示范基地,在现代农业示范基地建设、解决区域产业技术难题、促进农业科研与产业发展有效对接中发挥更大作用。

第三,要坚持试验示范先行,加快普及先进适用技术,不断拓展领域。以农业部主推的 18 项增产增效型、资源节约型、环境友好型农业机械化技术为重点,强化技术试验、熟化和集成示范,促进技术的本地化、轻简化、规范化,加快扩大应用面积。要积极参与粮棉油糖高产创建,加大水稻栽植、玉米收获、马铃薯种植与收获、油菜种植与收获、甘蔗种植与收获、棉花收获等环节的机械化技术试验示范力度,推进农机农艺融合,促进粮棉油糖生产机械化技术的标准化、规范化。要积极参与"菜篮子"标准化生产创建活动,围绕优势农产品区域布局,因地制宜加快推进经济作物、畜牧水产养殖业、林果业、草业、种业、农产品初加工业、设施农业和农业废弃物综合利用机械化生产技术,提高农业主导产业的市场竞争力。结合当地实际,加快保护性耕作、统防统治、深松深耕、秸秆还田、节水灌溉等防灾减灾稳产高产机械化技术推广步伐,在农业防灾减灾稳产高产技术体系建设中发挥更大作用。大力推广适合丘陵山区生产实际的轻简型装备,探索丘陵山区机械化技术体系,加快丘陵山区机械化发展,带动丘陵山区农民提高生产效率,早日脱贫致富。

第四,要坚持人才为本,着力提高队伍素质。积极开展农业机械化技术推广人员教育培训活动,推动全系统知识更新,提高推广队伍的综合素质。积极推动开展基层推广机构特设岗位计划和农业机械化推广专家队伍建设,引导高校、职业院校毕业生到基层推广机构工作,发展村级农机推广员队伍,使农业机械化技术推广一线的技术力量在短期内有较大提高。要大力弘扬"以民为本、为民服务、帮民解困、助民增收、保民平安"的优良行风,以推进廉政风险防控机制建设和开展创先争优活动为着力点,把反腐倡廉建设、政风行风建设、创先争优与农业机械化技术推广工作紧密结合起来,加强系统文化建设和廉政建设,不断提高农业机械化技术推广队伍的凝聚力和创新能力,促进农业机械化技术推广工作持续健康发展。

农业部把 2012 年定为全国农业科技促进年,全力推动农业科技创新与推广,各级农业机械化技术推广机构和广大农业机械化技术推广工作者要积极投身科技促进年活动,努力开创农业机械化技术推广工作新局面,为推动农业机械化又好又快发展、建设中国特色现代农业做出新的更大贡献。

在农机购置补贴政策春季督导检查汇报会上的讲话

(2012 年 7 月 23 日 · 北京)

中华人民共和国农业部副部长 **张桃林**

通过听取农机购置补贴督导检查情况汇报,我们了解了农机购置补贴政策实施基本情况,特别是 2012 年以来各地开展操作创新试点、规范管理、加强监督等方面采取的新措施新做法,面临的新情况新问题,取得的新经验、新成效。

近年来，党中央、国务院高度重视农业机械化工作，逐年大幅度增加农机购置补贴资金规模，表明党中央国务院对农机购置补贴政策的实施效果是充分肯定的。农机购置补贴战线长、主体多、涉及面广，各地发展不平衡、农业机械化基础不同、农业机械化机构队伍建设也参差不齐，总体实施和监管的难度较大。在政策落实过程中也确实存在一些问题，应予充分重视。农业部在春季农机购置补贴实施关键时段，组织开展一次大范围检查，就是要深入了解真实情况，查找存在的问题，分析研究对策，进一步推进补贴政策规范、高效、廉洁实施。

这次督导检查有三个显著特点：一是前期工作扎实。制定督导方案，开展行前培训，印发《督导检查手册》，使每位督导检查人员真正了解政策，掌握方法，确保成效。二是督导措施务实。随机抽取一个县，深入细致调查，面上检查与定点抽查相结合、督导检查与政策调研相结合、走访农户与座谈相结合、了解新情况与核查问题相结合，方法科学，措施切合实际。三是了解的情况翔实。这次督导检查参与部门多、涉及范围广、调查户数多，既了解政策实施好的成效，也发现不少实际问题，提出的意见和建议也很宝贵，有的要在今后工作中认真研究吸纳，要体现到完善补贴管理机制和加强监管的具体措施上。2012 年，农业部、财政部鼓励各地开展补贴操作方式创新试点，一些省区市经批准开展结算级次下放、全价购机后凭发票领取补贴及部分机具品目满足所有申报需求操作试点，部分督导组对试点情况也进行专门调研，刚才汇报过程中也作相关说明，但由于是上半年，各省工作刚开始不久，做法和成效有待继续通过实践检验，利弊还要深入分析，根据实际情况，积极稳妥地推进。

这次督导检查部署早、准备足、措施实、力度大、效果好，多部门联合行动，齐抓共管，群策群力，确保了监督检查成效。不仅客观评价各地执行补贴政策的总体情况，归纳总结出一些好经验、好做法，进一步指导和规范各地补贴实施工作，而且还发现一些共性问题，例如：补贴资金仍然存在缺口，满足不了农民购机需求；补贴启动与农时季节不相适应，一些省份起步晚、进展慢；少数省份补贴额确定不够合理、政策宣传和信息公开力度不够；补贴经销商管理不够到位；少数地方存在提前操作、超卖补贴机具和倒卖补贴机具等问题。这些问题大多数是政策执行过程中的问题。对于这些问题，检查组都及时向省里进行反馈，提出明确具体的整改要求。

下一步，要继续跟踪检查省里工作整改情况，切实落实整改要求，确保检查发现的问题不折不扣地整改到位。同时，农业部农业机械化管理司、财务司要对这次督导检查中发现的问题进行梳理分类，分清哪些是制度设计层面的，哪些是执行层面的。对全国普遍性的、事关全局的，要从制度设计上抓紧完善，对局部性的、执行层面的，尤其是地方违规违纪的，必须要加大处罚力度。补贴政策实施的每一个环节都要仔细推敲，通盘考虑。一是细化补贴额确定办法。现在总体上中央财政补贴额按不超过 30% 测算，但是到了地方，各地具体补贴额有所不同，为防止出现问题，就要从补贴办法、规定上面再细化、明确。二是规范确定补贴品目。尤其要了解、核查地方自选品目确定过程中，是否存在权力寻租问题，要加强监督，及时发现和解决问题。三是严格补贴受益对象确定。各地操作中有创新，也有不规范的地方。补贴落实越向下，制度设计、办法和规则应该更细化、更完善、更具体。尤其是县一级的管理办法要多做文章。四是加强经销商监管。补贴机具经销环节、价格管控方面，监管方法要更多样，监管力度要更大。加快补贴信息平台建设是提高规范操作的一个好手段，购机补贴信息管理系统对规范操作、信息公开和监管有很大好处。

深入基层督导检查是一项细致艰苦工作，同时也是落实政策的一项关键举措。在较短的时间内，各督导组密切配合、深入实际，克服困难、细查细究，宣传政策，督导工作，了解情况，摸清底数，发现问题，提出建议，很好地完成督导检查任务，为下一步完善机制、推进工作做出积极贡献。

关于农机购置补贴政策落实问题，这里我再强调几点。

一是认清形势，端正态度。农机购置补贴是党的强农惠农富农政策重要内容。政策实施近 9 年来，成效十分显著，多次受到中央领导肯定。但由于补贴资金有限，补贴对象有选择、补贴产品有选择，所以落实这项政策的难度很大。农业部农业机械化管理司、财务司这些年花大量心血、费很多心思、想许多办法，不断加严加密措施，完善机制办法，但问题确实还存在，特别是近年来河北、广西、重庆等地发生的违法违规问题，情节恶劣、影响极坏。最近陕西农机局长、副局长及部分工作人员又因补贴操作过程中收受好处接受有关部门调查，个别地方补贴违法违规问题还时有发生。因此，实施农机购置补贴形势还很严峻，工作任务还十分艰巨。各级农业机械化主管部门要继续发扬迎难而上、勇挑重担的拼搏进取精神，大力发扬履职尽责、严于律己的廉洁奉献精神，切实做到求真务实、大胆工作，拒腐防变、甘于奉献。要继续毫不动摇地抓好各项措施落实，毫不动摇地推进信息公开，毫不动摇地查处和打击违规违纪行为，毫不动摇地抓好廉政风险防控机制建设。

二是突出重点，优化结构。农业机械化不仅要适应现代农业发展，而且要有更高标准、更高要求，要起到支撑和引领作用，通过农业机械化促进农艺制度的改革，促进现代农业发展。目前，我国农业机械化整体处于快速发展的黄金机遇期。农机总动力持续较快增长，对加强宏观调控引导、稳定提高机具利用效率效益、合理调动农民购机用机积极性提出新的更高要求。农机购置补贴既是强农惠农富农政策，又是一项十分有效的产业促进政策。如何在规范实施的基础上，最大限度地发挥农机购置补贴宏观调控作用，引导农民购置农业生产急需的薄弱环节的机具、购置节能环保的机具，优化农机装备布局，提升农业机械化发展的质量和水平，这是体现各级农业机械化主管部门的工作能力和成效的重要方面。发挥好政策引导作用，前提是摸清农业机械化底数，加强宏观研究和战略规划，科学合理测算各类机械设备需求量。在组织实施补贴政策过程中，要立足优化结构，推进科学发展。对于急需发展的、薄弱环节的机具，要加大补贴力度，优先足额给予补贴，并适当提高补贴标准；对于已经饱和或趋于饱和的机具，要暂停补贴或降低补贴额度。要从政策设计层面，引导农民理性购机，促进农机装备结构调整和布局优化。

三是勇于创新，完善机制。农机购置补贴制度不断完善，操作基本规范，但一些具体操作环节管理上还不是尽善尽美，制度层面也需要完善，要高标准、严要求，严之又严，慎之又慎。特别是随着补贴资金规模扩大、农业机械化的加快发展，补贴对象的确定、机具核实、资金结算等环节，确实应该进一步很好研究，做到既科学合理、安全有效，又切实可行、便于操作、提高效率。这次听了督导组的汇报，很受鼓舞，开展创新试点，还是很有必要的。只要我们的方针正确，通盘考虑，在顶层设计上考虑到可能出现的问题，有措施跟进，有一套纠错机制，试点就可能取得好效果。不断完善和创新，是我们工作的一个基本要求。今后工作中应进一步开拓思路，大胆创新，积极试点，加强调研，加强对普遍性、规律性问题的研究，及时总结提炼各地好的做法和经验，对于成熟的做法和经验，可在更大范围内推广。

四是加强监管，严惩违规。好的政策制度，关键还要落实好、执行好。抓落实，要做到严格考核、严格监管、严格惩处。严格考核，就是要按照农业部强农惠农富农政策延伸绩效管理试点方案，按程序组织开展好农机购置补贴延伸绩效管理考核工作。严格监管，就是要在实施的关键阶段，多部门联合开展督导检查，发现问题及时整改，并提出建议，完善措施，推动工作；同时要落实好案件查办、电话抽查、基层财政部门就近监管、纪检监察全程参与等多方面监管措施，齐抓共管，形成良性机制和监管合力。严格惩处，就是要始终保持高压态势，重拳打击各类违法违规行为，发现一起严查一起，绝不姑息；严格执行补贴产品经销行为管理规定，及时查处和通报企业违规行为；实行行政问责制，督促地方政府严厉追究失职渎职人员责任。

我们要时刻保持清醒的头脑，增强忧患意识，做到严肃纪律要求不松懈、严格执行规定不走样、严厉惩处违规不手软，确保补贴政策不折不扣地落实到位。

干工作需要精气神。现在落实农机购置补贴政策过程中暂时遇到一些困难和问题，这个时候农业机械化系统更需要统一思想，振奋精神。国家的强农惠农富农政策实施力度还在加大，农业机械化的发展机遇在加大，当然面临的压力也在加大。希望同志们认清形势，正确对待问题和挑战，进一步振奋精神，鼓舞士气，再接再厉，强化措施，攻坚克难，扎扎实实做好2012年农机购置补贴政策实施的各项工作，努力推动农业机械化科学发展。

在全国农机合作社建设经验交流会上的讲话

（2012年9月13日·江苏溧阳）

中华人民共和国农业部副部长　**张桃林**

在我国传统农业向现代农业转变的关键时期，在《中华人民共和国农民专业合作社法》实施五周年之际，我们召开全国农机合作社建设经验交流会。这次会议的主要任务是：深入贯彻落实中央一号文件和全国农民专业合作社经验交流会精神，总结交流各地农机合作社建设工作的新成效、新经验，深入分析当前农机合作社发展面临的新形势、新问题，研究部署进一步发展农机合作社的目标任务和主要措施。

这次会议选择在江苏召开很有意义。江苏省是农业大省，也是农机制造大省和农业机械化发展强省，“三农”工作始终走在全国前列。近几年来，在江苏省委、省人民政府高度重视下，全省农业机械化系统树立“合作共赢”的理念，相继出台一系列扶持农机合作社发展的政策措施，在建设星级农机合作社、推进“企社共建”等方面积累许多宝贵经验，涌现出一批经济、社会效益俱佳的农机合作社，为推进全省现代农业建设做出突出贡献，也在全国发挥很好的引领、示范和带动作用。江苏省的农机合作社有现场可看，有经验可学，值得我们来亲身感受、认真研究。

大家实地参观溧阳市海斌和海清两家农机合作社。这两家合作社在经营管理和运行机制上各具特色。刚才，山西、江苏、浙江、山东、河南等省农机管理局负责同志汇报各自发展农机合作社的成效和经验，江苏省溧阳市海斌农机合作社、黑龙江省克山县仁发农机合作社、安徽省宿州磊博农机合作社的负责人分别介绍他们创业的经历和成功办社的做法。这些好做法好经验，都值得各地学习和借鉴。我讲三点意见。

一、充分肯定农机合作社发展的成效和经验

农民专业合作社是广大农民在农村土地家庭承包经营基础上创办的自愿联合、民主管理的互助性经济组织。改革开放以来，伴随着波澜壮阔的农村改革发展大潮，农民专业合作组织应运而生，蓬勃兴起。党中央、国务院顺应亿万农民的期待，在2004年以来的9个中央一号文件中，与时俱进地出台税收优惠、财政支持、金融扶持等一系列支持合作社发展的政策措施。特别是2007年《农民专业合作社法》的实施，通过法律赋予农民专业合作社独立的法人资格和市场主体地位，规范了农民专业合作社的组织行为、产权关系、盈余分配等基本制度，农民专业合作社进入依法促进、加快发展的新时期。农机合作社是在农机专业户联户不断壮大基础上发展起来的，成为农民专业合作社的重要组成部分。各级农业机械化主管部门认真贯彻中央精神，落实法律规定，加大扶持力度，强化指导服务，推动农机合作社持续快速发展，取得显著成效，具体表现在以下四个方面：

——农机合作社发展数量快速增长。截至2011年年底，全国依法注册登记的农机合作社达到2.8万个，比2007年底增长5.3倍，相当于每个月新建将近500个农机合作社。全国农机合作社数量约占农机作业服务组织总数的16.3%。目前河南省农机合作社数量居全国首位，达到了4 423个；山东、江苏两省农机合作社数量超过3 000个，平均每个乡镇达到2个。

——农机合作社综合实力大幅提升。全国农机合作社入社成员数达到99万人，每个合作社平均35人。合作社资产总额达到524亿元，拥有农机具176.6万台（套），其中大中型拖拉机26.6万台，联合收获机17.4万台，水稻插秧机7.8万台，农机具总量较2007年翻两番。许多省涌现出一批流转土地超万亩、固定资产上亿元的大型现代综合性农机合作社。

——农机合作社服务能力明显增强。全国农机合作社服务农户数总量达2 422万户，占全国农户数的9%。农机作业服务面积达到了43 333.33千公顷，比2007年增长5.1倍，占全国农机作业总面积的12.1%，农机作业集中度不断提高。2011年山东省农机合作社作业服务总面积达5 413.33千公顷，占全省农机作业总面积的四分之一。2012年“三夏”期间河南省农机合作社组织完成的小麦机收面积达到4 266.67千公顷,占全省小麦机收面积的80%以上。

——农机合作社经营效益不断提高。2011年全国农机合作社总收入达到292亿元,比2007年增长7.3倍,社均总收入104万元,比2007年增加25万元。江苏省农机合作社服务总收入35.8亿元,比2011年增加12.6亿元,增幅达到54%。尤其值得一提的是,农机合作社带动其他专业合作组织的发展,促进先进生产要素的流动和优化、高效配置。

当前,我国农机合作社发展方兴未艾,正由数量扩张向效益提升方向转变,由劳动联合为主向劳动联合带动土地联合、资本联合及其他要素联合的方向转变,由耕种收纯农田作业向农资供应、农产品加工等一体化经营方向转变。农机合作社的蓬勃发展,有效地提高农业生产组织化程度,促进农村劳动力转移,推动农业技术集成应用、农业节本增效和土地规模经营,在夺取粮食生产"八连增"、农民增收"八连快"中发挥重要作用,成为当前农业机械化发展进程中的突出亮点。这些成绩的取得,得益于中央和各级政府的高度重视,得益于各有关部门的合力推进,得益于各级农业机械化主管部门的有力指导,得益于合作社成员的辛勤劳动。

近年来,各地农业机械化主管部门按照《农民专业合作社法》等法律法规的要求,从当地实际出发,不断加大对农机合作社指导、扶持和服务力度,取得显著成效,也积累宝贵经验。概括起来有以下五条:

一是尊重农民意愿,推进创建形式多元化。各地在发展农机合作社中,充分尊重农民群众的主体意愿,积极引导和鼓励种粮大户、农机大户、基层农机站和工商业主利用机具入股、技术入股、土地入股、资金入股等多种方式创建农机合作社,涌现农机大户联合型、农村能人带动型、种粮大户发起型、农机企业兴办型、农村集体创办型、基层农机服务机构领办型等多种创办类型,基本形成国家扶持、群众自筹、集资入股、合作经营等多渠道、多层次、多形式的多元投入机制。一些地区还积极推动农机合作社开展横向联合与纵向协作,成立合作社联社,显著提高合作社的市场竞争力。

二是优化发展环境,推进扶持政策多样化。2009年,农业部印发《关于进一步加快农机专业合作社发展的意见》,明确农机合作社发展思路目标,要求农机购置补贴等农业机械化扶持政策重点向农机合作社倾斜。全国13个省(区、市)先后出台了鼓励支持加快发展农机合作社的意见,各有关部门在财政扶持、税收减免、信贷支持、保险优惠、基建投资、建设用地、培训服务等方面给予大力政策支持。浙江、河北等省要求在实施农业、农机科技推广项目时,优先与农机合作社结合。山西、辽宁等地出台金融扶持政策,为农机合作社信贷担保提供制度保障。甘肃、四川、宁夏等地进一步明确农机合作社税收优惠,有效地降低作业成本。江苏、陕西等地积极扶持农机合作社机库棚、维修间建设,落实农机合作社场库棚建设用地政策。黑龙江、河南、安徽等地财政部门安排专项资金扶持农机合作社发展,其中黑龙江省2008年至今财政共投入27.6亿元发展现代农机合作社。

三是注重制度建设,推进运行管理规范化。农业部先后印发《农机专业合作社示范章程》《农机社会化服务示范合同》和《农机合作社维修间建设标准》等文件,有力地推动农机合作社规范化发展。安徽、广东等省先后出台加强农机合作社规范化建设意见,引导农机合作社加强制度建设,完善运行机制。山西省从健全组织机构、增加资金投入、制定创建标准、推出示范典型、建立表彰机制等方面来规范合作社发展。宁波市提出"边发展、边规范、边提高"的要求,制定26项规范化建设标准。据调查,全国有三分之二的农机合作社实现"六统一",即统一停放保管、统一维修保养、统一油料供应、统一指挥调度、统一作业质量、统一收费标准。

四是强化效益优先,推进经营方式市场化。各地在扶持发展农机合作社过程中,尊重市场规律要求,从发布市场供求信息,规范市场秩序,调解市场纠纷人手,推动建立"统一规范、竞争有序"的市场环境。指导农机合作社以经济效益为中心,探索创新服务模式,推广普及了菜单式、托管式、承包式、"4s店"和跨区作业等多种服务形式,满足广大农户不同层次、不同类型的生产需要,实现合作社成员经济效益的最大化。在农机合作社、农机户成员以及农户之间形成以农业生产为纽带、以合作共赢为核心的更加紧密的市场化合作机制。浙江、吉林等地积极鼓励农机合作社围绕农机作业服务开展机具维修、农资供应、农产品初加工等服务,进一步拓宽合作范围,延伸服务领域,增强发展活力。

五是加强示范带动,推进作业服务品牌化。农业部2010年推出206个全国农机合作社示范点,各地也重点扶持建设起点高、规模大、带动力强的农机合作社,树立典型,加大推广。江苏省公布省级星级示范农机合作社684个,其中"五星级"53个;山东省达到"五有"规范化建设标准的农机合作社1 590个,其中省级明星农机合作社22个;山西省连续四年累计培育"亮点"农机合作社41个。这些合作社严格遵纪守法、认真履行合同、保证作业质量,以实力铸造服务品牌,以品牌赢得作业市场,起到了很好的示范引领作用。

在推动农机合作社发展的实践中,我们不断深化对农机合作社发展规律的认识,获得很多深刻而有益的启示:第一,必须坚持把保障粮食安全、发展现代农业作为推动农机合作社发展的首要目标。只有这样,才能正确把握农机合作社的发展方向,充分发挥农机合作社的重要作用。第二,必须坚持把提高成员效益、促进农民增收作为推动农机合作社发展的根本宗旨。只有这样,才能持续增强成员的凝聚力和创造力,农机合作社才能具有不竭的发展动力。第三,必须坚持把加强分类指导、规范运行机制作为推动农机合作社发展的基本措施。只有这样,才能不断提高农机合作社发展质量,农机合作社才能健康快速发展。第四,必须坚持把强化政策扶持、加大投入力度作为推动农机合作社发展的重要保障。只有这样,才能营造更加良好的外部环境,农机合作社才能保持发展后劲。

二、深刻认识发展农机合作社的重要性和紧迫性

人类因分工而进步,因合作而发展。当前,我国正处在工业化、信息化、城镇化、农业现代化同步推进的发展阶段,进入加快形成城乡经济社会发展一体化新格局的重要时期。我国农业生产经营形式、农民生活方式和农村社会结构正在发生重大而深刻的变革,农业生产对机械化作业的依赖程度越来越高,广大农机手合作的愿望越来越强。实践证明,发展农机合作社,是在巩固和完善农村土地家庭承包经营的基础上,将广大农机拥有者、使用者紧密联结起来,破解农机大规模作业与亿万农户小规模生产的矛盾,提高土地产出率、劳动生产率、资源利用率和科技贡献率,对推进农业机械化、发展现代农业、促进农民增收具有十分重要的意义。

(一)加快发展农机合作社,是提高农业综合生产能力的重要手段。当前,我国农业生产受到土地、水肥等资源要素的约束更加明显,农业从业人员老龄化和农业兼业化、副业化更加普遍,农村中"谁来种地"、"怎样种好地"的矛盾更加尖锐。要想持续提高我国农业综合生产能力,依赖增加自然、人力资源要素投入的潜力已经不大,迫切需要在农业生产方式转变上下工夫。加快发展农机合作社,可以促使土地、劳动力、资金、装备、技术、信息、人才等要素得到有效整合,进一步增强农业的物质装备基础,提高农业生产的组织化程度,推动农业生产专业化、标准化、规模化、集约化。农机合作社日益成为农业生产的"主力军",肩负着提高农业综合生产能力、保障粮食安全的历史重任。

(二)加快发展农机合作社,是促进农民收入持续增长的重要途径。开展农机社会化服务,具有"接二连三归一"的特征,即利用第二产业的农机产品,通过第三产业的方式来为第一产业服务,是农机户获得经营性收入的基本途径。农机合作社通过农民、农机手的联合,"抱团"参与市场竞争,"小舢板"变成了"大舰队",可以有效地增加作业规模,降低作业成本,提升经营效益。同时,农机合作社还能拓展农机服务领域和延长产业链条,使合作社成员获得分红收入。农机合作社日益成为提高农机户经营收入的"聚宝盆",是当前农业和农村社会化服务中最具活力的市场主体。

(三)加快发展农机合作社,是推动农村经营体制创新的重要内容。以家庭承包经营为基础、统分结合的双层经营体制,是农村基本经营制度,我们必须长期坚持。但面对现代农业大规模生产的需要,家庭经营也遇到经营主体分散、效率不高等难题。改革开放初期,分田到户,提高了农民种地的积极性,极大地提高了农村生产力水平;如今通过机具、资本、土地等生产要素的联合,能够充分发挥规模经营优势,提高生产效率。实践证明,过去"分"是解放发展生产力,现在"合"也是解放发展生产力。发展农机合作社,可以在不改变土地承包经营权的前提下,实现土地规模化经营和集约化生产,解决一家一户办不了、办不好、办不合算的问题。农机合作社日益成为推进农业经营体制创新的"新引擎",在稳定和完善农村家庭承包经营制度上发挥至关重要的作用。

(四)加快发展农机合作社,是加强农机管理服务工作的重要载体。由于长期缺乏政策扶持,一些地方的乡镇农机管理服务体系出现"线断、网破、人散"的局面,农业机械化公共服务能力严重滞后于快速发展的农业机械化形势。发展农机合作社,可以提高农机服务的组织化程度,起到"连线、织网、聚人"的作用,成为基层农业机械化公共服务的新型载体,有效承载和落实农业机械化政策宣贯、生产组织、技术推广、农机维修、教育培训和安全监管等农机管理和服务工作。实践证明,农机合作社是中国特色农业机械化发展道路上的成功实践,日益成为农机社会化服务体系的"排头兵",推广农业机械化新技术、新机具的"先锋队",培育新型职业农民的"训练营",开展农机安全监理业务的"新阵地",提高农机装备水平和农机作业水平的"生力军"。

我们在看到农机合作社发展取得显著成绩的同时,也要清醒地看到存在的突出困难和问题。从外部环境上看,还面临着"三个困难":一是贷款难。农机合作社融资渠道少、贷款审批难,从而制约合作社扩大再生产能力;二是停放难。许多村庄没有将农机场库棚纳入建设规划,合作社的机具只好露天存放,既不安全也不经济;三是维修难。农机具更新换代速度加快,而农机维修能力不足和零配件供应滞后问题日益突出,影响合作社机具效率的发挥。从内部建设上看,还表现为"三个较弱":一是整体实力较弱。表现在合作社经营规模普遍还比较小,基础设施差,竞争实力总体上还比较低;二是发展活力较弱。表现在规范化程度低、产权不够明晰、管理不够民主,还缺乏经营管理和专业技术人才等;三是带动能力较弱。表现在合作社成员覆盖面较小、服务领域和范围窄、区域间发展不平衡、辐射带动能力差、影响力不强等。对此,我们要高度重视,正确对待存在问题,认真研究加以解决。

我国农机合作社仍处于发展的初期阶段。当前推动农机合作社发展,我们要正确处理好以下三个关系:

一是要处理好发展数量与发展质量的关系。数量是基础、是前提,质量是目标、是要求。数量靠发展速度来实现,质量靠规范化来保障。数量和质量同等重要,我们既要重视数量的增长,又要重视质量的提升。只有农机合作社及其成员达到一定数量,合作社发展的基础才会更加牢固;只有发展质量上去,带动农民致富和发展农业现代化的作用才会更加显著。虽然我国农机合作社已经达到2.8万个,但覆盖面仍然不够广,尤其是一些省份还未达到每个乡镇至少一个合作社的目标。在尚未建立农机合作社的乡镇,"有没有"是主要矛盾,要鼓励引导多元主体参与创建,抓紧建立起来。在已经建立起农机合作社的乡镇,"强不强"是主要矛盾,要进一步规范运营,完善内部机制,做大做强。我们要把提高农机合作社发展质量摆在更加突出的位置,牢牢把握"民主管理、科学决策、规范运行、利益共享"的要求,努力做到办得起、立得住,真正让农业机械化得发展、农民得实惠。

二是要处理好市场引导与政府扶持的关系。农机合作社作为独立的市场主体,必须遵守市场规则、参与市场竞争、服从市场规律,这是农机合作社实现持续发展的基本要求。农机合作政扶持和税收优惠等扶持政策,最大限度地激发农民兴办农机合作社的积极性和创造性。同时,农业机械化主管部门认真落实法律法规,不断强化和完善扶持政策,因地制宜、分类指导,不搞强迫命令,不能拔苗助长、急于求成,要做到"引导不强迫、支持不包办、服务不干预"。合作社也要克服"等、靠、要"的思想,完全依赖政府扶持的合作社,是没有市场竞争力的。要引导他们立足自身,立足市场,通过参与市场竞争、完善分配机制等措施,不断发展壮大。

三是要处理好发展合作社与其他服务组织和大户的关系。目前,我国以农机合作社为龙头,农机大户为主体,农机户为基础,农机中介组织为纽带的新型农机社会化服务体系基本建立,成为推动我国农业机械化快速健康发展的重要支撑。各类农机服务组织和农机户以市场为导向,以效益为目标,充分发挥各自优势,在农业机械化生产经营和作业服务中发挥着重要作用。实践证明,各类农机服务组织竞相发展,是农民群众选择的结果,是市场经济选择的结果。当前,我们要统筹规划,因地制宜,鼓励农民按照自己的实际需求,选择适合自己的农机服务组织模式。不管群众选择哪种模式,政府都要积极给予扶持。农机合作社具有源于农民、服务成员、整合资源、共同致富的特性,有利于构建和谐社会。应把农机合作社建设作为农业机械化发展的主攻方向,积极支持鼓励农机大户和种粮大户等创办农机合作社,努力将其培养为延伸农业、农机公共服务的载体和引领农业机械化发展的产业龙头。

我国农机合作社的发展氛围越来越好,扶持力度越来越大。各级农业机械化主管部门要进一步增强发展农机合作社责任感和紧迫感，进一步推动农机合作社又好又快发展。

三、进一步明确促进农机合作社发展的目标任务和主要措施

2012年是农民专业合作社发展极不寻常的一年。联合国首次将2012年确定为“国际合作社年”，全国人大常委会组织召开《农民专业合作社法》实施五周年座谈会，农业部召开全国农民专业合作社经验交流会议，明确“十二五”期间农民专业合作社的发展目标和工作要求，农业机械化系统要结合实际，认真贯彻落实。

当前和今后一个时期发展农机合作社，要认真贯彻落实九个中央一号文件精神和全国农民专业合作社经验交流会的精神，深入实施《农民专业合作社法》，坚持把农机合作社作为农业机械化发展的重要力量，作为农业机械化服务组织的重要形式，作为农业机械化技术服务的重要载体，遵循多元化创建、多样化扶持、规范化运行、市场化经营、品牌化服务的发展方向，完善配套政策措施，加大扶持力度，加强工作指导，努力提升农机合作社质量水平，推动农业机械化又好又快发展，为加快实现农业现代化贡献力量。

“十二五”末我国农机合作社的发展目标是：一是总体数量快速增长。力争每个乡镇至少有一个农机合作社，合作社的区域布局进一步优化；二是服务能力显著增强。合作社作业面积进一步扩大，力争达到整个农机作业面积的四分之一以上，服务农户数达到整个农户总数的四分之一以上；三是经营收益持续提高。合作社运行机制更加灵活，制度更加规范，服务领域更加宽广，效益更加明显，力争入社成员比未入社成员的收益提高30%以上。

今后一个时期，要重点抓好以下几方面工作：

第一，进一步加强组织领导。各级农业机械化主管部门要把加快发展农机合作社作为提高农机社会化服务能力的主攻方向和重要抓手，切实加强对农机合作社的引导、规范、扶持和服务。要积极争取当地政府的支持，把发展农机合作社列入本地经济社会发展规划中，作为推动现代农业建设的重要考核内容，纳入工作绩效考核指标体系。要动员调动农机管理、推广、培训、维修、安全监理、信息服务等方面的力量，形成齐抓共扶的支持合力。要结合实际制订本地区农机合作社建设发展规划，提出切实可行的发展目标和任务，明确资金保障、示范推广、人员培训和指导服务等方面的政策措施。

第二，进一步加强政策落实。各级农业机械化主管部门要重点围绕当前制约农机合作社发展的重大问题和关键环节，积极协调争取对农机合作社发展的扶持政策。一要落实好已有扶持政策。今后，农业部负责的农业机械化财政支农和基本建设项目，同等条件下要优先安排农机合作社承担。农机购置补贴资金要向农机合作社倾斜，将农机合作社列为优先对象。农机报废更新补贴、农机作业补贴等政策优先在农机合作社中安排试点。二要争取合作社基础建设资金。积极争取财政支持，对农机合作社机库棚和维修间等建设按照“以奖代补”、“先建后补”等方式予以补助。三要协调多部门予以扶持。各级农业机械化主管部门要主动加强与有关部门的联系沟通，不断完善支持农机合作社发展的政策措施，争取在财政、税务、金融、用地、保险、信贷等方面有新的突破。健全引导信贷资金和社会资金投向农机合作社的激励机制，切实解决农机合作社融资和贷款难等问题。

第三，进一步加强示范带动。近年来，各地涌现出一批经营规模大、服务能力强、作业质量优、民主管理好的农机合作社示范社。他们有很多好的经验需要总结，很多好的做法值得推广。农业部将按照“部省共建、协同推进”的原则，继续在全国深入开展农机合作社示范点创建活动，培育发展一批设施完备、功能齐全、特色明显、效益良好的示范合作社，对达到一定条件和符合一定标准农机合作社予以公布，树立样板，列名支持，不断扩大社会知名度和影响力。各省也要结合实际，组织开展多层次的示范合作社创建、作业技能竞赛等活动，组织开展不同地区、不同类型农机合作社之间的交流，推动农机服务组织在更高层次、更大规模、更广范围的联合与合作。

第四，进一步加强机制创新。为农民提供低成本、便利化、高效率的农机作业服务，是农机合作社的生命力所在。要全面贯彻有关法律规定，牢牢把握服务农民、进退自由、权利平等、管理民主的核心要求，指导农机合作社建立健全三项制度：一是民主决策制度，发挥成员（代表）大会、理事会、监事会等“三会”功能，提高科学决策水平，维护成员的合法权益；二是生产管理制度，建立机务管理、绩效考核、安全生产等考核办法，加强成本核算，提高机具使用效率；三是收益分配制度，强化财务管理，规范盈余分配，处理好积累和分配的关系。要坚持规范办社的方针，大力推广使用《农机专业合作社示范章程》《农机社会化服务标准合同》等规范文本，促进农机生产服务规范化。要探索“企社共建”机制，积极创造条件推动农机企业和农机合作社开展交流合作，通过相互支持，实现良性互动，达到合作共赢。

第五，进一步加强能力建设。要用现代发展理念引领合作社，用现代管理方式完善合作社，用新型职业农民充实合作社，不断做大做强，提高服务质量。要重视信息化建设。要通过计算机网络、服务电话和手机短信等现代信息手段，及时向农机合作社及广大农民发布农机政策、技术要点和市场需求等信息，提高农机合作社开拓市场的能力。要重视人才队伍建设。合作社发展的关键在人才。把农机合作社人才培养作为农机培训的重要内容，纳入阳光工程、新型农民培训等项目，组织开展多形式、多层次、多渠道的培训活动。增强农机合作社理事长发展生产、创业兴业、带领农民合作致富的能力。要重视品牌和诚信建设。引导农机合作社树立品牌意识，以诚信维护品牌声誉，向品牌要效益，以品牌保质量，靠品牌拓市场。

第六，进一步加强宣传引导。各地要认真总结推动农机合作社发展的新成效、新经验，大力宣传发展农机合作社的新典型、新举措，对表现突出、贡献显著的单位和个人给予表彰，形成“比、学、赶、帮、超”的良好氛围。各级农业机械化主管部门要对辖区内的所有农机合作社建立信息档案，分级管理，抓好服务指导，探索建立农机合作社辅导员制度，建立各级领导干部联系农机合作社制度，通过结对帮扶、包社服务等方式，深入调查研究，总结推广经验。

加快发展农机合作社，是建设中国特色农业现代化的一件方向性大事，意义重大，任务艰巨。各级农业机械化主管部门要抓住机遇，趁势而上，锐意进取，进一步做好农机合作社的指导、扶持和服务工作，努力推动农业机械化科学健康发展。各级农业机械化主管部门要认真落实好全国农业机械化工作会议精神，按照年初制定的各项工作目标，扎实完成好农机购置补贴政策和“三秋”农业机械化生产等各项重点工作，为农业机械化发展奠定坚实的基础，为确保粮食“九连丰”、力争“九连增”做出新的更大贡献。

在国务院安全生产委员会办公室视频会议上的讲话

（2012 年 5 月 3 日 · 北京）

中华人民共和国农业部副部长　牛　盾

国务院安委会办公室召开加强道路交通安全工作视频会议，分析道路交通安全形势，研究部署安全生产措施，各级农业、农业机械化主管部门及其安全监理机构要认真做好会议精神的落实工作。

农业机械化主管部门负责农业机械的安全监理工作。拖拉机、联合收割机等农业机械，既下田作业，又上路行驶。农机安全生产既事关农业安全，又事关道路交通安全。每年“三夏”和“三秋”等农忙季节，千万台拖拉机、联合收割机走出家门，遍布农田场院，有的还跨区作业，成为农业生产一道亮丽的风景线，同时也对道路交通安全畅通构成一定压力。做好农机安全工作，对农业和交通安全都有着重要的促进作用。

近些年来，农业、农业机械化主管部门及其安全监理机构，在各级党委和政府领导下，认真落实国家强农惠农富农政策和安全生产方针，全面贯彻农业机械化促进法规和安全生产法规，取得了可喜成绩。农机安全监理法规体系基本建立，《农业机械安全监督管理条例》公布实施，农业机械及驾驶操作人安全管理、农机事故处理、农机免费实地安全检验等一批农机安全部门规章和地方性法规相继制定，规范化、制度化、标准化步伐进一步加快。农机安全监理体系不断完善，监理机构持续加强，人员素质稳步提升，基本形成多级农业机械安全监管网络。安全监理理念不断转变，服务能力逐步提升，监管领域延伸拓展，装备和信息化建设初见成效。工作机制不断创新，各地积极探索农机、安监、公安、交通等部门联合执法工作机制，积极探索免费安全监理、安全互助保险等模式，改进监管方法，促进农机安全生产。近年来，在农机数量持续快速增长的情况下，农机事故稳步下降，重特大事故得到有效控制，全国农机安全生产形势保持平稳好转。

农业机械已成为我国农业生产的主力军，是发展现代农业的重要物质基础。但是，伴随着农业机械的广泛使用和农机数量的快速增长，事故隐患依然突出。老旧机械超期服役现象普遍存在，农民安全意识和操作水平有待提高，无证驾驶、无牌行驶和违章载人的现象仍然存在，农机事故仍处于易发、多发、高发期。农机安全生产监管和服务能力不足，监管手段和装备落后，农机事故救助和服务工作不能满足需要。这些问题要加快解决。

加强农机安全生产工作，不仅是实现农业农村经济稳中求进目标的必然要求，也是保障道路交通安全的必然要求。今后一个时期，各级农业、农业机械化主管部门及其安全监理机构，必须按照党中央国务院要求，加大工作力度，采取有效措施，努力做好农机安全各方面工作。下面我提五点要求：

一是强化安全措施，确保重要农时农机安全生产。“春耕”、“三夏”、“三秋”是农机作业的高峰期，也是农机事故的高发期。各地要结合农机特点，严格源头管理，深入农机作业重点区域，加大执法力度，加强农机安全生产指导，做好安全检验和检修服务工作，提高农机安全技术性能，减少事故隐患。要组织好“安全宣传月”和“安全生产咨询日”等活动，强化农机安全生产宣传教育，提高机手和农民安全生产意识，力争不发生较大以上农机事故。

二是加强责任落实，切实做好农机事故处理和救助工作。2012 年，国务院安委会调整农机事故统计口径和控制指标。各地要加强指标考核，做好事故预防，落实安全生产责任。要深入基层，全面掌握农机事故情况，做好农机事故报告工作，严禁迟报、漏报、谎报、瞒报农机事故。要进一步提升农机事故处理和救援能力，加强人员培训和装备建设，确保发生事故后得到及时处理和救助。鼓励探索适合农机特点的保险方式，鼓励有条件的地方对农机安全保险进行保费补贴，支持农机安全互助组织有序发展。

三是严格依法行政，大力开展农机“打非治违”专项行动。按照国务院安委会关于“打非治违”专项行动的部署，大力开展农机“打非治违”专项行动。严厉打击农业机械无牌行驶、无证驾驶、未检验作业等行为，有效治理违规发放牌证、瞒报谎报事故等行为，排除安全隐患，规范牌证管理，切实提高上牌率、检验率、持证率“三率”水平，推进农机安全生产各项工作顺利开展。

四是落实惠农政策，积极推进农机免费管理。各地要按照《农业机械安全监督管理条例》和《安全生产“十二五”规划》要求，完善农业机械安全监督管理体系，加强安全监理设施和装备建设，加大安全投入，保障安全监理工作需要。要加强政策支持保障，实行农机定期免费检验制度，将农机安全检验、牌证发放等属于公共财政保障范围的工作经费纳入财政预算，大力推广北京、上海、江苏、浙江、宁夏、陕西等地对农民免费监理或补贴的办法，进一步扩大覆盖面，让更多农民共享改革开放发展成果。

五是完善工作机制，努力创建“平安农机”。各地农业、农业机械化主管部门要会同安监、公安、交通等部门，深入开展“平安农机”创建活动。积极落实农机安全生产责任制，加强农机安全宣传教育，完善农机安全监管网络，强化农机安全监理装备建设，加大农机安全专项整治力度，排查农机事故隐患，构建“政府负责、农机主抓、部门协作、群众参与”的农机安全生产长效机制。深入开展“为民服务创先争优”农机安全监理示范窗口和示范标兵创建活动，增强服务意识，改进工作作风，提高业务水平，更好地为广大农民群众服务。

“三夏”大忙季节即将开始。各级农业、农业机械化主管部门及其安全监理机构，要早动手、早安排，强化措施，增强责任，加强监管，切实抓好农机安全生产，为促进我国农业发展、农民增收、农村和谐做出积极贡献，为保障道路交通安全形势稳定好转发挥积极作用！

在农机购置补贴政策实施情况专题座谈会上的讲话

（2012 年 2 月 13 日 · 北京）

中华人民共和国农业部纪检组长　朱保成

2011 年，农业机械化工作取得突出成绩。农机装备结构持续优化，全国农机总动力达到了 9.7 亿千瓦，同比增长 4.5%；农机作业水平持续提高，全国耕种收综合机械化水平达到 54.5%，连续六年保持 2 个百分点以上的增幅；农业机械化技术推广面积持续扩大，农机社会化服务持续推进，农机安全生产形势持续稳定。特别是在落实农机购置补贴政策方面，农业机械化管理司根据部党组的统一部署，团结带领全司和“两站一报”的同志，按照“如履薄冰尽职责、心无旁骛抓落实、创先争优求绩效”的工作思路，以开展农机购置补贴政策实施监管年为抓手，以建立健全廉政风险防控机制为重点，狠抓责任落实，加强制度建设，严格监督检查，推进改革创新，严厉惩治违规，推动农机购置补贴政策有效落实和各项工作顺利实施，为农业机械化保持持续快速健康发展、全国粮食生产“八连增”、农民收入“八连快”和农业综合生产能力建设提供有力的装备支撑，为促进经济平稳较快发展作出积极贡献，也为全国农业系统反腐倡廉建设和作风建设积累宝贵经验。

我根据部党风廉政建设工作会议的部署和要求，着重就抓好农机系统党风廉政建设和农机购置补贴政策落实讲几点意见，供大家参考。

一、着力强化监管，农机购置补贴政策落实取得新成效

农机购置补贴作为一项十分重要的强农惠农富农政策，实施 8 年来，成效十分显著，对提高我国农业机械装备水平、促进农业稳定发展和农民持续增收、推动农机工业振兴发挥重要作用，取得提升产业、助民增收、利农利工等一举多得的良好效果，可以说，农民得实惠、企业得发展、政府得民心。特别是 2011 年以来，农业机械化管理司以强化监管为总抓手，在全国农业机械化系统内组织开展了一系列富有成效的工作，为政策的平稳有效实施提供了坚实保障。

一是不断强化各级农业机械化主管部门责任意识。农业机械化管理司将 2011 年定为农机购置补贴政策实施监管年，部省之间、省市之间、市县之间层层签订补贴实施责任状，明确责任义务，细化任务要求，建立奖惩制度，完善行政问责，建立“主要领导负总责、分管领导负全责、工作人员直接负责”的责任机制，做到了目标到岗、责任到人。

二是坚持面上督导与查办典型案件相结合。农业机械化管理司组织开展为期 3 个月的专项整治，与有关部门一起加大了监督检查力度。在面上部署开展各项监管工作的同时，重拳打击不良企业的违规违法行为，会同驻部组局严肃查处浙江艾格莱公司套取补贴资金案件，在全国范围内取消浙江艾格莱公司、河北双赢公司产品的补贴资格，督促指导各地查处 196 起农机购置补贴违规违法案件，取消 30 家生产企业产品补贴资格，永久取消 22 家经销商经营补贴产品的资格，产生了强烈的震慑作用，净化了补贴产品市场环境，维护了诚信企业和广大农民群众的合法权益。2 月 10 日，中央书记处书记、中央纪委副书记何勇在中央和国家机关贯彻落实 2012 年反腐倡廉工作任务分工会议上，对农业部加大对套取农机购置补贴资金、重大制售假劣农资等案件的查处力度给予充分肯定。

三是不断创新完善补贴运行机制。针对河北、重庆、广西等地出现的购机补贴领域严重违纪违法案件和政策落实中的突出问题，会同驻部组局组织开展深入的调查研究，在保持农机购置补贴政策的稳定性和连续性的同时，不断创新完善补贴机具确定方式、补贴额确定方法、信息公开制度，积极鼓励各地因地制宜开展补贴方式创新试点，为 2012 年农机购置补贴政策实施奠定基础。

四是大力推进农机购置补贴廉政风险防控管理。按照部党组的统一要求，农业机械化管理司率先在全国农机系统全面部署农机购置补贴廉政风险防控管理工作，全程查找资金分配、补贴机具确定、补贴额确定、补贴对象确定等重点权力和关键环节中存在的廉政风险，制定防范风险的具体措施，同时利用系统内典型案例积极开展警示教育，着力构建廉政风险防控长效机制。

二、增强责任意识，努力开创农机购置补贴政策实施新局面

做好 2012 年的农业机械化工作、落实好农机购置补贴政策，要科学分析、正确把握形势，既要看到农业机械化持续快速发展取得的巨大成就，又要清醒地看到在农机补贴政策落实中发生的违纪违法问题的严重性、危害性，充分认识落实好农机补贴政策的重要性、紧迫性，充分认识农机补贴政策实施的艰巨性、复杂性，进一步增强政治意识和责任意识，进一步增强抓好这项工作的信心和决心，以高度负责的精神、科学严谨的态度、扎实有力的措施，全力抓好 2012 年农机购置补贴政策实施。工作重点我赞成仍要放在抓工作创新、抓机制完善、抓监督检查上，积极对创新措施实施效果进行评估，确保 2011 年以来取得的各项成果得到全面巩固，确保正确的做法得到坚持，确保完善补贴运行机制的措施真正得到落实。

第一，要完善机制，从制度设计上逐步消除问题产生的深层次原因。随着农机购置补贴资金规模逐年扩大，补贴机具种类范围越来越广，监管难度也越来越大。特别是 2012 年补贴资金规模进一步扩大，补贴方式创新试点进一步扩大，增加工作的难度。近年来，政策落实中暴露出一些问题，一些地区出现腐败窝案串案，影响恶劣，给政策实施带来一些负面影响。我们分析，问题产生的原因是多方面的，其中政策运行机制的不完善是一个重要的原因。2011 年农业机械化管理司在完善政策运行机制上做大量工作，2012 年要继续深入推进这项工作，力争通过不断改革完善政策运行机制，从顶层设计上消除腐败产生的土壤和条件。要按照韩部长提出的“一增一减”的要求，着力在保障农民自主选择权和减少政府对市场行为的干扰方面，进行很好的研究，通过进一步创新完善补贴政策运行机制，坚决遏制农机购置补贴政策领域腐败高发的现象。

第二，要加强调研，积极鼓励探索运行机制创新。为积极探索完善补贴运行机制，本着积极、稳妥的原则，2012年两部的补贴实施指导意见已经对开展补贴操作方式创新试点做出具体安排。对此，各级尤其是部、省两级农业机械化主管部门要认真研究，周密部署，努力为试点工作提供尽可能好的制度安排，力争试点成功。方向对事半功倍，方向错了事倍功半甚至事与愿违。要切实加强试点工作的调查研究，确保各项试点尤其是结算层级下放、农民全价购机后凭发票领取补贴试点安全、顺畅、有效运行，为健全完善补贴运行机制提供有益借鉴。要选派有经验、有思路、有较强归纳分析能力的同志参加调研，创新调查研究的形式，可以采取面上督导、材料剖析、购机现场体验、到县驻点、邀请记者参与等多种形式。要通过调研，切实了解试点工作真实情况，总结试点单位的好做法和好经验，通过评估认为适合向全国推广的，要大胆全面实施。要健全覆盖权力运行全过程的农机购置补贴廉政风险防控机制，继续巩固开展补贴政策信息公开工作。

第三，要强化考核，切实做到令行禁止。农业部这两年的经验表明，推行绩效管理是抓工作落实、提高行政效能的有效抓手。部党组也提出要在农业项目和强农惠农富农政策落实中探索实行绩效评估。2012年，农业机械化管理司准备全面启动补贴政策实施绩效考核工作，这是贯彻部党组部署，深化农业部绩效管理工作的实际行动，也是从制度上增强执行力、强化监管责任的好做法。希望你们加快出台补贴实施工作绩效管理考评办法，加大对补贴工作情况的监督考核，将考核结果与资金安排挂钩。要围绕补贴对象确定、补贴机具种类品目确定、补贴额确定、补贴产品经销商确定、农民自主选购机具等关键环节加强考核，进一步促进公开公正公平确定补贴受益对象，全力保证购机农民在省域内跨县自主选购机具、补贴产品经销商由生产企业按办法要求自主推荐等规定得到完全落实，将补贴机具种类范围在县一级不得随意取舍、补贴额一览表不得附带企业名称等新规定落实到位。

第四，要加强监管，严厉惩处违法违规行为。要继续加大农机购置补贴政策实施监管力度，对实施中容易产生权力寻租、骗取套取补贴资金的重点环节，采取强有力的监督制约措施。要会同财务司等单位，按照部党风廉政建设工作会议的要求，积极开展补贴政策落实情况的监督检查，驻部组局将给予密切配合与支持。要指导地方农业机械化主管部门与同级财政部门紧密合作，邀请同级纪检监察机构全程参与，进一步健全多部门联合监管机制。要始终保持对违法违规行为的高压态势，继续加大查处力度。重拳打击农机制造企业、经销商骗取套取补贴资金的行为，视情形采取取消补贴资格、追回被骗被套资金、吊销营业执照、移交司法处理等多种措施予以处罚。要严格执行补贴产品经销商监管办法，建立健全违法违规操作经销商黑名单制度。要强化对县级农业机械化主管部门实施工作的监督，确保实施规范。健全行政问责机制，督促地方政府严厉追究违法违规人员责任。

第五，要进一步加强宣传教育。要充分利用报纸、网络等新闻宣传媒介，大力宣传近年来我国农业机械化工作取得的巨大成就和为农业农村经济发展作出的突出贡献；要大力宣传党中央、国务院关于推进农业机械化发展的重大部署和农机购置补贴等强农惠农富农政策；要大力宣传各地贯彻落实农机购置补贴政策的好经验、好做法；要充分发挥新闻媒体的舆论监督作用，利用查处政策落实中发生的典型违规违法案例，深入开展警示教育。

三、坚持“两手抓、两手都要硬”，把党风廉政建设融入业务工作之中

要认真贯彻落实中央农村工作会议、全国农业工作会议和中央纪委第七次全会及农业部党风廉政建设工作会议的部署和要求，进一步加强反腐倡廉建设和党的作风建设，切实把党风廉政建设融入各项业务工作之中，贯穿于农机购置补贴政策落实和重大项目实施的全过程。要积极转变作风，深入实际、深入基层、深入群众开展广泛调研，倾心听取农民群众和企业对政策实施的意见和建议。要加强对基层农机部门贯彻落实《农村基层干部廉洁履行职责若干规定（试行）》情况的监督检查，及时发现政策落实和干部履职中存在的突出问题，加大督促整改和问责力度。要大胆创新工作思路、创新补贴政策管理运行机制，使政策更加切合农业机械化发展的实际，更加符合广大农民群众和企业的合理要求。

在农机购置补贴政策春季督导检查汇报会上的讲话

（2012年7月23日·北京）

中华人民共和国农业部纪检组长　**朱保成**

汇报会是贯彻落实刚召开的全国现代农业建设现场交流会和全国农业厅局长座谈会精神，总结交流农机购置补贴政策落实督导检查和购机补贴操作方式试点经验，研究部署进一步强化监督保障，完善政策运行机制工作。听了8个督导检查组的汇报，了解大量情况。大家在深入思考的基础上，提出了许多好建议，对总体把握形势，提供依据，很受启发。下面我讲几点意见。

一、农机购置补贴政策落实成效显著，督导检查成果丰富

农机购置补贴政策是党中央、国务院强农惠农富农政策的重要内容。农机购置补贴政策实施近9年来，对提高我国农业机械装备水平、促进农业稳定增产、农民持续增收、拉动内需、推动农机工业振兴发挥重要作用，取得农民得实惠、企业得效益、政府得民心的好效果。在补贴政策有力促进下，我国农业机械化发展步伐明显加快，农机总动力连续跃上7亿、8亿和9亿千瓦台阶，2011年全国农机总动力达到9.77亿千瓦；农业机械化水平大幅度提高，2011年农作物耕种收综合机械化水平达到54.8%，8年的增幅超过政策实施前30多年的增幅；会议开始时,宗锦耀同志报告 2012 年上半年农业机械化发展情况、形势喜人。农业机械化的水平大幅提高,为加快推进现代农业发展提供了坚实的物质装备支撑,为实现粮食生产"八连增"、农民增收"八连快"起到了重要保障作用,做出突出贡献。对此,国务院领导给予高度肯定,多次批示指出:农机购置补贴利农利工、一举多效,要求进一步扩大规模、提高标准,并加强宣传报道。部党组和韩长赋部长、张桃林副部长也都多次给予充分表扬。

这些成绩的取得,来之不易,因为与其他政策相比,农机购置补贴政策更为特殊和复杂,落实起来难度更大,付出的辛苦更多。实践证明,农业部农机系统是一支讲政治、顾大局,有凝聚力、有战斗力的队伍。

2011 年,农业机械化管理司以强化监管为总抓手,组织开展一系列富有成效的工作,加强农机购置补贴政策落实的督导检查是其中一项重要举措。刚才我听 8 个督导检查组的汇报,感到特点鲜明、观点明确、数据翔实、建议具体。这次督导检查涉及东北、西北、华中、西南、东南等区域的 14 个省(区)及计划单列市,督导检查情况大体上反映全国购机补贴工作实施的基本态势,即创新试点面更广泛、工作重心更加下沉、执行操作更加规范。我们下大力气开展这次督导检查,应该说收获丰富的工作成果。一是创新方式方法。这次春季督导检查在工作方法上有不少创新,如带着举报线索查、抵达督导省份后由部里再行告知所要前往的市县、重点入户核查等;地方上也有很多监督检查的新举措。如甘肃省建立农机购置补贴监督员制度,从纪检监察和检察机关中、从人大代表和政协委员中、从媒体人士中、从购机农民中聘请监督员,有效扩大了监督检查的参与面。督导方式创新是提高督导检查成效的重要手段,更是提升和改进工作的根本方法。这些督导检查的方式方法务实有效,今后要予以坚持和发展。二是锤炼了工作作风。此次督导积极转变作风,切实做到深入实际、深入基层、深入群众。有的组入户核查非常细致,不遗巨细,水落石出;有的组问计于民,进地头、上炕头向农民群众了解情况;有的组带着问题去督导检查等。科学务实的作风,深深触动地方的同志们。三是梳理问题和不足。这次督导检查虽然未发现重大问题,但发现一些值得重视的问题。在政策实施、政策运行中仍然存在一些问题,如村集体以个人名义购机、经销商代办补贴手续、偏远地区售后服务不到位、政府网站没有公开补贴信息、倒卖补贴机具问题(一方面要重拳打击投机性购置;另一方面应商最高人民检察院,对监管不力失职渎职行为的,要区别情况,完善细则,并加强宣传引导)。此外创新试点中还存在群众观望、管理部门信息化建设不均衡、资金下达时间滞后、不适应农时季节、手续过于繁琐、企业不适应等。要归纳整理这些问题,分析原因,有针对性地提出解决办法。四是获取了意见建议。这次督导,各地提不少好的意见建议,如推动金融支持方式创新、补贴政策实施与技术服务协调推进、建立与农时相衔接的补贴实施机制,提高效率、简化程序等。这些意见建议我们要认真研究,积极采纳。

二、科学研判形势,提高思想认识

近年来,随着中央对"三农"工作支持力度的加大和购机补贴资金规模的增加,随着纪检监察机关和检察机关查处涉农领域案件力度的增大,农机购置补贴领域存在的突出问题逐渐显现。有的农机主管部门人员收受贿赂,为企业提供方便;有的农机系统单位违规向企业收取推广费、服务费等;有的公职人员失职渎职,不执行规定,不履行职责;有的农机生产企业、经销商与不法人员串谋勾结,骗套补贴资金。2012 年由最高人民检察院牵头,先后召开检察机关查办和预防涉农惠民领域贪污贿赂等职务犯罪专项工作电视电话会议和最高人民检察院第四次预防职务犯罪联席会议,全国检察机关将从 2012 年起开展为期两年的查办和预防涉农惠民职务犯罪专项工作。这反映出司法机关和社会领域对近年来涉农职务犯罪易发多发态势的高度关注。

近期,继河北、重庆、广西农机系列案件后,陕西省农机系列案件又出现较严重的违规案件。这警示我们行政主管部门和监督部门,要认真反思、查找原因、加强防范、务求治本。农机购置补贴政策是一项好政策,实施效果显著,但落实政策过程中出现的违纪违法问题也较为集中和严重,特别是地方频繁出现窝案、串案,使人触目惊心。这再次提醒我们,农机购置补贴政策落实的任务依然繁重,农机购置补贴领域防治腐败的形势依然严峻,对此,各级农业机械化主管部门一定要保持清醒的认识。

对农机购置补贴落实中出现的问题,部领导高度重视,韩长赋部长、张桃林副部长多次作出重要批示。最近韩部长又在驻部组局上报的陕西省农机案件情况报告上作出重要批示。前车之鉴,不可不察。既要做好事,更要不出事,才是推动事业发展的根本保障和保护干部的长久之策。农业机械化管理司、财务司、驻部组局要认真研究加以落实。落实的前提是搞好调查研究,要扑下身子、放下架子,深入实际、深入群众,不仅在正面的制度设计上下工夫,而且要在负面的典型案例里下力气,去伪存真、由表及里,要善于从普遍存在的表象中发现深层的内在规律。

三、加大改革创新和监督检查力度,推进农机购置补贴政策运行机制进一步完善

2008 年以来,随着农机购置补贴资金的大幅增加,补贴机具种类范围越来越广,涉及的企业和经销商越来越多,实施范围覆盖到全国所有农业县。一些地方在农机购置补贴领域集中出现严重问题,暴露政策实施和监管中的漏洞和薄弱环节。部党组要求,各级农业部门要坚持把政策创设和落实作为促进农业农村经济发展的重大举措。因此,我们要通过改革创新进一步优化政策设计,完善运行机制;要通过强化监督检查来解决突出问题,遏制违纪违法行为高发态势。

一是大力营造自由、公开、公平、公正的市场环境。一要保障农民自主选择权。现行补贴运行机制虽明确要求不得干涉农民自主选择机具,但在执行层面上,有些基层农机部门就是通过限制购机农民的选择权,实现对企业销售业绩的影响,进而实现权力寻租,谋求私利。要真正把选择什么机具、什么机型的决定权交给市场,还给购机农民。二要坚持阳光、透明原则,营造优良市场环境。由于公开程度不足,市场竞争者之间的信息不对称,有背景和关系的经销商比其他竞争者更易抢占市场份额。通过减少农机主管部门行政权力对农机市场的干预,促使企业把主要精力转到技术研发和市场营销上来,让市场而不是行政权力充当配置资源的主角。

二是进一步推进补贴操作方式创新试点工作。一些地方集中出现的问题,说明原来的购机补贴操作方式尚不能完全适应新形势、新情况的变化,需要不断创新完善政策运行机制。近两年,农财两部鼓励各地积极开展补贴操作方式创新试点。试点范围不断增加,试点内容有所丰富。对此,我们要认真总结,经验成熟时可加以推广。在推进补贴操作方式创新试点时要把握好几个原则。一要因地制宜,积极稳妥。要指导各地结合地区经济社会发展实际,抓住补贴资金结算兑现等关键环节,科学设计操作流程和配套的监管办法。二要充分准备,兴利除弊。要提醒各地在试点过程中,充分估计可能出现的问题,事先做好各种准备工作,避免在新办法准备不足的情况急于实行,努力做到新旧操作方式的有机衔接。要密切关注各方反映,确保试点取得成效。三要适度宣传,合理引导。要注意宣传导向,把握好已有成绩和开展试点的关系,把握好适度原则。

三是强化监管,规范操作,严肃惩治违规违纪行为。韩部长在全国农业厅局长座谈会上明确要求,对农业补贴政策要坚持"拓展、整合、规范"。拓展就是要研究拓展范围、增加总量,创设新的补贴项目,扩大补贴规模,提高补贴标准,逐步实现全覆盖。整合就是要研究整合存量、优化结构,调整资金支持重点和投向,充分发挥集聚效应,更好地起到调节生产、引导经营方式转变的作用。规范就是要研究规范操作、完善办法,确保政策落实不走样、不缩水。对农机购置补贴政策来说,要重点从"规范"上下工夫,要严格按照农财两部《农机购置补贴专项资金使用管理暂行办法》和年度农机购置补贴实施指导意见,围绕加强主体监管,不断完善管理制度,提升操作程序的科学化和规范化水平;要充分发挥对农机生产企业和经销商的监管职能,健全经销商黑名单制度,对严重违法违规的实行永久市场禁入;要按照《农业部2012年度强农惠农富农政策落实延伸绩效管理工作实施方案》,对省级农业机械化主管部门开展延伸绩效管理,加强对地方农机部门的监督制约。

地方接连出现问题告诫我们,我们所面临的监督检查任务依然很重、责任依然很大。建议大家要深入剖析、研究典型案例,弄清案发原因,从中汲取教训,提出有针对性的改进措施。2012年是对农机购置补贴政策实行延伸绩效管理的第一年,驻部纪检组监察局要积极配合农业机械化管理司、财务司,加强监督检查,确保考核工作取得实效。同时,针对农机购置补贴领域的违纪违法案件,驻部组局将继续保持惩治腐败的高压态势,发现一起,惩处一起,绝不姑息迁就,确保党的政策落到实处,惠及于民。

四是深入推进农机购置补贴领域廉政风险防控管理。农机购置补贴廉政风险防控管理引起全系统上下普遍重视,各地(包括有的案发单位)在廉政风险防控管理上也采取了这样那样的手段,规章制度和办法措施不可谓不多,但农机购置补贴领域的廉政风险到底在哪儿?要从典型案例中剖析原因,认真查找廉政风险并且要找准风险点,特别要针对农机行政主管部门和承担部分农机监管职能的事业单位,针对其权力运行的轨迹,针对被违纪违法案件揭露出来的薄弱环节,针对存在瑕疵的操作程序,针对可能存在的权力寻租空间,出台切实有效的防控措施。

在全国农业机械试验鉴定站长会议上的讲话

(2012年1月8日·北京)

农业部农业机械化管理司司长　宗锦耀

2011年是"十二五"开局之年,农机试验鉴定系统深入贯彻《中华人民共和国农业机械化促进法》《农业机械安全监督管理条例》《国务院关于促进农业机械化和农机工业又好又快发展的意见》和《农业机械试验鉴定办法》等法律法规政策,紧紧围绕农业部中心工作和农业机械化重点任务,积极发挥职能作用,不断加强农机试验鉴定、质量认证、质量调查等重点工作,取得了显著成效,为保障购机补贴等中央强农惠农富农政策实施、有效提升农业机械化质量做了重要贡献。

刚刚结束的中央农村工作会议、全国农业工作会议和全国农业机械化工作会议,对2012年和今后一个时期的"三农"工作做出了全面部署,对农业机械化工作给予了充分肯定,并提出了明确要求。借此机会,我就新阶段推动农业机械化科学发展和加强农机试验鉴定、质量监督工作讲三点意见:

一、依靠科技,转变方式,努力推动农业机械化科学发展

2011年以来,各级农业机械化主管部门认真贯彻《国务院关于促进农业机械化和农机工业又好又快发展的意见》,开拓创新,求真务实,扎实工作,取得了"五个持续"(即农机装备结构持续优化、农机作业水平持续提高、农业机械化技术推广面积持续扩大、农机社会化服务持续推进、农机安全生产形势持续稳定)工作成效,实现了"十二五"农业机械化发展的良好开局。在日前召开的中央农村工作会议上,温家宝总理、回良玉副总理对近年来我国农业机械化持续快速发展的成就给予了充分肯定,并对今后一个时期加快农业机械化发展提出了新的任务和要求。温家宝总理强调,要适应农村劳动力结构出现的变化,积极发展农机装备业,加大农机具购置补贴力度,加快实现粮食作物全程机械化,稳步推进经济作物和养殖业机械化,全面提高农业机械化水平。回良玉副总理指出,要加快推进农业机械化,不断拓展农机作业领域,提高农机服务水平。会议强调要加快发展农业机械化。充分发挥农业机械集成技术、节本增效、推动规模经营的重要作用,着力解决水稻机插和玉米、油菜、甘蔗、棉花机收等突出难题,大力发展设施农业、畜牧水产养殖等机械装备,积极推广精量播种、化肥深施、保护性耕作等技术;要落实支持农业机械化发展的税费优惠政策,推动农机服务市场化和产业化。韩长赋部长在全国农业工作会议上高度评价了农业机械化工作取得的巨大成绩,并对今后发展提出了明确要求。农业机械化成为农业农村经济工作的突出亮点,为全国粮食实现"八连增"、农民收入增长"八连快"和农业综合生产能力建设,提供了有力的装备支撑,也为促进经济平

稳较快发展做出了积极贡献。

中央农村工作会议突出强调了推进农业科技创新的重要性,明确指出农业科技创新是现代农业的根本出路。在工业化、城镇化深入发展同步推进农业现代化,科技是关键。实践证明,农业机械化发展与农业科技进步息息相关。农业机械化在过去直接加速了农业科技成果的规模化、标准化应用,提高了劳动生产率、土地产出率、资源利用率。未来,农业机械化要在农业科技成果转化应用中进一步发挥关键载体作用,要在培育新型农民中进一步发挥核心纽带作用,要在提升农业生产力水平中进一步发挥基础支撑作用,要在创新农业经营体制机制中进一步发挥重要推力作用。着眼我国农业机械化发展全局,当前,最主要的矛盾是日益增长的农业机械化需求与农机新技术新装备有效供给不足的矛盾,最大的"短板"和"瓶颈"在科技进步,最大的潜力和希望也在科技进步。我们要统一思想,提高认识,采取扎实有效的措施,真正把农业机械化发展方式转变到依靠科技进步和提高劳动者素质的轨道上来,实现农业机械化新一轮跨越式发展。

刚刚结束的全国农业机械化工作会议上,张桃林副部长在讲话中全面分析了农业机械化发展面临的形势,做出了"我国农业机械化整体处于快速发展的黄金机遇期"的重大战略判断。按照中央经济工作会议提出的稳中求进总基调,农业机械化工作要好中求快,又好又快,努力做到农业机械化发展速度与结构、质量、效益有机统一,推进农业机械化科学发展。做好2012 年农业机械化工作要贯穿"一条主线",推进"两个融合",突出"三个重点",坚持"四个着力",全面提高"五个水平",综合采取"六条措施"。"一条主线"就是依靠科技进步、转变农业机械化发展方式、提升发展质量效益;"两个融合"就是农机农艺融合、农业机械化信息化融合;"三个重点"就是调整优化装备结构布局、主攻薄弱环节机械化、推广先进适用农业机械化技术;"四个着力"就是着力落实完善政策、着力培育发展主体、着力建设人才队伍、着力强化公共服务;"五个水平"就是全面提高农机装备水平、作业水平、科技水平、服务水平和安全水平;综合采取"六条措施",就是张桃林副部长提出的用"六个相结合"的方法,认真做好实施扶持政策、组织农业机械化生产、推广先进技术、发展服务组织、加强质量监管、促进安全发展等六项工作。各地要把握总体目标要求,依靠科技进步,加快转变方式,创新工作思路,推动农业机械化科学发展。

二、求真务实,认真履职,进一步提高农机试验鉴定和质量监督的能力水平

农机试验鉴定和质量监督是农业机械化管理工作的重要内容,是《中华人民共和国农业机械化促进法》等法律法规确定的农业机械化管理重要职能,直接关系到国家支持推广的农机装备的适用性、安全性、可靠性和先进性,关系到农机购置补贴政策的实施效果和农民的合法权益,关系到农机装备结构改善和优化,关系到农机企业技术进步,是促进农业机械化科学发展、和谐发展、安全发展的重要基础。农业部高度重视农机试验鉴定工作,2011 年发布了《全国农业机械试验鉴定"十二五"规划》和《农业部关于进一步加强农机试验鉴定工作的意见》,为"十二五"农机试验鉴定行业发展指明了方向,明确了要求。

2011 年以来,农机试验鉴定和质量监督各项工作稳步推进:鉴定能力进一步优化,圆满完成了第三批部级鉴定能力认定工作,全国能够承担部级鉴定任务的机构数量达到了 30 个,较好满足了部级推广鉴定任务要求;质量监督工作稳步推进,深入开展了补贴机具质量督导、重点检查、质量监督抽查、质量投诉、质量认证、维修能力评价等工作;标准化水平显著提高,完成了多项国家标准和行业标准的制修订,并广泛开展了标准执行情况调研及标准化工作培训;行业基础建设明显加强,积极争取加大投入,购置大型试验设备,征地扩建试验场,争取增加技术人员并组织业务培训,制修订了一批推广鉴定和选型鉴定大纲,完善了相关规章制度。农机鉴定系统还积极配合农机行政管理部门,圆满完成了《2012—2014 年国家支持推广的农业机械产品目录》的编制工作,为购机补贴政策的有效实施打下了坚实的基础。与此同时,总站和各省站结合自身职能和相关规定,发挥技术优势,开拓服务领域,在维修管理服务、农机职业技能开发、农业机械化信息、外事外经、社团管理等方面做了大量的工作,取得了显著的成绩。

近年来,我国农机试验鉴定工作成效显著,但农机试验鉴定在科技创新领域还存在一些突出问题。农机试验鉴定科研创新力度不够;鉴定机构鉴定任务多、科研投入少的现象比较突出,科研开发力量薄弱,发展后劲不足;鉴定机构优势鉴定能力不够突出,存在一定程度的重复建设和结构性短缺,不能满足农业机械化快速发展的需要。

从长远来看,农机试验鉴定的科技创新直接决定了农机鉴定工作能否向更高层次迈进,决定了能否更好地提升农业机械化质量,从而促进我国农业机械化又好又快地向前发展。农业部发布的《关于进一步加强农机试验鉴定工作的意见》,进一步明确了农机试验鉴定工作的基本原则,其中重要的一点就是坚持科学管理,创新方法,加强农机试验鉴定公共服务能力建设,不断提高管理水平、技术水平、服务水平和工作水平。全国各级农业机械化管理部门和农机试验鉴定机构要科学分析当前农业机械化发展所面临的新形势,以《意见》为指导,增强推进科技创新的责任感和紧迫感,牢固树立依靠科技创新发展农机试验鉴定和质量监督工作的理念,不断增强科技创新能力,推动农机试验鉴定和质量监督工作科学发展。

一要不断改进试验鉴定方法。不断加强农机适用性、安全性和可靠性等农机试验鉴定评价方法研究,提高科技应用水平;充分发挥农机试验鉴定对农机产品技术创新的导向作用,根据农机行业发展趋势和农业生产的需求,以促进农机农艺融合,推动增产增效、资源节约、环境友好型农机产品应用为原则,加快农业机械化标准、农机试验鉴定大纲的制修订工作,提高标准和大纲的制修订工作质量,提升工作规范化水平。

二要不断完善鉴定检测手段。不断改进检测设备,推动自动化、数字化和信息化技术在试验鉴定工作中的广泛应用,提高试验鉴定质量、效率和科技水平。各省级农机试验鉴定机构要根据当地农业机械化发展实际,积极争取支持和投入,完善基础设施设备,发展区域性农机装备试验鉴定能力,满足当地农业机械化发展需求。

三要不断创新质量监督模式。进一步履行法律法规赋予的农业机械化质量监督职能,加强质量调查、质量督导、投诉监督、安全鉴定、重点检查等多元化质量监督模式研究,不断完善监督方法和手段,提升质量监督的效率和效果,在提高农机产品质量的基础上,不断提高农机作业质量、服务质量和维修质量。

三、开拓创新，扎实工作，不断完善农机试验鉴定和质量监督的长效机制

2012年，全国农机试验鉴定系统要进一步立足大局，开拓创新，以推进科技进步为主线，加强政策激励、联合协作、考核监督、人才培养、廉政风险防控等“五个”机制建设，保障农机试验鉴定和质量监督工作健康发展。

一是不断完善政策扶持机制。各地农业机械化主管部门要加强指导，不断推进事业单位改革，大力发展公益性农机试验鉴定和质量监督事业。要加大政策支持力度，努力将农机试验鉴定能力建设纳入部、省农业机械化基础设施建设等相关规划，加大基础设施、仪器设备及试验鉴定基地建设等财政支持投入。保障农机鉴定检测技术科研开发、鉴定大纲、技术标准制修订等工作经费，全面提升科技创新水平。要进一步完善农机试验鉴定政策法规和制度保障体系，切实做到各项工作有章可循、有据可依。农机试验鉴定系统要通过贯彻落实各项政策措施，积极争取社会各方面的关心和支持，努力营造农机试验鉴定发展的良好氛围。

二是不断完善联合协作机制。要统筹部省两级鉴定能力建设，引导省级农机试验鉴定机构紧紧围绕现代农业和农业机械化发展需求，按照全国农机试验鉴定规划，保障重点，突出优势，进一步调整农机试验鉴定能力结构，逐步形成重点突出、层次分明、布局合理的鉴定能力分布格局。积极推进部与省、省与省鉴定机构之间的合作，促进鉴定资源优化整合，做到优势互补，合理分工，有机配合，共同发展，切实保障国家农机购置补贴政策的有效实施。总站要发挥好指导协调作用，做好部级推广鉴定的统筹管理；各省级农机鉴定机构要积极配合做好部级推广鉴定工作，并加强信息沟通和工作协调，进一步推动省际推广鉴定工作的有序管理。

三是不断完善考核监督机制。各地农业机械化主管部门要加强对农机试验鉴定机构的规范化管理，指导鉴定机构进一步加强制度建设，完善工作程序，切实规范农机推广鉴定受理审查、检测鉴定、证书变更和证后监督等关键环节的管理。强化内部考核监督措施，完善企业监督等外部监督机制，保证鉴定检测人员严格按照推广鉴定大纲和通则要求开展鉴定工作，坚决杜绝简化工作程序、减少鉴定内容、以偏概全和弄虚作假等现象的发生。加强对承担部级推广鉴定任务机构的工作考评，实行动态管理，建立退出机制，维护鉴定的科学性、权威性、严肃性。同时，要认真开展获证产品使用过程中的质量调查和重点检查，加强获证产品的考核监督。

四是不断完善人才培养机制。要加大对科技骨干和专家型人才的培养力度，培养一批理论基础扎实、专业技术强和实践经验丰富的学科带头人。积极开展业务知识更新培训，广泛利用各种科技教育资源，形成比较完善的人才教育培训体系。要优化从业人员知识结构，建立一支政治素质好、技术水平高、业务能力强、工作作风正的行业队伍。要不断创新用人机制，紧紧抓住培养、吸引、用好、留住人才几个环节，培养后继人才，引进紧缺人才，用好存量人才，挖掘潜在人才，以高素质的人才队伍推动农机试验鉴定和质量监督工作又好又快发展。

五是不断完善廉政风险防控机制。农机试验鉴定系统要切实增强政治意识、大局意识、忧患意识和责任意识，把廉政风险防控作为工作的重中之重来抓，作为全行业文化建设的重要内容来抓，坚决把反腐倡廉贯穿于农机试验鉴定和质量监督工作的全过程。有些企业为了通过鉴定、进目录，削尖脑袋，不择手段。绝大多数同志经受了考验。我们绝不允许“毁干部、坏政策、损形象”的事情发生。可喜的是，各地农机试验鉴定机构能够高度重视，认真查找风险点，建立了本单位《廉政风险防控》手册。各地一定要继续认真组织落实《廉政风险防控》手册，加强对鉴定人员的职业道德教育、廉政警示教育，切实加强监督检查，提高依法鉴定意识、服务意识、廉政意识。同时，要不断完善廉政风险防控机制，不断创新，务求实效。

在全国农机购置补贴工作会议上的讲话

（2012年2月14日·北京）

农业部农业机械化管理司司长　宗锦耀

全国农机购置补贴工作会议的主要任务是认真贯彻落实中央一号文件精神和全国农业机械化工作会议的部署，传达学习中纪委驻部纪检组组长朱保成同志的重要讲话精神，全面总结2011年实施农机购置补贴政策取得的成效和经验，深入分析存在的问题和原因，研究部署2012年农机购置补贴实施工作。

一、充分肯定农机购置补贴政策实施的显著成效

2011年农机购置补贴政策实施总体上启动早、措施实、进度快、效果好。全年中央财政共安排补贴资金175亿元，带动农民和农业生产经营组织投入409.7亿元，补贴各类农机具约564万台（套），受益农户约439万户。在农机购置补贴政策的推动下，农民购机用机积极性高涨，农机工业产销两旺，农业机械化继续保持健康快速发展，为实现粮食生产“八连增”和农民收入“八连快”提供了有力的物质装备支撑。

（一）推动农机总量持续增长，进一步优化了农机装备结构和布局。各级农业机械化主管部门注重发挥农机购置补贴政策的调控引导作用，充分调动农民购机积极性，农机装备总量继续保持较快增长。2011年全国农机总动力预计达到9.7亿千瓦，同比增长4.5%。重点补贴大中型、高效复式和薄弱环节的农机具，全年投入75.5亿元补贴购置大中型拖拉机、水稻插秧机、玉米联合收获机，拥有量预计分别达433.8万台、43.6万台、17.9万台，同比分别增长10.6%、30.9%、38%。

（二）提升薄弱环节机械化水平，进一步推进了农业机械化进程。农机购置补贴政策的实施，进一步激发了农民用机积极性，农业机械在农业生产中承担的作业量越来越多，地位和作用越来越突出。2011年全国耕种收综合机械化水平预计达

54.5%，同比提高2.2个百分点。粮食作物生产机械化特别是薄弱环节机械化生产快速推进。玉米收获机械化水平达33%，在上年提高8个百分点的基础上再增7个百分点，进入快速推进阶段；水稻种植、收获机械化水平达25%、67.5%，同比分别提高4个、3个百分点。油菜、甘蔗、棉花等机械化取得突破性进展，林果业、畜牧业、渔业、农产品初加工业机械化稳步推进。

（三）推广农业机械化先进适用技术，进一步转变了农业生产方式。农机购置补贴引导农民购置先进适用农机具，加快了增产增效型、资源节约型、环境友好型的农业机械化新技术大面积推广应用，各类农业机械化新技术应用面积大幅增加。水稻机插秧新增2 400万亩，总面积跃上1亿亩的新台阶。农机深松整地面积达到1.6亿亩，比上年增加2 100万亩。保护性耕作面积达到8 500万亩，新增1 900万亩。农机服务组织得到补贴政策的大力扶持，全国农机作业服务组织超过17万个，其中农机合作社达到2.7万个，服务能力明显增强，服务领域进一步扩大，经营效益不断提高。

（四）扩大农村消费需求，进一步促进了农机工业发展。农机购置补贴激发了农民投资农业机械的热情，直接拉动农民和农业生产经营组织投入409.7亿元，农机购置呈现出农民和农业生产经营组织投入为主、社会投入为辅、财政补贴为引导的多元化格局。促进产业发展的政策效应进一步显现，农机工业产销两旺。全年规模以上农机工业企业总产值达2 898.2亿元，同比增长33.7%左右。

2011年，各级农业机械化主管部门按照"如履薄冰尽职责、心无旁骛抓落实、创先争优求绩效"的总要求，精心组织，落实责任，规范实施，加强监管，完善机制，开展了大量富有成效的工作，积累了宝贵经验。

（一）加强组织领导，落实实施责任。年初，农业部和财政部办公厅联合印发了《2011年农机购置补贴实施指导意见》，省级农业机械化、财政部门也联合制定了本地区实施方案。农业机械化管理司与38个省级农业机械化主管部门签订了落实农机购置补贴政策工作责任书，进一步突出了规范操作、强化监管、奖优罚劣。各地及时提出了农机购置补贴工作细化实化强化措施，层层签署了责任书，全面落实了"主要领导负总责、分管领导负全责、工作人员直接负责"的责任机制，做到目标到岗、责任到人。

（二）坚持规范操作，注重热情服务。各级农业机械化主管部门结合实际，细化程序，强化管理，做到要求更严格、操作更规范、落实更迅速。邀请纪检监察部门全程参与，自觉接受监督。坚持突出重点、兼顾一般的原则，补贴资金向粮食等农产品主产区倾斜、向主要农作物生产薄弱环节机械倾斜。严格执行农财两部规定，努力做到随时结算补贴资金，至少要保证实施后每季度结算一次。在规范实施的基础上，各地以农机购置补贴实施为载体开展情服务，受到普遍欢迎和好评。

（三）推进制度建设，构建长效机制。农业部始终坚持推进农机购置补贴制度建设，根据形势变化不断加密加严措施，完善制度办法，重点推进了补贴信息公开、廉政风险防控等制度建设。各地也制定了廉政风险防控工作方案，并认真实施，着力从源头上防范和杜绝腐败现象发生。完善全国农机购置补贴计算机管理网络系统，开发了公开摇号软件，进一步提高农机购置补贴管理的信息化水平。

（四）宣传补贴政策，开展警示教育。各级农业机械化主管部门、财政部门开展全方位宣传。农业部、财政部有关负责人在中央媒体上发布了2011年农机购置补贴答记者问，印发了12万册农机购置补贴政策解读和宣传挂图。各地也利用媒体对补贴政策进行了广泛深入宣传。同时，全国农机系统普遍开展了以"廉洁从政、遵纪守法、规范操作"为主题的反腐倡廉警示教育活动，各地还纷纷开展讲廉政党课、举办反腐倡廉主题展览，推动农机购置补贴反腐倡廉警示教育深入开展。

（五）严格监督检查，实行全程监管。农业部把2011年定为"农机购置补贴政策监管年"，精心组织实施各项活动。年初，农业部印发了《2011年农机购置补贴政策落实监督检查方案》，派出17个督导组对24个省区市进行重点督导。农业部成立联合调研组分赴7个省份，开展"解剖麻雀"式的专项核查，随机选取1个县，核实机具到位情况，深入查找问题。在全国范围内部署开展了为期3个月的专项整治活动，对存在的问题及时坚决纠正。各地农业机械化主管部门针对容易发生问题的关键环节，开展自查自纠，重点加强监管。

（六）重视案件查处，严惩违法违规。坚决果断严厉地查处农机购置补贴过程中暴露出的违法违规问题，坚持凡报必查，一查到底，一件都不放过。对查实的案件，严肃处理，绝不姑息。在全国范围内通报取消浙江艾格莱公司和保定双赢公司产品补贴资格，责成企业限期将骗取的补贴资金足额退回省财政部门，并协调公安机关依法逮捕犯罪嫌疑人员。督促各地严肃查处了一批违法乱纪企业，据统计，2011年各地共查处各类农机购置补贴违法违规案件196起，取消了30家生产企业产品补贴资格，永久取消22家经销商经营补贴产品的资格，对不法企业起到了严厉的警示震慑作用。

（七）推动改革创新，鼓励探索试点。本着积极稳妥的原则，开展补贴操作方式创新试点。一是鼓励各地下放资金结算层级，发挥基层财政部门监管积极性。内蒙古、江苏、湖南、四川、陕西5个省、自治区已将补贴资金结算层级下放到了县或市一级。二是选择部分农业生产急需的农机品目在省域内满足所有农民申购需求。山东、江苏、福建等省分别对玉米收割机、水稻插秧机重点补贴，有效促进了薄弱环节机具快速增长。三是继续推动各地采取公开摇号等方式确定补贴对象，公平公正地确定补贴对象。

农机购置补贴实施8年来，制度不断完善，操作基本规范，成效十分显著，成为实施效果最好、广大农民群众最满意的政策之一。在补贴政策的强力推动下，我国农业机械化进入了健康发展的快车道，处于历史上最好的发展时期。2004年以来，全国农机总动力连续跃上7亿千瓦、8亿千瓦和9亿千瓦三个台阶，大马力、多功能、高性能及薄弱环节农业机械增长迅速，农机装备结构不断优化；全国耕种收综合机械化水平连续六年保持2个百分点以上的增幅，并于2010年首次超过50%，实现了我国农业生产方式由人畜力作业为主向机械化作业为主的历史性跨越；农机工业持续快速发展，2011年规模以上农机工业总产值超过2 898亿元，比2003年增加1 690亿元。农机购置补贴取得了提升产业、助民增收、利农利工的一举多得的好效果，多次得到国务院领导的高度肯定，部领导也多次做出肯定性的批示。领导同志的肯定和批示既是对我们工作的认可，更是鼓舞和鞭策。我们要坚定信心，狠下决心，明确目标，狠抓落实，切实把补贴实惠不折不扣地落实到农民手中。

二、清醒认识农机购置补贴实施面临的严峻形势

农机购置补贴与现行的良种补贴、农资综合补贴、种粮直

补和渔业柴油补贴等其他农业补贴政策相比,有明显特殊性和复杂性,主要体现为两个选择:一是补贴对象有选择,农机购置补贴不是所有申请的人都能享受到,补贴对象需要合理选定;二是补贴机具种类和具体补贴产品有选择,不是市场上销售的农机产品都能享受补贴,只有农业生产急需的薄弱环节的机具,且符合先进适用、技术成熟、安全可靠、节能环保、服务到位的要求,经鉴定检测合格,并列入国家或省级支持推广目录的产品才能享受补贴。正是这两种选择性,给农机购置补贴政策的实施带来特殊性和复杂性。农机购置补贴政策实施过程中,涉及生产厂家、经销商、农民、农机部门和财政部门等多个主体,操作环节多、链条长、涉及面大,各主体都存在逐利或寻租的可能与空间,对政策实施和监管工作提出了更高的要求。

随着农机购置补贴资金规模逐年扩大,补贴机具种类范围越来越广,涉及的地域范围、农户数量及产销企业越来越多,政策实施过程中也暴露出一些矛盾和问题。一是补贴资金不能满足农业生产和农民购机需求。虽然2011年补贴资金已达175亿元,但各地普遍反映农机购置补贴规模偏小,资金缺口较大,供需矛盾突出,一些粮食主产区补贴资金仅能满足需求的50%左右,公正、公平、公开地确定补贴对象的难度仍然较大。二是补贴产品质量存在不稳定、服务不到位等现象。调查发现,少数农机企业的生产的补贴产品质量不够稳定,零部件供应不及时、维修服务不到位的现象时有发生,贻误农时,农民有意见。三是少数地区发生违法违规案件。部分农机主管部门人员经不起诱惑,接受企业商业贿赂,为企业提供方便;个别单位违规收费,违规向企业收取推广费、服务费等;部分农机生产企业、经销商违规操作,与不法人员勾结,弄虚作假,骗套补贴资金,组织倒卖机具;个别农业机械化管理人员失职渎职,不执行规定,不履行职责,疏于监管。特别是河北、广西、重庆等地农业机械化主管部门某些干部在实施农机购置补贴工作中贪污受贿,有关人员已被纪检监察和司法机关依法依纪查处。

分析产生这些问题的原因,有些问题是由客观原因造成的,如资金规模不能满足需要导致倒卖转让机具、工作经费不足导致个别单位收取推广费等;有些是主观恶意造成的,如工作人员收受企业商业贿赂、企业弄虚作假骗取补贴资金等。但总的来讲,产生这些问题的深层原因,主要是五个不到位:制度执行不够到位、监督管理不够到位、廉政风险防控不够到位、企业守法诚信经营不够到位、工作经费保障不够到位。最根本的是政策执行不力、监管不力,少数省市农机局分管领导和工作人员对自己要求不严,对下缺乏有效监督,失职渎职,甚至自身违法违纪,毁了干部、坏了政策、损了形象。

2012年中央一号文件强调要加快农业机械化,充分发挥农业机械集成技术、节本增效、推动规模经营的重要作用。在2011年底召开的全国农业机械化工作会议上,张桃林副部长在讲话中全面分析了农业机械化发展面临的形势,做出了"我国农业机械化整体处于快速发展的黄金机遇期"的重大战略判断。我国农业机械化事业正处在加快发展、改善结构、提升质量的关键时期。按照中央经济工作会议提出的稳中求进总基调,2012年农业机械化工作要好中求快,又好又快,努力做到农业机械化发展速度与结构、质量、效益有机统一。总体要求是贯穿"一条主线",推进"两个融合",突出"三个重点",坚持"四个着力",全面提高"五个水平",综合采取"六条措施","一条主线"就是依靠科技进步、转变农业机械化发展方式、提升发展质量效益;"两个融合"就是农机农艺融合、农业机械化信息化融合;"三个重点"就是调整优化装备结构布局、主攻薄弱环节机械化、推广先进适用农业机械化技术;"四个着力"就是着力落实完善政策、着力培育发展主体、着力建设人才队伍、着力强化公共服务;"五个水平"就是全面提高农机装备水平、作业水平、科技水平、服务水平和安全水平;"六条措施"就是认真做好实施扶持政策、组织农业机械化生产、推广先进技术、发展服务组织、加强质量监管、促进安全发展等六项工作,努力推进农业机械化科学发展。

农机购置补贴是促进农业机械化发展的最直接、最有效的措施,农机购置补贴实施得好,势必极大地促进我国农机装备结构优化提升,促进农业机械化持续快速健康发展,如果农机购置补贴出现的这些问题,得不到很好解决,势必影响党的强农惠农富农政策的落实、势必影响农机化发展大局、势必影响农业机械化系统的地位和形象。在座的各位是分管农机购置补贴的领导或主管处长,可以说是实施农机购置补贴的骨干力量,是执行规定、组织实施补贴政策的关键所在,岗位十分重要,作用十分重大。广西、重庆等地农机补贴出现违法违规案件,主要是主管补贴工作的局长或处长自身廉洁自律意识不强,对补贴政策的重要性认识不足,对利益诱惑缺乏有效抵制,对自己缺乏约束,对下属或下级单位缺乏严格的要求和有力监管。发生的案件令人痛心,教训值得深刻吸取。在此,我再次拜托各位,请大家务必高度警醒,严格自律,警钟长鸣,防微杜渐,管好自己和身边的人,严防权力乱用和贪污腐败问题发生。

农财两部在廉政风险防控方面,已经形成了加强监督检查、积极受理举报投诉、主动邀请纪检监察部门参与的工作机制,对违法违纪行为,做到及时发现、严厉查处。2011年以来,按照"减少行政权力、加强社会监督"的原则,农业部财政部多次深入调研,充分采纳和吸收了各方面的好意见好建议,进一步修改完善了2012年农机补贴实施指导意见。刚才,王家忠同志已经做了比较深入的解读。该指导意见总体突出了"稳定、完善、加强"的原则,稳定了政策大的方向,坚持行之有效的做法,完善了补贴机具确定、补贴额测算、信息公开等关键环节管理措施,加强了责任落实和实施监管、创新试点的措施。与往年相比,实施指导意见更加注重统筹兼顾,更加注重阳光操作,更加注重发挥市场机制作用,更加注重监督管理,为农机购置补贴政策的廉洁高效实施提供了强有力的制度保障。但我们也清醒地认识到,实施农机购置补贴政策面临的形势依然严峻,任务依然艰巨,难度依然很大,各级农业机械化主管部门的使命光荣、责任重大。务必要坚决贯彻执行党中央国务院的决策部署和农业部党组的指示要求,全面落实全国农业机械化工作会议的部署,站在政治和全局高度,把实施农机购置补贴工作作为落实党的强农惠农富农政策、促进农业机械化又好又快发展重中之重的任务,切实抓紧抓好抓出实效。

三、切实加强对农机购置补贴实施工作的组织领导

2012年中央一号文件明确强调"扩大农机具购置补贴范围和规模,进一步完善补贴机制和管理办法"。各省级农业机械化主管部门要认真学习、深刻领会中央一号文件精神,切实提高对农机购置补贴重要性的认识,一把手要负总责、亲自过问,精心组织好政策实施。2012年,实施农机购置补贴政策措

施已经明确,机制更加完善,措施更加有力,关键在于抓好各项规章制度和纪律要求的全面落实。各级农业机械化主管部门要按照张桃林副部长在全国农业机械化工作会议上讲话中提出的“四个必须”,即必须严格执行国务院、农财两部的各项规定和部署要求,必须进一步加强监管,必须大力推进廉政风险防控,必须加大惩处力度的要求,全面落实,严格落实,迅速落实,确保农机购置补贴这项利国利民的好政策不折不扣地全面落实到位。在实施农机购置补贴工作中要切实抓好以下各项工作:

(一)严格落实责任。实施农机购置补贴是党中央、国务院强农惠农富农政策的重要内容。实施好农机购置补贴是各级农业机械化主管部门一项政治任务,也是一种政治责任。大家一定要提高认识,切实增强使命感和责任感,要把实施好农机购置补贴作为当前农业机械化工作的重中之重,进一步加强组织领导,狠抓工作落实。在全国农业机械化工作会议上,农业机械化管理司与38个省级农机化主管部门(含兵团、农垦和计划单列市)签署了落实农机购置补贴政策工作责任书。各地也要层层签订责任书,形成一级抓一级、层层抓落实的责任机制。要结合各地实际,补充完善责任书的各项内容。要加强责任书落实情况的监督,对于责任不清、屡屡发生问题的地方,要采取约谈、通报批评、行政问责、扣减甚至暂停拨付下年度补贴资金等惩治措施。

(二)严格执行规定。通过各级农业机械化主管部门的共同努力,初步建立了比较完善的农机购置补贴管理制度体系,主要包括三个部分,一是以农财两部《农业机械购置补贴专项资金使用管理暂行办法》和年度实施指导意见以及相关文件为主要内容的管理制度,二是以“补贴产品推广目录制、补贴经销商生产企业自主选择制、管理过程监督制、受益对象公示制、实施成效考核制”为主要内容的操作程序,三是以“三个严禁、四个禁止、八个不得”为主要内容的纪律规定。各级农业机械化主管部门要严格遵守,坚决执行,真正做到按制度办事,按程序操作,按纪律行动。当前要严格按照年度实施指导意见的规定,结合实际合理制定本省实施方案,做好非通用类补贴额测算和本省(区、市)补贴额一览表制定工作。拟开展创新试点的省份,要认真制定方案,报经农财两部批复后才能正式实施。在实施过程中,要严格依法依规依程序操作,绝不允许擅自变更,绝不允许有令不行、有禁不止,更不允许违法乱纪、以权谋私。

(三)严格加强监管。2012年要继续抓好补贴监管工作,各省、区、市要制定年度监管督查方案,加强对各地补贴实施情况的督导检查,组织市、县两级开展专项检查和重点抽查,严查套取补贴资金、乱收费及委托经销商办理手续等违规行为。要与财政部门紧密合作,邀请同级纪检监察部门全程参与,建立多部门联合监管机制。要建立健全农机购置补贴信访投诉举报受理的工作制度,实行投诉举报首问负责制,指定专人受理群众投诉举报。对群众举报提供的重要线索,要认真核查处理,涉嫌跨区域违法违纪的,要及时向农业部报告。要注意掌握各类违规违纪案件查处进展,及时上报有关情况。2011年农业部对部分省启动了行政问责,督促地方政府严厉追究失职渎职人员责任。各省、区、市也要建立健全行政问责机制,问题出现要真正做到不姑息、不护短,积极主动配合有关部门严肃查处;对问题较大的县市在全省农机、财政系统进行通报,抄送省级纪检监察部门,并建议对相关责任人按规定给予党纪政纪处分;情节严重构成犯罪的,移送司法机关处理。

(四)严格自律履职。深入推进农机购置补贴廉政风险防控机制建设,以制约权力、严守法纪、规范操作为重点,覆盖权力运行全过程,完善“教育、制度、监督、改革、纠风、惩治”并重的腐败惩防体系,确保廉洁实施。2012年各级农业机械化主管部门要继续开展反腐倡廉警示教育活动,不断丰富活动形式,拓展活动内容,以一些地区在农机购置补贴政策实施过程中暴露出的违法违纪案件为反面教材,教育和警示各级农业机械化主管部门干部职工。大力推进信息公开,树立“公开为原则,不公开为例外”的工作理念,凡是已开通政府网站的各级农业机械化主管部门,都应在本部门主管的网站上开辟农机购置补贴政策信息公开专栏,对所有可以公开的信息集中进行公开,尚未开通网站的农业机械化主管部门要建立专门网页公开相关信息。要加强政策宣传,把政策宣传贯穿全年农机购置补贴工作始终,明确宣传重点,精心策划选题,增强宣传效果。督促各地建立健全县级农机购置补贴工作机制和内部约束机制,要成立由县领导牵头,人大、政协、纪检监察、财政、农机、公安、工商、农口相关部门参加的县级农机购置补贴工作领导小组,共同研究确定补贴资金分配等事宜。

(五)严格惩处违规。严格执行农业部及省级农业机械化主管部门关于补贴产品生产及经销企业监督管理有关规定,始终保持高压态势,重拳打击各类违法违规行为,发现一起严查一起,绝不姑息。对参与违法违规操作的经销商,及时列入黑名单并予公布,被列入黑名单的经销商及其法定代表人永久不得参与补贴产品经销活动。对参与违法违规操作的生产企业要及时取消其产品的补贴资格。产销企业非法侵占的补贴资金应足额退回财政部门;对违规违纪性质恶劣的生产或经销企业,建议工商部门吊销其营业执照;情节严重构成犯罪的,移交司法机关处理。

(六)严格绩效考核。农业部将制定农机购置补贴绩效管理工作考核办法,考核内容涉及农机购置补贴实施全过程,将重点考核组织建设、制度建设、廉政建设、政策实施、投诉处理、领导重视、管理创新、工作成效、工作部署、社会评价等10个方面情况。农机购置补贴绩效管理工作考核办法的制定,充分考虑了近年来补贴工作实施成功经验,突出实施成效,强化规范管理,注重发挥导向作用。通过对各省区市补贴工作情况的量化考核,为科学客观评价各地工作开展情况提供有效依据。绩效考核结果将与资金安排挂钩。各地也要逐级建立补贴工作考核机制,通过科学考核引导农机购置补贴政策规范、高效、廉洁实施。

农机购置补贴政策来之不易,作用巨大。这项政策的实施事关我国农业机械化又好又快发展,事关农业现代化进程,事关“三化”同步推进和经济社会发展的全局。我们要认真贯彻落实2012年中央一号文件精神,以对党和人民高度负责的态度,实施好农机购置补贴政策。要始终保持清醒的头脑,树立政治意识、大局意识和忧患意识,如履薄冰尽职责、心无旁骛抓落实、创先争优求绩效,严肃纪律要求不松懈、严格执行规定不走样、严厉惩处违规不手软,落实扶持农业机械化发展的好政策、维护农机化系统的好形象、巩固农机化发展的好形势,进一步规范、廉洁、高效地把这项强农惠农富农的好政策实施好、落实好。

在全国农业机械化科技创新与推广行动启动仪式上的讲话

（2012 年 3 月 8 日 · 河南许昌）

农业部农业机械化管理司司长　宗锦耀

为认真贯彻 2012 年中央一号文件精神，加快推进农业科技进步，按照《全国农业科技促进年活动方案》的要求，农业部决定实施全国农业机械化科技创新与推广行动。这是我国农业机械化科技发展史上具有里程碑意义的一件大事。开展送农业机械化技术下乡活动，举办春耕生产农业机械化技术培训暨保护性耕作技术培训，观摩农机具现场演示等系列活动。

党中央、国务院历来高度重视农业科技和农业机械化发展。毛泽东同志早就指出："农业的根本出路在于机械化"。党的十七届三中全会决定强调："农业发展的根本出路在于科技进步"。2012 年中央一号文件提出，农业科技是确保国家粮食安全的基础支撑，是突破资源环境约束的必然选择，是加快现代农业建设的决定力量，具有显著的公共性、基础性、社会性。文件强调，要坚持着眼长远发展、面向产业需求的基本方向；坚持增产增效并重、良种良法配套、农机农艺融合、生产生态协调的基本要求。要突出农业科技创新重点，完善创新机制，改善创新条件，增强基层农技推广服务能力，推动家庭经营向采用先进科技和生产手段的方向转变。同时强调要加快发展农业机械化，充分发挥农业机械集成技术、节本增效、推动规模经营的重要作用；积极探索农业全程机械化生产模式。这些精辟论断为我国农业科技进步和农业机械化发展指明了方向，明确了任务，提出了新的更高的要求。我们一定要认真学习、深刻领会、贯彻落实。

农业机械是现代农业的物质基础。农业机械化科技是农业科技的重要内容，是农业科技的物化和重要载体。农业机械化技术是一项综合性强、涵盖面广的复杂工程技术，不仅涉及农业装备科技进步，也与生物、工程、信息、环境技术等密切相关。加快推进农业机械化科技创新与推广，对于提高土地产出率、资源利用率和劳动生产率，增强农业综合生产能力、抗风险能力和市场竞争力，促进农业技术集成化、劳动过程机械化和生产经营信息化，改善农业生产条件、农民生活质量和农村生态环境，实现中国特色的农业现代化都具有十分重要的意义。

当前，我国正处在传统农业向现代农业转变的关键时期。在工业化、城镇化深入发展中同步推进农业现代化是我们面临的重大任务。如何解决谁来种地、怎样种好地是我们面临的重大问题。只有实现农业机械化才能实现农业现代化；只有培育以农机手为主体的新型职业农民，才能解决好劳动力结构性短缺的矛盾，解决好谁来种地的问题；只有依靠以生物技术和农业机械化技术为主导的多种技术集成化的农业科技进步，才能不断提高劳动生产率、土地产出率、资源利用率，构建高产、优质、高效、生态、安全农业发展要求的技术体系，才能解决好怎样种好地的问题。目前，我国农业生产已经进入以机械化作业为主的新时代。依靠科技进步，转变发展方式，推动农业机械化科学发展，是我们面临的新任务和新要求。我们一定要抓住机遇，乘势而进，求真务实，埋头苦干，肩负起时代赋予我们的历史使命，努力开创农业机械化科学发展的新局面。

我们在河南省许昌市举办"全国农业科技促进年—农业机械化科技创新与推广行动"启动仪式，标志着全国农业机械化系统科技创新与推广行动的全面启动。希望各地要认真贯彻 2012 年中央一号文件精神，按照农业部《全国农业机械化科技创新与推广行动方案》的部署，结合本地实际，细化工作方案，明确目标任务，加强组织领导，创新工作机制，落实扶持政策，增加科技投入，扎实做好农业机械化科技创新与推广行动的各项工作，使这项行动取得丰硕成果，为促进农业机械化又好又快发展，加快推进农业科技进步，持续增强农产品保障供给能力，实现中国特色的农业现代化做出新的更大的贡献。

在 2012 年全国农业机械化生产管理工作座谈会上的讲话

（2012 年 4 月 15 日 · 湖南长沙）

农业部农业机械化管理司司长　宗锦耀

山西、江苏、安徽、河南、山东、湖北、湖南等 7 个省份农机管理局的有关负责同志，分别从落实扶持政策、发展农机合作社、报送生产信息以及推进小麦、玉米、油菜、水稻生产机械化等方面，进行了典型经验介绍。

下面，我讲三点意见：

一、认真总结农业机械化生产工作的成效和经验

2011 年是"十二五"开局之年。各级农业机械化主管部门以落实购机补贴政策为抓手，推动了农机装备结构持续优化，农机作业规模不断扩大，农机作业水平进一步提高。预计 2011 年全国农机总动力达到 9.77 亿千瓦，增幅达 5.3%。全年完成机耕、机播、机收面积分别为 16 亿亩、10.9 亿亩、9.9 亿亩，农作物耕种收综合机械化水平达到 54.8%，比上年提高了 2.7 个百分点。2011 年农业机械化生产保持了健康快速推进的好势头，表现出以下四个特点：

（一）农时季节机械化生产有序进行。各地发挥农机在农业生产的主力军作用，机具投入充足，全力以赴加快机械化作业进度,保障了"春耕"、"三夏"、"三秋"等农事活动顺利进行。春耕期间,全国累计投入2 281多万台(套)农机具进行耕整、机播、浇地等机械化作业,共完成机耕6.4亿亩、机播5.2亿亩、抗旱浇灌0.8亿亩,为全年粮食生产开局奠定了坚实的基础。"三夏"期间,各地共投入1 400多万台(套)农机具参加冬小麦抢收和夏玉米抢种作业,其中稻麦联合收割机50万台,完成机收小麦2.88亿亩。河南、山东、安徽、江苏、河北五大小麦主产区的机收水平均超过96%,麦收进展平稳顺利,秩序为近年来最好的一年。"三秋"期间,全国投入秋收、秋种、秋整地作业的各类农机具2 900万台(套),为夺取全年粮食丰收发挥重要作用。全年共完成农机深松整地1.6亿亩,比上年增加2 100万亩,促进了农业综合生产能力不断提高。

(二)粮食作物机械化生产水平快速提高。预计2011年小麦、水稻、玉米综合机械化生产水平分别达到93%、65%、71.5%,较上年增长1.7个、4.5个和6.5个百分点。水稻机插、玉米收获等薄弱环节机械化生产发展势头迅猛,成为2011年农业机械化生产的突出亮点。机插秧总面积首次登上1亿亩的新台阶,水稻机械化种植水平超过26%,比上年增加5个百分点;玉米机收面积达到1.7亿亩,玉米机收水平达到33.5%,比上年增加8个百分点,山东、河北、河南等玉米生产大省已经连续两年增幅超过7个百分点,进入了快速发展的"快车道"。

(三)农机服务组织持续发展壮大。我国专业化、规模化的农机服务组织迅速增加,实力进一步增强。预计2011年全国农机户已发展到4 100万个,其中拥有农机原值50万以上的农机大户5.1万个,同比增加22%;农业机械化作业服务组织17万个,其中拥有农机原值50万元以上的1.9万个,同比增长24%;农机专业合作社2.7万个,同比增加26%。2011年农机服务经营收入达到4 400亿元以上,同比增长6%。以农机合作组织为龙头,农机大户为主体,农机户为基础,农机中介组织为纽带的农机社会化服务体系初具规模。

(四)农机跨区作业不断拓展领域。2011年农机跨区作业规模进一步扩大,领域进一步拓展。全年共完成跨区作业面积4.7亿亩,同比增加8.5%,其中跨区机收面积3.5亿亩。跨区机收小麦的联合收割机32万台,比上年增加2万台。农机跨区作业领域已经从机收环节扩展到机耕、机播玉米、机插秧等。农机跨区作业,有效地提高了农机具使用效率,成为我国农机化生产的主要模式之一。

2011年我国粮食总产量达到11 424亿斤(2斤=1千克,全书同),比上年增产495亿斤。粮食总产跨上1.1万斤新台阶,实现了半个世纪以来首次连续八年增产。我国粮食生产"八连增",离不开机械化生产方式的作用和贡献,体现四个方面:一是稳面积,解决了农业劳动力结构性短缺的矛盾,保护了农民种粮积极性,为稳定粮食生产面积发挥了基础作用。二是增单产,促进了先进适用农业科技成果的转化应用,提高了土地产出率,为提高粮食单产水平发挥了关键作用。三是抢农时,加快了农作物抢收抢种进度,提高了劳动生产率,在重要农时的粮食生产中发挥了主力作用。四是防灾害,提供了农业防灾减灾的装备支撑,增强了农业抗风险能力,为实现粮食生产抗灾夺丰收发挥了保障作用。

总结各地推进农业机械化生产的成功做法和经验,可以用"五个坚持"来概括:

一是坚持行政推动,加大扶持力度。各级农业机械化主管部门高度重视农业机械化生产工作,加强组织领导,明确目标任务,落实工作责任。农业部在2011年的春、夏、秋、冬四季,先后印发了四个通知,分别对春耕、"三夏"、"三秋"、冬修等重点机械化生产工作进行部署,并通过召开现场会等形式,对重要农时的机械化生产进行再动员。各级政府不断加大农业机械化生产的政策扶持和资金投入力度,2011年中央财政安排农机购置补贴资金175亿元,极大地调动了农民购机用机积极性。河北等12个省(市)争取了10.5亿元农机深松整地作业补贴,有效地扩大了深松整地技术的应用面积。江苏、四川等省发放"农机优先优惠"加油卡,保障了农机作业用油,受到机手和农民的欢迎。山西省政府召开了山西省农机跨区作业指挥中心领导组工作会议,对农机跨区作业进行了周密的部署,推动农业机械化生产从部门行为上升为政府行为。

二是坚持市场拉动,提高经营效益。农业部统一印制并免费向机手发放《联合收割机和插秧机跨区作业证》36万张,通过中国农业机械化信息网公开发布小麦、水稻、玉米跨区机收作业市场信息,与福田雷沃公司合作建立的全国农机跨区作业信息服务中心无偿发送服务短信2 079万条次,为广大农机手和用户搭建供需对接平台,提高了农业机械化生产组织化程度。山东省共签订玉米机收作业合同6 000余份,组织3.5万台玉米联合收获机参加跨区机收,作业面积1 500多万亩,全省玉米机收作业收入达23亿元。河南省农机合作社已成为农业生产的生力军,全省4 100多个农机合作社,服务农户450万户,社均作业面积2.3万亩,社均服务收入82.7万元。

三是坚持示范带动,拓展辐射范围。农业部继续抓好主要农作物机械化生产示范项目的启动和建设工作,2011年在建示范县达到209个。各有关省也积极启动省级、市级机械化生产示范点和示范区建设,以点带面,梯度推进,大力推广和集成示范先进适用农业机械化生产技术。湖南省在47个部、省级机插秧项目县投入资金770多万元,建立水稻育插秧机械化技术示范点647个。全省2011年新增插秧机3 550台,超过历年推广总和,完成机插秧面积311万多亩。福建省开展省级水稻机插秧示范基地建设,每个基地给予30万元项目建设资金,培养带动了一批技术骨干和机插秧服务专业户,机插面积66.7万亩,较上年增长73%。内蒙古自治区围绕玉米、马铃薯、牧草等优势作物,大力开展农业机械化示范园建设,全区新建农业机械化示范园115个,建设总数450个,辐射带动作业面积1 500万亩。

四是坚持机艺联动,完善技术路线。各地积极探索农机农艺融合的工作机制,初步形成了农艺农机相适应的技术体系,大力提高农业生产标准化、规模化、组织化程度,为农业机械化生产创造条件。农业部组织有关农机、农艺专家开展研讨,制定了玉米、甘蔗生产机械化技术指导意见,完善了玉米、甘蔗生产机械化技术体系和操作规范。安徽省农机、农业部门共同组成玉米生产技术指导小组,对播种、施肥、植保、收获等环节进行统一和规范,为大规模的机械收获创造了条件。湖北省成立油菜生产机械化技术专班,从农时、茬口、种子、施肥等方面联合攻关,在油菜直播机械技术研发和推广方面获得重大突破。

五是坚持宣传促动,营造良好氛围。各地通过召开多种形式的观摩会、长势会、测产会,大力宣传农业机械化生产技术"增产、创收、省时、省力"的优点,提高了广大农民的用机积极性。各地不断加大了农业机械化新闻宣传力度,展示了农业机械化生产工作的新突破、新亮点、新成就,振奋了精神,树立了形象，优化了环境，为农业机械化生产营造了良好的社会氛围。特别是在“三夏”期间，中央电视台等主流媒体对农机跨区作业进行多角度、高密度的宣传报道，在社会上引起了较大反响。陕西省农机局相关负责人，曾多次走进省广播电台直播室，宣传“三夏”农机作业和农机购置补贴优惠政策，现场接听热线，解答群众各类问题。安徽省狠抓农机化生产信息报送工作，加大人员培训和工作投入，完善考评制度，为领导及时提供工作动态和决策参考。

二、深入分析当前农业机械化生产工作面临的形势和任务

农业机械化生产是运用农机装备进行农业生产的具体过程，是农业机械化的实现形式，是现代农业的主要生产方式和重要标志。当前，我国已经进入传统农业向现代农业迈进的关键时期，国情、农情、机情的发展，对农业机械化生产提出了新的任务和要求。一是从经济社会发展全局（国情）上看，组织好农业机械化生产，是同步推进工业化、城镇化和农业现代化，实现“三化同步”的迫切需要。中央连续第九年出台中央一号文件，强农惠农富农政策力度进一步加大，充分调动了各方面抓好农业生产的积极性，为农业机械化生产营造了良好的外部环境。与此同时，随着农村青壮年外出打工日益增多，向二三产业转移步伐加快，我国农业劳动力在结构上呈现出供给相对不足的矛盾，在观念上也更加期待有体面的劳动和有尊严的生活，对机械化作业的内在需求也日益增加。只有实现农业机械化才能实现农业现代化。为建设小康社会，实现城乡统筹发展，都必须加快推进农业机械化生产。二是从保障农产品供给（农情）上看，组织好农业机械化生产，是解决“靠谁种地”和“怎样种地”问题，保障粮食安全的迫切需要。2012年农业部着眼于经济社会发展全局和农业生产资源保障条件，提出了“夏粮增产、早稻增产、秋粮稳定”的目标，要求上下共同努力，确保“九连丰”，力争“九连增”。当前，我国农业综合机械化水平已经超过50%，实现了千百年来农业生产以人畜力为主向机械化为主的历史性跨越。这意味着，机械化生产方式日益成为农业生产的主导方式，广大农机手日益成为从事粮食生产的主力军。只有依靠以农业机械为载体和引领，生物、工程、信息、环境等多种技术集成化的农业科技进步，才能不断提高劳动生产率、土地产出率、资源利用率，构建高产、优质、高效、生态、安全农业发展要求的技术体系。为实现粮食增产、农业增效、农民增收的目标，都必须加快推进农业机械化生产。三是从农业机械化发展进程（机情）上看，组织好农业机械化生产，是落实农业机械化扶持政策，展现农业机械化系统工作成效的迫切需要。发展农业机械化生产，是农业机械化的出发点和落脚点。购机补贴等农业机械化扶持政策和示范项目的实施效果，最终要体现在农机作业水平的提升和服务领域的拓展上。2012年中央一号文件对加快发展农业机械化提出了新的更高的要求，强调要“探索农业全程机械化生产模式”，充分发挥农业机械在集成技术、节本增效、推动规模经营上的重要作用。为拓展农机作业领域，提高农机服务水平，都必须加快推进农业机械化生产。

我们应当清醒看到，农业机械化生产还面临不少困难和问题，突出表现在三个方面：一是成本上升对农业机械化生产的压力日益加大。首先国际油价波动加剧，价格呈不断走高趋势。特别是2012年2月、3月两次大幅度上调柴油价格，据农业部监测，目前0号柴油零售价持续走高，每吨已达9 409元，同比上涨1 040元，涨幅12.4%。涨价幅度之大为近年少有，市场价格之高为历史之最。其次是劳动力价格上涨，据前期了解，雇用一名联合收割机驾驶操作员的日工资由往年的每天150元左右，涨至2012年的200元左右。农机作业成本高位运行，将直接影响了农机的作业效率和收益水平，农机手外出作业积极性受到一定程度挫伤。二是气候变化对农业机械化生产的影响日益加深。受环球气候变化的影响，近年来干旱、暴雨、洪涝等极端性气象灾害在我国呈现易发、多发、重发态势，对农业生产影响很大，对农机防灾抗灾的范围、规模、时效提出了越来越高的要求。由此气候异常造成的农作物成熟时间变化，将引起局部地区的农机供需失衡，容易出现农民争机抢机现象，农机跨区作业的组织难度明显增大。三是基础条件对农业机械化生产的制约日益显现。很多地方的机耕道、场库棚、维修网点等农业机械化基础设施建设滞后，农机下田难、停放难、维修难等问题还比较严重，加上土地分散经营造成的田块细碎等因素，严重影响了农机具使用效率的提高，阻碍了农业机械化生产的顺利进行。

党中央、国务院审时度势，将稳中求进确定为2012年经济社会发展的总基调，这也是指导当前和今后一个时期“三农”工作的基本要求。我们要以“稳中求进、好中求快”为指导思想，切实抓好当前和今后一个时期的农业机械化生产管理工作。首先要把握“稳中求进”的总基调。稳是基础，进是方向。“稳”是夯实基础，稳扎稳打，就是要保持农业机械化水平稳步提高的好势头。特别是2011年机插秧、深松整地发展很快，2012年既要巩固成绩不滑坡，还要站稳脚跟不反复，不得退回人工抛秧和小四轮旋耕的老路子。“进”是乘势而上，统筹推进，就是要在作业水平有新进展，薄弱环节有新突破，服务领域有新拓展。大力推进主要农作物生产全程机械化，积极推进养殖业、林果业、农产品加工业生产机械化。其次要突出“好中求快”的主旋律。好是前提，快是目标。“好”，就是作业质量好、市场秩序好、机手效益好。依靠购机补贴，我们初步解决了农机具“买得起”的问题，但还需要通过加强技术服务，努力做到农机具“用得好”，最终达到农机作业“有效益”，实现机手和农户双赢，建立起推动农业机械化生产发展的长效机制。“快”，就是把握工作的方向、力度、节奏，加快提高农业生产综合机械化水平。与现代农业的要求相比，与农民群众的期待相比，我国农业机械化生产落后差距仍然很大，农机作业水平仍有很大提升空间，尤其是丘陵山区农业机械化进程仍需要加速推进。我们一定要有“等不起”的紧迫感，“慢不得”的危机感，“坐不住”的责任感，只争朝夕，满足广大农民对机械化作业的迫切需要。

《国民经济和社会发展十二五规划纲要》《现代农业发展规划（2011—2015）》《全国农业和农村经济第十二个五年规划》以及2012年中央一号文件相继出台，都对农业机械化生产提出了明确要求，强调要加快推进农业机械化，在“十二五”期末耕种收综合机械化水平达到60%左右。目标已经明确，关键要抓落实。我们要把握“稳中求进”总基调，奏响“好中求快”主旋律，突出抓好重要农时、重点作物、关键环节、主要产区等四个着力点，全推进农业机械化生产各项任务的顺利完成。

一是唱好重要农时机械化生产的“四季歌”。农业机械化生产与农时季节紧密相连，贯穿于春、夏、秋、冬一年四季。各级农业机械化主管部门要结合本地实际，提前对各个主要农时季节的机械化生产活动进行部署和安排。春季机械化生产要突出一个“闹”字，积极动员农机下田闹春耕，打好全年农业生产第一仗。夏季机械化生产要突出一个“抢”字，精心组织农机开展跨区作业，搞好“三夏”和“双抢”生产，抓好机械化夏收、夏种和夏管，抓紧完成抢收抢种工作，为当年农业生产赢得宝贵农时。秋季机械化生产要突出一个“保”字，全力组织农机投入“三秋”生产，保障秋收、秋种、秋整地机械化作业顺利进行，努力夺取全年粮食丰产丰收。冬季机械化生产要突出一个“修”字，利用冬闲的有利时机，认真组织开展机具的检修与保养工作，为来年农业机械化生产打下坚实基础。

二是演好重点作物机械化生产的“重头戏”。保障农产品有效供给始终是农业系统的头等大事，提高粮食生产机械化水平始终是农业机械化主管部门的首要任务。广大农机手要在粮食生产这场大戏中唱主角。在小麦生产已基本实现全程机械化的基础上，当前要集中力量推进玉米、水稻等粮食作物生产全程机械化，为稳定粮食播种面积、提高粮食单产水平、夺取粮食丰产丰收提供扎实的装备和技术支撑。经济作物地域性强，经济价值高，对农民增收贡献大。在抓好粮食生产机械化的同时，各地要围绕当地特色产业，努力提高油菜、马铃薯、花生、棉花、甘蔗等作物的播种与收获机械化水平，实现粮食作物与经济作物生产机械化协调发展，共同推进，这对于全面提高农业综合生产能力，促进农民持续增收具有重要意义。要研究建立农业机械化作业水平考评机制，组织开展主要农作物生产全程机械化创建活动，加大政策扶持力度，鼓励有条件的地区率先实现全程机械化。

三是奏好关键环节机械化生产的“最强音”。农业机械化生产包括耕整、播种、收获以及烘干等主要环节，环环相扣。找准薄弱环节，突破瓶颈制约，是提高耕种收综合机械化水平的关键所在。“十二五”期间，要突出重点，集中力量，主攻以下几个农业机械化生产的薄弱环节：在耕整地环节，通过示范项目带动，重点在适宜地区开展农机深松整地作业或推广保护性耕作技术；在播种环节，通过购机补贴、作业补贴等扶持政策，重点提高水稻、油菜机械化栽植水平；在收获环节，借助农机跨区作业等形式，重点推进玉米、甘蔗、棉花收获机械化；在烘干环节，依托农业产业化龙头企业、农机专业合作社带动，重点推进水稻产地烘干机械化。各地要不断创新农业机械化生产的服务模式，拓展服务领域，将耕种收环节机械化向产前、产中、产后全过程机械化延伸。

四是弹好主要产区机械化生产的“协奏曲”。由于自然禀赋、经济条件不同，各地农业机械化生产进程必然存在先后差异。平原地区起步较早，发展较快，水平较高，处于领先地位。丘陵山区基础较差，发展较慢，水平较低，与平原地区差距不断扩大，区域发展不平衡的问题日益突出。但我们也要看到，差距越大，发展的潜力也越大。我们要围绕优势农产品区域布局，因地制宜的制定区域农业机械化生产发展重点，统筹兼顾，协调推进我国不同地区农业机械化发展。东北地区要推进水稻、玉米、马铃薯、大豆等粮食作物生产全程机械化，着力提高深松整地机械化水平。华北平原地区要重点巩固小麦生产全程机械化发展成果，扩大花生机械收获面积，提升玉米收获机械化水平，率先实现玉米生产全程机械化。长江中下游地区要重点普及水稻育插秧机械化技术，加大油菜直播机械和联合收获机械推广力度，加快推进水稻、油菜生产全程机械化。南方低缓丘陵区要重点提高水稻、油菜栽植与收获机械化水平，加快突破甘蔗收获机械化“瓶颈”制约。西南丘陵山区要推进山区主要粮油作物和特色农产品生产机械化，大力发展草食畜牧业生产机械化。黄土高原及西北地区要加快发展玉米、马铃薯、棉花等作物和林果业生产机械化，大幅提高棉花采摘机械化水平和农用航空服务能力。

农业机械化生产是服务农业、服务农民的重要工作，也是展现农业机械化系统风采的巨大舞台，抓好农业机械化生产工作意义十分重大，任务十分艰巨。面对新形势新要求，我们要切实增强做好农业机械化生产工作的紧迫感、责任感，进一步深化认识，理清思路，明确任务，加快推进。

三、进一步明确2012年农业机械化生产工作的目标和措施

2012年是实施“十二五”规划的承上启下之年，也是党的十八大召开之年，经济需要一个好形势，社会需要一个好环境。扎实做好农业机械化生产管理工作，具有十分重要意义。2012年农业机械化生产的工作目标是：各个农时季节的机具投入总量进一步增加，作业秩序进一步优化，作业效益进一步提高，关键环节的作业水平有新突破，农机社会化服务有新进展，力争全国农业耕种收综合机械化水平提高2个百分点、水稻机械化栽植水平达到28%，玉米机械化收获水平达到38%。

为完成2012年农业机械化生产任务，各地要做好以下七个方面工作：

第一，要加强组织领导。各地要将机械化生产工作摆上重要议事日程，制定年度工作方案，早安排、早行动，精心组织“春耕”、“三夏”、“双抢”、“三秋”等重要农时季节机械化生产。要把农机作业水平列为农业机械化工作的重要考核指标，与资金、项目安排挂钩。要整合资源，落实责任，调动农机管理、推广、培训、维修、监理等方面的力量，形成推动农业机械化生产发展的合力。

第二，要落实扶持政策。各地要加紧实施购机补贴政策，努力增加作业机具供给，及时送机下乡，满足生产作业需要。要积极争取农机深松整地、水稻机插、玉米机收等作业补贴资金，提高农机手的作业积极性。要加大协调财政、税务、交通等有关部门，落实对从事田间作业的拖拉机免征养路费、对农机作业服务组织和农机维修免征所得税，以及农机跨区作业免费通行等扶持政策，降低农业机械化生产成本。要主动加强与石油石化部门协调，建立农用柴油需求调度和保供机制，推广发放农机加油IC卡的做法，保障农忙季节农机优先优惠用油。

第三，要培育市场主体。各地要加大政策支持力度，鼓励农机专业合作社、农机作业公司、农机协会等积极参加农业机械化生产，发挥其市场信息灵、组织能力强、服务质量好等特点，大力推广订单作业、承包作业、“一条龙作业”和“场县共建”等服务方式，提高农业机械化生产的组织化程度。充分发挥农机跨区作业能手、全国农机社会化服务示范点和示范组织的品牌效应，着力打造一批明星服务队、服务标兵，提高农业机械化生产的品牌化水平。

第四，要加强信息引导。各地要加大对小麦、玉米、水稻机收等农机作业市场的摸底调查，充分利用好中国农业机械化信息网“农机跨区作业服务直通车”系统，做好机具供需、作业进度、作业价格等市场信息的收集、分析和发布工作，及时为广大农民、农机手和农机企业免费提供有效的信息服务，引导机具有序流动作业。要加强农业机械化生产信息统计工作，认真执行《农业机械化生产信息报送制度》，按时上报最新的作业进度和工作动态，为调控农机作业市场提供科学的依据。

第五，要注重保障服务。各地要在重要农时季节，积极组织农机技术人员深入乡村和生产一线，积极开展机械保养维修、操作技能、安全生产等知识培训和巡回指导，确保机具和机手以良好状态投入农业机械化生产。加大排查整治事故隐患，及时妥善处理农机事故，保障安全生产。要加强有关部门协调配合，建立农机跨区作业接待服务站，做好机手接待、机具调度、作业安排、维修供油以及有关后勤服务等工作，及时向机手发放当地跨区作业信息资料，介绍作业价格、作业常识、维修供油服务网点、政策法规等相关资讯。

第六，要抓好抗灾救灾。各地要立足抗大灾、抗多灾，未雨绸缪，提前制定农机抗灾救灾工作预案。要加强与气象部门沟通，掌握极端性天气预报，及时启动应急预案，做到科学防灾、有序抗灾、高效救灾，最大限度减少灾害损失。要努力提高农业抗灾救灾物资装备水平，加大节水灌溉、移动式灌溉、保护性耕作、深松整地等农业机械化新技术、新机具的示范推广力度，努力提高农业防灾减灾能力。有关地区2012年要组织农机服务组织做好集中育秧、坐水种、"一喷三防"等防灾减灾工作，立足抗灾夺丰收。

第七，要营造良好氛围。各地要充分利用电视、广播、报刊、网络等各类新闻媒介和宣传渠道，把握关键农时、突出重点区域、集中展示农机化在促进"粮食增产、农业增效、农民增收"中发挥的作用。通过加强新闻宣传，挖掘新亮点，营造新热点，提高社会关注度，争取各部门支持，为农业机械化生产管理工作创造良好氛围。

还有40天左右，小麦主产区即将拉开跨区机收大会战的帷幕，黄淮海地区的玉米机播等夏种工作也将随即展开。组织好"三夏"农机跨区作业，对于实现夏粮丰产丰收，打好秋粮生产基础，力争全年粮食取得好收成，至关重要。

受春季低温偏低的影响，2012年冬小麦生育期推迟，将出现收获期集中情况。预计2012年夏收夏种的农时会更加紧、抢收抢种的任务会更加重，跨区作业的组织难度会更加大。在此，我对2012年的"三夏"机械化生产提三点要求：一要在前期准备上下工夫。认真做好免费发放农机跨区作业证工作，严格发放程序，做好发放记录，逐级登记备案。及早指导农民机手保养、调试和检修联合收割机，开展操作技能、安全生产等知识培训。以"作业区域清晰、服务半径适度、服务对象牢固、作业收益稳定、机具转移顺畅"为目标，协调落实作业任务，签订作业合同，推动派机方与引机方建立长效合作机制。二要在宏观调控上下工夫。麦收开始后，各小麦主产区要设立24小时值班电话，建立"三夏"跨区机收小麦日报制度。准确统计小麦机收作业进度和机车分布状况，及时发布进度、价格、需求等跨区作业市场信息，促进联合收割机合理流动。力争2012年参加"三夏"麦收的稻麦联合收割机稳定在49万台，其中跨区作业的稳定在32万台，进一步加快小麦机收、玉米机播的作业进度，提高作业质量。三要在部门协作上下工夫。各地农业机械化主管部门要在当地党委、政府的统一领导下，加强与相关部门配合与协作，建立起责任明确、部门配合、指挥有力的组织管理体系。与发展改革、商务部门和石油石化企业加强协调，增加重要农时季节和用油集中地区的资源调度，保障农用柴油供应和价格秩序。与公安、交通管理部门密切配合，落实减免车辆通行费的优惠政策，维护联合收割机转移秩序。与气象部门加强沟通，密切关注天气变化，启动应急预案。对农机企业加强指导，做好配件供应和售后服务，履行农机产品三包服务承诺。

加快推进农业机械化，是人民的愿望、时代的要求、历史的必然。各级农业机械化主管部门要树立"如履薄冰尽职责、心无旁骛抓落实、创先争优求绩效"的工作作风，以昂扬的精神状态、扎实的工作作风，全力做好农业机械化生产管理工作，以优异的成绩迎接党的十八大的胜利召开！

在全国农业机械化技术推广站长会上的讲话

（2012年6月12日·山东青岛）

农业部农业机械化管理司司长　宗锦耀

张桃林副部长的讲话，充分肯定了全国农机推广系统在促进农业机械化又好又快发展以及现代农业建设进程中地位和重要作用，科学分析了当前及今后一段时期农业机械化技术推广工作面临的新形势、新机遇、新任务，对农业机械化技术推广工作作出了重大部署。张桃林副部长的讲话高瞻远瞩、立意深远，是指导当前和今后一段时期全国农业机械化技术推广工作的纲领性文件。下面，我就贯彻落实这次会议精神，再强调三点意见。

第一，要认真领会中央一号文件精神，落实好"一个衔接、两个覆盖"政策措施。各地要积极争取将基层农机推广机构人员经费和工作经费纳入财政预算，实现基层农机推广人员工资待遇与当地事业单位平均收入相衔接。将独立建站的县级农机推广机构纳入基层农技推广体系改革与建设示范县项目实施范围，在农业技术推广机构条件建设项目中适当增加农机推广设施设备投资或乡级农机专业站建设数量，支持一定比例的乡级或区域性农机独立专业站开展办公场所、办公条件、基础设施设备等条件建设。争取落实中央、省、市、县财政对农机推广工作的按种养面积、分级投入机制，切实提高基层农机推广机构的推广服务能力。

第二，要积极投身农业机械化科技创新与推广行动，大力推广农业机械化新技术。2012年是农业科技促进年，农业机械化管理司决定2012年实施全国农业机械化科技创新与推广行动。总体思路是：深入贯彻落实科学发展观，围绕一个中心，即建设高产、优质、高效、生态、安全的现代农业；加强两个融合，即农机与农艺融合、农业机械化与信息化融合；促进"三化"，即促进农业技术集成化、劳动过程机械化和生产经营信息化，增强综合生产能力、抗风险能力和市场竞争力，提高土地产出率、劳动生产率和资源利用率；突出四个着力，即着力推广三型技术、着力培育三个主体、着力建设三支队伍，着力完善三个机制；全面提升科技支撑和服务能力，促进农业机械化又好又快发展。各省区市农机推广机构要按照《全国农业机械化科技创新与推广行动方案》部署，以推广增产增效型、资源节约型、环境友好型农业机械化技术为重点，着力抓好农业部2012年主推的18项农业机械化技术示范推广工作，普及推广节水、节肥、节药、节种、节能、节地等农业机械化技术。以农机农艺技术融合为重点，开展机械化、轻简化、集成化、标准化、规模化生产技术集成，探索全程机械化的合理生产模式，形成标准化的农机作业操作规程，为农业机械化新技术大面积推广应用奠定基础。特别要加大水稻育插秧、马铃薯和油菜种植收获以及玉米、甘蔗、棉花机械化收获等关键生产环节机械化技术的推广力度，突破薄弱环节，提高技术集成和装备配套水平，加快技术的推广应用，促进农业机械化科学发展。

第三，要积极参与农业机械化教育培训，在培育新型职业农民中奋发有为。加强农机手培训，解决好谁来种地的问题，推广站要奋发有为，要挖掘推广系统自身潜力，建立激励机制，鼓励技术人员深入基层和生产一线开展技术指导；积极参与实施好农业机械化科技教育大培训行动，做好春耕、"三夏"、"三秋"重点农时季节农业机械化技术专项培训，大力开展农民现场培训活动；要多渠道争取农业机械化技术教育培训投入，实施好阳光工程农机培训项目。要加强与农业机械化教育培训机构联动，大规模开展农业机械化技术推广管理人员、技术人员和农机专业合作社负责人特别是农机手的培训；要完善与农机生产企业合作方式，开展"事企联动"培训等活动。通过积极参与农业机械化教育培训，为培育新型职业农民做出贡献。

在全国农业机械试验鉴定工作座谈会上的讲话

（2012年8月3日·吉林长春）

农业部农业机械化管理司司长　**宗锦耀**

全国农机试验鉴定工作座谈会是在我国传统农业向现代农业转变的关键时期，农业机械化进入加快发展、结构改善、质量提升、领域拓展的重要阶段，农机试验鉴定工作对农业机械化支撑保障作用更加重要的新形势下召开的一次十分重要的会议。会议的主要任务是：认真贯彻落实中央一号文件和刚刚结束的全国农业厅局长会议精神，深入贯彻实施农机试验鉴定相关法律法规和规章，总结交流近年来农机试验鉴定工作的成效和经验，分析当前农机试验鉴定工作面临的新形势和新要求，研究提出进一步推进农机试验鉴定工作规范化发展的思路、任务和措施，部署当前和今后一个时期的农机试验鉴定重点工作，研讨交流《国家支持推广的农业机械产品目录》相关工作，努力推动农机试验鉴定和质量监督工作科学发展，提高农业机械化质量水平。下面，我讲三点意见。

一、肯定成绩，总结经验，进一步提升农机试验鉴定工作法制化科学化规范化水平

农机试验鉴定是农业机械化公共服务的重要内容，也是农业机械化健康发展的重要技术支撑。多年来，农机试验鉴定系统紧紧围绕农业和农业机械化发展需求，依法履行职能，积极开展试验鉴定和质量监督等工作，对加快农业机械化新技术新装备推广应用、保障农机购置补贴政策有效实施、维护农民合法权益、促进企业技术进步和产品质量提高，发挥了重要作用。特别是近些年来，在农业机械化主管部门和农机试验鉴定系统的共同努力下，我国农业机械试验鉴定工作取得了跨越式发展，法规建设、能力建设、技术体系建设步伐加快，统筹发展和多元发展成效明显，在促进、引导、规范和保障农业机械化发展质量方面发挥了巨大作用。

（一）以政策法规建设为主线，鉴定规范化水平不断提高。为了贯彻实施《中华人民共和国农业机械化促进法》《农业机械试验鉴定办法》，近年来，农业部先后公布了《农业机械推广鉴定实施办法》《农业机械推广鉴定证书和标志管理办法》《农业机械试验鉴定机构鉴定能力认定办法》《农业机械试验鉴定机构部级鉴定能力认定实施细则（试行）》《农业部农业机械试验鉴定大纲管理办法》等5个配套办法，部鉴定总站制定了《农业机械部级推广鉴定实施细则》《农业部部级推广鉴定审查员和检验员管理办法》等具体操作办法，进一步规范了部级鉴定工作。同时各省（区、市）相继制修订了有关农机试验鉴定管理的规章，加强了省级鉴定的规范化管理。江苏省还以政府令形式发布了《江苏省农业机械试验鉴定和质量监督办法》。另外，在吸取经验和教训的基础上，全国农机试验鉴定系统切实增强了忧患意识和责任意识，建立了廉政风险防控机制，把廉政风险防控作为工作的重中之重来抓，坚持原则，经受考验，防控风险，开展依法鉴定的步伐更加坚定。

（二）以技术性能评价为特色，鉴定技术体系不断完善。对农机产品的先进性、适用性、安全性、可靠性进行技术评价，是农机试验鉴定区别于其他鉴定的一大特色，特别是适用性评价，对鉴定有着特殊的要求。近年来，随着《农业机械适应性评价技术集成研究》等重大行业科技项目的实施，农机试验鉴定系统深入开展基础技术研究，有力推动了农业机械试验鉴定技术体系建设。结合鉴定工作实际和发展需求，农业部和各省及时制修订了相关产品的推广鉴定大纲，不断完善以满足农业生产需要为评价基础，以先进性、安全性、可靠性和适用性为主要评价内容的鉴定技术规范，进一步完善了农机鉴定技术体系。据统计，农业部已发布5个农业机械推广鉴定通则、81个农业机械推广鉴定大纲和60个农业机械产品的质量评价技术规范（农业行业标准）。

（三）以设施装备完善为重点，鉴定能力不断提升。农业机械化的快速发展对试验鉴定机构能力、试验鉴定范围和数量都提出更高更多的要求。近几年，农机试验鉴定系统围绕重点发展方向，积极争取支持，增加投入，改造更新和完善试验鉴定设备和手段。据不完全统计，2010 年以来，全系统基础设施设备投入达 5 000 多万元，新购置仪器设备 1 150 多台套，新增试验场面积 18 万多平方米。吉林、河南、新疆、四川、湖南、海南、广东、江苏、上海等省（区、市）鉴定站在基础建设和队伍建设方面都取得了可喜的进展。其中，吉林省近年来完成 7 500 平方米鉴定检测楼建设和实验室设备改造，并新增实验用地 3 万平方米，2012 年将完成试验跑道等检测设施建设；河南省鉴定站近年来争取投资 1 580万元，完成征地 70 亩，新建设了发动机试验室，试验鉴定能力实现了新的飞跃。以设施装备建设为基础，各地的鉴定能力不断提升，部省两级的鉴定范围得到大范围拓展。目前，部级鉴定能力达 66 项，省级鉴定能力范围最多的可达 200 多项。

（四）以统筹开展部级鉴定为抓手，鉴定系统协调合作不断深化。目前，全国共有省级以上农业机械试验鉴定机构 34 个，地（市）级农业机械试验鉴定机构 25 个，已经基本形成了较完善的网络。根据《农业机械试验鉴定机构鉴定能力认定办法》的规定，近年来，农业部先后组织开展了三批部级鉴定能力认定，使承担部级鉴定的机构数量增至 30 个。目前，部级推广鉴定任务，由这 30 个机构承担，按照"统一受理申请、统一鉴定大纲、统一收费标准、统筹安排鉴定任务、统一发放证书标志"的"五统一"原则开展工作，这不仅提高了部级推广鉴定工作的规范性、公正性和工作效率，增强了权威性，也促进了省级农业机械鉴定工作的健康发展；不仅实现了优质资源共享，也提高了行业的整体鉴定能力，构建了科学合理的农机试验鉴定体系，推动了整个系统的有序、均衡、协调发展。

（五）以增强公益性地位为原则，鉴定机构职能不断拓展。全系统不断强化公益性服务意识，以"及时地为政府服务、切实地为农民服务、公正地为企业服务"为根本立足点、出发点和落脚点，在公平、公正的基础上开展多元化技术支撑工作，不断提高服务质量和水平。近年来，在农机试验鉴定工作的基础上，全国农机鉴定系统积极配合农业机械化主管部门，为"国家支持推广的农业机械产品目录"制修订做了大量技术支持工作，确保了"目录"制定工作的科学性、规范性、公正性，维护了"目录"的权威性，为购机补贴政策的有效实施打下了坚实的基础。同时，针对特色、新型农业机械的快速发展，主动开展挤奶机械、保护性耕作机械和设施农业设备等选型鉴定，为确保国家强农惠农富农政策的落实和先进适用农业机械的推广，提供了有力的技术支撑；及时开展重点机具质量调查、补贴机具质量督导及投诉监督，促进了农机产品质量和售后服务质量的提高，保障了农机用户的合法权益；积极承担农业机械化标准制修订任务，为农业机械化管理部门依法履行职能、提升科学管理水平提供了技术支撑和保障。部分农机试验鉴定机构还在质量认证、维修管理服务、农机职业技能开发、农业机械化信息等方面作了大量的工作，取得了显著的成绩。

多年的工作实践，提高了我们对农机试验鉴定工作规律的认识，积累了十分宝贵的经验。一是必须坚持鉴定机构的公益性。《农业机械试验鉴定办法》明确了农机试验鉴定机构的职能定位是"不以赢利为目的的公益性事业组织"。在我国农业机械化发展的现阶段，只有坚持鉴定机构的公益性，才能保证鉴定工作的公正性；也只有保障鉴定机构的公益性，才能确保农机质量监督工作的有效性。二是必须坚持鉴定技术的科学性。农业机械试验鉴定是农业机械试验鉴定机构通过科学试验、检测和考核，对农业机械先进性、安全性、可靠性和适用性做出技术评价，为农业机械的选择和推广提供依据和信息的活动。只有更加科学地试验检测，更加科学地开展先进性、安全性、可靠性和适用性评价，鉴定工作才能更加突出自身特色和优势，鉴定事业才能有旺盛而持续的生命力。三是必须坚持鉴定管理的规范性。农机试验鉴定工作是农业机械化工作的重要组成部分，农机试验鉴定机构是各级农业机械化行政主管部门的直属事业单位。历史经验表明，鉴定行业的规范化管理与农业机械化各个领域的规范化管理紧密相连，一荣俱荣、一损俱损。只有坚持鉴定管理的规范性，才能保证农机鉴定工作的公信力，才能为农业机械化整体健康发展创造良好的条件和环境。四是必须坚持鉴定系统的协调性。农业机械化管理部门和农机试验鉴定机构、农机试验鉴定总站和地方站是有机的整体。只有坚持鉴定系统整体发展、协调发展，才能优势互补、形成合力、共同发展，"合则强，分则弱，离则衰"。这些认识和经验，是继续推进农机试验鉴定和质量监督工作的宝贵财富，是必须遵循的指导原则，我们要在实践中长期坚持并不断丰富发展。

二、认清形势，深化认识，进一步增强做好农机鉴定工作的责任感紧迫感

随着我国工业化、信息化、城镇化和农业现代化的同步推进，农业生产对农业机械化的依赖度越来越高，对农业机械作业的需求越来越迫切，对农业机械性能和质量的要求越来越高，对农业机械试验鉴定工作的需要越来越强。当前，我国农业农村呈现出持续发展、全面发展、加快发展的强劲势头，农业机械化整体上处于快速发展的黄金机遇期，农机鉴定工作发展面临着新的形势和任务。从现代农业建设方面看，"十二五"是加快发展现代农业的重要机遇期，发展现代农业的基础更加坚实、条件更加有利、要求更加迫切。农业机械是发展现代农业的重要物质基础。实现农业现代化，首先要实现农业机械化。农机鉴定保障农业机械化科学发展的任务更加繁重。从农业科技发展方面看，2012 年中央一号文件指出，农业科技是确保国家粮食安全的基础支撑，是突破资源环境约束的必然选择，是现代农业建设的决定力量。在加快农业科技进步的进程中，农业机械化肩负着重要使命。农机鉴定支撑农业机械化科学发展的责任更加重大。从农机化发展方面看，根据《国民经济和社会发展第十二个五年规划纲要》《全国现代农业发展规划（2011—2015 年）》的要求，到 2015 年，农机总动力达到 10 亿千瓦，农作物耕种收综合机械化水平达到 60% 以上，粮棉油糖等大宗农作物机械化水平明显提高，养殖业、林果业、农产品初加工机械化协调推进。这对农机鉴定能力、范围提出了新要求。

面对新形势、新任务，各级农业机械化主管部门及农机鉴定机构要深入贯彻落实科学发展观，开拓进取，创新思路，统一思想，提高认识，围绕推进农业机械化发展方式的转变，提高农业机械化发展质量效益，进一步强化能力建设，不断推进农机试验鉴定工作加快发展。

——加强农机试验鉴定是实施国家法律法规的迫切需要。农机试验鉴定是国家法律法规赋予农业机械化主管部门的重要职责。随着相关法规制度的不断完善，农机试验鉴定工作只能加强，不能弱化。《中华人民共和国农业机械化促进法》明确了农机试验鉴定机构的职责，构建了农机试验鉴定的制度框架。《农业机械安全监督管理条例》要求，农业机械化主管部门应当根据投诉情况和农业安全生产需要，组织开展在用的特定种类农业机械的安全鉴定和重点检查。《农业机械试验鉴定办法》将“农业机械试验鉴定机构”定性为不以赢利为目的的公益性事业组织，明确了农机试验鉴定机构的性质和发展方向，为农机试验鉴定机构的稳定和发展，奠定了基础，提供了保障。2010年国务院印发的《关于促进农业机械化和农机工业又好又快发展的意见》，统筹提出了扶持农业机械化发展的各项政策措施，明确提出要加强农机试验鉴定和质量监督工作。农业部2011年先后公布了《关于进一步加强农机试验鉴定工作的意见》和《全国农机试验鉴定“十二五”规划》，明确提出：到2015年，“功能齐全、布局合理、技术先进、特色突出、管理规范”的全国农机试验鉴定体系基本健全，中国特色的农机试验鉴定制度更加完善。这需要全国农业机械化主管部门和农机试验鉴定机构共同努力，特别是要求农业机械化主管部门切实担负起领导责任，加强对农机试验鉴定工作的指导和监督管理，增加科研开发和能力建设投入，切实贯彻落实好国家法规政策的各项要求。

——加强农机试验鉴定是加快农业机械化发展方式转变的迫切需要。当前和今后一个时期农业机械化发展的主要矛盾，是日益增长的农业机械化需求与农业机械化新技术新装备有效供给不足之间的矛盾。要解决这个矛盾，解决农业机械化发展总体存在的作业水平“两高两低”、装备结构“三多三少”、区域“三快三慢”的突出问题，必须依靠科技进步，加快推进农业机械化发展方式转变，优化农机装备结构布局，提升农业机械化发展质量和效益。这要求农机鉴定系统加快推进鉴定能力建设和技术体系创新，不断拓宽鉴定范围，切实提升鉴定检测水平，真正有能力把先进适用、质量可靠的产品推荐给广大农民。要充分发挥鉴定工作对农机产品的引导作用，鼓励农机企业增强科技创新能力、提升制造水平和产品质量，促进农业机械化新技术新装备的发展。

——加强农机试验鉴定是保障强农惠农富农政策有效实施的迫切需要。贯彻落实好农机购置补贴政策是农业机械化行政主管部门和农机试验鉴定机构的重要职责。近年来，农机试验鉴定结果作为制定《国家支持推广的农业机械产品目录》和实施购机补贴政策的依据，发挥了重要作用。随着农业现代化建设的深入推进，中央将持续加大包括农机购置补贴在内的惠农政策力度。今后一段时期，农机购置补贴政策仍然是促进农业机械化发展的重要举措；广大农民对农机产品种类的需求将越来越多，对产品质量的需求将越来越高。这要求我们农业机械化主管部门和农机试验鉴定机构必须加快推进农机试验鉴定和质量监督工作的科学化、规范化、制度化建设，不断提升工作能力和水平，提高工作质量，确保将先进适用、技术成熟、安全可靠、节能环保、服务到位的机具推荐给农民，确保购机补贴政策实施的效果。

——加强农机试验鉴定是促进农业机械化安全发展的迫切需要。农机安全生产责任重大，不仅关系到农民的身体健康和财产安全，也直接影响农村的和谐稳定。长期以来，以安全检查为主要内容之一的试验鉴定工作，为维护农民生命财产安全发挥了重要作用。自实施推广鉴定制度以来，我国拖拉机安全性、可靠性、舒适性明显改进，“三漏”问题在全国范围内基本解决。当前，虽然农机伤亡事故总数大幅下降，但农机质量安全问题没有完全杜绝，一些事故隐患仍然存在，事故时有发生。据分析，有的事故是操作使用不当造成的，而有的则是源于农机产品本身的安全隐患。我们必须加强对危及人身财产安全农业机械的试验鉴定和质量监督工作，必须贯彻落实《农业机械安全监督管理条例》的规定，加强农机安全鉴定和重点检查工作，做到安全生产关口前移，更好地维护农民生命财产安全、保障农业机械化又好又快发展。

农机试验鉴定和质量监督工作是一项公益性、基础性、技术性、政策性都很强的工作，直接关系到国家支持推广的农机装备及技术的先进性、安全性、可靠性和适用性；关系到农机购置补贴等强农惠农富农政策的实施效果；关系到农机装备结构改善和优化，关系到农机企业技术进步，是促进农业机械化科学发展、和谐发展和安全发展的重要基础，必须引起高度重视，切实增强工作责任感和时代紧迫感，积极采取更加及时有效的措施，切实把农机试验鉴定和质量监督工作抓紧抓好抓出成效。

三、明确任务，完善措施，进一步推动农机试验鉴定工作持续健康发展

2011年农业部制定了《全国农机试验鉴定“十二五”规划》，下发了《关于进一步加强农机试验鉴定工作的意见》，提出了指导思想，明确了基本原则，确定了主要目标和任务，是当前和今后一个时期农机试验鉴定工作的基本依据。各地要深入贯彻落实科学发展观，全面贯彻落实《中华人民共和国农业机械化促进法》《农业机械安全监督管理条例》《国务院关于促进农业机械化和农机工业又好又快发展的意见》的要求，进一步学习贯彻实施《农业机械试验鉴定办法》《农业部关于进一步加强农机试验鉴定工作的意见》和《全国农机试验鉴定“十二五”规划》，紧紧围绕农业和农业机械化发展需求，着力加强制度建设、鉴定能力建设、技术体系建设，积极推进技术创新、机制创新，进一步完善农业机械试验鉴定和质量监督体系，切实提高公共服务能力，为农业机械化又好又快发展提供产品质量保障和技术支撑。今后要重点抓好以下七个方面的工作：

（一）落实责任，着力加强对农机试验鉴定工作的组织领导。农机试验鉴定是国家法律法规确定的农机质量评价公共服务职能，是农业机械化主管部门的重要职责。农业机械化主管部门要强化责任意识，明确目标任务，科学制定发展规划，保障农机试验鉴定和质量监督工作能力不断提升，推进农机公共服务体系建设。要建立健全责任制，坚持“谁主管、谁负责”、“谁发证、谁负责”、“谁审批、谁负责”的原则，统一思想，落实责任。各地农业机械化主管理部门要加强对农机试验鉴定工作的组织领导，既要监管到位又不干涉技术工作和试验检测结果，保证鉴定机构的独立性和公正性。同时，农机试验鉴定机构要向农业机械化主管部门主动沟通汇报，围绕农机化中心工作，研究确定鉴定发展方向。

（二）推进改革，着力巩固鉴定机构公益性职能定位。当前事业单位分类改革已经进入到关键阶段。各地农业机械化主管部门要加强指导，争取支持，积极推进事业单位改革，大力发展公益性农机试验鉴定和质量监督事业。目前，广西、湖南、内蒙古鉴定站已纳入参公管理单位；北京、上海、山东等鉴定站实现阳光工资，其他鉴定机构也要紧紧把握事业单位改革发展机遇，切实贯彻《农机试验鉴定办法》要求，进一步明确农机试验鉴定机构公益性职能定位；要切实转变工作作风，不断提高服务本领，拓宽服务领域，主动和规范服务，及时、广泛地了解农民的需求，反映农民的意愿，维护农民的合法权益；要主动指导企业查找质量问题，制定整改措施，改进提高产品质量，满足农业生产和农村经济发展的需要。要积极开展安全鉴定、补贴机具质量督导、质量调查、投诉监督等公益性质量监督事业,不断拓展公益性职能。同时,加大农业机械试验鉴定工作的宣传力度,并充分利用农业机械试验鉴定信息资源,开展农业机械化质量分析和质量信息发布工作,提高农业机械试验鉴定的社会影响力和认知度。

(三)完善制度,着力提高鉴定工作规范化水平。各地农业机械化主管部门要加强对农机试验鉴定机构的规范化管理,进一步完善农机试验鉴定政策法规和制度保障体系,切实做到各项工作有章可循、有据可依。要指导鉴定机构完善工作程序,进一步规范农机推广鉴定受理审查、检测鉴定、证书变更和证后监督等关键环节的管理。要加快农业机械化标准、农机试验鉴定大纲的制修订工作,提高标准和大纲的制修订工作质量。要加强对鉴定人员素质的培育,提高依法鉴定意识、服务意识,保证鉴定检测人员严格按照推广鉴定大纲和通则要求开展鉴定工作,坚决杜绝简化工作程序、减少鉴定内容、以偏概全和弄虚作假等现象的发生,确保农机鉴定工作严格、规范、公正、公平。

(四)增加投入,着力夯实鉴定工作持续发展的设施基础。农机试验鉴定和质量监督是农机化公共服务体系建设的重要内容,农机试验鉴定和质量监督体系建设状况如何,直接影响着整个农业机械化公共服务能力和水平。各地农业机械化主管部门及鉴定机构要主动向当地党委、政府汇报,积极与财政部门协调,争取支持,努力将农机试验鉴定能力建设纳入相关规划,加大鉴定检测基础设施、装备及试验鉴定基地建设项目投入,保障新技术开发、鉴定大纲和技术标准制修订等工作经费。各省级农机试验鉴定机构要根据当地农业机械化发展实际,适应农业机械化快速发展的形势,进一步健全鉴定基础设施,更新改造试验设备,不断改进鉴定检测手段,发展区域性农机装备试验鉴定能力,满足当地农业机械化发展需求。部鉴定总站要统筹做好全系统基础设施建设指导工作,会同各地农机试验鉴定机构加大研究力度,拟订全国农机试验鉴定系统能力建设规划,为下一步争取国家项目支持打好基础。

(五)提升素质,着力加强农机鉴定人才队伍建设。要加大对科技骨干和专家型人才的培养力度,培养一批理论基础扎实、专业技术强和实践经验丰富的学科带头人。建立健全鉴定审核员和检验员的培训考核长效机制,提高检验操作和鉴定标准的统一规范性。积极开展业务知识更新培训,广泛利用各种科技教育资源,形成比较完善的人才教育培训体系。要优化鉴定从业人员知识结构,建立一支政治素质好、技术水平高、业务能力强、工作作风正的行业队伍。要不断创新用人机制,紧紧抓住培养、吸引、用好、留住人才几个环节,培养后继人才,引进紧缺人才,用好存量人才,挖掘潜在人才,以高素质的人才队伍推动农机试验鉴定和质量监督工作又好又快发展。

(六)深化协作,着力打造部级鉴定品牌。实践表明,统筹开展部级鉴定是促进系统协调发展、资源优化整合的有效手段。今后,在积极推进部级鉴定能力认定和全国试验鉴定能力合理布局的基础上,着力打造农业机械部级推广鉴定品牌。一是要不断提高《国家支持推广的农机产品目录》的农机产品通过部级鉴定的比例,力争到"十二五"期末,达到50%以上,引导和鼓励省级农机试验鉴定机构更多地参与部级鉴定,进一步深化农机试验鉴定系统大联合、大协作、大发展。二是要加强对承担部级推广鉴定任务机构的工作考评,实行动态管理,建立退出机制,维护鉴定的科学性、权威性、严肃性。下半年,农业机械化管理司将组织开展对部分通过部级鉴定能力认定的省级试验鉴定机构进行监督检查的试点工作,这次会上还要向会议代表征求对监督检查方案的意见,会后印发通知。三是要深入开展农机试验鉴定基础理论研究,建立健全部级鉴定技术体系,形成支撑和服务"三农"发展的特色突出、作用突出、地位突出的部级推广鉴定品牌。总站要发挥好指导协调作用,做好部级推广鉴定的统筹管理。各省农机鉴定机构要积极配合做好部级推广鉴定工作,处理好部省两级鉴定的关系,同时加强信息沟通和工作协调,进一步推动省际推广鉴定工作的有序管理。

(七)加强自律,着力完善廉政风险防控机制。开展廉政风险防控机制建设工作是新时期反腐倡廉工作的一项重大政治任务。农机试验鉴定系统要切实增强政治意识、大局意识、忧患意识和责任意识,把廉政风险防控作为工作的重中之重来抓,作为全行业文化建设的重要内容来抓,坚决把反腐倡廉贯穿于农机试验鉴定和质量监督工作的全过程。近年来,全国农机试验鉴定机构高度重视廉政建设,认真查找风险点,制定了《廉政风险防控》手册,取得较好的成绩。然而,反腐倡廉工作,必须常抓不懈,警钟长鸣。要进一步建立健全廉政风险防控机制,通过明确鉴定工作和质量监督工作中的廉政风险点,使每一位党员干部和相关岗位工作人员,都明白有可能发生腐败行为的环节和部位,采取外部监督和自律防范相结合的方式,最大限度地预防腐败行为的发生。要加强对鉴定系统的职业道德教育、廉政警示教育,提高依法鉴定意识、服务意识、廉政意识;要进一步强化内部考核监督措施,完善企业监督等外部监督机制,坚决杜绝"毁干部、坏政策、损形象"的事情发生。

农机试验鉴定工作不但是农业机械化质量发展的历史见证者,也是农业机械化质量提升的推进者。希望各地农业机械化主管部门和农机试验鉴定机构充分利用当前农业机械化发展的大好形势,开拓创新,奋发有为,努力开创农机试验鉴定和质量监督工作的新局面,推动农业机械化科学发展。

在全国农业系统纪检监察工作座谈会上的讲话

(2012年8月15日·上海)

农业部农业机械化管理司司长　宗锦耀

农机购置补贴政策是党中央、国务院强农惠农富农政策的重要内容。农机购置补贴政策的主要目标是——提高农业机械化水平、调动农民种粮积极性、提高农业综合生产能力。对此,2004年以来连续9个中央一号文件都作出了明确的规定。

为实施好党的强农惠农富农政策，全面实现政策目标，我们始终把做好农机购置补贴各项工作，最大限度地发挥政策效应，确保农民得实惠、农业得发展、工业得效益，作为一项义不容辞的政治责任，而不是一种权力。我们想尽一切办法，采取一切措施，如履薄冰尽职责，心无旁骛抓落实，创先争优求绩效，倾尽全力落实好补贴政策。一方面积极协调，努力争取，不断扩大农机补贴资金投入规模，使更多农民受益，加快推进农业机械化发展。另一方面，千方百计抓好农机购置补贴规范高效廉洁实施，确保政策效果。我们会同财务司，与财政部门密切配合，齐抓共管，大力推进农机购置补贴廉政风险防控机制建设，不断完善运行机制，强化监督检查，严惩严防违规，确保补贴政策实惠全部落实到农民手中。

从实施的角度看，"四补贴"的工作量都非常大，农机购置补贴更有其特殊性和复杂性，主要体现为"两个选择"。一是补贴对象有选择，不是所有申请补贴的农民都能享受到农机购置补贴，因为资金规模有限；而且家家户户买农机也没必要。因此，农机购置补贴不是普惠性的。二是补贴产品有选择，不是市场上销售的农机产品都能享受补贴，根据《中华人民共和国农业机械化促进法》的规定，符合先进适用、技术成熟、安全可靠、节能环保、服务到位的要求，经鉴定检测合格，并列入国家或省级支持推广目录的产品才能享受补贴。正是由于这种特殊性和复杂性，使落实这项补贴政策的难度和工作量，都远远大于其他农业补贴。

在具体操作方面，各级农业机械化主管部门也面临"两种选择"。一是知难而退，请财政部门主导，将农机购置补贴资金按耕地面积发放到一卡通。这样做，虽然省事、无风险，但不能很好实现政策目标，一亩地补贴几毛钱、几块钱，难以调动农民购机积极性，难以推进农业机械化发展、提高农业综合生产能力。二是迎难而上，坚决贯彻落实党中央、国务院的决策部署，把农机购置补贴政策作为农业部门加强宏观调控和引导的重要手段，实现政策目标要求，提高农业机械化水平；同时采取有力措施，努力遏制在执行"选择性政策"过程中可能出现的权力寻租等违法违纪现象。入细致的调查研究，在农机购置补贴政策的实施办法和保障措施层面，制定了以"三个严禁、四个禁止、五项制度、八个不得"为核心的一整套制度体系，基本涵盖了政策实施的全过程，为防止权力寻租、确保政策规范有效实施提供了强有力的制度保障。

农机购置补贴政策实施近9年来，对提高我国农业机械装备水平、促进农业稳定增产、农民持续增收、拉动内需、推动农机工业振兴发挥了重要作用，取得了农民得实惠、企业得效益、政府得民心的好效果。在补贴政策有力促进下，我国农业机械化发展步伐明显加快，农机总动力连续跃上7亿、8亿和9亿千瓦台阶，2011年全国农机总动力达到9.77亿千瓦；农业机械化水平大幅度提高，2011年农作物耕种收综合机械化水平达到54.8%，8年的增幅超过了政策实施前30多年的增幅；为加快推进现代农业发展提供了坚实的物质装备支撑，为实现粮食生产"八连增"、农民增收"八连快"起到了重要保障作用，同时也为农业部门发展粮食生产和建设现代农业争取到有效的调控手段。对此，国务院领导给予高度肯定，多次批示指出：农机购置补贴利农利工、一举多效，要求进一步扩大规模、提高标准，并加强宣传报道。

近年来，随着农机购置补贴资金规模逐年扩大，补贴机具种类范围越来越广，涉及的企业和经销商越来越多，政策实施过程中也暴露出一些问题。一是个人收受贿赂，少数农机主管部门人员经不起诱惑，接受企业商业贿赂，为企业提供方便；二是单位违规收费，违规向企业收取推广费、服务费等；三是企业违规操作，部分农机生产企业、经销商与不法人员勾结，弄虚作假，骗套补贴资金，组织倒卖机具；四是公职人员失职渎职，不执行规定，不履行职责，疏于监管。特别是河北、广西、重庆、陕西等地农业机械化主管部门某些干部在实施农机购置补贴工作中收受贿赂，有关人员已被纪检监察和司法机关依法依纪查处。

分析产生这些问题的原因，有些问题是由客观原因造成的，"选择性政策"存在寻租的空间，资金规模不能满足需要、工作经费不足导致倒卖转让机具、单位收推广费等；有些是主观恶意造成的，如工作人员收受企业商业贿赂、企业弄虚作假骗取补贴资金等。但总的来讲，产生这些问题的深层原因，主要是五个不到位：有些地方制度执行不够到位、监督管理不够到位、廉政风险防控不够到位、企业守法诚信经营不够到位、工作经费保障不够到位。最根本的是政策执行不力、监管不力，少数省市农机局分管领导和工作人员对自己要求不严，对下缺乏有效监督，失职渎职，甚至自身违法违纪，毁了干部、坏了政策、损了形象。对此，我们十分痛心。

2011年以来，遵循"减少行政权力、加强社会监督"的基本原则，进一步完善机制，加强监管，努力开创农机购置补贴工作新局面。

（一）明确要求，落实责任。为进一步增强地方各级农业机械化主管部门实施农机购置补贴政策的责任意识和大局意识，年初农业机械化管理司与38个省级（含兵团、农垦和计划单列市）农业机械化主管部门签署了落实农机购置补贴政策工作责任书，明确责任义务，细化任务目标，落实奖惩措施，对责任落实到位、工作成效显著的省份给予表扬，对责任不落实、监管不到位的，将视情况采取行政告诫、约谈、通报批评等措施。督促各省（区市）与市、县层层签订责任状，严格落实"主要领导负总责、分管领导负全责、工作人员直接负责"的责任机制，做到了目标。

（二）完善制度，规范管理。在认真贯彻落实党中央国务院决策部署和农财两部《农机购置补贴专项资金使用管理暂行办法》及年度农机购置补贴实施指导意见的基础上，围绕加强实施主体监管，不断完善管理制度。2012年3月印发了《农业部办公厅关于进一步规范农机购置补贴产品经营行为的通知》，明确了补贴产品经销企业的资质条件、确定程序、纪律要求、违法违规行为惩处等规定，实行经销商黑名单制度，严重违法违规的永久不得经销补贴产品。5月制定印发了《农业部2012年度强农惠农富农政策落实延伸绩效管理工作实施方案》，选择农机购置补贴政策的落实，对省级农业机械化主管部门开展延伸绩效管理，建立11个主要考核指标，考核结果与下年度项目资金安排适当挂钩，对于评定为优秀档次的省份，还将在全国农业厅局长会议上予以表彰，并以部函形式通报相关省级人民政府。同时，继续着力推进补贴信息公开、廉政风险防控等制度建设，确保农机购置补贴信息公开管理的规范化、常态化，确保《农业部关于加快推进农机购置补贴廉政风险防控机制建设的意见》全部落实到位，努力构建覆盖权力运行全过程的农机购置补贴廉政风险防控机制。

（三）鼓励创新，推进试点。从实践看，农机购置补贴政策的实施办法（包括补贴对象、补贴机具、补贴标准和补贴程序）和保障措施基本成熟，补贴对象、补贴机具、补贴标准比较科学，有力确保了政策目标的顺利实现。但随着农机购置补贴资金规模逐年扩大，省级结算工作量成倍增长。为减轻省级农机、财政部门工作量，使其有更多的精力和时间去研究政策、加强监管，同时发挥地方政府积极性，农财两部2012年继续鼓励各地在保证资金安全、让农民得实惠、给企业创造公平竞争环境的前提下，就补贴程序开展创新试点。截至目前，已批复同意河北、内蒙古、辽宁、吉林、江苏、浙江、山东、河南、湖南、广西、四川、甘肃、新疆、宁波等17个省（区、市）2012年创新试点方案，进一步扩大了试点范围，增加了试点内容。江苏、浙江、湖南开展了全价购机后凭发票领取补贴和资金结算级次下放，山东、河南在差价购机的基础上开展资金结算级次下放试点。吉林、江苏开展选择少数农机品目在省域内满足所有农民申购需求补贴试点。同时，为减少基层部门权力，防止权力寻租，农财两部规定县级农机化主管部门不得随意缩小补贴机具种类范围，各省不再制定补贴产品目录，所有补贴范围内的且已列入国家或省级支持推广目录的产品，都有资格享受补贴，农民可从中自主选机购机。

（四）联合督导，加强监管。建立农机购置补贴实施多部门联动监督检查机制。每年与驻部组局、财务司联合制定农机购置补贴政策监督检查方案。2012年春季，会同有关司局联合成立10个督导组，分赴辽宁、甘肃、广西等14个省（区、市）开展春季督导检查，对存在的问题及时指出，督促彻底整改。同时还与驻部组局一同赴湖南、四川、江苏等省开展创新试点情况调研。不断完善县级农机购置补贴工作机制，要求成立由县领导牵头、相关部门参加的县级农机购置补贴工作领导小组，邀请纪检监察部门全程参与补贴实施，强化内部约束。进一步明确基层财政部门监督职责，要求县级财政部门会同农机等有关部门，按照不低于购机农民10%的比例进行抽查核实。继续在全国范围内开展专项整治活动，加强自查自纠。

（五）开展核查，严惩违规。坚决果断严厉地查处农机购置补贴过程中暴露出的违法违规问题。对举报投诉的问题和线索，坚持一件都不放过，凡报必查，一查到底。重大线索会同有关部门开展实地核查。对查实的案件，严肃处理，绝不姑息。如配合驻部组局联合公安部经侦厅深入湖北、湖南两省，彻查了浙江艾格莱公司倒卖补贴机具、骗取补贴资金案件，及时在全国范围内通报取消该公司和保定双赢公司产品补贴资格。近期，农业部依据浙江省农机局查实情况，在全国范围内取消了新乡市傻瓜农牧发展有限公司所有产品补贴资格。

同时，督促各地严厉查处了一批违规产销企业，2011年各地共取消30家生产企业产品补贴资格，永久取消22家经销商经营补贴产品的资格。2012年以来，各地进一步严格执行有关规定，严厉打击各种违法乱纪行为。例如，内蒙古自治区农牧业厅对参与违规操作、行贿的9家经销商、5家农机生产企业予以严厉处罚；新疆农机局在查实基础上，永久取消了新疆吉峰聚力公司经销补贴产品的资格，对不法企业起到了警示震慑作用。

实施农机购置补贴工作还十分艰巨，落实政策过程中惩治违规违纪行为和反腐败的形势依然十分严峻，这是一项长期、复杂而艰巨的任务。下一步，我们将坚决贯彻落实这次会议精神，按照朱保成组长的重要讲话要求，进一步加大工作力度，抓好各项措施落实，做到思想上不麻痹、要求上不降低、工作上不松懈、措施上不弱化，对违法违规行为时刻保持高压态势，把防腐倡廉贯穿农机购置补贴政策实施全过程，深入推进农机购置补贴廉政风险防控长效机制建设，确保补贴政策全面实施到位，为促进我国农业机械化科学发展，同步推进工业化、信息化、城镇化和农业现代化做出新的更大贡献。

在全国农机农艺技术融合座谈会暨机采棉现场会上的讲话

（2012年10月17日·山东滨州）

农业部农业机械化管理司司长　宗锦耀

为深入贯彻落实2012年中央一号文件精神，推动农业科技进步，按照“全国农业科技促进年活动”和“全国农业机械化科技创新与行动方案”的部署要求，农业机械化管理司决定召开“全国农机农艺技术融合座谈会暨机采棉现场会”。会议的主要任务是，总结近年来农机农艺融合工作的成效，交流农机农艺融合工作的经验，研究今后一个时期的目标任务和思路措施，统一思想，明确方向，坚定信心，凝聚力量，共同推动农机农艺融合，促进农业科技进步、加快农业生产方式转变，更好地发挥农业机械化支撑和引领农业现代化的重要作用。

这次会议安排有机采棉现场演示。众所周知，棉花是我国主要经济作物，棉花生产事关国计民生。随着人工成本的不断上涨，如不能有效解决棉花机收这个薄弱环节，我国棉花产业前景堪忧。黄淮海棉区在我国三大棉区中占有十分重要的地位。山东省人民政府对农业机械化发展高度重视，省农业机械化主管部门在突破玉米农机农艺融合难题，率先实现玉米生产全程机械化后，主攻棉花生产农机农艺融合，协调棉花生产研究机构、农机制造企业、供销社联合攻关，创新融合机制。滨州市先行一步，建立棉花农机农艺融合试验示范基地，初步探索了棉花生产全程机械化模式。这是黄淮海棉区农机农艺融合实现棉花采摘机械化零的突破，具有历史里程碑意义。这些成绩的取得来之不易，虽然还是刚刚起步，但是开创性的，对于推进农业机械化、加快农业发展方式转变起到了积极的作用，可喜可贺。

会议还安排了主要农作物农机农艺融合典型经验介绍、各地开展农机农艺融合工作情况的讨论交流、棉花生产农机农艺技术融合专题研讨，内容丰富，是一个学习研究的好机会。

党中央国务院历来高度重视发展农业机械化。2004 年以来的 9 个中央一号文件都要求加快推进农业机械化，制定实施了促进农业机械化发展的一系列法律法规和政策，我国农业机械化实现了前所未有的跨越式发展。农机装备总量增长、结构优化速度之快前所未有，2011 年农业机械总动力达 9.77 亿千瓦，是 2002 年的 1.69 倍；大中型拖拉机达 440 万台，是 2002 年的 4.9 倍。农机作业水平提高之快前所未有，2011 年全国农作物耕种收综合机械化水平达到 54.8%，比 2002 年增加 22.5 个百分点，增幅相当于前 35 年的总和。薄弱环节机械化突破之快前所未有，小麦生产基本实现全过程机械化，水稻机械种植水平从 2002 年的 5% 提高到 2011 年的 26%，玉米机收水平从 1% 提高到 34%，机械化保护性耕作、深松整地、精量播种等先进农业机械化技术迅速推广。农机合作社等服务组织发展之快前所未有，2011 年农业机械化经营总收入达 4 509 亿元，农机专业合作社 2.78 万个。农机工业发展速度之快前所未有，规模以上企业总产值年均增长 20%，我国跃居成为世界农机制造大国。十年来，我国农业机械化实现了由初级阶段向中级阶段的历史性跨越，农业生产方式由人畜力作业为主向机械化作业为主的历史性跨越，为粮食生产"九连增"、农民收入增长"九连快"做出了重大贡献。

各级农业机械化主部门与有关部门密切协作、不辱使命、积极进取、开拓创新、不断加大工作力度，努力推动农机农艺融合取得了初步成效。一是对农机农艺融合重要性的认识不断提高。我们在实践中深刻认识到，农机技术与农艺技术"两张皮"不可能建设现代农业；只有农机农艺融合、农业机械化与信息化融合，才能促进农业技术集成、劳动过程机械化、生产经营信息化，才能提高土地产出率、资源利用率和劳动生产率，建设高产、优质、高效、生态、安全的现代农业。二是农机农艺融合的机制不断完善。农业部印发了《关于加强农机农艺融合加快推进薄弱环节机械化发展的意见》，农业机械化管理司与计划、财务、科教、种植业、畜牧业、渔业等相关司局联合制定了《关于加强农机农艺融合加快推进薄弱环节机械化发展工作方案》，强化了农业部内部司局间的分工协作。三是农机农艺融合技术开发更加受到重视。科研工作力度不断加大，华北棉区棉花全程机械化关键技术及农艺技术研究与示范、长江中下游稻(麦)油复种农机农艺融合研究与示范、重要热带作物生产装备研发及农机农艺配套关键技术研究与示范等科研项目列入了公益性行业科研项目和十二五科技支撑计划项目库；农业部先后制定印发了玉米、油菜、马铃薯、甘蔗等农作物机械化生产农机农艺技术指导意见。四是农机农艺融合的平台初步建立。2011 农业部在全国设立了包括滨州市在内的 54 个农机农艺技术融合示范区，对推广应用融合技术起到了重要作用。

我们必须清醒地看到，我国农业机械化发展仍然存在较多薄弱环节。如：水稻机械插秧、玉米机收、马铃薯播种收获，油菜机播和机收仍以人畜力为主；甘蔗收获、棉花收获、花生收获等环节的装备尚未实现明显突破，有的处在试验示范阶段；畜牧水产养殖业、林果业、农产品初加工、设施农业等机械化发展也滞后于实际需求。造成这些薄弱环节机械化发展较慢的原因很多，农机农艺融合不够是其中一个重要原因。主要表现在：农机与农艺的联合研发机制尚建立，一些作物品种培育、耕作制度、栽植方式不适应农机作业的要求，农民种植养殖习惯差异大，种养标准化程度偏低等。这些薄弱环节机械化问题如不尽快解决，不仅制约农业机械化全面协调可持续发展，影响相关产业的发展，也将影响农业现代化进程。

国内外实践表明，农机农艺融合，农业机械化与信息化融合，相互适应，相互促进，是建设现代农业的内在要求和必然选择。当前，我国农业机械化发展已经进入加快发展、改善结构、提升质量、拓展领域的重要阶段。农机农艺有机融合，不仅关系到关键环节机械化的突破，而且关系到先进适用农业技术的推广普及应用，也影响农业机械化的发展速度和质量。实现农机农艺的融合，需要我们抓住机遇，迎接挑战，开拓创新，攻坚克难，进一步加大工作力度，取得实效。各级农业机械化主管部门要进一步提高对农机农艺融合重要性紧迫性的认识，切实加强组织领导，把农机农艺融合工作摆上重要位置，周密安排部署，产学研推用各有关单位要切实加强联合协作，共同努力，形成农机农艺相适应的技术体系，实现关键薄弱环节农业机械化尽快突破。为实现这个目标，我们必须努力做到"四个进一步"。

第一，要进一步完善农机农艺融合的合作机制。建立不同科研单位协作攻关机制，整合现有院所科研力量，组织农机和农业科研推广单位、生产企业等联合攻关。建立各级农机与农艺融合联席会议制度，形成农机与农艺科技人员开展技术研讨、交流的平台。将机械适应性为科研育种、栽培模式推广的重要指标。发挥国家和地方科研投入项目的导向作用，重点扶持现阶段农机与农艺融合的重大课题，激励和支持农机与农艺科技人员合作研究，推进农机与农艺技术一体化进程。

第二，要进一步加快农业机械化技术和装备研发。加强农业机械化基础和前沿技术研究，开发具有自主知识产权的科研成果，尽快改变农机农艺相互脱节的状况，努力为农机农艺技术融合提供强有力的支撑。加强农机关键技术研发，抓紧水稻育插秧、玉米收获、油菜、甘蔗、棉花生产等薄弱环节机械化技术及装备研发，适应农业规模化、精准化、设施化等要求，加快开发多功能、智能化、经济型农业装备设施，重点在田间作业、设施栽培、健康养殖、精深加工、储运保鲜等环节取得新进展。加强农机农艺技术集成，以农业机械化为载体和引领，促进生物、工程、信息、环境技术集成化，针对重点薄弱环节，制定和完善区域性农业机械化技术路线、模式和作业规范。

第三，要进一步推广关键环节农业机械化技术。充分利用重点农业机械化技术推广、农作物高产创建示范、现代农业示范、农业标准化生产等项目，加大关键环节农业机械化技术示范推广力度，扩大推广范围，大力推广增产增效型、资源节约型和环境友好型农业机械化技术，重点开展水稻育插秧、玉米、油菜、花生、马铃薯机械化技术示范，大力推广精量播种、土地深松、化肥深施、秸秆还田、保护性耕作、旱作节水、现代养殖、设施农业、农村节能减排技术，促进薄弱环节机械化技术突破和农业可持续发展。

第四，要进一步加强农机农艺技术培训。各级农业机械化主管部门要积极协调加强与科教、种植业部门的合作，结合重点农时，组织开展专项培训活动，向农机手传授先进适用农业机械化技术和农艺技术，特别是节种、节水、节肥、节药、节能、节地技术。充分利用阳光工程等农民培训项目，将农机操作和修理技术作为培训重点，加大培训力度。进一步加强职业技能培训和鉴定工作，加强政企联动，积极引导生产企业做好农机手的培训工作。把农机从业人员培养成为一代新型职业农民。同时，也要加强基层农技、农机推广人员业务培训工作。

实现农业机械化是人民的愿望、时代的要求、历史的必然。希望各地深入贯彻落实2012年中央一号文件精神，结合本地实际，进一步明确目标任务，加强组织领导，创新工作机制，落实扶持政策，增加科技投入，扎实做好推进农机农艺融合的各项工作，取得更加丰硕的成果，为促进农业机械化又好又快发展，加快推进农业科技进步，持续增强农产品保障供给能力，实现中国特色的农业现代化做出新的更大的贡献。

在全国农业机械化政策法规工作座谈会上的讲话

（2012年10月30日·浙江杭州）

农业部农业机械化管理司司长　**宗锦耀**

这次全国农业机械化政策法规工作座谈会的主要任务是，这是新中国成立以来，首次召开专门会议研究农业机械化政策法规建设问题，具有历史里程碑意义。北京、山西、江苏、浙江、山东、湖北、新疆等7省区市作了交流发言，从不同角度介绍了他们的做法、经验，大家要相互学习、相互借鉴。下面，我讲三点意见。

一、总结十六大以来农业机械化政策法规建设的成效经验

党的十六大以来特别是2004年以来，在各级党委、人大、政府的高度重视下，在农业机械化系统干部职工的共同努力下，我国农业机械化政策法规建设进程明显加快，取得了巨大成就。突出表现在以下三个方面：

一是中国特色农业机械化法律法规体系基本构建。2003年《中华人民共和国农业机械化促进法》正式列入全国人大立法规划，2004年审议通过并公布实施。《中华人民共和国农业机械化促进法》成为农业机械化工作的一部基本法，确立了农业机械化在农业、农村经济发展中的法律地位，阐明了我国农业机械化发展的指导思想、基本原则和基本制度，标志着我国农业机械化进入了依法促进的新阶段。（2011年全国人大常委会组织对农业机械化促进法关键制度进行了立法后评估，评估认为立法意图明确，条款设计合理可行，总体实施效果好，对农业机械化发展促进作用巨大。）2009年公布实施的《农业机械安全监督管理条例》是我国农业机械管理的第一部行政法规，建立健全了农业机械生产、销售、维修、使用操作、事故处理、监督管理等有关管理制度，构建了统一、完整的农业机械安全监督管理体系，标志着农机安全监督管理工作迈上了法制化轨道。根据这两部农机化法律和行政法规，2004年以来，各省、区、市共制（修）定33部农业机械化地方性法规，共同构建了中国特色农业机械化法律法规体系。

二是中国特色农业机械化扶持政策体系框架基本形成。2004以来，我们在实践中探索确立了以“农民自主、政府扶持，市场引导、社会服务，共同利用、提高效益”为主要特征的中国特色农业机械化发展道路。各级农业机械化主管部门立足国情和本地实际，围绕让农民“买得起、用得好、有效益”，着力推动农业机械化扶持政策丰富发展。从2004年以来的连续9个中央一号文件，对农业机械化发展方向和扶持政策方向提出来越来越明确的要求。促进法规定的农机购置补贴政策首先被纳入中央强农惠农政策体系，中央财政补贴资金从2004年的7 000万元增长到2012年的215亿元，实施范围由66个县拓宽到所有的农牧业县，极大地调动了地方政府、农民和企业的积极性，形成多元化的农业机械化投入机制。2010年印发的《国务院关于促进农业机械化和农机工业又好又快发展意见》明确了包含财政补贴、税费减免、金融支持、用地便利、基本建设等多种政策工具在内的扶持政策框架。各地农业机械化政策落实力度和政策创新力度显著加大，例如，新疆、福建明确省级财政每年安排5 000万以上的农业机械化资金，湖北每年安排1 300万元财政资金用于农业机械化公共服务体系建设，黑龙江、吉林、浙江、重庆等地率先探索了农机作业补贴政策，江苏、上海率先探索农机报废更新补偿、农机保险补贴政策，宁夏、北京率先将农机免费检验全覆盖，山东率先将免费通行政策范围扩大到参加跨区作业的所有农机，河南、山西探索了农机合作社基本建设奖补政策、农业机械化大县奖补政策，甘肃等省一些地市探索了燃油补贴政策等等。

三是农业机械化依法管理的工作机制基本完善。2004年以来，为了提高法律法规的可操作性，农业部和各省级农业机械化主管部门努力推动配套规章、制度建设。根据农业机械化法律法规确立的制度框架和原则规定，农业部等部委和地方政府先后制定发布了《农业机械试验鉴定办法》《农业机械维修管理规定》《农业机械实地安全检验办法》等12个部门规章、20个政府规章，及农机购置补贴专项资金管理使用管理办法、国家支持推广的农机产品目录管理办法等一批规范性文件。这些规章制度涵盖农机管理、质量鉴定、技术推广、安全监理、农机维修等各个领域及重点环节，农业机械化各项工作基本做到了有章可循。农业机械化主管部门依法加强了农机质量管理工作，及时编制发布国家支持推广的农机产品目录，与工商、质监等部门密切配合，加强了农机产品质量监督抽查、质量跟踪调查、维修行业管理及农机投诉管理等工作，有效维护了农机生产者、使用者合法权益。依法加强农机安全监理工作，与公安、安监等部门紧密配合，构建了“政府主导，农机主抓，部门配合，社会参与”的农机安全生产长效机制，农机安全生产形势保持稳定。不断加强系统行风建设，严格依法开展农业机械化行政审批，广泛推动实施“执法依据、办事程序、收费项目标准、办事人员、办事结果”五公开，实行“一站式办公”、“一条龙服务”，接受群众和社会监督，努力做到便民、利民、惠民，农业机械化系统依法履职、依法行政意识明显加强。

通过加强政策法规建设，显著优化了农业机械化发展环境，显著调动各个发展主体的积极性，显著提升了农业机械化系统的地位形象，为成功实现农业机械化从初级发展阶段向中级发展阶段，农业生产方式从人畜力为主向机械作业为主这两个从历史性跨越提供了法律武器和根本保障。

回顾近10年的农业机械化政策法规建设，取得了许多宝贵的经验，归纳起来有四条：一是必须持之以恒把构建完善的法律法规规章体系作为农业机械化系统依法行政的首要任务，努力做到各项重点工作有法可依、有章可循，严格依法办事，农业机械化事业快速健康发展才有根本保障。二是必须与时俱进推动将法律原则性规定具体化、政策化，将现行有效的扶持政策配套化、法律化，不断解决制约农业机械化科学发展的突出问题，农业机械化政策法规才有持续的生命力。三是必须千方百计争取各级党委人大政府、各有关部门对农业机械化全方位的重视和支持，农业机械化政策法规质量、效用才能不断提高。四是必须形式多样开展政策法规宣传教育，不断提高广大农民和农机企业的法律意识、政策意识，持续增强各地区各部门各级干部的履行法定职责的自觉性，才能不断夯实农业机械化政策法规贯彻实施的基础。

在看到成绩的同时，也要认识到我国农业机械化政策法规建设还存在一些不容忽视的问题。一是有的地方农业机械化主管部门对政策法规建设重视不够、力度不大、敏感性不强，相关工作严重滞后。还有5个省份2004年以来未及时修订地方性农业机械化法规，还有9个省份2010年以来未制定贯彻国务院《意见》的实施意见。二是地方农机立法质量有待提高。部分地方性农业机械化法规有些条文与国家有关法规和现行规章缺乏衔接，甚至抵触，不利于形成相对统一的农业机械化管理法规体系。三是农业机械化扶持政策规定有的还比较原则，实际落实起来难度大，政策措施不完善、投入渠道不稳定、各种政策工具之间的衔接配套性不强、地方保护主义等现象不同程度存在，有的省级财政近年没有随着财力增长而增加农业机械化投入。四是有的地方农业机械化系统依法行政意识还有待加强，政策法规宣传教育不深入、执法行为不规范、监督机制不健全，个别地方有令不行、有禁不止。这些问题，需要通过进一步强化农业机械化政策法规建设和全面推进依法行政来有效解决。

二、深刻认识新时期加强农业机械化政策法规建设的重要性紧迫性

党和国家对依法行政的要求越来越高，农民对自身权益维护越来越关切，农业发展对农业机械化的依赖越来越明显，农业机械化工作任务越来越繁重。这些新形势都要求我们各级农业机械化主管部门必须毫不松懈地抓好政策法规件建设。

（一）加强农业机械化政策法规建设是推进依法行政的迫切需要。胡锦涛总书记强调，要把依法行政作为保证“十二五”时期经济社会发展各项目标任务顺利实现的重大举措，善于运用法律手段深化改革、推动发展、维护稳定，为全面建设小康社会提供有力法治保障和良好法治环境。温家宝总理指出，推进依法行政、建设法治政府，不是一项具体业务工作，而是涉及政府工作方方面面的全局性工作。国务院发布了关于加强法治政府建设的意见，强调要提高政府机关工作人员依法行政的意识和能力，加强和改进制度建设，坚持依法科学民主决策，严格规范公正文明执法，全面推进政务公开、强化行政监督和问责。这就要求我们在工作中更加自觉地增强法律意识，把中央的决策部署精神贯彻落实到农业机械化各项工作之中，严格依照法律法规行使权力、履行职责，切实做到不缺位、不错位、不越位。

（二）加强农业机械化政策法规建设，是更好维护广大农民群众利益的迫切需要。农民对农机应用的需求越来越迫切，不仅仅为了减轻农业劳动强度，更是把农机当作勤劳致富的重要工具。农业机械化政策落实、农机执法都直接关系到农民群众的切实利益。如果不进一步增强法律素质，不严格依法办事，在工作中凭经验主观上认为是正确的，但客观上可能是违法的、自觉或不自觉的侵犯了群众合法权益，引起纠纷矛盾。特别是随着农民群众法治意识和维权意识的不断增强，信息技术的快速发展，对农业机械化主管部门的依法行政能力和水平都提出了更高的要求。我们必须适应农民群众的期盼，在政策实施、行政许可、行政执法过程中，都要自觉坚持依法办事，切实维护农民群众的合法权益。

（三）加强农业机械化政策法规建设是促进农业机械化又好又快发展的迫切需要。农业机械化的长期稳定发展，需要政策法规构建长效机制，也需要政策法规解决新矛盾新问题。当前，我国农机装备结构和布局不尽合理，丘陵山区和薄弱环节机械化发展滞后，很多环节农机农艺融合不够紧密，先进适用的农机装备和技术有效供给仍然不足，农业机械化公共服务能力不强，农业机械化发展基础设施不配套，节能减排和安全监理的任务艰巨。实现农业机械化又好又快发展的核心是要转变农机化发展方式，更加注重农机装备结构布局调整优化，更加注重推广应用增产增效型资源节约型环境友好型农业机械化技术、更加注重农业机械化科技进步和提高农机手素质、更加注重培育新型发展主体。转变发展方式的目标只靠市场机制是难以实现的，必须通过加强政策法规建设来提供有力保障，针对性地实施支持政策和差别化的工作措施，循序渐进地予以推进。

（四）加强政策法规建设，是稳定强化农业机械化机构队伍的迫切需要。国务院《意见》强调“农业机械化主管部门要认真履行规划指导、监督管理、协调服务职能，做好技术推广、生产组织、安全监理等工作，地方各级人民政府要加强组织协调和相关机构队伍建设，充实力量，改善工作条件，保障工作经费”。当前农业机械化发展任务重，机构队伍的稳定与强化尤为重要，否则事业发展缺乏必要的组织基础，工作协调起来难度也很大。没有法定职责或法律地位不明，机构在改革中随时有被弱化的可能。有法可依、依法行政，农业机械化机构才能强化；不断推动政策实施、政策创新，为农业机械化发展做出更大贡献，农业机械化机构才有位置。当前，一些地方农业机械化机构存在的职能定位不准、工作力量不够、工作手段不力、机构规格不高等突出问题，根本要靠加强农业机械化政策法规建设来解决。

因此，政策法规建设是事关农业机械化长远发展的大事，带有全局性、基础性、根本性。各级农业机械化主管部门要切实增强大局意识、责任意识、紧迫意识，认清形势、把握方向，扎扎实实做好政策法规工作。

三、准确把握今后一个时期农业机械化政策法规建设目标思路和工作重点

当前，我国农业机械化正处在加快发展、结构改善、质量提升、领域拓展的新阶段，进入了为基本实现机械化奠定坚实基础的关键时期。当前和今后一个时期农业机械化政策法规建设的目标思路是：以全面贯彻实施农业机械化促进法和农业机械安全监督管理条例、国务院促进农业机械化和农机工业又好又快发展的意见为主线，大力推进配合立法、严格执法、深入普法，积极推动政策落实、政策完善、政策创新，加快构建相互衔接、综合配套、有效实施的农业机械化政策法规体系，努力提升依法促进、依法管理农业机械化的能力水平，为农业机械化科学发展提供坚实有力的政策支持和法治保障。

实现以上目标，要重点抓好以下五项工作：

第一，切实强化对农业机械化政策法规工作的组织领导。各省级农业机械化主管部门要高度重视政策法规工作，将之列入重要议事日程，主要领导要亲自牵头做好顶层设计、开展高位推动，集中力量争取在政策法规方面办成一两件大事、解决几个关键问题。要明确主管处室、设立政策法规工作岗位，有计划地引进或从现有业务干部中挑选培养一批懂法律、懂政策、懂经济、懂管理的干部充实到政法岗位，确保有专人负责调查研究统筹、政策建议起草、规范性文件审核、政策法规宣贯等具体工作，促进本单位政策法规工作质量不断提高。

第二，切实强化政策落实和创新完善。要不折不扣地落实好已有的扶持政策，为争取新的政策创造条件。近期，在确保农机购置补贴政策规范廉洁高效实施的同时，要抓紧完成报废更新补贴政策试点工作，探索完善补贴工作机制。要高度重视农业机械化政策法规重大问题调查研究工作，提高研究的系统性、前瞻性、预见性，为领导决策提供参考，为政策创新提供储备。研究的目的在于应用，要狠下工夫抓研究成果转化，较成熟的研究成果要敢于试点，在试点的基础上充实完善，最后推动形成具有可操作性的政策性文件和法律、规章。要积极参与和配合有关涉农涉法律法规及文件的起草制定，努力争取有利于农业机械化发展的制度安排和扶持政策。当前，对于促进法和国务院《意见》明确的一些扶持政策，特别是涉及多个部门的，目前在一些地方落实起来还存在难度，有的不只是财政投入问题，还包括很多政策实施操作技术细节问题。地方的探索与创新是政策在全国全面落实的基础。各地要发挥主观能动性，不等不靠，勇于探索，根据发展需要，结合实际创新丰富农业机械化政策措施，做到敢想、敢闯、敢干，善于推动、善于总结、善于提高，争取尽快在重点环节作业补贴、机库棚用地落实、燃油补贴机制完善及机具抵押贷款、贷款贴息、保费补贴政策等方面形成有地方特色的操作模式、长效机制，更好、更全方位、更持久地调动农民购机用机积极性。

第三，强化地方性法规规章的制定完善。目前，还有个别省份没有地方性农业机械化法规，《农业机械安全监督管理条例》公布实施后，很多省还没有及时修订本地的农机管理条例。各地要有紧迫意识，没有法规要加快推动制定，填补空白。要加快对现有地方性农机法规和规章、规范性文件进行修订、清理，特别要修改陈旧过时特别是与上位法有抵触的条文，维护农业机械化法制统一和法律的严肃性、权威性。要切实提高立法质量，在制定新的立法项目和修订原有的地方性法规、规章的过程中，实行开门立法，广泛征求意见，积极主动开展协调，讲求策略方法，力争在一些关键问题上有所突破，让新法规更管用、更实用。针对农机执法和法定政策落实中存在的问题，要争取人大、政府开展执法检查和督查活动，推动政策规定全面落实。

第四，切实强化执法能力建设。依照法律、法规和规章的规定开展各项农机管理工作，遵守法规界限和法定程序，履行法定职责，保障农民机手和其他管理相对人的合法权益。依法依规开展鉴定，确保鉴定的科学性、权威性。按照“属地管理、就近处理、首问负责、无偿服务”的原则，改进农机质量投诉管理工作。推动全面落实保障农机安全财政投入的规定，努力争取县以上农机安全监理机构参公管理。加强农业机械检测鉴定设备、农机监理执法装备建设，改善工作手段。提高农机执法队伍的素质能力，推行行政执法责任制和执法公示制度，及时纠正执法过程中的违规行为。继续开展创先争优示范窗口创建活动，不断提高依法行政、为民服务的能力水平。

第五，切实强化政策法规宣传教育。农业机械化普法教育要做到四个面向。一要面向各级农机部门领导干部、行政执法人员和基层农机管理人员，使每个从事农业机械化工作的同志，都能熟练掌握与自己工作相关的法律法规知识，牢固树立法治观念，依法开展农业机械化促进和管理工作。二要面向农民机手和管理相对人，宣传普及农业机械化政策法规，使农村广大干部群众和农机经营者知法守法，履行应尽义务，并懂得应用法律保护自己的合法权益。三要面向有关部门进行宣传，使他们了解农业机械化发展的现状、在农业生产和农村经济发展中发挥的重要作用，了解国家有关促进农业机械化的法律法规，从而更加重视、更加支持农业机械化工作。四要面向社会进行宣传，赢得社会舆论对农业机械化事业的认同和对政策效果的肯定，为农业机械化发展营造良好氛围。

实现农业机械化，是人民的愿望、时代的要求、历史的必然。“十二五”时期农机化发展任务繁重，责任重大。各级农业机械化主管部门要心无旁骛抓落实、如履薄冰履职责、创先争优求绩效，扎实推进农业机械化政策法规建设工作，落实扶持农业机械化的好政策、维护农业机械化系统的好形象、巩固农业机械化发展的好形势，为我国农业机械化事业又好又快发展提供坚强有力的政策法规保障，为同步推进工业化、城镇化、信息化、农业现代化作出更大贡献。

在全国农业机械化评价指标体系和统计业务培训班上的讲话

（2012 年 11 月 2 日 · 北京）

农业部农业机械化管理司司长　宗锦耀

全面农业机械化水平评价指标体系的试行启动是我国农业机械化发展史上具有里程碑意义的大事。标志着农业机械化水平评价研究工作取得阶段性重大进展，同时也标志着中国特色全面农业机械化水平评价指标体系初步构建。2005 年农业部开始实行农作物耕种收综合机械化水平评价指标体系，2011 年农业部组织试行畜牧业机械化水平评价指标体系，近日农业部办公厅印发通知，决定在全国试行林果业（果茶桑）、渔业（即将印发）、设施农业、农产品初加工机械化水平评价指标体系。为确保评价指标体系试行工作取得成功，农业机械化管理司在北京举办培训班，主要任务是对近两年制定的畜牧业、林果业、渔业、设施农业、农产品初加工5个农业机械化水平评价指标体系和2012年修订的农业机械化管理统计报表制度进行培训，并对2013年相关工作做出部署。下面，我讲三点意见。

一、深刻认识构建全面农业机械化水平评价指标体系的重大意义

当前，我国正处在由传统农业向现代农业转变的关键时期，我国农业机械化正处在加快发展、结构改善、质量提升、领域拓宽的重要阶段。针对我国农业机械化发展薄弱环节和后进领域，深入研究推进农业全程和全面机械化，是贯彻落实科学发展观的重要体现，是农业机械化发展的内在要求，是实现农业现代化的必然选择。我国现行的农业机械化评价体系于2005年施行，为评价我国农业机械化水平发挥了十分重要的作用，得到了社会的普遍认同。但也存在着评价范围只适用于种植业的局限性，与推进农业全程和全面机械化的新形势新要求不相适应，亟需构建全面农业机械化水平评价指标体系。

（一）构建全面农业机械化水平评价指标体系是贯彻落实国家有关法律法规和政策的重要举措。2004年施行的《中华人民共和国农业机械化促进法》规定，农业机械是指用于农业生产及其产品初加工等相关农事活动的机械、设备，促进法关于农业机械的定义是从大农业角度进行的界定，其中“农业生产”是指从事种植业、林业、畜牧业和渔业等产业的生产。由此可以看出，我国农业机械化已不单单是种植业机械化，而是包含种植业、林果业、畜牧业、渔业、设施农业和农产品初加工等产业的全面机械化。农业机械化促进法的立法目标是最终是要实现全面机械化发展，即在解决好种植业全程机械化问题的基础上，加快推进林果业、畜牧业、渔业、设施农业和农产品初加工等各产业机械化协调发展，全面服务农业生产、农民生活、农村生态。为深入贯彻实施法律规定，适应全面农业机械化发展的新情况和新要求，2010年印发的《国务院关于促进农业机械化和农机工业又好又快发展的意见》，明确要求农业机械化主管部门抓紧修订农业机械化统计指标体系，这里修订的重点是增加和完善涉及全面机械化评价的统计指标。农业机械化管理司认真贯彻实施农业机械化促进法和国务院意见的要求，于2010年陆续启动了5个农业机械化评价指标体系研究工作，将农业机械化法律法规和政策的要求全面落实到农业机械化具体工作中。

（二）构建全面农业机械化水平评价指标体系是促进农业机械化又好又快发展的基础支撑。当前，判断农业机械化发展阶段的关键性指标主要有两个，即农机总动力和农作物耕种收综合机械化水平。《全国农业机械化第十二个五年规划》提出到2015年，农机总动力达到10亿千瓦，耕种收综合机械化水平达到60%以上，其中耕种收综合机械化水平被列入了《国民经济和社会发展十二五规划纲要》，成为加快农业科技创新、建设现代农业的重要标志。农业现代化的发展对准确判断农业机械化发展阶段要求越来越高，对判断农业机械化发展阶段的关键性指标要求也越来越高。农机总动力完善的重点是综合考虑总量、结构和区域的因素，农业机械化水平评价完善的重点是从单一的种植业评价拓展到全面机械化评价。同时，科学实施农机购置补贴政策、准确判断资金重点投入方向等，也离不开农业生产各业和各环节的农业机械化发展水平做支撑。可以说，全面农业机械化水平评价已经融入到农业机械化的方方面面，成为推动农业机械化发展科学发展的重要依据。

（三）构建全面农业机械化水平评价指标体系是充分发挥统计功能和作用的必然选择。农机化统计是农业统计和国民经济统计的重要组成部分。做好农业机械化统计工作是法律法规赋予各级农业机械化主管部门的重要职责。近年来，各级农业机械化主管部门高度重视农业机械化统计工作，主动适应农业农村经济和农业机械化发展的新形势、新任务和新要求，围绕中心，服务大局，改革创新，完善制度，取得了明显成效。农业机械化统计为政府科学决策、宏观调控提供了基础数据支撑，为农机手、农业生产经营组织和社会各界提供了有力的信息服务，得到了政府部门、广大农机手和社会各界的认可。但指标体系不完善、统计分析不深入、队伍素质不强等问题仍未得到根本解决，特别是部分地区和人员还存在着“为统计而统计”的工作思路，一定程度上影响了统计作用的发挥。林果业、畜牧业、渔业、设施农业和农产品初加工等全面农业机械化水平评价指标体系的建立，有助于充分挖掘统计数据的内涵，有助于进一步拓展农业机械化发展的领域，同时有助于增强农业机械化统计的话语权、提升农业机械化统计队伍的地位和作用。

二、准确把握全面农业机械化水平评价指标体系的基本特点

全面农业机械水平评价指标体系的内容丰富，涉及面广，需要有一个逐步熟悉的过程。经过各位专家的培训，大家对全面农业机械化水平评价指标体系的具体内容已经有了初步的掌握。下面，总结农业机械化管理司组织开展全面农业机械化水平评价指标体系研究的经历，具有四个基本特点。

（一）全面农业机械化水平评价指标体系研究基础扎实。10多年前，农业机械化管理司组织开展了农作物耕种收综合机械化水平评价研究。2010年，农业机械化管理司启动了畜牧业机械化水平评价指标体系研究。应该说农作物耕种收综合机械化水平评价研究开创了农业机械化水平研究的先河，畜牧业机械化水平评价指标体系研究则是农业机械化系统首次在相对陌生的领域开展农业机械化水平研究。种植业和畜牧业方向的研究，为我们开展后续研究奠定了坚实基础，在评价范围、评价环节和环节权重的选取上提供了重要经验，也为农业机械化水平评价积累了宝贵的人才支撑。实践证明，这些经验和人才为我们开展研究发挥了关键作用，使我们少走弯路，也使我们能够在短短一年内就完成了4个评价指标体系研究。

（二）全面农业机械化水平评价指标体系研究队伍专业。在选择农业机械化水平评价指标体系研究队伍上，我们始终坚持专业性原则，做到人尽其才、物尽其用。充分发挥中国农业大学农机化发展研究中心研究内容广泛、联系专家众多的优势，开展林果业机械化水平评价指标体系研究。充分发挥农业部南京农业机械化所、农业部规划设计研究院农产品加工所、农业部规划设计研究院设施所的专业优势，分别承担渔业、农产品初加工、设施农业机械化水平评价指标体系研究。农业机械化管理司产业发展处在司领导班子的指挥下，统筹协调、督促推进、做好服务，发挥了较好的组织作用。相关省份以高度的热情和严谨的作风，积极参与研究，提出了很多有价值的修改建议，为评价指标体系建立和完善发挥了不可或缺的重要作用。可以说,全面农业机械化评价指标体系是农业机械化系统集体智慧的结晶,是全系统团结一致、齐心协力取得的成果。

(三)全面农业机械化水平评价指标体系研究过程严谨。在从2011年8月开始的14个月时间里,整个研究过程先后经历了评价指标体系框架设计、评价环节和对应权重的筛选确定、研究报告修改完善等三个阶段。各课题组高度重视、认真对待、全力以赴,共开展基层调研11次,赴9省12县进行实地验证,发放调查问卷500多份,召开专家座谈会17次,征求专家意见320多人次,农业机械化管理司还多次就有关问题征求部内有关司局及地方农业机械化主管部门的意见,以研究过程的科学性来确保研究结果的科学性。

(四)全面农业机械化水平评价指标体系研究结论可行。在全国试行之前,农业机械化管理司在9省12县组织了评价指标体系实地验证工作。验证结果表明,评价指标体系所需的统计数据可获取性较强,完全可以由农业机械化主管部门通过全面统计方法进行统计;计算得出的各地农业机械化水平比较符合实际,得到了当地相关业务部门的认可,计算结果与经验值大致相当,能够比较准确的反映当地农业机械化水平发展情况。

三、扎实推进全面农业机械化水平评价指标体系的试行工作

两年多来,农业机械化管理司组织课题研究单位,开展了大量富有成效的工作,较好完成了研究任务。我们深知,课题研究只是农业机械化水平评价工作的第一步,大量工作在于评价指标体系的试行和完善,工作难点在部门协调和县级统计,确保试行成功的关键就是强化组织领导和全面深入培训。我们要迎难而上,突出重点,着力做好以下三方面工作:

第一,高度重视,加强领导。构建全面农业机械化评价指标体系是适应我国农业现代化新形势的紧迫任务,是推动农业机械化科学发展的客观需要。各级农业机械化主管部门要高度重视,摆上重要位置,切实加强领导,周密部署,精心组织,积极主动做好评价指标体系试行各项工作。要充分认识评价指标体系试行的系统性,主动与当地农、林、牧、渔业和农产品加工业等主管部门沟通协作,结合当地实际,共同商议试行工作安排,做好工作衔接。要联合印发通知,共同部署试行工作,确保部门配合顺畅。

第二,要明确任务,落实责任。省级农业机械化主管部门是全面农业机械化水平评价指标体系试行的责任部门,分管统计工作的处长和统计员是试行工作的责任人。要明确任务分工,迅速启动,尽快部署,层层落实,确保试行工作与农业机械化统计年报工作同步开展。要加强工作指导,特别要加强对基层农业机械化主管部门的业务指导,开展好宣传培训,尽快使统计人员能够熟悉和掌握评价指标体系的评价范围、评价环节、指标解释、指标采集、计算方法等,为试行工作顺利开展奠定坚实基础。

第三,注重总结,务求实效。评价指标体系在2012年试行的基础上,将于2013年底正式运行。各地要紧紧抓住试行的有利时机,重点在统计指标解释、评价环节的权重和统计方法等方面提出进一步完善的意见和建议。省级农业机械化主管部门负责汇总全省统计指标数据,计算相应产业农业机械化水平,收集整理本区域内各地的意见和建议,认真总结成效、经验和做法,形成试行工作专题报告,于2013年4月底前报送农业机械化管理司。

我想再强调一下农机购置补贴工作。先通报一下2012年补贴资金最新实施进度和结算进度,再提几点要求:一要切实加快补贴资金实施和结算进度,各地都要确保在本月15日前将补贴资金落实到位,在年底前将全年补贴资金结算完毕。二要规范操作,廉洁自律,强化监管。各地在加快实施进度的同时,要规范程序,严格管理,做到程序不减、监管不松。要开展监督检查,对于违法违规行为,要严肃查处,决不姑息,确保补贴政策不折不扣落实到位。三要认真谋划2013年农机购置补贴工作。中央财政已将2013年第一批农机购置资金预拨各地,各地要抓紧研究,提前谋划好2013年补贴实施工作。

开展全面农业机械化水平评价指标体系试行工作是一项开创性的工作。任务艰巨、责任重大、使命光荣。我们要站在全局和政治的高度,全面落实责任,严格执行规定,科学开展试行,为全面农业机械化水平评价指标体系的建立完善,推动农业机械化科学发展做出应有的贡献。

在2012年全国水稻育插秧机械化技术培训班上的讲话

(2012年2月16日 · 广东江门)

农业部农业机械化管理司副司长　**刘恒新**

宗锦耀司长站在“三农”发展全局的高度,深刻分析了当前我国农业机械化发展面临的形势,明确了推进农业机械化又好又快发展的主要任务,部署了当前农机春耕备耕工作,我们要深入学习领会,认真贯彻实施。

水稻是我国最重要的粮食作物。加快推进水稻生产机械化,是提高农业综合生产能力、保障粮食安全的迫切需要。推进水稻生产全程机械化,重点和难点都在育插秧。加强育插秧技术培训,是推进育插秧机械化的关键措施。从2006年以来,农业部每年年初都举办全国水稻育插秧机械化技术培训班,2012年已经是连续第7年了,前6年分别在江苏、湖北、广西、浙江、安徽和重庆举办。从效果上看,举办培训班有利于统一思想认识、交流工作经验、培训技术骨干、加强项目管理,有利于带动各地的培训工作,从而促进全国水稻育插秧机械化工作的快速发展。

广东省委、省政府高度重视农业机械化发展,尤为重视水稻生产机械化工作。广东省农业机械化发展议案提出了“水稻上台阶、特色创一流”的目标,推动了全省水稻生产机械化的快速发展。省长对水稻生产机械化进行了专题调研,省农业厅印发了关于加快推进水稻机械化生产的意见。2011 年全省完成机插秧面积 170 多万亩，比上一年增加了 68%，增速位居全国前列。与北方稻区、长江中下游稻区相比，我国南方双季稻区的水稻机插水平还比较低，也说明具有较大的发展空间。正月未过，我们就在广东省江门市举办这次培训班，一方面是要学习借鉴广东省推进水稻生产机械化的措施与经验，另一方面，也表明农业部对双季稻地区水稻育插秧机械化的高度重视，早动员、早培训、早部署、早落实，齐心协力加快推进水稻生产机械化。

下面，我讲两点意见。

一、总结成效，认清当前水稻育插秧机械化的发展形势

刚刚过去的一年，是我国水稻生产机械化快速发展、喜获突破的一年。初步统计，2011 年全国水稻机插、机收、机耕面积分别登上 1 亿亩、3 亿亩、4 亿亩的新台阶，水稻耕种收综合机械化水平预计达到 63%，比上年增加 2.5 个百分点。全国插秧机保有量超过 41 万台，比上年增长了 20% 以上。全国水稻机插新增超过 2 400 万亩，机插水平突破了 23%，比上年提高了 5 个百分点，成为我国农业机械化发展的突出亮点。加上水稻机直播、机浅栽面积，水稻种植机械化水平将超过 25%，也就是说，全国四分之一水稻种植地区的农户，实现了水稻种植机械化。

水稻育插秧机械化技术一直是制约水稻生产机械化的薄弱环节，经过多年的科研攻关和小范围试验示范，首先在江苏等地实现了突破。自 2006 年开始，农业部大力推广水稻育插秧机械化技术，先后在水稻主产区建设了 390 个水稻育插秧生产机械化示范县，带动了全国水稻育插秧机械化技术的推广应用。水稻机插水平从 2006 年的 6.5% 提高到 2011 年的 23%，年均增长 2.75 个百分点。在购机补贴政策的支持下，水稻插秧机保有量快速增长，从 2006 年的 11.19 万台增长到 2011 年的 41 万台以上，年均增幅达到 30%，为水稻机插秧发展奠定了坚实的物质基础。目前，在 26 个水稻种植省区市中，黑龙江、江苏、吉林、内蒙古和天津 5 个省区市的水稻机插水平突破了 50%，居全国领先地位；辽宁、湖北、山东、宁夏等 4 个省区市的水稻机插水平位于 20% ~50%。

近年来各个稻区的机插面积持续增长，全国水稻机插水平呈现出竞相发展、逐渐加速的态势。经验表明，20% 往往是农业技术推广工作的一个“台阶”。20% 以下发展缓慢，主要是熟化技术、探索技术模式、提高农民认识和操作能力。20% 以上发展速度加快，主要是要促进机具增加、提高人员能力、推进社会化服务。就全国而言，我们已经越过了这个坎，水稻育插秧机械化技术进入了快速推广应用的新阶段。

2011 年初，农业部在重庆市组织召开了全国水稻生产机械化座谈会，并印发了《农业部关于加快水稻生产机械化的意见》，确立了全力主攻机插、加速推进机收的工作思路，明确了“十二五”期间的发展目标。一年来，各水稻产区农业机械化主管部门认真贯彻农业部的要求，将水稻育插秧机械化摆上了重要议事日程，不断加大推进工作力度，呈现出以下五个明显特点。

一是行政推动力度不断加大。各省区市将 2011 年机插秧面积任务分解到县，并督促落实。黑龙江省整合农业项目投入，对育秧大棚建设给予了补助，积极发展大棚育秧，大力开展集中育秧服务，有效地解决了制约机插秧推广中群众育秧难等问题，全省（含农垦）机插秧面积达4 316万亩，比上年增加了 893 万亩。湖北省农业厅每年把水稻机插秧作为十大重点农业技术之一进行推广，省农机局将机插秧任务完成情况作为对各市、县目标责任考核的重要内容。湖南省 14 个市州 84 个县成立了水稻育插秧机械化工作领导小组，其中 65 个县由分管副县长任组长，为技术推广工作提供了有力的组织保障。

二是政策扶持力度不断加强。各地将农机购置补贴政策继续向水稻机械倾斜，推动了插秧机、收割机保有量的持续快速增长。据统计，2011 年全国共补贴购置插秧机 7.6 万台，较上年增加了 20%。浙江省继续实施农机作业补贴，对水稻机插秧作业每亩补助 40 元。重庆市对插秧机实行累加补贴的同时，对育秧软盘补贴 50%，还决定对 2012 年机插秧每亩补贴 30 元。吉林省安排专项补助资金用于高水平水稻育秧流水线和高速插秧机的示范推广。安徽省一些地方还建立了水稻育插秧机械化技术推广基金。这些扶持政策的实施有力地推动了机插秧推广工作的开展。

三是技术指导形式不断创新。农业部水稻生产机械化专家组的有关成员，赴北方稻区、单季稻区、西南稻区、双季稻区开展巡回检查和技术指导工作。各地通过召开展示会、现场会、培训班等形式，加强水稻育插秧机械化技术的宣传和培训，有效地提高了农机手的操作技能，激发了农户开展机插秧的积极性。福建将水稻机械化育插秧技术培训与职业技能鉴定、阳光工程等培训项目结合起来，开展了插秧机操作工阳光工程及职业技能鉴定培训，提高了插秧机操作人员的技能和水平。湖北省将 4 月份作为全省机插秧推广活动月，集中举办培训班和现场会，掀起了机插秧技术培训的高潮。技术指导力度的加大，效果的提高，为机插推广工作提供了技术支撑。

四是示范带动作用不断增强。各地积极开展水稻育插秧示范县建设，进一步熟化水稻机械化育插秧技术，发挥了较好的核心示范作用。江西省开展了“推进机插秧，创建高产县”活动，在 22 个部级示范点的基础上，新增建立省级示范点 40 个。浙江在重点抓好 4 个全国农机化示范县和 7 个省级农机化示范县建设的同时，制定了《农业机械化示范区建设规范（试行）》，大力加强了农机化示范镇、村和各类农机化示范基地建设，确保示范县、示范乡镇建设取得积极成效。

五是服务组织能力不断提升。各地加强机插秧供需信息服务，扶持农机大户和农机专业合作社等服务主体开展代耕、代育秧、代插秧作业，既提高了机具利用率、经营效益，也降低了作业费用，促进了机插秧技术的普及推广，取得了良好成效。安徽省大力培育农机服务主体，农机合作社和种粮大户、农机大户共完成水稻机插秧面积 346 万亩，占全省机插秧面积的 69%，已成为水稻育插秧机械化的主力军。江苏省积极推进企社共建，引导农机企业和农机合作组织对接，发挥农机生产企业积极性，提高农机合作社服务能力。服务组织的能力提升为推动水稻生产机械化快速持续发展提供了动力。

在看到成绩的同时，我们也要清醒地看到，在推进水稻育插秧机械化方面还存在不少问题和薄弱环节。突出表现在三个“不够”：一是技术培训覆盖面不够。发展水稻机插秧，育秧是关键，插秧机是保障。一些地方农机部门重数量轻培训，片面追求插秧机推广台数的增长，忽视了技术培训的跟进。部分农民和机手因未能很好地掌握育秧各环节技术要求，造成秧苗疏密不均、高低不齐、粗细不匀，还有插秧机使用不熟练等，影响了机插秧效果,也阻碍了机插秧技术的大面积推广。二是农机农艺融合不够。我国水稻种植区域广,农艺要求和技术路线复杂。特别是在双季稻地区,水稻品种较多,一些省份水稻品种多达100多个,一旦早、晚稻品种搭配不好,将会降低水稻产量,从而影响机插秧的作业效果。三是社会化服务推进不够。水稻育秧和插秧等社会化服务发展不平衡,多数地区发展相对滞后,插秧机单台作业量差异较大,集中育秧面积相对较少。特别是有些农民购买插秧机以自用为主,致使插秧机利用率不高。这些问题必须引起我们高度重视,采取有效措施,切实加以解决。

二、抓住机遇,扎实做好2012年水稻育插秧机械化工作

2012年中央一号文件明确提出要加快推进农业机械化,并强调要着力解决水稻机插等突出难题。水稻机插秧是制约水稻全程机械化生产的瓶颈和短板,是解决水稻生产"三弯腰"的最后一道难关,是农业部加快推进水稻生产机械化的重点工作。农业部党组对加快推进水稻生产全程机械化寄予厚望,提出2012年水稻机械化种植水平达到28%的任务目标。

经过多年的努力,水稻插秧机技术和质量能够满足生产需要。经过多年的示范,各地形成了较为成熟的技术路线。经过多年的实践,水稻育插秧技术取得了良好的示范效果。经过多方面培训,形成一支机插秧技术推广队伍和实施机插秧技术的作业能手。是当前农村劳动力转移加快,机插秧技术作为水稻高产稳产的重要技术,得到了大家的共识。特别是全国机插秧作业水平已超过20%,进入了加快发展期,我们一定要顺势而为,抓住机遇,乘势而上,坚决贯彻落实《农业部关于加快推进水稻生产机械化的意见》提出的种植机械化水平每年持续提高4~5个百分点的要求,做到目标不改变,思想不动摇,政策不减弱,措施不放松,鼓足干劲,全面完成2012年的任务目标。为此,要重点抓好以下几项工作:

第一,要进一步加强组织领导。各级农机化主管部门要将推进水稻育插秧机械化摆上重要位置,列入重要议程,落实工作责任。要争取将水稻育插秧机械化纳入当地政府绩效考核目标,加大行政推动力度。2012年计划全国新增水稻机械化插秧面积2 000万亩以上,农业部还将向各省分解下达插秧面积任务,并督促落实。各省也要进行层层分解,加大督促、检查和指导力度,确保年底完成,对于水稻生产机械化工作业绩突出的单位和个人,要予以表彰和奖励。机插水平不足10%的省份,要选好示范点,明确技术路线,提高农民认识程度。机插水平在10%~20%的省份,要巩固已有成效,加强技术培训,提升服务能力,积极培育市场,推进示范点全覆盖,扩大示范带动作用。机插水平超过20%的省份,要增加机具,推进社会化服务,提高机具效益。发展阶段不同,推进形式不同,都要采取有效措施又好又快推进。2011年,在推进水稻机插秧技术推广工作中,仅东北三省新增机插面积1 200多万亩,对实现2011年农业部提出的目标起到了突出的作用。2012年南方稻区要加大工作力度,完成更多的推广任务,为实现目标多做贡献。

第二,要进一步加大政策扶持。要充分发挥农机购置补贴政策的引导作用,将水稻育插秧机械设备作为补贴重点,优先满足农民购买插秧机、育秧播种机、秧盘等的需要,不断增加机具的保有量,为育插秧机械化发展提供机具保障。要继续争取地方政府和有关部门的支持,实施水稻机插秧作业补贴、大棚育秧补贴、统防统治作业补贴等,支持水稻育秧中心建设,解决好机插秧用秧难题。要主动参与高产创建、新增千亿斤粮食生产能力建设、科技创新等工作,不断加大水稻机械化发展的扶持力度,进一步改善水稻种植区的农田基本设施,为水稻生产机械化发展创造条件。

第三,要进一步加强示范引导。2012年农业部将在续建58个项目县的基础上,新建50个项目县,在全国22个省区市的108个县开展水稻育插秧机械化技术示范推广。各水稻主产省份也要积极争取投入,建立省级示范县(市),带动市(州)和县(市、区)两级办好各自的示范县和示范乡、村。强化水稻生产机械化示范县的辐射带动作用,加速技术推广步伐。有条件的地区,实行整村整乡整县推进。2012年农业部将组织开展主要农作物生产全程机械化创建活动,研究建立水稻等主要农作物的机械化作业水平考评机制,制定水稻等主要农作物生产全程机械化标准,逐步推出一批全国水稻生产全程机械化先进县。

第四,要进一步加大技术培训。部和省水稻生产机械化专家组要加强对育插秧机械化发展较缓的稻区研究,分析存在的问题及原因,评价技术路线是否合理,提出解决问题的办法和建议。要继续分片包干,各负其责,加强指导。各省区市要充分发挥部、省及地方各级专家的作用,做好技术培训工作。充分调动基层农机技术骨干,加强技术指导,手把手、面对面地对农民进行技术培训,做好各个环节的服务工作,指导到户,服务到田,培训到位。阳光工程等农机培训项目要将水稻育插秧机械化技术培训作为主要培训内容,提高培训覆盖面。有条件的要组织开展水稻插秧技术竞赛,营造提升机手作业水平的良好氛围。

第五,要进一步推进社会化服务。以推进服务产业化为核心,构建水稻育插秧机械化技术推广的农机服务产业链,建立水稻育插秧机械化技术推广应用的长效机制。要通过培育和发展农机大户和专业服务组织,组织开展跨区作业、订单作业,推进育秧、机插专业化、规模化,不断提高育秧设备、插秧和收获机械的使用效率和经营效益。要推进农机企业积极开展"企社共建",充分发挥企业资源优势帮扶农机合作社,实现资源整合、合作共赢,为水稻全程生产机械化提供作业服务。要加强水稻作业市场的信息服务和组织协调,引导机具有序流动,实现专业化分工和区域间优势互补。

第六,要进一步加强农机农艺融合。机械化插秧的关键是育秧,育成合格的秧苗,才能保证机械化插秧增产高效。在推进机插秧的工作中,要建立农机农艺融合协调机制,聘请农艺专家参加机具的试验示范和技术培训、技术指导工作,尤其是做好育秧技术培训工作,形成推进水稻机插秧的合力。要在品种选择、育秧、植保、田间管理、茬口对接等各个环节进行农机农艺的融合技术研究,制定适合各地发展的机械化育插秧技术路线,形成农机农艺相适应的机械化生产技术体系,为水稻种植机械化的发展创造条件。

2012年水稻育插秧机械化技术推广工作的大幕已经拉开,接下来还要由农业部水稻生产机械化专家组进行技术培训。希望大家认清自己所肩负的责任,珍惜这次学习机会,边学习边思考,边学习边深化,掌握机插秧技术要领,掌握推广技术的有效工作方法,通过学习使大家成为各地水稻机械化育插秧技术推广示范工作的主要组织者、宣传者和开拓者,在水稻机械化育插秧技术示范推广工作中充分发挥作用。让我们弘扬求真务实精神，下真工夫，花大力气，推动水稻育插秧机械化持续快速发展，加速推进水稻生产机械化，以优异的成绩迎接十八大的胜利召开。

在全国农业机械标准化技术委员会农业机械化分会三届四次会议上的讲话

（2012 年 3 月 30 日 · 江西南昌）

农业部农业机械化管理司副司长　**刘恒新**

制定农机化标准并监督实施，是农机化主管部门的一项重要职能。农业部高度重视农机化标准化工作，不断采取有效措施，加大工作力度，取得了较好的成绩，对促进农机化发展发挥了积极的促进作用。下面，我讲三点意见。

一、充分肯定农机化标准化工作取得的成绩

近年来，在农业部农产品质量安全监管局的总体协调和指导下，农业机械化管理司和农业部农机试验鉴定总站、各省农机化主管部门共同努力，认真组织开展了农机化标准建设的各项工作，取得了明显成效。

（一）标准建设步伐加快，体系初步建立。近年来，特别是《中华人民共和国农业机械化促进法》公布实施以来，农机化标准建设取得了长足进步，农机化标准范围向重点机具、主要作物、关键环节拓展，农机鉴定、监理、推广、维修等领域的标准化工作得到加强，全国农机化标准体系初步建立。一是数量不断增多。现有归口管理国家标准 10 项，其中强制性标准 3 项。农业行业标准 230 项，其中强制性标准 20 项。农机化地方标准 496 项。二是范围不断拓宽。制定的标准涵盖了农业机械产品质量、作业质量、维修质量、服务质量以及质量评价技术规范和包括农机安全监理、牌证管理标准在内的安全管理等类，标准体系不断完善，适应了农机化快速发展的需要。三是研究不断深入。开展了我国农业机械化标准体系规划研究，确定了基础标准、技术标准和管理标准三大部分组成的农机化标准体系，在指导和推动农机化标准化管理工作发挥了重要作用。

（二）工作队伍不断壮大，能力不断提高。通过多年的努力，农机化标准机构不断健全，工作人员水平不断提升，标准制修订质量不断提高。一是工作机构进一步完善。农业部高度重视作为农业行业标准重要组成部分的农机化标准工作，农机化司积极发挥部鉴定总站，特别是挂靠在总站的标委会作用。各省（区、市）农机化主管部门也相应明确了主管农机化标准工作处室和单位。一些省份还设立了标准化技术委员会。二是制定规则进一步明确。开展了重要类别标准研究，明确了农业机械分类标准和标准编写规则，有效地指导了农机化工作和标准的编写工作，进一步统一和规范了行业工作和各类标准的编写制定。三是技术培训进一步强化。农机化标准工作机构积极组织多种形式的培训，注重标准制修订人员的素质能力培养，提高农机化标准制修订水平。

（三）宣传力度不断加大，应用标准自觉性增强。各级农机化主管部门注重利用其行政、技术优势，紧密结合农业机械产品博览会，各类农机新技术新机具展示、演示现场会等活动宣传普及标准化政策、法规、农机化标准知识和新标准。结合农机化新技术推广、农机职业技能鉴定、农机专业合作社建设等工作，大力宣传相关农机产品、技术、作业标准，引导农机企业和农业生产经营服务组织贯标、用标的主动性，指导农机操作人员科学、规范使用农业机械，提高其使用操作技能，使农机企业、农业生产经营服务组织和农机手实施农机化标准的自觉性不断增强。利用“3 · 15”消费者权益保护日和“科技下乡宣传周”等活动，积极开展多种形式的标准化技术咨询活动，向农民宣传相关农机产品质量标准，传授鉴别不符合标准的伪劣农机产品知识，提高农民识假辨假能力，逐步提高农民对农机化标准的了解和认识。标准化对推动农机化发展的促进作用不断显现。

虽然我国农机化标准工作取得了长足的进度，但由于农业机械化标准化工作起步晚、投入不足、基础性研究薄弱等原因，农机化标准协调配套性不强，有些领域、环节的标准尚属空白，不能满足当前农业机械化发展的客观需要。还需我们进一步加大工作力度，切实解决农机化标准体系建设中存在的问题。

二、深刻认识农机化标准化工作的重要意义

标准是质量管理工作的基础。中央高度重视标准工作，国务院印发的《质量发展纲要（2011—2020 年）》中明确提出了加强标准化工作，加快现代农业等领域的标准体系建设的要求。当前，我国农机化发展已经进入了加快发展、结构改善、质量提升、领域拓宽的关键时期。做好农机化标准化工作对加强农机化质量管理，保障农机安全生产，提升农机经营效益，促进农业机械化又好又快发展，推进现代农业建设具有十分重要的意义。

第一，农机化标准是提高农机化质量工作的基础前提。农机化质量包括农机产品质量、作业质量、维修质量和服务质量。农机化标准是在总结农业机械化生产和管理实践经验的基础上，运用简化、统一、协调、优选原理制定的，是现代机械化技术和现代管理技术的有机结合，具有科学、统一、规范的特点。农业机械质量评价技术规范标准、作业质量标准、修理质量标准规定了各类农机产品的性能指标、技术要求以及检测是否达到规定指标和要求的检验程序、规则和方法，有了标准才能了解掌握农机化质量工作状况，才能为提高质量奠定基础。因此，标准是农机化质量工作的重要基础技术支撑。

第二，农机化标准是促进农机化技术进步的重要抓手。通过制定颁布农机化标准，明确农机产品质量、作业质量、维修质量和服务质量的最低要求。引导企业产品研发技术改进，引导企业和服务组织改进服务，提高技术创新和服务能力，加快先进适用技术的普及应用。通过制定管理标准、质量评价标准，规范工作行为，提高管理工作的科学化水平。

第三，农机化标准是坚持依法行政的重要技术支撑。各级农机化行政主管部门实施行政执法的基本依据是农机化方面的各项法律法规，落实法律法规要有相关技术标准的支撑。农机化行政执法所涉及的农机试验鉴定、安全监理等工作要依据特定的安全评价与检测标准，农机化标准为农机化依法行政提供了可操作的技术依据。农机化标准是各级农机化主管部门履行部门职能，增强依法行政能力的关键。

农机化标准是农机化技术水平的体现，标准化工作是管理水平的反映，也是管理工作的重要内容。全国农机化系统一定要深刻认识标准化工作的重要性，高度重视，认真做好相关工作。

三、扎实做好农机化标准化建设工作

农机化标准化工作的指导思想：深入贯彻科学发展观，紧紧围绕提高农机化装备水平、作业水平、安全水平、科技水平和服务水平，促进现代农业建设的目标，遵循标准化规律，着眼生产实际需求，坚持政府推动，构建国家标准为龙头、农业行业标准为主体、地方标准为支撑的农机化标准体系，满足农机化生产、服务和管理需求，促进农业机械化又好又快发展，为建设现代农业作贡献。

总体目标：到“十二五”期末，农机安全监理、维修管理、质量监管、作业服务管理等行政管理中的技术规范基本完善，实现重要作物、重点机具和主要技术的农机化标准基本覆盖和配套，基本建立起科学、统一、协调的农机化标准体系，标准应用水平明显提高，基本能够满足农机化行业管理、技术推广应用、服务贸易发展的需求。

2012 年农机化标准工作要重点落实《农业机械化标准体系建设规划（2010—2015）》要求，加快农机化行业标准的制修订工作，进一步健全和完善农机化标准体系。

第一，加强领导，高度重视农机化标准工作。各级农机化主管部门要高度重视农机化标准工作，把标准化工作作为农机化工作的重要内容，抓紧、抓实、抓出成效。一要坚持把农机化标准工作列入议事日程，每年要有部署、有考核、有检查、有提高。二要明确负责领导和负责处室，加强农机化标准技术归口单位建设，做到农机化标准工作有人管、有人干、有经费支持。三要按照国家、农业部工作有关要求，结合本地实际，深入开展调查研究，制定具体的工作计划和措施，有步骤地推动落实。四要加强农机化系统内部沟通协调，充分发挥科研、鉴定、推广、监理的多方优势，强化资源共享意识，密切配合，以农机化标准化工作的实际效促进农机化又好又快发展。

第二，加强管理，提高农机化标准制修订工作质量。农机化标准的质量影响农机化发展的质量，先进适用的标准能促进技术进步，不先进适用的标准会阻碍事业的发展。要进一步加强管理，制定具体措施，提高标准化工作的质量。一要规范标准制定内容。经过多年的探索，已形成和明确了各类标准的基本规范，各起草单位一定要认真执行。二要规范标准制定程序。要开展调查研究，要深入生产一线，要重视标准验证，增强标准的可操作性。三要发挥多学科专家作用。标准审查阶段，一定要选各方面专家，广泛听取各方意见，增强标准的协调性。通过这些方法措施，促进标准先进性与适用性的统一。

第三，强化责任，加强农机化标准的宣传应用。制定标准的目的在于应用，衡量农机化标准化工作的重要标志是标准的应用程度。农机化主管部门一定要把标准普及应用作为重要职责来履行。要利用媒体、网络、期刊等载体，加强农机化标准的宣传和贯彻，提高社会对农机化标准的认知度和农机企业、用户贯彻标准的自觉性，切实改善“重制定、轻应用”的局面。依托农业机械化重点项目实施、农机社会化服务等工作，积极探索开展标准化示范区建设，有针对性地开展标准培训、指导工作，加强对农机化标准应用模式、应用效果的示范推广，推进农机化标准的实施，切实把标准化建设落到实处。

第四，加强研究，注重农机化标准体系的进一步完善。要适应农机化快速发展的要求，完善标准体系，研究影响发展的重大问题和基础理论。已发布的《农业机械化标准体系建设规划（2010—2015）》（农办机［2009］44 号），提出了 2010—2015 年农机化标准体系建设的指导思想、基本原则、建设目标、建设内容和主要措施，指导和规范了农业机械化标准项目的申报和立项工作，发布的 2010—2012 年农机化标准项目规划表，大部分已被列为制修订项目，要研究提出 2013—2015 年农机化标准项目规划表。要根据新形势和新要求，突出重点，强化基础，注重生产需要，加强宏观引导，完善作业质量标准、安全使用规程等，为实现农机化“十二五”规划目标服务。

第五，加强培训，注重农机化标准队伍建设。各级农机化主管部门要充分发挥好专家队伍作用，在标准研究、标准制修订、标准宣贯、标准评估以及标准咨询等方面发挥有效的作用。在农机科研、教学、鉴定、推广、监理、维修、生产等领域大力加强标准化培训工作，提高农机化标准工作水平。要积极探索建立激励机制，对取得较好社会经济效益的农机化标准起草、宣贯单位和个人予以表彰奖励，充分调动农机化标准工作者的积极性和创造性。

做好农机化标准工作任务艰巨、责任重大。我们要按照科学发展观的要求不断总结经验，创新发展思路，明确工作重点，进一步提高农机化标准工作水平，为推动我国农机化科学发展做出新的更大的贡献。

在全国农机安全监理“为民服务创先争优”工作经验交流会上的讲话

（2012 年 7 月 31 日 · 新疆乌鲁木齐）

农业部农业机械化管理司副司长　刘恒新

全国农机安全监理“为民服务创先争优”工作经验交流会，主要任务是：贯彻落实中央创先争优活动领导小组和农业部关于在窗口单位和服务行业深入开展“为民服务创先争优”活动的要求，总结交流全国农机安全监理“创先争优”创建活动阶段性成果，公布第一批示范窗口和岗位标兵，推广创建活动的好经验、好做法，推动农机安全监理机构进一步提升服务质量、打造优质服务品牌、提高工作水平，促进农业机械化安全发展、科学发展。

会议开始时，我们公布了2011—2012年度全国农机安全监理"为民服务创先争优"示范窗口和示范岗位标兵名单，颁发了牌匾和证书，全国共有105个监理机构和203名监理人员被评为示范窗口和示范岗位标兵光荣称号。获得示范窗口和岗位标兵的单位和个人要珍惜荣誉，再接再厉，进一步发挥好示范带头作用，为农机安全监理事业的发展做出更大的贡献！同时，希望全国各级农机安全监理机构和人员，努力向示范窗口和岗位标兵学习，形成比学赶帮超的氛围，争取在以后的创建活动中取得更好成绩。

我们参观了新疆昌吉市的示范窗口，他们的创建工作扎实，成效显著，从一个侧面反映了新疆农机安全监理工作在自治区党委和政府的正确领导下取得的巨大成绩。新疆农机安全监理机构健全、执法严格、业务规范，农机"三率"、事故处理等方面的工作走在了全国前列。刚才，新疆、江苏、山东、湖南、广西以及辽宁大连市、浙江萧山区、山东嘉祥县、甘肃陇西县等地代表做了典型交流。他们结合各自特点，突出为民服务，卓有成效地开展了创建活动，希望大家在今后的创建活动中认真学习借鉴他们的好做法。这次会议，我们既要对前期工作进行交流总结，又要对今后工作进行研究部署。下面，我讲四点意见。

一、充分肯定农机安全监理"为民服务创先争优"创建活动的工作成效

全国农机安全监理"为民服务创先争优"示范窗口和示范岗位标兵创建活动，受到农业部党组、部领导和机关党委的高度评价和充分肯定。创建活动开展以来，各地按照中央和农业部要求，精心部署，广泛动员，努力工作，取得了明显成效。

一是服务意识明显增强。各地坚持以人为本、执政为民的理念，牢固树立群众观念，思想上尊重群众，感情上贴近群众，满腔热忱对待群众。不少地方送检、送考、送培训、送安全知识下乡，送服务上门，贴近村庄、贴近农户、贴近机手，创新服务载体，让广大农机手在创先争优活动中得到了实惠、看到了变化。吉林、辽宁、甘肃、广西等省区的不少地方监理窗口设立领导值班岗，增加群众投诉登记簿，随时接待机手咨询和投诉，寓管理于服务中，工作作风明显改进，服务效能明显提高，农民机手满意度达90%以上，树立了良好的形象。

二是监理业务明显规范。各地认真履行《农业机械安全监督管理条例》等法律法规赋予的农机安全监管职责，坚持依法行政，依规办事，公正执法，公平服务，优化工作流程，在规范服务标准、提高工作效率等方面迈出了可喜的步伐。示范窗口都实行了执法依据、办事程序、收费项目及收费标准、岗位职责、办事人员、监督电话六公开，增加了工作的透明度和公信力。各地严格按照法规规定开展注册登记、安全技术检验、驾驶人考试发证、安全检查和事故处理等工作，违规发放牌证现象和因事故处理不当产生的纠纷明显减少，农机安全监理工作规范化水平整体提高。内蒙古、辽宁、湖北等省在行政服务窗口推进"三统一"，即统一文明用语、统一行业标识、统一行为规范，做到了文明执法、高效服务，打造服务型窗口、廉洁型窗口、创新型窗口、学习型窗口，促进了监理工作规范化进程。

三是监管能力明显提升。各地积极争取农机安全监理支持政策，加强监理装备和信息化建设。依托现代信息技术，将各项安全监管业务信息纳入计算机网络平台，集行政审批、政务公开、数据采集、宣传教育、信息发布等于一体，实现了业务互通互联、信息数据共享，减少了机手来往奔波的时间和路程。不少省（区、市）进一步增加农机安全管理财政支持力度，配备先进适用的监理装备，改善了农机安全执法手段，推进了农机安全监管由传统手工方式向现代科技方法的转变，充分发挥了科学技术对农机安全生产的支撑和保障作用。湖南省财政预算300万元农机安全管理财政专项经费，配备拖拉机移动检测、事故处理、驾驶员考试设备100余套，大力改善农机安全执法手段。天津市投入100万元专项资金开发了农机监理行政许可网上审批管理系统，实现了网上审批全覆盖，节约了成本，提高了效率，受到农民机手的普遍欢迎。

四是队伍素质明显提高。各地不断加大对监理人员政策法规、业务知识和岗位技能的培训力度，提高理论修养，更新业务知识，打造了一支政治坚定、业务过硬、作风优良、清正廉洁、具有较高素质的农机安全监理队伍，推进了学习型、服务型农机安全监理队伍建设。有些地方开展文明服务、诚信服务、廉洁服务、优质服务竞赛以及服务标兵评比，提高业务技能，树立示范标兵，用先进示范，靠典型引路，带动更多的窗口和监理人员创先争优，建功立业，形成了看实绩、比贡献、创先进的生动局面。山西省、市、县举办农机监理员、检验员、事故处理员等业务培训班，新训新考各个岗位业务人员3 000多人次，向全省乡镇级农机监理人员核发证件800多个。黑龙江省分批对所有农机监理人员轮流军训，已完成第一批610人军训任务。江苏省级组织的考试员、档案管理员、统计员、宣传信息员等业务培训共10期1 200多人，进一步提高了监理执法人员依法行政和为民服务的能力。山东省举办了多次农机监理人员培训班，对全省农机监理人员进行农机安全政策法规、业务知识的教育培训，共计培训农机监理人员2 400余人。

农机安全监理"为民服务创先争优"创建活动的开展，起到了服务农民、树立形象、强化基础、营造氛围、提升水平、推动安全的效果。上述成绩的取得，是各级党委和政府高度重视和正确领导的结果，也是有关部门大力支持的结果，更是各级农业机械化主管部门及其安全监理机构共同努力、开拓奋进、辛勤工作的结果。

二、认真总结推进"为民服务创先争优"创建活动的工作经验

回顾一年来的创建活动，各地因地制宜制定方案，开拓创新推动创建活动深入开展，采取了许多行之有效的好做法，可以概括为五条基本经验。

一是必须把提高认识作为推动创建活动的重要基础。认识是行动的先导，落实的前提。"创先争优"活动是中央落实十七大要求和胡锦涛总书记建党九十周年讲话精神的一个举措，是农机安全监理系统落实中央要求的体现，是推动安全监理各项工作开展的重要措施。实践证明，只有思想认识到位，增强政治意识、大局意识、责任意识，才能切实提高工作的主动性、能动性，实现从让我做到我要做的转变。把中央的要求变为监理人员的自觉行动。只有精心组织，周密部署，把中央和农业部的要求落到实处，才能推进创先争优活动取得实际效果。各地高度重视这项工作，切实加强组织领导，进行动员部署，健全评价体系，创造保障条件，提高农机安全监理人员参与的积极性。浙江把创建活动作为促进安全监管方式转变、推进规范化建设、提升为民服务水平的重要措施，摆到农机化工作的重要位置,提出力争通过5年的努力,全省50%的农机监理机构达到省级创建标准,20%达到全国标准。

二是必须把细化目标作为推动创建活动的重要途径。将中央提出的"推动科学发展、促进社会和谐、服务人民群众、加强基层组织"的总体要求和农业部创建工作的目标任务,根据当地的实际情况进行具体化,与农机安全监管现状相结合,与农民的需求相吻合,将目标细化到单位、到岗位、到个人。明确目标和努力方向,有利于取得阶段性的成果。通过扎实推进创建活动让群众看得到、感受得到创先争优带来的新变化,提高群众的满意度,为安全监理工作注入长久的生机与活力。安徽、新疆等地结合实际,明确创建活动的总体目标、阶段任务、工作步骤和要求,量化到项目,细化到个人,提升了创建活动的针对性、科学性和规范性。天津、山西提出年度工作目标,分解落实具体任务,将创建活动纳入各区县政府安全生产目标考核内容。

三是必须把创新方法作为推动创建活动的重要举措。坚持内强素质、外树形象,文明执法、热情服务,不断创新工作方式方法,树立行业新风。一些地方适应农民新需求和农机新特点,创新培训形式提高队伍素质,提升监理人员的政治素质、职业道德和业务技能;有的创新办事流程提高行政效能,科学设置业务岗位,梳理优化监理工作程序;有的创新服务方式方便农民群众,深入乡村农户,开展送安全下乡活动;有的创新评价考核听取各方意见,为机手办实事、解难事、做好事。北京、河北、湖南等地广泛开展岗位练兵、技能比武,进行"五练三比三评",比技能、比作风、比业绩,领导、党员和群众参加评议,形成了看成绩、比贡献、你追我赶的生动局面。上海、福建以"三亮三争"活动为抓手,通过亮身份、亮职责和亮承诺,争创一流单位、一流队伍和一流业绩。

四是必须把统筹安排作为推动创建活动的重要抓手。创建活动是农机安全监理工作的重要组成部分,与牌证管理、宣传培训、安全检验、事故处理等工作同部署、同检查、同考核,做到统筹兼顾、科学安排、相互促进、共同提高。多数省把创建活动作为推动农机安全监理事业全面提升的重要机遇,抓创建,带全局,努力提高服务水平。陕西各窗口单位结合创先争优活动,开展"走进每一个农机户家中"、"三夏事故勘查救援服务队"、"三夏跨区机收服务接待站"等服务活动,不断延伸了服务领域和服务区域。江苏把创建活动与"三解三促"、"三走进三服务"和创建"平安农机"活动相结合,进一步帮助基层排忧解难,进一步夯实工作基础,实现齐抓共建、相互促进。

五是必须把建立长效机制作为推动创建活动的重要目标。建立农机安全监管长效机制,是各项农机安全管理制度正常运行并发挥预期功能的重要保证。通过把创建活动中好的经验固定下来,形成并不断完善制度,建立机制,形成常态化管理模式,实现管理工作的长期目标。目前,送检下乡已成为很多地区一项日常业务工作,不少地方都建立了承诺服务制、首问负责制、责任追究制,提供"一站式"服务等。黑龙江在创建活动的带动下,优化了警监联合执法机制,全省已陆续成立由公安交警、乡镇公安派出所和农机监理联合组成的农村交警中队400多个,形成了部门联动、各司其职、齐抓共管的局面。江苏、云南等省建立了"群众满意度测评"制度,活动方案听取群众意见,活动情况向群众通报,评选先进请群众参与推荐,活动成效接受群众检验。宁夏以作业服务公司为依托,健全安全生产规章制度,建立机具和驾驶员台账制度,形成了"公司+安全员+驾驶员"的安全管理新模式。

这些经验既是对过去工作的总结,也是今后工作应该坚持的好做法,弥足珍贵。各地要善于学习运用这些成功经验指导工作,并在实践中不断加以丰富、完善和发展。

三、加大力度不断推进"为民服务创先争优"创建活动深入开展

农机安全监理"为民服务创先争优"创建示范窗口和示范岗位标兵活动是一项长期性、基础性、系统性的工作。在肯定成绩,总结经验的同时,我们还要清醒地认识到存在的问题和不足:有的地方重视程度不够,没有把创建活动作为当前的重要工作纳入议事日程;有的地方组织发动不够,停留于一般性的部署和强调,缺乏跟踪落实,没有形成创先争优的浓厚氛围;有的地方审核把关不严,没有按照要求进行打分评审,报送材料不及时、不规范,典型事例不突出。

这些问题说明,一些地方的创建活动与中央和农业部的要求还有差距,同志们要加倍努力,将示范窗口和示范岗位标兵创建活动作为今后一个时期农机安全监理的一项重要工作,继续突出为农民机手服务,围绕农业机械化安全发展中心任务,结合农机安全监理工作特点,扎实推进"为民服务创先争优"活动。下一步要重点做好以下四方面工作。

一是要在加强组织领导、明确责任上下工夫。各级农业机械化主管部门及其安全监理机构要将创建工作列入重要议事日程,高度重视,精心部署,明确责任,常抓不懈。要坚持一级抓一级、层层推进的工作方法,省级要抓市县级,县级是关键,县里要重视起来,动起来,部级示范窗口和岗位标兵要在省级的基础上产生,形成"上下联动、共促共建"的良好局面。要坚持高标准严要求,规范创建程序,结合各地实际,倾听群众意见,将那些工作扎实、作风过硬、带动效果好的单位和个人选拔出来,争创农机安全监理优质服务品牌,使创建活动真正成为一项让农民机手满意的工程。

二是要在加强宣传发动、营造氛围上下工夫。进一步宣传在农机安全监理系统开展"为民服务创先争优"活动的重要意义,提高思想认识,扩大创建活动的广度和深度,推动"为民服务创先争优"活动的深入开展。要动员农机安全监理系统全部机构和全体同志提高参与意识,发挥主观能动性。要重视舆论引导和宣传发动,充分运用报纸、电视、电台以及网络、手机等媒体开展创建活动的宣传。要广泛宣传创建活动的先进典型,推动各地共享创建成果,激发大家参与创建活动的积极性,营造浓厚的创建氛围。

三是要在加强工作落实、注重实效上下工夫。创建活动搞得好不好,关键要看农民机手有没有得到实惠、对安全监理工作满意不满意。各地要深入听取群众意见,了解农民机手想什么、盼什么,希望我们做什么。要结合各地实际,查找薄弱环节,因地制宜制定可行的工作方案,采取有效措施狠抓工作落实,切实解决农民机手反映强烈的突出问题。要创新工作机制,将创建活动与农机安全监理各项业务有机结合,通过创建活动进一步树立服务理念、增强服务意识、提升服务能力,提高农民机手的满意度。

四是要在加强政策扶持、夯实基础上下工夫。各地要进一步协调争取农机安全监理扶持政策,加大投入力度,改善装备条件,大力提升为农民机手服务的能力。最近国务院文件明确要加强农机监理机构支持保障,将安全监理工作经费纳入财政预算等,含金量很大,要落实还需大家的努力。要积极推进农机安全监理机构参公管理，切实履行依法安全监管职责。要大力推广先进便捷的安全检验、无纸考试、事故处理等监理装备技术，积极开展送检下乡服务方式，提高安全检验科学化、精准化程度，为农民机手提供高效、优质、便捷的安全监理服务。要争取并落实好农机安全监理惠农政策，将农机安全检验、牌证发放等属于公共财政保障范围的工作经费纳入财政预算，大力推行农机定期免费安全检验制度，鼓励有条件的地方对农机安全保险、粘贴安全反光标识等进行财政补贴，让农民机手得到切切实实的实惠。

四、认真抓好当前农机安全监理重点工作

2012年时间已经过半。继续做好农机安全生产工作对于夺取秋粮丰收、增加农民收入和保障农村和谐稳定意义重大。2012年要迎接十八大保持好的安全形势营造良好的氛围非常重要。各级农业机械化主管部门及其安全监理机构，要认真贯彻落实好《农业机械安全监督管理条例》《国务院关于促进农业机械化和农机工业又好又快发展的意见》和《安全生产"十二五"规划》，按照《农业部关于进一步加强农机安全监理工作的意见》和《全国农业机械安全监理"十二五"规划》的整体部署，做好农机安全监理各方面工作。在此，我再着重强调以下几项工作：

一是履行职责，做好事故统计报送工作。农业机械事故处理是农业机械化主管部门及其安全监理机构的一项重要职责，包括事故勘查、认定复核、赔偿调解、事故报告、分析评估、实施救援等方面。2011 年，农业部出台了《农业机械事故处理办法》和《农业部关于加强农机事故应急管理工作的意见》，使农机事故处理工作有章可循，各地要认真贯彻实施。各级监理机构要按照《事故处理办法》规定，每月对事故情况进行分析评估，向主管部门提交分析评估报告；各省（区、市）要每季度发布一次相关信息，对农机事故情况进行通报。2012 年年初，根据各地的申报，通过我们的协调，国务院安委会按新口径下达了2012 年农机事故死亡控制指标。截至上半年，各地累计报告705 起，死亡103 人，死亡人数约是控制指标的10%。一些地方的数值与各地申报的数量有较大的偏差，说明这些地区要么存在预测不准、要么存在事故统计报告工作没有做好，有的还可能存在漏报、瞒报、迟报等问题。个别省在媒体对多起微耕机事故进行报道的情况下，仍未能及时报告相关事故，工作不力。希望各地要珍惜这次来之不易的事故指标调整机会，采取有效措施，主动深入下去掌握农机事故发生情况，确保统计数据全面、及时、准确。要加强与公安等部门的沟通协作，依法建立信息共享机制，全面掌握发生在道路交通上的农机事故情况。要公开事故报告电话，拓宽事故报告渠道。

二是依法行政，规范安全监理执法行为。农业机械安全监督管理必须全面落实法律法规要求，履行法定职责，做到有法必依、执法必严、违法必究。2011 年下半年开始，农业部组织开展了为期1 年的违规发放拖拉机牌证专项治理，要求各地严格执行国家安全标准和《拖拉机登记规定》等规章制度，按照业务流程开展登记注册工作，严禁给不符合国家安全标准的拖拉机办证上牌，严禁跨行政区域发牌发证。2012 年4 月，按照国务院办公厅统一部署，农业部结合农机安全监理特点，在全国范围内集中开展农机安全生产"打非治违"专项行动，严厉打击农业机械无牌行驶、无证驾驶、未检验作业等行为，重点治理违规发放牌证、瞒报谎报事故等非法违规行为，排查事故隐患，保障农机作业安全。各地要组织人力物力，加大治理力度，针对存在的问题，有针对性地开展重点督导检查。要按期报送治理违规发放牌证和"打非治违"工作情况，推进治理工作深入开展。

三是强化措施，努力提高拖拉机"三率"水平。拖拉机、联合收割机"三率"水平既是衡量农机安全监理工作的直接指标，也是反映农机安全隐患的重要指标，从2011 年开始，我们将其作为考核农机管理工作的一项重要内容。2011 年，全国拖拉机"三率"水平提高了2.43 个百分点，但整体情况处于较低水平，全国1/3 省份"三率"平均值在，50% 以下，个别省"三率"平均值只有20% 左右，与我们提出的"十二五"末达到。70% 以上的目标相比，任务十分艰巨。为进一步鼓励先进，鞭策后进，"三率"排名将作为各项安全表彰评比、项目建设的重要参考指标。各地要继续加大工作力度，将提高"三率"作为农机安全监理工作的重要任务，规范统计口径，推广免费安全检验等农机安全监理惠农政策，采取有效措施提升农机安全监管覆盖面。

四是完善机制，深入推进"平安农机"创建。"平安农机"示范区县全国已推出三批，创建活动有力地促进形成"政府负责，农机主抓，部门合作，社会参与"的长效管理机制。"十二五"期间，农业部和国家安监总局在前期工作的基础上每年要推出100 个左右的示范县，下半年两部门将联合对各地的申报单位进行综合评审和抽查考评。各地要按照农业部、国家安全监管总局制定的《"十二五"创建"平安农机"活动方案》，进一步争取政府重视，发挥基层作用，加强宣传教育，严格考评标准，积极推进"平安农机"创建活动深入开展。"平安农机"创建、示范窗口创建和示范岗位标兵创建，三个创建活动分别针对不同的对象、不同的内容、不同的目标，各有侧重，各具特色，成为提升农机安全监管水平和服务水平的重要抓手，各地要统筹安排，全力推进三个创建活动的有序有效开展。

做好农机安全监理工作，事关农民群众生命财产安全，事关强农惠农富农政策的落实，事关农村的和谐稳定，农机安全监理责任重于泰山。农机安全监理"为民服务创先争优"创建活动是提高农机安全监理服务水平的重要措施，是农机安全监理的一项重要工作。我们一定要深入贯彻落实科学发展观，进一步提高认识，采取扎实有效的措施推进"为民服务创先争优"活动的深入开展，促进全国农机安全生产形势持续稳定好转，以农机安全生产新成效迎接党的十八大胜利召开！

在中国农机化导报宣传工作会议上的讲话

（2012 年 11 月 28 日 · 江苏常州）

农业部农业机械化管理司副司长　刘恒新

我想就农机化新闻宣传工作及办好《中国农机化导报》讲几点意见。

党的十六大以来，我国农业机械化进入历史上发展最好的时期，发展速度显著增快、发展质量显著提高、地位作用显著增强。10 年来，基本构建并丰富发展了中国特色农业机械化发展法律法规政策体系，探索实践并不断拓宽了“农民自主、政府扶持，市场主导、社会化服务，共同利用、提高效益”为主要特征的中国特色农业机械化发展道路。先后在 2007 年、2010 年实现两大跨越，即农业机械化发展由初级阶段到中级阶段的重大跨越，农业生产方式由人力畜力为主向机械作业为主的历史性跨越。农业机械化跨越式发展，有效地缓解了青壮年农业劳动力短缺的突出矛盾，有力地保障了农业稳定发展，推动了农业现代化进程，为实现粮食产量“九连增”、农民收入增长“九连快”提供了坚实的物质装备支撑。

近 10 年来农机化发展辉煌成就的取得，我们的新闻宣传工作者功不可没。以中国农机安全报社为代表的行业媒体以营造良好舆论环境，推动农机化科学发展为己任，做了很多卓有成效的工作，为农机化发展做出了重要的贡献。

在农业劳动力结构性短缺、农业生产方式发生根本性变化、农业现代化深入推进的大背景下，购机补贴等扶持政策实施、农机社会化服务培育等已经成为社会对农业农村经济工作关注的重点，能不能用正确的舆论导向引导社会、鼓舞系统、激励基层，掌握舆论主导权、制高点，已经成为农机化工作的新挑战；随着农机化位势的不断提升，如何通过信息宣传顺势将农机化工作加以强化和推进，对农机化主管部门提出了新任务；如何有效运用报刊、广播、电视、网络、手机等各类媒体，帮助农民更快更准确了解政策、获取信息、掌握技术、提高发展农机化的积极性，对农机化信息宣传工作提出了新要求。

各级农机化主管部门要深刻认识新时期加强农机化新闻宣传的重要性、紧迫性，切实将新闻宣传作为推动农机化政策法规落实的重要途径、推动业务工作开展的重要举措、争取社会理解支持的重要渠道，树立系统良好形象的重要措施，着力正面宣传，强化主动引导，丰富宣传内容，创新宣传形式，增强新闻宣传的针对性、实效性，为推进农机化又好又快发展提供有力的精神动力和舆论支持。

一要切实加强组织领导。各级农机化主管部门要充分认识新闻宣传工作的重要性，把宣传工作纳入工作全局统筹安排、周密部署、精心组织、认真落实。要进一步明确农机化新闻宣传工作目标和责任，建立考核和激励机制，增强干部新闻宣传意识，提高干部新闻写作、新闻宣传和舆论引导能力。要支持农机化系统行业媒体发展，将其作为开展工作交流的重要阵地。

二要切实加强宣传策划。重要政策的出台、重点工作的推进、重大活动的开展，要同步研究确定新闻宣传重点、内容和方式，做到年度宣传有谋划，季度宣传有计划，具体宣传有策划，宣传效果有跟踪。加强与中央媒体、地方主要媒体的沟通协调，主动提供新闻线索，挖掘新闻点，共同开展新闻选题和宣传内容研究，建立良好的合作互动关系。

三要切实改进宣传方式。既要注重宣传的时效性，又要争取重要报道发在主要媒体、显著版面，提高宣传的关注度；既要注重向各级领导、社会大众、专家学者宣传，又要注重向广大农民群众宣传，提高宣传的针对性；既要注重工作动态类报道，又要有针对性地编发深度采访、系列报道，提高宣传的影响力。要多用鲜活的事例、多用群众的语言、多反映基层的声音，提高报道的感染力。重视和发挥网络等新兴媒体的作用，扩大宣传的覆盖面。

四要切实注重舆论引导。要针对社会各界普遍关注的农机化热点、焦点、敏感问题，通过撰写重点文章、召开媒体座谈会、专家访谈等多种形式，及时回应社会关切，主动解疑释惑，加大引导力度。开展舆情监测分析，对不实报道和错误信息要及时澄清，以正视听，防止负面炒作。坚持正确导向，加强正面宣传，为农业机械化又好又快发展创造良好的舆论环境。

《中国农机化导报》作为唯一的一份公开发行的国家级农机专业报纸，创刊以来在宣传农机化政策、反映农机化重点工作动态、交流经验、拓宽视野等方面做了大量工作，推动行业发展进步所做出的贡献有目共睹。2012 年下半年李耀辉社长到任后，报社开辟了“迎接党的十八大特刊”和“秋季农机化实用技术下乡专版”，获得了各方好评，取得很好成效。对于报社的工作农机化管理司是满意的，司里对报社的各方面工作都是大力支持的。农机化系统就这么一张报，这是农机化系统自己的宣传阵地。在强调整合新闻宣传资源的今天，农机化系统能独立保留这张报纸，也是来之不易的，大家应该倍加珍惜。现在正值报社转企改制的关键时期，这对报社既是挑战，更是机遇。刚才，李耀辉同志作了一个很好的工作报告，总结回顾了报社一年来的工作，分析了面临的形势和任务，对 2013 年的主要工作做出了计划和安排。听了以后我感觉报社发展思路清晰、工作重点突出，使我们对报社发展更充满了信心。

就办好《中国农机化导报》，我提几点建议：

一是整合资源，发挥优势。中国农机安全报社一报一刊一网，作为农机行业的主流媒体，要进一步强化阵地意识，整合新闻宣传资源，根据农机化发展新形势新任务对新闻宣传工作的新要求，创新机制，拓展平台，增强活力，加快构建定位明确、功能互补、特色鲜明、覆盖广泛的舆论引导新格局。导报作为行业主要媒体，有最快了解政策取向、最准确把握行业发展趋势、最深切感知基层创新、最直接了解一线需求的优势，要把这些优势转变为有效资源，进一步加强与行业的沟通和联系，不断加强队伍建设和选题策划能力建设，始终站在农机化新闻宣传报道的制高点，不断提高舆论引导水平。

二是深入基层，根植沃土。报社要按照中央对新闻宣传工作的要求，认真开展"走转改"活动，走进基层，转变作风，改进文风，真正深入基层、深入实际、深入群众，用基层农机推广人员、农机合作社、农机大户喜闻乐见的方式，送上他们需要的内容，把报社的根深深扎在这"肥沃的土壤"中，不断吸取营养，发展壮大。

三是服务大局，突出重点。中国农机化导报作为行业报，要敏锐现代农业和农机化发展新趋势，与时俱进调整报道重点、创新栏目设置和深化报道内容，提高报道的针对性、宣传的有效性，发挥正确的工作导向作用，更好地服务于农机化科学发展大局。近年农机社会化服务蓬勃发展，农机合作社发展方兴未艾，农机合作社日益成为转变农机化发展方式的重要力量，也是我们今后开展农机化工作的重要载体。报社要充分利用好农机专业合作组织快速发展的大好机会，调整报道重点，加大对农机专业合作组织的报道力度，加大农机实用技术宣传的比重，为各地农机专业合作组织交流经验、学习技术、解决问题、促进发展搭建好信息宣传的平台。

四是强化经营，完善管理。为更好地发挥农机化新闻宣传主阵地作用，实现可持续发展，报社要认真研究和把握新闻市场规律，强化经营，完善管理，快速提升自身核心竞争力。报社应在注重建设好新闻宣传平台的基础上，全力加强经营创收平台的建设，用足用好国家发展媒体企业的各种优惠政策，依托农机化系统资源与市场资源，实现经济效益与社会效益的双丰收，为报社的可持续发展筑牢基石。

五是抓好发行，扩大影响。媒体的覆盖面直接影响媒体功能的发挥。要把扩大中国农机化导报和中国农机监理杂志的影响力和覆盖面，作为巩固农机化系统舆论阵地、加强农机化宣传的一项重要任务，各地农机化管理部门要发挥好、利用好、支持好中国农机化导报，更好地推动农机化工作。把做好报纸宣传工作和做好读报用报工作列入工作日程。在宣传方面，各省区市农机管理部门要明确分管新闻宣传的人员，建立固定的联络，积极踊跃为报社提供稿件，及时报道本地、本系统的工作，利用好报社的优质资源为农机化事业服务。在发行和读报用报工作上，报社和各省区市农机化主管部门要多做工作，争取使报纸覆盖到本省区市各级农机管理部门和推广、监理机构，有条件的地方覆盖到主要业务科室。另一方面，要以合作社为主要对象不断把报纸发行向生产一线、向农机使用者延伸。目前全国经工商部门注册登记的农机合作社已经超过3万个。2010年开始，农机化管理司每年为全国农机合作社示范点免费赠送《中国农机化导报》和《中国农机监理》杂志。各地农机管理部门要善于借助导报平台引导合作社发展，鼓励各地向农机合作社赠阅导报。再一方面，同时，要发挥农机企业优势，推动企业为经销商和用户赠报，这种做法一举多得，多方受益。会后，报社要抓紧时间研究制订2013年的报纸发行方案和计划，主动与各地农机化主管部门联系，加强与重点企业沟通，争取在农机合作社的读报用报工作取得更大进展。

办好导报、用好导报是我们各级农机化主管部门、广大农机企业的共同期待。希望报社新一届领导班子坚决贯彻中央精神和部党组决策部署，着眼长远科学规划，解放思想攻坚克难，积极稳妥地推进转企改制，千方百计优化资源壮大实力，千方百计提高办报办刊业务水平，努力确保改制任务顺利完成，努力确保报社可持续发展能力显著增强，为推动我国农机化又好又快发展做出新的更大贡献。

在全国农机购置补贴工作会议上的总结讲话

（2012年2月14日·北京）

农业部农业机械化管理司副司长　**胡乐鸣**

宗锦耀司长的讲话，充分肯定2011年实施农机购置补贴政策取得的显著成效，全面总结了各地的好做法、好经验，深入分析了当前面临的严峻形势，突出强调了2012年农机购置补贴工作要做到的"六个严格"。宗司长的讲话深入贯彻党中央国务院的决策部署和部党组的重要指示，深入贯彻全国农机化工作会议上张桃林副部长关于农机购置补贴工作"四个必须"的总要求，充分体现了"如履薄冰尽职责、心无旁骛抓落实、创先争优求绩效"和"落实扶持农机化发展的好政策、维护农机化系统的好形象、巩固农机化发展的好形势"的工作思路。讲话目标明确，措施具体，要求严格，具有很强的针对性、指导性和可操作性。

驻部纪检组副组长、监察局局长董涵英同志，从经济、心理、法律和廉政风险防控的角度，对农机购置补贴政策的目标、实施及走向做了解析，对进一步做好农机购置补贴政策落实工作提出了5条意见。董局长的讲话，对我们进一步做好农机购置补贴实施和廉政风险防控工作很有指导意义。产业发展处处长王家忠同志对农业部办公厅和财政部办公厅联合印发的《2012年农机购置补贴实施指导意见》，进行了具体的讲解。

大家深入讨论了《农业机械购置补贴绩效管理工作考核办法（征求意见稿）》，并就如何做好下一步工作进行了交流。财政部农业司何利成处长、农业部财务司秦维明副司长站在全局的高度，对补贴成效给予了肯定，同时对下一步工作提出了殷切希望和要求。

各省、区、市农机化主管部门以及负责实施农机购置补贴政策的农垦农机部门，要认真学习贯彻会议精神，全面抓好落实，推进农机购置补贴工作上新台阶。下面，我就贯彻落实会议精神，讲三点意见。

一、统一思想抓落实

宗锦耀司长讲话立足当前、着眼长远、立意高远、内涵丰富，我们要认真学习、深刻领会，把农机化系统广大干部的思想认识统一到会议精神上来。宗司长讲话有很多基本判断和新的提法，我在这里点几条，希望引起大家的重视。

第一，树立责任意识、大局意识。宗司长讲话中多次强调，农机购置补贴是党中央、国务院强农惠农富农政策的重要内容，实施好农机购置补贴是各级农机化主管部门的一项政治任务，也是一种政治责任。什么是责任意识？责任意识绝不是一句空话，有实实在在的内容，比如，严格把关，不让一种不符合先进适用、技术成熟、安全可靠、节能环保、服务到位要求的产品通过鉴定检测、进入推广目录；补贴的机具，都是薄弱环节、农业生产所急需的；补贴额"就低不就高"，降低寻租的空间，让更多的农民群众享受到强农惠农富农政策的好处；公平公正公开地确定补贴对象；对农民群众、生产企业、经销商的举报投诉，做到件件有回音、事事有结果，等等，都是责任意识。什么是大局意识？也不是一句空话，有实实在在的内容，比如，全国一盘棋，不过分强调本省的特殊性，严格按照农财两部的规定执行；及时报送资料和数据；对于上级业务部门指出的问题，认真整改，令行禁止；加强监管，严厉惩处违规行为，落实好政策、维护好形象、巩固好形势，等等，都是大局意识。

第二，成效显著，增强信心。农机购置补贴政策实施8年来，取得了巨大成就，达到了政策的预期目标。宗司长讲话充分肯定了取得的显著成效，并从4个方面进行了总结。当然，从不同角度看，农机购置补贴政策的成效还有很多可以总结、宣传的地方。

农机购置补贴政策的实施，得到了国务院领导、部领导的充分肯定。韩长赋部长、张桃林副部长和朱保成组长多次肯定农机购置补贴实施取得的巨大成效，同时要求我们采取更加有力的措施，全力实施好这一利国利民的好政策。朱组长在昨天下午的重要讲话中指出，"实践证明，农业部农机系统是一支讲政治、顾大局，有创造力、有凝聚力、有战斗力的队伍。"这对我们是巨大的鼓舞和鞭策，我们一定要增强信心，大力宣传政策的成效，营造良好的氛围。

第三，选择性补贴，任务艰巨。宗司长讲话中讲到农机购置补贴政策有明显特殊性和复杂性，主要体现为两个选择：一是补贴对象有选择，二是补贴机具种类和具体补贴产品有选择。我们宣传农机补贴政策的特殊性和复杂性、"两个选择"，不是为了替违法违纪行为开脱——违法违纪行为必须严厉打击。我们宣传"两个选择"有两个目的：一是希望广大干部对这项工作的艰巨性和复杂性有个清醒的认识，既要把工作做细做扎实，同时又要增强廉政风险防控意识；二是希望得到领导和有关部门的理解和支持。

第四，制度初步确立，关键在落实。宗司长讲话中强调，"初步建立了比较完善的农机购置补贴管理制度体系"，指出："近年来，农财两部在廉政风险防控方面，已经形成了加强监督检查、积极受理举报投诉、主动邀请纪检监察部门参与的工作机制，对违法违纪行为，做到及时发现、严厉查处。"我理解，制度初步确立有两个含义，一是操作办法、程序基本成型，二是问题查处机制基本建立。当然，任何制度都不可能一劳永逸，都需要根据新情况不断完善。刚才，财政部农业司何处长讲，这几年，财农两部提出了很多的制度、措施和要求，可以说涉及补贴工作的方方面面，这些制度和要求已经很多，现在关键就是要把这些制度、措施和要求落实好，而且要不折不扣地落实好。

二、突出重点抓落实

农机购置补贴是一项系统性工程，涉及面广、实施链条长、操作环节多，要取得实效就必须着力突破重点工作和薄弱环节。张桃林副部长提出的"四个必须"、宗司长从落实层面提出的"六个严格"的要求，就是2012年农机购置补贴实施工作的重点，各地要采取针对性的措施逐项落实，务求实效。下面，我就当前比较急迫的部分重点工作补充强调如下：

一要准确制定农机购置补贴机具补贴额一栏表。坚持开展补贴机具市场销售情况调查摸底，结合全国农机购置补贴管理软件系统，准确掌握本省域内各类产品的市场销售价。坚持按照"科学合理、准确直观"的原则，依据机具结构形式、功能和作业能力等直观易辨的项目与参数合理准确进行分类分档。坚持按照"就低不就高"的原则，科学合理地确定2012年各类机具补贴额。

二要尽快制定并上报农机购置补贴实施方案。目前，已有半数以上的省份报送了实施方案，但也存在着一些问题，如有的省没有农财两部门联合上报，有的省补贴机具种类超出两部指导意见规定的范围，有的省对补贴对象和经销商确定方式与两部指导意见不符等。各省级农机化主管部门要严格按照两部指导意见的要求，加快制定资金使用方案，尽早报农业部和财政部备案，确保补贴工作尽早启动实施。我在这里重申，两部指导意见是年度农机购置补贴实施的纲领性文件，各地要不折不扣地落实。凡是与两部指导意见规定不相符的实施方案，一律退回重报，必须从源头上抓好规定和纪律的落实。拟开展补贴操作机制试点的省份，要抓紧上报试点方案，待农财两部审批后，方能实施。

三要充分发挥全国农机购置补贴管理软件系统的作用。该系统自2010年初上线运行以来，在提高农机购置补贴申请和审批效率、规范工作程序、加快数据统计汇总等方面发挥了重要作用。目前，农业机械化管理司正结合农机购置补贴实施的调整变化情况，对网络系统进行升级完善，将于本月下旬下发各省区市。各地要严格按照两部年度实施指导意见的要求，全部使用全国农机购置补贴管理软件系统，与财政部门实现信息共享，进一步提高工作的透明度、规范性和工作效率。

四要积极争取工作经费。农财两部《农业机械购置补贴专项资金使用管理暂行办法》、每年的实施指导意见，对工作经费都有明确要求。各省农机化主管部门要主动向政府主要领导同志汇报，积极与同级财政部门沟通协调，争取为本部门和地方财政困难的县安排必要的工作经费，保障农机购置补贴各项工作正常开展。现在有的省一边抱怨没有工作经费或者工作经费不够，一边搞累加补贴。2004年我去陕西、江苏、辽宁调研，访问了很多的农民、农机手，发现：10% ~20%的补贴就可以调动他们购机的积极性。考虑到有些薄弱环节的机具需要加大推广的力度，所以当时把补贴最高比例确定为30%。现在有的省份，在中央财政资金补贴的基础上，再加上地方财政补贴，两者累加已经超过了30%。补贴过高，寻租的空间也大，很危险；出问题的地方，大多与违反农财两部规定、补贴额过高有关，我们必须汲取教训。最高补贴不超过30%、同时遵循"就低不就高"，既可以让更多的农民享受到党和国家强农惠农富农政策，也可以减少寻租。补贴额低一些，没有享受到补贴的农民，意见也会小一些。应该争取把用于累加补贴的资金划出一部分用于工作经费。

五要大力开展政策宣传。做好宣传工作，要注意三点：一是宣传的对象，我们既要向媒体、农民宣传，也要向领导同志、有关部门宣传；二是宣传的内容，我们既要宣传政策的操作办法，也要宣传政策的成效;三是宣传的形式,我们既要有书面的宣传文字,也要有典型事例、农民群众的话语、可参观的现场。宣传要有的放矢,不同的对象,宣传的内容、形式也不同。希望大家重视宣传工作。近日,农业部和财政部有关负责人就2012年农机购置补贴实施答记者问,将在中央主要媒体刊发;并将继续编印农机购置补贴宣传挂图等资料下发各地。省级农机化部门要积极做好宣传工作,采取有效形式宣传补贴政策取得的显著成效;同时,要指导、组织县级农机化主管部门采取多种形式,通俗易懂地宣传农机购置补贴政策的基本内容、程序,特别要重点宣传2012年政策规定的新变化,让社会广泛知晓,自觉接受监督,争取社会各界、各有关部门更多的理解和支持,为农机购置补贴政策的实施和农业机械化的发展,营造更加良好的环境。

三、完善机制抓落实

抓机制建设是一项长期性、根本性的任务,是抓好落实的前提和基础。几年来,我们已经建立了一整套抓落实的工作机制,下一步要持之以恒,不断完善和强化。

一是进一步完善多部门协作机制。部级和省级多部门共同实施农机购置补贴的机制已初步建立,今后要不断强化。当前要重点推进县级农机购置补贴工作机制和内部约束机制的建立,重点工作必须邀请财政、纪检监察等部门全程参与,形成共同推进工作的合力。

二是进一步完善廉政风险防控机制。各省级农机化主管部门要加强对本省农机购置补贴廉政风险防控工作的指导,推动省级农机鉴定和推广部门、市县农机化主管部门开展农机购置补贴廉政风险防控机制建设,深入持久地开展防腐倡廉警示教育。

三是进一步完善信息公开机制。要继续落实好《农业部办公厅关于深入推进农机购置补贴政策信息公开工作的通知》(农办机[2011]33号)要求,固定并公布信息公开的网站和网址,全面、及时、有效地公开相关信息。

四是进一步完善实施情况定期报送机制。坚持每月15日和每月底最后一天中午下班前,将农机购置补贴实施情况统计表和农机购置补贴中央资金结算进度统计表的电子文档,发送至农机化司产业发展处邮箱;坚持每周至少报送一期农机购置补贴简报。数据统计要严谨细致、认真核实,报送要及时。

五是进一步完善投诉举报受理和查处机制。我国国土这么辽阔,在古代,交通和通讯又很原始,朝廷的政策怎么贯彻落实?主要就是靠两条,一是把包括农业税、人头税在内的各项政策告诉农民,在县城、集镇张贴,并宣传到农户;二是等着农民来告状,农民到县衙一敲鼓,县一把手就得出来,抗旨是重罪。当然,朝廷也会派官员到地方巡视,但这只是补充方式,主要还是靠上面说的这两条。这两条做得好的王朝,一般都能维持二三百年的统治。现在看来,把政策交给农民群众,然后积极受理农民群众的举报投诉,靠广大农民来监督政策的实施,是落实政策最有效、最经济的办法。我们一定要高度重视举报投诉工作,设立并公布补贴政策实施监督投诉举报电话、电子邮箱、邮政编码、单位名称等,畅通投诉渠道。工作时间,必须有专人接听电话、受理投诉,要做到件件有回音、事事有结果。要高度重视举报投诉的问题和线索,坚持一查到底;对查实的案件,要严肃追究相关人员责任,涉嫌犯罪的要移送司法机关处理,绝不姑息;对参与违法违规操作的经销商,及时列入黑名单并予公布,被列入黑名单的经销商及其法定代表人永久不得参与补贴产品经销活动。对违法违规的农机生产企业,坚决果断地取消其全部产品的补贴资格。

六是进一步完善监督检查机制。要抓紧制定本省(区、市)2012年农机购置补贴政策落实监督检查工作方案,结合近期农民群众和企业反映的突出问题,带着投诉举报的线索,开展有针对性的、点面相结合的监督检查。农机化司将进一步加大监管力度,对有令不行、有禁不止,对发生问题整改不力的省份,将采取约谈、通报批评、行政问责、扣减甚至暂停拨付补贴资金等惩治措施。

七是进一步完善绩效考核机制。要建立健全考核办法,全面科学量化地考核各地农机购置补贴实施工作,通过考核规范实施,通过考核引导工作,通过考核奖优罚劣。刚才,财政部农业司何利成处长、农业部财务司秦维明副司长都强调,考评的结果要与补贴资金的分配挂钩。大家一定要高度重视。

2012年农机购置补贴工作的思路、目标、任务和措施都已经明确,管理制度体系也已初步建立,关键在于抓好落实。只要我们统一思想,坚定信心,下定决心,把思想认识统一到这次会议的精神上来,进一步加强调查研究,全力抓好"四个必须"、"六个严格",就一定能够实施好农机购置补贴政策,把补贴实惠不折不扣地落实到农民手中,让党和政府放心,让农民群众满意。

在全国农业机械化科技创新与推广培训班上的讲话

(2012年3月8日·河南许昌)

农业部农业机械化管理司副司长 **胡乐鸣**

我们举行了"全国农业科技促进年——农机化科技创新与推广行动"启动仪式。中国工程院院士、华南农业大学罗锡文教授,农业部南京农机化研究所所长易中懿研究员,分别介绍了农机化科研的前沿情况,对农机化科技创新与推广发表了指导性意见。河南省委农村工作领导小组副组长何东成同志、许昌市市长张国晖同志分别致词,介绍了河南省和许昌市推进农机化科技创新与推广的做法和经验。豪丰集团董事长刘少林同志介绍了农具的研发情况。宗锦耀司长做了重要讲话,强调了农机化科技创新与推广在农业科技进步中的地位和作用,农机化发展所面临的十分难得的机遇,提出了扎实推进农机化科技创新与推广的要求。下午,围绕开展农机化科技创新与推广,进行了分组讨论,大家结合本地实际，介绍了经验，提出了建议。刚才，农业部农机化技术开发推广总站刘宪站长就农机化科技创新与推广，讲了五条意见。下面，我就扎实推进农机化科技创新与推广工作，讲三点意见。

一、切实把农机化科技创新与推广工作摆上重要位置

有两篇文章，一篇是韩长赋部长的，题目是《加快推进农业科技创新与推广》；一篇是宗锦耀司长的，题目是《加强农机农艺融合、推进农机化科技创新与推广》。这两篇文章，十分重要，"中国农机化信息网"上"农机化科技创新与推广行动"专栏，都有转载，我们一定要认真学习，这对我们更好地学习和领会中央一号文件精神、全国农业科技促进年、农机化科技创新和推广行动，具有十分重要的意义。

中央连续 9 个一号文件都强调要发展农业机械化，怎么发展？一靠政策，二靠科技，三靠投入。政策方面，《中华人民共和国农业机械化促进法》实施后，又相继出台了《农业机械安全监督条例》《国务院关于促进农业机械化和农机工业又好又快发展的意见》等一系列的法规和文件，各省区市也出台了地方性法规和规章，可以说，有关农机化的法律政策已经大体健全了。科技方面，这些年也有长足的进步。投入方面，2003 年，中央财政农机购置补贴资金是 7 000 万元，其中 3 000 万元是切块给部直属垦区的，真正用于各省区市的才 4 000 万元。2006 年也只有 6 亿元，2011 年农机购置补贴资金达到 175 亿元，是 2006 年的 29 倍，是 2003 年的 438 倍。这只是农机购置补贴一项，其他投入也有增加。

从政策、科技、投入三个方面看，这些年，农机化科技尽管也有较大的进步，但相对于政策和投入的跳跃式发展，农机化科技的进步还是不够。我国农机装备技术不能满足建设现代农业的需要，新技术新装备缺乏、机具种类及功能不足等问题非常突出；与发达国家相比，农机装备的技术水平差距还很大；水稻、玉米等粮食作物机械化生产技术体系需要进一步完善，油菜、棉花、甘蔗、花生、薯类和果蔬茶类等作物关键机械化技术与装备需要研发定型，畜牧业、渔业、设施农业和农产品加工业装备的集成化和智能化水平需要进一步提升，节约型农机化技术需要进一步熟化。科技已经成为农机化又好又快发展的短板，是薄弱环节。

2012 年中央一号文件聚焦农业科技创新，又一次强调要"加快农业机械化"，我们一定要提高认识，要把农机化科技创新和推广列入重要日程，摆上重要位置，要像抓农机化政策和抓投入那样——抓科技创新和推广。要抓住机遇，抓出成效，切实把农机化的发展转到更多地依靠科技进步的轨道上来。

二、明确思路和重点

3 月 2 日农业部办公厅印发了《全国农机化科技创新与推广行动方案》（以下简称《方案》），农机化科技创新和推广的总体思路是：深入贯彻落实科学发展观，围绕一个中心，即建设高产、优质、高效、生态、安全的现代农业；加强两个融合，即农机与农艺融合、农机化与信息化融合；促进"三化"，即促进农业技术集成化、劳动过程机械化和生产经营信息化，增强综合生产能力、抗风险能力和市场竞争力，提高土地产出率、劳动生产率和资源利用率；突出四个着力，即着力推广三型技术、着力培育三个主体、着力建设三支队伍，着力完善三个机制；全面提升科技支撑和服务能力，促进农业机械化又好又快发展。

各省区市农机化主管部门、农机推广机构要全面对照《方案》，结合本地区农机化发展实际，准确把握思路，牢记主要任务，突出重点活动，认真搞好开展农机化科技创新与推广行动的顶层设计，细化方案，周密动员部属，统一思想认识，聚集各方力量，形成良好的工作格局。

三、齐心合力推动科技创新和推广上新台阶

2 月 13 日，部党组成员、中纪委驻农业部纪检组组长朱保成同志带领驻部纪检组监察局、财务司的领导同志，亲临农业机械化管理司检查指导工作，在听取宗锦耀司长关于农机购置补贴政策落实情况汇报之后，朱组长指出："实践证明，农业部农机系统是一支讲政治、顾大局，有创造力、有凝聚力、有战斗力的队伍。"农机化系统多年来形成了良好的传统，那就是上下一心、步调一致、攻坚克难。只要我们真正重视起来，拿出抓农机化政策和抓投入的劲头，就一定能使农机化科技创新和推广工作上一个新台阶。

《方案》对如何贯彻落实好农机化科技创新和推广行动，已经做了部署，从加强组织领导、创新工作机制、推动措施落实、加强宣传引导五个方面提了要求，各省区市农机化主管部门和推广机构一定要认真贯彻落实。这里，我再补充强调几点。

一是用好农机购置补贴政策。农机购置补贴是党中央、国务院强农惠农富农政策的重要内容，是国家加快推进农业机械化的重大举措。前些年，由于农业生产急需，所以，对农民迫切需要的一些科技含量较低的农机具，也给予了一定的补贴，先解决吃饱，再解决吃好。今后，补贴的机具，必须符合先进适用、技术成熟、安全可靠、节能环保、服务到位的要求，补贴资金要向薄弱环节、农业生产所急需、技术含量高的机具倾斜；对于科技含量低的机具，少补或者不补。补贴政策的实施，要着眼于鼓励、引导农机科研院所、生产企业进行科技创新，补贴要有利于调动企业进行科技创新的积极性。这方面，农机试验鉴定、农机化技术推广、农机化行政主管部门都有责任。大家一定要各司其职，不负厚望。

二是积极争取科研投入。部科教司对农机化科技创新十分支持，2011 年启动了农业部现代农业装备、设施农业工程"学科群"重点实验室建设；2012 年立项 8 个公益性行业科研专项，共投入 1.3 亿多元。我们要积极主动地与科技部门沟通协调，做好农机化科技的汇报工作，继续争取科研投入。加强与现代农业产业技术体系的衔接，加快推进农机化新技术新装备研发，实现关键技术新突破。

三是加强产学研推的联合与合作。引导企业开展新技术新机具的引进、试验示范工作。要积极主动听取专家的意见建议，发挥好专家组的作用。要支持鼓励农机科研院所、高等院校农机工程专业、现代农业产业技术体系农机岗位专家，与全国农机化示范区、农机农艺融合示范区、设施农业技术与装备示范基地、农机专业合作社开展"结对"活动。要通过创新工作机制，加强产学研推联合与合作，使农机化科技创新与推广行动取得更大成效。

四是加强推广能力建设。加强推广能力建设，解决好农机化技术推广"最后一公里"的问题。2012 年中央一号文件提出了"一个衔接两个覆盖"（即实现在岗农技推广人员工资收入与基层事业单位平均水平相衔接，2012 年基层农业技术推广体系改革与建设示范项目覆盖农业县，农业技术推广机构条件建设项目覆盖全部乡镇）为主要内容的政策措施。这项政策的出台，对农机化推广体系建设带来了良好机遇。近两年，国家新增1 000亿斤商品粮建设规划和保护性耕作工程建设规划，加大了对农机化基础设施建设和公共服务能力建设支持力度。这两个工程，初步估计约有1 200个左右的市县纳入到项目建设范围内，建设内容都包括基层农机推广机构建设。今后，随着项目的实施，农机基层推广机构的设施条件将得到逐步改善。要加强制度建设，完善人员聘用制度、绩效考评制度、人员培训制度，有条件的地方要设立首席专家制，建立激励机制，鼓励科技人员深入基层，深入实践，提高推广能力。

要坚持农机化技术推广工作的公益性定位，当前要特别注意在事业单位分类改革工作中，进一步明确农机化技术推广机构职能，力争将各级农机化技术推广机构纳入公益一类机构。要跟上农业技术推广体系改革与建设步伐，增强能力、激发活力。全面推进“五有”农机化技术推广机构建设，以建立“五项制度”为核心，加强农机化技术推广机构工作机制创新。要结合农机化推进工程和保护性耕作工程项目的实施加强推广体系建设，积极争取基层农技推广体系建设项目投资支持，改善条件设施。要按照建立多元化农机推广体系的思路，积极发挥农机专业合作组织等农村新兴生产主体的载体作用，逐步形成适应我国现代农业生产特点的一主多元的农机化技术推广体系。

在启动“农机化科技创新与推广行动”的同时，我们还举办了“全国春耕生产农机手培训班”和“保护性耕作技术培训班”。自2002年以来，中央财政累计投入资金3亿元，实施国家级保护性耕作示范项目；2010年又启动了保护性耕作工程建设项目，2010年、2011年2年累计投入中央财政资金5.87亿元。目前，保护性耕作发展正处于关键阶段，政策环境好，发展潜力大，前景十分光明。对于保护性耕作的具体技术问题，农业部保护性耕作专家、中国农业大学李洪文教授已做了详细讲解。这里，我想强调一点，要做好保护性耕作，必须要有好的示范点。2004年，我去澳大利亚考察保护性耕作，到了地里，土地非常蓬松，拿一根钢钎，不费劲就插了一米多深；挖一锹，蚯蚓很多。澳大利亚专家说，这块地，保护性耕作已经10多年了。马路对面没有搞，钢钎也就插20厘米。大家一下子就信服了。耳听为虚、眼见为实，百闻不如一见，就是这个道理。现在保护性耕作的面积不小了，但有些地方，3年项目做完了，农民又恢复了老样子。保护性耕作，年数越长效果越明显。中国农大的保护性耕作团队在山西临汾搞了一块地，10多年了，看过的人都说非常好，可惜交通不方便。各省区市都应该在交通方便的地方，搞一两块地，做5年、10年。有这样的示范点，才能说服领导和新闻媒体，才能把保护性耕作做大做强。

我们要紧紧抓住“全国农业科技促进年——农机化科技创新与推广行动”的契机，乘势而上，认真贯彻宗司长讲话精神，切实把农机化科技创新与推广抓紧抓好，转变农机化发展方式，把农机化的发展转变到更多地依靠科技进步的轨道上来。

在华东片农机购置补贴工作座谈会上的讲话

（2012年5月11日·浙江杭州）

农业部农业机械化管理司副司长　胡乐鸣

浙江省农机管理局发起和主办的华东片农机购置补贴工作座谈会，兄弟省市之间相互启发、相互借鉴，还在很多方面达成了合作的意向，如在非通用类机具补贴额测算等方面还达成了合作配合的意向，这对于减少重复劳动、防止邻近省份之间补贴额高低相差过大，具有十分重要的意义。大家提出了很多很好的建议。

一、对农机购置补贴政策实施效果的总体评价

胡锦涛总书记在2003年初召开的中央农村工作会议上首次明确提出，要把解决好“三农”问题作为全党工作的重中之重，提出对“三农”实行“多予少取放活”的方针。随后，农业支持补贴政策陆续出台，最著名的是“两减免、三补贴”，后来增加了农资综合补贴，变成“四补贴”。

“三补贴”中最早出台的是良种补贴试点。2002年中央二号文件提出，“粮、棉、油等大宗农产品要逐步建立良种推广补贴制度，2012年先在东北大豆生产基地试行。”

2004年，阔别18年关于“三农”工作的中央一号文件提出了“三补贴”。

——农机购置补贴。“提高农业机械化水平，对农民个人、农场职工、农机专业户和直接从事农业生产的农机服务组织购置和更新大型农机具给予一定补贴。”

——良种补贴。“2004年要增加资金规模，在小麦、大豆等粮食优势产区扩大良种补贴范围。”

——种粮补贴。“2004年，国家从粮食风险基金中拿出部分资金，用于主产区种粮农民的直接补贴……要本着调动农民种粮积极性的原则，制定便于操作和监督的实施办法，确保补贴资金真正落实到农民手中。”

2005年中央一号文件提出，“继续加大两减免、三补贴等政策实施力度……对种粮农民实行直接补贴，对部分地区农民实行良种补贴和农机具购置补贴，是党中央、国务院为加强农业和粮食生产采取的重大措施，对调动农民种粮积极性、保护和提高粮食生产能力意义重大。”

重温中央文件，主要是想说明，第一，农机购置补贴政策是党中央、国务院采取的重大措施，是政策，这是2005年中央一号文件明确规定的，不是我们农机部门自封的。第二，“三补贴”政策的目标很明确，“良种推广”、对“种粮农民”实行直接补贴和“提高农业机械化水平”是“三补贴”的直接目标，最终目标是“调动农民种粮积极性、保护和提高粮食生产能力”。第三，党中央、国务院要求“制定便于操作和监督的实施办法”。

从实施的角度看，“三补贴”的工作量都非常大，农机购置

补贴更有其特殊性和复杂性,主要体现为"两个选择":一是补贴对象有选择,不是所有申请补贴的农民都能享受到农机购置补贴,它不是普惠性的;二是补贴产品有选择,不是市场上销售的农机产品都能享受补贴,根据《中华人民共和国农业机械化促进法》的要求,符合先进适用、技术成熟、安全可靠、节能环保、服务到位的要求,经鉴定检测合格,并列入国家或省级支持推广目录的产品才能享受补贴。

农业机械化主管部门与财政部门密切配合,坚决贯彻落实党中央、国务院的部署,迎难而上,做了大量深入细致的调查研究,制定了"便于操作和监督的实施办法"。

效果怎么样?一是农机总动力连续跃上7亿千瓦、8亿千瓦和9亿千瓦,2011年全国农机总动力达到9.77亿千瓦;二是农业机械化水平大幅度提高,农作物耕种收综合机械化水平8年的增幅超过了政策实施前30年的增幅,2011年农作物耕种收综合机械化水平达到54.8%;三是为确保粮食"八连增"、农民收入"八连快"发挥了重要作用;四是为农业部门争取到了发展粮食生产和现代农业的调控手段。

从政策的设计目标看,农机购置补贴政策的实施达到了政策的目标,提高了农业机械化水平,调动了农民种粮积极性、保护和提高了粮食生产能力,同时,农业部门抓粮食生产、抓现代农业也增加了一个新的、重要的抓手。

当然,农机购置补贴政策在实施过程中,也出现了一些违反农财两部规定甚至违法的案件。对这个问题怎么看?要有辩证的态度,我认为要一分为二。

一方面,农机补贴的实施办法是有效的,制度是成熟的,确保了政策目标的实现,大量事实、国家统计数据都已经充分证明了。不能因为少量资金出现问题,就怀疑制度本身。任何制度都不可能天衣无缝。出了问题,能够及时发现、及时处理,也说明了我们的制度是成熟的,是健全的。

另一方面,要对违规违法案件进行深入研究,采取有针对性的措施进一步完善实施办法。

二、对农机购置补贴政策内涵的理解

有三个层次:

第一个层次,是政策的核心内容。2004年中央一号文件指出,"提高农业机械化水平,对农民个人、农场职工、农机专业户和直接农业生产的农机服务组织购置和更新大型农机具给予一定补贴。"这就是农机购置补贴政策的核心内容,这个政策自2004年以来一直没有变,而且力度在逐年加大。

第二个层次,是操作层面的,也就是实施办法,是第一个层次的细化。实施办法主要有四个要点组成,一是补贴对象,也就是补给谁;二是补贴机具,也就是补什么;三是补贴标准,也就是补多少;四是补贴程序,也就是怎么补。

第三个层次,是保障措施,目的是为了确保实施办法的落实,是为第二个层次服务的,如监督检查机制、责任制、经销商的监督管理、廉政风险防控等等。

从严格意义上讲,第一个层次是农机购置补贴政策,第二、第三个层次不是政策,而是政策的落实。我们所做的工作,都是第二、第三层次的事情,也就是农机购置补贴政策的落实。

我们要准确理解和把握农机购置补贴政策的内涵。我之所以这么讲,是因为我看到一些新闻报道和汇报材料,对政策的理解和把握有偏差,例如,"我省2012年农机购置补贴政策有新的变化、有创新","根据本地实际对政策做了调整和改进","农机购置补贴政策需要在实践中不断完善和创新",等等。这些提法,值得商榷。

农机购置补贴政策是什么?就是2004年中央一号文件的两句话,"提高农业机械化水平,对农民个人……购置……农机具给予一定补贴。"这是党中央、国务院采取的重大政策措施,2004年以来一直没有变,力度在不断加强。省、市县农机部门哪有权力对党中央、国务院的政策进行"调整和改进"?

调整、改进、完善、创新的是实施办法中的一小部分内容。我下面再讲。

三、关于创新试点

农机购置补贴政策的实施办法和保障措施基本成熟,问题查处机制基本建立。当然,任何制度都不可能一劳永逸,都需要根据新情况不断完善。

农业部办公厅、财政部办公厅制定的《2012年农业机械购置补贴实施指导意见》提出"创新试点",怎么理解?

我刚才讲了,实施办法有四个要点,一是补贴对象,二是补贴机具,三是补贴标准,四是补贴程序。

"创新试点"中讲的"资金结算级次下放"、"全价购机"等,其实就是实施办法四个要点中的一个——补贴程序。不是说要对整个实施办法进行创新试点,因为前面三个要点——补贴对象、补贴机具和补贴标准,实施8年来,实践证明是行之有效的,尽管随着机械化水平的提高,每年会有小的调整,但基本内容、原则不会变,比如中央财政资金补贴比例不超过30%,8年来基本没有变过,只对血吸虫疫区和四川地震灾区提高到50%。

"创新试点"的是补贴程序。有的省讲对农机购置补贴政策实施办法进行了创新试点。这是不正确的。你省是对补贴程序进行了创新,也就是实施办法中的四分之一的内容,而不是整个实施办法。正确的说法是对实施办法中的补贴程序进行了创新试点。

补贴程序创新也是在农财两部提倡、省里自愿申请、农财两部批准的前提下进行的。不要给人以各省各行其是、杂乱无章的印象。

再讲讲补贴程序。当初制定的"省级结算、差价购机"的补贴程序,是经过大量的调查研究、反复论证的,主要有两个目的,一是补贴资金下拨到市县结算,担心被挤占、截留、挪用,省级结算可以确保补贴资金用于农机购置补贴。二是减轻农民筹款压力。从8年的实践看,这两个目的都达到了。

新的情况是,这8年我国经济快速发展,县级财政已经有了很大的改善,农民生活水平也有较大提高,资金下放到市县结算、农民先全价购机后领补贴,有了可行性。随着补贴资金规模的扩大,省级结算、监管的工作量、难度也上升了,下放结算级次也有了必要性。农财两部提出进行补贴程序的创新和试点,不是随意的,而是在充分调查研究的基础上提出的。

现在试点刚刚开始,效果怎么样,有待于实践的检验,所以,除了向农民群众宣传外,对效果作用不必做过多的解读。宣传"创新"如果过了头,会给人以"以前都错了"的错觉。例如,某某创新做法"是对农民利益的最好维护",难道我们以前对农民利益的维护不是最好的?你省是最好的,其他省都没有你省好?

四、维护农财两部规定的权威性

2012年春季农机补贴督导，我已经跑了3个省，也认真研读了很多省农机局的汇报材料，包括华东六省一市的汇报材料，当然，好的方面有很多，由于时间关系，我就不一一说了，我今天说一个不好的感觉，就是有的省区市不太注意维护农财两部规定的权威性。

有的省在介绍本省做法的时候，是这样说的：根据本省实际采取了什么措施，我省在调查研究的基础上有针对性地采取了什么措施，在某些方面进行了创新，2012年的做法有以下特点，等等。从字面上理解，我有一种感觉，该省在说他们的做法跟农财两部的规定没什么关系，都是自己独创的。其实，该省做法中百分之九十以上都是农财两部明确规定的。

我也知道他们不是故意的，但我们对文字多注意一下，没有什么坏处。有个省在宣传的时候，讲2012年改革了——"直补农民"。报纸上、网上都这么说。大家都知道，你2012年"直补农民"，说明我们以前不是"直补农民"啊，以前补给谁了？难道农财两部的实施办法是补企业？其实，以前差价购机，更是"直补农民"，为什么？因为农民购机的那一刻，农民已经享受了国家补贴了，他交的是差价嘛。全价购机后，农民交全款，要申请领补贴，要等一两个月之后才能享受到补贴。你说哪个更"直补"？宗司长从网上看到"直补农民"四个字，亲自给省农机局打电话。后来改为"直补到卡"，既准确表达了创新的内容，又没有歧义。"直补农民"和"直补到卡"，只差了两个字，但意义完全不同。

农财两部在农机购置补贴政策的实施办法和保障措施层面，已经制定了一系列的规定，涵盖了政策实施的全过程。当然，省里在贯彻落实的时候，也要根据本省实际，进一步细化、深化。在介绍本省做法的时候，不要给人以错觉，好像农财两部什么规定都没有，各省都是在各行其是、五花八门、八仙过海。要十分注意维护农财两部规定的权威性，上下齐心，共同落实好扶持农机化发展的好政策、维护好农机化系统的好形象、巩固好农机化发展的好形势。

在全国农业机械试验鉴定工作座谈会上的总结讲话

（2012年8月4日·吉林长春）

农业部农业机械化管理司副司长　**胡乐鸣**

宗锦耀司长的讲话，全面总结了近几年来全国农机试验鉴定与质量监督工作所取得的成绩和经验，深刻分析了农机试验鉴定工作发展面临的新形势，明确提出了今后一个时期农机试验鉴定工作的新思路、新举措，特别强调了廉政风险防控的重要性。讲话理论联系实际，既有工作部署，又有工作方法，具有很强的针对性和可操作性，是指导当前和今后一个时期农机试验鉴定工作的纲领性文件。我们一定要认真学习、深刻领会、全面贯彻落实。

部农机试验鉴定总站刘敏站长在会上介绍了近几年农机试验鉴定、质量监督和维修、职业技能鉴定等工作取得的成绩、面临的新情况和问题，要求鉴定系统进一步加强自身建设，规范工作程序，严格依法鉴定。朱良副站长就依法鉴定作了讲解。吉林、内蒙古、江苏、山东、湖南等省区农委、农机局负责同志在会上作了典型发言，从不同角度介绍了本地农机试验鉴定等工作的好经验和好做法。

刚才，我们还进行了分组讨论，大家提出了很多很好的意见和建议，如有些通过了鉴定的产品质量不高、价格很高，支持推广目录产品太多，鉴定要进一步提高公开性、透明度，鉴定是否可以争取免费等等，这些意见和建议，我们将进行认真的研究，进一步完善我们的鉴定工作。

下面，我就贯彻落实好会议精神，讲三点意见。

一、增强"两个意识"（责任意识、依法鉴定意识）

农机试验鉴定和质量监督工作是一项公益性、基础性、技术性、政策性都很强的工作，是促进农业机械化科学发展、和谐发展和安全发展的重要基础。宗锦耀司长在讲话中充分肯定了农机试验鉴定工作的作用，用了"四个迫切需要"，即农机试验鉴定是落实国家政策法规的迫切需要，是加快农机化发展方式转变的迫切需要，是保障强农惠农富农政策有效实施的迫切需要，是促进农机化安全发展的迫切需要。要适应农机化发展的新形势、新任务和新要求，全面贯彻落实宗司长讲话精神，推进农机试验鉴定工作又好又快发展，我们必须进一步统一思想，强化"两个意识"。

首先，要强化责任意识。鉴定工作肩负着把好农机产品质量关的重任，既要对企业负责，又要对广大农民机手负责，要真正把先进适用、技术成熟、安全可靠、节能环保、服务到位的产品推荐给广大农民用户，责任十分重大。鉴定系统的每一名干部职工都要牢固树立责任意识。一是要自觉维护农机购置补贴政策。鉴定是农机购置补贴政策实施的第一道关，这道关如果把不好，一些质次价高的产品通过了鉴定，获得了国家补贴，那就不是强农惠农富农，而是坑农害农、祸国殃民。二是要自觉维护农机试验鉴定的公信力。有了《中华人民共和国农业机械化促进法》，有了农机购置补贴政策，才有我们农机试验鉴定系统今天的地位，我们一定要万分珍惜，共同来维护农机试验鉴定的公信力。要居安思危，公信力一旦失去，恢复就很难，这与产品品牌是一样的。三是要引领农机工业提高制造水平和产品质量。鉴定的导向作用很大，要通过我们的鉴定，引领企业提高制造水平和产品质量，鼓励科技进步。

总之，鉴定系统的每一名干部职工都要牢固树立责任意识，要如履薄冰尽职责。只有这样，鉴定事业才能得到又好又快发展。

对农机化行政主管部门而言，责任意识同样十分重要。《中华人民共和国农业机械化促进法》和《农业机械试验鉴定办法》明确规定了农机化行政主管部门、农机试验鉴定机构和具体工作人员的法律责任。农机试验鉴定是农机鉴定机构的主要任务，更是农机化主管部门的职责。个别农机局长认为，鉴定工作主要依靠农机试验鉴定站管,行政管理部门不应管得太多。这个观念是不正确的。“谁主管、谁负责”、“谁发证、谁负责”、“谁审批、谁负责”,你主管、你发证、你审批,怎么没有责任?农机试验鉴定是法律赋予行政部门的职责,必须要完善相关规章制度,切实落实责任。

其次,要强化依法鉴定意识。依法鉴定的重要性、必要性,大家都很清楚,我就不必多讲了。大多数鉴定机构依法鉴定意识比较强,但也有些鉴定机构对依法鉴定重视不够。有的省级鉴定站,包括行政后勤人员在内,也就二三十个人、三四十个人,一年鉴定的产品竟然有100个,甚至300个、400个,鉴定的质量能有保障吗?我们自己就是管质量的,如果我们自己的质量都不能保障,是很危险的。我们是否做到了依法鉴定?依法,就要按照法律、法规、部门规章和各种技术规范去做,我们做到没有?有的同志讲,企业来申请鉴定,如果不给他做,他就会告你不作为;有的同志讲,如果给省站核定一年做多少个,由于申请的企业太多,担心出现权力寻租,等等。这些都有一定的道理,但与依法鉴定相比,孰轻孰重?还有,有些企业找到领导或者相关部门领导,领导过问了、甚至有批示,我们当然要热情接待,但是,如果质量确实不行,我们也要向领导汇报清楚,质量低劣的产品一旦进入目录,坑农害农、祸国殃民,我们要对领导负责。

对这个问题,我们绝不可掉以轻心,一定要高度重视,认真加以解决。“四补贴”的政策目标都很明确,中央一号文件都有明确的规定。但其他三项补贴都退而求其次了,把不出问题放在首位,把实现政策目标放在第二位,按田亩平均分摊到农户。只有农机购置补贴政策还在按照2004年中央一号文件的要求,沿着政策设计的目标前进,而且取得了显著的成绩。鉴定作为农机购置补贴政策实施的第一道关,功不可没,宗司长讲话已经作了充分的肯定。但是,我们绝不能高枕无忧,要居安思危,一个省站一年鉴定200个、300个,甚至400个,这种现象如果得不到有效遏制,几年之后,支持推广目录会是什么样?补贴的都是什么产品?如果到了这么严重的地步,我不是危言耸听,农机购置补贴按田亩平均分摊,完全是有可能的。万一到了那个时候,大家想一想,是个什么情况?

责任意识和依法鉴定意识十分重要,关系到农机购置补贴政策的实施效果,关系到农机化和鉴定事业的前途。对于各种没有责任意识、不依法鉴定的现象,我们必须坚决制止,毫不手软。

二、处理好“两个关系”

处理好部级鉴定与省级鉴定的关系。农业机械试验鉴定分为部级鉴定和省级鉴定。《农业机械试验鉴定办法》规定:通过部级鉴定的产品不再进行省级鉴定。总体看,部级鉴定无论是鉴定能力还是规范化水平都比较高。有些地方对通过部级鉴定的产品仍然做省级鉴定,这是不规范的。要科学合理地界定部、省级鉴定的产品范围。通用性强、技术含量较高、适宜在全国推广的农机产品应进行部级鉴定。要充分发挥省站的优势和作用,支持具备部级鉴定资格的省级站承担部级鉴定任务。积极推进部与省、省与省鉴定站之间的合作,减少不必要的重复鉴定,减轻企业负担。

处理好监管与执行的关系。《农业机械试验鉴定办法》明确规定,省级以上农机化行政主管部门负责发布鉴定产品种类指南、公布鉴定大纲、公告获证产品、核发鉴定证书并实施监督等工作;省级以上农机试验鉴定机构负责受理企业申请、抽样、试验检测、出具报告、公布检测结果等工作。各级农机化行政管理部门应加强对农机试验鉴定工作的领导,切实负起责任,既不包办也不放任不管;既要监管到位又不干涉技术工作和试验检测结果,保证鉴定机构的独立性和公正性。要把农机试验鉴定工作纳入农机化管理的重要议事日程,加强领导和监管,同时也要为农机试验鉴定工作开展创造条件。农机试验鉴定机构要认真履行职责,既不能越位也不能缺位,自觉接受主管部门的监管,确保公平、公正、依法鉴定,高质量、高效率地完成工作任务。

三、狠抓“两个建设”(廉政建设和能力建设)

张桃林副部长和宗锦耀司长多次在讲话中,对农机化系统廉政建设和自身建设提出了明确要求。我们农机鉴定系统作为农机化科学发展的基础和重要技术支撑,更要注重抓好廉政建设和自身能力建设。

首先,狠抓廉政建设。随着农机购置补贴资金规模大幅增加,拉动农机工业快速发展,新型农机产品快速增加,把好农机产品的质量关,农机鉴定工作显得越来越重要,这既是机遇又是挑战。从这些年看,农机试验鉴定系统加强廉政制度建设,能严格执行有关规章制度,严格按程序、制度、标准办事,总体是好的,但个别鉴定机构或人员也出现了不廉洁问题。各省(区、市)农机化主管部门和农机鉴定机构对此要高度重视,要把加强廉政风险防控作为重中之重的大事来抓。一是要认真查找风险点,建立廉政风险防控机制,建立健全内部监督制约、责任追究制度,完善鉴定工作纪律考核制度。二是要自觉接受社会监督,要进一步提高鉴定工作的公开性、透明度,方便企业查询和申请,方便社会监督。公开和监督是对我们最好的爱护。三是要加强对鉴定工作人员的管理和纪律教育,做到警钟长鸣,坚决杜绝“毁干部、坏政策、损形象”的事情发生。四是要切实加强对鉴定检测工作人员的监督检查,发现问题严肃查处,坚决将苗头性问题消灭在萌芽之中。

要切实加强制度建设,严格工作程序,增强鉴定工作的公开性和透明度,自觉接受社会监督;要确保农机鉴定工作做到严格、规范、公正、公平,让党和政府,让人民群众放心和农机企业满意。

其次,加强鉴定系统能力建设。加强农机试验鉴定基础设施建设,要积极争取基本建设投入,将农机试验鉴定体系建设纳入到整个农业机械化推进工程,积极实施项目带动,加大国家财政资金投入,加强农机试验鉴定公共服务能力建设。要加强农业机械试验鉴定人才队伍建设,引进高素质人才,定期对试验鉴定人员进行培训,着力培养一批国内领先,进入国际技术前沿的专家队伍和学科带头人。

希望代表们回去后,及时向农机化主管部门主要领导汇报,迅速向系统干部职工传达,认真组织本单位领导班子和同志们学习贯彻好会议精神。要结合本地、本单位农机化工作和农机试验鉴定工作实际,深入开展调查研究,提出有针对性的措施或建议,把会议提出的各项要求和任务落到实处,切实做到有要求就有部署、有部署就有落实、有落实就有成效。我们要如履薄冰尽职责、心无旁骛抓落实、创先争优求绩效,进一步发挥农机试验鉴定工作的重要作用,落实强农惠农富农的好政策,维护农机化系统的好形象,巩固农机化发展的好形势。

在全国农机农艺技术融合座谈会暨机采棉现场会上的总结讲话

（2012年10月17日 · 山东滨州）

农业部农业机械化管理司副司长　胡乐鸣

全国农机农艺融合座谈会暨机采棉现场会，是农业机械化管理司组织召开的专门研究农机农艺融合工作的会议。参加会议的有农机化主管部门、农机推广机构，中国农业科学院棉花所、山东理工大学等科研院所，以及农机生产企业，可以说，既有农机专家，又有农艺专家。上午，宗锦耀司长作了重要讲话，从加快推进农机化发展、建设现代农业的全局出发，总结了近年来推进农机农艺融合取得的成效，指出了工作中存在的问题，提出了下一步加强农机农艺融合的目标和措施。讲话理论联系实际，既有工作部署，又有工作方法，具有很强的针对性和可操作性。我们一定要认真学习、深刻领会、全面贯彻落实。

会议期间，我们参观了山东省滨州市的"全国农机农艺融合示范区"、"棉花全程机械化示范区"、"山东省农机化创新工程示范区"和"山东省首条机采棉清选加工生产线"。下午，山东、山西、内蒙古、江苏、湖北、河南6个省（区）农机局领导作了典型交流发言，分别介绍了在棉花、玉米、马铃薯、水稻、油菜、红薯、花生等品种方面开展农机农艺融合的进展和经验。刚才，有12位同志就农机农艺融合发表了意见和建议。我们还套开了专家座谈会，专题研讨棉花机械化生产的技术指导意见。这次会议主题鲜明、内容丰富，在全体代表和专家的共同努力下，圆满完成了各项议程，达到了预期目的。

下面，我就贯彻落实好会议精神，讲几点意见。

一、努力深化对农机农艺融合重要性和艰巨性的认识

毛主席在1959年就提出了"农业的根本出路在于机械化"这一英明论断，毛主席还明确要求，"每省每地每县都要设立一个农具研究所"。党中央、国务院召开了三次农业机械化工作会议，如此高度重视农业机械化，但"1980年基本实现农业机械化"的宏伟目标也未能实现。

马克思在《资本论》中指出："只有在机器的价值和它所代替的劳动力的价值之间存在差额的情况下，才会使用机器。"用农民的话说，就是用农机比人工便宜才合算。现在，人工成本不断上涨，人工价格已经大大高于农机作业费，我国农业已经进入大面积使用农业机械的新时代。一个品种，如果解决了机械化，农民就愿意种，小麦已经基本实现了全程机械化，玉米机播、水稻机收也大体解决了，所以，农民种小麦、玉米、水稻就有积极性；一个品种，如果不能解决机械化，农民的种植积极性就会下降，如棉花、油菜等，种植面积都在逐年下降。

实现农业机械化，需要解决好两个问题，一是要生产出先进性、适用性、安全性和可靠性都过关的农业机械；二是要改革传统的种植制度，也就是农机农艺要融合。对于农机农艺融合的复杂性、艰巨性，我们一定要有清醒的认识。

精耕细作是我国传统农业的基本特征之一，种植制度是多熟种植、轮作倒茬、间作套种相结合，有垄作、有平作，充分利用每一小块土地，集约经营、精细管理，以提高土地产出率。据《补农书》等史料记载，明末清初浙江嘉兴、湖州地区水稻产量，按今天的计量单位，亩产是910～1125斤，比20世纪末美国加州的产量还要高，无疑已经达到了传统农业的世界最高峰。

精耕细作技术首先是在种植业中形成的，其基本精神也贯穿于畜牧、蚕桑、养鱼、林果等农业生产的其他领域，是我国传统农业的精髓。我国的传统农业文明，正是中华文明得以持续发展最深厚的根基。对待精耕细作，我们要有敬畏之心，精耕细作的基本思想，对于建设高产、优质、高效、生态、安全的现代农业，仍具有十分重要的指导意义。

当然，精耕细作是以人畜力为基础的，所以，即使一县之内，株距行距都可能不同；而现代农业是以机械化生产为基础的。以美国为例，美国玉米、棉花种植都是一个行距，76厘米，全美统一；品种培育、种植制度都是以机械化生产为基础，凡是不适合机械化的品种和种植制度都没有任何价值。当然，国情不同，美国是在殖民地基础上建立的大规模农业，实现现代农业的路径是：优先发展农业机械化、再实现农业现代化。所以，在美国，是农机引领农艺，农艺服务于农机，你跟美国人讲"农机农艺融合"，他都听不懂。国情不同，实现农业现代化的路径不同，传统习惯不同，没有可比性。但无论如何，间作套种，有垄作、有平作，株距行距都不同、还有大小行，这些与机械化生产的要求是明显不相符的。

我国从夏、商、周时期就已经开始进入精耕细作的传统农业阶段，可以说，精耕细作已经存在了几千年，是一种传统习惯，已经融入农民、农业科技工作者、干部的心中。而传统习惯所拥有的强大生命力，即使法律在其面前也是无可奈何。新中国成立伊始，法律就规定男女平等，女儿也有继承权，但60多年过去了，在农村，出嫁的女儿能继承父亲的财产？

要改变几千年所形成的传统习惯，其复杂性、艰巨性远远超乎我们的想象。农机农艺融合，是我国农业的一场深刻变革，也是一场革命，使命光荣，任务艰巨，我们要有充分的思想准备。

当然，我们也要有信心，自从宗司长提出"农机农艺融合"这个概念以来，农机化系统积极行动，和相关部门、科研单位、生产企业密切配合，已经取得了重大进展，小麦已经实现了全程机械化，玉米、水稻很快也将实现全程机械化，马铃薯、油菜、红薯、花生等品种也有进展，黄淮海棉区的机收问题，今天在全国农机农艺融合示范区——山东滨州，取得了重大突破。

农机农艺融合的核心，就是要构建适应现代农业发展要求的机械化生产技术体系。随着现代农业建设的推进，农业对农机化技术和装备的需求越来越迫切，农机化的发展也同样越来越离不开品种和栽培方式的改进和完善，农机农艺相互融合、

相互促进，已经成为建设现代农业必须解决的一个关键问题。因此，各级农机化主管部门要进一步提高对农机农艺融合的认识，积极主动与种植业、科教部门联系，以机械化农业的理念推进农机农艺融合。在技术开发层面，注重农机农艺科技人员协调配合和合作，共同申报项目，共同组织联合攻关；在技术推广层面，加强农机化和农技推广之间的合作，在耕作、土肥、植保、节水灌溉多方面开展技术集成应用，促进农业技术集成化、劳动过程机械化、生产经营信息化。要加强资源整合，推进机制创新，分品种、分区域、分环节一项一项梳理，与种植业、科教部门共同开展机械化、轻简化、集成化、标准化、规模化生产试验示范，更好地发挥农业机械在技术集成、节本增效、推动规模经营等方面的作用。

二、认真学习借鉴各地的好做法和好经验

近几年，各地认真贯彻落实《农业部关于加强农机农艺融合加快推进薄弱环节机械化发展的意见》，深入开展农机农艺融合示范区建设活动，积极推进农机农艺技术融合工作，有效化解了一些制约农业机械化发展的突出问题。特别是2012年以来，全国农机化系统认真贯彻中央一号文件精神，以“全国农业科技促进年”为契机，开展了丰富多彩的“农机化科技创新与推广行动”，充分发挥示范带动作用，加大农机农艺融合力度，积极推进现代农业建设，积累了许多宝贵的经验。刚才，6个省(区)农机局作了典型发言，部分省市区也作了简要交流发言。其他一些省份也有很好的举措和经验，因为时间问题没有来得及发言。我们已经将各省的总结材料和典型经验进行了汇编，希望会后大家认真学习，加强交流，共同将这项工作持续推进下去。

三、着力破解制约机械化发展的难题

农机农艺融合是一项复杂的系统工程，同时也是一项长期性工作。近几年，我们利用国家科技支撑计划、公益性(农业)行业科技、重大农业技术推广项目等经费，增加了对农机农艺融合的投入，突破了一批重大关键技术，农机农艺融合问题正在得到逐步解决。但是应当看到，目前我国农业生产一些薄弱环节机械化问题仍然十分突出，目前农机农艺融合工作所面临的都是一些比较难的问题，迫切需要进一步加大投入，推进机械化农业技术的创新。一是要加强科研开发，增强农业装备技术创新能力和成果转化能力；二是加强农机农艺融合示范基地建设，探索全程机械化生产模式；三是加强科技人才和实用人才队伍建设，广泛开展农机化技术人员的农艺知识培训，培养一批复合型人才；四是加强农机化推广体系建设，抓好有关政策落实，提升农机化推广机构的技术服务能力，加快农机化新技术新装备的普及应用。

四、坚持深入推进农机农艺技术融合

推进农机农艺融合，是我国农机化在进入中期阶段向更高水平迈进的关键时期，提出的引领今后一个时期农业机械化发展的一个新的重大举措。农机农艺融合直接关系到我国农业机械化发展的质量和速度，关系到农业的科技进步和现代农业建设的进程。我们要以这次会议为契机，抓住机遇，明确目标，加强领导，把农机农艺融合作为当前和今后一个时期推动农业机械化发展的重要抓手，争取多方面支持，广泛开展大联合、大协作，努力实现创新驱动发展，不断开创农业机械化发展新局面。

农业机械化论坛

充分发挥农机在构建新型农业经营体系中的重要作用

农业部农业机械化管理司司长 宗锦耀

党的十八大提出，要"加快构建集约化、专业化、组织化、社会化相结合的新型农业经营体系"。2013 年中央一号文件强调，要积极发展现代农业，创新农业经营体制，增强农村发展活力。面对新形势新任务，回答好"谁来种地？地种什么？怎样种地？"等问题，是我们农业工作者面临的重大课题。我们认为，要在推进改革创新，培育新型农业主体、构建新型服务体系、完善新型经营机制、培养新型职业农民上下工夫。

一要培育新型农业主体。从分散经营到规模经营是现代农业发展的必然要求。农机是农业先进生产力的代表，是现代农艺技术集成应用规模推广的物化载体。现在看来，无论是种粮大户、家庭农场还是农民合作社，都是以农业机械作为主要的生产手段，都是以机械化作业作为主要的生产方式。没有农机，这些新型农业主体就难以完成生产经营任务。可以说，农机是农业综合生产能力的关键支撑(2012 年黑龙江面临罕见的雨雪春涝灾害，787 个现代农机合作社发挥组织优势和高性能机械的装备优势，集中力量开展活雪散垧、开沟排水、整地播种，虽然春播起步晚，但进度快，把农时抢了回来，作物基本播在丰产期)。加快提高农机装备水平、农机作业水平，需要培育新型农机经营服务主体，核心是加快提高组织化程度。要按照"引导不强迫、支持不包办、服务不干预"的原则，支持农机专业户发展成为农机大户，引导农机大户、种粮大户、普通农机专业户和农户，采取带机具、土地、资金、技术等多种方式创建农机合作社等服务组织。鼓励一部分农机合作社既成为周边农户机耕机播机收的农业社会化服务主体，又成为自己经营流转土地的农业生产主体，全链条获取收益，使服务组织得以快速发展壮大。推动农机合作社开展横向联合与纵向协作，成立合作社联社，探索发展农机作业公司，形成规模化、标准化、全程化的作业服务能力，为推动土地适度规模经营提供全面的装备支撑。

二要构建新型服务体系。现在，机械化程度的高低已经成为决定农民种养意愿从而影响农产品有效供给的重要因素。例如，近几年玉米机收的快速发展，推动了玉米种植面积不断扩大；水稻机插秧应用步伐加快，也推动了南方水稻"单改双"；而由于油菜品种问题，机收仍是薄弱环节，农民费工费力，利用冬闲田种植油菜积极性不高。要推进农业生产的专业化、标准化、规模化、集约化，不管是粮食作物还是经济作物，从耕种收到种子处理、植保、产后初加工都对农机作业服务产生了强烈的需求。当前，解决农忙时节农业生产缺人手、技术推广难到位、作业质量难保证等问题，适应农业规模经营加快发展的需要，必须创新发展农机社会化服务。要以培育作业服务市场为重点，以提高机械利用率和经济效益为动力，建立以农机专业服务组织和农机大户为主体，政府的支持服务为保障，组织化、专业化、规范化和品牌化程度高的新型农机社会化服务体系，既为规模经营主体也为一般农户提供低成本、便利化、全程化、高质量的农机作业服务。

三要完善新型经营机制。近 10 年来，农业机械化连续迈上新台阶、农业科技日新月异，我国农业生产综合能力发生了根本性的变化。进一步解放和发展农业生产力，迫切需要加快调整完善与先进生产力相适应的生产关系。过去"分"是解放发展生产力，现在"合"也是解放发展生产力，与过去的"合"(即集体化)不同，现在的"合"是尊重和发展每家每户物质利益及民主权利前提下的"合"，达到合作共赢。当前，我国农机合作社如雨后春笋蓬勃发展，全国已达 3.4 万个。我们感到，要不断完善合作社的经营机制，提高社员的积极性和创造性，合理配置、高效利用生产要素，保持农机合作社生命力。在分配上，要研究怎样调动合作社成员生产积极性，带土地进来的，要按土地规模分成；带机具进来的，要按作业量分成；带资金进来的，应该按股本分红。在管理上，要尊重社员参与合作社管理的民主权利，一人一票，这是调动积极性最好的办法。黑龙江省仁发合作社建立起较为科学的利益分配机制和民主管理机制，带土地入社既有保底又有分红，产权清晰，例如把合作社获得国家农机补贴，按每个社员的入社土地面积量化到每一个人，使社员心齐气顺，使土地流转稳得住、规模效益上得去。这些好的做法我们将积极推广，将每个农机合作社成为一个利益共同体、命运共同体。

四要培养新型职业农民。我国农业生产方式已经实现了由人畜力为主向机械化作业为主转变，我国现在有 5 000 万农机手，其中 500 多万农机专业户，60% 以上的粮食生产劳动过程靠农机手操作农机完成，而且这个比例还将逐年越来越高。因此在很大程度上，农机手素质高低决定了农机作业的质量，决定了农业科技的到位率。我们将大力实施农机化教育培训大行动，在抓好新购机农民培训的基础上，更加注重培养造就出一大批既精通农机驾驶、维修技术又懂农业、农艺栽培技术，同时又会农机经营管理、创业兴业的新型农机手、职业化的农机经营者、合作社领头人，不断提高农机从业人员素质能力，使之成为一代新型职业农民。这些农机手和他们操作使用的农业机械，将是真正能种好地的“铁军”。

农业机械化是农业现代化的重要标志，农业技术集成推广应用的重要载体，推动农业经营体制机制创新的重要力量，也是增强农业综合生产能力、促进适度规模经营、实现农业第二次飞跃的关键支撑，在确保粮食安全和主要农产品供给中发挥着不可替代的重要作用。国家大力促进四化同步发展，激发农业农村发展活力，将对农业机械化产生更强烈的发展需求，提供更广阔的发展空间、更丰富的生产手段、更有力的政策支持。

农业部农业机械化管理司已初步建立了包括种植业、林果业、畜牧业、渔业、设施农业和农产品初加工等在内的大农业机械化评价指标体系。下一步，我们要强化机遇意识，不失时机地加快推进农业机械化，朝着全程、全面机械化的方向，实现新一轮跨越式发展，即加快实现粮食等主要作物生产全程机械化，协调推进林果业、畜牧业、渔业、设施农业和农产品初加工业机械化，促进农业机械化全面发展，力争在 2020 年全面建成小康社会之际，将耕种收机械化水平提高到 70%，基本实现农业机械化。

实现以上目标，今后一个时期，要坚持稳中求进，稳中有为，稳中提质，继续推动农业机械化科学发展。我们将牢牢把握“一条主线”，推进“两个融合”，坚持“三个着力”，强化“四个支撑”，完善“五大体系”，提升“五个水平”。“一条主线”就是加快转变农机化发展方式，实施创新驱动，更加注重提高发展质量和效益；“两个融合”就是农机农艺融合、农机化信息化融合；“三个着力”就是着力调整优化农机装备布局结构，着力主攻薄弱环节机械化，着力推广先进适用农机化装备技术；“四个支撑”就是落实完善政策、培育发展主体、壮大人才队伍、强化公共服务；完善“五大体系”就是完善农机化政策法规保障体系、新型农机社会化服务体系、农机化科技创新体系、农机化人才支撑体系、农机化公共服务体系；提升“五个水平”就是全面提升农机装备水平、作业水平、科技水平、服务水平和安全水平。我们要深入贯彻党的十八大精神和中央一号文件精神，认真开展党的群众路线教育实践活动，以更加奋发有为的精神状态、更加求真务实的工作作风、更加坚强有力的工作举措，凝心聚力，攻坚克难，继续推动农机化科学发展，为推进中国特色农业现代化、全面建成小康社会做出新的更大的贡献。

（论文来源：2013 年 8 月 16 日中国农业机械化信息网）

确保农机购置补贴政策科学高效规范廉洁实施

农业部农业机械化管理司司长　宗锦耀

农机购置补贴是党的强农惠农富农政策的重要内容。党中央、国务院高度重视农机购置补贴政策实施。2004—2013 年历年中央一号文件都强调要加大补贴政策实施力度，中央财政连年大幅度增加投入规模，由 7 000 万元增加到 2012 年的 217.5亿元，资金翻了近 7 番，地方各级政府也持续投入补贴资金，实施范围自 2009 年起覆盖全国所有农牧业县（场）。政策实施 10 年来，农业部、财政部密切配合，齐抓共管，加强顶层设计，规范阳光操作，严格监督管理，努力确保这项好政策发挥最大效应，努力确保农民群众真正得到实惠。

一、农机购置补贴政策实施的成效作用

为实施好这项利国利民的好政策，全面实现政策目标，在财政、纪检监察等部门的大力支持下，农业部农业机械化管理司始终把做好农机购置补贴各项工作作为一项义不容辞的政治责任，认真履职尽责，想尽一切办法，采取有力措施，精心组织实施。一方面积极协调，努力争取扩大农机购置补贴资金规模，使更多农民受益，加快推进农业机械化发展；另一方面，不断完善办法，严格规范管理，千方百计抓好农机购置补贴政策的落实，努力确保政策实惠全部落实到农民手中，使补贴政策取得了利农利工、利国利民、一举多效的好效果。

一是优化了农机装备结构，提高了农业综合生产能力。在补贴政策的有力推动下，农机装备水平明显提高，农机总动力连续跃上 7 亿千瓦、8 亿千瓦、9 亿千瓦和 10 亿千瓦四大台阶。2012 年全国农机总动力达到 10.2 亿千瓦，比政策实施前的 2003 年增长 68.9%。农机装备结构和布局不断优化，重点作物关键环节机械大型化、复式化、配套化趋势明显，丘陵山区农机装备发展提速。先进适用的农业机械的广泛应用，促进了农业生产规模化、标准化、集约化和产业化，有效提高了土地产出率、劳动生产率和资源利用率，提升了农业综合生产能力，实现了农业节本增产。

二是加快了农机化发展进程，促进了农业生产方式转变。在补贴政策的强力促进下，我国农机作业水平提高之快前所未有。2010 年我国农作物耕种收综合机械化水平就超过 50%，标志着我国农业生产方式已经实现由人畜力为主向机械化作业为主的历史性跨越。2012 年农作物耕种收综合机械化水平达 57.17%，9 年增幅超过了政策实施前 35 年的增幅。薄弱环节机械化突破之快前所未有。小麦生产基本实现全过程机械化；水稻机械种植水平由 2005 年的 7.1% 提高到 31.6% 以上；玉米机收水平从 4% 提高到 42.4%，近 4 年累计增长 31.8 个百分点，山东等省实现玉米全程机械化；新疆生产建设兵团机采棉达 58.8%，黄河流域棉区机采棉实现零的突破。农机农艺进一步融合，精量播种、化肥深施、高产栽培、保护性耕作、高效植保等先进的农业生产技术得以大面积推广。

三是培育了新型农业生产经营主体，激活了现代农业建设和新农村发展活力。通过农机购置补贴政策的实施，培育和壮大了农机合作社等一大批新型农业生产经营组织。2012 年全国农机合作社数量超过 3.4 万个。新型农业生产经营组织的蓬勃发展，推进了农业生产经营体制创新，提高了农民组织化程度，推动了农业技术集成应用、农业节本增效和土地规模经营，激发了农村生产要素潜能，激活了现代农业建设和新农村发展活力，为构建集约化、专业化、组织化、社会化相结合的新型农业经营体系，加快农业现代化进程发挥了重要作用。

四是扩大了农村内需，拉动了农机工业发展。2004—2012 年中央财政共安排补贴资金 744.7 亿元，带动地方和农民投入 2 187.9 亿元，补贴购置各类农机具 2 272.6 万台(套)，促进了农机制造业、农机流通业加快发展。2012 年规模以上农机工业总产值达 3 382 亿元，连续 6 年保持 20% 左右的增速，始终在机械行业中处于领先地位，我国已成为全球农机制造第一大国。

当前，农机购置补贴政策已成为农业和农业机械化主管部门发展粮食生产和建设现代农业的有效调控手段。实施 10 年来，有力地推动农业机械化实现跨越式发展，有效缓解了青壮年劳动力短缺的突出矛盾，保障了农业稳定发展，挖掘了粮食增产潜力，引领了耕作制度变革，推动了农业技术集成、节本增效和规模经营，加速了农业现代化进程，为实现粮食生产“九连增”、农民增收“九连快”做出了重要贡献，真正使农民得实惠、农业得发展、企业得效益、政府得民心。

二、农机购置补贴政策实施的做法经验

农机购置补贴作为一项强农惠农富农政策，为提高农业机械化水平、实现其产业促进和助民增收政策目标，在政策实施过程中有其特殊性和复杂性，主要体现为“两个选择”。一是补贴对象有选择，不是所有申请补贴的农民都能享受到农机购置补贴，因为资金规模有限；而且家家户户买农机也没必要。因此，农机购置补贴不是普惠性的。二是补贴产品有选择，不是市场上销售的农机产品都能享受补贴，根据《中华人民共和国农业机械化促进法》的规定，经鉴定检测合格，并列入国家或省级支持推广目录的产品才能享受补贴。正是由于这种特殊性和复杂性，使落实这项补贴政策的难度和工作量都远远大于其他农业补贴。

这种选择性政策的好处是有利于实现调控和引导，集中资金保重点，实现政策目标。缺点是在实施过程中，存在权力寻租的空间和可能。近年来，按照“制约行政权力、加强社会监督”的总体思路，各级农业机械化主管部门会同财政、纪检监察部门，针对新情况新问题，深入研究和不断完善农机购置补贴监管措施，并精心组织，规范实施，协同监管，开展了大量卓有成效的工作。

(一)明确要求，落实责任。为进一步增强地方各级农业机械化主管部门实施农机购置补贴政策的责任意识和大局意识，近几年来，农业机械化管理司每年都与 38 个省(自治区、直辖市、计划单列市、新疆生产建设兵团，黑龙江省农垦总局、广东省农垦总局)农业机械化主管部门签署落实农机购置补贴政策工作责任书，明确责任义务，细化任务目标，落实奖惩措施。绝大多数省也与市县层层签订责任状，严格落实“主要领导负总责、分管领导负全责、工作人员直接负责”的责任机制，做到了目标到岗、责任到人。

(二)完善制度，规范管理。在认真贯彻落实党中央国务院决策部署，在精心制定实施农财两部农机购置补贴资金管理办法及年度农机购置补贴实施指导意见的基础上，围绕加强实施主体监管，不断完善管理制度。在农机购置补贴政策的实施办法和保障措施层面，制定了以“三个严禁、四个禁止、五项制度、八个不得”为核心的一整套制度体系，基本涵盖了政策实施的全过程，为防止权力寻租、确保政策规范有效实施提供了有力的制度保障。2012 年农业部印发《关于进一步规范农机购置补贴产品经营行为的通知》，明确了补贴产品经销企业的资质条件、确定程序、纪律要求、违法违规行为惩处等规定，实行经销商黑名单制度，严重违法违规的永久不得经销补贴产品。农业部印发《关于深入推进农机购置补贴政策信息公开工作的通知》，推进部省县三级开辟信息公开专栏，动态发布补贴政策，及时公布资金执行进度及每名购机户的购买机型、生产厂家、经销商、销售价格、补贴额度、姓名住址等信息，方便社会查阅监督。继续加强廉政风险防控建设，努力构建覆盖权力运行全过程的农机购置补贴廉政风险防控机制。从 2012 年开始对省级农业机械化主管部门落实农机购置补贴政策情况开展延伸绩效管理，以考核促监管。

(三)鼓励创新，推进试点。从实践看，农机购置补贴政策的实施办法和保障措施基本成熟，补贴对象、补贴机具、补贴标准比较科学，有力确保了政策目标顺利实现。但随着农机购置补贴资金规模逐年扩大，省级资金结算工作量成倍增长。为使省级农业机械化主管部门有更多的精力和时间去调查研究、加强监管，同时发挥地方的积极性，近年来农财两部鼓励各地在保证资金安全、让农民得实惠、给企业创造公平竞争环境的前提下，就补贴程序开展创新试点。2012 年，推动河北等 17 个省(区、市)开展了试点工作，其中，浙江、江苏、湖南在全省范围内开展了“全价购机、县级结算、直补到卡”试点；2012 年共有 32 个省(自治区、直辖市、计划单列市和新疆兵团)开展了“全价购机、县级结算、直补到卡”创新试点，江苏、吉林等省对水稻插秧机、玉米收获机、秸秆还田机等重点机具实行敞开补贴试点。从 2012 年下半年开始利用中央财政资金，在山东等 11 省份启动农机报废更新补贴试点，推动了老旧和高耗能机具报废更新，有效促进了农机装备结构优化和农机安全生产。总的来看，试点总体运行平稳，基本达到了预期目标。

(四)联合督导，加强监管。建立农机购置补贴实施多部门联动监督检查机制。每年农业机械化管理司、驻部组局、财务司都联合制定农机购置补贴政策监督检查方案。2012 年春秋两季，农业部成立 17 个联合督导组，分赴 23 个省开展农机购置补贴专项督导检查。对存在的问题及时指出，督促彻底整改。与财政等部门一同赴湖南、江苏等省开展创新试点情况调研。对各省级农业机械化主管部门开展延伸绩效管理考核，并赴 20 多个省进行了实地核查。要求各地必须邀请纪检监察部门全程参与补贴实施，强化内部约束。明确县级财政部门应按照不低于购机农民 10% 的比例进行抽查核实。各地也加大了监督检查力度，山西省专门成立了项目监管室，对农机购置补贴等进行专项全程监管；湖南省对补贴机具实行三级审核，乡镇进行初审、县级进行复查、市级进行抽查，确保补贴政策真正落实到位。

（五）开展核查，严惩违规。坚决果断严厉地查处农机购置补贴过程中暴露出的违法违规问题。对举报投诉的问题和线索，坚持一件都不放过，凡报必查，一查到底。重大线索会同有关部门开展实地核查。对查实的案件，严惩不贷。近年来，农业机械化管理司会同部财务司、驻部组局直接组织查处了浙江艾格莱公司联合收割机和重庆耀虎公司微耕机“以小报大”套补、山东时风聊城农装公司玉米收割机伤人和套补、江西柳林公司伙同浙江三联农业科技公司套补等违规操作行为。各地也加大了违规处罚力度，2011 年共取消 30 家生产企业产品补贴资格，永久取消 22 家经销商经营补贴产品的资格。2012 年共取消或暂停 26 家生产企业的产品补贴资格和 46 家经销企业补贴产品经销资格，将 16 人列入黑名单。2012 年上半年农业部通报了各地农机购置补贴产品经营违规行为查处情况，各地取消 19 家生产企业的产品补贴资格和 20 家经销企业补贴产品经销资格，暂停 1 家生产企业的产品补贴资格，并将 9 家经销商及其法定代表人列入黑名单，有力地维护了农机购置补贴政策的严肃性，切实维护了广大农民群众和诚信经营企业的合法权益。

经过 10 年的农机购置补贴政策实施实践，我们积累了一些宝贵经验：一是注重突出重点，向优势农产品主产区、关键薄弱环节、农民专业合作组织倾斜，提高农机化发展的质量和水平；二是注重统筹兼顾，协调推进丘陵山区、草原牧区及林果业、畜牧业、渔业、农产品初加工业机械化发展；三是注重扶优扶强，大力推广先进适用、技术成熟、安全可靠、节能环保、服务到位的机具；四是注重阳光操作，加强实施监管和廉政风险防范，强化绩效管理考核，进一步推进补贴政策执行过程公平公开；五是注重充分发挥市场机制作用，切实保障农民选择购买农机的自主权；六是注重发挥补贴政策的引导作用，调动农民购买和使用农机的积极性，促进农业机械化和农机工业又好又快发展。

三、进一步加强农机购置补贴政策实施的监管措施

2013 年中央一号文件指出：“落实好对种粮农民直接补贴、良种补贴政策，扩大农机具购置补贴规模，推进农机以旧换新试点”。国务院《关于深化收入分配制度改革的若干意见》（国发［2013］6 号）指出：“建立健全农业补贴稳定增长机制，完善良种补贴、农资综合补贴和粮食直补政策，增加农机购置补贴规模。”其他农业补贴政策要“落实好”、要“完善”，而农机购置补贴是“扩大”“增加”规模。这说明党中央国务院对农机具购置补贴政策落实成效是肯定的，这对我们是极大的鼓舞。我们一定要继续发扬迎难而上、奋发有为的精神，再接再厉，进一步落实好党中央国务院的决策部署。

目前，从全国总体上看，农机购置补贴各项规定和纪律要求已经很明确，管理制度和运行机制也不断健全完善。但近几年来，随着农机购置补贴资金规模逐年扩大，补贴机具种类范围越来越广，涉及的企业和经销商越来越多，政策实施过程中也暴露出一些不容忽视的问题。一是少数地区工作人员责任心不够强。落实农机购置补贴政策需要高度的责任心和使命感，需要付出艰辛的努力，但少数地方分管购机补贴工作的领导及工作人员责任意识不强，服务意识不够，工作质量和效率不高，有的还存在畏难情绪。二是资金特别是工作经费投入不足。虽然近年来中央财政补贴资金投入大幅增加，但许多地方财政安排的补贴资金总量较少，甚至有的省份补贴资金投入还呈减少趋势。有些地方没有足额安排必要的工作经费，在一定程度上影响了补贴政策的顺利实施。三是违规违纪问题时有发生。有的单位违规向企业收取推广费、服务费；少数农业机械化主管部门人员经不起诱惑，接受企业商业贿赂，有的失职渎职，以权谋私；部分农机生产企业、经销商缺乏诚信，与不法人员勾结，弄虚作假，骗套补贴资金，组织倒卖机具。四是补贴机具质量服务有待改进。在补贴政策带动下，大多数农机企业能够积极组织生产，扩大产品销量，同时注重加强管理，提高产品质量和售后服务水平，以质量求生存，以良好的服务赢得农民的信赖。但有些企业产品质量不稳定，在维修服务、配件供应等方面跟不上。

分析产生上述问题的原因，虽然有制度不健全、不完善的情况，但主要是政策执行和操作层面的问题，多属于违规违纪顶风作案。我国地域情况复杂，农作物品种多样，农机具需求差异大，针对支持推广目录制定和补贴额确定等农机购置补贴实施关键环节，如果采取全国一刀切的方式，有利于统一管理，防范权力寻租，但不符合因地制宜、分类指导的原则。因此，根据实际需要，农财两部允许省级农业机械化主管部门在省级支持推广目录制定、非通用产品补贴额的确定上有一定的自主权，但强调要根据本省农机化实际，科学、公开、公平、公正地制定省级支持推广目录，确定非通用类补贴额，同时允许在全国统一规定的 12 大类 48 小类 175 个品目补贴机具种类之外，可根据实际需要，自行增加不超过 30 个品目机具列入补贴范围。这些为发挥中央和地方两个积极性而做的制度安排，从各地的实践看，总体效果是好的，绝大多数省都制定了规章制度并严格执行，确保科学、高效、规范、廉洁。但也有个别省农机主管部门没有严格落实农财两部的各项规定要求，少数省市区农机局负责人对自己要求不严，对下缺乏有效监督，失职渎职，甚至以权谋私、收受贿赂、沦为罪犯，严重影响农机购置补贴政策实施效果，影响农业机械化主管部门形象。

针对这种情况和问题，农业部反复强调纪律要求，要求各级农业机械化主管部门如履薄冰尽职责，心无旁骛抓落实，攻坚克难求绩效，2012 年又印发《农业部关于进一步加强农机购置补贴实施监督管理工作的意见》（以下简称《意见》）。当前，各级农业机械化主管部门要全面贯彻落实好《意见》要求，把各项规定措施真正落到实处，进一步促进补贴政策科学高效规范廉洁实施。

第一，要深刻认识重大意义。农机购置补贴是中央一项重要的强农惠农富农政策，也是促进农机化发展、建设现代农业的有效调控手段。各级农业机械化主管部门要把落实好农机购置补贴政策作为重要职责和政治任务，认真贯彻落实党中央国务院的决策部署，从政治和全局高度深刻认识实施好农机购置补贴政策的极端重要性和重大意义，牢固树立责任意识和大局意识，切实增强使命感和责任感。要以对党和人民高度负责的精神，持之以恒抓监管，坚定不移抓落实，切实把农机购置补贴这项强农惠农富农政策全面落实到位。

第二，要全面履行监管职责。在科学规划、统筹组织实施的基础上，对农机购置补贴实施实行常态化监管，以监管促规范、以监管促落实、以监管促廉政。省级农业机械化主管部门要做好农机购置补贴实施监管的组织协调，制定监管督查方案并组织实施，按规定查处违规产销企业。要深入推进市县级农机购置补贴政策实施延伸绩效管理。农机鉴定机构要规范鉴定行为，严把补贴产品鉴定质量关。地市级农业机械化主管部门要加强对县级农机购置补贴实施方案审核、补贴工作监督检查、补贴机具抽查核实等工作。县级农业机械化主管部门要在县级农机购置补贴工作领导小组的领导下，制定监督检查方案，加强农民购机情况核查公示，防止套补骗补；对补贴额较高和供需矛盾突出的重点机具要组织逐台核实，并认真调查处理群众投诉。

第三，要严格执行各项规定。督促各级农业机械化主管部门严格执行制度规定不走样，切实把农财两部的各项规定和纪律要求真正落到实处。要进一步增强学习和遵守管理制度的主动性，自觉树立和维护管理制度的权威性，做到按办法办事，按规定操作，按纪律执行，绝不允许违背程序、违反纪律，绝不允许随意而为、擅自变通，坚决杜绝以本地区情况特殊为名，在贯彻执行党中央国务院决策部署和农财两部管理制度上打折扣、做选择、搞变通。

第四，要大力推进信息公开。推进信息公开是坚持依法行政、强化为民服务、接受社会监督、确保阳光操作的重要举措。各地要进一步加大农机购置补贴信息公开力度，坚持全面、全程、深入公开，自觉接受农民、企业及社会各界监督，形成全社会共同关注、关心和支持补贴政策实施的良好局面。要重点推进部、省、市、县四级农机购置信息公开专栏建设，将农机购置补贴政策信息公开到村，宣传到户到人。在年度补贴工作结束后，以公告的形式将享受补贴的农户具体信息向社会公布，使政策实施阳光透明。

第五，要严惩违法违规行为。各级农业机械化主管部门要重拳打击各类农机购置补贴违法违规行为。省级农业机械化主管部门要加强对各地补贴实施情况的督导检查，对问题较大的县市要在全省农机、财政系统进行通报。县级农业机械化主管部门要依法依规严厉打击有组织有预谋倒卖补贴机具、骗取补贴资金的行为。要落实重大案件政府行政问责制度。对参与违法违规操作的经销商，要及时列入黑名单并公布，此经销商及其法定代表人永久不得参与补贴产品经销活动。对参与违法违规操作的生产企业要及时取消其产品的补贴资格。对违规违纪性质恶劣的生产或经销企业，建议工商部门吊销其营业执照；情节严重涉嫌犯罪的，协调司法机关处理。同时，要针对农机购置补贴政策实施过程中暴露出的问题和案件，深入查找容易产生腐败行为的风险点，着力构建制约有效、实施便捷的农机购置补贴廉政风险防控机制。

第六，要积极开展创新试点。实践证明，近年来开展的选择部分重点机具敞开补贴试点是成功的，有利于促进农机装备结构优化和加快薄弱环节农机化的突破，各地要将其作为一项成熟有效措施大力推广。要按照农业部和财政部的倡导，积极开展“全价购机、县级结算、直补到卡”等操作试点。对试点过程中可能出现的问题，要建立相应的预案。特别是要协调出台金融信贷等配套政策措施，缓解农民筹资压力，缩短补贴兑付时间，确保试点工作取得实效，让农民群众更加满意。同时，要开拓创新，因地制宜地不断完善廉政风险防控、监督检查、绩效管理等方面制度措施，并及时总结经验，积极稳妥推广。

各级农业机械化主管部门要坚决贯彻党中央国务院的决策部署和农财两部的各项规定，以更加严肃的态度、更加严明的纪律、更加严厉的要求，以党的群众路线教育实践活动为契机，进一步改进作风，建章立制，强化监管，深入推进补贴政策落实。特别是要努力健全不敢腐的惩戒机制、不能腐的防范机制、不易腐的保障机制，真正把权力关进制度的笼子里，确保农机购置补贴政策科学、高效、规范、廉洁实施，继续推动我国农业机械化科学发展。

（论文来源：2013 年 10 月 24 日中国农业机械化信息网）

持续推动农业机械化科学发展

农业部农业机械化管理司副司长 **刘恒新**

十八大报告高度重视“三农”工作，提出到 2020 年农业现代化和社会主义新农村建设成效显著；专题阐述了“推动城乡发展一体化”，提出了关于“三农”工作的总体要求和重点任务。报告指出解决好农业农村农民问题是全党工作重中之重，要求城镇化和农业现代化相互协调，促进工业化、信息化、城镇化、农业现代化同步发展。报告要求坚持工业反哺农业、城市支持农村和多予少取放活的方针，加大统筹城乡发展力度，着力推进城乡规划、基础设施、公共服务一体化，促进城乡要素平等交换和公共资源均衡配置，大力推进形成新型工农、城乡关系。报告提出加快发展现代农业，增强农业综合生产能力，确保国家粮食安全和重要农产品有效供给。报告要求增强农业农村发展活力着力推进农业经营体制机制改革创新，发展农民专业合作和股份合作，培育新型经营主体，发展多种形式规模经营，构建集约化、专业化、组织化、社会化相结合的新型农业经营体系。报告要求把生态文明建设放在突出地位坚定不移地走生产发展、生活富裕、生态良好的文明发展之路，促进农业可持续发展。这些都为发展农机化创造了条件、机遇，也提出了要求。我们农机化工作者要在“推动城乡发展一体化”、“重中之重”、“四化同步”、“工业反哺农业、城市支持农村”的背景下，抓住机遇争取支持，落实政策强化引导，加快发展农机化，推进构建新型农业经营体系，为增强农业综合生产能力，确保国家粮食安全和重要农产品有效供给，走生产发展、生活富裕、生态良好的文明发展之路，做出积极贡献。

党中央国务院高度重视农机化发展，有法律保障、政策支持，在技术有力支撑、机制有效推动下，我们实现了农业生产方式由人畜力为主到以机械为主的历史性跨越，农机化进入了加快发展、结构改善、质量提升、领域拓宽的重要阶段。要在农机化工作中深入贯彻十八大精神，必须对农机化发展中一些重大问题给予重视。我总结至少有以下几个方面：

一是农作物综合机械化水平超过 50%，农业的生产方式发生了根本性变化，发展机械化不断得到广泛认同与响应，农机化引领农业生产技术发展的任务艰巨责任重大。在推动农机与农艺融合、农机化与信息化融合、工程技术与生物技术融合中，农机化系统要主动提出建议、主动谋划项目、主动发挥农艺专家作用，要将适应农机作业作为评价农业科研成果的重指标，将适宜农业机械的开发、适宜农机作业的增产增效技术模式作为农业科研的重要内容，争取扩大农业技术推广中农机化新技术新机具推广经费的比重，既要注重对农机操作者农机化技术的培训，更要注重对其农艺技术的培训，提高农业技术的到位率。在推动农机化发展中一定要适应中国农业多样性特点，把充分利用各地光热水土资源、加快资源节约型、节本增效型、环境友好型技术应用、提高土地产出率、资源利用率、劳动生产率作为目标，要始终不渝。

二是农机化作为现代农业的重要内容，要实现翻两番的目标，按照"四化同步"的要求，农机化必须持续快速发展，发展全程机械化、全面机械化要求十分迫切。国外经验表明，实现农业现代化必须要以农业机械化为前提。2012 年农作物综合机械化水平为 57%，距离基本实现农机化的目标还有不少的差距，水稻的机插、油菜的生产、棉花甘蔗收获等机械化水平提升困难不少，畜牧业、渔业、林果业、农产品初加工生产机械化需求迫切，要确定目标、制定规划，因地制宜采取措施，努力发挥好农机化在促进持续增产、持续增收的重要作用，推动农业现代化建设。

三是农机装备快速提升、农机作业成本持续增长，加强宏观调控，优化装备结构，强化信息引导和服务，稳定和提高农机经营着效益任重道远。近些年我国农机装备总量快速提升，农机总动力达到 10.2 亿千瓦，拖拉机超过 2 282 万台，联合收割机超过 127 万台，单位面积平均动力超过欧美，单位面积拖拉机数量多于欧美与韩国相当，单位面积燃油耗高于美国，特别是近些年拖拉机年作业面积、联合收割机年作业面积呈下降趋势，我们必须重视机具结构优化、推进老旧机具的报废更新、加强农机作业供需衔接、落实税费减免基础建设补助等政策、引导成本向作业费传导，让农机经营者有效益、发展农机化有持续动力。

四是农机化快速发展拉动了农机工业的持续高增长，在发挥好农机生产企业研发适宜农机产品作用的同时，进一步发挥好企业在技术推广、技能培训、维修服务方面的作用潜力巨大。农机生产企业是产品创新的主体、服务创新的主体，也是农机化发展的受益者，企业有责任、有义务、有意愿在推广培训维修方面发挥作用。开展推广、举办培训，强化维修能够为企业赢得用户、拓展市场，有助企业发展。在目前国家公益性服务支持有限的情况下，农机主管部门严格按照法律法规的规定，监督企业生产技术成熟、安全环保的产品，督促企业按规定提供符合要求的操作说明书、提供规定的"三包"服务。与此同时，农机化主管部门在不强迫、不收费、不排他的前提下为企业开展推广、举办培训，建立维修点提供支持，凝聚力量形成合力，让农民购买农机能够用得好有效益。

五是社会各界对农机化愈来愈重视，对农机化管理工作要求越来越高，不断提高农机管理部门的能力素质，改进和创新工作方法的紧迫性日益突出。扶持农机化的政策力度不断加大，资金额度不断增加、工作量不断加码，工作成效要求越来越高，各级农机管理人员必须加强学习，提高把握形势、指导基层、服务农民的能力，总结推广经验，采取有效做法，不断满足农民、农机手、农机生产企业、党委政府的需要和要求。

适应"四化同步"的要求，到 2020 年全国农作物综合机械化水平要达到 70%，主要粮食作物生产基本实现全程机械化，主要经济作物生产机械化、设施农业生机械化取得重大进展，林果业、畜牧业、渔业和农产品初加工生产机械化全面推进。要实现这一目标，必须全面贯彻落实科学发展观，坚持走中国特色的农业机械化发展道路，以转变农机化发展方式为主线，以优化装备布局结构、主攻薄弱环节机械化、推广先进适用农机化技术为重点，加强农机农艺融合，落实完善政策，培育发展主体，促进技术创新，建设人才队伍，强化公共服务，加快提高农机装备水平、作业水平、科技水平、服务水平和安全水平，努力推动农业机械化科学发展。重点采取以下措施：

一、在认真实施农机购置补贴政策的同时，着力在完善农机化政策法规保障体系方面取得新成效

实施好农机购置补贴政策，推进实施办法创新，突出补贴重点，缓解资金供求关系，加强信息公开，严把机具到位关，加大对违规惩处力度，注重宏观调控，最大限度发挥政策效应。积极推进农机报废更新补贴工作，总结经验稳步扩大。积极争取实施农机作业补贴，提高深松整地、机插秧、秸秆还田等增产效果显著、生态效益突出的农机作业方式应用面积。积极推动地方在农机政策性保险、农机抵押贷款及信贷贴息、机库棚建设补助、机耕道建设等等方面取得突破，建立财政、金融、税费、基建投资、用地等多种政策工具协调组合的农机化扶持政策体系，切实调动和保护农民购机用机积极性。

二、在推进主要粮食作物成产机械化的同时，着力在经济作物、畜牧业、设施农业等机械化方面取得新成效

分品种、分区域深入分析现状、潜力，采取针对性措施，加强宏观引导，推进主要粮食作物生产全程机械化和农牧渔业生产全面机械化。通过购机补贴增加装备数量，促进机具更新换代技术升级，稳定小麦生产机械化，提升水稻生产机械化，加快玉米生产机械化。组织好跨区作业，加强信息引导，保障燃油供应、落实免通行费政策，提高组织化程度推进水稻机收、玉米机收保持高速增长。加强示范引导，重视人才培训，强化技术指导，完善机械化生产技术模式和技术路线，努力推进水稻机插、油菜机种机收、甘蔗收获、棉花收获以及畜牧业设施农业机械化发展。

三、在加强农机化技术推广工作的同时，着力在农机化科研开发上取得新成效

要抓住国家实施"一个衔接两个覆盖"的重要机遇，加强基层推广机构建设，全面实施对基层农机化技术推广工作经费补贴，不断改进推广方法，推广机构抓骨干农民，骨干农民带群众，加快农机化"三型技术"普及应用。要高度重视科研工作，通过发布生产需求趋势信息引导企业研发方向；通过国家项目资金补助推动产学研推相结合以及基础研究不断取得突破；通过收集发布新产品信息，开展试验示范，促进成熟技术应用，为农机化发展提供持续的技术支撑，使农机化不断在增产增效中发挥作用。

四、在扶持和培育农机合作社发展的同时，着力在构建和完善农机社会化服务体系方面取得新的成效

农机合作社是农机服务组织的发展方向，是提高农业技术到位率、农机具利用率、农机经营效益重要措施，也是实现农民共同富裕、促进农村和谐的重要途径。农机合作社要边发展边规范，在增加数量的同时更加重视发展质量，要引导合作社实施民主决策、成果共享，推进农机合作社流转或承包更多的土地，实现更大规模作业，拓宽增收空间。在指导合作社发展中，一方面要注意维护一般农户利益，使他们能够公平享受国家的强农惠农富农政策，能够公平获得土地产出效益和经营效益，避免核心层对一般农户利益的侵占，另一方面也要维护流出土地农户的合法利益，长期打牢规模化经营基础。与此同时，要重视承担主要农机作业的农机大户、农机作业队得发展，给他们提供必要的支持，在信息服务、人员培训、权益维护方面与合作社同等对待，积极引导他们提高组织化程度。要重视农机维修工作，发挥好农机生产销售企业的作用，加强人员培训，加强节能技术的推广。以培植新型服务组织、改革和加强基层推广机构、完善政策法规体系为重点，以提高农机机械利用率和经济效益为动力，开展组织创新、机制创新和管理创新，建立以农机专业服务组织和农机大户为主体，农机户为基础，基层农技推广、培训、维修、信息服务和投诉监督等服务组织为支撑，政府的支持服务为保障的新型农机社会化服务体系，提高农机社会化服务信息化、品牌化、组织化和规范化程度。

五、在提高农机化公共服务能力的同时，着力在提高农机化工作的规范性方面取得新成效

紧紧抓住全社会重视农机化工作的时机，发挥中央与地方的两个积极性，强化机构、充实人员，加强农机化技术推广、质量监督、教育培训、安全监理和信息宣传机构的建设。要加强技能培训，坚持依法依规鉴定、依法依规监理，严把产品质量关和安全关，切实维护农民和企业的利益。要健全网络、更新观念，科学推广、公益性培训、提供权威及时有效信息，为基层提供周到服务。要加强职业道德教育，健全廉政风险防控机制，树立良好的行业形象。要注重“三深入”，倡导“五民”观念，改进作风，切实为农民、为基层办实事、解难事、做好事。

持续推动农机化科学发展是农机化工作者落实十八大精神的具体体现，全系统要紧抓机遇、锐意进取，勇于创新、奋发有为，以农机化科学发展的新成效，为促进农业现代化、全面建成小康社会做出新的贡献。

（论文来源：2013 年 9 月 11 日中国农业机械化信息网）

让农机合作社扬帆远航

农业部种植业司副司长　**潘文博**

山东省临邑县，地处鲁西北平原，面积 1 016 平方公里，辖 8 镇 1 乡 3 街道、184 个农村社区，人口 54.5 万，耕地 57.3 千公顷，是全国产粮大县，粮食生产实现“十连增”，连续六年被评为全国粮食生产先进县；2012 年农民人均纯收入 10 100 元，增长19.8%。谈起这些成绩的由来，农机合作社功不可没。2013 年“三夏”期间，全县 54.7 千公顷小麦仅用八天就实现颗粒归仓，从小麦收割到玉米播种仅用十天，全县小麦机收率 99.6%、机播率 99.8%。整个“三夏”比往年缩短 10 天，节省开支 1 500 余万元。同时，还组织 426 台小麦收割机跨区作业，毛收入 2 000 余万元。

理性的思考

临邑农机合作社的发展起步于 2005 年，它的前身是农机协会。临邑是个农业县，农业人口 42 万，占全县总人口的 77%。实现全面小康，首要的是解决农民的小康、解决农民致富问题，而解决农民致富首要的是减少农民、富裕农民，减少农民的首选当属提高农业机械化水平。临邑县委、县政府敏锐地把握大势，对此进行了深入的调查研究，发现当前农民最需要的是有组织地推行机械化耕作，解决种地难、农忙时劳力不足等问题。通过思考论证，最后得出两条结论：

其一，临邑推行合作社经营的条件成熟。尽管近年来国家惠农力度逐步加大，但种地“不上算”的现实依然存在。临邑传统种植一般是一季小麦、一季玉米，两季大约公顷产粮 15 000多千克，目前小麦、玉米市场价每千克 2.2 元左右，除去种子、化肥等成本，收益 22 500 元/公顷左右。如果算上人工费，外出打工人员往返误工费等，收入还要大打折扣。而一名青壮年外出打工，年收入少说也有 4 万元。为此，在农村出现了这种尴尬局面，凡是地里庄稼长得好的，家庭经济状况往往越差；凡是地里庄稼长得差的，家庭存款多、房子建的好，有的在县城、甚至一些大中城市购置了房产。因此，推行土地流转，实现规模种植，既符合农村实际，也符合农民愿望。

其二，临邑推行农机合作社经营具有优势。鲁西北平原地势平坦，适宜大型机械化作业。20 世纪 80 年代，农村实行“包产到户、分散经营”，这在当时对解决农民温饱起了巨大作用。而目前情况是，农民收入的主要来源不单纯靠种地，一个家庭一般有六七亩耕地，一个青壮年如常年在家，土地“不够种”，所以多数青年外出打工，许多家庭对土地是一种“种之利薄，弃之可惜”的心态。临邑 20 ~ 60 岁的农村劳动力约有 19 万人，其中 15 万人常年在外打工或在本地经商搞企业，60 岁以上的老年人成为农业生产的主力军。土地分散经营的现状已不合时宜，实行规模化种植是现实需求，推行合作社经营势在必行、越快越好。

积极的探索

找到了存在的问题和优势，办法的选择就有了方向和目标。为此，县委、县政府提出了“以农机合作社提升机械化水平，带动土地流转，增加农民收入，繁荣农村经济”的发展思路。

（一）支部领办，一批“为民”型农机合作社应运而生。为使农机合作社健康有序发展，县委、县政府组织相关人员赴外地参观学习，召开会议组织发动。针对社区资金紧张的实际，县领导出面与机械制造厂家协商、联系银行等，制定了“厂家赊一块、银行贷一块、支部筹一块、财政补一块”的鼓励政策。

（二）政府培植，一批“能人”型农机合作社脱颖而出。千方百计激发农机大户、种田能手创办合作社的积极性，对农村各类“能人”统计造册，利用各种媒体宣传报道，引导他们创办农机合作社。县财政每年都拿出专款，以奖代补鼓励兴办农机合作社，2013 年县财政又拿出 300 多万元用于发展农机事业。

(三)部门齐抓,农业机械的作用得到充分发挥。"三夏"来临前,县里成立了由农机、农业等部门组成的农机服务中心,乡镇成立了农机服务站,社区配有信息服务员,对全县2 350台小麦收割机、960 台玉米播种机等重点农业机械全部建立台账,对全县 184 个农村社区的 54.7 千公顷小麦地块成熟时间进行预测登记,为适时收割做好准备;由县农机服务中心对各种农机进行统一调配,与 72 家农机合作社理事长和 5 000 余名农机手建立联系,定期发送短信,公布区域收种进度情况,使各机械能够就近作业,提高了效率,实现了机械利用最大化和收种时间最短化。

有益的启示

(一)农机购置补贴政策的实施是关键。自 2004 年国家实行农机购置补贴以来,激发了农民购机热情,加速了农业机械化进程。随着机械化水平的提高,使大批劳动力从农田里转移出来,减少了农民,也增加了农民收入。临邑县补资金由 2004 年的 25 万元增长到 2012 年的 1 125 万元,购机金额由 350 万元增长到 3 000 多万元,全县机械总动力由 125 万千瓦增加到 189 万千瓦。由于农机销售量的猛增,农机数量的大幅增加,农民对各类机械越来越熟练,在购买农机时对产品的质量性能越来越挑剔,促使机械制造厂家的产品不断创新、不断更新换代。

(二)地方党委政府真抓是保障。其实,一些早期的农机大户,他们的创业之路并非顺风顺水,经历过许多挫折,思想上也曾动摇过、彷徨过。难能可贵的是,临邑县委、县政府始终尊重、支持他们,经常组织外出解放思想,召开座谈会交流思想,想尽一切办法为他们的发展创造良好环境。在工作把握上,临邑县委、县政府把农业机械化水平是否提高、农业是否增效、农民是否增收作为考核乡镇街道党委政府和干部政绩的重要依据,对认准的事,舍得拿力量、舍得大投入。在农业上配备的领导力量最强,由一名副书记和一名常委副县长两位县级班子成员分管,并争取到农业部一名司级领导来县挂职主抓农业,农机合作社工作由分管的常委副县长具体抓。这些都为农机合作社的规范健康发展起到巨大的推动作用。

(三)人才是支撑。临邑农机合作社领域可谓人才济济,他们虽土生土长,但眼界开阔、思路活跃、熟悉农村,都是站在农业前沿的重量级人物,个个身怀绝技。德平镇种粮大户魏德东创办的农机合作社,2011 年被德州市人民政府授予全市双十佳农村专业合作社,他本人也被授予全市十佳种粮能手,在 2011 年"金满田"杯山东省粮王大赛中,他以夏玉米产量 14 601千克/公顷的成绩获得全省总冠军,荣膺山东粮王,2012 年,魏德东又被评为全国种粮销售标兵。

(四)群众认可是前提。临邑创办农机合作社之所以一呼百应、星火燎原,关键是把这件事办在群众心坎上了。如果农户单干,每公顷纯收益 15 000 元左右,流转后不仅收入没减,还可到企业打工,一举多得。由于家庭联产承包责任不变,农机合作社无门槛收费,入社自愿、退社自由、持股入社、到期分红等,这些都是群众求之不得。通过创办农机合作社,临邑县委、县政府认识到:办任何事情,首先要考虑群众利益和需求,凡是群众愿意办的,就会得到群众拥护和支持,就会一顺百顺。

临邑是全国的缩影,农机事业发展到今天这个水平,形成现在这个局面,应当为之自豪。在农机合作社建设上,临邑只是刚刚破题,今后要做的还很多,转移农民、富裕农民的任务仍十分艰巨。可以预见,经过各级党委、政府和农机部门的不懈努力,农机事业的明天会更美好。

(论文来源:2013 年 9 月 10 日中国农业机械化信息网)

关于农机协同创新的思考

农业部农业机械化技术开发推广总站站长 刘 宪

农机创新是一项系统工程,不仅包括工程技术创新,还与信息技术、生物技术创新密切相关,涉及研发、生产、推广、应用等多个方面,既需要农机企业、科研院所和推广机构等各方面各司其职,也需要加强联合,协同创新,才能实现创新的最终目的。

一、关于农机推广创新

推广创新的基本思路:顺应农业科技创新由生物技术为主向生物技术与工程技术、机械化技术相结合发展的新方向,按照农机农艺融合、机械化与信息化融合、机械化与现代农业生产经营方式融合的新要求,建立健全农机科研、教学、推广、生产单位协作机制,推进产学研推用的有机结合。

工作重点是:侧重水稻栽植、玉米收获、油菜、甘蔗、马铃薯种植与收获、棉花收获等环节,加强集成示范,突破技术瓶颈;因地制宜推广经济作物、畜牧水产养殖业、林果业、草业、种业、农产品初加工业、设施农业和农业废弃物综合利用机械化技术。

(一)推广创新主要方向——农机农艺融合

农业机械是农艺技术的载体,先进农艺技术要标准化、大规模、快速地推广应用,必须与工程技术紧密融合,才能充分发挥其优越性。随着农业机械化时代的到来,机械化与传统种植方式间出现了许多新矛盾,农机农艺相脱离的弊端已被越来越多的人认识,推动农机农艺融合已经在领导层、农机化系统、农业领域科学家和技术人员等多方面达成广泛共识,并逐步体现在实际工作中。

一是基本廓清了农机农艺融合的工作思路。结合编制《全国农业机械化技术推广"十二五"规划(2011—2015 年)》,农业部农机推广总站在深入调查研究的基础上,先后组织和参与了"十二五"农机化发展战略研讨会、主要农作物农机农艺技术融合研讨会及全国水稻、油菜、玉米生产农机农艺技术融合专家研讨会等一系列重要会议,形成了"围绕生产定方向,产学研推齐攻关,针对问题找对策,根据对策拟方案,试验集成再优化,形成规范搞推广"的农机农艺融合工作思路。

二是启动实施了一批农机农艺融合试验示范项目。近年来,农业部农机推广总站在继续实施优势农产品重大技术推广和保护性耕作项目的同时,组织实施了水稻、马铃薯、甘蔗生产全程机械化技术集成示范基地建设等农机农艺融合项目，建立了一批农机农艺融合示范点，初步探索了农机农艺融合工作机制。配合农业部农业机械化管理司成功推动了农机农艺融合试验示范区建设项目立项，在全国范围内建立水稻、玉米、棉花、油菜、甘蔗农机农艺融合试验示范县30个，力争通过2～5年的努力，突破一批制约我国主要粮油经济作物机械化生产的技术瓶颈，形成一批具有较高推广价值的机械化生产技术规范。

三是形成了农机农艺融合广泛开展的基本态势。目前，农机农艺融合已经成为评价各类农机化示范推广项目的重要技术指标。农业部印发了玉米、油菜、马铃薯、棉花生产机械化技术指导意见，对各作物农机农艺融合提出了具体明确的技术指导意见，农机农艺融合、农机专家与农艺专家联合推广等指标已成为主要农作物生产机械化示范项目验收和评估的重要依据。各级地方推广机构也结合当地实际实施了一批农机农艺融合试验示范项目，如山东的玉米和花生农机农艺融合试验示范、甘肃的玉米农机农艺融合试验示范、新疆的棉花机械化收获农机农艺融合试验示范、河南的胡萝卜机械化生产农机农艺融合试验等均取得了阶段性成果。最近，农业部农机推广总站与全国农业技术服务中心首次联合举办了技术培训班，农艺农机专家齐聚一堂，共同探讨良种良法配套、农机农艺融合，取得了良好效果。

（二）推广创新的主要方法——试验示范先行

从我国国情出发，促进农业新技术广泛应用的最直观生动，最高效的方法是示范推广。新技术、新装备推广前，坚持贴近生产一线，试验先行，然后因地制宜，分类指导，按照不同区域的特点和技术要求，开展适宜的试验示范，将经过试验验证的新品种、新技术、新机具直接做给农民看、带着农民干，不仅展示和应用装备，弥补农机新产品在推向市场前，生产考核和田间试验不充分，适应性、可靠性缺乏验证等问题，还提供全套的使用技术和操作工艺，实现技术示范和技术服务有机结合，让农民既了解操作过程又看到实际效果，引导农民选择和应用农业新技术。

近年来，各地推广机构按照上述思路，开展了具有区域特点的新技术示范推广工作。北京推广先进青贮收获机，促进青饲料生产机械化。重庆开展生物质移动式烘干机试验示范试点，江苏推广海产品热泵低温干燥加工技术，在农产品初加工机械化技术推广方面进行了有益探索。山东省将花生、“两薯”（马铃薯、甘薯）、“三辣”（大蒜、生姜、大葱）等经济作物机械化作为推广对象。浙江推广春茶机制技术。广西力推广甘蔗生产耕、种、收机械化。云南、贵州等省重点解决烟叶耕整、田间管理和移栽环节机械化。陕西大面积推广小麦秸秆捡拾打捆技术，拓展秸秆资源的利用渠道。甘肃推广全膜双垄沟机械化作业技术、垄作沟灌机械化节水技术，在灌区推广固定道垄作保护性耕作技术，实现玉米增产增效。新疆兵团推广番茄机械移栽和机采棉技术。天津、吉林、辽宁、青岛、无锡和新疆建设兵团等省市示范推广离子体种子前处理技术、生物脉冲干预技术、电磁防霜冻技术等物理农业技术。各地还示范推广温室作物机械化耕作技术，包括温室大棚电动卷帘，保温被覆盖，CO_2 增施，温室补光，热风炉加温，温室微灌，温室烟雾机病虫害防治技术等。用于设施水产养殖的微孔曝气增氧、耕水机等增氧和水体活化技术及温、光调控、养殖水体水质测控、水体循环使用等环境控制技术也得到示范推广。

二、关于协同创新的探索

近年来，推广机构参与行业科技和成果转化类项目，主要发挥了两方面作用。一是更及时和直接地反映农民需求，丰富原始创新思路。农民是农业技术应用的主体，也是技术创新的第一信号源。推广人员工作在生产一线，有条件接触和掌握农民实际需求，容易获取第一手资料，更了解生产实际中迫切解决的问题，把这些需求、资料和问题带到研究中去，为课题研究目标、技术路线、创新点的确定提供有价值的意见，增加创新研究的针对性。二是科研成果的试验验证，加快成果转化。任何农业科技成果只有得到农民的认可，才能实现大面积推广应用，产生社会效益和经济效益。推广机构提前介入，通过反复试验验证，不断改进科研成果，使其满足实际需要，解决实际问题，加快了成果的转化速度，提高了成果转化应用率。

当前推广机构与科研院所协同创新工作做的相对比较多，积累了一些经验。但是，与企业的协同创新还在探索：

实例一：油菜收获现场测评。为了给油菜收获机生产企业提高产品性能和质量搭建技术交流的平台，进一步促进油菜收获机械化技术的推广应用，农业部农机推广总站在江苏省吴江市组织开展了油菜籽收获机作业效果测评活动，对15种机型进行了测试，作业面积44多公顷。性能测试主要是割台损失率、脱粒损失、含杂率及留茬高度的查定，生产考核主要是班次生产率、纯生产率、耗油量、故障率等测定。测试结果喜忧参半，有8个机型未出现故障，7个机型出现了故障，其中故障率最高达23.58%，最小为2.64%。专家分析认为，造成作业总损失率超标的主要原因一是测试田块油菜收获期偏晚，容易裂果落粒，增加割台损失；二是油菜品种和种植方式不利于机收；三是夹带损失造成脱粒损失率高。个别机型故障率高主要是割台或出草口堵塞，链条和皮带等配件质量差等原因导致。对此，专家建议，一要加强农机农艺融合，培育适合机械化收获的油菜品种，优化种植方式，规范种植规格；二是合理确定最佳机收作业期限和时间；三是研究优化割台设计；四是改进完善卸粮方式；五是不断提高机具制造质量。参与测试的12家企业通过在同一时间和地块，对同一品种作业效果进行对比，获取了第一手技术资料，为改进产品性能，开发新机型提供了可靠依据。

实例二：马铃薯全程机械化示范项目。该项目自2009年在内蒙古自治区武川县和固阳县实施。三年来，带动武川县马铃薯生产综合机械化水平由38%提高到66%，固阳县由56%提高到85%以上，实现平均节本增效9 450元/公顷，带动两个县农民累计增收节支2.1亿元，不仅超额完成了基本建设任务，而且结合当地实际开展农机农艺融合，突破了多个技术难点，形成了《马铃薯全程生产机械化生产作业操作规程（试行）》，初步探索制订了比较科学的机具配套体系。此外，还通过试验示范，累计为农机生产企业提出各种技术改进建议10多项，涉及马铃薯生产机械化耕整地、起垄播种、中耕、收获等多个环节10多种机具。

在耕整地环节，通过试验示范提出技术优化和改进建议2项。一是通过试验证明66千瓦拖拉机动力不足，88千瓦才能较好地与深耕机配合达到深耕和翻土碎土要求。二是66千瓦和88千瓦的拖拉机加挂农具后都存在机具体系重心位置不科学、前配重不足问题，需要适当加大前配重，防止挂农具后发生侧翻、翘头，解决动力不能有效发挥问题。

在起垄播种环节，通过试验示范提出技术优化和改进建议3项：一是通过试验示范证明了中机美诺1220型和德国产1700型播种机比较适合当地马铃薯生产。二是为中机美诺优化改进1240型种肥装置提出了技术路线，当年实现部件工艺优化，实现了化肥施用与播种分层、一次性作业，不仅有效避免了种、肥直接接触导致的烧苗现象，提高了出苗率，而且证明了线性施肥优于表面抛撒，降低了作业成本和化肥用量，提高了生产效益。三是通过试验示范确定了当地马铃薯种制的合适行距、起垄高度和株距，3年的试验证明，当地适合900厘米行距、200～250厘米垄高、120～150厘米播种深度、160～200厘米株距的马铃薯种植技术，为企业研发相关起垄、播种机械提供了科学依据。

在中耕除草和培土环节，通过试验示范提出技术优化和改进建议3项：一是向企业提出了为中耕培土机加装垄面整型装置建议，提高机具培土起垄作业的碎土能力。二是根据当地中耕施肥农艺要求，向企业提出了为中耕培土机加装中耕施肥装置的建议，提高作业效率，降低作业成本。三是通过试验示范筛选了适应当地农艺要求的中耕施肥机具（呼和浩特市宝丰机械生产的3ZM—1800型），优化了马铃薯全程机械化生产机具系统。

在收获环节，通过试验示范提出技术优化和改进建议5项：一是提出适应当地农艺要求、加大马铃薯收获机挖掘铲有效作业幅宽的建议。项目采购的中机美诺马铃薯收获机标准作业幅宽160厘米，最大165厘米，作业漏薯、切薯现象比较突出。根据试验示范结果建议将挖掘铲幅宽加宽到最少180厘米，被企业采用。二是向企业提出了降低联合收获机出薯口高度、优化出薯口缓冲带（网）的建议。马铃薯收获时摔破皮是商品率低的原因之一，试验发现，采购某型号国产马铃薯联合收获机出薯口位置过高、缓冲带（网）长度和缓冲性不够，据此提出这项建议已经被企业接受，并进行了相应的技术改进。三是向企业提出了标配主机与收获机（904型主机和中机美诺1600型）重心失衡问题和相关改进优化建议，得到企业高度重视。四是通过试验制定了马铃薯打秧收获技术路线和技术要点，筛选确定了比较优化的机具系统。五是筛选确定了适应平作和垄作的机具系统。项目通过三年实施带动相关产品的研发改进和技术创新，效果明显。

开展协同创新可以发挥各方面的技术和资源优势。科研院的所优势在于技术基础理论扎实，具有雄厚的研究资源和丰富的人才队伍，是科技创新的主力军。推广机构优势在于能够准确地把握生产实际需求，结合实际确定最适宜的机械配套系统，提出技术改进路线，是科技创新成果转化为现实生产力的桥梁和纽带。农机企业的优势在于能够迅速地把生产需求和科技创凝结于机械装备之中，是科技创新物化的中坚力量。下一步的工作是探索确立协同创新的平台，尤其是构建推广机构与企业协同创新平台，发挥各自的优势，携手突破农机化技术发展技术瓶颈，共同促进农机化向更高、更快、更符合实际的方向发展。

三、关于协同创新的方向

为解决农机化发展的新问题，建议协同创新关注以下几点：

（一）开发全程配套机具，满足全程机械化的需要

这里说的全程机械化有两个方面的含义，一方面指覆盖一种作物的各个作业环节的机械化，另一方面指覆盖一熟制或多熟制种植制度的机械化。目前，就单个作物来说只有小麦生产实现了全程机械化，玉米、水稻还没有实现。造成这种结果的主要原因：一是套种、蓄水保墒、增温集水、争抢农时等对农机化技术提出了更高需求，但配套适用的机械和技术缺乏。二是现有机具质量不过关，功能单一，在耕整地、灌溉、播种、施肥、植保、收获、产后处理等各生产环节之间不配套。例如，在确定播种行距时（包括宽窄行，大垄双行等）没有充分考虑其他环节对行距的要求，致使追肥、施药、收获等机械化作业困难重重。当前农机化的发展，容易“化”的早就“化”了，留下来的都是难题。要突破全程机械化发展的技术瓶颈，既要分环节逐个突破，又要全面系统考虑，特别是在两熟制或多熟制地区，要注意一种作物各环节机械化的有效衔接，还要便于前后茬（稻麦、稻稻油等）作物机械化作业。一方面，要开发功能集合化、全程规范化、机艺协调化、作业精准化、作业高效化的机械设备；另一方面，要把成龙配套的机具推荐给农民，推广配套成熟的机械化作业技术操作规程，追求播种、追肥、施药和收获机具田间作业时行走同一个作业路径，既简单又省事省工，最大程度发挥协同效应，实现机具科学运用。这种系统的解决方案，只有通力合作，特别是农机企业积极参与才能实现。

（二）开发有利于农业生态保护机具，满足农业生态补偿需要

我国农业用7%的耕地养活占世界22%的人口，是一个奇迹，但也隐含问题。资料显示，目前我国化肥施用量每公顷已达261千克，分别是美国、俄罗斯、加拿大的2.4倍、9倍和4.4倍，化肥利用率仅为30%～40%。多年来我国累计使用HCH490多万吨，比同期国际用量多3倍多；DDT40多万吨，占国际用量的20%。我国每年农用薄膜消费量超过120万吨，排在世界首位，年残留量超过35万吨，残留率高达32%。今后在提高土地产出率、劳动生产率、资源利用率的同时，要特别关注可持续发展问题，建立农业生态保护和补偿机制，消除和减轻高产农业对生态环境的负面影响，急需围绕改善生态环境的问题开展协同创新。例如，发达国家针对不同的病虫害设计喷射部件，早在20世纪就已经使用了扇型喷头，而我国95%以上的喷雾器上使用的喷头技术相对落后且更换不及时，施药量大，作业效率和效果不佳。有的国内企业生产的喷头性能已接近国际先进水平，价格较国外同类产品更低，但市场占有率却并不理想，原因之一是企业与推广机构结合不够。要加快研究开发和推广节油、节水、节肥、节种、节药装备和技术，制定推广科学的作业技术规范，推动秸秆机械化综合利用、地膜回收、保护性耕作技术广泛应用，通过化肥深施、对靶喷药、精良播种、滴灌微灌、地膜保墒等技术手段减少化肥农药施用量，降低良种和淡水的消耗，保护耕地资源、水资源，确保农业可持续发展。这些工作与协同创新，尤其是企业和推广机构协同创新密不可分。

（三）开发适合国情的中小型农机具，满足适度规模经营需求

规模经营是现代农业建设的必然要求。但现代农业建设不是“一农”而是“三农”，规模经营涉及农业、农村、农民等多个方面，是一项系统工程，必须适度。根据农业部有关机构的最新研究，我国人多地少，农民留恋土地的情况以及土地所赋予的生活保障功能等特殊国情决定实现土地规模经营将是一个漫长过程。按照当前条件下最佳规模经济效益推算（经营土地和外出务工机会成本相当），南方粮食生产的适度规模目标值约为4公顷，北方约为8公顷。如果全国按这一标准推进规模化经营，尚需转移劳动力1亿人左右，这在未来经济增长放缓的情况下实现是相当困难的。专家建议在宏观政策设计上既要防止像日本那样陷入“小规模，兼业化的陷阱”，也要防

止像巴西那样误入土地过分集中,大量失地农民涌入城市,造成社会动荡、发展停滞的困境。无论是专家的理论分析,还是目前的现状调查,都表明我国农业土地经营规模主体应当向适度规模方向发展,大规模的经营只适合少数地区。因此,农业生产对作业机具的需求以中小型为主,目前适合我国中小型家庭农场生产特点的配套机具缺口大,难以满足农村日益增长的需求。如何为农场主提出系统解决方案,研究不够,没有形成市场。应当由推广机构和企业联手为农民办这件事。

(四)开发国产品牌农机具,满足经济适用的需求

技术推广工作的前提是要有符合需求的品牌农机装备支撑,否则,推广就是无源之水,无本之木。我们在推广过程中,经常要综合考虑地形地貌、土壤结构、气候条件、作物品种、耕作制度等多重因素,要求农机装备具有良好全面的适应性能。例如,保护性耕作技术使用的免耕施肥播种机,要求具有良好的破茬开沟性能、地面仿形能力、防堵自洁性能、种肥分施和覆土镇压功能,还要有稳定的纵向操纵和地轮防滑移性能,推广保护性耕作技术的任务繁重,但目前可以大量推广应用的国产优质品牌农机并不多,特别是中小型机具性能更不稳定。这方面的协同创新需要收集农艺专家的意见,通过联合开发设计将农艺要求凝聚在机具结构之中,生产出更多集成生物技术、工程技术和信息技术的品牌农机。

(论文来源:2013 年第 4 期《中国农机化学报》)

关于农业机械化技术推广机构公益性职能的思考

农业部农业机械化技术开发推广总站副站长　**李安宁**

2013 年 1 月 1 日起实施的新修订的农业技术推广法,确立了农业技术推广遵循“公益性推广与经营性推广分类管理”的原则,实行国家农业技术推广机构与农业科研单位、有关学校、农民合作社、涉农企业、群众性科技组织、农民技术人员等相结合的推广体系,明确国家各级农业技术推广机构属于公共服务机构,履行公益性职责,并构建了相应的管理体制机制。各级农机化技术推广机构是国家农业技术推广机构的重要组成部分。当前,深入贯彻落实新修订后的农业技术推广法和推进事业单位改革,需要准确理解农机化技术推广机构公益性职能的内涵,把握职能配置的关键和机构建设的重点。本文对此做些思考探讨。

一、关于农机化技术推广机构的改革分类问题

《中共中央国务院关于分类推进事业单位改革的指导意见》,对事业单位改革做了全面部署,明确事业单位实行分类改革,将事业单位分为承担行政职能类、从事生产经营活动类和从事公益服务类,其中公益服务类再分为公益一类和公益二类。要求 2011—2015 年,完成分类,承担行政职能事业单位转入行政或职能归入行政,从事生产经营活动事业单位改制转企,改革基本完成,从事公益服务事业单位改革取得明显进展。到 2020 年,完成改革,实现事业单位公益化目标。

目前我国国家各级农业技术推广机构主要包括种植业、农机化、畜牧、渔业和林业、水利等系列。其中,各级农机化技术推广机构达 2 万多个。根据党和国家的有关方针政策和新修订的农业技术推广法有关规定,农机化等农业技术推广机构属于从事公益服务类的事业单位,要按公益服务类事业单位进行改革。但对于农机化等农业技术推广机构属于公益一类或是公益二类,有不同认识。依笔者所见,农机化等农业技术推广机构都应当属于公益一类事业单位,要按公益一类事业单位进行改革。

从定性定位看,农业技术推广是基本公共服务,具有显著的公共性、基础性、社会性。《中共中央国务院关于加快推进农业科技创新持续增强农产品供给保障能力的若干意见》(2012 年中央一号文件)明确指出,农业科技是确保国家粮食安全的基础支撑,突破资源环境约束的必然选择,加快现代农业建设的决定力量,具有显著的公共性、基础性、社会性。新修订的农业技术推广法把各级国家农业技术推广机构确定为公共服务机构,解决了农业技术推广机构的定性问题;明确农业技术推广机构的基本定位是履行公益性职责,为农机化技术推广机构的改革分类奠定了法律基础,创造了良好条件。

从公益一类与二类事业单位的区别看到,农机化等农业技术推广机构属于公益一类事业单位。公益一类是指那些承担政府规定的社会公益性服务任务、面向社会无偿提供公益服务、不能通过市场配置资源的机构、财政给予经费保障的事业单位。公益二类虽然也面向社会提供公益服务,但是它可以按照政府确定的公益服务价格收取费用,其资源在一定区域或程度上可通过市场配置,并依法取得服务收入,国家财政给予经费补助,并通过政府购买服务等方式予以支持。新修订的农业技术推广法,明确国家农业技术推广机构开展农业技术推广实行无偿服务,各级人民政府在财政预算内应当保障用于农业技术推广的资金,并按规定使该资金逐年增长。农业法的有关规定也做了衔接性修改,删除了国家农业技术推广机构可以提供有偿服务的规定,明确国家设立的农业技术推广机构承担公共所需的关键性技术的推广和示范等公益性职责,为农民和农业生产经营组织提供无偿农业技术服务。

很显然,从承担的职责任务、服务对象和资源配置方式、经费保障等方面,法律都已经明确,农机化等农业技术推广机构是面向广大农民无偿提供公益服务,由财政给予经费保障的公益一类事业单位,应当以公益一类定性定位,按照公益服务类事业单位改革的部署和要求,推进农机化等农业技术推广机构的改革和发展。

二、关于农机化技术推广机构的职能配置问题

新修订的农业技术推广法确定各级农业技术推广机构履行七项公益性职责。其中,与农机化技术推广机构直接相关的包括:各级人民政府确定的关键农业技术的引进、试验、示范;农业投入品使用的监测服务;农业公共信息和农业技术宣传教育、培训服务等。在确定农机化等各个行业的农业技术推广机构职能配置时,还应在上述明确规定基础上,从落实好法律有关规定、行业技术推广的特点、各个行业技术推广机构目前承担的有关公益性职能等方面综合考量。

在落实好法律有关规定方面，新修订的农业技术推广法明确规定，国家农业技术推广机构应当加强对村农业技术服务站点和农民技术人员的指导；县、乡镇国家农业技术推广机构应当组织农业劳动者学习农业科学技术知识，提高其应用农业技术的能力；要求按规划计划组织重大农业技术推广等。这些要求和规定也应列为农机化技术推广机构特别是基层推广机构的职责。

在行业技术推广的特点方面，农业机械是农业科技的物化和重要载体，农机化技术推广工作是将现代农业机械与装备研发成果转化为生产力的关键环节。通过试验示范有效检验农机新技术新装备的实用性、安全性、可靠性、适应性、经济性，经过集成、配套、熟化，形成标准、规范的机械化生产技术模式和机具配置方案，促使新型农机装备与农业生产技术相结合，示范、培训、指导广大农民应用。目前，我国基本确立了“农民自主、政府扶持、社会化服务、共同利用、提高效益”的农机化发展道路，通过农机跨区作业、代耕代种等社会化服务提高效益，是农民购置、使用农机的重要选择，在试验示范基础上提出、制定有关标准、作业服务规范，指导农机手开展社会化服务，是做好技术指导和咨询服务，推动农机化技术普及应用的必不可少的重要工作，应当作为农机化技术推广机构的重要职责。

在各个行业技术推广机构目前承担的有关公益性职能等方面，当前，各级农机化技术推广机构在落实农机购置补贴等强农惠农富农政策方面发挥了重要的支持和保障作用。农机化技术推广机构积极参与编制国家和省级支持推广的农业机械产品目录，为制订补贴机具分档分类办法、测算补贴额度提供重要的技术依据，为贯彻落实农机购置补贴政策提供了重要的技术保障。在农机购置补贴政策贯彻落实过程中，广大农机化技术推广工作者全方位参与政策宣传、起草制订规章制度、建立健全购机补贴信息化管理系统、培训技术人员、发放补贴款项、检查补贴政策执行情况等各项工作，成为贯彻落实农机购置补贴政策的重要保障力量。

综合考虑上述因素，农机化技术推广机构的主要职能，应当包括以下方面：宣传贯彻农业、农业机械化法律、法规、政策和标准；协助农机化主管部门制定农机化技术推广规划及计划和组织实施；引进、开发、试验、示范、推广农业机械化新技术、新装备；组织农业机械化技术推广培训，开展技术交流与合作；开展农业机械化科普宣传、技术咨询、信息服务等工作；指导农业机械化技术推广体系建设；承担农业机械化技术相关标准的制定和修订；制定农机作业服务规范，指导农机社会化服务。乡镇农机化技术推广机构还应有农机安全教育、农机安全生产监测等职能。

三、关于农机化技术推广机构建设问题

新修订的农业技术推广法对农业技术推广机构的机构设置、管理体制、人员编制、岗位比例、上岗条件、工作条件、考评制度等都提出了具体要求，对与农技推广有关的行政责任、民事责任和刑事责任做出了明确规定。这为农机化技术推广等农业技术推广机构建设奠定了法律基础。但由于我国农业发展呈现明显的多样性和多层次性，对农业科技成果种类、推广服务方式需求也不尽相同，这次法律修改体现了包容性、前瞻性的要求，在乡镇推广机构管理体制、农技人员资格条件、村级农技服务站点建设、农技推广保障措施等多方面，为各地区、下一步的实践探索留出了空间。同时由于各个行业技术推广机构目前在体制机制上情况不完全一样，在贯彻落实法律、推进农技推广机构建设的进程中，面临的形势也不一样。推进农机化技术推广机构建设，应注重把握三点：

第一，充分认识加强农机化技术推广的重要性、紧迫性。当前全国农作物耕种收综合机械化水平超过50%，乡村居住人口、农业从业人员占总人口比重和农业从业人员中青壮年占比都低于50%，农业生产方式实现了以人畜力为主到机械化为主的历史性转变。农民对农机作业的需求越来越迫切，农业生产对农机应用的依赖越来越明显，机械化程度的高低已直接影响农民的农业生产意愿，影响到农业生产的稳定与发展。但是，总体上我国农机化总体水平仍然不高，主要农作物生产的一些关键环节机械化发展缓慢，养殖业、林果业、农产品产地加工、设施农业等机械化发展也满后于实际需要。2012年中央一号文件明确农业科技创新与推广方向，要把增产增效并重、良种良法配套、农机农艺结合、生产生态协调作为基本要求，促进农业技术集成化、劳动过程机械化、生产经营信息化。新修订的农业技术推广法，将“农业机械技术”修改为“农业机械化技术”，这些决策部署对农机化技术推广的职能定位提出了新的更高的要求：一是全程化，从推广单项技术、装备转向为产前、产中、产后配套系列技术与装备；二是全面化，从主要面向生产转向全面装备农业生产与生态、服务增产与增效；三是集成化：推进农机与其他农业技术相融合，并为其他技术应用提供支撑支持。充分、有效发挥农机化技术推广机构的公益性职能，推进农机化技术推广体系建设，不断加大农业机械化技术推广力度，是引领支撑农业机械化发展，加快农业科技进步，实施科教兴农战略，建设现代农业的重要一环。必须大力加强农机化技术推广机构建设，提高推广服务能力，为农机化技术推广工作提供机构、人才和机制支撑。

第二，把基层农机化技术推广机构作为建设重点。当前农机化技术推广机构的主要问题：一是公益性定位不明确。基层全额预算的仅70%，人员普遍不足；二是条件能力建设薄弱。基层乡站50%没有电话，80%以上没有培训教室、仪器设备、示范样机、交通工具；三是运行机制亟待建立完善。岗位责任制、考评办法、奖罚机制等基本没有建立起来。基层农机化技术推广是最为薄弱、最需要加强的关键环节。要切实落实新修订的农业技术推广法对基层农技推广机构建设的规定要求，健全基层农机化技术推广机构，科学确定人员编制和结构比例；规范上岗资格，推进聘用管理，选拔充实专业技术人员，大力开展职业教育、技术培训、定期培训，建立推广人员知识更新和培训长效机制，加强队伍建设；加强办公条件、设施设备、试验示范基地等建设，提升条件能力。特别是落实“一个衔接，两个覆盖”政策，强化投入保障，改善基层人员工作和生活条件。

第三，把制度建设和机制创新贯穿农机化技术推广机构建设始终。明确制度建设和机制创新是机构建设的重要内容和目标，以制度建设和机制创新支持、推动机构建设，促进农机化技术推广方式转变。要开展管理制度创新，建立推广责任制、绩效考评制、奖惩制；要加强运行机制创新，探索完善公益性推广不同实现形式，通过政府订购、购买服务、招投标、定向委托、财政补助等方式实现公益性服务。要建立完善推广机构与不同主体间长效协作机制，建立完善产学研推用的协作机制，推动农机与农艺融合、技术推广与经营方式协调发展。要加快方式方法创新，制定农机化技术先进性、适用性、安全性验证方法、机制，完善主推技术遴选、发布推介和示范推广办法。要推动技术推广与信息化融合，创新运用物联网，手机、网络等现代信息技术传播手段，提高推广效率。

总之，加快推进农机化技术推广机构改革和建设，是当前和今后一个时期各级农业、农机化主管部门和农机化技术推广机构的重大任务，也是需要通过实践不断探索深化的问题。要坚定、准确把握各级农机化技术推广机构公益一类事业单位的定性和相关的公益性职能定位，并落实在各地实施新修订的农业技术推广法的配套法规中和有关政策措施上，不断健全、建强各级特别是基层农机化技术推广机构，以此带动、推进农机化技术推广体系建设。

（论文来源：2013年第3期《中国农机化学报》）

谁来种地　怎样种地

——热点问题与农业机械化关系研究之一

中国农业大学教授、中国农业机械化发展研究中心咨询委员会主任　白人朴

从人大代表问部长谈起

随着工业化、城镇化加速，社会经济发生巨大变化，青壮年劳动力大量离开农村，转移到二、三产业，留在农村的常被称为留守老人、留守妇女，农村老龄化、村庄空心化趋势日显，今后谁来种地已成为社会广泛关注的热门话题。2012年12月23日，《人民日报》在新农村周刊乡村观察专栏，刊登了“明天，谁来种地?”的农村调查报告；2013年2月5日，《人民日报》在关注一号文件政策解读栏目刊登了以“今后谁来种地”为题的采访报道；2013年3月8日，《人民日报》在两会特刊第6期代表委员问部长专栏，报道了全国人大代表郭凤莲问农业部部长韩长赋的问题：“新生代农民工占农民工总量60%以上，他们大多不愿回乡务农。现在种地的大多是老人和妇女，明天谁来种地?”韩部长答：“明天谁来种地确实是个新问题。从中国国情来看，目前我国农村劳动力总量还是富余的，不是没人种地，而是这地由什么人来种；不是种不过来，而是怎么种得更好。”这就告诉我们，当今中国谁来种地、怎样种地是值得关注的新问题，关切点不仅是种地人的量，更是种地人的质。对此，我们可以从发展规律、国际经验，结合中国国情进行深入分析，以利于形成正确的认识和判断，自觉地肩负起责任，推进我国农业现代化发展和宏伟目标的实现。

谁来种地，农机手已成为种地主力军

民以食为天。农业是国民经济的基础产业。中国目前仍然是世界上总人口和农业人口最多的大国，中央始终坚持把解决好农业、农村、农民问题作为全党工作重中之重。因此，从全局而言，中国不可能也不允许出现没人种地的情况。问题是谁来种地？从实际分析，我国第一产业从业人员1991年达最高峰时为3.91亿人，之后随着农业机械化发展逐渐降到2012年约2.55亿人，21年减少了1.36亿人，总量约减少35%。第一产业从业人员占全社会就业人员比重从1991年59.7%降到2012年约33.3%，下降26.4个百分点，年均约下降1.3个百分点。尤其2004年开始实施农机购置补贴政策以来，农业机械化加速发展，近9年来第一产业从业人员减少幅度较以往加大，年均减少约1 200万人。这个变化是符合现代农业发展规律的。但有两点值得注意：一是从国际经验和我国国情分析，我国第一产业从业人员总量仍有富余，还有进一步减少并向非农产业转移的潜力。已经实现农业现代化的发达国家，第一产业从业人员占全社会就业人员的比重大多在10%以下，有的只占2%～3%。我国较发达的省市，2010年第一产业从业人员占全社会就业人员的比重，上海为3.9%，北京为4.9%，小于20%的已有天津14.6%，浙江15.9%，江苏18.7%。要确保为到2020年全面建成小康社会宏伟目标实现提供农业机械化支撑，要求2020年我国农作物耕种收综合机械化水平达70%以上，第一产业从业人员占全社会就业人员比重降到20%左右。这是必要的，也是可能的。所以，积极发展现代农业，大力推进农业机械化，是中央的重大战略决策，是我们的努力方向。农业从业人员数量进一步减少不是异常，而是正常；不是危机，而是机遇和挑战；是大势所趋，潜力还很大。二是随着农业科技发展，现代农业装备日益增多，能操作使用现代农机装备的新型农民（常称为农机手）也日益增多。统计资料显示，从2000—2011年，在第一产业从业人员不断减少的情况下，乡村农机从业人员从3 400多万人增加至5 200多万人，增加近1 800万人；乡村农机从业人员占第一产业从业人员的比重，从9.5%提高到19.6%，提高了10.1个百分点。也就是说，我国农业从业人员的素质结构发生了较大变化，如今从事第一产业的人，5个人中已有1个是农机人。从事第一产业的人员数量虽然在明显减少，但这是传统农民在减少，而农机手却日益增多，素质在明显提高。这支5 200多万人的农机大军，是农村发展先进生产力、勤劳致富的带头人。这支队伍人员年龄大多在40～50岁，收入一般比当地农民平均收入高20%，高的年收入达几十万元。富起来后积极从事公益事业，在当地有较高声望。这支队伍在新农村建设中，成为加快转变农业发展方式，积极发展现代农业的主力军。

以上情况表明，当今中国从事农业生产的人大致可分为两大类，一是仍以传统经验和人畜力手工生产方式从事生产的传统农民；二是有一定科学文化知识，肯钻研，立志发展现代农业的新型农民。例如像刘彩华那样的时代先锋和以机械化生产方式从事农业生产的农机手。发展趋势是传统农民日益减少，新型农民日益增多。新型农民已在农业生产中起带头作用居主导地位，许多地方主要农活都是农机手干了，干辅助活的是传统农民，传统农民已退居辅助和次要地位。正是由于新型农民已成为农业生产的主力军，在农业生产中起主导作用，才大大提高了农业综合生产能力和可持续发展能力，为实现粮食九连增和农民增收九连快提供了人才支持保障。所以，当今中国谁来种地的实际情况和正确判断是，新型农民已成为种地的主力军，传统农民已退居次要和辅助地位。明天谁来种地？发展趋势是日益增多的新型农民

来种地，提供农产品的数量和品种会更多，质量和效益会更好。时代潮流不可抗拒，那种今后没人种地或主要靠老人、妇女种地的说法是不确切的。

怎样种地，机械化生产方式已成为主导方式

2010 年，我国农作物耕种收综合机械化水平已超过 50%，达 52.3%。标志着中国农业生产方式已实现由过去以人畜力传统生产方式为主转变为当今以机械化生产方式为主的历史性巨变，中国农业进入了以机械化生产方式为主导的新时代！2012 年，我国农作物耕种收综合机械化水平已超过 57%，发展态势正继续向 60%、70% 进军！

加快转变农业发展方式，已成为时代的主旋律。时代特征是农业机械化发展正因地制宜、经济有效地由加速实现主要粮食作物生产全程机械化向努力推进农业生产全面机械化进军！从粮食作物向经济作物推进，从种植业向种养业结合推进，从平原地区向丘陵山区推进，从产中机械化向产前、产后机械化延伸，向一切可以发挥机器作用的部门和地方进军！向农业机械化的广度和深度进军！积极发展现代农业的进程给我们几点启示：一是农业生产要素从传统到现代的变化，是现代农业发展带普遍性的新陈代谢规律。在农业生产中，现代要素替代传统要素（增机器装备，减传统农具；增新型农民，减传统农民；增机电动力，减农用役畜）的进程加速趋势已不可逆转。传统要素日益减少，有的甚至退出历史舞台；现代要素日益增多，并上升为主导因素取得支配地位，展现出农业现代化的光明前景。二是农业机械化的作用和贡献越来越大。随着农业机械化发展，农业综合生产能力、防灾减灾能力和可持续发展能力不断提高，使土地生产率、资源利用率和农业劳动生产率大幅度提高，增强了保障粮食安全和农产品有效供给的能力，增强了支撑国民经济快速健康发展的现代农业基础，实现了农业增产增效、农民增收，也有力地支持了第二、第三产业发展，支持了工业化、城镇化进程加速，为粮食实现九连增、农民增收实现九连快、人均 GDP 连续突破 3 000 美元、4 000 美元、5 000 美元、6 000 美元大关做出了贡献！2003—2012 年统计资料显示，10 年来农机总动力从 6 亿千瓦增加到 10.2 亿千瓦，农作物耕种收综合机械化水平从 32.5% 提高到 57%，为粮食总产量从 4.3 亿吨增加到 5.9 亿吨、第一产业劳动生产率从 4 800 多元/人提高到 2 万多元/人，翻了两番多、农民人均年纯收入从 2 622 元提高到 7 917 元，翻了 1.5 番，提供了农机化物质技术支撑；为第一产业从业人员减少 1 亿多人，第二、第三产业从业人员增加 1.36 亿人，城镇化率提高 12 个百分点，人均 GDP 翻1.5 番提供了农机化支撑。见附表 1。与此同时，农用役畜也大大减少了，有的地区农用役畜已全部退出农业生产的历史舞台。农业机械化对增产、增收、经济增长、社会发展的贡献显然是越来越大了。实践证明，《中共中央关于推进农村改革发展若干重大问题的决定》作出“没有农业现代化就没有国家现代化”的精辟判断是十分英明正确的。中央作出必须固本强基，积极发展现代农业，大力推进农业机械化，着力强化现代农业基础支撑的决策是十分英明正确的。三是支农强农惠农政策是促进农业机械化加快发展的强大动力。从 2004 年《中华人民共和国农业机械化促进法》公布施行，农业机械购置补贴政策开始实施，并逐年加大支持力度形成稳定增长的长效机制以来，中央财政农机购置补贴投入由 2004 年 7 000 万元逐年大幅增加至 2011 年 175 亿元，极大地调动了农民发展农业机械化的积极性，同期带动农民购置农机投入由 237.5 亿元增至 531.44 亿元，翻了一番多；全社会农机购置总投入由 249.18 亿元增至 744.71 亿元，翻了 1.5 番。见附表 2。农业的现代物质条件装备明显增强，促进农作物耕种收综合机械化水平由 34.3% 提高到 54.8%，提高了 20.5 个百分点。中国农业生产方式实现了机械化生产方式大于传统生产方式，并在农业生产中起主导作用的历史巨变，增强了“四化”同步推进的现代农业基础。政策好，顺民心，政策力与民意力结合，应时顺势，符合规律，形成了我国历史上最好的发展时期，农机化投资得到了农民、政府、企业三满意回报，实现了农业机械化、现代化空前大发展。大势所趋，今后怎样种地，必定是用机械化、现代化生产方式来种地，使种地能取得更大的经济效益和社会效益。种地者有自豪感、荣誉感和使命感，更加奋发努力为全面建成小康社会作出更大的贡献！

附表 1　中国农业机械化有关资料（2003—2012）

年份	农业机械总动力（万千瓦）	农业机械原值（亿元）	乡村农机从业人员（万人）	耕种收综合机械化水平（%）	粮食总产量（万吨）	第一产业从业人员（万人）	第二、第三产业从业人员（万人）	第一产业劳动生产率（元/人）	农民人均纯收入（元）	城镇化率（%）	国内生产总值（亿元）	人均 GDP（元/美元）	农村百户居民拥有役畜（头）
2003	60447	3361.6	3742.3	32.5	43069.5	36204	37532	4801	2622	40.53	135823	10542/1274	35.52
2004	64141	3647.3	3938.5	34.3	46946.9	34830	39434	6148	2936	41.76	159878	12336/1490	34.83
2005	68549	3947.7	4128.1	35.9	48402.2	33442	41205	6704	3255	42.99	184937	14185/1732	29.33
2006	72636	4279.2	4256.2	39.3	49804.2	31941	43037	7526	3587	44.34	216314	16500/2070	28.75
2007	76879	4634.5	4488.7	42.5	50160.3	30731	44590	9315	4140	45.89	265810	20169/2652	27.50
2008	82190	5191.9	4814.5	45.8	52870.9	29923	45641	11263	4761	46.99	314045	23708/3414	26.00
2009	87496	5819.8	5023.9	49.1	53082.1	28890	46938	12193	5153	48.34	340903	25608/3749	25.39
2010	92780	6448.8	5027.6	52.3	54647.7	27931	48174	14512	5919	49.95	401513	30015/4434	23.42
2011	97735	7114.6	5205.6	54.8	57120.8	26594	49826	17856	6977	51.27	473104	35181/5447	
2012	102000			57.0	58957	25594	51110	20465	7917	52.57	519322	38354/6102	
9 年增减	+41553			+24.5	+15887.5	-10610	+13578	+15664	+5292	+12.04	+383499	+27812/ +4828	

数据来源：《中国统计年鉴》（2003—2012）；《中国农业机械化年鉴》（2005—2012）

附表2 中央财政农机购置补贴投入及相应发展变化情况

年份	中央财政农机购置补贴投入（亿元）	农民农机购置投入（亿元）	全社会农机购置总投入（亿元）	比上年增减			
				农业机械总动力（万千瓦）	农业机械原值（亿元）	耕种收综合机械化水平（%）	第一产业从业人员（万人）
2004	0.7	237.50	249.18	+3694	+285.7	+1.8	-1374
2005	3.0	273.26	292.62	+4408	+300.4	+1.6	-1388
2006	6.0	295.47	319.51	+4087	+331.5	+3.4	-1501
2007	20.0	311.71	350.60	+4243	+355.3	+3.2	-1210
2008	40.0	341.16	409.26	+5311	+557.4	+3.3	-808
2009	130.0	452.84	609.74	+5306	+627.9	+3.3	-1033
2010	155.0	509.30	706.21	+5284	+629.0	+3.2	-959
2011	175.0	531.44	744.71	+4955	+665.8	+2.5	-1337
2012	215.0						

数据来源：根据2004～2012年《中国农业机械化年鉴》《中国统计年鉴》资料整理。2012年资料不全。

（论文来源：2013年第2期《中国农机化学报》）

提升科技水平，推进农机化向更高层次迈进

农业部农业机械化管理司　王国占

改革开放以来，尤其是进入21世纪以来，我国农业农村经济社会发生了巨大变革。自2004年至今，中央连续10年制定一号文件，对全国农业农村工作做出部署，出台了一系列强农惠农富农政策，我国农业农村发展取得了举世瞩目的成就。粮食连年增产，农民收入持续增加，农村面貌加快改善，农业现代化迈出坚实步伐。与此同时，我国农机化事业发展迅猛，2012年全国农作物耕种收综合机械化水平达到了57%，农业生产方式进入了以机械化作业为主的新时代。

党的十八大提出，到2020年要全面建成小康社会，促进工业化、信息化、城镇化、农业现代化同步发展。要建成小康社会，必须把农民从繁重的劳动中解放出来；要实现农业现代化，必须转变农业一发展方式，提高农业生产效率和效益；要繁荣农村经济，增加农民收入，必须拓宽农业生产的多功能；这些都对我国农机化提出了新的使命和更高要求。

一、新时期农机化工作需要树立新理念

在农机化发展初期，受经济社会科技文化制约，农机化的核心任务是重点作物关键环节实现机械替代手工劳动，也就是推广和使用农业装备。在进入发展中期后，《国务院关于促进农业机械化和农机工业又好又快发展的意见》（国发［2010］22文件）明确提出了农机化的主要任务，即：促进农机农艺协调发展，加快重点地区农业机械化进程。面向未来，在我国农机化在进入更高层次的阶段后，农机化的重点任务必将随之发生更大的变化。农机化的内涵将不断丰富和发展，涉及范围将会越来越广，需要用全新发展的理念、更开阔的视野来系统谋划，进而为下一步的发展指明方向。

（一）技术层面，农业生产将以机械化的工艺为主导

当前，随着农机农艺融合的深度推进，机械化生产的理念已深入科研、推广、应用各个领域。无论是新品种的培育、高产模式的攻关、重大农业技术的推广，还是标准化健康养殖，以及农产品初加工、储运保鲜、产地安全检测、农产品质量安全等，在整个农业生产系统中越来越多地依赖农机化技术装备的支撑。不同生产环节的生产要素的投入，轻简化、集成化、标准化、规模化生产，对机械化工艺的需求更为迫切。近几年，各地在开展农作物农机农艺技术融合示范区建设活动中，正在探索并逐步形成不同区域、不同品种的机械化生产模式、作业规范和农艺标准，即机械化的农艺系统。例如：山东滨州市开展棉花农机农艺融合示范区建设，实现了黄河流域棉区机采棉零的突破，并在深入探索“一熟变两熟、粮棉双丰收”的高效栽培模式。广东农垦广垦农机服务公司积极推进甘蔗农机农艺融合，2千公顷甘蔗生产实现了全程机械化，推动了甘蔗栽培模式的转型升级。

（二）社会层面，农机化发展路径将与农业就业功能、文化传承密切联系

我国人多地少水缺、自然禀赋差异大，农艺制度复杂多样，推进农机化需要考虑经济、社会、文化、生态多方面因素。2013年中央一号文件提出，培育和壮大新型农业生产经营组织，努力提高农户集约化经营水平。按照规模化、专业化、标准化发展要求，引导农户采用先进适用技术和现代生产要素，加快转变农业生产经营方式。由于我国国情特殊，既要发展规模化经营，又要保持农业生产的就业功能；既要加快现代农业技术应用，又要保持延续五千年农耕文化；既要减少资源消耗、实现可持续发展，还要不断增加农产品有效供给，这些都是影响未来

我国农机化发展方向、发展路径的客观现实。因此，今后我国农机化的发展应当是建立在适度规模经营基础上的适当动力水平的机械化，是以家庭农场单元为主要内容的机器系统的优化和完善。同时由于我国轮作、套作、多熟、立体栽培的农业特性，农产品种类繁多，要继承丝麻茶药等传统民族产业，保护传统农业生产系统，传承几千年农耕文化，在加快推进机械化发展的同时，还要考虑到更多的社会问题，为农村社会形态的变迁和延续发挥积极作用。

（三）生态层面，农机化技术可以在美丽乡村建设中发挥更大作用

近几年，在我国经济高速发展的背景下，生态环境面临着越来越大的压力。农业农村不但要承载工矿企业废弃物污染，还要承担农业生产自身产生污染。从农业本身来讲，目前为提高单位产量，我国农业的水、肥、种、药、膜等生产要素投入远高于国外平均水平，不仅影响到当前农产品质量和农业的效益，也对未来农业生产发展的产生了不利影响。另外，随着我国农民生活水平的提高和畜牧养殖业的快速发展，农村的废弃物大幅增加，不仅造成环境污染、影响农民身体健康，而且还浪费了资源。农机化技术直接关系到节肥、节药、节水、节种和秸秆综合利用等技术的普及和推广，也关系到农村废弃物的资源化收集处理和农村环境的治理，农机化技术应当在改善农业生态环境和建设美丽乡村中发挥更大更多的作用。近几年，我国保护性耕作取得了可喜成就，实施面积达到6 666.67千公顷，为我国农田保育做出了积极贡献。今后，随着全面建设小康社会的实现，农机化技术必将超越以往的应用范围，成为发展现代农业和改变农村落后面貌的综合性技术，不但服务于农业生产，而且还要服务农民生活和农村生态的治理，服务的领域更加广泛，服务的内容更加丰富。

二、准确把握农机化的发展方向

展望未来，随着经济社会的不断进步，我国农业机械化将会翻开崭新的一页。功能定位将更为清晰，发展方向将更为明确，技术装备支撑作用将更为牢固，在促进现代农业和新农村建设中的地位和作用必将得到全面发挥。

（一）加快构建和完善机械化生产技术体系

受我国特殊国情和传统耕作模式、农村基本经营制度影响，在推进农业机械化方面，我们不可能完全照搬国外的技术装备和发展模式，需要因地制宜地走中国特色农业现代化道路。从目前情况来讲，农机化技术主要有耕整地、播种、施肥、植保、节水灌溉、秸秆处理、收获技术等，大部分还是以单项技术突破为主，没有形成一个完整的技术体系和与之相配套的机器系统。如果其中某个环节解决不好，不系统地解决问题，机械化的就会遇到很多困难，或者是走弯路，因此加快构建和完善主要农作物机械化生产技术体系应当作为当前农机化发展的首要任务。

主要农作物机械化生产技术体系应当是按照产业链模式，为农业生产提供全套的、系统的机械化技术解决方案。一是要从机械化角度开展作物（品种）生长机理、生育周期、生物特性研究，为机械化技术解决方案提供基本依据；二是开展不同区域机械化生产的农业适度经营规模测算与发展趋势研究，从中确立我国不同区域、不同种养结构家庭农场规模，根据规模制订农业技术装备的配备方案；三是根据配套方案，开展耕种管收等关键环节农业装备与土壤、作物、田块条件等的适配性研究，改进和提升农业装备的技术水平；四是根据种植规模和典型农艺制度，分别建立试验示范点，对优化后的机器系统进行试验验证和完善，从而提出粮食主产区农机配备方案和区域技术模式。五是加强与农艺融合，集成现代农业技术和机械化技术，最终形成比较完善的农业生产全过程的机械化生产技术体系和模块式的技术方案。促进农机农艺技术协调发展，加快农业科技创新、技术集成和成果转化。

（二）以信息化促进农业装备现代化

随着时代需求变化，现代农业对高技术的依赖性越来越强。现代农业的一个重要标志，是集信息化、数字化、网络化、自动化等多种高技术为一体的现代数字农业技术。现代数字农业技术需要与之配套的现代数字化的农业装备，即现代农业装备的信息化。目前，经过近几年科研工作者的努力，我国的信息化农业技术装备已经具备了一定基础，农业传感器技术、精准农业技术、智能机器人技术、农业物联网技术、农机社会化服务信息技术已开始示范应用，并展现了良好的发展态势。

以信息化促进农业装备现代化，至少需要从以下三方面入手。一是提升农业装备的信息化水平。加快精准播种、高速栽插、精准施肥、精量喷药、高效节水、高效收获、分离清选、自动导航等智能化农机装备配套关键技术开发和推广，用智能控制、智能检测技术手段提升现代农业装备的档次。二是提升农业机械化生产过程的信息化。通过物联网关键技术、农机智能化终端，开展农机装备（拖拉机、收割机、农用飞机）集群实时作业控制与信息采集，为农业生产技术服务提供土壤养分、墒情、病虫草害、作物长势、产量等现场数据。完善设施农业生产全过程自动化控制系统，通过信息化的智能控制技术，为植物生长提供理想的工厂化环境，改善农产品品质，提高单位面积产出率和资源利用率。三是农机化技术推广的信息化。农机化与信息化的融合的关键在于农民机手的信息化程度，这是解决农业信息化最后一公里的关键所在。农机化技术推广要改变过去传统的技术传播方式和途径，通过手机、电脑等现代通讯、网络等方式加快农机化技术推广与服务，开展远程教学、现场指导、维修诊断等生产服务，达到快捷、便利、高效的目的。

（三）不断拓宽农机化技术应用领域

农机化技术领域拓宽是农业农村经济发展要求的必然。随着农业科技的日新月异，农业发展方式和农民生活方式的转变，绿色农业的加快发展，对机械化生产技术面临着许多新的课题。农机化要适应今后农业农村经济的发展，必须不断拓宽技术领域。比如：农田的整治、规模化标准养殖、农产品储运保鲜、质量安全检测、农村废弃物综合利用、农村生态环境治理等等，都有赖于农业技术装备的科技进步。拓宽农机化技术应用领域，不仅需要从整个农业产业链系统内考虑，还应考虑其外部因素，把土壤、气候、生态、水资源、新能源等方面对农机化技术需求统筹考虑在内。

在农田保育方面，农机化技术可以在防治土地退化、沙化、低产田改造、标准化农田建设和障碍因子防控、有机质提升等方面拓展发展空间；在应对气候变化、减少温室气体排放方面，农机化技术可以在改革耕作制度、实现秸秆还田，增加土壤碳储量有更大作为；在生态环境方面，农机化技术可以在草原生态修复、南方水塘清淤、农村废弃物处理等方面发挥独特优势；在水资源利用方面，农机化可以使旱作农业技术应用更为轻简化，可以使水资源利用高效化；在新能源、生物质能源开发利用

方面，农机化技术已经有了一定的技术积累，正在展现良好的发展前景等等。农机化技术是一项复杂的系统工程，涉及农业生产的诸多要素，面对美好的发展未来，农机化技术必将对农业农村经济产生更加深远影响。

三、以科技为先导，推动农机化发挥更大作用

总结近几年农机化发展，在政策支持、补贴拉动相对比较稳定的前提下，转变农机化发展方式，拓展农机化发展领域，实现持续健康发展，关键还是要靠科技。依靠科技创新驱动发展，是事关今后农机化的发展的大计。

（一）加强顶层设计，增加技术供给

一是设立全国性的农机化科技创新战略咨询机构，解决好农机化技术源头问题。要结合我国农业和农村经济发展目标和科技需求，对农机化科技发展的战略规划、目标任务、科研重点等重大问题开展调查研究，提出带有战略性、全局性的意见和建议；分区域、分品种组织构建适应现代农业需求的机械化生产技术体系，并开展咨询、论证；对农机化科研的重点项目、重点平台建设进行立项、审议、评估；提出农机化重大科技推广项目建议，为农机化技术推广、鉴定提供技术指导等等。二是设立从制种、种植到产后初加工全过程产业链的多个农机化技术专业创新团队，凝聚全国农机化的优势科技资源，搭建全国性的交流协作平台，开展协同创新，推动大联合、大协作，通过谋划和实施重大项目，逐步构建和完善农机化科技创新体系。三是鼓励和支持更多农业领域和其他方面的专家参与农机化科研，通过工作机制的创新，形成合力，共同推进农机化科技进步。

（二）加强推广人才队伍建设，夯实农机化科技进步的基础

在国家层面上讲，每个县（区）至少培养一名农机化技术骨干。要充分利用"一衔接，两覆盖"政策，通过集中培训，使其成为本地农机化技术推广的首席专家。农机化技术骨干要在制定农机化推广计划，解决当地农机化发展难题，开展农机化技术培训，加快农机化主推技术引进、试验、示范和推广，开展农业高产模式创建、高效清洁生产、规模化标准养殖等方面提供强有力技术指导和服务。同时，各地也要分层开展相应培训活动，一层抓一层，一级抓一级，层层抓落实，建立起促进农机化技术推广应用的人才保障机制。

（三）大力培训实用人才，推进农机标准化作业

解决"谁来种地""地怎么种"问题，关键在提高农机操作人员的素质。每个县要重点抓好一批农机化技术能手的培训，使其成为农业生产的高技能人才，并通过他们的传帮带，使广大农机手成为农业和农机化新技术的实施者、勤劳致富的带头人、现代农业生产的主力军。要以农机管理标准化、农机配置标准化、农机作业标准化为切入点，引领农机化发展方式转变，提升农机化发展质量。引导农民和农机服务组织健全机具维护保养制度，优化农机具装备结构，开展农机标准化作业，提升农业生产的标准化程度。通过农机标准化，促进农机农艺技术融合、农机化与信息化融合、农机装备与基础设施协调配套，推进农业生产的规模化、产业化、标准化和专业化，为建设现代农业做出更大贡献。

四、小结

实现创新驱动发展关键在于农机化科技进步和农机手素质的提升。要加强领导，明确目标，狠抓落实，经过 3～5 年的努力，打造 10 个以上国家级科研团队，汇集 100 名以上农机化专家队伍，培养 1 000 人以上农机化推广骨干，形成 10 000 人以上的农机化高技能实用人才，为实现农机化持续健康发展奠定科技支撑和人才保障，推进农机化向更高层次迈进。

（论文来源：2013 年第 5 期《中国农机化学报》）

论农机安全教育

农业部南京农业机械化研究所　王利民　凌小燕　乔　璐　张进龙

安全教育是以规范人的安全行为为基本目的的社会活动。农机安全教育是指在农业生产活动中，通过对人、机、物料与自然环境进行协调分析与宣教，促使各种潜在的事故风险和伤害因素处于有效控制状态，切实保护劳动者的生命安全、财产安全和身体健康的教育活动。农机安全教育是农机安全文化建设的重要组成部分，是农机安全监督管理工作的基础，贯穿于农机安全监督管理全过程，其社会性强、涉及面广，是提高农机驾驶操作人员遵纪守法意识，贯彻落实"安全第一、预防为主"方针，预防和减少农机事故，保障农机驾驶操作人员生命财产安全的重要举措。新时期，在中央扶持农业与惠农政策的激励引导下，我国农村经济快速发展，农民收入不断增加，特别是购机补贴政策的实施，农民购买农业机械的积极性空前高涨，推动了农村经济发展，效益显著，农业机械进入新一轮高速发展期。随着广大农村农机数量的不断增多，农机监督管理的工作任务日趋繁重，加强对有机户和广大驾驶操作人员的安全教育，让他们了解党和国家各项方针政策、法律法规，掌握先进的农机安全使用技术显得非常重要。通过开展行之有效的农机安全教育，有针对性地培训农民机手，满足购机农民掌握先进农机安全生产技术的需求，提高他们解决农机安全使用与技术方面问题的能力，发展壮大有文化、善经营、能致富、讲诚信、会操作、懂技术、保安全的农机实用人才队伍，保障和提高农业生产能力，促进农业现代化与农村经济发展。

一、农机安全教育是农机安全文化建设的重要组成

农机安全教育与农机安全文化有着天然的关联，是农机安全文化建设的重要组成。一是农机安全教育坚持"以人为本、预防事故、提高技能、保障安全、促进发展"的方针，促进落实农机安全生产主体责任，突出农机事故预防，提高农机安全风险控制能力与农机使用操作人员安全生产意识和防范技能。二是农机安全教育创新农机安全文化理论研究和建设手段，促进与支撑农机安全生产。三是农机安全教育增强农机安全文化建设工作的实效性和针对性，构建农机安全长效机制。四是农机安全教育切实发挥了农机安全文化对农机安全生

产工作的引领和推动作用，宣贯农机安全生产规章制度，加强体系建设，严格依法监管，提高监管能力。五是农机安全教育营造农机安全生产氛围，促进农业机械化安全、科学、高效发展。

二、农机安全教育范畴

根据农机安全教育的功能，结合农业机械化安全生产的特点，农机安全教育范畴包括贯彻法律法规、遵守职业道德、提高使用技能、增长安全知识、借鉴典型案例等五方面。

1. 贯彻法律法规。宣贯党和国家有关农机安全生产的方针政策、部门规章和相关标准，各省（自治区、直辖市）的地方性法规。重点贯彻《中华人民共和国农业机械化促进法》《农机安全监督管理条例》《联合收割机及驾驶人安全监理规定》《拖拉机驾驶证申领和使用规定》《拖拉机登记规定》，以及拖拉机交通事故责任强制保险规定等。宣教引导农机驾驶操作人员遵守农机安全有关法律规章，依法参加拖拉机、联合收割机的注册登记、安全检验，领取驾驶操作证，依照法规和相关操作规程驾驶操作农业机械，自觉维护农机生产秩序的安全和谐。

2. 遵守职业道德。宣教拖拉机、联合收割机等农业机械驾驶操作人员遵守农机从业人员职业道德，遵守法规，杜绝违法，做到不违法违规操作，安全生产。安全文明驾驶操作农业机械，防止意外事故发生。

3. 提高使用技能。大力培养农机高技能人才，同时在广大农机使用操作人员中宣教农机安全生产技能，保障农机安全生产。

4. 增长安全知识。宣教拖拉机、联合收割机等危及生命财产安全的农业机械的安全操作、维护与保养知识。培养农机驾驶操作人员安全作业，遵守操作规程，提高安全生产防范意识，提高突发事件处理的应变和应急处置能力，减少农机事故发生。

5. 借鉴典型案例。宣教典型农机事故案例，查找农机事故原因，掌握农机事故发生的特征、规律、特点，警钟长鸣，防止类似农机事故发生。

三、我国农机安全教育现状

农机安全教育是以规范农机安全使用为基本目的的社会活动，农机安全文化通过农机安全教育才能积累、传播、继承和发展，才能形成农机安全文化的影响力。从某种意义上说，农机安全教育与农机安全文化建设密不可分，相辅相成。党的十六大以来，我国农业机械化发展速度明显加快，发展质量不断提升，作用地位持续增强。基本构建了具有中国特色的促进农业机械化发展的法律法规政策体系，探索实践了"农民自主、政府扶持、市场引导、社会化服务、共同利用、提高效益"为主要特征的中国特色农业机械化发展道路。一直以来，我国农机主管部门在高速、安全发展农业机械化过程中，高度重视农机安全教育工作。在新的发展时期，面对农业机械化的新形势、新要求，重视农机安全教育，有利于农机安全生产面向社会需求定位，提高农机人员的安全文化素质，适应农业机械化快速发展的新形势和农机安全生产的新要求。

1. 改革开放以来，随着农村经济体制改革的不断深化和各项农村政策的落实，我国农业机械化得到了迅速发展，对农机安全生产的要求越来越高。为适应农业机械化发展对农机安全产生技术和人才的需求，国家大力加强了农机教育培训工作，提出"立足农业，面向农村，服务农民"的指导思想，全国各级各类农业机械化教育培训机构坚持面向农业、农村和农民的方针，坚持农科教相结合的发展方向，多渠道、多层次、多形式地开展农机安全教育与培训，培养了一大批懂管理、技术好、善经营的农业机械化安全管理、技术支持和作业服务人员，有效地提高了农业机械化人才队伍的安全技术素质，为农业和农村经济发展做出了重要贡献。

2. 2009 年开始，农业部等六部门将农机培训纳入阳光工程，主要培训农机使用和维修人员。农机部门充分利用农村劳动力转移培训投入，提高了购机农民农业机械安全使用技能。积极协调农业、科教等有关部门，在购机补贴政策实施的带动下，形成全社会重视农业机械化工作、关心新购机农民技术与安全培训的氛围，切实提高购机农民安全使用和维修保养农机具的技能。大幅度提升农机操作人员的整体技术水准，提高农机具的安全使用水平和效能。

农业部自 2009 年起在全国开展的农业机械化教育培训大行动，以适应快速发展的农业机械化人才队伍建设的迫切需求，提高农业机械化人才队伍整体素质和水平，进一步完善我国农业机械化人才结构，推动农业机械化科学发展。着力提升农业劳动者素质，以促进农业安全发展、农民增收、农村繁荣为目标，以农业机械化管理技术员、维修服务员、驾驶操作员、经营销售员和农业设施操作员为培训重点，大力开展农业机械化安全教育培训工作，为建设现代农业和促进农业机械化科学发展提供强有力的人才支撑。

3. "十一五"期间，各级农业机械化主管部门紧紧围绕建设现代农业、培养新型职业农民的总体要求，坚持育人为本，认真实施"科教兴机"战略，积极争取扶持政策，改善基础条件，健全培训体系，创新培训形式，完善管理制度，农业机械化安全教育培训工作取得了明显成效，为保障农业机械化持续快速发展提供了有力的人才和智力支撑。全国涌现出一大批懂技术、会操作、善经营的农机作业能手、维修能手、经营能手，催生了更多的种植大户、养殖大户，造就了更多高素质新型职业农民。活跃在农村的 4 000 多万农机手，已成为保障农机安全生产、建设现代农业的中坚力量。

4. "十二五"以来，全国各级农机部门坚持不懈地完善农业机械化人才支撑体系，重素质，抓培训，全面开展农业机械化人才队伍建设。充分整合和利用各种资源，有计划、分层次、多渠道开展农业机械化人才培养，为促进农业机械化科学发展提供强有力的智力支撑。一是着力培养复合型农业机械化管理人才，制定实施农业机械化管理人才能力提升计划，努力培养造就一支准确把握农业机械化发展趋势、科技素养好、开拓能力强、有安全生产意识的管理干部队伍，提高指导和推动农业机械化科学、安全发展的水平。二是着力培养专业型农业机械化科技人才，着力打造一支结构合理、业务精通、具有专长的农业机械化技术人才队伍，承担起技术普及、质量把关、安全监管的重任。三是着力培养职业型农机实用人才，继续实施农业机械化教育培训大行动，在抓好新购机农民培训的基础上，更加注重培养造就一大批既精通农机安全驾驶、维修技术又懂农业、农艺栽培技术，同时又会农机安全生产、经营管理、创业兴业的新型农机手，职业化的农机经营者，合作社领头人，不断提高农机从业人员综合素质能力，使他们成为一代新型职业农民。

目前我国农业机械化安全教育与体系建设取得的成效集中体现在：

1. 农业机械化安全教育培训体系逐步完善。农业机械化安全教育培训在改革中创新，在求实中发展，基本形成了农业机械化教育培训机构、拖拉机驾驶培训机构、农机职业技能鉴定机构、农业机械化技术推广机构、农机安全监理机构、农业机械化科研机构、农机生产销售企业、农机服务组织等广泛参与的安全教育培训新格局，农机安全教育有发展基础与条件。

2. 农业机械化安全教育培训规模不断扩大。各级农业机械化主管部门整合利用各类农机安全教育培训资源，加强与有关部门配合，不断创新安全培训形式，通过开展的农业机械化教育培训大行动等，认真组织进行农机安全教育，取得了阶段性成果。

3. 农业机械化安全教育培训内容丰富实用。各地紧紧围绕农业机械化发展的重点领域、重点技术、重点机具开展丰富实用的安全教育培训活动。

4. 农业机械化安全教育培训能力明显增强。各地扎实推进基础设施、师资队伍、教学器具和教材建设等基础性工作，创新培训方式，提高培训质量。

5. 农业机械化安全教育培训行为逐步制度化。各地农业机械化主管部门加强工作调研，明确农业机械化安全教育培训管理和人才培养的工作职责，制订符合各地实际和特点的农业机械化安全教育培训工作规划、工作方案或实施意见，建立完善考核管理办法，形成了上下齐抓共管、良性互动、常抓不懈的新局面。

当前，农机安全教育的概念正逐步被各级农机部门与广大农机工作者认同，各地重点实施、以点带面，提高了全农机行业的安全文化素质，保障和提高了农业生产能力，努力促进农业机械化安全、科学、高效发展。但同时也存在一些问题，需要在实践中加以克服。

1. 农机安全教育尚缺乏完善的社会支持模式。随着农村经济的全面发展和市场化程度的进一步加快，农业机械化作业水平和发展程度大幅度提高，农机安全生产的压力也越来越大。农机行业是国家安全生产13个重点行业和领域之一，虽然“十一五”期间农机安全事故起数和伤亡人数呈现逐年递减趋势，但事故总数和死亡人数仍比较多，平均每年死亡437人，受伤1 164人，直接经济损失1 067万元以上，农机安全生产的形势非常紧迫。我国当前农机安全安全教育仍与农业、农村经济的发展，与农业机械化发展水平不完全适应。农业是弱势（质）产业，农机行业在体制、运行、监管、抵抗风险、行业发展等诸多方面都需要国家、社会的大力支持和社会的广泛参与，在重视农机安全文化建设的大背景下，有关部门应建立一套完善的农机安全教育社会支持体系，鼓励社会力量积极参与农机安全教育。

2. 基层农机安全使用操作人员的劳动文化素质普遍偏低，安全生产意识淡薄，认识不到位。大的层面，农民是我国最大的人口群体，有8亿多农民，其中劳动力达4.8亿，但外出打工的农民工数量已达到2.5亿，而且还在以每年900万～1 000万的速度递增，他们都是青壮年，且文化水平较高。农村现实状况出现高素质的青壮年农民急剧减少，结构失衡；留守农村的农民大都以老年、妇女居多；文化水平较低，据全国有关数据显示，在农村劳动力中，小学及以下文化程度占37.3%，初中占50.2%，高中占9.7%，中专占2.1%，大专及以上占0.6%。受教育程度低，加上技术培训不到位、培训针对性不强，造成部分农机人员农机技能与安全生产水平不高的现象比较普遍，成为农机安全生产和农业机械化发展的障碍因素。另外，后继乏人问题也相当严重，农村新生代劳动力绝大部分在结束求学后选择“跳出农门”、进城务工，农村高效率农业设施装备因为缺乏使用人才而难以利用，成为农业安全发展的“瓶颈”。农村这些共性问题，成为制约农业机械化发展的重要因素。另外，据有关统计数据，操作失误、无证驾驶、无牌行驶一直是农机事故发生排在前3位的重要成因，这些问题突出反映农机手缺乏必要的理论、法律法规、安全操作技能培训，要引起有关部门的足够重视，要站在保障发展农业机械化的高度，针对农机人员的具体情况，设计完善的农机安全与教育体系。

3. 缺乏农机安全教育保障措施。近年来，国家不断增加对农业和农村经济、农机购置补贴资金的投入，但对农机安全教育的专向投入较少，农机安全教育在方针确立、体系构建、组织实施、经费落实等方面尚处于起步阶段。作为农村经济发展的主体，在政府资金引导下，农民对购买经济效益高的农业机械热情空前，但愿意对农机安全教育投入的意识不强，需要加以引导，提高认识，重视农机安全教育，为农机安全文化建设提供保障，形成全社会共同参与的农机安全生产的文化氛围。

四、农机安全教育应贯串农机安全生产全过程

农机安全教育贯穿并体现在农机安全生产全过程，是农机安全生产工作的重要组成部分，社会性强、涉及面广，是搞好农机安全生产的基础，是提高农机驾驶操作人员遵纪守法意识，贯彻落实“安全第一、预防为主”方针，预防和减少农机事故，保障人民生命财产安全的重要举措。

1. 农机安全生产过程由人、机具、环境三大要素构成，其中人是农机安全生产中的关键因素。机具可以通过改造，以适应不同的作业环境特点；环境是客观存在的现实，不易改变；环境和机具是无意识的，而人是有意识的、主动的。机具由人来驾驶操作，因此，农机安全生产的关键在于“人”，人是农机安全生产的核心。农机安全文化建设需要通过灵活有效的载体来承载，其中重要的载体就是教育。要开展持久的农机安全教育活动，对所有农机从业人员进行相关法律、法规、标准和安全知识教育，提高其安全生产的操作技能，使广大农机安全生产参与者自觉地遵守农机法律法规，增强安全意识，保证农机具作业秩序井然，从而最大限度地预防和减少农机事故的发生。

2. 随着我国农村经济的快速发展，农业机械化在农业生产中突显举足轻重的地位。国家对农民购置更新农业机械补贴政策的出台和《中华人民共和国农业机械化促进法》等一系列政策法规的颁布实施，极大地调动了农民购买和使用农机的积极性，推动农机进一步发展高潮，农机新一轮的大发展和高科技农机技术与装备的应用推广，必然要求农机安全教育更要适应农业机械化发展新形势的需要。

3. 农机安全文化产生的安全氛围和安全监管是农机安全文化的具体反映，建立和谐的农机安全氛围依赖于农机安全文化的传播与运用，依赖于开展切实有效的农机安全教育。当前，我国农业机械化发展由中级阶段向高级阶段跨越，但基层农民机手安全素质不高、安全意识不强的问题仍然普遍存在，农机安全事故处于多发、易发、高发时期。必须通过对农机安全文化的研究、建设与发展，加强农机安全教育，不断提高农民机手的专业技能、安全素质，改进其安全意识和行为，从被动地服从农机安全监管转变成自觉主动地按农机安全生产的要求进行作业，进而在农业机械化发展中促进农机安全生产。

五、强化农机安全教育与加强农机安全生产对策

农机安全教育是搞好农机安全生产的基础，是预防和减少农机事故，保障人民生命财产安全的重要措施。当前，我国农业机械化发展速度明显加快，发展质量不断提升，作用地位持续增强，农机安全生产的各项目标要求更高，农机安全教育工作的任务也更加繁重。因此，必须下大力气改进和加强农机安全教育工作，采取更加有效、更加合理、更加科学的手段和措施，推动农机安全教育工作扎实、深入、持久地开展。

1. 加强组织领导。高度重视农机安全教育对促进农机安全生产工作的重要推动和保障作用，结合实际制定农机安全教育的规划或实施方案，加强组织领导，抓好评估检查，确保实效。

2. 培训农机安全使用人员。以提高专业与安全技能为目的，培训农民机手掌握农机具结构原理与安全生产知识，严格按照操作规程安全使用农业机械，在作业过程中创造安全舒适的农机作业环境。

3. 规范农机安全行为。在农机安全生产过程宣教农业机械化政策法规、农机安全生产人员应该承担的社会责任与义务。结合开展的农机技术培训、农机安全教育、农机警示教育与道德教育，规范农机人员职业道德，提高农机人员农机技能水平与安全生产意识。

4. 创新农机安全监管方式。创新农机安全公共服务与监管平台，建立农机安全政策支持体系，设计实用有效的农机安全评估系统，为快速发展农业机械化提供基础支撑和良好的发展环境，稳步推进农机安全文化建设，促进农机安全生产。

5. 营造农机安全生产氛围。制定并不断完善农机安全生产与监管的法规、规章制度，建立高效运作的农机安全监管网络与农机安全宣传、监管体系，形成高效的农机安全生产监督管理机制。动员社会力量，调动社会资源，加大农机安全教育力度，增大农机安全教育覆盖面，有效地推动农机安全教育开展。创新农机安全教育理念，针对新形势下农机安全管理的新特点、新问题、新动向，探索适应当前形势，满足时代要求，群众喜闻乐见的安全教育途径。

6. 培育农机安全教育阵地，壮大农机安全教育队伍。开展行之有效的农机安全教育，丰富农机安全教育形式，完善农机安全教育措施，提升农机安全教育科学化水平，落实农机安全教育工作实效。在完善农机安全教育形式的同时，建立一支与当前农机监管和农机安全教育工作相适应的农机安全教育队伍。整合优化农机安全教育资源，形成系统、全覆盖的农机安全教育网络。

六、结论

当前，随着高效农业的发展，农业对农机的依赖越来越明显，农民对农机的需求越来越迫切，国家对农业机械化投入也越来越大，加快发展农业机械化的社会氛围、经济基础、技术条件、市场环境和体制机制基本具备，高效、先进的农业机械得到大力推广和应用，与时俱进地加强农机安全教育与培训力度，坚持"以人为本、预防事故、提高技能、保障安全、促进发展"的方针，强化宣传教育、营造良好环境，努力促进农业机械化安全、科学、高效发展。

农机部门要坚持面向"三农"的方针，农、科、教相结合，多渠道、多层次、多形式地开展农机安全教育。着力培养农业机械化管理、技术和作业服务人员，有效提高农业机械化人才队伍的安全技术与文化素质，培养造就大批懂技术、会操作、善经营的农机作业能手、维修能手、经营能手，使更多的种植大户、养殖大户，使更多的高素质新型职业农民更具有政治素质、更具有职业技能、更具有经营能力。此外，建议教育部门、人事部门、劳动部门、科技部门、扶贫部门等通过相应计划渠道，安排农民教育培训经费，有力支撑各地加强农机安全教育。

（论文来源:2013 年第 5 期《中国农机化学报》）

农机合作组织或能突破"谁种粮"难题

农业部农业机械化管理司　丁仕华

2012 年，我国粮食生产实现了历史罕见的"九连增"，创造了连续 6 年过万亿斤，为经济社会和谐稳定发展奠定了基础。2013 年中央一号文件仍然强调："确保国家粮食安全，保障重要农产品有效供给，始终是发展现代农业的首要任务"。显然，当前保障粮食安全仍然是我国国民经济发展和社会安定的头等大事。然而，随着我国工业化、城镇化的深入发展，农户兼业化、村庄空心化、人口老龄化趋势明显，保障我国粮食安全面临着农村劳动力短缺的挑战。近年来，类似《将来谁来种粮》的报道频频见诸于各类媒体，更有一些专家学者呼吁"培育粮食生产主体"。当前，应当深入贯彻中央一号文件精神要求，因势利导培育更多有实力的农机专业合作组织，打造粮食生产主体，保障粮食生产安全发展。

一、种粮农民老龄化问题及其影响

近年来每次春节过后，"民工荒"话题都会成为各大媒体报道的热点。可以看出，我国农村"剩余劳动力无限供给"时代一去不复返了。由"民工荒"不难推导出"种粮农民荒"。因为粮食生产比较效益低，从事农业生产劳动其社会地位低，青壮年农村劳动力有更多的打工机会，且打工收入远高于种粮食，当然不愿意从事粮食生产。笔者参加农业部组织的"百乡万户"调研活动走访农户时发现，农村已难觅年轻人的踪影；

召开座谈会时基本都是60岁左右的农民。据新华社记者深入产粮区调查报道,如今农村青壮年劳动力大量外出,从事农业生产的农民"老龄化"现象突出,农业生产面临"后继乏人"的窘状,一些农民和基层干部甚至发出"十年后谁来种田"的担忧。2012年某媒体在报道"三夏"大忙的情景时描述到:农田里干农活的是清一色的"50后"农民,有的甚至年近七旬;村干部感叹,十年后不知谁来接种田的班。显然,当前农业劳动力尤其是种粮食农民已表现出明显的老龄化现象,而随着农村劳动力流动加大,老龄化还在加速发展。这将成为我国推进现代农业建设的"瓶颈性"难题。

分析造成当前从事农业生产劳动力老龄化原因有多方面,但总的来说,应该是"新增的少了,留下来的难了"。一方面,生育观改变,新增劳动力减少。自20世纪八十年代初,随着我国将计划生育政策被确定为基本国策,并得到深入贯彻,同时,随着我国改革开放不断推进,农村经济得到快速发展,农民群众的生育观念不断转变,农村新增劳动力呈逐年减少的趋势。据第六次全国人口普查显示,2010年,全国居住在乡村的人口为6.74亿人,占50.32%,与2000年第五次普查相比,乡村人口下降了1.27亿,比重下降了13.59个百分点。我国人口总数在上升,而乡村人口在下降。另一方面,劳动力转移加快,青壮年难留农村。由于多种因素的影响,新增农村劳动力能够留在农村从事农业生产就更少了。主要原因有以下几种:一是我国工业化、城镇化的加速发展,给农村劳动力转移带来了良好机遇。许多农村青壮年劳动力,纷纷向就业机会多的城镇转移,精英人才更是弃土离乡,融入城市生活。二是农业产业效益低,尤其是粮食生产比较效益低。三是从事农业生产条件相对艰苦。四是社会舆论的负面影响,使农村中扎根黄土地的青年,不但得不到乡亲们的认可和尊重,就连谈婚论嫁都受影响。这一系列因素引导农村青年更难以留下来从事农业生产,尤其是粮食生产。

种粮农民老龄化发展对粮食生产的影响是显而易见的。一是不利于粮食生产新技术推广。多数年长的农民思想观念守旧,更喜好沿用传统的种粮方式方法。小麦机械条播与人工撒播相比,既节省种子,又能提高产量。在调查时一些年龄大的农民均认为手撒播可以多播种子、多出苗、多打粮食。二是不利于增加农业投入。除了对土地投入更多的朴素感情和有限的精力外,老年农民不会在资金、科技等方面增加更多投入。三是不利于土地适度规模经营。由于老年农民的土地情结深厚,与年轻人相比,更不愿意将自己承包的土地流转给他人。

二、农机合作组织或能突破瓶颈

如何化解种粮农民老龄化影响粮食安全的问题？不可否认,规模化大生产是解决问题的有效方法。然而,据有关专家分析,2030年左右我国人口最高峰有望达到15亿,即使届时城镇化率达到70%,农民仍然有4.5亿人。这就决定了我国不可能通过简单的土地归并来实现规模化经营,农村土地经营规模小的状况在较长时期内难以根本改变,粮食生产很难走欧美式大规模经营之路。那么,粮食安全如何保障？当前蓬勃发展的农机专业合作社正在探索着有效的突破方式:开展"保姆式"农机社会化服务;同时流转土地开展适度规模经营。在有关农机化优惠政策扶持下,近年来农机专业合作社如雨后春笋,发展迅速,并不断发展壮大。有的合作社专门开展跨区作业等农机社会化服务,有的既开展社会化服务又流转土地进行粮食生产。江苏省溧阳市海斌农机专业合作社是典型代表。该社目前拥有各种农业机械359台套,机具总值达600万元。一方面,该社为周围农户提供"保姆式"农机作业服务,作业范围涉及土地耕翻、整地、育秧、插秧、植保、机收等水稻生产全过程,可实现统一供种、统一作业质量,统一技术指导、统一收费标准、统一机具调度等。一般合作社在冬春季节与农户签订好农机作业合同,农忙季节开始按照区域整村地开展作业服务。这样,散户分散种粮未改变,粮食收获后全部归农户,合作社只是按照约定收取作业费用。目前该合作社"保姆式"服务已覆盖周围的10个行政村近5 000户农户,服务面积达0.77千公顷。这种"保姆式"农机社会化服务使农户的分散土地,由于进行统一机械化作业,实质上已构成了规模化种植,有效地解决了普通粮农老龄化带来的问题,解决农户分散承包经营与机械化生产的矛盾。另一方面,该社开展土地流转推进规模经营。自2009年初海斌合作社就制定了土地流转办法,鼓励当地农民将自己的承包地估价入社,合作社对入股土地进行统一规划,统一进行粮食生产。目前该社流转的土地面积已达190.67公顷。虽然,地处苏南经济发达地区的江苏溧阳市属于农业大市,农村劳动力老龄化非常严重,但是,存在海斌合作社这样的一批农机合作社,保障了粮食生产,且取得了连年丰收。

像海斌农机专业合作社一样,全国许多农机专业合作社开展土地流转,推进各式各样的农机作业服务,已探索出两种适合我国国情的规模化粮食生产模式:一种是以农机合作组织或农机大户为主,流转大片土地进行大规模粮食生产适度规范经营;另一种是发展有组织的农机社会化服务,进行统一耕、种、收等机械作业服务,在未流转分散土地的情况下,实现规模化粮食生产。发展农机合作服务组织,大范围普及推广这两种模式规模化粮食生产,必将使种粮农民老龄化问题迎刃而解。党的十八大和2013年的中央一号文件都明确提出,要着力构建专业化、集约化、组织化、社会化相结合的新型农业经营体系。农机合作社正是新型农业经营体系的重要内容,化解了机械化作业与分散经营的矛盾,创新了粮食规模化生产模式,夯实了粮食安全基础。一方面,农机合作社通过开展统一的农机社会化作业服务,既推广普及了有关粮食生产的先进科学技术、优良品种、病虫害防治等技术,带动了先进农业技术的集成化应用,又促进了粮食生产的专业化、标准化。另一方面,具有较强实力的农机专业合作社开展土地流转,促进了农业适度规模经营和产业化发展。

三、扶持农机合作社发展壮大

在家庭承包经营责任制长久不变的前提下,农机专业合作社既可以将广大农机拥有者与使用者有机联结起来,实现农机服务规模化经营,又可以流转土地进行适度规模化的粮食生产,提升粮食生产标准化、集约化和组织化水平,提高土地产出率、劳动生产率和资源利用率,在一定程度上化解了种粮农民老龄化难题,为粮食安全奠定了坚实基础。截至2011年,全国依法注册登记的农机合作社已达2.8万个。从数量上看,还没有达到平均一个乡镇拥有一个合作社;从质量上,像海斌农机合作社这样具体一定实力、作业服务达到较大规模的合作社还比较少,远远满足不了粮食安全的需求。为此,要进一步出台一系列优惠的政策措施,完善促进机制,扶持农机专业合作社发展,确保每个乡镇至少有一个规模较大的农机专业合作社。

(一)完善优惠政策,大力扶持合作社发展

要进一步制定关扶持政策,解决农机专业合作社发展中遇到的项目投入、信贷争取、用地保障、油料供应、场库棚建设和维修保障等问题,支持农机专业合作社发展。要进一步落实税费减免政策,对跨区作业的农机免收道路通行费,减免合作社的农机作业和维修服务等所有农机经营的所得税,减免合作社所有农业机械的注册登记、安全检验费和操作人员培训考试等费用。要加大农机化优惠政策的扶持力度,农机购置补贴资金向农机专业合作社倾斜,将农机专业合作社列为优先对象,实行多购多补;农机报废更新补贴、政策性保险、农用燃油补贴等要向农机专业合作社倾斜;要将农机专业合作社作为实施各类财政专项和基本建设项目、科技研究推广项目的重要主体。

(二)加强人才培养,提升自我发展能力

据了解,一些实力雄厚的合作社为了引进人才,有能力解决薪酬待遇方面的问题,但对于人才的身份地位问题就无能为力。这就需要地方政府部门创新机制,吸引高级人才或大学毕业生进入合作社工作。另外,要按照分类指导、分级负责、注重实效的原则,建立合作社社长培训机制,制订培训规划,采取学历教育、远程教育、短期进修、参观考察多种形式,培养农机专业合作社专门人才。要大力组织开展农机专业合作社法定代表人培训,全面提高他们的业务素质,增强依法办社能力,提高管理水平,造就一支善经营、会管理、懂技术、有奉献精神的农机专业合作社经营管理人才队伍。要积极开展农机专业合作社机具维修、操作高技能人才培训,加强对农机专业合作社会计制度培训和安全教育,提高合作社的运行质量。

(三)强化组织引导,保障合作社稳定发展

世界合作社发展史表明,合作社要保证健康发展离不开政府的引导支持。地方政府部门要加强组织引导,合理规划,进一步优化农机合作社的布局,才能保障合作社稳步发展。要抓紧制定有关农机专业合作社建设规范、示范章程等规范,加强对农机专业合作社建设发展的引导。要组织开展农机专业合作社示范建设,培育发展一批设施完备、功能齐全、特色明显、效益良好的示范合作社。要出台优惠政策措施,鼓励合作社采取多种方式进行土地流转;引导开展订单作业、保姆式服务等农机社会化服务,不断提高合作社自身发展能力,促进不同模式的规模化粮食生产,保障粮食安全。

(论文来源:2013 年第 4 期《中国农机化学报》)

我国农机安全生产形势分析

农业部农机监理总站 白 艳

农机安全生产事关人民群众生命财产安全,事关改革开放、经济发展和社会稳定大局,事关党和政府的形象和声誉。近年来,在各级政府高度重视下,各级农机主管部门及其农机安全监理机构强化农机安全生产措施,加强源头管理,重心下沉,防线前移,全国农机安全生产形势总体稳定。但农机事故时有发生,农机安全生产形势依然严峻。本文以 2012 年全国农机事故统计数据为依据,分析农机安全生产的现状,提出预防和减少农机事故的建议。

一、2012 年农机安全生产情况

(一)全国农机事故经济损失明显增加,农机安全生产形势严峻

根据近 3 年全国道路外农机事故上报资料和公安部门提供的道路上农机事故资料的汇总,2010—2012 年农业机械事故情况如图 1 所示。

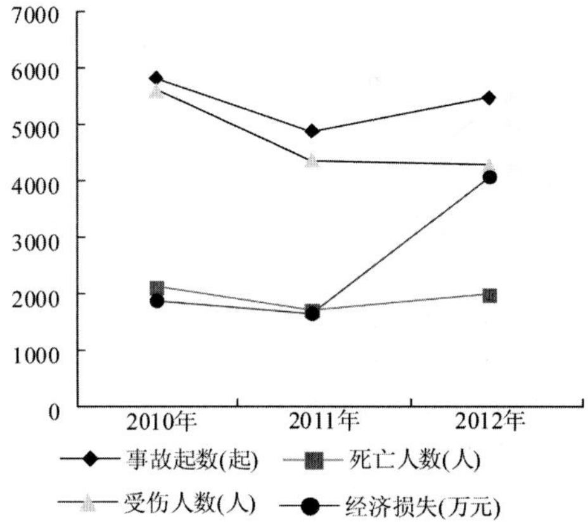

图 1 2010—2012 年农业机械事故情况

从图 1 可知,2011 年农机事故四项指标与 2010 年相比均有所下降,其中事故起数和死亡人数分别下降了 15.8% 和 19.1%,下降幅度较大。2012 年全国发生农机事故 5 461 起,死亡 1 989 人,受伤 4 284 人,直接经济损失 4 073.44 万元,平均每天发生农机事故 15 起,死亡 5.5 人,受伤 11.7 人,经济损失达 11.16 万元。与 2011 年同期相比,事故起数、死亡人数和直接经济损失都有所上升,分别上升了 11.8%、15.8% 和 144.2%,特别是直接经济损失上升了将近 1.5 倍。可见 2012 年因农机事故导致的人员死伤和经济损失都十分严重,农机安全生产形势依然严峻。

(二)道路外农机事故分布

2012 年,全国累计报告发生在国家等级公路以外的农机事故 2 091 起,死亡 692 人,受伤 943 人,直接经济损失2 240.64万元。与 2011 年同期相比,事故起数、死亡人数、受伤人数和直接经济损失分别下降了 2.65%、33.9%、14.12% 和 3.24%。

从统计数据看,全国道路外拖拉机和联合收割机的平均事故率为 0.88‰,其中北京、天津、上海、江苏、福建、山东、湖北、湖南、重庆、四川、贵州、云南、陕西、青海和新疆等 15 省(区、市)的事故率高于全国平均水平。

2012 年全国各地农业机械事故起数、死亡人数如表 1 所示。由表可知,北京、天津、吉林、江苏、安徽、山东、湖北、重庆、贵州、陕西 10 个省(市)的事故起数较 2011 年有所增加。

表 1　2012 年全国各地农业机械事故起数及死亡人数统计表

地区	事故起数	同比		死亡人数	同比		地区	事故起数	同比		死亡人数	同比	
		±	±%		±	±%			±	±%		±	±%
合计	2091	-57	-2.65	692	-355	-33.9	河南	139	-37	-21.02	68	-3	-4.23
北京	25	10	66.67	1	-3	-75	湖北	311	64	25.10	31	-24	-47.27
天津	24	8	50	4	-2	-33.33	湖南	73	-10	-12.05	26	-31	-54.39
河北	60	-16	-21.05	43	-9	-17.31	广东	2	-29	-93.55	0	-31	-100
山西	23	-9	-28.13	16	-15	-48.39	广西	29	-22	-43.14	29	-22	-43.14
内蒙古	19	-22	-53.66	3	-28	-90.32	海南	4	-2	-33.33	4	-2	-33.33
辽宁	27	-16	-37.21	23	-14	-37.84	重庆	8	1	14.29	6	0	0
吉林	17	3	21.43	1	-8	-88.89	四川	48	-11	-18.64	42	-10	-19.23
黑龙江	33	-3	-8.33	35	-1	-2.78	贵州	11	1	10.00	5	-5	-50
上海	13	-9	-40.91	1	-2	-66.67	云南	58	-12	-17.14	48	-5	-9.43
江苏	187	28	17.61	61	-4	-6.15	西藏	-	-	-	-	-	-
浙江	23	-7	-23.33	18	-8	-30.77	陕西	330	55	20	17	-22	-56.41
安徽	83	22	36.07	15	-7	-31.82	甘肃	89	-8	-8.25	13	-23	-63.89
福建	56	-11	-16.42	40	-11	-21.57	青海	26	-38	-59.38	24	-25	-51.02
江西	19	-7	-26.92	4	-15	-78.95	宁夏	6	-7	-53.85	2	-8	-80
山东	227	38	20.11	56	-14	-20	新疆	121	-11	-8.33	56	-3	-5.08

（三）引发事故的主要农业机械

从引发事故的农业机械种类来看，拖拉机和联合收割机是引发农机事故的主要机械，其中拖拉机的事故率最高，联合收割机次之。2012 年国家等级公路以外的农机事故中，拖拉机事故 1 226 起、死亡 599 人、受伤 600 人，分别占事故起数、死亡人数和受伤人数的 58.6%、86.6% 和 63.6%。联合收割机事故 664 起、死亡 51 人、受伤 221 人，分别占事故起数、死亡人数和受伤人数的 31.8%、7.4% 和 23.5%。其他卷帘机、微耕机等危及人身财产安全的农业机械事故 201 起、死亡 42 人、受伤 122 人，分别占事故起数、死亡人数和受伤人数的 9.6%、6% 和 12.9%。在拖拉机事故中，大中型拖拉机事故率较高，占拖拉机事故起数的 74.9%，其事故率为 2.1‰。

（四）事故发生时间时段

从统计数据看，国家等级公路以外的农机事故发生在 5 月、6 月、7 月、9 月、10 月、11 月和 12 月的概率较大，1 月、2 月、3 月和 8 月份的事故较少。2012 年全国农机事故月份分布图如图 2 所示。89.6% 的事故发生在农忙季节，且 84.8% 的事故发生在白天。可见，农机事故发生的规律与农机作业季节是一致的，在夏粮、秋粮收获季节事故多发，而且 90.6% 的事故是在白天作业时发生的。

（五）引发事故原因

从统计数据看，引发农机事故的原因主要是人为因素和机械的因素。

1. 人为因素。人为因素是引发事故的主要原因。在 2 091 起国家等级公路以外农机事故中，1 689 起事故是因人的因素引发的，占事故总数的 80.8%。其中因操作失误引发事故 920 起，无证驾驶引发事故 644 起，超速超载引发事故 75 起，违法载人引发事故 43 起，酒后驾驶引发事故 4 起。可以看出，在人为因素中存在三方面问题：一是无证驾驶。事故中 30.8% 的驾驶操作人员没经过培训并领取驾驶证，不熟悉机械原理，不懂得驾驶操作要领，仅凭经验操作。二是操作不熟练。事故中 44% 的驾驶操作人员操作农业机械不熟练，或驾驶操作时注意力不集中，慌乱中容易出错；三是安全意识差。有的心存侥幸心理，为了多赚钱，多拉快跑，疲劳驾驶；有的违法载人或酒后驾驶；有的作业前不仔细观察作业环境，误伤作业区域内非作业人员的事故也时有发生。

2. 机械因素。2012 年国家等级公路外的农机事故中，因机械原因引发的事故 1 104 起，约占事故总起数的 52.8%。事故原因主要有三个方面：一是未依法登记检验。事故中 39% 的拖拉机或联合收割机购买后未依法进行注册登记，未按规定进行检验，长期使用，不注意保养维护，安全隐患增多；二是不定期检验。事故中 53.8% 的农业机械未能按规定进行年度检验，安全隐患不能及时排除，容易引发事故；三是机械性能问题严重。部分农业机械产品质量不高，安全设施不全，刹车、制动等失效也是引发事故的主要原因，特别是有些达到报废条件的农业机械仍然在使用，安全隐患多，事故多发。

3. 环境因素。除了人为因素和机械原因，环境因素也是引发事故的一个间接原因。在 2012 年等级公路以外的事故中，有 346 起事故是由于作业环境等其他间接因素造成的。农业机械作业环境复杂，田块不平整，障碍物多，特别是转移时要过沟畦、田埂，同时机耕道路路窄，路基软，很容易引发侧翻等事故。

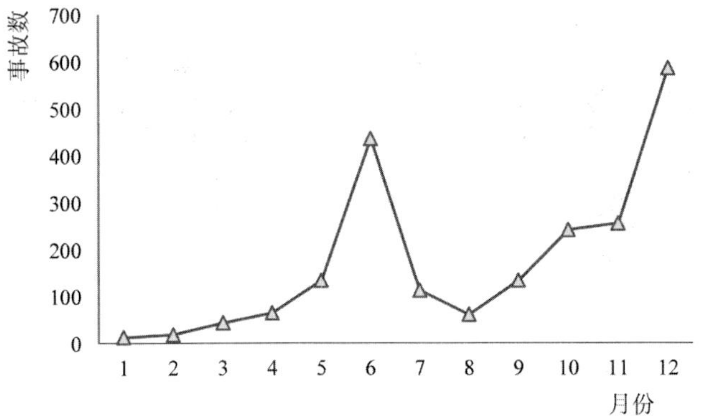

图2　2012 年全国农机事故月份分布图

二、当前农机安全生产形势

（一）农业机械数量增长过快，事故隐患严重

在强农惠农富农政策的影响下，农民购买农业机械的热情持续高涨，全国农业机械总动力增幅连续五年超过 5%，危及人身财产安全的拖拉机、联合收割机、机动植保机械、机动脱粒机、饲料粉碎机、插秧机、铡草机等发展增幅更大。但我国农业机械产品生产、销售、维修管理制度还不健全，生产者、销售者的质量保证责任不明确，维修市场不规范，使用伪劣配件拼装农业机械、使用残次配件进行维修的现象时有发生。个别农机生产企业重销量，轻质量，致使很大一部分农机产品性价比不高。近年来的农机事故统计分析数据表明，设计缺陷是导致倾翻、坠落、卷绕、着火等农机事故的潜在原因之一，农机产品结构布局和材料选用不合理、安全防护装置和安全警示标识不完善。2012 年农业部农业机械化技术开发推广总站组织专家和技术人员对油菜收获机作业效果进行了现场测评。从性能测试和生产考核两方面测评了 12 家企业 15 个机型的故障率等 8 项技术指标，其中发生过故障的农机占 46.7%，最高故障率达 23.6%，农机产品质量不尽如人意。说明农机产品在材料使用上以次充好，在生产工艺中减少工序，设备陈旧加工质量不达标。特别是卷帘机、微耕机等危及人身财产安全的农业机械改装、拼装等现象严重，在产品生产过程中已埋下了事故隐患。

（二）农业机械使用者结构失衡，安全意识淡薄

随着工业化、信息化、城镇化、市场化的深入发展，现代农业和新农村建设的不断推进，农村劳动力的现状也发生着变化。一方面结构失衡。农村劳动力向城镇转移不断加快，农村劳动力数量和结构在变化。目前农民工数量已达到 2.5 亿，而且还在以每年 900 万～1000 万的速度递增，农村新生代劳动力绝大部分在结束求学后选择“跳农门”、进城务工，务农农民中高素质的青壮年农民急剧减少，留守农村农民以老年、妇女居多，浙江、江苏务农农民平均年龄已达到 57 岁。另一方面农村劳动力素质偏低。务农农民中，小学、初中文化程度占到 70% 以上，务农农民成了国民素质的“低洼地带”。很多农民安全生产意识差，不依法对拖拉机、联合收割机进行登记、检验，不申领驾驶操作证，不主动参加农业机械的操作培训，更不重视机械的维护保养，许多农机具常常带着隐患作业，极易引发农机事故。

（三）安全监管存在空白，违法违规现象突出

2012 年，全国拖拉机“三率”平均水平达到 60.50%，比上年提高了 12.85%，但比农业部确定的“十二五”期末 70% 目标还有一定的差距。全国拖拉机登记率、检验率和驾驶人持证率分别为 63.43%、60.13% 和 72.48%。数据表明，目前全国 1/3 的拖拉机没有纳入监管，没按规定进行注册登记和检验，无牌行驶作业较为常见；纳入牌证管理的拖拉机中，还有 1/3 多不能按规定进行年度检验，个别拖拉机注册登记后从未参加过检验，安全技术状态令人担忧；超过 1/4 的拖拉机驾驶操作人员未申领驾驶证，没参加过安全法规和驾驶操作培训，无证驾驶现象严重。联合收割机等危及人身财产安全农业机械的实地检验工作还未能全部开展，许多安全隐患不能及时发现并排除，安全生产形势十分严峻。

三、强化农机安全生产工作措施

（一）加大宣传力度，提高农机驾驶操作人员的安全生产意识

安全宣传的目的是使广大农民群众关注、重视安全生产，增强法制观念，提高安全意识，规范安全行为。各级农机安全监理机构要加大农机安全宣传工作力度，把“平安农机”的“六个一”宣传教育工作落到实处，每年至少在每个乡镇组织一次“平安农机”宣传教育活动，给每个农机手送一封“平安农机”倡议信，给广大农机手和群众看一部“平安农机”教育警示片，向每个村送一套“平安农机”安全宣传挂图，给每个农机户送一本“平安农机”知识手册，在每个村及中小学校上一次“平安农机”知识课，切实把农机安全法规和安全知识送到乡、到村、到户。结合当地农机作业特点，充分利用广播、电视、报刊、网络等媒体，开展春耕、“三夏”、“三秋”等农时季节和重点节假日的安全生产宣传，普及农机安全法律法规知识，增强农民群众特别是农机手的安全生产意识，使农机手从“要我安全”转变为“我要安全”。

（二）加强安全监管，确保农业机械以良好的状态投入作业

影响农机安全的环节包括设计制造、生产销售、使用与维修、报废与回收等。减少事故，就要做好对农业机械从研发到报废回收全过程的监管。一方面农机部门要与公安、质检、工商等有关部门协调，抓好农业机械生产、销售、回收等环节的安全监管；农机企业要严格执行《机动车运行安全技术条件》（GB7258—2012）和《农业机械运行安全技术条件》（GB7258—2008），在加强新产品研发提升产品性能质量的同时，更要提高产品的可靠性和安全性，降低故障、事故率。另一方面，农机试验鉴定机构要严格把好安全性能关，对不符合国家安全运行技术标准的产品，严禁通过鉴定；加强在用农机产品的质量评价与监督管理，促进产品性能改进和质量提高，把好农业机械的推广鉴定关。农机安全监理机构要履行好牌证管理、安全检查、实地检验等职责，严格按照规定和程序办理牌证业务，坚决做到不符合标准要求的不办证上牌，不按规定检验合格的不办证上牌，严禁跨行政区域发牌发证。严把驾驶员考试关，按照规定要求进行考试，严格考试纪律，规范考试行为，决不允许给未经考试或考试不合格的人员核发驾驶证。对农业机械进行全过程无缝监管，是预防和减少农机事故发生的根本保证。

（三）加强安全培训，提高驾驶操作人员的操作技能

依托“阳光工程”、“金蓝领计划”等农民培训项目开展好农机驾驶操作人员的教育培训，全面普及农机安全操作知识，提高安全操作技能。创新驾驶操作人员培训方式，探

索"政企联动"、"校企结合"等模式,强化驾驶操作人员的技能培训工作。通过培训,提高驾驶操作人员的安全意识,提高他们对农业机械结构和安全操作的认识,提高他们科学致富、安全致富的能力,真正使他们买得起、用得好、有效益。

(四)加大隐患排查,预防和减少事故的发生

按照《农业机械安全监督管理条例》规定,做好农田、场院等场所的农机安全监督检查,排查事故隐患,及时纠正违法违规操作行为。积极争取安监、公安等有关部门的支持,建立健全联合检查或委托检查执法机制,严格查处拖拉机上道路行驶时的违法行为,坚决遏制和减少农机事故的发生,确保农机安全生产形势进一步稳定好转。

四、结论

农业机械化是实现农业现代化和新型城镇化的重要基础。近年来全国农业机械化水平在飞速发展的同时,也带来了一系列的问题。大型农业机械如拖拉机、联合收割机等在农忙时节因事故造成的经济损失居高不下。究其根本,农机操作人员文化素质较低、安全意识淡漠以及农机产品质量差、安全监管力度较弱是根本原因。从提高农机驾驶操作人员的技术水平和安全意识入手,加强对农机手的操作培训和宣传力度;严控农机产品的鉴定和推广,严把办证上牌关,健全检查执法机制,对农机操作人员和农机产品本身进行全过程安全监管,是预防和减少农机事故发生的根本保证。

(论文来源:2013 年第 4 期《中国农机化学报》)

"全价购机"还是"差价购机"

农业部南京农业机械化研究所　张宗毅

"全价购机,农民先买后补"还是"差价购机,集中支付给经销商或厂家"?全国范围实施农机购置补贴政策将近10年,补贴资金的结算方式突然成了农机购置补贴政策最热门、最敏感的话题,2012 年已经展开"全价购机"的试点省份农机主管部门似乎一边倒地高声叫好,而未开展试点的省份却不乏"这是对农民不负责任"的冷嘲热讽。那么,"全价购机"和"差价购机"究竟各有哪些利弊?哪一种相对制度目标来说是更优选择?笔者运用博弈论基本思想进行简要分析和探讨。

一、现实背景:前腐后继,危中求变

2004 年实施农机购置补贴政策以来,补贴资金集中支付制也即是"差价购机"作为一项基本制度一直实施到 2011 年。这 8 年来,该制度较大程度发挥了减轻农民资金压力的作用,但是随着政策的连续实施和补贴资金结算规模的快速上升,该制度的弊端也得到充分暴露。

近年来,河北、广西、重庆、江西、陕西等省陆续爆出相关工作人员以权谋私的案件。仅 2012 年,就有重庆、陕西、江西、广西等 4 省(市、区)级农机主管领导被"双规"并进入司法程序,被"双规"或调查的县级农机部门主管领导更是数以十计。从大量的违规案件来看,主要形式是向经销商或企业索取贿赂和与经销商或企业合谋套取两种形式,而这两种职务犯罪的表现形式跟资金集中结算都有莫大的关系:通过掌控资金结算进度影响农机经销商或企业现金使用成本和区域销售量,通过与经销商或企业的资金结算合谋套取,经销商或企业为了生存发展甚至取得非法利益不得不被动或主动配合。河北省在一次全国农机购置补贴工作座谈会上的交流材料中提到"继续执行现行政策,只能带来更多的问题,同时也使全系统的干部始终处于高危状态。使党的惠农政策大打折扣,损害党的形象。"

这么大面积的农机系统干部倒下,除了"手莫伸,伸手必被捉"的感叹外,留下更多的则是为什么会出现这种情况的思考,是制度设计存在缺陷,还是仅仅是这些干部的私德存在问题?

显然,将公器交给私德是不正确的,将公器出现问题归因于私德也是不负责任的。无论什么角度,目前农机购置补贴政策设计存在制度缺陷是毫无疑问的,如果不查找原因,不进行改变,继续按照原有制度执行下去,农机购置补贴政策的执行效率就会大大折扣。

二、理论框架:人性皆"恶"

西方经济学中,一个最基本、最核心的理论假设,就是所有的人都是经济人,都要追求自身的利益最大化。也即是西方经济学认为人性是"恶"的,是自私自利的。博弈论正是在这一理论假设的基础上,对人性的"恶"进行进一步模型化和数量化。该理论认为制度参与主体行为受自身利益函数(由成本函数和收益函数构成)影响,同时各自的行为选择又会影响到其他主体的利益,每个主体都追求自身利益最大化,制度发生变化后各主体利益函数随之发生变化,各参与主体的行为也发生调整。因此,基于博弈论的政策制度设计思路是:包括农机购置补贴政策执行者在内的制度参与主体,都是经济人,都要追求自身利益最大化,要改变这些主体的行为,就要改变这些主体各种行为选择的成本和收益,要防止其违规,就要减少导致其违规的不必要的权力,同时增加其违规成本和降低其违规收益。

三、分析比较:斩断利益链接

为了更好地对照"差价购机"和"全价购机"在制度设计的差异,下面运用博弈论基本思想,从违规收益和成本的角度分析各类主体的行为选择。

(一)农机主管部门的行为选择差异

对于各级农机主管部门来说,"差价购机"和"全价购机"的主要差别在于:

1. 事前审批到事后审核导致权力被夺。"差价购机"时,由于有补贴申请报名、补贴指标确认等事前审批环节,基层农机主管部门对农户购机选择权有较大的影响力,而滥用这种影响力的收益显然远远大于成本,因此"差价购机"情况下基层农机主管部门很容易通过资格确定直接向农民索取贿赂、通过影响农民购机选择间接向经销商索取贿诺。而"全价购机"情况下,农户先购机,后凭相关凭证申请购机补贴,基层农机主管部门只有审核权而没有审批权,导致基层农机主管部门失去了

直接影响农民购机选择的可能性,也无法因此间接影响到企业或经销商。

2.集中结算到分散结算导致违规意愿下降。"差价购机"时,由于结算对象是经销商或企业,结算对象较为集中、结算金额较大,十分容易通过控制资金结算进度影响到经销商或企业的现金流进而影响其经营成本,进而向结算对象索取贿赂,农机主管部门单次违规收益大风险小;而"全价购机"时,结算对象发生变化,农民成为补贴资金结算对象,结算对象较为分散,单次违规收益非常小,但违规曝光风险和潜在成本却并不比"差价购机"小。类似地,"差价购机"时,农机主管部门与经销商合谋套取补贴资金的单次收益大风险小,而"全价购机"时资金结算对象十分分散,而且补贴资金必须打入农民账户,农机主管部门与农户合谋套取补贴资金的单次违规收益小而风险和成本较大。

显然,"全价购机"不仅减少了农机主管部门手中的权力,降低了违规的可能性,同时,显著降低了农机主管部门的违规收益,加大了违规成本,农机主管部门的违规行为也必将大大下降。

(二)农机生产企业和经销商的行为选择差异

对于农机生产企业和经销商来说,"差价购机"和"全价购机"的主要差别在于:

1.公关政府到公关农民。在"差价购机"时,由于农机部门可以通过农户购机意愿控制和资金结算进度甚至结算与否的控制,间接和直接控制生产企业和经销商的销售量、资金回笼速度和经营成本,因此为了生存和发展,农机经销商和生产企业的相当一部分精力需要投入到公关政府这一行为上来。而在"全价购机"时,农民购机自主选择权得到充分发挥,资金回笼与销售行为同步进行,农机企业和经销商没有动力再对政府进行公关。但与此同时,由于政府控制的减弱,市场进入门槛降低、区域垄断难度加大,竞争变得激烈,购机农户成了新的公关对象,农机企业和经销商必须把更多的精力用于降低产品的价格、提升产品的质量和售后服务,使得农机产品的交易回归市场行为。

2.套取补贴资金难度大增。在"差价购机"时,由于资金结算对象就是农机企业或经销商,因此这两类主体与农机主管部门合谋或者单独套取补贴资金的难度极低,以至于有报道说个别地方有经销商按照50元一张收购农民身份证复印件。但在"全价购机"情况下,补贴资金分散打到购机农户的"一卡通",农机企业或经销商要套取补贴资金的难度、成本就大大增加了,同时单次套取的收益大大下降,而风险却并没有与之下降。

可以看出,"全价购机"与"差价购机"相比,农机生产企业和经销商将把更多的精力用于产品质量、价格与服务,同时套取补贴资金的冲动得到了遏制。

(三)购机农户或组织的行为选择差异

对于购机农户或组织来说,"差价购机"和"全价购机"的主要差别在于:

1.补贴资金看不见到看得见。很显然,在"差价购机"时,补贴资金到底多少,购机农户并无直观感受,再加上一些地方的违规操作、市场竞争不充分导致的经销商和厂家乱涨价,使得一些产品补贴后价格甚至跟不补贴的市场价差不多,导致很多购机户产生"补贴都给了企业和经销商"的错觉,让农民对国家的强农惠农政策感官认知大打折扣。而在"全价购机"时,农户要先掏出农机产品交易价格的全部金额,然后再凭相关票据申领补贴资金,补贴资金直接到农户的银行账户,"补给谁、补多少"农民有实实在在的体会。

2.购机选择权被遏制到充分发挥。在"差价购机"制度下,前面已经详细阐述过,购机农户的购机自主选择权一定程度被抑制,购机农户的真实购机意愿不能充分得到表达,就会在很大程度上影响补贴资金的效益发挥,影响购机农户对补贴政策的认同度。而在"全价购机"制度下,购机农户的购机选择权能够充分发挥,购机结果与购机意愿匹配程度较高,就能够更好地发挥补贴资金效益。

3.资金垫付压力有所增加。与"差价购机"相比,"全价购机"制度下农户购买农机的资金压力相对大一些,这也是一些人甚至一些农户反对"全价购机"的理由,但我们要看到,"全价购机"制度下农户不需要再支付一些隐性的成本,而"差价购机"制度下产生的公关费用、区域垄断利润最终也是要由购机户承担的。

四、结论建议:全面实施"全价购机",不断完善制度

总的来说,与"差价购机"相比,"全价购机"剥夺了诱发基层农机主管部门违规的部分权力,降低了基层农机主管部门、农机企业和经销商的违规收益,同时加大了这些主体的违规成本,因此从制度设计上具有较大的优势。下一步应全面实施"全价购机"。近日,农业部发布的《2013年农业机械购置补贴实施指导意见》中明确倡导各地实施"全价购机、县级结算、直补到卡",从该《意见》我们也可以看出今后全面实施"全价购机"的趋势。但笔者认为,仅倡导还不够,还谨慎了些。

当然,并不是说"差价购机"就毫无是处,而"全价购机"就毫无漏洞。"差价购机"制度设计的初衷比如减少农户资金压力仍然有必要在新的制度设计中认真思考;而"全价购机"可能导致的套取补贴资金问题(如农机企业、农机经销商、基层农机主管部门通过直接或间接控股农机专业合作社来套取补贴资金,或者与农机专业合作社合谋套取补贴资金等)不能在政策设计执行之初就视而不见,应尽快出台配套风险防范机制;"全价购机"导致的购机农户资金压力增大问题更不能简单忽视,需要尽快出台配套金融扶持政策。

(论文来源:2013年第1期《农业技术与装备》)

农业机械化政策法规及规章

农业部部门规章及文件

【农业部关于进一步加强农机安全工作的通知(农机发[2012]1号)】 为贯彻落实《国务院关于加强道路交通安全工作的意见》(国发[2012]30号),深入实施《农业机械安全监督管理条例》,进一步加强农机安全工作,保障人民群众生命财产安全,农业部于2012年9月23日发文,要求各地进一步提高对农机安全工作重要性的认识,认真落实促进农机安全生产的政策措施,继续完善农机安全监理规章制度,切实加强农机驾驶操作人员培训,不断强化农业机械安全的源头管理,深入开展农机安全隐患排查治理,大力增强农机事故处理和应急救援能力,尽快健全农业机械安全监督管理体系,积极推进农机安全监管机制创新,努力建设农机安全生产文化。

【农业部关于加强农业机械化技术推广的意见(农机发[2012]3号)】 为贯彻实施新修订的《中华人民共和国农业技术推广法》,深入贯彻落实中央一号文件有关政策措施,进一步加强农业机械化技术推广工作,促进农业机械化技术普及应用,强化对建设现代农业的支撑,农业部于2012年11月28日发文,要求各地深刻认识加强农业机械化技术推广工作的重要意义,进一步明确农业机械化技术推广工作的指导思想、基本原则和总体目标,积极推进农业机械化技术推广体系建设,大力推广农业机械化先进适用技术和装备,不断创新完善农业机械化技术推广机制,切实加强农业机械化技术推广工作的组织领导。

【农业部办公厅关于贯彻落实农机安全监理惠农政策的通知(农办机[2012]2号)】 为进一步推动农业机械化安全发展,贯彻落实好各项农机安全监理惠农政策,农业部于2012年1月13日发文,要求各地准确把握农机安全监理惠农政策的基本要求,充分认识农机安全监理惠农政策的重大意义,推动落实农机安全监理惠农政策措施,广泛学习宣传农机安全监理惠农政策措施。

【农业部办公厅关于印发《全国农机化科技创新与推广行动方案》的通知(农办机[2012]11号)】 为贯彻落实中央一号文件精神,加快推进农业科技进步,根据农业部开展全国农业科技促进年活动的部署,制定《全国农机化科技创新与推广行动方案》,农业部于2012年3月1日发文,要求各地结合实际,细化行动方案,扎实做好农机化科技创新与推广各项工作,全面提升科技支撑和服务能力,促进农业机械化又好又快发展,为建设现代农业做出新的更大贡献。

【农业部办公厅关于深入开展农业机械化教育培训大行动的通知(农办机[2012]15号)】 为贯彻2012年中央一号文件精神,落实农机化教育培训"十二五"规划,进一步加强人才队伍建设,促进农机化科技创新与推广,推动农机化科学发展,农业部于2012年3月13日发文,明确2012—2015年在全国继续开展农业机械化教育培训大行动,要求各地深刻认识重要意义,进一步明确目标任务,扎实推进重点培训,切实加强组织领导。

【农业部办公厅关于进一步规范农机购置补贴产品经营行为的通知(农办机[2012]19号)】 为深入贯彻落实《国务院关于促进农业机械化和农机工业又好又快发展的意见》(国发[2010]22号)和农业部办公厅、财政部办公厅《关于印发(2012年农业机械购置补贴实施指导意见)的通知》(农办财[2011]187号)精神,进一步规范农机购置补贴产品经营行为,切实维护农民和诚信企业的合法权益,促进农机购置补贴政策的规范、高效、廉洁实施,农业部于2012年3月23日发文,要求各地进一步明确经营农机购置补贴产品企业的资质条件,严格规范农机购置补贴产品经销企业的确定程序,坚决执行农机购置补贴政策规定,严厉惩处农机购置补贴产品经营违法违规行为。

【农业部办公厅关于进一步加强农业机械质量投诉监督管理工作的通知(农办机[2012]22号)】 为进一步加强农机质量投诉监督管理,解决部分地区存在的农机质量投诉监督机构不健全、监管责任不明确、投诉渠道不畅通和信息报送不及时等问题，促进我国农业机械化又好又快发展，农业部于2012年4月11日发文，要求各地充分认识农机质量投诉监督的重要意义，全面加强农机质量投诉监督体系建设，进一步明确农机质量投诉受理处理的工作原则，认真落实农机质量投诉信息报送制度，积极推进农机质量投诉工作信息化。

【农业部办公厅关于印发马铃薯机械化生产技术指导意见的通知（农办机[2012]29号）】 为推进农机农艺融合，提高马铃薯机械化生产科技含量，农业部组织有关专家研究提出马铃薯机械化生产技术指导意见，并于2012年6月26日发文，要求各地在技术指导意见的基础上，结合本地实际，细化技术内容，逐步规范马铃薯种植，探索全程机械化的合理生产模式，完善适宜本地区的马铃薯机械化生产技术体系和操作规范。积极扶持马铃薯生产专业合作组织发展，促进适度规模经营，提高社会化服务能力，推进马铃薯生产标准化、规模化、专业化，为实现马铃薯全程机械化生产创造条件。

【农业部办公厅关于印发油菜机械化生产技术指导意见的通知（农办机[2012]31号）】 为推进农机农艺融合，提高油菜机械化生产的科技含量，实现高产优质高效，农业部组织有关专家研究提出油菜机械化生产技术指导意见，并于2012年7月6日发文，要求各地在技术指导意见的基础上，结合本地实际，细化技术内容，探索全程机械化的合理生产模式，完善适宜本地区的油菜机械化生产技术体系和操作规范。重点围绕油菜机械化生产薄弱环节，强化技术指导和培训，引导油菜生产向机械化、轻简化、集成化、标准化、规模化方向加快发展，全面提升油菜机械化技术水平。

【农业部办公厅关于公布2011—2012年度全国农机安全监理"为民服务创先争优"示范窗口和示范岗位标兵名单的通知（农办机[2012]34号）】 按照中央创先争优活动领导小组和农业部关于在窗口单位深入开展"为民服务创先争优"活动的要求，各级农业机械化主管部门及其安全监理机构深入开展以"争创群众满意窗口、争创优质服务品牌、争创优秀服务标兵"为主题的农机安全监理"为民服务创先争优"活动，涌现出一批农机安全监理优秀示范窗口和岗位标兵。农业部于2012年7月24日发文表彰，同时希望被评为示范窗口和岗位标兵的单位和个人再接再厉，进一步发挥好示范带头作用；希望全国农机安全监理机构和监理人员，努力向示范窗口和岗位标兵学习，形成比学赶超的氛围。农机安全监理"为民服务创先争优"活动，促进了各级农机安全监理系统增强服务意识，改进工作作风，提高业务水平，更好地为人民群众服务，推动了农业机械化安全发展。各地要认真总结全国农机安全监理"为民服务创先争优"活动取得的阶段性成果，查找不足，加大对示范窗口和岗位标兵的宣传力度，结合实际制定下一阶段创建活动方案，推动农机安全监理"为民服务创先争优"活动深入开展。

【农业部办公厅关于成立全国农机化科技创新战略咨询专家组的通知（农办机[2012]51号）】 为推进农机化科技进步，完善农机化科技创新体系，提升科技创新能力，成立全国农机化科技创新战略咨询专家组。农业部于2012年11月7日发文，明确了咨询专家组的主要职责与任务。

【农业部办公厅关于开展农机合作社示范创建活动的通知（农办机[2012]56号）】 为贯彻落实中央一号文件精神，深入实施《农民专业合作社法》和《农业部关于加快发展农机专业合作社的意见》（农机发[2009]6号），促进和引导农机合作社规范化建设，推动农机合作社持续健康发展，农业部决定在全国范围内开展农机合作社示范社创建活动，拟建设1 000个全国农机合作社示范社。农业部于2012年11月29日发文，明确农机合作社示范的创建条件，示范建设和宣传推广。

地方性法规、规章及文件

【北京市农业机械事故应急预案（京农发[2012]65号）】 为建立北京市协作、高效的农业机械事故应急处置体系，及时、有效地组织开展农机事故应急救援工作，北京市农业局会同各有关部门对原有的《北京市突发重大农机田间生产事故应急预案》进行修订和完善，重点修改《预案》中"组织体系与职责分工、预测预警、应急响应"等重要章节。并于2012年3月27日印发，原《预案》废止。《北京市农业机械事故应急预案》共分8章，包括总则、组织体系与职责分工、预测预警、应急响应、事故信息的报告、后期处置、保障措施、附则等内容。

【2012年北京市"平安农机"创建活动实施方案（京政农函[2012]35号）】 为贯彻落实农业部和国家安全生产监督管理总局《关于印发（"十二五"创建"平安农机"活动方案）的通知》（农机发[2011]3号）精神，加强北京市农机安全生产措施，强化农机安全生产工作，兴机富民，保民平安，北京市农村工作委员会、安全生产监督管理局、农业局联合制定2012年北京市"平安农机"创建活动实施方案，于2012年6月25日印发，此活动方案主要包含指导思想、工作目标、工作重点、工作内容、工作进程等内容。

【河北省农业机械管理条例（河北省第十一届人民代表大会常务委员会公告）（冀人常[2012]27号）】 为了加强农业机械管理，提高农业机械化水平，推进农业现代化发展，根据《中华人民共和国农业机械化促进法》、国务院《农业机械安全监督管理条例》等有关法律、行政法规的规定，结合本省实际，河北省第十一届人民代表大会常务委员会第三十一次会议，于2012年7月27日修订通过《河北省农业机械管理条例》，自2012年11月1日起施行。该条例共分七章，包括总则、科技推广、质量保障、社会化服务、安全监督、法律责任、附则等内容。

【山西省农机局山西省财政厅关于下发《山西省2012年柠条机械平茬作业补贴项目实施方案》通知(晋农机计字[2012]25号)】 为搞好柠条机械平茬作业补贴项目的实施工作,山西省农机局和省财政厅共同制定《2012年山西省柠条机械平茬作业补贴项目实施方案》,并于2012年4月10日发文,要求各项目县农机部门要抓紧制定项目实施方案,搞好柠条机械平茬作业的组织实施工作,建立健全作业补贴程序;财政部门要加大对项目实施及资金使用的检查力度,保证项目工作经费的落实,做好补贴资金的及时拨付工作。确保项目顺利实施,达到项目的预期效果。

【内蒙古自治区人民政府关于加快自治区农牧业机械工业发展的实施意见(内政发[2012]64号)】 为全面贯彻落实《国务院关于促进农业机械化和农机工业又好又快发展的意见》(国发[2010]22号)精神,推动内蒙古自治区农牧业机械工业健康快速发展,内蒙古自治区于2012年5月24日发文,主要提出了三个方面的内容,总体要求、发展重点和布局和政策措施。

【上海市人民政府办公厅转发市农委关于促进本市农业机械化和农机工业又好又快发展实施意见的通知(沪府办发[2012]13号)】 根据国务院《关于促进农业机械化和农机工业又好又快发展的意见》(国发[2010]22号)的精神,结合实际,上海市于2012年2月24日发文,就促进上海市农业机械化和农机工业又好又快发展提出实施意见,主要包括指导思想、发展目标、主要任务、保障措施四部分。

【江苏省政府办公厅转发省农机局关于实施农业机械化推进行动意见的通知(苏政办发[2012]14号)】 为认真贯彻江苏省第十二次党代会精神和《省委省政府关于实施农业现代化工程的意见》(苏发[2011]13号)及《省委省政府关于加快农业科技创新推进农业现代化工程建设促进农民持续增收的若干意见》(苏发[2012]1号)文件,推进农业机械化建设,为率先基本实现农业现代化奠定坚实基础,在全省组织实施农业机械化推进行动,江苏省于2012年2月6日发文,要求江苏省各级农机部门贯彻执行《关于实施农业机械化推进行动的意见》,该意见包括总体要求、发展目标、主要任务和保障措施四部分。

【江苏省关于印发《江苏省基本实现农业机械化考核验收办法(试行)》的通知(苏农机法[2012]12号)】 为贯彻落实江苏省委省人民政府关于实施农业现代化工程的决策部署,各地积极开展率先基本实现农业机械化创建活动,加强组织领导,完善扶持政策,加大投入力度,推动科技创新,提升服务水平,农业机械化实现了快速健康发展。为进一步推进创建活动深入开展,引导各地农业机械化科学发展、率先发展,根据中共江苏省委、江苏省人民政府《关于实施农业现代化工程的意见》和《江苏省农业基本现代化指标体系(试行)》,省委农工办、省统计局和省农机局制定《江苏省基本实现农业机械化考核验收办法(试行)》。江苏省于2012年9月6日发文,要求江苏省各级农机部门结合实际贯彻落实。此《办法》包括考核验收的基本原则、适用范围、考核验收内容、考核验收认定标准和考核验收程序。

【浙江省财政厅浙江省农业厅关于印发浙江省高耗能农业机械报废补偿实施办法(试行)的通知(浙财农[2011]597号)】 为了鼓励农业机械更新报废,加快淘汰老旧高耗能农业机械,优化农业机械装备结构,提高农业机械技术水平和作业效率,保障安全生产,促进节能减排,根据《浙江省实施(中华人民共和国节约能源法)办法》《浙江省拖拉机报废更新管理办法》(浙政办发[2007]64号)规定,制定本办法。浙江省于2011年12月31日发文,要求各地学习此办法。此办法主要说明补偿对象、补偿标准、审核程序、项目资金管理与监督四个方面。

【浙江省财政厅浙江省农业厅关于印发浙江省农业机械化作业环节补贴资金管理办法(试行)的通知(浙财农[2012]121号)】 为稳定和发展粮油生产,提高农业生产机械化作业水平,加快推进水稻机插、油菜机收和农作物病虫害统防统治技术推广应用,规范作业环节财政补助资金管理,提高资金使用效益,根据《浙江省农作物病虫害防治条例》和省政府粮食生产意见,制定《浙江省农业机械化作业环节补贴资金管理办法(试行)》。浙江省于2012年5月15日发文要求各地农机部门学习此办法。此办法共分四章,包括总则、补贴对象和补贴标准、补贴办法及资金发放、监督与管理等内容。

【浙江省农业机械化促进条例(浙江省人民代表大会常务委员会公告第81号)】 为了促进农业机械化,保障农业机械安全生产,建设现代农业,根据《中华人民共和国农业机械化促进法》《农业机械安全监督管理条例》和其他有关法律、行政法规的规定,结合浙江省实际,制定本条例,并于2012年7月27日经浙江省第十一届人民代表大会常务委员会第三十四次会议通过,自2012年10月1日起施行。该条例共分8章,包括总则、扶持措施、科研开发和推广、质量保障、安全管理、社会化服务、法律责任、附则等内容。2006年7月24日浙江省人民政府发布的《浙江省农业机械化促进与农业机械安全管理办法》同时废止。

【福建省人民政府关于促进农业机械化和农机工业又好又快发展的实施意见(闽政[2012]25号)】 为贯彻落实《国务院关于促进农业机械化和农机工业又好又快发展的意见》(国发[2010]22号),进一步加快福建省农业机械化发展进程,提出实施意见,主要包含指导思想和发展目标,促进农业机械化发展的主要任务,促进农机工业发展的主要任务,加大政策扶持力度加强组织领导。

【江西省农业机械安全监督管理办法(江西省人民政府令第199号)】 为了加强对农业机械及其驾驶、操作人员的安全监督管理,预防和减少农机事故发生,保障人民生命财产的安全,促进农业生产和农业机械化事业的发展,根据国家有关规定,结合江西省实际,制定本办法。本办法共分7章,包括总则、监理机构及监理人员、农业机械与农机作业、农机驾驶、操作人员、事故处理、违章处罚、附则等内容,本办法自2012年1月11日起施行。过去发布的有关规定与本办法相抵触的,按本办法执行。

【江西省农业厅关于印发《江西省促进农业机械化和农机工业又好又快发展的实施意见》的通知】 为深入贯彻落实科学发展观，全面实施《中华人民共和国农业机械化促进法》《国务院关于促进农业机械化和农机工业又好又快发展的意见》和《江西省农业机械管理条例》，以粮食稳产增产、农业增效、农民增收为目标，加强农业机械化技术创新、组织创新和制度创新，促进农机、农艺、农业生产经营方式协调发展，提升农机公共服务能力，加强农机基础设施和农机社会化服务体系建设，提高农机工业创新能力和制造水平，促进江西省农业机械化和农机工业又好又快发展。该意见要求各地明确指导思想和发展目标，全面推进农业机械化，加快发展农机工业，加大政策扶持力度，加强组织领导。

【山东省农业机械管理局关于印发《山东省农机安全监理行政处罚自由裁量适用规则》的通知（鲁农机管字［2012］30号）】 为进一步规范农机安全监理执法行为，统一农机监理行政处罚裁量标准，根据《中华人民共和国行政处罚法》《农业机械安全监督管理条例》《山东省农业机械管理条例》，山东省农业机械管理局制定《山东省农机安全监理行政处罚自由裁量适用规则》，要求山东省各级农机主管部门实施行政处罚时，适用本规则。本规定自2012年12月1日起施行，有效期至2017年11月30日。

【河南省人民政府关于促进农业机械化和农机工业又好又快发展的实施意见（豫政［2012］64号）】 为贯彻落实《国务院关于促进农业机械化和农机工业又好又快发展的意见》（国发［2010］22号），提升河南省农业装备水平，改善农业生产条件，增强农业综合生产能力，拉动农村消费需求，促进农业机械化和农机工业又好又快发展，河南省提出关于促进农业机械化和农机工业又好又快发展的意见，要求各级农机部门明确总体要求和发展目标，促进农业机械化发展的主要任务，促进农机工业发展的主要任务，加强政策扶持和组织领导。

【四川省农业厅四川省财政厅四川省发展和改革委员会关于启动实施“四川省农业机械化示范县建设工程”的通知（川农业［2012］99号）】 为深入贯彻落实《国务院关于促进农业机械化和农机工业又好又快发展的意见》（国发［2010］22号）、《四川省人民政府关于推进农业机械化和农机工业又好又快发展的实施意见》（川府发［2011］7号）精神，经县（市、区）政府自愿申报，市（州）农业（农机）部门推荐，报四川省人民政府领导同意，决定在新都区等60个粮食生产重点县、现代农业产业基地强县（培育县）及甘孜县、若尔盖县等2个藏区县（“60+2”，名单附后）启动实施“四川省农业机械化示范县（培育县）建设工程”（以下简称“示范县建设”）。成都市、德阳市、广安市作为全省整市推进农机化示范市，将所辖县（市、区）全部纳为示范县。明确各示范县的建设目标，突出建设重点，强化保障措施，落实相关要求。

【四川省农业厅四川省公安厅关于开展打击非法使用拖拉机牌证专项整治行动的通知（川农业［2012］132号）】 为切实维护农业机械化作业和道路交通秩序，有效预防和减少事故，保护人民群众生命财产安全，按照国务院安委会加强道路交通安全工作视频会议精神、农业部办公厅《关于集中开展农机安全生产“打非治违”专项行动的通知》（农办机［2012］23号）和四川省人民政府安全生产委员会办公室《关于印发“打非治违”专项行动办公室工作方案扎实推进专项行动深入开展的通知》（川安办［2012］49号）等有关安排部署，决定自2012年8月15日至10月15日在全省范围内开展一次打击非法使用拖拉机牌证专项整治行动。

【贵州省人民政府办公厅关于印发贵州省促进农业机械化和农机工业又好又快更好更快发展意见的通知（黔府办发［2012］32号）】 为推进贵州省农业机械化和农机工业又好又快更好更快发展，现结合实际，提出《贵州省促进农业机械化和农机工业又好又快更好更快发展的意见》，要求各地明确发展目标，重点任务，保障体系建设，政策保障措施。

【西藏自治区人民政府关于加快农业机械化发展的意见（藏政发［2012］74号）】 为深入贯彻落实《国务院关于促进农业机械化和农机工业又好又快发展的意见》（国发［2010］22号）精神，加快推进西藏自治区农业机械化发展，改善农牧民群众生产生活条件，进一步增强农业综合生产能力，推进农业现代化建设，西藏自治区人民政府提出《关于加快农业机械化发展的意见》，明确要求各地充分认识加快西藏自治区农业机械化发展的重大意义，指导思想、发展目标和原则，促进农业机械化发展的主要任务，促进农业机械化发展的保障措施。

【宁波市农业机械化管理局宁波市财政局关于印发《2012年宁波市农机作业补贴实施意见》的通知（甬农机管［2012］7号，甬财政农［2012］208号）】 为加快粮食生产全程机械化步伐，切实提升农机服务组织化程度，全面提高粮食综合生产能力，保障粮食生产稳定发展，促进现代农业建设，根据宁波市人民政府关于推进粮食生产功能区建设有关文件精神，制定《2012年宁波市农机作业补贴实施意见》，要求宁波市各级农机部门明确农机作业补贴的指导思想，补贴对象，补贴标准，补贴资金，补贴方式，操作程序，申报要求，监督管理等。本实施意见自2012年3月16日起施行，有效期一年。

【宁波市人民检察院宁波市农业机械化管理局关于印发宁波市推进农机购置补贴廉政风险防控机制建设实施方案的通知（甬农机［2012］7号）】 为确保强农惠农政策的落实，进一步规范行政权力运作，落实监管责任，提高行政效能，促进廉政文化建设，根据高检院《全国检察机关查办和预防涉农惠民领域贪污贿赂等职务犯罪专项工作方案》和农业部《关于加快推进农机购置补贴廉政风险防控机制建设的意见》，经宁波市人民检察院与市农机局共同研究，制定《宁波市推进农机购置补贴廉政风险防控机制建设实施方案》，要求宁波市各级农机部门明确农机购置补贴廉政风险防控机制建设的指导思想，工作目标，工作措施，工作要求。

农业机械化工作

各地工作要览

北 京 市

【概况】 2012 年,北京市农机部门解放思想、开拓进取,立足于都市型现代农业的发展需求,提升都市型现代农业装备水平,优化农机装备结构;推进农业机械化科技创新与推广,发挥装备支撑作用;发展农机服务组织,提升服务能力;加大培训力度,提高农业机械化队伍素质;加强农机安全监理、农机质量监督,全面提高农机作业水平、装备水平、安全水平和服务水平,农业机械化工作呈现又好又快发展的新局面。

【农业机械化发展法规政策进一步完善】 2012 年,北京市制定了《农机政策性保险快速理赔办法(草案)》,填补了北京市农机保险快速理赔方面的空白。北京市农机部门联合财政、公安、卫生、保险等部门出台《北京市道路交通事故社会救助基金管理试行办法实施细则》,细化农机事故救助基金的具体管理办法;对原有的《北京市突发重大农机田间生产事故应急预案》进行修订和完善,建立协作、高效的农业机械事故应急处置体系。

【农机装备水平持续提高,装备结构进一步优化】 2012 年,北京市落实农机购置补贴资金 1.67 亿元,新增机具 7 400余台(套),新增农机动力 6 万千瓦。对设施农业、农产品初加工和保温贮藏、畜牧水产养殖等产业的装备支撑持续加强,新增各种机具 6 300 余台(套),补贴资金比例约占 59%。

【综合机械化水平进一步提高】 2012 年,北京市主要粮食作物耕种收综合机械化水平达到 69.3%,比 2011 年提高 1 个百分点。特别是玉米机收水平有很大提高,机收面积 99.33 千公顷,占可机收面积 85% 以上。

【农机科技支撑和服务能力进一步增强】 2012 年,北京市农机合作社和农机大户等农机服务组织拥有的大型、先进、适用机械数量快速增加,新增 C230 型小麦收获机 95 台、带剥皮功能的自走式玉米收获机 78 台,农机作业效率和服务保障能力进一步提高。农机与农艺融合、农业机械化与信息化融合多点并举,全面推进。

【农业机械化发展重大目标任务和重大工程圆满完成】 2012 年,北京市完成农业部下达的农业机械化发展目标任务,承担的玉米生产机械化示范项目经农业部农业机械化管理司验收获得优秀。结合"绿色北京"行动计划和新农村建设"折子工程"更新大中型拖拉机 795 台、小麦收获机 125 台、自走式玉米收获机 178 台,新建果蔬保鲜库 4.18 万平方米。

【农机安全生产形势保持稳定】 2012 年,北京市发生一般农机事故 23 起,死 1 人,伤 4 人,未突破北京市安全生产委员会对农机安全生产控制的考核指标,农机安全生产形势继续保持稳定。

【深入落实农业机械化科技创新与推广行动,提升农机科技支撑和服务能力】 2012 年,北京市深化农机与农艺、农业机械化与信息化"两个融合"。一是开展农机农艺融合活动。与粮经产业融合,重点提高玉米机收水平,推广自走式玉米收获机 178 台,示范推广小麦、玉米大型精量播种机 16 台。与蔬菜产业融合,重点是提高设施农业机械化水平,在北京市示范推广自动开膜器 1 500 套,示范推广果蔬保鲜库 4.18 万平方米。与畜牧产业融合,重点是打造都市型的智能化畜牧业,引进 31 套先进设备建设智能化养鸡示范场,引进 4 套先进设备建设智能化养猪场,在全市示范推广饲料搅拌设备 20 台,示范推广雨水收集处理设备 100 套。与水产业融合,在全市范围内投入补贴资金 865 万元示范推广工厂化养鱼设备及配套技术。与林果产业融合,在平谷、延庆等区(县)实施智能缓释杀菌葡萄保鲜技术和林果生产全过程机械化技术试验示范,在平谷区示范推广新型果树打药机 200 套。二是做好农业机械化与信息化的融合。加强农机信息服务,利用"农机信息服务直通车"、"59059068"市级农机服务热线、

"12316"农业服务热线等信息形式，向生产者及时提供农机作业需求、天气情况及作业进度等信息。构建农机调度指挥系统，开展GPS信息技术在农机服务组织农机调度中的试验与应用工作，建立农机服务组织农机调度管理系统。强化农机购机补贴信息化服务，构建2012年北京农机补贴产品展示系统，宣传北京市农机补贴政策。

拓展农机科技自主创新和推广范围。一是开展设施农业机械化薄弱环节技术研发，研发塑料大棚顶部放风省力化装备、塑料大棚小型运输底盘、连栋温室轨道式升降行走设备，改进设计日光温室底部放风结构和机动施药器械。二是开展设施农业全程机械化系统调研，制定出一套设施农业全程机械化生产的技术体系和作业标准。三是开展设施机械育苗、自动开膜、设施深耕、圆白菜收获等先进适用机械化技术推广。

打造三类基地，加快农机科技成果转化速度。一是打造农机农艺融合示范基地，重点建设顺义、大兴、密云三个玉米农机农艺融合示范基地，总示范面积达到0.87千公顷，其中，核心示范区展示农机农艺融合技术6项、展示配套新型农机具30台(套)。二是打造北京市农作物品种试验展示基地和农机新技术新装备示范基地，展示日光温室配套新型农机具26台(套)。三是打造北京市小汤山特菜大观园农机新技术新装备示范基地，展示连栋温室机械化配套新型农机具18台(套)。

推广先进适用农机装备和农业机械化技术。2012年，北京市采取政府补贴方式购置的78台带有剥皮功能的三行、四行自走式玉米收获机亮相京郊"三秋"生产。

投身农机抗灾减灾和农业生产自救。针对"7.21"特大自然灾害，北京市制定《北京市农机减灾恢复农业生产工作指导意见》，先后协调水泵125台(套)、柴油125吨，筹措资金10万余元用于房山灾区抗灾救灾。推进农机科技减灾，开展设施农业气象多点同步适时监测和预警系统试验研究，建立日光温室气候观测站2个，小气候监测点10个，实现灾害天气的预警预报及时发布。

【深入落实农机购置补贴政策，强化监督管理，农机装备水平持续提高，装备结构进一步优化】 2012年，中央和北京市财政用于北京市农机购置补贴的资金分别是10 000万元和6 700万元，资金总量比2011年增长25%。补贴范围覆盖全市13个涉农区县，受益农户3.2万多户。一是多措并举强化监督管理，确保惠民政策落到实处。制定《2012年农业机械购置补贴实施指导意见》，重点在补贴机具验收及售后服务管理、补贴机具监管和监督检查等方面强化工作落实，对全市农机购置补贴工作实施专项考核，保证购机补贴工作实惠农民，阳光操作。二是全面推进老旧机具报废更新，确保农机总动力科学配置。在农业用地逐年减少和农机装备结构逐步调整的大背景下，全市老旧农业机械更新换代工作全面推进。2012年，全市有1 494台大中型拖拉机、5 066台小型拖拉机、296台小麦收割机、60台玉米联合收割机和3 451台农用三轮、四轮运输车退出了农机作业市场，累计降低农机动力17.5万千瓦；利用农机购置补贴政策更新了795台大中型拖拉机、125台小麦收获机、178台自走式玉米收获机，农机动力新增6万千瓦。因此，2012年全市农机总动力比2011年预计降低11.5万千瓦，农机总动力的科学配置进一步加强。三是把握关键，突破难点，推进农业机械化协调发展。在稳定粮田机耕、机播和小麦机收水平的同时，加快玉米机械化收获进程，2012年新增玉米机收面积10千公顷，贴息购置的5台大型青贮机增加玉米青贮机收面积约2千公顷。全市玉米机械收获面积占可机收面积的85%，顺义、通州等区县玉米机收水平突破了90%，粮食生产基本实现了全过程机械化。四是调结构，补重点，促进各行业农业机械化水平协调发展。调整机具购置和装备的重点，2012年用于购置设施农业装备的资金6 887万元，占总资金量的比重比2011年增加了13%；用于畜牧水产养殖的资金2 241万元，占总资金量的比重比2011年增加了5%。设施农业、畜牧水产养殖等重点产业的装备水平进一步提高，机械化作业能力得到加强。加强会展农业的现代农机装备展示，以第七届世界草莓大会的举办为契机，举办"腾飞的北京设施农业机械化"农机展，向全世界展示北京市设施农业装备水平。以第十八届国际食用菌大会的举办为契机，为大会主会场"绿源永乐食用菌高科技循环经济示范园"配备装袋机流水线、高压灭菌柜等工厂化食用菌生产所需农机设备528台(套)，为宣传先进农机装备在促进食用菌规模化和集约化生产中发挥重要作用。以打造都市型现代农业"第一名片"为契机，为顺义区"都市型现代农业万亩示范区"配备自走式喷雾机、精密播种机等先进精良的农机装备，并示范推广从种到收全程机械化技术，展示农田科技实力。

【强化部门联动，全程监管，农业机械化安全生产形势稳定】 2012年，北京市农机安全生产联席会议制度形成常态化，制定并印发《2012年北京市农机安全生产联合行动实施方案》，围绕农机安全隐患治理、执法检查、宣传教育等方面开展联合行动，并将农机安全生产纳入到区县政府部门责任制考核指标中，确保农机执法有力有效。

常规化执法行动，确保全方位监管农机安全生产。一是开展农机安全生产"打非治违"专项行动，通过专项行动，严厉打击农业机械无牌行驶、无证驾驶、未检验作业等行为，有效治理违规发放牌证、瞒报谎报事故等非法违规行为。二是开展平安农机创建和文明服务示范窗口创建活动，构建农机安全生产长效机制。重点突出农机服务组织、设施农业园区、规模化养殖小区试点的"五个一"创建活动。组织开展"为民服务创先争优"示范窗口创建和评查活动，顺义区农机监理所获得全国农机监理"为民服务创先争优"示范窗口称号，顺义区董德忠、平谷区王晓东两位同志获得全国农机监理"为民服务创先争优"示范岗位标兵。三是开展拖拉机和农用运输车辆交通安全专项整治联合行动，有效保障农机作业安全和道路交通安全。截至2012年11月15日，全市共组织开展农机安全生产联合行动179次，其中隐患排查治理63次，宣传教育活动42次，执法检查74次。

日常化行政许可业务，确保农机安全源头监管。严格按照《北京市拖拉机、联合收割机牌证制发管理办法》对区县监理机构进行督促检查。截至2012年11月份，全市共完成行政审批33 095项，新增注册登记拖拉机牌照816个，驾驶证783个。继续对国家补贴机具监管实施专用号段管理，同时对于持有北京B、北京NJ牌照的拖拉机和联合收割机进行京01号段牌照换发，减少“黑机非驾”现象，全市拖拉机检验率达到70.1%。

【继续加强对农机服务组织的扶持力度，促进作业服务水平进一步提高】 一是继续加强农机社会化服务组织的基础设施建设。北京市落实保护性耕作工程项目设施建设，新建和改造机库棚4 300平方米，到2012年年底，保护性耕作工程项目实施区县完成开工建设。二是协助农机服务组织做好融资工作。协调担保公司、银行等多部门帮助农机服务组织解决融资难的问题，2012年帮助顺义区兴农天力农机服务专业合作社解决贷款300余万元。三是加强政策引导，提升服务组织装备水平。2012年，全市补贴购置的1 116台拖拉机和联合收割机，有70%补贴给合作社、服务组织和农机大户，进一步提高他们的作业能力。四是继续加强柴油供应，满足作业需求。

【加强教育培训，稳步提高人员队伍素质】 一是培育农机实用人才。2012年，北京市农机部门会同3家农机生产企业启动“政企联动”培训，分三期培训购机用户、农机修理、管理人员126人，全部通过玉米收获机驾驶员职业技能鉴定高级工的认定；开展农机技能人才培训鉴定工作，共培训鉴定农机修理工、农机操作工、拖拉机驾驶员、农机合作社经理人等五个工种424人，其中初级工406人，中级工18人。二是培育农机科技人才。2012年，北京市农机部门通过“设施农业机械化新技术及机具安全操作专题培训”及“花生全程机械化技术培训”等方式累计培训科技人员180人次。三是培育农机管理人才。2012年，北京市农机部门先后在通州区、密云县举办农机专业合作社经理人和操作人员培训班，共计培训农机专业合作社经理人20人，农机操作人员40余人。四是农机监理和驾驶操作人员培(复)训。2012年，全市共组织农机监理人员培训61期，累计培训1 218人次。各区县累计培(复)训农机驾驶操作人员11 000人次。全市9所拖拉机驾驶培训机构共培训驾驶人708人。

天 津 市

【概况】 2012年，天津市农机部门以落实购机补贴政策为抓手，加快设施农业提升工程实施进度，加大农业科技创新工程工作力度，推动农机装备结构持续优化，农机作业规模不断扩大，农机作业水平进一步提高，为都市现代农业发展做出贡献。

【综合机械化水平稳步增长】 2012年，天津市耕种收综合机械化水平达到81%，同比提高2个百分点。新增水稻机插秧面积2千公顷，达到12.48千公顷，机插率70%，同比提高13个百分点；新增玉米机收面积10千公顷，机收水平70%，同比提高12个百分点，全市粮食作物生产基本实现全程机械化。同时，北京市农机部门争取专项资金1 750万元，在全市7个区县组织实施耕地深松及激光平地作业补贴项目，40千公顷深松及6.67千公顷激光平地作业任务基本完成。

【农机专业合作社加速发展】 2012年，天津市把提升农机专业合作社服务和经营实力作为实施天津市农民收入倍增计划的重要抓手，推进农机作业由单户机械作业向有组织的农机规模化作业转变。一是加大扶持力度。在农机购置补贴、参与实施深松与激光平地作业补贴项目上给予倾斜。争取专项资金300万元，开展市级示范农机专业合作社创建，增强合作社的影响力和带动力。二是强化指导服务。组织召开天津市农机专业合作社建设经验交流座谈会，举办农机专业合作社机手作业技能比武，修改并完善市级农机专业合作社创建项目的申报指南及验收标准，推进合作社规范化、规模化建设。2012年，合作社在基础设施水准、作业服务能力、经营管理水平和市场竞争力等方面得到进一步提升。全市117个农机专业合作社分布在主要农业区县的70个乡镇，吸纳社员3 300余人，拥有总资产1.72亿元，农机保有量3 576台(套)，服务农户17万户，年累计开展各类农机作业200千公顷，占全市农机作业量的20%以上。

【农机购置补贴效果突出】 2012年，天津市共落实中央和市财政农机购置补贴资金1.2亿元。其中，中央财政1亿元，天津市财政2 000万元。通过层层落实补贴工作责任制，加强对补贴经销商的监督管理，全面实行补贴信息公开公示制度，严格防控农机购置补贴廉政风险的有效措施。2012年，农机购置补贴工作基本完成，补贴销售各类农业机械2.33万台(套)，7 863户农民和农业生产经营服务组织受益，带动农民投资1.95亿元。大中型拖拉机、复式作业机械、设施农业机械、畜牧水产养殖机械保持增长势头，农机装备布局结构进一步优化。

【设施农业机械化加快推进】 2012年，天津市农机部门围绕天津市启动实施的设施农业提升工程项目的要求，制定设施农业机械化提升实施导则，适应天津都市现代农业建设的需要。在主攻粮食作物薄弱环节机械化的同时，向设施农业、畜牧水产养殖等方向转变，推进设施农业机械化发展。在农机购置补贴政策的带动下，设施农业的卷帘机、保温被、微耕机、环境控制及物理农业技术设备、高效植保机械发展快速，促进设施农业机械化水平的提升。2012年，13.33千公顷设施农业提升区域内的耕整地机械化水平达到46%、卷帘机配置率达到30%、节水灌溉设备配置率达到40%、高效植保机械化水平提高到31%。

【农民教育培训明显增强】 2012年，天津市注重做好农民培养和教育工作，制定培训计划，明确培训任务，推进农业机械化教育培训向培养有技能、懂技术、会经营的职业农民方向转变。天津市召开区县农业机械化学校校长工作会议，组织区县农业机械化技术学校校长考察学习，举办天津市农业机械化技术学校师资教育培训班，重点加强培训学校师资队伍建设。举办农机职业技能培训鉴定和职业技能竞赛。组织教师与管理人员参加农业部举办的农机高技能人才培训、农机职业技能培训督导员培训、阳光工程管理人员培训和职业技能鉴定考评员培训，使师资素质和教学水平得到普遍提升。对区县农机职业技能鉴定培训机构资格进行认定。2012年全市共争取培训资金805.6万元，完成农民实用技术普及培训2.08万人，职业技能鉴定培训9 700人。培训新购机农民4 000人。

【农业机械化科技创新与示范推广效果显著】 2012年，天津市以实施市级农机科技项目为重点，加快主推技术及机具的推广应用步伐，加大科技创新推动力度。一是引进示范推广设施农业生产、畜禽健康养殖、农业废弃物处理等15项农业机械化新技术,推广各类新机具442台(套),建立示范点26个、科技示范户269户,有力促进天津市设施种养殖生产机械化水平的提升。二是新增保护性耕作示范面积4千公顷,新增实施面积达到6.67千公顷,实现节本增效372万元。三是推进农机科技创新体系建设,建立全市农业装备产业技术创新战略联盟。借助战略联盟的科技资源,农机生产企业与农机科研部门联合申报科技攻关项目,偏置式山药收获机研发已进入样机作业试验阶段,填补天津市经济作物收获机械的空白。四是有效整合资源,建设可持续发展平台。依托天津市农业机械化示范推广中心和天津农业机械化技术试验服务中心,加快科研、推广、培训、试验鉴定一体化发展步伐。两个中心在项目、资金方面的聚集效应逐步显现:各功能区建设全面推进,天津市农机展示中心大厅建设完工,农机鉴定综合试验楼奠基并开工建设,对全市农业机械化发展引领带动作用日趋明显。

【农机安全生产形势保持稳定】 2012年,天津市加大"安全生产年"、"打非治违"和隐患排查活动的组织实施力度,积极推动农机监理免费管理,狠抓农机"三率"水平,加强监理装备建设和"窗口"建设,有力地维护天津市农机安全生产良好局面。2012年前三季度,全市拖拉机上牌率57.6%,检验率44.5%;联合收割机注册登记率95.1%,检验率94.7%;农机驾驶员持证率75%,基本完成农业部下达的任务目标。质量监督力度加大。完成2项地方标准的制定,制定印发《关于规范我市农业机械产品定型鉴定工作的通知》,新增3个推广鉴定大纲。2012年前三季度,完成推广鉴定9项、委托检验24项、可靠性试验5项、新产品鉴定18项。组织开展补贴产品质量督导,对补贴销售的小麦联合收割机、拖拉机、免耕播种机等机械进行质量跟踪调查。

河北省

【概况】 2012年,河北省农业机械化管理局以科学发展观为指导,不断优化农机装备结构,努力提高农机装备水平、作业水平和服务水平,为发展现代农业、建设社会主义新农村做出贡献。

【农机装备总量持续增加】 到2012年底,河北省农机总动力达1.056亿千瓦,同比增长2%;大中型拖拉机保有量21万台,同比增长10.5%。

【农机作业水平稳步提升】 2012年,河北省主要农作物耕种收综合机械化水平达到69.2%,同比增长2%;小麦机收水平达到98.5%,机播水平97%;玉米机收率达到45.6%,比2011年增长10.6个百分点。

【农机专业合作组织不断发展】 2012年,河北省在工商行政管理部门注册的农机专业合作社716个,比2011年增加116个,社会化服务能力进一步增强。

【农业机械化新技术推广面积不断扩大】 2012年,河北省部级保护性耕作项目县18个,其中:新建3个,续建8个,滚动7个,全省实施面积216.20千公顷,累计实施面积1 203.20千公顷。

【认真落实农机购置补贴政策】 2012年,中央分三次下达河北省农机购置补贴资金9.8亿元,河北省财政安排补贴资金1 500万元,全部到位。全年累计补贴各类农机具154 264台(套),其中动力机械25 617台,耕整地机械18 450台,收获机械18 425台,种植机械16 344台,设施农业33 104台,田间管理机械18 780台,畜牧水产、养殖机械12 776台,89 818个农户受益。农机购置补贴政策的实施,拉动农民及服务组织投入20亿元以上。全省农机总动力新增300万千瓦以上,连续多年保持2%以上的增长速度;新增大中型拖拉机2万台,新增大中型配套农机具4万多台(套),配套比突破1: 2.1;新增小麦联合收割机3 450台,新增玉米收获机9 351台,增速较2011年提高3倍以上,玉米收获机保有量达到2.7万台。此外,全省畜牧水产、养殖、设施农业、病虫害防控等机械设备也有较大幅度增加,使河北省农机装备结构不断优化,机械化水平明显提升。

【组织好重要农时季节农机生产】 2012年,河北省全力投入春耕、"三夏"和"三秋"机械化农业生产,组织技术人员做好指导和服务,发挥农机的主力军作用。春季,全省组织各种机具200多万台投入抗旱和春耕生产,出动5 600人次农机技术人员深入基层开展指导和服务,检修各类农机具近百万台。完成机耕面积2 600千公顷,机播面积3 133.33千公顷,其中玉米机械化精量播种140千公顷,棉花机械化播种566.67千公顷,花生机械化播种173.33千公顷,机械节水灌溉面积733.33千公顷。"三夏"期间,各级农业机械化主管部门共组织140多万台(套)农机具,8万多台联合收割机投入夏收、夏种。经过15天的机收会战,机收小麦2 368.67千公顷,机收率98.5%,实现夏粮丰产丰收,颗粒归仓。在做好抢收小麦的同时,大力推行小麦机收+秸秆还田+玉米机播"一条龙"作业模式,机收、机播同时推进,玉米机播率达到85%。秋季,全省共投入各类农业机械总量200万台(套);其中,投入大中型拖拉机21.5万台,深松作业机械5 000多台,完成深松作业面积240千公顷;投入玉米收获机2.78万台,完成玉米机收面积1 373.33千公顷;投入播种机械22万台(套),完成小麦机播面积2 333.33千公顷,其中,免耕播种达到133.33千公顷以上;投入秸秆还田机12.5万台,完成机械化秸秆直接还田面积达到1 333.33千公顷;小麦播后镇压实现全覆盖。2012年首次出现一天之内完成从玉米收获到播种小麦的高效作业模式。

【大力推广农业机械化新机具新技术】 2012年,河北省各地在"三秋"生产中切实加大关键性农业机械化新技术推广力度。一是狠抓机械化秸秆综合利用。大力推行玉米机收、秸秆还田、精细整地、小麦播种(免耕播种)"一条龙"作业,降低生产成本,提高玉米收获和小麦播种质量。二是扎实推进深松作业。2012年,全省以农机深松工作"做深、做细、做精"为目标,认真研究,精心部署,在深松丰产技术整合上实现了新突破。利用农业生产救灾资金4 000万元,在20个县实施深松作业106.67千公顷。三是巩固小麦机械化保护性耕作成果。在2012年"三秋"作业中,各项目区进一步加强不同土质结构、不同墒情、不同秸秆量、不同实施年限深松技术模式的研究，广泛开展技术服务，在条件成熟的市、县实施整村、整乡、整县推进，建立千亩示范方，实现成方连片，整体推进。四是大力实施小麦播后镇压。提高小麦苗期抗寒、抗旱能力和出苗质量。全省各级农机管理部门继续按照镇压全覆盖的工作思路，大力宣传小麦机械镇压的好处，鼓励农民使用带镇压装置的小麦播种机械，确保全省适宜地区小麦播后实现100%镇压。

【大力推进玉米机械化收获】 2012 年，河北省各级农机管理部门多措并举，全力推进玉米机械化收获水平，并取得重要突破。新增玉米收获机 9 295 台，较上年提高 3 倍以上，玉米收获机保有量 2.7 万台，完成玉米机收面积 1 373.33 千公顷，较 2011 年增加 333.33 千公顷，机收率 45.6%，较上年增加 10.6 个百分点。玉米机收工作呈现出四个特点：一是农民用机购机热情空前高涨。通过各级农机管理部门多年的推广宣传，农民已普遍认识并接受玉米收获机和机械化收获玉米的方式，踊跃申请购买作业机械，许多地区还出现持币待购的火爆局面。二是机具质量日趋稳定。通过农机管理部门和生产企业的多年探索，玉米收获机质量逐渐稳定，作业效率逐年增高，从发展之初每小时作业 0.20～0.27公顷，提高到如今每小时作业0.47～0.53公顷，效率提高近一倍；农忙时节机具质量投诉明显减少，2012 年河北省质量投诉站受理的玉米收获机投诉仅为 4 起。三是中央下达河北省的补贴资金比上年增加 50%，农机购置补贴向玉米机收倾斜，第一批补贴资金中 60% 优先安排玉米收获机补贴，为玉米机收发展提供强大资金保证。各市把发展玉米机收作为实现全程机械化的主攻方向和突破口，市县财政资金累加补贴，促进区域化发展。四是作业效益逐年增加。“玉米机械化收获 + 秸秆还田”的作业模式，一些地区作业费用超过 180 元，效益十分可观。从河北省实际情况看，玉米机收比人工收获生产效率提高 30 倍，平均每公顷节约成本 300 元左右。2012 年，通过使用玉米收获机替代出农村劳动力 120 多万人，为农民减少生产性支出 5 亿元。通过组织玉米机收跨区作业，吸纳部分农村劳动力就业，还增加机手作业收入 6.5 亿元，成为农民增收的一个新亮点。

【积极发展农机专业合作组织】 2012 年，河北省按照依法扶持促进，提升质量水平，努力推动农机合作社持续健康发展的原则，大力加强农机专业合作社建设。全省农机合作社通过带机入社的方式，把个体农机组织起来，形成团体优势，通过推行订单作业、土地托管、“一条龙”作业等服务模式，提高农机集成配套能力，减少机具重复购置，提高使用效率，实现生产要素和资源的合理配置。同时，经济实力显著增强，大型、新型、高科技含量机械快速发展，农机装备得到优化，农田作业实现全程机械化。农机合作社除承担本村农机作业外，服务区域发展到周围乡村农户，服务领域由原来的农田作业发展到饲料青贮、植树、农资供应、农田水利建设等。各级农机部门组织开展调研，通过全面考察，典型引路，大力提倡高标准选择示范点。从起步开始就按照专业合作社章程建立，在组织机构、建章立制、运行模式、利益机制等方面不断进行规范和完善。

【着力抓好农机安全生产】 2012 年，河北省各地农机主管部门和监理机构，认真履行安全生产监管责任，确保人民群众生命财产安全、农村社会和谐稳定和农业机械化健康发展，认真贯彻落实农机安全生产法律、法规，坚持预防为主，全面强化监管，结合农机生产特点，全面落实安全生产责任制。以“平安农机”创建、开展农机“安全生产年”活动为抓手，加强组织领导，强化业务规范化建设，明确创建目标、任务，开展“打非治违”专项行动，加强农机安全及驾驶操作人员管理，加大督导检查力度，安全宣传教育等措施，不断推动创建平安农机活动深入开展，提高农民群众安全意识，开展事故隐患排查治理，消除农机事故隐患，使全省农机安全生产状况保持持续稳定。

山 西 省

【概况】 2012 年以来，山西省各级农机部门认真贯彻落实全国农业及农业机械化工作会议精神，求真务实，开拓创新，农业机械化发展和农业机械化工作呈现出了健康、稳定、持续发展的良好势头。

【玉米收获机大幅增加、大中型拖拉机和薯类收获机增量持平，农机装备水平得到有效提升】 2012 年，山西省新增大中型拖拉机 4 472 台、薯类收获机 1 268台，增幅与 2011 年持平，保有量将分别达到 9.34 万台和 5 400 台；新增玉米收获机 3 639 台，是 2011 年增量的 1.4 倍，保有量将达到 1.01 万台。到 2012 年年底，农机总动力达 3 047 万千瓦，比 2011 年增加 120 万千瓦，增幅 4%。同时，畜牧、设施农业、林果及农产品加工机械等得到快速发展，农机装备结构得到有效调整。

【玉米和薯类机收等薄弱环节机械化取得较大突破，农业机械化作业水平稳步提升】 2012 年，山西省玉米和薯类机收水平分别由 2011 年的 26% 和 32.5% 提高到 2012 年的 35% 和 45.7%，分别提高 9 个和 13.2 个百分点。机耕、机播、机收水平分别为 68.3%、63.4%、39.6%，机播、机收水平分别比 2011 年提高 4 个和 6 个百分点；主要作物机械化综合水平达到 58% 以上，比 2011 年提高 3 个百分点。

【农机合作社蓬勃发展，农业机械化效益显著提高】 截至 2012 年，山西省农机合作社和农机大户较 2011 年分别增加 286 个和 1 300 个，分别达到 1 558 个和 4 716 个。全省农业机械化经营总收入 117 亿元，比 2011 年增加 9.5 亿元。其中农机户经营纯收入达 58 亿元，比 2011 年增加 5 亿元。

【农机安全形势持续向好】 2012 年，山西省发生 10 起一般农机事故，直接经济损失 20.7 万元，低于山西省人民政府下达的农机安全生产考核指标，农机安全生产形势总体趋于稳定。

【认真落实农机购置补贴政策，农机装备水平得到大幅提升】 2012 年，山西省共落实农机购置补贴资金 7.4 亿元，其中中央财政资金 6.7 亿元，山西省财政投入 4 000 万元，市（县）配套资金 3 000万元。全省使用中央财政补贴资金 6.59 亿元，引导 10.4 万户农民购买各类农业机械 16 万台件，带动全省农机经销企业销售额达到 23 亿元。在实际工作中，将“补贴资金结算审核、经销商确定和监管、补贴资金分配和调剂”三个权力下放到市级农机部门；采取“三先三后”（“先上户后累加”、“先作业后累加”和“先验收后补贴”）的办法；制定经销商监督管理办法、补贴资金结算办法等;在清徐等12个县开展农机报废更新补贴试点工作;狠抓农机补贴廉政风险防控机制建设和督导检查。此外,各地纪检监察部门普遍对农机购置补贴工作进行监督检查。在全省各级农机部门的共同努力下,总体上保持平稳运行的良好态势。

【精心组织重要农时季节机械化生产,玉米、薯类机收等农业生产关键环节机械化取得突破性进展】 2012年春耕春播期间,山西省共投入各类农业机械40.5万台(件),完成机械化耕整地1 823.33千公顷,机械播种1 453.33千公顷,分别比2011年同期增加23%和21%,总体生产进度比2011年提早7天左右。“三夏”抢收抢种期间,组建跨区机收服务队195个,成立接待站97个;投入各类作业机具42.5万台,其中联合收割机1.3万台,播种机2.2万台;完成小麦机收面积663.33千公顷,小麦机收水平95.1%,比2011年提高3个百分点;秋粮机械复播面积376.67千公顷。“三秋”作业期间,共完成玉米机收面积590千公顷,机收水平35%,较2011年提高9个百分点;薯类机收面积101.33千公顷,机收水平45.7%,较2011年提高13.2个百分点;小麦机播面积680千公顷;完成柠条机械化平茬面积7.73千公顷,2012年完成10千公顷;投入1.125亿元,实施玉米丰产方机收秸秆还田作业补贴250千公顷,完成玉米秸秆还田面积1 200千公顷。玉米、马铃薯机收等作物生产关键环节机械化“瓶颈”实现较大突破。

【稳步推进机械化保护性耕作工程,全省粮食生产能力和耕地生产能力得到显著增强】 2012年,山西省新增机械化保护性耕作实施面积126.67千公顷,累计实施面积866.67千公顷,覆盖山西省11个市100多个县,受益农民近1 100万人,为全省增产粮食7亿千克,节约生产成本3.5亿元,总节本增效18.2亿元以上。在具体工作中,重点抓了以下三项工作:一是加大保护性耕作培训工作力度。2012年以来,全省各级农机部门共召开保护性工作技术培训会、现场演示会450次,培训技术管理人员、农机操作手和农民26.5万人。组织召开保护性耕作工程建设项目管理培训班,对全省保护性耕作工程建设项目县农机局局长、项目管理人员及财务管理人员70多人进行专题培训。二是在调查研究的基础上,制定“全省保护性耕作工程建设项目管理办法和实施细则”,为更好的发展保护性耕作技术提供操作性很强的工程建设实施指南。三是初步建立起国家保护性耕作工程项目承担县的筛选机制,从全省规划的项目建设县中筛选出12个县作为2013年国家保护性耕作工程项目承担县。

【加大农机科研和农业机械化技术推广力度,机械化对现代农业的科技支撑作用显著增强】 2012年,山西省各级农机部门围绕农业产业结构调整,重点示范推广玉米机收秸秆还田、马铃薯机收、农作物秸秆综合利用、设施农业机械化配套、小杂粮生产机械化、高粱收获机械化、畜禽养殖及饲草加工、丘陵山区机械化、现代物理农业装备及技术和农产品处理及加工装备等农业机械化技术。2月和4月,在清徐县举办“第七届北方现代农业装备推广展示交易会”和春季农业机械化生产作业现场观摩会;5月,在左云县组织召开全省柠条机械平茬加工利用现场会;9月,组织全省农机企业参加全国第十届农产品交易会,展示山西省农机制造行业的新成就;在临县举办全省马铃薯机械化收获技术推广现场会;在阳曲县举办全省玉米机械化收获暨秸秆还田技术推广现场会;10月,与中国农机工业协会联合在武乡县举办全国谷子生产机械化技术研讨会。各地普遍结合当地农业生产需求,适时开展农业机械化新技术新机具示范演示。全省举办各类大型现场演示、展示会110场,培训农民8万余人次;举办各类专题技术培训班130多次,培训农机推广人员和业务骨干7 000余人。在杂粮机械化生产方面,组织有关人员对全省杂粮种植集中的11个市70个县140多个村机械化发展现状、存在的问题进行调研,并提出下一步工作措施及建议。在农产品加工技术推广方面,重点示范推广油料、小杂粮、饲料饲草加工及果蔬烘干等34个农产品处理及初加工装备技术示范项目,全省共推广各类加工机械300多台(套),带动发展各类粮油、果蔬、秸秆饲草加工点50多个;完成82个农村油坊磨坊升级改造建设项目,并已通过检查验收。在农机科研开发方面,有2项农机科研成果通过省级科技成果鉴定,1项正在申请结题验收并进行科技成果鉴定。

【农机专业合作社建设步伐加快,农机社会化服务水平明显提高】 2012年,山西省农机部门从健全组织机构、增加资金投入、制定创建标准、推出示范典型、建立表彰机制等方面入手,狠抓农机专业合作社规范发展。一是与山西省总工会农林水工会联合组织召开全省农业机械化生产“三大作业”表彰大会,对2011年度农业机械化生产劳动竞赛中涌现出的先进单位和个人给予表彰。是山西省农业机械化发展历史上首次表彰,在全国范围内也属首创。二是制定出台《山西省农机专业合作社“示范社”建设标准》,明确“示范社”的建设目标、建设内容、建设标准及推进措施。三是对全省农机合作组织进行交叉检查,评选出1个五星级、13个四星级农机维修网点。四是采取划片组织、分期编班的办法,举办五期农机专业合作社社长培训班,培训600余人。选送11名农机维修技术人员和3个农机合作社社长参加农业部农业机械化管理司组织的农机维修高技能人才培训,其中柳林县鑫联农机专业合作社社长冯中生还代表山西省作典型发言。五是在“三夏”和“三秋”期间,分别组织全省800多个和1 200多个农机合作社投入农业机械化生产,共签订作业合同9 000余份、1 000多千公顷,完成作业面积2 000多千公顷,实现收入6亿多元,单车平均纯收入达到3万余元。同时,还狠抓农机维修人员技术培训和牌证核发管理,全省共举办农机维修人员技术培训316次,培训维修人员1.48万人,核(换)发农机维修技术合格证1 368个,督导检查维修网点2 325个。

【狠抓了农机安全监理和质量监督工作,农机安全生产形势保持稳定】 2012年,山西省农机部门在农机安全监理方面,一是狠抓拖拉机安全监理“三率”工作。截至2012年,全省新注册登记拖拉机、联合收割机2万台,检验机车8.2万台,新训新考驾驶员1.19万人;二是开展农机免费监理工作。免除1.97万台手扶拖拉机省级检验费7.88万元、5.34万台拖拉机及联合收割机喷放大字号费25.65万元,两项合计33.53万元；三是深化农机安全生产专项整治。检查各类机车 29 226 台次，排查一般隐患 7 437 项，整改 7 356 项，整改率达到 98.91%；四是集中开展农机安全生产“打非治违”、百日农机安全生产和农机交通安全“牵手平安行”等专项行动。共检查拖拉机、联合收割机 41 296 台次，打击各类违章行为 6 293 多台(次)；五是狠抓农机安全生产宣传教育。组织开展农机“安全宣传月”和“咨询日”活动，全省共印发宣传资料上 20 多万份，签订安全生产承诺书 16 000 多份；六是深入开展“为民服务，创先争优”创建活动。向农业部农业机械化管理司推荐和顺、泽州等 4 个示范窗口单位和段忠民等 11 个示范岗位标兵。在农机产品质量监管方面，在全省组织开展“发展与安全”农业机械化质量宣传活动，共印发宣传资料 18.3 万余份，接受群众咨询 1.95 万余人次；对山东、河北、河南、山西等四省 20 家玉米收获机生产企业的质量保障能力进行督导检查；对获得推广鉴定、定型鉴定证书的 44 家企业 104 个产品进行了抽样监督检查；联合质监、工商部门，在全省开展重要农时季节农机打假专项治理行动，检查 270 余家经销企业 6 025 台(件)农机及零配件商品，查处无证、假冒、劣质农机及零配件产品 1 200 台件；起草《联合收获机械安全标志》农业行业标准，并已通过专家审定，起草《联合收获机械可靠性评价方法》和《脱粒机安全要求》讨论稿。

【狠抓了农机行业文化建设】 2012 年，山西省农机部门与中国农业机械化协会共同举办“平遥国际摄影大展第二届全国农机摄影大赛”，征集作品 1 800 余幅，遴选出 132 幅优秀作品在平遥国际摄影大展上进行展出。在全省组织丘陵山区机械化发展情况和农机购置补贴政策实施八年成效调研活动，了解全省农业机械化发展成效、存在的问题，并有针对性地提出解决措施。启动 2012 年度山西省农机局干部下乡驻村包点和扶贫工作，开展 7 方面帮扶工作，并为武乡、左权、静乐、偏关等县省领导驻村联系点安排农业机械化项目和资金。加大农业机械化新闻宣传工作力度，山西省共举办市级以上大规模农业机械化活动 110 余次，县级活动 300 多次；在中央媒体和省级媒体刊发专题专栏文章 143 次，省电视台报道农业机械化新闻 32 次；《山西信息》和《晋政信息》分别采用农业机械化信息 16 条和 14 条；采集农机网站信息 4 500 多条，发布 2 100 多条；发送《山西农机手机报》7 744 条，跨区作业短信 3.6 万条；采集和发布“机手的一天”微博互动信息 1 000 多条。

内蒙古自治区

【概况】 2012 年，内蒙古自治区农机部门围绕农牧业中心工作，发挥先进生产力助推作用，科学谋划，狠抓落实，有序推进，扎实开展，较好完成全年工作任务。

【农机装备总量持续增长】 2012 年，内蒙古自治区农机总动力 3 250.7 万千瓦，比 2011 年增长 2.5%；农机总值 311 亿元，较 2011 年增长 7%；拖拉机拥有量 104.64 万台，同比增长 1.9%；其中大中型拖拉机 59.36 万台，占拖拉机总量的 56.7%，比 2011 年增长 3.4 个百分点；玉米联合收获机 9 106 台，比 2011 年新增 4 301 台。

【机械化水平不断提高】 2012 年，内蒙古自治区农作物机耕、机播、机收水平分别达到 90.1%、80.5% 和 42.5%。综合机械化水平 73%，同比增长 2.4 个百分点，是近 10 年增长最快的。在小麦机收问题基本解决以后，主要作物玉米、马铃薯、大豆等机收水平快速提高，分别达到 23.3%、57.2% 和 84.8%，同比分别提高 5.2 个、9 个和 3 个百分点。主要作物机收水平增速加快，有力拉动综合机械化水平提高。

【农业机械化新技术应用进一步扩展】 2012 年，内蒙古自治区实施保护性耕作面积 1 120 千公顷，比 2011 年增加 88 千公顷。技术应用从小麦、油菜作物延伸到玉米种植，从农垦系统规模化推广向农户大面积推广发展。机械深松整地 1 266.67 千公顷，占适宜深松面积的 30%，稳步推进三年一轮深松目标；机械化精量播种、秸秆还田、节水灌溉等新技术推广面积不断扩大，分别为 2 700 千公顷、1 240 千公顷和 1 233.33 千公顷，同比分别增长 2.4%、2% 和 18.3%。

【农机社会化服务力量不断发展壮大】 2012 年，内蒙古自治区在工商管理部门登记注册的农机专业合作社达到 908 个，比 2011 年增加 176 个，10 万元以上的农机大户达到 2.5 万户，比 2011 年增加近 2 000 户。农机专业合作社和农机大户构成农机社会化服务的主力，社会化服务比重达到 22.8%，比 2011 年提高 3.5 个百分点。农业机械化社会服务呈现鲜明的规模化作业特点，推动土地流转和农牧业规模化经营，引领生产方式转变。

【农业机械化示范园区建设进一步深化】 2012 年，内蒙古自治区农业机械化示范园区 550 个，比 2011 年增加 79 个，示范园区农机标准化作业示范基地规模 345.87 千公顷，比 2011 年增长 8.2%。示范园区集农机、农牧业技术应用于一体，进行新机具新技术试验示范、农机标准化作业、土地草场集约化经营和农机规模化作业，是农机农艺融合的示范。呼伦贝尔市大豆高台种植、通辽市玉米大小垄栽培、赤峰市地膜全覆盖技术，实现农机农艺有机融合；临河区的玉米密植机械化示范项目被农业部评选为优秀项目。

【农业机械化教育培训更具时效性】 2012 年，内蒙古自治区落实农机教育培训 14 万人次，高出目标数 7%。教育培训日益实践化、应季化。农机技术机构与企业结合，紧抓农时季节，深入田间地头生产第一线，实地开展培训并进行职业技能鉴定。2012 年召开各类全区性机械化现场培训会 20 余次，开展农机从业人员职业技能鉴定 2 345 人，比 2011 年增长 8.7%。

【农机质量状况有所好转】 2012 年，内蒙古自治区发生农机质量投诉案件 33 起，比 2011 年减少 19 起。近几年大力度、大面积推广的玉米联合收获机、马铃薯收获机技术渐趋成熟，质量性能比较稳定，是产品质量有所好转的主要原因。

【农机安全生产形势持续稳定】 2012 年，内蒙古自治区发生农机事故 13 起，死亡 2 人，比 2011 年分别减少了 18.7% 和 67%，总体控制在指标任务内。全区拖拉机上牌、检验、驾驶员持证“三率”预计到 70%、85% 和 69%，比 2011 年同期提高 1.7 个、1.1 个和 1.2 个百分点。

【农机制造和流通产业较快发展】 2012年，内蒙古自治区在国家和自治区农机购置补贴和有关政策推动下，农机制造和流通产业进入快速发展期。农机工业产值超20亿元，与农机购置补贴政策实施前的2003年相比，实现成倍增长，涌现一批产值亿元以上企业。在农机产销龙头企业带动下，形成分布全区的农机制造企业集团、生产基地、农机物流中心，产业化规模正在形成。

【大力开展机械化生产】 2012年，按照农业部和内蒙古自治区农牧业厅的统一部署，内蒙古自治区农机部门安排全年机械化生产，主要农时季节及时下发机械化生产通知，做到早部署、早落实，确保全区农业生产稳步推进。其中春播、夏收、秋收三个最重要作业季节，农机部门组织管理技术人员1.28万人次，开展督查和服务，重点组织开展农机社会化服务。"三夏"期间，全区192台联合收割机参加出区作业，机收小麦41.13千公顷；区内投入联合收割机7 200台，机收小麦571.07千公顷，机收率达93.5%。"三秋"机械化生产突出玉米、马铃薯、牧草等重点作物的机收工作。在包头市召开玉米机械化收获现场演示展示会，推动全区"三秋"农业机械化技术推广和玉米等主要作物机收作业。

【用足购机补贴政策带动作用】 2012年，内蒙古自治区农机部门争取中央财政农机购置补贴资金9.5亿元，比2011年增加1.82亿元。内蒙古自治区财政继续安排购机补贴资金7 480万元，其中6 780万元用于牧民累加补贴，700万元用于保护性耕作机具累加补贴。农机购置补贴进入实施和结算收尾阶段，共补贴购置机具9.1万台(套)，受益农户7.37万户。利用农机购置补贴政策，有力带动重点工作开展。借助牧民购机累加补贴政策，及时谋划部署草原牧区畜牧业机械化；借助保护性耕作机具累加补贴政策机遇，着力推进保护性耕作技术应用；制订倾斜政策，扶持农机专业合作社发展；下达玉米收获机补贴指标任务，保证玉米收获机保有量增加，快速提升玉米机收作业面积。

【多措并举推进新技术应用】 2012年，内蒙古自治区农机部门把保护性耕作作为新技术推广的重中之重，争取国家对内蒙古自治区保护性耕作项目投资3 300万元；安排900万元。按照内蒙古自治区试验项目、农业部示范项目、国家工程项目的不同层次，实行梯级管理，按照不同阶段项目实施效果，进行项目升级。梯级管理措施有效地保障全区保护性耕作技术的稳步推进；同时，利用农村土地流转时机，依托农机专业合作社规模化作业优势，实现农村散户应用保护性耕作技术的突破性进步。全区农户实施保护性耕作853.33千公顷，比2011年增加6.85%。另外，结合农时季节，利用目标管理、现场演示等方法，扎实推广机械深松、精量播种、化肥深施、秸秆根茬还田、节水灌溉等技术。

【科学谋划牧区畜牧业机械化】 2012年，内蒙古自治区农机部门把牧区机械化发展划分成草业生产、养殖环节、生产生活三个装备领域，制定印发《内蒙古自治区现代草原畜牧业机械发展规划(2012—2015年)(试行)》和畜牧业机械化评价与统计指标体系，指导发展。根据不同草原类型，设计草原牧区机械化模式，选择不同模式试点，开展试验示范工作，通过以点带面，推进全区现代草原畜牧业机械化发展。西乌旗赛罕淖、东乌旗额仁宝力格、阿巴嘎旗阿拉腾和鄂托克前旗昂素畜牧业机械化试点，取得较好效果。

【加快推进农机专业合作社和示范园区建设】 2012年，内蒙古自治区农机部门认真贯彻落实农业部《关于加快发展农机专业合作社的意见》，强化目标管理，提升建社质量，在赤峰市开展不同耕地面积、不同类型农牧区如何科学确定合作社建设数量的调研论证，为全区农机专业合作社建设坚持数量与质量并重发展原则指明方向。不断深化合作社建设，引导农机专业合作社由劳动力互助为主，向土地承包经营、各类生产要素整合方向转变；由单一农田草牧场作业，向农资经营、农产品加工、机具维修等一体化经营方向发展。坚持农机合作社领办农业机械化示范园区的主导方向，不断扩大建设规模，促进土地草场流转，规模化经营，推动了农机标准化、农机与农艺融合。

【加强农机产品质量监管和从业人员技能培训】 一是认真开展农机质量信息跟踪调查，内蒙古自治区9个盟市对2011—2012年享受农机购置补贴的玉米收获机、马铃薯种植机及滴灌设备三种农机产品的安全性、可靠性、适应性情况开展质量调查。受理农机投诉案件33起，因产品质量和服务质量，取消河北省冀新公司等两个企业的补贴产品资格。结合机械化生产，开展全区农机产品"打假查劣"行动，查处产品8 891台件，折合人民币51.7万元。二是加快推进农机标准化建设，开展全区农牧业机械标准化技术委员会筹建前期工作，制订工作计划，与内蒙古自治区质量技术监督局进行全面对接，并制订标委会章程。三是积极开展农业机械化教育培训大行动。并把农机技术培训与"阳光工程"结合起来，增强适用性，对农机维修、营销、驾驶操作人员开展职业技能鉴定，提高他们从业技能水平。

【狠抓农机安全生产管理】 2012年，内蒙古自治区农机部门争取自治区人民政府批准，对拖拉机免征挂牌费、领证费、年检费，进入与有关部门协调办理阶段。推动"农机安全生产年"活动，强化农机安全依法监管力度，按照农业部、内蒙古自治区农牧业厅的总体部署，在全区范围内集中开展为期四个月的农机安全生产"打非治违"专项行动，有效治理了农机无牌行驶、无证驾驶、未检验作业等行为。继续开展"平安农机"创建活动，推荐通辽市科左中旗等4个全国"平安农机"示范县。开展农机安全监理"为民服务创先争优"示范窗口，全区有8人被评为全国农机监理"为民服务创先争优"示范岗位标兵。开展全区农机安全监理业务规范化检查督导，为全区农机安全管理提供保障。

【深入开展信息宣传工作】 按照2012年初制定的《2012年农业机械化新闻宣传工作要点》要求，内蒙古自治区农机部门以挖掘农业机械化亮点信息为抓手，把主要社会媒体报道、农业机械化网络信息、政务信息宣传作为一项重要工作加以推进。利用主流媒体重点宣传报道机购置补贴政策、农机抗旱保春播服务、农机专业合作社及农业机械化示范园区建设等内容60多次，其中向内蒙古电视台、广播电台、内蒙古日报等自治区多家媒体报道近10次。在网络宣传方面，累计向农业部农业机械化管理司及中国农业机械化信息网、内蒙古农牧业信息网提交各类政务信息 300 多条（篇），完成对内蒙古农牧业机械化信息网的信息审核和信息提交、报送等日常工作任务，"内蒙古农业机械化信息网"审核提交各类政务、新闻等信息 1 000 余条，网站全年累计点击次数超过427.3万次。通过主动性、时效性、特色性、真实性的信息宣传带动全区农业机械化持续健康发展。

【推进农机产业化发展】 2012 年，内蒙古自治区农机部门举办自治区农牧业机械行业协会机构组建和工作启动仪式，统筹协调内蒙古自治区农机制造、流通、维修行业发展，构筑起农业机械化发展的装备和服务产业化体系。协会在农机管理部门和企业间积极发挥桥梁纽带作用，在《内蒙古自治区人民政府关于加快自治区农牧业机械工业发展的实施意见》等政策措施指导下，牵头举办全区农机产品展览会，协调蒙西农机市场的启动工作，谋划呼包鄂农机物流园建设，指导赤峰市宁城农机产业园区建设，对全区农机制造、销售、维修产业发展，培育农机龙头企业，推动农机产业化进程起到很好的引领作用。

辽 宁 省

【概况】 2012 年，辽宁省农机系统开拓创新，精心策划，扎实工作，较好地完成农业部和省人民政府确定的主要目标和各项任务，农业机械化的快速发展，有效提高土地产出率、资源利用率和劳动生产率，增强了农业综合生产能力、抗风险能力和市场竞争力，为辽宁省粮食生产实现"九连增"和促进农民增收"九连快"做出应有的贡献。2012 年全省农业机械化投入 37.9 亿元，其中，中央财政补贴 9.66 亿元（含大连 0.46 亿元），地方补贴 0.74 亿元（含大连 0.19 亿元），带动农民投入 27.5 亿元。到 2012 年底，全省农机总动力 2 510 万千瓦，农机总值210 亿元，同比增加 100 万千瓦和30 亿元；拖拉机和配套机具保有量 47.5 万台和75.5 万台（套），同比增加2.5 万台和 9.5 万台（套）；机耕、机播和机收水平达到 95.3%、74.5% 和 34.5%。耕种收综合机械化水平 70.8%，同比提高3.3 个百分点。粮食作物薄弱环节机械化发展步伐明显加快，新增水稻机插67.93 千公顷，新增玉米机收面积190.80千公顷，水稻机械栽植和玉米机收水平分别达到 55.9% 和 28.5%，同比提高 10.3 个和 9.3 个百分点。

【突出抓好农机补贴政策落实，农机装备结构得到进一步改善】 2012 年，中央财政安排辽宁省农机购置补贴资金 9.2 亿元（共三批，不含大连），比 2011 年增加 1.4 亿元，补贴机具种类进一步扩大。12 大类、37 个小类、110 个品目、10 081 个型号的农机产品列入补贴。辽宁省农机部门层层签订工作责任状，细化工作制度，加强政策宣传，推进信息公开，完善运行机制，建立廉政风险防控机制，同时将 2012 年定为农机购置补贴政策绩效考核年，加强政策执行监督检查，深入开展专项整治，严格规范企业行为。3 月 22 日、9 月 11 日、4 月 18 日，先后 3 次开展警示教育活动，警诫各级主管部门和有关农机生产和经销商自觉遵守有关规定，规范农机补贴经销行为，筑牢反腐倡廉防线。各地精心组织，规范操作，政策实施启动早、措施实、进度快、效果好。全年共带动农民和农业生产经营组织投入 27.5 亿元，补贴各类农机具15.2 万台（套），其中，补贴拖拉机 2.51 万台。受益农户约 7.76 万户。购机补贴政策在提高农机装备水平、增强综合生产能力、促进农民持续增收、拉动内需、振兴农机工业等方面继续发挥了重要作用。

【突出抓好水稻生产机械化，水稻机械栽植水平快速提升】 2012 年，辽宁省水稻种植面积 643.33 千公顷。辽宁省委、省人民政府高度重视水稻生产机械化推进工作，2012 年 5 月 26 日，辽宁省省长陈政高主持召开全省水稻生产机械化推进会，明确提出，2013 年全省水稻生产要基本实现机械化。各级农机部门贯彻辽宁省人民政府要求，与农业等有关部门密切配合，加强农机农艺融合，重点解决水稻育秧和机械插秧的技术匹配问题。购机补贴向插秧机倾斜，落实补贴资金 6 700 万元，新增插秧机 5 500 台，插秧机保有量 2.75 万台。争取辽宁省以上资金 290 万元，建立水稻生产机械化示范区 21 个，其中国家级 5 个。辽宁省财政资金用于水稻插秧机的使用技能培训。16 个省级示范区，依托农机合作社，建立插秧机培训基地 36 个，培训插秧机手 8 599 人。全省完成机插359.90千公顷，水稻机械栽植水平达到55.9%，增加10 个百分点。2012 年5 月15 日，《中国农机化导报》以"辽宁依托合作社推广机械育插秧"为题，对该项工作进行大篇幅报到。水稻机收突破400 千公顷大关，达到 433.33 千公顷，水稻机收水平达到 70.6%，同比提高 7 个百分点。

【突出抓好玉米生产机械化，玉米收获机械化取得显著进展】 2012 年，辽宁省玉米种植面积 2 148 千公顷。辽宁省农机部门继续加大玉米收获机械化工作力度，实行补贴政策拉动、农机农艺互动、社会服务促动、梯度推进带动等"四轮驱动"，玉米机收呈现出全面铺开、加速发展的良好态势。争取辽宁省以上财政资金 282 万元，建立玉米生产机械化示范县 24 个，其中，省级 21 个，国家级 3 个。投入补贴 9 593.1 万元，新增玉米收获机 1 983 台，保有量 6 200 台。辽宁省财政安排资金 252 万元（每个项目区12 万元），重点用于玉米收获机的使用技能培训，提高技术应用水平。依托农机合作社，建立培训基地 53 个，培训玉米收获机手 1.09 万人。通过技能培训，农民购机积极性进一步增强，单机作业效率大幅度提高，营机户维修能力进一步改善，农机户购机进一步回归理性，农机技术集成效果进一步显现。大型玉米收获机（3 行以上）单机作业量 113.33 公顷，同比提高 20 ~ 33.33 公顷；小型机（2 行）单台作业量 26.67 公顷，同比提高 6.67 ~ 10 公顷。全省完成玉米机收625.73 千公顷，玉米机收水平 28.5%，同比提高 9.3 个百分点。

【突出抓好农机作业补贴，农机耕作制度改革再上新台阶】 继 2011 年在 12 个项目县实施保护性耕作能力建设后，2012 年辽宁省又有 13 个县（市、区）列入 2012 年保护性耕作建设项目计划。辽宁省财政安排资金 6 000 万元，完成133.33 千公顷保护性耕作和 133.33 千公顷深松作业补贴工作任务。2012 年，全省共有保护性耕作示示范区 56 个县（区），实施面积 448 千公顷，新增153.33 千公顷。其中，部级项目区示范面积316.33 千公顷。在建项目区完成146.67千公顷，老项目区完成 169.67 千公顷。技术模式包括高留茬覆盖和碎秆或整秆少耕覆盖，分别为248千公顷和167.33千公顷。保护性耕作每公顷增收节支750元，全省共增收节支3.36亿元。2012年，全省完成深松作业563.93千公顷。其中，辽宁省在13个市47个县（市、区）安排农机深松整地作业补贴面积133.33千公顷，每公顷补贴150元，共计安排深松作业补贴资金2 000万元。作业期间全省共投入59.66千瓦以上的大型拖拉机2 980台，深松机3 220台，其中：专用深松机1 782台，带深松铲的联合作业机1 438台。深松整地按每公顷增收节支600元计算，全省共增收节支3.38亿元。

【突出抓好农机经营体制创新，农机专业合作社发展迅速】 2012年，辽宁省农机部门会同辽宁省财政厅进一步完善农机专业合作社购机奖励和贷款贴息办法，对农机合作社购买水稻和玉米生产薄弱环节机械设备，给予10%的购机奖励和70%的贷款贴息。兑现2012年购机奖励和贷款贴息3 300多万元，比2011年增加1 100万元；受益农机专业合作社达到220个，比2011年增加45个。2010—2012年，累计落实购机奖励7 000多万元，受益合作社526个。截至2012年，全省农机合作社1 483个，合作社成员37 644人，服务农户104万户。入社经营土地面积287.20千公顷，从业人员29 877人。拥有机具21.5万台（套），其中，大中型拖拉机25 395台，联合收获机5 369台，水稻插秧机10 342台。资产总额25.5亿元，其中，农业机械原值26.99亿元，配套设施128.57万平方米。年作业服务总面积1 815.78千公顷，年度总收入10.45亿元。农业机械化服务总收入9.19亿元，其中田间作业收入8.6亿元，占总收入的93.6%，修理服务收入2 751.7万元，占2.99%。这些农机合作社与农机大户，在春秋两季农业机械化生产中发挥主力军作用，大幅度提高代耕、代种、代管、代收等农机社会化服务水平，服务农户数量达到104万户，占全省的1/6的农户享受到农机合作社的贴心服务。

【突出抓好购机补贴试点工作，进一步完善农机补贴管理体制和运行机制】 2012年，辽宁省农机部门按照《农业部办公厅财政部办公厅关于辽宁省开展农机购置补贴试点的批复》（农办财[2012]54号）精神，在昌图县和绥中县，组织开展农机购置补贴"县级结算，全价购机"的试点工作。从试点看，该管理体制和运行机制体现"四变"和"四不变"。"四变"：一是补贴资金结算层级变了：资金结算层级由省向县转变；二是补贴资金结算对象变了：中央财政补贴不再是直接拨付有关企业和结算经销商，而是由省财政直接拨付给县财政，再由县财政直接拨付到购机户账户里；三是补贴对象的确认主体变了：补贴对象不再是农机独家确认，而是建立联席会议制度，由县级政府牵头、纪检、监察、财政、农业等涉农部门参加共同认定补贴对象；四是核实补贴机具的主体变了：不再是农机部门单打独斗，而是农机、财政的两个部门共同参与。"四不变"：一是操作程序不变；二是经销商管理办法不变；三是价格在全省分类分档补贴额统一标准不变；四是农机购置补贴采用网络操作不变。农机购置补贴试点工作受到了购机农民、农机企业和有关各方的欢迎。两县农机部门、财政部门一致认为试点工作是可行的，取得了较好的成效。主要体现在以下三个方面：一是购机农民感到更加实惠。实行全价购机后，财政部门直接向农民结算，补贴资金直接到农民的"腰包"，让农民真切地感受到了农机补贴政策的实惠，不再怀疑补了多少、补给谁了。二是农机企业回归良性竞争。实行全价购机，农民可以与农机企业自由议价，货比三家，向农机企业支付全部购机款提货，农机企业不必再为农民办理补贴手续的快慢早晚而担心，而是把精力用在产品是否物美价廉、到货是否及时、服务是否周到等市场竞争力因素上。三是农机补贴资金更加安全。"全价购机、县级结算"的操作方式，直接将补贴资金兑现给购机农民，从而降低假买假卖、套取补贴资金的可能性，有效遏制了补贴产品经营违法违规行为的发生，提高了补贴资金使用的安全性。

【突出抓好节水农业农机配套服务，保证了滴灌节水农业工程顺利实施】 2011年8月，辽宁省人民政府启动实施666.67千公顷滴灌节水农业工程。为保质保量完成滴灌节水农业工程任务，2012年辽宁省人民政府以沈阳、铁岭、锦州、阜新、葫芦岛和朝阳市、昌图和绥中县为重点，把滴灌节水农业工程农机具配套工作作为农机部门重要工作，加强领导，明确责任，集中力量，狠抓落实。一是全力抓好机具选型及相关技术准备工作。项目下达后，辽宁省农机主管部门成立项目领导小组，组织有关部门领导和企业负责人，去新疆石河子考察膜下滴灌技术。组织3个调研组，对吉林、黑龙江、山东的滴灌节水技术应用情况和覆膜铺管播种机生产企业进行考察调研。组织召开全省滴灌节水农业工程播种机具现场演示会，制定《农机配套工作方案》和《配套农机具选型推荐目录》，推广适合当地农业生产实际的配套机具。二是全力抓好技术培训与技术服务工作。主要是利用2012年播种前的时间，针对滴灌节水农业工程技术基本原理、主要技术特点、配套机具选择、结构原理、安装调整等进行培训。采取理论授课和现场实际教学相结合，先后组织举办师资培训班13期，组织召开现场会15次，培训市县农机局、农机推广站、乡（镇）农机管理站和农机专业合作社的管理人员和技术骨干1 100人。三是全力抓好播前整地和覆膜播种等环节农机作业。各地对于2011年秋季耕整地的地块，采用旋耕整地的作业方式，确保耕层土壤平整细碎；同时清除地表的杂草根茬，使播种作业顺利进行。

【突出抓好平安农机的创建，农机安全监管能力得到加强】 2012年，辽宁省农机部门扎实推进"平安农机"创建活动，加强拖拉机、联合收割机牌证以及驾驶人管理，农机事故死亡人数控制在辽宁省安全生产委员会控制指标之内。2012年，把提高"三率"（上牌率、检验率、持证率）与农机购置补贴工作有机结合，规定凡是享受补贴的机具必上牌照，促进了拖拉机上牌率的提高；采取阳光工程培训、普惠制培训和扶贫培训等多种培训模式，促进驾驶人持证率的提高；实行农机企业与农机维修网点联合开展特约维修，与辽宁省交通厅联合发文，进一步规范跨区作业收费，促进拖拉机检验率的提高。全省拖拉机"三率"（上牌率、检验率、持证率）由2011年的41.67%、33.67%和37.65%提高到45.5%、47.6%和56.7%。全省11市28县分别建立农机质量投诉监督机构。开展以抽查企业生产条件、质量保证能力、售后服务情况等为主题的质量保障督导行动，维护了农民利益，推进了政策的有效落实。

吉 林 省

【概况】 2012年,吉林省农业机械化工作以促进农业发展方式转变,提高粮食产量,加快现代农业建设为根本任务,以调整优化农机装备结构、突破薄弱环节机械化、推广先进适用农业机械化新技术为主攻方向,认真实施农机购置补贴政策,深入推进全程农业机械化示范工程建设,积极培育农机大户和农机合作组织,不断强化公共服务,有效推动全省农业机械化的持续快速发展。

【农机装备总量快速增长,结构进一步优化】 2012年,吉林省农机总动力达2 550万千瓦,拖拉机保有量106万台,分别比2011年增长8.3%和7.1%;大功率、多功能、高性能及薄弱环节农业机械增长速度持续加快,大中型拖拉机保有量38万台,增长7.9%,所占比例较2011年提高0.5个百分点;水稻插秧机、水稻收获机、玉米收获机保有量分别为2.8万台、1.6万台、1.6万台,分别较2011年增长42%、30%和66.7%,增长数量和幅度均超过历年,农机装备结构性短缺的局面得到较大改善。

【农机作业水平进一步提高,薄弱环节取得重大突破】 2012年,吉林省农作物耕种收综合机械化水平69%,比2011年提高4个百分点。水稻育插秧、水稻收获、玉米收获等长期制约农业机械化生产全面发展的薄弱环节实现重大突破,水稻机插、水稻机收水平分别为56%和70%,分别比2011年提高4.7个和5个百分点,水稻生产实现以机械化作业为主的重大转变。玉米机收水平超过33%,比2011年提高8个百分点,从2010年开始已连续三年增长8个百分点以上。

【农机大户和农机专业合作组织蓬勃发展,服务能力不断增强】 2012年,吉林省农业机械化作业服务组织和农机户达到106万户(个),比2011年增长1.9%,其中拥有农机原值100万元以上的服务组织和大户超过5 000户(个)。农机合作组织呈现投资方式多元化、发展模式多样化,建设规模不断扩大,内部管理逐步规范。成为农业生产的中坚骨干力量和重要依托,有力地促进农业适度规模经营和产业化发展,促进农业生产专业化、标准化、规模化和集约化,也促进了农村经济快速发展。

【农业机械化新技术推广应用面积不断扩大,增产增收增效作用十分突出】 2012年,吉林省水稻机插面积484千公顷,玉米机收面积1 298.67千公顷,农机深松面积1 000千公顷,保护性耕作面积超过300千公顷。特别是保护性耕作和玉米机收推广速度非常快,由中西部平原发展扩大到东部山区,吉林省几乎所有的县(市、区)均开展保护性耕作示范推广,作业地块出苗率平均高出一成,在深松保护性耕作地块,秋季抗倒伏明显。玉米机收出现"两增一高"的大好局面,即机具大幅度增加、作业面积大幅度增加,农民使用机械收获的积极性空前高涨。据调查,大部分县秋季农机深松作业,可以使来年玉米每公顷增产1 500千克;水稻机插秧比人工插秧每公顷增产750千克左右,与人工插秧相比可提高生产效率15~20倍;玉米机械收获比人工收获每公顷可节省费用1 000~1 500元。

【认真组织实施农机购置补贴政策】 2012年,吉林省农机部门落实国家农机购置资金10.7亿元,是实施购机补贴政策以来资金最多的一年。补贴机具种类十二大类6 000多个型号的产品。补贴重点为水稻插秧机、水稻收获机、播种机、玉米收获机、深松机及保护性耕作等机具。全年补贴各类农机具近11.5万台件,受益农户10.5万户。

在实施农机购置补贴政策中,开展创新试点。一是优先补贴试点。凡符合条件的补贴对象申请购买水稻插秧机、玉米收获机、玉米免耕播种机和深松机四种产品之一的,补贴资金优先满足,均可享受到补贴。二是购机数量试点。一户农民年度内享受补贴的拖拉机或玉米收获机、水稻收获机等大型动力机械由不超过1台提高到2台,合作组织由不超过3台提高到8台。三是资金下放试点,在东辽县进行农机购置补贴操作方式创新试点,简化操作程序。

进一步加强农机购置补贴的管理监督。一是省、市、县层层签订责任书,一级抓一级,层层抓落实。二是建立农机购置补贴实施绩效考核管理机制,实施省、市、县逐级考核。三是加强廉政风险防控,建立互相制约、分级负责的权力结构和全方位的权力公开体系。四是进一步强化监督检查,全年开展两次集中检查,深入到生产企业、经销商和农户中抽查补贴政策落实情况。

【全面推进全程农业机械化示范工程建设】 2012年,吉林省继续实施全程农业机械化示范工程建设,投入省级资金1.1亿元,与国家农机购置补贴资金配合使用,对主要粮食作物关键薄弱生产环节的水稻插秧机、水稻收割机、玉米收获机、玉米免耕播种机及深松机在国家农机购置补贴的基础上实施定额累加补贴,累加后的补贴比例总体上可达40%~50%。2007—2012年持续投入吉林省农业机械化示范工程建设资金6.2亿元,累计建设玉米、水稻生产全程农业机械化示范工程800千公顷以上,扶持发展农机大户和农机合作组织5 000余个。2012年年底,示范区内主要粮食作物耕种收综合机械化水平为73.5%。

【深入实施农机深松作业补贴】 2012年,吉林省财政投入资金1.5亿元,继续实施农机深松作业补贴,全年完成深松整地作业面积1 000千公顷。2008—2012年中央和省市财政深松作业补贴资金累计投入6.08亿元,实施深松作业面积4 000千公顷以上,实现同一地块三年轮流深松一遍的良性循环。加强对深松整地工作的组织领导,由各级政府牵头组织实施,强化行政推动力。作业任务逐级分解,落实到乡村和地块。进一步强化作业质量检查验收,改进和完善补贴资金发放渠道,经公示无异议后,由财政部门将补贴资金通过"一卡通"直接兑付到农民手中。

【深入实施农业部农业财政项目和省级农业机械化推广补助专项资金项目】 2012年,吉林省新建、续建农业部保护性耕作和主要农作物生产机械化示范县15个,组织开展技术示范、效果监测分析。投入省级财政专项资金1 000万元,开展机械化保护性耕作、高水平水稻育插秧项目的示范推广,新建保护性耕作示范县15个,高水平水稻育插秧示范县6个。对2009—2012年省级农业机械化推广补助专项资金项目进行检查验收。开展不同区域保护性耕作技术、玉米机械化收获技术模式和作业标准研究,促进农机技术农艺技术融合。吉林省财政连续七年实施省级农业机械化推广补助专项资金项目,累计投入省级财政资金7 000万元,建成保护性耕作示范县20个,玉米机械收获示范县19个,秸秆综合利用示范县5个,水稻育插秧示范县19个。

【认真组织农业机械化生产】 2012年,吉林省农机部门紧紧围绕促进粮食增产、农民增收,认真组织春秋两大重要农时的农业机械化生产工作,发挥农业机械化主力军作用。一是省、市、县、乡层层召开春、秋两季农业机械化生产工作现场会,安排部署农业机械化生产工作,落实作业任务和工作措施,引领推动农业机械化新技术在农业生产中的广泛应用,充分发挥农业机械抢农时、抗御自然灾害、保增产、促增收的重要作用。二是做好农业机械化生产用油预测,与吉林省发展和改革委员会、石油储运公司协调,确保生产用油及时到位。三是开展技术服务和作业督导。组织技术人员深入村屯和田间地头,进行技术指导、质量督查、机具故障排除。四是组织农机开展跨区作业。及时统调农机作业市场信息在国家和省级农业机械化信息网上发布,引导农机跨区作业有序开展。与吉林省交通管理部门协调,为跨区作业的农民提供绿色通道,全年免费发放农机跨区作业证1 200多个。全省机耕、机播和机收水平分别达到85%、81%和36%,分别比上年提高2个、4个和7个百分点,为吉林省粮食再创历史新高提供有力的物质装备支撑。

【积极培育农业机械化作业服务组织】 一是政策扶持。吉林省在实施农机购置补贴政策将农机合作组织购置大型动力机械的数量由3台(套)提高到8台(套);省级农业机械化推广补助项目将农机大户和农机专业合作组织作为建设主体。二是组织召开吉林省农机合作社建设工作会议,统筹研究部署农机合作社发展布局、发展目标和工作措施。三是树立100个农机专业合作社和200个农机大户为吉林省农机社会化服务示范社(户),示范、推动农业机械化作业服务组织快速发展。

【进一步开展农业机械化教育培训】 2012年,吉林省农机部门利用各种培训资源,采取多种形式,加强对农业机械化管理人员、技术人员和作业服务人员的培训。一是借助阳光工程培训政策,对农机从业人员开展培训;二是开展冬春农业机械化新技术培训。在农闲时期,组织农机技术人员开展农机新技术讲座;三是各级农机部门组织开展继续教育培训、统计培训、农机事故处理员、拖拉机联合收割机考试员等岗位业务培训,提高农机管理人员、技术人员的能力和水平。全年举办各级各类培训班1 000多次,培训在岗人员达到7 000人,培训操作人员、维修人员10万人次,其中新购机农民4万次,发放技术资料20万份。

【进一步强化农机质量监督管理】 2012年,吉林省农机部门完成农业部、省推广鉴定78项,检测鉴定68项,生产许可证审查和检验13项。开展播种机、整地机、脱粒机、玉米剥皮机、饲料粉碎机等产品的质量监督抽查和玉米收获机械的质量调查工作。实施"金质惠农"活动,受理农机产品质量投诉,维护农民的合法权益,2012年受理投诉11起,成功调解10起,为农民挽回经济损失11.8万元。进一步规范农机维修网点,考评农机修理工、农机营销员职业技能鉴定近300人次。认真受理和审核《2013—2015年吉林省支持推广的农业机械产品目录》的申报产品。加强农业机械试验鉴定设施建设,投入1 500多万元扩建完善试验室设施条件,购置仪器设备,新建3万多平方米拖拉机试验场并投入使用,完善和满足拖拉机等产品的检测试验条件,试验鉴定和检测能力走在全国先进行列。成功承办全国农机试验鉴定工作会议,并作大会典型发言。

【全面加强农机安全监理工作】 2012年,吉林省农机部门坚持"安全第一、预防为主、综合治理"的方针,落实农机安全生产政策法规和安全生产责任制。吉林省人民政府与各市(州)政府、吉林省农业委员会与各市(州)农委分别签订安全生产绩效考核责任书和安全生产目标责任状,落实责任和工作目标。贯彻落实农机监理惠农政策,争取资金,增加设备、减免收费。深入开展"安全生产年"、"百日安全大检查"、"打非治违"专项行动、"平安农机"和"为民服务创先争优"示范窗口创建等活动。全年新注册登记拖拉机、联合收割机7万台,注册率53%,比2011年提高2个百分点;新增拖拉机、联合收割机驾驶员5万人,驾驶员持证率57%,比2011年提高1个百分点;检验拖拉机、联合收割机52万台,检验率81%,比2011年提高1个百分点。全年未发生重特大农机事故,事故率和死亡率分别控制在农业部规定的1‰和0.8‰之内,确保农机安全生产,促进农业发展和农村社会的稳定。吉林省有3个县被推荐为全国第四批"平安农机"示范县(市),3个县被农业部评为全国农机安全监理"为民服务创先争优"示范窗口单位。

【全方位开展农业机械化宣传】 2012年,吉林省农机部门围绕农业机械化重点工作,精心组织和谋划农业机械化新闻宣传和信息工作,加大投入,改进和提高宣传方式,提高覆盖面。2012年省级以上新闻媒体宣传报道吉林省农业机械化方面的新闻报道100余篇(次)(不含各级信息网),其中在《中国农机化导报》出版迎接十八大吉林特刊一期;发出农机购置补贴政策信息手机短信400余万条;印发农机购置补贴政策宣传图3.5万份、农机安全宣传单40万多份、宣传手册30余万本;在产粮大县主要公路旁20个广告牌上发布补贴政策信息;举办现代农业装备展示交易会,参展企业、参展人次、参展产品均高于往届。

吉林省新建基层网站1个,全省市、县各级网站总数46个,覆盖率近90%。省级网站更新各类农业机械化信息3 000余条,编辑各类农业机械化信息2 500多条,总点击率1 280万次。同时向中国农业机械化信息网、农业机械化管理司政务信息、中国农机化导报、吉林农业报、省农委工作简报报送信息1 000多条,采用率90%以上;印发《吉林农业机械化简报》12期,总字数25万余字,印发9 000余册。举办吉林省农业机械化信息员培训班和全省优秀网站和优秀信息员评比活动,进一步提高信息员的业务素质和能力。

黑龙江省

【概论】 2012年,黑龙江省农业机械化工作以推进全省现代农业建设为核心,以现代农机专业合作社建设、农机购机补贴、农机田间标准化作业和农机工业为重点，突出关键部位关键环节，完成2012年初确定的各项工作任务。

【完善运营机制，提高农机合作社综合能力】 2012年，黑龙江农机部门履职尽责、攻坚克难、开拓创新，完成现代农机合作社发展与建设任务。特别是在2012年秋雨多、地湿、机车难下地情况下，全省农机专业合作社发挥组织化程度高、大型机械作业能力强的优势，为实现粮食作物应收尽收做出贡献。合作社完成收获面积1 371.33千公顷，占18%；秋整地面积1 972千公顷，占38%。

【装备由单一作业向全程作业转变】

2012年，黑龙江省农业机械化管理局通过组织专家论证和进行实地调研，适时调整农机具配备思路，由单一整地作业向整地、播种、中耕、收获全程机械化转变。2012年新建现代农机专业合作社全部按照1 000万元、2千公顷全程机械化作业规模，配备149.14千瓦以上拖拉机4台，74.57～149.14千瓦拖拉机3台，配备与之匹配的深松整地机、播种机、中耕机，喷药机和收获机等，所有农机装备配套科学、选型合理，充分满足农机合作社全程作业的需要。

【形式由单一领办向带地入社转变】

2012年，黑龙江省农机专业合作社在组建、分配等形式上发生诸多变化，一批产权明晰、管理规范、经营效益好、带动能力强、分配机制合理的现代农机专业合作社脱颖而出。组建形式由能人大户、乡村集体、企业团体领办向农民带地带资入社转变，合作社自主经营土地和覆盖人数大幅增加，给农机专业合作社注入生机与活力。2012年，全省入社成员11.2万户，入社土地395.37千公顷，其中带地入社150户、自主经营土地0.67千公顷以上的农机专业合作社374个，采取保底分红、国投资产平均量化给入社成员分配方式的农机合作社有448个。

【经营由单一代耕向经营土地转变】

2012年，黑龙江省现代农机专业合作社发展不断壮大，其经营范围在不断拓展，产业链条在不断延伸，市场化程度在不断提高，由过去单一经营农机作业向经营土地转变，农机合作社也逐渐由代耕向自主经营再向经营土地转变，向土地要效益，实现了自我发展、自我壮大的嬗变，有效改变农机合作社服务项目单一，抗击风险能力弱的局面，农机合作社经营收入稳中有升。

【种类由单一类型向多元类型转变】

2012年，黑龙江省为满足种植结构调整的需要，不断丰富农机合作社种类。除建设旱田合作社外，还不断增加水田、马铃薯、畜牧和保护性耕作合作社数量，提高种植业全程机械化程度。2012年完成组建农机专业合作社239个，其中旱田农机专业合作社173个，马铃薯农机专业合作社2个，畜牧农机专业合作社10个，保护性耕作农机专业合作社23个，森工3个，北欧贷款28个。与此同时，还探索在黑龙江省东部半山区建设农机专业合作社，收到良好效果。

【监管由单一部门向部门联动转变】

2012年，黑龙江省农机合作社监管工作形成部门联动、齐抓共管的良好氛围，改变过去农机主管部门单兵作战格局，逐步走上依法治理、科学规范的轨道。全省各地也都明确由纪检委、财政局、农机局、经管站等部门，对合作社机具、账目等进行日常监管。

【创新补贴方式，严防农机购置补贴违规】 2012年，黑龙江省为了使补贴对象确定的更加公开、公正、合理，在全省统一实行以县为单位按照产品类型公开摇号的方式确定补贴对象，邀请监察、公证部门和农民代表现场监督，摇号过程要在当地电视台进行播放。确定的补贴对象要在村公示不少于7天，经公示无异议后，补贴对象在规定时限内到当地农机管理部门办理补贴手续。农民对2012年公开摇号的补贴发放方式感到很满意，感觉到确定补贴对象的过程是公开、公正、合理，没有从前依靠人情、关系等申报补贴的情况，也杜绝补贴过程偏亲向友、官商勾结的现象，这种做法无论是得到补贴的还是没有得到补贴的农民都非常满意，实现给农民一个明白，还干部一个清白。2012年，黑龙江省共投入农机购置补贴资金17亿元，其中省政府用于现代农机专业合作社建设资金12.9亿元，建设239个现代农机专业合作社，并为2008年以来组建的现代农机专业合作社装备玉米收获机，共计装备大型拖拉机9 389台，玉米收获机2 883台，其他设备6 506台。直接下达农民的农机补贴资金4.1亿元，吸引农民自筹资金近10亿元，补贴购置农机装备19 250台（套），直接享受国家购机补贴的农户达1.6万户。

【积极组织协调，超额完成秋粮机收任务】 2012年9月10日至10月14日，黑龙江省主要农区平均降水量86.6毫米，比常年多六成，为近十年来秋收期间降水量最多的一年，导致2012年全省秋收进度明显偏慢。在本应该是整地高峰期的时间段内，仍然有很多丰收的粮食没有收获。针对2012年秋涝的局面，及时召开会议，组织专家和技术人员研究对策。深入基层察看灾情，就机械化收获工作提出要求并做出部署。

【领导重视，提前部署】 2012年10月10日，农业部农业机械化管理司相关人员在黑龙江省检查“三秋”生产工作，了解到黑龙江省2012年秋收获难度大的情况后，在中国农业机械化信息网发布需5 500台跨区履带式水稻收获机的信息，协调10个省份的收获机械进行对口支援，拨付黑龙江省4 000万元，作为秋粮收获补助资金。从9月10日起组织各地积极与外省沟通协调，发布跨区作业信息。据不完全统计，有来自安徽、江苏、河南等省13 000多台水稻收获机在黑龙江省参与跨区作业，其中农垦引进外省收获机11 000多台。

【垦地合作，协力推进】 2012年，黑龙江省农业部门协调省农垦总局在完成当地作业的情况下，到地方作业。同时，安排秋收较快的地市做好准备，在完成当地任务后，支援其他地区。

【改装机具，加快生产】 2012年，黑龙江省针对雨多、地湿、机车无法进地的情况，指导市县改装机具，采取轮式改履带、二驱改四驱、割台加剥轮、耙片间安装清土器等方式，适应涝地作业，加快机械化收获和整地进度。据不完全统计，黑龙江省改装农机具1 000多台（套），有力推进秋收秋整地工作。

【协调企业，购机抢收】 2012年10月22日上午，黑龙江省农机部门紧急协调生产企业,调动现有货源,直接将现有水稻收获机送达收获难度较大县(市)。各有关企业积极响应,想方设法调动车辆,陆续将履带式水稻收获机送往12个县(市),截至2012年10月26日,所有紧急发出的817台收获机已全部投入作业,加快水稻收获进度。黑龙江省农村成机械化收获面积7 868千公顷,占计划机收面积的109.9%。其中:玉米机收3 448千公顷,大豆机收2 046.67千公顷,水稻机收1 696千公顷。投入收获机械48 669台,其中跨区作业机车6 112台。

【实施超常举措,秋整地工作全面推进】 2012年,黑龙江省针对今秋降雨勤、地里积水多、秋整地难度大的实际,各地采取超常规举措,强力推进秋整地工作,共完成秋整地5 188.67千公顷,其中深松整地3 004千公顷。一是抓紧玉米秸秆"抢倒地"。集中人力、物力、机力抢收"抢倒地",采取大耙搂、人工抱、四轮拉、用火烧等办法清理玉米秸秆,实现早晒田、早晾地、早散墒。二是在秋整地上坚持强翻、抢耙、抢起垄。强翻就是在土壤水分较大的条件下,只要拖拉机能进地就进行大犁翻地,浅翻深松犁扣茬,目的是实现"黑色越冬";对于散墒较好的地块不失时机地进行抢耙地或抢旋耕,再进一步散湿散墒;对于耕层含水量稍具备条件的地块抓紧时间起大垄。三是强翻强旋水田。黑龙江省正常年份水田翻地使用37.29千瓦拖拉机,但面对2012年秋特殊情况,针对不同的地块采取不同的整地措施,对于稻田无明显积水的地块,整地作业以旋耕为主;对于稻田里有明水的地块,采用67.11～74.57千瓦拖拉机配高花胎进行水中翻地作业,效果非常理想。

【狠抓重点项目,产业规模进一步扩大】 2012年,黑龙江省农机部门紧紧围绕重点项目和产业园区建设,积极组织,强化服务,有序推进,农机产业建设取得较好成效。截至2012年9月底,18个农机重点项目100%开(复)工,比2011年同期高出10.5个百分点;规模以上农机生产企业实现主营业务收入53亿元,比2011年同期增长30.2%。6个农机产业园基础设施建设累计完成投资20.3亿元,同比增加62.4%。新引进美国凯斯纽荷兰(哈尔滨)、浙江甬野(哈尔滨)拖拉机制造有限公司等16家企业,企业总数57家。在推进农机产业项目上,主要做三方面工作:一促开工。深入项目建设企业,逐个了解项目启动情况,逐个听取产业进展情况汇报,组织专家深入现场看形势进度,布置下步工作,解决实际问题。二搞服务。2012年初召开由19家农机主机企业与64家省内配套企业参加的对接会,推动企业在黑龙江省配套,东金集团、大庆金亿的产品省内配套超过10%;组织银企对接,为一拖解决3.5亿元贷款;组织人才对接,2012年初以来佳木斯大学、黑龙江省农业工程职业技术学院等院校的200多名专业技术人员,到常发佳联等企业工作,为企业提供人才支持。三抓招商。围绕增加项目储备,组织以商招商、以园区招商。泰来农机产业配套工业园引进九洲齿轮箱体配套项目落户;绥化正在与山东常林集团洽谈拖拉机生产项目。

上海市

【概况】 2012年,上海市农业机械化工作围绕建设都市现代农业目标,积极转变农业机械化发展方式,优化农机装备结构,突破关键环节发展瓶颈,不断提升农机科技水平、装备水平、作业水平、服务水平和安全水平,各项工作取得新的成效。

【农机装备水平进一步提升】 2012年,上海市执行购机补贴资金约1.7亿元,其中中央补助资金7 000万元,市级财政资金1亿元。新增大中拖拉机1 120台,自走式联合收割机545台,高速插秧机187台,粮食烘干机160台(2 880吨),蔬菜种植机械45台,保鲜冷藏库634套(77 500立方米)等。大型、先进、适用、高性能的农业机械数量进一步增加,对标准化蔬菜园艺场、畜禽养殖场、水产养殖场的支撑能力持续提高。

【综合机械化水平进一步提高】 2012年,上海市主要农作物生产综合机械化水平达74%。春耕备耕、"三夏"、"三秋"等重要农时的机械化作业水平继续保持较高水平。机耕率达98%,二麦和水稻机收率接近100%,水稻机械化种植面积共38.15千公顷,机械化率36.3%。继续推进秸秆机械化还田与综合利用,农作物秸秆机械化还田率86%。

【农业机械化服务能力进一步增强】 2012年,上海市农机部门加强农机试验鉴定能力建设,通过技术监督部门组织的实验室计量复审和计量扩项,新增2项鉴定能力;建立11家农机驾驶机构,实行"培管分离、教考分开"的规范化培训全覆盖,基本形成农机管理、科技和服务"三支"队伍的教育培训体系;农机综合管理平台初步建成,部分系统投入使用,全面提升购机补贴管理工作的水平和效率。

【农机安全生产形势进一步稳定】 2012年,上海市农机部门坚持"安全第一、预防为主、综合治理"的工作方针,不断深化农机安全源头管理,广泛开展宣传教育,加大执法检查和隐患排查力度,推进农机安全技术检验装备建设,提高事故防范和应急处置能力。全市共发生5起农机事故,造成1人死亡,3人受伤,事故直接经济损失为4.77万元。未发生较大以上农机安全生产事故,农机安全生产形势继续处于受控状态。

【认真贯彻执行市政府《实施意见》】 2012年,由上海市农业机械化管理办公室牵头,会同上海市发展和改革委员会等部门,经过反复调研、多次讨论,出台《上海市人民政府办公厅转发市农委关于促进本市农业机械化和农机工业又好又快发展实施意见的通知》(沪府办发[2012]13号),明确新时期全市农业机械化和农机工业发展的指导思想、发展目标、主要任务和保障措施;及时组织学习和宣传,把《实施意见》精神贯彻到各项农机工作中去。

【严格执行农机购置补贴政策】 2012年,上海市农机部门严格按照农、财两部门的各项规定及《上海市农机购置补贴管理暂行办法》,及早部署、精心组织,明确职责,制定并公布支持推广目录、补贴额一览表、补贴经销商名单等;认真落实"五项制度"、"三个严禁"等规定,加强监督管理,上海市农业委员会领导与各区县和市有关单位主要负责人签订农机购置补贴工作责任书,开展全市范围农机购置补贴政策实施督导检查。利用农机购置补贴信息管理系统、涉农资金监管平台保障全程公开透明,切实将补贴政策落到实处,发挥补贴资金实效。

【狠抓关键环节技术突破】 一是加强水稻机械化直播技术的研究与推广应用,2012 年上海市在区(县)大面积示范推广水稻机直播和窄行插秧机,促进水稻生产机械化发展;二是积极推广小麦机直播,举行机直播现场演示观摩会和不同机型的试验选型。扩大示范区域,在上海市选定 34 个示范点,播种面积 288.27 千公顷;三是推进秸秆机械化还田与综合利用。加强农机农艺融合,完善秸秆还田机械化技术路线,合理配置秸秆还田机具,抓好作业人员技术培训。四是示范推广国内外蔬菜耕整作畦、精量播种等新机具新技术,不断拓展农机作业领域。

【积极开展蔬菜生产机械引进、消化和吸收】 2012 年,上海市共引进日本、意大利蔬菜生产机械 40 多台(套)。开展引进的日本蔬菜生产机械的演示和技术培训。召开蔬菜机械示范点推进工作座谈会,整合优化成熟的技术环节,抓好先进适用机械的选型。引进的意大利机械实现鸡毛菜、米苋、生菜等绿叶菜的机械化收割,主要作业环节有所突破。

【不断强化农机试验鉴定和质量监管】 2012 年,上海市农机部门规范和完善农机试验鉴定程序,提高科学性、公正性和公平性。加强质量管理体系建设,修订新版质量手册和程序文件,开展实验室计量复审和计量扩项。共实施农机产品定型鉴定 24 项、农机推广鉴定 47 项。联合工商、质监部门,举行"上海市 3·15农民维权暨放心农资农机下乡现场会",现场展示新型农机具,接受农民咨询投诉等。开展拖拉机、粮食烘干机、水稻直播机质量调查,督促企业提高产品质量。开展农机质量投诉专线的咨询服务,保障农民消费权益。

【不断深化农业机械化教育培训】 2012 年,上海市农机部门开展专业农民培训,提高农机手驾驶操作、维修保养技能水平。开展农机安全监理、科研推广人员培训,提高依法行政、技术推广和管理服务能力。秉承"自我建设、社会化培训、政府购买培训、强化培训质量"的工作方针,加强农机驾驶员培训机构规范化建设。加强对市农林职院"农机大专班"学员择业就业的指导,充实区镇农机管理和服务组织人才队伍。2012 年开展各类农业机械化培训 380 期,培训 1.6 万人次。

【努力促进农机服务组织健康发展】 2012 年,上海市农机部门利用《农民合作社法》颁布实施五周年的契机,开展农机合作社发展专题调研,加大农机服务组织在农机购置、机手培训、作业补贴、库房场棚建设等方面的政策倾斜和资金扶持力度,推进农机专业合作社、"机农合一"组织和农机大户的发展壮大。全市拥有经工商注册的农机合作社 135 个,涌现出一批规模大、效益好、辐射广的区镇级合作社。服务内容由单一的机播、机收服务向农业生产全程机械化服务发展;由单纯农田作业向信息服务、新机具推广、农机维修、农产品初加工等领域延伸;由服务周边村落向跨乡镇、跨区(县)范围拓展,成为农机社会化、专业化和市场化服务的主体力量。

【积极推进"平安农机"建设】 2012 年,上海市农机部门加强源头管理,拖拉机、联合收割机注册登记率稳定在 98% 以上,检验率 93%,农机驾驶员持证率 99%。农机具综合险投保率 95.1%。加大农机安全生产宣传教育,农机手教育覆盖面 92%。开展 300 多天次的农机安全生产执法检查,排查治理安全生产隐患 189 处。组织"三夏"、"三秋"全市性农机安全生产自查、互查和抽查,加强农机生产作业现场的巡查。落实农机安全生产责任制,全市签订农机安全生产责任书、承诺书 9 000 余份。深入推进创建"平安农机"示范活动,浦东新区通过了国家"平安农机"示范区抽查考评。

江 苏 省

【概况】 2012 年,江苏省农业机械化事业保持又好又快发展的良好势头,农业机械化装备水平、作业水平和管理服务水平大幅提升。水稻机插秧技术推广实现新突破,机插秧面积超过 1 378.67 千公顷,机插率 60%,比 2011 年提高 10 个百分点。新增 3 个省辖市和 16 个县(市、区)基本实现水稻种植机械化,全省已有 7 个省辖市、41 个县(市、区)基本实现水稻种植机械化。玉米机播、机收分别为 173.33 千公顷、153.33 千公顷,机播、机收水平分别达到 65%、57.5%,较 2011 年分别提高 22%、10.5%,江苏省共有 7 个县(2012 年新增 5 个)基本实现玉米生产机械化。秸秆机械化全量还田加速推进,江苏省夏秋稻麦秸秆还田面积超过 1 600 千公顷,还田率 35% 以上。大中型拖拉机继续保持快速增长,新增 10 726 台,其中 55.93 千瓦以上的超过了 75%,总保有量 12 万台;全省新增配套耕整地、还田、播种、施肥机械 2.6 万台(套),与动力机械保持同步快速增长,农机配套比持续改善。联合收割机、插秧机快速增长,分别新增 15 827 台、16 482 台,保有量分别达 11.5 万台、10 万台。特别是乘坐式插秧机大幅增长,全省新增 4 573 台,保有量突破 12 500 台。全省农机专业合作社 3 055个,比 2011 年增加 400 多个,星级合作社 684 个,其中四星、五星级合作社分别达 143 个、53 个。服务总收入 37 亿元,纯收入达到 13 亿元。参加跨区作业的联合收割机 11 万多台次,插秧机 8 000 多台,跨区作业收入超过 40 亿元。

【努力营造农业机械化发展良好氛围】 2012 年,江苏省农机部门积极争取各级领导对农业机械化工作重视、支持,江苏省委书记罗志军、省长李学勇、省委副书记石泰峰、省人大副主任丁解民、副省长徐鸣等领导多次指导农业机械化工作,对农业机械化发展提出明确要求。省委副书记石泰峰专题视察江苏省农机具展示中心和夏收夏种机械化现场,在全省促进农民增收工作会议上明确提出要提升设施农业规模化水平,大力推广设施园艺业、设施渔业、设施畜牧业、粮油业等方面的先进适用机械设备。丁解民带领省人大常委会部分委员听取江苏省农业机械管理局关于农业机械化工作的情况汇报,并赴苏南、苏中、苏北等地专题视察调研农业机械化工作。江苏省十一届人大常委会第二十九次会议听取并审议江苏省人民政府关于农业机械化工作汇报。江苏省人民政府办公厅转发《省农机局关于实施农业机械化推进行动意见的通知》,进一步明确全省农业机械化发展目标任务及七大重点工作。各地党委政府主要负责同志也重视农业机械化发展,视察指导农业机械化工作,全省农业机械化事业加快发展、率先发展的氛围日益浓厚。

【认真落实农机购置补贴政策】 2012 年,江苏省共争取中央和省级农机购置补贴资金10.9亿元,比2011年增加1.7亿元,引导市、县财政配套投入超过3亿元,为农业机械化发展提供强有力的政策保障。一是在全国率先实行全价购机,充分发挥市场的调节作用,切实保障农民选择权和自主权。争取金融部门为购机户提供低息短期贷款,协调重点农机企业、经销商采取分期付款等方式解决农民筹资难问题,加快农机购置补贴资金的实施进度。二是对12种主要农作物生产关键环节急需机具实行普惠制,特别是将联合收割机纳入补贴范围,进一步激发农民的购机积极性。三是积极完善政策实施的社会监督工作,完善政策信息公开制、风险防控和绩效考核机制,进一步明确省、市、县和乡镇农机部门的职责,确保购机补贴政策落实到位。在各项便民惠民措施的带动下,全省实施进度进一步加大,补贴需求进一步加大。圆满完成2012年农机补贴任务,补贴机具16.9万台(套),直接受益农户6.8万户,直接带动农民投入超过30亿元,引导社会化投入超过80亿元。与此同时,农机政策性保险实施取得新的成效,补贴范围进一步扩大,补贴标准不断提高,全省实现农机政策性保险全覆盖。全省参加政策性保险的农业机械6.9万台,驾驶人员5.9万人次,保费4 751万元,各级财政补贴2 500万元。全省秸秆机械化还田、农机"三新"工程、农机服务体系、农机行业职业技能获证奖补等投入也明显增加,有力地推动农业机械化重点工作的开展。

【积极开展率先基本实现农业机械化创建工作】 2012年,江苏省推进农业现代化工程会议召开以后,确定了30个县(市、区)开展率先基本实现农业机械化创建活动,并成立创建工作领导小组和办公室。一是加强组织领导。各率先创建县党委、政府高度重视创建工作,将创建工作列入当地党委政府农业和农村工作考核内容,明确率先基本实现农业机械化的时序进度,为创建工作营造良好的环境。二是加大资金投入。2012年,全省30个率先基本实现农业机械化创建县用于农业机械化工作的投入超过3亿元,其中苏州市用于农业机械化发展的投入超过1.5亿元,15个县(市、区)投入都超过1 000万元。三是强化典型带动。各地积极总结农业机械化发展经验,大力推进率先基本实现农业机械化乡镇、村和园区创建活动,通过典型带动,把创建工作引向深入。苏州市、无锡市按照验收办法和评价指标的要求,积极开展基本实现农业机械化,力争在2012年以市为单位率先基本实现农业机械化。2012年10月,张家港市已经通过省创建考核组验收,率先在全省基本实现农业机械化。

【扎实开展农业机械化科技创新推进年活动】 江苏省农业机械管理局将2012年定为农业机械化科技创新推进年,在全省先后组织开展送农机送科技下乡、农业机械化科技推广质量保障、农机科技进社入户、农机科技创新资源整合等一系列活动,促进了农业机械化科技成果转化应用。一是加强农机新产品、新技术研发。引导企业与高校、科研机构、推广单位整合科技资源,积极开展农机新机具、新技术的联合攻关,取得了新的进展。2012年,依托常发集团的研发平台和金湖县渔业机械集中度高、研发能力强的优势,成立"江苏省农业装备工程技术创新中心"和"江苏省渔业机械技术创新中心";根据收获机械发展要求,筹建江苏省收获机械产业技术创新战略联盟。二是扎实推进示范基地建设。各地积极加强农业机械化示范基地建设,做到农业机械化科技推广与园区建设同步推进。全省60家省级农业机械化科技示范基地和100多个市、县级高效农业装备示范园(区),共示范推广微孔增氧、水果分级、蔬菜育苗移栽、水肥一体机等20多项农业机械化新技术、新机具,推广应用面积超过400千公顷,发挥很好的示范带动作用。三是加强农机产品质量监督。各地进一步建立健全农机质量投诉网络,开展农机打假、质量跟踪和标准化建设。全省组织开展农机质量投诉监督"3·15"、补贴机具质量督导和质量调查、农机打假、农机放心消费创建等一系列活动,切实维护农民和企业的合法权益,努力营造良好的质量环境。四是着力提升高效设施农业机械化水平。江苏省农业机械化发展的薄弱环节在高效设施农业,各地坚持因地制宜,围绕设施园艺、设施渔业、设施畜禽业、农产品产后处理与加工、装备信息化等五个方面,突出解决劳动强度大、用工量多环节的机械化问题,不断提高高效设施农业机械化水平,高效设施农业机械化水平达到45%以上。

【全力推进水稻机插秧和秸秆机械化还田】 一是投入力度显著加大。2012年,江苏省各级财政进一步加大机插秧和秸秆机械化还田推广工作的投入。中央和省级资金2.34亿元用于补贴农民购买插秧机,市县各级财政用于购买插秧机的配套投入9 000多万元。各地对机插秧进行作业补贴,提高农民的用机积极性。在省级财政安排2.1亿元资金扶持秸秆机械化还田工作的基础上,地方各级财政配套投入也超过1.2亿元,为推进发展提供有力的资金支持。二是组织化程度显著提高。各地突出抓好以农机合作社为主要模式的社会化服务能力建设,推行机收、机械化还田、整地、机插一条龙、订单式作业,有效提高机具利用效率和效益。2012年,全省70%以上机插秧和60%以上的秸秆机械化还田面积由农机合作组织完成。三是技术集成应用水平显著提升。充分发挥省级技术专家组的作用,进一步完善和熟化秸秆机械化还田技术路线,着重加快小麦秸秆还田集成水稻机插秧、秸秆还田与机械深松、三麦机条播集成技术的推广应用。

【突出抓好农机合作社建设】 2012年,江苏省加大推进农机专业合作社扶持力度,入社成员17.7万多人,机具总数24万多台,固定资产近47亿元。有54家农机专业合作社入选农业部、财政部等12部委办公厅联合发布的首批农民专业合作社示范社名录。以全国农机合作社建设工作会议在溧阳召开为契机,进一步强化政策扶持,加强农机合作社建设的规划布局引导,协调出台用地、信贷等优惠政策,加大项目支持,帮助解决合作社建设过程中面临的实际困难,推动全省农机合作社快速、健康发展。省财政用于农机合作社机库等基础设施建设的投入逐年加大,各地积极加强机库建设项目的监督检查,确保项目建设取得预期成效。深入推进"企社共建"、"银社对接"、"油社合作"、"社社联合",进一步丰富共建内容,提高共建成效,实现多方共赢。在做优本地作业的同时,组织开展水稻跨区机收,稳定长江流域、西南、东北等作业市场,全年跨区作业收入将超过40亿元。

【扎实提高农机安全生产水平】 2012年,江苏省发生道路外农机事故149起,死亡38人，农机事故死亡人数不到省控指标的60%，未发生较大以上农机事故。全省开展平安农机示范县、镇、村、合作社创建以及规范化示范所和为民服务创先争优示范窗口创建活动，努力构建农机安全生产长效机制。各地进一步转变监管理念，组织开展送检下乡活动和危及人身财产安全的农业机械实地检验试点工作，加强变拖安全监管和公安驻农机警务室建设，取得积极成效。积极将监理管理经费纳入财政预算，推行全部免费或部分免费监理，切实减轻机手负担。继续大力推广平安农机通双优加油卡等便民惠民服务措施，努力提高服务成效。平安农机通入网用户达40多万户，发送信息500条。双优加油卡用户达4.2万户，累计为机手充值5.2亿元，优惠2 000多万元。

【全面组织实施农机361人才计划】 2012年，根据江苏省农机361人才计划，全省先后组织开展市县农机局长、基层农机人员和农村实用人才等培训，共培训基层农机推广人员3 568名，农村实用人才近18万人。为进一步提升农机合作社人才管理技术水平，江苏省农业机械管理局成功组织12个星级农机示范合作社的理事长参加全国农机示范合作社理事长培训班；依托农机企业技术平台，举办两批共5期星级农机合作社维修人员培训班，全省264人参加培训。为切实减轻农民负担，进一步激发农机技术人员提升技能的主动性和积极性，江苏省农业机械管理局出台农机行业职业技能鉴定获证奖补政策，为农机职业技能鉴定工作增添动力。全省农机职业技能鉴定合格人员2.5万人，享受奖补政策2万多人，有力推动农机人才工作顺利开展。

浙 江 省

【概况】 2012年，浙江省农机部门以贯彻落实《浙江省人民政府关于提升发展农业机械化的意见》为主线，以落实农业机械化扶持政策为抓手，以"农业机械化服务深化年"为载体，紧密结合现代农业"三化两区一中心"建设，谋创新、健机制，抓转型、求提升，强服务、促规范，各项工作有力有序有效推进，农业机械化装备水平、作业水平、安全水平、科技水平和服务水平进一步提升，农业机械化继续保持良好发展态势，为推动富有浙江特色现代农业发展奠定扎实的基础。全省农机总动力2 470万千瓦，粮食生产耕种收综合机械化水平67%。

【政策实施更加规范，装备基础进一步夯实】 一是农机购置补贴政策方面。2012年，浙江省农机部门统筹兼顾农机使用者、生产者和管理者的实际，进一步调整完善农机购置补贴政策实施办法，组织开展农机购置补贴全价购机、中央补贴资金县级结算试点工作；同比2011年提早近两个月出台农机购置补贴政策实施意见，组织召开专题会议强调购机补贴廉政建设，省、市、县三级层层签订购机补贴工作责任书；研究制定《浙江省农业机械购置补贴专项资金使用管理办法》，对财政补贴资金的使用管理作进一步规范；以信息公开、服务保障、监督检查、廉政建设为重点，在全省范围内组织开展农机购置补贴阳光行动；省、市、县三级联动，组织开展农机购置补贴政策实施绩效考核评估工作。在一系列有力有效措施的保障下，政策实施的透明度和服务效能进一步增强，确保购机补贴工作的规范、高效和廉洁。全省（含宁波）实施中央补贴资金5.3亿元，省级配套补贴资金5 665万元，受益农业生产经营主体67 690户，带动农民和农业生产经营组织投入7.2亿元，涉及各类农业机械12.2万台（套）、设施农业大棚938.45万平方米，农业物质装备基础进一步夯实。二是高耗能农业机械报废补偿政策方面。按照《浙江省高耗能农业机械报废补偿实施办法（试行）》规定，组织实施高耗能拖拉机报废补偿工作。全省报废拖拉机9 042台，涉及省补资金650.4万元。这项工作的开展，保障了农机生产安全，促进了农机装备结构的进一步优化。同时，农业部将浙江省作为农机报废更新补贴工作试点省份，并安排中央补贴资金（含宁波）7 000万元，研究制定2012年农机报废更新补贴试点工作实施意见，明确了报废更新补贴对象、机具种类、补贴标准以及操作程序等。

【机艺融合更加紧密，作业水平进一步提升】 一是下力气推进农机与农艺（牧艺）融合。2012年，浙江省农机部门组织开展农机农艺融合示范区建设，在指导抓好龙游县全国农机农艺融合示范县建设的基础上，围绕粮食生产功能区和现代农业园区，以地区优势和特色产业为切入点，确定各市农机农艺融合主攻方向和示范片区。各县市也结合当地实际，积极组织开展农机农艺融合示范点建设。除龙游县是全国水稻机插农机农艺融合示范县外，全省各地已创建农机农艺融合示范区建设7个、示范基地建设14个。同时，联合畜牧、农作等部门分别召开畜牧、水稻产业农机农艺融合研讨会，统一思想，剖析问题，研究措施，为下一步推进农机农艺（牧艺）融合创造条件。二是下工夫推广农业机械化技术。在认真落实农机作业环节补贴、农业机械化促进工程项目等政策的基础上，主动结合农业"两区"平台，大力推进农业机械化示范区、粮食及主导产业机械化示范工程建设，整片、整村、整乡、整县推进农业机械化发展，有力促进农业机械化新技术的普及应用。2012年全年新建省级农业机械化示范县2个，农业机械化示范乡镇33个、示范村80个，新建粮油、蔬茶果桑（含设施栽培）、水产养殖、畜牧养殖等机械化示范基地55个。全省共推广水稻机插面积163.33千公顷，比2011年增加13.67千公顷；油菜机收面积近15.67千公顷，比2011年增加1.8千公顷；年粮食机烘能力超过165万吨，较2011年增长25%。

【服务主体更加茁壮，服务能力进一步增强】 2012年，浙江省农机部门培育农机专业合作社等新型服务主体，大力发展水稻育秧、粮食机烘、产后加工等区域性农机社会化服务中心，因地制宜推行"菜单式"、"托管式"、"全程化"等农业生产外包性服务，有序引导开展农机跨区作业，着力提高农机利用效率和经营效益。全年新增农机专业合作社100家，合作社总数达到1 130家，区域化农机服务能力和农业生产环节的统一服务水平进一步提升。在注重合作社量增的同时，更加注重"质"的提升。通过召开全省农机专业合作社经理人培训班等一系列活动，推进农机合作社规范化建设，推行统一农资采购、调度使用、作业质量、收费标准、维修保养和培训教育等"六统一"生产管理模式，有力提升合作社管理服务能力和技术综合实力。通过引导条件成熟的农机专业合作社联合成立农机综合服务合作社，实现更大范围的资源共享和互助联合，合作社综合服务能力和水平得到提升。通过支持帮助农机合作社树立农机服务市场品牌，打造出一批农业机械化合作服务旗舰，如群飞粮油机械化专业合作社、金马农机服务专业合作社等。全省拥有各类以农机作业为主要内容的服务组织超过5 000家，2012 年实现农机作业服务总收入超过130 亿元，农机作业服务为全省农民人均增收约400 元。以农机合作社为代表的新型农机服务组织已经成为农业社会化服务的重要力量，农机服务业已经成为农民致富奔小康的一条金路子。与此同时，深入实施农业机械化教育培训大行动，省、市、县三级联动推进农业机械化专业人才队伍建设，培育了一批懂技术、会经营、善管理的新型农民，成为发展农业机械化、建设现代农业的中坚力量。目前全省已新训、轮训各类农机从业人员 93 230 人次，农机职业技能鉴定人数 2 055 人次。

【安全监督更加有力，安全形势进一步好转】 2012 年，浙江省农机部门以贯彻《农业机械安全监督管理条例》为主线，以落实农机安全生产责任和提高农机“三率”为重点，认真组织开展“农机安全生产年”、“打非治违”专项行动、“为民服务创先争优”示范窗口创建、“送检下乡”等活动，进一步完善警农协作监管机制，扩大危及人身财产安全农业机械免费实地检验工作试点，推进农机安全监理规范化建设，并在继续开展“平安农机示范县、示范乡镇”创建的基础上，将“平安农机合作社”纳入“平安农机”创建范围，农机安全生产监管明显加强，促进浙江省农机安全生产形势继续稳定好转。2012 年新建“平安农机”示范县（市、区）3 个、示范镇 33 个、示范村 300 个，省级以上“为民服务创先争优”示范窗口 16 个、示范标兵 27 人。截至 2012 年 10 月底，浙江省共发生拖拉机道路交通事故 376 起、死亡 118 人，与2011 年同期相比分别下降 19.83% 和15.11%，未发生一次死亡 3 ~ 9 人的较大拖拉机道路交通事故和一次死亡 10 人以上的重特大拖拉机道路交通事故，发生农业机械事故（道路外）14 起，死亡10 人。

【质量监管更加有力，市场秩序进一步规范】 2012 年，浙江省农机部门按照农业部《农业机械推广鉴定实施办法》，修订《浙江省农业机械推广鉴定实施办法》《浙江省农业机械推广鉴定申请细则》，进一步规范农机产品推广鉴定工作。进一步加强农机新产品推广鉴定和性能检测，2012 年完成农机产品性能检测 100 批次，完成省级农机产品推广鉴定 135 个批次，涉及农机生产企业 50 余家。进一步加强农机产品特别是补贴产品的质量调查与投诉处理，全年处理农机产品质量投诉 11 起，为农民挽回经济损失 20 余万元。

【政策措施更加完善，发展环境进一步优化】 2012 年，浙江省农机部门配合浙江省人大农委、浙江省人大法制委、浙江省法制办组织开展《浙江省农业机械化促进条例》立法调研，广泛听取相关部门和社会各界的意见建议，做好《条例》修改完善工作。在此基础上，2012 年 7 月 27 日，浙江省十一届人大常委会第三十四次会议审议通过《浙江省农业机械化促进条例》。《条例》明确赋予农业机械化主管部门统筹协调农业机械化和农业机械安全监督管理职责，对应当列入财政预算的重点事项作出列举式规定，对保障农机用地、农机维修与抵押贷款、促进农机与农艺融合、缺陷产品召回、警农协作等机制作出创制性规定。《条例》颁布出台后，浙江省人大法委、浙江省人大农委、浙江省农业厅和浙江省法制办联合召开《条例》宣传贯彻工作会议，浙江省人民政府办公厅、浙江省农业厅分别出台关于做好《条例》贯彻实施工作的文件，对《条例》的学习宣传和贯彻实施等工作进行部署和要求。为抓好《条例》宣贯工作，浙江省农业机械管理局专门编制完成“浙江省农业机械化发展报告”、“农业机械化发展成就宣传画册”和“农机安全监理机构规范化建设指导手册”，于 2012 年 9 月 24—28 日在全省范围内组织开展《条例》宣传周活动，并与中国邮政储蓄银行浙江省分行签订战略合作框架协议，邮储银行将在现有信贷产品基础上，开发更加符合农业生产主体需求的新产品，计划于 2012—2015 年期间向全省农业生产经营主体和农机制造企业授信资金 200 亿元。全省举办座谈会 189 次、策划专版专刊 104 期、发放宣传画册 6 万余册、悬挂宣传横幅 1 524 条、张贴宣传标语 7 463条、出动宣传车 518 次。

【创先争优更加深入，服务能力进一步提升】 2012 年，浙江省推进廉政风险防控示范点建设，落实党风廉政建设责任制，加强反腐倡廉教育和廉政警示教育，开展“农机购置补贴反腐倡廉警示教育年”活动，推进以购机补贴为核心的农机系统廉政风险防控机制建设，重点是建立完善了廉政风险教育、权力配置制约、廉政风险预警处置、廉政风险防控检查评价等五方面机制。深入推进“进村入户”大走访活动，积极开展农机科技下乡和咨询服务，组建农机科技咨询服务队，帮助解决农民群众在农业生产中遇到的问题和困难，农机系统良好社会形象得到进一步巩固。如通过举办浙江省农业机械展示会、跨区作业出征仪式等活动，为农民机手提供农业机械化政策、技术、市场等信息。

安 徽 省

【概况】 2012 年，安徽省各级农机部门围绕提高农业综合生产能力、服务现代农业建设、促进农民持续增收的目标，大力实施农业机械化推进工程，农业机械化发展取得显著成绩，呈现出“发展速度加快、装备结构优化、薄弱环节突破、作业水平提高”的良好局面，为全省粮食生产实现“九连丰、七连增”和加快推进现代农业建设，提供装备和技术支撑。一是农机装备总量进一步增加。全省农机总动力 5 892 万千瓦左右，较 2012 年增长 4.15%。二是农机装备结构进一步优化。大中型、高性能、多功能复式作业机械继续保持高速增长态势。大中型拖拉机、联合收割机、水稻插秧机保有量分别达到 16.50 万台、12.69 万台、1.75 万台，分别较 2011 年增长 13.56%、11.63% 和 24.07%。三是农机作业水平进一步提升。2012 年全年完成机耕作业面积 7 235.4 千公顷、机播面积 4 052.4千公顷、机收面积 5 707.13 千公顷。安徽省主要农作物耕种收综合机械化水平 64.6%，较 2011 年提高 2 个百分点。四是农机服务组织进一步壮大。特别是农机专业合作社发展迅速，全省登记注册的农机专业合作社 1 769 个，并呈现出向大社、联合社发展的新趋势。五是安全生产形势进一步稳固。截至 2012 年 10 月底，全省发生农机事故 34 起、伤 16 人、死亡 1 人，直接经济损失 48.3 万元，没有发生重特大农机事故，各项指标均在控制范围之内。

【重创新,抓落实,规范实施购机补贴政策】 2012 年,中央财政安排安徽省农机购置补贴资金 9.5 亿元,安徽省财政安排农机购置补贴资金 1 000 万元。一是创新实施办法。实行定额补贴、"先购机后申请补贴"等,科学确定补贴额,防止倒卖补贴指标及"围标"现象发生。同时,放宽补贴申请时限,从 2012 年 1 月 1 日到年度购机补贴工作结束前的任何时间,符合规定的新购机户均可申请补贴,满足春耕生产购机需求。二是强化政策宣传。制定宣传方案,免费编印发放 8 000 份政策宣传手册和购机补贴申请流程图,在《安徽日报》《安徽日报农村版》和"中安在线"开辟专版,制作网络专题,公布政策信息,让群众熟知政策。三是严格实施监管。规范补贴产品经营行为,加强对经销商的管理,实行有违规嫌疑或被投诉企业约谈警告制度。强化补贴机具监管,做到不见机械不予申请,没有人机合影不予建档,无档机械不准申请资金结算。严格监督检查,安徽省农业机械管理局成立六个督查组,分片包市,深入各县市区对购机补贴实施情况多次开展集中督查,并组织对购机户进行两轮近千人次电话抽查。各市、县(区)也都组织开展自查和互查,及时发现和整改问题,堵塞操作漏洞。截至 2012 年 10 月 25 日,用于购机补贴的 9.3 亿元资金已经全部完成结算。2012 年全年共补贴机具 22.6 万台,受益农户逾 13 万户,拉动农民投入 29.4 亿元。用于农机报废更新试点补贴的 1 100万元正在有序实施,更新报废能耗高、污染重、使用久的老旧农机 216 台(套)、0.47 万千瓦。

【重服务,抓会战,精心组织关键农时生产】 2012 年,安徽省农机部门突出"三夏"、"三秋"等重要季节、关键农时,精心组织,科学调度,实施农机会战,开展跨区作业,切实抓好农业机械化生产。一是准备到位。制定"三夏"和"三秋"机械化生产工作方案、小麦抢收应急预案等,免费发放 4.4 万张跨区作业证和 2.2 万份《农机跨区作业信息手册》,积极开展机具检修和农机手培训。组织承办全国小麦跨区机收开机仪式,中央政治局委员、国务院副总理回良玉宣布开机,农业部部长韩长赋等 18 位省部级领导参加仪式。二是服务到位。"三夏"期间,借助跨区作业手机短信服务平台,每天向农机手提供天气形势、机械需求、作业价格等动态信息,引导收割机合理分布、有序流动。全省设立跨区作业接待服务站 232 个,开通热线电话 43 部,接受机手咨询,帮助解决作业中遇到的困难和问题。组建机收服务队 1 182 个,为困难农户提供优先、优质、优惠的作业服务。每个市、县(区)都成立技术维修服务队,深入田间地头开展机具检修、抢修。三是保障到位。"三夏"、"三秋"期间,加强与有关部门协调,积极创造良好作业环境,保障机械化农业生产顺利进行。协调气象部门加大预报频率,及时发布气象信息,引导抢收抢种。协调公安部门加强治安巡查和巡逻执勤,保证跨区作业机械有序转移和农机手人身财产安全。协调交通部门开辟绿色通道,落实农机跨区作业免费通行政策。协调石油部门办理发放农机专用加油卡,增加营业网点,开设加油专用通道,实行送油下乡,确保农机作业用油。"三夏"期间,安徽省投入联合收割机 12.6 万台,机收小麦 2 360 千公顷,机收率达 98.3%,创历史最高水平。"三秋"期间,全省共投入各类农机 290 万台(套),机收水稻 1 638 千公顷,机收率 92.1%;机收玉米 446.67 千公顷,机收率 45.5%;机播小麦 2 300.67 千公顷,机播率 88.5%。

【重推广,抓融合,着力突破生产薄弱环节】 2012 年,安徽省农机部门围绕提升综合机械化水平,加强农机农艺融合,强化农机推广能力建设,推广农业机械化新机具新技术,薄弱环节机械化取得重大突破。一是水稻机械化种植快速发展。坚持把水稻机插秧作为薄弱环节机械化的重点突破口,加大行政推动力度,加强水稻育插秧机械化示范县管理,并实行了末位淘汰。加大政策扶持力度,安徽省财政拨出稳粮增产行动项目资金 3 000 万元,在水稻主产区选择 30 个县开展试点,支持水稻育秧工厂建设。对购买插秧机、育秧流水线的,优先享受补贴。同时,实行插秧机叠加补贴,补贴率达到 40%。加大技术推广力度,开展水稻机械化种植技术培训。全省共举办机插秧技术培训班 485 期,培训农民 4 万人次。安徽省农业机械管理局组织举办全省第三届农民机插秧技能大赛,滁州、安庆、宣城、芜湖等市也都分别组织举办农民机插秧技能大赛。2012 年,安徽省新建水稻育秧工厂 160 个,总数 217 个。完成水稻机械化种植面积 542.8 千公顷,机械化种植率 24.2%,较 2011 年提高 5.7 个百分点。其中,机插秧面积 454.67 千公顷,机插率 20.1%,较 2011 年提高 5.3 个百分点。全省有 103 个乡镇水稻机械化种植率突破 30%,有 268 个村实现整村推进。二是玉米机械化收获全面铺开。结合玉米振兴计划实施,大力发展玉米机械化收获。实行购机补贴政策倾斜,对于申请购买玉米收获机的农户可以不受时间和指标限制,提前预约,先行购机,后补手续。固镇等部分县市还安排专项资金,对玉米机械化收获进行作业补贴。加大玉米收割机械示范、推广和引进力度,开展玉米机收技术培训,召开玉米收获机具现场演示会等。2012 年玉米机械化收获呈现出全面铺开、跨越发展的态势。"三秋"期间,全省共投入玉米收获机械 1.5 万多台,机收玉米 446.67 千公顷,较 2011 年增长 48.6%;机收率 45.5%,较 2011 年提高 13.8 个百分点。三是油菜机械化收获稳步推进。下发《关于抓好 2012 年油菜生产机械化的意见》和《油菜机械化生产技术指导意见》,召开全省油菜收获及秸秆还田机械化技术现场演示会。强化油菜机械化生产示范县项目实施的指导、服务和检查验收,油菜机械化生产呈现出以项目为龙头,以技术为支撑,以示范为载体,以点促面、梯度推进的工作思路,油菜机械化生产特别是机械化收获面积大幅提升。2012 年完成油菜机收 77.33 千公顷,机收率 12.1%。四是设施农业及山特产品加工机械化持续发展。开展设施农业机械化调研,明确发展思路与举措。强化设施农业项目资金监管,设施农业装备与技术示范单位项目建设积极推进。实行购机补贴政策适当向山区丘陵机械化倾斜,大力发展山特产品加工机械化。2012 年已补贴茶叶加工机械近 1 万台、设施农业机械设备 3 200 多台。

【重扶持,抓示范,加快发展农机服务组织】 2012 年,安徽省坚持增数量、扩规模、促规范、提能力的发展思路,加强扶持,强化服务,典型示范,大力发展以农机专业合作社为重点的农机服务组织。一是开展调研掌握发展动态。先后组织开展农机专业合作社参与土地流转情况调查、农机专业合作社示范社扶持资金使用情况调查、农机专业合作社发展情况调查、农机大户标兵发展情况调查等,全面掌握农机专业合作社发展情况、存在问题等,为下一步制定推进发展的措施提供决策依据。二是继续实行帮扶联系制度,省市县都明确专人对农机专业合作社实行点对点帮扶联系,帮助解决实际问题,指导加快发展。安徽省农业机械管理局安排3名具有高级职称的同志点对点帮扶指导怀远县利民农机专业合作社及巢湖市农机大户秦业艮、肥东县部级农机大户倪本荣。三是深入开展示范社创建活动。修订《安徽省农机专业合作社示范社评选办法》,通过县级推荐、市级审核,评选命名60个省级农机专业合作社示范社。树立一批示范典型,发挥辐射带动效应,促进农机专业合作社完善内部管理,健全运行机制。四是切实加强各项扶持。争取省财政资金100万元对20个农机专业合作社示范社进行扶持,帮助完善农机维修、场库棚、信息化等设施设备,增强服务能力。举办农机专业合作社示范社理事长培训班,对2012年省级农机专业合作社示范社理事长、全国农机专业合作社示范点理事长、农机专业合作社辅导员进行集中培训。五是加大宣传与工作推进力度。将2012年8月份确定为农机专业合作社宣传月,举行宣传月启动仪式,在全省开展农机专业合作社宣传月活动。召开安徽省农机专业合作社帮扶联系工作经验交流会,全面明确目标任务与政策措施,加快推进农机专业合作社发展。

【重教育,抓培训,大力提升实用人才素质】 2012年,安徽省农机部门深入推进农业机械化教育培训大行动,结合实施科技促进年活动,扎实做好农业机械化教育培训工作,切实提高农机驾驶、维修、作业操作等实用人才素质水平。一是强化农业机械化技术教育培训基地建设。继续加强农业机械化培训学校建设,安徽省74所农业机械化培训学校有55所获阳光工程培训资质,被列为"阳光工程"培训基地。积极推进两所中专学校建设,安徽机电工程学校新建机械实训中心和新建学生公寓顺利完工。切实加快农业工程职业教育学院筹建步伐,筹建工作推进有力,2012年11月底将正式开工建设。同时,充分发挥农机生产企业在人员、技术、设备等资源优势,在奇瑞重工建立安徽省农业机械化技术培训基地,为进一步推进农机人才培训工作提供了保障。二是强化农机新技术教育培训。在春耕、"三夏"、"三秋"等重要农时季节,组织农机专业技术人员成立讲师团,深入各地开展技术培训。重点对已购买拖拉机、收割机、插秧机、播种机等农机具的农民进行培训,让农民尽快熟练掌握农机驾驶操作技术。2012年,安徽省共培训各类农机人员26万余人。其中,"阳光工程"农机培训农民机手近3万人。三是强化农机维修能力建设。扎实开展农机维修能力建设年活动,强化农机维修网点整顿,共检查农机维修网点近5 000个,核发农机维修技术合格证1 500余张。在埇桥区等6个县(市、区)启动实施农机维修试点工作,加强维修人员技术培训,认真做好农机检修工作,全省共举办维修培训活动235次,培训维修人员6 300余人。共投入维修技术人员1万余人,检修农业机械600万台(套)。

【重监管,抓创建,切实加强农机安全生产】 2012年,安徽省农机部门坚持以创建"平安农机"示范县为抓手,结合开展"农机安全生产年"活动和农机安全生产"打非治违"专项行动,切实加大执法监管力度,确保农机生产安全。一是积极推进"平安农机"创建。召开全省平安农机创建推进工作会议,下发"平安农机"示范县申报推荐和考评检查工作的通知,积极推进创建工作。全椒、当涂、东至、埇桥等四县(区)申报为国家级"平安农机"示范县(区),祁门、岳西、舒城、来安等四县申报为省级"平安农机"示范县。二是加强农机安全生产执法检查。2012年5月、6月,在全省范围内两次集中开展全省农机安全生产执法大检查活动,共检查农机6.9万台,纠正违章1.4万起,排查隐患1.5万个。三是强化农业机械的动态监管。先后两次下发通知,安排部署农机道路交通安全工作,并组织农机监理人员配合交警部门严厉查处农业机械无牌、未经检验、套牌盗牌、超速超载、驾驶人无证驾驶等各类违法违规使用农业机械行为。四是推进农机行政执法队伍建设。与安徽省法制办联合组织举办农机行政执法人员资格认证培训班,109人获得农机行政执法资格。同时,积极开展农机推广产品质量鉴定,共完成部省级推广鉴定项目548个,其中部级17个、省级531个,创收600万元。扎实做好农机职业技能鉴定工作,阜阳市、无为县、庐江县、宿州市埇桥区推荐申报为全国农机职业技能培训和鉴定示范基地。认真处理农机产品质量投诉,共受理农机质量投诉9起,目前均已解决,结案率100%。扎实做好农业机械化项目工作,推进增粮规划14个县农机服务体系建设等在建项目,召开全省增粮规划农机服务体系项目调度会,进一步加快项目建设步伐。宿州市埇桥区、临泉县、濉溪县、涡阳县、凤阳县已基本完成项目建设。定远县、庐江县、宣城市宣州区、怀远县基础设施建设内容已经完成,正在采购仪器设备或完善部分手续。

福 建 省

【概况】 2012年,福建省各级农机管理部门围绕年初制定的农业机械化各项目标,以稳定粮食生产、农业增效、农民增收为核心,着力促进农机、农艺的协调发展,认真统筹各项工作,取得了较好的成绩。一是农机装备总量稳步提升。全省农业机械总动力达到1 280万千瓦左右,补贴新购置农业机械18.4万台(套)左右。二是耕种收综合机械化水平再创新高。全省完成机耕、水稻机插、水稻机收面积分别达到946.67千公顷、67.33千公顷和280千公顷,水稻机插面积新增22.5千公顷超额完成农业部指标任务12.5%;耕种收机械化综合水平预计提高3个以上百分点。三是设施农业建设稳步增长。全省预计建设享受购机补贴设施钢架大棚1.13千公顷,示范带动全省新建各类设施大棚6.67千公顷。四是节水灌溉、水肥一体化设备大幅增长,全省安装设备9.3千公顷,比2011年增长287.5%。五是大力推进农业机械化示范区建设。农机示范区建设、农业机械化培训和农机维修示范点建设取得明显成效,促进农业机械化各项工作开展。六是新机具推广积极有效。落实农机科技推广年,2012年全年预计完成主推机械化作业面积466.67千公顷,新增主推机具2.5万台;农业机械化人才队伍不断壮大,全省培训农业机械化管理、科技和实用等各类人才1万人以上,其中新购机农民0.8万人。七是农机安全生产形势平稳,拖拉机上牌率、检验率、持证率稳步提高。八是出台《福建省人民政府关于促进农业机械化和农机工业又好又快发展的实施意见》,明确全省农业机械化和农机工业发展的指导思想、发展目标和主要任务。

【认真落实农机购置补贴政策】 2012年,福建省完成农机购置补贴资金4.45亿元(其中:中央资金4亿元,省级资金0.45亿元),补贴新购置农业机械18.4万台(套),补贴设施农业大棚1.13千公顷,安装水肥一体化、微灌机械设备9.3千公顷,受益农户11.79万户。分四批共结算农机购置补贴资金2.09亿元(其中:中央资金1.87亿元;省级资金0.22亿元),2012年12月底前基本完成资金结算。一是层层落实责任。福建省农业厅与各市级农机部门签订农机购置补贴政策工作责任书,市级与各县级农机部门分别签订责任书。二是编制并公布"2012年福建省农机购置补贴机具补贴额一览表",2012年福建省农机购置补贴产品种类范围确定为12大类27个小类76个品目。三是省级制定《2012年农业机械购置补贴实施指导意见》,县级根据省级实施指导意见,制定本县(市、区)补贴资金使用方案经审批通过后组织实施。四是加强农机购置补贴经销商管理,公布福建省2012年农机购置补贴产品经销商291家,要求县级农机管理部门负责督促辖区内经销商相关信息的公示。五是开展农机购置补贴政策落实延伸绩效管理,将农机购置补贴作为全省农机系统绩效管理重要工作加以部署,通过量化考核,促进各地加快购机补贴实施进度,加快资金结算进度等。六是突出产业重点,打造福建农业机械化特色和亮点。全省安排购机补贴专项资金3 000万元用于补贴节水灌溉设备6.67千公顷,其中1 500万元用于补贴22个水土保持重点县的节水灌溉设备3.33千公顷。安排1亿元中央农机购置补贴资金扶持25个重点产业机械化示范县,加快推进水稻生产全程机械化和蔬菜、水果、茶叶等农业重点产业关键环节机械化。七是认真做好农机购置补贴资金的监督检查。2012年4月印发2012年度监管督查方案,5月组织全省各级农机部门开展近年来农机购置补贴自查自纠,8月组织开展对9个设区市21个项目实施县购机补贴实施情况督导检查,11月开展第二次全省农机购置补贴督查。八是积极开展农机购置补贴廉政风险防控。要求各县(市、区)认真贯彻落实《福建省实施农机购置补贴政策推进廉政风险防控机制建设实施方案》和《廉政风险防控手册》。2012年4月、7月召开全省农机购置补贴风险警示教育会,要求各市、县农机管理部门认真学习农机购置补贴风险警示教育材料。九是加强农机购置补贴政策信息宣传与信息公开。制定《福建省农机购置补贴政策信息公开实施方案》,对各级农机管理部门信息公开的内容、公开渠道和公开时效性都作出明确规定。十是推出10项农机购置补贴便民措施,受到基层和广大农民欢迎。

【扶持农业机械化发展项目建设】 一是争取专项项目资金扶持。2012年,福建省农机部门争取到省级财政1 480万元用于扶持农业机械化发展专项项目建设,包括:1 050万元专项经费扶持水稻、茶叶、蔬菜、水果、花卉五大产业35个农业机械化示范区建设;230万元专项经费扶持农业机械化培训项目;200万元专项经费扶持33个农机维修示范点建设。2012年,组织申报农机专业合作社机库建设项目专项补助,对全省30家农机专业合作社机库建设给予专项补助。二是开展专项项目建设的调研督导、推进和验收工作。组织人员先后赴26个县(区)深入示范基地对示范区项目建设工作进行调研督导,形成《福建省农业机械化示范区建设情况调研报告》,规范和推进示范区建设。2012年9月下发《关于加快推进2012年省级农业机械化示范区建设的通知》要求各级农机管理部门认真落实有效推进农业机械化示范区建设,更好地发挥项目的示范带动作用。

【设施农业建设稳步推进,节水灌溉、水肥一体化设备大幅增长】 一是设施农业建设稳步推进。截至2012年10月31日,福建省完成1.05千公顷大棚设施设备购置补贴,使用农机购置补贴资金6 716万元(其中:中央资金5 715万元,省级1 001万元),示范带动全省新建各类设施大棚5.87千公顷;全年完成1.13千公顷,示范带动6.67千公顷。主要做法:将1千公顷大棚建设指标细化到各设区市,各设区市细化分解到各县;下发《关于2012年福建省大棚设施设备建设工作的实施意见》,完成对大棚设施设备主要品种即蔬菜大棚的公开招标;研究并制订福建省标准设施大棚的技术规范和补贴大棚核实与验收的具体办法;举办大棚设备建造安装验收人员培训班,为大棚分档标准验收做好准备;制定2012年福建省大棚设施设备建造安装验收方案及补贴结算要求,组织各级农机管理部门做好大棚设施设备建造、安装、验收及结算工作。二是节水灌溉、水肥一体化设备大幅增长。2012年5月下发通知安排购机补贴专项资金3 000万元用于补贴节水灌溉设备面积6.67千公顷,全省安装节水灌溉、水肥一体化设备面积9.3千公顷,比2011年增长287.5%,节水灌溉设备、水肥一体化设备使用农机购置补贴资金分别为1 372万元、3 039万元。

【积极开展机械化生产,服务农业生产】 一是在春耕、"双抢"、秋收前夕分别下发农机务农工作通知,把机耕、机插、机收等项任务层层分解落实到乡、村、农机服务组织和机手,切实把农机务农的各项措施提前落实到位。截至2012年10月31日,福建省共投入各类农机具12.07万台(套),完成机耕、水稻机插、水稻机收面积分别达到800千公顷、67.33千公顷、244千公顷。2012年完成机耕、水稻机插、水稻机收面积分别为946.67千公顷、67.33千公顷和280千公顷。二是鼓励各地开展农机社会化服务。充分发挥各地农机服务组织和农机大户的作用,鼓励开展跨区作业,提高农机服务组织的组织化和社会化程度。2012年福建省有380台联合收割机、插秧机外出跨区作业。三是加大对农机合作组织的扶持。对部、省级农机合作社示范点购置部分机具给予累加10%的优惠,对列入福建省农业厅合作社名录的合作社购置部分机具给予累加5%的优惠。举办一期全省农机专业合作社理事长培训班,提高了农机专业合作社理事长的业务素质和管理水平。

【落实农机科技推广年,新机具推广积极有效】 一是落实农机科技推广年。福建省农机部门制定了福建省2012年农业机械化科技推广促进年活动方案,方案明确了活动的指导思想、主要任务和五大行动,重点加强农业机械化示范基地建设、农机维修服务能力建设和农业机械化管理、科技和实用三支人才队伍建设。根据方案的要求，分别下发《2012年农业机械化示范区建设方案》《2012年新机具示范推广暨农业机械化科技下乡行动方案》《2012年福建省农业机械化教育大行动培训方案》《2012年福建省补贴机具质量监管工作方案》，下达各项任务指标，部署全年工作任务。二是积极开展农业“五新”新机具、新技术示范推广。福建省分解下达全年主要农业机械化新机具新技术示范推广任务。截至2012年10月31日，全省完成主推机械化作业面积358.57千公顷。2012年全年完成466.67千公顷。共举办各种形式的机具现场演示会374场次，举办技术培训班190场次，培训农机技术人员1 402人次，培训示范户和农机操作手8 798人次，印发各种新技术宣传材料5.4万份，下乡入户巡回指导2 117次。全省新增主推机具1.9万台（其中：插秧机0.13万台，收割机0.13万台，菜地耕作起垄作业机具0.84万台（套），采茶机0.51万台），2012年完成2.5万台。三是组织支持推广目录的申报、评审和编制工作。组织《2012—2014年福建省支持推广的农业机械产品目录》专家评审工作，形成《2012—2014年福建省支持推广的农业机械产品目录》，目录包含1 028个产品。根据农业部农业机械化管理司的要求，再次组织专家组对企业报送的材料进行复审，通过复审的19个企业51个产品，形成《2012—2014年福建省支持推广增补目录》。开展“2012—2014年福建省支持推广的农业机械产品目录”的调整工作，公布《2012—2014年福建省支持推广目录产品目录》申报指南补充规定，2012年度调整共申报413个产品，2012年11月下旬根据各单位的推荐结果组织专家评审。组织省内企业参加国家支持目录的申报工作，推荐11个企业30个型号的产品列入《2012—2014年国家支持推广的农业机械产品目录》。

【农机安全生产形势保持稳定】 一是签订农机安全生产责任书。2012年，福建省农机部门与九个设区市和平潭综合实验区农业机械化主管部门签订《2012年农机安全责任书》，落实农机安全生产责任。二是开展专项安全督查。2012年上半年度对九个设区市和平潭综合实验区开展农机安全生产目标责任考评暨农机“打非治违”专项行动督查。2012年12月份，计划开展道路交通安全综合整治“三个月大行动”专项督查。三是召开季度安全生产例会和半年度安全生产形势分析会。积极开展农机安全宣传和“农机安全宣传咨询日”活动。四是开展农机道路交通安全综合整治“三年行动”和农机道路交通安全集中整治大会战。下发《福建省农机道路交通安全综合整治“三年行动”实施方案》《福建省农机道路交通安全集中整治大会战实施方案》，要求各地迅速组织实施，抓好贯彻落实。五是开展拖拉机驾驶培训机构安全隐患大检查和教学人员换证审验工作。对全省58家拖拉机培训机构全面开展排查整治，排查整治率达100%，注销不合格培训机构15家，责令整改20家，经变更后减小培训规模的9家。做好五年一度的拖拉机驾驶培训教学人员换证审验工作，对外公布换证人员名单，办理换证手续，换发新证，共换证361本。

【公共服务体系建设扎实推进】 一是协调出台《福建省人民政府关于促进农业机械化和农机工业又好又快发展的实施意见》。该实施意见明确福建省农业机械化和农机工业发展的指导思想、发展目标、主要任务和政策扶持力度。下发相关通知要求全省各级农机部门加强学习宣传、贯彻落实好实施意见。召开座谈会，邀请农机科研机构、农机生产企业、农机经销商、农机专业合作社代表参加，共同探讨加快推进全省农业机械化和农机工业发展。二是加强绩效管理。制定并印发《福建省农机系统绩效管理工作方案》，加强和改进全省农机系统效能建设，提升绩效管理水平。要求各级农机管理部门对照考核要求，认真抓好各项工作的落实，确保年度绩效考核工作的顺利实施。三是开展农业机械化万人培训大行动。下发《2012年福建省农业机械化教育大行动培训方案》，分解下达培训任务，全省培训农业机械化管理、科技和实用等各类人才1万人以上，其中新购机农民为0.8万人。四是重视信息宣传，营造农业机械化发展良好氛围。截至2012年10月31日，分别在中国农业机械化信息网、福建农业信息网农业机械频道、福建省农业机械化信息网上发布信息503篇、961篇、1 248篇。主要做法有：围绕中心，做好重点工作信息宣传；将农业机械化信息宣传纳入福建省农机系统绩效考核项目；建立和完善全省农业机械化信息宣传队伍，实现了各级农机管理部门都有专人负责农业机械化信息宣传工作；对福建省农业机械化信息网进行改版升级，使网站更加适应农业机械化信息宣传和业务发展需求；举办2012年全省农业机械化信息员培训班，提升信息员队伍信息宣传和写作能力。

江西省

【概况】 2012年，江西省农机管理部门围绕农业和农村经济结构战略调整，以服务大农业、建设新农村和提高农业综合生产能力、促进农业增效、农民增收为根本动力，以扎实实施农机购置补贴政策为主抓手，实现了农机装备结构逐步优化、农业机械化作业水平大幅提升、农机服务效益持续增加、农机安全生产形势稳步好转的发展目标，农业机械化对发展农业生产、保障粮食安全和增加农民收入的贡献份额日益增大，农业机械真正成为了农业生产的主力军，有力地促进了全省农村经济的发展。

【农机装备结构逐步调优】 2012年，江西省农机部门坚持把落实农机购置补贴政策作为调动农民购机用机积极性的根本动力。2012年中央财政共分三批安排江西农机购置补贴专项资金7.3亿元，江西省财政安排0.3亿元，共计7.6亿元，比2011年增长19%。截至2012年11月19日，全省共完成中央补贴资金7.14亿元，实施进度达98%，共补贴各类机具38.4万台（套），拉动农民投入购买农机达27.5亿元，其中补贴粮食生产机具为28.8万台（套），完成补贴资金达5.8亿元，分别占全部补贴机具和补贴资金的75%和80%。通过实施购机补贴“一控三保”措施，优先调控、保障手扶拖拉机、插秧机、大中型拖拉机和联合收割机的资金需求，优先保障了粮食生产机具补贴，切实进一步优化了机具结构比例。农机购置补贴政策的有效实施收到了社会关注、农民受益、结构调优、产业发展的好效果，促进了农业机械化事业跨越式发展，有效地促进农民改变生产观念、解放并转移劳动力，推进了农村经济发展。

【农机作业水平大幅提升】 2012 年,江西省农机部门坚持把发展水稻生产全程机械化作为推动农业机械化发展的最佳切入点,通过全省开展百万农机闹春耕、农机双抢大会战和“推进机插秧、创建高产县”等农业机械化技术推广生产活动,把水稻机插作为推进水稻生产全程机械化的关键环节,大力提升农业机械化作业水平,使农业机械真正成为农业生产的主力军。2012 年,全省完成机耕、机插、机收面积分别为 2 949.87 千公顷、610.67 千公顷和 2 426.67 千公顷,机耕、机插、机收水平分别为84.5%、17.5%和 69.5%, 2012 年,全省水稻生产综合机械化水平为 59.5%,全省农业机械化事业在中级发展阶段持续稳步发展。同时,江西省坚持把推进优势农产品生产机械化作为增强农业物质装备能力的重要突破口,果业、花生、油菜等生产机械化得到巩固提高,茶叶、畜牧业、渔业等生产机械化取得较大突破。

【农机服务效益持续增加】 2012 年,江西省农机部门坚持把推进农机社会化服务、增加农民收入作为农业机械化工作的根本出发点,培育农机服务组织的发展,加大对跨区作业的组织和引导,提高农机服务的组织化程度和经济效益。通过购机补贴政策实施,促进了专业化服务组织健康快速发展,江西省农机专业合作社达 424 个,农机专业合作社社员 1.8 万人,社员年服务总收入 5.1 亿元,合作社发展呈现速度不断加快、装备不断优化、能力不断增强、效益不断提高的良性发展趋势,在建设发展和作业服务方面已经走向了规模化、专业化、组织化道路。全省着力打造“赣机北上(西征)、引机入赣、用好赣机”的“三赣”服务品牌,2012 年免费发放跨区作业证2 359个,组织300 余台联合收割机跨省机收小麦、水稻,台均创收 3.2 万元,最高单机纯收入达到6.7 万元。近年来,江西省越来越多的农机手走上跨区作业和职业化服务的道路,成为农机购置补贴政策的最大受益者和最佳宣传员。全省共组织1 450个农机维修服务小分队在春耕生产、农机双抢生产中开展机具检修服务,组织农机维修人员 5 万人次,共检修机具 180 万台(套),确保了农机具顺利投入农业生产。

【农机安全生产形势稳步好转】 2012 年,江西省农机部门坚持把创建“和谐平安农机”作为农机安全生产的工作重心,强化建立长效管理机制,确保人民群众生命财产安全。通过安全监管手段前移,着力提高农机持证率、挂牌率和年检年审率,从源头控制农机事故隐患,截至 2012 年 10 月底,江西省共发生农机事故 6 起,受伤 6 人,死亡 0 人,没有发生一起农机重特大事故。全省共核发拖拉机号牌 23 214 副,其中手扶拖拉机 21 959副、大中型拖拉机 1 255 副,共检验大中型拖拉机 1 493 台、手扶拖拉机 12 479 台、联合收割机 7 206 台,手扶拖拉机的年检率有所突破。2012 年创建 4 个全国“平安农机”示范县,进一步规范业务管理,建立“源头管理、执法监控、安全宣传”的长效管理机制,全省农机安全生产形势持续稳定好转。

山东省

【概况】 2012 年,山东省各级农机部门以科学发展观为指导,按照稳中求进的工作基调,坚持因地制宜、突出重点的工作原则,解放思想,积极作为,创新进取,脚踏实地,推动全省农业机械化又好又快发展。农机装备水平不断提升,粮食生产机械化稳步提高,棉花、花生等大宗优势经济作物生产机械化取得突破性进展,为确保全年农业丰产丰收、促进农民增收致富、加快现代农业建设进程提供了有力支撑,做出贡献。

【粮食生产机械化得到巩固提升】 2012 年,山东省农机部门坚持把提高粮食综合生产能力、确保粮食安全作为农业机械化工作的首要任务。2012 年,山东省立足小麦、玉米两大主要粮食作物生产全程机械化,着眼“三夏”、“三秋”两个关键农时季节,推进机械化生产。一是精心组织农机跨区作业。举行小麦跨区作业出征仪式和小麦收获开机仪式,与山东省农业厅联合召开全省玉米适期晚收暨秋种工作视频会议,进行广泛深入的组织发动。与公安、交通等部门联合印发农机跨区作业通告,及时发放联合收割机跨区作业证和指挥调度、技术服务车辆通行证,协调山东省经济和信息化委员会和石化、石油企业对农机作业用油实行不限时、不限量、不加价供应,与“110”联动严防拦机截机等行为,并在交通干道设立接机服务站,加强作业、气象等信息服务,强化应急处理,引导、保障跨区作业机械及时有序流动。强化工作督导,山东省下发做好“三夏”农业机械化生产工作的通知,成立由局领导带队的督导组,对农业机械化生产进行督导。各市县农机部门也都全面部署,精心组织,确保农机跨区作业的顺利有序进行。在此基础上,引导推行订单作业、托管服务和流转承包经营等新的农机作业服务实现形式,农机作业的组织化、规模化和社会化水平进一步提高。二是大力推广农业机械化先进技术和机具。以开展“科技年”活动为主线,组织开展农业机械化教育培训大行动,组织实施农业机械化科技创新与推广行动,利用举办县级农机局长培训班和承办全国现代农业机械技术推广与装备运用高级研修班的机遇,对市县两级农机推广骨干进行系统培训,并以“阳光工程”农机培训为抓手,对农民和农机手进行实用农业机械化技术培训,提高推广应用农业机械化新技术、新机具的能力和水平。同时,精心实施农业机械化科技示范项目,积极推广小麦、玉米秸秆切碎还田、深耕深松、免耕播种和玉米晚收等机械化新技术,大力推行小麦、玉米联合收获、秸秆还田、免耕播种“一条龙”作业模式,粮食生产机械化的质量不断提升。三是推进农机农艺融合。加强与农业部门的协作会商,以农机农艺融合为重点,出台实施了春夏秋冬四季机械化生产技术指导意见,全面引导规范粮食从种到收全过程生产机械化,实现粮食生产农机与农艺的大融合、双提高。2012 年小麦机播、机收率均 98%,玉米机播到 95%,机收面积已占到可机收面积的 80%,为确保全省粮食生产实现“十连增”提供了有力支持。

【经济作物机械化取得突破性进展】 2012 年,山东省农机部门围绕突破棉花、花生、薯类等大宗优势经济作物种植、收获等关键生产环节机械化,省、市、县层层建立创新示范基地,召开研讨会、现场会和演示会进行宣传、分析、示范和推广。省里还整合有关资金和项目进行重点扶持,并联合山东省农业厅农技站、棉技站和山东省农业科学院花生所等单位成立花生等经济作物生产机械化协作组,进一步完善经济作物机械化生产联合推进机制。山东省农业机械管理局组织滨州、东营等市主攻棉花生产农机农艺融合,争取多方支持,通过建立棉花机收示范基地，创新融合机制，组织科研机构、生产企业和有关职能部门联合攻关，初步探索出适合山东省的棉花机械化生产模式。2012年棉花机械化收获实现零的突破，购进2台采棉机，建设了一条机采棉清选加工生产线。农业部农业机械化管理司在山东省召开全国农机农艺技术融合座谈会暨机采棉现场会。同时，山东省花生收获机械化技术与机具已基本成熟，2012年进一步加大花生联合收获机械化技术推广力度。全省花生联合收获机发展到300多台，完成花生机械化联合收获约3.33千公顷。马铃薯、大蒜、生姜等机械化收获和设施农业机械化也都取得较大进展。

【农机服务组织建设得到有效推进】2012年，山东省农机部门注重把农机合作社建设作为农机服务组织建设的重中之重来抓。一是加强政策扶持。各级不断加大扶持力度，农机购置补贴优先支持农机合作社发展，农业机械化创新示范工程、机械深松等新机具、新技术示范推广项目，都优先安排农机合作社承担。进一步争取省财政专项资金，对农机合作社进行了重点扶持。各级农机部门也积极争取相关扶持资金和金融信贷，用于扶持农机专业合作社建设。二是搞好规范指导。按照有完善的基础设施、有良好的运行机制、有健全的财务制度、有较大的服务规模、有显著的综合效益的“五有”规范化标准，在全省组织开展农机合作社规范化建设工作，并对全省重点扶持的农机合作社理事长进行了培训。各市通过建立联系点、列名指导等方式，加强与合作社的工作联系。各县抽出专人划片包干、定点指导、靠上服务，定期进行走访、座谈和调研，指导合作社制定章程，健全机构，完善制度，规范内部管理，建设标准库房和服务设施，推动了农机合作社建设管理水平不断提高。三是推动转型升级。坚持高起点定位、高标准建设的原则，积极引导推动农机合作社向作业、维修、培训和销售一体化发展，不断拓展经营服务范围，有效提高了综合服务能力和水平。全省农机合作社已发展到4 100多个，以农机合作社为龙头的各类农机服务组织在机械化生产中进一步发挥了骨干作用。

【农业机械化扶持政策得到周密实施】2012年，农业部安排山东省购机补贴资金13.7亿元，补贴各类机械43万台，19.2万户农民受益，带动农民直接投资30多亿元。工作中，山东省把实施补贴政策作为一项重要的政治任务对待。在组织领导上，2012年初与山东省财政厅联合召开会议进行全面部署。省与市、市与县农机部门层层签订了工作责任书，完善“主要领导负总责，分管领导负全责，工作人员具体负责”的工作责任制，明确分管领导和具体责任人，做到职责明确，责任到人，确保补贴工作全流程每个阶段、每个环节、每项措施都有人管、有人抓。在补贴范围上，将除油菜、甘蔗等机械外的全国补贴机具范围中的其他产品，都纳入补贴范围，并根据山东省农业生产实际，增加特色适用机械，进一步扩大补贴范围，以最大限度满足农民和农机手需求。同时，2012年把玉米联合收获机、免耕播种机、经济作物机械和丘陵山区机械等作为补贴重点，不断发挥补贴政策的导向作用。在实施监管上，严格按照农机购置补贴政策有关规定，科学分析确定补贴标准，切实加强补贴机具经销商备案审查，深入推行补贴政策实施全程信息公开，认真研究实施补贴资金县级结算机制，并组织专门力量对购机补贴实施情况进行全面深入检查，有效提高补贴工作的实施质量和效果。在工作纪律上，严格执行国务院、农业部和山东省的各项规定要求，坚持农机纪检部门参与农机购置补贴工作全过程。深入组织开展以“廉洁从政、遵纪守法、规范操作”为主题的购机补贴反腐倡廉警示教育活动，认真做好廉政风险防控工作，严肃查处信访和违规案件查处工作，特别是对违法、违纪、违规操作的农机生产企业及其经销商，一经查实，及时取消其生产或经销的农机产品补贴资格，切实确保购机补贴工作规范运行、廉洁实施。另外，还会同山东省财政厅、山东省商务厅精心研究工作方案，确定补贴标准和回收拆解单位，扎实推进农机报废更新补贴试点工作。

【农机依法管理得到切实强化】2012年，山东省农机部门以贯彻实施《中华人民共和国农业机械化促进法》《山东农业机械化促进条例》等农业机械化法律法规为主线，大力推进农机依法管理、依法行政。围绕确保农机安全生产，结合开展“安全生产年”和“打非治违”专项行动，切实严格了牌证管理制度，健全完善事故预防处置机制和农机安全突发事件应急处理预案，扎实开展了监理执法检查和平安农机创建工作。结合开展“山东省农机管理行政程序年”活动，制定出台《山东省农机安全监理执法检查工作规范》《农机安全监理行政处罚程序规定》《农机安全监理行政处罚自由裁量适用规则》等三个规范性文件，进一步规范农机监理工作。深入组织开展“为民服务、创先争优”示范窗口创建活动，坚持依法管理与柔性执法相结合，不断提高农机安全监理工作的水平和质量。山东省农业机械化生产没有发生重特大事故，进一步保持良好态势，全国“平安农机”示范县考评组到山东检查指导时对山东省工作给予充分肯定。围绕提高农机质量监管水平，组织开展在用农机产品质量调查、补贴机具质量督导和农民满意农机产品调查评选活动，进一步加强农机产品鉴定能力建设与农机投诉监管体系建设，强化对获证产品的监督检查与投诉监管，严格农机推广目录管理制度。为保障农机鉴定工作质量，不断探索改革农机鉴定方式，创新实行了委托鉴定和抽调技术人员开展鉴定工作等办法，取得了良好效果。围绕加强维修管理，按照“三位一体、政府扶持、市场引导、科学发展、提高效益、提升能力”的工作思路，以农机维修技术资格证书核发为抓手，深入开展“星级文明农机维修网点”创建活动，认真执行农机修理工就业准入制度，切实加强农机维修市场秩序整顿，引导推动农机维修网点向4S店发展，不断促进农机维修业上档次、上水平。围绕提升农机管理规范化水平，进一步加强电子政务建设，大力推进政务信息公开，实行行政管理事项网上审批制度，目前省级农机行政许可和行政处罚已全部通过网络运行。另外，注重发挥山东省人民政府农机专家顾问分团的参谋咨询作用，组织专家开展农业机械化发展重大问题研究；筹建成立山东省农业机械化协会，搭建起集农机产学研、管推用于一体的新平台，进一步创新了农机管理服务形式。

【机关自身建设得到进一步加强】2012年，山东省农机部门以深入开展“创先争优”活动为主线，切实加强深入细致的思想政治工作，进一步强化机关干部队伍建设，在山东省农机办更名为山东省农业机械管理局的基础上，争取增设了副巡视员职位,健全局领导班子,完成监理站参公管理工作,并增设、配齐了处级干部岗位。同时,积极创造条件,对机关职工餐厅进行了升级改造,对办公楼进行全面修缮,对办公环境进行全面整治,新建东院职工食堂,并为机关副处级以上干部配备了工作用笔记本电脑,进一步改善干部职工的工作生活条件。整个山东省农机局机关展现出良好的精神面貌,进一步巩固和发展了风正气顺心齐、团结和谐向上的氛围,为全面完成全年农业机械化工作任务提供了有力的组织保障。

河 南 省

【概况】 2012 年,河南省农机系统紧紧围绕全面推进中原经济区建设,以提高粮食综合生产能力、增加农民收入、建设现代农业为目标,抓住机遇,求真务实,开拓进取,扎实工作,实现了农业机械化持续又好又快发展。

【农机装备水平、作业水平继续提升】 2012 年,河南省农机固定资产总值达到 742 亿元,较 2011 年增长 7%;农机总动力 1.07 亿千瓦,增长 2%;大中型拖拉机发展到 33.1 万台,增长 6.4%;收获机械 16.9 万台,增长 7%,其中玉米联合收获机 3.4 万台,增长 24%。全省耕种收综合机械化水平 73%,圆满完成预定的目标任务。机耕做到应耕尽耕;小麦机播、机收水平均稳定在 95% 以上;玉米机播水平 83%,玉米机收水平 60.2%,提高近 10 个百分点,玉米秸秆还田率 80%。

【农机生产组织化水平不断提高】 2012 年,河南省农业部门围绕冬季农田建设、春耕生产、“三夏”、“三秋”重要农时季节,唱好农机生产“四季歌”。“三夏”农机生产平稳有序。全省共组织 400 多万台(套)农机开展“三夏”会战,小麦机收率达到 97%,玉米除局部地方套种点播外,全面实现机播,作业秩序、作业质量、适时播种率明显提高。“三秋”农机生产进展顺利。共投入农业机械 450 多万台(套),机耕做到应耕尽耕,水稻机收率、玉米秸秆还田率突破 80%,小麦机播率 97%,保证农时。同时,农机跨区作业智能调度平台在“三夏”、“三秋”中投入局部试运行,进一步提高农机生产组织化水平。

【薄弱环节机械化加快突破】 2012 年,河南省农业部门按照省人民政府主攻秋粮生产机械化、主攻薄弱环节的要求,近几年,通过采取政策促动、市场拉动、典型带动等多种措施,2012 年取得重大进展。一是水稻机插取得技术突破。育秧环节、机具适应性两大难题基本解决,育插秧技术日趋成熟,机插面积 113.33 千公顷,奠定大面积推广基础。二是花生机收取得局部突破。为解决花生收获费工费时问题,2012 年河南省选择正阳县、汝南县作为重点推进县,采取政策倾斜、集中攻关措施,效果明显。正阳县机收率 92%,汝南县 80%,积累推广经验。三是保护性耕作项目持续推进。2012 年保护性耕作示范推广项目共在 40 个县实施(农业部项目县 19 个,河南省项目县 21 个),新增保护性耕作面积66.67 千公顷,保护性耕作示范推广面积 410.67千公顷;新增各种保护性耕作机具 13 380 台,其中小麦免耕播种机 2 021台。

【农机合作社创新发展】 2012 年,河南省农机合作社建设从强化基础建设、加大政策扶持、开拓作业市场、创新运行机制入手,特别是省人民政府安排专项资金 3 500 万元,对 125 个合作社给予扶持,加快发展。一是组织数量继续增加,达到 4 500 个,稳居全国前列。二是组织效果更加突出。“三夏”期间,合作社自有机械和通过其组织的机械完成作业量达 80% 左右。“三秋”期间,玉米机收、深耕深松作业主要靠合作社承担。三是发展方式加快转变。订单作业、土地托管、土地反包等服务模式加快推进,由以提供作业服务为主向作业服务与农业经营一体化并重转变。四是运行机制不断创新。“郏县得成农机合作社”在各乡镇都建立农机作业服务基地。潢川县“兴豫农机合作社”以强带弱,与当地 9 个合作社合作,实行一社带 9 社。

【政策环境持续向好】 一是农机购置补贴规模继续扩大。2012 年中央财政分两批共安排河南省农机购置补贴资金 12 亿元,较 2011 年增加 1.4 亿元,进一步调动农民购机积极性。二是国家启动实施农机报废更新补贴试点。河南省作为 11 个省、农场实施范围试点之一,安排试点资金 8 000 万元,开辟了新的政策扶持渠道。三是河南省人民政府对农机购置实行奖补政策。2012 年下半年,省政府安排专项资金 1.1 亿元,从 2012 年 8 月至年底,对农民购置 67.11 千瓦以上拖拉机和玉米收割机等,在享受国补 30% 的基础上,再给予 10% 的奖补,有力推动了农机消费市场。四是河南省人民政府出台促进农业机械化发展的文件。2012 年 7 月,河南省人民政府下发《关于促进农业机械化和农机工业又好又快发展的实施意见》,进一步明确支持农业机械化发展的一系列政策扶持和税费减免等政策,对农业机械化发展将起到重大的促进作用。

【精心组织实施政策项目】 一是认真实施农机购置补贴政策。2012 年,河南省按照农业部统一部署,全面落实“主要领导负总责、分管领导负全责、工作人员直接负责”的责任机制,形成一级抓一级,层层抓落实的责任机制。对资金结算办法实施改革,改省级结算为县级结算。继续安排补贴工作经费 2 000 万元,创造工作环境,保障有效落实政策。全省各级共投入农机购置补贴资金 13 亿多元,拉动农民和农业生产经营组织投入资金 30 多亿元。共落实补贴机具 161 676 台(套),受益农户达 11.3 万个。二是加快落实农机报废更新补贴试点工作。根据农业部、财政部、商务部联合下发的《2012 年农机报废更新补贴试点工作实施指导意见》,河南省选择中牟县等 49 个县(市、农场)为 2012 年农机报废更新补贴试点单位,并制定下发实施方案,与河南省财政厅、商务厅联合督促落实。要求各地严格按实施方案实施,并与农机补贴工作相衔,力争年底前完成。三是认真组织实施基层农机推广体系改革与建设补助项目。全省用于农机推广体系补助 1 200 万元。根据基层农机推广体系现状,选择年农作物播种面积 13.33 千公顷以上、县级农机技术推广机构健全的 100 个县进行补助。全省共遴选 378 个农机专业合作社作为科技示范户,辐射农户 431 238 户;选聘技术指导员 1 412 名,分包行政村 2 701 个;共建立试验示范基地 125 个,面积 2.46 千公顷。

【主攻玉米收获机械化】 2012 年“三秋”期间,河南省累计投入玉米收获机械4.36万台(套),投入秸秆还田机13.4万台,完成玉米机收面积1 884.67千公顷,达到种植面积的60.2%,较2011年增加9个百分点,完成玉米秸秆还田2 480千公顷,还田率达到80%,超额完成玉米机收1 733.3千公顷,玉米秸秆还田率稳定在75%的目标任务,玉米机收再次实现跨越式增长。2012年玉米机收呈现三个特点,一是玉米收获机具技术成熟,能够适应河南省玉米收获机械化的需要。二是农民对玉米机收作业普遍接受,多地出现玉米收获机供不应求。三是机收市场成熟,组织化、规模化和跨区机收市场已经形成。

【加快农机农艺融合】 2012年,河南省农机部门按照全国农业科技促进年活动的部署,开展农业机械化科技创新与推广行动。一是启动实施省级农机农艺融合示范项目。与河南省农业厅结合向河南省人民政府提出《河南省农机农艺融合技术集成研究总体实施工作方案》,并启动实施,省级财政安排专项资金,开展棉花、水稻-小麦生产、辣椒移栽农机农艺技术集成示范。二是认真实施国家公益性行业(农业)科研专项经费项目及其他推广项目,加快农业机械化新技术推广应用。三是积极推动重点作物关键环节机械化技术突破。

【加强农机公共服务能力建设】 2012年,河南省农机部门认真贯彻“安全第一、预防为主、综合治理”的方针,健全农机安全生产责任体系。深入推进“创建平安农机,促进新农村建设”活动,围绕“综合治理,保障平安”这一主题,认真开展“安全河南”创建活动。围绕农机安全监理“为民服务创先争优”示范窗口创建活动,切实加强农机安全生产法制机制、保障能力、监管队伍“三项建设”,有效提高农机安全管理工作水平,农机安全生产保持较好形势。切实加强农机产品质量监督检查工作,认真组织在用农机使用情况调查和农机市场打假工作,有效促进农机产品质量的提高,维护企业和消费者的权益。组织实施农机教育培训大行动,共培训各类农机人员65万人次,提高了农机从业人员素质。

【成功举办了各项重大活动】 一是筹备举办全省“三秋”生产暨农业机械化现场演示会。为进一步贯彻落实《河南省人民政府关于促进农业机械化和农机工业又好又快发展的实施意见》(豫政[2012]64号),中共河南省委、省人民政府于2012年9月20日,专题召开全省“三秋”生产暨农业机械化现场会。中共河南省委常委、副省长刘满仓出席会议并观看农机作业现场演示,副省长张广智作重要讲话。二是筹备成立河南省农业机械化协会。2012年4月26日在郑州召开河南省农业机械化协会成立大会,选举产生协会会长、常务副会长、副会长及秘书长。三是积极协助筹备“全国农业机械化科技创新与推广行动启动仪式”。3月8日,全国农业机械化科技创新与推广行动启动仪式在许昌市举行。农业部农业机械化管理司司长宗锦耀、农业部农业机械化技术开发推广总站站长刘宪、河南省省长助理何东成、河南省农业机械化局长张开伦、许昌市市长张国晖等同志参加此次活动,活动圆满成功。四是积极举办2012年“中国石化杯”农机收割竞赛。2012年,联合石油供应部门筹办“中国石化杯”农机收割竞赛活动,为提高机手操作技能、农机作业质量、降低收割损失,起到积极作用。

湖北省

【概况】 2012年,湖北省农业机械化工作以提升粮食生产全程机械化水平为重点,以发展油菜生产机械化为突破口,以“三个百万”活动为抓手,加强农机公共服务能力建设,推进农机农艺融合,强化农业机械化新技术培训、示范推广,提升农业机械化社会化服务能力,农业机械化工作取得新的成效,为全省粮食生产“九连增”作出了新贡献。

【农机装备结构不断优化】 2012年,湖北省农机总量不断增长,农机总动力为3 770万千瓦,拖拉机保有量为131.4万台,其中大中型拖拉机为14万台,配套农机具为262.7万台(套),插秧机为3.33万台,联合收割机为7万台。大中型拖拉机比重上升,农机具配套比趋于合理,水稻插秧机和油菜直播机快速增长,农机装备结构不断优化。

【农业机械化作业水平持续增长】 2012年,湖北省农机部门强化春耕、“三夏”、“双抢”、“三秋”农业机械化生产部署,加强信息引导、科学调配机具、协调柴油供应,发挥农机服务组织作用,着力提高重点作物、关键环节农业机械化作业水平。湖北省共组织500万台(套)农业机械服务春耕、“三夏”、“双抢”、“三秋”农业生产;完成机耕面积4 718.67千公顷,比2011年同期增加10.66千公顷;机收面积3 198千公顷,比2011年同期增加74千公顷,其中小麦机收943.33千公顷,机收水平90%;油菜机收335.33千公顷,机收水平29%,水稻机收1 788千公顷,机收水平87%。水稻机插面积559.33千公顷(早稻98.67千公顷、中稻403.33千公顷,晚稻57.33千公顷),比2011年增加102千公顷,机插水平27%,居全国第3位;油菜机播208千公顷,机播率18%,油菜机播机收在全国处于领先水平。农业机械化生产为实现全省粮食“九连增”打下了坚实的基础。

【农机购置补贴政策规范实施】 2012年,国家共安排湖北省农机购置补贴资金10.4亿元,比2011年增加1.8亿元,2012年湖北省农机购置补贴政策实施呈现五个方面的特点。一是起步早。2012年全省购机补贴实施工作于3月15日全面启动,较2011年提前近一个月。通过抢抓时间,扎实工作,购机补贴工作部署在春耕生产前完成,迅速组织实施,满足了农民春耕购机需要。二是实施速度快。农机购置补贴资金的结算批次增加,进度加快,补贴工作已全部完成。三是受益面宽。2012年,共补贴各类农机具61.8万台(套),受益农户24.5万户。四是操作规范。湖北省农业厅、财政厅联合制定湖北省2012年农机购置补贴实施方案和监督检查方案,在湖北省农业机械化信息网上,集中公布农机购置补贴一览表和结算经销商名单,全省各级农机主管部门设立农机购置补贴工作举报、投诉电话。通过把购机补贴监督检查工作制度化,一级抓一级,常抓不懈,主动接收社会监督,强化政风行风建设等措施,农机购置补贴政策程序进一步规范。五是监管加力。湖北省农业厅、财政厅联合成立湖北省2012年农机购置补贴监督检查工作领导小组,首次实行购机补贴实施与监管分离。湖北省农机局与各市、州农业机械化主管部门签订农机购置补贴实施工作责任书,进一步强化监管责任,严明工作纪律。各地农机部门层层签订责任书,明确责任,年终结硬账。达不到要求的,给予相应处罚,实行严格的绩效考核制。六是加强督导和抽查。农业部第六督导组到湖北省开展购机补贴工作检查,对全省的督查工作起到有力地推动作用。2012 年 5—6 月,湖北省农机局派出5个督查工作组分赴全省17个市州开展补贴政策落实情况的督查。湖北省财政厅、农机局组成联合督导检查组,分赴10多个市县开展督导检查。2012年湖北省农机局安排专人依托湖北省农机购置补贴信息管理系统,每天分区域、有重点的对补贴政策实施情况进行电话抽查,针对发现的问题,湖北省农机局责令相关县市农机部门入户调查,核查实情,并将相关情况及时反馈湖北省农机局。

【以"三个百万"活动为抓手,加大技术培训推广力度】 2012 年,湖北省开展以"百万机手大培训、百万机具大检修和百万农机闹春耕"的"三个百万"大行动,得到全省各地的积极响应,引起社会各界的广泛关注,并取得显著成效。春耕期间,全省共组织100多万台(套)农业机械投入春耕生产,在大忙季节之前,各级农机部门抓住有利时机,充分调动资源,结合阳光工程实施,通过举办培训班、现场会、机具展示、观摩会、座谈会和送技术进村入户等多种方式,深入开展农业机械化技术培训,工作开展得有声有色,取得显著成效。2012 年,共培训各类农机从业人员30万余人次,其中管理人员0.75万人次、技术人员10.13万人次、农机操作人员19万余人。全年共维修各类农业机械132万台(套)。为推进全省农业机械化科技创新与技术推广,加强农业机械化科技管理人才队伍建设,湖北省农机局积极争取有关部门支持,组织举办三期省级农机专业和骨干技术人员知识更新培训。对来自全省农机系统技术骨干400多人进行为期一周的专业技术培训。通过培训,提高农机系统技术及管理人员的业务素质。2012年湖北省农机局将秸秆机械化还田列为重点工作之一,下发了限制机收留茬高度的有关文件,要求全省大力推广秸秆还田和综合利用技术。小麦、水稻、油菜机收严格执行湖北省农机局制定的留茬高度标准,大力推广秸秆切碎机、打捆机和粉碎还田机,有效地减少秸秆留茬过高和焚烧现象。

【"以机代牛"工作顺利开展】 2012 年,湖北省人民政府继续在16个血吸虫重疫区开展淘汰耕牛、以机代牛工作,要求16个血防重疫区淘汰耕牛4.8784万头,仍按每淘汰1头耕牛补助1 200元标准执行,补助资金共为5 854万元。湖北省农机局于2012年9月12日下发《关于做好2012年血吸虫重疫区淘汰耕牛、以机代牛工作的通知》,要求有关市县切实加强领导,明确责任,优先安排淘汰耕牛农户购机补贴资金,支持农户购买大中型农业机械,加强督办跟踪检查,全面完成淘汰耕牛、以机代牛目标。

【农机专业合作社快速有序发展】 2012 年,湖北省农机部门以发展农机专业合作社为基础开展土地流转作为转变农业、农机发展方式的突破口来抓,湖北省现有农机专业合作社1 300余家,比2011年新增190多家。合作社注册资金11亿元,资产总额15.8亿元,社员2.9万人,拥有各类机具8.5万台,机具配置多以大型、高性能为主。全省农机专业合作社开展耕、种、收、植保等机械作业服务面积1 533.33千公顷,流转土地40千公顷,服务农户97多万户,服务总收入6亿多元,合作社社员人均收益比一般农机户高30%以上。安陆禾丰农机专业合作社,流转了全乡镇1.67千公顷土地,租赁期10年,正在实现全乡镇的农业生产全程机械化。农机专业合作社积极开展跨区作业、订单服务、租赁服务、承包服务和"耕、种、植保、收一条龙服务"等服务形式,促进了农业规模经营和土地的合理流转,成为推进农业机械化、发展现代农业的重要力量。

【农机安全生产形势保持稳定】 2012 年,湖北省拖拉机、联合收割机号牌核(换)发2.432 2万副,其中拖拉机号牌2.010 7万副,联合收割机号牌4 215副;拖拉机、联合收割机驾驶人考证2.678 3万人,其中拖拉机驾驶人考证2.357 7万人,联合收割机驾驶人考证3 206人;拖拉机、联合收割机安全技术检验16.572 5万台,其中拖拉机检验13.818 5万台,联合收割机检验2.754 0万台。截至2012年10月底,全省共发生各类农业机械事故251起,死亡12人,受伤94人,直接经济损失180.6万元。全省农机安全生产形势保持稳定,农机事故死亡人数在控制数(34人)以内。

湖南省

【概况】 2012 年,湖南省农机管理部门深入践行科学发展观,创新落实各项具体工作,农业机械化事业又好又快发展。全省农机总动力比2011年增加365万千瓦,达到5 300万千瓦;水稻耕种收综合机械化水平提升至59.6%,比2011年提高2.8个百分点。

【用狠劲落实好农机购置补贴"全价购机、县级结算、直补到卡"新办法】 2012 年,湖南省改革购机补贴实施办法,实行"全价购机、县级结算、直补到卡"的操作办法。2012年3月9日湖南省人民政府开会部署后,湖南省农业机械管理局采硬措施主抓新办法落实:一是抓思想认识提高。反复强调新办法是对购机补贴政策的拥护和对具体操作办法的改进,广泛宣传新办法实施的必要性和重要性。二是抓运行软件到位。管理系统可直接反映补贴实施实时情况、且适合新办法操作要求。三是抓操作人员培训。采取先省市县后乡镇村,组织全部相关人员开展政策和操作办法培训。四是抓政策宣传与信息公开。在湖南省农业机械化信息网公布实施方案、补贴机具一览表和监督管理办法;印发10万份购置补贴流程图和6万册政策汇编,确保政策家喻户晓。五是抓基层组织建设。督促各县市区落实"所有乡镇挂一块农机推广服务机构的牌子、有一名以上农机员专做购置补贴工作、有一台电脑和相应设备设施"的"三个一"要求。六是抓全面检查督促。2012年7月,湖北省监察、纠风、农业、财政、减负等部门联合开展专项督查;2012年11月,湖南省农业机械管理局开展重点督查,促进新办法的实施。七是抓具体问题解决。与邮政储蓄银行和农村信用社达成为农民购买大型机具贷款的初步意见;积极争取财政支持,适当解决基层工作经费。八是抓行风建设。实践一年,新办法运行良好,整个农机系统风清气正,形象一新。截至2012年11月30日,共下拨补贴资金10.2亿元,实施补贴9.5亿元,共补贴机具36万多台,受益农户28万多户。新办法的实施,体系更加完善，责任更加明确，资金更加安全，监督更加有力；没有收到任何涉及农机部门的违法违规举报，社会反响很好，各级部门和广大农民群众普遍反应，农机部门2012年的工作非常得力，在落实新办法上态度坚决、作风务实、措施到位。

【下工夫提高农业生产主要环节的机械化水平】 2012年，为解决湖南省农业生产中水稻育插秧机械化这一“短板”问题，湖南省农业机械管理局从培育机插秧这个关键环节入手，采取行政推动、扶持大户、以奖代补和60个项目县办点示范等措施，引导农机大户、农机合作组织进行规模化育秧、规范化作业。全省共推广各类插秧机5 557台，早、中、晚三季机插水稻403.33千公顷，机插率提高到9.11%。经过实践，农机农艺专家充分论证，湖南省决定主推25厘米行距插秧机。综合湖南省农业机械管理局布置的对比试验测产情况，2012年机插水稻产量普遍高于手插和抛秧，10个县32个点中有30个点大幅度增产，平均每公顷增产646.05千克，最高的是衡山县的一个点，每公顷增产1 404千克。也有2个点减产，分别减产105.75千克和106.5千克。为了探索“稻-稻-油”三熟制全程机械化模式，湖南省农业机械管理局自筹资金50万元，在6个县布点，每个点指派一名干部当联络员；2012年10月10日前后播种，采取气吹式全自动精量直播技术，耕播一次性完成，目前莱苗长势普遍良好。用2—3年时间总结出成熟的“稻-稻-油”三熟制全程机械化模式。此外，致力提高经济作物生产及林业生产的机械化水平，积极突破农机制造的关键技术，已经成功开发出棉花采摘机(器)、芦苇收割机、高枝水果采摘机和轻型无人驾驶农用飞机等新型农业机械。在主攻薄弱环节、创新研制新型机具的同时，组织全省农业机械化生产，全年机耕水田旱地5 000千公顷，其中水稻田3 991.33千公顷，机耕率90.2%，机收水稻3 071.33千公顷，机收率69.4%。

【不松懈保持农机安全生产形势持续向好】 2012年，湖南省农机部门继续努力构建“政府负责、农机主抓、部门协作、群众参与”的农机安全监管长效机制。进一步修改完善农机安全生产目标管理办法和考核细则，大部分县市区政府将农机安全生产纳入政府考核范畴，“平安农机”创建工作列入湖南省安全生产委员会对各市州、县市区政府的绩效考核内容。进一步修订农业机械牌证业务操作规程，完善牌证管理系统软件，严查办理异地牌证的违法违规行为。严格农业机械上户目录管理，对拖拉机上户目录进行全面清理，切实规范拖拉机上户目录，有效遏制超标准拖拉机上户问题。争取财政、公车治理办支持，在全国率先明确农机监理机构车辆配备标准参照公安交警的最低标准执行。加强农机监理队伍建设，先后举办2期“平安农机”和“为民服务创先争优”示范窗口创建培训班，全年共培训新监理员、检验员、考试员165人，农机事故处理员247人，农机安全检测设备操作人员80人。扎实开展农机安全隐患排查和农机安全生产大检查，全省共检查生产单位18 472个、排查隐患14 229起、整改隐患14 111起，整改率99.2%。评定16个单位为全省“为民服务创先争优”示范窗口，24人为“为民服务创先争优”示范岗位标兵，并推荐4个单位为全国示范窗口、8人为全国示范岗位标兵。新建5个“平安农机”示范县、77个示范乡镇、625个示范村，6 122个示范户。加强农机安全生产执法，做到依法执法、严肃执法、公正执法。截至2012年11月，全省发生农机安全事故67起，死亡14人，受伤56人，经济损失89.6万元。

【花心思努力推进农机产业快速发展】 2012年，湖南省农机部门联合省委政研室、省发展和改革委员会、省财政厅研究拟定《湖南千亿元农机产业发展规划》，受湖南省人民政府委托起草《加快湖南农机产业发展意见》，抓住当前农机工业发展的黄金时期，借农机购置补贴规模不断加大的强劲东风，重点抓好“一园五区十个企业集团”建设，通过引进高端生产线、嫁接先进技术、开拓国外市场、推动上市融资和收纳相关企业五条途径，用5—8年时间，打造出湖南2 000亿元农机产业。围绕农机产业发展，争取发改、财政、科技等部门的项目支持，建立农机企业技术改造升级、农机流通市场建设、农机产业园基地建设、农机服务中心建设等项目库，共储备项目520个。在湘潭九华的湖南农机产业园核心区已经完成规划报批、征地拆迁等工作，中国南方农业工程机械国际展示交易中心、国家水田机械检测中心已经开工建设，成功引进国机集团、果福车业等大型农机企业。同时，积极开拓国内外农机市场，组织12家省内农机生产企业赴泰国曼谷参展，受到泰国各界的广泛关注，与泰国农机经销商达成意向合作协议超1 000万美元；2012年成功组织全国春季农机产品展示交易会和中南农机机电产品展示交易会，农机产业创新发展大会的召开以及对多家企业的专题调研都产生了良好效果。

【强基础狠抓基层农机服务组织建设】 2012年，湖南省农机部门继续贯彻落实湖南省人民政府基层农业技术推广体系改革意见，指导全省抓好乡镇农机推广服务体系建设和改革工作，基层农机推广服务体系不断健全。目前全省有539个乡镇农机站设置独立站，1 592个农业综合服务站中一部分加挂了农机站牌子，另有31个设置了区域站；大多数县已基本落实全额事业单位编制，办公设备配置也有了明显改善。继续把发展农机专业合作组织作为开展农机社会化服务工作的重点，全面落实优惠政策，积极协调落实扶持措施，全省农机专业合作组织进一步发展，目前共有农机专业合作组织2.5万个，其中有1 600个左右依照农机专业合作社模式运行，经工商注册登记的481个，农机合作社社员达16 167人，服务农户38万家，作业服务面积7 466.67千公顷，农机服务年总收入达6.5亿元。

【立标准构建农业机械化技术路线】 2012年5月，湖北省质量技术监督局正式批复成立湖南省农业机械标准化技术委员会。标委会聘请中国工程院院士罗锡文为顾问。标委会围绕全省农业机械发展趋势，探索构建农业机械化技术路线，编制了标准发展重点项目、重要宣传活动、人员培训、参与国际标准化活动等方面的具有前瞻性、引导性、针对性的工作和活动规划；先后组织标准立项9项，其中，水稻机插秧育秧盘、水稻育插秧机械化技术规范等四项标准已经发布。

【严要求狠抓农机科教质量】 2012年，湖南省农机部门加强农机产品质量监督抽查和市场抽查，完成18家企业水稻联合收割机补贴产品质量调查，督促企业提高产品质量。完成181个产品的市场抽查与定期检验,合格率 88%。加强农机新产品科研、鉴定工作,全年完成农机新产品鉴定 113 个、推广鉴定 190 个。鉴定中坚持高标准严要求,对不符合规定要求的产品坚决不予"通融"。做好先进适用农机产品的推荐工作,调整省支持推广目录,推荐湖南省 35 家企业生产的 70 个产品申报《2013 年国家支持推广的农业机械产品目录》。对全省农业机械化教育培训机构进行全面调查摸底,了解培训机构现状,建立信息档案库,并对条件较差的培训机构责令整改。组织实施"阳光工程"培训行动,加大督查力度;各市县农机校积极与当地政府及有关部门衔接,利用"阳光工程"项目积极开展农机操作与修理农民工培训,全年共计落实"农机阳光"工程指标 25 000个,实际培训人数近 2.8 万人次。

【出实招塑造全省农机管理部门新形象】 2012 年,湖南省农机部门认真抓两项专题活动,一是局机关创建省直文明标兵单位,以此为抓手,用心刷新部门形象,着力提高队伍素质,努力培养实干风气,不断推进创先争优,整个机关面貌一新。二是在全省农机系统开展"行风建设年"活动,扎实抓好干部队伍作风建设,坚决查处违纪违法行为,不断提高服务效能和依法行政水平,着力塑造农机管理部门的良好形象。先后开展 4 次征文活动、"六个一"读书活动,开展"依法行政岗位建功"知识竞赛,提高农机系统干部队伍的整体素质,提升服务效能和依法行政水平,有力促进农机干部形象的持续好转和农业机械化工作的纵深推进。经过一年的努力,两项活动都取得了阶段性成果。

【谋发展开展部门联合调研】 2012 年,湖南省农机部门在农机购置补贴新办法实施中,联合省监察、纠风、农业、财政、减负等部门,结合专项督查开展购机补贴政策实施机制调研,为进一步完善实施办法统一了思想,丰富了思路。先后联合中共湖南省委政策研究室和湖南省发展和改革委员会开展农业机械化发展专题调研,提出政策建议,为中共湖南省委、湖南省人民政府主要领导决策提供参考,为相关部门提供明确的支持路线。2012 年 11 月 21 日,湖南省委书记周强对中共湖南省委政策研究室和我局的联合调研报告《加快推进湖南农业机械化刻不容缓》做出批示,肯定调研成果,要求有关部门重视并认真研究采纳所提建议。

【扩影响抓好农业机械化新闻宣传工作】 2012 年,《湖南日报》、湖南卫视多次报道湖南省农业机械化工作。经过沟通,湖南卫视很有影响力的专题节目《大户来了》深度阐释了农业机械化在种粮大户等群体的农业生产中的作用。湖南省农业机械化信息网和中国农业机械化信息网均发布湖南省农业机械化工作信息近 2 000 条。湖南省农业机械管理局局长接受红网专访,详细解释农机购置补贴新办法。创新编印 15 期《湖南农机工作简报》和《要情专报》,将全省重点工作开展情况、面临的主要困难,报告中共湖南省委、湖南省人民政府和上级主管部门。

广 东 省

【概况】 2012 年,广东省各级农机管理部门全力推进农业机械化发展,取得明显的成效。2012 年,农机总动力达2 485 万千瓦,新增农机总动力超过 70 万千瓦,水稻生产耕种收综合机械化水平可突破 61%,畜牧和水产养殖机械化水平居全国前列,园艺、特色经济作物和农产品加工环节的机械化有明显的提高。

【认真落实农机购置补贴政策】 一是增加补贴资金,扩大目录范围。2012 年,广东省获中央财政农机购置补贴资金 3.4 亿元,比 2011 年增加 5 000 万元,省级农机购置补贴资金 1 400 万元。列入补贴目录产品范围为 127 个品目、4 408个产品,涵盖种植业、畜牧业、渔业、林果业、设施农业、农产品加工业等方面的农业机械。截至 2012 年 11 月中旬,全省补贴资金完成 32 318 万元,共补贴农机具 21.5 万多台(套),受益农户 11.5 万户,带动农户投入资金超过 12 亿元。二是优化管理,加快实施、结算进度。首先,协调广东省财政厅首次安排农机购机补贴工作经费 200 万元,有效促进各市县加快购机补贴工作进度。其次,全面启动采用了农机购置补贴信息管理软件系统,规范了各地的操作,提高工作效率和工作透明度。再次,委托广东省农机推广站承担农机购置补贴资金结算初审工作,加快了初审核实速度。此外,启动农机购置补贴结算方式改革,将第二批中央购机补贴资金结算层级下放到地级市,推动结算进度。根据农业部农业机械化管理司《关于全国农机购置补贴实施和结算进度的通报》(实施农机购置补贴政策专刊 2012 年第 24 期),2012 年的实施进度排在全国第 10 位,结算进度也较往年有了明显进步。三是明确各方职责,层层落实职责。首先,与各地级以上市农业局签订了农机购置补贴责任书,各市农业局也与所辖的县(市、区)签订了责任书,层层落实责任。其次,组织了农机经销商开展"规范操作、守法经营"承诺活动,签订承诺书,锻造一大批规范操作、守法经营、诚信服务的模范经销商,营造广东农机补贴市场良性和谐发展的氛围。四是加强警示教育,加大监管力度。一方面,加大了警示教育力度。2012 年初,举办广东省 2012 年农机购置补贴政策解读暨警示教育班,省内外农机生产企业和经销商代表近 400 人次参加了培训。另一方面,启动农机购置补贴重点监督年活动。邀请驻农业厅及驻各市、县纪检组、监察室全程监督农机购置补贴工作。将 2011 年农机购置补贴政策执行情况列为由全省各地落实强农惠农富农补贴落实情况专项督查的重点,在 4—5 月份由厅领导任组长,组织了四个检查组深入到 12 个地级市、24 个县、48 个乡镇、近 100 个村的 120 多户农户进行抽查,从总体上看,各地做到了工作抓得紧、执行规定严,实施进度较快、实施效果较好。

【大力推进水稻生产机械化】 2012 年,广东省农机部门努力推进水稻生产全程机械化。一是以水稻育插秧机械化示范县为抓手,着力突破水稻生产全程机械化难点。2012 年初下达 40 个省级水稻育插秧机械化示范县年度目标任务,对不同情况的示范县进行分类指导并提出不同的目标要求。通过采取加强管理,40 个水稻育插秧机械化示范县共完成机插秧面积 82.53 千公顷,插秧机拥有量达到6 813 台,比 2011 年底增加 1 148 台。二是以农业机械化示范县为契机,着力形成发展农业机械化的合力。2012 年,全省启动建设首批 15 个农业机械化示范县,共投入 3 000 万元省级财政资金,通过一年的建设,示范县水稻收获机械化水平平均提高 4 个百分点以上,水稻种植机械化水平平均提高 5 个百分点。

2012 年,广东省水稻生产机械化尤其是水稻育插秧机械化,是 2008 年启动扶持建设省级水稻育插秧示范县以来发展最快的时期,增速居全国前列,新增插秧机 2 153 台,插秧机数量发展近 8 000 台;全年水稻种植面积达 1 967.85 千公顷,机插秧面积全年 153.6 千公顷,机插率约 12%。

【切实加强农业机械化生产管理】 一是全面部署全年农业机械化管理工作。2012 年 2 月初,广东省农机部门研究制定《2012 年广东农业机械化工作意见》,明确全省农业机械化工作思路目标、工作重点和保障措施。2012 年 3 月中旬,召开全省农业机械化工作会议,进行全面工作部署和责任落实。二是加强农业机械化生产督导。加强春耕、"双夏"和秋冬等季节农业机械化生产信息管理工作,组织专家和技术骨干超过 1 000 人次下到基层、下到田头,指导农业机械化生产。做好年度农机跨区作业市场信息和作业证需求调查工作,发放跨区作业证近 500 张。帮助农户检修各类农机具达 60.4 万台(套)。三是积极开展技术培训活动。2012 年,全省开展农机安全技术检验员考证培训班、农机购置补贴软件系统操作、生产信息统计培训班和全省农业机械化评价指标体系和统计业务培训等多层次、多形式的农机教育培训达 415 次,培训人数 4.1 万人次,其中技术人员 1.5 万人次,派发技术资料 4 万多份。四是切实抓好防灾减灾工作。制定并印发《广东省农业机械抗旱防汛应急预案》。2012 年,各地农机管理部门召开抗灾救灾准备工作会议共 128 场次,印发文件 88 份、现场发动 145 次,制定相关工作预案 68 份;举办抗灾救灾宣传培训活动 112 次,培训机手 1.9952 万人次,发放农机资料、信息 27.6174 万份(次);组建抗灾救灾工作队 145 个,检修抗灾救灾机具数量 22.4562 万台,投入抗灾救灾机具数量 25.7925 万台(其中:抗旱排灌机具 19.9601 万台、拖拉机 4.3683 万台),为农业抗灾夺丰收做出了应有贡献。

【着力抓好农业机械化推广工作】 一是认真做好年度广东省支持推广目录的制定工作。2012 年,广东省农机部门联合省发展和改革委员会、省财政厅公布《2011—2013 年广东省支持推广的农业机械产品目录》(2012 年度调整)目录内容,共有 12 大类;及时组织《2011—2013 年广东省支持推广的农业机械产品目录》编制工作,结合发展需要,增加了"农村可再生能源利用设备"类,共有 13 大类。2012 年度调整过程中受理 13 家农机生产企业 26 种产品申报增补的农机产品、2 家农机生产企业 8 种产品申报变更的农机产品。制(修)订《旋耕起垄机》等 17 种产品的推广鉴定大纲和《稻麦割脱机》等 18 种产品的适应性(选型)试验大纲,编写的大纲总数达 165 个以上。二是落实农业机械化发展专项政策。一方面认真做好农业部农业机械化发展专项即水稻育插秧机械化示范县工作。2010—2011 年度高要、阳东、饶平主要农作物生产机械化示范项目(水稻类)顺利验收;2012 年度潮阳、陆丰和英德 3 个示范县项目顺利推进;2013 年潮阳、陆丰和英德 3 个示范县续建和紫金县新建申报工作已完成。另一方面认真做好广东省省级农业机械化发展专项工作。2010 年省扶持农业机械化发展议案项目已全面完成验收工作(含 69 个示范基地项目),2011 年 45 个省级农业机械化发展推广项目顺利实施,2012 年投入 900 万元用于 50 个农机新技术推广项目,已完成项目申报和评审工作。三是大力发展现代设施农业。2011 年度下达的 50 个以优质蔬菜、水果、茶叶等为主要品种的节水灌溉示范片已顺利完成了建设任务,建设喷滴灌节水示范片 0.67 千公顷以上。2012 年,省级财政首次增加了设施农业专项资金 2 000 万元,扶持节水灌溉和大棚设施建设。组织项目申报工作时,一批具有广东特色的节水灌溉设备、大棚设施园艺机械等将得到广泛推广应用。四是认真组织各类农业机械展示会。据初步统计,2012 年省市县各级举办的各种演示会、展示会超过 600 场次,参加人员超过 5 万人次。组织了有关农业机械生产企业、研究单位广泛参与各类展览,2012 年 9 月组织 16 家农机生产企业参加第十届中国国际农产品交易会,单独设立广东现代农业装备展区。中共中央政治局委员、国务院副总理回良玉同志视察了广东现代农业装备展区。在全国农机展区设立的 25 个参展金奖中,广东省华南畜牧机械设备有限公司、揭阳达华和深圳富巍盛科技有限公司 3 家企业获得金奖,获金奖数量居全国各省(市、自治区)之冠。

【高度重视农业机械化科技创新】 一是积极搭建农机研发创新平台。2012 年,广东省农机部门充分发挥各大院校、科研单位的资源优势,以项目为带动,鼓励农机研发创新。2011 年省扶持农业机械化发展专项科研项目实施顺利推进,2012 年农业机械化发展专项中安排了 30 个科研项目和 1 个科研基础条件建设项目,分别投入 600 万和 100 万省级财政资金,以推进农业机械化创新,助推农机产学研紧密结合。二是有效扶持南方现代农业装备产业创新中心、鉴定试验、推广演示基地建设。2012 年是农业科技年,根据 2012 年中央一号文件精神,为了提升农业科技素质,加快农业科技建设,广东省财政投资 2 000 万元支持农机科技建设,其中 1 500 万元用于南方现代农业装备产业创新中心建设,200 万元用于鉴定实验基地建设,300 万元用于推广演示基地建设。

【逐步完善农业机械化社会服务体系】 2012 年,广东省各地农机部门积极贯彻落实全国农机合作社建设经验交流会和全省农村农业工作会议上的重要讲话精神,以广东省农业厅名义起草《关于加快发展农机专业合作社的意见》(征求意见稿),把农机专业合作社建设作为农业机械化工作的重要抓手,积极争取各级财政支持。全省重点扶持建设了区域性农机专业市场 3 个和售后维修服务中心一批,发展了农机专业合作社 411 家,农机户近 100 万户、农机专业户 16 万户。各地农机合作社呈现加快发展趋势,全省涌现出一大批不同层次、不同经济成分、不同组织形式的新型农机经营服务组织,农机生产组织化经营水平和农机利润总额进一步提高。

【不断强化农机质量管理和安全生产】 一是认真做好 2012 年农机购置补贴机具质量保障督导工作。广东省农机部门制定了省级补贴机具质量监管工作实施方案,强化了省内补贴机具的质量监督与管理工作。配合农业部补贴农机具质量保障督导工作组(广东组)在广东省开展督导检查工作。截至 2012 年 11 月 10 日,广东省落实受理检验项目共计

181项,适应性(选型)检验13项,省级推广鉴定32项,新产品鉴定14项,委托检验96项,质量监督检验5项,部级推广鉴定10项,其他检验11项,完成出具报告的有110项。二是不断加强农机安全监理。首先,制订了《广东省农业厅开展2012年农机安全生产年活动实施方案》。开展了"三率"后进约谈会,由广东省农业厅主管领导出面约请"三率"分别排名全省末三位的地级以上市农业局分管领导谈话,分析存在问题,研究整改措施,提出整改要求。开展了"平安农机"示范县和"为民服务创先争优"示范窗口考评,推荐四会市为全国第四批"平安农机"示范县,肇庆市农机安全监理所等三家为全国示范窗口,黎仕芬等六人为示范标兵。其次,坚持落实农机安全生产责任制。据统计,2012年全省各级农机部门、地方政府签订的农机安全责任书达7万份以上。再次,加强了农机监理领导干部的业务培训工作。2012年4月份开办全省120多人农机事故统计培训班;5月中旬在高要市举办全省320人农机安全技术检验员考证培训班,全面提高农机安全检验能力,规范农机安全技术检验业务。此外,开展农机"打非治违"专项行动。制定了《广东省农业厅集中开展农机安全生产"打非治违"专项行动实施方案》,并与广东省公安厅联合下发了《2012年拖拉机道路安全联合专项整治活动方案》,2012年10月15日—11月30日,在全省范围内联合开展为期45天的拖拉机道路交通安全专项整治活动。据统计,全省累计排查一般隐患6 530起,已整改6 350起,整改率97.25%,开展联合执法行动280多次,出动农机检查人员4 500多人次,检查机具8 200多台次,查处违章2 500多起,实现全省农机安全生产持续稳定向好的目标。2012年以来,广东省农机安全生产形势平稳,全省没有发生重特大农机事故,仅发生2起收割机伤人事件,死亡0人,受伤2人,控制在广东省安全生产委员会考核指标之内。

【切实加大农业机械化工作信息传递和宣传力度】 2012年,广东省农机部门不断创新宣传形式,增强了农业机械化工作宣传的针对性、实效性,为推动农业机械化又好又快发展提供有力的舆论支持。一是多种媒体宣传。有效运用网络、《南方日报》(或《南方农村报》)、《中国农机化导报》等媒体广泛宣传农业机械化政策和工作情况;并在《中国农机化导报》11月5日的第二、三版刊登"广东农机特刊",图文并茂地展示了近十年广东农机取得的显著成绩。二是建立各级农业机械化工作信息报送制度。规定各市要定期传递信息,上报工作。2012年,在广东省农业机械化信息网上发布信息2 221条,向中国农业机械化信息网报送信息122条(采用113条),《农业信息》8期,《中国农机化导报》10多条等;并在广东农业信息网、广东省农业机械化信息网上开设专栏,对农机购置补贴政策及重点监督年活动进行重点宣传。三是编印地方特色的农业机械化刊物。2012年5月份,首次编印《广东农业机械化简报》,并与省部级农业农机信息网站对接,目前共发行7期。2012年的《南粤农技推广》共发行6期、《现代农业装备》发行了12期。

广西壮族自治区

【概况】 2012年,广西壮族自治区各级农机部门实施农机购置补贴政策,稳步推进农机社会化服务,狠抓平安农机建设和质量监督,大力推广农机科技及新技术新机具,强化农机教育培训,努力探索水稻、甘蔗等优势农作物全程机械化生产新模式新途径,农业机械化发展成效显著。

【农机装备总量持续增长】 2012年,广西壮族自治区农业机械原值达236亿元,农业机械总动力达3 250万千瓦,拥有各类拖拉机达150万台,分别比2011年增长7.1%、7.1%和14.5%。其中大中型拖拉机拥有量3.03万台,比2011年增加3 459台,增长12.88%;水稻插秧机拥有量1.62万台,比2011年增加534台,增长3.58%;水稻联合收割机拥有量2.4万台,比2011年增加4 758台,增长24.26%;甘蔗种植机拥有量132台,比2011年增加41台,增长45%;甘蔗收获机拥有量35台,比2011年增加23台,增长104.5%。

【农机作业水平不断提高】 2012年,广西壮族自治区完成水稻机耕面积1 854千公顷、机插面积266千公顷、机收面积1 157千公顷,分别比2011年增长3%、27.82%、9.05%;甘蔗机耕面积385.2千公顷、机收面积12.4千公顷,分别比2011年增长26.98%、3%;全年农机总作业值301亿元,比2011年增加6%;农作物耕种收综合机械化水平36.6%,比2011年提高3个百分点,水稻耕种收综合机械化水平56.5%,比2011年提高3.3个百分点;甘蔗耕种收综合机械化水平达到43.6%,比2011年提高2.6个百分点。

【农机购置补贴规范推进】 截至2012年11月16日,广西壮族自治区共落实农机购置补贴资金5.93亿元,补贴农户22.22万户,补贴机具26.57万台,拉动农民投入11亿元,拉动农机户经营作业服务收入增长40亿元。

【农机服务组织迅速发展】 2012年,广西壮族自治区新增农机合作社46个,2012年全区农机专业合作社总数将达到1 589个,农业机械化作业服务组织2 893个,农机专业户10.48万户,农机户总数207.7万户。以农机专业合作社为龙头、农机服务组织为主体、农机专业户为骨干的农机作业服务体系快速形成,全区农机作业服务总值预计达312.36亿元。

【农机安全生产形势良好】 2012年,广西壮族自治区完成拖拉机年检18万台。截至2012年11月20日,全区共发生农机事故2起,死亡2人,受伤2人,直接经济损失0.5万元,农机事故起数、伤亡人数同比分别上升100%、100%,但均远低于农业部总体控制考核指标。

【农机新技术新机具推广步伐加快,质量监督和教育培训成效显著】 2012年,广西壮族自治区推广应用水稻育插秧、甘蔗机械化种植、收获、蔗地深耕、中耕培土、化肥深施等机械化技术面积4 986千公顷,推广农机新机具35万台(套);组织农机产品鉴定会42次,完成农机产品技术鉴定43个和推广鉴定农机产品42个;培训农机机电技术人员72 850人,其中农村劳动力转移培训31 505人次,培训农机管理人员928人,全区5所机电工程学校招收新生6 405人。

【锐意改革进取,农机购置补贴工作高效规范实施】 2012年,中央安排广西壮族自治区农机购置补贴资金4.652亿元,自治区安排补贴资金3 950.5万元,积极采取有效措施。一是立足于早,早调研早部署早启动。2012年2月,《广西2012年农机购置补贴实施方案》经报广西壮族自治区人民政府审批后印发全区执行。2012年3月,广西壮族自治区副主席陈章良在全区农业机械化工作会议上对2012年全区农机购置补贴工作做了全面部署和动员。二是立足于实际,合理有效分配落实农机购置补贴资金。确定耕整地机械、种植施肥机械等12大类33小类107品目农业机械实施农机购置补贴的同时,结合全区各市县对补贴资金的申报意愿及其往年的工作情况,科学下达资金计划控制数。三是立足于健全机制,党委政府高度重视,各部门协调配合。2012年9月,广西壮族自治区党委副书记危朝安及自治区副主席黄道伟、陈章良分别对全区农机购置补贴工作作了重要批示。各市县也建立健全农机购置补贴工作机制,成立由县领导牵头,人大、政协、纪检监察、财政、农机、公安、工商、农口相关部门参加的县级农机购置补贴工作领导小组,共同研究确定补贴工作重大事项和开展监管。四是立足于落实责任,自治区与市、市与县层层签订责任书,进一步强化了责任目标管理。五是立足于创新,开展结算到县和全价购机试点。全区补贴资金结算由自治区级结算下放到县一级结算,补贴资金结算由试点县农机局审核,县财政局直接向经销企业支付补贴款,实行资金到县、发放到县、管理到县、职责到县。同时在桂林、贵港、钦州、贺州4个市全面开展全价购机试点,由购机者全价购机、县财政部门按有关程序直接将补贴资金拨付到购机者农补网"一卡通"账户或购机者本人银行账号。六是立足于廉政风险防控和监督检查,加强投诉举报查处力度和绩效考核。发挥各级农机购置补贴监督管理机构的上下联动作用,严肃高效处理群众举报投诉案件,开展农机产品经销商、农机专业合作社专项清理整顿,维护农民利益。借助农机购置补贴工作列入自治区绩效考评范围之力,延伸农机购置补贴系统内部绩效管理,保持高压态势,加大政策落实监督检查力度,确保政策真正落实,实现强农惠农富农。

【项目示范带动,主要作物关键生产环节机械化取得突破性进展】 2012年,广西壮族自治区挤压经费开支,通过项目建设推进水稻、甘蔗两大作物生产机械化。一是分别在贵港市建立了10万亩和在南宁市宾阳县建立了万亩水稻育插秧机械化示范基地。2012年4月在广西10万亩水稻机械化插秧启动仪式暨现场观摩会上,农业部农业机械化管理司司长宗锦耀指导并作重要讲话。2012年10月广西壮族自治区党委副书记危朝安到10万亩水稻育插秧机械化示范基地检查指导,肯定了项目建设成果。二是在崇左、来宾、南宁、防城港4个市各建设1个省级"万亩甘蔗全程机械化示范区",在柳州、河池、贵港、百色、钦州、北海等6市各建设1个市级"千亩甘蔗生产全程机械化示范区"。

【重引导强扶持,农机社会化服务组织发展迅猛】 2012年,广西壮族自治区多措并举扶持各类农机社会化服务组织发展壮大。一抓扶持政策落实。对规模种养大户、直接从事农机作业的农业生产经营组织购买补贴机具数量放松限制,倾斜农机购置补贴资金,实行优先补贴;对有困难的农机专业合作社协助搞好信贷扶持,助其享受跨区机收免费通行和减免作业税费等优惠政策;对有条件的市县要求适当减免或全部减免农机专业合作社拥有的拖拉机、联合收割机注册登记及检验费用以及农机操作人员的培训考试费用;明确农机专业合作社作为实施各类农业、农机财政专项和基本建设项目、科技研究推广项目的重要主体。二抓教育培训。有针对性地开展农机专业合作社法人培训,提升业务素质,增强依法办社能力,提高科学管理水平,着力造就善经营、会管理、懂技术、有奉献精神的农机专业合作社经营管理人才队伍。三抓服务指导。重点帮助农机专业合作社建立健全安全生产、农机作业服务等各项管理制度,促其完善服务功能,增加服务项目,扩展服务内容。四抓示范创建。全年投入资金200万元培育30家自治区级示范社,严格落实"五有"和实现"五化"。

【深化监管措施,平安农机创建再显成效】 2012年,广西壮族自治区农机部门围绕农机安全管理长效机制构建,继续深化监管措施,农机安全监理工作亮点突出。一是狠抓源头管理,健全基层监管网络,解决经费来源,农机安全生产责任在乡村得到全面落实,村级协管员积极性得到充分调动和发挥,长期受困扰的村级责任和村级协管问题得到突破。二是坚持以民为本、为民服务、帮民解困、保民平安、助民增收的"五民"理念贯穿日常监理工作,"为民服务创先争优"工作有创新、出成绩。2012年7月全国农机安全监理"为民服务创先争优"工作经验交流会上,兴宾、兴安、宁明、武鸣、田林、浦北等6个县站被评为全国农机安全监理"为民服务创先争优"示范窗口单位,陈桂豫等10名同志被评为全国农机安全监理"为民服务创先争优"示范岗位标兵。三是坚持农机安全生产与其他工作同布置、同落实、同检查、同考评,平安农机创建长效再次突显,灵川、北流、昭平、南丹、合山、金城江、浦北等7县成功申报第四批全国"平安农机"示范县。2012年11月,国家"平安农机"示范县(区、市)考评组莅临我区开展考评工作,广西壮族自治区副主席杨道喜代表自治区人民政府作了专题汇报,考评组对广西壮族自治区"平安农机"创建工作予以高度评价。

【全面统筹管理,农机鉴定推广培训有序推进】 2012年,广西壮族自治区有序统筹推进农机鉴定推广培训工作。一是继续加强农机产品鉴定检验。组织开展甘蔗种植、收获机械可靠性、适应性试验、生产查定和使用质量情况调查,监督企业提高产品质量性能。组织攻关广西科学研究与技术开发计划项目《木薯收获机研制与应用示范》,木薯收获机成功通过验收和科技成果鉴定。全年共受理产品鉴定85项,考查企业基本条件6家,召开农机产品鉴定评审会37次(42个产品)。二是继续深化农机产品质量投诉监督。全区成立投诉机构92个,创新网络平台和热线电话投诉渠道,接受农机用户投诉。全年受理产品投诉32起,接受群众来人来访85人次,为农民消费者挽回直接经济损失11.6万元。三是抓好目录管理,促进农机推广。推荐20家企业33个产品申报《2012—2014国家支持推广的农业机械产品目录》;编制了《广西自走式农业机械登记管理目录》七期,123家企业、803个产品列入目录;组织编制《2012—2014年广西支持推广的农业机械产品目录》,682个农机产品进入目录。四是深入开展农机教育培训。大力推行校企合作、送教下乡，全年农机技能培训各类农机机电技术人员 72 850 人次，培训农机管理人员 928 人次。

【加大措施，推动党风廉政建设和预防惩治腐败工作】 一是加强局机关及直属单位内部控制机制与廉政风险防范管理。2012 年，广西壮族自治区重点抓好关键处室（单位）、重点岗位的风险防控与廉政风险防范管理，落实廉政风险预防措施和责任追究。二是举办领导干部廉洁从政专题教育培训班，加强党员干部廉洁从政教育，筑牢拒腐防变的思想基础。三是配合自治区纪委在全区农机系统试点开展学廉、诺廉、践廉、述廉、评廉的“五廉”教育活动，制定教育活动方案，召开教育活动动员大会，认真开展“五廉”教育活动，推动全区农机系统党风廉政建设和预防惩治腐败工作。

【效率规范并重，推行行政审批权和绩效考评】 2012 年，广西壮族自治区为进一步加强高效廉洁的行风建设，改进政务服务工作，一是进一步深化行政审批制度改革，单独设立行政审批办公室，对行政审批事项实行统一管理，在广西壮族自治区政务服务中心设立农机行政审批窗口集中对外办理行政审批事项，执行首问负责、限时办结、责任追究制度，实现行政审批项目权限充分授权，进一步规范了行政审批活动，提高了行政效能。二是借农机购置补贴工作列入自治区绩效考评之机，借党委政府之力细化绩效考评指标体系和评分细则，严格要求地方政府及相关部门推动农机购置补贴政策高效规范实施。三是按农业部实施农机购置补贴政策延伸绩效管理统一部署，严格要求农机系统内部进一步加强组织领导和监督检查，建立政策实施监测与评价体系，完善运行机制，改进落实措施，提高补贴政策绩效。四在机关内部推行工作目标责任制绩效管理，明确各处室单位业务职能工作目标和创新工作目标，提高了机关工作能力和服务水平。

【当前农业机械化发展存在的困难和不足】 一是广西壮族自治区 2012 年农业机械化总体水平相对较低，与全国相比还有较大差距；农机装备结构欠合理；关键环节机械化技术尚未根本解决。二是农业机械化制度体系还不够完善，支撑和引领农业发展不足；乡镇农机站队伍和基础设施建设滞后；农业机械化科技教育培训机制尚未健全。三是社会因素和人为因素叠加影响，推进农机农艺融合存在较大困难。精耕细作的传统农业生产模式与大规模机械化生产出现矛盾；复杂多样的种植模式与机械化要求的标准化生产出现矛盾；缺乏推进农机农艺融合的行政机制和规范标准。

海南省

【概况】 2012 年，海南省农机管理部门以推进全省现代农业建设为核心，明确工作思路、突出重点项目，强化工作措施，积极改善全省农机装备结构，努力提高农机作业水平，确保农业生产顺利进行。2012 年，全省农机总动力 472 万千瓦，比 2011 年增长 6.23%；耕种收综合机械化水平 35.6%，比 2011 年提高 3.6 个百分点；农机服务组织数量较大幅度增加，从业人员人均经营服务收入突破 1.3 万元，比 2011 年增长 10.05%；设施农业装备与技术较快发展，农机装备结构进一步优化，新技术新机具应用领域不断拓展；农机安全生产保持稳定好转的发展态势；农业机械化公共服务管理水平不断提高。

【严格要求，切实保障购置补贴政策的贯彻落实】 2012 年，海南省各级农机管理部门严格按照《2012 年农业机械购置补贴实施指导意见》和农业部的有关要求，继续加大农机购置补贴工作改革创新力度，科学合理地确定了非通用类农机购置补贴产品种类范围，及时将大中型作业机械、设施农业喷滴灌节水设备、植保机械、农产品冷藏加工机械、水产养殖机械、农村沼气设备等农业生产和农民需求的农机产品列入补贴范围，创新制定了《海南省 2012 年农机购置补贴项目实施方案》。全面落实补贴实施工作责任制，切实加强监督检查和反腐倡廉教育。大力推进农机购置补贴信息网络化管理，全省各市县、省农垦总局（海南农垦系统各农场）全部使用农业部统一开发的全国农机购置补贴管理软件系统，省、市县（海南农垦系统各农场）农机管理部门农机购置补贴与财政部门实现信息共享，提高了补贴工作的透明度、规范性和工作效率，自觉地接受社会各界监督，确保了农机购置补贴强农惠农政策的全面落实。

2012 年，全省累计落实农机购置补贴财政资金 17 255 万元，其中中央财政农机购置补贴资金 15 000 万元，地方财政资金 2 255 万元（省级财政预算资金 765 万元，市县财政资金 1 490 万元）。海南省农机购置补贴工作自 2012 年 3 月 27 日正式启动，全年累计补贴各类农机具 7.52 万台（套）、喷滴灌面积 10.3 千公顷、田头简易冷库 5.37 万立方米，受益农户 4.01 万户，直接拉动农民等补贴对象投入购买农机资金约 4.3 亿元以上。

2012 年 11 月由农业部农业机械化管理司巡视员丁翔文为组长的农业部农机购置补贴秋季督查组一行 4 人，对海南省 2012 年农机购置补贴政策落实情况进行督导检查。农业部督查组对海南农机购置补贴工作给予“海南的补贴工作有创新、有亮点。海南农机购置补贴资金结算进度最快，工作经费落实最好”的评价，认为中共海南省委省政府、省农业厅党组高度重视农机购置补贴政策落实工作，农机（农业）、财政、纪检监察、审计等部门密切配合，齐抓共管，有力地推动了农机购置补贴政策的贯彻落实，取得了较好的效果，特别是海南以农财两厅联合发文明确按当年补贴资金总量 3% ~5% 的比例由市县财政安排补贴工作经费，而且落实较好，这种做法在全国是唯一的，值得其他省市学习借鉴。

【强化监管，确保农机安全生产工作】 2012 年，海南省各级农机安全管理部门坚持“以人为本、预防事故、保障安全、促进发展”的农机安全生产原则，按照新理念、新机制、新手段发展热带特色现代农业的总体要求，积极开展农机安全监理工作，加快推进农机监理信息化、规范化建设，全面提升海南省农机安全监管水平，确保农机安全生产形势继续保持稳定。一是农机安全生产责任制得到进一步落实。受海南省农业厅委托，海南省农机监理所与 18 个市县农机主管部门签订了《农机安全生产责任书》，与 10 家农机生产、销售企业签订《安全质量承诺书》。市县农机部门与新车户主、年检机手及新农机驾驶人签订《安全责任书》48 902 份。二是农机安全生产形势持续保持稳定。海南省农业厅、公安厅、安监局联合印发了《关于集中开展严厉打击农机安全生产违法行为专项治理行动方案的通知》(琼农字[2012]81号),海南省各级农机部门与公安交警、安监等部门开展联合执法大行动,全面推动农机安全专项整治各项工作的开展,共组织开展农机安全检查1 320次,参与排查的农机执法人员有3 953人次;排查出一般隐患2 806项,全省没有发生重特大农机事故。三是拖拉机牌证管理工作逐步规范。规范拖拉机牌证管理工作,严格拖拉机驾驶员考试程序,从源头上消除农机安全事故隐患,截至2012年11月10日,全省共办理农机登记入户6 292台,年检农机37 178台,办理拖拉机联合收割机驾驶证5 432本。四是农机安全宣传教育活动卓有成效。2012年,全省开展较大规模的农机安全宣传教育115场次,出动农机宣传人员580人次,发放宣传资料8万余份,悬挂宣传横幅320条,发放拖拉机"严禁违法载人、严禁改装加胎"警示牌0.8万块,发送安全宣传信息2.7万余条,接受安全培训教育的机手3.9万人次,受教育的群众8万余人。五是农机安全监理信息执法系统项目建成运行。海南省农机监理所建成使用"海南省农机安全监理信息执法系统",进一步转变农机监理方式,提高工作效率和便民服务水平,并先后三次对全省农机安全监理部门负责人、牌证业务人员及系统管理人员共150人次进行全面培训。

【抓示范项目实施,引导农机社会化服务组织健康发展】 一是建设国家级机插秧示范推广项目县,引导广大农民应用农业机械化新技术。2012年,海南省文昌市、三亚市列入国家水稻育插秧机械化技术示范推广项目县,并由海南省农业机械化管理局组织实施。2012年,共举办培训班2期,培训人数200人次,印发宣传资料2 500份,召开育秧演示会、机插现场演示会3次,示范点投入水稻插秧机51台,新增插秧机14台,共建立水稻育插秧机械化技术示范点12个,完成机插秧示范面积90千公顷,涉及农户达250户。3月18日,中央电视台新闻联播和新闻频道同时推出的系列报道《大春耕》(第一期)报道了海南省农业机械化管理局省三亚市农机办组织的机插秧作业现场。二是做好农机生产服务工作,规范和引导农机社会化服务组织健康发展。做好冬种瓜菜和早稻生产农机作业服务工作,通过科技下乡、科技入户等形式,积极组织广大技术人员,深入田间地头,指导广大农民应用农业机械化新技术,提升科技水平。加强跨区作业组织协调,拓展农机跨区作业的范围和领域,提高农业机械的作业效益和利用率,促进农民增收。组织和指导农民机手保养、调试和检修各类农机,把修理服务工作做到田间地头,确保关键农时农业生产顺利、安全进行。

【突出重点,促进农机系统顶层建设】 2012年,海南省现代农业机械化促进工程项目计划总投资4 755万元,其中省级财政预算安排项目资金555万元,争取市县配套项目建设资金200万元以上,引导农民及农业生产组织投入4 000万元,建设9个流动式农机安全检测监管服务站、5个县级农机教育培训和驾驶员考试示范点、4个"平安农机"创建示范县(市)、20个现代农业机械化示范基地(区)以及省级农机安全监理执法系统、省级农机鉴定推广能力和农机质量检测监管体系、大型农机服务公司、农业机械化公共服务基础设施示范点各1个。

【抓好培训,大力提高农机从业人员的技能水平】 2012年,海南省各级农机安全管理部门大力开展"阳光工程"农机培训等农业机械化教育培训工作,努力培养造就一支有文化、懂技术、讲诚信、会操作、善经营、能致富、保安全的农机作业服务人才队伍。2012年,培训农机技术及操作人员2.36万人次。2012年8月24—25日,在琼中县举办海南省第二届"澄迈杯"农村实用人才实用技能竞赛活动农机技能竞赛总决赛。本届大赛先由市县和农垦系统预赛选拔,共有2万名机手参加了选拔,最后共选拔出22个代表队,45名选手参加总决赛。大赛以"营造讲科学、用技能、靠科技致富"为主题,是一次规模最大、参赛人数最多、竞赛内容最全、奖励总额最大、宣传报道最广的农机技能竞赛,充分展示了海南现代农机手的风采,激发了广大农民学技能的热情,在海南省广大农村再次掀起学习、交流、推广、应用农机实用技能的热潮。

【存在问题】 一是水稻生产各个环节机械化水平发展不平衡。海南省水稻栽植仍是农业机械化发展的短腿。农业机械化综合水平仍然较低。二是农机装备结构不尽合理,机具老化问题突出,需继续加大资金和扶持力度。三是农机安全质量管理、农机新技术、新机具引进推广、农机培训、合作组织建设、农业机械化信息系统等农业机械化体系建设方面投入明显不足。四是补贴资金规模供需矛盾比较突出。目前海南省农民对农机购置补贴资金的需求量非常大,但是财政安排的农机购置补贴资金还不能满足农民需求。

重庆市

【农业机械化水平加快提升,增长势头高速强劲】 2012年,重庆市耕种收综合机械化水平达33%以上,比2011年提高2.94%,以年均近三个百分点的增幅继续保持高速增长态势,其中机耕、机播(插)、机收水平72%、6%、10%,分别比2011年提高4.73%、2.65%、2.84%。水稻耕种收综合机械化水平53%以上,比2011年提高2.04%。油菜耕种收综合机械化水平30%以上,比2011年提高1.96%。马铃薯耕种收综合机械化水平24%以上,比2011年提高2.19%。玉米耕种收综合机械化水平35%以上,比2011年提高2.33%。

【农机推广增量提质,装备结构持续优化】 2012年,重庆市农机总动力达1 160万千瓦以上,比2011年增长2%,共推广各类补贴机具22.1287万台(套),其中耕整地机械11.3388万台、种植施肥机械639台、田间管理机械6 514台、收获机械1 018台、收获后处理机械53 720台、农产品初加工机械5 889台、动力机械78台、农田基本建设机械56台、畜牧水产养殖机械30 854台、设施农业设备和其他机械9 131台,农机装备结构得到进一步优化改善。

【生产机械化快速推进,生产能力显著增强】 2012年,重庆市机耕面积超过1 800千公顷;实施13.33千公顷水稻机插秧示范区作业补贴试点,示范带动推广机插秧超过113.33千公顷;重庆市水稻机收作业面积再创历史新高,共完成机收作业246.67千公顷,比2011年增长13.33千公顷,机收粮食总量185万吨,为农民节本增收约9.3亿元;油菜、玉米、马铃薯机械化示范项目初见成效,《重庆市油菜生产机械化技术规程》制定完成，油菜精量直播机、免耕直播机、移栽机等机具示范效果良好，全市油菜机械化生产示范面积达到0.67千公顷。马铃薯种植机、插秧机、收获机初步推广成功，西南地区最大的马铃薯工厂化脱毒中心高效运转，马铃薯全程机械化生产推进顺利。小型玉米收割机完成样机试制和田间玉米收割试验。

【农机合作社建设步入“快车道”，市场主体地位凸显】 2012年，重庆市共投入农机专业合作社建设资金500万元，建成农机专业合作社705个，比2011年新增32个，其中建成市级示范社10个，入社农民成员7.94万人，实现社会化服务经营总收入5.02亿元，其中，拥有农机原值20万元以上的服务组织1 256个。一批集中连片、全程机械化农机示范项目、农机示范片、高产创建示范区随之应运而生、蓬勃发展，强力推动农机生产从低效、分段作业向高效、联合作业逐步提档，从单一、分散的低级农机组织形态向专业化、社会化、规模化的高级农机组织形态逐步转变。一批适应现代农业发展需要的新型职业农民培育成熟，逐步成为推进农业农村经济持续繁荣的主力队伍，农村“谁来种地”、“怎样种地”的难题初步破解，农机社会化服务体系建设成效明显。

【农机安全局面平稳，总体形势趋稳向好】 2012年，重庆市全面落实农机安全生产政策法规和安全生产责任制，拖拉机、联合收割机上牌率97.4%，比2011年提高0.2%，检验率80.3%，比2011年下降4%，驾驶员持证率96.2%，与上年持平。创建全国“平安农机”示范区县1个、示范乡镇20个，示范村居200个。创建部级“为民服务，创先争优”服务窗口1个、部级示范岗位标兵2人。农机安全生产事故严格控制在安全生产工作考核指标以内，无重特大农机安全事故发生。

【以实干严管为手段，规范廉洁高效落实农机购置补贴政策】 一是重庆市农机部门与市财政局研究制定了《重庆市2012年农机购置补贴组织实施方案》，及时上报农业部、财政部备案。扩大补贴机具范围和种类，丰富农民选机购机，2012年全市补贴机具涉及12个大类，33小类，96个品目，补贴机具型号比2011年增加一倍。在全国率先出台2012年度农机购置补贴产品分类分档一览表，共确定12个大类，356个分档标准。对适合重庆的小型联合收割机市级配套补贴40%、插秧机市级配套补贴30%，油菜播种机市级配套补贴30%，五个区县配套5% ~10%的地方补贴，重庆市烟草公司对烟农购置的烟地耕整机另补贴30%。二是根据重庆农业生产实际需求及机具本土适应性优先的原则，对全市支持推广目录进行优化和年度调整，增补482个、变更11个、取消2个产品型号。三是印发《重庆市农机购置补贴工作绩效评价暂行办法》《重庆市农机购置补贴政策落实延伸绩效管理工作实施方案》，在全市推行农机购置补贴工作绩效评价，根据农机购置补贴政策执行过程中的组织建设、机制建设、操作管理、违法违规查处、目标任务完成等情况，对各区县农机购置补贴工作进行百分制量化评价，评价结果将作为市里安排财政专项、农机购置补贴管理工作经费和年度农业机械化目标管理考核的重要依据。四是印发《2012年农机购置补贴政策落实监督检查工作实施方案》，成立农机购置补贴监督检查工作领导小组，结合补贴工作绩效评价，分时段采取专项督查、购机核查、举报投诉调查等方式加强补贴政策实施的监督检查力度。五是认真做好经销商资格的确认，组织专门力量对推荐的总经销商的销售服务能力进行实地考察和资料审查，确认总经销商76家、二级经销商231家，并及时向社会公布。同时印发《关于进一步规范农机购置补贴产品经销商经营行为的通知》，对经销商的经营纪律要求、经营管理制度完善、企业形象建设、违法违规行为的查处等方面做出具体的规定，进一步规范经销商经营行为，督促经销商遵守纪律、守法经营、诚信服务。六是严肃查处举报投诉，对重庆金色农夫有限公司等5家经销商企业的有关问题和“重庆阳光”移交的投诉核查等事件进行了专项调查，作出了相应处理，目前已受理举报投诉42起，购机真实性抽查12 628户。七是重庆市农机办主要负责人向区县分管领导及农委（农机）部门主要负责同志送达《关于加快农机购置补贴资金结算进度的公开信》，要求各区县加大领导力度，确保补贴资金兑付进度，并安排落实农机补贴专项工作经费380万元，督促各区县配套相应工作经费170万元，切实保障购机补贴工作的顺利有序开展。

【以培育主体为导向，大力引导和扶持农机专业合作社创新发展】 2012年，重庆市农业委员会、重庆市财政局联合印发《关于扶持农机专业合作社发展培育农机作业服务市场主体的通知》、重庆市农业委员会下发《切实强化农机专业合作社生产服务能力的通知》，对各区县认真落实发展农机专业合作社的扶持措施，着力解决发展中遇到的资金投入、用地保障、油料供应、工商登记、场库棚建设、维修保障等困难和问题提出处理意见和明确要求，同时按照“因地制宜，量力而行”的原则，由重庆市财政每年从农机专项资金中安排扶持资金，支持农机专业合作社购置列入年度农机补贴一览表的22.37千瓦以上大中型拖拉机、4行以上插秧机、联合收割机、谷物烘干机等机具，开展农机社会化服务。2012年市级专项安排300万元，已落实15个试点农机合作社，以后年度，将按照扶持发展资金计划予以落实。这一系列真金白银支持措施的出台，刺激和加快全市农机专业合作社发展壮大并走上良性循环的轨道，成为农业现代化生产的主体力量，为引领和推动农业生产信息化、标准化、规模化和产业化进程发挥着重要作用。

【以提高水平为目标，狠抓薄弱环节机械化探索突破】 一是明确2012年为重庆市“水稻机械化攻坚年”，旨在通过此项活动，着力破解提高农机装备利用率、基础设施条件改善、培育作业市场主体、提升机手技能水平、强化农机农艺融合等难点，争取到“十二五”末，全市水稻耕种收综合机械化水平超过55%，其中耕整地机械化水平超过85%，种植机械化水平25%，收获机械化水平45%。二是2012年在全市首次，也是在西部地区率先开展水稻机插秧作业补贴试点。按照因地制宜、稳步推进的思路，主抓“三个结合”：补贴试点与示范带动相结合，农机推广与农艺技术相结合，重点示范与高产创建相结合。为此，重庆市级财政安排作业补贴专项资金，在19个水稻主产县开展水稻机插秧作业补贴试点，新建26.67千公顷水稻育插秧核心示范片，控制任务14.33千公顷，每公顷补助1 500元，辐射带动全市113.33千公顷机插秧。通过作业补贴试点，为实现水稻生产机械化整村整乡推进工程，创新探索，积累经验。三是召开全市水稻机插秧现场会和重庆市主城区农业机械化窗口建设机插秧现场会，参观重庆市水稻生产全程机械化示范片、育插秧现场，观摩中型耕整机及高性能插秧机现场作业，听取对机插秧育秧技术要点的讲解以及插秧机工作原理和性能的介绍等，确保各区县切实抓好机插秧的每个环节每个步骤每个技术要点，培训一批操作熟练适应丘陵山区作业的机手，促进全市水稻机插秧工作取得新实效。2012年7月9日，农业部部长韩长赋一行深入重庆调研现代农业发展情况，重点对整建制推进水稻高产创建示范片建设情况进行视察。韩长赋部长来到田间地头，与基层农技农机人员亲切交流，了解水稻底肥、育秧、机插秧、农机推广、病害防治、机收等过程，对重庆水稻高产创建工作予以充分肯定。

【以强化培训为抓手，着力提升农机队伍整体素质和执行能力】 一是举办重庆市农机领导干部公共管理创新与领导力提升高级研修班，组织重庆市农业委员会机关农机职能处中层以上干部、直属农机单位领导班子、区县农委分管农机工作领导赴北京大学参加集中培训。邀请农业部农业机械化管理司宗锦耀司长出席培训班作重要讲话。参观考察中国农业机械化科学研究院、中国农业大学工程学院、北京市农机农艺融合示范基地等，促进重庆农机领导干部解放思想，开阔眼界，拓宽思路，增长知识，增强本领。二是启动农机系统全员素质提升行动。根据农业部《关于开展农业机械化教育培训大行动的通知》要求，组织全市农机队伍分为领导干部领导力提升、科站长综合能力提升、普通职工基础能力提升三个层次的干部培训班，分别在中国人大、西南大学、三峡职业学院等高等院校开展理论学习，邀请有关方面的专家、高校教授及农机主管部门领导进行授课，努力提高农机干部的管理服务水平和依法行政能力，不断适应日益发展的农业机械化新形势。三是赴江苏、海南等地开展考察，交流经验，学习取经。同时参观筑水（常州）农机有限公司和洋马农机（中国）有限公司等现代农机企业，现场观摩和感受农业机械化最新前沿技术、先进机具，深入了解和调研农机科研、生产、销售、售后服务等情况。通过高级理论学习、听取专题报告、市外实地考察等形式，重庆市农机干部职工学到了好经验和好做法，深刻认识到了重庆农机与先进地区的差距，进一步增强了实现农业机械化事业又好又快发展的感责任和使命感。

【以加强宣传为助推，争取关注农机重视农机支持农机的良好环境】 一是充分利用主流媒体营造发展农机的浓厚氛围，积极沟通衔接重庆电视台，主动提供新闻线索，方便记者深入重庆市农机工作一线采访新举措、新成果和新进展，2012年10月，重庆卫视向全国观众播出《欲借春风好远航——重庆水稻全程机械生产专题报道》栏目，时长30分钟，在全市范围内引起强烈反响，扩大农业机械化工作的影响力，树立农机行业为民办实事的良好形象；在《重庆日报》农村版开辟农机专栏，做到月有新闻、季有栏目、农忙有深度报道、典型有样板宣传。二是2012年6月，重庆市农业机械管理办公室主要负责同志亲自参加《阳光重庆》在线节目直播，就广大群众关心的农机购置补贴政策、操作流程、农机产品质量三包、售后服务等问题，与听众朋友进行交流解答。借助新闻媒体的力量，加强政策宣传、信息反馈和舆论监督。三是加强信息员培训。对信息队伍开展农机信息采集、整理、分析、发布，农机新闻写作，《重庆农业机械化信息网》维护等知识的集中培训。免费向区县农机部门、农机经销企业和专业合作组织及广大农民群众发放《重庆市2012年农机购置补贴产品宣传画》和《农机产品经销商“七个不得”规定》10万份，手机信息10多万条（次）。通过12316热线电话接受政策、信息咨询1 347次。四是认真总结十六大以来工作成效经验。回顾农业机械化十年发展，梳理脉络，盘点得失，拾遗补缺，提炼亮点，把握规律，指导实践，并利用《中国农机化导报》推出重庆农机十年发展之路新闻专版。

【以安全生产为前提，加大农机安全监督管理力度】 一是农机安全责任有效落实。2012年，重庆市按照“谁主管、谁签字、谁发证、谁负责”的原则，与各区县签定2012年度农机安全生产责任书，并督促各区县农机主管部门与各乡镇，各区县农机监理机构和农机驾驶（操作）人员都分别签订农机安全责任书或保证书，确保农机安全监管责任的落实。二是狠抓专项整治行动。深入开展“农机安全生产年”活动、农机安全生产“打非治违”专项行动、农机安全执法“绿剑护农”活动以及外籍拖拉清理统计工作，集中整治农机安全管理中的突出问题，全市共组织检查组589个，出动农机安全执法人员3 230人次，检查单位4 058个，查处非法违法行为1 754起，警告845起，责令改整改、限期整改、停止违法行为为909起，清理拖拉机、联合收割机注册登记档案3万余份。三是加强监管能力建设，按照重庆市人民政府办公厅转发《市编办市财政局市安监局关于加强农机等行业和单位安全监管能力建设指导意见的通知》，深入推进农机安全监理机构配备执法装备建设，为基层农机监理机构配备了新制式农机安全执法车辆。

【以稳产增产为重点，促进新机具新技术的广泛应用】 一是抓春耕备耕。重庆市农机部门督导全市各区县按时填报春耕生产作业进度表，及时掌握各地备耕机具数量、农机用油储备、农机安全运行状况、机具检修维护等信息情况。重庆市共投入春耕生产农机具56万台（套），实现机耕作业面积1 066.67千公顷，落实水稻机插秧育秧盘285万张，实施秧盘补贴71.2万元。二是抓抗灾救灾。据统计，抗旱期间，全市共投入抗旱机具58万台（套），抗旱浇地面积406.67千公顷，保障70万人畜饮水。三是抓水稻机收。重庆市农业委员会下发《关于切实做好2012年水稻机收工作的通知》，对机收期间的组织协调、市场动态、技术培训、机具调度、供求信息、服务保障、部门支持、安全防范、纠纷调解、信息日报等工作进行认真安排部署，并成立督查小组狠抓落实，确保机收水稻“颗粒归仓”。

【以科学发展为原则，统筹推进农业机械化各项工作】 一是重庆市人民政府目标管理办公室、重庆市农业机械管理办公室联合印发《关于分解2012年度农业机械化工作目标任务的通知》，2012年初分解下达目标任务，年底“按单点菜”，严格考核，奖惩斗硬。二是大力实施“走出去”战略。参加湖南“2012年全国农业机械展览会”和沈阳“2012中国国际农业机械展览会”。重庆组团参展,从动员、组织、参展都得到重庆市农业委员会的高度重视和大力支持,集中展出适合丘陵山区的新型微耕机、小型收割机、精米加工机和动力机械、抽水机具等,突出丘陵山区特色,彰显小型机具的个性,展出重庆小型农机生产制造的雄厚实力和领军形象,展出重庆农机工作的新风貌,受到参观用户的一致好评,得到农业部有关领导的高度评价。三是认真落实农业部有关要求。建立和完善农机职业技能培训鉴定机构,对已建的工作站进行重新登记,对新建工作站明确申报条件,组织申报农机职业技能培训鉴定基地,规范积极培训鉴定机构的名称。四是依法加强农机质量监督。共受理农机质量投诉案件 14 起,涉及的产品包括微耕机、拖拉机、收割机、烘干机等,调解成功 11 起,为农民群众挽回经济损失 23.415 万元。总的来看,2012 年重庆农业机械化各项工作取得一定成绩,但依然面临一些问题和困难。一是农业机械化水平较低,排名靠后,需要奋起直追,争取升位提档;二是第一次开展补贴机具分类分档工作,无经验借鉴,个别分档存在补贴偏高现象;三是全市农业机械化区域发展和整体工作的不平衡性仍然比较突出;四是农机社会化服务基础薄弱,信息化专业化组织化规模化程度还要进一步提高;五是科技自主创新能力不强,适应丘陵山区新型机具供给不足的矛盾仍需努力解决。

四 川 省

【概况】 2012 年,四川省农业机械化发展保持又好又快的良好态势,为全省农业增效、农民增收和现代农业发展作出了积极贡献。

【装备总量稳步增加】 2012 年,四川省农机总动力 3 700 万千瓦,同比增长 7.9%。装备总量增加,促进结构不断优化,大功率、多功能、高性能及薄弱环节农业机械增长加快,其中:大中型拖拉机 13.36 万台,同比增长 23%;水稻插秧机、联合收割机分别达到 5 788 台、18 750台,分别比 2011 年增长 87%、28%;粮食烘干、设施农业等现代农业装备不断发展。

【服务能力明显提高】 2012 年,四川省拥有各类农机作业服务组织(含农机大户)190 万个,从业人员 230 万人。其中,农机合作社 620 个,入社成员 3.4 万人,服务农户 100 万户,预计全省农机服务组织和农机大户农机作业面积将占全省农机作业总量的 20% 以上,服务农户数达到整个农户总数的 5%,成为农机社会化服务的主要力量。同时,农机质量鉴定、技术推广、教育培训、安全监理等公共服务能力进一步加强。

【作业水平大幅提升】 2012 年,四川省农作物综合机械化水平 41%,连续两年提高 5 个百分点以上。全年完成机耕 2 733.33千公顷、机收 1 193.33 千公顷、机播(栽)333.33 千公顷。特别是水稻育插秧、水稻收获机械化水平取得新的突破,完成水稻机插秧 133.33 千公顷,比 2011 年提高 29%;水稻机械化收获 875.33 千公顷,机械化收获率 43.8%,比 2011 年提高 6 个百分点;油菜、马铃薯生产机械化取得明显突破,间套作、设施农业机械化不断推进。

【安全形势稳步好转】 2012 年,四川省始终坚持“安全第一、预防为主、综合治理”的方针,落实监管责任,健全监管体系,规范监管业务,扎实推进农机安全宣传教育、安全执法检查和隐患排查治理等工作,四川省农机安全生产形势总体平稳。2012 年,全省统计发生农机事故 14 起、死亡 5 人,直接经济损失 38.85 万元。死亡人数在国家下达的控制指标范围内。

【基础保障能力增强】 2012 年,四川省投入机电提灌建设资金 3.42 亿元(其中省级财政资金 6 295 万元),修复提灌机械 8.12 万台次/83.72 万千瓦,改造电灌站 1 394 处,新建提灌站 792 处。按照“进组、入院、到田、联网”的要求,全省投入农村机耕便民道建设资金 47 亿元(其中省级财政资金 1 350 万元),建设完成机耕便民道 4.1 万公里。

【规范实施国家购置补贴政策】 2012 年,中央财政下达四川省农机购置补贴项目资金 9.8 亿元,省级财政安排补贴资金 2 075 万元。截至 2012 年 11 月底,中央农机购置补贴资金已实施 8.5 亿元,带动农户(专合组织)投入资金近 12.75 亿元,受益农户 52.5 万户,补贴各类机具 63.6 万台。一是及早谋划。从 2011 年 10 月开始,四川省就启动各项准备工作,出台《四川省 2012 年农业机械购置补贴实施方案》和《四川省 2012 年农机购置补贴全价购机直补到户试点工作方案》。2012 年 3 月 6 日召开全省农机购置补贴工作会议,3 月 20 日全面启动 2012 年农机购置补贴工作。二是细化责任。成立农机购置补贴政策实施工作领导小组及其办事机构。建立工作责任制,四川省农业厅、各市州、各项目县层层签订农机购置补贴工作实施责任书。先后出台《四川省非通用类农业机械购置补贴产品品目确定工作规程》《四川省非通用类农业机械购置补贴产品补贴额确定工作规程》等 5 项工作制度,明确规定了非通用农机购置补贴产品品目的确定、补贴额的测算和调整、重大事项的决策、举报的受理、违纪违规的查处等各项工作的原则、程序和要求。三是创新补贴方式。按“权责统一”原则,将补贴资金由原来的省级集中支付调整为县级结算,提高了补贴结算效率。在德阳市旌阳区、南充市高坪区开展了全额购机、直补到卡的试点工作,积极探索农机购置补贴融资途径。建立并严格执行补贴资金限时结算制度、补贴额动态调整机制等。四是加强程序监管。在县级农机部门开展全面检查的基础上,省、市级开展不定期抽查,对群众举报投诉多、补贴资金规模大、补贴比例高的项目县进行重点检查。2012 年 7 月,四川省农业厅组织三个督察组对部分市(州)及项目县农机购置补贴政策落实情况进行了监督检查,对存在的问题进行了及时纠正。2012 年,对弄虚作假的经销商进行了严肃查处,取消了 6 家经销商的补贴资格。

【启动实施农业机械化示范县建设工程】 为深入贯彻落实国务院《关于促进农业机械化和农机工业又好又快发展的意见》、四川省人民政府《关于推进农业机械化和农机工业又好又快发展的实施意见》精神,加快全省农业机械化发展,经四川省人民政府领导同意,四川省农业厅、四川省财政厅、四川省发展与改革委员会于 2012 年 6 月联合印发《关于启动实施“四川省农业机械化示范县建设工程”的通知》,决定于2012—2015 年四年时间,在新都区等 60 个粮食生产重点县、现代农业产业基地强县及甘孜县、若尔盖县等 2 个藏区县,实施“四川省农业机械化示范县建设工程”。提出“到2015年,平原地区示范县主要农作物耕种收综合机械化水平65%以上;水稻耕种收综合机械化水平70%以上。丘陵地区和攀西地区示范县主要农作物耕种收综合机械化水平55%以上。示范县杂交水稻制种基地实现全程机械化”。文件下发后,相关市(州)、县(市、区)党委、政府高度重视,财政、发改等部门积极支持,农业(农机)部门认真落实。特别是四川省农业厅把示范县建设作为推进全省农业机械化又好又快发展的重要抓手,多次向四川省人民政府分管省长进行汇报,向财政厅争取资金。2012年,示范县建设已在全省“60+2”县全面启动,各项工作正在有序大力展开,必将成为推动农业机械化加快发展的强大引擎。

【狠抓新机具新技术的示范推广】 2012年,四川省农机部门制定了《四川省农机科技创新与推广行动方案》,确定2012年主推的水稻机械化育插秧技术、保护性耕作技术等12项农业机械化技术。四川省农业厅大力开展农业科技“大培训、大示范、大推广”行动,在成都连续举办4期农机职业技能阳光工程培训班,培训农机手1 000余人。各地通过集中培训、现场演示、“田间课堂”等形式,培训农机人员10万余人次。围绕农机生产薄弱环节,深入开展新技术新机具示范推广,组织实施部级水稻机械化示范项目5个、部级油菜生产机械化示范项目4个、省级水稻机械化示范项目18个、省级马铃薯机械化示范项目2个,完成水稻机械化栽植面积133.33千公顷。

【培育发展农机合作社】 2012年,四川省农机部门以转变农机发展方式为主线,建立完善以农机合作社为龙头、农机大户为支撑、农机户为基础的“三位一体”农机社会服务体系,推动农业机械化向社会化、规模化、专业化发展,涌现出一批土地规模流转与订单作业相结合、高效发展模式的农机合作社。农机合作社带头实行土地流转和土地托管,带头推广机插秧和油菜机播技术,带头实行全程机械化作业,主力军作用日益显现。2012年,四川省新增农机合作社93个,增长18%。同时,农机教育培训、质量鉴定、科研攻关等公共服务能力明显提高。2012年全省共培训各类农业机械化人才25.9万人;完成60家企业、183个产品的推广鉴定;完成科研项目5个,获科技进步一等奖有2项。

【狠抓农机安全监管】 一是强化责任落实。2012年,四川省农机部门建立落实安全生产目标考核制度,层层签订《安全生产目标管理责任书》,逐级分解任务,全方位、多层次、有重点地抓好落实。二是强化源头管理。严格拖拉机驾驶培训机构技术条件审核及报备工作,依法抓好教练员和理论教员资格审批,颁发教练员和理论教员证135件。三是深入开展安全宣传教育和“平安农机”创建活动。复评推荐全国“平安农机”示范县4个,已验收评选省级“平安农机”示范乡(镇)56个。四川省农业厅被四川省人民政府安全生产委员会评为2012年“安全生产月”活动宣传工作先进单位。四是强化安全监督检查。组织开展“百日安全生产行动”、农机安全生产“打非治违”专项行动等活动。在绵阳市、宜宾市等单位开展隐患排查治理体系建设试点,扎实推进安全生产隐患排查体系建设。五是夯实监管基础。积极开展“农机监理创先争优为民服务”活动,宜宾县等五个县级农机监理站、陈增才等八名农机监理人员分别被农业部评为全国示范单位和岗位标兵。

【狠抓农机抗灾救灾】 2012年,四川省各级农机部门切实发挥农业机械抗灾夺丰收的保障优势,全力以赴做好抗旱保栽、抗洪排涝等抗灾救灾工作,为实现四川省人民政府提出的“受灾耕地不撂荒、粮食总产不减少、农民增收不减速”的抗灾减灾目标做出贡献。一是抓组织发动。四川省农业厅印发《关于做好农机防汛减灾工作的紧急通知》,对农机抗旱减灾工作进行安排部署。派出处级干部对川南23个重旱县区进行“一对一”蹲点指导,督促各地落实抗旱减灾措施。二是抓技术服务。将农机抗灾减灾技术培训纳入“四川省2012年农业机械化教育培训大行动方案”之中,大力开展“千名农业科技人员抗旱减灾技术指导活动”,全省举办抗灾机具的安全使用知识宣传活动120余次,发放资料16.5万份,培训农机手6万多人。组织2.3万农机技术人员深入乡村农户,检修拖拉机、农用水泵、柴油机等抗灾机具和排灌设施167万台次,确保农机救灾工作有效有序推进。三是抓生产作业。各地结合当地农时特点,针对农业受灾情况,组建农机抗灾救灾工作队136个,调度、联系322个农机合作社,投入农机手21万人和农业机械41.6万台(套),翻耕炕田413.33千公顷,提水3.12亿立方米,保栽水稻面积131.99千公顷,实现机电提水灌溉区域满栽满插。

【狠抓农机基础设施建设】 2012年,四川省各地按照“渠道不乱、用途不变、优势互补、各计其功”的原则,整合高标准农田建设、现代农业产业基地等涉农项目资金,广泛发动农民群众筹资投劳,增加基础设施建设投入。2012年农村机耕便民道、机电提灌站建设资金投入分别比2011年增长17%、30%,建设农村机耕便民道4.1万公里,同比增加41%;新建、改造提灌站3 580座,同比增加12%。四川省农业厅组织修订《农村机耕便民道通用技术条件(试行)》。开办农村机耕便民道、机电提灌站工程技术人员培训班。

【狠抓宣传、法规及调研工作】 一是狠抓宣传工作。2012年,四川省各地以学习贯彻国务院《关于促进农业机械化和农机工业又好又快发展的意见》、四川省人民政府《关于推进农业机械化和农机工业又好又快发展的实施意见》精神为主要内容,大力宣传农业机械化,增强了各级政府、各有关部门对农业机械化工作重要性的认识,增进社会对农业机械化的了解。据统计,各级农机部门在县级以上报刊、电视共发表新闻稿件2 917篇,开展各种形式的现场演示活动3 428场(次),印发宣传资料318万余份。四川省农业厅首次召开全省农业机械化新闻发布会,通报全省农业机械化发展情况及规划,来自中央驻川新闻机构、省、市等25家新闻媒体60余名记者参与了新闻报道。二是完善法规体系。切实做好有关农业机械化法律、规章及制度的贯彻实施,依法促进农机发展。组织开展了《四川省农业机械安全监理和事故处理条例》修订工作,已将修订稿报省政府法制办。三是加强工作研究。及时了解、交流各地农业机械化发展的新情况、新举措、新经验、新成效,认真研究新时期农业机械化发展的重点、热点、难点问题。2012年,四川省重点就"柴油价格上涨对农业生产和农机发展的影响"、"农机合作社的地位和作用"、"农业机械化示范县建设"等相关课题开展调查研究。全年完成调研课题5个,撰写调研报告5篇。

贵州省

【概况】 2012年,贵州省各级农机部门认真贯彻落实中央一号文件精神和全国农业机械化工作会议以及全省农业工作会议精神,探索丘陵山地农业机械化发展机制和模式,抓好重点农时重点区域主要作物和主要环节的机械化生产,充分发挥农业机械在抗灾救灾中的重要作用,努力提高农机装备水平和作业水平,农业机械化呈现出快速健康,整体推进的良好态势。

【认真落实国发2号文件工作目标】 2012年1月,国务院下发《国务院进一步促进贵州经济社会又好又快发展的若干意见》(国发2号文件),文件中提出要建设贵州省安顺山地农业机械示范区;要加强丘陵山地适用农业机械技术研究和实用技术推广水平;要健全农业机械化推广和安全监理体系。2012年,贵州省农机部门为贯彻落实国发2号文件精神,抢抓机遇,积极探索适合贵州山区经济发展需要的农业机械化路子,采取以下措施:一是安顺市及时召开推进丘陵山地农业机械化示范区建设工作会议,围绕农业部直属三单位与安顺市签订的框架协议,积极推进农业机械化示范区工作;二是争取国家购机补贴资金和申报农机项目。全年安排安顺市中央农机购置补贴资金3 700万元,省级资金420万元;落实部级项目1个,资金20万元;三是搞好农机具新技术新机具推广。帮助安顺市引进推广各类农业机械7 448台(套)。为实现水稻全程机械化,探索农机和农艺融合,召开全省高产创建水稻全程机械化现场观摩培训会以及油菜收获机械化及秸秆还田现场会和秸秆禁烧综合利用现场会。四是健全农机推广和监理工作体系。全年对全省农业机械化技术推广机构情况进行摸底调研,签订农机安全生产工作目标责任书。开展了全省农机安全大检查及隐患排查排除治理和"打非治违"专项行动工作以及"为民服务、创先争优"示范窗口、示范标兵创建活动。

【正式印发《贵州省促进农业机械化和农机工业又好又快更好更快发展意见》】 在《国务院关于促进农业机械化和农机工业又好又快发展的意见》出台后,贵州省农业委员会农业机械化管理办公室结合贵州农业和农村经济发展实际,在前期广泛调查研究、征求意见的基础上,代贵州省人民政府起草《贵州省人民政府关于促进农业机械化和农机工业又好又快发展更好更快发展的意见》,两次组织贵州省农委有关专家、贵州大学教授、各市州农委对《意见》进行认真修改,于2011年7—11月两次征求多个部门意见,提交贵州省人民政府法制办进行合法性审查。2012年7月23日,《省人民政府办公厅关于印发贵州省促进农业机械化和农机工业又好又快发展意见的通知》正式印发,《意见》着眼于加快贵州省经济发展方式转变,推进农业现代化的大局,内容涵盖农业机械化发展的各个方面。共分发展目标、重点任务、加强农业机械化保障体系建设、政策保障措施等四个部分。意见的出台必将对推进我省农业机械化进程起着重要作用。

【组织实施农机购置补贴强农惠农政策】 2012年,贵州省农机购置补贴政策实施顺利,进展良好,成效喜人。通过农机购置补贴政策的实施,加快贵州省农村经济发展、增加农民收入,为农业产业结构调整提供有力的装备保障。根据农业部、财政部《2012年农业机械购置补贴实施指导意见》要求,2012年初制定《关于加强2012年贵州省农业机械购置补贴工作的通知》,对2012年实施农机购置补贴政策作出明确规定,农业机械购置补贴的实施范围已覆盖全省92个农业县,根据各县耕地面积、粮食产量、农业机械化综合水平、农民购买能力、当地政府积极性以及农机购机补贴工作情况等因素分配补贴资金,并向粮食、油菜、茶叶等种植大县、农业机械化综合示范县适当倾斜。补贴机具种类严格执行农业部规定,覆盖12大类49个小类200个品目机具,满足贵州省农业生产和农户需求。

2012年,财政部、农业部分三批安排贵州省中央农机购置补贴资金共3.8亿元,贵州省配套省级累加资金5 340万元,安排各县农机部门购机补贴工作经费500万元。截至2012年10月31日,已实施中央补贴资金36 698.5万元,省级补贴金额5 243万元,市级补贴资金156万元,县级补贴资金1 912万元,引导农民和农业专业合作社投入购机资金76 262万元,购置各类补贴机具26.58万台、温室大棚126.63万平方米,受益农户23.27万户。主要有以下做法:一是精心谋划,深入研究制定贵州省农业机械购置补贴政策。为贯彻落实好农机购置补贴政策,根据财政部和农业部的要求,结合本省实际,制定《贵州省2012年农业机械购置补贴产品一览表》《贵州省2012年农业机械购置补贴资金使用方案》《关于加强2012年贵州省农业机械购置补贴工作的通知》等文件,明确了贵州省农机购置补贴工作指导思想,项目实施范围和规模、补贴对象和标准、补贴机具种类、经销商申报要求和补贴资金结算资料审批程序等。同时,强化纪律监管,开展警示教育,严防腐败发生,及时印发《关于开展农机购置补贴反腐倡廉警示教育活动的通知》,结合贵州省补贴政策实施实际部署反腐倡廉警示教育活动。二是信息公开,实施过程全程接受社会监督。各级农机主管部门开展电子政务公开,把农机购置补贴政策实施情况列入政务公开和政务服务目录,使全社会广泛知晓。严格执行公示制度,各实施县在本单位的醒目位置公布本县农机购置补贴实施方案和省、市、县农机部门投诉电话,接受社会监督,处理农户投诉。三是强化监管,保证补贴政策顺利实施,补贴资金安全使用。在全省农机购置补贴工作会议上,与各市(州)农机主管部门签订了贵州省农机购置补贴工作责任书。责任书明确双方具体职责,在组织实施、政策宣传、信息公开、资料报送、纪律监管等方面均有具体约定。市(州)也及时与各县签订责任书,分解任务,明确职责,共同督促农机购置补贴政策顺利实施。部分县还与乡镇签订了责任书。及时开展警示教育活动,扎实推进农机购置补贴惩治和预防腐败体系建设,围绕现行农机购置补贴管理制度、重点岗位和关键环节,完善风险防控措施,开展反腐倡廉警示教育,主动预防,警钟长鸣,积极营造风清气正的农机购置补贴政策实施环境,实现权力运行规范、决策民主科学、资金安全运用、补贴顺利实施的目标,确保农机购置补贴政策公平、公正、公开实施和补贴资金安全使用,及时印发《贵州省2012年度农机购置补贴政策落实延伸绩效管理工作实施方案》。

通过实施购机补贴政策，取得以下成效。一是补贴政策优惠面不断扩大，农户购机压力不断减轻。贵州省农机购置补贴实施已遍及所有农业县，开放式的补贴机具经销商政策吸引更多的社会经营实体投身补贴机具流通领域，全省共有158家一级经销商，销售点遍布全省，每个乡镇均有补贴机具经销点，农户无须长途跋涉，在家门口即可选购微耕机、碾米机、脱粒机、水泵等小型机具，进一步降低农户购机经济支出。二是农机作业水平明显提高，促进农业生产规模化经营。因农村劳动力转移和耕牛作业效率低、饲养成本高，贵州省农户急需机械化耕地替换耕牛作业，耕整地机械总量增长较快，耕作机械化水平明显提高。同时，机械化作业效率高，作业成本低，促使土地流转，农机大户、种粮大户以及农机、果业、茶叶、烤烟、中药材等农民专业合作社不断涌现，特色产业蓬勃发展，农业生产方式朝规模化、集约化、专业化经营发展，农机高效作业、土地高效产出，农机手、种植户、合作社社员等经济收入稳步增长。

【认真做好农机春耕、"三秋"和抗旱防汛救灾工作】 2012年，为组织做好2012年春耕、"三秋"等重点农时农机生产工作，充分发挥农机在农业生产中的关键作用，贵州省农委下发《关于做好2012年农机春耕生产工作的通知》《关于开展农机防汛抗旱准备工作的通知》和《关于做好2012年"三秋"农业机械化生产工作的通知》，要求各级农机部门切实加强领导，深入基层，扎实抓好农机技术培训与服务工作，加强农机安全监理，保障农机生产作业用油，努力提高农机作业水平和组织化程度。在重点农时季节紧紧围绕贵州省主要作物、关键生产环节的机械化生产，以农机专业合作社和各类农机专业服务组织为依托，组织收获、耕作、播种、秸秆处理、灌溉、运输等农业机械投入农业生产和农机抗灾减灾作业，确保秋粮颗粒归仓，最大限度减轻灾害损失，充分发挥农机在农业生产抢种抢收和抗灾救灾中的突出优势，进一步提升秋收和秋冬种生产机械化水平，确保农业生产耕、种、收各个环节机械化作业，全面完成年度目标任务。全省各级农机部门干部职工和技术人员积极行动，下到田间地头组织指导农机生产作业，为农民提供技术指导、政策咨询、机具协调等服务和投入抗旱救灾保民生行动，取得了显著成效。2012年，全省共组织各级农机技术人员2.83万人次深入春耕、"三秋"、抗旱、抢种抢收生产第一线，检修各类农机具18.42万台(套)，组织各类农机专业服务队1 500个，举办各类机具演示会500余次，完成机插秧30.8千公顷，完成机耕1 031.33千公顷，机械灌溉192.67千公顷，机收水稻、小麦、玉米、油菜、马铃薯等农作物面积共计224千公顷，发放跨区作业证167份，参加跨区作业的联合收割机有476台。有力地支援了农业生产。

【安排实施好农业机械化技术示范项目工作】 一是继续组织做好农业部下达贵州省主要农作物生产机械化示范推广项目工作。落实2012年农业部下达贵州省息烽、惠水、红花岗、都匀、湄潭、绥阳、水城、赫章、普定等9个县(市)实施的水稻育插秧机械化、油菜生产机械化、马铃薯生产机械化、保护性耕作机械化技术示范项目，资金共计90万元。就做好项目实施工作提出具体意见，进一步明确市(州)级农机部门在项目实施中的工作职责，同时加强督促指导各项目实施县抓紧落实工作措施，确保项目的顺利实施。组织对开阳(油菜)、铜仁(油菜)、思南(水稻)、威宁(马铃薯)进行省级验收，并报农业部通过了部级验收。按照2013年农业财政项目农业技术试验示范专项经费(农机)项目指南的有关要求，组织了息烽、普定、湄潭、紫云各县编制了水稻、油菜、马铃薯2013年度项目实施方案报农业部审查。二是做好省级农机项目工作。组织对2011年度省级农机专业合作社、农机维修网点、平安农机示范县、马铃薯生产机械化和茶叶生产机械化示范建设项目进行省级验收。三是为贯彻落实《农业部关于加强农机农艺融合加快推进薄弱环节机械化发展的意见》，加强农机农艺融合，促进农机农艺协调发展，实现贵州省水稻生产机械化水平明显提高，2012年选择黔南州、安顺市、遵义市开展三个水稻全程机械化农机农艺结合试验示范，取得初步成效。

【强化农机安全监理工作】 2012年上半年，贵州省农机部门为加强农机安全监理工作，一是层层签订安全生产工作目标责任书，切实强化了各级监理部门的服务管理职责和农机生产、作业人员的安全意识。二是开展全省安全大检查及农机隐患排查排除治理工作。截至2012年10月31日，共组织检查组4 314个，组织检查人员14 347人次，检查3 000个企业，对非法违法、违规违章行为警告3 990次，责令改正、限期整改、停止违法行为1 948次。三是开展"平安农机"创建活动。根据农业部和国家安监总局的要求，贵州省在"平安农机"创建过程中，仍然采用县级自评参与、市级评优推荐、省级复核考查的方式，达到良好的效果。2012年，初步举荐水城县、开阳县、安顺市西秀区，工作正在有条不紊的进行中。四是贵州省两个农机监理站、六名农机监理从业人员在"为民服务、创先争优"示范窗口、示范标兵创建活动中获得荣誉称号：黔西县农机安全监理站、都匀市农机安全监理站被评为2011—2012年度全国农机安全监理"为民服务创先争优"示范窗口单位，陈进坤等6人被评为2011—2012年度全国农机安全监理"为民服务创先争优"示范标兵。

云 南 省

【概况】 2012年，云南省各级农机部门坚持"政府扶持、农民自主、市场主导、社会服务、共同利用、提高效益"的农业机械化发展道路，围绕2012年初确定的目标任务和工作重点，以"立足农机、科学发展"为理念，以"兴机富民、服务三农"为宗旨，充分发挥职能作用，落实各项农业机械化工作措施，农业机械化各项工作取得了显著成绩，目标任务全面完成，为促进全省农业农村经济全面协调、可持续发展作出了积极贡献。

【装备结构全面优化】 2012年，云南省农机总动力达到2 800万千瓦，同比增长6.54%；农机总值达到170亿元，同比增长6.25%；大中型拖拉机、小型拖拉机、水稻插秧机、联合收获机拥有量分别25万台、37万台、500台、4 900台，分别比2011年增长5%、6%、25%、14%；配套机具拥有量36万台，机具配套比6:1。

【作业水平全面提高】 2012年，云南省耕种收综合机械化水平达到41%，同比提高 5 个百分点，连续五年保持 5 个百分点以上的增幅。主要农作物薄弱环节机械化生产快速推进，水稻机插、机收水平 0.9% 和 34%，同比分别提高 0.2 个和 3 个百分点。马铃薯、玉米收获机械化水平实现零的突破。

【购机补贴全面完成】 截至 2012 年 10 月 15 日，云南省全面完成农机购置补贴资金使用任务，使用补贴资金 4.2 亿元，完成 4.1 亿元的 102%；全省共确定受益人使用资金 3.8 亿元，占全省资金量的 93%；受益人完成使用资金 3.4 亿元，占确定受益人资金量的 90%；完成温室大棚 100 公顷，节水灌溉 819.67 公顷。补贴机具 22.3 万台（套），受益农户 23 万户。

【技术推广全面扩大】 2012 年，云南省增产增效型、资源节约型、环境友好型农业机械化新技术应用面积稳步增加。水稻机插秧完成 8 千公顷，农机深松整地面积 93.33 千公顷，比 2011 年增加 26.67千公顷，开展农机新技术、新机具现场演示会 108 场，组织培训 810 人次。

【试验鉴定全面规范】 2012 年，云南省农机部门对 9 个企业生产的水泵、微耕机、起垄机、自动烟叶采收机等 44 个农机产品进行推广鉴定，推荐上报 10 个企业 25 个农机产品纳入《2012—2014 国家支持推广的农业机械产品目录》。开展补贴机具产品质量跟踪调查、质量监管及投诉受理工作，受理投诉举报 65 人次，检查企业 264 个，整顿市场 245 个。认真开展农机职业技能鉴定和维修网点管理工作，对 953 人进行职业技能鉴定，发放 100 个农机维修技术合格证。

【教育培训全面推进】 2012 年，云南省农机部门以农业机械化教育培训大行动为主阵地，组织开展各类农机教育培训工作，全年共开办拖拉机驾驶教学人员培训班 6 期，培训学员 393 人；开办基层农技人员培训班 10 期，圆满完成 5 个州（市）、24 个县（市、区）、1 010 人次的培训任务；完成 10 万人次农业机械化管理、科技和实用人才培训任务。呈现出培训类型多、层次高、项目带动作用明显等新特点。

【安全形势全面好转】 截至 2012 年 10 月底，云南省共接报农业机械事故 26 起，死亡 19 人，受伤 15 人，直接经济损失 47.39 万元，农机死亡人数占全年控制指标的 38%，全省无重特大农机安全生产事故发生。农机供油站（点）、修理站（点）、加工站（点）无人员伤亡事故发生。

【强化服务备春耕】 2012 年，云南省为确保农机及时高效服务春耕生产，强化服务工作，“三早”狠抓农机春耕备耕，掀起了春耕生产高潮。一是机具准备早，从各地调回大量的春耕机具和农机配件，确保农机市场货源供应充足；二是服务到位早，为确保农机具以最优的状态投入春耕生产，及早组织农机专业技术人员、农机专业小分队、农机“三包”人员和农机维修经营网点人员，对春耕机具全面进行检修保养，共检修春耕机具 112 台；三是抗旱促春耕活动开展早，开展“农机干部下基层，万台农机闹春耕”活动，投入春耕生产农机 112 台，共完成机耕面积 1 766.67 千公顷，为夺取早稻丰收打下坚实的基础。

【强化监管抓购机】 2012 年，云南省共获得农机购置补贴资金 4.1 亿元，分两批实施。一是精心谋划部署。根据农业部、财政部《2012 年农业机械购置补贴实施指导意见》及时出台《云南省 2012 年农业机械购置补贴资金使用方案》，召开了购机补贴工作会，提出目标要求及工作措施。二是强化责任落实。全面落实“主要领导负总责、分管领导负全责、工作人员直接负责”的责任机制，实行分片挂钩联系制度，分解细化任务，层层签定购机补贴责任书，做到目标到岗、责任到人。三是加大监管措施落实。邀请纪检监察部门全程参与，自觉接受监督，切实做到要求更严格、操作更规范、落实更迅速。严格执行《云南省农业机械购置补贴操作手册》和《云南省农业厅关于推进农机购置补贴廉政风险防控工作的通知》，强化廉政责任制和约谈制，推进廉政风险防控机制建设。逐级签订农机购置补贴工作责任状和承诺书，落实“七个不得”的规定，实行生产企业、经销商和销售网点逐级管理责任制。开展为期 100 天的“百日千人万机”专项清查行动，组织各级农业农机部门对 2010 年、2011 年补贴机具进行全面核实。四是强化信息公开。利用管理系统、简报、电视、电子信息屏、广播、公告栏、宣传车、简易明白纸、现场演示会等各种形式加大对农机购置补贴政策信息的公开宣传，让广大农户对农机购置补贴申请程序做到心中有数，发放《农机购置补贴申请程序图》3 400 余张、《农机购置补贴政策解读 20 问》1.4 万本、《云南省农机购置补贴政策资料汇编》500 本，《补贴机具补贴额一览表》及《生产企业及产品明细表》光盘 500 余张。五是完善制度，加快结算进度。利用电话、短信平台、管理系统等形式提醒各级农机部门和经销商加快管理系统录入速度，每周两次对全省进度情况进行通报、跟踪督促。同时，对进度缓慢的州（市）进行督办和约谈，提出加快工作进度的建议和措施。六是立足高原特色，突出补贴重点。重点突出水稻、玉米、马铃薯等主要农作物生产环节机具的补贴力度，对插秧机、联合收割机和 37.29 千瓦以上的拖拉机给予重点扶持。重点扶持发展 30 个农业机械化综合示范县，在补贴资金和工作经费安排上给予倾斜，30 个重点县的补贴资金占全省的 50%。

【强化示范突瓶颈】 一是高原特色农业机械化技术推广显著成效。2012 年，云南省推广马铃薯播种和收获机械 20 台，实现机械化作业面积 133.33 公顷。推广果蔬种植和初加工机械，示范推广蔬菜、烤烟秧盘播种成套设备 50 台，推广果蔬烘干机 442 台，推广微型保鲜冷库 197 台（套），推广茶叶修剪机 1 027 台，茶叶杀青机、揉捻机等初加工机械 557 台。二是水稻机械化育插秧技术推广有新突破。机具推广、面积推广取得“双突破”，全年推广水稻插秧机 126 台，通过现场示范、会议培训、创建样板、以点带面，增强辐射带动等方法，推广水稻机械化育插秧面积 8.51 千公顷，首次突破 6.67 千公顷大关。三是加快推进农机农艺融合。通过“农业科技促进”活动的开展，积极引导、鼓励、组织水稻插秧机跨区作业，加大“典型示范与整体推进相结合、推广与培训相结合”的力度，建立机插秧技术推广服务体系，为推进农机农艺技术融合，加快水稻机插示范推广步伐。

【强化落实保安全】 2012 年，云南省坚持“安全第一，预防为主，综合治理”的方针，一是全面落实安全生产责任。按

"一岗双责",层层签订责任书,全年共签订《农机安全生产责任状》1 525 份,签订《农机安全生产保证书》325 789 份。二是深入开展"平安农机"及"为民服务"创建活动。申报推荐禄丰县、新平县、蒙自县和开远市为全国"平安农机"示范县。师宗县农机安全监理站、祥云县农机安全监理站和腾冲县农机安全监理站被农业部公布为 2011—2012 年度"为民服务,创先争优"示范窗口,陈正忠等 6 位同志被评为示范岗位标兵。三是积极探索农机安全监管工作新机制。为加强对拖拉机、联合收割机等农业机械的动静态一体化监管,与公安交通管理部门密切配合,在昆明市等 13 个州(市)及其所辖县(市、区)组织实施"公安部门委托农机监理部门实施拖拉机道路交通安全监管试点工作",静态管理和动态监管有机结合,促进各项农机监理业务的规范开展,达到"以动促静"的目的。四是严格农机安全生产隐患排查治理不放松。按照"排查要认真、治理要坚决,成果要巩固、杜绝新隐患"的总体要求,开展春运安全生产检查、"农机安全生产月"活动、农机"三点"检查,对 74 231 个生产单位和有关场所开展隐患排查治理,全年排查一般隐患 27 459 项,重大隐患 2 145 项,排查出来的隐患均列入整改。五是严格规范业务管理不放松。根据农业部三个部长令和四个"规范"的要求,规范岗位设置,严格考试程序纪律,严把安全技术检验,实行"谁主办、谁签字、谁负责"责任制,全年没有出现一例违规办理牌证事件。预计 2012 新增拖拉机 28 835 台,新增联合收割机 197 台。检验拖拉机、联合收割机 257 439 台,新训考试合格拖拉机、联合收割机驾驶、操作人员 28 595 人,到期审验换证 43 064 人。六是抓实农机安全生产宣传教育不放松。以"安全责任重在落实"为主题,充分利用农业生产的各个时机,采取多种形式,把宣传教育工作贯穿于培训、考试、年度检验、田检路查等农机安全监理工作各个环节,不断提高广大群众的安全意识。全年共组织安全宣传教育车 8 756 车次、组织宣传人员 27 589 人次、深入乡镇集市 1 072 个次、深入村寨 1 459 个次、张贴安全宣传标语 25 746 条、印发宣传材料 597 594 份、印发农机安全生产读物 212 057 份,受教育机手、群众 225 490 人次。

【强化创新强培训】 一是组织开展各类培训班。2012 年,云南省共开展农业管理干部、新型农民科技师资培训、农民创业师资培训、拖拉机理论教员复训、农民创业培训等各类培训班 6 期,培训学员 393 人次。开办基层农技人员培训班 10 期,圆满完成了 5 个州(市)、24 个县(市、区)、1 010 人次的培训任务。二是深入推进教育培训大行动。积极组织开展农业机械化教育培训大行动,全省共培训农业机械化管理、科技和实用人才 10 余万人,其中管理人员 1 100 人次,科技人员 1.7 万人,农机操作、维修等人员 8.2 万人次(新购机农民 3 万余人),职业技能鉴定 3 000 余人,圆满完成行动方案要求的培训任务。三是组织开展农机教育培训监督检查。为切实加强全省农机教育培训机构的教学监督管理,从源头上把好安全、质量关,要求各级农业机械化学校从管理体制、设施设备、师资队伍、管理制度、教学规范、安全教学、痕迹管理、质量效果八个方面开展监督检查。四是认真组织"三下乡"。向德宏州芒市广大农民朋友免费赠送《农机手实用技术培训手册》《农民务工培训读本》《新型农民科学素养读本》等实用图书 500 余册,面对面开展农机技术咨询服务。五是扎实开展农机宣传简报,及时收集整理、编印发行《云南农机简报》6 期,完成年初制定编印任务。

【强化规范把质量】 2012 年,云南省农机部门紧紧围绕"依靠科技进步、转变农业机械化发展方式、提升发展质量效益"这条主线,规范农机推广鉴定受理审查、检测鉴定、证书变更和证后监督等关键环节的管理,确保农机装备的适用性、安全性、可靠性和先进性。一是完善规范农机推广鉴定。对 9 个企业生产的水泵、微耕机、起垄机、自动烟叶采收机等 44 个农机产品进行推广鉴定。二是推进农机产品质量监督和投诉受理。组织开展"3 · 15"农机质量宣传咨询活动,对补贴机具进行质量督导,加强农机市场监管。全年受理投诉举报 65 人次,检查企业 264 个,整顿市场 245 个。三是抓好农机职业技能鉴定。建立全省农机职能鉴定考评队伍,组织完成对元谋、双江、牟定、临翔农业机械化学校培训的农机操作工、农机修理工、拖拉机驾驶员共 953 人进行职业技能鉴定。四是严把农机修理网点监管关口。强化农机维修质量监督,2012 年共发放 100 个农机维修技术合格证。

【农业机械化发展存在主要问题和困难】 一是农机装备发展不平衡,存在"三多三少"问题,即耕作机械多,特色作物机械少;小型机具多,大中型机具少;常规机械多,高性能机具少。二是农业机械化综合水平较低。由于云南省特定地理位置,以丘陵、山区为主,山地、坡地多,地块小,推广农业机械化有一定难度,农业机械化综合水平低于全国 16 个百分点。三是农机服务体系不健全,服务能力和水平较低。云南省农业机械化发展仍然处于初级阶段,各级农机管理服务机构,经多轮机构改革,人员少,服务能力减弱,社会化农机服务体系尚未健全,作业质量比较差。四是农业机械化基础设施建设薄弱。机耕道、场库棚、维修站严重短缺,大多数农村机耕道年久失修,存放大型农机具的场库棚不足,农机维修网点设备和技术人员严重缺乏,存在"有机无处走,机闲无处放、机坏无处修"的问题。五是农业机械化发展资金投入长期不足,不能满足开展工作需要。六是购机补贴操作链条长,环节多,核实外延广,监督难度加剧。

西藏自治区

【概况】 2012 年,西藏自治区各级农机主管部门以科学发展观为指导,以强农惠农政策为支撑,不断在推动农业机械化"依法促进、科学发展"上下工夫,全区农业机械化各项工作取得实效。

【政策法规建设取得重要进展,农业机械化依法促进得到有效保障】 2012 年,经西藏自治区人民政府 2012 年第 9 次常务会议研究,《西藏自治区人民政府关于加快农业机械化发展的意见》(以下简称《意见》)于 2012 年 6 月 12 日以"藏政发[2012]74 号"文件正式印发。作为指导当前和今后一个时期西藏自治区农业机械化发展的纲领性文件,《意见》按照《国务院关于促进农业机械化和农机工业又好又快发展的意见》(国发[2010]22 号)要求,着眼西藏现代农业建设实际,提出要以科学发展观为统领,全面实施《中华人民共和国农业机械化促进法》,明确了全区农业机械化发展方向和扶持措施。《意见》按照合理规划布局、完善投入机制、加强市场引导和政府监管、鼓励体制机制创新的总体思路，要求在进一步加大财政投入、完善管理体系、加强金融扶持、改善基础设施条件的基础上，全面提升全区农机装备和作业水平，优化农机装备结构，深入推进农机社会化服务体系建设，强化农机安全使用监督管理，同时，明确提出了加快农业机械化发展的有关财政投入、组织体系、人才队伍、金融保险、基础设施建设等方面的扶持措施。《意见》是“九五”以来自治区出台的最重要的一个农业机械化政策性文件，为进一步提升全区农业机械化科学发展的能力和水平提供了保障。

【农业机械化扶持政策力度进一步加大，农机购置补贴政策手段更加完善】 2012 年，西藏自治区三批农机购置补贴资金规模 1.7 亿元，其中：中央财政投入 1.2 亿元，西藏自治区财政投入 5 000 万元，资金总量比 2011 年增加 6 000 万元，截至 2012 年 11 月中旬，统计确定已落实的补贴资金 1.2 亿元。2012 年全区农业机械购置补贴项目补贴范围覆盖全区 73 个县(市、区)的 220 多个乡镇，补贴购置各类农业机械 4.61 万台(套)，拉动农牧民和农业生产经营组织投入 2 亿元，受益农户 3.26 万户。为加快农机购置补贴政策实施进度，确保实施效果，提升和发挥政策效益，2012 年主要采取以下几项措施：一是高度重视，提早行动。西藏自治区农牧厅在 2012 年 3 月中旬基本完成《自治区级支持推广产品目录》和《补贴机具补贴额一览表》的申报、审批、分档、发布等各项工作，完成《西藏自治区农机购置补贴产品经销商准入条件》的制定，以及补贴机具经销商自主提出和名录发布等工作，提前制定并下发年度补贴实施方案；全区各级党委政府、主管部门高度重视政策落实，年初及时成立了购机补贴政策落实领导小组，按规定签订购机补贴工作责任书，各地在春耕前近 2 个月即全面开展了受益农户的申报、初选、审批、公示和指标确认通知书发放工作，补贴资金落实进度明显快于往年。二是突出重点，合理布局。按照农业部关于农机补贴要立足“提升总量与优化结构相结合”的总体要求，西藏自治区 2012 年继续沿用了对不同种类农业机械实行差别补贴的操作办法，适当提高部分机具累加补贴比例，将 22 个小类 56 个品目 239 个分档的农业机械类型的补贴比例确定在 10% ~45%，对农业机械化合作组织购买农业机械给予 50% 的补贴比例优惠；坚持通过总量控制结合地方需求提升资金使用效率，补贴资金对粮油主产县的投入比例约为 65%；对畜牧大县的投入比例约为 20%；对其他地区的投入比例约为 15%，各地(市)资金满足率普遍能够保持在 60% 以上。三是阳光操作，确保公平。在补贴政策具体落实过程中，各级农牧、财政部门坚持规范管理、阳光操作，绝大部分项目县、乡有关单位能够严格按照年度实施方案要求，积极做好补贴需求摸底调查、受益户确定、建档管理、公开公示等基础性工作，能够严格遵守“四到位”、“四不准”的工作纪律，能够确保群众代表全程参与购机过程，政策落实的透明度进一步提升。2012 年，全区没有出现群众针对补贴工作的投诉或上访事件。四是加大宣传，推进公开。按照 2012 年农业部对补贴工作宣传公示等方面的有关要求，在西藏农牧信息网设置了购机补贴信息专栏，严格执行相关文件签发 5 个工作日内向社会公布的政策规定，对补贴实施方案、支持推广目录、检查监督方案、投诉联系方式、经销商信息等进行及时、全面的公开；通过在报纸、网络、电视、广播等各类媒体多次设置专栏、开辟专版、专题报道等形式，不断加大补贴宣传力度。五是加强监管，确保成效。根据《农业部办公厅关于印发〈2012 年农机购置补贴政策落实监督检查工作方案〉的通知》(农办机[2012]14 号)有关安排部署，2012 年 6—9 月开展了农机购置补贴政策落实专项整治活动，对拉萨、日喀则、山南、林芝、阿里 5 个地(市)进行了专项督导，昌都、那曲两个地区进行了自查，各地就检查中发现的问题进行及时整改。

【农机具保有量大幅增长，农业机械化作业面积稳步提升】 2012 年，西藏自治区农机具保有量较 2011 年继续大幅增长，2012 年全区农业机械总动力 464 万千瓦，较 2011 年底增长 8.7%；拖拉机拥有量 19 万台(其中：14.7 千瓦及以上拖拉机 5.24 万台)，较 2011 年底增长 11.8%；各类拖拉机配套农具 12.7 万套，较 2011 年底增长 17%；联合收割机 5 304 台，较 2011 年底增长 2.6%；全区农业机械化作业面积稳步提升，2012 年全区共完成机械化耕、播、收面积共 383.5 千公顷，其中完成机耕面积 136.5 千公顷，完成机播面积 133.5 千公顷，完成机收面积 113.5 千公顷，综合机械化作业水平 56.2%。全区农机保有量和作业水平的稳步提升，除了依靠中央和自治区财政不断加大的资金投入，还得益于农业机械化技术推广工作的加强和社会化服务力度的加大。一是农业机械化公共服务能力有所提升。鼓励农业机械化主管部门联合农机专合组织、经销企业共同参与到技术推广和培训工作中来，发挥民间、企业网络优势，大力开展技术示范和培训，不断丰富内容，创新手段，一定程度上缓解了全区农业机械化技术推广服务与培训技术力量较弱、覆盖面不足的问题，据统计，2012 年由农机购置补贴供货企业和农机专合组织开展的新机具使用前培训人数 1.8 万多人(次)，由农业机械化主管部门组织的实用技术和安全知识培训人数 3 200 人(次)。二是农机社会化服务能力进一步增强。2012 年，全区经工商部门注册登记、运转规范的农机专业合作组织总数 32 个，参与农户 1 400 多户，合作组织拥有农业机械 900 多台(套)，资产总额 2 500 多万元，年农田服务面积约 16.67千公顷，服务能力和水平均有所提升。农业机械化作业由单门独户向社会化服务转变，不仅有效提升了当地农业机械化作业水平，改善了农机经营效益，还为全区农业机械化发展方式的加快转变做出突出贡献。

【农业机械化安全生产环境逐步改善，安全生产形势总体平稳】 2012 年，西藏自治区各级农业机械化主管部门认真贯彻落实《国务院办公厅关于继续深入扎实开展“安全生产年”活动的通知》(国办发[2012]14 号)精神，以农业部办公厅《关于印发 2012 年农机“安全生产年”活动工作方案》(农办机[2012]17 号)为指导，继续狠抓农机安全生产工作不放松。根据年初计划和西藏自治区安委会安排部署，西藏自治区农牧厅陆续制定印发《关于切实加强 2012 年农机安全生产工作的通知》《区农牧厅落实〈西藏自治区人民政府贯彻国务院关于坚持科学发展安全发展促进安全生产形势持续稳定好转的实施意见〉工作方案》《全区农机安全生产专项整治工作方案》等指导性文件,区、地(市)两级成立了农机安全生产领导小组,组织(协助)开展相关宣传、培训、督导、检查等工作。截至2012年11月份,全区没有发生农田农机安全生产事故,农机安全基本保持总体平稳、趋向好转的态势。同时,针对全区农机安全监理体系不健全、监管力量不足的现实情况,与公安机关交通管理部门沟通、协调,协助开展农机安全生产监管工作。基本取得两项共识:一是西藏自治区公安厅同意在进一步补充人员编制,完善软硬件设施的基础上,暂时负责农用拖拉机安全监管工作;二是西藏自治区农牧厅积极开展农机安全监理体系建设,在全区农机安全监理体系基本建成后,尽快开展农用拖拉机监管职权移交工作,理顺职责关系,加强两个部门在农机特别是农用拖拉机挂牌发证、安全检验和道路管理等方面的配合、监督。

【农业机械化发展面临的突出问题】 一是农业机械化基础设施十分落后。西藏自治区基层农机具销售、维修、服务网点还不能满足农机生产需求,机耕道路、机具库棚等基础设施建设普遍缺乏资金渠道,机具停放、保养、作业等配套性设施较为薄弱,制约了中、大型机具在西藏自治区的广泛应用。二是农业机械化经营效益不够稳定。近年来,全区各类农用物资价格不断上涨,农机产品和农用柴油价格持续攀升,导致农机户在购置农机和从事作业、服务时的成本增加,急需进一步推动农业机械化惠农政策向广度和深度延伸,促进购机补贴政策的配套性措施逐步完善。三是农机结构性问题仍然突出。全区相当部分配套机械处于老旧状态,一些机具技术水平十分落后,科技含量低,急需更新换代;农机具作业面窄,农机农艺结合度差,受机构、人员、资金等因素限制,农业机械化示范推广工作仍然比较滞后,各区域、各环节农业机械化发展差异巨大,农机的潜能没有得到充分发挥。

陕 西 省

【概况】 2012年,陕西省农业机械化工作紧紧围绕陕西省粮、果、畜、菜等主导产业和优势特色产业,以农机购置补贴政策为抓手,调整农机装备结构,提升农业装备水平;依托农机社会化服务组织,开展"三夏"、"三秋"农机跨区作业,提升作业水平;建设农业机械化示范区,推广集成配套农业机械化技术,创新发展模式;开展"平安农机"创建活动,提高农机"三率",夯实农机安全基础;强化教育培训和科技推广,加强农机质量监督和维修网点建设,提升农机公共服务能力。实现了农机装备总量的快速增长,农业机械化水平的全面提升,农机经营收益的不断增加。

【农业机械化投入大幅度增长,农机发展后劲明显增强】 2012年,中央安排陕西省农机购置补贴资金7.9亿元;保护性耕作工程项目中央投入250万元,地方投入320万元;省级财政安排农业机械化专项资金4 000万元;秸秆综合利用项目省财政投入2 000万元;农民专业合作社果品贮藏百库建设工程省财政安排9 000万元,农机补贴资金配套安排6 620万元;基层农技推广服务体系建设项目中央财政安排陕西省农机基层推广体系建设资金600万元,省级配套120万元。2012年中央、省对陕西省农业机械化投入9.8亿多元。

【农机装备总量快速增长,结构进一步优化】 2012年,陕西省农机销售总额达35亿多元,农机总动力达2 500万千瓦,分别比2011年增长16.7%和13.6%;拥有拖拉机30多万台,其中大中型拖拉机9.5万台,分别比2011年增长2万台和0.62万台;拖拉机配套农具50.4万台,比2011年增长17.2%;拥有联合收割机3.2万台,比2011年增长12%;通过补贴政策引导拉动,大功率、复式作业机械增速明显加快,果业、畜牧业、设施农业机械和玉米联合收获、保护性耕作、秸秆综合利用、茶叶生产加工等机械得到较快发展,农业机械化水平较快提高,实现农机发展数量、质量和效益的同步提升。

【农机作业水平持续提高,农业生产方式发生根本转变】 2012年,陕西省完成机耕(深松)作业面积1 886千公顷,机播面积1 770千公顷,机收面积1 437.33千公顷,其中,玉米机收面积448千公顷;主要农作物耕种收综合机械化水平57%左右。小麦生产全过程基本实现机械化;玉米收获、水稻收获和果业、蔬菜、畜牧养殖业以及茶叶机械化正在快速推进;水稻插秧、马铃薯种植与收获、油菜种植与收获机械化技术取得突破。通过机械化手段年利用秸秆面积约1 500千公顷,占三大粮食作物种植面积的65%。

【农机服务组织发展壮大,服务能力与经营收入显著提高】 2012年,陕西省农机大户、农机合作社、农机专业协会、农机作业公司和农机维修中心等新型农机社会化服务组织不断发展壮大。2012年,陕西省新增农机专业合作社161个,总数460多个,创建示范性农机专业合作社32个。全省农机服务组织及农机户超过95.5万户。2012年农机经营总收入93亿元,比2011年增长9.4%。农机经销、维修以及中介组织也得到不断发展。

【农机重大项目实施顺利,农机装备水平进一步提升】 2012年,陕西省农机购置补贴项目共补贴购置各类农业机械36万余台(件);保护性耕作工程项目,农业部和国家发改委安排陕西省7个项目县,共建设保护性工程项目区14千公顷,2012年,购置各种专用机具、仪器设备1 322台(套、件),新建、改造机库、机棚、培训教室等土建工程16 087平方米,全省完成保护性耕作面积316.67千公顷;秸秆综合利用项目,建立万亩示范田29个和千亩示范田26个,建立以小麦秸秆饲草加工、小麦秸秆捡拾打捆或田间作业利用为主要内容的秸秆机械化利用专业合作社84个,农作物秸秆综合利用机械拥有量23万多台(件),完成农作物秸秆利用面积1 500千公顷,加工玉米秸秆饲草900万吨,重点区利用率95%,全省65%。农民专业合作社果蔬百库建设工程,共建成1 000吨以上果(蔬)冷藏库152座;新建扩建9个农机高效维修中心建设;果业、畜牧业、设施农业、茶叶等优势特色产业机械化示范园区项目,实施面积和范围不断扩大,水稻育插秧、果业、设施农业等机械推广实现跳跃式发展。

【农机安全监管力度加大,农机安全形势平稳】 2012年,陕西省农机安全生产责任制不断完善,"平安农机"示范县、乡镇、村和户创建活动全面展开,农机安全专项治理进一步加强,农机监理规范化建设得到强化,农机"三率"逐步提升,农机安全形势继续保持平稳。截至2012年10月底,全省共发生农机事故425起,其中道路外事故308起(收割机事故252起,拖拉机事故55起,其他农机事故1起),造成9人死亡,56人受伤,直接经济损失86.92万元;道路上事故117起(收割机事故53起,拖拉机事故64起),造成5人死亡,18人受伤,直接经济损失28.78万元。未发生一次死亡3人以上的较大农机事故。死亡人数控制在陕西省安全生产委员会办公室下达的控制指标范围内。2012年培训各类农机人员14.6万人次以上,其中阳光工程培训1.34万人;对4 000名拖拉机驾驶员、联合收割机驾驶员和农机维修工进行了职业技能鉴定。2012年对全省9家生产企业和13家经销企业、5个品种的小麦脱粒机进行检查,开展了专用玉米联合收获机、铡草机、太阳能杀虫灯质量跟踪调查。2012年,陕西省农机产品质量投诉监督机构共受理农民投诉13起,为农民挽回经济损失10余万元。

甘肃省

【概况】 2012年,甘肃省各级农机部门以贯彻落实农机购置补贴政策为抓手,以实施农业机械化推进工程为载体,求真务实,真抓实干,农业机械化各项重点工作进展顺利,全省农业机械化事业继续保持了健康快速的发展态势。

【农业机械化发展呈现"五个持续快速增长"好势头】 一是农机装备总量持续快速增长。2012年,甘肃省新投放各类补贴机具20多万台(件),甘肃省各类农业机械拥有量190万台(件),比2011年增长10%。二是大中型拖拉机持续快速增长。2012年,全省新补贴投放的18.64千瓦以上的大中型拖拉机10 456台,是2011年补贴投放量的1.3倍。2012年,全省大中型拖拉机总量10.3万台,比2011年增长11%。三是微耕机械持续快速增长。2012年,全省补贴投放微型耕作机械3.76万台(件)。2012年,全省小型耕作机械15万台(件),比2011年增长17.5%。四是特色农业机具持续快速增长。2012年,全省新补贴投放饲草加工机械与2011年相比增长30%,特别是设施农业卷帘机增长势头强劲,2012年1—10月补贴投放卷帘机1.05万台(套),是2011年投放量的1.1倍。五是农机经营组织持续快速增长。据统计,仅2012年前10个月就有14万户农民享受到农机购置补贴,全省农机专业户100万户,与2011年相比增长3%;50万元以上的农机大户260户,与2011年相比增长近4%;农机专业合作社211个,较2011年增长10.47%。

【主要农业机械化指标呈现"六个不断提高"好形势】 一是农机装备水平不断提高。2012年,甘肃省新增农机总动力达107万千瓦,全省农机总动力达2 243万千瓦,增长4%;全省农业机械总值150亿元,增长6%。二是农业机械化作业水平不断提高。2012年,甘肃省机耕、机播、机收面积分别为2 000千公顷、1 356千公顷、714.67千公顷,耕种收综合机械化水平40%,甘肃农业机械化发展总体进入中级阶段。三是农机经营效益不断提高。2012年,甘肃省农机经营服务总收入、农机经营纯收入分别为87亿元和31.4亿元,与2011年相比分别增长6%、5%。四是农机安全监管水平不断提高。2012年1—10月农机安全生产形势保持稳定,全省共发生农机事故9起、重伤6人、死亡4人、经济损失1万元,与2011年同期相比,除重伤人数较2011年同期上升33.3%外,事故起数、死亡人数分别较2011年同期下降88.8%、22.5%。五是农机产品质量不断提高。2012年,对全省生产和销售的农机零配件、农用运输车、农用挂车等7种产品进行了定期监督检验,零部件合格率较2011年同期提高0.5个百分点,农机产品质量进一步提高。六是机具配套比不断提高。2012年,甘肃省经过农机购置补贴政策持续拉动,农业机械的装备结构不断优化,2011年新增各类配套机具5万台,各类配套机具130万台,预计机具配套比由2011年的1∶2.12提高到1∶2.16。

【农业机械化工作呈现"六大亮点"】 一是农机购置补贴资金投入规模越来越大。2012年,甘肃省中央和地方财政农机购置补贴资金投入4.45亿元,与2011年相比增加1.25亿元;政策投入拉动农民投资9亿元,较2011年增长近1.3倍。二是"以机代牛"推进计划成效显著。2012年,全省新增微耕机3万台,其中中南部和少数民族地区新增微耕机2万台,占全省新增微耕机总量67%,中南部和少数民族地区农业生产方式加快转变。三是马铃薯生产机械化稳步推进。2012年,甘肃省马铃薯生产机具补贴县扩大到全省范围所有补贴实施县区,补贴比例提高到40%,重点补贴发展马铃薯种植、收获机械。2012年,马铃薯作业机械3 000台(套),马铃薯机械化播种收获面积201.33千公顷,较2011年增长10.7%。四是全膜双垄沟播种植机械支撑作用增强。2012年,全省各类全膜双垄沟播覆膜机7万多台,机械化覆膜作业面积412.67千公顷,占技术总应用面积48.6%,机械化对主导产业支撑作用得到强化。五是玉米收获机械化持续强劲发展势头。在2012年全省农业机械化工作会议上,甘肃省农业机械管理局将玉米机械收获作为全省两个突破重点之一,在中央农机购置补贴的基础上实行省级财政资金累加补贴,全省新增玉米联合收割机416台,全省玉米机械收获81.33千公顷,较2011年增长15.2%。六是农业机械化科技示范区建设扎实推进。2012年,全省各地认真贯彻实施甘政发[2011]31号文件精神,积极推进农业机械化示范区建设,省级六大农业机械化示范区建设稳步发展,示范面积不断扩大,示范效应初步显现,2012年全省累计实施农业机械化科技推广示范面积超过1 333.33千公顷,增产粮食超过2亿千克,新增农业产值近4亿元。

【认真贯彻落实农机购置补贴政策】 2012年,甘肃省农机部门通过抓政策宣传、抓人员培训、抓系统升级、抓安排部署、抓工作创新、抓制度建设、抓监督检查、抓市场监管等多措并举,有力推动农机购置补贴政策贯彻落实工作,2012年组织开了两次大检查,在2012年六七月份集中1个月时间,组织6个督查组对14个市州82个县区、14个农垦农场的1 000多户购机农户进行了走访入户调查,对全省农机购置补贴实施县区进行了全覆盖督查。2012年10月份组织五个检查组对14个市州部分县市区进行了抽查。另外,甘肃省农机购置补贴创新试点平稳推进,各试点市县制度逐步健全,工作流程不断优化,2012年11月上旬,在兰州召开专门会议,对6个农机购置补贴创新试点市县的工作进行了深入总结,科学评估试点市县运行效果,深入剖析存在的问题,认真总结正反两方面经验，为全面落实农机购置补贴政策积累经验、探索路子。总的来看，2012年农机购置补贴政策贯彻落实工作严格按照政策规定执行，程序是规范的、监督是有力的、宣传是有效的、工作是扎实的、政策把握是准确的，有效地促进了甘肃省农业机械化的快速发展。

【精心组织关键农时季节机械化生产】 一是抓抗旱保春耕工作、抓机具检修和物资储备、抓科技培训、抓农资打假。2012年，甘肃省农机部门共组织115.17万台(件)的拖拉机、播种机、铺膜机等农业机械投入春耕生产，完成机械镇压543.13千公顷、机械深施化肥666.33千公顷，有力地保障春耕生产顺利开展。二是抓跨区机收小麦，全省农机各部门及早着手、协同配合，抓服务保障、抓组织协调、抓信息引导、抓安全保障，共组织5 800多台联合收割机参加省内跨区机收小麦作业，完成省内机械收获小麦394千公顷，省外跨区机收小麦作业近106.67千公顷，省内外跨区作业实现经济纯收入2.25亿元。三是抓秋冬季农业机械化生产。2012年，全省共组织68.4万台各类农机具投入秋冬种作业，完成机耕962.53千公顷、深松整地357.67千公顷、冬播小麦323.33千公顷。四是抓关键农时季节技术服务保障工作。2012年，甘肃省在关键农时季节抽调干部和技术人员深入田间地头，帮助农民保养、调试和检修机具，维修拖拉机32.2万台，检修农机具118.2万台(件)，确保机具及时投入农业机械化生产。五是组织实施农业部主要农作物生产机械化示范项目，核心示范面积近0.67千公顷。

【积极组织推广农业机械化新技术新机具】 2012年，甘肃省重点抓保护性耕作技术示范推广、河西灌区高效节水机械化技术示范推广、玉米全膜双垄沟播机械化技术示范推广、特色农业机械化技术推广工作、农机农艺融合及农民技能培训工作、机具攻关研发等工作。2012年9月份分别在天水和定西召开全膜双垄沟播玉米机械化收获现场演示会和全省农业机械化科技推广暨马铃薯生产机械化现场演示会，在兰州组织召开农机农艺融合工作座谈会，论证起草加快马铃薯产业机械化发展的规划和意见，着力加大主要农作物薄弱环节攻关力度。全年积极争取落实国家发改委与农业部保护性耕作工程建设项目5个，落实中央资金投入1 800万元，采购专用农机具及仪器设备823台(套)，完成投资1 139.5万元，项目投资进展顺利；争取农业部新建保护性耕作项目6个，落实投入资金180万元；落实省级农业机械化科技推广专项资金230万元，安排实施13项农业机械化科技推广项目。这些部省农业机械化科技项目的实施，有力推进农业机械化新技术新机具推广。全省各类农业机械化新技术示范推广面积超过1 333.33千公顷，其中：保护性耕作示范面积166.67千公顷、免耕播种186.67千公顷、机械化秸秆还田140千公顷，高效农田节水技术推广实施面积506.2千公顷，机械化覆膜面积412.67千公顷，玉米机收81.33千公顷，马铃薯机械化收获83.33千公顷。2012年累计培训各类农机人员18.5万人，改进完善全膜双垄沟播机、垄作沟灌播种机、残膜捡拾机、马铃薯种植铺膜联合作业机、膜垄沟灌机5种机具。

【扎实开展农机安全生产监督管理工作】 2012年，甘肃省农机安全生产形势平稳。主要抓农机安全生产责任制落实、广泛开展农机安全宣传教育活动、认真组织开展农业机械年度检验审验工作，重点组织开展"打非治违"专项行动和农机"安全生产月"、"安全生产年"、"为民服务创先争优"示范窗口创建、"平安农机"创建等活动，加大执法力度，消除安全隐患。共检查农业机械14万台次，查处农机违章作业1.1万台次，下发整改通知书4 125份。

【切实加强农机质量监督检验工作】 2012年，甘肃省农机部门重点开展农业机械推广鉴定工作，受理154家企业的354个农机产品的推广鉴定申请，核发《农业机械推广鉴定证书》183个。组织开展农机质量监督检测工作，对甘肃省生产和销售的农机零配件、农用运输车、农用挂车等7种产品进行定期监督检验，共抽检农机零配件209批次，合格率89.5%。认真开展农机产品质量投诉受理工作，共受理各类农机产品投诉案件37起，调解协商解决37起，为农民挽回直接经济损失36.3万元。开展农机质量调查工作和农机职业技能鉴定工作，开展农机职业技能鉴定7期，颁发农机职业技能鉴定证书563个。

【深入开展"联村联户、为民富民"行动】 2012年，按照中共甘肃省委关于开展"联村联户、为民富民"行动的统一部署和甘肃省农牧厅的安排，甘肃省农业机械管理局扎实开展双联行动，先后下派驻村干部18批89人次，累计走访礼县石桥镇王坪村农户150多户，接待群众来访80多人次，进行了多种形式政策宣传，开展了农业农机实用技术培训指导，举办全膜双垄沟播玉米现场演示会和田间管理技术培训会等服务活动，免费调运地膜2吨、马铃薯种子15吨，组织农民开展全膜双垄沟播玉米示范种植20公顷，实现增产135吨；组织企业捐赠农业机械27台(件)，组建了农机作业队；与福田雷沃重工有限公司携手开展农民工留守儿童救助捐资助学活动，救助留守儿童200名，9年累计捐助100万元；协调组织开展了平田整地及农民农业科技知识和技能培训活动。

【存在问题】 一是农机购置补贴资金规模扩大，各实施县工作经费不能保证，影响了惠农政策的落实。二是农用柴油涨价，农机作业成本上升。三是新型农机服务组织发展滞后，农机服务社会化程度低。

青 海 省

【概况】 2012年，青海省各级农机部门围绕全省农业和农村经济工作的中心，科学谋划发展思路和工作布局，每个环节、每个措施认真抓好落实，全省农业机械化事业保持又好又快发展的良好态势，为农业和农村经济较快增长做出了积极贡献。

【农机装备水平持续提高，结构进一步改善，机械化作业水平稳步提高】 2012年，青海省农机总动力达435万千瓦，较2011年增长1.16%，各型拖拉机超过5 000台，配套机具1.5万台，动力机械与机具的配套比1:0.9。耕、种、收综合机械化水平49%。2012年农机节本增效技术推广明显好于2011年，节本增效、机械化蚕豆点播、马铃薯机械化种植和机械化全膜覆盖双垄栽培等适应当地先进农机新技术得到进一步发展。全省已完成机耕266.67千公顷、机播260千公顷，其中小麦(含青稞)124.67千公顷，油菜130千公顷，马铃薯机械化种植面积10.49千公顷,超2012年全年目标任务7.33千公顷的43%;马铃薯机械化收获面积突破12千公顷,超目标任务9.33千公顷的28.6%;全膜双垄栽培机械化技术应用面积22.24千公顷,超目标任务8千公顷的178%;为抓好马铃薯机械化收获,2012年9月13日在互助县召开全省马铃薯机械化收获现场观摩会,也是贯彻中央、省委一号文件,推进科技促进活动的一项实际步骤,同时也是贯彻落实省长骆惠宁"宣传推广青海省马铃薯收获机械"重要批示精神的具体行动。会议目的是分析研究发展马铃薯产业的战略措施,明确技术路径,提升产业科技支撑水平,推进马铃薯生产机械化,进一步加快马铃薯产业化发展进程。现场观摩马铃薯收获机械作业,互助、大通、乐都三县和海西州农牧局作经验交流,其经验与作法让人耳目一新,更加增强推进马铃薯生产机械化,做大做强马铃薯产业的信心和决心。

【全面落实农业机械购置补贴政策,创新工作方式】 2012年,青海省农机部门认真落实农业机械购置补贴政策,把好农机具选型的质量关,将先进适用、技术成熟、安全可靠、节能环保的农机具纳入补贴目录。进一步完善补贴监管制度,认真履行职责,优化程序,提高效率。严格按照《青海省农业机械购置补贴经销商管理办法》选择有资质的经销商,将违规的经销商坚决剔除出去。2012年中央下达青海省农业机械购置补贴资金11 000万元,比2011年增加1 500万元,省财政配套700万元,省级工作经费28万元,各县(市)落实工作经费180万元。中央资金和省级资金都完成99%以上。购置各类农机具3.6万台,受益农户2.04万户,拉动农民投入资金近2亿元。为落实好农业机械购置补贴政策,切实管好用好农机补贴资金,确保实施成效,在总结2011年农机购置补贴政策实施监管工作基础上,制定印发《青海省2012年农机购置补贴政策落实监督检查工作方案》;同时为进一步规范权力运作,加大防腐力度,将农机购置补贴这一惠农政策落到实处,结合青海省实际,就农机具购置补贴廉政风险防控机制建设工作制定印发《青海省2012年农机购置补贴廉政风险防控机制建设工作实施方案》。

【继续推广保护性耕作技术,示范推广取得突破】 2012年,青海省完成保护性耕作面积20.04千公顷,其中国家发改委、农业部工程项目10千公顷,部级和省级项目完成10.03千公顷。一是农业部、国家发改委保护性耕作工程项目。该项目国家投入资金1 500万元,在青海省平安县、化隆县、同仁县、湟源县和共和县5个县实施,建设规模每县2千公顷(2011—2012年)。2012年,工程建设顺利实施,完成推广示范面积10千公顷,二是省级财政投入资金54万元。在尖扎、都兰、循化、贵南、门源县和西宁市郊6个县实施。建设保护性耕作示范田1.67千公顷。三是农业部投入资金60万元。在大通县、乐都县、刚察县、互助县、湟中县和德令哈市6个县实施。建设保护性耕作示范田8.37千公顷。从全省保护性耕作项目县的总体实施情况来看,实施保护性耕作技术后,粮食增产,在保护农业生态环境、培肥地力、减少生产环节、降低作业成本、提高农民收入等方面效果显著,达到实施保护耕作的预期目的。经济效益和生态效益明显;实施保护性耕作技术还有着十分明显的生态效益。采用保护性耕作技术后,农作物秋季收获后留有15厘米或以上的残茬,加之秸秆均匀抛撒覆盖地表(秸秆覆盖量每公顷可达1 500~1 950千克),有效减少风蚀水蚀,培肥了地力,蓄水保墒,抑制扬尘能力明显提高。由于并减少了农机具进地作业次数,降低了作业成本,节支平均465元/公顷左右;农作物平均每公顷增产小麦和青稞、油菜、大麦、玉米分别为6.4%、6.7%、5.9%、5.8%、5.3%,经济效益好。

【明确农机专业合作社发展重点,加快农机专业合作社扶持建设】 2012年,青海省农机购置补贴政策向农机专业合作社倾斜,在有条件的地区,还将保护性耕作、机械化深松等项目依托农机专业合作社完成,不断壮大专业合作社。全省现有农机专业合作社56个。通过农业机械购置补贴政策,重点扶持建设5个规模化农机专业合作社,使全省农机专业合作社服务能力达到40千公顷。

【依法加强农机监理工作,农机安全生产明显好转】 2012年,青海省创建"平安农机"示范县2个(33个示范乡镇、100示范村、4 000户示范户),各创建县、乡、村、户严格按有关标准和要求落实安全责任,建立管理网络,设立安全员,层层签订安全生产责任书,形成县、乡(镇)、村三级农机安全管理的长效机制,达到"三提高一降低"的总体目标。项目实施地区未发生一起一次死亡3人以上农机伤亡事故,起到带头示范作用。已通过青海省农牧厅和财政厅的绩效考核和验收。截至2012年10月31日,全省共发生农机事故17起,死亡11人,受伤9人。死亡人数控制在指标范围内。

【首次组织农机企业参加农机展】 2012年,青海省农机部门首次组织5个农机生产和销售企业的40余种机具近百块展板,参加青海特色农牧业展览暨招商引资推介洽谈会的农机展。进一步展示农业机械在农牧业生产中的科技载体作用,体现现代农业机械是农牧民致富的好帮手。2012年,青海省农业机械化工作有两大亮点:一是提高饲草加工机械化技术。2012年将刚察县继续列为饲草加工机械化示范县,省财政投入资金10万元,所购饲草机械用省级购机补贴资金累加20%,补贴比例50%,项目实施后人工饲草收贮、加工的机械化可逐步覆盖全县。2012年省刚察县草产业基地种植牧草7.31千公顷。在刚查县召开全省草产机械化示范现场会,交流全省草产业生产机械化创新工作的情况与经验,参观草产业生产机械化作业演示现场,研究今后一个时期全省牧草生产机械化创新示范工作。二是新建油菜机械化项目。2012年将湟中县和互助县列为油菜机械化示范县,投入资金20万元,建立机械化播种、收获、秸秆还田示范点6个,示范面积100公顷,辐射带动面积333.33公顷,加快油菜机械化技术的推广。项目实施后可每公顷减少损失13%,每公顷增加收入1 170元。

【农业机械化发展存在的问题】 一是农业机械化发展水平不均衡。2012年,青海省东部农业区和半农半牧区常规机械化作业经过多年的努力,机械化水平有较大幅度的提高。但马铃薯种植与收获、杂交油菜的收获等机械化水平仍然不高。蚕豆、枸杞等特色农产品收获机械化有待突破。二是农业机械化服务体系,无论是公共服务能力,还是社会化生产服务能力,与现代农业服务体系的要求相比,也有很大的差距。各级财政用于农机推广、管理服务、安全生产、教育培训、信息宣传等农业机械化发展支撑体系建设的经费不足，缺乏应有的服务设施设备及交通工具，服务手段落后，服务效率和服务质量难以保证，严重制约工作正常开展。农机社会化服务功能不全，农机服务组织缺乏资金扶持、信贷支持，依靠自身积累发展壮大比较缓慢。三是农业机械化发展的扶持政策有的还没有完全落实。

宁夏回族自治区

【概况】 2012 年，宁夏回族自治区各级农机部门抢抓机遇，务实苦干，圆满完成各项工作任务，为实现农业增效、农民增收、农村繁荣和农业现代化做出了积极贡献。

【农机装备总量进一步增加】 2012 年，宁夏回族自治区农机总动力 750 万千瓦，农用拖拉机拥有量 22 万台，各种配套农机具 32 万台（套），马铃薯种植与收获机械、玉米收获机械、设施农业机械大幅增加，结构进一步优化，成为支撑农业生产的重要物质装备。

【主要农作物耕种收综合机械化水平达到 61% 以上，提高 3 个百分点】 2012 年，宁夏回族自治区灌区小麦、水稻生产实现机械化，水稻机械化种植水平超过 80%，其中机械插秧水平 36%，机械收获水平 95% 以上；马铃薯机械化种植、收获水平 35%，提高 2 个百分点；玉米机械化收获水平 40%，提高 5 个百分点；设施农业机械化快速推进。

【农业机械化示范园区建设水平进一步提升】 2012 年，宁夏回族自治区建设农业机械化示范县 7 个、示范园区 62 个，示范园区和示范县示范辐射总面积 126.67 千公顷。园区内关键环节机械化作业水平 100%，有效促进农业机械化新技术的配套组合示范和标准化、机械化、集约化生产模式的形成。

【农机专业服务组织进一步壮大】 2012 年，宁夏回族自治区农机专业合作组织 258 家，新组建 13 个农机作业服务公司，使全区通过验收的农机作业公司数量达到 32 家，年作业服务面积333.33 多千公顷。农机专业合作组织开始步入市场化、专业化和产业化的发展轨道，成为农业生产的主体力量。

【农机安全生产形势进一步趋好】 2012 年，宁夏回族自治区农机部门在全区全面推行农机免费管理，农机挂牌率、年检率及驾驶人持证率明显提高。全区新创建国家级平安农机示范县 2 个，农业部“为民服务创先争优”示范窗口 2 个，全年无重特大农机事故发生，农机安全生产形势平稳。

【认真落实农机购置补贴政策，推动各项工作上台阶】 2012 年，宁夏回族自治区落实农机购置补贴资金 2.15 亿元，其中中央资金 2 亿元，自治区资金 1 500 万元。在政策实施过程中，始终坚持向主要作物、关键环节和农机服务组织倾斜的原则，对马铃薯、玉米收获机、农机作业服务公司给予累加补贴，进一步完善农机购置补贴政策监管措施，确保购机补贴政策有效落实。一是强化责任落实。在 2012 年初召开的全区农机购置补贴工作会议上，宁夏回族自治区农牧厅农业机械化管理局与各市、县（区）农机部门签订农机购置补贴责任书，供货企业签订了“农机购置补贴产品生产经销企业承诺书”，细化任务，明确了责任，做到目标到岗、责任到人，形成一级抓一级、层层抓落实的农机购置补贴政策实施责任体系。二是强化制度规范。制定下发《关于进一步加强购机补贴管理工作的意见》及购机补贴产品目录、购机补贴申请流程等，细化购机补贴工作程序，就购机补贴初审、协议、验货、监管、验收五个关键环节细化措施，完善办法，堵塞工作疏漏，使农机购置补贴工作制度化、规范化、程序化。三是强化监督检查。始终把严肃工作纪律贯穿于农机购置补贴工作全过程，开展农机购置补贴自查自纠和专项整治，实行购机回访制度，认真开展查漏补缺工作。2012 年停止 11 种违规产品的补贴资格，对 3 种产品给予黄牌警告。四是加强与纪检、检察部门的配合。与宁夏回族自治区纪检委、检察院预防职务犯罪局、反贪局配合，开展农机购置补贴监督检查，加大责任追究力度，使纪检、检察工作从事后监督转变到事前、事中监督，推动农机补贴工作规范运作。

【狠抓农业机械化示范园区建设，提升农业机械化应用水平】 2012 年，宁夏回族自治区农机部门紧紧围绕自治区主导产业和特色优势产业发展，在巩固原建设的农业机械化示范园区成果的基础上，全区建设农业机械化示范县 7 个，农业机械化示范园区 62 个，示范面积 126.67 千公顷。园区建设依托农机专业合作社和农机作业公司，注重与自治区现代农业示范基地建设、粮食创高产、测土配方施肥等项目有机结合，加大农业机械化新技术推广应用步伐，示范推广保护性耕作、玉米和马铃薯机械化种收、水稻育插秧机械化等先进适用农业机械化技术，园区内关键环节机械化作业水平 100%。园区建设年初有安排，年中有检查，区农业机械化技术推广站安排技术人员蹲点指导工作，采集相关资料，年底集中采取 PPT 汇报验收。

【积极培育农机社会化服务组织，着力提升农机社会化服务能力】 2012 年，宁夏回族自治区按照“以农业机械化推动农业现代化、以农机合作组织带动规模经营”的农业机械化发展思路，从提升农机服务组织服务层次，完善运行机制，强化服务功能，延伸服务领域入手，制定《关于加快农机作业服务公司建设的意见》《农机作业服务公司建设规范》《宁夏农机作业服务公司星级评定办法》等规范性文件，推进农机合作组织规范化建设。为扶持农机作业服务公司规范化发展，对纳入宁夏回族自治区扶持建设的农机作业服务公司购机在国家补贴的基础上再累加补贴 20%，对其建设的机具库棚经验收合格后，给予 20 万～40 万元的补助。农机专业服务组织的发展，不仅带动土地适度规模经营与合理流转，提高机具利用率和使用效率，而且通过农机专业服务组织抓农机安全生产，促进农机安全生产形势向好发展，提高安全管理效果。2012 年，全区通过验收的农机作业公司 32 家，农机专业合作组织 258 家，各类农机作业服务组织服务面积 333.33 多千公顷，流转土地 5.47 千公顷。农机作业公司验收兑付奖补资金后，全部由农机监理部门纳入常态化管理，确保持续发挥社会化服务的功能。2012 年还在全区组织开展农机作业公司评星定级工作，共评定三星级农机作业公司 3 家，二星级农机作业公司 5 家。

【全面加强农机安全监管，确保农机安全生产】 一是在全区全面开展农机免费管理。2012 年,宁夏回族自治区拖拉机、联合收割机挂牌入户率达 91%,驾驶员持证率达 86%。二是全面落实农机安全生产责任制。层层签订责任书,为农机安全监管工作提供组织保证。各级农机安全监理机构严把农机登记关、检验关和农机手的培训考试关、审核关,纳入购机补贴的拖拉机、联合收割机及驾驶人 100% 纳入牌证管理,农机专业合作组织用机及操作人员 100% 纳入牌证管理。三是构建农机安全生产长效机制。认真组织开展农机安全监理"为民服务创先争优"示范窗口以及"平安农机"创建活动,将"平安农机"创建纳入全年农机安全工作考核内容。全区共创建部级"为民服务创先争优"示范窗口 2 个,2 名岗位标兵受到农业部表彰;全国"平安农机"示范县 6 个,自治区级"平安农机"示范县 5 个,示范乡镇 150 个、示范村 1 127 个、示范户 13 664 个。四是加强农机安全监理装备能力建设。争取宁夏回族自治区财政资金加强农机安全监理装备能力建设,投入使用移动检测线、电子考试杆、无纸化考试设备及管理系统,进一步提升农机安全监管能力。五是扩展农机安全监管领域。对设施农业机械、脱粒机等"六小农机"实施安全监管。同时将农机维修网点和农机修理工纳入农机监管范围,实行就业准入和行业管理。2012 年,全区未发生较大农机安全事故,农机安全生产形势继续保持平稳态势。宁夏回族自治区农机安全监理工作得到农业部的充分肯定,2012 年 10 月 11 日,全国农机监理站长工作会议在银川召开,农业部副部长张桃林、农业部农业机械化管理司司长宗锦耀参加会议。

【狠抓机械化农业生产,组织农机跨区作业】 2012 年,宁夏回族自治区全力抓好春耕、"三夏"、"三秋"等重点农时季节机械化农业生产。全区在"三夏""三秋"期间,共有 2 000 多台联合收割机参加跨区作业,不但提高机械利用效率,而且增加农机手的经济收入。组织近千台联合收割机远赴河南、河北、陕西、内蒙古等地参加一年一度的小麦、玉米机收大会战,平均单机年创收 2 万元以上。加大农业机械化宣传工作,先后举行春播、玉米、马铃薯机种机收现场会,宣传农机,取得良好示范效果。

【开展农机产品质量监管,维护农民合法权益】 一是加大对农机购置补贴机具的质量跟踪调查和售后服务质量的督查力度,开展农机产品打假活动。二是宁夏回族自治区继续实行农机维修网点审核和修理工就业准入制度,开展农机维修经营网点等级评审工作,提高全区农机维修质量。三是严格推广鉴定受理、审查和监督检查制度,切实维护获证企业的合法权益。2012 年,宁夏回族自治区农业机械化事业取得长足的发展,但仍存在着一些急需解决的突出问题,一是山川农业机械化发展滞后;二是农机使用效率不高;三是农业机械化新技术推广投入不足。

新疆维吾尔自治区

【概况】 2012 年,新疆维吾尔自治区农机系统坚持"变化变革、敢于担当、务求实效"的理念,按照"稳中求进、进中求变"的要求,超前谋划、高位推动、精心组织、狠抓落实,农机装备、科技、作业、安全和服务水平迈上新台阶,农业综合生产能力明显增强,农机服务于自治区"三化"建设的作用日渐凸显,有力推进自治区现代农牧业的跨越式发展。2012 年,全区农机总动力达 1 510.26 万千瓦,同比增长 7.89%,拖拉机保有量达 60.61 万台,增长 6.25%,配套农机具达 108.14 万台(套),增长 4%。气力式播种机 6 115 台,免耕式播种机 4 064 台,农机排灌动力机械 5.98 万台,联合收获机 5 779 台,玉米联合收获机 1 444 台,畜牧业机械 13.32 万千瓦,林业机械 1.84万台,同比都有大幅度增长。主要作物耕种收综合机械化水平 81%,提高 0.5 个百分点,农林牧渔综合机械化水平 57.29%。玉米、棉花机收分别达 58% 和 2.8%;番茄、甜菜等区域性特色作物收获机械化已进入加速推进阶段;林果、畜牧、设施农业机械化水平稳步提高,有效地促进规模化农产品生产基地建设。

【落实党委、政府的战略部署,实现农机促农增收目标】 2012 年,根据新疆维吾尔自治区党委、自治区人民政府提出增加农民人均收入 1 000 元的目标任务,全区发挥农机行业优势,实施"促农增收农机行动计划",通过实施农业机械化薄弱环节突破工程、农机节本增效工程、农机服务拓展工程、农机购置补贴民生四大工程,重点推广示范机采棉技术、玉米机收技术、特色优势产业机械化采收技术,林果业机械化技术、畜牧养殖机械化技术、农产品机械化精深加工技术等,实现农民人均增收 63.9 元,超额完成目标任务。

【创新农机购置补贴工作机制,把民生实事办实办好】 2012 年,新疆维吾尔自治区面对农机购置补贴实施工作中资金结算效率较低、监管任务繁重的问题,按照"变化变革、敢于担当、务求实效"的要求,研究制定自治区农机购置补贴申请确认、核实、结算、兑付等程序规定,进一步明确各部门、各单位的职、权、责,发挥乡(镇)、村基层组织的在购机农民身份确认过程中的主导作用,首次确定伊犁、塔城、阿克苏、喀什作为结算层级下放试点地区,新源、裕民、温宿、疏附为农机购置补贴全额购机试点县。2012 年落实购置补贴资金 10.7 亿元,较 2011 年增长 19%,购置机具 13.1 万台,受益户达 7.9 万户。

【发挥农机在农业生产中的主力军、抗灾救灾突击队作用】 2012 年,新疆维吾尔自治区精心组织农机春耕、"三夏"和"三秋"三大战役,加强信息引导,科学调度机具,强化作业质量监督,抢农时、防灾害、夺丰收。据统计,2012 年投入各类农机具 150 余万台次,较 2011 年增加超过 10 万台次。

【稳步推进农业机械化综合服务体系建设,不断增强农机公共服务能力】 2012 年,新疆维吾尔自治区农机部门按照自治区农机公共服务体系建设规划,落实年度规划任务。2012 年,新疆维吾尔自治区投入农机公共服务体系建设资金 8 040 万元,重点用于农业机械化科技创新与人才培训、现代农业机械化技术示范推广与示范区、农机专业合作社、农业机械化发展战略研究与农机标准化等建设,通过项目的实施,进一步强化农机公共服务设施,改善服务手段,拓宽服务领域,增强服务功能,提升农机公共服务水平。

【大力开展农机科技年活动,科技创新和技术推广步伐加快】 2012 年,新疆维吾尔自治区启动以"农机科技进村入户，助推农业增产增收”为主题的农业机械化科技创新与推广行动，开展“农机送知识、送技能、送服务三下乡”服务活动。同时采取将支持推广目录产品全部纳入新疆维吾尔自治区年度补贴，对新农机具及产业结构调整所需机型实行累加补贴，并以新疆维吾尔自治区人民政府名义召开第十三届新疆国际农业机械化博览会等措施，促进新技术新机具的推广应用步伐。2012 年实施农业机械化新技术新机具研发项目 16 项、农业机械化技术推广与示范区建设项目 43 个，新建棉花、林果、设施农业、特色作物机械化等 10 个自治区级农业机械化示范基地。

【加强市场监管，推进依法治机，确保农机安全生产】 2012 年，新疆维吾尔自治区组织开展农机市场监管互查活动，规范农机市场经济秩序。2012 年，新疆维吾尔自治区取得农机经营服务技术合格证的企业 742 家。农机市场监管网络体系不断健全，2012 年地、州级农机市场监管机构 13 个，县级 53 个。农机补贴产品经销和质量投诉网络进一步完善，全区设立区、地、县三级农机质量投诉监督机构 104 个。“平安农机”创建活动等专项行动效果显著，农机安全监理装备体系建设积极推进，农机安全形势保持平稳。

【创新人才培养方式，强化农业机械化干部队伍建设】 2012 年，新疆维吾尔自治区围绕贯彻落实《新疆维吾尔自治区中长期人才发展规划纲要》，结合农机行业实际，加大人才培养力度、创新人才培养模式。2012 年，与新疆农业职业技术学院联合建立以培养高素质技能型人才为主的新疆农业机械化学院，在新疆农业大学建立以培养农业机械化管理人才为主的农业机械化培训基地，强化农业机械化管理、技术、操作人员三支队伍建设，全区培训各类农机人员接近 80 万人次。

【以绩效目标管理为抓手，切实加强自身建设】 2012 年，新疆维吾尔自治区农牧业机械管理局首次被列入新疆维吾尔自治区绩效管理单位。围绕农业机械化中心工作，将绩效管理的理念贯穿到实际工作中，以规范化的工作措施积极推进效能建设。2012 年初，制定下发《2012 年度自治区农机局绩效目标及考评指标表》，设置一级指标 10 个、二级指标 22 个、三级指标 58 个，并结合处室工作目标考核指标，向承担具体工作的单位下达任务，做到目标管理清晰明确。同时，采取分阶段跟踪督查措施，开展针对性指导，规范管理流程，确保完成 2012 年初制定的各项目标任务。修改完善各地、州、市农业机械化主要业务工作评价指标，为加强对各地州农机部门的业务指导，调动工作积极性，提高工作效率和水平，确保全区农业机械化各项重点工作的圆满完成奠定坚实基础。

【农业机械化发展存在的主要问题】 2012 年，新疆维吾尔自治区的农业机械化发展与自治区农业农村经济发展战略新要求、新任务还不相适应，转变农业机械化发展方式还面临不少制约因素。一是农民收入相对较低的制约。农牧民收入虽然增速较快，但由于基数较低，农牧民收入在全国仍然处在较后的水平，特别是南疆农民收入普遍较低，农牧民作为农机装备投入的主体，购买力仍显不足，制约着农机装备水平的整体提高。二是农机基础设施和公共服务建设仍然比较滞后的制约。农村农机运行和农业机械化公共服务体系基础设施落后，保障能力滞后于快速增长的农机装备需求，尤其是基层农机推广机构工作条件极差等问题突出，这些都制约农牧业现代化的加速推进。三是区域发展不平衡的制约。地区之间、产业之间等都存在着发展不平衡，存在差距，制约农业机械化水平的提升。四是农机社会化服务组织程度低的制约。一家一户的农机经营模式仍占据主导地位，经营体制单一，作业质量和效益还不够高。五是农业机械化管理体制、机制、人才的制约。体制不顺，服务机制不活，人才培养、人员培训明显滞后，尤其是机具大幅增长而人员编制较少，严重制约农业机械化发展的活力。

大 连 市

【概况】 2012 年，大连市各级农机系统干部职工紧紧围绕大连市政府确定的全域城市化和都市型农业发展规划，切实加强领导、明确责任、强化措施、狠抓落实，在农业部农业机械化管理司的大力支持下，圆满地完成各项任务，推动农业机械化又好又快发展。

【农业机械保有量快速增长】 2012 年，大连市总动力达 356.2 万千瓦，比 2011 年增长 3.8%。新增农业机械 7 300 台（套），比计划增加 1 300 台（套）。农机总值 24.8 亿元，比 2011 年增长 6.5%。

【农机作业目标任务圆满完成】 2012 年，大连市完成机械耕整地达 294 千公顷、机播种 189.33 千公顷、机械收获 106.67 千公顷。主要粮食作物耕种收综合机械化水平提高 5 个百分点，达到 72%。水田机耕 95%，机插秧 75%、机收获 70%，基本实现水稻生产全程机械化。玉米机耕 94%，机播 89%、机收获 22%，实现快速发展。

【组织化程度及服务能力显著提高】 2012 年，大连市新发展农机合作社 26 个，新发展固定资产 20 万元以上的农机大户 1 100 多个；培训农机人员 14 900 多人次，比 2011 年增长 8%；年检修农机具 23 100 余台，比 2011 年增长 8%。

【农机安全生产扎实推进】 2012 年，大连市实施粘贴反光标识 2.2 万套和设立安全标语警示牌 100 块的项目建设；组织瓦房店市和旅顺口区申报农业部农机安全监理“为民服务创先争优”示范窗口建设工作；争取农机政策性保险和农机平安通项目，项目上报大连市交通管理委员会被列入 2012 年为民办实事工作内容；开展农机安全生产检查和事故隐患排查活动，举办 3 批农机安全监理人员培训班；瓦房店农机监理所和旅顺农机监理所被评为“为民服务创先争优”示范窗口。

【加大科技推广力度，优化农机装备结构】 2012 年，大连市农机部门结合本市现代农业及农业机械化发展特点，以国家购机补贴政策为杠杆，因势利导，推广新型、高科技、复式多功能、先进适用、节能环保的农业机械化新机具和新技术。水稻和玉米收获机、水稻插秧机等先进适用的机械保有量显著增长，其中新增水稻插秧机 311 台，新增水稻和玉米收获机械 830 台。先进适用机具的增加，优化农机装备结构，助推全市农业机械化又好又快发展。全市农业机械总动力 356.2 万千瓦，主要农作物耕种收综合机械化水平72.2%，水稻生产基本实现机械化。

【加大补贴力度，提高重点环节机械化】 2012年，大连市争取国家购机补贴资金4 600万元，比2011年增加600万元，市级财政补贴资金1 920万元，与2011年持平。为促进全市水稻和玉米收获机械化发展，让农民买的起机械，实施在国家补贴30%基础上增加20%的累加补贴政策，对购置水稻插秧、收获机械和玉米收获机械给予优先、足额、累加补贴。为用好国家和本级政府农业机械化资金，制订《大连市2012年农机购置补贴实施方案》《大连市农机购置补贴实施管理办法》和《大连市农机购置实施流程》等规范性文件。同时，为让农民和农机合作社在买得起机械的基础上用得起和用得好机械，促进农民增收和农机合作社发展，实施玉米秸秆还田作业补贴政策和农机合作社机具库建设补贴政策，对实施玉米秸秆还田每公顷补贴300元，对农机合作社修建农机具库补贴6万～12万元。这些政策的实施，促进了玉米收获机械化发展、保护性耕作技术的推广和农机合作社的发展壮大。

【加强组织领导，科学组织实施】 2012年，大连市人民政府把水稻全程机械化作为加快农业机械化发展的重点，列入《2012年新农村建设要点》和农业发展"十大工程"。一是强力推进《水稻生产全程机械化发展规划》和《水稻生产全程机械化方案》的实施；二是大连市人民政府组织召开"春耕生产农机服务大集"、"大连市2011年农机春播暨补贴机具展示现场会"和"大连市玉米机械收获现场会"；三是落实责任制，将水稻机械化和玉米收获机械化发展纳入市对县、县对乡镇、乡对村干部工作的考评体系，落实责任整体推进。

【加强服务指导，为农业机械化发展保驾护航】 2012年，大连市将国家和省市多年来农机购置补贴的有关文件汇编成册，印发到各区（市、县）。在"中国大连"政府网站"在线访谈"栏目中和大连电视台上宣传解读农机补贴政策。发放"生活奔小康，安全不能忘"农村中小学生农机安全宣传画册和卷帘机使用安全规程等警示教育材料60 000多份。召开各种培训会、展示会、演示会、现场会等40多场，举办水稻机插秧和玉米收获机械化技术培训会，邀请厂家技术人员对机手进行操作培训，并现场解答产品质量和售后服务等农民关心的问题。

【加大科技创新力度，提高物理农业装备科技水平】 2012年，根据大连市人民政府重点发展都市型现代农业的规划，全市不断加大物理农业新装备的研发和新技术的示范推广力度。申报《养殖水体电处理技术开发研究》项目；组织专家验收《畜禽舍空气电净化自动防疫装备的生产实验与区域示范》项目；对多功能静电灭虫灯进行更新换代。大连市研发的物理农业装备已列入辽宁省、天津市、新疆维吾尔自治区、武汉市等省市2012年农业机械购置补贴产品目录。

【切实采取有效措施，扎实抓好农机安全监管工作】 2012年，大连市农机部门按照"创建平安农机，促进新农村建设"要求，积极开展"农机安全三项行动"、"农机安全月"、"法律宣传周"、"平安农机进校园"等活动。一是狠抓执法检查。加强对重点地段、重点时段和重要农时季节的农机生产进行监控，对拖拉机和玉米收获机无牌无证等违法行为进行查处，保障了农机生产安全。二是加强宣传教育。通过广泛开展农机安全宣传教育活动，增强农机驾驶、操作人员的安全责任感，全面提高广大农机手和农民群众的农机安全生产意识，营造良好的农机安全生产氛围。三是强化源头管理。与驾驶人签订安全责任书，严把受理审核关。四是提高服务水平。扎实开展"文明监理、优质服务"活动，携带办公设备，到乡（镇）现场集中办理。

【强化农机质量监管，维护农机市场秩序】 一是抓源头管理，从农机产品试验鉴定，质量标准、农机推广许可入手，从源头上杜绝有质量问题的农机产品进入市场；二是抓农机产品流通环节的质量监管，开展打假治劣市场检查整顿工作，有效遏制劣质产品在市场流通；三是抓农机产品的售后服务管理，以及维修、作业服务质量管理，重视农机产品质量投诉工作，妥善受理解决投诉问题，化解用户与企业之间的矛盾，维护市场秩序。

宁波市

【概况】 2012年，宁波市各级农机部门以农机"七大行动"为抓手，不断创新，扎实工作，大力实施农业机械化推进工程，为保障宁波市粮食安全、提升农业综合生产能力、推进现代农业建设提供了强有力的支撑。

【狠抓水稻机插和粮食烘干推广，水稻生产实现全程机械化】 2012年，宁波市实施粮食生产全程机械化推进行动，新增插秧机610台，总数2 910台，比2011年增加26.5%。完成水稻机插面积46.77千公顷，约占浙江省面积30%，居全省第一；水稻机插率54%，耕种收综合机械化水平85.5%，率先在浙江省实现水稻生产全程机械化。宁波市新增粮食烘干机168台，总数594台，比2011年增长39%，批次烘干能力7 470吨位。一是加强育秧技术示范与推广。通过加强规模化育秧、工厂化育秧中心建设，加强配套农艺技术研究，制定机械化育秧技术规范，扩大基质育秧试验示范等手段，突破育秧瓶颈。早稻、单季稻、连作晚稻机插期间，全市分别建有季供秧能力33.33公顷以上的规模化育秧中心71个、70个、62个，规模化育秧秧田面积225.27公顷；新建工厂化育秧中心14个，总数67个，育秧中心设施大棚面积25万平方米。二是实行整体推进，带动机插推广。2011年成功创建余姚市和宁海县长街镇等"一市十三镇"水稻生产全程机械化区域性整体推进基础上，2012年又有"一区七镇"创建，整体推进成为带动水稻生产全程机械化发展的龙头。2011年创建的"一市十三镇"水稻机插面积27.53千公顷，占总面积的60%。三是狠抓粮食烘干机械化发展。拓展水稻生产全程机械化覆盖率，实施粮食烘干机械化发展规划，狠抓任务落实、政策落实和技术培训，提升粮食烘干保障能力。重点抓好以合作社、粮食收储企业为主的粮食烘干中心建设。新增烘干能力1 970吨位，列全省第一。

【大力推进特色优势产业机械化和设施农业发展，加快了农业机械化转型升级】 2012年，宁波市大力实施农业机械化科技创新与推广行动，通过项目带动、基地示范、农机农艺融合、"智慧农机”建设等手段，推进特色产业机械化和设施农业发展，提升现代农业建设水平和农业综合生产能力。

一是突出关键环节，抓好特色农机推广。突出抓好油菜生产机械化薄弱环节，油菜机收和精量免耕直播技术示范取得一定进展。机收面积2.2千公顷，比2011年增长51%。果蔬生产和畜禽、水产养殖机械化呈现良好发展势头，茶叶生产机械化程度进一步提升。

二是设施农业发展取得新突破。将设施农业建设纳入购置补贴范围，对钢架大棚、玻璃温室等补贴实行项目管理，重点扶持粮食生产功能区、现代农业园区、农业产业化基地和农业机械化示范园区（基地）内粮食、蔬果、规模化养殖、林特、育苗（育秧）等产业建设的钢架大棚和玻璃温室设施，并优先对投资规模大、产业带动能力强，开展设施农业智能化配套的项目进行扶持。共实施设施项目58个，建设设施大棚194万平方米，其中连栋大棚31.4万平方米，玻璃温室2万平方米；实施育秧中心项目14个，面积52 300平方米，其中温室和连栋大棚7 000平方米。

三是强化项目带动和农机科技示范基地建设。印发《宁波市农业机械化示范区（基地）建设规范（试行）》，明确农机示范园区（基地）建设目标、基本要求和建设内容，并进行规范。对现有80家市级和100多家县级农业机械化示范基地进行重新梳理和认定。加强对项目的规范化管理，制定2012年农机科技推广项目实施方案。2012年，实施的农机项目52个，其中农科教项目11个，农机科技推广项目24个，“智慧农机”项目15个，全国水稻机插示范县项目2个。

四是推进“智慧农机”建设。开展集农机地理信息综合管理系统、农机“千里眼”网络视频监控系统、特色主导产业物联网智能化控制、视频会议系统等于一体的农机综合信息管理平台建设。加快“千里眼”网络视频监控系统建设进度，实现与农机合作社、农机示范基地等网点图像传输及相关通讯服务。完成视频会议系统建设。推进农机地理信息系统建设，加快收割机与插秧机GPS安装。开展“智慧农机”项目建设，将“3S”、物联网、太阳能等先进技术引入农业机械化领域的试验示范，重点研究对设施农业的温、湿、光、肥、药等智能化调控，2012年组织实施项目15个。

【培育新型服务主体，提升服务能力，农机社会化服务体系进一步健全】 2012年，宁波市大力实施农机服务组织提质行动，培育和扶持农机专业服务组织。到2012年10月底，新增农机专业合作社34家，总数292家。成立浙江省首家农机专业合作社联合会。农机服务组织的数量、质量、服务能力、效益均居全省领先。一是提升和发展农机专业合作组织。继续深入开展农机合作组织提质工程建设，加强合作社功能培育，提升经营服务能力。2012年2家农机合作社达到市示范性农民专业合作社标准、2家达到市级示范农机专业合作社标准、9家达到系统示范农机专业合作社标准。共有12家农机合作社按照系统示范和市级示范标准实施提质工程项目。宁波市农机合作组织已从数量增长阶段进入质量提升阶段。春耕、“双夏”、秋收冬种期间，农机合作社作业服务面积占总作业面积的80%以上。二是加快发展特色产业农机专业合作社。继续大力培育特色产业农机专业服务组织，同时鼓励现有农机合作社向特色产业领域拓展。新建和拓展特色产业农机合作社30家，总数84家，服务范围已涉及蔬菜、瓜果、茶叶、油菜、畜禽、水产等领域。三是成立全省首家农机专业合作社联合会。为构建农机管理、服务和交流的新平台，搭建农机合作社与政府、合作社与合作社之间等的桥梁、平台和纽带，加强行业自律，进一步提高农机合作社的规范化、组织化、规模化水平，成立宁波市农机专业合作社联合会。共有61家合作社和10位个人会员参加首届联合会。四是加强区域性农机服务中心和维修网点规范化建设。加快规范化服务组织和集技术推广培训中心、服务维修中心、烘干加工中心为一体的“一化三中心”区域性农业机械化综合服务中心建设步伐，2012年新创建3家区域性农机服务中心。积极推进农机维修网点规范化建设，有90家维修网点被评为星级维修网点。

【农机扶持力度不断加大，政策保障机制不断创新完善】 2012年，宁波市大力实施农业机械化政策保障行动，提升农机政策保障水平。2012年，宁波市中央购机补贴资金9 000万元，较2011年增加50%。截至2012年11月15日，共使用购机补贴资金12 146万元，其中中央资金9 000万元，市县两级资金3 146万元。使用农机作业补贴资金4 700多万元，政策扶持力度全省领先。

一是创新监管机制，强化廉政建设，确保农机购置补贴政策有效实施。大力开展农机购置补贴实施专项整治工作，进一步落实执行过程监督制。加强补贴机具核查工作，精心组织开展严厉打击违规倒卖补贴机具专项整治行动，取得明显成效。加强防腐预警机制建设，与宁波市检察院联合印发农机购置补贴风险防控实施方案，规范行政权力运作。通过邀请宁波市检察院职务犯罪预防部门开展“警示教育”活动，进一步筑牢反腐倡廉防线。在象山县开展全价购机、直补到户、资金县级结算试点，稳步推进农机购置补贴程序创新。加强对经销商的管理，要求其提交《规范服务承诺书》，规范补贴产品经营行为。开展购机补贴政策实施春季、秋季督导检查，推动政策高效规范廉洁实施。开展绩效评价工作，着重对规范化管理和实施后的社会经济效益进行考核，并将考核结果与补贴资金安排相挂钩。

二是创新投入机制，完善政策措施，形成农业机械化投入稳定增长的良性机制。进一步加大农机购置补贴配套力度，扩大补贴规模和种类。扩大设施农业建设补贴试点的规模和范围。完善作业补贴政策实施，出台2012年农机作业补贴实施意见和“五统一”指导价，开展农机作业补贴专项检查，确保政策规范实施。加大对粮食生产全程机械化扶持力度，制定出台加快推进水稻机插规模化育秧中心建设和水稻基质育秧技术推广等政策。出台宁波市拖拉机报废补偿办法和农机报废更新补贴政策，推进节能减排，促进安全生产。争取农综开发项目，恢复实施2013年农业综合开发农机集中购置项目。

【抓好重要农时季节的机械化生产，保障了农业生产的顺利进行】 2012年，根据宁波市农业生产特点，全市做好重要农时季节农业机械化管理服务工作，农机在农业生产和抗灾救灾中主力军作用进一步凸显。一是切实抓好春备耕、“双夏”、秋收冬种农业机械化生产服务工作。春备耕、“双夏”和秋收冬种期间，积极组织开展“四联”活动，开通“农机110”服务热线，做好机具维修保养、新机具新技术培训、农机物资供应保障、作业协调等服务工作,组织调度各类机具投入生产,充分发挥农机主力军作用,为保障粮食增产增收做出突出贡献。各地还通过手机和农民信箱向服务组织、种粮大户等发布天气预警,指导生产。针对春耕、秋收前期农用柴油供应紧张等情况,分别落实专项农用柴油2 300吨和1 500吨。二是切实抓好农机抗灾救灾与跨区作业工作。梅汛期间印发《关于切实做好当前梅汛期间农机抗灾救灾工作的通知》。台风季节期间,印发做好第9号台风"苏拉"、11号强热带风暴"海葵"、双台风"布拉万"和"天秤"等防台抗台工作的通知。通过农民信箱、手机短信等形式,发布防灾抗灾的预警信息。充分发挥首席农机专家、责任农机员等的作用,组织单季稻秧田排涝和抢插,早稻抢收,连作晚稻抢插等工作,最大限度地减轻灾害带来的损失。认真做好跨区作业相关服务工作,完成跨区作业面积24千公顷,作业收入2 000多万元。

【农机安全监管机制不断完善,农机安全生产水平进一步提高】 2012年,宁波市大力实施平安农机创建行动和"365"安全生产行动,进一步落实农机安全生产责任制,推进农机监理规范化和安全生产长效机制建设。2012年1—10月,全市共发生涉及本地拖拉机有责死亡事故9起,死亡9人,死亡人数占市政府全年控制指标的23.68%;发生辖区内拖拉机道路交通事故死亡10人,占浙江省农业厅控制指标的23.81%。农机安全生产事故较2011年大幅下降,安全形势不断趋稳。

一是强化安全生产监管基础,推进农机安全生产长效机制建设。狠抓农机安全生产责任制落实,继续将农机安全生产纳入市政府对各县(市)区政府年度目标考核。同时,指导、督促各地层层签订责任书,特别是县级政府对乡镇政府的农机安全生产考核。完善《宁波市拖拉机驾驶人考试暂行规定》和与之相配套的考试业务流程。推进危及人身财产安全的农业机械免费实地检验试点工作,建立省级试点县1个、市级试点县(区)3个、县级试点乡(镇)6个。先后举办宁波市农机牌证业务员、考试员和事故处理员培训班,提升农机监理人员履职服务能力。

二是大力实施拖拉机报废补偿和农机报废更新政策。2012年2月,与宁波市财政局共同制定《宁波市拖拉机报废补偿实施办法》,从政策上解决报废回收差价问题,推进老旧拖拉机报废,截至2012年10月20日,办理报废手续2 051台,报废回收拆解量是2011年的10倍,创历史最高水平。2012年9月,宁波市被列入全国农机报废更新试点城市之一,率先开展试点工作,对报废拖拉机、联合收割机,换购新机的,给予报废更新补贴,促进节能降耗减排,保障安全生产。

三是深入开展平安农机创建和安全生产年、生产月活动。与宁波市安监局、公安局联合印发《宁波市"十二五"创建平安农机活动方案》,明确宁波市"十二五"创建平安农机工作目标、任务。2012年新创建1个全国平安农机示范区,1个省级平安农机示范县,8个省级平安农机示范乡(镇)、32个平安农机示范村、28个平安农机示范合作社以及12条示范路正在相继验收。继续拓展平安农机创建内涵,创建全国和省级农机安全监理"为民服务创先争优"示范窗口单位各1个。印发《2012年宁波市农机行业"安全生产年"活动工作方案》,部署开展"安全生产年"活动。组织安全生产月活动,市县农机部门按照统一部署,开展农机安全生产宣传咨询日等活动,强化安全生产宣传教育。

四是加强专项整治和日常监管,确保重要时期农机作业安全。深入开展农机安全生产"打非治违"专项行动,严厉打击农业机械无牌行驶、无证驾驶等严重违法行为,有效治理违法违规操作、违规发放牌证等非法违规行为。加强日常监管,充分发挥公安驻农机警务室作用,深入重点农机作业场所开展联合执法检查,依法查处各类交通违法行为。加强对春节、清明、中秋、国庆等重要时期农机安全检查工作。

【农机队伍建设不断加强,公共服务水平不断提高】 2012年,宁波市以深入开展创先争优活动为契机,大力开展高素质农机队伍建设行动,加强农机教育培训和队伍自身建设工作,农机人才队伍素质明显提升。一是扎实开展农业机械化教育培训大行动。围绕农业机械化管理、技术和作业服务三支人才队伍建设,深入开展农业机械化教育培训大行动,2012年1—9月共培训各类农业机械化管理、技术、服务人员17 908人次,完成农业部下达年度培训指标的180%。开展农机远程教育培训1 320人次。二是不断推进"六型"机关和文明机关建设,加强制度建设和干部队伍建设和政风、行风和党风廉政建设,干部队伍的自身素质进一步提高,农机公共服务能力不断增强。

青 岛 市

【概况】 2012年,青岛市农机部门充分发挥农业机械集成技术、节本增效、推动规模经营的重要作用,服务于现代农业和新农村建设,开创农业机械化发展的新局面,为提高农业综合生产能力和促进粮食增产、农民增收提供有力的装备支撑。青岛市农机总动力超过790万千瓦,主要农作物生产机械化综合水平超过84%。农业机械化水平成为农村先进生产力和现代农业发展的重要标志。

【以夺标创标为导向,推动农业机械化科学发展】 一是发展环境进一步优化。中共青岛市委1号文件和2012年政府工作报告中都明确要求"加强农业机械装备建设",并把农机工作纳入全市科学发展考核和政府重点工作督查范围,确定9项业务考核目标,为农业机械化发展营造更好的环境。全市加大财政性农业机械化投入的争取力度,全年1.42亿元,比2011年增加2 000万元。二是"创先争优"活动深入开展。积极开展寻标、对标、达标、夺标、创标活动,推动农机工作加速、提升、创新、增效、落实。组织各市(区)农机部门主要负责人参加中国国际农业机械展览会,并赴黑龙江农垦总局学习考察,进一步研究提升农机工作,营造"奋力赶超,勇创一流"良好氛围。三是科学发展成效明显。2012年5月下旬,召开以农机合作社为重点的农业机械化科学发展观摩会,观摩农机合作社、农机6S店、实训基地等10处创新性工作亮点,起到推广经验、示范带动的作用。2012年6月中旬,承办全国农机推广站长会议,青岛市《完善体系机制、促进农机农艺融合》的典型发言受到好评。2012年11月上旬,组织承办第一届中国山东国际农产品交易会农机展,约翰迪尔、九方泰和、乐星、一拖、东风等20多家国内外农机企业参展,展区面积1 400多平方米,展示青岛市农业机械化发展取得的新成就,树立农机部门的良好形象。

【以科技推广为重点,农业机械化发展方式加快转变】 一是促进农机农艺融合。青岛市把 2012 年作为农业机械化科技推广年,建立新机具、新技术发布制度,发布重点推广的十大农业机械化新技术及配套机具,引导农民根据机械的适应性选择栽培和养殖模式,促进农机农艺的融合。探索集约高效的农业耕作模式,进一步扩大保护性耕作、深松、玉米收获和经济作物生产等机械化作业面积。协调推进机具配套及技术集成,形成适宜不同区域、农机农艺融合的机械化生产体系。

二是强化试验示范推广。引进先进适用的新机具、新技术,建成部级玉米、花生等 3 处农业机械化示范区和 11 处市级试验示范基地,探索节水灌溉、恒温保鲜、高效植保等农业机械化技术的集中应用和普及推广,项目区内基本实现生产机械化,带动增产增效性、资源节约型、环境友好型农机装备和技术的广泛应用。坚持"因地制宜,突出特色,注重实效",组织召开经济作物和设施农业等机械化生产现场会、演示会,进一步扩大示范效应,推动工作重心由粮食作物向经济作物、由种植业向大农业的机械化拓展,全面提高农业机械化科技水平。

三是加强科技人才培训。围绕推广农业机械化新机具新技术,在市县培训学校的基础上,成立 2 处社会化农机培训公司,并把培训体系向镇村和农机合作社延伸,拓宽培训渠道。组织开展"菜单式"实用技术培训,根据机手需求确定培训内容,实现培训模式的创新。在平度市举办农机教师观摩教学竞赛,共评出一等奖 1 个、二等奖 2 个、三等奖 3 个。组织实施新型农民农机培训和职业技能开发工作,加强农机专业合作社成员、农机大户和新购机农民培训,2012 年完成培训 4 500 多人次、职业技能鉴定 2 000 多人,努力培养一批懂技术、善经营、会管理的新型职业农民。

四是健全基层服务体系。按照中央关于基层公益性农技推广机构"一衔接、两覆盖"和农业部"管理在县、服务在乡"的部署要求,围绕"有人管事、有钱办事、管服结合"的思路,着手完善基层农机工作体系:一是在莱西、即墨两市建立区域化农机综合服务机构 17 个;二是在平度市通过"镇农机站 + 农机合作社"方式,建立新型工作机构 30 个;三是在胶州、胶南两市依托农机合作社承担一些公共服务职能。同时,选聘村庄监管员 3 700 多名,基本建立"管理在县、指导在乡、服务在村"的工作体系。2012 年争取资金 80 万元,健全平度、莱西两市的基层农业机械化服务体系,为农机手提供及时、便捷、高效的技术指导与管理服务。

【以重心下移为手段,认真落实农机购置补贴政策】 2012 年,青岛市购机补贴资金 1.09 亿元,首次突破 1 亿元,比 2011 年增加 3 000 万元。根据农业部、财政部的要求,制定实施方案,实行工作重心下移,总体上做到启动早、措施实、进度快。各市(区)都成立了由政府领导牵头,纪检、财政等部门参加的领导小组,集体研究购机补贴工作,并建立多部门联合监管机制。加快建设"一站式"购机服务大厅,开展农民选机、申请、购机、挂牌、办证等"一条龙"服务,财政、纪检等部门联合监管,努力做到"公开、公正、便民、惠民"。通过政府网站发布、公示到村等方式,加大政策信息的公开力度,主动接受社会监督。实行局领导包市督导机制,发挥购机补贴管理软件系统的作用,强化全程监管,确保购机补贴政策落到实处。在工作中,改购机补贴目录为补贴额一览表,扩大农民购机和企业经销的自主权。重点补贴保护性耕作机械、玉米收获机械、经济作物机械和深松作业机械。截至 2012 年 10 月底,青岛市共补贴机具 1.8 万多台(套),受益农户 1.1 万多户,进一步提高农机装备水平。全市联合收获机 1.4 万台,大中型拖拉机 4.2 万台,比 2011 年增加 5 000 台、1 000 台。同时,作为全国 11 个试点单位之一,会同财政、商务部门出台《实施意见》,从 2012 年 10 月份开始,启动农机报废更新补贴工作。确定农机报废定点企业 5 家,严格执行报废条件、更新程序和补贴标准,确保补贴资金发挥好作用。

【以提速增效为目标,全面完成农业机械化生产任务】 一是以抢收抢种为重点,2012 年,青岛市高效率地完成"三夏"生产任务。"三夏"期间,天气晴好,适合农机作业。突出一个"抢"字,体现一个"快"字,组织调度 1.2 万台小麦收获机(含引进 4 000 多台),高效率抢收小麦,确保颗粒归仓。从 2012 年 6 月 8—21 日,仅 14 天时间,完成 264.67 千公顷小麦的收获任务,机械收割时间比往年缩短 5 天左右,为秋作物争取宝贵的生长期。同时,面对近 60 天干旱少雨的实际,推广玉米免耕播种技术,引导农民造墒、抢墒播种,基本实现免耕播种技术的全覆盖。二是以经济作物为重点,青岛市完成"三秋"机械化生产任务。在实现粮食生产机械化的基础上,2012 年把"三秋"农机工作重心适时转移到经济作物机械化上来,重点发展种植面积过 6.67 千公顷的花生、马铃薯、甘薯、大姜、大蒜和胡萝卜六大经济作物,主攻关键环节,实施重点突破,着力推动大宗优势经济作物收获机械化。2012 年 9 月中下旬,青岛市人民政府在平度市召开秋收秋种工作现场会、青岛市农业机械管理局在莱西市召开"三秋"暨设施农业机械化生产现场会,现场演示新机具、推广新技术,全面部署"三秋"农机生产,有效发挥示范带动作用,全市主要经济作物综合机械化水平超过 61%。位于平度市麻兰镇的花生生产机械化示范项目,示范面积 66.67 多公顷,机收率 87%,顺利通过农业部验收。与平度弘盛、胶州洪珠等本土农机企业加强对比试验,研究改进机具性能,有效带动花生、马铃薯等优势经济作物的机械化生产。全市新增花生收获机 235 台,花生机收率 65%,比 2011 年提高 4.7 个百分点;新增马铃薯机械 458 台,机收率 48.2%,比 2011 年提高 3 个百分点。针对玉米收获期推迟的实际,贯彻全省玉米适期晚收暨秋种工作视频会议精神,引导机手科学把握玉米最佳收获期,推广玉米晚收技术,每公顷玉米增产 750 千克,全市玉米增产 2 亿多千克。仅半个月时间,组织调度玉米联合收割机 6 000多台,完成 256.67 千公顷玉米收获,玉米机收水平持续提升,机收率超过 81%;组织小麦播种机 3 万多台,完成 265.6 千公顷小麦的机播任务。三是以节本增效为重点,加快推广保护性耕作技术。青岛市被农业部确定为全国 5 个重点保护性耕作基地之一,市郊 5 市再次列入全国保护性耕作示范市。与农业部、中国农业大学和青岛农业大学联合建立部级保护性耕作试验基地,一年两作技术在黄淮海地区领先。2012 年 8 月初,联合国粮食及农业组织来青岛市考察保护性耕作,给予高度评价。围绕耕作机具、作业地块和技术人员"三落实",新增保护性耕作机具531台(套),新增保护性耕作示范区3个,实施面积46.67千公顷。经青岛农业大学测产,保护性耕作小麦公顷产量7 582.5千克,比传统耕作增产10%以上,每公顷节本增效1 500多元,呈现出抗冻害和耐干旱的特点。平度市王玉芹的保护性耕作面积约233.33多公顷,每公顷收益10 500元,总收入超过240万元。四是以拓展服务领域为重点,推动农村各业全面机械化。顺应现代农业的发展要求,推广应用设施农业、畜牧、水产、林果、农产品初加工和农田水利工程等方面的机械,推动工作领域由粮食作物向经济作物转变,由种植业向大农业的机械化拓展,不断全面提高农村各业机械化水平。

【以规范提升为核心,农机专业合作社快速发展】 青岛市把2012年作为农机合作社规范化建设年,推广鸿飞、凯玉、勤耕、浩硕等农机合作社的经验做法,引导合作社提高财务、机务、作业、安全等管理水平,推动农机合作社由松散型管理向紧密型管理、由数量增长型向质量提升型转变。将组织表彰30个规范化农机合作社和10个示范性农机合作社。同时,以农机合作社为主要载体,从项目和资金安排上加大扶持力度,取得明显的导向和鼓励作用。2012年,青岛市农机合作社373个,平均每个农业镇5个,承担全市55%的大田农机作业量。加快发展壮大农机合作社,促进资本、技术和市场的良性结合,成为土地规模经营的先锋队。全市土地经营过千亩的合作社30多个。在农机合作社的带领下,全市农机服务组织快速发展,服务能力明显增强,服务领域进一步扩大,经营效益不断提高。全年完成农业机械化服务经营收入40.3亿元,比2011年增长5%以上。

【以推进工程为载体,农业机械化服务条件逐步改善】 一是农机存放条件明显改善。2012年,青岛市科学规划农机"安居工程"布局,严格建设标准,择优扶持农机专业合作社建成农机大院和库房15处,进一步改善农机的存放和保养条件,提高农机专业合作社的服务能力和发展活力。二是事故勘察条件明显改善。加强农机监理装备建设,新上农机事故勘察装备20套,进一步提高农机安全监管能力,及时做好农机事故认定、调解和处理工作,促进农村社会的和谐稳定。三是农机维修条件明显改善。严把农机维修技术资格准入关,进一步规范农机维修市场。整合农机维修资源,通过"企社共建"等方式,建成农机4S店和区域化农机维修中心16处,提高农机维修服务水平。四是农机培训条件明显改善。实施"阳光培训"基地项目和现代农业人才支撑计划项目,建成7处技术培训基地,更新配套培训设备,提高农机培训水平,提高了农机培训的实效性和便捷性。

【以网格化管理为主线,"平安农机"建设明显加强】 一是"平安农机"创建实现新进展。2012年,青岛市农机部门深入贯彻市人民政府安委会第五次会议精神,扎实推进"平安农机"建设,新创建1个全国"平安农机"示范县,累计建成全国示范县3个、省级示范镇24个。2012年10月17日,组织迎接国家安监总局和农业部对即墨市创建"平安农机"示范县(市)活动的检查验收。检查组听取青岛市及即墨市的创建工作汇报,实地察看示范镇、示范村、示范农机合作社创建情况,对青岛市卓有成效的创建工作给予充分肯定。二是网格化管理实现新进展。会同安监局开展农机安全网格化管理,推动安全监管信息化,提高监管能力。用好移动式检测线和无纸化考试装备,提高农机驾驶员的操作水平,预防和减少农机事故。2012年4月份,开展农机安全大检查,督促抓好整改。全市农机"三率"水平明显提高,全年没有发生重特大农机安全事故。三是质量监管实现新进展。积极开展农机打假护农活动,建成"星级文明销售企业(市场)"49个,进一步加强农机产品质量、作业质量、维修质量和服务质量的监督管理,开展补贴机具质量保障督导,及时处理农机质量投诉,促进农机产品质量的改进和服务水平的提高,切实维护好农民的合法权益。四是执法服务实现新进展。优化审批流程,审批时间与2011年缩短30%、审批量增加35.6%。自2012年7月1日开始,停征农机监理费,在全省率先实行农机免费管理,每年为农民和企业减轻负担1 500多万元。全面创建"为民服务创先争优"示范窗口创建活动,提高农机执法服务水平。虽然2012年来农机工作发展较快,但也存在一定的问题:大型、复式、高性能农业机械偏少,需要进一步加快推广应用;农机库(棚)、机耕道、维修点等农业机械化基础设施相对薄弱,需要进一步完善配套;农机、农艺的融合度和农机作业服务组织化程度有待提高等。

厦门市

【概况】 2012年,厦门市农业机械化管理工作重点落实国家农机购置补贴项目,完成中央和市级配套农机购置补贴资金600万元,全市农业机械化水平进一步提升;强化"农机监理与平安农机建设",已连续6年保持农机无重特大安全事故,农机安全生产形势持续保持平稳。2012年,厦门市加快城乡一体化和海峡西岸中心城市建设步伐,通过实施现代农业设施和高标准农田工程及国家农机购置补贴项目,加大对农田机械、农田灌溉、田间道路、大棚、喷灌等设施建设的资金投入,提升农业现代化水平。实施农机购置补贴以来,各类农田作业机械增速明显,大中型拖拉机147台,比2011年增加12台,增长8.89%;耕整机(微耕机)1 672台,比2011年增长81.54%;灭虫灯1 302台,比2011年增长127.62%;新增水稻联合收割机和插秧机各1台。全年新增节水灌溉面积145.2公顷,耕种收综合机械化水平提高2%以上。

一是落实农业机械化任务目标。2012年3月15日,厦门市召开"厦门市2012年度全市农业机械化工作会议",认真部署年度农业机械化工作,制订下发《2012年厦门市农业机械化及农机监理工作要点》和"2012年厦门市农业机械化发展重大目标任务表",将农业机械化任务目标分解下达到各区,确保农业机械化任务目标的落实。二是加快农业基础设施和高标准农田工程建设。根据中共厦门市委农村工作领导小组办公室、市财政局《关于加快农业基础设施建设的实施意见》,全市安排2 000万元资金用于农业基础设施和高标准农田工程建设,项目建设范围包括田间排灌、道路、温室大棚、节水灌溉等,有效地促进了厦门市现代农业的可持续发展。三是组织农机务农。厦门市各级农机部门强化春耕、"双抢"、"三秋"等重要农时季节的农机务农工作,组织人员下乡指导农机务农和对农机具进行维修保养,保证各类农业机械以良好的技术状态投入农业生产。四是强化教育培训。制订下发《2012年厦门市农业机械化教育培训大行动实施方案》,全市下达培训各类农机人员635人,其中:农机管理人员30人、农机技术人员125人、农机操作与服务人员480人。2012年底全部完成。

【2012年农机购置补贴工作】 2012年,厦门市获得中央农机购置补贴资金达400万元,市级累加配套资金200万元,合计600万元。农机购置补贴工作从2012年2月17日发布实施方案开始,至11月15日全部完成实施进度。全市完成中央补贴资金399.959万元,市级配套补贴资金193.523万元,受益农户2 062户,农民和农业生产经营组织投入资金784.837万元。2012年厦门市农机购置补贴涉及8个大类16个小类20个品目的机具,共3 900台(套)。其中耕整地机械828台,种植施肥机械1台,田间管理机械1 045台,收获机械9台,收获后处理机械4台,排灌机械102台,畜牧水产养殖机械1 801台,动力机械88台,其他农业机械22台,补贴水肥一体化微灌设施145.2公顷。

一是认真制定实施方案。根据农业部、福建省农业厅《关于印发2012年农业机械购置补贴实施指导意见的通知》,结合本市实际,制定《2012年厦门市农业机械购置补贴资金使用实施方案》,经农业部农业机械化管理司产业处专家组审核和厦门市法制局进行规范性文件备案审查后,下发各区农业(农机)部门执行。同时通过“厦门政府网”、“厦门三农网”、“厦门农业科研推广网”主动向社会公开。

二是科学编制产品目录。参照《2012年福建省农业机械购置补贴机具补贴额一览表》,结合厦门地区实际和农民种植耕作使用机具需求,认真选取品目,科学编制《2012年厦门市农业机械购置补贴机具补贴额一览表》,确定2012年厦门市补贴机具主要有耕整地机械等11大类26个小类71个品目,并经农业部农业机械化管理司产业处专家组审核后公布实施。

三是严格审核认定经销商。2012年厦门市农机购置补贴经销商审核认定,按照经工商部门注册登记,取得生产、经销农机产品的营业执照,具备一定的人员、场地和技术服务能力等规定和条件执行。由农机生产企业依据资质条件自主确定经销商,确认厦门广延农业机械有限公司等10家农机生产经销企业(厂家)为农机购置补贴经销商(厂家)。

四是认真抓好农机购置补贴廉政风险防控机制建设。2012年3月15日,厦门市召开厦门市2012年农业机械购置补贴工作会议,传达学习和贯彻落实全国农机购置补贴工作会议的主要精神,要求各级农机管理部门把国务院“三个严禁”和农业部“四个禁止”“八个不得”及《农业部关于加快推进农机购置补贴廉政风险防控机制建设的意见》等要求落到实处,严防各种违规违纪的问题发生。厦门市农业局与各区农业主管部门签订2012年农机购置补贴责任书,全市农机补贴产品经销商(厂家)签订“2012年厦门市农机购置产品经销企业承诺书”。2012年8月1日、8月29日分别召开各区农机管理部门和农机补贴产品经销商的农机购置补贴风险警示教育会,通报了全国近年来发生的农机购置补贴警示案例。通过案例分析、学习,深刻汲取教训,做到警钟长鸣,常抓不懈,严格纪律,廉洁从政。

五是扎实推进补贴对象确认办法改革。为公平公正地确定补贴对象,2012年统一采取农户自主申请、申请时间先后顺序、公开摇号、公示接受监督的方法,保证申请购机农民享有平等的机会。翔安区根据申请人数较多补贴额超过计划指标实际,制定“关于2012年农机购置补贴对象通过公开摇号确定的决定”,并于2012年5月3日举行公开摇号现场会,在纪检监察、财政、农机等部门、各镇(街)农机员以及部分申请农户代表的共同监督下,对申请人进行摇号,确定全部申请人享受补贴的先后顺序,较好地杜绝各种人情关系,做到公平、公开、公正,受到广大农民群众的一致肯定和好评。

六是认真做好补贴机具建档和信息报送。各区农机管理部门严格按照要求对已购买的农机具进行核实和编号,对微灌设施进行安装前后拍照对比、卫星定位确定实际面积,并按相关规定进行验收。根据农业部农业机械化管理司《关于切实做好全国农机购置补贴实施情况报送工作的通知》的要求,从2012年4月5日起,厦门市向农业部农业机械化管理司产业处上报补贴工作简报31份,农机购置补贴实施结算资金进度统计表15份,全部按时完成,没有出现谎报、误报和漏报。

七是做好购机补贴材料审核和资金结算。厦门市第一批农机购置补贴资金于2012年6月10日前完成实施进度,2012年7月15日前完成全部结算和拨付。第二批农机购置补贴资金在2012年11月15日前完成实施进度,2012年,厦门市农机管理部门组织有关人员加紧对上报的购机补贴结算资料进行审核,力争尽快结算,及时拨款,确保按时完成全年农机购置补贴工作。

八是启用厦门市农机购置补贴信息管理系统。2012年厦门市农机购置实施全部使用农业部统一开发的全国农机购置补贴管理系统,与财政部门实现信息共享,提高工作透明度、规范性和工作效率,各区农机部门和经销商严格按照操作要求,实时做好购机信息录入、扫描、打印、信息传送等工作。厦门市农机监理所实时对录入的购机信息进行审核检查和数据维护工作。

【2012年农机监理与平安农机建设】 2012年1—11月农机事故统计表明,厦门市农机安全生产各项工作落实到位,事故隐患明显减少,全市无发生一起农机事故,四项指标同比持平,全市农业机械事故死亡人数未突破福建省里下达的控制目标,农机安全生产形势继续保持平稳。

一是认真落实农机安全生产责任。根据福建省农业厅和厦门市人民政府下达的农机安全生产目标,下发《关于下达2012年农机安全生产目标责任的通知》,将农机安全目标责任分解落实到各区,确保全市农业机械事故死亡人数不突破福建省里下达的2人控制目标,不发生较大事故。厦门市农业机械监理所分别与各区农机管理部门签订农机安全生产责任书,各区农机管理部门与所辖镇(街、场)签订农机安全生产责任书,把安全生产责任层层分解落实,各负其责,确保各项农机安全生产目标的贯彻落实。

二是深化“安全生产年”活动。制定《2012年厦门市农机“安全生产年”活动实施方案》等有关文件,要求市、区农机管理部门以深入扎实开展“安全生产年”活动为载体，以提高“上牌率、检验率、持证率”为重点，特别是要按照厦门市“十二五”拖拉机“三率”目标任务分解，全市拖拉机上牌率70%、年均增长8.38%，检验率70%、年均增长6.75%，持证率80%、年均增长15.87%的指标要求，联合相关部门，采取各种有效措施，全力解决一些机具得不到安全检验，部分农机手未参加培训，黑车非驾等突出问题，切实提高厦门市拖拉机“三率”水平。厦门市农业局争取农机安全的资金投入，与厦门市财政局联合下达创建“平安农机”等业务经费20万元。海沧区推进农机安全监理惠农政策实施，落实农业部办公厅《关于落实免收小型微型企业农机监理费的通知》，为进一步减轻农民负担，自2012年5月1日起全面实行农业机械免费检验制度，免收农业机械监理费用。

三是大力开展农机安全宣传教育。根据“厦门市2012年农机安全宣传教育工作方案”的要求，市、区农机部门充分利用各种宣传媒介，采取适合农村特点的有效形式，加强对拖拉机驾驶人的安全宣传教育工作。组织参加“科技四下乡”、“12316信息惠农家”、“农机3·15质量与服务”、第十一个安全生产月“农机安全生产咨询日”等现场咨询活动，采取悬挂横幅、发放宣传材料、现场咨询、指导、有奖问答等多种形式，向农机手、农机户、群众大力宣传农机法律法规、购机补贴等农机相关政策、知识，营造全社会关注农机安全生产的良好氛围。共发放《农机安全生产知识手册》《农机监理办事指南》等农机安全、农机购机补贴知识宣传资料3 700多张(册)，接受咨询500多人次。为确保农机事故发生后应急救援工作的迅速展开，提高厦门市各级农机监理部门的应急处置能力，2012年6月下旬，在同安区举行2012年厦门市农机事故应急救援演练。演练以发生较大农机事故为背景，市、区农机部门按照《厦门市农机事故应急处理预案》的规定和要求开展应急救援和事故处理工作。此次演练，同安区安监、交警部门负责人莅临现场指导，机手、村民等60多人参加。厦门电视台、厦门日报、厦门广播电台、同安电视台对演练过程进行采访报道，取得较好的宣传效果。

四是集中开展“打非治违”专项行动。根据《农业部办公厅关于集中开展农机安全生产“打非治违”专项行动的通知》和《厦门市人民政府办公厅关于集中开展安全生产领域“打非治违”专项行动的通知》的要求，从2012年4月中旬开始至9月底，在全市范围内集中开展农机安全生产“打非治违”专项行动。重点打击农业机械无牌行驶、无证驾驶、未检验作业等行为，有效治理违规发放牌证、瞒报谎报事故等非法违规行为。2012年，全市组织51个检查组，执法人员355人深入镇村开展“打非治违”，检查拖拉机、农机企业599台(个)，打击非法违法、纠正违规违章行为110起；排查治理农机安全隐患单位912个，排查一般隐患157项，已整改156项，整改率99%；对全市526台达到或超过规定年限多功能拖拉机发布注销通告。

五是开展“为民服务创先争优”示范窗口及文明示范点活动。根据农业部、福建省农业厅开展“为民服务创先争优”示范窗口创建活动的要求，在厦门市开展以“争创群众满意窗口、争创优质服务品牌、争创优秀服务标兵”为主题的农机安全监理“为民服务创先争优”示范窗口创建活动，进一步推动全市农机安全监理机构坚持以人为本、执政为民理念，增强监理服务意识，改进监理工作作风，提高监理业务水平，提升监管服务能力，保障依法依规监理，更好地为广大农民机手服务。同安区农机监理站被评为2011—2012年度全国农机安全监理“为民服务创先争优”示范窗口。开展文明行业创建活动，同安区农机监理站和厦门市农业机械监理所分别为省、市农业系统示范点，全市农机监理系统以示范点建设为契机，不断提高从业人员的思想境界、业务能力和服务水平，塑造窗口的满意形象，推动农机监理系统文明和谐，扎扎实实推进各项工作。

六是开展农机道路交通安全综合整治。为贯彻落实国务院、省、市政府关于开展道路安全综合整治的重大部署，全面加强厦门市农机安全监管工作，根据《厦门市人民政府办公厅关于印发厦门市道路交通综合整治“三年行动”实施方案和厦门市道路交通安全集中整治大会战实施方案的通知》精神，厦门市各级农业农机部门高度重视，迅速行动，精心部署，大力推动农机道路交通安全综合整治“三年行动”和三个月大会战的全面启动和组织实施。重点强化农机道路交通安全监管执法，全面排查清理拖拉机违法载人等严重违法违规行为，全面排查整治拖拉机交通安全隐患，全面排查拖拉机培训机构。2012年8—10月集中整治阶段，全市农机部门开展农机执法24次，出动执法人员166人次，查处拖拉机违法行为34台次，补办检验19台。全市4个农业区、26个镇(街、农场)、328个村完成拖拉机的摸底排查，上报拖拉机及联合收割机数量4 112台。2012年11—12月专项整治阶段，全市农机部门针对摸底排查存在问题逐一进行整改，并配合各区政府、公安交警部门对上道路拖拉机的违法违规行为进行联合执法，杜绝拖拉机违法载人等严重违法违规行为的发生。

七是推进农机安全生产创新发展。争取政府和财政部门的扶持，推动拖拉机驾驶人员培训补贴和多功能拖拉机强制报废补贴工作的开展。安排拖拉机驾驶人员培训补贴资金25万元，对福建市有机无驾驶证的机手实行全额补贴培训试点，计划培训人数310名，其中：轮式拖拉机驾驶员4期80人，手扶拖拉机驾驶员13期230人。通过培训试点工作，以推动拖拉机持证率的提高。争取多功能拖拉机强制报废补贴资金400万元，对全市1 435台达到或超过规定年限多功能拖拉机进行补贴，以推动拖拉机报废率的提高，减少拖拉机道路安全隐患。

【农业机械化发展存在问题】 一是由于厦门市城乡一体化建设进程的加快，2012年，厦门市农业发展空间迅速压缩，耕地日趋减少，农机装备结构不合理，多功能拖拉机比重大，农用拖拉机及配套农具比率低。二是农机非法违法运行问题时有发生。各区仍存在非法改拼装、逾期未年检、未取得准驾拖拉机证照的“黑车非驾”及超载、超速、超限、违法载人的现象。已到报废年限的拖拉机虽已公示并通知到各机主，但机主不主动办理注销手续，大部分报废拖拉机仍处于自主处理状态，有的仍在继续使用，给农机安全带来极大隐患。

新疆生产建设兵团

【概况】 2012年，新疆生产建设兵团各级农机部门以科学发展观为统领，以农机购置补贴为契机，以收获、加工、林果、园艺、畜牧等机械为突破，以突出农业机械化工作全面质量管理为重点，着重提高农业生产机械化水平和能力，充分发挥农机在农业生产过程中的支撑作用，较好地完成2012年初制定的工作目标和任务。

【农机装备数量进一步增加】 2012年，新疆生产建设兵团农机总动力达445万千瓦，比2011年增长5.37%，大中型拖拉机3.95万台，大中型配套农具7.85万台(架)，分别比2011年增长5.2%、6.3%，更新大中型拖拉机5 900台，兵团74.57千瓦以上的拖拉机为6 000余台，采棉机1 500台，联合收割机1 400台，农用飞机32架，畜牧、园艺机械数量比2011年增长15%以上。大型装备能力强，效率成倍提升，工作质量保证，经营效果良好。

【农业机械化作业水平进一步提升】 2012年，新疆生产建设兵团机耕面积达1 060千公顷，机播面积1 120千公顷，机收面积770千公顷，机耕、机播、机收水平分别为100%、99.6%、72%，种植业综合机械化水平91%，比2011年增加1个百分点。飞机作业面积2.61亿公顷。全年机械作业29 333.33千公顷。2012年比较突出的特点是机收水平比2011年提高3个百分点，主要是机收番茄，机收甜菜，机收棉花面积均有大幅度提高。

【农机购置补贴政策进一步落实】 2012年，新疆生产建设兵团享受国家农机购置补贴资金3.6亿元，实施农业机械购置补贴2.9万台(架)，其中，拖拉机5 300余台，收获机械730余台；配套农具和其他机械近2.3万台(架/套)。有1.5万余户职工和农机服务组织直接受益，直接带动购机资金12亿元以上。通过积极筹划、组织，按程序和步骤环环相扣实施购机补贴政策，促进兵团农业机械装备的更新换代，提高大农业生产能力和效率，为农业丰收打下良好的机械化生产基础。

【机收工程取得新突破，超额完成年度计划】 2012年，新疆生产建设兵团种植机采棉模式面积达426.67千公顷，采棉机保有和使用量1 500余台，比2011年增加近500台，完成机采面积300千公顷以上(不含复采面积)，比2011年增加近53.33千公顷。一师、五师、八师机采面积较大，分别机采68.67千公顷、26.67千公顷和123.33千公顷，五师、八师机采面积已占植棉面积的85%，六师和七师机采棉面积取得突破，分别采收34千公顷、24千公顷。为充分发挥采棉机功能，新疆生产建设兵团农业机械化管理局协调组织部分采棉机进行跨区机械采收棉花作业面积100多千公顷。机械化采棉所需要的清杂设备已配套198条生产线，可满足333.33千公顷棉花清杂任务。各主要植棉师都成立机采公司，为新疆生产建设兵团组建八大集团之一的机械化收获集团奠定了基础。根据实际情况和科学测算重新制定棉花机采服务费指导价格。

【农机新技术推广应用领域拓展、示范效果明显】 2012年，新疆生产建设兵团大面积推广秸秆还田600千公顷、残膜回收400千公顷、土壤深松193.33千公顷和机械植保600千公顷。机械移栽、高架精量喷雾、土壤深翻、葡萄埋藤和保护性耕作、节能降耗等农业机械化新技术得到进一步示范应用。各种经济作物的机械化收获有突破性进展，马铃薯、甜菜、打瓜、油菜、辣椒、番茄等作物联合收获机械800余台，全面实现机械化作业。畜牧园艺业机械化生产进展较快，推广牧草收割机、饲草料打捆机、储奶罐、挤奶器等畜牧机械2012年新增400台(套)，有力地推进畜牧业规模化生产。新增葡萄埋藤机、挖坑机、修剪机、弥雾机等园艺机械1 200台。

【农业机械化服务基地建设有了新进展】 2012年，新疆生产建设兵团通过加强农业机械化推广基地建设，加大资金投入等措施，努力使农机公共服务水平与农业机械化发展水平同步提升。2012年新疆生产建设兵团各级财务用于农机推广，安全监理，信息服务，基地及棚库建设投入约4 000余万元，开工建设8个团场级“四位一体”的农业机械化棚库基地。并积极与农机企业加强联系沟通，组织农机企业、科研院校联合攻关研发急需产品，在增强各农机企业技术创新能力和市场竞争力的同时，也不断为农业机械化发展提供新产品新技术，满足现代农业生产发展需求。

【安全生产管理水平进一步提升】 2012年，新疆生产建设兵团以深化“平安农机”创建为抓手，以落实农机安全生产责任为主线，切实强化农机动态监管和源头管理。严格拖拉机驾驶培训资格准入、规范注册发证、检审验等业务流程。开展“文明监理、优质服务”示范窗口和提高“三率”创建活动，并进行多次巡回检查督导。截至2012年11月底，新疆生产建设兵团共报告农机事故13起，比2011年增加6起，死亡4人，与2011年持平，受伤17人，比2011年增加15人，直接经济损失3.1万元，比2011年增加3.1万元。千台死亡人数0.069，千台受伤人数0.252，千台事故起数0.224，均在行业控制指标范围之内。农业机械化效益水平稳步提升。新疆生产建设兵团农机服务总产值48亿元，比2011年增加10亿元，主要是作业服务收益，其中机械化收获棉花收入7亿元之多，农机服务在农业职工纯收入中的贡献率30%以上，同时，也促进农机工作的快速发展，仅采棉机的产销量翻了一番多。

【认真履行职能职责，制定了“十二五”行业建设规划和年度推进措施，制定了全年工作目标任务】 2012年，新疆生产建设兵团通过召开农业机械化工作会议，明确工作方向、重点及主要内容，统一发展思路，明确重点工作，激发工作热情。2012年3月份，新疆生产建设兵团农业机械化管理局举办农业机械化高新科技培训研讨会，邀请国内专家学者进行农机高新技术等演讲，新疆生产建设兵团农机全系统200余位农机行业骨干参加研讨会，接受高水准的教育或培训，受到良好的效果；2012年5月份举办新疆生产建设兵团农机高新技术产品博览会及购置补贴政策培训班，约200人参加培训。

【全面扎实地实施了农机购置补贴政策】 2012年，新疆生产建设兵团各级农机部门把购机补贴政策实施当做一项重要的政治任务来对待，不断健全完善工作制度好规定，突出重点，阳光操作，规范程序，提高效能，很好地实现农场职工得实惠，农机企业大发展的目标。2012年落实中央财政农机购置补贴资金3.6亿元，拉动团场职工和农机服务组织投入资金12亿元，带动社会和个人对农业机械化的投入。农机装备新度大为提高,特别是棉花收获机、玉米收获机、大功率拖拉机、节水灌溉机具、园艺业和畜牧业机具和设施农业设备等。通过各种宣传媒体和形式让购机户了解购置补贴政策,发放宣传挂图 2 000 余张、补贴政策问答读本几千册到团场职工手中。在导向上做到准确无误,注重机具的作业效率和使用可靠性,有效改变先进适用的大中型机械数量不足,机型陈旧,技术状况老化的局面。在整个过程中,各单位都能落实规定和要求,执行“三个禁止”,认真落实“五制”,切实做到了“八个不得”。新疆生产建设兵团还组织人员赴基层单位进行多次监管检查,发现问题及时纠正。

【按照现代化农业理念来组织各农时阶段机械化生产活动】 2012 年,农业机械化在新疆生产建设兵团大农业生产过程中的主要作用,一是提高效率,二是确保农时,三是降低成本,四是增加收益。2012 年新疆生产建设兵团农业生产机耕水平 100%、机播水平 99.6%,机收水平 72%左右。从事农机操作人员约 6.2 万人。在春耕、“三夏”、“三秋”主要农时,克服天气恶劣,柴油供应紧张等多重困难,早部署,早筹划,精心组织,科学调度,保证农业机械化生产的顺利进行,为全年粮棉等作物丰产丰收做出突出贡献。小麦、水稻、玉米、甜菜、番茄、棉花等作物跨区机收的规模不断扩大,达 200 多千公顷,作业市场有序稳定,运行机制趋于合理,农机订单作业的生产服务形式不断拓展,特别是机械化采收棉花和番茄作业,各级相继组织成立几个机收服务公司,进行及时的机收作业服务,引入竞争机制,实现了进度快,质量好,问题少,效果好的工作状态。

【根据实际需要和农时机械作业特点,积极开展行业技术服务及培训工作】 2012 年 3 月,新疆生产建设兵团举办农机高新技术学习班,专门培训管理人员及技术骨干,2012 年 5 月份举办现代化农业农机装备模式培训班,2012 年 10 月份组织召开新疆生产建设兵团棉花机采清理加工及秋翻现场会,参加人员累计有 850 人次。结合国家阳光工程农机培训工作的全面展开,新疆生产建设兵团在各师都建立相应的培训学校,组织教学队伍,开展丰富的农机培训工作,累计有 5 000 余人次接受阳光工程的农机培训。针对农机驾驶操作人员流动性大、新手多的实际情况,新疆生产建设兵团 2012 年通过举办不同层次农机专项技术培训班,共培训农机管理干部、农机技术人员、驾驶操作和维修服务人员共计 5 万余人次,对推广应用农机新产品新技术和落实田间作业质量标准及安全生产起到良好的效果。

【把各种农作物收获机械化提上重要日程,利用农业机械化项目的立项和实施,力促薄弱环节有重大突破】 2011 年初,新疆生产建设兵团下发《关于加快机采棉工作的意见》(兵发[2011]3 号)文件,明确提出“十二五”全面实现棉花机械化收获的目标。截至 2012 年底,突破总面积的 50%,实现机采面积比 2011 年增长 17%,主要做法是:一是利用贷款购买 233 台采棉机、7 台甜菜收获机和 10 多台番茄收获机等大型先进的农机设备。二是完成农业部支持保护性耕作项目资金 2 070 万元,在 10 个团场实施,完成保护性作业面积 27.82 千公顷。三是申请玉米机械收获项目资金 10 万元。四是申请棉花机械收获项目资金 100 万元,农五师、农八师 2012 年基本实现机械化采棉,大多数团场综合机械化水平 94%。五是申请农机标准化项目资金 60 万元,在 2 个团场实施。通过上述项目的实施,提升新疆生产建设兵团农机整体装备水平,生产和抗灾能力进一步增强,生产效率进一步提升,使种植业劳动力大量转移成为现实,全兵团减少采棉拾花劳力 30 万人之多,为团场农业结构调整和改变传统生产方式奠定基础。

【全面部署,加强指导,组织检查,搞好服务,开展了全方位农业机械化监管活动】 2012 年,新疆生产建设兵团通过推广新机具、新技术在完成农业生产任务中提高应用水平、作业质量和经济性指标。根据农时特点,农机局组成检查督导组,分 3 批 5 次对部分团场进行调研、咨询、检查、督导等,主要内容一是标准化管理情况,二是落实购置补贴政策情况,三是机械化生产和作业任务完成情况,四是机具棚库基地建设情况,五是安全生产监管以及各类农机人员培训等。通过检查督查发现,各师工作进展情况良好,各项任务指标达到要求,并及时上报有关资料和信息。

【农业机械化发展存在的问题】 2012 年,新疆生产建设兵团农业机械化工作虽取得了一定成绩和经验,但也存在一些问题。主要表现在:行政管理和服务体系依然薄弱,集约化管理的优势没有充分发挥;农机装备结构还有待于进一步调整,配套基础设施建设特别是公共服务体系建设还需加大工作力度;农机企业缺乏宏观调控管理机制,不利于可持续发展;农业机械化维修及服务体系发展滞后;各级农机管理人员不足,管理服务水平有待于进一步提高等。

黑龙江省农垦总局

【概况】 2012 年,黑龙江垦区农业机械化工作深入贯彻落实科学发展观,紧紧围绕冲刺粮食总产 215 亿千克,建设现代化大农业,发展现代化大农机,坚持“抓更新、增科技、拓共建、兴产业、强管理、建体系、提素质、保安全”的统筹工作指导方针,加快推进农业机械化发展“一个转变、六个延伸”,开创农业机械化工作的新局面。

【抓更新,贯彻落实好国家农机购置补贴政策,现代农机装备水平进一步提高】 2012 年,黑龙江省农垦总局农业机械化管理局紧紧围绕建设现代化大农业,利用好国家农机购置补贴政策,加大更新投入力度,全年实现农机更新总投入 32 亿元,再次突破历史记录,新增国内外各类机械 5 万余台件,其中:累计获得国家农机购置补贴 5.5 亿元;继续从国外引进先进大型、特大型农业机械 7 亿元、1 200 台件。新建旱田现代农机装备作业区 29 个,使垦区现代农机装备区总数 380 个,基本实现旱田耕地面积的全覆盖。水稻全程机械化的装备也进一步增加,从智能化浸种催芽设备到插秧机和收获机,都有较大增加,水稻全程机械化装备水平进一步提升。2012 年,田间综合机械化率97.5%,比 2011 年提高 0.5 个百分点。其中,旱田 97.5%、水田 97%。实现航化作业面积 1 106.67千公顷。

【增科技,全面加强农机科技创新与推广,充分发挥现代化大农机对现代化大农业科技的支撑作用】 2012 年,黑龙江省农垦总局农机部门紧紧围绕种植业结构调整，大幅度增加玉米和水稻生产面积的要求，坚持农机与农艺相融合，重点推广应用十大农机新技术和新机具：(1)精量播种机械化技术；(2)保护性耕作技术，重点是与大功率拖拉机配套的联合整地机、深松机、耕耘机、免耕播种机等；(3)水稻全程机械化关键环节技术；(4)卫星导航和农机信息化管理技术；(5)旱田节水灌溉技术；(6)玉米及青贮收获和饲料搅拌饲喂技术，奶牛榨乳与保鲜储运技术；(7)经济作物关键环节机械化技术；(8)农作物秸秆根茬处理机械；(9)植保机械化技术和航化作业技术；(10)水稻钵育机插等新技术、新机具，成效显著。其中，共推广大功率拖拉机440台，精量播种机626台，卫星定位、自动导航设备57套，水稻高性能插秧机4 200台，大型联合收获机375台，大型水稻收割机1 630台等新机具，为夺取2012年农业抗灾夺丰收，发挥重要的保障作用。全年实现农业机械化新技术新机械推广应用节本增效10亿元以上。

【拓共建，实现农机“三代”作业的新突破】 2012年初以来，黑龙江省农垦总局各管局、农场认真落实2012年度跨区作业实现3 333.33千公顷的工作目标，各级农机部门积极与周边市县搞好对接，拓展跨区作业范围、项目和领域，开展跨区作业指导与服务。2012年全年完成跨区作业“三代”面积3 384千公顷，再次突破历史记录，比2011年增加近667千公顷，实现农垦农机创收5.5亿元，农民节本增收12.5亿元。同时，各管局加大局市共建和场县共建的力度，推进场县共建农机合作社建设，2012年，黑龙江垦区累计场县共建大型现代农机合作社50个，其中2012年新增共建农机合作社6个，已按规划实施，有力促进场县区域经济协调发展，充分发挥农垦在全省农业现代化和城乡经济发展一体化中的示范带动作用。

【兴产业，紧紧围绕垦区“三年强工攻坚战”，大力发展垦区农机制造业】 2012年，黑龙江省农垦总局农机部门按照省农垦总局党委提出的“三年强工攻坚战”和垦区重点工作会议提出的“高标准起步，全方位开局，快节奏推进”的要求，进一步加强垦区的农机制造业的发展。特别是松花江农场“北大荒农机制造产业园区”和“北大荒宾西农机制造产业园区”发展迅速，其生产的主导产品41.01千瓦、52.20千瓦、67.11千瓦拖拉机以及甜菜移栽机、甜菜收获机、气吸式播种机等产品销往省内外各地，分别实现年销售收入1.1亿元和9 000万元，在农机制造业发挥龙头带动作用。黑龙江垦区规模以上农机骨干企业26家，2012年实现农机制造业销售总收入10.5亿元，比2011年增长30%。

【强管理，坚持农机管理创新，全面提升农机管理标准化水平】 2012年，黑龙江省农垦总局农机部门按照黑龙江垦区《开展“十二五”农机管理标准化创新与达标活动方案》要求，继续深入开展农机标准化管理达标与创新活动。各管局农场坚持实行优机、优价制度，全面实现农机标准化作业，开展农机大培训和农机标准化提档升级活动，使驾驶操作人员和各级管理人员整体素质有很大提高。2012年黑龙江垦区共投入4亿余元用于农机基础设施建设和扩建、新建农机管理服务中心。新建设的农机管理服务中心多数具备现代农机数字管理系统和指挥调度平台。按照达标规划，2012年有20个农场被评为总局农机管理标准化农场，15个农场被评为标兵场。

【建体系，进一步提升农机组织化程度，健全和完善农机社会化服务体系】 2012年，黑龙江垦区推进农机经营管理体制改革和创新，加强社会化服务体系建设。坚持把发展农机专业合作社作为建设社会化服务体系主导力量的基本要求，鼓励和引导走农机联合投资、联合经营和农机合作社经营发展之路，提高农机经营效益，推动黑龙江垦区农机服务专业化、市场化、公益化和农机服务产业化进程。涌现出胜利农场好山河农机合作社、前锋农场农机合作社、红星农场农机合作社、引龙河农场圣达农机合作社、克山农场宏宇农机合作社和二龙山农场与北安市共建双青农机合作社、嘉荫农场与县共建嘉荫高新农机合作社等一批取得较好效益，有较强带动作用的典型。2012年，黑龙江垦区新建农机专业合作社13个，累计总数138个。

【抗灾害，确保粮食丰产丰收】 2012年，黑龙江垦区遇到历史上罕见的秋涝灾害，给秋收和秋整地带来巨大的困难。黑龙江垦区采取农业机械化有力措施，发挥农机管理“六统一”、组织化程度高的优势，在“三秋”作业中，统一作业指挥、合理调配机械力量，采取有效措施，适时适地进行机械改装与革新，提高机车作业效率。发挥大功率机械作用，坚持“人停机不停”机车昼夜作业，农机管理人员跟班作业，检查验收质量，边抢收、边整地，最终战胜这场灾害，实现黑龙江垦区耕地“黑色越冬”，全面完成“三秋”作业任务，并为2013年农业生产奠定良好基础。

【提素质，积极开展农机大培训，推进农机队伍和北大荒农机文化建设】 2012年，黑龙江垦区坚持“以人为本”，开展农业机械化技术大培训行动，全年累计培训7.5万人次。加快农业航空驾驶人员培训学校的建设，已正式通过国家高考招收学员。进一步推进北大荒农机文化建设，全面推行着装北大荒农机工人标志服和“北大荒集团”企业形象标识，做到每台大功率拖拉机、收割机驾驶员都着“北大荒农机”标准服装，每台大功率拖拉机、收割机上都粘贴“北大荒集团”标识。进一步总结和完善农业机械化各项管理规章制度和技术成果，用北大荒精神与核心价值观教育和武装北大荒农机人。友谊农场投巨资建设的“北大荒农机博览园”成为北大荒文化的重要组成部分，已对外开放，收到较强的反响，进一步提升北大荒的影响力，正在全力打造成“中国农机博览园”。

【保安全，加强农机安全监理，提高农机安全管理水平】 2012年，黑龙江垦区深入贯彻落实“安全第一，预防为主，综合治理”的安全生产方针，加强农机监理队伍建设，完善农机监理体系，落实国家农机安全监理惠农政策，推进“实地检验”、“免费监理”工作。层层签订和落实安全责任制，加强农机安全教育，开展“纠正违章、排查隐患”农机安全专项整治活动，农机“三率”水平进一步提高，实现拖拉机、收获机登记率96%以上，驾驶员持证率96%以上，拖拉机检验合格率95%以上。

【农业机械化发展存在的问题】 2012年，黑龙江垦区按照科学发展要求以及建设现代化大农业还有一定差距，存在一些亟待解决的问题和不足：一是农业机械化发展还不够平衡，管局与管局、农场与农场之间在机械化程度和管理水平上差距较大，不同作物机械化也有差异，经特作物，畜牧生产机械化程度偏低；二是仍有大批量性能落后、机型陈旧的机械在使用，迫切需要报废更新；三是农机管理体制和经营机制还不完全适应现代化大农业发展的需求，迫切需要进一步深化改革；四是农机人才队伍"青黄不接"的问题仍然突出，迫切需要采取有力措施；五是农机社会化服务体系还不够健全，没有专门的农机推广机构和专职推广人员；六是农机基础建设亟待加强，场库棚资金投入严重不足，需要进一步加强，提高建设水平。

试验鉴定与标准化

农业部农业机械试验鉴定总站（中国农机产品质量认证中心）

【概况】 2012 年，农业部农业机械试验鉴定总站深入贯彻落实科学发展观，紧紧围绕"两个千方百计、两个努力确保"的农业农村经济发展目标和全国农业机械化中心工作任务，认真开展创先争优活动和绩效管理试点工作，扎实推进党建和党风廉政建设，履行职能、规范行为、提高能力、扎实工作，切实加强业务建设，不断完善自身建设，较好完成 2012 年的各项工作任务，为农业机械化发展提供了有力地技术支撑和服务保障。

【农机试验鉴定工作进一步科学规范】 2012 年，农业部农业机械试验鉴定总站着力加强试验鉴定体系建设，强化试验鉴定工作规范统一，保持和提高实验室检测能力，提升技术人员专业技术水平，试验鉴定工作科学化水平进一步提升。组织召开农业机械安全鉴定和部级推广鉴定工作会，加强对鉴定行业的规范和指导。继续推进推广鉴定服务，整理完善企业申请推广鉴定相关要求，制定《部级推广鉴定受理审查》等作业指导书、办事指南和相关工作表格，绘制各项工作流程图，最大限度地做好办事公开工作。进一步完善推广鉴定管理制度，修订《农业机械部级推广鉴定实施细则》《农业部部级推广鉴定审查员和检验员管理办法》，起草《部级试验鉴定产品种类指南》和《部级推广鉴定有效期内的监督检查实施细则》等。组织开展部级推广鉴定收费项目核算，做到透明收费、明白收费。组织开展轮式拖拉机和饲料粉碎机检测项目的能力比对活动，为系统内各实验室保持和提高检测能力。2012 年，共接收部级推广鉴定申请 1 015 项，通过审查受理 867 项，比 2011 年增长 14%，向通过能力认定的各省鉴定站安排任务 652 项，农业部农业机械试验鉴定总站检验室承担 215 项。

【农机质量认证工作稳步发展】 2012 年，中国农机产品质量认证中心以提高质量管理体系符合性和有效性、努力控制认证风险为目标，进一步完善、改进质量管理体系，优化内部管理，加强人员队伍建设，各项工作稳步推进。制定《认证项目时效性统计指标及统计方法》等管理制度，进一步改进认证评价的管理过程，继续对认证审核人员的评价结果进行统计分析。修订《质量管理体系认证规则》《认证评价程序》等程序文件、作业指导书 30 多个。顺利通过国家"三合一"认可评审并恢复能力定级。推进认证业务信息化管理，完成认证业务管理系统第三次升级验收、数据库调整和试运行，开展认证活档电子化工作。深入开展调查研究，完成《农业机械节能认证可行性研究报告》，初步探索农机产品安全风险与认证风险等方面的研究。召开公正性委员会年度工作会议并完成换届。2012 年，共组织安排各类认证项目 612 项，完成提交认证项目 471 项，组织植保机械认证企业飞行检查 14 项。2012 年共新发认证证书 122 张，换发认证证书 140 张，恢复认证证书 10 张；暂停认证证书 42 张，撤销认证证书 29 张，注销认证证书 44 张。

【农机质量监督工作不断深入】 2012 年，农业部农业机械试验鉴定总站扎实开展《国家支持推广的农机产品目录》相关工作，修订《国家支持推广目录初审办法》《国家支持推广目录综审办法》。继续推进《目录》制定工作的公开、公正和透明，继续扩大《目录》申报条件的公开范围，组织开发国家支持推广目录网上查询系统。开展《目录》监督检查，提升目录影响力。深入开展质量调查、质量督导、质量投诉、打假等工作。起草《2011 年全国农业机械化质量报告》，制作出版免耕施肥播种机、手扶拖拉机等 8 种机具的《农业机械安全警示标识图解》挂图，深入开展农机产品质量安全调查工作和补贴机具质量督导工作。加强全国农机质量投诉体系建设，推进农业部印发《关于进一步加强农业机械质量投诉监督管理工作的通知》，开展质量投诉工作业务及投诉信息管理系统培训。开展农机用户维权宣传、咨询活动，免费向农民发放《安全警示标识图解》《农机购置、使用、维修明白纸》《农机选购使用与维修 100 问》十余种宣传材料，共计 8 000 余册（份）。召开全国农机投诉情况通报会，督促企业提高产品质量。认真做好农机质量投诉受理处理，2012 年中消协农机质量投诉站接收农民咨询 2 022 人次，其中农机产品质量投诉 213 件，受理 207 件，结案 195 件，共计为农机用户挽回直接经济损失 429 万元。

【农机标准化体系不断完善】 2012 年，农业部农业机械试验鉴定总站加强农业机械化行业标准项目管理，推进标准制修订工作进度。组织召开了 2 次标准审定会，《施水播种机械作业技术规范》国家标准和《农业机械田间行走道路技术规范》等 24 项农业行业标准通过了审定，进一步提高农业机械化标准化水平。举办农业机械化标准项目管理、标准编写培训研讨班和农业机械化重点标准宣贯会，进一步规范标准项目管理，提升标准编写质量。推动农业机械化标准的宣贯实施工作。组织提出《2013—2015 年农业机械化行业标准项目规划表》，进一步健全和完善了农业机械化标准体系。

【农机维修管理工作全面推进】 2012年，农业部农业机械试验鉴定总站推进全国农机维修网点审定工作，指导各地进一步提高维修网点审定计算机管理。开展谷物联合收割机生产企业维修能力评价工作，对37家自愿申报的生产企业进行评价。组织制定大中型拖拉机维修质量标准。开展全国农机合作社发展情况调研，从农机合作社发展现状、运行机制、发展趋势、扶持政策等四个方面深入研究，配合农业机械化管理司做好全国农机合作社建设经验交流会相关筹备工作。举办全国农机合作社理事长培训班，全国22个省、区、市农机合作社示范点的126名理事长参加培训，推动农机生产企业与农机合作社"企社共建"。完成全国农机合作社课题研究工作。筹备建立"中国农业机械化协会农机服务组织分会"。

【农业机械化信息服务水平进一步提升】 2012年，农业部农业机械试验鉴定总站继续保持中国农业机械化信息网强势媒体地位，制定信息网年度和季度宣传要点，围绕农业机械化发展的重点和热点，建立"聚焦中央一号文件"、"农业机械化科技创新与推广行动"、"三夏进行时"、"喜迎十八大"等14个专栏重点报道，在重点时段、重大事件和活动掀起农业机械化宣传高潮。建立信息网日常巡检制度，安排人员24小时值班，确保发布信息的质量和安全。修订《中国农业机械化信息网信息工作考评办法》，进一步加强信息报送工作，组织编发信息4.9万条。农业机械化信息网在农业部系统18个行业网站中，信息的数量、质量、时效性都走在前列，日均点击量超过125万次，2012年2—3月份点击量一度超农业部门户网站（中国农业信息网）跃居农业部网站群首位。推进中国农业机械化质量网的正常运行，逐步发挥门户网站作用，2012年1—10月IP访问均值和信息月更新量比2011年分别增长96%和77%。加强《农机质量与监督》杂志发刊工作，精心打造"农机视界"等核心栏目，编发3·15专刊——《2012农机用户购机指南》，用于各地农业科技下乡和农机3·15活动，向农民用户免费发放。以杂志名义在《经济日报》等强势媒体上发表文章，杂志的影响力和美誉度不断提升。配合农业机械化管理司做好农机购置补贴信息公开工作，及时完成农业机械化统计相关工作，编印《农业机械化情况》28期。关注网络舆情，及时收集报送相关媒体报道的农业机械化新闻报道1 521条，较好完成农业机械化信息宣传工作。

【行业指导作用进一步发挥】 2012年初，农业部农业机械试验鉴定总站组织召开全国农机试验鉴定站长会，认真总结2011年农机试验鉴定与质量监督工作，部署2012年全国农机试验鉴定系统重点工作。加强农机试验鉴定技术体系建设，提出2012年部级农机试验鉴定大纲修订项目计划，组织制定推广鉴定大纲12项，修订推广鉴定大纲9项，制定选型鉴定大纲2项，召开农业部农业机械试验鉴定大纲审查会。开展部级鉴定能力认定复评审工作，召开考评员培训研讨会，组织对各鉴定机构进行现场评审。协助农业机械化管理司首次开展全国农机推广鉴定工作监督检查工作。组织拟订农机试验鉴定系统能力建设规划，统筹做好全系统基础设施建设指导工作。组织召开拖拉机行业、奶业机械行业、收获机械行业、耕作机械行业和栽植机械行业推广鉴定检测技术研讨会，推动行业技术水平的提高。

【科研能力不断提升】 2012年，《农机适用性评价技术集成》项目通过中期验收，《蔬菜种子丸粒化技术装备中试与熟化》顺利通过项目验收，《农业机械化与信息化融合研究》项目进展顺利。积极申报科研项目，组织提出《玉米生产农机农艺融合关键标准研究》公益性行业（农业）科研项目和《全国农业机械化生产信息采集与服务系统》课题项目任务书。完成《农业机械化节油降耗途径与对策》项目研究报告，并正式出版印刷。进一步强化总站内部科研项目立项管理，修改完善《总站科研项目管理办法》。

2012年下达立项的农业机械化行业标准

序号	项目编号	标准名称	项目类型	项目金额（万元）	项目承担单位
1	201214006	圆草捆打捆机 作业质量	制定	7	北京市农业机械试验鉴定推广站
2	201214013	玉米机械化种植技术要求	制定	7	天津市农业机械推广总站
3	201214024	脱粒机安全技术要求	修订	4	山西省农业机械质量监督管理站
4	201214027	牧草机械化收获作业技术规范	制定	7	内蒙古自治区农牧业机械试验鉴定站
5	201214029	大米抛光机质量评价技术规范	制定	7	辽宁省农机质量监督管理站
6	201214036	深松机 作业质量	制定	7	吉林省农业机械试验鉴定站
7	201214180	马铃薯机械化收获作业技术规范	制定	7	甘肃省农业机械化技术推广总站
8	201214187	采棉机安全使用规范	制定	7	新疆维吾尔自治区农牧业机械试验鉴定站
9	201214233	农业机械化水平评价 第3部分：水产养殖业	制定	8	农业部南京农业机械化研究所
10	201214234	旋耕机 作业质量	修订	4	农业部南京农业机械化研究所
11	201214235	喷雾机（器） 作业质量	修订	4	农业部南京农业机械化研究所
12	201214236	机动喷雾机禁用技术条件	制定	7	农业部南京农业机械化研究所
13	201214237	农药沉积率测定方法	制定	7	农业部南京农业机械化研究所
14	201214392	农业机械可靠性评价一般方法	制定	8	农业部农业机械试验鉴定总站

续表

序号	项目编号	标准名称	项目类型	项目金额（万元）	项目承担单位
15	201214393	挤奶机械质量评价技术规范	制定	7	农业部农业机械试验鉴定总站
16	201214394	轮式拖拉机 修理质量 第2部分:大中型轮式拖拉机	制定	7	农业部农业机械试验鉴定总站
17	201214395	水稻联合收割机 作业质量	修订	4	农业部农业机械试验鉴定总站
18	201214442	温室灌溉系统安装与验收规程	制定	7	农业部规划设计研究院
19	201214443	蔬菜清洗机耗水量测试方法	制定	7	农业部规划设计研究院

2012 年发布的农业机械化行业标准

序号	项目编号	标准名称
1	NY/T 2132—2012	温室灌溉系统设计规范
2	NY/T 2133—2012	温室湿帘—风机降温系统设计规范
3	NY/T 2134—2012	日光温室主体结构施工与安装验收规程
4	NY/T 2135—2012	蔬菜清洗机洗净度试验方法
5	NY 2187—2012	拖拉机号牌座设置技术要求
6	NY 2188—2012	联合收割机号牌座设置技术要求
7	NY 2189—2012	微耕机 安全技术要求
8	NY/T 2190—2012	机械化保护性耕作 名词术语
9	NY/T 2191—2012	水稻插秧机适用性评价方法
10	NY/T 2192—2012	水稻机插秧作业技术规范
11	NY/T 2193—2012	常温烟雾机安全施药技术规范
12	NY/T 2194—2012	农业机械田间行走道路技术规范
13	NY/T 2195—2012	饲料加工成套设备能耗限值
14	NY/T 2196—2012	手扶拖拉机 修理质量
15	NY/T 2197—2012	农用柴油发动机 修理质量
16	NY/T 2198—2012	微耕机 修理质量
17	NY/T 2199—2012	油菜联合收割机 作业质量
18	NY/T 2200—2012	活塞式挤奶机 质量评价技术规范
19	NY/T 2201—2012	棉花收获机 质量评价技术规范
20	NY/T 2202—2012	碾米成套设备 质量评价技术规范
21	NY/T 2203—2012	全混合日粮制备机 质量评价技术规范
22	NY/T 2204—2012	花生收获机械 质量评价技术规范
23	NY/T 2205—2012	大棚卷帘机 质量评价技术规范
24	NY/T 2206—2012	液压榨油机 质量评价技术规范
25	NY/T 2207—2012	轮式拖拉机能效等级评价
26	NY/T 2208—2012	油菜全程机械化生产技术规范

2012 年审定通过的农业机械化行业标准

序号	项目编号	标准名称	项目负责起草单位
1	20083290—T—604	施水播种机械作业技术规范	中国农业大学
2	200911363	农业机械田间行走道路技术规范	农业部农业机械试验鉴定总站
3	201012372	轮式拖拉机能效等级评价	农业部农业机械试验鉴定总站
4	201113415	油菜全程机械化生产技术规范	农业部南京农业机械化研究所

续表

序号	项目编号	标准名称	项目负责起草单位
5	201012001	大棚卷帘机　质量评价技术规范	北京市农业机械试验鉴定推广站
6	201113049	饲料加工成套设备能耗限值	辽宁省农业机械鉴定站
7	201113050	液压榨油机　质量评价技术规范	辽宁省农业机械鉴定站
8	201113190	花生收获机械　质量评价技术规范	山东省农业机械试验鉴定站
9	201113287	微耕机　修理质量	重庆市农业机械鉴定站
10	201113288	微耕机　安全技术要求	重庆市农业机械鉴定站
11		拖拉机号牌座设置技术要求	农业部农业机械试验鉴定总站
12		联合收割机号牌座设置技术要求	农业部农机监理总站
13	201113581	拖拉机可靠性评价方法	农业部农业机械试验鉴定总站
14	201113580	水稻插秧机　修理质量	农业部农业机械试验鉴定总站
15	201012370	小型拖拉机安全认证规范	农业部农业机械试验鉴定总站
16	200709104	包衣种子干燥机　质量评价技术规范	农业部南京农业机械化研究所
17	201012194	农业机械化水平评价　第 2 部分:畜禽养殖业	农业部南京农业机械化研究所
18	201214233	农业机械化水平评价　第 3 部分:水产养殖业	农业部南京农业机械化研究所
19	201214234	旋耕机　作业质量	农业部南京农业机械化研究所
20	201214235	喷雾机(器)　作业质量	农业部南京农业机械化研究所
21	201214236	机动喷雾机禁用技术条件	农业部南京农业机械化研究所
22	201113123	旋耕机　质量评价技术规范	江苏省农业机械试验鉴定站
23	201113321	马铃薯收获机　作业质量	甘肃省农业机械鉴定站
24		农业机械机身反光标识	农业部农机监理总站

技术推广

农业部农业机械化技术开发推广总站（农业部农机监理总站）

【概况】 2012 年,农业部农业机械化技术开发推广总站带领全国农机推广与监理系统紧紧抓住农业机械化科学发展的重要战略机遇期,坚定不移地围绕中心服务大局,大力弘扬“敬业、务实、规范、专注、服务”的总站精神,团结一致,狠抓工作落实和创新,各项工作进展顺利,取得了显著的成效。

【着力在四个方面下工夫,农业机械化技术推广工作的支撑作用进一步凸现】 2012 年,农机推广工作坚持在加强农机新技术新机具的试验示范上下工夫,在加强农机农艺深度融合上下工夫,在加强农机推广机构规范化建设上下工夫,在加强农业机械化技术推广机制创新上下工夫,坚持以“依靠科技进步、转变农业机械化发展方式、提升发展质量效益”为主线,以“农业科技促进年”活动为抓手,以健全体系、提升能力、突破重点、引领发展为重点,加快推进体系改革与建设,拓宽工作领域和服务范围,创新推广机制和方式方法,提升服务能力和水平,取得明显成效。

【扎实开展重大农业机械化技术推广,支撑作用突出显现】 一是加大示范推广力度,新技术普及应用步伐明显加快。2012 年,农业部农业机械化技术开发推广总站认真贯彻落实全国春耕备耕和秋冬种工作有关精神,参与重要农时农作物机械化作业技术指导、宣传培训和督导调研等工作,适时举办春耕、“三夏”、“三秋”生产农业机械化技术培训示范班,开展适用机具作业现场演示活动,宣传普及保护性耕作、机械深松、免耕播种、机械植保、玉米收获、秸秆粉碎还田以及饲草收获加工等适用机械化技术,推动各项稳粮措施落实到位。紧紧围绕农业农村经济和农业机械化发展重点,大力推广农业部确定的 12 项农业机械化主推技术,推广应用面积达到历史新高。在 2012 年“三夏”生产中,这 12 项主推技术在全国的推广面积 95 582 千公顷。其中,推广机械深耕技术 5 065 千公顷、机械深松技术 2 351 千公顷、免耕播种技术 13 108 千公顷、保护性耕作技术 6 392 千公顷、玉米精量播种技术 10 562 千公顷、油菜机械化播种技术 274 千公顷、水稻育插秧技术 5 446 千公顷、化肥深施技术 15 676 千公顷、节水灌溉技术 6 590 千公顷、高效植保技术 22 788 千公顷、秸秆还田技术 7 329 千公顷，各项技术推广面积同比均有不同程度的增加。“三夏”期间，各地举办各类现场会、培训班 2.4 万次，发放各种技术宣传资料近 453.3 万份，培训人员 173.7 万人次。

二是规范项目的实施与管理，示范效果逐步扩大。在行政主管部门的指导下，充分发挥技术和人才优势，以实施项目为抓手，加快农作物生产薄弱环节重大农业机械化技术的示范推广。一方面配合做好保护性耕作和主要农作物生产机械化示范项目的申报立项、技术指导、宣传培训、检查考评和总结验收等工作；另一方面因地制宜地开展农作物先进适用农业机械化技术推广项目的立项实施，加强技术攻关、技术指导与宣传培训，促进农业机械化适用技术推广面积不断加大，技术路线不断成熟，适用机具不断改进完善，推广效益逐渐显现，取得良好的示范效应和推广成果。

三是农机农艺融合进入全面推进阶段，薄弱环节机械化技术快速提升。探索农机农艺融合实践，做了大量卓有成效的工作，取得明显成效。围绕建立完善农机农艺部门相关协作机制，在农业机械化新技术新机具推广过程中，主动与农艺部门相互配合与技术协作，促进农业机械化技术研发、技术集成和成果转化；与渔业、畜牧等部门的沟通协调，搭建合作交流平台，拓展农业机械化技术推广领域，扩大农业机械化服务范围，共同推进农机农艺融合。围绕突破机械化生产薄弱环节，深入开展探索研究，逐步实现品种、栽培、装备和工艺的融合，总结形成一系列农作物生产农艺技术规范和机具操作规程，使农机农艺融合落到实处。围绕重大示范项目的组织实施，坚持融入农机农艺融合理念，在项目规划、立项、主导品种与主推技术遴选、培训宣传、试验示范基地建设以及项目总结验收等方面都提出明确要求。围绕创新机制和转变推广方式，坚持构建“一主多元”技术推广体系，在引导和支持高校、院所、社团、企业、农业生产经营组织等参与技术推广过程中，加强农机与农艺融合技术集成示范，并依托农机合作社，把农业机械化技术和农艺技术最大限度地融合起来，取得更大的经济效益。围绕人才队伍建设，结合各地农业优势产业，在开展技术培训中，重点研究制定农艺技术的教学计划，并在农机新技术培训教材中，不同程度突出相关技术的农艺知识内容的编写，使农机与农艺技术理论知识紧密地结合起来，加快培养既懂农机又懂农艺的专业队伍。

四是坚持不懈为农民办实事，促进山区机械化发展。按照农业部的有关要求，总站牵头继续开展“向南方丘陵山区示范推广适用农机新技术”为农民办实事工作。依托南方丘陵地区 11 个省（区、市）农机推广机构和安全监理机构，向新建和续建的45 个联系点和1 100 个骨干示范户的山区农民示范推广粮油、茶叶、烟草、蔬菜、林果等适用中小型农机具，宣传农机购置补贴等政策，指导农民购机用机，免费为机手粘贴农机安全反光标识、发放各种农业机械化技术资料，培训农机具维护保养技术和农机安全知识，举办农机具展览展示等活动，深受农民朋友的欢迎，更好地发挥他们的示范带动作用，促进当地山区农业机械化的发展。2012 年度向农民赠送《农机科技推广》杂志、《中国农业机械化重点推广技术》《农机购置补贴申请程序图》近 2 万份，向农民赠送各种农机具 110 多台（套），价值 88 万元，向农民赠送价值 5 万余元的反光贴，举行各类技术演示、展览、培训等活动 100 多场次。

【创新推广方式方法，推广效率大幅提升】 一是积极探索试验示范方法和程序，拓展推广工作范围和发展深度。2012 年油菜夏收期间，农业部农业机械化技术开发推广总站组织农机推广、鉴定、管理等部门专家在江苏省吴江市开展油菜籽收获机作业效果测评活动，共有来自 12 家的 15 个机型参加测评，活动取得预期效果，拓展农机推广工作领域，创新和完善农业机械化技术推广工作对农机作业测评方法，得到国家发展和改革委员会和农业部有关部门的高度关注。测评活动对企业改进完善机具性能、加快油菜收获机械化技术的推广应用、引导农民购机用机以及提升农机推广人员试验示范推广能力等方面具有积极的促进作用。油菜收获机测试活动是我国首次对油菜收获机进行比较全面、系统的综合性能大展示、大演示、大比武，不仅有效扩大了推广工作的影响，也为推广工作评价农业机械作业质量、生产效率、经济性和可靠性提供了重要依据，有效拓展了推广工作的范围和深度。

二是积极促进产学研推结合，创新完善推广机制。各级农业机械化技术推广机构在实践中不断创新完善推广机制，加强与种植业、畜牧、水产等单位的沟通，探索适合当地特点的农业机械化技术推广新路子，推广工作水平不断提高。各地普遍加强试验示范基地建设，提高农业机械化技术集成示范能力，发挥其辐射带动作用。加强与科教、企业、服务组织的协作，积极推进多元化推广机制建设，不断探索农科教大联合、大协作的有效途径，促进推广领域不断拓宽，服务范围不断扩展。

三是积极搭建信息交流平台，开展农业机械化成果展览展示取得积极成效。农业部农业机械化技术开发推广总站承办的中国农业科技十年发展成就展农机展区、第十届农交会农业装备展、第十届中国国际农产品交易会现代农业装备展示交易区等系列活动集中展示各地近年来农机科技创新与推广取得的丰硕成果，反映农机科技创新对农业生产的巨大影响，宣传农机科技在促进粮食增产、农业增效、农民增收等方面的重要作用。各级推广部门继续以《农机科技推广》杂志和各省市区创办的各类农业机械化杂志、简报等为政策导向、科技导向、技术服务、信息服务、宣传典型、交流经验的平台，服务行业，服务系统，逐步成为农业机械化行业和农机推广系统重要的宣传阵地，较好地发挥了科研院所、农机企业与用户间的重要桥梁和纽带作用。“中国农机推广网”和各地自办的网站、网页，宣传服务技术推广事业，服务用户和农民，受到系统内的普遍好评。同时，各级农机推广部门通过组织科技下乡，举办培训班和技能竞赛，开展现场演示，设立技术服务热线和网络咨询平台等多种途径，丰富推广方式方法，宣传农业机械化新技术、新机具、有关农业和农业机械化的法律法规、政策措施，以及农机推广工作的典型做法和成功经验，模范农机推广人物的事迹，展示农机推广人员的风采，引起各级领导的重视和关注，也让社会增加对农机推广工作的了解、关心和支持，有力宣传普及农业机械化科技知识。

【积极参与落实农机购置补贴政策，发挥技术支撑和服务保障作用】 2012 年，农业部农业机械化技术开发推广总站参与 2012 年国家补贴农机具目录的评审，参与补贴政策实施情况督导检查，对 100 多家重点农机企业开了补贴管理软件使用培训，组织编写和印发《重要农时农业机械化技术指导手册》《农机购置补贴申请程序挂图》等重要政策性指导和宣传材料。认真履行补贴政策电话咨询和抽查职责，接听回答300多个补贴政策咨询电话，抽查购机农户9 000多户，提出20条补贴申请注意事项，有效保障农民享受购机补贴政策的合法权益。

【不断深化农机推广体系改革和建设，推广服务能力明显增强】 一是促进政策落实，体系建设水平稳步推进。2012年，农业部农业机械化技术开发推广总站深入学习贯彻中央一号文件精神，进一步明确农机推广公益性职能，并在此基础上，结合各地经济发展水平和区域经济特点，因地制宜合理设置县乡农机推广机构。同时大力推行农机推广岗位责任制度，配合有关部门科学测算并落实基层农机推广人员编制，确保公益性职能的有效履行。各地农机推广机构全力采取有效措施积极争取有关部门的重视与支持，大力推进"一衔接两覆盖"等相关政策的落实，确保工作条件、生活条件和待遇的保障和改善，有力支撑机构和队伍的稳定和推广能力的提升。

二是积极促进人员知识更新，队伍素质稳步提高。各地农机推广机构在人员的录用、上岗等方面采取切实有效的措施，进行体现专业特点的考试、考核，大力选拔有真才实学的专业人员进入农机推广队伍。同时，大胆探索实施推广人员考核考评机制，加强业务培训，定期举办推广人员业务培训班，重点进行专业技术知识、实际操作技能和宣传推介能力的培训，并注重在实践中锻炼队伍，结合重点项目的实施、组织科技下乡、开展农民农机技术培训等活动，使专业技术人员得到充分锻炼和提高。

【总站自身建设取得新进展，凝聚力进一步提升】 2012年，农业部农业机械化技术开发推广总站以全员聘用为新的起点，以农业部农业机械化技术开发推广总站成立30周年为发展契机，以农业部农业机械化技术开发推广总站党总支成立为牵引动力，全面推进总站党的组织建设、人员队伍建设、规章制度建设和系统文化、精神文明建设，内强素质，外树形象，不断增强农业部农业机械化技术开发推广总站和系统的科技支撑和安全保障能力。

【建设学习型单位】 2012年，农业部农业机械化技术开发推广总站以能力建设为中心，把准方向带好队伍，充分调动各方的积极性、主动性。坚持民主集中制，明确分工，团结协作。贯彻农业部党组建设学习型党组织、建设学习型单位的要求，认真组织学习，在完成农业部党组规定学习内容的同时，组织4次理论中心组学习会和理论中心组扩大学习会，进一步解放思想，深化对我国农业机械化技术推广工作和安全监理工作规律的认识。

【集中精力抓大事，总站的行业凝聚力和号召力进一步提升】 2012年，农业部农业机械化技术开发推广总站利用学习贯彻中央一号文件和《推广法》的大好契机，在这方面做了四件大事，有效提升农业部农业机械化技术开发推广总站的号召力和凝聚力。组织召开"2012年全国农业机械化技术推广站长会"和"2012年全国农机监理站长会"，统一两个系统的思想和认识，明确工作任务和重点。农业部副部长张桃林出席这两个会议并发表重要讲话，两大体系的凝聚力进一步增强，目标任务更加明确，工作积极性、主动性更加高涨。以制定《农业部农业机械化技术开发推广总站"农业科技促进年"行动方案》带领全系统落实科技促年活动，统一科技创新方向和任务，提升创新能力；以推动制定《农业部关于加强农业机械化技术推广工作的意见》促进政策落实，改善机构条件和队伍建设，提升服务能力，调动工作积极性。结合学习贯彻新修订的《推广法》，请全国人大农业与农村委员会副主任刘振伟做专题辅导报告，约请农业部农业畜牧水产推广部门、省级农机推广部门，围绕落实推广法有关问题交流互动、深入探讨，收到良好效果。

【坚持以制度管人管事，积极推进内部管理制度化、规范化】 2012年，农业部农业机械化技术开发推广总站严格执行"三级会议"制度和重大事项集体研究决策规定，通过会议纪要、工作日志和办公局域网络等形式推进民主决策、阳光执政、站务公开，接受群众监督，推进文明单位建设。发挥按制度办事的积极导向作用。农业部农业机械化技术开发推广总站在2012年先后制定《农业部农业机械化技术开发推广总站(农机监理总站)专业技术岗位绩效工资管理暂行办法》《农业部农业机械化技术开发推广(农机监理)总站绩效工资预发与考勤挂钩暂行管理办法》等制度性文件，加强考勤，奖勤罚懒，正向激励机制不断完善。规范站务会和站长办公会会议纪要签发流程，制订会议纪要签发单。加强内部财务管理，自觉开展内部审计，查找漏洞，防患于未然。同时，加强工资管理，编制了全站职工的工资手册。针对档案管理不健全、不规范的问题，对档案室进行了初步清理，组织力量开展历年资料的清理归档工作。首次印制农业部农业机械化技术开发推广总站大事记，述职报告、竞聘上岗报告和会议纪要资料汇编。

【加强党组织的基层建设】 2012年，经农业部机关党委批复成立农业部农业机械化技术开发推广总站总支部委员会，设立综合、推广、信息与监理和老干部4个党支部委员会。基层党组织建设进一步加强，老干部党员活动的工作机制初步建立。落实"基层组织建设年"的相关部署，结合走基层，看望挂职干部，开展第三次理论中心组学习活动。参观八一南昌起义纪念馆，接受革命传统教育；走访江西抚州市农机推广和监理部门，并就基层党组织建设进行座谈。举行4个党支部成立会，农业部农业机械化技术开发推广总站党总支书记刘宪同志向各支部授党旗、向党员授党徽，要求各支部发挥好战斗堡垒作用。

【加强机构和人员队伍建设】 2012年，为加强推广工作，农业部农业机械化技术开发推广总站调整内设机构，原推广处和科技外事处更名为推广一处和推广二处，完成第五轮全员聘用工作。6名处长、3名副处长进行岗位交流轮换，16名处以下干部中的5名进行岗位交流；1名同志晋升为主任科员，11名同志被聘到更高级别的技术岗位，有效调动广大职工的积极性和主动性。实现进一步优化结构、加强重点岗位、激励全体员工、促进总站干部队伍、人才队伍建设的目标。为农业部农业机械化技术开发推广总站的长远发展，为推动农业机械化技术推广和安全监理事业的兴旺发达提供强有力的组织和人才保障。

【加强系统文化建设，总站精神深入人心】 2012年，农业部农业机械化技术开发推广总站确立正确的核心价值观和农业部农业机械化技术开发推广总站精神(敬业、务实、规范、专注、服务)。这对农业部农业机械化技术开发推广总站前30年既是一个高度概括,也将为农业部农业机械化技术开发推广总站在下一个30年,引领全系统在"科学推广、文明监理"的旗帜下,实施新跨越取得新发展提供强大的精神动力。农业部农业机械化技术开发推广总站成立30周年之际,反映农业部农业机械化技术开发推广(监理)总站30年发展历史的画册——《跨越发展30年》首发仪式在京举行。画册展现农业部农业机械化技术开发推广总站30年来具有纪念意义的精彩瞬间,回顾农机推广与农机监理事业跨越式发展的足迹。农业部农业机械化管理司司长宗锦耀为画册作序。农业部部长韩长赋和副部长张桃林分别给全国农机推广与监理系统和农业部农业机械化技术开发推广总站成立30周年题词。韩部长的题词是:"科学推广,文明监理"。张副部长的题词是:"推广先进技术,保障安全作业"。

【党风廉政建设取得新成效,风险防控能力进一步提升】 2012年,针对农业部农业机械化技术开发推广总站的特点,农业部农业机械化技术开发推广总站印发《廉政风险防控手册》,制定风险防范措施,推进惩防体系建设。多次召开党风廉政建设工作布置、检查会议,及时传达和通报发生在身边的腐败案件,开展形式多样的警示教育活动,做到警钟长鸣。实行廉政风险防控责任制度。一把手既要对全站廉政风险防控工作负责,监督提醒班子其他成员,同时也要接受上级、班子其他成员和全站干部职工的监督。班子其他成员接受一把手的监督,同时负责监督所分管的处室领导。各处室领导接受分管站领导的监督,并对本处室廉政风险防控工作负责。对农业部农业机械化技术开发推广总站各项政务、财务管理制度进行全面清理和完善,强化落实,加强财务规范化管理。农业部农业机械化技术开发推广总站召开理论中心组会和站务会时,有针对性地开展专题学习,提高干部职工的财务意识和审计意识。总站连续多年没有出现干部违纪违法的问题。

安全监理

农业部农业机械化技术开发推广总站(农业部农机监理总站)

【概况】 2012年,农业部农机监理总站按照"安全第一、预防为主、综合治理"的安全工作方针,紧紧围绕农业和农村经济发展大局,以预防和减少农机事故、促进农机安全生产为目标,着力强化农机事故技术分析,提升事故预防能力;着力推动免费安全技术检验和"平安农机"创建工作,提升农机"三率",提高农民安全生产意识、农民驾驶操作水平和改善农业机械安全技术状态;着力改善执法环境,规范执法程序,提高安全服务能力,农机安全生产形势在农机规模快速增长的压力下持续稳定好转。

【着力强化农机事故分析能力,事故预防能力进一步提高】 一是事故分析能力得到有效提升。2012年,农业部农业机械化技术开发推广总站以重大农机安全生产事故为重点,在执法中强化对农机事故发生原因和预防措施的分析。以农机事故统计方法和事故分析方法为重点,举办农机事故预防与统计分析培训班,邀请公安部交通管理局讲解道路交通事故处理方法和依据。

二是加大事故预防技术普及力度。2009—2012年,农业部农业机械化技术开发推广总站在全国24个省区的106个县开展拖拉机安全防护性能提升事故预防试验示范试点推广,为12万台拖拉机和联合收割机粘贴农业机械机身反光标识。示范工作不仅为降低拖拉机重大事故起到立竿见影的效果,而且带动地方推广应用事故预防技术的积极性和主动性。2012年,大连市政府安排198万元经费用于推广应用农业机械机身反光标识,有效提高拖拉机夜间行驶的安全防护性能,因拖拉机夜间行驶或停放路边发生的追尾碰撞事故明显减少。

三是有针对性地加强事故处理与应急演练。各地认真贯彻《农业部关于加强农机事故应急管理工作的意见》,组织开展应急演练,提高农机事故防范及应急处理能力。辽宁、黑龙江、江苏、四川、湖南等省创新培训方式,加大相关法规标准宣贯力度,虚拟事故现场对现场勘查、事故认定和损害赔偿调解程序、要求进行重点培训,进一步规范农机事故处理。

【着力提升农机"三率",提高安全生产意识和农业机械安全技术状态】 一是积极推进平安创建取得新的积极成效。2012年,农业部农业机械化技术开发推广总站认真贯彻落实《2012年农机"安全生产年"活动工作方案》,探索农机安全宣传新途径、新方法,搞好重要节日、重点农时的农机安全生产宣传工作,提高农机驾驶操作人员的遵章守法意识。2012年6月10日,与河北省农机安全监理总站协助农业部农业机械化管理司在唐山举行以"关爱生命、安全发展"为主题的安全生产咨询日活动,现场为农民发放安全生产宣传资料,粘贴拖拉机机身反光标识,解答农民群众提出的问题,营造浓厚的安全生产氛围。在2012年农机"安全生产月"活动中,全国各级农机安全监理机构组织宣传活动3 000余场(次),出动人员6万多人次,免费发放宣传资料500余万份,悬挂宣传标语2万余条,展出展板1万余个,设置宣传专栏8 000余个,参与的农民机手超过500万人。农业部农业机械化技术开发推广总站编写的《农机安全生产知识》宣传画册,被新疆维吾尔自治区确定为"东风工程"图书,出版汉文和维吾尔文两种版本的图书,服务于新疆公益文化事业。

二是以治理拖拉机牌证为重点,专项治理工作取得明显成效。2011年8月,农业部下发《关于严格禁止违规发放拖拉机牌证的通知》(以下简称《通知》),开展为期一年的拖拉机牌证专项治理工作。一年来,各地按照《通知》要求,依法规范拖拉机牌证核发业务,严格执行国家安全标准,加强对违规发放牌证的治理力度,及时召开专门会议,研究部署专项治理工作,同时加大与公安交管部门的联合检查力度,采取一系列切实可行的措施,全国违规发放拖拉机牌证专项治理工作取得初步成效。整治活动开展以来,全国共出动农机执法人员30余万人次,进一步规范了农业机械牌证的使用和管理,有效消除牌证核发和使用环节中存在的隐患,强化农业机械牌证源头管理,提高农机安全生产防患意识和能力,保证农机秩序稳定,维护广大农民机手的合法权益。

【着力改善执法环境,规范执法程序,提高安全服务能力取得积极成效】 一是农机安全监理工作机制进一步完善。2012年,农业部农业机械化技术开发推广总站落实考核机制,推动农机安全生产控制考核指标纳入地方政府考核体系,地方政府及农业机械化主管部门的安全生产监管职责进一步强化,初步形成农机安全生产属地管理的常态化管理局面。推动建立农机安全生产长效机制。"平安农机"创建活动开展七年来,各级政府对农机安全生产更加重视,特别是激发乡镇、村的创建工作积极性,多部门协作机制得到完善,安全宣传进一步加强,农民机手的安全意识得到提高,基层安全监管网络进一步完善,农机安全生产工作基础得到夯实,政府主导、农机主抓、部门配合、群众参与的农机安全生产长效机制基本形成。推动落实农机安全监理支持政策机制。在宁夏、大连、宁波等区(市)实施农机免费管理后,2012年北京和陕西也减免牌证、检审验和考试等费用,北京、江苏等地还实施农机政策性保险。这些机制的建立,不仅使农民朋友在享有公共安全服务的过程中得到了实惠,也推进农机安全监理工作的创新和提升。

二是农机安全监理体系建设进一步加强。农机安全生产工作得到高度重视,安全监管职责加强,体系建设不断强化。农机安全监管网络稳定健全。截至2012年,全国共有县级以上农机安全监理机构2 877个,县级以上农机安全监理从业人员近3.3万人,共有专兼职农机安全监理人员11万人,基本形成县以上有机构,县以下有组织、有人员的6级农机安全监管网络体系。机构改革稳步推进,参公管理步伐明显加快,监理人员的工作积极性和主动性不断提高。全国30个省级监理机构中已有26个纳入公务员或参公管理,市、县两级农机安全监理机构纳入公务员或参照公务员管理的数量占机构总数的38%。农机安全监理体系不断完善,地位明显提高,人员队伍相对稳定,经费来源持续保障,从体制上确立农机安全监理机构的执法地位,为农机安全监理人员公正执法、文明监理提供组织保障。

三是监管服务能力进一步提升。按照中央创先争优活动领导小组《关于在窗口单位和服务行业深入开展"为民服务创先争优"活动的指导意见》、农业部《关于在农业系统窗口单位深入开展"为民服务创先争优"活动的通知》和农业部办公厅《关于开展农机安全监理"为民服务创先争优"示范窗口创建活动的通知》要求,农业部在全国农机安全监理系统组织开展农机安全监理"为民服务创先争优"示范窗口和示范岗位标兵创建活动。创建活动开展以来,各地按照中央和农业部要求,精心部署,广泛动员,努力工作,取得明显成效。创建活动使基层监理人员服务意识明显增强,监理业务明显规范,队伍素质明显提高。全国不少地方送检、送考、送培训、送安全知识下乡,送服务上门,贴近村庄、贴近农户、贴近机手,寓管理于服务中,深受农民欢迎。各地充分利用全国统编教材《农机安全监理》,加大对全省各业务岗位人员政策法规、业务知识和岗位技能的培训力度,提高理论修养,更新业务知识,规范业务程序。全国基本建立一支政治坚定、业务过硬、作风优良、清正廉洁、具有较高素质的农机安全监理队伍,推进学习型、服务型农机安全监理队伍建设,不断提升监管服务能力和水平。

【农机安全生产形势在农机规模快速增长的压力下持续稳定好转,重大事故发生数量和死亡人数控制在国务院安委会的控制指标之内】 2012年1—10月,累计发生在国家等级公路以外的农机事故1 251起,死亡230人,受伤572人,直接经济损失1 158万元。与2011年同期相比,事故起数、受伤人数和直接经济损失分别上升70%、55%和134%,死亡人数下降12%。因2012年农业部对农机事故统计口径进行调整,原来以拖拉机联合收割机事故为主要统计内容,现将所有农业机械发生的事故都纳入统计范围,从各地上报的统计数据看,因农业机械事故引发的人员受伤和经济损失事故还大量存在。因此,2012年前三季度事故起数、受伤人员和事故造成的直接经济损失较2011年同期有所增加,但事故死亡人数较2011年同期明显下降。全国共发生较大以上农机事故(国家等级公路以外)2起,死亡7人。农机事故死亡人数占全年控制考核指标的22.4%,在国务院安全生产委员会下达的总体控制考核指标进度目标以内。

教育培训与职业技能鉴定

农业部农业机械试验鉴定总站(中国农机产品质量认证中心)

【概述】 2012年,农业部农业机械试验鉴定总站组织召开职业技能鉴定站长会,明确2012年后一个时期的农机职业技能开发重点工作。继续开展"政企联动"培训,举办4期培训班,共培训28个省(区、市)的264名学员,87%获得高级工以上职业资格。配合农业机械化管理司开展全国农机职业技能培训和鉴定示范基地创建活动,全国共有29个省(市、区)的108家单位参加示范基地创建申请。与39个农机职业技能鉴定站签订《质量管理责任书》。配合农业部科技教育司做好全国农业职业院校"农机修理工"组的技能竞赛活动,拟定竞赛理论试题,组织行业专家做好裁判工作,为竞赛成功举办提供有力的技术支撑。组织举办考评员培训班,培养农机职业技能鉴定考评员889人。承担《插秧机操作工》《设施农业机械装备操作工》2本培训教材和《设施农业机械装备操作工》1 个鉴定题库开发任务。组织《国家职业分类大典》修订工作，完成农机行业 24 个拟新增职业（工种）的调研。2012 年，核发职业资格证书 8 万个，促进农机行业从业人员队伍素质的提高。

农业机械化科研

农业部南京农业机械化研究所

【概况】 2012 年，农业部南京农业机械化研究所申报各类纵向项目 75 项，立项 33 项。新增纵向立项经费 6 604 万元，新增留所经费 3 480.8 万元，创历史新高。全所共承担各类纵向项目 135 项，其中主持项目 75 项；135 个项目中，各部委项目 24 项，省市项目 105 项，中国农业科学院项目 6 项。

【科技成果】 2012 年，农业部南京农业机械化研究所获得各类省部级和院级奖项 4 项：其中“油菜全程机械化关键技术研究与集成示范”获中国农业科学院科技进步二等奖，“无人驾驶自动导航低空施药技术”获中国植物保护学会科技二等奖，“生物质成型燃料加工装备技术”中国机械工业科学技术三等奖。

完成科技成果鉴定及项目验收结题 15 项，其中农业部科技成果鉴定 1 项。全年申请专利 53 项，已获专利授权 49 项，其中发明专利 15 项，发表论文 79 篇，SCI、EI 等收录 9 篇，其中院选 SCI 核心期刊 3 篇，院选中文核心期刊 7 篇。

【平台建设】 2012 年，农业部南京农业机械化研究所申报“国家主要农作物收获机械工程技术研究中心”，完成农业部现代农业装备重点实验室组建方案和各个专业实验室的章程上报工作。农业机械化协会科技分会招募会员并筹建理事会。完成农业部重点实验室开展的 2012 年农业科研杰出人才及其创新团队申报工作。完成江苏省科技基础设施建设项目“江苏省高效植保机械公共技术服务中心”的中期考查。完成“科研实验室”建设项目验收工作等。

【学术活动】 2012 年，农业部南京农业机械化研究所主办或承办农业部“农业科研能力建设工作会”、“中华农业科技奖申报推荐工作培训班”、“全国农机化科技促进行动专家座谈会”、“全国农机化科技创新战略研讨会”等。配合科研中心主持召开“水稻种植机械化技术发展论坛”、“茶园机械演示交流会”等学术交流会议；参加“第七届海峡两岸茶业学术研讨会”、“全国茶机创新与茶产业升级学术研讨会”等会议。

【检测工作】 2012 年，国家植保机械质量监督检验中心通过国家质检总局组织的“产品质量检验机构工作质量分类评价”，被认定为 I 类（最高级别）。在国家认证认可监督管理委员会组织的 2012 年度国家产品质量监督检验中心专项监督检查中取得 90 分的好成绩。

完成国家质检总局下达的 2012 年第二季度植物保护机械产品国家监督抽查任务 70 批次，以及全国 158 个批次的植物保护机械产品国家监督抽查材料汇总；完成江苏省质量技术监督局下达的 2012 年第二季度植物保护机械产品江苏省省级监督抽查检验任务 24 批次；完成国家认证认可监督管理委员会下达的 25 个批次的植物保护机械产品市场专项监督抽查检测任务；完成江苏省工商行政管理局下达的 2012 年度植物保护机械产品江苏省市场监测检验任务 80 批次；完成中国农机产品质量认证中心下达的 110 个批次的植物保护机械产品的强制性认证检测任务；完成农业部农业机械试验鉴定总站下达的 45 个批次的植物保护机械产品部级推广鉴定任务和 40 个批次的旋耕机械产品部级推广鉴定任务。完成植物保护机械产品生产企业委托检验 44 个批次，完成旋耕机械产品生产企业委托检验任务 25 个批次。

【产业工作】 一是产业全年收入。2012 年，农业部南京农业机械化研究所横向合同收入 2 079.9 万元。二是产业主体工作。成果转化形势喜人，产业发展稳步推进。所办大浩科技公司被列为科技部成果转化重点支持单位。根据“全国农业科技促进年活动”要求，农业部南京农业机械化研究所积极参加农业部、中国农业科学院等主管部门组织的各类活动 10 余次。启动农业部南京农业机械化研究所“农机 313 工程”，组织科研人员赴全国各地广泛开展“优质稻生产机械化技术示范推广”、“蔬菜机械化试验示范基地”、“油菜联合收获、分段收获、小区脱粒等机械化作业现场演示”等活动，切实做好服务三农工作。参加“第十四届中国国际高新技术成果展”、“中国农业科技十年发展成就展”、“中国锦州农业科技展会”等大型展示，扩大农业部南京农业机械化研究所行业影响。

【人才工作】 一是人才队伍建设。扎实开展人才引进工作，严把进人关，完善结构性面试流程，强化专业技能测试，增加特长展示环节，圆满完成两批毕业生招聘。开展学科人才遴选工作，学科人才队伍不断壮大，完成全国水稻（油菜）生产机械化专家组成员推荐等专家队伍建设，提升专家知名度和影响力。通过召开“学习贯彻中央一号文件精神研讨会”、党委中心组学习等形式，强化干部培训，选派 3 人参加农业部干部培训，2 人参加江苏省第五批“科技镇长团”挂职锻炼。二是研究生培养。完成全日制硕士研究生和农业推广硕士南京教学点的日常工作，组织召开农业部南京农业机械化研究所“研究生导师培训会”，协助研究生院完成了一级学科评估工作，筹备成立第一届中国农业科学院研究生会南京农机化所分会。成功拓展与安徽农业大学联合培养，研究生数量大幅增长，目前在读硕士研究生 26 人，博士研究生 1 人。三是科研人员技能培训。农业部南京农业机械化研究所坚持青年骨干岗位锻炼，将人才培养作为考核各部门的重要指标，40 岁以下主持课题 20 人次以上，鼓励攻读在职博士，选派科研骨干参加国内外业务培训和开展合作研究。

国际交流

农业部农业机械试验鉴定总站（中国农机产品质量认证中心）

【概述】 2012 年，农业部农业机械试验鉴定总站组织实施 11 个出国（境）团组，先后派出 22 人次分别赴马来西亚、美国和日本执行 3C 认证审查、农机推广鉴定工厂审查等任务。持续开展 OECD 拖拉机协定有关工作，推动建立亚太农机检测网。编制总站对外宣传画册。接待巴西中国农业考察代表团、德国 ZF 公司代表团等境外代表 80 多人次，为拓展农业机械化国际交流与合作打下较好的基础。举办总站职工英语风采大赛，参加农业部“英语之星”团体赛，荣获团体赛二等奖，激发干部职工学习英语的热情。

农业部南京农业机械化研究所

【概述】 2012 年，农业部南京农业机械化研究所组织实施农业部“东盟国家水产机械化养殖技术示范与培训”、国家外国专家局“精准农业航空施药技术引进”等国际科技合作项目。接待“美国农业部农业研究中心”、“斐济水稻生产技术培训班”等来访团组；组织申报农业部国际交流与合作项目 1 项、亚太经合组织农业技术合作项目 2 项、发展中国家技术培训班项目 1 项、国家外专局引智项目 1 项；组织提交中国和拉美国家合作项目建议 3 项。

农机工业与流通

中国农业机械工业

农机工业

【概况】 2012年,中国农业机械工业协会贯彻学习宣传党的十八大精神,把党的十八大精神学得更加深入、领会得更加透彻、贯彻得更加自觉,用十八大精神作为加快推进我国农机工业又好又快发展的聚焦点、着力点和落脚点。

【开展联合收割(获)机和拖拉机行业准入公告管理工作】 根据《国务院关于促进农业机械化和农机工业又好又快发展的意见》,要求农机工业主管部门认真履行农机工业行业管理职能,加快制定农机工业发展规划、产业政策和行业准入办法,工业和信息化部正式发布《联合收割(获)机和拖拉机行业准入条件》。受工业和信息化部委托,中国农业机械工业协会组织起草实施细则及相关配套文件,于2012年4月11日正式印发《联合收割(获)机和拖拉机行业准入公告管理暂行办法》。根据工业和信息化部要求,2012年,协会承担联合收割(获)机和拖拉机行业准入的宣贯、申报、审查及发布等项。

一是准入宣贯。5月30—31日,国内近120家企业和相关单位的160多位代表出席在山东省临沂市召开全国联合收割(获)机和拖拉机行业准入管理工作会议。会议就联合收割(获)机和拖拉机行业准入管理文件进行解读,就联合收割(获)机行业准入公告检验要求和拖拉机行业准入公告检验要求进行详细讲解,并介绍2012年度准入公告申报的有关要求和规定。

二是准入审查。根据工业和信息化部装备工业司的安排,由协会组织有关单位对准入公告申请材料的完整性、符合性和真实性等进行初步审查。工业和信息化部于11月中旬组织协会等有关单位,在当地省(市)工业主管部门的配合下,根据行业准入条件内容,进行现场核查。11月20日,工业和信息化部在北京组织行业专家召开2012年度联合收割(获)机和拖拉机行业准入公告申报材料评审会,符合《联合收割(获)机和拖拉机行业准入条件》企业名单(第一批)已于12月3—14日在工业和信息化部网站进行公示。

【参与工业和信息化部多项文件、意见、建议等起草】 2012年,中国农业机械工业协会提出《农机工业可实现突破的重大战略产品》("十二五"期间"四个一批"工程)的建议。起草工业和信息化部落实2012中央一号文件《关于加快推进农业科技创新持续增强农产品供给保障能力的若干意见》的工作内容及方案。就农业部《农机购置补贴产品经销商监督管理办法》征求意见提出有关建议。起草《2011年度经济体制改革工作情况(农机工业部分)》《加强和创新农机行业管理的探索》、上报《2011年农机工业运行分析》。填报2013年产业振兴和技术改造重点专题(农机工业部分)。围绕《农机工业发展规划(2011—2015)》,组织编制农机工业"十二五"技术改造投资项目和重点技术攻关项目的具体内容和落实方案。

在《2012年产业振兴和技术改造专项农机项目》评审中,积极争取国家专项资金的支持。据不完全统计,2012年国内20多家企业落实技改资金近3亿元。2012年在技改资金支持方向上,特别注重对一些重大产品的试验研究公共平台建设的支持。支持拖拉机试验研究公共平台的技术改造,提升行业拖拉机试验研究水平。

根据《农机工业发展政策》,积极推进围绕高耗能、高排放、低性能、安全性差的落后农机产品淘汰和老旧农机产品更新,配合工业和信息化部召开"农机以旧换新工作座谈会",并提出相关建议。

就农机关键零部件进口关税调整提出政策意见,并积极落实。向财政部、工业和和信息化部等部门提出"关于调整重大技术装备和关键零部件进口税收目录"的建议。同时,积极为企业落实免税政策,据不完全统计,2012年度落实关键零部件进口免税额度近2 000万美元。

【开展农业机械行业信用等级评价工作】 为加快中国农业机械行业信用体系建设进程,根据《中国农业机械行业信用评价实施细则》和《中国农业机械行业信用信息管理办法》,对申报2012年(第六批)信用等级的企业进行"独立、公正、客观、科学"的评价。截至2012年7月31日,第六批共确认申报67家企业。经初审、专家评审及会审等评价程序,授予新疆机械研究院股份有限公司等3家企业为AAA级信用企业,荣成市海山机械制造有限公司等34家企业为AA级信用企业,山西飞象农机制造有限公司等30家企业为A级信用企业。截至2012年底,农业机械行业信用等级企业187家。其中:AAA90家;AA67家;A30家。

修订信用评价管理办法和评价指标体系。对三年试点工作进行总结,在总结基础上对有关文件进行修订,修订的文件有:《农机行业信用信息管理办法》《农机行业信用等级评价指标体系》《农机行业企业信用等级评价申报书》《农机行业信用等级评价实施细则》等。目的是满足对一般企业申报的需求,适应网上申报管理的需要。

【完成商务部委托的有关工作】 与商务部签订《关于承担2012年农机产业结构优化工作的协议》,根据要求上报农机工业运行情况分析等报告。

【完成《购机补贴惠农政策促进农机工业发展的措施研究》报告编制】 就完善购机补贴促进农机工业发展提出将行业准入资质列为入围购机补贴目录的基本条件;按照发展现代农业的要求调整购机补贴支持方向,实现重点突破,分段推广;统筹安排科学改进购机补贴资金下拨时间与方式;构建制度化的长效运作机制等政策建议。

【参与2013—2014年《国家支持推广的农业机械产品目录》评审等有关工作】

【组织2012中国机械工业科学技术进步奖(农机组)评奖工作】 2012年《中国机械工业科学技术进步奖》农机组评审会于8月29—31日在洛阳召开。来自科研院所、大专院校、企业、管理及相关单位的7名农机专家参加评审会。2012年农机组收到申报项目20项。经专家初评后推荐一等奖1项,二等奖3项,三等奖6项,缓评2项。2012年农机组共接收20个项目申报。获奖率达到50%。为做好评奖工作,组织农机组网评专家队伍建设,收集评审专家信息。新增网评专家68人。

【做好行业动态和信息工作】 一是将协会会刊作为协会发布信息的辅助渠道,全年出版《会刊》4期,作为协会网站信息发布渠道的补充,加大深度报道、典型报道、重点报道的力度。另外,配合年鉴社工作,组织《中国农机工业年鉴》出版。二是适应农机行业快速发展的要求,满足协会各项业务工作的需要,特别是行业工作开展的需要,建立面向行业、面向会员单位的门户网站。建立信用、统计、国际交流、展览等各项行业工作网上办公管理系统。三是为政府管理部门提供农机行业运行情况,反映农机行业存在问题,反映企业诉求,做好企业与政府部门信息沟通的桥梁。做好农机行业运行数据统计及《农机行业运行分析》,按月提供国家发改委、工业和信息化部、农业部、中机联等上级部门。做好半年分析和年度分析。四是农机工业统计数据报送系统建设工作。加强各分支机构、统计员人员的联系,建立《中国农机工业协会统计报送体系》,逐步建立月、季、年报制度,进一步完善农机工业统计方法制度;国外统计资料交换。

【搭建农机工业国际合作平台】 2012年,中国农业机械工业协会外事工作共组织3个考察团,1个国际参展团,1个来华参展团,1个来华考察团,参加1次国际会议,同时继续为企业开拓国际市场和引进新产品服务。

一是树立协会形象,打造专业化国际考察团。组织赴美国考察团。应美国世界农业博览会的邀请,于2012年2月组织"中国农机工业考察团"访问美国,一行31人,先后参观美国世界农业博览会,考察当地举办的二手农机拍卖会,参观加州现代化的农场、奶牛养殖场和林场。组织赴意大利考察团。应意大利农机制造商协会的邀请,组织的"中国农机工业考察团",一行45人,于2012年11月,赴意大利进行农机工业考察,先后参观意大利博洛尼亚国际农业机械及园林机械展览会(简称"EIMA展"),考察意大利Goldoni公司、CARRARO Div. AGRITALIA公司、Breviglieri公司、FALC公司等4家生产拖拉机及农机具制造企业。组织赴日本考察团。5月23日,组织有关企业对日本的农机制造企业和钣金件加工企业等进行10天考察和访问。考察团先后访问天田公司依势原总部和富士宫制造工厂、久保田株式会社宇都宫工厂、关东精工株式会社、松山株式会社、IHI石川岛芝浦株式会社、洋马株式会社冈山联合收割机工厂等。所考察的企业涉及数字化加工装备制造、水稻收获机制造、插秧机制造、拖拉机制造、犁和旋耕机等农机具制造、农机零部件制造等行业。考察团参观了日本天田公司生产厂和举办的激光—复合加工装备国际展览会,观看了当今先进钣金加工技术和装备的演示。

二是作为意大利EIMA展在中国唯一授权的管理机构,负责中国企业参展。2012年,经意大利博洛尼亚国际农业机械及园林机械展览会(简称"EIMA展")主办方意大利农机制造商协会的授权,中国农机工业协会作为EIMA展在中国的总协调中心,负责所有中国企业参展及参观的筹备、申报、协调等管理工作。此次中国展商共计83家企业,参展面积近2 000平方米。此项工作得到中外双方的满意和认可。协会是展会主办方首次在中国唯一授权的管理机构。

三是参加国际农机工业发展研讨会。2012年10月10日,全球农机网络工作小组在莫斯科举办《国际农机工业发展研讨会》,中国、俄罗斯、美国、德国、意大利、法国、日本、巴西、印度、土耳其等国的农机工业协会领导人就本国农业生产、农机工业发展情况和展望进行研讨,就2012年销售与市场发展进行交流。协会代表在会上向与会代表介绍10年来我国农业生产取得的成就和农机工业发展情况,展望未来我国农机工业发展的趋势,提出与各国合作发展的想法。会上,各国对中国农机工业的快速发展表现了浓厚的兴趣,希望加强与中国农机工业协会的联系,加强数据交换。

四是接待国外农机来华考察团。4月22—28日,德国企业代表团赴中国,一行21人,在协会陪同和安排下,前往福田、五征、黑龙江农垦等单位进行合作探讨与交流。

五是组织国外农机制造商来华参展。中国农机工业协会与意大利农机制造商协会合作组织意大利展团,参加2012年9月25—27日在沈阳举办的中国国际农业机械展览会。

六是为企业开拓国际市场和引进新

产品服务。通过组织企业参加和参观国际农机展览，为企业开拓国际市场。通过搭建中外企业交流平台，促进国内企业与国外农机生产企业的合作，组织企业参加国际招投标和国家援外项目采购。帮助国内企业引进先进技术，投放国内生产，开拓国际市场。

【办好农机展会，搭建行业交流平台】 拓宽活动领域，增加活动内涵。通过开展多种形式的活动来提升协会的行业影响力，更好地为行业企业服务，办好农机展览是协会活动的一项重要工作内容。

一是2012全国农业机械展览会。由协会牵头，三家协会共同举办的“2012全国农业机械展览会”，在协会各部门共同努力及三家协会通力合作下于2012年4月15—17日在长沙成功举办。展会实到参展企业285家，展会总面积达4万平方米。参展商和展览规模都超过上届。展会期间，成功举办以“推进品牌战略、加快科技创新”为主题的“2012中国农机发展论坛”、“2012年(第五届)全国农机用户满意品牌”评选活动启动仪式。

二是2012中国国际农业机械展览会。展会期间，与农机流通协会共同主办“2012年农机行业经济运行报告会”，受到与会代表的欢迎和好评。为办好报告会，组织开展市场调研。通过走访黑龙江、吉林、河北、河南、重庆、新疆等地区的企业，对农机市场运行情况、区域性农机工业特点进行调研。如：吉林省小型玉米机械、河北省小型耕作机械、玉米机械，重庆市微耕机，新疆棉花机械，撰写《2012中国农机工业发展报告》，提交2012中国农机市场发展论坛。

为发挥展会服务企业，推进农机行业品牌建设和科技创新，在2012年秋季，开展参展产品评奖活动。该活动共收到45家农机生产企业的89个产品申报。经过初选、评审、公示、确认4个阶段，共评审出30个产品获“2012中国国际农业机械展览会”参展产品金奖，21个产品获“2012中国国际农业机械展览会”参展产品创新奖。通过展会会刊，获奖产品图片展、宣传册等对获奖产品进行广泛宣传，在展会期间还专门举办获奖产品颁奖仪式。

【开展培育农机工业区域品牌工作】 根据《农机工业产业集群区域品牌认定办法》，协会受理了山东省寿光市人民政府《关于申报中国大棚卷帘机之乡的请示》的申请，并经审核决定授予山东省寿光市“中国大棚卷帘机之乡”称号。3月2日，在山东省潍坊市举办的“第六届中国（山东）农业机械产品展示会”上，协会执行副会长侯庆忠宣读这一决定。

【关注行业热点，开展多种形式活动】 一是组织“数字化制造装备与技术”交流会。2012年4月10日，举办“数字化制造装备与技术”交流会。50多家农机企业技术人员进行了数字化制造技术方面的交流。交流会上，有关技术人员就金属加工方面的技术做了全面介绍。二是在山西召开“全国谷子生产机械化技术研讨会”。2012年10月19日，与山西省农机局合作，在山西武乡县召开“全国谷子生产机械化技术研讨会”。来自中国农机化科学研究院等农艺、农机科研院所、基层农机推广站、生产企业等单位的近百名代表参加会议。会上，山西、河北等谷子种植大省介绍谷子生产机械化生产的现状和问题；农艺专家介绍谷子生产状况和农艺需求；制造企业介绍谷子生产机具的研发情况。代表们就谷子生产农机与农艺的融合模式与措施思路、谷子播种与收获环节的机械化问题及现有机具的适应性改进等问题进行研讨。三是召开拖拉机配套动力优化升级研讨会。11月底，在安徽全椒召开“拖拉机配套动力优化升级研讨会”，会议就我国拖拉机发展现状、目前拖拉机配套动力存在的问题及发展方向进行深入探讨。

【规范内部管理，加强自身组织建设】 一是完善管理制度、分配制度和绩效考核体系，建立新的工作机制，提高工作效率。国务院办公厅《关于加快推进行业商协会改革和发展的若干意见》，对行业协会工作提出了更高要求，同时为加强对社会团体的管理，国家民政部2012年10月9日发布《关于规范社会团体开展合作活动若干问题的规定》（民发〔2012〕166号），要求协会严格依照法律法规和章程独立自主地开展活动。为健全法人治理结构，深化制度改革，搞好内部管理，在做好协会换届备案工作的同时，协会陆续制定《中国农业机械工业协会本部会议制度》《中国农业机械工业协会本部人事管理制度》《中国农业机械工业协会财务有关事项管理办法》等内部规章制度。为明确工作目标，完善分配制度和绩效考核体系，制定《协会内设部门工作职责及2012年年度工作计划》，印发《关于下达各部门经济指标及分配办法的通知》《关于实施“绩效考核管理办法”的通知》。通过深化劳动人事制度改革，加强财务管理，提高工作效率。二是加强协会自身建设，提高协会人员工作能力和服务能力。承担政府授权和委托，通过行业协会引导企业贯彻执行整个行业发展规划和相关政策，规范企业生产经营，发挥宏观调控作用。这一切对行业协会能力建设和管理水平有着相当高要求。协会加强对协会工作人员素质培养和业务水平的提高，不断探索新形势下协会服务的有效方式，既要为企业和会员提供时效性、针对性强的服务，又要把为企业、会员服务的成效作为衡量协会工作最根本的标准。

【加强分支机构建设，发挥分支机构作用】 一是建立协会与各分支机构的有效联系制度。为摸清各分支机构现状，建立协会与各分支机构的有效联系制度，协助分支机构开展工作，使分支机构成为协会工作的一部分。2012年3月6日，在北京召开2012年分支机构工作会议。会议听取16个分支机构的工作汇报和2012年工作计划，听取各个分支机构对协会工作的意见，通过《中国农业机械工业协会分会工作条例（讨论稿）》《中国农业机械工业协会分支机构管理办法（讨论稿）》《中国农业机械工业协会分支机构财务管理办法（讨论稿）》等3个文件，听取对协会网站升级改版的意见。

二是推进农机行业统计系统建设，让企业管理委员会发挥更大作用。在原拖拉机行业统计学会基础上重建协会企业管理委员会，推进农机行业统计系统建设工作。2012年5月18日，企业管理委员会会员代表大会暨2012年工作会议在洛阳市召开，来自于拖拉机、联合收割机和其他行业的80多位代表出席本次大会。会议审议通过《企业管理委员会章程（讨论稿）》《企业管理委员会统计信息保密制度（讨论稿）》和《会费交纳标准及管理办法（讨论稿）》等文件，选举产生新一届理事会、主任委员、副主任委员，聘任秘书长和副秘书长，组成管理委员会领导机构。

三是开展多项活动，强化产品宣传委员会作用。2012 年，中国农业机械工业协会产品宣传委员会利用刚组建的领导班子，结合挂靠单位实际情况，进行“农机精神”表述语征集，第 5 届全国农机用户满意品牌评选活动的前期准备，召开中国高端农业装备制造发展研讨会，以及利用《农业机械》杂志、第一农机网和第一农机短信平台进行宣传行业政策，服务行业企业。

四是成立零部件分会，推动农机关键零部件发展。9 月 24 日，零部件分会成立大会暨首届会员代表大会在沈阳国际展览中心召开。160 多家零部件会员企业的代表参加会员代表大会。会议通过《零部件分会工作条例（草案）》《零部件分会会费管理办法及会费缴纳标准（讨论稿）》《中国农业机械工业协会零部件分会工作条例（草案）》等 3 个文件，选举产生一拖（洛阳）开创装备科技有限公司等 76 家单位组成的零部件分会第一届理事会。召开零部件分会首届理事会第一次会议，选举产生会长、副会长和常务理事单位。中国农机工业协会副秘书长宁学贵兼任零部件分会的会长，挂靠单位设在洛阳国家拖拉机质检中心，中心副主任郎志中为分会秘书长。成立大会由中国农机工业协会副会长侯庆忠主持，中国农机工业协会会长陈志、名誉会长高元恩等领导参加成立大会。9 月 25 日，在沈阳国际会展中心举办“2012 中国农业机械零部件发展论坛”。2012 年 6 月 26 日至 9 月 11 日，按照《中国农机零部件龙头企业评选规则》的评定条件，开展 2012 年中国农机零部件龙头企业评选活动。从农用柴油机、车桥、农用轮胎、液压件等九类产品的生产企业中评选出 23 家企业为“中国农机零部件龙头企业（首批）”，并授予“中国农机零部件龙头企业”，颁发证书和匾牌。

中国农机零部件龙头企业（首批）（按企业名称笔画排序）

一、农用柴油机

一拖（洛阳）柴油机有限公司
广西玉柴机器股份有限公司
天津雷沃动力股份有限公司
安徽天利动力股份有限公司
常柴股份有限公司
常发实业集团有限公司（单缸机）

二、车桥

一拖（洛阳）开创装备科技有限公司
山东雷沃桥箱有限公司
南昌江铃集团协和传动技术有限公司
诸城市义和车桥有限公司

三、驾驶室

一拖（洛阳）福莱格车身有限公司
潍坊帅克机械有限责任公司

四、农用轮胎

山东泰山轮胎有限公司
徐州徐轮橡胶有限公司

五、轮辋

石家庄中兴机械制造有限公司

六、橡胶传动带

马鞍山锐生工贸有限公司
无锡市中惠橡胶科技有限公司
佳木斯惠尔有限责任公司

七、橡胶履带

杭州中策橡胶有限公司

八、液压件

中航力源液压股份有限公司
湖州生力液压有限公司
镇江液压件厂有限责任公司

九、拖拉机提升装置

山东弘宇机械有限公司

农机零部件工业

【概况】 自 21 世纪以来，我国由于农业发展的需要和农机购机补贴等惠农政策的实施，农机工业得到快速发展。与此同时，农机零部件企业也经历了不同寻常的黄金增长期，零部件企业享受到了农机高速增长带来的丰硕成果，大批农机零部件企业从无到有、由弱变强，得以快速发展和进步。

【农机零部件成为重要产业】 农机零部件业的发展是农业机械技术进步的重要推动力量，零部件的发展推动农机产品的升级换代，促进农机工业的进步。我国目前已经建立门类较为齐全、具有现代化加工手段、市场采购响应敏捷的零部件行业。为主机配套发动机、液压件、车桥、轮胎等系列产品，向外企和国外农机企业提供配套服务。农机零部件企业的快速成长和发展，为我国农业机械化水平的提高、为我国粮食九年连续增产增收做出了不容置疑的直接贡献。

【农机零部件产值快速增长】 农机工业的繁荣和保有量的大幅增加，带来了农机零部件行业的高速发展。其年产值从 2004 年的 74 亿元，增长到 2012 年的 456.5 亿元。期间农机零部件产值平均年增长率高于 50%。零部件的增速高于农机行业增速，也表明零部件生产专业化程度的快速提高。

目前统计年产值超过 2 000 万元以上的规模企业，按照零部件约占主机 60% 的产值比例计算，全国农机零部件 2012 年的总产值应该在 1 800 亿元左右，成为颇具规模的行业。

2012 年，全国农机零部件规模以上企业达到 316 家，比上年新增 37 家，零部件企业占农机企业的 17%。2012 年全国零部件企业实现工业总产值同比增加 20.29%。

【农机零部件成为各地经济增长的重要组成部分】 山东省零部件产值占行业份额 36.4%，河南省占 20.3%，江苏省占 14.9%，前三甲的产值超过 70%。不是农机工业大省的辽宁省的零部件产值排在行业第五位。这些地方已经和正在形成有特色的、产品集中度非常高的零部件产业集群，在企业规模和就业人数方面都居全国领先水平，为地方经济发展做出了贡献。

【建立有效农机零部件配套保障体系】 农机是比较复杂的特殊机械，任何农机制造企业都不可能自行制造全部零部件，必须由为数众多的零部件生产企业提供配套产品。现在，零部件企业已经围绕主机厂建立较为完善的、有一定创新能力的外购、外协配套供应体系。

国外农机品牌零部件国产化程度不断提高，大大降低引进主机的制造成本，提高市场竞争能力。国外农机品牌零部件国内采购份额的逐渐增长，加快其产品本土化的进程。外资企业品牌零部件中国制造和销售，提升了国内零部件企业的国际竞争力。外资企业在中国采购，也帮助零部件企业在管理能力、质量控制、产品技术进步、社会责任等方面得以快速提高和升华。

【农机零部件出口增势强劲】 越来越多的零部件企业开始涉足国外市场，实施国际化发展战略。同时外国企业在国内的投资也在不断增加，外资农机零部件企业有 15 家，产值已经占行业的 12.6%。2012 年上半年全国机械工业 13 个行业中，有 11 个行业出口增速均有回落，农机零部件出口增速不减。农机零部件 2004 年出口交货值仅为1.4 亿元，2012 年出口交货值为 6.9 亿元，同比增长 24.13%，出口 120 个国家和地区。

【一批效益好、规模大的农机零部件企业，成为行业领先者】 我国农机零部件企业，多数是先从主机厂获得生产订单、协作生产，得以创业和起步；在企业产能扩大后，再向更多的主机厂转移技术和配套产品；进一步开始研究和开发新的农机零部件又反哺和助推主机企业的产品升级。所以，农机零部件企业即受益主机企业的快速发展，又为主机企业的发展做出贡献。

2012 年中国农机工业协会通过推荐和评审，授予开创装备科技公司等 23 家企业为"中国农机零部件龙头企业"称号。零部件龙头企业代表了行业的先进水平和发展成就。中国农机工业协会鼓励和支持龙头企业做大做强，将重点培育一批具有影响力的核心企业，扶持具有竞争能力的大中型企业，通过他们引领零部件产业的健康发展。

行业特点

【概况】 农机产品种类非常多，产品差异大，单一品种产品批量都不大。农机零配件种类繁多，批量小，通用件少，由此带来的是农机零部件企业的规模很难做大。农机零部件企业一定要走专业化、科技型发展道路，坚持专、精、特的发展模式，以此来提高企业竞争实力。

【与主机相比农机零部件发展相对缓慢】 中国农机工业发展过程中，往往是主机拉动零部件的发展，零部件企业做大后，又很快进入主机行业。国家对购买农机产品实行 30% 以上的财政补贴、对农机生产企业实行 13% 增值税的优惠税率、对农机批发零售企业免征增值税。农机零部件企业既不能享受财政补贴，也没有税收优惠。因而，国外和国内资本对零部件的投资力度相对较弱。2012 年，零部件企业中私营企业的比例高达 88.5%，产值占 77.7%，这也是零部件行业中小型和微型企业居多的原因。零部件销售没有税收优惠，利润微薄而费功费力，经销企业在销售主机的同时不愿代理销售零部件，农机零部件的流通与主机相比有较大差距。零部件行业尤为缺乏有规模、有竞争力的大企业，大企业产值仅占行业总产值 4.8%。

【农机零部件企业的"三包"服务和社会责任】 中国政府重视保护农业生产者的权益。其中，一个重要措施是对农机"三包"服务的立法管理。目前农机主机企业综合实力较强，流通企业、维修服务企业相对较弱，"三包"服务主要还是各主机企业自己承担。由此，为主机配套的零部件企业也要直接参与夏收、秋收等农忙季节的售后服务，承担"三包"服务工作。零部件企业的售后服务能力成为竞争的重要手段，这是中国农机零部件企业的特殊性。零部件企业与主机企业一起很好履行了社会责任。

【农机零部件以中小型和微型企业为主】 统计显示，2012 年，零部件行业中，大型企业有 2 家，中型企业 22 家，小型企业 292 家，小型企业占 92.35%。2011 年规模以上零部件企业平均产值为 1.48 亿元。很明显 90% 以上的零部件企业年产值都在 2 000 万元以下，非常分散，抗经营风险能力明显不足。

存在问题

【概况】 国内零部件企业的市场份额和制造能力多集中在低端产品上，自主品牌缺失和零部件技术开发力量薄弱问题普遍存在。液压驱动部件、动力换挡变速箱、电控液压提升器、大转角前桥、电控系统及元件等高端关键零部件还无法市场化，是整机创新的一个瓶颈。这个格局不改变，就很难扭转零部件弱势地位。

【零部件企业研发和创新能力不强】 国外通常是农机零部件技术先行，零部件企业不断提供新的技术推动主机的发展。而国内零部件企业的研发能力普遍较弱，许多企业类似于主机企业的"加工车间"，精力主要用于满足主机厂的既定要求，没有能力做到与主机同步开发。

【零部件流通能力差，影响各方利益】 拉动农机零部件产业增长的三驾马车，一是主机企业配套市场，二是售后服务市场，三是出口外销市场。目前国内零部件企业主要是做主机企业的供应商，配套能力强，但服务市场的销售能力不足。用于售后服务的零部件不少是家庭作坊企业在生产，无法为基层用户提供质量优异的零部件。由于农业机械市场保有量较低，用户多数集中在交通、物流欠发达的农村和山区，农机"4S 服务店"、售后用户维护、零部件专业大市场等社会化的服务资源严重匮乏、中介服务能力较弱，市场流通不畅，这给农机零部件的行业规范运行带来很多问题。汽车零部件可以通过专业化的批发零售市场和"4S"店到达终端用户。农机零部件多是路边维修小厂或小店经营，流通秩序混乱。正规零部件不能便捷到达用户，大量假冒零部件流入基层市场的危害极大，即坑害农民，也损害零部件企业。

近几年相关部门加大农机市场规范化治理和农机产品打假，但这治标不治本，需要从政策和其他方面为正规零部件进入市场提供支持。

【农机零部件质量亟待提高】 国产农机技术水平和世界先进国家比仍有差距，最突出的差距是农机产品质量问题。根结在于制造手段和装备能力不强，零部件质量很难达到国际标准。如胶带寿命短、液压件漏油、发动机可靠性等问题，国产联合收割机平均故障间隔时间普遍达不到国家规定的 70 小时，只及国外同类产品的 1/3 ~ 1/2。采棉头、打结器、自动变速箱等工作部件无法国产化生产。

长期以来，农机生产领域农机零配件的合格率一直都在 60% ~70%，流通领域农机零配件质量问题更为严重。农机零部件质量的好坏影响整机性能，影响使用者人身财产安全。零部件的一致性差，与零部件的行业标准缺失有很大关系。中国农机零部件分会成立后，要抓紧制定和完善主要零部件标准。

【零部件行业获利能力不强】 我国现阶段农机多为低端、价廉的产品，为其配套的零部件也多是附加值不高的产品，这就决定零部件企业多数是维系在微利经营。2012 年上半年全国农机零部件企业主营毛利润只有 6.4%。

随着主机价格战频繁上演，其成本压力也不断向零部件环节转移。主机企业补贴资金结算形成的垫资成本、售后过度服务费用等同样会转嫁到供应商。零部件企业身受制造成本上涨和主机厂压缩采购成本的双重压力，企业效益普遍堪忧。零部件企业始终要把控制和降低成本作为重要问题来抓。

行业发展

【概况】 我国正在由传统农业向现代农业、传统农业机械向现代农业装备全面升级的进程中，正在努力从农机生产大国成长为农业装备制造强国。未来十年将是农机工业发展的又一个黄金十年。农机工业快速发展为零部件企业实现跨越式发展，带来前所未有的市场机遇和发展空间。农机零部件生产企业脱离主机企业并形成专业化零部件集团，正成为一种全球化趋势。国内农机合作社、农机大市场的兴起，将拉动售后服务零部件的流通和销售。需求必将带动市场和产业的兴旺。中国农机零部件行业已经凝聚相当的基础，全行业从量变到质变、从低级阶段向更高级阶段过渡的趋势日趋明显。零部件企业在农机黄金发展期将大有可为。

【加大核心零部件的研发，增强自主创新和核心竞争力】 工业和信息化部在《农机工业发展规划》中将九个关键零部件列为重点发展项目，对零部件给予同样的重视和期望。零部件企业要主动参与主机厂的产品开发，主机企业对关键零部件的研发制造、技术引进、技术改造、融资以及兼并重组等方面要大力支持和培育，帮助零部件企业不断增强创新能力和核心竞争力，完善和强化配套体系。

【加快行业产业升级，提高制造能力和装备水平】 我国农机行业已经进入一个新的发展阶段。未来十年，农机产品结构优化和更新换代速度的加快、产品向高效、多样、智能发展进程的加快，对零部件产业的发展提出更高要求，关键零部件面临全面升级的需求。与发达国家相比，国内零部件企业有较大的差距，主要体现在制造效率低和产品一致性差。随着国内廉价人力资源的丧失，生产效率不高，无法得到基本利润。不能提高和保证零部件制造一致性，主机可靠性无法得到保障。

提升零部件制造水平和产品质量，必须加大企业技术改造力度，改善生产条件。要广泛应用数字化制造技术和装备，提高农机制造工艺及装备水平。要应用柔性制造、敏捷制造、混流装配等先进生产组织模式，低成本精准制造。要加快新技术、新工艺、新设备和新材料应用，提高关键零部件的制造能力。

【提高零部件的配套供应能力和售后服务水平】 国内农机产品同质化、低价格的竞争非常激烈，随之而来的将是主机企业对配套体系的争夺和垄断竞争。主机企业对供应商资质门槛要求将越来越高，不断调整核心战略供应商体系。主机企业与零部件企业之间紧密的零整关系模式得到市场广泛认可。为此，零部件企业要尽快提高配套能力和服务意识。

随着农机保有量提高和农机服务专业化水平提高，售后市场零部件需求将会有较大增长，售后服务会逐渐成为重要产值、利润新增市场，会渐具吸引力。零部件企业在主攻配套市场的同时，要重视农机售后服务市场。

【加快进入国际农机零部件采购体系】 中国农机零部件企业的国际化水平普遍偏低，而且一些有实力的本土企业埋头国内市场，不关注国际市场，就可能会失去跨国农机大企业全球采购带来的大好机会。

零部件生产企业要顺应跨国采购的发展趋势，增强国际沟通能力，努力扩大产品出口，提高出口产品附加值。要通过与全球主机厂建立稳定的伙伴关系，成为其配套体系的重要成员，从全球采购市场学习和吸收先进的企业管理和制造技术。

（宁学贵）

中国农业机械流通

【概况】 2012年，中国农业机械流通协会围绕《国务院关于促进农业机械化和农机工业又好又快发展的意见》（国发[2010]22号）以及《商务部关于加快农机现代流通体系建设的意见》（商建发[2011]431号）文件精神开展工作，取得了较好成绩。

【认真学习贯彻《商务部关于加快农机现代流通体系建设的意见》】 为贯彻落实《国务院关于促进农业机械化和农机工业又好又快发展的意见》（国发[2010]22号）精神，2012年11月14日，商务部以商建发[2011]431号文件正式向各省、自治区、直辖市、计划单列市及新疆生产建设兵团商务主管部门和中国农业机械流通协会下发《商务部关于加快农机现代流通体系建设的意见》。该《意见》分三大部分共十二条，明确提出加快农机现代流通体系建设的指导思想和发展目标、主要任务、保障措施，其目的就是在今后十年内，加快建设、健全、发展现代农机流通体系，以方便农民购买、维修、使用农机，推动我国农业机械化进程。文件下发后，中国农业机械流通协会立即向会员单位及全行业转发，并组织召开专题会、座谈会，进行学习、贯彻、交流。针对文件中提出的目标、任务，逐条、逐句进行研究，并向有关部门提出细化和实施意见。

【制定“农机流通服务品牌工程专项规划”】 2012年，中国农业机械流通协会配合商务部制定“农机流通服务品牌工程专项规划”。主要针对农机品牌店、专业卖场、乡镇连锁店、农机大市场、农机售后服务中心建设和信息化、人才培训、行业服务等方面，提出建设、布局、进度和政策支持意见。

【成功实施“农机扶贫试点项目”】 为支持社会组织积极参与社会服务活动，民政部、财政部首次在全国组织实施“中央财政支持社会组织参与社会服务项目”。该项目是多年来第一次，中国农业机械流通协会高度重视。经过多方努力，民政部、财政部批复协会立项资金50万元，并由中国农业机械流通协会和黔南州农业机械有限责任公司配套资金12万元。通过调研、比较，选定贵州黔南布依族苗族自治州荔波县作为项目试点县，为贫困农户免费赠送微耕机，对受赠者实施操作、使用进行培训，以及对黔南州地区农机销售及售后服务人员进行免费技术培训。经过通力合作，中国农业机械流通协会成功对78户贫困农户免费赠送微耕机并实施培训和赠送保险，对60多名农机销售、服务人员进行技术培训。项目圆满完成，得到上级领导、受赠农户和相关人员一致好评。

【高质量完成政府委托课题】 一是完成工信部、财政部、国资委委托中国农业机械流通协会承担的《我国新型农机品牌销售店发展模式与政策研究》课题。该课题阐述新形势下加快农机品牌销售店发展的重要性、必要性、作用和意义；分析我国农机品牌销售店发展现状、有利条件和影响因素；借鉴汽车4S店和国外农机品牌店的做法、经验和启示，提出我国农机品牌销售店的发展方向和模式，以及推进的方法、措施和政策建议。二是完成工信部、财政部、国资委委托中国农业机械流通协会承担的《我国农机循环消费及政策研究》课题。该课题详细阐述农机循环消费的内涵、必要性、可行性，提出规范建立全国及区域性二手农机交易市场、支持和鼓励农机以旧换新、建立农机报废更新制度、鼓励发展农机租赁和逐步完善补贴制度等措施。三是完成商务部委托课题《农机现代流通体系建设发展规划课题研究》。该课题针对农机流通体系建设的现状和问题，提出建设农机现代流通体系的任务、发展方向和政策措施，实施农机流通服务品牌工程，逐步构建布局合理、功能完善的现代农机流通服务网络。最终实现提升农机流通行业为"三农"服务的能力，确保粮食安全生产，促进我国农业机械化和农村市场体系建设又好又快发展。

【制修订行业标准】 为完善农机流通体系标准化建设，强化企业规范经营，提升服务能力，配合商务部下一步实施《关于加快农机现代流通体系建设的意见》的具体内容时，在操作层面有章可循、有据可依，2012年，中国农业机械流通协会向商务部申报并立项制、修订4个行业标准。包括：修订原行业标准WB/T1014—2000《农业机械营销企业服务质量规定》，制定《农机品牌经销店建设与验收规范》《二手农业机械流通管理及交易规范》《农机专业市场建设管理与评定规范》。此外，申报修订国家标准GB/T18389—2001《农业机械营销企业开业条件 等级划分及市场行为要求》。

【试运行"农机市场景气指数（AMI）"】

为更好地给政府、行业、企业和农机使用者提供农机市场信息服务，根据经济周期波动理论和景气指数原理，结合农机购置补贴政策的实施，采用合成指数的计算方法，中国农业机械流通协会研究开发一套能够及时反映我国农机市场变化的农机市场景气指数（AMI）。选定100余家骨干农机流通企业作为信息采集点，试运行综合加权、价格、销售能力、农机补贴、库存量、人气和经理人指数七大类指数，一边调试现有指数，一边积极开发拖拉机、收割机、插秧机等17类分指数。这项工作得到农业部、商务部等政府部门的关注和大力支持。

【信息服务取得新进展】 2012年，中国农业机械流通协会在进行大量日常数据的整理、加工、传递以及数据库的完善等各项工作之外，首次公开出版发行《中国农机市场发展报告（2011—2012）》。并计划将其培育成为协会的报告系列，将每年出版时间提前到一季度，以期更好的为政府、行业和会员提供服务。另外，联合13家企业共同开展"农机市场终端调查"，形成调查报告，为企业提供信息服务。4月，成功组织召开"中国农机流通信息工作会议"。9月，在"2012中国国际农业机械展览会"上与中国农机工业协会合作，共同举办"2012年农机行业经济运行与市场分析报告会"。通过一系列活动，不断开辟、拓展农机市场信息服务平台。

【继续开展信用等级评价工作】 2012年，农机流通行业信用等级评价工作按照商务部信用工作办公室、国资委行业协会办公室《关于行业信用评价工作有关事项的通知》（商秩字[2009]7号）的精神，在商务部和国资委统一部署下，本着"自愿、诚信、公正、科学、严格"的原则，依据《农机流通行业信用评价指标体系》《中国农业机械流通企业信用信息管理办法》的规定，经过企业在线申报、人员审核、系统打分、专家评审等程序，对申报第三批农机流通信用等级评价的50余家企业进行信用等级评价，最终有39家获得A级以上信用评价。年底前，完成第四批18家企业信用等级评价。至此，农机流通行业信用等级评价工作自2010年开展以来，已经有四批共142家企业获得A级以上信用评价。

【搭建金融服务"平台"，为"大市场"建设提供融资服务】 2012年，中国农业机械流通协会与商务部流通产业促进中心合作，共同承担国家开发银行委托的《全国大型农机流通市场布局研究》课题。继续为"徐州银地农机汽车大市场项目"申请国家开发银行中长期贷款提供服务，并取得实质性进展。为促进全国农机专业市场健康发展，为争取商务部等部门的政策支持和国家开发银行的资金支持提供依据，组织召开《昊昇三农实业有限公司中期发展战略规划》研讨会，就有关发展农机专业市场提出方向性建议。促成国家开发银行四川分行与四川昊昇三农实业有限公司进行全面对接，就农机专业市场项目的开发、建设、运营提供金融支持等方面达成合作意向。

【成功召开"全国农业机械展览会"和"中国国际农业机械展览会"】 2012年4月，中国农业机械流通协会在长沙召开"2012全国农业机械展览会"。9月，召开"2012中国国际农业机械展览会"，参展企业达1 743家，其中国外参展企业50多家，展览面积超过20万平方米，现场玉米收获机械演示场地3.33公顷。同期举办"2012年中国农机论坛"、"2012年农机行业经济运行与市场分析报告会"、"首届全国农机大专院校和科研院所人才及成果展示交流会"、"进口农机具及农业规模化生产解决方案展示交流会"、"农机企业产需对接和配套服务会议"以及几十场专项技术推广会和"第二届全国农机摄影大赛获奖作品展示"等。2012年，中国农业机械流通协会在商务部成功为近百家中小参展企业申报参展补贴资金50多万元，全部发放到各参展企业。

【配合政府部门做好政策调研工作】

2012年，中国农业机械流通协会配

合商务部围绕农机品牌店建设召开多个座谈会，调研上海、四川等地农机流通企业；配合商务部做好全国人大代表提案的答复工作，在山东、广东就农机流通基础设施的现状、问题与政策建议进行专题调研；配合农业部、商务部、财政部起草、制定《报废淘汰农业机械回收办法》，赴黑龙江、上海、浙江进行立法调查；配合工信部、国务院国资委完成行业发展研究课题等。

（吴军旗）

农业机械化统计资料

全国农业机械化统计分析

全国农业机械化发展情况综合分析表(一)

项　　目	计量单位	2012 年	2011 年	2012 年比 2011 年增减	
				增减量	%
农业机械总动力	万千瓦	102558.96	97734.66	4824.30	4.94
每百亩耕地拥有农机动力	千瓦	56.17	53.53	2.64	4.94
每个农业劳动力拥有农机动力	千瓦	3.75	3.53	0.22	6.24
拖拉机	万台	2282.47	2255.87	26.60	1.18
其中:大中型拖拉机	万台	485.24	440.64	44.60	10.12
小型拖拉机	万台	1797.23	1815.22	-17.99	-0.99
每百户拥有拖拉机	台	8.58	8.55	0.03	0.33
拖拉机配套农具	万部	3845.09	3760.96	84.13	2.24
其中:大中拖配套农具	万部	763.52	698.95	64.57	9.24
小拖配套农具	万部	3080.62	3062.01	18.61	0.61
每百户拥有拖拉机配套农具	部	14.45	14.25	0.20	1.38
农用排灌动力机械	万台	2280.56	2284.06	-3.50	-0.15
联合收获机	万台	127.88	111.37	16.51	14.83
每百户拥有联合收获机	台	0.48	0.42	0.06	13.87
水稻插秧机	万台	51.30	42.70	8.60	20.14
农业机械原值	亿元	7805.61	7114.64	690.97	9.68
每个农户拥有农业机械原值	元	2933.67	2697.27	236.40	8.76
占年末农村居民家庭生产性固定资产原值(农业)比例	%	27.24	36.23	-8.99	—
农机化作业服务组织	万个	16.70	17.06	-0.36	-2.09
农机户	万户	4192.34	4111.08	81.26	1.98
农机户占农户比例	%	15.76	15.58	0.18	—
农机化经营总收入	亿元	4779.04	4509.07	269.97	5.99
农机户经营总收入	亿元	4093.66	3953.09	140.57	3.56
农机户户均经营总收入	元	9764.61	9615.70	148.91	1.55

注:拖拉机拥有量与配套农具比 2012 年为 1:1.68,2011 年为 1:1.67;
大中型拖拉机拥有量与配套农具比 2012 年为 1:1.57,2011 年为 1:1.59;
小型拖拉机拥有量与配套农具比 2012 年为 1:1.71,2011 年为 1:1.69;
拖拉机数量中不含变型拖拉机;
农业劳动力(指农林牧渔业劳动力)27355.44 万人,乡村户数 26606.98 万户,数据来源于《中国农业统计资料》(2011);
年末农村居民家庭生产性固定资产原值(农业)为 10770.47 元/户,全国耕地面积为 121715.9 千公顷,数据来源于《中国统计年鉴》(2012)

全国农业机械化发展情况综合分析表(二)

项　目	计量单位	2012 年	2011 年	2012 年比 2011 年增减	
				增减量	%
农作物耕种收综合机械化水平	%	57.17	54.82	2.35	—
机耕面积	千公顷	110284.83	106880.87	3403.96	3.18
机耕水平	%	74.11	72.29	1.82	—
机播面积	千公顷	76794.16	72916.97	3877.19	5.32
机播水平	%	47.37	44.93	2.44	—
机收面积	千公顷	71168.88	66006.41	5162.47	7.82
机收水平	%	44.40	41.41	2.99	—
小麦:耕种收综合机械化水平	%	93.21	92.62	0.59	—
机耕水平	%	98.90	98.79	0.11	—
机播水平	%	86.52	85.95	0.57	—
机收水平	%	92.32	91.05	1.27	—
水稻:耕种收综合机械化水平	%	68.82	65.07	3.75	—
机耕水平	%	93.29	91.00	2.28	—
机械种植水平	%	31.67	26.24	5.42	—
机收水平	%	73.35	69.32	4.03	—
玉米:耕种收综合机械化水平	%	74.95	71.56	3.39	—
机耕水平	%	93.79	93.77	0.02	—
机播水平	%	82.30	79.90	2.39	—
机收水平	%	42.47	33.59	8.88	—
大豆:耕种收综合机械化水平	%	63.20	69.81	-6.61	—
机耕水平	%	68.56	76.44	-7.88	—
机播水平	%	63.96	71.21	-7.25	—
机收水平	%	55.30	59.58	-4.28	—
油菜:耕种收综合机械化水平	%	35.44	29.05	6.39	—
机耕水平	%	65.05	53.44	11.61	—
机播水平	%	14.51	12.28	2.23	—
机收水平	%	16.88	13.32	3.56	—
马铃薯:耕种收综合机械化水平	%	34.20	32.25	1.95	—
机耕水平	%	54.71	52.64	2.07	—
机播水平	%	21.42	19.65	1.77	—
机收水平	%	19.64	17.67	1.97	—
花生:耕种收综合机械化水平	%	46.06	42.96	3.10	—
机耕水平	%	66.74	63.96	2.78	—
机播水平	%	38.50	34.57	3.92	—
机收水平	%	26.04	23.35	2.69	—
棉花:耕种收综合机械化水平	%	59.59	53.88	5.71	—
机耕水平	%	95.72	87.39	8.33	—
机播水平	%	62.75	57.39	5.35	—
机收水平	%	8.26	5.68	2.58	—

注:农作物耕种收综合机械化水平计算方法:按照机耕、机播、机收水平分别为0.4、0.3、0.3的权重计算

农业机械化发展排序表

项目	计量单位	第一名	第二名	第三名	第四名	第五名	第六名	第七名	第八名	第九名	第十名	前十名占全国比例(%)
农业机械总动力	万千瓦	山东	河南	河北	安徽	湖南	江西	黑龙江	江苏	湖北	四川	—
		12419.87	10872.73	10553.81	5902.77	5189.24	4599.68	4552.93	4214.64	3842.16	3694.03	64.20
每百亩耕地拥有农机动力	千瓦	河北	山东	江西	河南	湖南	浙江	天津	西藏	北京	安徽	—
		111.37	110.17	108.47	91.45	91.29	86.40	85.87	85.71	69.37	68.67	—
农业机械原值	亿元	山东	河南	黑龙江	河北	安徽	江苏	江西	内蒙古	湖北	湖南	—
		748.76	740.44	579.57	576.80	491.51	409.43	355.29	329.35	324.11	300.28	62.21
大中型拖拉机	万台	黑龙江	内蒙古	山东	吉林	河南	新疆	云南	河北	辽宁	安徽	—
		80.89	57.94	47.69	39.59	33.85	29.99	26.77	21.37	19.06	16.45	76.99
小型拖拉机	万台	河南	安徽	山东	河北	湖北	江苏	黑龙江	吉林	甘肃	江西	—
		353.94	232.78	202.97	146.27	111.56	98.71	66.45	66.07	54.85	53.32	77.17
大中型拖拉机配套农具	万部	黑龙江	山东	内蒙古	河南	吉林	新疆	河北	安徽	甘肃	湖北	—
		104.47	98.56	93.92	80.22	74.79	52.31	40.97	32.61	26.18	25.74	82.48
小型拖拉机配套农具	万部	河南	安徽	山东	湖北	河北	吉林	江苏	黑龙江	甘肃	内蒙古	—
		679.87	539.18	322.30	214.51	195.46	186.18	155.64	119.62	105.18	89.54	84.64
农用排灌动力机械	万台	山东	河北	湖南	河南	安徽	江西	辽宁	浙江	重庆	湖北	—
		306.44	256.08	230.34	164.89	156.95	130.16	106.06	99.72	93.24	90.26	71.66
联合收获机	万台	山东	河南	安徽	江苏	河北	湖南	黑龙江	湖北	江西	陕西	—
		21.49	17.71	12.85	11.81	10.14	8.47	7.62	6.69	6.19	3.22	83.04
水稻插秧机	万台	黑龙江	江苏	湖北	吉林	辽宁	安徽	江西	广西	重庆	湖南	—
		20.97	9.89	3.33	2.88	2.63	1.74	1.55	1.39	1.15	1.12	90.94
农作物耕种收综合机械化水平	%	新疆兵团	黑龙江	天津	新疆	山东	河南	内蒙古	北京	吉林	辽宁	—
		91.54	88.99	82.62	81.06	78.30	73.49	73.12	70.49	69.63	69.45	—
农机化总投入	万元	黑龙江	山东	四川	河南	江苏	安徽	湖北	湖南	吉林	新疆	—
		665070.00	604216.32	597216.77	596791.05	542437.54	526983.72	524482.55	497037.21	464728.75	436587.37	55.65
农机化经营总收入	万元	山东	安徽	湖南	广西	河南	江苏	湖北	四川	河北	江西	—
		4806772.84	4109379.60	3967554.87	3090503.25	2853975.05	2604255.59	2379600.73	2368852.91	2212735.26	1757244.62	63.09

全国农业机械化发展指标

全国农业机械化系统机构及人员表

指标名称	代码	年末机构数(个)		年末人数(人)			
				合　计		其中:科技人员(教师)	
		2012 年	2011 年	2012 年	2011 年	2012 年	2011 年
一、农机化管理机构	1	32730	32941	109604	112605	55141	56704
1. 省级	2	32	32	753	741	146	145
2. 地级	3	341	339	4327	4356	1427	1517
3. 县级	4	2894	2852	34746	34208	15093	15101
4. 乡级	5	29463	29718	69778	73300	38475	39941
其中:单设机构	6	5287	5955	20497	21996	12840	12696
二、农机化教育、培训机构	7	1789	1832	19777	20452	12989	13399
1. 农机化大、中专	8	43	41	3365	3538	2206	2431
2. 农机化学校	9	1746	1791	16412	16914	10783	10968
三、农机化科研机构	10	83	78	3224	3112	2100	2028
1. 省级	11	23	23	1869	1906	1236	1246
2. 地级	12	60	55	1355	1206	864	782
四、农机试验鉴定机构	13	63	53	1319	1236	973	927
1. 省级	14	30	30	1012	1048	765	798
2. 地级	15	33	23	307	188	208	129
五、农机化技术推广机构	16	2545	2546	22181	22124	13642	13808
1. 省级	17	33	33	764	703	552	504
2. 地级	18	279	287	3408	3563	2155	2336
3. 县级	19	2233	2226	18009	17858	10935	10968
六、农机安全监理机构	20	2858	2877	32562	33012	15780	16210
1. 省级	21	31	31	470	470	163	195
2. 地级	22	331	330	3338	3388	1526	1693
3. 县级	23	2496	2516	28754	29154	14091	14322

全国农业机械化服务组织及人员表

指标名称	代码	年末机构数(个)		年末人数(人)	
		2012 年	2011 年	2012 年	2011 年
一、农机化作业服务组织及农机户	1	—	—	—	—
1. 农机化作业服务组织	2	167038	170572	1449088	1194947
其中:(1)拥有农机原值 20 万—50 万元(含 20 万元)的	3	48322	44282	305536	260930
拥有农机原值 50 万元(含 50 万元)以上的	4	24240	19635	490396	334192
(2)农机专业合作社	5	34429	27848	817774	582182
2. 农机户	6	41923428	41110833	52089183	50883923
其中:(1)拥有农机原值 20 万—50 万元(含 20 万元)的	7	409055	395950	732614	665993
拥有农机原值 50 万元(含 50 万元)以上的	8	53860	49867	125423	125471
(2)农机化作业服务专业户	9	5196216	5117262	7347588	7116974
二、农机化中介服务组织	10	7207	6913	59408	58499
三、农机维修厂及维修点	11	210038	218916	486160	490813
1. 一级维修点	12	1437	1566	9099	8923
2. 二级维修点	13	8244	8532	29994	30449
3. 三级维修点	14	110214	110342	240970	235801
4. 专项维修点	15	77357	79888	169821	176538
四、农机经销机构	16	—	—	—	—
1. 农机经销企业	17	10739	9501	93256	95596
2. 农机经销点	18	84390	85289	178635	179125
五、农机供油站(点)	19	18170	18380	50438	51671
六、拖拉机驾驶培训机构	20	2122	2175	17725	17509
七、乡村农机从业人员	21	—	—	53347399	52055779
1. 初中(含初中)以上文化程度	22	—	—	40628566	41845702
2. 高中(含高中)以上文化程度	23	—	—	11746002	—
3. 拖拉机驾驶从业人员	24	—	—	15620771	14837098
4. 联合收获机驾驶从业人员	25	—	—	1059664	875498
5. 农用运输车驾驶从业人员	26	—	—	8979132	8653191
6. 农机维修人员	27	—	—	960505	930399

全国农业机械拥有量表

指标名称	代码	计量单位	2012 年	2011 年	2012 年比 2011 年增减	
					增减量	%
一、农业机械总动力	1	万千瓦	102558.96	97734.66	4824.30	4.94
1. 柴油发动机动力	2	万千瓦	82365.04	78536.31	3828.73	4.88
2. 汽油发动机动力	3	万千瓦	3124.10	2872.37	251.73	8.76
3. 电动机动力	4	万千瓦	16985.29	16259.41	725.88	4.46
4. 其他机械动力	5	万千瓦	84.54	66.57	17.97	26.99
二、拖拉机及配套机械	6	—	—	—	—	—
(一)拖拉机	7	万台	2282.47	2255.87	26.60	1.18
	8	万千瓦	31903.75	30305.78	1597.97	5.27
1. 大中型(14.7 千瓦及以上)	9	万台	485.24	440.64	44.60	10.12
	10	万千瓦	14436.39	12850.15	1586.24	12.34
(1)其中:14.7~18.4 千瓦(含 14.7 千瓦)	11	万台	221.07	208.99	12.08	5.78
	12	万千瓦	3622.04	3427.39	194.65	5.68
18.4~36.7 千瓦(含 18.4 千瓦)	13	万台	132.39	—	—	—
	14	万千瓦	3502.47	—	—	—
36.7~58.8 千瓦(含 36.7 千瓦)	15	万台	81.00	—	—	—
	16	万千瓦	3772.02	—	—	—
58.8 千瓦及以上	17	万台	50.80	42.31	8.49	20.07
	18	万千瓦	3539.78	2905.16	634.63	21.84
(2)其中:轮式	19	万台	447.21	406.35	40.86	10.06
	20	万千瓦	12785.90	11233.17	1552.73	13.82
2. 小型(2.2—14.7 千瓦,含 2.2 千瓦)	21	万台	1797.23	1815.22	-17.99	-0.99
	22	万千瓦	17467.36	17455.63	11.73	0.07
其中:手扶式	23	万台	932.74	946.58	-13.84	-1.46
	24	万千瓦	7586.92	7557.86	29.06	0.38
(二)拖拉机配套农具	25	万部	3845.09	3760.96	84.13	2.24
1. 大中型	26	万部	763.52	698.95	64.57	9.24
2. 小型	27	万部	3080.62	3062.01	18.61	0.61
三、种植业机械	28	—	—	—	—	—
(一)耕整地机械	29	—	—	—	—	—
1. 耕整机	30	万台(套)	667.60	528.90	138.70	26.22
	31	万千瓦	3225.76	2535.86	689.90	27.21
2. 机耕船	32	万艘	16.93	15.47	1.45	9.38
	33	万千瓦	100.36	88.29	12.07	13.68
3. 机引犁	34	万台	1315.83	1304.43	11.40	0.87
4. 旋耕机	35	万台	530.72	502.26	28.46	5.67
5. 深松机	36	万台	20.49	18.53	1.96	10.56
6. 机引耙	37	万台	745.13	755.09	-9.96	-1.32
(二)种植施肥机械	38	—	—	—	—	—
1. 播种机	39	万台	580.20	553.79	26.41	4.77
其中:免耕播种机	40	万台	77.57	71.79	5.78	8.05
精少量播种机	41	万台	353.98	334.57	19.41	5.80
2. 水稻种植机械	42	—	—	—	—	—
(1)水稻直播机	43	万台	2.86	2.99	-0.13	-4.36

续表

指标名称	代码	计量单位	2012 年	2011 年	2012 年比 2011 年增减	
					增减量	%
(2)水稻插秧机	44	万台	51.30	42.70	8.60	20.14
	45	万千瓦	219.85	183.21	36.64	20.00
其中:乘坐式	46	万台	19.41	17.73	1.69	9.53
	47	万千瓦	114.55	102.31	12.25	11.97
(3)水稻浅栽机	48	万台	0.90	0.91	-0.01	-1.28
	49	万千瓦	1.77	1.48	0.29	19.74
3.化肥深施机	50	万台	77.64	74.02	3.62	4.89
4.地膜覆盖机	51	万台	50.49	44.82	5.67	12.64
(三)农用排灌机械	52	—	—	—	—	—
1.排灌动力机械	53	万台	2280.56	2284.06	-3.50	-0.15
	54	万千瓦	14724.03	14486.49	237.54	1.64
其中:柴油机	55	万台	982.31	968.39	13.92	1.44
	56	万千瓦	7163.88	7104.54	59.34	0.84
电动机	57	万台	1248.81	1213.04	35.77	2.95
	58	万千瓦	7157.37	7012.19	145.18	2.07
2.农用水泵	59	万台	2211.54	2173.79	37.75	1.74
3.节水灌溉类机械	60	万套	182.56	168.48	14.08	8.36
(四)田间管理机械	61	—	—	—	—	—
1.机动喷雾(粉)机	62	万台	544.31	518.08	26.23	5.06
	63	万千瓦	962.75	893.40	69.35	7.76
2.茶叶修剪机	64	万台	25.34	20.37	4.97	24.37
	65	万千瓦	29.50	29.55	-0.05	-0.17
(五)收获机械	66	—	—	—	—	—
1.联合收获机	67	万台	127.88	111.37	16.51	14.83
	68	万千瓦	5670.54	4730.97	939.57	19.86
(1)稻麦联合收割机	69	万台	104.55	94.37	10.18	10.79
	70	万千瓦	4535.46	3987.91	547.55	13.73
其中:自走式	71	万台	89.33	80.40	8.93	11.10
其中:半喂入式	72	万台	10.12	8.99	1.13	12.63
	73	万千瓦	409.98	367.69	42.29	11.50
(2)玉米联合收获机	74	万台	23.30	17.00	6.30	37.06
	75	万千瓦	1135.08	743.06	392.02	52.76
其中:自走式	76	万台	14.26	9.37	4.89	52.12
2.割晒机	77	万台	48.23	49.43	-1.20	-2.44
	78	万千瓦	64.80	55.38	9.42	17.01
3.其他收获机械	79	万台	131.02	112.50	18.52	16.47
	80	万千瓦	458.43	374.40	84.03	22.45
其中:大豆收获机	81	万台	2.01	1.80	0.21	11.71
	82	万千瓦	147.28	133.15	14.13	10.62
油菜籽收获机	83	万台	1.65	1.40	0.25	17.81
	84	万千瓦	78.44	62.82	15.62	24.87
马铃薯收获机	85	万台	3.97	3.17	0.80	25.21
	86	万千瓦	6.71	5.55	1.16	20.92
甜菜收获机	87	万台	0.05	0.02	0.03	153.00
	88	万千瓦	1.70	1.43	0.27	18.88

续表

指标名称	代码	计量单位	2012 年	2011 年	2012 年比 2011 年增减	
					增减量	%
花生收获机	89	万台	11.19	8.65	2.54	29.38
	90	万千瓦	2.95	2.34	0.61	26.04
棉花收获机	91	万台	0.19	0.11	0.08	74.73
	92	万千瓦	37.16	23.31	13.85	59.42
蔬菜收获机	93	万台	0.53	0.44	0.09	19.77
	94	万千瓦	1.80	1.26	0.54	42.86
茶叶采摘机	95	万台	7.30	5.46	1.84	33.66
	96	万千瓦	9.78	8.59	1.19	13.86
青饲料收获机	97	万台	3.00	2.52	0.48	19.13
	98	万千瓦	50.77	42.38	8.39	19.79
牧草收获机	99	万台	15.03	12.88	2.14	16.61
	100	万千瓦	24.48	21.46	3.02	14.09
秸秆粉碎还田机	101	万台	65.54	61.65	3.89	6.31
秸秆捡拾打捆机	102	万台	1.77	1.35	0.42	31.13
	103	万千瓦	9.76	6.77	2.99	44.11
玉米收获专用割台	104	万台	5.24	4.40	0.84	19.09
大豆收获专用割台	105	万台	2.02	2.01	0.01	0.66
油菜籽收获专用割台	106	万台	1.21	0.88	0.33	37.02
(六)收获后处理机械	107	—	—	—	—	—
1.机动脱粒机	108	万台	1042.32	1001.87	40.45	4.04
	109	万千瓦	1928.76	1483.08	445.68	30.05
2.谷物烘干机	110	万台	3.60	4.21	-0.60	-14.35
	111	万千瓦	30.72	18.92	11.80	62.39
3.种子加工机械	112	万台	3.34	3.05	0.29	9.54
	113	万千瓦	5.86	4.80	1.06	22.17
4.保鲜储藏设备	114	万台(套)	6.86	5.23	1.63	31.21
	115	万千瓦	63.21	34.83	28.38	81.48
(七)设施农业设备	116	—	—	—	—	—
1.水稻工厂化育秧设备	117	万套	0.96	0.79	0.17	21.57
2.温室	118	万平方米	1450259.43	1266255.91	184003.51	14.53
其中:连栋温室	119	万平方米	26250.53	20436.26	5814.27	28.45
日光温室	120	万平方米	461227.72	409636.06	51591.66	12.59
塑料大棚	121	万平方米	918034.70	801742.13	116292.57	14.50
四、农产品初加工机械	122	—	—	—	—	—
(一)农产品初加工动力机械	123	万台	1461.71	1421.70	40.01	2.81
	124	万千瓦	8920.87	8692.17	228.70	2.63
其中:柴油机	125	万台	329.37	325.60	3.77	1.61
	126	万千瓦	2827.66	2835.44	37.22	1.31
电动机	127	万台	1104.77	1068.76	36.01	3.37
	128	万千瓦	5939.29	5765.80	173.49	3.01
(二)农产品初加工作业机械	129	万台(套)	1316.74	1286.64	30.10	2.34
其中:1.粮食加工机械	130	万台	1032.80	1008.42	24.38	2.42
2.油料加工机械	131	万台	78.80	77.38	1.42	1.84
3.棉花加工机械	132	万台	25.33	25.07	0.26	1.05
4.果蔬加工机械	133	万台(套)	11.53	10.24	1.29	12.63
5.茶叶加工机械	134	万台(套)	114.93	108.39	6.54	6.04

续表

指标名称	代码	计量单位	2012 年	2011 年	2012 年比 2011 年增减	
					增减量	%
五、畜牧养殖机械	135	万台(套)	661.70	637.70	24.00	3.76
	136	万千瓦	2073.61	1959.60	114.01	5.82
其中:饲草料加工机械	137	万台(套)	573.03	567.63	5.40	0.95
	138	万千瓦	1769.72	1685.06	84.66	5.02
畜牧饲养机械	139	万台(套)	35.76	29.03	6.73	23.17
	140	万千瓦	146.59	114.48	32.11	28.05
畜产品采集加工机械	141	万台(套)	18.16	15.33	2.83	18.44
	142	万千瓦	59.63	53.20	6.43	12.09
其中:挤奶机	143	万台	11.95	11.19	0.76	6.80
	144	万千瓦	38.44	37.20	1.24	3.34
剪羊毛机	145	万台	2.02	0.95	1.08	113.62
	146	万千瓦	2.56	1.32	1.24	93.73
六、渔业机械	147	万台	348.78	301.56	47.22	15.66
	148	万千瓦	1740.95	1663.69	77.26	4.64
其中:增氧机	149	万台	238.37	207.84	30.53	14.69
	150	万千瓦	497.32	436.55	60.77	13.92
投饵机	151	万台	78.90	62.81	16.09	25.62
	152	万千瓦	95.66	73.15	22.51	30.77
七、林果业机械	153	万台	27.62	21.15	6.47	30.61
	154	万千瓦	129.73	100.33	29.40	29.30
其中:挖坑机	155	万台	4.65	3.90	0.75	19.15
	156	万千瓦	60.45	48.97	11.48	23.44
果树修剪机	157	万台	10.35	6.71	3.64	54.35
	158	万千瓦	24.46	19.58	4.88	24.94
八、运输机械	159	—	—	—	—	—
1. 农用运输车	160	万台	1396.23	1381.54	14.69	1.06
	161	万千瓦	21599.76	21271.08	328.68	1.55
(1)三轮汽车	162	万台	1111.19	1087.62	23.57	2.17
	163	万千瓦	12616.16	12430.56	185.60	1.49
(2)低速载货汽车	164	万台	256.55	253.18	3.37	1.33
	165	万千瓦	8213.29	8121.19	92.10	1.13
2. 手扶变型运输机	166	万台	88.09	86.86	1.24	1.42
	167	万千瓦	1791.01	1759.87	31.14	1.77
3. 农用挂车	168	万台	812.20	795.52	16.68	2.10
九、农田基本建设机械	169	万台	44.95	42.86	2.09	4.88
	170	万千瓦	2542.24	2446.75	95.49	3.90
十、其他机械	171	—	—	—	—	—
其中:农用飞机	172	架	124	111	13	11.71
十一、农业机械原值和净值	173	—	—	—	—	—
1. 农业机械原值	174	亿元	7805.61	7114.64	690.97	9.71
2. 农业机械净值	175	亿元	5683.14	5198.65	484.49	9.32

全国农业机械化作业情况表

指标名称	代码	计量单位	2012 年	2011 年	2012 年比 2011 年增减	
					增减量	%
一、农机化作业总体情况	1	—	—	—	—	—
(一)机耕面积	2	千公顷	110284.83	106880.87	3403.96	3.18
(二)机播面积	3	千公顷	76794.16	72916.97	3877.19	5.32
(三)机电灌溉面积	4	千公顷	52295.52	51808.09	487.43	0.94
(四)机械植保面积	5	千公顷	62637.16	59713.43	2923.73	4.90
(五)机收面积	6	千公顷	71168.88	66006.41	5162.47	7.82
二、主要农作物农机化作业情况	7	—	—	—	—	—
(一)小麦	8	—	—	—	—	—
1. 小麦机耕面积	9	千公顷	21969.31	21799.21	170.10	0.78
2. 小麦机播面积	10	千公顷	20885.88	20860.72	25.16	0.12
3. 小麦机收面积	11	千公顷	22034.25	22098.31	-64.07	-0.29
(二)水稻	12	—	—	—	—	—
1. 水稻机耕面积	13	千公顷	28262.99	27171.95	1091.04	4.02
2. 水稻机械种植面积	14	千公顷	9594.55	7887.99	1706.56	21.63
其中:水稻机播面积	15	千公顷	549.40	570.68	-21.28	-3.73
水稻机插面积	16	千公顷	8919.12	7166.71	1752.41	24.45
水稻机浅栽面积	17	千公顷	83.92	124.31	-40.39	-32.49
3. 水稻机收面积	18	千公顷	22222.82	20834.82	1388.00	6.66
(三)玉米	19	—	—	—	—	—
1. 玉米机耕面积	20	千公顷	24005.05	21826.59	2178.46	9.98
2. 玉米机播面积	21	千公顷	28762.02	26800.53	1961.49	7.32
3. 玉米机收面积	22	千公顷	14844.23	11267.62	3576.61	31.74
(四)大豆	23	—	—	—	—	—
1. 大豆机耕面积	24	千公顷	4513.39	5494.20	-980.81	-17.85
2. 大豆机播面积	25	千公顷	4587.16	5617.15	-1029.99	-18.34
3. 大豆机收面积	26	千公顷	3921.37	4700.30	-778.93	-16.57
(五)油菜	27	—	—	—	—	—
1. 油菜机耕面积	28	千公顷	4437.34	3577.56	859.78	24.03
2. 油菜机播面积	29	千公顷	1078.35	902.08	176.27	19.54
3. 油菜机收面积	30	千公顷	1240.50	978.40	262.10	26.79
(六)马铃薯	31	—	—	—	—	—
1. 马铃薯机耕面积	32	千公顷	2723.63	2601.61	122.02	4.69
2. 马铃薯机播面积	33	千公顷	1161.80	1065.80	96.00	9.01
3. 马铃薯机收面积	34	千公顷	1052.94	958.65	94.29	9.84
(七)花生	35	—	—	—	—	—
1. 花生机耕面积	36	千公顷	2841.46	2669.88	171.58	6.43
2. 花生机播面积	37	千公顷	1785.62	1584.00	201.62	12.73
3. 花生机收面积	38	千公顷	1194.45	1069.57	124.88	11.68
(八)棉花	39	—	—	—	—	—
1. 棉花机耕面积	40	千公顷	4118.98	4011.39	107.59	2.68

续表

指标名称	代码	计量单位	2012 年	2011 年	2012 年比 2011 年增减	
					增减量	%
2. 棉花机播面积	41	千公顷	2941.65	2891.32	50.33	1.74
3. 棉花机收面积	42	千公顷	382.84	286.39	96.45	33.68
三、单项农机化作业情况	43	—	—	—	—	—
1. 机械深耕面积	44	千公顷	29966.19	28966.03	1000.16	3.45
2. 机械深松面积	45	千公顷	10540.91	11049.49	-508.58	-4.60
3. 机械化免耕播种面积	46	千公顷	14118.81	12572.69	1546.11	12.30
其中:机械化免耕覆盖播种面积	47	千公顷	7058.78	7078.69	-19.91	-0.28
4. 保护性耕作面积	48	千公顷	6451.27	5715.53	735.74	12.87
5. 精少量播种面积	49	千公顷	37624.00	34322.77	3301.23	9.62
6. 机械深施化肥面积	50	千公顷	32203.42	32594.42	-391.00	-1.20
7. 机械铺膜面积	51	千公顷	7984.29	7397.83	586.46	7.93
8. 农田机械节水灌溉面积	52	千公顷	14792.26	13352.44	1439.82	10.78
9. 机械播种牧草面积	53	千公顷	835.11	1027.76	-192.65	-18.74
10. 机械收获牧草数量	54	万吨	2014.93	1763.17	251.76	14.28
11. 机械化秸秆还田面积	55	千公顷	34913.38	31686.90	3226.48	10.18
12. 秸秆捡拾打捆面积	56	千公顷	1706.22	1435.51	270.71	18.86
13. 机械脱粒粮食数量	57	万吨	54134.21	51992.56	2141.65	4.12
14. 机械烘干粮食数量	58	万吨	7215.90	5755.25	1460.65	25.38
15. 机械初加工农产品数量	59	万吨	58390.41	60318.22	-1927.81	-3.20
其中:加工粮食数量	60	万吨	45503.86	44915.87	587.99	1.31
加工油料数量	61	万吨	5682.02	5709.43	-27.41	-0.48
加工棉花数量	62	万吨	1610.31	1690.81	-80.50	-4.76
加工果蔬数量	63	万吨	2415.53	2448.39	-32.86	-1.34
加工茶叶数量	64	万吨	344.04	341.85	2.19	0.64
16. 机械化饲草料加工数量	65	万吨	21158.50	18909.94	2248.56	11.89
其中:机械化青贮秸秆数量	66	万吨	9156.21	7837.32	1318.89	16.83
17. 农机运输作业量	67	亿吨·公里	4466.95	4206.44	260.51	6.19
其中:农业运输作业量	68	亿吨·公里	2563.20	2514.11	49.09	1.95
18. 农田基本建设作业量	69	万立方米	368642.67	353538.94	15103.73	4.27
19. 农用飞机作业面积	70	千公顷	2383.88	1878.33	505.55	26.91
20. 农机专业合作社作业服务面积	71	千公顷	35461.00	—	—	—
21. 农机跨区作业面积	72	千公顷	34295.88	32924.25	1371.63	4.17
其中:跨区机耕面积	73	千公顷	5753.70	5070.12	683.58	13.48
跨区机播面积	74	千公顷	2579.77	2242.76	337.01	15.03
跨区机收面积	75	千公顷	24952.30	24601.86	350.43	1.42
其中:跨区机收小麦	76	千公顷	14161.80	14789.68	-627.88	-4.25
跨区机收水稻	77	千公顷	7425.43	6418.20	1007.23	15.69
跨区机收玉米	78	千公顷	2744.14	2238.48	505.66	22.59

全国农业机械化管理服务情况表

指标名称	代码	计量单位	2012 年	2011 年	2012 年比 2011 年增减	
					增减量	%
一、农业机械化培训	1	人次	7264576	6745733	518843	7.69
其中:培训农机管理人员	2	人次	168151	153356	14795	9.65
培训农机技术人员	3	人次	841978	798131	43847	5.49
培训农机监理人员	4	人次	74581	67509	7072	10.48
培训农机操作人员	5	人次	5966208	5492074	474134	8.63
二、农机维修	6	—	—	—	—	—
1. 维修拖拉机	7	万台次	1877.85	1863.66	14.20	0.76
2. 维修联合收获机	8	万台次	142.14	126.88	15.26	12.03
3. 维修水稻插秧机	9	万台次	21.35	17.50	3.85	22.03
4. 维修运输机械	10	万台次	1290.49	1261.88	28.61	2.27
5. 维修其他农机具	11	万台次	2941.83	2841.70	100.13	3.52
三、农机鉴定	12	—	—	—	—	—
推广鉴定证当年发证数量	13	件	5782	6004	-222	-3.70
四、农机监理装备	14	—	—	—	—	—
1. 监理车辆	15	辆	4340	4421	-81	-1.83
其中:摩托车	16	辆	528	680	-152	-22.35
2. 安全检测设备	17	套	1846	1700	146	8.59
其中:拖拉机检测设备	18	套	1692	1550	142	9.16

全国农业机械化投入情况表

指标名称	代码	计量单位	2012 年	2011 年	2012 年比 2011 年增减	
					增减量	%
一农机化总投入	1	万元	9802809.56	8601963.01	1200846.55	13.96
1. 一般行政事业支出	2	万元	515732.86	466110.93	49621.93	10.65
2. 基本建设	3	万元	307517.24	273478.63	34038.61	12.45
3. 科研	4	万元	8997.25	9122.59	-125.34	-1.37
4. 推广培训	5	万元	124301.10	147017.51	-22716.41	-15.45
5. 农业机械购置	6	万元	8569562.16	7447057.88	1122504.28	15.07
6. 其他	7	万元	276698.95	259175.27	17523.68	6.76
二、财政投入	8	万元	3352917.04	2869829.98	483087.06	16.83
1. 一般行政事业支出	9	万元	495735.12	443687.18	52047.94	11.73
2. 基本建设	10	万元	156810.38	139765.08	17045.30	12.20
3. 科研	11	万元	7324.79	7483.18	-158.39	-2.12
4. 推广培训	12	万元	110689.74	126260.00	-15570.26	-12.33
5. 农业机械购置	13	万元	2442433.66	2019373.25	423060.41	20.95
6. 其他	14	万元	139923.35	133261.29	6662.06	5.00
(一)中央财政	15	万元	2269047.15	1920370.09	348677.06	18.16
1. 一般行政事业支出	16	—	—	—	—	—
2. 基本建设	17	万元	63340.55	69598.74	-6258.19	-8.99
3. 科研	18	万元	1144.00	564.00	580.00	102.84
4. 推广培训	19	万元	38316.29	60806.97	-22490.68	-36.99
5. 农业机械购置	20	万元	2148186.63	1754266.70	393919.93	22.45
6. 其他	21	万元	18059.68	35133.68	-17074.00	-48.60
(二)地方财政	22	万元	1083869.89	949459.89	134410.00	14.16
1. 一般行政事业支出	23	万元	495735.12	443687.18	52047.94	11.73
2. 基本建设	24	万元	93469.83	70166.34	23303.49	33.21
3. 科研	25	万元	6180.79	6919.18	-738.39	-10.67
4. 推广培训	26	万元	72373.45	65453.03	6920.42	10.57
5. 农业机械购置	27	万元	294247.03	265106.55	29140.48	10.99
6. 其他	28	万元	121863.67	98127.61	23736.06	24.19
三、单位和集体投入	29	万元	238044.75	193482.29	44562.46	23.03
1. 一般行政事业支出	30	万元	19997.74	22423.75	-2426.01	-10.82
2. 基本建设	31	万元	52452.47	54011.26	-1558.79	-2.89
3. 科研	32	万元	1045.60	1285.01	-239.41	-18.63
4. 推广培训	33	万元	3615.47	3219.63	395.84	12.29
5. 农业机械购置	34	万元	151114.87	104347.68	46767.19	44.82
6. 其他	35	万元	9818.60	8194.96	1623.64	19.81
四、农民个人投入	36	万元	6167169.43	5512254.15	654915.28	11.88
1. 一般行政事业支出	37	—	—	—	—	—
2. 基本建设	38	万元	89536.21	75635.58	13900.63	18.38
3. 科研	39	万元	—	—	—	—
4. 推广培训	40	万元	9627.35	16549.82	-6922.47	-41.83
5. 农业机械购置	41	万元	5963025.60	5314401.86	648623.74	12.21
6. 其他	42	万元	104980.27	105608.69	-628.42	-0.60
五、其他投入	43	万元	44678.34	26396.58	18281.76	69.26
1. 一般行政事业支出	44	—	—	—	—	—
2. 基本建设	45	万元	8718.18	4066.71	4651.47	114.38
3. 科研	46	万元	626.86	296.20	330.66	111.63
4. 推广培训	47	万元	368.54	988.26	-619.72	-62.71
5. 农业机械购置	48	万元	12988.03	8935.08	4052.95	45.36
6. 其他	49	万元	21976.73	12110.33	9866.40	81.47

全国农业机械化经营效益情况表

指标名称	代码	计量单位	合计		其中:农机户	
			2012 年	2011 年	2012 年	2011 年
一、总收入	1	万元	47790381.67	45090718.02	40936582.15	39530874.10
1. 农机化作业收入	2	万元	41803285.69	39492250.42	37368644.76	36069248.12
其中:(1)田间作业收入	3	万元	17745182.16	16026387.03	15656682.91	14627579.30
其中:跨区作业收入	4	万元	2244936.90	2004383.88	2023286.04	1816830.25
(2)农产品初加工作业收入	5	万元	5172595.28	4825322.66	4467461.49	4361746.45
(3)农机运输收入	6	万元	17602906.08	17333047.59	16118178.86	16137473.42
其中:农业运输收入	7	万元	9535954.78	8833642.16	8372453.25	8213819.84
2. 农机维修收入	8	万元	1881441.33	1869103.78	1549311.00	1502633.30
3. 其他收入	9	万元	4105654.66	3729363.82	2018626.40	1978992.78
其中:农机及油料经销收入	10	万元	2356871.63	2301080.33	914009.92	883884.51
二、成本与费用	11	万元	29209684.27	27809250.89	25072106.12	24111489.63
1. 服务成本与费用	12	万元	24795121.59	23529583.12	21590747.50	20749655.58
2. 管理与财务费用	13	万元	1843722.25	1734579.73	1431098.06	1340865.03
3. 税金及附加	14	万元	1097596.07	1056509.01	860020.38	838387.31
4. 其他费用	15	万元	1473244.36	1488579.03	1190240.18	1182581.71
三、利润总额	16	万元	18580697.41	17281464.13	15864476.04	15419384.47

全国农业生产燃油消耗情况表

指标名称	代码	计量单位	2012 年	2011 年	2012 年比 2011 年增减	
					增减量	%
农业生产燃油消耗	1	万吨	3705.97	3860.13	-154.16	-3.99
(1)其中:柴油	2	万吨	3376.10	3612.14	-236.04	-6.53
(2)其中:用于农机抗灾救灾	3	万吨	142.81	165.53	-22.72	-13.73
1. 农田作业	4	万吨	1330.30	1323.69	6.61	0.50
(1)机耕	5	万吨	595.31	589.51	5.80	0.98
(2)机播	6	万吨	201.68	182.09	19.59	10.76
(3)机收	7	万吨	337.43	310.19	27.24	8.78
(4)植保	8	万吨	84.42	90.87	-6.45	-7.09
(5)其他	9	万吨	111.53	151.04	-39.51	-26.16
2. 农田排灌	10	万吨	210.06	256.71	-46.65	-18.17
3. 农田基本建设	11	万吨	235.95	267.43	-31.48	-11.77
4. 畜牧业生产	12	万吨	70.76	72.35	-1.59	-2.19
5. 农产品初加工	13	万吨	238.70	294.36	-55.66	-18.91
6. 农业运输	14	万吨	1468.57	1519.55	-50.98	-3.35
7. 其他	15	万吨	151.61	126.04	25.57	20.28

全国农业机械事故情况表

指标名称	代码	计量单位	2012 年
一、事故次数	1	次	2091
其中:1. 一般事故	2	次	2089
2. 较大事故	3	次	2
3. 重大事故	4	次	0
4. 特别重大事故	5	次	0
二、事故损失	6	—	—
1. 死亡人数	7	人	692
2. 受伤人数	8	人	943
3. 直接经济损失	9	万元	2240.64
三、事故原因	10	—	—
其中:1. 无证驾驶	11	次	770
2. 酒后驾驶	12	次	9
3. 违法载人	13	次	107
4. 操作失误	14	次	1096
5. 无牌行驶	15	次	495
6. 超速超载	16	次	115
7. 未年检	17	次	704
8. 机件失效	18	次	123
9. 其他	19	次	410
四、事故条件	20	—	—
其中:1. 驾龄 3 年以下的	21	次	910
2. 驾龄 3 年以上的	22	次	1181
3. 发生在 8:00－20:00 之间的	23	次	1649
4. 发生在 20:00－8:00 之间的	24	次	442
5. 晴天发生的	25	次	1657
6. 雨雪雾天发生的	26	次	434

各地区农业机械化发展指标

各地区农业机械化系统机构及人员表

地区	一、农机化管理机构			1. 省级			2. 地级		
	年末机构数（个）	年末人数（人）		年末机构数（个）	年末人数（人）		年末机构数（个）	年末人数（人）	
		合计	其中：科技人员（教师）		合计	其中：科技人员（教师）		合计	其中：科技人员（教师）
全　国	32730	109604	55141	32	753	146	341	4327	1427
北　京	194	479	169	1	7	6	0	0	0
天　津	158	835	159	1	37	0	0	0	0
河　北	1844	4382	1804	1	8	0	11	94	40
山　西	1344	5076	2748	1	53	0	11	434	231
内蒙古	735	2176	1214	1	6	0	12	119	70
辽　宁	1145	3081	1500	1	11	0	14	135	22
吉　林	697	5857	4407	1	20	16	9	92	74
黑龙江	621	3248	2132	1	20	12	13	204	79
上　海	113	269	181	1	6	3	0	0	0
江　苏	1231	4741	2150	1	69	0	13	166	39
浙　江	1327	2856	2524	1	34	25	11	138	97
安　徽	1239	3931	2399	1	45	0	16	152	58
福　建	1096	2460	911	1	15	0	8	86	0
江　西	1524	3586	1757	1	5	0	11	111	58
山　东	1889	9885	5058	1	38	0	17	379	114
河　南	1915	6730	2058	1	44	0	18	400	74
湖　北	903	3144	1784	1	29	0	17	209	60
湖　南	2121	8544	2881	1	53	4	13	277	42
广　东	1084	3259	807	1	7	0	20	78	24
广　西	1212	3851	2554	1	41	25	14	196	74
海　南	174	465	192	1	7	7	2	14	6
重　庆	939	2334	1263	1	22	6	0	0	0
四　川	3182	6833	3282	1	35	3	21	277	60
贵　州	1130	3338	1609	1	7	0	9	104	41
云　南	1356	3952	2686	1	9	3	16	70	10
西　藏	8	78	0	1	4	0	7	17	0
陕　西	953	3072	907	1	36	24	10	151	39
甘　肃	1219	3497	866	1	35	0	12	173	37
青　海	161	569	398	1	4	4	6	29	25
宁　夏	176	568	423	1	5	5	3	15	15
新　疆	859	6089	4042	1	38	0	14	178	18
新疆兵团	181	419	276	1	3	3	13	29	20

续表

地区	3. 县级			4. 乡级			其中:单设机构		
	年末机构数(个)	年末人数(人)		年末机构数(个)	年末人数(人)		年末机构数(个)	年末人数(人)	
		合计	其中:科技人员(教师)		合计	其中:科技人员(教师)		合计	其中:科技人员(教师)
全国	2894	34746	15093	29463	69778	38475	5287	20497	12840
北京	13	160	78	180	312	85	1	10	0
天津	12	224	51	145	574	108	36	117	28
河北	184	1456	705	1648	2824	1059	150	298	98
山西	115	2534	1406	1217	2055	1111	604	928	536
内蒙古	109	925	457	613	1126	687	50	123	66
辽宁	102	816	262	1028	2119	1216	115	340	273
吉林	65	722	545	622	5023	3772	345	2955	2303
黑龙江	102	1500	1040	505	1524	1001	122	530	325
上海	9	60	41	103	203	137	0	0	0
江苏	97	861	304	1120	3645	1807	147	1276	487
浙江	75	846	564	1240	1838	1838	268	448	448
安徽	99	849	322	1123	2885	2019	223	1020	704
福建	78	746	39	1009	1613	872	43	112	88
江西	98	1072	447	1414	2398	1252	98	241	131
山东	149	3587	1598	1722	5881	3346	726	2750	1593
河南	181	3309	1215	1715	2977	769	59	248	31
湖北	98	1144	693	787	1762	1031	209	558	346
湖南	135	2806	895	1972	5408	1940	421	1565	753
广东	120	933	285	943	2241	498	176	504	112
广西	95	1025	433	1102	2589	2022	178	1041	815
海南	17	199	92	154	245	87	1	13	0
重庆	38	292	127	900	2020	1130	50	82	54
四川	176	1933	783	2984	4588	2436	238	722	393
贵州	93	973	393	1027	2254	1175	120	255	145
云南	134	844	417	1205	3029	2256	132	434	353
西藏	0	57	0	0	0	0	0	0	0
陕西	97	1367	568	845	1518	276	92	203	14
甘肃	105	1427	241	1101	1862	588	106	231	77
青海	39	370	250	115	166	119	0	0	0
宁夏	17	326	236	155	222	167	0	0	0
新疆	95	1038	383	749	4835	3641	572	3482	2658
新疆兵团	147	345	223	20	42	30	5	11	9

续表

地区	二、农机化教育、培训机构			1. 农机化大、中专			2. 农机化学校		
	年末机构数（个）	年末人数（人）		年末机构数（个）	年末人数（人）		年末机构数（个）	年末人数（人）	
		合计	其中：科技人员（教师）		合计	其中：科技人员（教师）		合计	其中：科技人员（教师）
全国	1789	19777	12989	43	3365	2206	1746	16412	10783
北京	9	315	114	0	0	0	9	315	114
天津	12	150	76	0	0	0	12	150	76
河北	121	867	519	4	29	20	117	838	499
山西	57	647	469	2	258	186	55	389	283
内蒙古	50	317	224	0	0	0	50	317	224
辽宁	50	841	544	2	70	68	48	771	476
吉林	40	1114	892	1	106	85	39	1008	807
黑龙江	60	1078	783	3	632	399	57	446	384
上海	0	0	0	0	0	0	0	0	0
江苏	54	364	257	0	0	0	54	364	257
浙江	41	169	115	0	0	0	41	169	115
安徽	73	888	684	4	289	204	69	599	480
福建	14	140	81	1	82	51	13	58	30
江西	48	306	144	1	11	2	47	295	142
山东	140	1182	886	1	16	6	139	1166	880
河南	129	1868	1036	1	17	9	128	1851	1027
湖北	60	844	535	0	0	0	60	844	535
湖南	106	874	521	2	33	13	104	841	508
广东	59	457	224	0	0	0	59	457	224
广西	93	1723	1183	8	692	465	85	1031	718
海南	18	124	74	0	0	0	18	124	74
重庆	22	317	193	3	205	133	19	112	60
四川	99	528	370	0	0	0	99	528	370
贵州	42	855	513	6	595	346	36	260	167
云南	124	1077	759	1	128	90	123	949	669
西藏	0	0	0	0	0	0	0	0	0
陕西	88	1380	809	1	190	117	87	1190	692
甘肃	80	610	349	0	0	0	80	610	349
青海	1	25	24	0	0	0	1	25	24
宁夏	7	62	55	2	12	12	5	50	43
新疆	82	590	491	0	0	0	82	590	491
新疆兵团	10	65	65	0	0	0	10	65	65

续表

地区	三、农机化科研机构			1. 省级			2. 地级		
	年末机构数（个）	年末人数（人）		年末机构数（个）	年末人数（人）		年末机构数（个）	年末人数（人）	
		合计	其中：科技人员（教师）		合计	其中：科技人员（教师）		合计	其中：科技人员（教师）
全　国	83	3224	2100	23	1869	1236	60	1355	864
北　京	0	0	0	0	0	0	0	0	0
天　津	1	32	21	1	32	21	0	0	0
河　北	1	20	10	1	20	10	0	0	0
山　西	11	268	210	1	99	76	10	169	134
内蒙古	4	55	28	0	0	0	4	55	28
辽　宁	5	187	123	1	75	51	4	112	72
吉　林	5	306	241	1	75	55	4	231	186
黑龙江	9	859	555	6	784	501	3	75	54
上　海	1	127	34	1	127	34	0	0	0
江　苏	0	0	0	0	0	0	0	0	0
浙　江	1	45	25	1	45	25	0	0	0
安　徽	2	51	46	0	0	0	2	51	46
福　建	0	0	0	0	0	0	0	0	0
江　西	0	0	0	0	0	0	0	0	0
山　东	4	112	66	0	0	0	4	112	66
河　南	0	0	0	0	0	0	0	0	0
湖　北	2	109	78	1	68	58	1	41	20
湖　南	7	169	57	0	0	0	7	169	57
广　东	3	207	158	1	195	150	2	12	8
广　西	1	11	5	0	0	0	1	11	5
海　南	1	4	2	1	4	2	0	0	0
重　庆	3	70	51	2	49	39	1	21	12
四　川	8	272	172	1	130	76	7	142	96
贵　州	3	109	94	1	70	60	2	39	34
云　南	3	83	58	1	58	44	2	25	14
西　藏	0	0	0	0	0	0	0	0	0
陕　西	1	28	3	0	0	0	1	28	3
甘　肃	3	60	27	0	0	0	3	60	27
青　海	0	0	0	0	0	0	0	0	0
宁　夏	1	10	7	1	10	7	0	0	0
新　疆	1	0	0	0	0	0	1	0	0
新疆兵团	2	30	29	1	28	27	1	2	2

续表

地　区	四、农机试验鉴定机构			1. 省级			2. 地级		
	年　末机构数（个）	年末人数（人）		年　末机构数（个）	年末人数（人）		年　末机构数（个）	年末人数（人）	
		合计	其中：科技人员（教师）		合计	其中：科技人员（教师）		合计	其中：科技人员（教师）
全　国	63	1319	973	30	1012	765	33	307	208
北　京	1	8	8	1	8	8	0	0	0
天　津	1	37	28	1	37	28	0	0	0
河　北	1	28	25	1	28	25	0	0	0
山　西	12	119	81	1	49	33	11	70	48
内蒙古	1	61	31	1	61	31	0	0	0
辽　宁	12	201	167	1	69	57	11	132	110
吉　林	2	90	70	1	85	67	1	5	3
黑龙江	1	90	66	1	90	66	0	0	0
上　海	1	15	11	1	15	11	0	0	0
江　苏	5	82	62	1	45	35	4	37	27
浙　江	1	5	5	1	5	5	0	0	0
安　徽	1	45	29	1	45	29	0	0	0
福　建	0	0	0	0	0	0	0	0	0
江　西	1	20	20	1	20	20	0	0	0
山　东	1	34	27	1	34	27	0	0	0
河　南	5	42	33	1	25	22	4	17	11
湖　北	1	20	15	1	20	15	0	0	0
湖　南	2	49	20	1	14	14	1	35	6
广　东	1	32	23	1	32	23	0	0	0
广　西	1	37	19	1	37	19	0	0	0
海　南	1	6	2	1	6	2	0	0	0
重　庆	1	43	37	1	43	37	0	0	0
四　川	1	64	52	1	64	52	0	0	0
贵　州	1	22	19	1	22	19	0	0	0
云　南	1	14	11	1	14	11	0	0	0
西　藏	0	0	0	0	0	0	0	0	0
陕　西	2	29	14	1	18	11	1	11	3
甘　肃	1	44	29	1	44	29	0	0	0
青　海	1	6	5	1	6	5	0	0	0
宁　夏	1	38	31	1	38	31	0	0	0
新　疆	1	37	32	1	37	32	0	0	0
新疆兵团	1	1	1	1	1	1	0	0	0

续表

地区	五、农机化技术推广机构			1. 省级			2. 地级		
	年末机构数(个)	年末人数(人)		年末机构数(个)	年末人数(人)		年末机构数(个)	年末人数(人)	
		合计	其中:科技人员(教师)		合计	其中:科技人员(教师)		合计	其中:科技人员(教师)
全　国	2545	22181	13642	33	764	552	279	3408	2155
北　京	12	295	145	1	48	31	0	0	0
天　津	11	121	87	1	29	18	0	0	0
河　北	162	1207	710	2	24	23	11	224	151
山　西	122	1015	719	1	43	30	11	120	84
内蒙古	90	898	611	1	102	68	9	122	69
辽　宁	76	1048	710	1	14	13	14	245	174
吉　林	60	1018	830	1	18	13	6	108	93
黑龙江	83	673	542	1	38	28	13	80	63
上　海	9	74	54	1	17	11	0	0	0
江　苏	89	972	654	2	37	20	13	212	165
浙　江	42	232	181	1	4	4	6	48	33
安　徽	82	753	527	1	23	10	7	54	41
福　建	9	70	50	1	24	20	0	0	0
江　西	93	347	222	1	4	4	11	44	23
山　东	148	981	700	1	25	22	16	100	76
河　南	162	1958	836	1	12	11	18	266	150
湖　北	101	830	591	0	0	0	15	199	152
湖　南	123	1540	677	1	46	46	7	108	59
广　东	109	577	270	1	16	12	19	137	50
广　西	101	1019	663	1	30	17	13	215	134
海　南	17	72	35	1	12	10	1	0	0
重　庆	39	188	124	1	16	15	0	0	0
四　川	155	752	491	1	6	3	15	70	36
贵　州	86	381	225	1	28	17	6	39	18
云　南	135	1025	743	1	20	15	14	178	124
西　藏	2	11	5	1	3	3	1	8	2
陕　西	97	1579	592	1	19	10	10	196	71
甘　肃	87	796	331	1	34	22	11	222	134
青　海	33	229	211	1	15	13	3	26	24
宁　夏	22	313	275	1	38	31	3	33	32
新　疆	93	981	651	1	13	8	13	319	166
新疆兵团	95	226	180	1	6	4	13	35	31

续表

地区	3. 县级			六、农机安全监理机构			1. 省级		
	年末机构数（个）	年末人数（人）		年末机构数（个）	年末人数（人）		年末机构数（个）	年末人数（人）	
		合计	其中：科技人员（教师）		合计	其中：科技人员（教师）		合计	其中：科技人员（教师）
全　国	2233	18009	10935	2858	32562	15780	31	470	163
北　京	11	247	114	14	155	66	1	26	16
天　津	10	92	69	12	159	54	1	9	0
河　北	149	959	536	171	1959	874	1	13	12
山　西	110	852	605	123	1187	760	1	7	0
内蒙古	80	674	474	104	1368	791	1	10	0
辽　宁	61	789	523	98	970	567	1	8	0
吉　林	53	892	724	66	1241	1024	1	21	9
黑龙江	69	555	451	89	1797	1297	1	17	17
上　海	8	57	43	10	49	43	1	8	7
江　苏	74	723	469	103	975	532	1	21	0
浙　江	35	180	144	73	432	292	1	3	3
安　徽	74	676	476	100	1394	822	1	20	8
福　建	8	46	30	47	185	8	1	12	0
江　西	81	299	195	106	565	275	1	11	7
山　东	131	856	602	151	2140	1353	1	23	0
河　南	143	1680	675	169	4143	1177	1	15	0
湖　北	86	631	439	113	1270	647	1	30	0
湖　南	115	1386	572	136	1494	644	1	2	0
广　东	89	424	208	118	733	247	1	2	0
广　西	87	774	512	103	1140	697	1	23	0
海　南	15	60	25	19	203	106	1	29	20
重　庆	38	172	109	39	244	84	1	16	5
四　川	139	676	452	194	1125	431	1	12	7
贵　州	79	314	190	97	562	299	1	11	7
云　南	120	827	604	145	1336	728	1	15	11
西　藏	0	0	0	0	0	0	0	0	0
陕　西	86	1364	511	114	2121	758	1	19	11
甘　肃	75	540	175	99	1218	279	1	24	0
青　海	29	188	174	44	321	228	1	30	0
宁　夏	18	242	212	23	254	211	1	11	0
新　疆	79	649	477	98	1612	368	1	11	0
新疆兵团	81	185	145	80	210	118	1	5	4

续表

地区	2. 地级			3. 县级		
	年末机构数（个）	年末人数（人）		年末机构数（个）	年末人数（人）	
		合计	其中：科技人员（教师）		合计	其中：科技人员（教师）
全国	331	33338	1526	2496	28754	14091
北京	0	0	0	13	129	50
天津	0	0	0	11	150	54
河北	11	206	126	159	1740	736
山西	11	113	84	111	1067	676
内蒙古	12	339	204	91	1019	587
辽宁	14	135	42	83	827	525
吉林	9	132	120	56	1088	895
黑龙江	13	93	63	75	1687	1217
上海	0	0	0	9	41	36
江苏	14	102	61	88	852	471
浙江	9	48	38	63	381	251
安徽	16	106	61	83	1268	753
福建	6	32	0	40	141	8
江西	11	63	23	94	491	245
山东	17	147	99	133	1970	1254
河南	18	259	77	150	3869	1100
湖北	17	218	112	95	1022	535
湖南	14	75	22	121	1413	616
广东	20	118	35	97	613	212
广西	14	177	91	88	940	606
海南	2	24	12	16	150	74
重庆	0	0	0	38	228	79
四川	21	139	37	172	974	387
贵州	9	57	28	87	494	264
云南	16	178	33	128	1143	684
西藏	0	0	0	0	0	0
陕西	9	99	31	104	2003	716
甘肃	12	147	23	86	1047	256
青海	6	56	32	37	235	196
宁夏	4	25	23	18	216	175
新疆	13	192	18	84	1409	350
新疆兵团	13	58	31	66	147	83

各地区农业机械化服务组织及人员表

地区	一、农机化作业服务组织及农机户 1. 农机化作业服务组织		(1)其中：拥有农机原值20万~50万元(含20万元)的		拥有农机原值50万元(含50万元)以上的		(2)其中：农机专业合作社		2. 农机户	
	年末机构数(个)	年末人数(人)	年末机构数(个)	年末人数(人)	年末机构数(个)	年末人数(人)	年末机构数(个)	年末人数(人)	年末机构数(个)	年末人数(人)
全　国	167038	1449088	48322	305536	24240	490396	34429	817774	41923428	52089183
北　京	541	3715	224	1164	194	1492	142	1579	39632	44542
天　津	644	3738	37	217	105	2873	115	3098	62272	94939
河　北	4730	37958	1975	10137	503	11565	860	19184	3631871	4863234
山　西	4347	20386	1146	6335	508	4049	1647	14232	867640	1046112
内蒙古	2423	24629	979	4740	1154	15543	1138	15543	1236317	1779738
辽　宁	1770	32458	464	4077	1079	19273	1548	26795	563469	700222
吉　林	4261	26689	1715	6109	969	6281	1577	14299	1064919	1218354
黑龙江	22569	95550	13947	42123	2143	16940	2013	15321	1037572	1311617
上　海	353	2485	43	129	141	875	133	1466	5916	6788
江　苏	7723	319807	2319	48512	3029	161751	4180	274124	1192405	1496826
浙　江	5053	35984	1145	7199	752	12301	1201	18383	786345	893833
安　徽	6757	66710	1621	10401	1365	22006	1769	31929	3414142	3893067
福　建	1688	9638	499	2089	430	4176	414	7029	623892	688821
江　西	10949	59292	1000	7538	534	7108	529	9995	1014354	1391503
山　东	18139	125503	5698	33984	3193	47460	4206	69610	5109182	6117904
河　南	11031	102860	4709	22292	3808	55833	4811	75541	5447295	6489971
湖　北	7571	80218	3020	24692	971	20140	1296	39138	1694507	2329479
湖　南	14161	78368	1820	16169	793	21223	1211	13959	2136238	2938919
广　东	2091	18995	813	6048	346	4877	558	11948	1054363	1366298
广　西	3155	38899	922	10460	367	4602	1621	16707	2109026	2719210
海　南	235	1650	85	540	30	231	112	1219	251468	274716
重　庆	6725	110015	305	12563	140	24350	730	79512	891768	1133920
四　川	18010	59148	1861	10509	385	5839	688	20694	1987647	2342234
贵　州	2467	29382	209	3789	30	624	319	4445	1069205	1325138
云　南	619	6557	112	637	90	2155	118	3121	1342684	1473241
西　藏	42	1846	36	1600	6	246	11	407	140633	605171
陕　西	2139	19514	661	5294	231	4570	443	12782	1017367	112180
甘　肃	3577	15789	423	2222	281	4222	297	4238	1021187	1135280
青　海	1869	3206	78	392	54	512	152	1160	237835	239058
宁　夏	313	6812	113	1859	122	2744	257	4627	275226	401773
新　疆	436	8295	113	966	167	2409	328	5649	568169	608922
新疆兵团	650	2992	230	750	320	2126	5	40	28882	36533

续表

地　区	(1)其中:拥有农机原值20万—50万元(含20万元)的		拥有农机原值50万元(含50万元)以上的		(2)其中:农机化作业服务专业户		二、农机化中介服务组织		三、农机维修厂及维修点	
	年末机构数(个)	年末人数(人)	年末机构数(个)	年末人数(人)	年末机构数(个)	年末人数(人)	年末机构数(个)	年末人数(人)	年末机构数(个)	年末人数(人)
全　国	409055	732614	53860	125423	5196216	7347588	7207	59408	210038	486160
北　京	632	1075	171	602	1815	2474	1	70	413	1005
天　津	785	1638	79	368	15146	20734	0	0	701	1622
河　北	32657	63934	3851	7030	352755	538243	382	1439	18603	38060
山　西	8740	17307	622	1931	86066	111999	131	1735	7513	17386
内蒙古	11880	22539	2152	7070	118596	160766	237	898	7374	15243
辽　宁	7509	16454	3195	4728	66983	96569	134	3970	6706	14490
吉　林	6765	13653	2717	7384	15370	28441	39	325	7675	17112
黑龙江	95607	136613	8429	17783	147998	199868	149	485	6170	18945
上　海	487	705	146	349	3403	3939	0	0	93	159
江　苏	50211	86195	5888	11226	234093	370109	427	7735	4660	11920
浙　江	18373	25570	4251	9580	181125	198058	95	301	3963	6572
安　徽	14560	29718	1508	3648	402036	547099	381	7888	10472	22823
福　建	1613	2977	182	622	134279	155192	48	104	3969	8670
江　西	6543	12098	678	1757	362235	559509	573	1393	10494	30324
山　东	33852	77704	4681	13802	720598	1006498	1211	12391	16230	42000
河　南	22999	47747	2097	5271	255893	408401	1303	4527	22626	44314
湖　北	9829	25496	1437	5236	268817	476125	119	3323	6524	20576
湖　南	8743	20673	996	3462	223622	378642	305	958	5358	14354
广　东	7164	14446	735	3596	140005	195615	11	233	10910	27740
广　西	6692	17413	323	1029	101148	175435	176	1242	5476	11969
海　南	1458	2327	167	325	63162	68281	1	6	1111	3030
重　庆	1228	3106	45	148	124010	233800	410	1725	4236	11632
四　川	18667	30963	690	1660	230445	310078	175	1082	10802	27879
贵　州	220	511	30	71	183491	226561	27	70	5433	14874
云　南	1509	2035	329	825	102745	116792	158	3237	11293	24550
西　藏	13	64	4	24	4	24	0	0	108	339
陕　西	3766	11297	642	1704	319904	345371	120	552	7098	12641
甘　肃	4949	6786	313	1040	182689	217593	119	346	7444	12778
青　海	263	680	9	1638	16375	18990	229	356	1716	3417
宁　夏	1394	2732	837	1786	46327	60983	167	454	1865	4049
新　疆	22431	28998	3581	5502	85699	103802	77	2538	2700	4794
新疆兵团	7516	9160	3075	4226	9382	11597	2	25	302	893

续表

地区	其中：1. 一级维修点		2. 二级维修点		3. 三级维修点		4. 专项维修点		四、农机经销机构 1. 农机经销企业	
	年末机构数（个）	年末人数（人）	年末机构数（个）	年末人数（人）	年末机构数（个）	年末人数（人）	年末机构数（个）	年末人数（人）	年末机构数（个）	年末人数（人）
全　国	1437	9099	8244	29994	110214	240970	77357	169821	10739	93256
北　京	5	31	18	67	322	748	68	159	6	61
天　津	0	0	37	74	589	1422	69	107	15	243
河　北	12	71	411	1326	13374	26736	4495	9036	414	4051
山　西	18	295	372	1433	3692	8197	3234	6933	195	3846
内蒙古	15	94	802	2196	5274	10401	1274	2528	529	2857
辽　宁	16	29	149	532	4851	10600	1505	2950	210	2211
吉　林	1	11	8	35	6032	12934	1634	4128	303	2243
黑龙江	92	1846	307	1485	2488	6188	3082	8513	360	7774
上　海	1	8	8	35	25	50	31	47	3	12
江　苏	30	316	245	1306	2697	7118	1208	2178	398	3600
浙　江	7	25	62	139	2551	4333	1137	1865	181	708
安　徽	14	289	148	814	5664	12399	3451	6612	540	4703
福　建	0	0	25	91	936	2125	239	497	276	2143
江　西	52	478	308	1830	4665	12693	5182	14517	518	2916
山　东	180	900	890	3200	10800	26000	4360	8700	842	10566
河　南	100	470	510	1614	10633	19143	10111	19966	651	6459
湖　北	116	644	337	1152	2654	6876	3060	8990	445	2833
湖　南	96	666	430	1791	2372	6097	1880	4443	647	12218
广　东	5	71	43	193	1193	2861	8328	20827	453	2879
广　西	14	24	109	456	3947	8447	677	1468	158	1248
海　南	0	0	5	16	181	420	925	2592	373	1162
重　庆	16	200	229	1434	2109	5988	1662	3428	296	2489
四　川	68	674	607	3197	3424	9633	5973	11707	1046	4456
贵　州	28	112	160	576	2949	8882	2206	4780	220	1527
云　南	125	482	583	1547	4372	9014	5417	11838	264	2343
西　藏	98	289	3	9	7	41	0	0	42	154
陕　西	68	274	315	706	5186	8748	1271	2425	312	2282
甘　肃	186	416	962	1460	3362	6354	2526	4027	235	1308
青　海	39	68	71	912	938	1450	668	987	85	283
宁　夏	2	5	12	54	770	1531	1052	2406	45	610
新　疆	4	53	57	190	2111	3452	438	809	668	3013
新疆兵团	29	258	21	124	46	89	194	358	9	58

续表

地区	2. 农机经销点		五、农机供油站(点)		六、拖拉机驾驶培训机构		七、乡村农机从业人员	1. 其中:初中(含初中)以上文化程度
	年末机构数(个)	年末人数(人)	年末机构数(个)	年末人数(人)	年末机构数(个)	年末人数(人)	年末人数(人)	年末人数(人)
全国	84390	178635	18170	50438	2122	17725	53347399	40628566
北京	119	271	10	31	9	103	61243	51299
天津	154	304	13	105	9	67	102003	77834
河北	6286	14785	900	4718	96	671	5001621	3709130
山西	2053	4628	976	3271	73	544	947307	866128
内蒙古	4043	7126	266	725	81	560	1588580	1131426
辽宁	2255	4730	256	1017	39	684	911410	728382
吉林	2960	7146	358	1099	20	562	1272991	964562
黑龙江	4841	11564	485	1907	71	557	1687115	1228486
上海	62	120	20	61	10	21	14049	9015
江苏	3128	7049	748	1704	55	425	1657093	1305712
浙江	628	992	267	658	35	179	775336	523899
安徽	4822	9441	192	601	73	552	4003415	3417514
福建	779	1450	140	358	42	329	728052	553021
江西	2031	5392	13	42	72	543	1253489	905605
山东	6877	15104	3939	10009	102	1107	6864639	5540925
河南	10623	20606	3872	7859	116	1498	6663234	5729393
湖北	3204	8312	858	1931	81	776	2579837	1400258
湖南	3800	9124	977	3045	99	1053	2816616	2277725
广东	2147	5911	309	1154	40	368	1117496	786755
广西	2208	4495	45	166	92	1433	2855112	2034475
海南	0	0	98	409	11	77	242833	193929
重庆	2645	4856	240	770	23	158	1014023	745630
四川	7074	13978	542	1441	82	511	2509463	1701021
贵州	2373	4318	1	4	50	411	1077421	742156
云南	2628	5152	317	1087	112	893	1557481	1071607
西藏	71	216	77	302	0	0	181805	39106
陕西	2442	5177	951	3246	74	1199	1120138	942357
甘肃	2015	3159	644	1204	425	1516	1247125	851310
青海	187	369	93	188	25	152	372180	265327
宁夏	410	549	254	556	9	64	443625	274413
新疆	1407	2108	111	321	80	572	625181	514050
新疆兵团	118	203	198	449	16	140	55486	46116

续表

地 区	2. 其中：高中(含高中)以上文化程度	3. 其中：拖拉机驾驶从业人员	4. 其中：联合收获机驾驶从业人员	5. 其中：农用运输车驾驶从业人员	6. 其中：农机维修人员
	年末人数（人）	年末人数（人）	年末人数（人）	年末人数（人）	年末人数（人）
全 国	11746002	15620771	1059664	8979132	960505
北 京	10734	16745	2014	29145	1423
天 津	14348	33633	4304	67381	4705
河 北	891627	953310	90704	1357181	69549
山 西	192901	263990	16377	452831	29267
内蒙古	341511	704508	14172	339227	36101
辽 宁	107195	339699	7056	381025	18731
吉 林	263017	657268	26618	156343	18218
黑龙江	1077747	1142156	45643	126148	29989
上 海	798	8475	2595	0	744
江 苏	405629	478357	100289	196234	32626
浙 江	144883	221654	18829	88658	9214
安 徽	412467	1471448	118301	533544	34942
福 建	139656	153831	3811	61881	11646
江 西	202591	327384	53974	217237	55349
山 东	1389963	1241704	96015	1424058	134675
河 南	1882554	2754194	175585	1388009	86718
湖 北	737985	900652	77767	195354	49982
湖 南	617315	277867	71112	187082	41229
广 东	290018	291162	16365	118817	38642
广 西	611907	641641	31888	127219	39768
海 南	82758	71298	3105	35893	3914
重 庆	562340	39030	3044	69830	25701
四 川	442196	233707	18003	143459	45343
贵 州	105916	135695	670	82464	25723
云 南	173247	504389	4834	121073	28349
西 藏	7160	148669	2452	20298	2354
陕 西	252737	226304	32325	387339	32578
甘 肃	212200	524323	5226	473402	22407
青 海	12000	156770	813	25695	6808
宁 夏	75917	148820	6234	137711	6372
新 疆	65281	505669	6265	30157	14172
新疆兵团	19404	46419	3274	4437	2366

各地区农业机械拥有量表

地区	一、农业机械总动力	1. 柴油发动机动力	2. 汽油发动机动力	3. 电动机动力	4. 其他机械动力	二、拖拉机及配套机械 (一)拖拉机		1. 大中型(14.7千瓦及以上)		(1)其中:14.7千—18.4千瓦(含14.7千瓦)	
	万千瓦	万千瓦	万千瓦	万千瓦	万千瓦	万台	万千瓦	万台	万千瓦	万台	万千瓦
全国	102558.96	82365.04	3124.10	16985.29	84.54	2282.47	31903.75	485.24	14436.39	221.07	3622.04
北京	241.10	141.11	27.05	72.94	0.00	1.47	38.91	0.74	30.75	0.07	1.13
天津	568.13	375.17	52.80	140.16	0.00	3.81	84.55	1.50	59.44	0.33	5.60
河北	10553.81	8309.74	136.56	2107.35	0.16	167.64	2487.93	21.37	896.61	5.42	91.14
山西	3056.09	2593.01	73.68	389.40	0.00	43.16	659.89	9.78	347.55	3.27	54.37
内蒙古	3280.56	2950.26	15.48	310.95	3.87	101.86	1816.59	57.94	1281.71	39.91	648.53
辽宁	2526.89	1998.99	78.15	446.88	2.87	49.89	815.04	19.06	510.26	9.79	159.41
吉林	2554.65	2323.46	14.97	216.22	0.00	105.66	1569.23	39.59	936.25	21.15	337.50
黑龙江	4552.93	4267.78	99.23	184.33	1.60	147.34	2856.58	80.89	2135.42	45.40	755.16
上海	112.73	61.28	9.68	41.77	0.00	1.10	32.06	0.65	27.94	0.04	0.67
江苏	4214.64	3086.12	176.89	951.64	0.00	110.30	1434.25	11.59	499.70	1.71	28.66
浙江	2489.40	1710.61	123.32	649.93	5.54	17.34	187.73	1.07	43.27	0.08	1.35
安徽	5902.77	5094.30	125.85	682.61	0.00	249.23	2548.87	16.45	667.83	3.40	56.23
福建	1286.80	933.05	87.31	266.40	0.04	11.10	120.89	0.29	12.00	0.02	0.26
江西	4599.68	3548.67	239.69	811.32	0.00	55.38	641.69	2.05	66.94	0.75	12.80
山东	12419.87	10568.52	200.39	1650.94	0.01	250.66	3364.59	47.69	1688.82	17.50	292.53
河南	10872.73	9635.66	64.37	1172.67	0.04	387.79	5113.64	33.85	1283.47	13.88	222.93
湖北	3842.16	2762.95	109.31	960.54	9.36	125.40	1290.28	13.84	489.13	2.26	39.03
湖南	5189.24	3929.78	309.00	923.88	26.56	31.69	528.91	9.73	292.45	3.67	60.49
广东	2496.68	1730.66	179.77	581.68	4.59	34.98	371.63	2.25	91.10	0.69	11.86
广西	3195.91	2628.58	80.04	484.26	3.03	45.62	524.93	3.05	132.83	0.43	7.00
海南	479.66	397.82	28.33	48.02	5.48	9.12	143.04	4.10	95.21	3.26	56.63
重庆	1162.00	625.65	165.87	370.13	0.35	1.14	20.88	0.37	11.64	0.16	2.62
四川	3694.03	2458.44	245.10	987.84	2.65	24.05	409.11	11.50	267.45	5.66	90.90
贵州	2106.65	1489.89	74.68	535.01	7.08	11.23	183.56	3.92	95.18	2.09	34.61
云南	2874.45	2067.34	124.15	681.91	1.05	63.98	1000.61	26.77	618.83	11.86	197.63
西藏	464.95	303.46	131.39	26.80	3.30	18.79	268.04	5.14	104.21	2.37	40.73
陕西	2350.17	1793.75	67.79	488.52	0.10	27.89	515.06	9.41	315.10	2.58	42.80
甘肃	2279.08	1853.88	28.98	395.82	0.40	66.47	834.47	11.62	269.07	7.08	109.76
青海	434.99	373.50	24.38	34.57	2.53	28.73	291.47	1.01	26.23	0.67	11.46
宁夏	787.28	662.61	7.57	116.89	0.21	21.96	296.23	3.75	100.69	2.08	33.26
新疆	1543.91	1365.50	16.64	158.92	2.86	60.06	1209.70	29.99	839.78	12.64	201.93
新疆兵团	425.02	323.50	5.68	94.99	0.86	7.70	243.39	4.28	199.53	0.85	13.06

续表

地区	18.4—36.7千瓦（含18.4千瓦）		36.7—58.8千瓦（含36.7千瓦）		58.8千瓦及以上		(2)其中:轮式		2. 小型（2.2—14.7千瓦,含2.2千瓦）		其中:手扶式		(二)拖拉机配套农具	1.大中型
	万台	万千瓦	万台	万千瓦	万台	万千瓦	万台	万千瓦	万台	万千瓦	万台	万千瓦	万部	万部
全　国	132.39	3502.47	81.00	3772.02	50.80	3539.78	447.21	12785.90	1797.23	17467.36	932.74	7586.92	3845.09	763.52
北　京	0.21	5.16	0.37	17.72	0.09	6.74	0.69	27.56	0.73	8.16	0.17	1.46	2.07	1.35
天　津	0.39	10.00	0.52	25.97	0.26	17.86	1.36	51.93	2.31	25.11	0.68	5.31	5.95	2.19
河　北	5.27	157.23	4.57	230.69	6.12	417.55	18.84	779.63	146.27	1591.32	17.75	142.78	236.43	40.97
山　西	2.60	73.46	2.18	103.01	1.74	116.71	8.38	304.53	33.38	312.34	20.88	165.53	66.28	20.05
内蒙古	12.82	341.53	2.78	125.01	2.44	166.64	53.64	1038.73	43.93	534.88	1.33	12.69	183.46	93.92
辽　宁	5.27	139.04	2.52	116.45	1.48	95.36	17.82	441.56	30.84	304.78	19.22	173.09	72.44	25.19
吉　林	11.31	257.56	5.08	206.57	2.05	134.61	38.96	899.74	66.07	632.98	8.50	163.18	260.97	74.79
黑龙江	22.23	566.28	8.28	377.41	4.98	436.57	79.34	2005.31	66.45	721.16	12.01	116.14	224.08	104.47
上　海	0.17	6.06	0.42	18.97	0.03	2.23	0.65	27.92	0.45	4.12	0.00	0.00	2.05	1.68
江　苏	1.96	58.65	6.14	297.86	1.78	114.52	10.88	463.82	98.71	934.56	91.56	862.03	175.46	19.83
浙　江	0.33	10.80	0.61	27.60	0.05	3.52	0.99	39.30	16.27	144.46	15.45	138.00	18.84	1.61
安　徽	2.96	81.60	6.86	316.40	3.24	213.60	16.20	650.40	232.78	1881.03	164.97	1145.47	571.78	32.61
福　建	0.08	2.37	0.14	5.97	0.05	3.40	0.28	11.37	10.82	108.89	10.59	105.92	13.29	0.31
江　西	0.51	15.08	0.68	31.41	0.12	7.65	1.74	55.47	53.32	574.74	47.49	512.22	40.58	2.90
山　东	11.43	337.80	10.86	533.84	7.91	524.64	41.70	1389.31	202.97	1675.77	122.29	833.03	420.86	98.56
河　南	4.45	134.57	6.75	333.41	8.77	592.57	32.03	1187.44	353.94	3830.16	117.20	938.96	760.09	80.22
湖　北	5.02	132.37	5.57	252.99	0.99	64.74	13.02	445.60	111.56	801.16	96.63	678.90	240.25	25.74
湖　南	3.52	103.79	2.14	99.18	0.40	28.99	9.50	206.82	21.96	236.46	6.36	61.14	14.03	3.58
广　东	0.36	11.42	0.62	29.97	0.57	37.85	1.78	72.29	32.73	280.53	29.35	245.68	40.02	3.28
广　西	0.29	10.31	1.48	59.38	0.84	56.14	2.65	117.19	42.58	392.10	34.02	298.30	63.30	4.52
海　南	0.26	8.45	0.46	21.88	0.13	8.24	2.45	61.86	5.02	47.82	1.38	10.24	6.32	1.48
重　庆	0.10	3.57	0.07	3.43	0.03	2.01	0.36	10.98	0.77	9.25	0.22	2.74	0.56	0.29
四　川	4.58	114.19	0.98	44.32	0.28	18.04	9.11	216.43	12.55	141.66	4.54	46.90	16.28	4.43
贵　州	1.28	31.35	0.39	18.93	0.15	10.29	3.73	89.75	7.31	88.38	1.26	13.30	4.30	1.43
云　南	12.75	307.32	1.40	61.88	0.76	52.00	21.75	564.68	37.12	381.78	24.01	230.34	36.62	4.54
西　藏	2.52	51.70	0.24	11.68	0.00	0.10	5.14	104.21	13.65	163.83	6.83	70.31	11.76	3.18
陕　西	3.24	89.47	2.31	103.54	1.28	79.29	8.79	289.39	18.48	199.96	8.03	73.96	44.97	16.41
甘　肃	2.83	73.20	1.02	40.50	0.69	45.61	11.24	230.80	54.85	565.40	24.02	212.16	131.36	26.18
青　海	0.17	4.97	0.07	3.48	0.10	6.30	0.59	11.66	27.71	265.24	26.34	239.62	25.13	0.67
宁　夏	1.00	29.31	0.41	19.93	0.26	18.20	3.60	92.72	18.21	195.54	9.57	86.82	32.01	7.05
新　疆	11.35	303.39	3.89	175.64	2.10	158.81	25.86	709.82	30.07	369.93	0.09	0.70	112.68	52.31
新疆兵团	1.13	30.47	1.19	57.00	1.11	99.00	4.14	187.68	3.42	43.86	0.00	0.00	10.87	7.78

续表

地区	2. 小型	三、种植业机械 (一)耕整地机械 1. 耕整机		2. 机耕船		3. 机引犁	4. 旋耕机	5. 深松机	6. 机引耕	(二)种植施肥机械 1. 播种机	其中:免耕播种机	精少量播种机
	万部	万台(套)	万千瓦	万艘	万千瓦	万台	万台	万台	万台	万台	万台	万台
全　国	3080.62	667.60	3225.76	16.93	100.36	1315.83	530.72	20.49	745.13	580.20	77.57	353.98
北　京	0.72	1.71	7.88	0.00	0.00	0.32	0.50	0.04	0.13	0.81	0.46	0.22
天　津	3.77	1.81	8.14	0.00	0.00	0.72	2.24	0.07	0.10	1.86	0.88	0.48
河　北	195.46	2.38	14.01	0.00	0.00	60.05	25.38	1.82	8.22	51.16	17.66	23.73
山　西	46.24	3.12	16.06	0.00	0.00	21.79	12.17	0.84	4.87	12.53	1.78	5.44
内蒙古	89.54	1.70	5.45	0.00	0.00	58.22	6.19	1.42	16.18	55.57	7.21	35.87
辽　宁	47.24	5.26	22.20	0.00	0.00	10.44	8.35	0.50	2.95	20.13	1.62	13.33
吉　林	186.18	0.48	2.63	0.00	0.00	61.88	20.30	3.35	23.79	49.74	0.48	46.31
黑龙江	119.62	4.44	33.20	0.00	0.00	44.49	18.56	3.01	11.88	58.62	0.56	54.50
上　海	0.38	0.00	0.00	0.00	0.00	0.54	0.72	0.00	0.32	0.06	0.02	0.04
江　苏	155.64	1.67	10.79	0.04	0.26	23.18	88.19	0.25	3.09	28.85	12.07	12.96
浙　江	17.23	3.51	16.50	0.45	4.39	2.95	12.22	0.01	2.14	0.04	0.01	0.02
安　徽	539.18	10.31	54.98	0.01	0.04	212.40	61.79	1.04	159.53	41.64	1.60	31.71
福　建	12.97	11.67	55.11	0.02	0.21	1.32	10.05	0.00	0.52	0.00	0.00	0.00
江　西	37.69	43.26	210.99	0.73	5.79	9.72	35.96	0.03	9.38	0.04	0.01	0.02
山　东	322.30	12.40	71.11	0.00	0.08	143.95	31.77	2.10	75.62	66.82	12.70	30.91
河　南	679.87	0.95	5.65	0.00	0.00	322.28	21.92	0.90	220.46	129.32	13.72	76.88
湖　北	214.51	35.37	189.56	3.07	28.61	83.13	54.26	0.08	60.86	4.56	0.31	2.37
湖　南	10.45	157.78	604.06	12.20	58.78	89.36	11.97	0.16	72.58	0.11	0.04	0.05
广　东	36.73	24.87	145.42	0.26	1.11	7.68	16.44	0.03	6.21	0.00	0.00	0.00
广　西	58.79	83.06	357.47	0.04	0.30	19.77	16.17	0.31	18.09	0.00	0.00	0.00
海　南	4.84	8.39	35.56	0.07	0.63	2.32	1.53	0.08	1.65	0.00	0.00	0.00
重　庆	0.26	47.52	180.20	0.00	0.00	0.03	0.45	0.00	0.03	0.05	0.00	0.04
四　川	11.85	91.27	479.83	0.03	0.10	7.55	16.85	0.02	2.32	1.95	0.13	0.77
贵　州	2.88	38.07	221.52	0.00	0.01	2.33	3.36	0.01	1.77	0.03	0.00	0.01
云　南	32.08	45.89	299.94	0.00	0.04	13.49	17.19	0.86	7.33	0.11	0.01	0.06
西　藏	8.58	0.49	3.29	0.00	0.00	4.32	0.22	0.00	1.22	2.21	0.01	0.07
陕　西	28.56	10.88	70.59	0.00	0.00	14.61	13.10	0.15	0.39	11.95	4.44	3.98
甘　肃	105.18	14.78	86.15	0.00	0.00	42.77	10.00	3.00	20.00	13.80	0.90	5.00
青　海	24.46	1.33	3.38	0.00	0.00	13.22	7.05	0.03	1.52	4.76	0.35	1.40
宁　夏	23.96	1.68	5.50	0.00	0.01	16.44	1.88	0.07	3.87	8.65	0.14	0.67
新　疆	60.37	1.24	7.21	0.00	0.00	23.83	3.62	0.22	7.23	13.29	0.43	6.34
新疆兵团	3.09	0.31	1.38	0.00	0.00	0.73	0.32	0.09	0.88	1.54	0.03	0.80

续表

地区	2. 水稻种植机械 (1)水稻直播机	(2)水稻插秧机		其中:乘坐式		(3)水稻浅栽机		3. 化肥深施机	4. 地膜覆盖机	(三)农用排灌机械 1. 排灌动力机械	
	万台	万台	万千瓦	万台	万千瓦	万台	万千瓦	万台	万台	万台	万千瓦
全　国	2.86	51.30	219.85	19.41	114.55	0.90	1.77	77.64	50.49	2280.56	14724.03
北　京	0.00	0.00	0.00	0.00	0.00	0.00	0.00	0.01	0.01	4.12	46.16
天　津	0.00	0.06	0.41	0.03	0.35	0.00	0.00	0.01	0.37	10.51	115.37
河　北	0.00	0.11	0.87	0.04	0.37	0.00	0.00	6.24	4.11	256.08	2196.68
山　西	0.00	0.00	0.00	0.00	0.00	0.00	0.00	2.33	2.77	17.02	206.35
内蒙古	0.00	0.45	1.94	0.04	0.17	0.00	0.00	2.90	5.03	38.20	372.91
辽　宁	0.01	2.63	12.15	0.77	4.40	0.06	0.27	1.05	0.62	106.06	361.02
吉　林	0.00	2.88	14.97	0.54	3.98	0.01	0.02	23.80	0.93	46.70	309.15
黑龙江	0.00	20.97	92.17	14.83	75.87	0.00	0.00	1.65	1.22	38.33	373.45
上　海	0.09	0.14	1.30	0.14	1.30	0.00	0.00	0.00	0.00	1.32	25.32
江　苏	0.59	9.89	38.29	1.28	13.37	0.00	0.02	0.39	0.05	60.63	664.80
浙　江	0.02	0.89	6.36	0.57	4.88	0.01	0.03	0.51	0.01	99.72	286.56
安　徽	0.21	1.74	6.00	0.22	1.93	0.00	0.00	9.57	0.78	156.95	672.14
福　建	0.00	0.59	2.24	0.07	0.65	0.00	0.00	0.00	0.04	16.61	102.97
江　西	0.03	1.55	7.58	0.08	0.84	0.17	0.22	0.63	0.00	130.16	952.83
山　东	0.00	0.11	0.59	0.01	0.06	0.00	0.00	2.81	12.60	306.44	2368.94
河　南	0.00	0.24	1.46	0.06	0.68	0.00	0.00	10.66	1.53	164.89	1238.11
湖　北	1.27	3.33	10.70	0.18	1.39	0.00	0.00	2.10	0.32	90.26	668.19
湖　南	0.05	1.12	5.67	0.19	1.34	0.00	0.00	1.93	0.21	230.34	1017.12
广　东	0.00	0.83	4.29	0.16	1.48	0.01	0.02	0.26	0.00	81.55	446.93
广　西	0.00	1.39	4.56	0.03	0.22	0.02	0.02	0.11	0.13	79.49	342.76
海　南	0.00	0.09	0.30	0.01	0.05	0.00	0.00	0.00	0.00	21.49	105.89
重　庆	0.00	1.15	3.26	0.00	0.01	0.01	0.01	0.00	0.01	93.24	289.04
四　川	0.00	0.53	2.17	0.05	0.52	0.60	1.13	0.53	0.15	84.59	513.45
贵　州	0.00	0.19	0.60	0.01	0.08	0.00	0.00	0.01	0.04	44.59	212.79
云　南	0.00	0.06	0.39	0.00	0.07	0.00	0.01	0.02	0.03	34.69	199.44
西　藏	0.00	0.00	0.00	0.00	0.00	0.00	0.00	0.00	0.02	0.62	5.61
陕　西	0.01	0.01	0.09	0.00	0.01	0.01	0.02	0.88	1.41	38.23	219.28
甘　肃	0.00	0.00	0.00	0.00	0.00	0.00	0.00	3.00	7.68	16.08	165.66
青　海	0.00	0.00	0.00	0.00	0.00	0.00	0.00	1.26	0.18	0.39	9.48
宁　夏	0.57	0.17	0.68	0.06	0.29	0.00	0.00	0.59	0.77	3.15	26.54
新　疆	0.01	0.14	0.54	0.00	0.03	0.00	0.00	3.41	9.03	5.56	119.56
新疆兵团	0.00	0.04	0.27	0.03	0.21	0.00	0.00	0.98	0.44	2.55	89.53

续表

地　区	其中:柴油机		电动机		2. 农用水泵	3. 节水灌溉类机械	(四)田间管理机械 1. 机动喷雾(粉)机		2. 茶叶修剪机		(五)收获机械 1. 联合收获机	
	万台	万千瓦	万台	万千瓦	万台	万台(套)	万台	万千瓦	万台	万千瓦	万台	万千瓦
全　国	982.31	7163.88	1248.81	7157.37	2211.54	182.56	544.31	962.75	25.34	29.50	127.88	5670.54
北　京	0.20	1.35	3.92	44.84	3.45	1.05	2.95	1.53	0.00	0.00	0.22	17.56
天　津	3.83	29.98	6.58	84.54	8.84	0.27	0.96	2.48	0.00	0.00	0.56	33.99
河　北	105.28	953.19	149.88	1243.20	172.15	4.94	50.15	84.11	0.00	0.00	10.14	514.90
山　西	2.67	37.34	14.26	168.27	15.09	1.13	3.99	10.65	0.00	0.00	2.21	120.66
内蒙古	20.57	218.33	17.62	154.58	38.67	6.17	7.95	15.38	0.00	0.00	1.59	97.41
辽　宁	23.90	171.70	81.71	181.04	127.33	12.33	9.55	18.50	0.00	0.00	1.09	56.29
吉　林	26.60	205.59	20.11	103.56	46.77	3.40	1.23	2.46	0.00	0.00	3.07	118.35
黑龙江	26.03	264.80	12.30	108.65	46.46	3.62	10.25	31.72	0.00	0.00	7.62	596.74
上　海	0.01	0.03	1.31	25.29	1.32	0.75	2.29	5.13	0.00	0.00	0.26	11.38
江　苏	18.92	182.35	40.60	474.36	66.29	4.96	67.11	95.65	0.75	0.99	11.81	508.36
浙　江	8.61	40.73	87.45	236.89	91.87	2.55	21.84	38.49	3.91	3.80	1.88	66.45
安　徽	39.87	289.72	114.23	375.00	173.46	19.97	42.80	53.68	5.04	4.51	12.85	568.68
福　建	9.90	62.03	6.24	39.37	16.64	1.52	11.20	23.94	5.39	5.97	0.63	22.45
江　西	82.10	574.42	43.92	362.05	81.61	13.85	20.12	50.65	0.36	0.81	6.19	208.29
山　东	181.49	1489.92	124.60	851.01	296.71	48.69	48.85	102.56	0.32	0.60	21.49	737.54
河　南	54.73	529.14	109.36	642.12	222.87	19.73	27.66	53.45	0.99	0.86	17.71	880.25
湖　北	25.37	224.38	64.50	434.10	103.30	4.77	55.07	70.12	3.62	4.76	6.69	287.21
湖　南	130.14	635.72	95.60	352.14	222.14	0.86	37.66	55.44	0.37	0.61	8.47	291.45
广　东	41.78	245.69	34.76	189.40	75.39	10.40	23.92	48.36	0.33	0.56	2.08	57.77
广　西	48.48	239.24	26.87	91.66	84.52	6.13	11.46	25.82	0.28	0.35	2.22	69.33
海　南	17.85	81.98	3.62	20.71	18.47	0.78	7.81	13.50	0.03	0.05	0.42	9.94
重　庆	14.62	74.59	75.10	112.65	96.15	0.12	5.87	8.43	0.25	0.24	0.45	9.62
四　川	48.77	295.16	28.11	194.49	75.76	2.19	28.38	50.25	2.16	2.60	1.85	60.93
贵　州	19.95	116.68	21.09	51.07	43.18	0.86	3.59	6.00	0.28	0.73	0.11	2.96
云　南	20.44	105.03	10.87	81.58	27.58	1.12	10.67	20.50	0.86	1.45	0.51	16.07
西　藏	0.53	4.80	0.09	0.81	0.50	0.00	0.59	2.90	0.00	0.00	0.53	25.47
陕　西	5.39	46.78	31.45	171.38	32.19	2.20	18.03	39.87	0.32	0.48	3.22	156.03
甘　肃	2.39	17.21	13.05	144.22	11.14	1.23	3.50	12.24	0.08	0.13	0.49	25.33
青　海	0.05	1.35	0.23	8.13	0.37	0.28	0.29	1.65	0.00	0.00	0.13	8.43
宁　夏	0.48	4.09	2.67	22.45	4.03	0.53	0.42	1.68	0.00	0.00	0.69	32.56
新　疆	1.03	14.12	4.50	104.76	5.30	4.63	7.16	13.76	0.00	0.00	0.57	46.10
新疆兵团	0.33	6.44	2.21	83.08	1.99	1.53	0.99	1.85	0.00	0.00	0.13	12.04

续表

地区	(1)稻麦联合收割机		其中：自走式	其中：半喂入式		(2)玉米联合收获机		其中：自走式	2. 割晒机		3. 其他收获机械	
	万台	万千瓦	万台	万台	万千瓦	万台	万千瓦	万台	万台	万千瓦	万台	万千瓦
全　国	104.55	4535.46	89.33	10.12	409.98	23.30	1135.08	14.26	48.23	64.80	131.02	458.43
北　京	0.11	9.04	0.11	0.00	0.00	0.10	8.52	0.10	0.00	0.00	0.20	1.80
天　津	0.34	18.24	0.32	0.03	1.34	0.22	15.75	0.21	0.03	0.17	0.44	0.54
河　北	7.50	380.50	6.42	0.10	3.40	2.64	134.40	2.03	3.38	0.97	12.70	5.69
山　西	1.15	59.54	0.96	0.00	0.00	1.05	61.12	0.80	1.04	0.00	3.37	3.73
内蒙古	0.61	42.08	0.56	0.01	0.26	0.98	55.33	0.61	3.28	3.79	12.79	28.10
辽　宁	0.47	19.90	0.36	0.29	12.40	0.62	36.39	0.38	0.40	3.62	3.25	5.05
吉　林	1.48	65.19	1.40	0.59	26.07	1.59	53.16	0.69	0.35	1.15	1.28	7.39
黑龙江	5.63	371.66	5.21	0.62	30.63	1.98	225.08	1.67	1.77	11.95	9.42	156.35
上　海	0.26	11.38	0.24	0.16	6.89	0.00	0.00	0.00	0.00	0.00	0.04	0.88
江　苏	10.98	467.27	9.62	2.91	114.90	0.83	41.09	0.65	0.33	0.24	14.13	26.59
浙　江	1.88	66.45	1.69	0.41	15.99	0.00	0.00	0.00	0.01	0.06	1.22	4.37
安　徽	12.09	529.46	11.10	1.14	46.18	0.77	39.23	0.66	8.96	0	2.91	14.25
福　建	0.63	22.45	0.62	0.09	3.39	0.00	0.00	0.00	0.03	0.05	2.96	4.04
江　西	6.19	208.29	5.97	0.33	14.21	0.00	0.00	0.00	0.07	0.35	0.75	5.65
山　东	14.04	516.38	8.73	0.21	7.66	7.45	221.16	3.05	5.78	3.66	17.39	18.11
河　南	14.05	716.16	12.21	0.61	29.30	3.66	164.08	2.42	6.69	12.93	20.86	11.58
湖　北	6.56	282.66	5.44	0.80	32.70	0.13	4.55	0.10	1.77	5.90	4.44	27.64
湖　南	8.47	291.42	7.68	0.28	11.07	0.00	0.03	0.00	0.21	0.29	1.32	4.96
广　东	2.08	57.77	1.84	0.38	13.68	0.00	0.00	0.00	0.15	0.37	1.22	2.11
广　西	2.22	69.33	1.94	0.48	15.94	0.00	0.00	0.00	5.42	8.73	2.13	13.75
海　南	0.42	9.94	0.29	0.02	0.53	0.00	0.00	0.00	0.56	1.17	0.00	0.00
重　庆	0.45	9.62	0.45	0.18	5.59	0.00	0.00	0.00	0.40	1.51	0.48	1.10
四　川	1.85	60.88	1.58	0.21	7.17	0.00	0.05	0.00	1.00	1.57	1.54	7.48
贵　州	0.10	2.93	0.09	0.04	1.11	0.00	0.03	0.00	0.17	0.57	1.25	2.91
云　南	0.50	15.95	0.36	0.07	2.78	0.00	0.12	0.00	0.16	0.48	0.10	1.15
西　藏	0.51	25.47	0.42	0.01	0.21	0.02	0.00	0.00	1.54	0.00	0.63	1.25
陕　西	2.38	111.51	2.27	0.04	1.20	0.84	44.52	0.61	0.22	0.58	3.36	3.82
甘　肃	0.40	20.53	0.34	0.06	2.50	0.09	4.80	0.05	1.96	2.40	3.48	16.47
青　海	0.13	8.43	0.10	0.00	0.00	0.00	0.00	0.00	0.23	1.32	0.30	3.11
宁　夏	0.54	22.69	0.50	0.03	2.04	0.15	9.88	0.10	0.09	0.26	0.95	2.13
新　疆	0.42	32.67	0.41	0.01	0.55	0.16	13.42	0.12	2.22	0.26	5.20	39.88
新疆兵团	0.11	9.67	0.10	0.01	0.29	0.02	2.37	0.01	0.01	0.45	0.91	36.55

续表

地　区	其中:大豆收获机		油菜籽收获机		马铃薯收获机		甜菜收获机		花生收获机		棉花收获机	
	万台	万千瓦	万台	万千瓦	万台	万千瓦	万台	万千瓦	万台	万千瓦	万台	万千瓦
全　国	2.01	147.28	1.65	78.44	3.97	6.71	0.05	1.70	11.19	2.95	0.19	37.16
北　京	0.00	0.00	0.00	0.00	0.00	0.03	0.00	0.00	0.00	0.01	0.00	0.00
天　津	0.00	0.00	0.00	0.00	0.00	0.00	0.00	0.00	0.00	0.00	0.00	0.00
河　北	0.00	0.00	0.00	0.00	0.12	0.09	0.00	0.00	0.25	0.41	0.02	0.00
山　西	0.01	0.00	0.00	0.00	0.55	0.00	0.01	0.00	0.00	0.00	0.00	0.00
内蒙古	0.25	18.52	0.05	2.85	1.05	0.09	0.01	0.00	0.00	0.00	0.00	0.00
辽　宁	0.04	0.51	0.00	0.00	0.04	0.13	0.00	0.01	2.71	0.00	0.00	0.00
吉　林	0.09	3.41	0.00	0.00	0.02	0.00	0.00	0.00	0.19	0.00	0.00	0.00
黑龙江	1.60	123.55	0.00	0.00	0.14	1.65	0.01	0.53	0.00	0.00	0.00	0.00
上　海	0.00	0.00	0.00	0.17	0.00	0.00	0.00	0.00	0.00	0.00	0.00	0.00
江　苏	0.00	0.00	0.44	20.91	0.00	0.01	0.00	0.00	0.01	0.02	0.00	0.00
浙　江	0.00	0.00	0.06	2.51	0.00	0.00	0.00	0.00	0.00	0.00	0.00	0.00
安　徽	0.01	0.68	0.23	10.29	0.00	0.00	0.00	0.00	0.04	0.00	0.00	0.00
福　建	0.00	0.00	0.00	0.00	0.01	0.09	0.00	0.00	0.00	0.00	0.00	0.00
江　西	0.00	0.00	0.11	3.48	0.00	0.00	0.00	0.00	0.17	0.83	0.00	0.07
山　东	0.01	0.08	0.00	0.03	1.08	1.69	0.00	0.00	3.40	0.82	0.00	0.03
河　南	0.00	0.31	0.12	6.48	0.02	0.09	0.00	0.00	4.41	0.54	0.00	0.00
湖　北	0.00	0.20	0.41	20.32	0.01	0.29	0.00	0.00	0.01	0.29	0.00	0.00
湖　南	0.00	0.00	0.06	2.86	0.00	0.02	0.00	0.00	0.00	0.00	0.00	0.00
广　东	0.00	0.00	0.00	0.00	0.01	0.14	0.00	0.00	0.00	0.01	0.00	0.00
广　西	0.00	0.00	0.00	0.00	0.00	0.00	0.00	0.00	0.00	0.00	0.00	0.00
海　南	0.00	0.00	0.00	0.00	0.00	0.00	0.00	0.00	0.00	0.00	0.00	0.00
重　庆	0.00	0.00	0.00	0.02	0.00	0.00	0.00	0.00	0.00	0.00	0.00	0.00
四　川	0.00	0.00	0.09	4.33	0.00	0.03	0.00	0.00	0.00	0.00	0.00	0.00
贵　州	0.00	0.00	0.00	0.08	0.04	0.52	0.00	0.00	0.00	0.00	0.00	0.00
云　南	0.00	0.00	0.00	0.07	0.00	0.10	0.00	0.00	0.00	0.00	0.00	0.00
西　藏	0.00	0.00	0.00	0.00	0.01	0.00	0.00	0.00	0.00	0.00	0.00	0.00
陕　西	0.00	0.00	0.01	0.73	0.16	0.43	0.00	0.00	0.00	0.00	0.00	0.00
甘　肃	0.00	0.00	0.01	0.48	0.33	1.00	0.00	0.00	0.00	0.00	0.00	0.00
青　海	0.00	0.00	0.03	2.07	0.11	0.10	0.00	0.00	0.00	0.00	0.00	0.00
宁　夏	0.00	0.00	0.00	0.00	0.18	0.02	0.00	0.00	0.00	0.00	0.00	0.00
新　疆	0.00	0.00	0.01	0.49	0.06	0.06	0.01	0.60	0.00	0.02	0.02	3.96
新疆兵团	0.00	0.02	0.01	0.27	0.02	0.13	0.01	0.56	0.00	0.00	0.15	33.10

续表

地　区	蔬菜收获机		茶叶采摘机		青饲料收获机		牧草收获机		秸秆粉碎还田机	秸秆捡拾打捆机	
	万台	万千瓦	万台	万千瓦	万台	万千瓦	万台	万千瓦	万台	万台	万千瓦
全　国	0.53	1.80	7.30	9.78	3.00	50.77	15.03	24.48	65.54	1.77	9.76
北　京	0.00	0.00	0.00	0.00	0.01	1.76	0.01	0.00	0.17	0.00	0.00
天　津	0.00	0.00	0.00	0.00	0.02	0.51	0.00	0.02	0.37	0.00	0.01
河　北	0.00	0.00	0.00	0.00	0.41	3.72	0.13	0.12	11.16	0.12	0.50
山　西	0.00	0.00	0.00	0.00	0.15	2.10	0.28	1.47	2.13	0.03	0.00
内蒙古	0.07	0.00	0.00	0.00	0.33	4.84	8.84	1.73	1.34	0.48	0.07
辽　宁	0.01	0.10	0.00	0.00	0.02	0.55	0.10	0.65	0.19	0.09	1.56
吉　林	0.00	0.00	0.00	0.00	0.01	0.54	0.12	2.44	0.18	0.06	0.77
黑龙江	0.00	0.00	0.00	0.00	0.27	20.79	0.29	1.18	4.81	0.07	0.38
上　海	0.00	0.00	0.00	0.00	0.01	0.71	0.00	0.00	0.02	0.00	0.00
江　苏	0.13	0.30	0.06	0.13	0.07	0.76	0.02	0.51	11.27	0.16	3.33
浙　江	0.00	0.02	0.72	1.21	0.06	0.19	0.06	0.43	0.24	0.00	0.01
安　徽	0.00	0.00	0.40	0.43	0.19	1.74	0.01	0.01	1.37	0.02	0.13
福　建	0.00	0.00	2.85	3.48	0.01	0.04	0.01	0.01	0.00	0.00	0.00
江　西	0.00	0.00	0.20	0.42	0.01	0.03	0.04	0.22	0.17	0.00	0.06
山　东	0.31	1.19	0.06	0.17	0.28	2.69	0.02	0.12	9.56	0.04	0.27
河　南	0.00	0.00	0.05	0.08	0.08	1.89	0.03	0.05	14.36	0.17	0.70
湖　北	0.00	0.01	1.27	1.49	0.46	1.06	0.07	0.58	0.63	0.02	0.26
湖　南	0.00	0.00	0.70	1.08	0.06	0.21	0.00	0.00	0.00	0.00	0.00
广　东	0.00	0.00	0.10	0.12	0.02	0.01	0.01	0.01	0.69	0.00	0.00
广　西	0.00	0.00	0.08	0.12	0.00	0.00	0.00	0.00	0.40	0.00	0.00
海　南	0.00	0.00	0.00	0.00	0.00	0.00	0.00	0.00	0.00	0.00	0.00
重　庆	0.00	0.00	0.02	0.04	0.00	0.00	0.00	0.04	0.03	0.00	0.00
四　川	0.00	0.00	0.35	0.57	0.00	0.05	0.01	0.09	0.86	0.00	0.01
贵　州	0.00	0.00	0.40	0.33	0.32	1.31	0.26	0.49	0.16	0.00	0.01
云　南	0.00	0.00	0.01	0.06	0.00	0.00	0.00	0.01	0.01	0.00	0.02
西　藏	0.00	0.00	0.00	0.00	0.00	0.00	0.42	0.00	0.00	0.00	0.05
陕　西	0.00	0.00	0.03	0.05	0.01	0.66	0.23	0.73	2.47	0.06	0.51
甘　肃	0.00	0.00	0.00	0.00	0.12	0.80	1.42	11.00	0.54	0.11	0.22
青　海	0.00	0.00	0.00	0.00	0.01	0.19	0.13	0.60	0.00	0.00	0.16
宁　夏	0.00	0.00	0.00	0.00	0.01	0.35	0.68	1.34	0.04	0.03	0.31
新　疆	0.00	0.18	0.00	0.00	0.05	2.31	1.76	0.52	1.85	0.26	0.43
新疆兵团	0.00	0.00	0.00	0.00	0.01	0.96	0.07	0.11	0.52	0.04	0.00

续表

地区	玉米收获专用割台	大豆收获专用割台	油菜籽收获专用割台	(六)收获后处理机械 1.机动脱粒机		2.谷物烘干机		3.种子加工机械		4.保鲜储藏设备		(七)设施农业设备 1.水稻工厂化育秧设备	2.温室	其中：连栋温室	日光温室
	万台	万台	万台	万台	万千瓦	万台	万千瓦	万台	万千瓦	万台(套)	万千瓦	万套	万平方米	万平方米	万平方米
全　国	5.24	2.02	1.21	1042.32	1928.76	3.60	30.72	3.34	5.86	6.86	63.21	0.96	1450259.43	26250.53	461227.72
北　京	0.00	0.00	0.00	0.42	2.90	0.00	0.08	0.00	0.00	0.11	2.43	0.00	19679.99	838.60	10292.50
天　津	0.03	0.00	0.00	2.14	3.83	0.00	0.00	0.00	0.00	0.01	0.01	0.00	30827.26	926.79	13748.58
河　北	0.33	0.00	0.00	21.19	10.80	0.01	0.03	0.12	0.46	0.09	0.63	0.00	199736.08	365.01	73809.56
山　西	0.09	0.01	0.00	8.16	0.00	0.03	0.21	0.03	0.11	0.09	0.73	0.00	52998.52	353.96	28270.72
内蒙古	0.04	0.23	0.11	10.15	1.81	0.04	0.24	0.60	0.52	0.01	0.26	0.00	51881.99	1796.21	29690.13
辽　宁	0.00	0.01	0.00	13.77	55.25	0.05	1.76	0.00	0.02	0.58	11.17	0.08	219943.99	1966.83	108349.79
吉　林	0.01	0.60	0.00	16.89	1.94	0.11	0.12	0.19	0.00	0.00	0.00	0.02	16956.02	68.00	4199.01
黑龙江	1.14	1.07	0.00	16.88	53.15	0.13	0.85	0.77	0.89	0.01	0.08	0.08	19241.24	1250.74	779.40
上　海	0.00	0.00	0.00	0.28	1.01	0.04	0.33	0.01	0.03	0.10	0.85	0.03	6952.23	206.25	0.00
江　苏	0.25	0.00	0.12	18.39	49.88	0.42	7.14	0.05	0.54	0.97	10.30	0.12	162238.05	9380.31	13078.61
浙　江	0.02	0.01	0.05	85.89	144.43	0.31	2.89	0.01	0.03	0.50	8.84	0.14	37042.47	1130.90	26.69
安　徽	0.36	0.01	0.21	36.17	42.08	0.32	1.97	0.03	0.12	0.28	2.49	0.05	13426.00	80.00	6983.00
福　建	0.00	0.00	0.00	10.27	19.02	0.03	0.20	0.01	0.02	0.83	0.00	0.00	5798.50	110.84	0.00
江　西	0.00	0.00	0.04	86.34	211.61	0.09	0.69	0.04	0.16	0.07	0.31	0.03	5882.83	16.72	25.99
山　东	1.04	0.01	0.00	40.09	58.17	0.04	0.11	0.19	0.42	0.53	4.66	0.00	275414.96	3789.08	95015.20
河　南	1.48	0.01	0.03	53.67	25.37	0.06	0.43	0.12	0.13	0.40	0.82	0.01	67615.27	170.29	19859.48
湖　北	0.06	0.05	0.33	24.28	55.54	0.12	2.47	0.06	0.40	0.26	1.89	0.13	21177.47	257.79	162.40
湖　南	0.00	0.00	0.15	127.43	262.49	0.16	1.41	0.00	0.02	0.02	0.29	0.09	4485.77	41.41	27.17
广　东	0.00	0.00	0.00	55.08	102.07	0.03	0.52	0.00	0.00	0.61	4.21	0.02	11820.29	2027.95	82.22
广　西	0.00	0.00	0.00	88.54	193.80	0.07	0.43	0.00	0.00	0.05	0.44	0.00	316.13	0.56	3.56
海　南	0.00	0.00	0.00	4.44	8.95	0.00	0.00	0.19	0.14	0.15	0.63	0.00	27260.78	0.60	14.00
重　庆	0.00	0.00	0.00	61.86	6.85	0.26	4.12	0.04	0.04	0.18	1.68	0.02	3280.00	9.45	0.17
四　川	0.00	0.00	0.01	126.65	257.48	0.03	0.17	0.00	0.00	0.03	0.35	0.01	36641.67	688.91	1125.66
贵　州	0.00	0.00	0.00	30.33	61.98	0.43	2.03	0.00	0.01	0.01	0.07	0.00	393.88	12.13	2.31
云　南	0.00	0.00	0.00	33.92	112.53	0.15	0.63	0.02	0.08	0.13	2.04	0.00	22733.55	277.37	238.12
西　藏	0.00	0.00	0.00	4.71	18.83	0.00	0.00	0.02	0.09	00.00	0.00	0.00	938.47	0.00	207.38
陕　西	0.23	0.00	0.00	34.64	78.62	0.17	0.61	0.03	0.18	0.44	4.91	0.00	37606.19	62.39	5960.55
甘　肃	0.05	0.00	0.15	19.58	59.32	0.15	0.32	0.61	0.68	0.20	2.60	0.00	39434.48	42.00	17796.72
青　海	0.00	0.00	0.00	2.50	19.49	0.00	0.00	0.02	0.11	0.00	0.05	0.00	1845.13	20.65	1238.88
宁　夏	0.01	0.00	0.00	2.08	7.31	0.12	0.63	0.03	0.40	0.01	0.03	0.13	18197.38	34.63	10882.12
新　疆	0.08	0.00	0.00	5.45	1.26	0.22	0.29	0.09	0.10	0.19	0.34	0.00	34504.29	312.86	17361.18
新疆兵团	0.02	0.01	0.01	0.13	0.99	0.01	0.04	0.05	0.16	0.01	0.10	0.00	3988.55	11.30	1996.62

续表

地　区	塑料大棚	四、农产品初加工机械 (一)农产品初加工动力机械		其中： 柴油机		电动机		(二)农产品初加工作业机械	其中： 1. 粮食加工机械	2. 油料加工机械	3. 棉花加工机械
	万平方米	万台	万千瓦	万台	万千瓦	万台	万千瓦	万台(套)	万台	万台	万台
全　国	918034.70	1461.71	8920.87	329.37	2872.66	1104.77	5939.29	1316.74	1032.80	78.80	25.33
北　京	8548.90	0.59	5.43	0.00	0.11	0.59	5.32	0.61	0.49	0.03	0.00
天　津	16151.86	2.37	8.78	1.13	1.27	1.24	7.52	0.70	0.55	0.06	0.08
河　北	120376.36	98.67	904.76	12.52	146.05	86.12	754.53	48.54	36.34	7.93	3.47
山　西	24291.77	22.91	194.97	1.99	24.14	20.92	170.83	17.88	14.65	2.14	0.43
内蒙古	20394.65	10.36	92.74	2.90	30.09	7.46	62.64	6.73	5.98	0.60	0.00
辽　宁	91297.21	21.73	135.31	1.70	25.33	18.25	109.18	15.53	14.72	0.67	0.02
吉　林	12689.01	15.57	147.08	3.83	40.19	11.75	106.60	12.89	11.92	0.97	0.00
黑龙江	17211.10	12.67	139.67	5.37	65.08	7.29	74.59	5.96	5.11	0.85	0.00
上　海	6695.79	0.35	3.10	0.01	0.05	0.34	3.06	0.35	0.29	0.01	0.00
江　苏	139712.94	26.14	254.56	5.37	54.07	20.68	198.31	23.55	18.17	2.49	1.32
浙　江	35884.88	20.19	135.79	4.58	41.39	15.16	93.65	50.71	12.82	0.93	0.46
安　徽	6363.00	49.23	344.11	12.82	127.54	36.11	216.30	51.83	23.87	3.87	2.39
福　建	5678.65	62.60	212.35	3.97	32.28	58.50	179.79	63.95	11.32	1.31	0.00
江　西	5800.65	66.88	684.90	33.44	344.53	32.90	334.12	47.91	37.01	6.90	2.32
山　东	163760.95	99.89	893.53	36.48	350.30	63.24	539.05	49.65	36.96	6.40	2.86
河　南	47387.10	82.71	594.05	16.28	153.31	66.21	439.83	54.47	34.99	8.89	4.51
湖　北	14705.02	92.41	459.76	13.59	121.15	78.40	335.95	92.84	71.22	4.38	1.49
湖　南	4186.87	135.68	709.60	49.79	352.69	85.58	355.94	130.13	116.30	6.38	3.18
广　东	8863.27	28.58	232.12	8.06	76.59	19.38	147.97	23.66	16.93	3.06	0.01
广　西	312.02	86.57	461.44	27.68	220.17	57.45	237.64	85.91	79.43	2.97	0.19
海　南	27236.66	2.51	27.54	1.46	16.08	0.85	11.40	2.41	2.14	0.12	0.00
重　庆	2987.66	95.45	327.68	15.28	114.86	79.84	206.98	108.56	98.13	1.90	0.09
四　川	34686.49	146.91	602.39	35.46	231.86	110.73	361.06	175.69	162.22	5.82	0.47
贵　州	379.44	121.21	512.03	17.23	147.64	100.26	319.97	119.24	113.11	3.33	0.69
云　南	22170.13	80.59	417.52	10.98	83.63	69.52	330.51	78.20	71.32	0.90	0.01
西　藏	731.09	1.36	5.44	0.13	0.53	1.23	4.91	1.37	1.17	0.21	0.00
陕　西	31470.43	39.38	197.39	4.78	49.62	32.95	146.84	24.58	19.90	1.53	0.42
甘　肃	21595.76	30.00	125.50	2.00	14.00	14.00	102.46	14.85	11.60	2.51	0.25
青　海	399.79	1.34	9.90	0.02	0.12	1.28	9.50	2.66	0.89	0.46	0.00
宁　夏	7280.63	2.49	25.77	0.02	0.30	2.47	25.47	2.14	1.60	0.53	0.00
新　疆	16810.82	3.34	38.11	0.43	5.86	2.84	31.65	2.90	1.62	0.63	0.39
新疆兵团	1973.80	1.33	17.55	0.07	1.83	1.23	15.72	0.34	0.03	0.02	0.28

续表

地区	4. 果蔬加工机械	5. 茶叶加工机械	五、畜牧养殖机械		其中：饲草料加工机械		畜牧饲养机械		畜产品采集加工机械		其中：挤奶机	
	万台	万台(套)	万台(套)	万千瓦	万台(套)	万千瓦	万台(套)	万千瓦	万台(套)	万千瓦	万台	万千瓦
全　国	11.53	114.93	661.70	2073.61	573.03	1769.72	35.76	146.59	18.16	59.63	11.95	38.44
北　京	0.04	0.00	1.04	6.12	0.83	5.15	0.06	0.21	0.15	0.76	0.13	0.59
天　津	0.00	0.00	0.69	5.63	0.60	5.09	0.02	0.12	0.07	0.37	0.04	0.36
河　北	0.23	0.00	13.37	80.84	8.01	50.05	2.43	17.82	2.68	12.29	1.80	8.52
山　西	0.42	0.00	8.33	38.36	6.61	31.03	0.64	3.81	1.00	2.95	0.71	2.39
内蒙古	0.01	0.00	22.75	130.14	20.38	123.35	0.46	2.69	1.71	4.10	1.34	3.80
辽　宁	0.06	0.00	19.65	78.35	16.97	66.84	2.18	8.79	0.28	1.67	0.21	1.28
吉　林	0.00	0.00	13.12	84.73	10.83	72.22	1.07	8.55	1.22	3.95	0.06	2.79
黑龙江	0.00	0.00	21.23	43.55	4.84	23.77	1.08	3.83	3.90	4.50	3.87	4.33
上　海	0.04	0.00	0.18	2.25	0.09	0.94	0.03	0.43	0.06	0.87	0.04	0.60
江　苏	0.38	0.92	13.83	85.05	11.53	75.90	1.20	5.74	0.55	2.81	0.32	1.23
浙　江	0.45	30.52	5.32	25.26	3.07	15.83	1.79	1.92	0.07	0.17	0.07	0.16
安　徽	0.14	20.35	7.49	40.89	5.82	34.73	1.60	5.48	0.02	0.07	0.02	0.06
福　建	0.81	40.22	4.19	28.66	3.12	23.44	0.71	4.14	0.05	0.38	0.01	0.13
江　西	0.53	1.03	7.87	65.30	6.45	51.47	0.98	8.26	0.14	1.25	0.01	0.06
山　东	1.94	0.59	19.11	112.53	15.88	89.55	1.44	6.95	1.01	4.48	0.76	2.28
河　南	0.22	3.43	22.60	79.03	18.25	63.41	3.07	5.93	0.68	3.35	0.53	2.14
湖　北	0.54	5.40	37.27	81.98	32.30	69.01	4.00	11.82	0.14	0.90	0.03	0.15
湖　南	0.55	1.95	25.70	101.34	21.25	85.50	1.21	4.91	0.11	0.87	0.03	0.12
广　东	1.00	1.65	11.01	75.40	8.65	57.13	1.90	12.45	0.16	1.93	0.04	0.34
广　西	2.90	0.42	35.20	70.71	34.56	68.18	0.59	2.37	0.03	0.14	0.02	0.02
海　南	0.00	0.00	0.75	7.45	0.61	5.68	0.14	1.19	0.00	0.01	0.00	0.00
重　庆	0.25	0.18	50.14	66.98	47.29	60.68	0.50	0.93	0.10	0.20	0.09	0.19
四　川	0.26	3.10	62.58	128.87	55.56	116.17	1.09	3.69	0.90	1.08	0.38	0.60
贵　州	0.01	1.00	36.79	110.93	32.16	95.45	2.64	4.89	0.06	0.23	0.06	0.22
云　南	0.14	2.69	133.60	199.49	129.69	189.16	0.86	4.56	0.10	0.44	0.10	0.42
西　藏	0.00	0.00	1.16	2.16	0.96	1.79	0.00	0.00	0.21	0.37	0.16	0.35
陕　西	0.35	1.40	33.87	122.49	30.84	113.89	1.63	3.56	0.55	1.83	0.50	1.70
甘　肃	0.07	0.08	27.41	113.94	23.60	100.57	1.42	7.10	1.32	3.50	0.03	0.90
青　海	0.02	0.00	1.71	8.85	0.95	7.67	0.15	0.05	0.15	0.41	0.01	0.01
宁　夏	0.00	0.00	15.03	59.71	14.00	55.20	0.72	3.24	0.30	1.27	0.27	0.88
新　疆	0.16	0.00	8.23	14.42	7.02	10.02	0.14	0.95	0.31	1.76	0.23	1.48
新疆兵团	0.01	0.00	0.48	2.20	0.31	0.85	0.01	0.21	0.13	0.72	0.08	0.34

续表

地区	剪羊毛机		六、渔业机械		其中:增氧机		投饵机		七、林果业机械		其中:挖坑机	
	万台	万千瓦	万台	万千瓦	万台	万千瓦	万台	万千瓦	万台	万千瓦	万台	万千瓦
全国	2.02	2.56	348.78	1740.95	238.37	497.32	78.90	95.66	27.62	129.73	4.65	60.45
北京	0.00	0.00	1.36	4.14	1.03	3.44	0.30	0.57	0.46	1.50	0.00	0.05
天津	0.03	0.01	5.88	12.72	4.09	11.80	1.75	0.77	0.02	0.68	0.02	0.68
河北	0.04	0.04	5.56	58.80	3.03	11.03	1.61	4.07	0.28	3.14	0.22	2.79
山西	0.03	0.03	0.13	0.36	0.10	0.23	0.03	0.14	0.43	2.21	0.27	1.50
内蒙古	0.19	0.25	0.17	0.97	0.09	0.42	0.07	0.38	0.22	1.61	0.20	1.48
辽宁	0.01	0.02	7.27	19.13	5.24	15.10	1.71	2.19	0.64	3.83	0.11	3.08
吉林	1.15	1.16	0.65	1.83	0.25	0.90	0.35	0.61	0.07	1.07	0.06	1.06
黑龙江	0.03	0.17	0.40	1.38	0.22	0.86	0.17	0.22	0.21	2.53	0.17	2.13
上海	0.00	0.00	2.57	25.05	2.30	5.80	0.13	0.10	0.09	0.16	0.00	0.02
江苏	0.00	0.00	73.47	165.63	41.08	97.56	30.15	28.95	1.54	7.52	0.10	2.98
浙江	0.00	0.00	23.54	452.11	20.34	40.60	0.88	0.88	2.75	7.09	0.03	0.23
安徽	0.00	0.00	6.25	26.54	2.86	5.84	1.70	0.84	2.64	6.29	0.04	0.46
福建	0.00	0.00	16.16	226.54	9.55	20.02	0.95	1.20	1.53	7.87	0.46	3.97
江西	0.00	0.01	9.16	39.00	4.02	15.30	3.38	9.08	1.47	15.84	0.51	9.92
山东	0.01	0.06	12.58	233.30	4.04	9.28	1.57	2.71	1.00	6.74	0.71	5.55
河南	0.00	0.01	3.87	15.14	2.01	7.56	1.45	3.37	0.29	2.58	0.14	1.54
湖北	0.00	0.00	35.79	63.98	20.58	46.97	15.18	16.63	2.60	18.69	0.15	4.31
湖南	0.00	0.00	12.76	36.53	7.69	18.31	3.33	3.42	0.89	6.51	0.15	4.41
广东	0.00	0.00	92.26	274.04	78.51	132.34	8.49	12.22	1.56	12.48	0.40	6.80
广西	0.00	0.00	7.19	10.78	6.67	10.19	0.13	0.20	0.55	1.32	0.04	0.37
海南	0.00	0.00	6.95	19.95	5.86	8.15	0.54	0.46	0.06	1.64	0.04	1.59
重庆	0.00	0.00	5.63	11.95	4.28	7.01	0.90	0.78	0.64	1.93	0.18	0.70
四川	0.28	0.17	14.84	25.55	11.63	18.23	2.78	2.44	0.45	1.88	0.04	0.36
贵州	0.00	0.00	0.10	0.60	0.06	0.11	0.01	0.04	0.41	3.25	0.11	1.19
云南	0.00	0.00	1.82	7.63	1.48	6.28	0.33	1.14	0.28	0.84	0.01	0.16
西藏	0.01	0.02	0.00	0.00	0.00	0.00	0.00	0.00	0.00	0.00	0.00	0.00
陕西	0.04	0.06	1.22	3.52	0.73	1.93	0.48	1.31	1.55	5.21	0.20	2.22
甘肃	0.10	0.20	0.09	0.70	0.06	0.46	0.02	0.22	0.01	0.02	0.01	0.02
青海	0.00	0.00	0.00	0.00	0.00	0.00	0.00	0.00	0.00	0.00	0.00	0.00
宁夏	0.00	0.01	0.64	1.24	0.35	0.91	0.29	0.33	2.43	4.08	0.05	0.76
新疆	0.07	0.12	0.44	1.60	0.19	0.61	0.22	0.39	2.45	0.76	0.20	0.12
新疆兵团	0.03	0.22	0.03	0.24	0.03	0.08	0.00	0.00	0.10	0.46	0.02	0.00

续表

地区	果树修剪机		八、运输机械 1. 农用运输车		其中:(1)三轮汽车		其中:(2)低速载货汽车		2. 手扶变形运输机	
	万台	万千瓦	万台	万千瓦	万台	万千瓦	万台	万千瓦	万台	万千瓦
全国	10.35	24.46	1396.23	21599.76	1111.19	12616.16	256.55	8213.29	88.09	1791.01
北京	0.06	0.20	5.04	56.05	4.11	41.36	0.93	14.69	0.07	0.81
天津	0.00	0.00	12.57	156.98	10.58	102.43	1.94	53.90	0.00	0.00
河北	0.06	0.31	269.81	3730.48	236.46	2624.07	31.98	1085.20	0.13	1.65
山西	0.15	0.29	98.08	1644.45	81.62	920.84	15.41	667.77	0.00	0.00
内蒙古	0.00	0.09	45.14	664.94	39.25	513.38	5.89	151.55	0.00	0.00
辽宁	0.09	0.17	49.68	786.01	41.16	538.85	5.80	188.45	0.57	8.05
吉林	0.00	0.01	15.71	269.74	8.50	97.70	7.21	171.63	0.31	4.59
黑龙江	0.04	0.40	15.83	230.76	11.76	145.24	0.07	4.07	0.01	0.19
上海	0.04	0.05	0.00	0.00	0.00	0.00	0.00	0.00	0.00	0.00
江苏	1.16	2.70	24.09	415.09	13.95	157.59	8.98	225.35	5.70	110.78
浙江	0.16	0.29	8.88	218.20	3.60	28.31	3.93	152.30	4.97	80.21
安徽	0.20	0.54	67.60	831.46	58.30	567.02	9.30	264.44	16.82	485.16
福建	0.24	0.88	4.14	123.17	0.51	5.88	3.23	105.46	8.49	181.13
江西	0.74	3.90	25.95	664.33	6.00	82.25	19.03	564.90	12.59	259.81
山东	0.20	0.47	284.12	3615.17	245.08	2613.01	33.30	952.25	0.97	19.57
河南	0.07	0.44	219.32	2777.65	197.75	2293.54	20.35	476.32	0.12	2.01
湖北	2.20	3.86	23.34	506.68	11.94	159.32	10.33	337.46	0.40	3.98
湖南	0.20	0.60	21.97	699.37	5.78	80.86	14.14	492.32	4.07	77.51
广东	0.73	3.16	10.39	314.43	3.09	38.04	7.30	276.39	2.42	39.75
广西	0.47	0.74	4.88	135.10	1.13	15.76	3.75	119.34	20.86	336.20
海南	0.02	0.03	2.66	41.80	1.48	17.05	1.17	24.70	0.10	1.33
重庆	0.06	0.06	3.82	146.52	0.41	6.94	3.39	137.68	3.09	56.89
四川	0.26	0.47	12.58	403.68	3.04	44.84	8.91	339.72	3.65	86.10
贵州	0.13	0.85	13.31	525.86	2.07	32.06	11.00	481.97	1.62	21.22
云南	0.25	0.41	10.13	435.99	0.88	19.62	6.44	255.73	0.30	3.28
西藏	0.00	0.00	2.93	128.49	0.19	4.75	2.74	123.56	0.20	1.54
陕西	1.19	2.41	55.97	813.33	48.77	621.34	7.07	189.70	0.01	0.16
甘肃	0.00	0.00	63.29	817.51	55.40	603.97	6.48	162.51	0.62	9.09
青海	0.00	0.00	2.86	51.27	1.40	17.38	1.46	22.87	0.00	0.00
宁夏	0.48	0.78	17.75	301.89	15.08	196.28	2.56	104.87	0.00	0.00
新疆	1.15	0.35	3.13	64.09	1.66	21.45	1.45	41.95	0.00	0.00
新疆兵团	0.00	0.00	1.26	29.27	0.24	5.03	1.01	24.24	0.00	0.00

续表

地区	3. 农用挂车	九、农田基本建设机械		十、其他机械	十一、农业机械原值和净值	
				其中：农用飞机	1. 农业机械原值	2. 农业机械净值
	万台	万台	万千瓦	架	亿元	亿元
全　国	812.20	44.95	2542.24	124	7805.61	5683.14
北　京	0.63	0.11	9.74	0.00	26.96	17.87
天　津	0.26	0.37	30.66	3	38.16	27.21
河　北	80.07	3.42	339.90	2	576.80	402.65
山　西	7.10	1.89	149.93	0.00	214.31	157.92
内蒙古	58.08	0.74	40.76	0.00	329.35	242.18
辽　宁	20.47	1.35	69.22	11	207.29	155.41
吉　林	43.43	0.28	14.29	0.00	244.76	178.87
黑龙江	38.40	0.42	29.44	44	579.57	466.17
上　海	0.02	0.00	0.00	0.00	0.00	0.00
江　苏	16.15	7.49	149.44	4	409.43	292.38
浙　江	0.48	2.83	227.59	1	261.10	174.45
安　徽	102.35	1.33	69.49	0.00	491.51	336.49
福　建	2.42	0.98	78.74	0.00	119.20	78.45
江　西	0.56	3.91	235.68	0.00	355.29	242.29
山　东	1222.63	4.21	282.43	8	748.76	582.18
河　南	115.41	1.79	108.87	0.00	740.44	554.20
湖　北	81.90	2.62	99.38	9	324.11	227.70
湖　南	1.03	1.68	117.81	6	300.28	221.21
广　东	12.61	1.76	79.66	3	187.73	122.75
广　西	0.85	0.94	65.11	0.00	241.15	163.09
海　南	0.56	0.11	6.07	0.00	47.41	34.70
重　庆	0.06	0.39	24.48	0.00	93.28	75.42
四　川	7.14	1.30	85.95	0.00	265.53	186.03
贵　州	3.77	0.67	21.27	0.00	101.41	72.47
云　南	3.88	0.55	35.99	0.00	180.31	133.79
西　藏	10.21	0.01	0.77	0.00	45.83	27.05
陕　西	3.89	1.35	80.64	0.00	189.02	135.22
甘　肃	11.00	0.50	35.00	0.00	156.13	109.83
青　海	19.49	0.08	4.48	0.00	32.86	24.25
宁　夏	8.29	0.39	27.72	0.00	70.95	49.41
新　疆	37.85	0.36	18.94	0.00	182.27	154.11
新疆兵团	1.21	1.12	2.79	33	44.41	36.94

各地区农业机械化作业情况表

地 区	一、农机化作业总体情况	(二)机播面积	(三)机电灌溉面积	(四)机械植保面积	(五)机收面积	二、主要农作物农机化作业情况	2. 小麦机播面积	3. 小麦机收面积
						(一)小麦		
	(一)机耕面积					1. 小麦机耕面积		
	千公顷	千公顷	千公顷	千公顷	千公顷	千公顷	千公顷	千公顷
全 国	110284.83	76794.16	52295.52	62637.16	71168.88	21969.31	20885.88	22034.25
北 京	81.42	183.69	141.68	206.36	157.14	3.34	47.98	55.10
天 津	370.72	419.76	310.73	207.60	279.43	100.76	113.22	111.05
河 北	5402.50	6583.22	5535.56	3769.81	4184.27	2421.84	2442.72	2419.25
山 西	2573.45	2444.00	935.22	806.56	1515.47	604.77	617.84	606.21
内蒙古	6243.04	6497.47	1859.39	2769.23	3493.82	560.03	724.79	688.37
辽 宁	3849.22	3033.63	707.19	1486.19	1472.91	11.28	8.93	8.28
吉 林	4999.07	4703.23	969.80	2462.30	2089.40	3.80	3.70	3.30
黑龙江	14346.94	13669.97	3949.83	10269.03	10302.56	401.76	401.76	401.76
上 海	388.98	55.22	199.02	329.57	175.78	67.36	13.68	70.15
江 苏	5845.67	3987.94	3499.66	5400.50	4896.87	2320.78	2026.10	2372.29
浙 江	1442.99	196.03	1115.67	896.02	910.38	73.88	4.88	74.40
安 徽	7260.61	4133.91	3728.19	4081.99	5782.58	2349.64	2142.74	2342.45
福 建	973.38	68.22	342.08	654.73	302.03	0.00	0.00	0.05
江 西	3396.32	682.17	1381.63	703.38	2471.67	5.15	0.79	60.92
山 东	6138.30	8341.36	5902.27	4428.62	6878.72	2431.50	3572.69	3548.70
河 南	8971.46	9617.49	5791.00	5556.35	8748.53	4973.57	5131.08	5176.85
湖 北	5118.70	1419.82	3105.26	4430.36	3461.33	1010.46	376.09	946.64
湖 南	5598.30	496.40	2533.96	1780.92	3167.91	14.51	0.83	9.52
广 东	3407.99	177.09	1771.82	1389.14	1436.75	0.54	0.00	0.00
广 西	3900.62	352.14	702.24	184.98	1278.28	2.50	0.00	0.65
海 南	538.22	5.07	227.24	222.57	245.23	0.00	0.00	0.00
重 庆	1866.36	121.89	447.43	394.89	253.19	119.09	0.00	5.26
四 川	3302.75	353.83	1816.96	2566.35	1281.45	767.48	181.76	345.22
贵 州	1062.31	41.76	422.14	213.50	239.70	65.05	3.25	1.96
云 南	2257.02	69.75	1027.52	1444.21	284.76	380.27	43.80	72.62
西 藏	137.37	133.44	8.28	22.70	113.55	119.29	118.04	100.50
陕 西	2664.04	1906.49	990.32	1671.46	1526.69	1050.67	951.30	927.30
甘 肃	2067.53	1364.80	704.21	707.45	764.93	717.66	529.07	413.42
青 海	309.35	279.66	20.80	46.29	172.97	117.05	115.53	68.14
宁 夏	862.92	683.14	117.08	171.68	517.64	177.72	166.41	141.01
新 疆	3822.88	3641.37	1325.07	2428.56	1896.64	982.95	1015.74	931.72
新疆兵团	1084.40	1130.20	706.27	933.86	866.30	114.61	131.16	131.16

续表

地区	(二)水稻 1.水稻机耕面积	2.水稻机械种植面积	其中：水稻机播面积	水稻机插面积	水稻机浅栽面积	3.水稻机收面积	(三)玉米 1.玉米机耕面积	2.玉米机播面积	3.玉米机收面积
	千公顷	千公顷	千公顷	千公顷	千公顷	千公顷	千公顷	千公顷	千公顷
全　国	28262.99	9594.55	549.40	8919.12	83.92	22222.82	24005.05	28762.02	14844.23
北　京	0.13	0.00	0.00	0.00	0.00	0.11	7.47	131.22	99.53
天　津	18.64	12.78	0.00	12.78	0.00	14.86	164.45	218.73	138.22
河　北	82.93	42.28	12.73	29.56	0.00	57.13	1030.45	2822.18	1326.67
山　西	0.82	0.00	0.00	0.00	0.00	0.56	1425.43	1423.31	657.98
内蒙古	89.23	64.06	0.75	63.19	0.12	74.11	3048.05	3342.70	1085.15
辽　宁	577.21	363.09	4.35	348.39	5.35	456.02	2323.83	2123.58	598.32
吉　林	740.37	460.20	6.70	448.20	5.30	563.63	3650.20	3701.97	1300.97
黑龙江	3759.27	3358.16	4.93	3353.22	0.00	3273.54	6607.63	6605.48	3618.53
上　海	105.09	37.85	11.95	25.91	0.00	103.82	0.00	0.00	0.00
江　苏	2186.14	1621.01	182.41	1429.49	1.10	2167.75	353.64	215.19	197.88
浙　江	837.51	173.78	6.17	161.25	3.71	748.82	13.85	0.03	0.00
安　徽	2224.50	565.19	105.31	459.28	0.60	2160.50	472.94	637.94	359.98
福　建	705.48	68.00	0.00	68.00	0.00	300.24	0.00	0.00	0.00
江　西	2950.42	643.61	12.15	610.67	18.94	2374.17	2.55	0.32	0.13
山　东	108.90	23.44	1.82	19.26	0.00	80.42	169.54	2862.03	2442.10
河　南	563.58	140.76	7.47	131.12	0.00	503.93	581.62	2539.41	1808.39
湖　北	2017.30	688.41	95.59	584.27	0.00	1913.44	276.40	62.09	59.63
湖　南	3957.90	448.22	31.22	393.52	15.00	2893.75	41.65	0.42	2.56
广　东	1804.86	174.81	2.74	171.67	0.00	1374.32	109.60	0.00	0.00
广　西	1880.80	264.27	1.87	262.39	0.01	1203.48	278.98	0.00	0.60
海　南	248.47	4.10	0.31	3.80	0.00	233.12	4.38	0.00	0.00
重　庆	635.28	119.43	0.00	119.20	0.23	246.17	94.24	0.02	0.00
四　川	1377.91	155.38	0.00	124.04	31.07	910.29	323.38	6.63	0.47
贵　州	582.70	33.52	0.00	32.86	0.00	167.54	142.85	0.70	0.34
云　南	563.22	9.53	0.09	9.28	0.16	182.09	589.52	5.11	4.28
西　藏	0.00	0.00	0.00	0.00	0.00	0.00	2.02	1.60	0.80
陕　西	86.29	10.24	4.32	3.06	1.67	65.33	748.52	775.66	439.04
甘　肃	0.50	0.50	0.50	0.00	0.00	6.88	523.57	279.45	118.70
青　海	0.00	0.00	0.00	0.00	0.00	0.00	13.90	8.09	2.30
宁　夏	81.51	66.82	42.61	23.87	0.00	81.14	234.74	216.36	108.86
新　疆	53.87	22.95	1.21	20.88	0.66	43.50	672.56	679.80	370.80
新疆兵团	22.16	22.16	12.20	9.96	0.00	22.16	97.09	102.00	102.00

续表

地区	(四)大豆 1. 大豆机耕面积	2. 大豆机播面积	3. 大豆机收面积	(五)油菜 1. 油菜机耕面积	2. 油菜机播面积	3. 油菜机收面积	(六)马铃薯 1. 马铃薯机耕面积	2. 马铃薯机播面积	3. 马铃薯机收面积
	千公顷	千公顷	千公顷	千公顷	千公顷	千公顷	千公顷	千公顷	千公顷
全国	4513.39	4587.16	3921.37	4437.34	1078.35	1240.50	2723.63	1161.80	1052.94
北京	2.12	2.36	0.44	0.10	0.00	0.00	0.42	0.01	0.01
天津	9.06	8.60	5.90	0.00	0.00	0.00	0.00	0.00	0.00
河北	75.30	67.86	14.57	24.68	16.01	7.13	158.44	89.91	73.09
山西	72.97	52.46	22.50	4.32	2.63	0.00	170.28	104.30	109.98
内蒙古	452.43	541.55	419.74	226.83	244.21	222.61	633.91	477.39	365.02
辽宁	94.52	82.50	23.01	0.00	0.00	0.00	59.82	12.55	31.76
吉林	227.54	182.82	87.68	0.00	0.00	0.00	29.52	8.66	5.34
黑龙江	2565.71	2562.92	2466.55	0.00	0.00	0.00	238.17	126.11	112.24
上海	0.00	0.00	0.00	6.02	0.05	0.18	0.00	0.00	0.00
江苏	113.02	30.30	25.94	269.76	40.80	63.60	14.82	0.03	0.03
浙江	25.58	0.14	0.41	81.03	3.05	16.59	9.45	0.00	0.03
安徽	332.93	596.79	537.17	437.45	47.91	103.07	4.64	0.25	0.00
福建	0.00	0.00	0.00	0.00	0.00	0.00	23.75	0.03	0.28
江西	11.15	0.00	0.00	154.87	28.58	27.04	1.42	0.81	0.14
山东	76.08	60.15	23.20	6.70	2.96	2.40	103.60	34.36	62.76
河南	102.04	282.27	224.91	261.58	94.96	62.18	24.42	1.12	18.49
湖北	70.60	18.68	22.08	951.76	244.80	389.34	89.37	5.06	5.42
湖南	11.27	0.00	0.01	875.26	41.95	142.37	3.20	0.00	0.00
广东	25.16	0.00	0.00	5.59	0.67	0.00	38.85	1.44	3.14
广西	36.62	0.00	0.00	0.00	0.00	0.00	43.52	0.00	0.00
海南	0.06	0.00	0.00	0.00	0.00	0.00	0.24	0.00	0.00
重庆	40.56	0.00	0.00	136.42	0.76	0.37	170.34	0.11	0.07
四川	15.04	0.01	0.00	388.28	7.79	8.12	104.90	1.01	2.10
贵州	4.47	0.00	0.00	94.82	2.64	2.13	36.40	1.64	4.33
云南	24.53	0.31	0.00	136.63	1.82	3.72	114.67	0.07	0.21
西藏	0.00	0.00	0.00	11.85	10.80	10.01	4.20	3.00	1.96
陕西	24.02	13.29	5.27	68.48	11.08	2.73	136.95	38.64	47.83
甘肃	36.74	26.82	5.00	111.33	85.52	40.61	261.96	101.2	69.35
青海	0.00	0.00	0.00	113.86	99.74	52.71	32.73	9.95	8.11
宁夏	5.00	3.46	0.44	0.00	1.33	0.00	183.45	119.38	112.64
新疆	53.16	48.16	30.84	27.24	34.73	30.03	24.01	18.67	13.61
新疆兵团	5.71	5.71	5.71	42.48	53.56	53.56	6.18	6.18	5.00

续表

地　区	(七)花生 1.花生机耕面积	2.花生机播面积	3.花生机收面积	(八)棉花 1.棉花机耕面积	2.棉花机播面积	3.棉花机收面积	三、单项农机化作业情况 1.机械深耕面积	2.机械深松面积	3.机械化免耕播种面积
	千公顷	千公顷	千公顷	千公顷	千公顷	千公顷	千公顷	千公顷	千公顷
全　国	2841.46	1785.62	1194.45	4118.98	2941.65	382.84	29966.19	10540.91	14118.81
北　京	4.07	1.71	0.09	0.20	0.12	0.00	0.23	17.13	171.94
天　津	1.35	1.35	0.37	53.36	52.02	0.00	38.84	37.65	97.04
河　北	295.90	209.76	66.82	613.91	580.45	2.87	948.57	382.08	2152.99
山　西	3.29	0.02	0.78	40.83	33.94	0.00	904.77	191.62	184.17
内蒙古	0.07	0.07	0.07	2.00	2.00	0.07	2656.57	1271.93	1123.41
辽　宁	361.29	327.46	300.55	0.00	0.00	0.00	493.46	295.12	135.06
吉　林	80.90	66.80	35.70	0.00	0.00	0.00	2548.20	790.93	143.87
黑龙江	3.63	2.07	2.07	0.00	0.00	0.00	5275.08	4289.23	1226.73
上　海	0.00	0.00	0.00	0.00	0.00	0.00	0.00	0.00	0.00
江　苏	75.25	9.86	2.13	130.27	0.52	0.00	764.12	150.07	613.11
浙　江	4.21	0.00	0.00	7.44	0.00	0.00	160.95	37.41	2.37
安　徽	142.54	43.86	14.96	203.26	0.85	0.00	781.55	213.54	690.34
福　建	20.69	0.00	0.00	0.00	0.00	0.00	133.23	0.00	0.00
江　西	17.93	3.00	6.27	5.74	0.00	0.00	449.17	11.74	12.10
山　东	674.95	571.88	461.24	635.38	465.10	3.41	2110.74	723.02	3600.22
河　南	584.49	514.29	293.40	200.44	48.21	0.00	3483.65	539.79	2708.10
湖　北	101.35	14.12	0.91	367.35	12.50	0.39	653.30	101.72	70.94
湖　南	12.17	0.61	0.00	100.30	1.03	1.50	905.93	32.75	9.76
广　东	187.43	0.02	0.07	0.00	0.00	0.00	517.59	21.66	0.81
广　西	132.20	0.00	0.00	0.00	0.00	0.00	401.70	163.54	158.71
海　南	33.70	0.00	0.00	0.00	0.00	0.00	92.30	14.25	0.95
重　庆	15.98	0.00	0.00	0.15	0.00	0.00	35.34	0.00	0.00
四　川	36.56	0.00	0.00	0.64	0.00	0.00	212.87	19.29	10.92
贵　州	3.14	0.00	0.00	0.00	0.00	0.00	82.14	0.92	4.94
云　南	21.12	0.00	0.00	0.00	0.00	0.00	604.38	72.07	3.47
西　藏	0.00	0.00	0.00	0.00	0.00	0.00	69.06	7.00	0.00
陕　西	9.45	7.38	0.21	43.23	27.97	0.00	810.15	107.97	595.91
甘　肃	12.50	7.81	5.60	58.15	58.41	6.54	1051.69	396.32	168.70
青　海	0.00	0.00	0.00	0.00	0.00	0.00	88.65	13.61	23.40
宁　夏	0.00	0.00	0.00	1.08	0.00	0.00	461.15	37.58	43.00
新　疆	3.56	1.81	1.47	1097.35	1100.63	40.06	2146.41	375.97	99.73
新疆兵团	1.74	1.74	1.74	557.90	557.90	328.00	1084.40	225.00	66.12

续表

地区	其中:机械化免耕覆盖播种面积	4. 保护性耕作面积	5. 精少量播种面积	6. 机械深施化肥面积	7. 机械铺膜面积	8. 农田机械节水灌溉面积	9. 机械播种牧草面积	10. 机械收获牧草数量
	千公顷	千公顷	千公顷	千公顷	千公顷	千公顷	千公顷	万吨
全国	7058.78	6451.27	37624.00	32203.42	7984.29	14792.26	835.11	2014.93
北京	63.37	122.06	10.58	46.83	2.72	72.65	0.06	2.00
天津	41.08	62.43	130.30	175.46	51.18	22.80	1.50	3.60
河北	1243.14	216.20	2281.91	2143.04	754.26	702.98	24.33	68.14
山西	103.02	689.06	1110.86	1971.32	554.66	246.46	56.80	189.59
内蒙古	916.76	1123.41	3415.09	3382.05	1276.92	1217.49	316.17	158.74
辽宁	72.65	319.68	1932.73	2132.87	89.18	200.31	0.00	51.02
吉林	82.97	150.00	3546.83	3290.23	154.20	969.80	91.60	123.40
黑龙江	130.19	1170.20	10332.36	7624.55	560.47	2631.05	58.56	153.11
上海	0.00	0.00	11.95	58.05	0.00	151.28	0.00	0.00
江苏	349.94	103.46	897.37	238.32	7.80	738.51	0.22	36.47
浙江	2.37	0.00	3.01	138.45	1.75	139.49	0.23	1.07
安徽	102.45	89.69	1780.03	1230.81	97.99	1200.35	0.00	3.60
福建	0.00	0.31	1.99	27.46	0.94	55.08	0.00	0.06
江西	4.07	6.64	1.42	265.84	0.84	123.66	0.00	26.73
山东	2744.88	1119.16	3305.59	1200.62	851.86	1722.53	21.72	4.09
河南	780.48	427.90	4858.79	2400.83	153.96	903.75	50.49	94.64
湖北	49.11	149.10	180.32	180.12	21.78	321.00	0.03	3.75
湖南	4.26	4.07	1.24	153.76	4.00	397.13	0.00	0.00
广东	0.03	0.00	0.00	14.38	2.38	269.17	0.00	0.00
广西	0.00	0.00	0.00	647.07	36.13	145.76	0.00	0.35
海南	0.00	0.06	0.00	4.32	0.00	28.04	0.00	0.01
重庆	0.00	25.23	1.01	17.56	0.75	27.32	0.00	0.03
四川	6.73	14.11	68.71	32.64	1.73	106.05	2.67	0.76
贵州	0.65	0.16	2.67	86.00	12.14	27.01	0.22	4.70
云南	0.08	0.21	5.69	42.44	13.96	133.89	0.01	0.40
西藏	0.00	0.00	0.00	0.00	0.00	1.31	0.00	0.00
陕西	242.19	251.00	641.89	568.47	133.79	220.63	13.76	20.71
甘肃	39.66	168.70	406.46	1163.12	615.57	131.40	20.16	90.00
青海	10.97	33.62	46.71	273.84	12.03	3.47	13.48	2.42
宁夏	4.22	42.09	109.42	193.50	148.44	33.29	48.60	264.72
新疆	50.01	96.99	1911.71	1863.63	1729.93	1154.11	88.62	536.40
新疆兵团	13.50	65.73	627.36	635.84	692.93	694.49	25.88	174.42

续表

地　区	11.机械化秸秆还田面积	12.秸秆捡拾打捆面积	13.机械脱粒粮食数量	14.机械烘干粮食数量	15.机械初加工农产品数量	其中：加工粮食数量	加工油料数量	加工棉花数量	加工果蔬数量
	千公顷	千公顷	万吨	万吨	万吨	万吨	万吨	万吨	万吨
全　国	34913.38	1706.22	54134.21	7215.90	58390.41	45503.86	5682.02	1610.31	2415.53
北　京	138.40	1.68	105.60	0.14	50.89	49.13	0.93	0.00	0.83
天　津	195.05	0.33	188.50	20.00	104.25	98.87	1.38	3.26	0.00
河　北	3407.46	32.36	2934.91	13.18	2507.35	2051.59	252.65	123.75	42.92
山　西	1163.88	17.77	838.56	2.18	1048.57	868.12	60.42	14.25	55.48
内蒙古	1337.79	288.13	2442.24	288.36	1323.50	1142.20	159.96	0.80	17.50
辽　宁	336.81	22.24	2235.65	389.68	1421.09	1233.18	90.87	0.09	3.44
吉　林	683.90	75.00	4097.43	1423.10	2683.04	2480.18	123.61	1.00	39.10
黑龙江	5156.48	38.62	5543.78	3327.37	3398.59	2552.49	846.05	0.00	0.00
上　海	155.65	5.65	122.06	9.45	88.59	82.93	0.27	0.00	0.71
江　苏	2460.76	165.51	4676.38	293.99	2487.87	2200.36	145.17	20.73	60.79
浙　江	350.96	12.33	732.75	186.80	1009.20	759.59	48.79	3.18	127.65
安　徽	1046.66	19.85	3410.44	244.35	2652.56	2194.13	292.28	76.48	11.00
福　建	146.75	1.71	287.97	1.65	1234.09	858.99	78.47	0.00	91.82
江　西	1448.66	9.69	2025.57	158.30	2827.37	2349.89	280.18	40.48	86.47
山　东	6088.18	48.18	4129.59	34.76	5246.07	3576.67	512.77	156.66	651.92
河　南	5538.79	185.64	4809.00	28.46	4623.47	3640.72	497.21	220.10	19.43
湖　北	668.07	9.25	1968.00	218.39	2946.38	2140.46	275.57	114.06	192.59
湖　南	456.75	15.66	3491.07	105.54	4391.24	3236.79	384.48	91.18	66.93
广　东	397.88	1.29	1576.53	120.17	4989.40	3750.77	452.98	0.00	310.14
广　西	582.20	2.76	1011.97	2.61	1116.08	1078.06	29.52	0.27	7.22
海　南	81.61	0.00	120.77	0.12	168.19	153.40	9.31	0.00	0.00
重　庆	84.36	0.00	528.23	5.63	1186.25	900.25	42.23	0.01	110.24
四　川	236.81	0.00	2239.64	5.78	3361.17	2800.29	370.27	2.86	84.64
贵　州	91.75	0.34	466.85	6.62	1686.37	1544.24	132.40	0.73	1.55
云　南	81.76	0.00	480.72	0.09	1671.17	1455.33	78.74	0.05	8.24
西　藏	0.00	0.00	42.18	0.01	13.25	8.52	4.20	0.00	0.00
陕　西	778.99	38.83	716.03	24.86	1085.03	732.54	63.20	5.36	268.31
甘　肃	107.76	50.00	805.00	7.00	588.70	451.63	51.60	25.44	4.96
青　海	8.64	54.72	56.88	0.00	63.46	45.59	16.37	0.00	1.50
宁　夏	115.89	65.50	353.77	5.19	213.41	191.43	15.68	0.00	0.00
新　疆	805.85	446.27	1500.48	150.49	1548.06	681.17	349.38	408.09	11.70
新疆兵团	758.88	96.92	195.66	141.63	655.75	194.35	15.08	301.48	138.45

续表

地　区	加工茶叶数量	16. 机械化饲草料加工数量	其中：机械化青贮秸秆数量	17. 农机运输作业量	其中：农业运输作业量	18. 农田基本建设作业量	19. 农用飞机作业面积	20. 农机专业合作社作业服务面积	21. 农机跨区作业面积	其中：跨区机耕面积
	万吨	万吨	万吨	亿吨·公里	亿吨·公里	万立方米	千公顷	千公顷	千公顷	千公顷
全　国	344.04	21158.50	9156.21	4466.95	2563.20	368642.67	2383.88	35461.00	34295.88	5753.70
北　京	0.00	86.55	65.81	2.68	1.48	789.02	0.00	112.88	28.62	7.00
天　津	0.00	117.74	93.27	5.83	3.24	2925.44	0.00	478.76	83.44	16.54
河　北	0.00	1492.67	811.82	141.63	88.74	4834.22	14.90	436.99	2737.02	493.92
山　西	0.00	831.71	230.39	106.65	50.70	18515.48	0.00	1077.51	476.27	131.50
内蒙古	0.00	4402.35	2479.89	32.33	24.37	0.99	14.93	901.71	310.27	59.67
辽　宁	0.00	983.38	95.82	67.57	37.91	7823.21	14.70	801.31	289.32	48.05
吉　林	0.00	1078.80	182.70	45.25	36.21	17293.60	0.00	533.90	589.75	154.30
黑龙江	0.00	1118.47	1097.37	9.91	6.22	11570.39	1724.46	2656.67	3410.25	873.47
上　海	0.00	11.94	10.98	0.16	0.10	0.00	0.00	265.55	13.62	2.48
江　苏	2.33	451.91	98.36	69.68	20.65	21424.99	60.11	11159.57	6011.69	410.55
浙　江	31.73	103.58	44.29	53.07	27.32	56943.88	0.00	360.66	312.65	27.09
安　徽	27.42	393.43	176.51	150.01	48.80	43279.59	0.00	1862.39	3403.57	553.35
福　建	130.23	123.94	3.82	32.40	16.77	6330.15	0.00	62.10	27.16	4.58
江　西	1.83	389.90	375.30	237.15	140.68	16484.09	0.00	148.67	265.17	13.15
山　东	2.65	1696.89	900.70	548.02	69.95	32526.59	70.01	3730.52	4959.28	883.46
河　南	4.76	1195.79	339.53	188.53	104.74	8051.63	0.00	5039.50	5630.85	824.43
湖　北	30.22	333.46	93.96	71.41	57.51	22642.17	240.00	1190.45	1154.04	224.10
湖　南	34.18	619.74	14.68	136.59	94.45	28527.33	1.04	446.38	508.43	86.16
广　东	27.58	346.97	3.14	45.91	23.41	9570.22	0.05	273.92	194.09	31.79
广　西	1.01	155.07	0.00	74.21	52.02	565.99	0.00	387.01	157.30	30.40
海　南	0.00	2.40	0.00	15.28	7.28	279.18	0.00	19.95	133.58	16.92
重　庆	1.60	378.65	2.54	32.03	20.26	4236.35	0.00	1675.45	79.98	4.90
四　川	19.87	326.30	9.01	136.00	65.34	8430.32	0.00	437.32	392.66	84.81
贵　州	1.01	46.25	25.94	35.77	22.43	2614.96	0.00	64.48	30.38	12.85
云　南	25.21	869.12	145.44	99.80	61.72	18034.29	0.00	116.42	117.65	77.17
西　藏	0.00	0.00	0.00	7.05	2.47	333.50	0.00	20.67	0.00	0.00
陕　西	2.29	741.35	379.36	132.92	87.89	1712.38	0.00	718.84	1330.25	196.58
甘　肃	0.12	887.34	315.32	75.00	55.00	5.00	0.00	21.00	568.98	178.88
青　海	0.00	11.90	8.69	5.31	4.85	263.24	0.00	53.30	116.16	32.62
宁　夏	0.00	340.39	51.33	1886.96	1315.85	20328.10	0.00	104.89	107.18	22.39
新　疆	0.00	1536.34	1029.74	20.29	13.99	438.92	0.00	293.94	608.97	168.79
新疆兵团	0.00	84.08	70.50	1.55	0.85	1867.45	243.68	8.30	247.30	81.80

续表

地区	跨区机播面积	跨区机收面积	其中：跨区机收小麦	跨区机收水稻	跨区机收玉米
	千公顷	千公顷	千公顷	千公顷	千公顷
全国	2579.77	24952.30	14161.80	7425.43	2744.14
北京	4.38	17.24	9.12	0.00	6.56
天津	7.71	59.19	29.43	10.15	19.54
河北	271.20	1971.90	1698.19	12.52	215.81
山西	89.99	249.07	180.28	0.17	57.66
内蒙古	47.60	189.79	88.93	10.07	81.21
辽宁	53.97	184.61	11.96	111.64	57.66
吉林	110.70	319.45	6.20	172.05	141.20
黑龙江	247.65	2021.35	325.35	746.51	808.72
上海	0.00	11.14	3.60	7.54	0.00
江苏	132.42	5267.44	2435.43	2790.59	27.82
浙江	4.85	220.73	67.42	140.63	0.00
安徽	175.07	2652.91	1553.94	992.98	102.05
福建	1.29	20.20	0.45	18.98	0.00
江西	2.64	245.36	53.25	175.37	0.12
山东	549.33	3479.42	2688.71	37.35	705.97
河南	458.77	4299.21	3166.03	801.39	285.55
湖北	40.20	760.00	280.94	365.80	3.84
湖南	11.13	384.61	45.18	306.51	0.00
广东	4.17	157.58	3.07	151.82	0.00
广西	1.92	124.98	0.65	124.19	0.00
海南	0.00	114.97	0.00	111.03	0.00
重庆	0.00	74.98	5.26	63.06	0.00
四川	5.66	275.55	93.14	178.44	0.00
贵州	0.23	15.81	0.51	15.25	0.01
云南	0.02	39.12	9.70	17.88	0.84
西藏	0.00	0.00	0.00	0.00	0.00
陕西	149.33	908.86	781.48	21.69	90.24
甘肃	31.59	346.88	280.46	6.88	30.19
青海	38.65	44.89	23.78	0.00	0.00
宁夏	3.54	77.95	43.73	18.13	16.05
新疆	91.61	324.64	213.27	11.47	68.31
新疆兵团	44.15	92.47	62.34	5.34	24.79

各地区农业机械化管理服务情况表

地　区	一、农机化培训	其中：培训农机管理人员	培训农机技术人员	培训农机监理人员	培训农机操作人员	二、农机维修 1. 维修拖拉机	2. 维修联合收获机
	人次	人次	人次	人次	人次	万台次	万台次
全　国	7264576	168151	841978	74581	5966208	1877.85	142.14
北　京	35004	1481	3581	1275	26001	1.88	0.10
天　津	14673	718	3711	787	9457	3.56	0.49
河　北	540892	10281	74039	4442	451050	149.44	13.80
山　西	270841	11482	44964	3397	200415	31.33	3.11
内蒙古	187563	2128	31012	4145	150064	70.48	1.01
辽　宁	251084	8776	30351	2787	207095	30.90	0.81
吉　林	219229	4265	11405	2844	200715	63.94	1.32
黑龙江	316442	13561	39279	3395	260207	49.73	2.12
上　海	19835	1653	1307	1015	5292	0.48	0.18
江　苏	291226	9174	25898	4798	246563	81.49	11.95
浙　江	97958	5070	10704	1322	79576	69.60	3.25
安　徽	334985	3987	31980	1847	297171	238.87	21.08
福　建	26819	1270	4635	491	20423	39.70	0.99
江　西	119411	3819	19331	2286	93975	30.05	5.60
山　东	715576	15898	125347	4434	541709	205.34	23.91
河　南	630350	12308	69268	5352	527044	247.41	19.09
湖　北	490938	9846	61854	2632	382690	51.33	4.57
湖　南	180041	5452	27402	1020	144067	66.96	13.93
广　东	65965	4097	12160	2340	46711	38.57	1.86
广　西	63849	2404	9443	935	51067	82.69	1.12
海　南	31342	986	5072	309	24041	15.88	0.69
重　庆	169530	2386	8970	864	118240	3.57	0.34
四　川	310119	10976	39535	3899	252066	38.56	2.76
贵　州	368412	4544	27496	3656	330708	18.15	0.18
云　南	223659	2449	16713	2762	179280	86.37	0.54
西　藏	11230	7	213	0	11000	2.40	0.30
陕　西	184347	4636	42090	4104	132842	33.06	3.61
甘　肃	234175	2086	14960	799	215569	49.92	2.06
青　海	52101	426	10747	127	40801	4.48	0.06
宁　夏	69869	920	11182	280	57463	12.79	0.63
新　疆	675385	8054	24982	4979	607796	56.52	0.53
新疆兵团	61726	3011	2347	1258	55110	2.40	0.15

续表

地区	3. 维修水稻插秧机	4. 维修运输机械	5. 维修其他农机具	三、农机鉴定 推广鉴定证书当年发证数量	四、农机监理装备 1. 监理车辆	其中:摩托车	2. 安全检测设备	其中:拖拉机检测设备
	万台次	万台次	万台次	件	辆	辆	套	套
全国	21.35	1290.49	2941.83	5782	4340	528	1846	1692
北京	0.00	2.20	1.90	7	23	0	17	17
天津	0.05	7.10	7.06	9	21	0	9	9
河北	0.09	190.71	232.34	333	113	1	108	94
山西	0.00	58.48	41.44	31	106	3	129	127
内蒙古	0.24	20.41	104.72	57	198	21	64	53
辽宁	0.99	32.65	35.62	805	87	0	42	40
吉林	1.14	15.09	81.58	30	199	25	56	56
黑龙江	2.86	3.62	30.47	275	380	110	43	36
上海	0.07	0.27	0.49	73	0	0	0	0
江苏	6.18	29.55	94.11	420	168	17	104	97
浙江	0.71	61.69	77.25	135	82	0	85	75
安徽	1.66	101.65	236.78	531	192	3	45	41
福建	0.34	38.23	98.35	104	50	3	43	43
江西	0.49	44.82	78.54	118	51	0	16	15
山东	0.08	152.38	293.00	406	410	16	136	126
河南	0.13	154.28	306.71	555	277	3	133	125
湖北	1.45	17.49	92.35	387	251	60	118	100
湖南	2.45	80.58	229.08	195	209	4	85	77
广东	0.43	17.27	91.32	37	171	35	109	103
广西	0.43	41.02	116.57	0	228	24	109	107
海南	0.11	6.54	14.67	3	24	4	17	17
重庆	0.42	11.64	73.89	203	25	0	4	4
四川	0.50	41.73	225.76	234	109	14	81	66
贵州	0.26	15.75	28.82	36	68	0	39	36
云南	0.02	36.78	76.52	74	227	37	49	44
西藏	0.00	0.18	1.65	0	0	0	0	0
陕西	0.01	48.73	61.16	0	146	10	92	82
甘肃	0.00	44.29	119.38	359	109	6	28	28
青海	0.00	1.23	4.89	42	25	0	13	11
宁夏	0.14	10.76	17.76	88	30	1	24	23
新疆	0.08	2.76	62.86	235	338	125	41	33
新疆兵团	0.02	0.61	4.78	0	23	6	7	7

各地区农业机械化投入情况表

地 区	一、农机化总投入(万元)						
	合计	1. 一般行政事业支出	2. 基本建设	3. 科研	4. 推广培训	5. 农业机械购置	6. 其他
全 国	9802809.56	515732.86	307517.24	8997.25	124301.10	8569562.16	276698.95
北 京	44839.58	4229.82	1112.32	375.08	1051.98	36797.01	1273.37
天 津	52801.70	10700.59	2970.72	160.00	705.46	37119.93	1145.00
河 北	394586.68	11201.84	5210.00	310.00	4532.55	372745.69	586.60
山 西	326417.10	30163.09	8344.95	300.00	17337.22	265341.01	4930.83
内蒙古	406385.58	15412.11	6695.60	186.00	2097.97	381912.90	81.00
辽 宁	390113.81	14618.28	10660.30	143.01	2261.36	360032.82	2398.04
吉 林	464728.75	20203.50	5453.00	0.00	16746.00	422313.25	13.00
黑龙江	665070.00	11612.00	18037.00	6.00	582.00	631054.00	3779.00
上 海	55928.83	3739.85	637.75	286.60	838.65	40612.02	9813.96
江 苏	542437.54	38223.67	25301.61	1844.00	11796.36	450885.66	14386.24
浙 江	235646.35	16055.31	27241.67	409.00	5264.17	173938.99	12737.21
安 徽	526983.72	27242.96	2270.67	21.50	3129.96	491147.40	3171.23
福 建	164814.43	10768.07	1128.00	0.00	3013.58	149850.60	54.18
江 西	308149.66	7479.40	1141.34	3.00	1064.03	293936.10	4525.79
山 东	604216.32	40978.52	6027.95	388.00	7557.93	548823.92	440.00
河 南	596791.05	28388.33	6279.08	0.00	3029.08	550695.56	8399.00
湖 北	524482.55	17779.70	8956.67	150.80	2630.58	483468.23	11496.57
湖 南	497037.21	26494.81	3376.31	209.00	4212.44	457380.25	5364.40
广 东	221438.10	14307.73	8192.90	685.00	8426.26	176742.18	13084.03
广 西	307713.66	27504.10	439.48	11.70	5566.74	271427.82	2763.82
海 南	65798.19	2765.00	55.57	113.00	505.34	61843.00	516.28
重 庆	124283.30	6352.57	4513.99	168.00	2503.81	105824.18	4920.75
四 川	597216.77	30865.09	107098.53	1453.06	3656.63	293002.15	161141.31
贵 州	158947.97	3964.97	1900.69	44.60	956.08	151741.93	249.70
云 南	259951.45	14471.39	1603.84	12.30	3343.18	235534.81	4985.93
西 藏	51124.00	50.00	0.00	0.00	90.00	50984.00	0.00
陕 西	299981.16	21591.79	27159.20	500.00	3818.80	246906.37	5.00
甘 肃	189985.91	11327.69	2561.84	120.00	943.83	173844.85	1187.60
青 海	39971.46	1486.60	1200.00	5.00	128.00	37137.36	14.50
宁 夏	84621.46	2020.25	2367.50	25.00	1335.90	78362.41	510.40
新 疆	436587.37	41367.83	4374.76	333.60	4708.21	383098.76	2704.21
新疆兵团	163758.00	2366.00	5114.00	734.00	467.00	155057.00	20.00

续表

地区	二、财政投入(万元)						
	合计	1. 一般行政事业支出	2. 基本建设	3. 科研	4. 推广培训	5. 农业机械购置	6. 其他
全　国	3352917.04	495735.12	156810.38	7324.79	110689.74	2442433.66	139923.35
北　京	26562.03	3968.32	606.32	358.08	1028.48	19466.46	1134.37
天　津	26251.05	10700.59	1860.00	160.00	705.46	12000.00	825.00
河　北	117755.47	10117.35	1802.00	310.00	4411.95	101100.17	14.00
山　西	127946.87	30102.89	4411.95	220.00	16855.22	73145.18	3211.63
内蒙古	139082.83	15409.11	4214.00	186.00	1973.40	117219.32	81.00
辽　宁	130272.55	14618.28	9611.50	143.01	2026.36	102654.56	1218.84
吉　林	157164.65	20203.50	3235.00	0.00	16745.00	116981.15	0.00
黑龙江	288818.00	11412.00	7792.00	6.00	582.00	266631.00	2395.00
上　海	38663.66	3669.85	358.53	286.60	649.65	24609.87	9089.16
江　苏	203567.71	32774.17	11118.55	1312.00	11320.94	133790.56	13251.49
浙　江	104004.27	15214.52	7856.36	390.00	4772.01	66725.82	9045.56
安　徽	130850.15	26459.23	578.90	21.00	2623.33	98859.56	2308.13
福　建	59592.00	10768.07	81.00	0.00	2624.25	46077.50	41.18
江　西	81470.50	6534.73	80.94	0.00	612.33	74157.90	84.60
山　东	189130.77	36747.19	1282.61	382.00	6560.60	143718.37	440.00
河　南	182297.72	27647.30	1063.68	0.00	2860.75	143536.39	7189.60
湖　北	129558.86	16389.00	2706.90	92.00	1708.88	105688.78	2973.30
湖　南	139781.01	25158.11	1548.81	148.50	3683.69	108858.40	383.50
广　东	77964.93	13588.55	6091.20	665.00	7928.26	46839.89	2852.03
广　西	84678.87	27307.23	322.28	11.20	3686.60	51020.00	2331.56
海　南	21023.94	2743.50	55.57	113.00	406.00	17365.70	340.17
重　庆	41373.55	6248.68	3702.92	168.00	2330.45	27531.00	1392.50
四　川	267203.09	30548.19	57888.08	833.90	2145.33	99440.62	76346.97
贵　州	52230.55	3924.97	1801.69	44.60	893.38	45553.21	12.70
云　南	81355.53	14154.51	553.34	12.30	998.28	65148.04	489.06
西　藏	17482.00	50.00	0.00	0.00	90.00	17342.00	0.00
陕　西	126008.69	21586.79	13112.20	500.00	3811.80	86992.90	5.00
甘　肃	61430.26	11093.99	2162.34	120.00	913.83	47013.80	126.30
青　海	14534.10	1486.60	1200.00	5.00	128.00	11700.00	14.50
宁　夏	28109.22	2020.25	2292.50	25.00	1333.90	22224.57	213.00
新　疆	163645.21	41210.65	3945.21	301.60	3977.61	112096.94	2113.20
新疆兵团	43107.00	1877.00	3474.00	510.00	302.00	36944.00	0.00

续表

地　区	(一)中央财政(万元)						
	合计	1. 一般行政事业支出	2. 基本建设	3. 科研	4. 推广培训	5. 农业机械购置	6. 其他
全　国	2269047.15	—	63340.55	1144.00	38316.29	2148186.63	18059.68
北　京	10073.00	—	0.00	0.00	73.00	10000.00	0.00
天　津	10190.00	—	150.00	0.00	40.00	10000.00	0.00
河　北	103485.59	—	1800.00	310.00	3423.80	97951.79	0.00
山　西	81140.00	—	2600.00	0.00	11510.00	67000.00	30.00
内蒙古	99732.40	—	3380.00	116.00	1236.40	95000.00	0.00
辽　宁	99664.27	—	2500.00	0.00	270.00	96599.27	295.00
吉　林	125242.05	—	2400.00	0.00	15767.00	107075.05	0.00
黑龙江	230766.00	—	5500.00	6.00	260.00	225000.00	0.00
上　海	7010.00	—	0.00	0.00	10.00	7000.00	0.00
江　苏	104699.75	—	1395.00	480.00	1385.78	99357.72	2081.25
浙　江	53567.41	—	344.00	10.00	110.00	53000.09	103.32
安　徽	97766.84	—	0.00	0.00	215.32	97066.02	485.50
福　建	40972.21	—	0.00	0.00	30.00	40942.21	0.00
江　西	71016.78	—	0.00	0.00	100.00	70916.78	0.00
山　东	139105.18	—	635.90	92.00	582.00	137767.28	28.00
河　南	129547.00	—	600.00	0.00	378.00	128000.00	569.00
湖　北	104621.97	—	115.00	10.00	426.37	104000.00	70.60
湖　南	102444.81	—	157.41	20.00	255.40	102000.00	12.00
广　东	37743.99	—	0.00	10.00	188.99	37530.00	15.00
广　西	46799.60	—	131.00	0.00	147.60	46520.00	1.00
海　南	14849.91	—	0.00	0.00	30.00	14818.74	1.17
重　庆	26645.50	—	94.00	0.00	405.00	26000.00	146.50
四　川	132668.68	—	29334.90	10.00	361.63	88830.38	14131.77
贵　州	38090.30	—	0.00	0.00	90.00	38000.00	0.30
云　南	41119.27	—	0.00	0.00	30.00	41000.00	89.27
西　藏	12020.00	—	0.00	0.00	20.00	12000.00	0.00
陕　西	82115.09	—	2946.00	0.00	200.00	78969.09	0.00
甘　肃	43396.34	—	2086.34	10.00	300.00	41000.00	0.00
青　海	12260.00	—	1200.00	0.00	60.00	11000.00	0.00
宁　夏	22103.21	—	1171.00	0.00	90.00	20842.21	0.00
新　疆	110040.00	—	2800.00	0.00	240.00	107000.00	0.00
新疆兵团	38150.00	—	2000.00	70.00	80.00	36000.00	0.00

续表

地　区	(二)地方财政(万元)						
	合计	1. 一般行政事业支出	2. 基本建设	3. 科研	4. 推广培训	5. 农业机械购置	6. 其他
全　国	1083869.89	495735.12	93469.83	6180.79	72373.45	294247.03	121863.67
北　京	16489.03	3968.32	606.32	358.08	955.48	9466.46	1134.37
天　津	16061.05	10700.59	1710.00	160.00	665.46	2000.00	825.00
河　北	14269.88	10117.35	2.00	0.00	988.15	3148.38	14.00
山　西	46806.87	30102.89	1811.95	220.00	5345.22	6145.18	3181.63
内蒙古	39350.43	15409.11	834.00	70.00	737.00	22219.32	81.00
辽　宁	30608.28	14618.28	7111.50	143.01	1756.36	6055.29	923.84
吉　林	31922.60	20203.50	835.00	0.00	978.00	9906.10	0.00
黑龙江	58052.00	11412.00	2292.00	0.00	322.00	41631.00	2395.00
上　海	31653.66	3669.85	358.53	286.60	639.65	17609.87	9089.16
江　苏	98867.96	32774.17	9723.55	832.00	9935.16	34432.84	11170.24
浙　江	50436.86	15214.52	7512.36	380.00	4662.01	13725.73	8942.24
安　徽	33083.31	26459.23	578.90	21.00	2408.01	1793.54	1822.63
福　建	18619.79	10768.07	81.00	0.00	2594.25	5135.29	41.18
江　西	10453.72	6534.73	80.94	0.00	512.33	3241.12	84.60
山　东	50025.59	36747.19	646.71	290.00	5978.60	5951.09	412.00
河　南	52750.72	27647.30	463.68	0.00	2482.75	15536.39	6620.60
湖　北	24936.89	16389.00	2591.90	82.00	1282.51	1688.78	2902.70
湖　南	37336.20	25158.11	1391.40	128.50	3428.29	6858.40	371.50
广　东	40220.94	13588.55	6091.20	655.00	7739.27	9309.89	2837.03
广　西	37879.27	27307.23	191.28	11.20	3539.00	4500.00	2330.56
海　南	6174.03	2743.50	55.57	113.00	376.00	2546.96	339.00
重　庆	14728.05	6248.68	3608.92	168.00	1925.45	1531.00	1246.00
四　川	134534.41	30548.19	28553.18	823.90	1783.70	10610.24	62215.20
贵　州	14140.25	3924.97	1801.69	44.60	803.38	7553.21	12.40
云　南	40236.26	14154.51	553.34	12.30	968.28	24148.04	399.79
西　藏	5462.00	50.00	0.00	0.00	70.00	5342.00	0.00
陕　西	43893.60	21586.79	10166.20	500.00	3611.80	8023.81	5.00
甘　肃	18033.92	11093.99	76.00	110.00	613.83	6013.80	126.30
青　海	2274.10	1486.60	0.00	5.00	68.00	700.00	14.50
宁　夏	6006.01	2020.25	1121.50	25.00	1243.90	1382.36	213.00
新　疆	53605.21	41210.65	1145.21	301.60	3737.61	5096.94	2113.20
新疆兵团	4957.00	1877.00	1474.00	440.00	222.00	944.00	0.00

续表

地 区	三、单位和集体投入(万元)						
	合计	1. 一般行政事业支出	2. 基本建设	3. 科研	4. 推广培训	5. 农业机械购置	6. 其他
全 国	238044.75	19997.74	52452.47	1045.60	3615.47	151114.87	9818.60
北 京	5336.87	261.50	447.00	17.00	23.50	4542.87	45.00
天 津	2322.34	0.00	1110.72	0.00	0.00	1211.62	0.00
河 北	3965.36	1084.49	374.00	0.00	74.90	2413.97	18.00
山 西	2440.60	60.20	8.00	80.00	477.00	736.30	1079.10
内蒙古	1214.90	3.00	503.90	0.00	4.00	704.00	0.00
辽 宁	3100.83	0.00	118.00	0.00	15.00	2367.83	600.00
吉 林	100.00	0.00	80.00	0.00	1.00	19.00	0.00
黑龙江	10552.00	200.00	1900.00	0.00	0.00	8422.00	30.00
上 海	7965.91	70.00	279.22	0.00	189.00	7427.69	0.00
江 苏	39883.14	5449.50	10595.46	532.00	443.42	22514.76	348.00
浙 江	26512.98	840.79	5180.40	19.00	181.95	18121.52	2169.32
安 徽	3967.11	783.73	1095.00	0.30	134.66	1809.62	143.80
福 建	771.60	0.00	485.00	0.00	1.00	285.60	0.00
江 西	1728.04	944.67	33.90	3.00	122.20	571.78	52.49
山 东	18523.01	4231.33	2485.01	6.00	53.80	11746.87	0.00
河 南	9905.22	741.03	1070.80	0.00	70.00	7918.09	105.30
湖 北	11718.91	1390.70	3491.57	50.80	458.80	5566.00	761.04
湖 南	8354.00	1336.70	1137.00	60.50	205.00	5114.90	499.90
广 东	15302.32	719.18	1329.70	20.00	118.00	12348.94	766.50
广 西	564.01	196.87	31.00	0.00	200.82	41.00	94.32
海 南	2735.44	21.50	0.00	0.00	34.10	2667.19	12.65
重 庆	2127.17	103.89	326.56	0.00	125.36	1425.36	146.00
四 川	10622.28	316.90	4808.23	11.00	67.90	2961.81	2456.44
贵 州	1847.45	40.00	83.00	0.00	30.70	1684.75	9.00
云 南	11752.28	316.88	687.20	0.00	334.82	10235.04	178.34
西 藏	0.00	0.00	0.00	0.00	0.00	0.00	0.00
陕 西	13372.00	5.00	13124.00	0.00	7.00	236.00	0.00
甘 肃	458.56	233.70	12.50	0.00	30.00	176.36	6.00
青 海	1380.00	0.00	0.00	0.00	0.00	1380.00	0.00
宁 夏	7941.40	0.00	75.00	0.00	2.00	7567.00	297.40
新 疆	374.02	157.18	80.30	22.00	59.54	55.00	0.00
新疆兵团	11205.00	489.00	1500.00	224.00	150.00	8842.00	0.00

续表

地　区	四、农民个人投入(万元)						
	合计	1. 一般行政事业支出	2. 基本建设	3. 科研	4. 推广培训	5. 农业机械购置	6. 其他
全　国	6167169.43	—	89536.21	—	9627.35	5963025.60	104980.27
北　京	12881.68	—	59.00	—	0.00	12758.68	64.00
天　津	24228.31	—	0.00	—	0.00	23908.31	320.00
河　北	272785.25	—	3034.00	—	42.70	269163.55	545.00
山　西	196029.53	—	3925.00	—	5.00	191459.53	640.00
内蒙古	265617.85	—	1807.70	—	120.57	263689.58	0.00
辽　宁	256391.83	—	910.80	—	205.00	254878.83	397.20
吉　林	304464.10	—	2138.00	—	0.00	302313.10	13.00
黑龙江	365155.00	—	8345.00	—	0.00	355456.00	1354.00
上　海	8574.46	—	0.00	—	0.00	8574.46	0.00
江　苏	298703.24	—	3573.60	—	29.00	294580.34	520.30
浙　江	104514.36	—	14151.81	—	300.36	88554.86	1507.33
安　徽	391678.52	—	465.96	—	290.72	390202.54	719.30
福　建	104433.83	—	558.00	—	388.33	103487.50	0.00
江　西	224813.12	—	1026.50	—	329.50	219068.42	4388.70
山　东	396559.54	—	2260.33	—	940.53	393358.68	0.00
河　南	404383.11	—	4144.60	—	98.33	399056.08	1084.10
湖　北	377094.38	—	2754.20	—	433.90	371395.05	2511.23
湖　南	346518.20	—	511.50	—	308.75	341680.95	4017.00
广　东	127645.19	—	752.00	—	380.00	117280.69	9232.50
广　西	222080.44	—	0.00	—	1632.32	220156.18	291.94
海　南	41988.81	—	0.00	—	45.24	41790.11	153.46
重　庆	78939.68	—	103.26	—	38.00	75899.42	2899.00
四　川	296198.56	—	37020.40	—	1327.70	187748.41	70102.05
贵　州	104869.97	—	106.00	—	32.00	104503.97	228.00
云　南	164668.87	—	281.30	—	2004.08	159701.18	2682.31
西　藏	33642.00	—	0.00	—	0.00	33642.00	0.00
陕　西	160559.47	—	923.00	—	0.00	159636.47	0.00
甘　肃	128025.49	—	355.00	—	0.00	126654.69	1015.80
青　海	23757.36	—	0.00	—	0.00	23757.36	0.00
宁　夏	48465.84	—	0.00	—	0.00	48465.84	0.00
新　疆	272090.44	—	189.25	—	660.32	270946.82	294.05
新疆兵团	109411.00	—	140.00	—	15.00	109256.00	0.00

续表

地 区	五、其他投入(万元)						
	合计	1. 一般行政事业支出	2. 基本建设	3. 科研	4. 推广培训	5. 农业机械购置	6. 其他
全 国	44678.34	—	8718.18	626.86	368.54	12988.03	21976.73
北 京	59.00	—	0.00	0.00	0.00	29.00	30.00
天 津	0.00	—	0.00	0.00	0.00	0.00	0.00
河 北	80.60	—	0.00	0.00	3.00	68.00	9.60
山 西	0.10	—	0.00	0.00	0.00	0.00	0.10
内 蒙 古	470.00	—	170.00	0.00	0.00	300.00	0.00
辽 宁	348.60	—	20.00	0.00	15.00	131.60	182.00
吉 林	3000.00	—	0.00	0.00	0.00	3000.00	0.00
黑 龙 江	545.00	—	0.00	0.00	0.00	545.00	0.00
上 海	724.80	—	0.00	0.00	0.00	0.00	724.80
江 苏	283.45	—	14.00	0.00	3.00	0.00	266.45
浙 江	614.74	—	53.10	0.00	9.85	536.79	15.00
安 徽	487.94	—	130.81	0.20	81.25	275.68	0.00
福 建	17.00	—	4.00	0.00	0.00	0.00	13.00
江 西	138.00	—	0.00	0.00	0.00	138.00	0.00
山 东	3.00	—	0.00	0.00	3.00	0.00	0.00
河 南	205.00	—	0.00	0.00	0.00	185.00	20.00
湖 北	6110.40	—	4.00	8.00	29.00	818.40	5251.00
湖 南	2384.00	—	179.00	0.00	15.00	1726.00	464.00
广 东	525.66	—	20.00	0.00	0.00	272.66	233.00
广 西	390.34	—	86.20	0.50	47.00	210.64	46.00
海 南	50.00	—	0.00	0.00	20.00	20.00	10.00
重 庆	1842.90	—	381.25	0.00	10.00	968.40	483.25
四 川	23192.84	—	7381.82	608.16	115.70	2851.31	12235.85
贵 州	0.00	—	0.00	0.00	0.00	0.00	0.00
云 南	2174.77	—	82.00	0.00	6.00	450.55	1636.22
西 藏	0.00	—	0.00	0.00	0.00	0.00	0.00
陕 西	41.00	—	0.00	0.00	0.00	41.00	0.00
甘 肃	71.50	—	32.00	0.00	0.00	0.00	39.50
青 海	300.00	—	0.00	0.00	0.00	300.00	0.00
宁 夏	105.00	—	0.00	0.00	0.00	105.00	0.00
新 疆	477.70	—	160.00	10.00	10.74	0.00	296.96
新疆兵团	35.00	—	0.00	0.00	0.00	15.00	20.00

各地区农业机械化经营效益情况表

地区	一、总收入(万元)		1. 农机化作业收入(万元)		其中:(1)田间作业收入(万元)		其中:跨区作业收入(万元)		(2)农产品初加工作业收入(万元)	
	合计	其中:农机户	合计	其中:农机户	合计	其中:农机户	合计	其中:农机户	合计	其中:农机户
全国	47790381.67	40936582.15	41803285.69	37368644.76	17745182.16	15656682.91	2244936.90	2023286.04	5172595.28	4467461.49
北京	91749.13	80996.12	83405.83	74892.02	34011.93	29065.02	2054.20	1474.70	3344.90	2760.40
天津	160700.97	139882.40	148194.80	134467.94	92052.81	80770.35	6229.56	3889.85	7288.35	2666.27
河北	2212735.26	1976355.75	1988236.16	1807038.75	911377.88	815883.58	71933.22	65034.22	254458.95	209223.25
山西	1150838.60	1069477.85	974474.96	918373.61	349537.58	325597.58	27643.52	26903.52	93032.02	81743.42
内蒙古	1273606.67	1184769.42	1078179.97	1035402.42	726303.27	701882.82	27571.10	21717.10	79603.70	74741.30
辽宁	1124394.79	1028352.27	940771.46	880833.71	425268.60	396659.38	16460.87	13741.37	94839.21	86876.18
吉林	1409407.70	946663.81	1298281.80	872772.30	774088.40	531793.61	23570.90	15363.80	71148.00	40729.30
黑龙江	1718344.01	1430009.38	1423260.92	1241941.33	1024816.90	866236.37	28862.00	21657.00	68197.91	55423.72
上海	29555.47	2640.32	28224.38	2602.62	19554.42	2103.86	1069.62	533.74	1036.13	156.00
江苏	2604255.59	2187958.36	2331824.51	2038964.80	1390879.46	1188064.45	515233.72	461297.72	233432.60	185576.80
浙江	1565823.00	1393885.00	1378224.00	1254952.00	342025.00	287474.00	27228.00	21064.00	179656.00	150129.00
安徽	4109379.60	3825723.32	3769531.78	3591702.02	1730161.48	1613615.91	319007.87	307239.53	412937.24	377996.48
福建	984069.99	942561.87	854458.92	831659.92	166272.84	159557.58	4277.50	3714.50	192215.97	186464.23
江西	1757244.62	1601107.37	1576117.27	1441874.44	533799.84	482678.55	23890.81	21901.37	218843.16	199388.55
山东	4806772.84	4116374.25	4184661.98	3782700.55	1822029.73	1639428.75	410449.28	367546.66	374781.75	324812.52
河南	2853975.05	2649441.04	2544755.57	2440135.93	1365610.66	1298191.51	315871.27	300101.48	222692.19	211796.81
湖北	2379600.73	1946314.81	2047928.53	1729421.06	1024577.01	880707.61	93217.36	79078.87	341524.74	245925.62
湖南	3967554.87	2334644.64	3053824.00	2184246.87	1099906.71	732106.51	70323.58	43475.81	545095.25	390271.89
广东	1424213.53	1294074.14	1234682.10	1135382.57	468745.72	439674.66	19468.74	18865.04	175232.98	152467.60
广西	3090503.25	2998334.18	3039797.41	2948603.49	667173.50	654497.21	12220.95	11854.32	679071.58	672280.87
海南	299738.56	275424.09	259853.75	236855.24	84672.70	78354.85	5538.81	5247.96	13314.89	12497.03
重庆	890905.01	612412.22	752635.15	554256.21	195236.60	173954.12	7125.20	6612.50	109275.23	86256.41
四川	2368852.91	1984189.59	1987785.84	1810093.81	542416.07	499267.00	43543.46	39645.23	244005.78	216173.35
贵州	629716.96	494567.51	507132.32	465191.78	67056.62	58356.92	1822.00	1505.30	90057.20	86340.46
云南	1163489.28	1076154.09	1008746.60	945090.49	210660.29	194982.82	10545.10	9841.10	123179.66	115270.09
西藏	16222.00	12472.00	13889.00	12472.00	3622.00	3399.00	0.00	0.00	1511.00	1359.00
陕西	929516.11	786130.54	811883.91	684453.76	267484.42	248186.54	80716.80	76928.94	108148.13	90998.06
甘肃	883548.25	857233.10	737178.91	717042.75	304382.92	297474.39	23288.03	22475.33	100343.55	98329.02
青海	127728.66	97088.77	91704.68	88305.23	2285.96	2093.57	1197.46	1185.98	10523.75	9356.78
宁夏	298771.36	288728.32	277668.41	266548.41	147460.38	136154.38	8415.87	8269.87	21683.10	21215.10
新疆	1040844.90	982241.62	962434.77	930369.73	580622.46	562200.01	35296.10	34255.23	83616.36	73052.98
新疆兵团	426322.00	320374.00	413536.00	309997.00	371088.00	276270.00	10864.00	10864.00	14904.00	5183.00

续表

地区	(3)农机运输收入(万元)		其中:农业运输收入(万元)		2. 农机维修收入(万元)		3. 其他收入(万元)		其中:农机及油料经销收入(万元)	
	合计	其中:农机户	合计	其中:农机户	合计	其中:农机户	合计	其中:农机户	合计	其中:农机户
全国	17602906.08	16118178.86	9535954.78	8372453.25	1881441.33	1549311.00	4105654.66	2018626.40	2356871.63	914009.92
北京	46049.00	43066.60	22800.58	21552.68	3456.50	2906.80	4886.80	3197.30	1417.00	488.00
天津	46547.64	45022.82	28324.67	27783.17	4062.46	1237.46	8443.71	4177.00	3478.03	86.00
河北	799717.73	758317.32	424491.20	406491.40	86864.70	78037.90	137634.40	91279.10	102540.00	59001.30
山西	518820.36	495273.36	221029.15	209986.75	75354.95	68253.55	101008.69	82850.69	38753.43	31592.43
内蒙古	272273.00	258778.30	159919.90	155908.70	84207.90	79242.90	111218.80	70124.10	83566.60	28503.50
辽宁	401456.22	375838.84	207589.06	195456.52	47273.48	37936.07	136349.85	109582.49	68476.17	48353.95
吉林	452900.90	296934.03	300001.50	194082.68	70307.20	49952.31	40818.70	23939.20	24110.30	11701.40
黑龙江	324030.00	304595.26	286044.62	253153.30	76539.39	58499.34	218543.70	129568.71	85999.00	56610.00
上海	7633.73	313.60	4373.83	158.60	237.70	31.70	1093.39	6.00	298.19	6.00
江苏	661707.35	610815.85	271785.41	252384.21	64858.30	41711.03	207572.78	107282.53	133415.30	44264.30
浙江	819059.00	761949.00	404287.00	360080.00	40052.00	29120.00	147547.00	109813.00	36177.00	17660.00
安徽	1549250.49	1503262.70	550149.85	506475.09	129749.85	109061.25	210097.97	124960.05	110340.30	47939.08
福建	477799.27	466700.27	196111.13	192641.03	29900.07	25809.47	99711.00	85092.48	23059.00	10592.00
江西	748996.08	697940.02	401042.21	384376.02	95078.37	83742.92	86048.98	75490.01	36281.71	26920.27
山东	1845469.28	1678938.20	746764.26	697094.10	224315.72	160767.32	397795.14	172906.38	310588.60	116665.17
河南	902328.65	876665.51	430335.53	418752.46	119585.67	108910.32	189633.81	100394.79	151023.10	63612.16
湖北	629906.74	572986.52	433511.67	403058.72	82581.56	68480.18	249090.64	148413.57	186346.21	92135.44
湖南	1302831.48	977994.70	1177994.70	620350.15	103564.11	71063.94	810166.76	79333.83	410992.79	2510.82
广东	544095.29	505018.30	301166.89	293749.00	117375.48	108443.22	72155.95	50248.35	40774.49	24605.99
广西	1357602.93	1344026.90	937336.39	909216.30	21009.20	20538.90	29696.65	29191.80	23719.12	23221.02
海南	160866.16	144997.36	78502.65	70983.72	13023.42	12310.55	26861.39	26258.30	10868.62	10754.62
重庆	331825.42	282569.12	233780.25	190856.00	28246.23	17899.45	110023.63	40256.56	89456.23	27526.36
四川	1178102.19	1076979.42	644553.44	593729.27	92566.46	70425.15	288500.61	103670.63	163763.30	72411.38
贵州	346574.55	316150.00	148571.41	136043.06	32496.52	24138.98	90088.12	5236.75	87207.92	4817.50
云南	650392.15	601822.88	341036.36	322626.20	66770.01	59410.50	87972.67	71653.10	33405.96	25302.17
西藏	8088.00	7714.00	5467.00	5292.00	521.00	0.00	1812.00	0.00	1812.00	0.00
陕西	414048.34	328933.50	132819.02	120307.16	56077.87	51649.12	61554.33	50027.66	39582.75	31755.12
甘肃	321385.03	312067.46	151245.75	147887.51	60925.87	59021.22	85443.47	81169.13	22401.08	20039.30
青海	74315.57	69983.51	46827.31	40398.67	4742.24	3997.07	31281.74	4786.47	2223.57	2121.35
宁夏	108302.93	109178.93	71344.86	68201.86	10605.80	10965.76	10497.15	11214.15	3526.00	3160.00
新疆	272986.60	265800.58	149777.18	146406.92	30419.30	27074.62	47990.83	24797.27	28231.86	9653.29
新疆兵团	27544.00	27544.00	26970.00	26970.00	8672.00	8672.00	4114.00	1705.00	3036.00	0.00

续表

地区	二、成本与费用(万元)		1. 服务成本与费用(万元)	
	合计	其中:农机户	合计	其中:农机户
全　　国	29209684.27	25072106.12	24795121.59	21590747.50
北　　京	58711.23	51871.53	52940.50	47516.00
天　　津	89554.03	74451.51	74743.17	64029.44
河　　北	1248759.46	1150333.36	1096084.96	1011439.26
山　　西	533692.92	499635.80	388049.91	365226.00
内 蒙 古	803690.58	750744.01	678154.98	650877.01
辽　　宁	650038.88	604230.02	529180.29	496923.75
吉　　林	827283.60	566032.35	719884.10	492318.25
黑 龙 江	1094845.44	947297.82	942382.70	822485.63
上　　海	17722.28	1468.44	15500.74	623.41
江　　苏	1549151.99	1286163.97	1363359.04	1164698.09
浙　　江	827724.00	729089.00	689488.00	609421.00
安　　徽	1930762.44	1762550.55	1722772.93	1607055.53
福　　建	550283.70	524960.43	485711.32	464827.84
江　　西	1029568.26	942511.06	832106.45	764933.38
山　　东	3056481.28	2647715.07	2629536.23	2327082.37
河　　南	1713804.57	1589754.04	1462941.73	1359314.44
湖　　北	1596477.42	1288242.79	1272475.40	1067862.86
湖　　南	2241426.25	1292852.70	1838097.42	1046078.80
广　　东	853564.27	784137.42	604733.89	549855.86
广　　西	2381538.00	2307152.28	2289696.43	2220535.77
海　　南	126021.38	117164.32	100133.89	92588.85
重　　庆	720833.51	497708.51	587926.25	412356.21
四　　川	1918341.47	1619594.94	1607330.13	1385138.56
贵　　州	401794.75	304294.56	319453.65	296792.85
云　　南	690523.48	649874.73	542145.06	510116.18
西　　藏	100900.00	8375.00	8253.00	7793.00
陕　　西	532239.74	450701.37	438769.20	370446.34
甘　　肃	557615.74	541439.59	439272.54	427518.24
青　　海	34888.10	31555.73	31678.72	29165.83
宁　　夏	157746.00	157813.00	131216.77	123890.77
新　　疆	658043.50	629566.22	575700.19	558635.98
新疆兵团	346457.00	262824.00	325402.00	243200.00

续表

地区	2. 管理与财务费用(万元)		3. 税金及附加(万元)		4. 其他费用(万元)		三、利润总额(万元)	
	合计	其中:农机户	合计	其中:农机户	合计	其中:农机户	合计	其中:农机户
全国	1843722.25	1431098.06	1097596.07	860020.38	1473244.36	1190240.18	18580697.41	15864476.04
北京	2765.50	2111.20	873.40	681.70	2131.83	1562.63	33037.90	29124.59
天津	7927.42	5113.12	3364.51	2696.73	3518.93	2612.22	71146.94	65430.89
河北	46060.90	40080.60	57694.40	46703.70	48919.20	52109.80	963975.80	826022.39
山西	52829.61	48882.35	38968.91	35780.81	53844.49	49746.64	617145.68	569842.05
内蒙古	51415.30	48385.20	33160.90	30121.90	40959.40	21359.90	469916.09	434025.41
辽宁	45376.42	40899.80	31538.36	26178.35	43943.81	40228.12	474355.91	424122.25
吉林	21308.80	14304.92	26454.10	16754.90	59636.60	42654.28	582124.10	380631.46
黑龙江	58923.23	51420.56	11037.61	7496.61	82501.90	65895.02	623498.57	482711.56
上海	899.41	410.23	123.23	2.50	1198.90	432.30	11833.19	1171.88
江苏	76676.93	55720.61	33162.04	16372.45	75953.98	49372.82	1055103.60	901794.39
浙江	42455.00	35954.00	37664.00	33404.00	58117.00	50310.00	738099.00	664796.00
安徽	64019.60	46028.45	74467.88	58097.91	69502.03	51368.66	2178617.16	2063172.77
福建	24064.89	21056.31	19650.72	18920.21	20856.77	20156.07	433786.29	417601.44
江西	62497.82	56553.07	79285.89	71847.98	55678.10	49176.63	727676.36	658596.31
山东	250984.83	184422.12	80555.03	60151.07	95405.19	76059.51	1750291.56	1468659.18
河南	106192.12	98364.10	55517.61	49801.76	89153.11	82273.74	1140170.48	1059687.00
湖北	177032.39	103719.18	49748.32	33423.22	97221.31	83237.53	783123.31	658072.02
湖南	181980.47	96533.04	132590.46	86083.32	88757.90	64157.54	1726128.62	1041791.94
广东	160467.29	154847.64	30609.41	28007.21	57753.68	51426.71	570649.26	509936.72
广西	2011.04	560.32	17345.50	16415.45	72485.03	69640.74	708965.26	691181.91
海南	9956.68	9308.81	7446.40	6851.79	8484.41	8414.87	173717.18	158259.77
重庆	67002.72	46235.67	29478.22	19221.65	36426.32	19894.98	170071.50	114703.71
四川	117629.71	91135.70	96525.79	73141.49	96855.84	70179.19	450511.44	364594.65
贵州	21855.95	1776.01	28322.35	3093.40	32162.80	2632.30	227922.21	190272.95
云南	61382.73	58926.84	34925.90	33128.07	52069.79	47703.64	472965.80	426279.36
西藏	1191.00	0.00	44.00	0.00	611.00	582.00	6123.00	4097.00
陕西	36261.27	31919.05	30609.22	25463.51	26600.05	22872.47	397276.37	335429.17
甘肃	39174.61	37515.14	30103.98	28822.47	49064.61	47583.74	325932.51	315793.51
青海	271.43	247.38	1074.83	998.56	1863.12	1143.96	92840.56	65533.04
宁夏	5192.29	5003.29	9764.45	17396.45	11572.49	11522.49	141025.36	130915.32
新疆	39636.89	36816.35	12376.65	9849.21	30329.77	24264.68	382801.40	352675.40
新疆兵团	8278.00	6847.00	3112.00	3112.00	9665.00	9665.00	79865.00	57550.00

各地区农业生产燃油消耗情况表

地　区	农业生产燃油消耗	其中:(1)柴油	(2)用于农机抗灾救灾	1. 农田作业	(1)机耕	(2)机播	(3)机收
	万吨	万吨	万吨	万吨	万吨	万吨	万吨
全　国	3705.97	3376.10	142.81	1330.30	595.31	201.68	337.43
北　京	6.02	5.11	0.03	2.36	0.74	0.52	0.66
天　津	17.09	15.99	0.22	6.99	2.30	1.33	1.59
河　北	307.81	291.21	1.78	77.73	24.23	17.97	20.12
山　西	86.11	78.78	1.45	23.99	7.07	4.55	6.14
内蒙古	127.00	125.07	4.07	50.77	18.46	12.48	10.82
辽　宁	97.34	88.32	3.10	39.54	19.41	6.49	5.21
吉　林	140.12	138.72	0.00	32.73	13.50	8.47	0.44
黑龙江	222.13	221.34	2.84	172.22	89.13	22.73	43.45
上　海	3.42	2.86	0.01	1.97	1.00	0.09	0.61
江　苏	147.76	137.71	4.85	64.87	23.48	8.44	24.25
浙　江	127.02	114.47	2.08	27.00	13.78	0.85	7.08
安　徽	151.62	138.80	12.49	76.12	38.92	11.44	16.83
福　建	44.25	37.80	1.11	6.30	3.45	0.10	1.23
江　西	144.81	128.70	3.57	32.29	16.48	0.63	12.18
山　东	414.10	365.20	9.57	141.05	43.54	33.67	46.74
河　南	373.28	337.51	14.31	131.70	49.24	20.87	39.31
湖　北	142.87	122.17	9.33	70.59	36.34	4.93	20.61
湖　南	181.80	153.96	25.87	71.38	31.42	6.68	23.07
广　东	124.35	111.60	6.18	34.46	21.81	0.60	6.54
广　西	126.31	121.50	2.31	25.88	17.55	0.79	6.73
海　南	25.25	23.77	0.92	7.46	5.28	0.02	1.68
重　庆	52.44	38.64	12.18	16.70	13.96	0.46	0.40
四　川	133.26	122.77	8.15	29.77	16.97	1.39	6.73
贵　州	41.15	35.62	1.30	5.06	2.68	0.38	1.23
云　南	78.25	70.91	3.53	12.58	9.53	0.19	1.08
西　藏	21.70	18.45	0.05	1.58	0.61	0.30	0.41
陕　西	92.51	85.84	0.81	28.19	11.98	5.89	5.66
甘　肃	151.28	135.62	9.21	65.10	28.21	13.53	13.30
青　海	11.08	0.75	0.03	7.63	3.08	2.45	2.00
宁　夏	23.41	21.37	0.04	9.14	5.08	1.63	1.91
新　疆	64.93	61.34	0.96	37.25	16.68	8.51	5.82
新疆兵团	25.50	24.20	0.46	19.90	9.40	3.30	3.60

续表

地　区	(4)植保	(5)其他	2. 农田排灌	3. 农田基本建设	4. 畜牧业生产	5. 农产品初加工	6. 农业运输	7. 其他
	万吨	万吨	万吨	万吨	万吨	万吨	万吨	万吨
全　国	84.42	111.53	210.06	235.95	70.76	238.70	1468.57	151.61
北　京	0.23	0.21	0.05	0.31	0.04	0	2.96	0.29
天　津	0.48	1.30	1.13	3.29	0.37	0.70	4.13	0.50
河　北	4.08	11.34	13.14	17.19	5.99	11.23	176.13	6.40
山　西	2.92	3.30	1.62	6.34	0.92	2.70	43.03	7.51
内蒙古	0.84	8.17	5.11	7.14	8.78	3.88	42.72	8.60
辽　宁	1.86	6.58	5.78	8.24	2.66	3.57	29.95	7.60
吉　林	2.22	8.11	14.55	2.08	5.44	5.18	80.13	0.00
黑龙江	13.58	3.32	15.13	14.90	3.25	7.14	7.61	1.70
上　海	0.15	0.13	0.07	0.23	0.07	0.05	0.55	0.47
江　苏	4.38	4.34	10.69	14.75	2.32	10.43	41.02	3.69
浙　江	2.10	3.19	3.30	11.67	1.85	6.25	67.77	9.19
安　徽	4.13	4.81	18.24	7.08	1.48	9.41	37.64	1.65
福　建	1.17	0.36	1.72	2.29	0.25	2.48	29.12	2.09
江　西	0.95	2.05	6.87	5.67	0.94	10.46	84.88	3.70
山　东	11.18	5.92	42.59	32.59	9.40	23.48	143.84	21.15
河　南	7.50	14.77	12.57	31.18	5.21	18.14	163.62	10.85
湖　北	4.82	3.89	7.21	14.16	1.60	7.15	35.56	6.61
湖　南	5.28	4.93	13.96	11.52	4.39	21.13	55.13	4.29
广　东	2.47	3.04	5.76	6.47	2.66	25.29	44.14	5.57
广　西	0.55	0.25	2.43	3.18	3.13	31.89	44.02	15.78
海　南	0.31	0.18	1.96	0.44	0.13	1.21	13.42	0.62
重　庆	0.69	1.19	4.05	2.48	1.02	4.51	22.89	0.78
四　川	3.36	1.31	9.73	7.57	1.18	12.34	70.34	2.34
贵　州	0.37	0.39	1.71	2.98	1.09	3.37	25.85	1.10
云　南	0.76	1.02	2.05	2.42	0.53	3.44	52.18	5.04
西　藏	0.01	0.25	0.00	0.17	0.00	2.67	13.48	3.80
陕　西	1.63	3.04	2.08	4.48	1.23	3.87	50.29	2.37
甘　肃	2.29	7.77	3.56	7.03	1.99	3.91	53.72	15.97
青　海	0.04	0.06	0.06	0.07	0.07	0.03	3.20	0.01
宁　夏	0.15	0.37	0.10	3.57	0.21	0.16	9.93	0.29
新　疆	2.62	3.64	1.66	3.26	1.76	2.23	17.72	1.05
新疆兵团	1.30	2.30	1.00	1.20	0.80	0.40	1.60	0.60

各地区农业机械事故情况表

地　区	一、事故次数					二、事故损失		
	事故合计	其中： 1. 一般事故	2. 较大事故	3. 重大事故	4. 特别重大事故	1. 死亡人数	2. 受伤人数	3. 直接经济损失
	次	次	次	次	次	人	人	万元
全　国	2091	2089	2	0	0	692	943	2240.64
北　京	25	25	0	0	0	1	5	83.94
天　津	24	24	0	0	0	4	18	49.83
河　北	60	60	0	0	0	43	26	159.10
山　西	23	23	0	0	0	16	11	22.41
内蒙古	19	19	0	0	0	3	7	23.21
辽　宁	27	27	0	0	0	23	8	98.70
吉　林	17	17	0	0	0	1	18	10.19
黑龙江	33	33	0	0	0	35	1	14.50
上　海	13	13	0	0	0	1	3	5.07
江　苏	187	187	0	0	0	61	120	158.03
浙　江	23	23	0	0	0	18	9	17.83
安　徽	83	83	0	0	0	15	42	96.69
福　建	56	55	1	0	0	40	26	102.81
江　西	19	19	0	0	0	4	14	24.09
山　东	227	227	0	0	0	56	120	180.66
河　南	139	139	0	0	0	68	52	337.43
湖　北	311	311	0	0	0	31	110	271.09
湖　南	73	73	0	0	0	26	58	220.69
广　东	2	2	0	0	0	0	2	8.95
广　西	29	29	0	0	0	29	2	2.69
海　南	4	4	0	0	0	4	1	0.00
重　庆	8	8	0	0	0	6	3	7.16
四　川	48	48	0	0	0	42	14	74.45
贵　州	11	11	0	0	0	5	6	32.00
云　南	58	57	1	0	0	48	25	81.64
西　藏	0	0	0	0	0	0	0	0.00
陕　西	330	330	0	0	0	17	60	91.75
甘　肃	89	89	0	0	0	13	89	26.48
青　海	26	26	0	0	0	24	12	15.73
宁　夏	6	6	0	0	0	2	5	2.00
新　疆	121	121	0	0	0	56	76	21.52

续表

地区	三、事故原因								
	其中： 1. 无证驾驶	2. 酒后驾驶	3. 违法载人	4. 操作失误	5. 无牌行驶	6. 超载超速	7. 未年检	8. 机件失效	9. 其他
	次	次	次	次	次	次	次	次	次
全　　国	770	9	107	1096	495	115	704	123	410
北　　京	3	0	0	24	3	0	3	0	1
天　　津	12	0	0	8	2	0	2	0	3
河　　北	46	2	2	14	38	3	43	0	4
山　　西	10	1	2	6	7	0	13	1	6
内 蒙 古	15	0	1	7	13	0	14	0	1
辽　　宁	17	0	1	7	10	2	19	2	4
吉　　林	10	0	1	6	7	0	10	0	1
黑 龙 江	9	2	3	15	8	0	7	2	3
上　　海	0	0	0	10	0	0	0	0	3
江　　苏	100	1	3	74	82	15	102	11	37
浙　　江	3	0	0	6	2	1	1	1	14
安　　徽	41	0	1	35	30	3	38	3	9
福　　建	19	0	2	16	4	5	21	1	19
江　　西	9	0	0	12	8	1	11	3	0
山　　东	114	0	58	132	61	42	111	43	67
河　　南	99	1	2	67	54	3	70	1	26
湖　　北	54	0	4	204	33	17	57	15	66
湖　　南	19	1	3	45	7	2	20	7	17
广　　东	2	0	0	1	1	0	2	0	0
广　　西	16	0	5	17	9	1	6	0	0
海　　南	2	0	1	4	1	1	1	0	1
重　　庆	4	0	0	6	1	0	4	0	2
四　　川	20	0	0	23	15	2	16	4	0
贵　　州	9	0	0	3	8	0	9	0	2
云　　南	23	1	5	18	13	2	19	3	11
西　　藏	0	0	0	0	0	0	0	0	0
陕　　西	13	0	3	233	8	0	17	8	80
甘　　肃	23	0	1	28	19	0	22	1	5
青　　海	24	0	0	5	20	4	22	0	0
宁　　夏	6	0	0	4	4	0	6	0	0
新　　疆	48	0	9	66	27	11	38	17	28

续表

地　区	四、事故条件					
	其中：1. 驾龄3年以下的	2. 驾龄3年以上的	3. 发生在8:00－20:00之间的	4. 发生在20:00－8:00之间的	5. 晴天发生的	6. 雨雪雾天发生的
	次	次	次	次	次	次
全　国	910	1181	1649	442	1657	434
北　京	13	12	22	3	22	3
天　津	19	5	16	8	20	4
河　北	13	47	41	19	52	8
山　西	16	7	18	5	22	1
内蒙古	2	17	15	4	12	7
辽　宁	20	7	23	4	20	7
吉　林	15	2	7	10	12	5
黑龙江	21	12	30	3	27	6
上　海	9	4	10	3	13	0
江　苏	54	133	121	66	150	37
浙　江	20	3	17	6	15	8
安　徽	22	61	69	14	72	11
福　建	24	32	50	6	52	4
江　西	11	8	15	4	12	7
山　东	100	127	221	6	217	10
河　南	75	64	108	31	92	47
湖　北	60	251	246	65	270	41
湖　南	40	33	55	18	49	24
广　东	1	1	2	0	2	0
广　西	17	12	22	7	18	11
海　南	0	4	4	0	3	1
重　庆	6	2	8	0	8	0
四　川	29	19	37	11	32	16
贵　州	4	7	9	2	8	3
云　南	34	24	46	12	31	27
西　藏	0	0	0	0	0	0
陕　西	133	197	247	83	223	107
甘　肃	42	47	77	12	75	14
青　海	12	14	16	10	24	2
宁　夏	6	0	4	2	5	1
新　疆	92	29	93	28	99	22

其他统计资料

各地区农业机械化作业水平情况表

地　区	农作物耕种收综合机械化水平	机耕水平	机播水平	机收水平
	%	%	%	%
全　国	57.17	74.11	47.37	44.40
北　京	70.49	82.89	67.99	56.46
天　津	82.62	97.07	87.64	58.34
河　北	69.34	81.44	74.92	47.62
山　西	58.40	69.80	62.71	38.88
内蒙古	73.12	89.92	80.55	43.31
辽　宁	69.45	93.34	72.05	34.98
吉　林	69.63	86.21	81.11	36.03
黑龙江	88.99	98.80	94.00	70.90
上　海	57.67	99.75	14.16	45.08
江　苏	67.12	81.68	50.81	64.00
浙　江	57.11	84.49	13.83	63.88
安　徽	64.63	80.47	45.15	62.98
福　建	33.46	61.13	5.55	24.49
江　西	49.11	71.06	14.54	54.40
山　东	78.30	90.69	76.76	63.30
河　南	73.49	87.00	67.43	61.54
湖　北	45.81	68.63	17.52	43.65
湖　南	37.81	63.79	5.51	35.47
广　东	40.09	74.04	3.83	31.07
广　西	37.23	72.65	5.88	21.35
海　南	34.66	64.24	0.61	29.27
重　庆	33.05	74.13	3.60	7.74
四　川	40.96	72.75	15.23	24.31
贵　州	16.74	34.88	1.36	7.94
云　南	41.38	92.54	2.87	11.69
西　藏	56.11	59.73	58.02	49.37
陕　西	57.04	78.83	47.21	37.80
甘　肃	40.02	59.62	34.12	19.78
青　海	48.55	58.64	50.76	32.89
宁　夏	60.98	79.40	53.40	44.00
新　疆	81.06	98.24	91.91	47.32
新疆兵团	91.54	99.80	99.92	72.15

续表

地区	小麦				水稻			
	耕种收综合机械化水平(%)	机耕水平(%)	机播水平(%)	机收水平(%)	耕种收综合机械化水平(%)	机耕水平(%)	机械种植水平(%)	机收水平(%)
全国	93.21	98.90	86.52	92.32	68.82	93.29	31.67	73.35
北京	99.98	99.97	99.97	100.00	64.69	100.00	0.00	82.31
天津	96.71	99.82	95.54	93.71	81.60	96.58	66.22	76.99
河北	99.26	99.92	99.30	98.34	63.00	96.52	14.82	66.49
山西	88.99	91.92	87.87	86.22	48.63	80.69	0.00	54.51
内蒙古	95.13	97.13	96.21	91.38	86.36	99.89	71.71	82.86
辽宁	82.74	99.30	74.42	69.00	72.06	87.31	54.86	68.91
吉林	95.71	100.00	100.00	85.71	74.31	91.19	56.67	69.42
黑龙江	100.00	100.00	100.00	100.00	91.81	98.41	89.14	85.69
上海	76.08	100.00	20.31	99.94	80.44	100.00	36.02	98.79
江苏	91.32	95.15	81.78	95.75	90.13	99.52	71.76	95.97
浙江	71.60	99.18	6.55	99.88	69.08	94.56	19.62	84.55
安徽	95.91	98.60	89.92	98.30	75.45	99.72	25.34	93.21
福建	—	—	—	—	46.45	83.46	8.04	35.51
江西	29.59	49.53	7.60	25.00	59.45	84.50	17.50	68.02
山东	98.17	98.12	98.53	97.87	60.46	88.29	18.92	64.91
河南	97.28	98.42	96.09	96.94	64.67	87.09	21.72	77.75
湖北	81.58	97.58	52.95	88.85	78.67	99.97	34.12	94.82
湖南	25.53	41.58	2.38	27.28	59.16	90.21	10.22	66.71
广东	23.07	57.66	0.00	0.00	61.07	93.08	8.97	70.50
广西	—	—	—	—	57.66	90.90	12.77	58.23
海南	—	—	—	—	53.70	76.59	1.27	75.62
重庆	36.93	89.61	0.00	3.62	53.21	93.26	17.10	35.94
四川	38.30	64.88	14.30	26.87	45.29	72.52	7.91	46.46
贵州	10.81	25.52	1.25	0.75	43.03	85.32	4.91	24.76
云南	39.82	80.74	9.56	15.51	43.57	84.11	1.42	31.68
西藏	68.24	71.86	71.11	60.54	—	—	—	—
陕西	89.54	99.90	83.69	81.58	47.41	71.66	8.47	54.02
甘肃	69.69	92.14	61.43	48.00	5.00	5.00	5.00	5.00
青海	68.80	80.56	74.70	47.21	—	—	—	—
宁夏	91.12	99.00	92.97	78.78	91.52	97.22	79.23	96.21
新疆	98.08	99.79	99.16	94.73	75.91	99.60	39.93	80.30
新疆兵团	100.00	100.00	100.00	100.00	100.00	100.00	100.00	100.00

续表

地　区	玉米				大豆			
	耕种收综合机械化水平（%）	机耕水平（%）	机播水平（%）	机收水平（%）	耕种收综合机械化水平（%）	机耕水平（%）	机播水平（%）	机收水平（%）
全　国	74.95	93.79	82.30	42.47	63.20	68.56	63.96	55.30
北　京	90.70	98.73	97.05	73.65	42.94	66.23	46.14	8.69
天　津	84.00	99.64	90.16	56.97	67.35	76.52	72.64	49.83
河　北	78.11	93.22	92.56	43.51	56.11	91.83	53.18	11.42
山　西	70.88	88.95	80.48	37.20	25.32	35.75	25.70	11.02
内蒙古	68.93	88.00	84.86	27.55	78.78	79.93	87.91	68.13
辽　宁	73.87	99.98	88.12	24.83	59.98	81.62	71.24	19.87
吉　林	76.03	93.73	95.05	33.40	75.67	100.00	80.35	38.55
黑龙江	86.31	99.86	99.85	54.70	97.52	98.70	98.59	94.88
上　海	40.00	100.00	0.00	0.00	40.00	100.00	0.00	0.00
江　苏	65.94	96.35	47.58	43.76	29.50	53.70	14.40	12.33
浙　江	16.83	42.02	0.08	0.00	20.51	50.45	0.28	0.81
安　徽	59.67	57.76	77.91	43.96	53.43	37.58	67.36	60.63
福　建	—	—	—	—	—	—	—	—
江　西	4.36	9.62	1.21	0.49	4.56	11.39	0.00	0.00
山　东	92.07	98.38	94.83	80.92	37.55	51.54	40.75	15.72
河　南	75.30	83.05	81.92	58.34	41.90	22.16	61.29	48.84
湖　北	43.94	90.52	15.69	10.05	50.33	93.74	19.60	23.17
湖　南	3.91	9.29	0.09	0.57	3.39	8.48	0.00	0.01
广　东	25.79	64.48	0.00	0.00	16.22	40.56	0.00	0.00
广　西	19.97	49.85	0.00	0.11	12.73	31.08	0.00	0.00
海　南	6.37	15.93	0.00	0.00	0.71	1.76	0.00	0.00
重　庆	34.51	86.28	0.00	0.00	27.26	68.16	0.00	0.00
四　川	10.41	25.61	0.51	0.04	2.10	5.25	0.00	0.00
贵　州	7.41	18.43	0.09	0.04	1.34	3.34	0.00	0.00
云　南	20.63	50.98	0.43	0.37	0.01	0.03	0.00	0.00
西　藏	8.49	11.22	8.89	4.44	—	—	—	—
陕　西	70.85	99.78	65.86	37.28	10.00	15.82	8.76	3.47
甘　肃	42.67	71.62	32.81	13.94	25.85	39.24	28.64	5.34
青　海	38.06	60.96	35.48	10.09	—	—	—	—
宁　夏	78.12	99.30	87.99	40.00	—	—	—	—
新　疆	80.92	96.39	91.89	49.33	52.31	61.84	56.03	35.88
新疆兵团	100.00	100.00	100.00	100.00	100.00	100.00	100.00	100.00

续表

地区	油菜				马铃薯			
	耕种收综合机械化水平(%)	机耕水平(%)	机播水平(%)	机收水平(%)	耕种收综合机械化水平(%)	机耕水平(%)	机播水平(%)	机收水平(%)
全　国	35.44	65.05	14.51	16.88	34.20	54.71	21.42	19.64
北　京	33.62	83.22	1.12	0.00	40.12	96.62	3.38	1.54
天　津	—	—	—	—	—	—	—	—
河　北	56.98	85.16	51.79	24.60	67.34	95.03	53.93	43.84
山　西	42.39	72.78	44.28	0.00	71.70	92.21	56.48	59.56
内蒙古	89.48	87.95	94.69	86.31	72.68	91.00	68.53	52.40
辽　宁	—	—	—	—	54.74	87.97	18.46	46.71
吉　林	—	—	—	—	22.02	40.59	11.97	7.29
黑龙江	—	—	—	—	54.00	77.11	40.84	36.34
上　海	40.99	100.00	0.83	2.48	—	—	—	—
江　苏	33.05	64.03	9.68	15.10	9.89	24.64	0.05	0.05
浙　江	22.33	47.23	1.78	9.67	8.02	20.00	0.00	0.06
安　徽	34.40	68.31	7.48	16.09	18.05	43.36	2.34	0.00
福　建	—	—	—	—	12.61	31.21	0.04	0.37
江　西	14.39	28.34	5.23	4.95	5.72	9.52	5.45	0.94
山　东	15.34	23.97	10.60	8.58	63.36	93.00	30.84	56.35
河　南	39.90	68.76	24.96	16.34	64.09	100.00	4.57	75.74
湖　北	55.40	96.16	21.80	34.67	18.37	42.35	2.29	2.45
湖　南	38.89	85.73	3.49	11.85	1.32	3.29	0.00	0.00
广　东	36.99	84.88	10.14	0.00	34.31	78.80	2.92	6.37
广　西	0.00	0.00	0.00	0.00	38.70	96.76	0.00	0.00
海　南	—	—	—	—	—	—	—	—
重　庆	28.52	70.86	0.39	0.19	22.28	55.66	0.03	0.02
四　川	16.41	39.81	0.80	0.83	5.42	13.26	0.13	0.27
贵　州	7.92	19.08	0.53	0.43	2.25	5.00	0.23	0.60
云　南	19.92	48.35	0.64	1.31	10.67	26.62	0.02	0.05
西　藏	45.92	49.54	45.15	41.85	20.67	27.40	19.57	12.79
陕　西	15.51	33.68	5.45	1.34	—	—	—	—
甘　肃	28.52	44.35	24.36	11.57	27.67	50.39	14.83	10.17
青　海	51.57	64.94	54.21	31.12	19.41	34.33	10.44	8.50
宁　夏	—	—	—	—	56.52	85.05	40.00	35.00
新　疆	77.66	69.41	89.07	77.26	67.79	83.40	66.37	48.38
新疆兵团	100.00	100.00	100.00	100.00	94.32	100.00	100.00	81.07

续表

地区	花生				棉花			
	耕种收综合机械化水平(%)	机耕水平(%)	机播水平(%)	机收水平(%)	耕种收综合机械化水平(%)	机耕水平(%)	机播水平(%)	机收水平(%)
全国	46.06	66.74	38.50	26.04	59.59	95.72	62.75	8.26
北京	51.72	97.12	40.81	2.10	57.76	100.00	59.18	0.00
天津	75.43	96.43	96.43	26.43	66.68	96.30	93.88	0.00
河北	61.06	94.14	59.17	18.85	65.53	99.33	85.58	0.42
山西	17.43	36.85	0.22	8.74	48.17	74.18	61.65	0.00
内蒙古	—	—	—	—	71.00	100.00	100.00	3.33
辽宁	91.97	99.80	90.46	83.02	—	—	—	—
吉林	53.18	68.17	56.29	30.08	—	—	—	—
黑龙江	10.90	14.53	8.48	8.48	—	—	—	—
上海	—	—	—	—	—	—	—	—
江苏	35.14	78.47	10.28	2.22	30.63	76.35	0.30	0.00
浙江	5.91	14.77	0.00	0.00	13.70	34.24	0.00	0.00
安徽	39.52	75.46	23.22	7.92	23.28	58.01	0.24	0.00
福建	8.31	20.78	0.00	0.00	—	—	—	—
江西	6.19	11.16	1.87	3.90	2.75	6.86	0.00	0.00
山东	73.68	85.75	72.66	58.60	57.08	92.10	67.42	0.04
河南	47.27	58.04	51.07	29.13	36.87	78.09	18.78	0.00
湖北	18.78	42.26	5.89	0.38	38.86	95.12	2.64	0.06
湖南	4.57	11.00	0.55	0.00	26.56	65.47	0.51	0.74
广东	21.86	54.62	0.01	0.02	—	—	—	—
广西	28.11	70.27	0.00	0.00	0.00	0.00	0.00	0.00
海南	35.57	88.92	0.00	0.00	—	—	—	—
重庆	11.77	29.41	0.00	0.00	30.77	76.92	0.00	0.00
四川	5.66	14.14	0.00	0.00	1.75	4.38	0.00	0.00
贵州	3.06	7.64	0.00	0.00	0.00	0.00	0.00	0.00
云南	0.19	0.47	0.00	0.00	0.00	0.00	0.00	0.00
西藏	—	—	—	—	—	—	—	—
陕西	18.90	29.49	23.03	0.66	51.08	85.98	55.63	0.00
甘肃	—	—	—	—	60.20	81.90	82.26	9.21
青海	—	—	—	—	—	—	—	—
宁夏	—	—	—	—	—	—	—	—
新疆	74.35	91.98	69.08	56.11	67.79	95.19	95.56	3.49
新疆兵团	100.00	100.00	100.00	100.00	87.64	100.00	100.00	58.79

全国农机工业统计资料摘要

项目	计量单位	2012年	2011年	2012年比2011年增减	
				增减量	%
工业总产值(现价)	千元	338240136	289817252	48422884	16.71
工业销售产值	千元	330997077	282926277	48070800	16.99
出口交货值	千元	29061518	21140881	7920637	37.47
大中型拖拉机(25马力以上)	台	463270	460539	2731	0.59
小型拖拉机	台	1787168	2375913	-588745	-24.78
发动机	千瓦	1496534311	1369664851	126869460	9.26
收获机械	台	1114286	1062331	51955	4.89
其中:谷物收获机械	台	299533	345925	-46392	-13.41
玉米收获机械	台	100574	52714	47860	90.79
收获后处理机械	台	429907	322298	107609	33.39
农产品初加工机械	台	1677543	1176641	500902	42.57
饲料生产专用设备	台	498198	398770	99428	24.93
棉花加工机械	台	32578	49542	-16964	-34.24
泵	台	85020267	97390023	-12369756	-12.70

数据说明:此表中数据是国家统计局采集的部分农机制造企业的统计数据,由中国农机流通协会提供。

农机社团组织

中国农业机械化协会

【概况】 2012年，在农业部和各级领导关怀与大力支持下，中国农业机械化协会围绕农业部重点工作，将工作重心从自身建设转至以开展活动为主要任务，在进行基础建设的同时，按照年度工作目标，提升服务水平，积极开展活动。

【组织主题交流活动，谋求行业长远发展】 2012年，中国农业机械化协会结合形势和行业需求，以宣传和贯彻国家农机化政策，推动行业技术交流，引导农机化行业发展方向为主旨，主办"2012中国农机化协会新春讲坛"、"2012设施农业装备技术演示及专题报告会"、"全国油菜种植机械现场演示暨技术应用讲坛"等活动。通过农机主管部门、各行业专家学者演讲、与听众交流互动等方式，以宏观角度对当前农业农村经济形势、农业机械购置补贴政策进行介绍；针对当前我国产业实际和国际发展趋势，结合生产过程中的节本增效、节能环保要求，对生产中重要环节的关键技术应用的社会意义等多个方面进行分析和探讨。从行业战略发展，产品推广应用、技术信息交流等方面对农机化行业发展起到引领推动作用。

2012年10月，为提高鉴定检测行业整体技术水平、检测能力和人员素质，中国农业机械化协会组织农机鉴定系统开展第十二次实验室间能力比对活动。全国共有23个(70%)省级农机鉴定站或专业站分别参加为期30天的拖拉机驾驶员全身振动能力比对和饲料粉碎机检测能力比对活动，比对结果为满意。进一步促进鉴定系统在该产品检测过程的规范化和人员技能素质的提高，也为国家对实验室评审检测机构能力提供依据。

【举办演示活动，推进机械化技术薄弱环节发展】 为贯彻落实中央一号文件和农业部"农业科技年"精神，推进农业机械科技创新和进步，强化农业机械化在农业现代化中的科技支撑作用，2012年，中国农业机械协会组织农业机械化适用技术和装备，特别是国际先进、国内急需新技术和产品的展示和演示活动。

根据农业部部署和要求，中国农业机械协会在北京设施农业基地和湖北武穴市油菜机械化示范县，举办"设施农业"和"油菜种植移栽机械"两场现场演示会。全国80多家农机生产与经销企业展示300多台套先进适用的设施农业装备和农业机械。相关省、市、地、县农机管理机构、科研、推广、鉴定部门，全国18个省设施农业示范县、11个油菜生产省的70多个油菜机械化生产示范县的代表、相关企业、农机专业合作社代表、两地当地农民等超过1 000多人(北京430多人，湖北武穴600多人)参加现场演示活动。通过展示设施农业和油菜移栽、播种、收获等新机具产品，现场观摩机具作业演示，让与会人员能更加直观地了解到机具性能和作业效果；促进行业相关的产、学、研各部门的技术学习交流，对加快农机农艺融合将发挥示范带动效应，推进薄弱环节农机化技术的发展。

在北京、湖北武穴现场会期间，还举办技术应用讲坛，通过组织有关专家、专业研究领域的院士、学者，结合新的研究成果和生产实际调研及经济分析报告，对当前我国设施农业及油菜生产机械化技术的选择和发展方向，进行系统阐述，并比较现状和按照节本增效、生态保护、有利于生产过程机械化发展要求的新技术路线的利与弊，在促进农机农艺融合方面产生积极影响。

【积极开展国际交流活动】 为加强农业机械化国际交流与合作，促进我国农业机械化深入发展，2012年，中国农业机械化协会积极搭建国际交流平台，举办中外农机领域的技术交流活动，组织国内农业机械化行业有关单位有针对性的出国观展、交流座谈和考察。2012年共组织3次约40人赴德国、意大利、美国、加拿大、以色列、俄罗斯等国家进行农业机械行业的交流活动，实地考察国外农业机械先进技术和装备、了解发达国家设施农业、节水微滴灌、农用航空应用等方面新技术的发展趋势；与国外相关协会、机构组织进行交流座谈，学习、借鉴国外协会、机构运作模式和先进管理经验，促进中外农业机械技术和理念相互学习、相互交流。

协会还首次组织赴台湾农业机械化交流团，开拓海峡两岸农业机械化方面的交流渠道。通过与台湾农业机械科研院所、农业机械工业同业公会座谈、参观考察植保机械和粮食加工生产企业、农会等，促进海峡两岸农业机械化领域互动交流和共同发展。

【活跃农业机械化行业文化，建设农业机械化行业精神文明】 一是在农业机械化管理司大力支持下，中国农业机械化协会和山西省农机局共同举办“第二届全国农机摄影大赛”。共收到全国各省（市、区）参赛摄影作品2 000余幅。其中遴选出132幅优秀作品参加“2012年第十二届平遥国际摄影大展”，共吸引国内外30 000余人次观展，日均人流量达到5 000余人，并在“2012年中国国际农业机械展览会”（沈阳）上开辟专门展位进行展示。大赛是贯彻落实《中共中央关于深化文化体制改革、推动社会主义文化大发展大繁荣若干重大问题的决定》的一项重要举措，对促进农业机械化事业实现跨越式发展具有积极作用。二是与《中国农机化导报》联合组织“2012年全国农机化十大新闻”评选。十大新闻的评选，在宣传每年度农业机械化标志性事件和发展亮点同时，展示农业机械化发展过程中取得的成就。

【承担行业有关项目，发挥决策辅助作用】 2012年，中国农业机械化协会积极组织实施农业机械化管理司安排的农用航空发展情况调研分析及研讨座谈调研项目。到地方农用航空站进行实地调查，了解当前农用航空发展现状和存在的问题；编制调研提纲，组织相关地方部门配合进行调研，收集整理各方面意见和建议。另外还组织开展“中国农机合作社”标志征集活动，共收到50余幅投稿作品。农机合作社的标志建设，对提高社会对农机化服务组织的关注度，增强社会各界对我国农机合作社的认识和支持，同时进一步推动农机合作社建设，打造农机作业服务品牌起到积极促进作用。

【努力提升协会服务水平】 中国农业机械化协会一直把强化自身建设作为发展基石，在开展各项活动同时，坚持夯实组织建设基础。2012年，主要做好四个方面的工作。一是按照章程规定召开一届二次理事会、一届三次常务理事会，审议新增、变更的副会长、理事及会员，研究协会发展方向，确定发展战略和目标，为协会开展年度各项工作奠定基础。二是推进分会建设，扩大协会影响。按照一届二次理事会通过成立农业机械鉴定检测、农业机械科技、农业机械专业服务组织、农用航空分会的决议，经过协会秘书处积极汇报，各方协调，按照规定程序，在协会、各分会筹备工作人员共同努力下，通过了负责人变更、业务范围调整等在分会挂靠单位属地民政部门的审批。特别是农用航空分会因涉及我国民航领域，在农业部大力支持下，几经沟通，最终上报国家民政部获得批准。四个分会成立后有助于协会细化行业活动分工，加大活动范围、内容和力度，更好地引领农业机械化发展。三是协助推动省级农业机械化协会建设步伐，积极提供信息咨询和指导。在农业机械化事业大发展形势下，地方纷纷成立省级农业机械化协会。中国农业机械化协会利用山东农业机械化协会成立的契机，适时举办全国农业机械化协会工作交流会，邀请农业部农业机械化管理司和部分省农机管理部门领导、已成立的省级农业机械化协会代表，就如何开展协会工作，充分发挥协会作用，加强合作，整合资源等方面进行深入探讨。四是做好协会日常工作。按时、高质量报送材料，顺利通过民政部对协会年审。积极争取协会免税政策，提高协会经费使用效率。协会会费、外部捐赠款等项获得北京市财政部门审批，免交税费。

【坚持搞好与兄弟协会的协调协作】 2012年，由中国农业机械工业协会、中国农业机械流通协会分别牵头，三家协会在湖南省长沙市、辽宁省沈阳市共同举办“全国农业机械展览会”和“中国国际农业机械展览会”。中国农业机械化协会积极配合做好两个农业机械展览会的招展、招商和接待工作。积极参与各项配套活动，如展会新产品的推荐、评选，招展预备会、发送展会通知，邀请各省相关单位和部门领导等等。协会还派员参与展会前期展场准备工作，展会开幕前，协会全体人员均参与到展会各项接待和准备工作中。

【积极提供信息，为行业为会员服务】 2012年，中国农业机械化协会继续每月给会员（单位）免费寄送《农机质量与监督》杂志和年度《全国农机化统计资料简明手册》，共发放2 158册。为会员提供了解农机政策、产品质量、科研开发等方面信息。详细答复会员要了解的信息和情况，或沟通、联系相关部门，帮助会员解决问题；了解会员诉求和对协会发展建设意见等。

（陈海燕）

中国农业机械学会

【概况】 2012年，中国农业机械学会以贯彻落实科学发展观、坚持创新发展为基本思路，以“三服务一加强”为工作定位，紧密配合政府对农机化工作的总体部署，认真做好大型学术年会的筹组举办、开展丰富的学术交流活动、组织好第三届学会青年科技奖的评选表彰工作、进一步加强学会自身建设、做好国际科技合作交流和学术期刊的编辑出版等重点工作。2012年，中国农业机械学会开展活动较多，内容和形式较丰富，体现学术交流品牌化、注重加强组织建设、人才举荐影响力日趋加大、推进国际科技合作交流、切实办好中英文学术期刊、学术交流丰富多彩的工作特色，取得了较大的工作成绩。

【举办2012国际学术年会】 以“创新·共赢·发展”为主题的“2012中国农业机械学会国际学术年会”于2012年10月28—30日在杭州隆重举行。大会由中国农业机械学会主办，浙江大学、中国农机院联合承办，得到亚洲农业工程学会（AAAE）、国际农业与生物系统工程学会（CIGR）、美国农业与生物工程师学会（ASABE）、海外华人农业生物工程师学会（AOCABFE）的特别支持，浙江省农机局、浙江省农业工程学会、浙江省农机学会共同协办，得到福田雷沃国际重工股份有限公司、中国一拖集团有限公司和浙江利欧股份有限公司的赞助支持。来自16个国家近700位专家和科技人员参加大会，有来自本行业的科研单位、大专院校和政府部门，也有来自制造企业和流通部门，还有来自农机监理和管理单位，不仅有省市一级单位，更有来自县级基层单位人员；还有农业种植及专利管理部门的人员。

大会上，农业部农业机械化管理司司长宗锦耀围绕《我国农业机械化发展形势与对策》，CIGR主席Fedro Zazueta教授就《信息通讯技术在教育中的应用：改变我们的学习、工作和娱乐方式》，汪懋华院士就《创新驱动，服务现代农业装备与机械化持续发展》，任露泉院士针对《仿生学与科技可续创新》，ASABE候任主席Lalit Verma教授就《农业与生物工程：促进地球与人的健康》，蒋亦元院士针对《拖拉机变速箱的差距与推进重点》，CIGR候任主席Da - wen Sun教授围绕《高光谱成像技术在农产品和食品质量和安全评估及检测中的应用进展》，陈志研究员就《玉米收获技术的新探索》，李树君研究员围绕《中国农业工程国际化进程》，CIGR前任主席SΦren Pedersen教授就《畜禽舍环境——以畜禽产热量为基础的通风设备尺寸设计》，应义斌教授就《浙江大学精准农业技术和智能装备研究进展》分别作主题学术报告，受到与会者热烈欢迎。

会议还举行中国农业机械学会15个分科分会等单位联合组织的14个分会场的专题交流，约有150位学者作学术演讲，约660人参加相关分组学术讨论。其中第1分会场为"国际农业合作论坛"，第2～14分会场为国内分会场，研讨主题分别为：智能农业装备关键技术创新研究，小麦联合收获机的现状与发展方向，地面机器和农机教育的持续创新，生物质能科技创新促进可再生能源发展，科技引领畜牧业装备创新，农用动力与传动、液压高端装备现状及发展，科技创新提升农机化水平，农业全程机械化生产模式探索与创新，现代农业装备产业科技发展青年论坛，农机新材料与先进制造技术的应用，创新农机监理机制、保障农机安全生产，绿色、智能、创新、跨越，农业装备信息化和智能化科技创新。

大会闭幕式上，中国农业机械学会向刘天舒等10名青年科技工作者颁发"雷沃杯中国农业机械学会第三届青年科技奖"。理事长罗锡文在闭幕词中对会议，特别是14个专题分会场的学术交流进行总结。

【与中国农业大学等联合主办"2012农业与生物系统工程科技创新发展战略国际论坛"】 由中国农业大学和中国农业机械学会等联合主办的"2012农业与生物系统工程科技创新发展战略国际论坛"于2012年11月9—10日在北京举行。来自10多个国家的200余位专家参加本次论坛。中国农业机械学会理事长罗锡文、秘书长李树君等出席会议。理事长罗锡文代表组委会致开幕词，受大会邀请，秘书长李树君以"中国农机装备发展与展望"为主题，围绕中国农业装备发展现状和趋势、中国农业工程行业国际化及合作交流情况等做大会学术报告。副理事长张咸胜代表学会致辞。

论坛适逢中国改革开放以来我国农业工程学科发展承前启后的开拓者之一，中国工程院院士、国际欧亚科学院院士、国际农业与生物系统工程学会会士、中国农机学会名誉理事长汪懋华教授从事农业工程事业60年暨80华诞。汪懋华院士结合近60年来有关农业工程科技发展研究和探索实践，做关于"中国农业与生物系统工程科技创新驱动发展的战略思考"的主题学术报告。14位国内外农业工程著名专家受邀做大会学术报告，围绕"信息、通信和物联网技术在农业中的应用"，"精细农业实践与未来农业发展"，论坛还进行开放性专题讨论。

【国际合作与交流内容丰富】 2012年，中国农业机械学会国际合作部作为学会主管对外技术合作和学术交流的部门，在努力确保学会国际交流稳步进展的同时，也为学会及各分会开拓海外发展空间、引进技术设备、开展和组织国际合作项目、实施走出去战略做大量管理和服务工作。2012年，学会共接待来访外宾18个团组，其中来自美国、日本、加拿大、博茨瓦纳等18个国家共84人次。学会共派出研究员、工程师约180余人赴美国、澳大利亚、越南、意大利等21个国家进行学术交流、合作洽谈，共计25个出访团组。共承办援外技术培训项目6期，共有来自40个国家的144名学员参加培训。培训对象的层次和身份结构朝着多元化方向发展。

2012年，学会特别注重国际学术交流，在华主办、协办和赴外参加的较有影响的国际学术会议共10个，主要包括：主办"2012中国农业机械学会国际学术年会"；组团参加在西班牙举办的2012国际农业工程大会，汇报宣传2014年CIGR第十八届世界大会；组团赴澳大利亚参加第十五届精准农业国际研讨会；组团赴南非参加第七届CIGR国际专题技术研讨会暨第二届采后技术与质量管理国际大会；组团赴泰国参加第一届国际水稻机械大会等。

国际期刊编辑工作也取得较大成效。2012年共出版《国际农业与生物系统工程学会期刊》(CIGR Journal)五期，发表学术论文110篇。CIGR主席对编辑部做出的努力给予极高评价，赞许CIGR期刊编辑工作已进入专业编辑的轨道，为CIGR期刊做出里程碑式的贡献。此外出版《国际农业工程学报》(IAEJ)四期，发表学术论文26篇。

另外，为保证2014年CIGR世界大会的成功举办，学会多次主持召开筹备工作会议，草拟大会组委会、学术委员会、秘书处等名单，大会日程草案，草拟并印制大会二轮通知，并在积极建设大会官方网站，已初步形成筹备工作框架。学会邀请CIGR主席团来京考察会议地点并组织召开大会筹备工作会议等。

【分支机构开展丰富的学术交流活动】 围绕行业普遍关注的热点问题和各自专业特点，中国农业机械学会绝大多数分支机构都以承办年会分会场、专门组织研讨会和论坛、学术讲座、协办国际会议等方式，开展内容丰富、形式多样的学术交流活动。除年会分会场外，单独举办的活动包括10月在江苏常州举办的"2012拖拉机、农用车、农用发动机行业发展研讨会"、8月在内蒙古鄂尔多斯市举办的"中国农机学会农机维修分会第十五次全国农机维修学术会议"、6月在成都举办的"第三届全国现代物理农业工程技术发展研讨会"等。2012年度开展学术交流活动的分支机构包括：耕作机械分会、收获加工机械分会、农副产品加工机械分会、地面机器系统分会、能源动力分会、畜牧机械分会、拖拉机分会、农垦农机化分会、农机化分会、普及工作委员会、教育工作委员会、青年工作委员会、标准化分会、农机维修分会、材料与制造分会、农机监理分会、基础技术分会17个机构。其中学会农机化分会每年举办的"中国农业机械化论坛"、拖拉机分会每年举办的"拖拉机、农用车、农用发动机行业发展研讨会"已成为该专业领域的品牌性活动,得到广泛认可。

【认真做好学会组织建设工作】 一是分支机构换届。按照学会章程规定的任期,2012 年学会相关分支机构陆续届满应按时换届。按照民主推荐分支机构新任委员和负责人、学会常务理事会审议批复、召开换届会议的规范程序,截至 2012 年底,先后有农副产品加工机械分会、能源动力机械分会、畜牧机械分会、农垦农机化分会、教育工作委员会、标准化分会、材料与制造技术分会和基础技术分会等 8 个分支机构陆续召开会议顺利完成换届工作。二是审核通过分支机构管理办法。经过 2012 年召开的两次常务理事会议审议,历经两年、先后在学会常务理事会议、理事会议和分支机构负责人范围内广泛征求意见的《中国农业机械学会分支机构管理办法》最终审核通过。三是其他组织建设工作。根据相关规定,学会 2012 年分别召开九届三次、九届五次常务理事会议和九届四次常务理事通讯会议,对涉及学会工作总结和计划、分会换届方案、管理办法、学术年会方案和召开、五十周年纪念活动方案,以及学会提升能力项目申报等学会重大事项进行民主协商、集体决策。

同时,中国农业机械学会认真做好中国科协布置的各项工作,受到中国科学技术协会的表彰和奖励。2012 年度,学会党支部在全国学会"党建强会"特色活动中获得特色活动组织奖,秘书处袁爱洁同志获《中国科学技术协会年鉴(2012 卷)》优秀撰稿人光荣称号,张亚静同志获全国学会优秀党建通讯员的光荣称号;在 2012 年度全国学会统计工作中,学会以较好的完成情况和较高的综合评分荣获一等奖,受到中国科学技术协会的书面表彰。

另外,中国农业机械学会重视并做好宣传工作,及时将学会活动在科协网站、学会网站、农机院网站及《农业机械学报》期刊上进行宣传。2012 年在学会网站共发布各类通知、报道等共计 40 余篇,其中国内学术交流 31 篇,国际学术交流 8 篇,党建强会活动 2 篇;在农机院网站发布相关新闻 8 篇,在《中国农机人》上刊登学会年会专题报道;向科协网站报送新闻并发布 4 篇;在《农业机械学报》11 期刊登"2012 中国农业机械学会国际学术年会"的彩页专题宣传报道等。

【扎实做好表彰举荐人才工作】 一是开展中国农业机械学会青年科技奖评选表彰。2012 年开展"雷沃杯中国农业机械学会第三届青年科技奖"的评选表彰工作,刘天舒、阳绪英、刘燕德、陈全胜、李建启、林亚玲、苑进、郑炫、赵春花、徐惠荣等 10 名青年科技工作者获得表彰。在坚持业绩第一的标准下,本届获奖人员单位类别包括农机行业的高等院校、科研院所、推广应用和制造企业。二是推荐全国优秀科技工作者。按照中国科学技术协会部署,中国农业机械学会经过会员单位推荐、评委推荐、常务理事会审定并公示等环节,推荐李树君、袁寿其两位同志当选中国科学技术协会评选的"全国优秀科技工作者"。

【学报编辑出版工作信息化取得成效】 2012 年,按照《农业机械学报》的办刊宗旨和专业范围,中国农业机械学会一直秉持通过初审严格控制稿件数量和质量,并兼顾论文的专业范围、学术创新性、论文完整性和其他因素等;严格执行双盲审制度,依靠审稿专家学术把关;利用"科技期刊学术不端行为检测系统"对所有来稿刊出前多次网上查重,杜绝论文重复发表,通过各种手段,将学术不端行为发生的机率降至最低的原则。2012 年收到投稿 2 288 篇,送来自近 100 个高校和科研机构的 300 多位同行专家评审 1 059 篇,通过量 550 余篇,来稿录用率 25%。按时出版 12 期刊,配合学会年会出版增刊 1 期,共刊出论文 588 篇,全年共完成编辑加工量达 680 万字,比上年增加 10%。出版时滞缩短为 9 个月,30% 的稿件能够在半年内刊出。所发表论文全部被 EI 检索。2012 年中国科技论文统计结果发布的最新数据显示,《农业机械学报》的各项评价指标有了较大提高:影响因子 0.861,比上年提高 8.58%;被引频次 2 941,比上年提高 14.84%;基金论文比 95%,比上年提高 1 个百分点;他引率 74%,比上年提高 5 个百分点;在农业工程类 13 种期刊中综合排名居第 3 位,比上年上升一位。

【农机科普活动】 2012 年,中国农业机械学会普及工作委员会结合挂靠单位实际情况,开展全国农机科普活动、"农机精神"表述语征集,第 5 届全国农机用户满意品牌评选活动的前期准备,并组团参观意大利博洛尼亚农机展,在 2012 年中国国际农机展会上利用《农业机械》杂志、第一农机网和第一农机短信平台宣传行业政策,服务行业企业及农民。

2012 年,普及工作委员会根据各地报上来 72 个单位的农机科普活动情况统计,2011 年 10 月到 2012 年 9 月,这些地区和单位开展农机科技培训、农机科技下乡、现场咨询以及现场演示观摩等科普活动 3 534 次,接受教育的农民人数达 263 万人次,编写教材和宣传资料 1 639万字,发放宣传资料 354 万份,推广和新增农机具 81.45 万台(套),推广新机具新技术作业面积 12 647.3 千公顷,培训师资 20 337 人次,培训机手和机工 25.56 万人次,培训农民 112.25 万人次。同时,在科普活动中,各地还完成多个科技项目,建设一批科技示范基地和示范户等。另外,普及工作委员会联合中国农机工业协会产品宣传委员会、农业机械杂志社,开展了"农机精神"表述语的征集。从 2012 年 3 月 18 日起,经过 6 个多月的征集,共收集到来自行业专家、企业家、农机经销商、推广服务部门及农民用户等 963 张表述语回执,共有 74 种表述语。最终确定"责任、创新、合作、实干"作为"农机精神"表述语。

(袁爱洁)

中国农业工程学会

【概况】 2012 年,中国农业工程学会在八届理事会领导下,以邓小平理论和"三个代表"重要思想为指导,全面贯彻落实科学发展观、胡锦涛总书记在中国科协成立 50 周年纪念大会上的重要讲话、习近平副主席在中国科协"八大"开幕式上的致辞，全面把握中国科协事业发展“十二五”规划的目标任务和重点工作，按照中国农业工程学会“十二五”规划提出的发展思路，紧密围绕国家经济建设大局及农业工程学科发展要求，积极开展学术交流、科学普及、期刊出版、人才举荐、会员服务等各项工作，助力我国新农村建设及现代农业发展；不断深化组织体制机制改革，完善自身建设，增强中国农业工程学会综合实力，推进学会工作全面发展。2012 年中国农业工程学会圆满完成各项工作任务，为社会主义新农村建设和现代农业发展做出积极贡献。

【召开中国农业工程学会第九次全国会员代表大会】 2012 年 12 月 23—24 日中国农业工程学会第九次全国会员代表大会在武汉隆重召开。会议由中国农业工程学会主办，湖北省农业工程学会、华中农业大学承办。出席大会的正式代表和列席代表共 220 余人。大会分为学术报告会及第九次全国会员代表大会工作会议两项议程。学术报告会围绕“农机农艺相结合”这一理念，邀请邓秀新、傅廷栋、汪懋华、康绍忠院士从各自研究领域出发，提出未来农业工程学科的发展方向，为与会代表提供工作研究新思路、新视角和新观点。朱明理事长作为十八大代表，作题为“增强农业工程科技创新的系统性、整体性和协同性，为现代农业建设提供有力的战略谋划和工程科技支撑”的报告。报告全面系统介绍十八大对农业发展提出的新要求，希望农业工程科技工作者继续搭建协同创新的农业科技创新大平台，实现“良田、良种、良法”，建立起“高产、优质、高效、生态、安全”的现代农业产业体系。

第九次全国会员代表大会的主要任务有：审议通过由朱明理事长代表八届理事会作的题为“团结奋进继往开来 推动学会工作迈上新台阶”工作报告及学会财务报告；修改并审议通过中国农业工程学会章程；选举产生中国农业工程学会第九届理事会及常务理事会，朱明同志任九届理事会理事长，罗锡文同志为常务副理事长，王铁良、刘旭、杜瑞成、李畅游、李树君、李瑞川、佟金、应义斌、汪春、张全国、陆华忠、赵春江、郧文聚、袁寿其、崔明、康绍忠、韩鲁佳等 17 位同志任副理事长，管小冬同志为秘书长，秦京光同志为常务副秘书长，聘任汪懋华、蒋亦元及李佩成院士为学会荣誉理事长；审议通过中国农业工程学会第九届专业（工作）委员会召集人名单；陈龙健等 12 人获中国农业工程学会第六届青年科技奖获奖者，张全国等 61 人获学会先进工作者，李洪文、尚书旗教授获全国优秀科技工作者，在大会上予以表彰。

【加强分支机构管理 完成各种日常管理】 2012 年，为适应中国农业工程学会发展新形势，学会废止原有分支机构管理条例，审议通过《中国农业工程学会分支机构管理办法》，管理办法对分支机构成立、换届、负责人竞聘等各项工作都做明确规定，有效保证分支机构管理的规范化和畅通性。

依据学会章程，按时组织召开理事会、常务理事会和学会工作会议，及时通报和决策学会工作。大部分理事能积极参加活动并缴纳会费。完成社团年检、组织机构代码登记及分支机构登记等有关事项。协助所属期刊完成各种年检手续。自筹资金保证学会网站的正常运转。加强学会信息化建设及新闻报道，增加期刊论文显示度。

【服务会员 开展会员日活动】 一是全年出版会讯 4 期，《国际农业工程学会会讯（中文版）》3 期。二是举办 2012 年中国科协会员活动日乒乓球比赛。与中国铁道学会、中国公路学会、中国体育科学学会合作主办 2012 年中国科协会员活动日乒乓球比赛，比赛于 2012 年 11 月 24—25 日在北京召开，旨在提高科技人员身体素质，增强中国科协和全国学会的凝聚力和学会会员归属感，增进各全国学会、各省科协间的交流。

【评审与推荐】 完成中国科协全国优秀科技工作者、国家科技奖励项目推荐工作。面向会员开展中国农业工程学会第六届青年科技奖及学会先进工作者评选表彰活动，树典型，促发展。

【积极开展国内外学术交流活动】 2012 年中国农业工程学会共组织各类学术会议 12 次，全年共有 2 800 余人次参加学术交流活动，编辑出版论文集 6 本（册），其中 2 本被 EI 或 SCI 收录。

较之以往，2012 年学术会议数量居中，但交流质量得到大幅提升。12 次会议中，有国际组织来华召开国际大会 1 个（第 14 届国际田间试验机械化研讨会暨机械装备展览会）；学会大型品牌学术交流活动 1 个（第十届全国高等院校农业工程及相关学科建设与教学改革学术研讨会）；专业品牌学术交流活动 5 个，内容涉及农业工程学科水土、设施、特种水产、农业信息化、农产品加工贮藏等分支领域，参会人数均在 300 人以上，且均有外籍专家与会；参与协办由中国科协主办的种业科技创新与产业发展专家论坛；与中国畜牧兽医学会合作举办生态环境与畜牧业可持续发展学术研讨会；与中国农业大学、农业部规划设计研究院等单位合作主办业内知名专家汪懋华院士寿辰暨农业与生物系统工程科技创新发展战略国际论坛，与中国农业节水和农村供水技术协会合办第三届北京国际现代农业展览会暨 2012 中国高效节水灌溉技术与配套设备应用论坛，与青海省河南蒙古族自治县合办全国高原有机畜牧业产业发展论坛。

【召开第十届全国高等院校农业工程及相关学科建设与教学改革学术研讨会】

1992 年中国农业工程学会建立每隔两年召开全国高等农业院校农业工程相关及学科教学改革学术研讨会制度。2012 年 8 月 16—17 日，第十届全国高等院校农业工程及相关学科建设与教学改革学术研讨会在内蒙古农业大学召开。来自全国近 48 所高等院校及科研单位的 200 余名专家学者参加会议。与会专家围绕“凝练方向，加强建设，创新模式，促进发展”的大会主题，并根据农业工程学科二级学科的设置，分为农业机械化与装备工程组、农业电气化与信息化组、农业水土工程组、农业生物环境与能源工程和农业生物系统工程组 4 个分会场，围绕大会主题展开交流和讨论，对农业工程学科及人才队伍建设提出自己的意见和思考。在大会闭幕式上，与会代表民主投票选举产生下届会议承办单位新疆石河子大学。与会专家一致认为，农业现代化的发展对农业工程学科的设置及教学模式提出更高要求，农业工程学科建设与教学还需进一步强化，必须能够科学系统的服务于现代农业基础设施和装备条件建设。因此农业工程科技工作者要认真总结过去，深刻分析当前形势和存在的问题，在凝练学科方向方面要应对农业工程领域的国际竞争，跟踪国际前沿领域和学科发展科学问题，在创新团队和学术队伍建设方面要应对国际竞争力的提高和我国现代农业发展的需求，在国内外学术交流方面要保持和深化已有的全国性农业工程学科学术交流机制，保持并进一步加强高层次、实质性国际学术交流与合作，积极争取主办大型国际学术会议和研讨会，深化与国际著名或知名大学农业工程学科的合作与交流，通过以上努力把握良好机遇，将落脚点放在提高科技创新能力上，全面提升我国农业工程学科的综合实力。

【举行第14届国际田间试验机械化研讨会暨机械装备展览会】 2012年10月13—14日，国际田间试验机械化协会(IAMFE)、中国农业工程学会和农业部农业机械化技术开发推广总站联合主办，青岛农业大学和中国农业工程学会田间育种试验机械化专业委员会承办的第14届国际田间试验机械化研讨会暨机械装备展览会在青岛农业大学举行。作为国际田间试验机械化协会每4年召开一次的全球性国际学术交流会暨田间育种试验机具、种子检测仪器和加工设备展览会，来自世界11个国家和地区的育种及田间机械化领域的300多位专家学者参加本次大会，交流各自在田间育种试验及种子检测加工等方面的新设备、新技术、新经验及研究成果，来自国内外11家知名企业的田间试验(育种)机械和种子加工装备企业也展出并介绍各自公司的最新产品和技术。同时，会议决定，青岛农业大学尚书旗教授连任国际田间试验机械化协会(IAMFE)主席，协会总部自俄罗斯圣彼得堡国立农业大学迁至青岛农业大学。

【举行"生态环境与畜牧业可持续发展学术研讨会暨中国畜牧兽医学会2012年学术年会和第七届全国畜牧兽医青年科技工作者学术研讨会"】 2012年11月2—5日，由中国农业工程学会和中国畜牧兽医学会共同主办"生态环境与畜牧业可持续发展学术研讨会暨中国畜牧兽医学会2012年学术年会和第七届全国畜牧兽医青年科技工作者学术研讨会"在北京隆重举行。来自全国及海外畜牧兽医科研、教学、生产及相关领域的专家、学者、广大青年科技工作者、企业管理者等560余名代表参加大会。研讨会以"生态、环境与畜牧业可持续发展"为主题，安排12个大会报告，并围绕"畜舍环境与调控技术"、"畜牧工程装备技术"、"环境与动物健康"、"家畜健康养殖模式"、"畜牧业减排与废弃物资源化利用"、"饲料卫生与安全"、"家畜微生态与健康养殖"等专题开展两个半天的分会场交流。为进一步加强与会专家学者、企业管理者与青年学者间的互动交流，会议期间设置"付出与回报、才能与财富——谈做人之道"互动论坛和专家答疑互动论坛，交流互动热烈，反响很好。研讨会的成功召开对我国在维护生态安全的同时，实现畜牧业持续健康发展这一目标产生积极影响。

【启动"院士专家校园行"活动】 作为中国农业工程学会能力提升专项中推进青年人才队伍建设的一项重要工作，中国农业工程学会"院士专家校园行"活动于2012年12月正式启动。中国工程院院士，中国农业大学汪懋华教授受邀担任首讲嘉宾。华中农业大学工学院近百名青年学生聆听讲座。汪院士以自身经历为切入点，以"成长的回顾与发展的机遇"为主旨，通过回顾自己五十余年的农业工程学科学习研究生涯，讲述在科学研究中遇到的困难，得到的乐趣和取得的成就。随后，汪院士从国家发展大环境的高度上，对青年学生提出希望，希望青年同学能够关注国情，深入农村，以科学严谨、实事求是的精神、虚心向学、脚踏实地的态度，灵活运用所学的专业技术知识，从解决实际问题切入，开展科学研究及工作学习，为社会发展贡献自己的力量。讲座结束后进入互动环节，气氛非常热烈。同学们纷纷表示通过讲座，不仅全面了解我国农业工程学科发展的进程和现状，更被老先生在困难中乐观的生活态度，科研中执著的研究精神，平易近人，睿智幽默的科学家风范打动并由衷敬佩。

【认真做好期刊编辑出版工作】 2012年《农业工程学报》全年出版24期，再次入选"百种中国杰出学术期刊"，最新影响因子1.276，总被引频次7 871。学报在完成出版任务的同时，积极拓展建设自身能力。2012年获得中国科协科技期刊工程项目支持两项，分别为出版质量提升国际出版人才保障项目。按照项目要求，中国农业工程学会面向2009年以后发表的论文开展优秀论文评奖工作并给予奖励，同时加大论文英文摘要篇幅以及图表英文信息量，增加参量等的英文标注，使得论文成果更有易于在国际范围传播。积极贯彻"走出去，请进来"的编辑人才战略规划，加强期刊国际交流。通过编辑境外中长期高级访学研究，选派编辑参加本学科国际会议及境外培训，了解国际学科发展动态、学习办刊的模式，出版流程等先进的国际办刊经验，服务于学报自身发展。经过20余年努力，《农业工程学报》已成为学科领域优秀学术期刊之一，连续三年在本学科核心期刊中排名第一。

《国际农业与生物工程学报》(IJABE)在线出版4期。

【继续做好工程教育认证工作】 2011年中国农业工程学会成为中国工程教育认证协会发起单位。作为发起单位，2012年继续做好工程教育认证工作，为建立与注册工程师制度相衔接的工程教育专业认证体系，促进我国农业工程技术专业人才国际流动，实现学位互认贡献力量。

【继续做好学会国际交流工作】 2012年，中国农业工程学会积极联系业内专家，开展国际交流工作。学会专家参加国际农业工程2012国际大会，履行委员义务，并汇报中方筹备2014年国际农业工程学会世界大会的情况。同时，中国农业工程学会专家积极参加2012美国农业与生物工程师学会学术年会等多个国际会议，推动中国农业工程学会国际交流工作开展。

【主办科技展会——第三届北京现代农业展览会】 2012年6月28日"第三届北京国际现代农业展览会"在北京国际展览中心隆重召开。经过三年组织，现代农业展览会已在业内小有名气。本次展览会参展商200余家，展出面积近1万平方米，达成交易额9 150万元，促进了产学研用合作。

【出版《农业工程技术》科普杂志】 2012年出版《农业工程技术》36期，内容涉及温室园艺、农产品加工、新能源产业。

【传统与新兴方式相结合，面向农村社区开展科学普及活动】 2012 年，为贯彻落实中国科协资助实施的“学会重点科普活动”项目，中国农业工程学会以“农村安全饮水知识”为主题，从找水和取水新技术、饮用水的标准、饮用水处理技术、饮用水源保护与农村生活污水处理、农村饮水安全工程技术集成与示范应用五个方面，面向农村和社区群众展示宣传用水知识，提高农村安全饮水意识和节约保护水资源意识。

除开展学会重点科普活动外，学会继续承担中国科协繁荣科普创作资助计划项目，制作时长 20 分钟，内容为精准农业机械的科普动漫片，继续推动新兴技术在科普工作中的应用。

（管小东　武　耘）

机构与负责人

农业部农业机械化主管部门

【农业部农业机械化管理司】
司长:宗锦耀
巡视员:丁翔文
副司长:刘恒新　胡乐鸣
综合处
处长:姚春生
调研员:刘小伟
副处长:路玉彬
副调研员:吴迪
产业发展处
处长:王家忠
调研员:宋建武
副调研员:李伟
生产管理处
处长:李斯华
调研员(挂职):阿利亚·吾拉木
副处长:李庆东
科技教育处
处长:刘云泽
调研员:王国占
副处长:丁仕华
安全监理处
处长:范学民

农业机械化业务部门

【农业部农业机械试验鉴定总站(中国农机产品质量认证中心)】
站长、书记(主任):刘敏
党委副书记:国彩同
副站长(副主任):朱良　刘旭
副站长:李燕

【农业部农业机械化技术开发推广总站(农业部农机监理总站)】
站长:刘宪
副站长:郭建辉　涂志强　李安宁

【中国农机安全报社】
社长、总编辑:李耀辉
副社长:王建鹏　刘卓　陆海曙
业务总监:徐丹华

【农业部南京农业机械化研究所】
党委书记(主持工作):曹曙明
副所长:陈巧敏　梁建　胡志超

【中国农业机械化科学研究院】
院长、党委副书记:李树君
党委书记、副院长:李韵涛
财务总监:陈春熙
党委副书记、副院长:黄广春
副院长:方宪法　杨世昆　雷雨春　丁健

协　会

【中国农业机械化协会】
会长:张桃林
常务副会长:马世青
副会长、秘书长:刘敏
副秘书长:杨林　陈海燕　沈瀚

【中国农业机械工业协会】
名誉会长:高元恩
会长:陈志
执行副会长:范景龙　洪暹国　侯庆忠
秘书长:洪暹国
副秘书长:刘伟华　宁学贵

【中国农业机械流通协会】
会长、党委书记:毛洪
副会长:陈涛
常务副会长:王玉狮
党委副书记:陈阳
副会长、秘书长:吴军旗

地方农业机械化主管部门

【北京市农业局农业机械化管理处(北京市农业机械化管理办公室)】
农业局副局长:王振邦
处长:翟金津
副处长:罗福勤　宫少俊
副调研员:王雅红　梁井林

【天津市农村工作委员会农业机械管理办公室】
党委书记、主任:韦恩学
党委副书记:陶旭
副主任:胡伟　刘志伟
纪委书记:张顺义

【河北省农业机械化管理局】
局长:张连才
副局长:田继来　郭恒
调研员:王立华

【山西省农机局】
局长:左义河
副局长:姚建忠
副巡视员:许继光
副局长:张培增
总工程师:张乃晨
纪检组长:侯振全

【内蒙古自治区农牧业厅农牧业机械化管理局】
局长:王建江

副局长:郭跃　白巨财
副调研员:赵克勤　董林香

【辽宁省农业机械化管理局】
局长:张景山
副局长:曲平
副巡视员:李枫

【吉林省农业机械化管理局】
局长:成洪
副局长:翟延华　郑铁志
调研员:王延森　孔祥秋
副调研员:闫成林

【黑龙江省农业委员会农业机械化管理局】
局长:郑联邦
副局长:罗士刚

【上海市农业机械化管理办公室】
主任:施忠
副主任:彭友
副调研员:刘利光

【江苏省农业机械管理局】
局长、党组书记:徐顺年
副局长:王峰　王勇　王翠章
纪检组长、机关党委书记:景启坚
副局长:范伯仁
局党组成员:卓炜

【浙江省农业机械管理局】
局长:杨大海
调研员:蔡潮永
副局长:王天工　舒伟军

【安徽省农业机械管理局】
局长:刘绍太
副局长:余世铸　纵风云
纪检组长:江洪银
副局长:陈发明
调研员:程晓芬

【福建省农业机械管理局】
局长:高咸周
副局长:翁秋月　杨斌
副调研员:兰亨庭

【江西省农业机械化管理局】
局长:官少飞
常务副局长、总队长:陶其辉
副局长:万江华
副总队长:王乐青

副调研员:王立　颜浩

【山东省农业机械管理局】
局长:高明飞
副巡视员:侯英忠
副局长:韩永平
纪检组长:刘娜
副局长:战嘉波

【河南省农业机械管理局】
局长:张开伦
副巡视员:李明枝
副局长:程双进　王春贵
总工程师:朱星贤

【湖北省农机局】
局长:吴庆峰
副局长:周立明　皮少成
副巡视员:李传友

【湖南省农业机械管理局】
书记、局长:王罗方
副局长:文海波　王元宝
总工程师:汤绍武
纪检组长:涂文波
副局长:杨国成　黄育忠

【广东省农业厅农业机械化管理办公室】
主任:郑宏宣
副主任:黎映驰　刘亚平

【广西壮族自治区农业机械化管理局】
局长:黄铭福
副局长:李一洪　黄汉全　江垣德

【海南省农业机械化管理局】
农业厅副厅长:王晓桥
局长:石礼滨
副局长:肖峭
调研员:林道泽
副调研员:王槐蓬

【重庆市农机管理办公室】
市农委副主任、市农机办主任:秦大春
市农委副巡视员:邓光友
市农机办副主任:赵培江　杨昌华

【四川省农业厅　四川省农业机械管理局】
厅长:任永昌
副厅长:牟锦毅
总农艺师:潘海平
巡视员:刁学锋

【贵州省农业委员会农机化管理办公室】
省农委机关党委书记:徐成高
省农机办副主任:石瑜　方雷明

【云南省农业厅农业机械化管理处】
处长:可斌
副处长:杨耀云
副处级调研员:李飒　邱智银

【西藏自治区农牧厅农业机械化管理处】
厅总农艺师:潘旭春
厅办公室主任:林木
厅办公室副主任:扎西罗布

【陕西省农业机械管理局】
党委书记、局长:何存贵
副局长:马驰　段保群
副局长、总工程师:上官永

【甘肃省农业机械管理局】
局长:刘聚才
副局长:贾怀德　曹新惠

【青海省农牧机械管理局】
局长:李伟
副局长:何彦武

【宁夏回族自治区农牧厅农业机械化管理局】
局长:王林
副局长:杨少军
调研员:朱晓江　郭广生
副调研员:马琦

【新疆维吾尔自治区农业牧业机械管理局】
党组书记:贾立新
局长:木合塔尔·艾沙
副局长:欧新江
纪检组长:胡顺林
总工程师:裴新民
副局长:依米提·肉孜

【大连市农业机械化办公室】
市农委副主任:谷源蒂
市农机办主任:唐瑞超
市农机办调研员:张蓉
市农机办副主任:田伟

【宁波市农业机械化管理局】
局长:李强
副局长:张凤谦　张玉申　葛建平
巡视员:汪春阳　包菊美

副巡视员：毛荣华

【青岛市农业机械管理局】

局长：陈志颖

副局长：闫文圣　程兴谟　徐振峰

副巡视员：政佃祥　朱经凡

【厦门市农业局】

局长：洪春火

副局长：张友福

【新疆生产建设兵团农业机械化管理局】

局长：丁卫东

【黑龙江省农垦总局农业机械化管理局】

局长：李俊

副局长：冯舟

【广东省农垦总局】

副局长：吕林汉

大 事 记

中 央 篇

农业部农业机械化管理司

2011 年 12 月 5 日

农业部农业机械化管理司商科教司、种植业司确定北京市大兴区等 54 个县(市、农场、单位)为全国农机农艺技术融合示范区。示范区建设期限为 2012—2015 年。要求各地农业机械化主管部门密切与种植业、科教等部门合作,加强示范区建设工作领导和业务指导,积极整合项目,争取资金投入,确保取得成效。

12 月 14 日

农业部、国家安全监管总局联合公布 2011 年全国"平安农机"示范县名单,确定北京市延庆县等 107 个县(区、市)为 2011 年全国"平安农机"示范县(区、市)。

12 月 15 日

为规范农机安全检验工作,减少农业机械事故隐患,提高农业机械安全技术状态,预防和减少农业机械事故,保障人民生命财产安全,根据《农业机械安全监督管理条例》,农业部制定并公布《农业机械实地安全检验办法》。《办法》共分 4 章 23 条,包括总则、检验、管理和附则,自 2012 年 2 月 1 日起施行。

12 月 22—23 日

农业部农业机械化管理司在北京召开全国设施农业装备安全监管座谈会,总结交流设施农业安全监管专项治理工作情况。北京市、天津市等 14 个省(市)农业机械化主管部门及其农机监理机构共 40 余人参加会议。

12 月 29 日

全国农业机械化工作会议在北京召开。会议分析当前农业机械化发展形势,总结交流 2011 年农业机械化工作成效,研究推进农业机械化科技进步工作,部署 2012 年重点工作。农业部副部长张桃林出席会议并讲话,农业部农业机械化管理司司长宗锦耀作大会总结,各省、自治区、直辖市和计划单列市、新疆生产建设兵团、黑龙江省农垦总局农机管理部门的主要负责同志出席会议。会上,农业部农业机械化管理司与各省区市农机局签订 2012 年农机购置补贴政策实施工作责任书。

12 月 30 日

由中国农业机械化协会、中国农机化导报联合主办的 2011 年全国农业机械化十大新闻评选结果揭晓,"购机补贴政策实施 8 年,我国耕种收综合机械化水平增幅超过前 30 年,为粮食'八连增'提供强有力的装备支撑"、"各地各部门贯彻落实《国务院关于促进农业机械化和农机工业又好又快发展的意见》,政策性文件密集出台"、"农机农艺融合首次被写入国民经济和社会发展五年规划,推动农机农艺融合的工作机制初步形成"等新闻列入榜单。

12 月

2011 年全国共取消 30 家农机生产企业补贴资格,永久取消 22 家补贴经销商经营补贴产品的资格,对不法企业起到警示震慑作用。

2011 年农机购置补贴直接拉动农民和农业生产经营组织投入 409.7 亿元,促进了农机工业产销两旺。全年规模以上农机工业企业总产值(现值)达 2 898.2亿元,同比增长 33.74% 以上,农机工业总产值连续 5 年保持 20% 以上的增速。

2011 年全年累计发生在国家等级公路以外的农机事故 933 起,死亡 171 人,受伤 473 人,直接经济损失 821.4 万元。与 2010 年同期相比,死亡人数、受伤人数和直接经济损失分别下降 20.1%、8.5% 和 0.05%,事故起数上升 14.9%。全国农机事故死亡人数占全年控制考核指标的 80.7%,在总体控制考核指标进度目标以内。

2011 年全国拖拉机上牌率、持证率、检验率平均水平达到 47.64%,比 2010 年提高 2.43 个百分点。

2011 年全国农机质量投诉监督机构共受理质量投诉 2 207 件,处理完毕 2 187件,结案率 99.1%,为农机用户挽回直接经济损失 2 470 万元。

2012 年 1 月 6 日

农业部办公厅、财政部办公厅联合印发《2012 年农业机械购置补贴实施指导意见》,明确年度农机购置补贴实施的总体要求、实施范围及规模、补贴机具及补贴标准、补贴对象和经销商确定、补贴操作创新试点、工作要求及申报程序等。

1 月 8 日

农业部农业机械化管理司印发《关

于做好2012年农机春耕备耕工作的通知》，要求各级农业机械化主管部门切实加强组织领导，认真落实各项扶持政策，扎实开展技术服务，精心组织农机跨区作业，努力保障农机生产安全，保障春季农业生产顺利进行。

1月13日

农业部农业机械化管理司印发《关于贯彻落实农机安全监理惠农政策的通知》，要求各地贯彻落实好免费监理、政策性保险和免费实地安全检验等各项农机安全监理惠农政策，全面落实各级政府农业机械安全监督管理的责任，充分调动广大农民安全用机的积极性，进一步推动农业机械化安全发展。

1月18日

农业部农业机械化管理司制定印发《农业部农业机械化管理司2012年工作要点》，提出七个方面25项重点工作，明确任务分工和保障措施。

1月30日

农业部农业机械化管理司印发《2012年全国通用类农业机械中央财政资金最高补贴额一览表》，明确2012年全国通用类农业机械中央财政资金最高补贴额，要求各省级农业机械化主管部门抓紧启动2012年农机购置补贴工作。

2月10日

国务院安全生产委员会下达2012年全国安全生产控制指标，调整农业机械事故统计口径。2012年全国安全生产控制指标农机事故死亡人数在2011年1 047人的基础上下调至1 025人以内。

2月14日

农业部农业机械化管理司在北京召开全国农机购置补贴工作会议，总结近年来实施成效、做法和经验，部署下一步工作和农机购置补贴廉政风险防控工作，研究《农机购置补贴绩效管理工作考核办法》。

2月15日

农业部农业机械化管理司印发《全国农机安全监理"为民服务创先争优"示范窗口申报考评办法》，明确示范窗口创建的考评方式、考评内容、创建数量和考评时间安排。

2月15日

农业部农业机械化管理司印发通知，对农机事故统计报告和分析评估工作进行部署。要求各地高度重视，如实报告农机事故情况，深入分析事故原因，科学预测事故发生发展趋势，针对问题提出有效工作措施，努力促进农机安全生产形势持续稳定好转。

2月16日

农业部、财政部有关负责人就2012年农机购置补贴实施答记者问，围绕2012年实施农机购置补贴政策的总体要求、实施范围、资金规模、机具种类、补贴额确定、创新试点、监管举措等方面进行解答。

2月16日

农业部农业机械化管理司在广东省江门市举办2012年全国水稻育插秧机械化技术培训班，总结交流2011年水稻育插秧机械化工作，研究部署2012年工作重点和主要任务，开展水稻机械化育插秧技术培训，参观机械化育插秧作业现场。

3月1日

农业部、财政部、国家发展和改革委员会联合发布公告，公布《2012—2014年国家支持推广的农业机械产品目录》，1 422家企业的8 401个产品入选。

3月1日

农业部农业机械化管理司印发《全国农业机械化科技创新与推广行动方案》，提出围绕一个中心，加强两个融合，促进"三化"，突出四个着力的总体思路，明确四项主要任务和七项重点活动。

3月5日

农业部统一印制36万份2012年《联合收割机插秧机跨区作业证》（以下简称《作业证》），向符合资质条件的农机手免费发放。为做好《作业证》发放工作，农业部农业机械化管理司于3月5日印发通知，提出严格发放条件、实行免费发放、加强发放管理、做好登记备案、积极组织引导等五项要求。

3月6日

农业部农业机械化管理司印发通知，确定2012年补贴机具质量监管工作目标和工作重点。要求各地进一步健全农机质量监督管理体系，完善相关工作制度，力争全年农机质量投诉举报反馈率达到100%，重大农机质量投诉案件和上级督办案件查处率达到100%，农机手对补贴机具质量满意程度进一步提高。

3月8日

全国农业科技促进年——农业机械化科技创新与推广行动启动仪式在河南许昌市举行。

3月8日

农业部农业机械化管理司部署2012年开展玉米收获机械产品质量调查工作。调查对象包括我国玉米收获机销量前20家企业及其40个型号产品，调查内容包括产品的安全性、可靠性、适用性和售后服务状况等方面。

3月9日

农业部农业机械化管理司印发《2012年农机购置补贴政策落实监督检查工作方案》，结合补贴政策实施绩效考核，分时段采取专项督查、购机户抽查、创新试点评估等方式开展监督检查。重点检查补贴机具确定、补贴机具经销商管理办法落实、补贴操作方式创新试点、廉政风险防控机制建设和落实等10方面情况。

3月14日

农业部农业机械化管理司印发《关于深入开展农业机械化教育培训大行动的通知》，决定继续2012—2015年在全国开展农业机械化教育培训大行动。通过大行动，进一步创新体制机制，完善政策体系，加强农业机械化管理人才、科技人才和实用人才三支队伍建设，提升人才队伍的能力素质。

3月16日

农业部农业机械化管理司印发《2012年农机"安全生产年"活动工作方案》，要求各地以提高"上牌率、检验率、持证率"为重点，严格依法行政，排查事故隐患，有效预防农机事故。

3月19日

农业部农业机械化管理司印发《关于落实2012年农业机械化发展重大目标任务的通知》，对提高耕种收综合机械化水平、新增水稻机插秧面积、新增玉米机收面积、新增保护性耕作实施面积、培训新购机农民、提高拖拉机"三率"等农业机械化发展重大目标任务进行细化、分解，下达各省（区、市）分解指标。

3月21日

农业部农业机械化管理司研究部署农业机械化系统为农民办实事工作。2012年农业机械化系统承诺办理对100万新购置农机具的农民开展培训、帮助农民提高玉米收获机械化水平、向丘陵山区示范推广适用农机新技术等3件实事。

3月23日

农业部农业机械化管理司印发《关

于进一步规范农机购置补贴产品经营行为的通知》，进一步明确经销农机购置补贴产品企业的资质条件、确定程序、政策规定、纪律要求及违法违规行为的查处等，促进农机购置补贴政策规范、高效、廉洁实施。

3 月 27 日

农业部农业机械化管理司印发《2011 年农业机械化新闻宣传工作要点》，包括农机购置补贴政策实施情况、农业机械化科技创新与推广行动进展情况、重要农时农业机械化生产情况等 10 个方面，要求各地结合实际贯彻落实。

3 月 28 日

国家发展与改革委员会、农业部联合下达黑龙江垦区、新疆生产建设兵团 2012 年保护性耕作工程建设项目中央预算内投资计划 4 500 万元，支持 10 个团(场)建设保护性耕作工程示范基地。

3 月 28 日

农业部印发《关于下达 2012 年部门自身建设项目中央预算内投资计划的通知》，支持农业部农业机械试验鉴定总站实施老院区给排水及道路改造工程项目，安排投资 320 万元。

3 月 29 日

农业部农业机械化管理司会同财务司、农垦局、驻部纪检组监察局联合组织开展 2012 年农机购置补贴政策实施春季督导检查工作。派出 8 个检查组，采取随机抽查的形式，重点督导 17 个省(区、市)的农机购置补贴组织实施、补贴产品经销、有关举报投诉解决等 5 方面情况。

3 月 30 日

农业部农业机械化管理司印发《关于切实做好全国农机购置补贴实施情况报送工作的通知》，要求各省级农业机械化主管部门自 4 月 1 日起全面启动农机购置补贴实施情况定期报送制度，督促各地加快实施农机购置补贴政策，确保补贴机具在春耕备耕生产中发挥有效作用。将各地执行进度和信息报送情况纳入农机购置补贴绩效考核范围。

4 月 11 日

农业部农业机械化管理司印发《关于进一步加强农业机械质量投诉监督工作的通知》，通知要求健全部、省、市、县四级投诉监督网络，拓展投诉渠道，明确投诉监督机构要遵循“属地管理、就近处理、首问负责、无偿服务”的原则开展工作。

4 月 15 日

农业部农业机械化管理司在湖南省长沙市召开全国农业机械化生产管理工作座谈会，会议分析当前农业机械化生产形势，汇报交流农机春耕作业、“三夏”小麦机收准备情况和农业机械化生产管理经验。

4 月 23 日

农业部农业机械化管理司印发《关于集中开展农机安全生产“打非治违”专项行动的通知》，部署从 4 月中旬至 9 月底，在全国范围内集中开展以打击无牌行驶、无证驾驶、未检验作业和治理违规发放牌证、瞒报谎报事故为主要内容的“打非治违”专项行动。

4 月 26 日

农业部农业机械化管理司邀请马铃薯产业体系首席科学家金黎平及 4 位农机农艺岗位专家，研讨马铃薯种植、施肥、植保、收获等关键环节农机农艺技术融合问题。

5 月 2 日

农业部印发《关于下达 2012 年棉花生产示范基地等专项项目中央预算内投资计划的通知》，下达中央投资 1 000 万元，支持实施农机具移动式安全检测装备项目和甘蔗全程机械化示范基地项目。

5 月 9 日

农业部农业机械化管理司印发《关于做好 2012 年“三夏”农机跨区作业工作的通知》，计划组织 51 万台稻麦联合收割机投入“三夏”生产，其中跨区作业的 32.5 万台。并要求各级农业机械化主管部门加强信息引导、监督管理、部门协调和新闻宣传等工作，力争高质量、高效率地完成“三夏”农机跨区作业任务。

5 月 14 日

农业部农业机械化管理司发布 2012 年水稻跨区机收作业市场信息，包括 17 个省(区、市)水稻成熟时间、联合收割机供需和机收价格等情况，并根据实际进度情况，及时更新跨区作业市场信息。

5 月 15 日

农业部农业机械化管理司组织对 23 个部级农业机械推广鉴定大纲进行审定，其中 14 个大纲为首次审定。

5 月 15 日至 6 月 30 日

农业部农业机械化管理司开展农业机械试验鉴定机构部级鉴定能力认定到期复评审及扩项现场考评。组织 5 个考评组，依据部级鉴定能力认定实施细则，对总站及其 4 个专业站的首批认定的产品及有效期内扩项的产品进行考评。

5 月 21—22 日

农业部农业机械化管理司在山东省滕州市举办以玉米全程机械化为主要内容的“三夏”农业机械化技术培训班。此次培训是“全国农业机械化科技创新与推广行动”的一个重要组成部分，也标志着全国“三夏”农机作业技术专项培训活动全面启动。

5 月 31 日

2012 年在安徽省寿县举行小麦跨区机收启动仪式，中共中央政治局委员、国务院副总理回良玉出席启动仪式，并宣布跨区机收正式启动，标志着全国小麦主产区夏收工作全面展开。

6 月 3—4 日

农业部农业机械化管理司在江苏省吴江市组织召开油菜生产农机农艺技术融合座谈会。专家认为油菜产业发展根本出路在于提高单产和实现机械化。

6 月 6 日

国家发展与改革委员会、农业部联合下达保护性耕作工程建设项目 2012 年第二批中央预算内投资计划 2.55 亿元，支持河北等 14 个省(区、市)及计划单列市的 82 个县(市、区)建设保护性耕作工程示范基地。

6 月 6 日

农业部印发《2012 年度强农惠农富农政策落实延伸绩效管理工作实施方案》，选择强农惠农富农政策落实等 5 项重点工作对省级农业(农机)部门开展延伸绩效管理，其中农机购置补贴政策落实延伸绩效管理在全国范围内实施。

6 月 10 日

农业部农业机械化管理司按照中宣部等 7 部门关于开展全国“安全生产月”活动的要求，在河北省唐山市举办农机安全生产宣传咨询日活动。解答近千名农民机手关于安全生产和农业机械化技术等方面的问题，并发放安全宣传材料 3 000 多份。

6 月 21 日

全国大规模小麦跨区机收自 5 月 31 日启动以来，由南向北逐步推进，安徽、江苏、河南、山东、河北等小麦主产区的机收工作相继告捷。截至 6 月 21 日，全国已收获小麦 21 333 千公顷，超过小麦应收面积的 93%；其中机收面积

18 800千公顷，机收水平近90%。西北、东北地区的1 333千公顷春小麦从7月初陆续开始收割。全国大规模小麦跨区机收会战基本结束，历时21天。

6月24日

农业部农业机械化管理司邀请农机科研、生产企业、网络信息等方面的10余位专家共商农业机械化生产信息化建设。专家认为加强农业机械化生产信息化建设是提高农业机械化公共服务能力的重要途径，要大力提高信息化在农业机械化生产的应用水平，加快农业机械化与信息化的融合力度。

6月26日

农业部第1791号公告发布《耕整机》等23个农业机械推广鉴定大纲和选型鉴定大纲，其中9个推广鉴定大纲为修订。

6月27日

全国夏玉米播种进入尾声。截至6月27日，完成机播面积8 466.67千公顷，机播比例83%。其中，河北省机播夏玉米2 051.33千公顷，机播比例92.8%；山东省机播夏玉米2 673.33千公顷，机播比例94.1%；河南省机播夏玉米2 431.33千公顷，机播比例86.5%。

7月6日

农业部农业机械化管理司印发《马铃薯机械化生产技术指导意见》，要求各地探索全程机械化的合理生产模式，完善适宜本地区的马铃薯机械化生产技术体系和操作规范。

7月6日

农业部农业机械化管理司印发《油菜机械化生产技术指导意见》，突出农机农艺融合，对品种选择、机械直播、机械移栽、收获方式、收获时机等重点环节提出明确要求。

7月22日

国务院印发《关于加强道路交通安全工作的意见》，要求“深入开展平安农机创建活动，改善农村道路交通安全环境”，明确提出“完善农业机械安全监督管理体系，加强对农机安全监理机构的支持保障，积极推广应用农机安全技术，加强对拖拉机、联合收割机等农业机械的安全管理”，“强化政府投资对道路交通安全投入的引导和带动作用，将交警、运政、路政、农机监理各项经费按规定纳入政府预算”等内容。

7月31日

农业部农业机械化管理司在中国农业机械化信息网发布2012年玉米跨区机收作业市场信息，内容包括15个省（区、市）69个地（市）241个县（区）玉米主产区的玉米预计成熟时间、收获机具供需和机收价格等情况。

7月31日

农业部农业机械化管理司在新疆乌鲁木齐市召开全国农机安全监理“为民服务创先争优”工作经验交流会，公布105个全国农机安全监理“为民服务创先争优”示范窗口和203名示范岗位标兵，部署下一阶段示范创建和农机安全监理工作。

8月2日

农业部农业机械化管理司印发《关于做好农机防汛抗洪救灾工作的紧急通知》，要求各地农业机械化主管部门切实发挥农业机械抗灾夺丰收的保障作用，及时运输救灾物资，抢排农田积水，修复水毁农田，抓紧抢种补种。

8月2日

农业机械化主管部门发挥农机装备优势，共投入18.3万台联合收割机、3.2万台插秧机开展机收和机插作业，迅速掀起水稻“双抢”作业高潮。截至8月2日，早稻机收基本结束，全国共完成早稻机收面积4 105.33千公顷，机收水平达70%，晚稻机插进展较快。

8月3日

农业部农业机械化管理司在吉林省长春市召开全国农业机械试验鉴定座谈会。会议总结近几年工作成效经验，分析当前面临的形势，提出下一步工作的思路和任务，并对七个方面的工作进行部署。

8月14日

农业部农业机械化管理司印发《关于进一步加快农机购置补贴实施和结算的通知》，要求各地采用增加补贴资金结算频次，预结算等措施加快工作进度。农业部农业机械化管理司将通过不定期公布实施和结算进度等措施进行督促。

8月22日

农业部农业机械化管理司司长宗锦耀致信省级农业机械化主管部门主要负责同志，要求各省一把手要亲自抓好购机补贴实施，要全面落实责任制、加强廉政风险防控机制建设、推进信息公开和加大违规惩处力度，确保农机购置补贴政策规范高效廉洁实施。

8月28日

农业部农业机械化管理司印发《关于开展全国农机职业技能培训和鉴定示范基地创建活动的通知》，明确用3年时间，在全国范围内创建200个具有区域特色的全国农机职业技能培训和鉴定示范基地，进一步提高农机职业技能对农业机械化发展的人才和智力支撑。

8月31日

农业部农业机械化管理司印发《（2012—2014年国家支持推广的农业机械产品目录）申报指南补充规定》，明确目录产品的增补、变更和取消流程，要求各地农业机械化主管部门组织好相关企业申报和产品审核推荐工作。

9月7日

农业部农业机械化管理司组织部属事业单位和湖北省农机局在湖北省举办油菜机械化现场演示及研讨活动，要求各地以及有关农机和农艺专家从品种、栽培制度、植保、田间管理、茬口对接等各个环节开展合作研究，完善适应机械化作业的技术模式，大力推进油菜生产机械化，为稳定油料生产作出积极贡献。

9月7日

中央财政决定新增农机购置补贴资金15亿元，主要用于农机购置补贴，并选择在部分省份开展农机报废更新补贴试点。补贴资金重点向粮食主产区、农机报废更新补贴试点省、补贴进展快且补贴需求缺口较大的省份倾斜。

9月10日

农业部农业机械化管理司印发《关于做好2012年“三秋”机械化生产工作通知》，计划组织2 900万台（套）农业机械投入2012年“三秋”生产，力争玉米机收水平提高5个百分点，超过38%；水稻机收水平提高2个百分点，超过71%；小麦机播水平提高1个百分点，超过87%。

9月10日

农业部农业机械化管理司在四川省西昌市召开农业机械化科技创新战略研讨会，会议就加强农业机械化产学研联合协作、构建协同创新机制，加快构建适应现代农业需求的机械化生产技术体系和下一步农业机械化科技创新的工作重点等进行研讨。

9月13日

农业部农业机械化管理司在江苏省溧阳市召开全国农机合作社建设经验交流会，张桃林副部长出席会议并作讲话，要求从加强组织领导、政策落实等六个方面推动农机合作社持续健康发展。

9 月 14 日

农业部、财政部、商务部联合印发《2012 年农机报废更新补贴试点工作实施指导意见》，选取 11 个省利用中央财政新增农机购置补贴资金，开展农机报废更新补贴试点，进一步促进扩大内需、节能减排和安全生产，提高农业机械化发展质量。

9 月 17 日

农业部农业机械化管理司印发通知，于 9 月至 11 月集中开展全国农机推广鉴定工作监督检查。此次检查采取各地自查和部级抽查的方式，重点检查轮式拖拉机等产品的部省两级推广鉴定工作。

9 月 21 日

农业部农业机械化管理司在内蒙古包头市举办全国"三秋"农业机械化技术培训示范班，部署"三秋"农业机械化技术培训工作，标志着"三秋"农业机械化技术培训工作全面启动。

9 月 24 日

农业部印发《关于进一步加强农机安全工作的通知》，就当前农机安全工作提出十方面要求。要求各地落实好国务院文件，保障农业机械安全的财政投入政策，将农机安全监理各项经费按规定纳入政府预算，实行农机定期免费检验制度等。

9 月 24 日

农业部农业机械化管理司印发《关于增设黑龙江省通河县等四个县(市)为全国农业机械化示范基地的函》，增设黑龙江省通河县、河南省漯河市、重庆市渠平县、陕西省咸阳市为全国农业机械化示范基地。

9 月 28 日

农业部农业机械化管理司在北京市举办农机科技创新与农业机械化发展高峰论坛。总结交流党的十六大以来我国农机科技创新与农业机械化及农机工业发展成功的经验，探讨加快农机科技创新和发展的新思路。

9 月 30 日

为增强地方预算编制的完整性，加快中央转移支付资金支出进度，农业部会同财政部制定了 2013 年第一批农机购置补贴资金分配方案，财政部印发《关于提前下达 2013 年部分农业专项转移支付指标的通知》，将 200 亿农机购置补贴指标预通知各省。

10 月 10 日

农业部农业机械化管理司印发通知，在全国范围内启动了林果业、畜牧业、渔业、设施农业、农产品初加工机械化水平评价指标体系试行工作，这标志着农业机械化水平评价体系构建工作基本完成。

10 月 11 日

针对黑龙江省前期雨雪天气造成机具难以下地的实际情况，农业部农业机械化管理司迅速调查了解黑龙江省各地履带式水稻收获机需求数量，通过网络媒体向社会公布，并积极联系江苏、浙江等省农业机械化主管部门，要求紧急协助做好机具调度，保障黑龙江省水稻收获进度。

10 月 12 日

农业部农业机械化管理司印发《2012 年度农机购置补贴政策落实延伸绩效管理考核评分依据的通知》，对农机购置补贴政策落实延伸绩效管理指标体系的二级指标评分依据进行详细规定，要求各地认真贯彻执行。

10 月 15 日

农业部农业机械化管理司认真落实余欣荣副部长 10 月 14 日晚主持的紧急调运机具支持黑龙江抢收水稻会议要求。积极协调吉林、辽宁等 10 个省份组织机具赴黑龙江抢收水稻。

10 月 17 日

农业部农业机械化管理司在山东省滨州市召开全国农机农艺融合暨机采棉现场会，总结成效，查找问题，进一步明确目标任务和思路措施。会议认为，黄淮海地区棉花机收实现零的突破，初步形成机械化生产技术模式，具有历史里程碑意义。

10 月 29 日

按照国务院安全生产委员会工作要求，农业部农业机械化管理司部署农机安全生产"打非治违"专项行动集中开展"回头看"活动，结合农机安全生产工作特点，严格治理无牌行驶、无证驾驶、未检验作业、违规发放牌证、瞒报谎报事故等行为。

10 月 30 日

农业部农业机械化管理司组织召开全国农业机械化政策法规工作座谈会。会议认为，中国特色农业机械化法律法规体系和政策框架基本形成。

10 月下旬至 11 月上旬

驻部纪检组监察局、财务司、农业部农业机械化管理司联合派出 7 个督导组，分赴江苏、山东等 11 个省、市就农机购置补贴政策落实和老旧农机报废更新补贴试点情况进行督导检查。加上春季农机补贴督导检查，2012 年农业部共对 23 个省、区、市及计划单列市进行督导检查，有力推进政策落实。

11 月 5—9 日

农业部农业机械化管理司和财务司、财政部农业司组成联合调研组，赴江苏省开展农机购置补贴操作创新试点调研，并在江苏省无锡市召开部分省农机购置补贴工作座谈会，对资金结算级次下放、少数农机品目满足所有农民申购需求及全价购机后凭发票领取补贴、报废更新等试点开展情况进行座谈交流，对今后一段时期农机购置补贴工作进行深入研讨。

11 月 7 日

为推进农业机械化科技进步，加强农机农艺融合，提升科技创新能力，农业部农业机械化管理司印发《关于成立全国农业机械化科技创新战略咨询专家组的通知》，成立全国农业机械化科技创新战略咨询专家组。专家组由罗锡文院士任组长，汪懋华、傅廷栋、陈温福、刘旭、陈焕春五位院士任顾问。

11 月 15—16 日

农业部农业机械化管理司在海南省海口市举办全国设施农业技术培训研讨班，总结交流各地发展设施农业的经验和做法，研讨促进设施农业发展的相关政策措施。

11 月 28 日

农业部印发《关于加强农业机械化技术推广工作的意见》，要求各地进一步加强农业机械化技术推广工作，促进农业机械化技术普及应用，强化对建设现代农业的支撑。

11 月 29 日

农业部农业机械化管理司印发《2013—2015 年农业机械化行业标准项目规划表》，计划在 3 年内实施 90 项标准制修订项目。

11 月 29 日

农业部农业机械化管理司向安徽、江苏等 10 个省农业机械化主管部门发出表扬信，表扬他们在 2012 年秋收期间，组织机具支援黑龙江进行水稻等粮食作物抢收工作。

11 月

农业部农业机械化管理司和国家安全生产监督管理总局监管二司组成联合检查组，对山东等 10 省申报的第四批全国"平安农机"示范县进行抽查。

11 月

2012 年各地共投入"三秋"作业的各类农机具超过 2 940 万台(套),较 2011 年增长 10 万台(套);其中玉米联合收获机 21.9 万台,较 2011 年增长 4.9 万台;水稻收割机 42 万台,较 2011 年增长 1 万台;拖拉机超过 1 200 万台。全国玉米机收面积新增 2 933.33 千公顷,总面积达到 14 133.33 千公顷;玉米机收水平新增 6.5 个百分点,跃上 40% 的新台阶,增幅已连续 4 年超过 6 个百分点,呈现出快速稳定的发展态势,成为农业机械化发展的突出亮点。

12 月 4 日

农业部农业机械化管理司在北京召开 2012 年全国农业机械化形势分析会,交流全国农机科研、生产、销售和推广及管理等方面的情况,分析当前农业机械化面临的新形势新任务,预测 2013 年农业机械化发展趋势,研究提出提升农业机械化发展质量效益的政策建议。

12 月 6 日

农业部农业机械化管理司印发《关于做好冬春期间农机检修工作的通知》,对做好冬春农机检修工作进行部署。要求各地认真开展机具检修保养、机手技能培训,提高在用农机的技术性能状态,确保 2013 年农业机械化生产顺利进行。

2012 年

农业部农业机械化管理司人事变动情况如下:胡乐鸣任农业部农业机械化管理司副司长(2011 年 12 月);姚春生任农业部农业机械化管理司综合处处长;刘云泽任农业部农业机械化管理司科技教育处处长;刘小伟任农业部农业机械化管理司综合处调研员;路玉彬任农业部农业机械化管理司综合处副处长;郑宏任农业部农业机械化管理司产业发展处调研员、副处长(挂职);李庆东任农业部农业机械化管理司生产管理处副处长;丁仕华任农业部农业机械化管理司科技教育处副处长;刘俊任农业部农业机械化管理司安全监理处副主任科员。

农业部农业机械试验鉴定总站(中国农机产品质量认证中心)

2011 年 12 月 7—8 日

农业部农业机械试验鉴定总站在北京举办中外农机维修管理与技术研讨班,邀请日本、德国、挪威等地的 5 名专家进行国外维修技术交流,全国 24 个省份的农机主管部门及维修管理机构的代表 40 余人参加交流研讨。

12 月中旬

农业部农机行业职业技能鉴定指导站组织开发的《设施农业机械装备操作工》和《农机轮胎修理工》2 项职业标准和《农机专业合作社经理人》《农机技术指导员》《挖掘机驾驶员》《农机维修电工》《农机焊工》和《农业机械操作工》等 6 个国家职业技能鉴定试题库顺利通过审定验收。

2012 年 1 月 8—9 日

农业部农业机械试验鉴定总站在北京召开全国农业机械试验鉴定站长会议。农业部副部长张桃林出席会议并作讲话。农业部农业机械化管理司司长宗锦耀、副司长胡乐鸣等领导到会指导。各省(区、市)农机试验鉴定站、黑龙江农垦农机试验鉴定站、新疆生产建设兵团农机鉴定推广站、农业部农业机械试验鉴定总站各专业站以及农业部农业机械试验鉴定总站领导班子成员、各处室负责人共 80 多位代表参加会议。

1 月 9 日

农业部农业机械试验鉴定总站在北京召开 2012 年《农机质量与监督》编辑委员会会议。农业部农业机械试验鉴定总站站长、编委会主任刘敏作总结讲话。50 多位委员参加会议。

1 月 14—15 日

农业部农业机械试验鉴定总站会同内蒙古自治区农牧业机械试验鉴定站在青岛莱西进行全混合日粮制备机试验练兵。

1 月 30 日

农业部副部长张桃林专程到农业部农业机械试验鉴定总站农丰大厦看望慰问干部职工,向大家送上新年祝福。

2 月 10 日

《农业机械部级推广鉴定实施细则》发布实施,新细则更加符合实施办法要求和工作实际,具有更强的操作性,标志着部级推广鉴定工作向着更加规范、更加科学的方向迈进。

2 月 23—24 日

农业部农业机械试验鉴定总站在云南省丽江市组织召开 2012 年农用拖拉机、内燃机推广鉴定技术研讨会,来自农机试验鉴定机构,拖拉机、内燃机生产企业的共计 100 多名代表参加会议。向 2011 年度获得 A 级以上维修服务能力等级的大中型拖拉机生产企业代表颁发了《农业机械生产企业维修服务能力等级证书》。

2 月 24 日

农业部发布第 1720 号公告,公布《2012—2014 年国家支持推广的农业机械产品目录》。目前共有 1 422 家企业的 8 401 个产品列入《2012—2014 年国家支持推广的农业机械产品目录》。

2 月 28—29 日

农业部农机行业职业技能鉴定指导站在海南省海口市组织召开全国农机职业技能鉴定站长会。来自全国各省(区、市)农机职业技能开发工作主管部门和职业技能鉴定站的 60 余人参加会议。

3 月 6 日至 4 月 13 日

农业部农机行业职业技能鉴定指导站组织的四期"政企联动"农机维修高技能人才及师资培训班结束,来自全国 28 个省份的 264 名学员参加职业技能培训和鉴定,其中基层培训师资 132 人,农机合作社维修人员 45 人,维修网点维修人员 87 人,243 人通过鉴定将获得高级工以上职业资格。农业部农业机械试验鉴定总站副书记国彩同出席并讲话。

3 月 12 日

由农业部农业机械试验鉴定总站牵头承担的农业科技成果转化资金项目《蔬菜种子丸粒化技术装备中试与熟化》顺利通过农业部科技发展中心组织的项目验收。

3 月 15 日

农业部农业机械试验鉴定总站、中消协农机产品质量投诉监督站参加农业部在北京市顺义区举办的以"放心农资下乡、保障春耕生产"为主题的第八届"放心农资下乡进村"活动。

3 月 20 日

农业部农业机械试验鉴定总站在北京召开农业机械适用性评价通用技术规则审定会。来自农机鉴定系统 8 个课题参与单位的领导、专家及主要起草人共 21 人参加会议。

3 月 25—27 日

农业部农业机械试验鉴定总站在四川省成都市组织召开 2012 年农业机械安全鉴定和推广鉴定工作研讨会。来自 26 个省(区、市)30 家农业机械试验鉴定机构的 70 余人参加会议。

3 月 28—29 日

2012 年奶业机械部级推广鉴定研

讨会暨中国奶业协会养殖工程与机械专业委员会二届三次会议在四川省成都市召开。中国奶业协会常务副会长魏克佳,农业部农业机械试验鉴定总站站长刘敏等站领导,部分省级农机试验鉴定机构负责人以及来自全国的奶业机械生产企业的100多名代表参加会议。

3月30日至4月1日

全国农业机械标准化技术委员会农业机械化分会在江西省南昌市召开三届四次会议。农业部农业机械化管理司副司长刘恒新出席会议并讲话,农业部农业机械试验鉴定总站站长刘敏代表农业机械化分标委挂靠单位作讲话,有关领导以及农业机械化分标委委员40余人参加会议。

3—4月

受农业部农业机械化管理司委托,农业部农业机械试验鉴定总站分别会同中国一拖集团有限公司、福田雷沃国际重工股份有限公司潍坊农业装备事业部、久保田农业机械(苏州)有限公司、常州常发农业装备有限公司联合承办农机维修高技能人才及师资培训班。

4月6日

2012年度收获机械推广鉴定评价技术研讨会在成都召开,来自全国各地的收获机械生产企业有关质量和技术负责人以及通过收获机械部级推广鉴定能力认定的省(区、市)农(牧)机试验鉴定站的150多位代表参加会议。

4月17日

2012年全国农机质量投诉情况通报会在安徽省合肥市召开。来自全国80余家农机生产企业的90余名代表参加本次会议。

4月23—24日

农业部农业机械试验鉴定总站在重庆市召开2012年度耕作机械推广鉴定技术研讨会,农业部农业机械试验鉴定总站站长刘敏出席会议并讲话,来自16个省(区、市)的农机鉴定站、61家生产企业的近百名代表参加会议。

4月23—25日

农业部农业机械试验鉴定总站在北京召开2012年农机产品质量安全调查工作布置会。来自内蒙古、浙江、新疆的农机鉴定站的质量安全调查负责人和5家生产企业的产品质量安全负责人参加会议。会议通报2010、2011年农业机械质量安全调查工作开展情况,部署2012年农业机械产品质量安全调查工作。

4月27—28日

农业部农业机械试验鉴定总站在福建省福州市召开2012年度栽植机械推广鉴定技术研讨会,副站长朱良出席会议并讲话。

5月10日

农业部农业机械试验鉴定总站在北京召开部级鉴定能力认定复评审现场考评员培训研讨会。来自有关农机试验鉴定机构的13名考评员参加培训。

5月12—18日

受中国农业大学委托,农业部农业机械试验鉴定总站对其研制的小型牧草刈割压扁机和方草捆打捆机进行试验检测。

5月13—15日

由农业部主办、福田雷沃国际重工股份有限公司承办的全国农机合作社理事长培训班在山东省潍坊市举办,来自全国22个省份的126名农机合作社理事长参加培训,并有69人获得"农机专业合作社经理人"职业资格。

5月14日

中央国家机关精神文明建设协调领导小组办公室发出通报,农业部农业机械试验鉴定总站等272个单位文明单位复查合格,继续享有中央国家机关文明单位称号。

5月15—17日

农业部农业机械试验鉴定总站在北京组织召开"2012年部级农业机械试验鉴定大纲审定会"。农业部农业机械化管理司、农业部农业机械试验鉴定总站领导和有关专家及大纲主要起草人近50人参加会议。会议共对《挤奶机械》等23项大纲进行审查。

5月17日

农业部直属机关团委印发《关于表彰第五批农业部直属机关青年文明号的决定》,授予农业部农业机械试验鉴定总站检验一室等18个青年集体第五批农业部直属机关青年文明号称号。

5月18日

农业部农业机械试验鉴定总站在北京召开2012年全国农业机械化质量报告座谈研讨会。农业部农业机械化管理司、农业部农业机械试验鉴定总站领导以及20余位农机鉴定检测及维修管理方面的行业专家参加会议。

5月29日

农业部发展计划司和农业部农业机械化管理司共同组织验收组,对农业部农业机械试验鉴定总站承担的"购置测功机和激光粒谱仪设备"(2005—4006)、"设备更新改造"(2008—2010)、"柴油机废气排放检测分析系统和拖拉机安全强检设施改造"(2009—2011)、"国家保护性耕作工程技术中心机具试验检测部建设"(2010—2012)等4个农业建设项目一次性进行竣工验收,4个项目均获得农业部《农业基本建设项目竣工验收合格证书》。

5月30日

农业部农业机械试验鉴定总站组织召开《农业机械可靠性评价一般方法》标准起草工作组会议,研究讨论确定该标准制定的主体内容和框架,形成标准初稿。

5月31日至6月2日

农业部农业机械试验鉴定总站与安徽省农业机械试验鉴定站在安徽省蚌埠市中国电子科技集团公司第四十一研究所联合开展孵化机、鸡用螺旋弹簧式喂料机、饮水器练兵试验。

6月13—14日

由农业部和教育部联合主办的2012年全国职业院校技能大赛农业技能大赛在江苏省句容市举行。农业部农业机械试验鉴定总站作为技术支撑单位,全程参与农机维修竞赛的筹备与策划工作。

6月18日

中国奶业协会养殖工程与机械专业委员会在河南省郑州市举办新产品新技术研发与推广论坛。中国奶业协会常务副会长魏克佳出席论坛并致辞,农业部农业机械试验鉴定总站站长、中国奶业协会副会长刘敏主持论坛。

6月18日

全国农业机械标准化技术委员会农业机械化分会组织召开2013—2015年农业机械化行业标准制修订项目建议评审会,邀请有关专家对征集到的150余项标准项目建议进行评审,并研究提出2013—2015年农业机械化行业标准制修订项目指南,上报农业部农业机械化管理司。

6月25—27日

农业部农机行业职业技能鉴定指导站在北京召开专家研讨会,编写专家及部分省市农机局代表共26人参会。

6月26—27日

全国农业机械标准化技术委员会农业机械化分会在北京举办农业机械化标

准项目管理和标准编写培训研讨班，共66名代表参加培训研讨班。培训研讨班特邀约翰·迪尔美国公司技术专家James Leach先生介绍美国棉花收获机械化情况。

6—11月

农业部农业机械试验鉴定总站组织开展谷物联合收割机生产企业维修服务能力评价工作，先后印发评价通知，举办农机生产企业维修服务能力评价审查员培训班，派出13个审查组对37家自愿申报参加评定的谷物联合收割机企业开展维修服务能力现场审查及电话调查等评价工作。

7月4—29日

按照《关于开展2012年补贴机具质量保障督导工作的通知》(农机管[2012]20号)要求，农业部农业机械试验鉴定总站站长刘敏、副书记国彩同、副站长杨林、朱良、刘旭分别带队对云南、陕西、广东、江苏、吉林6省补贴机具质量保障工作进行督导检查。督导组现场检查了14家农机生产企业和26家农机经销企业，并对133名补贴机具用户进行走访座谈。

7月6日

农业部人事劳动司副司长周清代表农业部党组到农业部农业机械试验鉴定总站宣布领导班子调整决定。李燕任农业部农业机械试验鉴定总站副站长，免去杨林的农业部农业机械试验鉴定总站副站长职务。杨林同志按规定退休。

7月9—16日

农业部农业机械试验鉴定总站站长刘敏带队赴台湾开展农业机械化交流活动。

7月11日

农业部农业机械试验鉴定总站技术委员会召开专题会议，就检验室提出的“农业部农业机械试验鉴定总站实验室发展建设规划”进行研讨。会议就规划项目立项的必要性、建设目标、建设重点及工作建议等方面达成共识。

7月18日

农业部农业机械试验鉴定总站组织编制公益性行业科研专项经费项目《玉米生产农机农艺融合关键标准研究》的实施方案和经费预算申报书，并按要求及时上报国家标准化管理委员会。

7月23日至8月30日

农业部农机行业职业技能鉴定指导站分别在江西、宁夏、成都举办三期全国农机职业技能鉴定考评员培训班，共有来自全国28个省份的539名学员参加培训和资格考试。

7月25日

由农业部农业机械试验鉴定总站申请报送的深松机、免耕播种机、油菜联合收获机、大型喷灌机、渔业船舶舱底油污水分离设备、渔业船舶绞纲机等6种农机产品测试检验收费标准已经在国家发展改革委员会备案，准予试行两年。

8月6—9日

农业部农业机械试验鉴定总站在乌鲁木齐市举办2012年全国农机质量投诉工作培训班。农业部农业机械试验鉴定总站站长刘敏、副站长朱良出席会议。培训班共对来自全国25个省(区、市)的50余名农机质量投诉监督工作人员进行系统的业务培训。

8月29—30日

农业部农业机械试验鉴定总站在北京组织召开《2012—2014年国家支持推广的农业机械产品目录》(2013年度调整)申报培训班。此次培训班共对200家企业的230余名企业推广目录申报负责人进行培训。

8—11月

为贯彻落实全国农业机械试验鉴定工作座谈会精神，强化对农机试验鉴定工作的监督管理，进一步推进农机试验鉴定工作规范化，农业部农业机械试验鉴定总站协助农业部农业机械化管理司开展2012年部级推广鉴定监督检查工作。

9月3日

“国家支持推广的农业机械产品目录申报系统”正式开通，标志着《2012—2014年国家支持推广的农业机械产品目录》(2013年度调整)申报工作正式启动。

9月13日

国家认证认可监督管理委员会组织专项监督检查组对挂靠农业部农业机械试验鉴定总站的国家拖拉机质量监督检验中心(北京)进行专项监督现场检查。农业部农业机械试验鉴定总站实验室顺利通过评审验收。

9月18—19日

全国农业机械标准化技术委员会农业机械化分会在北京组织召开2012年农业机械化重点标准宣贯会。部分省(区、市)农机鉴定站相关人员共52名代表参加会议。

9月18—19日

国家支持推广的农机产品目录座谈会在北京召开。农业部农业机械试验鉴定总站站长刘敏出席座谈会，来自全国24个省(区、市)目录受理机构的25名代表参加座谈。

9月18—20日

2012年中国农业机械化信息网年会暨信息员培训班在乌鲁木齐市举办。会议总结2012年度中国农业机械化信息网的工作并部署下一步工作，对优秀信息员和信息宣传先进单位进行表彰。

9月22日

第三届“农机杯”篮球邀请赛在山西平遥举行。本次比赛由山西省农机局主办，农业部农业机械试验鉴定总站篮球队、山西省农机局篮球队、山西农大工学院篮球队和山西农机学校篮球队等4支代表队参赛。

10月10日

全国农业机械标准化技术委员会农业机械化分会组织召开2013年农业机械化农业行业标准制修订项目立项评审会议，邀请有关专家对21个单位申报的37个标准制修订项目实施方案进行审阅，研究确定拟推荐立项项目和承担单位。

10月31日

农业部农业机械试验鉴定总站承担的“全国农机合作社专题研究”课题通过验收。课题组通过问卷调查、典型走访等方式对全国农机合作社的发展现状、运行机制、扶持政策和发展趋势等内容进行调研分析，形成全国农机合作社发展研究报告和典型农机合作社发展案例汇编。课题通过专家组的评审验收。

10月

《农业机械推广鉴定企业生产条件审查释义》出版。该书根据多年来从事推广鉴定工作的经验，综合推广鉴定工作的政策法规要求，对农业机械推广鉴定通则《生产条件审查》(TZ4—2011)逐条进行解释，对现场审查的把握要点进行原则性说明，给出现场审查示例。

11月5日

2012年中国农业机械化质量网年会暨信息员培训班，2012年《农机质量与监督》杂志通联会在江苏省扬州市举办。来自农机鉴定系统的代表60余人参加会议。2012年，中国农业机械化质量网IP访问量和信息更新量同比增长96%和77%，社会影响力逐步提升。

11 月 6—10 日

农业部农业机械试验鉴定总站承办的《2012—2014 年国家支持推广的农业机械产品目录》(2013 年度调整)初审评审会议在北京召开。

11 月 25—28 日

全国农业机械标准化技术委员会农业机械化分会在浙江省杭州市召开《拖拉机可靠性评价方法》等 13 项农业行业标准审定会。

11 月 29 日

农业部农业机械试验鉴定总站与江西省赣州市人民政府举行《关于合作建设赣南丘陵山区农业机械和果业机械试验基地的框架协议》签约仪式。

2012 年

中国农机产品质量认证中心安排 CCC 认证产品检验项目 132 项,组织实施认证项目 612 项,新发认证证书 122 张,暂停认证证书 42 张,撤销认证证书 29 张,注销认证证书 44 张。

2012 年中国农业机械化信息网日均点击量 125 万次,峰值达 147.7 万次(4 月 9 日);月均点击量 2 606 万次,峰值达 3 509.4 万次,连续 7 年稳居农业部所有行业网站首位。

农业部农业机械化技术开发推广总站(农业部农机监理总站)

2011 年 12 月 2 日

农业部农业机械化技术开发推广总站在福建省漳州市召开农机购置补贴通用类产品分档办法讨论会,讨论修改玉米收获机械分档办法(2011 年制定试行)和植保机械分档办法(2010 年制定试行);研讨 2012 年农机购置补贴通用类分档及补贴标准。

12 月 2 日

由农业部农业机械化技术开发推广总站承办的 2011 年度神内基金农技推广奖颁奖会在福建省漳州市举行。农业部原副部长、中华农业科教基金会会长张延禧出席并讲话。2011 年度神内基金农技推广奖全国农机推广系统共有 34 人获奖,其中优秀农机推广人员 16 名,优秀农户 18 人。

12 月 3 日

农业部农业机械化技术开发推广总站在福建省漳州市举行丘陵山区适用农机新技术推广联系点和示范户授牌仪式,向南方 11 个省的 22 个县(市、区)农机推广站和 69 个示范户授标志牌。这项活动是农业部农业机械化技术开发推广总站承办的 2011 年农业部为农民办实事之一的“南方丘陵山区适用农业机械化新技术推广”活动的标志性活动。

12 月 3 日

全国农机安全监理业务统计与监理网信息员座谈会在福建漳州市召开。

12 月 3—5 日

由农业部农业机械化技术开发推广总站和海峡两岸农业交流协会、福建省农业厅和福建省漳州市人民政府共同主办的“第二届海峡两岸丘陵山区农业机械展览会”在福建省漳州市召开。农业部原副部长张延禧,中国工程院院士、华南农业大学教授罗锡文等出席开幕式。

12 月 4 日

《农机科技推广》杂志创刊十周年座谈会在福建省漳州市召开。

12 月 13—14 日

农业部农业机械化技术开发推广总站在江西省抚州市举办全国农机推广技术骨干培训班,全国各省级农机推广站站长和推广科长 100 余人参加培训。

12 月 21 日

农业部平安建设年终考评组来农业部农业机械化技术开发推广总站检查考评,肯定农业部农业机械化技术开发推广总站在“平安单位”建设中所做的工作,并对下一步创建工作提出建议和要求。

12 月 26 日

农业部农业机械化技术开发推广总站徐振兴同志在国务院召开的全国粮食生产表彰奖励大会上,获“全国粮食生产突出贡献农业科技人员”称号。

12 月 26 日

由农业部农业机械化技术开发推广总站承担的“水产健康养殖示范推广项目”在河北、辽宁、江苏、广东、广西、海南和大连等 7 个优势水产养殖典型省(区、市)布点实施,取得显著的经济和社会效益,农业部财务司组织专家组成验收委员会,一致同意该项目通过验收。

12 月 27 日

农业部农业机械化技术开发推广总站站长、研究员刘宪被聘为农业部设施农业工程学科群学术委员会委员,聘期五年。

2012 年 1 月 10 日

农业部农业机械化技术开发推广总站站长刘宪出席在广州举行的国家公益性行业(农业)科研专项经费项目“水稻机械化精准种植模式与关键技术集成示范”启动会。农业部农业机械化技术开发推广总站作为项目主要参加单位,承担“水稻种植机械化技术集成与示范”课题任务。

2—3 月

农业部农业机械化技术开发推广总站领导班子成员分赴广东、江西、吉林、广西、贵州、四川、重庆等地,按上级要求动员各地农机推广和监理机构,积极开展春季田间管理和春耕生产,并就基层农业机械化技术推广和农机安全监理工作进行监督检查。

3 月 7 日

农业部农业机械化技术开发推广总站在北京召开“农机具移动式安全检测装备项目”专家座谈会。与会专家围绕检测装备的技术性能和农机监理机构的实际需求进行讨论。

3 月 10 日

由农业部农业机械化技术开发推广总站承担的农业部“机械化旱作节水技术集成示范基地项目”在陕西省富平县通过验收。

3 月 16 日

农业部办公厅以农办人[2012]21 号文批复农业部农业机械化技术开发推广总站,同意将农业部农业机械化技术开发推广总站推广处、科技外事处更名为推广一处、推广二处,调整后处级领导干部职数和人员编制保持不变。

3 月 16 日

农业部农业机械化技术开发推广总站站长刘宪参加在成都召开的水稻精准种植机械化技术集成与示范项目推广基地筹建会,实地察看广汉项目基地情况,对项目建设任务进行细化,并提出明确要求。

3 月 22 日

农业部直属机关党委批复成立中共农业部农业机械化技术开发推广总站总支部委员会。农业部农业机械化技术开发推广总站总支部委员会下设综合、推广、信息与监理、老干部四个党支部。刘宪、郭建辉、涂志强、李安宁、徐振兴、姚海、赵莹为第一届总支部委员;刘宪为总支部书记,李安宁为总支部副书记。

3 月 31 日

农业部农业机械化技术开发推广总站起草的行业标准《联合收割机号牌座设置技术要求》在江西省南昌市举行的农机行业标准审定会上,经专家审定获得通过。

4 月 1 日

农业部农业机械化技术开发推广总站承担的科技部农业科技成果转化资金项目“双向山地拖拉机及耕作技术的中试与示范”启动实施，农业部农业机械化技术开发推广总站副站长李安宁为项目负责人。

4 月 10 日

农业部农业机械化技术开发推广总站在安徽省合肥市召开农机农艺融合示范与推广项目实施工作会议。会议听取安徽、河南、吉林、内蒙古等 4 个省区的项目负责人的项目实施情况汇报。与会领导和专家对各项目实施方案及项目实施工作提出意见。

4 月 17 日

为贯彻落实中央一号文件和《全国农业科技促进年活动方案》《全国农业机械化科技创新与推广行动方案》精神要求，农业部农业机械化技术开发推广总站制定《“农机科技促进年”行动方案》，明确组织召开全国省级农机推广站长会议、实施农机推广系统规范建设与能力提升行动、实施农机农艺技术融合推进行动、开展重点农业机械化技术培训行动、开展农业机械化技术进村入户行动、举办农机新技术新机具展示演示等六项行动。

4 月 26 日

中德现代化示范农场项目德国专家布恩格先生与德国农业协会中国代表处代表张莉女士访问农业部农业机械化技术开发推广总站。站长刘宪、副站长李安宁及项目办公室成员与来访客人进行交流。

4 月 27 日

农业部农业机械化技术开发推广总站在河北省承德市举办全国春播玉米保护性耕作现场会。农业部农业机械化管理司、农业部科技教育司、农业部种植业管理司，河北省农业厅，承德市人民政府及河北、山西、陕西、内蒙古、吉林、辽宁、甘肃、新疆等省(区)推广站和保护性耕作新上项目县及相关企业负责人、当地农民参加现场会。

4 月

农业部农业机械化技术开发推广总站完成《2011 年全国农机推广与监理系统大事记》的编印工作。

4—5 月

农业部农业机械化技术开发推广总站完成第五轮全员竞聘上岗工作，确定各处室新的组成人员。各处室负责人分别是：办公室(人事处)主任(处长)姚海，计财处(专项处)处长张树阁，宣传信息处处长刘司法，推广一处处长徐振兴，推广二处处长胡东元，执法监管处处长李吉，装备处处长毕海东。

5 月 14 日

《玉米种植机械化技术规范》农业行业标准制定工作研讨会在天津召开。该标准的制定工作由天津市农业机械推广总站牵头，农业部农业机械化技术开发推广总站总工徐振兴为首席专家。

5 月 31 日

农业部农业机械化技术开发推广总站在江苏省吴江市开展油菜籽收获机作业效果测评活动。来自北京、天津、江苏、安徽等 11 个省(市)农机推广站、农机鉴定站的技术人员，以及油菜籽收获机生产企业技术人员近 100 人参加。

5 月

农业部农业机械化技术开发推广总站组织开发的“农业机械化技术推广情况报送系统”上线试运行，并完成全国春耕、“三夏”、“三秋”主要农时农业机械化新技术推广应用、宣传培训等情况有关数据的统计工作。

6 月 12 日

2012 年全国农业机械化技术推广站长会议在山东省青岛市召开。农业部副部长张桃林出席会议并讲话。农业部农业机械化管理司司长宗锦耀主持会议。

6 月 18—23 日

农业部农业机械化技术开发推广总站组织人员赴德国参加由德国农协举办的“田间日”活动。以站长刘宪为团长的考察团访问德国食品、农业和消费者保护部，并就中德合作项目甘河农场的进一步合作进行沟通交流。

6 月 27 日

农业部农业机械化技术开发推广总站印发《2012 年为农民办实事工作方案》。2012 年农业部农业机械化技术开发推广总站依托南方丘陵地区 11 个省(区、市)农机推广机构和安全监理机构，向新建和续建的 45 个联系点和 1100 个骨干示范户赠送《农机科技推广》杂志等技术资料近 2 万份，向农民赠送各种农机具 110 多台(套)。

7 月 9 日

农业部农业机械化技术开发推广总站印发《关于加快水稻生产全程机械化区域服务中心项目实施进度的通知》，要求有关项目实施单位按照项目初步设计和合同要求做好仪器设备验收、机具采购和土建工程建设等工作，确保项目如期完成验收。

7 月 9 日

农业部农业机械化技术开发推广总站印发《2012 年全国农业机械化技术推广站长会议纪要》，要求各地结合工作实际，认真贯彻落实。

7 月 11 日

全国拖拉机联合收割机牌证制发监督管理培训班在云南省昆明市举办。全国各省(区、市)农机安全监理站分管牌证工作的领导和牌证管理科长参加培训。

7 月 16 日

农业部农业机械化技术开发推广总站印发《关于开展基层农机推广体系改革与建设情况调研活动的通知》，组织开展全国基层农机推广体系改革与建设情况调研。

7 月 19 日

农业部农业机械化技术开发推广总站组织起草完成《农业机械安全监督管理牌证业务档案管理规范(征求意见稿)》，并将征求意见稿印发各省(区、市)及计划单列市农机安全监理站(所、总队)、新疆生产建设兵团农机监理站等单位征求意见。

7 月 30 日

由农业部农业机械化技术开发推广总站领导带队的农业部“水稻机械化育插秧技术示范”项目督导组一行，到湖南省永州市冷水滩区检查项目实施工作。

7 月 31 日

农业部农业机械化技术开发推广总站在湖南省长沙市召开农业机械化技术推广培训教材编写工作研讨会，交流农业机械化技术推广培训工作，研讨《农业机械化生产综合技术培训教材大纲》和《农业机械化技术推广人员培训教材大纲》。

8 月 8 日

农业部农业机械化技术开发推广总站印发《关于农机具移动式安全检测装备项目建设实施有关事项的通知》，要求各地有关单位配合做好相关工作，确保项目顺利实施。

8 月 24 日

农业部农业机械化技术开发推广总

站在北京召开新修订的《农业技术推广法》宣贯准备工作座谈会。会议邀请部分省区市有关专家对“贯彻农业技术推广法有关问题研究提纲”和“农业机械化技术推广机构建设规范”等问题进行研究座谈。

9 月 17—19 日

农业部农业机械化技术开发推广总站在浙江省杭州市组织召开主要农作物生产机械化示范项目推进会暨项目验收会，对 29 个项目省承担的水稻育插秧和玉米、油菜、花生、马铃薯生产机械化示范项目进行验收，同时还对农业机械化技术示范推广项目申报、实施、管理进行培训。

9 月 21 日

全国“三秋”农业机械化生产技术培训示范暨玉米机械化收获加工现场演示展示会在内蒙古包头市土默特右旗举办。

9 月 24—26 日

农业部农业机械化技术开发推广总站在大连召开拖拉机牌证专项治理工作座谈会。专项治理活动期间，全国共出动农机执法人员 30 余万人次，拖拉机牌证业务进一步规范，农机事故隐患明显减少。

9 月 27—29 日

农业部农业机械化技术开发推广总站在北京举办省级农机安全监理网信息员培训班。培训班对政务信息报送要点、信息编辑技巧和信息提交规范进行培训。

9 月 28 日

反映农业部农业机械化技术开发推广总站 30 年发展历史的画册——《跨越发展 30 年 1982—2012》首发仪式在北京举行。农业部农业机械化管理司司长宗锦耀，中国工程院院士、中国农业大学教授汪懋华等领导出席首发式。农业部农业机械化技术开发推广总站站长刘宪主持仪式并致谢词。

9 月 28 日

农业部农业机械化技术开发推广总站在北京召开农机具购置补贴机具 2013 年分类分档补贴额测算办法座谈会。会议邀请 10 余家农机生产企业代表参加。

9 月 29 日

2012 年《农机科技推广》杂志编委会在北京召开，来自各省（区、市）、新疆生产建设兵团、黑龙江农垦总局农机推广站杂志编委 40 余人参加会议。

9 月 29 日

中国农业技术推广协会农业装备与工程技术分会在北京召开了第一届常务理事会第六次会议、第二届会员代表会议和第二届常务理事会第一次会议，完成分会换届选举工作。

9 月

农业部农业机械化技术开发推广总站成立 30 周年之际，农业部部长韩长赋和副部长张桃林分别给全国农机推广与监理系统和农业部农业机械化技术开发推广总站成立 30 周年题词。韩长赋部长的题词是“科学推广，文明监理”；张桃林副部长的题词是“推广先进技术，保障安全作业”。

10 月 9—11 日

农业部农业机械化技术开发推广总站在新疆乌鲁木齐组织召开全国农机农艺融合研讨会。来自全国 32 个省（区、市）、计划单列市和新疆生产建设兵团、黑龙江省农垦总局以及部分重点市县农机推广站 100 余位代表参加会议。

10 月 11 日

2012 年全国省级农机安全监理站长会在宁夏银川举行。农业部农业机械化技术开发推广总站站长刘宪、副站长涂志强、宁夏回族自治区农牧厅巡视员马明、农业部农业机械试验鉴定总站副站长朱良等领导以及来自全国各省（区、市）、计划单列市农机安全监理站（所）、新疆生产建设兵团农机安全监理站的站长出席会议。

10 月 11 日

2012 年首批农机具移动式安全技术检测装备配发暨演示活动在宁夏回族自治区银川举办。农业部农业机械化管理司司长宗锦耀主持发放仪式，农业部副部长张桃林在发放仪式上发表讲话。

10 月 17 日

农业部农业机械化技术开发推广总站印发《关于开展微孔渗灌技术试验示范的通知》，组织在北京、天津、黑龙江、湖北等 4 省市及新疆生产建设兵团开展微孔渗灌技术试验示范工作。

11 月 25—28 日

农业部农业机械化技术开发推广总站组织起草的《农业机械机身反光标识》农业行业标准通过农业机械化行业标准委员会审定。

11 月

农业部农业机械化技术开发推广总站组织开展中国农业技术推广协会农机专家的遴选工作、农业装备与工程技术分会会员单位先进集体和先进个人的推荐工作。

中国农机安全报社

2011 年 12 月 29 日

中国农业机械化协会、中国农机化导报和奇瑞重工股份有限公司联合主办“奇瑞重工杯”2011 年全国农业机械化十大新闻评选活动。

2012 年

2 月 1 日

农业部向国家非时政类报刊出版单位体制改革工作联席会议办公室报送“农业部关于报送首批非时政类报刊出版单位体制改革实施方案的函”。

2—3 月

中国农机安全报社 4 名社领导分别带 4 个组开展“百乡万户调查”的相关跟踪宣传报道工作。

3 月

中国农机安全报社组织全体人员到江西省开展江西省农业机械化又好又快发展主题采访活动。

4 月初

中国农机安全报社在中国农机新闻网上开办“微博快讯”栏目。

5—11 月

中国农机安全报社参与国家知识产权局《2012 年度专利分析普及推广项目》《农业机械行业专利分析》课题组活动。

5 月 21 日至 7 月 9 日

中国农机安全报社对“三夏”跨区作业进行深度报道。

6—11 月

中国农机安全报社参与农业与生物系统工程科技创新发展战略论坛活动。

7 月 1—3 日

中国农机安全报社主办全国农机行业十大女杰沙龙恳谈会。

7 月 13 日

农业部宣布李耀辉任中国农机安全报社社长、总编辑。

7 月 16 日

国家非时政类报刊出版单位体制改革工作联席会议办公室下发报刊改办[2012]24 号“关于同意中国农机安全报社体制改革实施方案的批复。”

8 月 11 日

中国农机安全报社组织召开农机行

业知识产权研讨会。

9—11 月

中国农机安全报社设立“迎接十八大专版”，用 52 个版面分别报道全国农业机械化系统 30 家单位十六大以来的 10 年所取得的辉煌成就。

9—12 月

《中国农机化导报》每期以 2 个版面开展“秋季农业机械化实用技术下乡”系列宣传活动。

11 月 27 日

中国农机安全报社召开农机行业近 100 名人士参加的 2012 年度中国农机化导报宣传工作会议。

地 方 篇

北 京 市

2011 年 11 月

免去沈瀚北京市农业机械试验鉴定推广站站长、党总支副书记职务，按有关规定办理退休手续。任命杨立国为北京市农业机械试验鉴定推广站站长、党总支副书记。任命李德忠为北京市兽药监察所（北京市饲料监察所）党支部书记，免去其北京市农业机械试验鉴定推广站党总支书记职务。任命肖勇为北京市农业机械试验鉴定推广站党总支书记、副站长。任命张加勇为北京市畜牧业环境监测站（北京市牧草种子检验中心）党支部书记、副站长，免去其北京市农业机械试验鉴定推广站副站长职务。

12 月 8 日

北京市财政局、北京市发展和改革委员会联合印发《关于停止征收农机监理收费的通知》，北京市农机免费管理工作全面展开，停止征收拖拉机号牌、行驶证、登记证书、驾驶证、驾驶员考试费等十项农机行政事业性收费。

2012 年 1 月 10 日

北京市农机安全生产联合行动协调小组召开 2012 年第一次协调会议。会议总结 2011 年北京市农机安全生产联合行动工作，研讨进一步加强信息沟通、加强农用运输车辆监管和加强农机经营企业检查等问题，并就做好 2012 年联合行动工作进行交流。北京市农村工作委员会委员郝霞、市安全监管局副局长陈清、市农业局副局长王振邦、市公安交通管理局副局长李立宁等出席会议。

2 月 8 日

任命周春江为北京市植物保护站站长，免去其北京市农业机械监理总站党支部书记、站长职务；任命罗福勤为北京市农业局农业机械化管理处副处长，免去其北京市农业机械监理总站副站长职务。任命王丽洁为北京市农业机械监理总站站长、党支部副书记，任命王以中为北京市农业机械监理总站党支部书记、副站长。

2 月 18—21 日

由北京市农业局主办、市农业机械试验鉴定推广站承办的“第七届世界草莓大会”北京农机展在昌平区草莓博览园国际草莓产业展 2 号馆内开展，展会主题为“腾飞的北京设施农业机械化”。通过这次国际性大会向国内外参会代表和观众展示宣传北京市设施农业机械化水平，示范推广北京地区先进适用的设施农业机械化新装备和新技术。

4 月 13 日

北京市农业局召开 2012 北京市春耕备耕农机安全生产现场会，部署“春耕”农机安全工作重点，并对农机政策性保险、农机监理免费管理等政策进行宣传。农业部农机监理总站站长刘宪、副站长涂志强，北京市农业局副局长王振邦等领导出席会议并讲话。

4 月 13 日

农业部农机监理总站站长刘宪、副站长涂志强，北京市农业局副局长王振邦等对北京市顺义区农机监理所“为民服务创先争优”示范窗口创建工作进行指导。

4 月 19 日

北京市农业机械试验鉴定推广站与世界最大的专业化草莓种苗公司——拉森峡谷苗圃有限公司合作，组织召开“国外草莓育苗全程机械化技术交流观摩会”。

5 月 14 日

“北京市农业机械化科技创新推广行动”启动仪式在顺义区高丽营镇召开。农业部科教司副司长向青云、农业部农机推广总站站长刘宪、北京市农村工作委员会副主任李成贵、北京市发展和改革委员会副主任蒋力歌、北京市科学技术委员会委员王建新、北京市财政局副局长李玉国、北京市农业局局长赵根武等出席启动仪式，各区县相关单位共 200 余人参加活动。在启动仪式上发放现代农业示范区配套农机具，技术人员对 2012 年北京市农机部门主推的“十项技术”及机具做介绍。

5 月 22 日

北京市农村工作委员会、市农业局、市安全监管局、市工商局、市质量技术监督局、市公安交通管理局联合召开北京市 2012 年农机安全生产联席会议成员单位联络员座谈会，研究落实《关于印发 2012 年北京市农机安全生产联合行动实施方案的通知》和《关于集中开展农机安全生产“打非治违”专项行动的通知》两个文件精神，对深入开展联合行动及具体工作部署进行沟通。

6 月 12 日

北京市农村工作委员会、市农业局、市安全监管局、市公安交通管理局联合举办了“2012 年农机安全生产宣传咨询日”活动，明确“三夏”农机安全生产工作目标。活动引入“参与式、互动式、启发式”宣教方式，与农民机手开展农机安全知识问答，取得良好的宣传效果。

6 月 16 日

农业部农业机械化管理司司长宗锦耀、副司长刘恒新、副司长胡乐鸣及有关处室领导在北京市农业局局长赵根武、副局长王振邦陪同下，到顺义区兴农天力农机专业合作社调研，并来到三夏小麦机收作业现场为农机手发放农机安全宣传用品。

6 月

张晓晟由北京市农业局农业机械化管理处调任北京市农村工作委员会新农村建设督察处（农产品流通处）副处长。

7 月 21 日

北京市房山区遭遇北京有气象记录以来最大的暴雨袭击，日降水 500 毫米以上，灾害严重。北京市农业局副局长王振邦带领农机处、市农机试验鉴定推广站有关人员到房山区石楼镇指导开展农机抗灾减灾工作。

7 月 24 日

北京市顺义区农机监理所获得全国农机监理“为民服务创先争优”示范窗口表彰，顺义区农机监理所董德忠、平谷区农机监理所王晓东获得全国农机监理“为民服务创先争优”示范岗位标兵荣誉称号。

8 月 1—2 日

由中国农业机械化协会主办，北京市农业机械试验鉴定推广站等单位协办的设施农业装备现场展演活动在北京市小汤山农业科技示范园举办。农业部副部长张桃林莅临活动现场，农业部农业机械化管理司司长宗锦耀、巡视员丁翔文，农业部农机试验鉴定总站站长刘敏，北京市农业局局长赵根武、总农艺师郑渝等出席。现场集中展演近年来在北京市设施农业领域研究、试验示范、推广的多种新型农机设备与技术。

8 月 16 日

北京市农机“政企联动”培训工作启动仪式在北京亨运通机械有限公司举行。农业部农业机械化管理司巡视员丁翔文、农业部农机试验鉴定总站副书记国彩同、北京市农业局副局长王振邦及各区县农业局、农机服务中心主管领导和培训学员共 100 多人参加活动。

8 月 27—31 日

京津沪渝四直辖市农机交流会在北京举行。农业部农业机械化管理司司长宗锦耀、副司长刘恒新，北京市农业局局长赵根武、副局长王振邦，天津市农机局副局长胡伟，上海市农机办主任施忠，重庆市农委副主任、农机办主任秦大春等出席。会议期间，参会的 30 余位代表先后到北京市新型农业机械试验展示基地和第十八届国际食用菌大会主展区进行参观指导。

8 月

任命宫少俊为北京市农业局农业机械化管理处副处长，任命李小龙为北京市农业机械试验鉴定推广站副站长。

9 月 3 日

北京市农业局、市安全监管局联合组成北京市“平安农机示范区”考评小组，对平谷区创建全国平安农机示范区相关工作进行检查考评。经考评小组检查通过，推荐平谷区参评全国平安农机示范区。

9 月 21 日

任命王以中为北京市农业局宣传教育中心主任、党支部副书记，免去其北京市农业机械监理总站党支部书记、副站长职务。

10 月 11 日

北京市副市长夏占义，市农村工作委员会主任王孝东，市农业局局长赵根武、副局长王振邦、总农艺师郑渝等组成检查组到大兴区、通州区的小麦种植现场指导工作。

10 月 23 日

任命肖勇为北京市农业局政策法规处处长，免去其北京市农业机械试验鉴定推广站党总支书记、副站长职务。

10 月 26 日

任命秦贵为北京市农业机械试验鉴定推广站党总支书记职务；任命王宇为北京市农业机械监理总站党支部书记、副站长。

天 津 市

2011 年 12 月 6 日

国务院安全生产委员会安全生产综合督察组一行在组长陈刚、马红兵率领下深入宝坻区农机安全监理站，检查指导农机“安全生产年”工作。天津市安全生产监督管理局局长张时善、副局长宋国和天津市农业机械局副局长刘志伟等陪同。

12 月 8 日

由天津市农机推广总站与中国农业大学共同承担的设施农业精细生产管理技术试验示范项目通过天津市农村工作委员会验收。

12 月 13 日

农业部、国家安全监管总局印发《关于公布 2011 年全国“平安农机”示范县名单的通知》，武清区被评为 2011 年全国“平安农机”示范县。

12 月 14 日

农业部农业机械化管理司印发《关于公布全国农机安全监管知识竞赛获奖名单的通知》，西青区农机安全监理站荣获集体组织奖。

12 月 17 日

天津市委农工委书记、市农村工作委员会主任张国庆一行到农机办调研。市农机办主任刘宝忠汇报设施农业提升工程机械化实施意见及近期农业机械化重点工作。

12 月 20 日

由天津市农机研究所承担的棉花种植清洁生产配套残膜回收机械化综合技术推广项目通过市农村工作委员会验收。天津市农业机械局副局长胡伟及项目实施区县有关人员参加验收会。

12 月 25—26 日

天津市农业机械局召开 2011 年度农机安全监理工作会议。各区县农机局局长、主管安全监理工作的副局长及农机安全监理站站长近 40 人参加。天津市农业机械局副局长胡伟到会并讲话。

12 月 28—29 日

天津市农机推广总站召开 2011 年度农机推广工作会。天津市农业机械局党委副书记陶旭、各区县农机局主管局长和推广站站长等 50 余人参加会议。

12 月 30 日

天津市农业机械局召开全市耕地深松及激光平地作业补贴项目总结座谈会。蓟县、宝坻、武清、宁河、静海、西青、北辰、大港 8 个项目区县的农机局主管局长、管理科长参加会议。天津市农业机械局副局长胡伟、刘志伟出席会议。

2012 年 1 月 10—11 日

天津市农机试验鉴定站组织 2011 年度天津市秸秆气化站安全运行管理培训班。武清、蓟县、静海、宝坻的农委、生态办以及秸秆气化站的 20 余名学员参加培训。

1 月 11 日

由天津市农机研究所承担的《保护性耕作机械化深松作业技术规范》地方标准通过审查。

1 月 18 日

天津市农业机械局召开全市农业机械化工作会议。会议传达中央农村工作会议、全国农业机械化工作会议精神，总结 2011 年天津市农业机械化工作，部署 2012 年农业机械化工作目标任务。涉农区县农机管理部门领导、市局机关处级以上领导干部及直属单位领导共计 50 余人参加会议。

2 月 9 日

天津市农业机械局召开农业机械化学校校长座谈会。天津市农业机械局副局长胡伟、市农村工作委员会科教处副处长张晓东等到会并讲话。涉农区县农机管理部门主管教育培训工作的副局长、农业机械化学校校长等约 30 人出席会议。

2 月 16 日

天津市农业机械局召开 2012 年农

机年度检审工作会议。市区县农机监理站站长参加会议。

2 月 17 日

天津市农机推广体系建设工作座谈会在武清区召开。市农机推广总站领导及涉农区县农机推广站站长参加座谈会。

2 月 23 日

天津市农机试验鉴定站召开设施农业生产环境安全技术示范推广项目工作会,西青、北辰、宝坻、蓟县 4 个项目示范区县的负责人和技术人员参加会议。

3 月 1 日

天津市农业机械化示范推广中心召开秸秆气化示范工程现场会,市农业机械局局长刘宝忠,市农业机械局副局长胡伟、刘志伟及涉农区县管理部门相关领导参加会议。

3 月 8 日

天津市农业机械局开展 2012 年天津市农业机械化青年科技创新基金项目评审工作,11 个项目通过评审立项。

3 月 12 日

天津市农业机械局印发《关于做好 2012 年度农机购置补贴工作的通知》,对农机购置补贴工作作出部署。

3 月 15 日

天津市农业机械局印发《天津市 2012 年农机打假专项治理行动方案》,对农机打假工作作出部署。

3 月 19 日

天津市农业机械局召开农机购置补贴工作座谈会。涉农区县农机管理部门主管副局长、管理科长及各农机补贴经销单位负责人共 50 余人参加会议。

3 月 20 日

天津市农业机械局召开农机购置补贴工作会议,涉农区县农机部门的局长、主管副局长、管理科长及各农机补贴经销单位负责人近 80 人参加会议。市农业机械局副局长胡伟、刘志伟及纪检书记张顺义出席会议。

3 月 22 日

天津市农业机械局举行市拖拉机智能化考试现场会暨农机驾驶员考试中心启动仪式。涉农区县农机管理部门主管领导、农机安全监理站站长、农业机械化学校校长共 80 多人参加启动仪式。市农业机械局局长刘宝忠到会并讲话,中国农机安全报社副社长王建鹏应邀参加。

3 月 22 日

天津市农业机械局印发《2012 年天津市农机购置补贴政策落实监督检查工作方案》,明确 2012 年农机购置监督检查的主要内容、重点活动及工作要求。

3 月 27 日

天津市农业机械局召开工厂化育秧设备现场会,市财政局及宝坻、宁河、蓟县农机局及相关水稻种植合作社负责人、农机大户等共 60 余人参加。

3 月 27 日

天津市农机研究所和静海县农机中心开展果树剪枝机械化技术和静电喷雾技术科技下乡活动。市农业机械局副局长胡伟、市农机研究所及相关涉农区县农机管理部门领导及科技人员、新闻媒体及林果种植专业户 60 多人参加。

3 月 27 日

天津市农业机械局印发《关于开展 2011 年度农机购置补贴政策落实情况自查自纠工作的通知》,组织各区县农机部门集中开展 2011 年度农机购置补贴政策落实情况自查自纠工作。

4 月 9 日

天津市农业机械局与市市政公路管理局联合印发《关于加强 2012 年联合收割机跨区作业管理的通知》,对天津市联合收割机跨区作业的组织管理及跨区作业证发放等工作进行部署。

4 月 19 日

中纪委驻农业部纪检组副组长、农业部监察局局长董涵英一行,在天津市委农工委副书记、市纪委驻市委农工委纪检组组长张懿、市农业机械局纪检书记张顺义等人的陪同下,到天津市武清区考察农机购置补贴工作。

4 月 23 日

天津市农机试验鉴定站召开秸秆气化工程改造论证会。农业部规划设计院研究员李长生、农业部环境保护科研监测所研究员张克强、天津农学院教授张伟玉、市农业资源与环境研究所研究员高贤彪、中国农业大学副教授王宇欣及市农村工作委员会村镇处副处长崔绍丰、市农业机械局副局长胡伟等参加。

4 月 23 日

天津市总工会印发《关于授予 2011 年天津五一劳动奖状、五一劳动奖章的决定》,市农机试验鉴定站丁润进、北辰区农机发展服务中心秦瑞海荣获 2011 年度天津市"五一"劳动奖章。

4 月 28 日

天津市农机推广总站与滨海新区大港农机技术推广站共同举办保护性耕作暨免耕播种高效植保现场会。

5 月 3 日

天津市农业机械局召开 2012 年耕地深松及激光平地作业补贴项目培训会。蓟县、宝坻、武清、宁河、静海、北辰、大港 7 个项目实施区县的农机管理部门主管副局长、管理科长及具体工作人员参加培训。

5 月 4 日

天津市农业机械局召开耕地深松及激光平地作业补贴项目工作会。蓟县、宝坻、武清、宁河、静海、北辰、大港 7 个区县的农机管理部门局长、主管副局长及管理科长参加会议。市农业机械局副局长胡伟、刘志伟出席会议。

5 月 8 日

天津市农业机械局印发《关于印发天津市农机安全生产"打非治违"专项行动实施方案的通知》,对"打非治违"工作作出部署。

5 月 9 日

天津市纠风办副主任王艳玲一行,在市委农工委监察室主任郑若冰、市农业机械局副局长胡伟的陪同下,到宝坻区调研农机购置补贴工作。宝坻区副区长艾玉昆及区纠风办负责人参加调研。

5 月 14 日

天津市农机推广总站召开《玉米种植机械化技术规范》农业行业标准制定工作研讨会。农业部农业机械化技术开发推广总站总工程师徐振兴、推广处副处长张园、市农业机械局副局长胡伟及来自辽宁、内蒙古、北京、天津等玉米种植典型省区市的农机、农艺专家参加研讨。

5 月 15 日

天津市农机推广总站在滨海新区召开水产健康养殖机械化技术推动会暨区县农机推广站站长工作会。涉农区县的农机推广站站长、科技人员以及水产养殖大户代表等 50 余人参加会议。农业部农机推广总站、市农业机械局、天津科技大学等单位的有关领导及专家应邀出席会议。

5 月 25 日

天津市农业机械局召开"三夏"农业机械化生产工作会议。蓟县、宝坻、武清、静海、西青、北辰、大港 7 个小麦主产区县的主管业务局长及管理科长参加会议。市农业机械局副局长胡伟主持会议。

5 月 30 日

由天津市农机推广总站承担的池塘养殖水体净化与增氧技术引进示范项目通过市农村工作委员会验收。

6 月 5 日

天津市农业机械局召开农业科技教育工作会议，传达全国农业科技教育工作会议精神。市农业机械局副局长胡伟、局直属各单位有关负责人参加会议。

6 月 12 日

天津市农业机械局在静海县举办小麦机械化收获开机仪式。

6 月 13 日

天津市质量技术监督局在市农业机械局召开《微耕机卷帘机作业安全技术规范》和《微耕机卷帘机安全监理检验技术规范》地方标准审查会。天津市质量技术监督局、市农标委、市农业机械局有关领导参加会议。

6 月 14 日

天津市农村工作委员会副主任沈欣一行到市农业机械化示范推广中心调研指导工作，市农业机械局党委书记刘宝忠、副局长胡伟等陪同。

6 月 19—21 日

华北地区农机安全监理工作交流会在天津召开。北京、河北、山西、内蒙古、天津的农机监理总站站长和部分基层农机监理工作负责人参加会议，会议邀请辽宁省农机监理总站站长及大连市农机监理所所长参加。农业部农业机械化管理司安全监理处处长范学民、农业部农机监理总站副站长涂志强、市农业机械局副局长胡伟出席会议并讲话。

6 月 28 日

天津市农业机械局印发《关于加强农机购置补贴政策执行工作的通知》，对农机补贴相关政策执行情况进行检查。

7 月 6 日

天津市农业机械局召开半年农机管理工作总结会。各涉农区县农机部门的主管局长、管理科长及各农机购置补贴经销单位负责人共 50 余人参加会议。市农业机械局副局长胡伟出席会议。

7 月 10 日

天津市农业机械局召开全市农业机械化技术学校校长暨农机职业技能考评员现场考评观摩会。市农业机械局副局长胡伟，市农村工作委员会科教处副处长张晓东、副处长马东旭等领导到会并讲话。

7 月 24 日

天津市北辰区农机发展服务中心农机安全监理科被农业部评为 2011—2012 年度全国农机安全监理“为民服务创先争优”示范窗口，宝坻区农机安全监理站云凤印和宁河县农机安全监理站孙克强被评为“为民服务创先争优”示范岗位标兵。

7 月 24—25 日

天津市农业机械局举办天津市 2012 年农机监理业务培训班。各区县农机监理站站长、农机事故统计员、农机检验员、农机牌证管理员共 40 余名农机监理员参加培训。

7 月 25—26 日

天津市农业机械局召开全市农业机械化工作座谈会，总结 2012 年上半年农业机械化工作，部署下半年工作。市局机关与各区县农机管理部门领导参加会议。

7 月 27 日

天津市农业机械局印发《关于加强农机安全防汛工作的紧急通知》，指导各区县农机部门切实发挥农业机械在防汛抗灾中的作用，确保农业丰产丰收。

8 月 7 日

天津市人民政府印发《天津市人民政府关于方秋明等任免职务的通知》，韦恩学任天津市农业机械发展服务中心（天津市农村工作委员会农业机械管理办公室）主任。

8 月 17 日

天津市农机综合试验楼工程项目奠基。市农业机械局党委书记、局长韦恩学，党委副书记陶旭，纪检书记张顺义参加奠基仪式。

8 月 21 日

天津市农机系统能源利用测试站通过市质量技术监督局实验室资质认定专项监督检查。

9 月 5 日

天津市农村工作委员会副主任马超英、市安监局副局长宋国、市农业机械局副局长胡伟及市农村工作委员会社会发展处、市安监局监管二处、市农业机械局安全监理处等有关领导对滨海新区大港“平安农机”创建活动开展情况进行全面检查。

9 月 10 日

天津市农业机械局召开全市农业机械化技术学校校长座谈会，区县农业机械化学校校长和教师 20 余人参加座谈会。市农业机械局局长韦恩学、副局长胡伟出席会议。

9 月 15—25 日

天津市农业机械局结合“打非治违”工作，开展为期 10 天的全市农机安全专项治理活动。

10 月 10 日

天津市农业机械局召开天津市农业机械化新技术新成果展示会新闻发布会。市农业机械局副局长胡伟主持会议。

10 月 15 日

天津市农业机械局纪委书记张顺义到北辰区检查农机购置补贴政策落实和执行情况。

10 月 19 日

天津市农业机械局召开农机实用技术培训进度督查会。区县农业机械化学校校长及骨干教师 20 余人参加会议。

10 月 19 日

农业部农机监理总站副站长涂志强一行 4 人到天津检查指导农机安全监理工作。市农业机械局局长韦恩学陪同。

10 月 22 日

天津市农业机械局召开农业机械化工作交流汇报会，总结交流前三季度各项工作，部署和推动四季度任务落实。

10 月 24 日

天津市农业机械局召开全市农机合作社建设经验交流会。各涉农区县农机管理部门领导、管理科长，部分典型农机合作社负责人共 60 余人参加会议。市农业机械局局长韦恩学出席会议。

10 月 24 日

天津市农机试验鉴定站承担的天津市农业科技示范推广项目设施农业生产环境安全技术示范推广项目通过市农村工作委员会验收。

10 月 29—30 日

天津市农业机械局举办设施农业装备安全生产培训班。各区县农机监理站站长、设施农业装备监管员、设施农业园区安全员代表共 50 余人参加培训。

10 月 30 日

天津副市长文喜到市农机发展服务中心调研。市农机发展服务中心党委书记、主任韦恩学及领导班子成员陪同调研。

10 月

天津市农机展示中心建成，占地1.1 公顷，展厅面积 11 000 平方米。

11月2日

天津市农业机械局召开市级农机专业合作社创建项目专家评审会，评审出10个农机合作社为2012年市级农机专业合作社创建项目扶持对象。

河 北 省

2011年12月6日

河北省农业厅党组决定郭恒任省农业机械化管理局副局长，免去其省农业机械化管理局副调研员职务。

12月28日

河北省人民政府召开第99次常务会议，讨论通过《河北省农业机械管理条例（草案）》，提请省人大常委会审议。

2012年2月9日

河北省人大常委会召开《河北省农业机械管理条例（草案）》论证座谈会，对《河北省农业机械管理条例（草案）》进行论证座谈，听取部分省人大常委、人大代表和省人民政府有关部门的意见和建议。省农业厅副厅长李永山汇报《河北省农业机械管理条例（草案）》起草情况。

2月22日

河北省农业机械化工作会议在石家庄市召开，各设区市农业（农牧）局主管农机工作的局长、管理科长，农业机械化技术推广站站长和各事业站领导成员参加会议。省农业厅副厅长李永山出席会议并讲话。会议总结2011年农机工作，安排部署2012年工作。

3月27日

在河北省十一届人大常委会第二十九次会议上，省农业厅厅长赵国岭作《关于河北省农业机械管理条例（草案）的说明》，省人大常委会农业和农村工作委员会作《关于河北省农业机械管理条例（草案）的审查报告》。

3月31日

河北省农机部门召开全省农机购置补贴工作会议，第一批农机购置补贴资金6.2元分解下达各县、市、区，2012年农机购置补贴工作正式启动。

4月25—27日

全国保护性耕作暨河北省春播现场会在承德市召开。农业部农业机械化管理司、农业机械化开发推广总站、省农业厅、农业机械化管理局、农机推广总站领导，内蒙古、新疆、甘肃等10省、区、市春玉米种植区农机推广部门负责人近400人参会。

6月6日

河北省召开全省防汛抗旱暨“三夏”生产电视电话会议。副省长沈小平出席会议并讲话，部署防汛抗旱和“三夏”生产工作。

6月7日

河北省小麦机收启动仪式在成安县长巷乡大边董村举行。省农业机械化管理局局长张连才通报全省小麦机收及跨区作业情况，省农业厅副厅长李永山宣布2012年小麦机收作业开始。

6月12日

河北省省长张庆伟到赵县调研检查“三夏”工作，要求抓住机收作业的最佳时机，加强组织调度，科学调配农机具开展机收作业，进一步提高收割效率，加快麦收进度，确保颗粒归仓。省委常委、石家庄市委书记孙瑞彬，副省长沈小平，省长助理、省人民政府秘书长尹亚力等陪同。

6月21日

河北省2 404.67千公顷小麦收获结束，其中机收面积2 368.67千公顷，机收率98.5%，实现夏粮丰产丰收，颗粒归仓。河北省小麦自6月7日开始收获，历时15天。

7月27日

河北省十一届人大常委会第三十一次会议上，省人大法制委员会副主任委员张庆华作《河北省农业机械管理条例（草案）修改情况的报告》，以民主表决方式通过《河北省农业机械管理条例》。该条例分为总则、科技推广、质量保障、社会化服务、安全监理、法律责任、附则等共七章五十一条，自2012年11月1日起施行。

7月31日

按照河北省人民政府关于机关标准化阶段要求，发布《河北省农业机械化管理局工作手册》，与厅质量体系文件同步试运行；制定农业机械购置补贴、小麦跨区作业、保护性耕作项目三个工作指导书。工作手册明确单位职责，确定河北省农业机械化管理局的质量目标。

10月16日

河北省3 851.33千公顷秋粮全部收获完毕，其中，玉米机收率超过45%，比2011年增长10%左右。冬小麦已播种2 090.89千公顷，占预计播种面积的86%，其中小麦机播2 077.96千公顷。

10月26日

农业部副部长余欣荣带领部种植业司、财务司、发展计划司、农业部农业机械化管理司、农技推广中心等单位负责同志，到保定市考察秋粮收获、冬小麦播种和设施蔬菜发展等情况。河北省人民政府副省长沈小平、副秘书长曹振国，省农业厅厅长赵国岭、副厅长张文军，保定市市长李谦、副市长石海林等陪同考察。

10月31日

河北省2 413.33千公顷冬小麦已播种完毕，秋冬种工作基本结束，其中机播率97%。

山 西 省

2011年12月28日

山西省农机研究院承担的省科技攻关项目“高层建筑供热系统节能控制技术及设备”通过省科技厅鉴定，结论为：国际领先水平；承担的软科学项目“山西省农机购置补贴中长期政策”通过省科技厅验收，结论为：国内领先水平。

2012年1月3日

山西省农机局联合省安全生产监督管理局对2011年10个省级平安农机示范县、120个平安农机乡（镇）进行通报表彰。

2月3日

山西省委副书记金道铭，省委副秘书长、省委农村工作领导组专职副组长张克强等领导一行到省农机局调研农业机械化工作。

2月10日

任命张玉峰为山西省农业机械化技术推广总站站长。

2月26日

山西省农业机械化工作会议在太原召开。会议传达中央农村工作会议、全国农业农机工作会议和省委农村工作会议精神，总结交流2011年全省农业机械化发展和农业机械化工作情况，并对2012年农业机械化工作进行安排部署。副省长郭迎光出席会议并讲话。

2月27日

“第七届北方现代农业装备推广展示交易会暨山西省农机科技促进年活动启动仪式”在山西现代农机推广展示服务中心举办。展会展示100余家农机生产企业的13大类400余种机型。

3月22日

山西省委书记袁纯清在蒲县薛关村马铃薯机械化生产基地，调研马铃薯种植与机械化生产情况时指出：“要大力发展现代农业，最大限度地提高种植业效益。小土豆、大产业，既要抓好技术、资金、种苗投入，又要抓好市场开发和深度加工，还要引导农民抓好科学种植和管理”。

4 月 17 日

在 2011 年度山西省政风行风测评考核中，山西省农机局名列省直部门管理机构第一名，被省人民政府评为政风行风先进单位。

4 月 22 日

《节能型农村户用多源集成热平衡地源热泵取暖制冷系统研究》和《牵引式玉米秸秆粉碎揉搓回收打捆机》项目通过山西省科技厅组织的科技成果鉴定，分别达到国际先进水平和国内领先水平。

4 月 27 日

首届“山西农耕文化暨农业机械化发展成就展”举办。展览以“弘扬三晋农耕文化，推进现代农业发展”为主题，以农耕器具演变过程为主线，展出实物 300 余件，反映山西的农耕文明史以及近年来山西省在农业机械化发展方面取得的成就。

4 月 29 日

在山西省“五一”表彰大会上，山西省农机局保护性耕作技术研究组被山西省劳动竞赛委员会授予“工人先锋号”称号。

5 月 3 日

山西省科技厅发布《山西省科学技术奖励委员会关于 2011 年度山西省科学技术奖励的决定》，《山西省设施农业机械化工程技术集成与示范》项目荣获科技进步三等奖。

5 月 15 日

山西省柠条机械平茬加工利用现场会在左云县召开，现场会演示柠条机械化平茬作业和柠条饲料生产加工过程，并部署 2012 年柠条机械化平茬工作。

5 月 26 日

山西省委书记袁纯清对全省机械化春耕生产和“三夏”机械化作业准备情况作出批示：“不仅抓好机耕机收，还要推动秸秆还田工作”。

6 月 6 日

山西省委书记袁纯清，省委常委、秘书长杜善学在运城市委市人民政府领导陪同下，深入夏县裴介镇墙下村，视察小麦机收和秋粮复播情况，并慰问奋战在“三夏”一线的广大农民和农机手。

6 月 18 日

山西省委副书记金道铭对 2012 年全省机械化春耕生产和“三夏”机械化作业准备情况作出批示：“充分发挥农机系统职能作用，积极推进全省农业发展，促进农民持续增收”。

7 月 9 日

山西省编委会印发《关于印发山西省农业机械发展中心（山西省农机局）主要职责内设机构和人员编制规定的通知》；核定省农机局 8 个内设机构；核定财政拨款事业编制 55 名；核定局领导职数 5 名（其中局长 1 名、副局长 3 名、总工程师 1 名）；核定内设机构处级领导职数 11 正 12 副。

7 月

在 2012 年上半年各省农业机械化生产信息工作考核评比中，山西省农机局“春耕农机作业进度”、“三夏农机作业进度”和“文字材料”考核名列前茅，总分排名全国第一。

8 月 13—14 日

山西省上半年农业机械化工作暨市县农机局长培训会议在太原召开。会议传达全国农业厅局长座谈会议精神，讨论农业机械化发展和农业机械化工作中的新情况、新问题，总结 2012 年上半年全省农业机械化工作，安排部署下半年全省农业机械化工作，对农业机械化项目监督管理和保护性耕作、玉米机收秸秆还田和机械化深松等农机项目管理进行培训。

8 月 15 日

经山西省文化体制改革和发展工作领导组批准，组建成立山西现代农业工程出版传媒中心。

9 月 18 日

山西省在临县举办山西省马铃薯机械化收获技术推广现场会，展示国内 6 家生产企业生产的 20 余种马铃薯播种、收获机械；同时山西省引进的第一台国外先进 4UHZ—Ⅰ型胡萝卜联合收获机进行现场演示。

9 月 22 日

山西省与中国农业机械化协会在平遥举办第二届全国农机摄影大赛开幕式。农业部农业机械化管理司巡视员丁翔文、农业部农机试验鉴定总站站长刘敏、山西省农机局局长王立伟等领导出席开幕式。大赛共向全国征集参赛作品 1 800 余幅，并从中遴选出 132 幅优秀作品在第 12 届中国平遥国际摄影节上展出。

9 月 24 日

山西省副省长郭迎光在省农机局局长王立伟等领导的陪同下，调研信联集团玉米收获机生产情况、玉米机收秸秆还田现场和阳曲县高村农兴联农机专业合作社，并与农机专业合作社和农民代表进行座谈。

9 月 24 日

山西省玉米机械化收获暨秸秆还田技术推广现场会在阳曲县举办。副省长郭迎光观摩玉米收获机械的现场作业演示，并详细了解省玉米机械化收获与秸秆还田技术的发展状况。省农机局局长王立伟陪同。

9 月

山西省农机局获 2011 年山西省安全生产先进单位，省农机局安全监理处处长任葆获 2011 年“安全生产先进个人”荣誉称号。

10 月 11 日

《5 万亩农机深松整地作业技术》获得山西省农村技术承包奖二等奖，《小麦玉米产区机械深松整地及配套技术》和《山区机械化保护性耕作业技术》分别获得山西省农村技术承包奖三等奖。

10 月 19 日

山西省农机局和中国农机工业协会联合在武乡县举办 2012 年全国谷子生产机械化技术研讨会。中国农机工业协会会长陈志、名誉会长高元恩，省农机局局长王立伟，国家谷子糜子产业体系岗位科学家研究员张喜文等出席会议。

10 月 25 日

山西省副省长郭迎光对 2012 年以来全省农业机械化工作情况作出批示：“全省农机工作情况是好的，成绩也很突出，望再接再厉，努力在适应山西省情况的旱作农业机械技术研发、推广，以及专业合作社发展等方面做出更大成绩”。

10 月 29 日

山西省委书记袁纯清对当前全省“三秋”机械化生产情况作出批示：“我看有关农业机械化生产的几件事都抓得有成效，进步大，前景好。农业的出路在机械化这篇文章还要继续做下去”。

10 月 29 日

山西省高粱机械化联合收获演示暨技术座谈会在清徐县召开。座谈会就高粱机械化发展、存在的问题及解决措施展开讨论，国家高粱产业技术体系首席科学家、研究员邹建秋，岗位科学家、研究员张福耀，研究员焦少杰等出席。

11 月 5—7 日

农业部监察局局长董涵英、农业部农业机械化管理司司长宗锦耀等农机购置补贴秋季督导检查组一行，深入运城、临汾等地调研农机购置补贴工作和农机合作社建设等情况。

2012 年山西省投入 1.125 亿元，实施玉米丰产方机收秸秆还田作业补贴 250 千公顷，完成玉米秸秆还田面积 1 200千公顷。玉米和薯类机收水平分别达到 35% 和 45.7%，较 2011 年提高 9 个和 13.2 个百分点，取得较大突破。

内蒙古自治区

2012 年 2 月 22 日

内蒙古自治区农牧业工作会议农业机械化专业会议在呼和浩特市召开。会议的主要任务是贯彻全国农业机械化工作会议、内蒙古自治区农村牧区工作会议和农牧业工作会议精神，总结交流 2011 年农业机械化工作的成效和经验，研究部署 2012 年农业机械化工作。内蒙古自治区农牧业厅副厅长翟瑗作题为《加快科技进步，转变发展方式，全面推进农业机械化事业发展》工作报告。

3 月 20 日

内蒙古农牧业机械行业协会正式成立。协会将在政府与企业之间充分发挥纽带和桥梁作用，做好行业管理和服务。协会的有效运行将对内蒙古自治区农机制造、销售、维修产业壮大起到很好的引领作用。

5 月 24 日

内蒙古自治区政府出台《关于加快自治区农牧业机械工业发展的实施意见》，文件指出："坚持发展高端先进的农牧业机械与发展经济适用的中小型农牧业机械相结合，以提高农牧业机械在内蒙古自治区市场占有率、积极拓展国内外市场，加大政策支持、招商引资、消化吸收、自主创新和强化品牌建设，培育扶植一批龙头企业做大做强，扩大农牧业机械工业总量，促进内蒙古自治区农牧业机械工业又好又快发展。"

8 月 9 日

内蒙古自治区农牧业厅在呼和浩特市召开 2012 年全区落实农机购置补贴政策座谈会，总结上半年农机购置补贴政策落实情况；分析农机购置补贴资金需求、补贴范围和发展方向，提出政策建议和意见；交流落实农机购置补贴政策运行机制创新、典型做法和监管措施；推进农机购置补贴政策廉政风险防控、警示教育开展情况。内蒙古自治区农牧业厅副厅长翟瑗到会并发表讲话。

8 月 13 日

内蒙古自治区农牧业厅农牧业机械化管理局印发《内蒙古自治区现代草原畜牧业机械化发展规划（2012—2015 年）（试行）》。规划中提出，到 2015 年末，内蒙古自治区畜牧业机械总动力达到 390 万千瓦，牧用拖拉机拥有量达到 15 万台，牧草收贮、饲草料加工、畜牧饲养等各类畜牧业机械达到 46 万台，草原畜牧业机械化作业程度达到 55%，力争每个牧业乡镇均建立 1 ~ 2 个牧机化示范园区，牧机专业合作社达到 550 个。

9 月 21 日

由农业部农业机械化管理司、内蒙古自治区农牧业厅农牧业机械化管理局主办的"全国'三秋'农业机械化生产技术培训示范暨玉米生产机械化收获与饲草料收获加工演示展示现场会"在内蒙古包头市土默特右旗召开。全国 37 家农机生产企业、经销企业的近 100 台（套）各类机具参加展示。来自 17 个生产企业的 21 台玉米收获机、5 个生产企业的 7 台饲草打捆机和 1 台联合整地机参加现场作业演示。

辽 宁 省

2011 年 12 月 7 日

辽宁省派出两个督导组分别到沈阳市和辽西北 5 市督导各县区《滴灌节水农业工程农机作业技术细则》的编制情况。

12 月 15 日

2011 年农机购置补贴政策实施工作结束，中央财政补贴 7.8 亿元全部结算完毕。带动农民和农机服务组织投入共计 16.6 亿元，比 2010 年增加 13%。共购置补贴机具 15.4 台（套），比 2010 年增加 4%，直接受益农户达 7.6 万户，比 2010 年增加 17%。

12 月 30 日

辽宁省召开农机系统机关建设工作会议。副巡视员李机传达中央农村工作会议、全国农业工作会议和全国农业机械化工作会议精神，辽宁省农业机械化管理局副局长曲平作 2011 年度农业机械化工作总结，省农业机械化管理局局长张景山作机关建设讲话。农机处处长都业弘主持会议，农机处和各直属单位全体同志参加。

2012 年 1 月 5—6 日

辽宁省农业机械化管理局局长张景山带队到江苏省农业机械管理局考察农机购置补贴政策实施情况，省农业机械化管理局副局长曲平、处长都业弘、副调研员董书权参加，为 2012 年辽宁省农机购置补贴实施方案提供参考。

1 月 16 日

辽宁省召开全省奖励种粮大户轮式拖拉机紧急采购工作会议。省农业机械化管理局局长张景山，副局长曲平和农机处、财务处及有关直属单位负责人参加会议。会议制订《辽宁省政府奖励种粮大户轮式拖拉机紧急采购项目实施方案》，并印发《关于成立辽宁省人民政府奖励种粮大户轮式拖拉机紧急采购工作领导小组和询价专家组的通知》，发出《关于辽宁省政府奖励种粮大户轮式拖拉机紧急采购项目的询价函》。

1 月 19 日

辽宁省农业机械化管理局组织询价专家组和有关企业进行"辽宁省政府奖励种粮大户轮式拖拉机紧急采购项目"竞价谈判，并按照"技术质量和服务相等且报价最低的原则"确定成交供货企业及到货地点和时间。

2 月 16 日

辽宁省举行放心农机下乡进村宣传周暨农业机械化质量之冬启动仪式。省农业机械化管理局局长张景山和农机处处长都业弘出席启动仪式。

3 月 2 日

辽宁省召开滴灌节水农业农机配套工作会议。沈阳、锦州、阜新、铁岭、葫芦岛、昌图等市县农机部门负责人参加会议，省农业机械化管理局局长张景山、副局长曲平，省节水办处长马宏达，省农机推广中心负责人参加。农机处处长都业弘主持会议。

3 月 8 日

辽宁省农机部门会同省财政厅召开 2012 年辽宁省农机购置补贴试点实施办法工作会议，研究《2012 年辽宁省农机购置补贴试点实施办法》。省农业机械化管理局局长张景山、副局长曲平，昌图县、绥中县农机局、财政局相关负责人参加会议。农机处处长都业弘主持会议。

3 月 22 日

辽宁省召开全省农机局长暨农机购置补贴警示教育会。省农业机械化管理局局长张景山就加快推进辽宁省农机购置补贴廉政风险防控机制建设和深入开展农机购置补贴工作人员警示教育工作作讲话，并代表省农委与各市农机管理部门负责人签订2012年农业机械化工作目标责任书和2012年农机购置补贴工作责任书，与绥中、昌图两县农机局局长签订2012年农机购置补贴试点工作责任书。省农业机械化管理局副局长曲平作题为“转变发展方式、推动科技创新，促进农业机械化科学发展”的报告。农机处处长都业弘解读《2012年辽宁省农机购置补贴实施方案》和《辽宁省2012年农机购置补贴工作试点实施方案》。

4月15日

辽宁省召开2011年全省农机购置补贴工作会。各市农机局长参加会议。

4月17日

辽宁省召开全省农机经销商警示教育会。省农机扶发中心主任杨宏、农机处处长都业弘分别介绍讲解补贴工作宗旨要求。省农业机械化管理局副局长曲平作讲话，省农业机械化管理局局长张景山就各市农机购置补贴工作情况作指示。全省各地农机经销企业负责人参加会议。

4月25日

辽宁省农业机械化信息宣传工作会议在锦州北镇市召开。农业部农机试验鉴定总站副站长杨林出席并讲话。省农机质监站站长滕平作“2011年农业机械化信息宣传工作总结和2012年主要工作安排”的讲话，锦州市、鞍山市、营口市、阜新市代表作典型经验介绍，表彰先进单位。省农业机械化管理局局长张景山作总结讲话。各市分管信息宣传工作领导和主管科（处）长参加会议。

5月8—11日

辽宁省农业机械化管理局副局长曲平等农机部门领导陪同农业部督导组检查铁岭、丹东督导检查农机购置补贴实施和农机春耕作业组织情况。

5月21—25日

辽宁省分成四个督导组赴全省各地督导检查重点农业机械化工作落实情况，包括各市、县农机购置补贴工作的开展情况；保护性耕作工程建设项目实施情况；2012年省级粮食生产机械化示范项目实施情况；有关农业机械化生产项目实施情况。

5月29日

辽宁省召开全省推进水稻插秧机械化工作会议，具体落实5月26日省长陈政高在开原水稻机插秧现场会上的指示精神。省农业机械化管理局局长张景山、副局长曲平分别就推进全省水稻插秧机械化工作提出意见和建议，各市、县农机局局长参加。

6月28日

中国工程院院士罗锡文到抚顺参加水稻直播现场会，省农业机械化管理局局长张景山陪同。

7月3—4日

浙江省人大常委会委员、法制委主任委员胡虎林，浙江省农业机械管理局局长杨大海考察省农业机械化促进立法情况。省农业机械化管理局副局长曲平、农机处副处长周鹏飞陪同调研。

7月26日

辽宁省农机半年工作总结会在阜新市召开，省农业机械化管理局副局长曲平作全省农机工作半年总结，省农业机械化管理局局长张景山就全省半年农业机械化建设工作讲话。全省12个地级市和部分县农机局局长、相关委直属单位负责人参加会议。

8月20—23日

东北、华北地区农机鉴定站站长座谈会在丹东市召开，辽宁省农业机械化管理局局长张景山出席会议并讲话。

8月28日

辽宁省转发《农业部办公厅关于取消河南省新乡市傻瓜农牧发展有限公司产品补贴资格的通知》的通知，并在全省范围内组织核查工作。

9月26日

农业部农业机械化管理司司长宗锦耀赴辽阳市考察农业机械化生产建设情况，省农业机械化管理局副局长曲平陪同。

9月26—27日

农业部副部长张桃林赴丹东、大连、营口等地考察沿海城市农业机械化生产建设情况，农机处处长都业弘陪同。

10月16日

辽宁省农业机械化管理局起草《关于组织机具赴黑龙江抢收水稻的紧急通知》，作出部署，提出要求，确定拥有较多水稻联合收割机的7个水稻主产区组织足够数量的联合收割机赴黑龙江省抢收水稻。

11月7日

辽宁省农机安全监理管理信息系统培训班在锦州市召开，省农业机械化管理局局长张景山出席开班仪式并讲话。全省各市、县（区）农机监理站业务骨干参加。

吉 林 省

2012年1月18日

吉林省农业机械化工作会议在长春市召开。各市、州，县（市、区）农机主管主任（局长），委直农机事业单位领导100多人参加会议。会议由省农业机械化管理局局长成洪主持，省农业机械化管理局副局长翟延华宣读全省农业机械化工作先进单位和全省农业机械化优秀网站和优秀信息员的表彰决定，省农业委员会副主任于文波到会并作题为“加快科技进步转变发展方式扎实推进全省农业机械化又好又快发展”的讲话。

3月1—2日

农业部农业机械化技术推广总站站长刘宪等一行三人到吉林省进行农机推广体系标准化建设调研。省农业委员会副主任于文波、省农机推广总站站长徐莉陪同。刘宪一行先后走访吉林省榆树市农机系统、省农机推广总站、省农机监理总站、省农机管理总站和省农机鉴定站。此次调研活动对明确吉林各级农机推广机构的职能定位，进一步提升农机推广服务能力，推进农机推广体系标准化建设具有重要意义。

3月7日

吉林省农业委员会与省财政厅联合印发《2012年吉林省农业机械购置补贴及全程农业机械化工程建设实施方案》，下达第一批中央财政补贴资金7.6亿元，省级财政资金8 800万元，用于全程农业机械化工程建设机具的累加补贴，吉林省农机购置补贴工作正式启动。

3月13日

吉林省农机购置补贴工作会议在长春市召开。各市、州农委主管主任、农机处（科）长，57个补贴项目实施县主管领导、农机（农业）局长、科长及委直农机事业单位领导，新闻单位等200多人参加会议。会议对当前和今后一个时期农机购置补贴工作进行全面部署，对相关政策进行解读，并对《全省农机购置补贴工作绩效考核（讨论稿）》征求书面意见，会后进行农机购置补贴软件培训。省农业委员会主任任克军出席会议并作题为“认清形势狠抓落实，确保农机购置补贴政策有效实施”的讲话。

3月13日

2012年吉林省农业机械购置补贴

产品经销(生产)企业培训班在长春市召开。培训班由省农机流通协会承办。培训班上讲解2012年吉林省农机购置补贴政策、经销(生产)企业的监督管理要求、农机购置补贴信息管理系统、农业机械产品支持推广目录申报程序说明等。会议由省农业机械化管理局副局长翟延华主持,省农业机械化管理局局长成洪到会并讲话。

3月16—19日

2012年中国·吉林现代农业装备暨农机购置补贴产品展示交易会在长春开幕。省人大常委会副主任周化辰、副省长王守臣、省政协副主席别胜学、中国科学院院士任露泉等出席开幕仪式。交易会以室内展为主,共设11个展厅,展示及演示国内外近年来研制开发的农机新产品及吉林省农机购置补贴产品,涵盖耕整地机械、种植施肥机械、田间管理机械、收获机械、收获后处理机械、农产品初加工机械、排灌机械、畜牧水产养殖机械、动力机械、农田基本建设机械、设施农业设备和其他机械等12大类1 600多种产品,国内外共有180多个农机生产企业参会。

3月29—31日

吉林省农业机械化重点项目工作经验交流暨技术培训班在长春市举办。各市、州农委,县(市、区)农机(农业)主管局长和农机推广站等100多人参加培训班。省农业机械化管理局局长成洪出席培训班并作讲话。

6月11—25日

吉林省农村工作委员会分两个组对全省农机购置补贴项目实施县2012年上半年农机购置补贴政策落实情况进行监督检查。围绕补贴受益对象确定、补贴机具价格、补贴机具质量、补贴信息公开、补贴机具经销商管理规定落实、补贴资金监管和结算、廉政风险防控机制建设及农机购置补贴工作机制落实等情况进行检查。检查采取面上检查与深入实地调查相结合的方式进行。通过督导检查,对全省农机购置补贴惠农政策的落实起到了宣传推动作用。

8月3—4日

吉林省农业委员会主任任克军出席全国农业机械试验鉴定工作座谈会并致辞,农业部农业机械化管理司司长宗锦耀在会上作《严格依法鉴定,强化质量监管,努力提升农机试验鉴定水平》的讲话,省农业委员会副主任于文波、农业机械化管理局局长成洪参加会议。

9月26日

吉林省农机合作社建设暨秋季农业机械化生产现场会在农安县召开。会上认真贯彻落实全国农机合作社建设经验交流会和全国秋收秋冬种工作视频会议精神,扎实推进农机合作社建设,部署2012年秋季农业机械化生产工作。会议由省农村工作委员会副主任于文波主持,省农村工作委员会主任任克军到会并讲话。会议代表参观农安县众一农业机械合作社及其玉米机械收获现场及深松整地作业现场。

10月8日

国家统计局吉林调查总队第32期《吉林调查》对近10年来吉林省农业机械化的快速发展给予肯定。报告中提到10年来吉林省农机保有量大幅增加,农业机械化水平快速提高,吉林省农业机械化成功完成由初级阶段到中级阶段的重大跨越,保障农业稳定发展,为实现粮食产量和农民收入增长提出强有力的支撑。省委书记孙政才、副省长王守臣批示,请省农村工作委员会阅研。

10月16日

吉林省农业机械化管理局召开2012年度省级农业机械化推广补助专项资金项目评审会。对符合申报条件的22个县(市)申报的项目进行立项评审。至此,吉林省已连续七年实施省级农业机械化推广项目。

10月24日

吉林省长王儒林、副省长王守臣、省农业委员会主任任克军等领导来到公主岭市万欣农机合作社视察。王儒林详细询问农机合作社的发展情况及2012年的运营情况。公主岭市万欣农机合作社到2012年,入社会员已经发展到1 000多户,入社耕地达1 000多公顷,合作社固定资产总值已达到1 500多万元。2012年合作社实现总收入180万元,纯收入达110万元。王儒林对农机合作社的发展和取得的成绩以及所起到的引领带动作用给予肯定。

黑龙江省

2012年1月5日

黑龙江省召开黑龙江省新型农机装备制造产业重点项目及省内配套推进会。

1月6日

郑联邦任黑龙江省农业机械化管理局局长。

2月9日

在黑龙江省农业工作会议上,克山县仁发现代农机专业合作社理事长李凤玉发言。

2月21日

黑龙江全省农机工作会议在哈尔滨召开。会议传达全国农业机械化专业会议和省委农村工作会议精神;郑联邦局长作题为《夯实基础务实创新加快现代化大农机发展步伐》的工作报告。

3月2日

黑龙江省印发《关于推广克山仁发现代农机合作社经营机制的通知》,在全省掀起全面学习推广仁发经验的热潮。已有15 000多人到仁发合作社考察学习。全省现代农机合作社入社土地395.37千公顷,比2011年多入社186.67千公顷,土地规模经营程度提高,大型农业机械作用得到充分发挥。

3月23—26日

2012中俄(佳木斯)农机产品展销洽谈会在佳木斯举行。参加本届展会的企业共计354家,比上届增加42家。

4月5日

起黑龙江省开展全省农机市场专项治理活动。出动执法人员8 500人次,整顿农机市场86个次,查获伪劣农机零配件1 320件,价值19万元。农机市场秩序有明显好转。

4月26日

起黑龙江省开展农业机械化教育培训大行动活动。全省共培训各类农机人员367 400人。

6月7日

黑龙江省印发2012年农业机械购置补贴工作实施方案,黑龙江省2012年落实国家购机补贴政策作明确、具体的规定。

6月13日

黑龙江省召开省新型农机装备制造产业项目专题推进会,省农业委员会主任王忠林主持会议并听取各产业项目进展情况汇报,同时对推进产业项目建设的下一步工作进行部署。

6月20日

黑龙江省印发2012年现代农机专业合作社建设名单,按照《黑龙江省2012年现代农机专业合作社建设方案》要求,经与省财政厅共同研究,确定现代农机专业合作社建设名单239个。

6月26日

黑龙江省农业委员会农业机械化管理局局长郑联邦被中共黑龙江省直属机关工作委员会授予第九届十佳公仆。

7月11日

铁力市率先开展摇号，拉开黑龙江省2012年购机补贴工作的序幕。黑龙江日报、黑龙江人民广播电台、黑龙江电视台等黑龙江三大主流媒体的记者到现场进行全程报道。

7月12日

黑龙江省在绥化市北林区召开全省现代农机专业合作社机务管理（北林）现场会。

9月11日

黑龙江省印发2012年秋整地工作方案，全省计划秋整地面积7 333.33千公顷（旱田整地4 600千公顷，水田整地2 733.33千公顷），其中农村秋整地4 800千公顷（深松2 666.67千公顷），农垦秋整地2 533.33千公顷（深松866.67千公顷）。同时对2012年秋整地工作提出具体要求。

9月13日

黑龙江省克山县仁发现代农机专业合作社理事长李凤玉在全国农机合作社建设经验交流会上作发言。

9月21日

黑龙江省农业委员会副主任邢志广与美国十方公司首席执行官琳达一行进行会谈。

9月23日

黑龙江省在哈尔滨市呼兰区召开全省玉米秸秆捡拾打捆机械化技术推广现场会。

9月28日

农业部副部长陈晓华对报道仁发合作社一稿作出批示："这篇报道生动、实在、可读、可学。仁发农机专业合作社发展壮大的实践说明，坚持依法办社非常重要，加强规范引导非常重要，只有让农民的利益得到保障，农民才有入社的积极性，合作社才有生命力。"

10月10—13日

农业部农业机械化管理司副司长刘恒新到黑龙江省检查"三秋"生产工作。

10月15日

农业部办公厅印发《关于组织机具赴黑龙江抢收水稻的紧急通知》，要求有关省组织履带式收获机赴黑龙江进行跨区抢收水稻。据统计，2012年秋有安徽、江苏、河南、辽宁等省份13 000多台水稻收获机在黑龙江省进行跨区作业。

10月16日

黑龙江省农业委员会农业机械化管理局局长郑联邦被黑龙江省人民政府授予黑龙江省第十一届劳动模范。

11月1日

黑龙江省农业委员会主任王忠林在哈尔滨会见约翰迪尔公司农业及草坪设备部总裁马克·冯·潘驰一行，双方就农业机械设备生产等问题进行交谈。省农业委员会副主任白祥和、张丽娜，农机局局长郑联邦等参加会见。

11月2日

约翰迪尔（哈尔滨）农业机械有限公司举行开业庆典。黑龙江省副省长吕维峰、约翰迪尔公司董事长兼首席执行官山姆·艾伦先生等中外嘉宾出席开业庆典。

上海市

2012年1月10日

上海市召开农业机械化工作会议，总结交流2011年农业机械化工作成效，部署2012年农业机械化重点工作。上海市委农村工作办公室、市农业委员会副主任殷欧到会并作讲话。市农业机械化办主任施忠代表市农业委员会与各区县和市有关单位签订农机购置补贴政策实施责任书。

2月10日

上海市召开2011年农业机械化教育培训工作总结会议。会议认为2011年市培训工作实施扎实有力、培训质量稳步提升、培训内容形式日益丰富实用。2012年，要切实加强领导，狠抓工作落实；切实加强管理，规范工作制度；切实转变作风，务求工作实效。

2月16日

召开上海市农机监理、保险工作会议。会议总结2011年度农机监理和农机保险工作情况，部署2012年的农机监理和农机保险工作。市委农村工作办公室、市农业委员会副主任殷欧到会并讲话。

3月3日

农业部农业机械化管理司司长宗锦耀、农机推广（监理）总站站长刘宪来沪调研农业机械化工作。宗锦耀一行听取春耕备耕、农机购置补贴政策执行、机械化育插秧、秸秆综合利用等开展情况汇报，实地考察农机合作社。宗锦耀对上海市农业机械化工作所取得的成绩给予肯定，要求上海要进一步落实完善农业机械化扶持政策，积极培育发展主体，主攻薄弱环节机械化，加快推广先进技术，加强人才队伍建设，推动农机作业、流通、维修等服务市场的健康发展。

3月5日

上海市农业委员会、上海市财政局、上海市发展和改革委员会联合公布《2012—2014年上海市支持推广的农业机械产品目录》。

3月6日

中国工程院院士罗锡文来沪指导农业机械化工作。罗锡文主持华南农大最新研制的水田激光平整机的现场演示，并作水稻全程机械化生产专题报告。

3月13日

上海市3·15农民维权暨放心农资农机下乡现场会举行，现场展示和演示水稻窄行插秧机、水稻穴播机、麦子条播机、蔬菜精量播种、移栽机械、多功能联合收割机等40种新型农机。会上，发放宣传资料3 500份。农机、工商、质监等管理部门开展农机知识宣传和质量咨询投诉。

3月16日

上海市人民政府办公厅转发《上海市人民政府办公厅转发市农委关于促进本市农业机械化和农机工业又好又快发展实施意见的通知》，提出了市农业机械化和农机工业发展的指导思想、发展目标、主要任务和保障措施。

3月26日

上海市举行麦子机械条播流动现场会。与会专家考察奉贤区、闵行区和宝山区等区县麦子机械化播种示范点的麦子长势情况，并就5种麦子播种机具的使用情况和机条播麦的长势情况及后期农艺管理等进行分析探讨。

3月28日

上海市农业委员会召开全市农机购置补贴工作会议。会议总结2011年全市农机购置补贴工作，部署了2012年工作任务。市委农村工作办公室、市农业委员会副主任殷欧到会并讲话。市纪委驻市委农村工作办公室纪检组组长房忠桥提出工作四项具体要求。

3月28—30日

上海市举行基层农机推广人员实用技能培训班。培训内容涵盖农机法律法规、上海市农机"十二五"发展专题规划、乡镇农机推广机构的主要职能和任务、农机购机补贴政策讲解、农机购机补贴职务犯罪案例廉政教育、农机推广新技术新机具、农机安全监理行政执法业务知识等。

4 月 26 日

在沪参加全国都市现代农业现场交流会的代表们观摩上海市农业科学院蔬菜机械化生产现场进行的平整作畦机、蔬菜播种机和菜苗移栽机等蔬菜机械化作业演示，农业部副部长陈晓华，农业部农业机械化管理司司长宗锦耀等领导给予高度评价。

5 月 4 日

上海市委农村工作办公室、市农业委员会副主任张贵龙调研农业机械化工作。张贵龙在听取农机系统各单位的工作汇报后，对本市农业机械化工作所取得的成绩给予肯定，并提出四点要求。

5 月 8 日

上海市召开全市“三夏”工作例会。会议交流各区县在农机购置补贴政策落实、农机具配置、农机维修保养、农机手教育培训、新机具新技术推广、安全生产监管等方面的准备情况，分析 2012 年“三夏”农业机械化工作面临的形势，部署“三夏”期间的农业机械化工作。

5 月 25 日

举办“世界作物机械化和自动化生产现状和研究”学术报告会。特邀美国华盛顿州立大学精准农业研究中心主任、首席科学家，上海交通大学农业与生物学院讲席教授张勤博士作题为“世界作物机械化和自动化生产现状和研究”的专题报告。

6 月 6—7 日

农业部农业机械化管理司检查考评上海市创建全国农机安全监理“为民服务创先争优”示范窗口和示范岗位标兵工作。检查组认真听取创建单位专题汇报、查阅创建工作资料，实地查看创建单位。考评组认为，上海市创建工作组织管理有力、目标任务明确、窗口服务优良、基础工作扎实、方式创新多样和履职认真高效，达到示范窗口和岗位标兵的创建标准。

6 月 28 日

上海市召开农业机械化教育培训工作座谈会。会议总结交流上半年农机教育培训工作，部署下半年的培训工作。

7 月 17 日

上海市召开全市农机“一用就管”座谈会。与会人员参观宝山区民顺农场“一用就管”现场，实地查看农机机务管理情况。

8 月 8 日

农业部农业机械化管理司副司长刘恒新、农机推广（监理）总站站长刘宪来沪指导市农机抗击台风“海葵”和防灾减灾工作。刘恒新强调：要始终把安全生产放在首要位置，根据应急预案的要求，做好农机防灾避灾，落实防台防汛措施，组织好应急力量，把各项工作做好做细，及时加固农机库房，排除积水，转移机具设备，努力将损失降到最低程度。同时充分发挥农机合作社的作用，积极投身到灾后恢复生产中。

9 月 10 日

农业部农业机械化管理司、商务部市场建设司、中国农机流通协会、中国农业大学等单位的领导、专家来沪开展“报废淘汰农业机械回收办法”立法调研。调研组实地考察上海宝钢钢铁资源有限公司拆车分公司和嘉定区外冈农机服务专业合作社，召开专题座谈会，听取对《报废淘汰农业机械回收办法》（征求意见稿）的意见建议。

9 月 28 日

上海市农机组团参加第十届中国国际农产品交易会。上海组荷兰、世达尔、三久、喃嵘、浦沃、首邦 6 家企业代表上海农机参展，展示大田作业农机装备，牧业、渔业、烘干设备等农机产品。农业部副部长张桃林、农业部农业机械化管理司司长宗锦耀、副司长刘恒新视察上海农机展团。

10 月 10 日

上海市农业机械化办召开“三秋”农机工作座谈会。会议交流补贴机具落实、机具维修保养、安全生产检查、机手教育培训、新技术推广等方面工作，分析面临的形势和特点。施忠主任强调，要围绕“立足抗灾，抓好秋收秋种；加大力度，推进农机新技术；严防死守，确保安全生产”三项目标任务，具体做好八项工作。

10 月 24 日

上海市召开全市“三秋”工作现场会。市农业机械化管理办公室会同种植业办等组织好“三秋”工作现场会工作，展示意大利引进的蔬菜生产机械及其作畦、播种两台消化吸收机械，演示植保防治的无人驾驶小飞机等新型机械。

10 月 25 日

农业部、国家安全生产监督管理总局联合考评浦东新区“平安农机”示范区创建工作。考评组查看现场，观看创建工作视频影像，听取专题汇报，查阅台账资料等。考评组认为浦东新区创建活动组织架构完善、宣传氛围良好、制度机制健全、财力保障有力，肯定该区创建工作取得的成效。

10 月 25—26 日

“全国水稻机械化直播技术研讨会”在沪举行。期间，研讨会代表参观松江区泖港现代农业示范区直播水稻现场，观摩无人驾驶拖拉机、无人驾驶植保飞机及水稻精量穴播直播机的演示，并对现场演示和市推进水稻机械化工作予以高度评价。

11 月 20 日

上海市农业委员会主任孙雷到松江叶榭基地调研蔬菜生产机械引进、消化吸收工作。

江 苏 省

2012 年 1 月 5 日

江苏省农业机械化工作会议在南京召开。会上贯彻中央农村工作会议、全国农业机械化工作会议、省第十二次党代会精神，总结交流 2011 年全省农业机械化发展取得的积极成效，全面部署“十二五”及 2012 年农业机械化工作，对农业机械化工作先进单位、先进企业和创新成果进行表彰。副省长徐鸣出席会议并讲话。

2 月 6 日

江苏省人民政府出台《关于实施农业机械化推进行动意见》。

2 月 15 日

江苏省南京白马国家农业科技园区（农业科技特别社区）揭牌仪式在溧水举行。

2 月 17 日

“送农机送科技下乡”活动启动仪式在淮安市金湖县举行。江苏省副省长徐鸣出席启动仪式并讲话。

2 月 17 日

江苏省农业机械化科技推广工作会议上在金湖县召开。

2 月 29 日

江苏省农机安全生产工作会议在南京召开。总结 2011 年农机安全生产工作，表彰先进，落实责任，研究部署 2012 年农机安全生产工作。副省长史和平、农业部农业机械化管理司副司长刘恒新、省农业机械管理局局长徐顺年出席会议并讲话。

3 月 13 日

江苏省农业机械化质量工作座谈会暨知识产权保护培训班在扬州市召开。各省辖市农机主管部门科技处长、投诉站站长、相关县农机局长和部分农机企业代表共150人参加座谈会。

3 月 13 日

以“送机下乡,质量护农,放心消费”为主题的全省农机质量监督“3·15”现场活动在扬州市广陵区举办,江苏全省各市农机主管部门、农机企业代表、农机用户和当地群众500多人参加活动。

3 月 15 日

江苏省农业机械管理局和溧阳市人民政府联合在溧阳市举行农机“企社共建”签约仪式。

3 月 30 日

江苏省人民政府印发《关于印发2012年度十大重点工作百项考核指标的通知》。将2012年经济社会发展目标任务分解为“十大重点工作、百项考核指标”,由省人民政府领导成员牵头协调、责任部门共同落实。其中,“农业生产综合机械化水平达76%”指标主要由省农业机械管理局承担,“秸秆综合利用率达到80%以上”指标由省农业委员会、省农业机械管理局共同承担。

4 月 19 日

江苏省召开农业机械化生产管理工作座谈会,总结交流农机抢收抢种及跨区作业等生产管理工作情况,传达全国农业机械化生产管理工作会议精神,部署全省农机抢收抢种、跨区作业、生产管理和安全生产等工作。

5 月 22 日

江苏省人大常委会副主任丁解民等领导视察江苏省农业机械管理局工作。

5 月 25 日

江苏省召开全省秸秆机械化还田推进工作会议,全面部署2012年秸秆机械化还田工作。省人大常委会副主任丁解民、副省长徐鸣等出席会议并为先进单位颁发奖牌。徐鸣肯定近年来全省秸秆机械化还田工作取得的积极成效,并对做好2012年秸秆机械化还田工作提出明确要求:全省各级农机部门要坚持政策拉动、市场推动、技术促动、部门联动、加大推进力度,强化措施落实,进一步扩大秸秆机械化还田面积、着力推进秸秆机械化还田技术创新、全面提高农机社会化服务水平、认真落实各项扶持政策、切实加大督促检查力度,确保完成全省秸秆机械化还田工作的目标任务。

5 月 23 日

江苏省人民政府办公厅印发《关于做好2012年全省农业保险工作的通知》。《通知》要求,继续推进拖拉机交强险、联合收割机第三者责任险和农机驾驶人员意外伤害险实施工作,努力实现全省农机具保险全覆盖。加强财政、农机部门及保险机构的协调配合,涉及财政保费补贴的农机险种,投保人缴纳个人应承担的保费部分后承办保险公司即应出具保单,财政部门要做好财政保费补贴资金的落实工作。

6 月 5—8 日

江苏省人大常委会副主任丁解民带领部分省人大常委会委员赴常熟、东台和兴化专题视察调研农业机械化工作。

6 月 6 日

江苏省委副书记石泰峰等一行到江苏省农机具展示中心参观考察。石泰峰肯定省农业机械化工作取得的成绩,对农机企业生产的高性能农机产品给予评价;要求农机部门和企业充分把握当前的大好形势,真抓实干,创造更好的成绩。

6 月 7 日

江苏省委副书记石泰峰率省有关部门领导赴洪泽县、金湖县视察夏收夏种农业机械化工作。

6 月 8 日

由江苏省农机具开发应用中心与常州智能农业装备研究院有限公司建立的“农业机械化和信息化技术联合试验示范基地”在常熟市碧溪新区现代设施农业科技示范园区正式揭牌。

6 月 8 日

江苏省委副书记李学勇赴宿迁市宿豫区、宝应县视察“三夏”机械化生产工作。

6 月 8 日

江苏省委书记罗志军率省有关部门负责人到连云港市赣榆县青口镇大盘村视察了“三夏”抢收抢种农业机械一体化作业现场。

7 月 24—27 日

江苏省十一届人大常委会第二十九次会议在南京召开。会议专题听取和审议江苏省人民政府关于全省农业机械化工作情况的报告。省委书记、省人大常委会主任罗志军到会并作具体要求。

7 月 30—31 日

江苏省基本实现水稻生产机械化表彰会暨农业机械化工作座谈会在洪泽召开。会议贯彻落实省委第十二届三次全会、全国现代农业建设现场交流会、全国农业厅局长座谈会和全省促进农民增收工作会议精神,总结交流上半年农业机械化工作,研究部署下半年全省农业机械化工作任务。会议对2012年基本实现水稻生产机械化的南京、扬州、镇江和洪泽、沭阳、大丰、靖江等16个县(市、区)进行表彰。

9 月 4 日

江苏省首期农机行业职业技能获证奖补高级工培训班在灌南开班。来自灌南、东海等地共50名农机服务经纪人参加培训。

9 月 10 日

加拿大萨斯喀彻温省与江苏省农业机械管理局在北京签署两省加强农业机械科技合作协议。

9 月 29 日

江苏省玉米生产机械化现场会在睢宁召开。

10 月 19 日

江苏省率先基本实现农业机械化观摩推进会在张家港市召开。农业部农业机械化管理司副司长刘恒新、省农业委员会主任吴沛良等出席会议。

10 月 19 日

江苏省率先基本实现农业机械化创建工作领导小组组织专家组对张家港市创建率先基本实现农业机械化工作进行考核验收。按照《江苏省基本实现农业机械化考核验收办法(试行)》标准,通过现场考察、听取汇报、查看台账、专家质询和考核评定,张家港市基本实现农业机械化考核得分92.37分,创建工作综合评价优秀。专家组一致认为,张家港市农业机械化发展达到基本实现农业机械化认定标准,成为全省第一家基本实现农业机械化县(市)。

10 月

沛县、睢宁、邳州市、赣榆县、响水县等五县(市)通过江苏省农业机械管理局组织的相关农机、农艺专家的基本实现玉米生产机械化考核验收。至此,江苏省玉米主产区已有7个县(市)基本实现玉米生产机械化。

10 月 22 日

江苏省委书记罗志军到灌南县视察

秋收秋种工作。

10 月 22—23 日

江苏省“三秋”机械化生产技术推广暨高效设施农业机械化现场会在无锡召开。各省辖市农机局长、科技处长、推广站长及各县(市、区)农机主管部门负责人,省设施农业机械化技术专家组、秸秆还田及综合利用机械化技术专家组成员、省局机关处室及直属单位负责人共300多人参加会议。省政协副主席罗一民等出席会议,并对第二批省级农业机械化科技示范基地进行授牌。

10 月 24 日

江苏省长李学勇率省有关部门负责人到淮安视察秋收秋种。

11 月 9 日

江苏省渔业机械工程技术创新中心在金湖县成立。

11 月 21 日

江苏省农业机械管理局与江苏省宿迁市人民政府在宿迁市签订共同推进宿迁市农业机械化加快发展战略合作协议。

浙 江 省

2011 年 12 月 1—2 日

浙江省农业机械学会第八次会员代表大会暨2011年学术年会在金华召开。

12 月 7 日

农业部办公厅公布全国农机农艺融合示范区名单,龙游县被确定为全国54个农机农艺技术融合示范区之一。

12 月 13—14 日

浙江省农机事故处理员师资培训班在杭州举办,旨在培养基层农机事故处理业务骨干力量,加强事故处理员队伍和能力建设。

12 月 15 日

农业部农业机械化管理司公布“2009—2010年度主要农作物生产机械化示范项目”验收结果,浙江省承担的水稻育插秧机械化示范项目和油菜生产机械化示范项目均通过验收,并获得优秀。

12 月 28 日

浙江省人民政府新闻办在杭州召开农业机械化发展情况新闻发布会,介绍近年来浙江省农业机械化发展成效以及未来一段时期工作重点,特别是农业机械化在稳定粮食生产、建设现代农业、推动“三化同步”中的重要作用,并就相关问题答记者问。

12 月 31 日

为加快淘汰老旧高耗能农业机械,进一步优化农业机械装备结构,浙江省制定出台《浙江省高耗能农业机械报废补偿实施办法(试行)》。根据浙江省农业机械发展状况,《办法》决定先行对高耗能拖拉机实施报废补偿。

2012 年 1 月 3 日

浙江省副省长葛慧君在省农业厅报送的专报《关于报送农机购置补贴政策实施情况的函》上批示:“这些年农机购置补贴政策落实得是好的。要不断总结完善,加强监管,确保政策不走样、农民得实惠”。

1 月 31 日至 2 月 2 日

由浙江省农业机械管理局、台州市农业局、路桥区政府共同主办的第二届中国浙江(台州)农业机械博览会在台州市路桥区举行。

2 月 6 日

浙江省农业厅、省财政厅出台2012年农业机械购置补贴实施意见。

2 月 27 日

浙江省农业厅召开全省农机购置补贴工作视频会议,总结农机购置补贴政策实施成效,部署2012年农机购置补贴、报废补偿政策实施以及农机系统党风廉政建设工作。各市、县(市、区)农业局分管领导及农机系统相关人员共1 700余人在分会场参加会议。省农业厅副厅长赵兴泉、省纪委驻省农业厅纪检组长马万里出席会议并讲话。

3 月 15 日

浙江省农业机械管理局、中石化浙江石油分公司联合发文,下达农用柴油专项计划1.5万吨,保障春耕生产农机用油。

3 月 20 日

浙江省农业机械管理局会同省农业厅农作物管理局在杭州召开水稻机插农机农艺融合专题研讨会。会议就当前全省水稻育插秧机械化存在的深层次问题作剖析,提出一些对策措施。

3 月 21 日

浙江省农业厅发文部署开展农机购置补贴阳光行动,以“公开支持目录、公开经销商、公开补贴标准、公开补贴对象、公开操作程序、公开投诉渠道、公开责任追究、公开网络监管”为主要内容,对农机购置补贴政策及有关工作信息实行阳光公开。

3 月 31 日

浙江省人民政府法制办、省农业厅邀请人大代表、政协委员和农业、法律、农机制造等方面专家,组织召开《浙江省农业机械化条例》立法论证会。与会专家一致认为,制定出台《浙江省农业机械化条例》,对加快全省农业机械化发展、促进现代农业建设将发挥积极作用,并就《条例》(草案)有关条款提出具体修改意见。

3—7 月

浙江省人大法制委员会、省人大农业与农村委员会、省农业厅联合组织开展农业机械化立法调研,听取各地各部门意见建议,进一步修改完善《浙江省农业机械化促进条例(草案)》。

4 月 12 日

浙江省农机购置补贴政策实施情况交流会在杭州召开。会议就全价购机和县级结算等试点工作执行情况进行交流,各市农机管理站负责人参加。

4 月 19 日

浙江省农业厅召开全省农机安全生产工作会议,总结农机安全生产工作成效,部署2012年农机安全生产工作。省农业厅厅长史济锡出席会议并讲话,省农业厅副厅长赵兴泉主持会议。

4 月 26 日

浙江省副省长葛慧君在省农业厅报送的专报《成品油价格持续上涨对农业生产的影响》上批示:“这个问题种粮大户、农机大户已反映多次,我也作过批示。农业部门要会同发改、财政部门作深入研究,看看如何破解这个难题,以切实保护种粮农民、农机户的积极性”。

4 月 27 日

浙江省人民政府第92次常务会议讨论通过《浙江省农业机械化促进条例(草案)》。

4 月 28 日

浙江省省长夏宝龙在省农业厅报送的专报《关于莱恩农业装备有限公司有关情况的汇报》上批示:“建议好,请慧君同志阅研,要拿出一个支持发展的规划”。

4 月 29 日

浙江省副省长葛慧君在省农业厅报送的专报《关于莱恩农业装备有限公司有关情况的汇报》(夏省长批示件)上批示:“根据夏省长批示要求,你们先拿个意见。要注意把推进农业机械化与促进农机工业相结合”。

5 月 11 日

华东地区农机购置补贴工作座谈会在杭州召开。会议总结交流各省市农机购置补贴政策实施情况及下一步措施，并就补贴创新试点、实施办法完善等内容进行深入探讨。农业部农业机械化管理司副司长胡乐鸣出席并讲话。

5 月 15 日

浙江省财政厅、省农业厅印发《浙江省农业机械化作业环节补贴资金管理办法（试行）》，规定补贴对象、补贴标准以及操作程序等。

5 月 21 日

浙江省农机跨区作业出征仪式在海盐县举行。省农业厅副厅长赵兴泉参加出征仪式。

5 月 28 日

浙江省农业厅、省财政厅出台《关于 2012 年浙江省水稻集中育秧补贴的实施意见》，决定对水稻集中育秧实行财政补贴。

5 月 29 日

浙江省农业厅厅长史济锡在省十一届人大常委会第三十三次会议第二次全体会议上作关于《浙江省农业机械化条例（草案）》的说明。

5 月 31 日

浙江省召开骨干农机生产企业座谈会，座谈交流农机制造业发展现状及存在的问题，研究探讨促进发展的意见建议。省农业厅副厅长赵兴泉出席座谈会并讲话。

6 月 3—5 日

农业部农业机械化管理司巡视员丁翔文率考评组一行赴浙江考评“为民服务创先争优”示范窗口创建工作。

6 月 15 日

水稻机械化育插秧技术推广形势分析会在温岭召开。会议总结水稻机械化育插秧技术推广工作成效，分析面临的形势，部署下一阶段工作。省农业厅赵兴泉副厅长出席会议并讲话。

7 月 10 日

鉴于新乡市傻瓜农牧发展有限公司严重违反农机购置补贴政策相关规定，浙江省决定在全省范围内取消其所有补贴产品 2012 年度的补贴资格。

7 月 27 日

浙江省十一届人大常委会第三十四次会议审议通过《浙江省农业机械化促进条例》，并决定自 2012 年 10 月 1 日起施行。《条例》以国家“一法一条例一意见”等法律法规为依据，在与省人民政府意见科学衔接的基础上，从促进农业机械化发展的扶持措施、科研开发和推广、质量保障、安全管理、社会化服务等几个方面设定权利义务规范，并将近年来浙江省在促进农业机械化发展工作实践中行之有效的措施和机制以立法形式予以确立和固定。

8 月 3 日

浙江省农业厅、省公安厅联合印发《关于进一步规范拖拉机牌证管理工作的通知》，明确要求自 2013 年 1 月 1 日起不再办理不符合国家安全技术标准的拖拉机的注册登记业务。

8 月 3 日

浙江省召开全省农业机械化形势分析会，分析前阶段农业机械化发展形势，研究变拖停牌、权限下放后农机安全监理工作，部署下阶段农业机械化工作。省农业厅副厅长赵兴泉出席会议并讲话。

8 月 22 日

浙江省农机购置补贴阳光行动推进会在温州瑞安召开。会议总结交流农机购置补贴阳光行动成效和经验，实地考察瑞安市农机购置补贴办理“一站式”服务窗口现场，并就下阶段工作进行研究部署。省农业厅副厅长赵兴泉出席会议并讲话。

8 月 27 日

浙江省副省长王建满在嘉兴市府办报送的专报《嘉兴市“以小见大”全力推进农业机械化发展成效凸显》上批示：“嘉兴市全力推进农业机械化成效明显，走在全省的前列。请省农业厅注意总结经验，予以推广”。

9 月 11—12 日

农业部、商务部联合调研组来浙江省调研拖拉机报废回收工作。

9 月 14 日

浙江省人民政府办公厅印发《关于切实做好（浙江省农业机械化促进条例）贯彻实施工作的通知》，对《条例》贯彻实施工作作部署。

9 月 16—17 日

由农业部农业机械化技术推广总站副站长李安宁率调研组来浙江省调研农机购置补贴机具分类分档及补贴额确定等工作。

9 月 18—19 日

全国主要农作物生产机械化示范项目推进会暨项目验收会在杭州召开。浙江省承担的水稻机插和油菜生产机械化示范项目均被评为优秀。

9 月 24 日

浙江省人大法制委员会、省人大农业与农村委员会、省法制办、省农业厅联合召开《浙江省农业机械化促进条例》宣传贯彻工作会议。省人大常委会副主任程渭山，副省长王建满，省人大农业与农村委员会主任委员胡虎林、副主任委员洪建新，省人民政府副秘书长陈龙，省农业厅厅长史济锡等出席会议。省发展和改革委员会、省财政厅、浙江农林大学等 25 个省级有关单位代表、各市农机主管部门和厅相关单位（处室）负责人以及农机企业、农民专业合作社代表参加会议。

9 月 25 日

浙江省农业机械管理局召开廉政风险防控工作示范点建设推进会。省纪律检查委员会驻省农业厅纪检组长马万里出席会议并讲话。

9 月 26 日

中国南方最大农机产业园（基地）在金华永康开工建设。副省长朱从玖、省农业厅厅长史济锡等领导出席开工仪式并为项目奠基。

10 月 1 日

《浙江省农业机械化促进条例》正式施行。

10 月 8 日

浙江省农业机械管理局、中石化浙江石油分公司联合发文，下达农用柴油专项计划 1.1 万吨，保障秋收冬种生产农机用油。

10 月 9—10 日

浙江省畜牧机械化促进大会暨农机牧艺融合现场会在海宁召开。会议总结交流两年来全省农机牧艺融合的成效和经验，研究提出下一步推进畜牧业机械化工作的思路、任务和措施。

10 月 28—30 日

2012 农业机械国际学术年会在杭州召开。中财办、国务院研究室、发展和改革委员会、科技部、农业部等部委相关司局，中国科学院、中国工程院、中国农机研究院，CIGR、AAAE、ASABE 等国际学术组织，美国等 18 个国家，以及国内农业机械科研、教育、管理、推广、制造等行业的领导、院士、专家近 700 人参加会议。会议以“创新共赢发展”为主题，围绕时下农业机械化和农机装备制造业发展重点、热点、难点等问题广泛开展学术交流研讨。全国人大常委、农业与农村委员会副主任委员尹成杰，农业部原常务副部长刘成果出席论坛，浙江省省长夏宝龙发贺信。

11月2日

浙江省农业厅、省财政厅、省商务厅联合出台《关于2012年农机报废更新补贴试点工作的实施意见》，对补贴对象、机具种类、补贴标准、操作程序等作规定。

11月14—15日

华东区农机推广站长会议在绍兴召开。会议交流各省（市）2012年农机推广工作情况，深入研讨如何推进农机农艺融合工作。华东区各省（市）及计划单列市农机推广站负责人参加会议。

11月20日

浙江省农业机械管理局组织召开全体干部职工大会，传达学习党的十八大精神以及省委和厅党组关于贯彻十八大精神的部署和要求。

安徽省

2011年12月7日

安徽省增粮规划农机服务体系项目座谈会在临泉县召开。

12月8—9日

安徽省小麦苗情观摩暨土壤深松整地作业补贴验收结算调度会在蒙城县召开。

12月12—15日

安徽省农业机械管理局召集专家对2012年度安徽省农机购置补贴机具进行分类分档和补贴额确定。

12月15日

安徽省农业机械化新闻座谈会在合肥市召开。新华社、人民日报、农民日报等多家媒体近20名记者参加。

12月15日

2012年度第一批农业机械购置补贴资金使用计划下达，安徽省获得中央财政资金6.3亿元。

12月16—19日

《2010—2012年安徽省支持推广的农业机械产品目录》（2012年度增补）评审工作在合肥市进行。

12月30日

2011年度农机系统劳动竞赛农业机械化推进工程综合考评暨农机购置补贴检查汇报会在合肥市召开。

2012年1月4日

安徽省农业委员会党组会议研究决定，江洪银任省农业机械管理局分党组成员。

1月9日

安徽省农业机械管理局表彰2011年度农机系统劳动竞赛农业机械化推进工程综合考评先进单位和先进个人、单项工作先进集体和先进个人。

1月11日

安徽省农村工作会议在合肥市召开。会议对10名“全省农机大户标兵”进行表彰，奖励每人一台大型拖拉机。全省农业机械化工作会议代表出席会议。

1月12日

安徽省农业工作会议在合肥市召开。会议将“以推进农业机械化为重点，加强农业基础设施和装备能力建设”列为2012年全省农业重点工作之一。

1月12日

安徽省农业机械化工作会议在合肥市召开。

1月19日

安徽省农业机械管理局、省财政厅联合印发2012年度农业机械购置补贴实施指导意见。

1月19日

宿州市埇桥区等6个县（区、市）被安徽省农业机械管理局确定为2011年全省“平安农机”示范县（第二批）。

1月19日

安徽省农业机械管理局分党组决定，晋心海任省农机安全监理总站站长。

1月31日

安徽省农业机械管理局印发《关于开展农机维修能力建设年活动的通知》，要求各地坚持市场引导和政府扶持相结合，通过农机维修市场整治和农机维修能力建设，加强农机维修行业管理，培育和规范农机维修市场。

2月2日

据安徽省编办《关于同意省农机局外经处更名为产业发展处的批复》，省农业机械管理局外经处更名为产业发展处。其工作职能也相应调整。

2月8日

安徽省委副书记、代省长李斌连续两次对农业机械化工作作出批示，肯定农业机械化工作。

2月29日

安徽省农业机械管理局制定印发《安徽省2012年农业机械化科技促进年活动实施方案》。

3月2日

安徽省农机购置补贴工作会议在合肥市召开。

3月6日

安徽省农业标准化技术委员会召开专家评审会，审定通过《毯状钵苗水稻插秧机技术条件》《肉鸡养殖成套设备》农业机械化地方标准。

3月16日

安徽省农业机械管理局召开2012年购机补贴新闻通气会。人民日报、新华社、安徽电视台等中央及省级媒体的20余名记者参加会议。

3月28日

安徽省农业机械管理局印发《2012年安徽省农业机械化教育培训大行动工作方案》。

3月29日

安徽省平安农机创建推进工作会议在天长市召开。

4月5日

安徽省省长李斌签署省人民政府任免通知，任命刘绍太为安徽省农业机械管理局局长。

4月5—7日

安徽省农业机械管理局与省法制办联合在宣城市举行农机行政执法人员资格认证培训及认证考试，109人获农机行政执法资格。

4月10日

安徽省农业机械管理局下发通知，部署全省农机购置补贴政策落实监督检查工作。随即，省农业机械管理局6个督查组赴各地开展督查工作。

4月11日

安徽省委决定，刘绍太同志任省农业机械管理局分党组书记、省农业委员会党组成员。

4月11日

安徽省农业机械管理局对2012年全省农业机械化发展重大目标任务、“十二五”期间全省农业机械化发展的主要目标任务进行细化、分解。

5月10日

由安徽省农机协会和安徽日报农村版报社共同举办的“安徽农民最满意的农机品牌”授牌盛典在合肥市举行。同时举办安徽省农机协会、安徽奇瑞重工共同主办，安徽省农业工程学会协办的“安徽农业机械化发展战略论坛”。

5 月 10 日

安徽省委常委、常务副省长詹夏来在省农业机械管理局“扶持奇瑞重工发展有关情况汇报”上批示，对省农业机械管理局支持奇瑞重工发展给予肯定。10 月 25 日，省长李斌在同一份汇报上批示“很好。抓好落实。”

5 月 15 日

农业部农业机械化管理司副司长刘恒新到庐江县检查指导“三夏”小麦抢收准备工作。

5 月 16 日

安徽省第三届农民机插秧技能大赛在全椒县举行。农业部农业机械化管理司副司长刘恒新出席启动仪式并讲话。

5 月 17 日

安徽省小麦机收暨夏季农业机械化生产工作会议在合肥市召开。

5 月 18 日

安徽省人民政府办公厅印发《关于切实做好小麦后期田管和机收工作的通知》。

5 月 21—24 日

安徽省进行本年度农机购置补贴第一批资金结算。审核通过中央财政资金 3.82 亿元，省财政资金 407 万元，占首批补贴资金额度的 60.6%。

5 月 25 日

安徽省农业机械管理局印发《全省农机安全生产“打非治违”专项行动方案》。

5 月 31 日

全国 2012 年小麦跨区机收启动仪式在寿县成功举行。中央政治局委员、国务院副总理回良玉出席，并宣布“2012 年全国‘三夏’小麦跨区机收开机启动”。省委书记张宝顺出席启动仪式。农业部部长韩长赋、省长李斌在启动仪式上致辞。

6 月 4 日

安徽省农业机械管理局召开“三夏”农业机械化工作检查部署会。随即，“三夏”检查组赴各地督查农业机械化生产工作。

6 月 4 日

安徽省农业机械管理局制定《2012 年度目标管理（绩效）考核办法》《直属事业单位绩效工资实施办法》。

6 月 4—5 日

安徽省副省长梁卫国深入蚌埠、亳州、阜阳等地，检查指导夏收、夏种和夏粮收购工作。要求农机等相关部门搞好工作衔接，强化农机安全作业管理和服务，确保小麦抢收工作顺利进行。

6 月 11 日

安徽省收获小麦 2 719.2 千公顷，其中机收 2 672.47 千公顷，机收率为 98.3%。全省小麦收割基本结束。

6 月 19—21 日

安徽省农业机械管理局进行 2012 年第二批农机购置补贴资金结算。审核通过中央财政购机补贴资金 1.4 亿元，补贴机具 3.5 万台，受益农户 2.4 万户。

6 月 26—27 日

安徽省副省长梁卫国到宿州等地调研抗旱抢种保苗工作，省农业机械管理局局长刘绍太陪同。

6 月 27 日

安徽省农业机械管理局举办“农机大讲堂”活动暨开讲仪式。局机关及局属单位近 30 名工作人员参加学习。

7 月 2 日

2010—2011 年部级水稻、油菜示范项目省级验收会在芜湖市召开。

7 月 12 日

安徽省农业机械管理局印发《安徽省 2012 年度农机购置补贴政策落实延伸绩效管理工作实施方案》。

7 月下旬

中央财政下达安徽省第二批农机购置补贴专项资金 2.4 亿元。

7 月 26 日

安徽省农业机械管理局召开“保持党的纯洁性、迎接党的十八大”主题教育实践活动转段动员会。

7 月 27 日

安徽省农业机械管理局命名肥西县德敏农机专业合作社等 60 个农机专业合作社为 2012 年省级农机专业合作社示范社。

8 月 7—8 日

2012 年安徽省“农机专业合作社宣传月”启动仪式暨帮扶联系工作经验交流会、省级农机专业合作社示范社理事长培训班在宿州市埇桥区召开。

8 月 8 日

安徽省农业机械管理局印发《关于主动对接做好基层农技推广补助项目实施工作的通知》，组织全省基层农机技术人员提升公共服务能力，开展包村联户工作。至 9 月份，全省有 46 个县 825 人参加。

8 月 15 日至 9 月 10 日

安徽省农业机械管理局组织对全省拖拉机驾校进行检查，摸清情况，加强监管。

8 月 17 日

安徽省农业机械管理局调整安徽省农业机械化工程高级专业任职资格评审委员会评委库。

8 月 21 日

安徽省农业机械管理局局长刘绍太等会见到访的美国爱科集团副总裁兼中国及印度区董事总经理一行。

8 月 23 日

安徽省农业机械管理局出台油菜机械化生产技术指导意见。

8 月 24 日

安徽省农业委员会党组研究决定，陈发明任省农业机械管理局分党组成员、副局长。

9 月 7 日

安徽省省委副书记孙金龙、副省长梁卫国等在 2012 中国安徽（合肥）农业产业化交易会现场参观奇瑞重工农机展区。

9 月 11 日

安徽省农业机械管理局组织举办 2013 年农业技术试验示范专项经费（农机）项目申报县培训班，指导编制项目申报书。

9 月 12 日

安徽省人民政府召开全省秋种工作电视电话会议。省农业机械管理局局长刘绍太在会上就如何发挥农机主力军作用，做好“三秋”农业机械化服务工作发言。

9 月 19 日

安徽省农业机械管理局举办“迎接十八大”农业机械化主题宣传有奖征文活动。

9 月 21 日

安徽省农业机械管理局印发《2012 年“三秋”农业机械化工作宣传重点》。

9 月 25 日

安徽省农业机械管理局、省财政厅、省商务厅联合印发《安徽省 2012 年农机报废更新补贴试点工作操作方案》，在全省选取长丰等 8 个县区，开展农机报废更新补贴试点工作。

9 月 25 日

安徽省农业机械管理局、省商务厅联合印发《关于从事报废农业机械回收企业认定工作（试行）的通知》。

9 月 25 日

安徽省农业机械管理局印发

《(2013—2015年安徽省支持推广的农业机械产品目录)申报指南》,开始受理生产企业申报。

9月28日

安徽省秋种现场会、全省农机报废更新试点工作座谈会在宿州市召开。

10月9日

安徽省农业机械管理局派出4个督查组,由局领导带队分赴各市县督查"三秋"农业机械化生产工作。

10月12日

农业部农业机械化管理司对在农业机械化信息报送工作中做出突出成绩的信息宣传工作先进单位进行表彰,安徽省农业机械管理局获先进单位。

10月13日

安徽省农业机械管理局组织召开《2012—2014年国家支持推广的农业机械产品目录》省级推荐专家评审会,对75家企业399个产品进行评审,381个产品推荐上报农业部。

10月15—17日

应安徽省农业机械管理局邀请,中国农业大学教授、著名农机专家白人朴来安徽调研农业机械化发展情况,进行新时期安徽农业机械化战略研究。

10月16日

安徽省农业机械管理局两次动员组织1 000余台履带式联合收割机紧急奔赴黑龙江支援水稻抢收。

10月20—26日

安徽省农业机械管理局开展本年度第三批农机购置补贴资金结算工作。审核通过中央财政资金4.16亿元,省财政资金145.35万元。至此,2012年中央财政下达安徽省的9.5亿元农机购置补贴资金中,除用于农机报废更新补贴试点的1 100余万元仍在加紧实施外,9.39亿元购机补贴资金全部实施完毕。共补贴机具22.6万台,受益农户逾13万户,拉动农民投入29.4亿元。

10月22日

亳州市人民政府向安徽省农业机械管理局发来感谢信,对在该市小麦亩产千斤市创建工作中给予的支持和指导表示感谢。

10月25日

安徽省农业机械化教育培训工作座谈会在南陵县召开。

10月25日

安徽电气工程学校"校安工程"新建学生公寓竣工验收。

10月26日

安徽省农业机械管理局在奇瑞重工南方有限公司举行"安徽省农业机械化技术培训基地"揭牌仪式。

10月30日

凤阳县小岗村农机服务中心举行揭牌仪式。安徽省农业机械管理局局长刘绍太与凤阳县县委书记共同为服务中心揭牌。

10月30日

安徽省增粮规划2010年农机服务体系建设项目调度会在凤阳县召开。

11月5日

安徽电气工程学校"校安工程"新建机械实训中心竣工验收。

11月6日

安徽省农业机械管理局印发《安徽省农业机械化技术培训基地运行方案》。

11月7—16日

安徽省农业机械管理局副局长余世铸率团出访意大利、法国,参加博洛尼亚第40届国际农业机械展览会,实地考察菲亚特集团纽荷兰农机公司,访问法国埃纳省农业局。

11月9日

安徽省农业机械管理局印发《安徽省农机系统劳动竞赛农业机械化推进工程综合考评办法(试行)》,组织开展农机系统劳动竞赛活动。

11月12日

安徽省农业标准化技术委员会召开专家评审会,省农机推广总站组织起草制订的《油菜收获与秸秆粉碎机械化联合作业技术规范》等4个农机地方标准通过审定。

11月13日

安徽省农业机械管理局在全省山区组织开展农业机械化发展情况调研,提出可行的推进措施,加快山区农业机械化发展。

11月

安徽省克服夏种推迟造成的秋季收种重叠,生产时间压缩,水稻产区土壤湿度偏重等困难,全力推进秋种机械化工作。农机部门围绕玉米振兴计划的实施,加大玉米收获机械和相关配套技术推广力度,积极发展玉米跨区机收和农机作业社会化服务,玉米机收呈现全面铺开、跨越发展态势。"三秋"期间,全省投入玉米收获机械1.5万多台,机收玉米446.67千公顷,比2011年增加146千公顷,增长48.6%;机收率达45.5%,比2011年提高13.8个百分点。

4—11月

按照上级部署,安徽省农业机械管理局完成廉政风险防控的动员部署和重点推进阶段工作。

福建省

2011年12月13日

厦门市翔安区、永安市、长乐市被确定为2011年全国"平安农机"示范县(区、市)。

2012年1月17日

《省农业厅省公务员局省人力资源开发办公室关于表彰2008—2011年度全省农业系统先进集体和先进工作者的决定》,闽侯县农机管理站、建宁县农机管理中心、邵武市农机管理总站、长汀县农机管理站、福安市农业机械化管理局5个单位和连江县农机管理站兰章禧、厦门市农机监理所林云杰、泉州市农机管理总站蔡蓉蓉、莆田市农机管理总站郑嘉立、松溪县农机管理总站叶风寿、浦城县农机管理总站吴友弟、武平县农机管理站王荣初、宁德市农业机械化管理局周昌经8位个人获表彰。

2月7日

印发《福建省农业机械化第十二个五年发展规划(2011—2015年)》。

2月10日

福建省农业厅副厅长郭跃进、农业机械管理局局长高咸周一行到尤溪县调研农机专业合作社建设。尤溪县委副书记林建星、张金华副县长陪同。

2月14日

《中共福建省委福建省人民政府关于加快推进农业科技创新推广增强农产品供给保障能力提高农村基本公共服务水平的若干意见》提出:加快发展设施农业。落实和完善农机购置补贴政策,加大轻便、耐用、低耗中小型耕种收、植保机械和台湾适用农机具的引进和推广,加强关键环节机械耕作技术的示范、推广。扶持发展农机专业合作社,对购置农机具实行累加补贴。落实支持农业机械化发展的税费优惠政策,推动农机服务市场化和产业化。切实加强农机售后服务和农机安全监理工作。加大对设施农业的扶持力度,积极发展园艺设施栽培、食用菌工厂化栽培、山地竹林设施栽培,支持以蔬菜为主的钢架大棚建设,新建钢架大棚 1 千公顷，示范带动发展 6.67 千公顷设施农业基地。

2 月 15—16 日

福建省农业机械化工作会议在长乐市召开。传达全国农业机械化工作会议、全国农机购置补贴工作会议精神，部署 2012 年农业机械化工作。省农业厅副厅长郭跃进出席会议并讲话。采取现场会和工作会两会合一形式，组织代表参观丰宝农机专业合作社和两个蔬菜大棚基地。省农业机械管理局、农机鉴定推广总站、农机监理所、农机学会、各地农机局（站）200 多人参加会议。

2 月

福建省农业机械管理局局长高咸周被省人民政府安委会评为落实企业安全生产主体责任先进个人荣誉称号。

3 月 19 日

福建省印发《福建省农机系统绩效管理工作方案》。围绕绩效目标、绩效责任、绩效运行、绩效评估、绩效提升，对全省 9 个设区市和平潭综合实验区开展绩效考核。

3 月 29 日

福建省印发《福建省农业机械化科技推广促进行动方案》。围绕一个中心，加强两个融合，促进"三化"，突出四个着力，切实提高农业机械化技术普及率和农机从业人员综合素质，提升农业机械化科技的引领、支撑和服务能力，促进农业机械化又好又快发展。

3 月 31 日

福建省农业厅、财政厅联合召开 2012 年福建省农机购置补贴工作视频会议。省农业厅副厅长郭跃进出席并讲话。省农业机械管理局局长高咸周主持。省财政厅、驻农业厅监察室、农业厅计财处、农机鉴定推广总站、农机监理所有关领导参加。

4 月 18 日

福建省农业厅办公室印发 2012 年农机购置补贴政策落实监督检查工作方案。重点检查补贴运行操作关键环节制度规定的落实情况以及主要工作的开展情况。

5 月

福建省人民政府出台《关于促进农业机械化和农机工业又好又快发展的实施意见》。表明省委、省人民政府对加快推进全省农业机械化和农机工业发展的高度重视，也为"十二五"期间农业机械化和农机工业指明发展方向，具有重要的战略意义。

5 月 3 日

福建省农业机械管理局印发通知公布福建省农业机械化信息宣传信息员名单。进一步加强信息员队伍的建设和管理，努力打造一支热爱农业机械化宣传事业、熟悉业务、具有较强新闻敏感性和较扎实的理论文字水平的农业机械化信息宣传队伍。

6 月 21 日

福建省农业厅办公室印发《关于开展福建省 2012 年农机购置补贴政策实施半年督导检查的通知》，由驻省农业厅监察室牵头，抽调省农业厅、财政厅有关人员联合成立四个督查小组于 7 月 2 日至 20 日对全省 8 个设区市开展督导。

6 月 21 日

福建省农业厅办公室印发《关于组织开展 2012 年上半年度农机安全生产目标责任考评暨农机"打非治违"专项行动督查的通知》，于 7 月 2—8 日分三组对全省 9 个设区市农机部门和拖拉机驾驶培训机构等生产企业开展督查。

7 月 17—18 日

福建省半年度农业机械化工作会议暨农机购置补贴风险警示教育座谈会在宁德市屏南县召开。省农业机械管理局局长高咸周，副局长翁秋月、杨斌，副调研员兰亨庭及 9 个设区市、平潭综合实验区农机管理局（站）长、办公室主任近 40 人参加会议。

7 月 17—24 日

福建省财政厅、农业厅联合印发《关于下达 2012 年农业机械化培训项目经费的通知》《关于下达 2012 年农业机械化示范区建设专项资金的通知》和《关于下达 2012 年农机维修示范点建设项目资金的通知》，项目资金合计 1 480 万元，扶持建设 35 个农业机械化示范区、33 个农机维修示范点和教育培训万人计划。

7 月 26 日

"福建省农业机械化信息网"改版升级工作圆满完成。新版"福建省农业机械化信息网"（http://www.fjam.gov.cn）正式上线运行。

7 月 26 日

福建省农业机械管理局印发《关于对农业机械化示范区及重点产业机械化示范县建设项目进行调研的通知》，由省农业机械管理局副局长翁秋月、杨斌分别带队开展调研活动。

8 月 8 日

福建省农业厅副厅长郭跃进赴罗源县调研农业机械化工作，实地察看福州大华农业机械有限公司、罗源县希望食用菌专业合作社以及罗源县力生食用菌专业合作社。

8 月 9 日

福建省农业厅印发《福建省农机道路交通安全综合整治"三年行动"实施方案》及《福建省农机道路交通安全集中整治大会战实施方案》。

8 月 13 日

福建省农业厅副厅长郭跃进到武平县、长汀县检查指导农业机械化工作，察看武平县农机监理服务大厅、心连心农机专业合作社和长汀县农业部万亩优质稻（全程机械化）示范基地、全省首家工厂化育秧中心、清荣农机专业合作社、河田现代农机服务中心等。

8 月 14 日

2012 年上半年福建省农机安全生产形势分析会暨农机监理文明行业创建推进会在连城县召开。省农业厅副厅长郭跃进，农业机械管理局、农机监理所相关领导，各设区市农机局（站）及 10 个农机文明行业创建示范县农机站站长、监理所所长等 80 余人参加。

8 月 17 日

福建省农业厅印发《福建省农业厅贯彻落实福建省人民政府关于促进农业机械化和农机工业又好又快发展实施意见的通知》。

8 月 21—22 日

福建省农业机械管理局局长高咸周在福州市农业局党组成员钱友华、农机处处长段成坤陪同下，赴长乐、福清、闽侯等地开展农业机械化示范区项目建设调研。

8 月 22 日

福建省副省长陈荣凯率领省直有关部门负责人赴福州就现代农业展开专题调研。陈荣凯指出，农机专业合作组织为农业不断向规模化、标准化、产业化方向迈进打下坚实的基础，各级政府部门要从资金扶持、政策倾斜等方面对合作社建设给予支持，推动农机合作社组织的快速发展。

8 月 23 日

福建省农业厅召开促进全省农业机械化和农机工业又好又快发展座谈会。省农业厅厅长陈绍军、副厅长郭跃进出席并讲话。省农业机械管理局局长高咸周主持。福建省农业科学院、福建省机械研究院、福建农林大学机电工程学院有关领导、专家和省内农机企业及农机专业合作社等有关负责人以及相关部门领导参加。

9月5日

福建省农业机械管理局印发《福建省2012年度农业机械购置补贴政策落实延伸绩效管理工作实施方案》。

9月17日

福建省农业机械化协会一届二次常务理事会暨一届二次理事会在福州市召开。省农业厅副厅长郭跃进出席并讲话,省农业机械管理局局长高咸周出席。会员企业、科研院校专家学者共50多人参加。

9月18—21日

福建省举办首届全省农机专业合作社理事长培训班。省农业机械管理局局长高咸周出席并讲话,副局长杨斌主持。省农业厅人事处、经管处有关领导出席开班式。农机专业合作社理事长及省、市农机部门管理人员近百人参加。

9月21日

福建省副省长陈荣凯赴莆田市荔城区视察全省唯一"全国农民专业合作社示范社"——荔城区华龙农机专业合作社。陈荣凯指出:要立足农业,扎根农村,以获得全国农民专业合作社示范社荣誉为新起点,一步一个脚印,把农机专业合作社做大做强,带领社员共同致富。

9月24—26日

福建省农业机械化教育管理人员培训暨拖拉机驾驶培训机构管理情况交流会在闽清县召开。省农业机械管理局副局长翁秋月到会指导,各设区市负责农业机械化教育培训的管理人员和部分市(县)负责拖拉机驾驶培训机构的主要监管人员参加。

10月24—27日

福建省农业厅副厅长郭跃进带领部分地区农机部门领导到浙江省开展农业机械化工作交流学习。省农业机械管理局副局长翁秋月、杨斌,农机鉴定推广总站站长黄宏源以及部分市县农机部门的主要领导随行。

10月25—26日

2012年福建省农业机械化信息员培训班在三明永安市举办。省农业机械管理局副调研员兰亨庭出席并讲话,各地信息员70人参加。

10月31日

福建省农业厅副厅长郭跃进、农业机械管理局副局长杨斌一行到荔城区清江、华龙、沟边3家农机专业合作社开展调研。

11月13日

福建省农业厅办公室印发《关于开展福建省2012年农机购置补贴政策实施秋季督导检查的通知》,由驻农业厅监察室牵头,即日起分4个组对16个县开展秋季督导。

江西省

2011年12月7日

江西省农机鉴定站通过第三批部级鉴定能力认定,有能力承担手扶拖拉机、联合收割机、旋耕机的部级农机鉴定工作。

12月9日

江西省农业机械化管理统计年报布置会在宜春市召开。会议通报2011年各设区市农业机械化统计工作情况,布置2012年农业机械化管理统计年报工作,并对全国农业机械化管理统计系统进行操作培训。各设区市农机局(站)统计负责人参加会议。

12月15日

江西省农业工程学会、省农机行业协会和《南方农机》杂志社联合发布《关于举办2011年度首届江西省农机流通行业"二十强企业"推介工作的通知》。列前20位的企业颁发"二十强企业"企业牌匾,授予其负责人(董事长或总经理)为2011年度江西省农机流通行业"二十强企业家",并颁发证书。

12月17—19日

江西省举办省农机修理工职业技能鉴定培训班。144名学员参加培训。

12月26日

第59次江西省人民政府常务会议审议通过《江西省人民政府关于修改(江西省城市绿化管理办法)等8件省政府规章的规定》(以下简称《规定》),《规定》对《江西省农业机械安全监督管理办法》第二十三条做修改。《规定》于2012年1月11日公布施行。

2012年1月6日

布置江西省关于申报新增省级水稻工厂化育秧示范点工作,要求继续深化"推进机插秧创建高产县"活动,重点开展水稻工厂化育秧技术示范推广。

1月11日

江西省农业机械化工作会议在南昌市召开。会议主要任务是认真贯彻全国农业机械化工作会和全省农业工作会精神,总结交流2011年发展农业机械化的成就与经验,深入分析面临的形势和存在的问题,研究部署2012年的农业机械化工作,并表彰2011年全省农业机械化工作先进单位和先进个人。

1月29日

江西省农业机械化管理局印发《江西省农业机械化生产信息工作考核办法(试行)》。

2月24日

江西省农业厅办公室印发《关于抓好2012年"推进机插秧创建高产县"活动的通知》,要求全省继续深入推广水稻工厂化育插秧和机插秧技术。

2月17日

江西省农业机械化管理局组织参加全省春季万名农技人员送科技下乡活动。省农业机械化管理局副局长万江华到场指导,省农机鉴定站专家、南昌市、进贤县农机部门等20余名科技人员参加。

3月5日

江西省农业厅和财政厅印发《江西省2012年农业机械购置补贴实施方案》,要求提高主要农作物、旱地经济作物、林果业和养殖业等关键环节机械化水平,促进丘陵山区农机应用和节水农业发展;进一步优化水稻生产机械结构,推进水稻耕种收综合机械化水平达59.5%。

3月8日

江西省农业厅在南昌市召开全省农机购置补贴工作暨百万农机闹春耕活动动员大会,全面动员部署2012年农机购置补贴工作和百万农机闹春耕活动。省农业机械化管理局主要领导与各设区市农机局(站)签订2012年农机购置实施工作责任书。

3月8日

江西省农业机械化管理局在南昌市召开2012年江西省农机补贴生产、经销企业动员会,全面动员部署2012年江西省农机购置补贴工作。

3月12—13日

江西省水稻工厂化育秧示范点机械化育插秧技术培训班在进贤县举办。各省级水稻工厂化育秧示范点的负责人和技术骨干共160多人参加培训。

4月6日

江西省制定印发《江西省农业机械

化教育培训大行动2012—2015年实施方案》。

4月11日

江西省农业机械化管理局印发《江西省2012年农机购置补贴政策落实监督检查工作方案》。

4月12日

江西省农业机械化管理局印发《2012年江西农业机械化新闻宣传工作要点》。

4月27日

江西省农业机械化管理局印发《2012年集中开展农机安全生产"打非治违"专项行动方案》。

5月4日

农业部《农业机械化情况》实施农机购置补贴政策专刊2012年第10期刊发《江西省农机购置补贴规范实施进度近八成》一文,肯定全省农机购置补贴工作实施规范、进度快、效果好。省农业厅党委书记、厅长甘良淼作批示:很好,请在农业信息网上刊登。

5月4日

江西省农业机械化管理局印发《关于进一步加强农业机械质量投诉监督管理工作的通知》。

5月9日

江西省农业厅巡视员彭济民在省农业机械化管理局副局长孙员陪同下到进贤县梅庄为农机服务专业合作社调研。实地走访合作社水稻工厂化育秧示范基地,了解合作社发展、早稻生产和机械化服务等情况。

5月14日

江西省农业机械化管理局在南昌市召开全省农机购置补贴生产和经销企业座谈会。有关农机生产和销售企业负责人40余人参加会议。

5月14日

江西省农业机械化管理局在南昌市召开全省设区市农机局(站)长工作座谈会。各设区市农机局(站)长分别介绍2012年以来购机补贴实施情况,重点就"一控三保"主要粮食生产机具补贴情况和补贴机具结构、资金需求进行分析说明,并提出补贴政策实施的相关意见建议。

5月23—24日

2012年华东地区农机教育培训工作研讨会在上饶市召开。江苏、安徽、浙江、福建、山东负责农机教育培训工作的同志参加研讨会。与会代表介绍近年来各地农机教育培训工作,就农机教育培训工作亮点、经验和存在问题作交流。

5月24日

江西省农业厅办公室印发《关于开展2012年农机购置补贴政策落实督导检查工作的通知》,要求省农业厅相关部门和省财政厅农业处联合成立2个督导检查小组,对县级农机购置补贴实施情况、补贴机具经销商监管情况、补贴资金使用情况以及各地购机补贴工作经验和建议等方面进行督查。

5月28—31日

由江西省农业厅和财政厅组成2个省农机购置补贴督查组,分别到新余市、吉安市和九江市相关区县开展实地督查。

7月15日

江西农机产业园项目签约仪式在芦溪县举行。

7月19日

2012年上半年江西省农业机械化工作座谈会在南昌市召开。省农业厅巡视员彭济民出席会议并讲话。各设区市农机局(站)长在会上进行工作交流。

8月24日

江西省农业机械化管理局、省农机鉴定站召开全省各有关农机生产企业产品质量提升工作座谈会。

9月4日

江西省农业厅印发《江西省促进农业机械化和农机工业又好又快发展的实施意见》。

10月12日

江西省农业机械化管理局印发《关于做好(2012—2014年江西省支持推广的农业机械产品目录)(2013年度调整)申报工作的通知》。

山 东 省

2011年12月7日

齐河县、平邑县、沾化县等4个县被农业部列为全国农机农艺技术融合示范区,建设期限为2012年至2015年。

12月12日

山东省农机试验鉴定站通过省质量技术监督局专家组实验室资质认定监督评审和农用保温被计量认证扩项评审。山东省农业机械管理局纪检组长韩永平出席评审会议。

12月15日

山东省委任命高明飞为山东省农业机械管理局分党组书记。

12月16日

山东省农业厅任命侯英忠、韩永平为山东省农业机械管理局副局长。

12月21日

山东省召开玉米收获和保护性耕作工程委员会年度工作总结会议。农业工程学会理事长、玉米收获机械工程委员会会长韩山盛讲话,省农业机械管理局副局长韩永平主持。

12月31日

山东省人民政府任命高明飞为省农业机械管理局局长。

2012年1月10日

山东省农业厅厅长战树毅主持召开省农业机械管理局机关干部大会,宣布省委、省人民政府关于省农业机械管理局主要领导调整的决定。山东省委组织部有关负责同志出席。

1月18日

山东省农业机械管理局召开机关总结表彰大会。机关全体干部职工、事业单位科以上干部、农机集团公司负责人和离退休老领导、老干部参加。局长高明飞出席并讲话,副局长侯英忠、韩永平出席。

1月31日

山东省召开全省农业机械化工作会议。省农业机械管理局局长高明飞作题为《坚持科技创新,推进全省农业机械化又好又快发展》讲话,副局长韩永平传达全国农业机械化工作会议精神,副局长侯英忠主持。各市农机局局长、省农机专家顾问团成员、省农业机械管理局机关工作人员及直属单位负责人参加。

2月10日

山东省农业机械管理局印发《2012年全省农机安全生产工作意见》。

2月20日

山东省农业机械管理局发布《2012—2014年山东省支持推广的农业机械产品目录》。

2月28日

山东省农业机械管理局召开党风廉政建设会议。局长高明飞讲话,副局长韩永平传达胡锦涛总书记在十七届中央纪委七次全会上的讲话和姜异康书记在省纪委九届八次全会上的讲话精神,副局长侯英忠主持。

2月29日

山东省农业机械管理局与约翰迪尔

公司在济南举行合作建设棉花生产全程机械化示范基地签约仪式。局长高明飞代表山东省农业机械管理局与约翰迪尔(中国)投资有限公司签署合作协议,并围绕合作推进棉花收获机械化发展进行座谈和交流。

2月29日

山东省召开全省农机安全监理工作会议。省农业机械管理局副局长侯英忠讲话。各市农机监理站长参加。

3月2日

由山东省农业机械管理局等主办、潍坊市农机局等承办的"第六届中国(山东)农业机械产品展示会"在潍坊开幕。省农业机械管理局局长高明飞出席开幕式。

3月6日

山东省项目县马铃薯机械化播种现场演示暨技术培训会在临沂市平邑县召开。省农业机械管理局局长高明飞、副局长韩永平出席。

3月7日

山东省农业机械管理局发布《2012年山东省农机推广鉴定重点产品种类指南》。

3月15日

由山东省人民政府等主办、省农业机械管理局等承办的第七届中国(山东)国际装备制造业博览会在济南开幕。省委常委、副省长王军民宣布展览会开幕,省农业机械管理局局长高明飞出席开幕式。

3月15日

山东省农机专业合作社座谈会在济南市召开。省农业机械管理局副局长侯英忠出席会议并讲话。30个农机专业合作社理事长代表和部分市农机管理科长参加。

3月16日

全国农机维修技能人才及师资培训班在潍坊市举办。山东省农业机械管理局副局长侯英忠出席开班式并致辞。

3月18日

山东省委、省人民政府援助西藏日喀则地区农业机械及配套农机物资发车仪式在潍坊市举行。省农业机械管理局副局长侯英忠出席发车仪式。

3月21日

山东省农业机械管理局副局长侯英忠做客省电台"阳光政务热线",接听广大听众朋友对农业机械等方面的咨询与意见,宣传农机购置补贴等政策。

3月22日

山东省农业机械管理局印发《山东省农业机械化科技创新与推广行动方案》。

3月27日

山东省召开全省农业机械购置补贴工作会议。省农业厅纪检组领导及各市、省财政直管县农业机械管理局局长、财政局负责人参加。局长高明飞讲话,副局长侯英忠传达全国农机购置补贴工作会议精神,副局长韩永平主持。

3月29日

福田雷沃鲁西南管理中心开业典礼在泰安东平县举行,山东省农业机械管理局副局长侯英忠出席。

3月31日

山东省农业机械管理局召开"能力年"活动动员会。副局长侯英忠出席并讲话。

4月6日

根据山东省委要求,省农业机械管理局选派五名同志到菏泽市曹县忭楼乡北宋村等五个行政村任"第一书记"。局长高明飞听取工作汇报并提出要求,副局长侯英忠出席欢送会并讲话。

4月9日

山东省农业机械管理局印发《2012年山东省农业机械化教育培训大行动实施方案》。截至11月上旬,全省共完成培训各类农机从业人员60余万人次。

4月10日

山东省农机维修服务能力建设工作会议在邹平县召开。省农业机械管理局局长高明飞讲话,副局长侯英忠主持。省农业机械管理局有关处站负责人、各市农机局分管副局长及业务站(科)长参加。

4月13日

山东省农机专家顾问团工作会议在济南市召开。省农业机械管理局局长高明飞讲话,副局长韩永平主持。顾问团全体成员及省农业机械管理局有关处站主要负责同志参加。

4月17—21日

山东省农业机械管理局局长高明飞、副局长韩永平带领局机关有关单位负责人和局材料组有关同志,赴河南进行学习考察。

4月24—25日

2012年度华东片及部分省(市、区)农机鉴定站站长座谈会在潍坊市召开。省农业机械管理局局长高明飞出席会议并致辞,副局长韩永平出席会议。

4月27日

滨州市召开棉花全程机械化研讨会暨机采棉种植模式播种现场会。山东省农业机械管理局副局长韩永平出席并讲话。

5月3日

山东省农业机械管理局召开"第一书记"抓党建促脱贫工作座谈会。副局长侯英忠讲话,五位"第一书记"及相关处室负责人参加。

5月7日

章丘市人民政府召开《章丘市玉米机械化生产技术指导意见》发布会,山东省农业机械管理局副局长韩永平出席。

5月8—12日

山东省农业机械管理局长培训班在济南市举办。省农业机械管理局局长高明飞出席开班仪式并讲话。

5月15日

章丘市等12个县区获省级"农机安全监理'为民服务、创先争优'示范窗口"单位称号,赵士峰等20名监理员获省级"农机安全监理'为民服务、创先争优'示范岗位标兵"称号。

5月17日

"山东省花生机械化生产技术协作组"在济南市成立。山东省农业机械管理局局长高明飞、山东省农业科学院副院长万书波和农业机械管理局有关处室负责人以及协作单位负责人等出席签约仪式。

5月21日

山东省暨泰安市三夏农机跨区作业出征仪式在泰安市东平县举行。山东省人民政府办公厅巡视员高洪波宣布出征令,省农业机械管理局局长高明飞讲话,副局长侯英忠主持仪式。

6月4日

山东省农业机械管理局印发《山东省农机产品质量群体投诉应急预案》。

6月6日

山东省暨临沂市小麦收获开机仪式在临沂市郯城县举行。省人民政府办公厅巡视员高洪波宣布开机,省农业机械管理局局长高明飞讲话,副局长侯英忠主持仪式。6月20日,全省"三夏"农业机械化生产基本结束,比2011年提前3天。小麦机收率达到98%。完成玉米机播面积2 761.33千公顷,玉米机播率达到95%。

6月10日

山东省委副书记、省长姜大明到泰

安市岱岳区视察“三夏”小麦机收工作。省农业机械管理局局长高明飞陪同视察。

6 月 18 日

山东省农业机械管理局局长高明飞、副局长侯英忠带领有关处室和选派“第一书记”的事业单位主要负责人，到曹县仵楼乡看望省农业机械管理局选派的五位“第一书记”并召开现场办公会。

6 月 28 日

农业部农业机械化管理司司长宗锦耀在山东省农业机械管理局呈报的《农业机械化情况》第 7 期上作出批示：很好，山东省的小麦跨区机收和玉米机播工作扎实有力有效。

7 月 2 日

山东省农业机械管理局公布 10 个“五星级文明农机维修网点”和 28 个“四星级文明农机维修网点”。

7 月 2 日

山东省农业机械管理局转发省物价局农机驾驶员培训收费标准，依法取得农机驾驶培训许可的机构开展农机驾驶员培训业务，可以收取农机驾驶员培训费。

7 月 24 日

桓台县农机安全监理站等 6 个单位被评为 2011—2012 年度全国农机安全监理“为民服务创先争优”示范窗口，赵士峰等 10 名个人被评为示范岗位标兵。

8 月 7—8 日

山东省农业机械管理局党组理论学习中心组读书会暨全省农机局长研讨会议在潍坊市召开。局长高明飞作《把握全局，务实创新，不断开创全省农业机械化又好又快发展新局面》主题讲话，副局长韩永平传达全国现代农业建设现场交流会和全国农业厅局长座谈会精神，副巡视员侯英忠主持会议。各市农机局(办)局长、主任，省农业机械管理局各单位主要负责人参加会议。

8 月 15 日

山东省人民政府任命侯英忠为省农业机械管理局副巡视员。

8 月 21 日

山东省保护性耕作项目座谈会在庆云县召开。省农业机械管理局副局长韩永平出席并讲话。农业部和山东省保护性耕作项目县农机局长、推广站长，各市农机推广站站长参加。

8 月 21 日

小麦玉米全程机械化生产技术协作组在庆云县成立，省农业机械管理局副局长韩永平出席签约仪式。

8 月 24 日

山东省农机安全监理“为民服务创先争优”推进工作会议在枣庄市召开。省农业机械管理局副巡视员侯英忠出席会议并讲话。各市农机监理站站长、全省第一批农机安全监理“为民服务创先争优”示范窗口单位代表和农业机械化宣传标兵单位参加。

8 月 26 日

山东省农业机械化协会会员代表大会暨成立大会在济南市召开。农业部农业机械化管理司巡视员丁翔文，中国农业机械化协会常务副会长马世青，中国农业机械化协会副会长兼秘书长、农业部农机试验鉴定总站站长刘敏，中国农业机械化协会副秘书长杨林，全国各省市农机协会负责人、农机局领导到会祝贺。省农业机械管理局局长高明飞，省农业机械管理局副巡视员、副局长侯英忠，副局长韩永平，省民间组织管理局负责人出席。

8 月 31 日

农业机械学会、农业工程学会理事会暨 2012 年度学术研讨会议在禹城市召开。山东省农业机械管理局副局长韩永平出席会议并讲话。

9 月 4 日

山东省农业厅任命刘娜为省农业机械管理局分党组成员、纪律检查组组长，战嘉波为省农业机械管理局分党组成员、副局长。

9 月 6 日

山东省农机购置补贴工作座谈会在济南市召开。省农业机械管理局局长高明飞讲话，副巡视员侯英忠主持会议。各市分管农机购置补贴工作的副局长和科长参加。

9 月 12 日

山东省花生机械化收获现场会在临沂市临沭县召开。省农业机械管理局局长高明飞讲话，副局长韩永平主持。全省 8 个花生主产区的市农机局分管局长和科(站)长，12 个部省花生机械化生产项目县农机局长及临沂市各县农机局长、青岛农业大学等花生收获机械科研单位负责人、花生机械生产企业技术人员、农机合作社负责人参加。

9 月 13 日

山东省农业厅、省农业机械管理局联合召开全省玉米适期晚收及秋种工作视频会议，省农业机械管理局局长高明飞出席并讲话。

9 月 23—26 日

由山东省农业机械管理局等主办，省农机流通协会等承办的“2012 山东省农机汽车工程机械展示订货会”与第十三届国际果蔬·食品博览会在烟台开幕。省农业机械管理局局长高明飞出席开幕式。

9 月 25 日

山东省财政支持推广的缓控释肥和免耕精量播种机械化项目实施工作会议在章丘市召开。省农业机械管理局副局长韩永平出席会议并讲话，项目承担单位领导和项目负责人参加。

9 月 29 日

山东省农业机械管理局印发《关于下达新增农机购置补贴资金及开展农机报废更新补贴试点工作的通知》和《2012 年农机报废更新补贴试点工作实施方案》，启动实施农机报废更新补贴试点工作。到 11 月 9 日，各试点县报废更新补贴工作已全面展开，已完成报废更新补贴资金 517.8 万元，回收报废拖拉机 131 台、报废联合收割机 75 台。

10 月 12 日

山东省农机报废更新补贴工作会议在济南市召开。省农业机械管理局副巡视员侯英忠出席会议并讲话。省农业机械管理局有关处站的负责同志、各市农机局管理科科长和试点县农机局分管局长参加。

10 月 15 日

山东省农业机械管理局印发《山东省农机安全监理行政执法检查工作规范》《山东省农机安全监理行政处罚程序规定》和《山东省农机安全监理行政处罚裁量规范标准》3 个规范性文件。

10 月 17 日

全国农机农艺技术融合座谈会暨机采棉现场会在滨州市召开。山东省人民政府办公厅巡视员高洪波致辞。省农业机械管理局局长高明飞作题为《加强农机农艺融合，推进棉花生产全程机械化》的发言。

10 月 25 日

山东省三秋农业机械化生产结束。2012 年共完成玉米机收面积 2 432 千公顷，机收率 80%；机播小麦 3 540.67 千公顷，机播率 98%。

10 月 29 日至 11 月 4 日

山东省农业机械管理局组成 8 个检

查组对全省16个市的32个县抽查农机购置补贴政策落实情况。11月5日,各检查小组在淄博市总结交流专项检查情况,研究制定整改措施。省农业机械管理局副巡视员侯英忠到会并讲话。

11月1日

山东省农业机械管理局局长高明飞出席东营市机采棉现场会并讲话。

11月2日

山东省农业机械管理局副局长战嘉波出席第一届中国山东(青岛)国际农产品交易会开幕式。

11月2—5日

山东省农业机械管理局局长高明飞带队到宁夏学习考察农业机械化工作。

11月6日

山东省召开全省科技兴农大会。农机系统11个先进集体和24个先进个人受到表彰,其中7人获记二等功。

河 南 省

2012年2月16日

河南省农机管理工作会议在郑州市召开。会议认真贯彻中央一号文件精神和省委农村工作会议、全国农业机械化工作会议精神,总结2011年农业机械化工作,分析研究新形势下推进农机科技创新工作,安排部署2012年工作。

3月17—18日

中共中央政治局常委、国务院总理温家宝深入河南调研,看望农民群众和基层农业科技人员,考察春季农业生产。温总理指出,不少青壮年农民进城务工,分散的土地必然要有人进行规模经营。农业机械化是必然趋势。河南的农业机械化程度高于全国20个百分点,走在全国前头。一个适合河南省情、适合中国国情的农业机械化正在发展当中。我们既要从政策和法规上引导好适度规模经营,又要将农业机械化同良种良法结合起来。这两条都需要提高农村的公共服务能力。

4月18日

2012年河南省农机购置补贴工作会议在郑州市召开。会议肯定农机购置补贴政策实施以来取得的成效,部署2012年全省农机购置补贴工作,对农机购置补贴政策实施及监督管理工作提出要求。会上,18个省辖市人民政府负责人与省农业机械管理局签订落实农机购置补贴责任书。

4月26日

河南省农业机械化协会成立大会暨第一次会员代表大会开幕。省长助理何东成、农业部农机试验鉴定总站副站长杨林、省委农业委员会常务副主任张文深等出席。会议听取筹备工作报告,审议通过《河南省农业机械化协会章程(草案)》《河南省农业机械化协会会费收取标准和管理办法(试行)》《河南省农业机械化协会理事、常务理事、会长、常务副会长、副会长、秘书长选举办法(草案)》;表决通过180家单位和175名会员当选省农业机械化协会第一届理事会理事单位和理事、55家单位和28名会员当选常务理事单位和常务理事。

5月9日

河南省2012年保护性耕作座谈会在洛阳市召开。各地农机局主管局长出席。会议总结交流2011年推广保护性耕作技术的经验,安排布置2012年工作,围绕完成新增保护性耕作面积100万亩的任务进行认真讨论。会议组织与会人员参观偃师市保护性耕作现场。

5月16—17日

河南省副省长刘满仓视察调研潢川县、息县水稻机械化生产工作。信阳市委书记郭瑞民、省农业机械管理局局长张开伦等陪同。刘满仓充分肯定县人民政府大力支持发展水稻机械化生产,提高粮食产能的做法。鼓励合作社多想办法、多创新,扩大机插面积,多创收。要求各级各部门加大对农机专业合作社发展的支持力度,鼓励合作社抓住机遇,进一步做大做强,为农业生产、新农村建设多做贡献。

5月22日

河南省玉米生产技术集成与全程机械化技术培训班在沁阳市举办。安排布置2012年试验示范工作,强调项目实施注意事项。针对玉米种植模式试验、机器配备系统试验的测试内容和测试方法、玉米播种时的农艺要求及勺轮式玉米免耕播种机的结构、工作原理、安装调试进行全面系统的培训。

5月22日

河南省举行许昌农机物流园开园仪式。目前,农机物流园已与50多家农机生产企业签订招商协议,正式入驻38家,租赁面积4万多平方米,可以提供500多个就业岗位,成为省内规模最大、标准最高、品种最全、功能最强的农机交易市场。

5月30日

河南省胡萝卜机械化生产试验示范基地建设工作会议在郑州市召开。基地建设单位、7个省辖市农机推广站站长、技术负责人和农机生产企业的技术负责人等20余人参加。

6月1日

河南省副省长刘满仓带领省直农口有关负责人和农业专家到驻马店市遂平县、西平县沿途暗访"三夏"生产服务保障、跨区机收接待服务、油品供应、农机专业合作社、小麦良种培育基地等工作措施落实情况。

6月5日

河南省委书记卢展工到洛阳山区调研"三夏"麦收工作。

6月6日

"2012年三夏'中国石化杯'农机小麦收割技能竞赛"在遂平县举行。驻马店市代表队荣获第一名,被授予收割标兵称号,获得10 000元加油卡。省内17支代表队参赛。

6月9日

河南省棉花机械化移栽现场演示会在黄泛区农场召开。会议分析当前全省棉花生产形势,强调实施棉花全程机械化生产的必要性和紧迫性,对棉花生产机械化工作提出要求。

6月13日

中央农办二组组长吴宏耀带领调研组成员一行3人到博爱县金城农机合作社调研。调研组询问合作社的基本情况、入社形式、在发展中遇到的问题,并征求合作社的有关建议,对合作社下一步的发展进行交流和探讨。

7月25日

河南省印发《河南省人民政府关于促进农业机械化和农机工业又好又快发展的实施意见》(以下简称《实施意见》)。《实施意见》全面系统地提出全省农业机械化发展的总体要求、发展目标、主要任务、扶持政策以及加强组织领导等方面的新要求,对于加快推进农业机械化和农机工业发展,提高农业装备水平、改善农业生产条件、增强农业综合生产能力、拉动农村消费需求,促进经济平稳较快发展具有重大意义,是指导当前和今后一个时期农业机械化发展的重要文件。

9月6日

国家行业科技玉米机械化联合收获技术培训班在沁阳市举办。培训班针对玉米机械化联合收获技术要点、作业规范、试验测试内容和测试方法以及玉米联合收获机的结构、工作原理、安装调试进行全面系统的培训，并安排布置2012年玉米机械化联合收获试验示范工作，强调试验过程中应该注意的事项。

9月14日

河南省被农业部选为开展农机报废更新补贴工作试点省份。农机报废更新补贴与农机购置补贴相衔接，进一步扩大财政补贴政策效应，有利于提高全省农业机械化和农机产业发展水平。

9月20日

漯河市被农业部办公厅增设为全国农业机械化示范区。

9月20日

河南省委、省人民政府在开封市召开全省"三秋"生产暨农业机械化现场会。省委常委、副省长刘满仓观看了农机作业现场演示，副省长张广智讲话。会议进一步贯彻落实《河南省人民政府关于促进农业机械化和农机工业又好又快发展的实施意见》，强调粮食生产对中原经济区建设意义重大，要认清形势，集中力量，全力以赴打赢"三秋"生产这场硬仗。会议组织参观开封市"三秋"生产农机作业现场、现代农业装备演示、奇瑞重工农业装备生产线；对100个优秀农机合作社予以通报表彰，每个优秀农机合作社给予价值30万元的农机具奖励，18家农机合作社代表在会上领奖。

9月20日

花生生产农机农艺融合示范与推广项目机械化收获现场会在商丘市宁陵县举行。与会人员观摩花生机械化收获现场，听取生产厂家技术人员讲授的花生收获机的构造特点、作业技术要领，花生机械化收获的推广前景。

11月10日

河南省农业机械化协会召开"完善农机购置补贴操作办法"座谈会。重点围绕三个议题进行讨论：一是针对农机购置补贴的具体操作办法进行讨论；二是分析、评价2012年农业机械化生产形势，对2013年市场动态进行预测；三是听取企业自身诉求，维护企业利益，对省农业机械管理局和协会提出意见、建议。24个常务理事、副会长单位负责人共50余人参加。

11月11日

河南省棉花机收试验演示会在河南省黄泛区农场召开。技术人员讲解采棉机的工作原理、作业性能、操作注意事项，并进行现场作业表演。

11月15—17日

河南省农业机械化技术推广站长会议在郑州市召开。会议贯彻落实了《河南省人民政府关于促进农业机械化和农机工业又好又快发展的实施意见》和全国农业机械化技术推广站长会议精神，总结2012年全省农机推广工作取得的成绩和经验，研究部署2013年农机推广工作。

湖 北 省

2011年12月7—9日

湖北省2011年第四批农机购置补贴资金结算审核会召开。经统计，全省第四批结算金额为2.077亿元。

2012年1月5日

"百万机手大培训、百万机具大检修、百万农机闹春耕"活动启动仪式在武汉举行。湖北省农业厅副厅长王红玲、省农业厅党组成员、省农机局局长吴庆峰出席。

1月6日

湖北省2012年文化、科技、卫生"三下乡"集中示范活动在咸宁市崇阳县天城镇举行。该活动围绕农机购置补贴、农机具新技术、新机具宣传展示和农机科普教育等方面，设置农机展示区，近20家企业、30多种机型、50多台（套）机械参加，发放宣传资料2 000多份，同时举行农机购置补贴现场发放仪式。

1月16日

湖北省农机学会植保机械分会成立大会暨第一次会员代表大会在武汉召开。

2月7日

湖北省农业厅举行"喜迎十八大争创新业绩"，送科技、送政策、送信息、送放心农资下乡便民服务活动，拖拉机、联合收割机、插秧机、油菜播种机、茶叶机械、小型微耕机、农用挖掘机等上百台新式农机参展。现场提供农机购置补贴政策、农业机械化新技术、新机具、农机使用、维修、保养及安全生产等咨询服务，并设立农业机械化政策法规等展板13块，发放资料4 000余份，接受500余人次咨询。

2月7日

湖北省农机安全监理总站印发《关于深入基层督导农业机械安全技术检验工作的通知》，决定组织三个督导小组，对14个市州部分地区实地督导。

2月9日

湖北省副省长赵斌到江陵县马家寨乡油菜高产创建示范片视察，要求在全省推广其经验。荆州市委书记李新华、江陵县县长万玲玲、省农业厅副厅长徐能海、荆州市农业局局长陈斌等陪同。

2月21日

湖北省农机局出台机收留茬限高文件，要求全省内作业的联合收割机，机收时降低联合收割机割台高度，对留茬高度和茎秆切碎合格率提出控制要求。

2月23日

湖北省委副书记张昌尔在天门市华丰农机专业合作社调研时指出，合作社开展的水稻品种改良、规模生产、科技服务等一系列工作是发展现代农业的着力点要求各地要总结、推广合作社经验，扶持合作社进一步发展壮大，促进土地规模化经营、集约化管理和产业化生产，加快现代农业发展步伐。省委副秘书长、省委财经办（省委农办）主任刘田喜，省水利厅厅长王忠法，省农业厅厅长祝金水等参加调研。

2月25日

湖北省举办2012年新增补贴产品经销商购机补贴信息管理系统培训班。部分企业操作人员参加。

2月27日

湖北省农业厅、省财政厅联合印发《湖北省2012年农机购置补贴实施方案》。

3月2—3日

湖北省农机安全监理和推广工作会议在襄阳市召开。会议总结2011年成绩与经验，分析研究新形势、新问题，部署2012年工作。农业部农业机械化推广总站总工徐振兴，省农业厅党组成员、省农机局局长吴庆峰，省农业厅副巡视员李庆仁出席会议并讲话。

3月5日

《湖北省2012年农机购置补贴机具补贴额一览表》上报农业部，确定2012年湖北省补贴机具种类12大类、43小类、151个品目。

3月6日

湖北省农机局分别在黄冈市浠水县和天门市举办了鄂东片和鄂中片水稻育插秧机技术培训班，培训武汉等11市农机局（办）、推广站、部分乡镇农技中心、农机专业合作社社员、农机大户、种粮大户等有关人员300多人。

3月6—9日

湖北省2012年农机购置补贴供货协调工作会暨信息系统培训会在武汉召开,列入湖北省2012年农机购置补贴机具种类范围的农机生产企业和省内农机经销商的近千名代表参加会议。

3月15日

湖北省2012年农机购置补贴实施工作会议在武汉召开,较2011年提前1个月启动补贴工作。会议总结湖北省2011年购机补贴工作实施情况,安排部署2012年购机补贴实施工作;湖北省局与各市、州农业机械化主管部门签订农机购置补贴实施工作责任书。

3月15日

湖北省农机局与中石化湖北石油分公司、中国石油湖北销售公司在武汉市举行"服务三农保障农机作业用油"协议签字仪式。中石化、中石油共同做好重要农时季节的用油集中调度,优先保质保量优惠供应农机作业用油。开展"三优"活动、推广"农机卡"、送油到田间地头,确保重点作业季节的农机用油,维护农业用油市场稳定和价格秩序。

3月15日

湖北省农机局在武汉举行全省农业机械化科技创新与推广行动启动仪式。

3月31日

湖北省农机局首次举办早稻生产机耕船作业大比武,来自省内外11家机耕船生产企业参加。

4月9日

湖北省编办正式发文同意省农机安全监理总站加挂省农业机械化技术推广总站牌子。

4月13日

由湖北省农机局和省农业机械工程研究设计院编制的《水稻工厂化育秧技术规范》《油菜机械直播作业技术规范》和《微耕机安全技术要求》3项地方标准经省质量技术监督局批准发布。

4月19—20日

湖北省农机事故应急救援演练暨农机事故处理师资培训班在荆门市举行。

4月25日

湖北省文明交通"六个百千万"总结表彰暨工作推进会在武汉举行。省农机安全监理总站站长任耀武参会并作发言。全省农机系统有10个文明交通乡镇、10台文明交通拖拉机、20名文明交通农机驾驶人受到表彰。

4月28日

荆州市农机推广站站长付明荣获2012年"荆州市劳动模范"称号。

5月3日

湖北省农机局在全省农业系统率先启动了基层农技人员知识培训工作。全省农机系统169人参加培训。

5月8日

油菜机械直播技术示范推广与应用项目获得湖北省科技厅颁发的科技成果鉴定证书。

5月8日

湖北省农业机械化技术推广总站成立暨授牌仪式在武汉举行。农业部农业机械化技术开发推广总站副站长李安宁与湖北省农业厅副厅长王红玲共同为湖北省农业机械化技术推广总站授牌。

5月9日

湖北省农机局在京山县举行水稻机械插秧现场会。

5月17日

湖北省农机局在荆门沙洋召开全省油菜机收暨秸秆综合利用现场会,在全省掀起油菜、小麦机收,中稻机插和秸秆机械化还田的高潮。

5月17日

湖北省委副书记张昌尔,省委副秘书长、省委财经办主任刘兆麟及省民政厅、省农业厅、省水利厅领导视察大悟县机械化插秧千亩连片作业现场。

5月18日

湖北省农业机械化技术推广总站印发《湖北省农业机械化科技创新与推广活动方案》,发动全省农机推广系统干部职工积极投身全国农业科技促进年活动。

5月中旬至7月上旬

湖北省农机局组成5个督查组,分赴17个市州、25个县(市、区)开展农机购置补贴政策实施督导检查。

6月7日

湖北省"116114"农机通专家咨询平台在湖北联通导航中心正式开通。

6月8日

湖北省油菜机械化播种装备技术交流会在华中农业大学召开。会议总结交流全省油菜机械化播种技术发展取得的经验,共商湖北油菜产业发展大计。

6月27日

湖北省农机局印发《做好农机抗灾救灾工作的紧急通知》,及时组织全省农机部门积极投入抗灾救灾。

7月3日

安陆市晨风农机专业合作社、天门市华丰农机专业合作社、襄阳市襄州区双丰收农机专业合作社等3个农机合作社在全国农民专业合作社经验交流会上被农业部授予"全国农民专业合作社示范社"称号。

7月6日

湖北省基层农机监理业务知识更新培训班在湖北生物职业学院正式开班。这次培训是首次将农机监理业务培训纳入"阳光工程知识更新培训(行业特色班)"。全省各市、州、县(市、区)农机安全监理部门相关人员130多人参加培训。

7月10日

武汉—泰国经贸投资合作交流会在武汉举办,武汉黄鹤、湖北金驰、湖北大地等10家农机企业参加活动。湖北省农机局质量管理处处长徐华侨作题为"湖北农机产业化和对外合作情况"的报告。

7月27日至8月1日

湖北省农机局组织31名新任局长到黑龙江省考察该省农业机械化的成功做法和经验。

8月1日

湖北省人民政府办公厅发文批准2012年继续在洪湖等16个血吸虫重疫区开展淘汰耕牛、以机代牛工作,要求农机部门做好淘汰耕牛农户的购机工作。

8月4日

农业部部长韩长赋在湖北省副省长赵斌等领导的陪同下,视察孝南区春晖农机专业合作社。

8月7日

钟祥市农机局孙德喜等8位同志受到国家统计局表彰。

8月15日

湖北省农业厅召开全省农机购置补贴工作视频会议。省农业厅党组书记戴贵洲作讲话。省纪委、监察厅副厅级检查员、监察专员刘定坤、省农业厅副巡视员杨林华、省财政厅陈其清处长出席会议。

8月30日

湖北省印发《湖北省2012年度农机购置补贴政策落实延伸绩效管理工作实施方案》,对市、州级农机部门开展农机购置补贴政策延伸绩效管理。

8 月 31 日

湖北省农机局在公安县举行全省中稻机收开镰暨秸秆还田现场会。

9 月 3 日

湖北省科技厅公布“2012 年度湖北省科学技术奖励建议授奖项目公告”,《水稻育插秧农机农艺融合研究》获省人民政府科技成果推广奖三等奖。

9 月 10 日

湖北省秋冬播工作会在武穴市召开。副省长赵斌、省农业厅长祝金水、省农业厅党组书记戴贵洲出席会议,会议强调要强力推进农机农艺融合。

9 月 12 日

湖北省农机局印发关于做好 2012 年血吸虫重疫区淘汰耕牛、以机代牛工作的通知。

9 月 17—18 日

由湖北省农机局局长吴庆峰带队赴湖南省学习考察购机补贴“全价购机、直补到户”试点实施情况。

9 月 21 日

湖北省农业厅印发《(省农业厅办公室关于印发油菜生产全程机械化技术推广指导意见)和(油菜生产机械化技术要点)的通知》和《省农业厅办公室关于印发马铃薯机械化生产技术要点的通知》,加快推进油菜、马铃薯等作物机械化生产进程。

9 月 29 日

湖北省农机专业合作社水稻机收大比武在大悟县大新镇沈城村举行。安陆晨风、安陆禾丰、天门华丰、黄陂曙光兴意、孝感春晖、孝昌克勤等农机合作社参加比武竞赛。

10 月 8 日

为加强湖北省农业机械化技术的推广和应用,着力解决主要农作物关键生产环节机械化生产突出难题,湖北省农机局下达水稻机械旱直播技术推广、棉花生产机械化、秸秆还田综合利用、油菜分段割晒机研发、油菜全程机械化技术推广等 5 个指导计划项目。

10 月 10 日

湖北省农机局印发《关于开展有关农业机械普查工作的通知》,决定第四季度在全省范围内开展一次农业机械普查工作。

10 月 26 日

湖北省农机局印发《关于做好 2012 年省级农机公共服务能力与体系建设项目的通知》。

10 月 30 日

湖北省农机局在武汉市黄陂区组织召开晚稻机收暨微型收割机现场演示会,攻克全省丘陵山区晚稻机械化收割难题。

湖北省秋冬播进展顺利,油菜机直播面积创历史新高。湖北省共投入秋冬作业的各类农机具累计达到 300 万台(套),其中拖拉机及配套机具 190 万台(套),耕整机30 万台,油菜直播机 9 800 余台投入油菜机直播生产,其中 2012 年新增油菜直播机 1 500 余台,共完成油菜机直播面积 208 千公顷,比 2011 年增加 76.67 千公顷。

11 月 1 日

湖北省农机局在武汉召开 2012 年省级示范农机合作社维修设备采购协调会议。会上各农机示范专业合作社与供货商签订供销合同。

11 月 3—5 日

湖北省农机行业专家和骨干技术指导员培训班在武汉举办。省农业厅党组成员、省农机局局长吴庆峰作《明确职责立足本职克难奋进为实现湖北农业机械化跨越式发展做出应有贡献》的专题报告。

11 月 8 日

湖北省人民政府办公厅综合信息摘报(第 68 期)刊登省农业厅“全省秋冬播生产进展顺利”的专题报告,肯定全省农机部门为秋冬播生产的顺利进行所做的努力。副省长赵斌作出批示:“全省秋冬播生产总体进展顺利,这与 2012 年抓得早,指导及时,督查有力有关。目前存在的几个问题不可忽视,尤其是消灭冬闲田问题。几点建议很好,望督促各地落实。”

11 月 12—14 日

湖北省农机局组织专家对《2012—2014 年湖北省支持推广的农业机械产品目录》(2013 年增补)进行评审。

11 月 15 日

湖北省全年 10.4 亿元中央购机补贴资金全部实施完毕。截至 11 月 15 日,共补贴各类农机具 61.9 万台,受益农户达 24.9 万户。

11 月 15 日

湖北省农业机械学会《湖北农机化》编辑分会成立暨杂志发行宣传工作会议在武汉召开。

11 月 22—30 日

湖北省农机部门会同省财政厅农业处、国库处组成联合督查调研组,对枣阳市等 10 个县市开展购机补贴实施督导检查调研。听取各地对补贴结算方式的意见和建议,确定湖北省 2013 年补贴结算方式。

11 月 28 日

国家广播电影电视总局下达的由湖北电影制片厂承担的重点项目——科教片《油菜机械直播栽培技术》,完成拍摄任务。该科教片有望 2013 年作为农机推广培训教材全国发行。

11 月

湖北省农机局组织专家对承担 2011 年示范建设项目的 10 个农机推广站和 20 家农机专业合作社进行验收。黄陂、云梦等 10 个县承担农业部水稻生产机械化项目,新洲、武穴等 4 个县承担油菜生产机械化项目,团风县承担农业部保护性耕作示范项目,农业部共下达项目资金 150 万元。项目示范带动效果明显,促进农业机械化新技术、新机具的推广应用。

湖 南 省

2012 年 1 月 1 日

中共中央政治局常委、国务院总理温家宝来湖南调研经济运行情况。湖南省农友机械集团有限公司董事长、总经理刘若桥作为省农机企业代表受邀参加座谈。在听取刘若桥发言后,温总理说:“农机行业目前处于历史上最好的时期。国家近 10 年来实行农机补贴,而且补贴数量不断增加。现在农民购买农机具的积极性很高。农机企业不要丢掉这个机遇。现在我们最缺少的是农机的品种,是符合农民多样化需求的农业机械。还要提高农机产品的质量,提供良好的售后服务。这是当前农机行业面临的最主要问题。”

1 月 13 日

湖南省农业机械化工作会议在长沙召开,各市州农机局局长、办公室主任,湖南中天等农机生产企业主要负责人,湖南农大工学院和省生物机电职院负责人,省局各处室主要负责人,省农机鉴定站、省农机安全监理总站班子成员参加会议。会议总结 2011 年湖南省农业机械化工作开展情况,肯定全年农业机械化工作呈现的特点和取得的成绩,认真传达全国农业和农业机械化工作会议精神,客观分析当前农业机械化发展形势,部署2012年农业机械化工作重点。省农业厅厅长田家贵到会并讲话。

2月27日

湖南省委组织部委派，省委组织部干部三处处长羊贵平和省农业厅党组书记、厅长田家贵，副书记、副厅长曹英华，到省农业机械管理局宣布局长人选调整：原省农业厅党组成员、省农业机械管理局局长谢国华任省农业厅副厅长，原省农业厅党组成员、省纪委驻农业厅纪检组长王罗方任省农业厅党组成员、省农业机械管理局局长。

3月9日

湖南省人民政府组织召开全省农机购置补贴工作电视电话会议，专题部署购机补贴直补到卡改革实施工作。各市州农机局、监察局、财政局和减负办主要负责人参加主会场会议，各市州、县市区设立分会场。省人民政府副秘书长陈吉芳主持会议，省农业厅党组书记、厅长田家贵作专题报告，副省长徐明华作讲话。

3月20日

湖南省农业机械管理局召开文明创建动员大会，对局系统2012年争创省直机关文明标兵单位工作进行再动员、再部署。会议宣读争创省直机关文明标兵单位工作方案，局长王罗方作动员报告，省直机关工委宣传部长、省直机关文明办主任向智勇和省农业厅副巡视员、文明办主任王新明等领导出席会议并讲话。

3月28日至4月1日

湖南省分四批对市县农机部门、农机生产企业、区域代理商农机购置补贴操作人员共900多人进行新办法业务培训。

4月12日

湖南省副省长徐明华一行在省农业机械管理局局长王罗方的陪同下，到衡阳县视察集中育秧和早稻生产工作，现场察看该县的水稻智能温室育秧工厂和西渡镇青木村早稻集中育秧示范片。

4月13—14日

农业部农业机械化管理司司长宗锦耀一行先后到浏阳北盛镇、湘阴县杨林寨乡视察机械化育插秧工作，到赫山区调研机插秧和购机补贴工作。

4月15日

2012年中国农业机械化发展论坛在长沙举行，湖南省农业机械管理局举办以水稻生产机械化发展为主题的湖南专场论坛。农业部农业机械化管理司司长宗锦耀出席并讲话，省局局长王罗方、副局长王元宝和湖南农大工学院院长孙松林作专题报告。湖南省农业机械管理局、双峰县政府就加快双峰农机产业发展签订战略合作协议。

4月17—30日

湖南省农业机械管理局机关抽调56人组成25个督查组，分赴全省各县市区开展以农机购置补贴、乡镇农机服务机构建设、机械化育插秧和农机安全生产工作为重点的春季农业机械化工作督查。

4月26—28日

农业部监察局局长董涵英、副主任马利东，农业部农业机械化管理司副司长胡乐鸣、调研员宋建武一行，先后深入韶山市、醴陵市，对全省农机购置补贴实施情况、机械化育插秧和农机合作组织建设等情况进行全面督查。

5月17日

湖南省农业机械管理局在湘潭市召开全省农机局长会议，分析研究全省农业机械化工作督查情况，对当前购机补贴政策实施、机插秧技术推广、农机安全监理等重点工作进行了再强调，对全省农机系统“行风建设年”活动进行了专题部署。各市州农机局局长、办公室主任，各县市区农机局局长，省局机关各处室、局属单位主要负责人近170人参加会议。

6月15日

为全面了解农机购置补贴“直补到卡”新办法实施情况，进一步落实好农机购置补贴政策，湖南省农业机械管理局召开全省农机购置补贴实施情况分析会。各市州农机局农机购置补贴工作分管局领导、项目实施负责人，部分县市区农机局、乡镇农机站负责人参加会议。

6月21日

湖南省农业机械标准化技术委员会成立大会暨第一届委员会第一次全体会议在长沙举行。会议的召开，标志着湖南省农机标准化工作步入规范化、科学化发展阶段。

7月2日

湖南省农业机械管理局局长王罗方会见来访的东盟国际贸易投资商会主席Mr. sukhum Laowansiri一行，双方就东盟、湖南农机产品贸易事宜交换意见。

7月4日

湖南农业工程机械产业园破土动工。该项目将在年底前完成主体工程，2013年春季农业机械展示交易会投入使用。农机产业园包括综合服务、农业工程机械制造和现代农业装备试验示范三大功能区。

7月12日

湖南省农业机械管理局在岳阳市汨罗市举办2012年全省“农机科技下乡”启动仪式暨新型耕作机械现场演示会。各市州农机局分管科教工作的局领导、科教科科长、农机研究所所长参加会议，省农业厅、省发展和改革委员会、省财政厅、省科技厅等单位部门相关负责人出席活动。

7月20日

湖南省人大常委会副主任蔡力峰率省人大农业与农村委员会主任委员李小平等有关同志，到浏阳市北盛镇现场视察省农业机械化工作，到省农业机械管理局听取有关情况汇报并对今后农业机械化工作提出明确要求。

7月24日

湖南省副省长徐明华听取省农业机械管理局关于全省农机购置补贴政策实施情况汇报，省人民政府副秘书长陈吉芳和省农村工作办公室、省财政厅、省减负办的负责人参加。会议认为，农机购置补贴“全价购机、县级结算、直补到卡”新办法实施规范有序，风清气正，达到预期目标，并要求全省各级要继续抓好新办法的落实。

7月29日至8月1日

农业部农机推广总站副站长李安宁率农业部油菜生产机械化督导组一行，对衡东县和冷水滩区“2010—2011年主要农作物生产机械化示范项目”进行督导检查，湖南省农业机械管理局汤绍武总工及省局、省推广站有关领导陪同督查。

8月6日

湖南省政协党组副书记许云昭在王罗方局长《抓行风建设就是抓行业发展》一文上批示：“农业的现代化的基础是农业机械化。农业机械管理局在推进农业现代化的过程中责任重大，任务艰巨。农业机械管理局在抓服务‘三农’中狠抓行风建设，抓住重要环节。抓行风建设就是要抓服务理念的转变，服务方式的转变，服务机制的转变，服务作用的转变以及服务素质和服务质量的提高，以农民及服务对象是否满意作为最高检验标准。”

8月9日

湖南省农业机械管理局召开全省农

机产业创新与发展研讨会。各市州农机局分管农机产业的负责人、近150家省内农机企业负责人参加会议。省委政研室、省发展和改革委员会、省财政厅等部门有关领导，部分高校和科研院所专家教授，省局在家局领导和各处室负责人出席会议。

9月1—4日

湖南省农业机械管理局和常德市人民政府在常德市联合举办2012年中南农机机电产品展示交易会。省农业机械管理局局长王罗方主持开幕式，省委副书记梅克保发来贺信，省人大常委会副主任蔡力峰、省政协副主席武吉海、省人民政府副秘书长陈吉芳、省人大农委主任李小平、省农业厅厅长田家贵、省委政策研究室副主任张伟达、省商务厅副厅长罗建国、常德市委书记卿渐伟、常德市市长陈文治等出席开幕式。

9月13—22日

湖南省农机安全监理总站与省农业工程干部职工学校在岳阳市共同举办两期全省农机事故处理员培训班，共培训农机事故处理员247名。

9月24日

湖南省委常委、副省长陈肇雄听取省农机产业发展工作情况汇报，对全省农机产业发展提出要求，并表示支持制定《湖南农机产业发展规划》，同意出台《促进农业机械化和农机工业又好又快发展的意见》，从工业块安排资金支持农机产业发展。

10月9日

湖南省农业机械管理局在长沙市望城区举办全省油菜机械化直播现场演示会。直播演示现场，各类油菜生产机具一次性完成开沟、破茬、精量播种、施肥、覆土等各道工序，有效替代传统人工播种（移栽），大大降低农民劳作强度。省农业机械管理局安排资金50万元，在宁乡等6个县市布点，探索稻—稻—油三熟制全程机械化模式。

10月15日

湖南省人大党组副书记、副主任陈叔红一行到省农业机械管理局调研。在视察和听取汇报后，陈叔红指出，湖南省农业机械管理局作为全省农机主管部门承担着重要的历史使命和时代赋予的光荣任务；完全赞同千亿农机产业发展规划及实施意见，要用创新的思维、改革的手段、认真务实的作风，从调结构、转方式方面思考，将农机产业抓好抓实，为全省经济社会发展作出新的更大的贡献；对于农业机械化工作存在的方方面面的发展困难，要积极开拓思维，从争取国家政策等方面着手，扎实苦干，打造农机发展的春天。

10月26日

湖南省农业机械管理局与湘潭经济技术开发区在湘潭联合举办湖南农机产业园奠基典礼暨首批入园企业签约仪式。省人大常委会副主任蒋作斌宣布项目开工。产业园的成功奠基并引进中国机械集团、果福农机公司等大型企业集团，标志着全省新一轮农机产业推进工程正式启动。

11月6日

湖南省赴泰国参加2012东盟（曼谷）中国进出口商品博览会的农机代表团满载成果凯旋归国。本次湖南农机组团参加2012东盟（曼谷）中国进出口商品博览会，是全省农机企业首次抱团集体亮相国际博览会，来自省内13家农机生产、销售企业在省农业机械管理局的组织下高调亮相国际舞台，引起东盟各国特别是泰国政商界的高度关注。

11月21日

湖南省委书记周强在省委政策研究室和省农业机械管理局的联合调研报告《加快推进湖南农业机械化刻不容缓》上批示："克保、明华同志，省委政研室和省农业机械管理局关于湖南省农业机械化的调研报告，分析透彻，很有说服力，所提建议值得重视，请认真研究采纳，以加快推进湖南省农业机械化发展。"

11月28日至12月2日

湖南省发展和改革委员会联合省农业机械管理局开展"加快农业机械化，促进农业现代化"专题调研，调查全省农业机械化发展现状，分析农业机械化在现代农业化中的地位和作用，梳理农业机械化发展面临的困难和问题，提出农业机械化发展的建议和政策要求。

广东省

2011年12月19日

广东省农业厅召开厅党组会议，决定厅领导工作分工调整：厅党组成员、巡视员林果先分管农业机械化管理办公室（农机安全监管办）、农机鉴定站、农机推广站、农机研究所，在分管业务范围内指导厅属社团组织工作。副巡视员陈华富协助林果先工作。

2012年1月4—5日

广东省农机学会六届四次常务理事扩大会议在佛山南海市召开。广东省农机学会副理事长、农机研究所所长林仰南作2011年工作报告，中国工程院院士罗锡文教授作《对加速我国农业机械化发展的思考》专题报告，广东省工信委装备工业处、农业厅农业机械化管理办公室负责人介绍相关工作情况，农业厅党组成员、巡视员林果先传达全国农业机械化工作会议精神。

1月9—10日

广东省地级市农机推广站站长会议在广州市番禺区召开。省农业厅党组成员、巡视员林果先、副巡视员陈华富、农业厅农业机械化办公室主任郑宏宣以及农机推广站领导班子成员、各科负责人，各地级市农机推广站站长共40多人参加。

1月18日

广东省农业厅印发《关于贯彻落实农业部农业机械实地安全检验办法的通知》，要求各地注重以服务促管理，围绕实地、便民的要求，使农业机械能在就近的安全检验场地得到便捷、高效的安全检验服务。

2月7日

广东省农业厅党组成员、巡视员林果先率厅农业机械化办、省农机推广站主要领导在广州市调研农机流通工作。

2月12—13日

2011年广东省农业机械化统计工作会议在广州市举行。

2月16—17日

全国水稻育插秧机械化技术培训班在江门市举办。农业部农业机械化管理司司长宗锦耀出席开幕式并讲话。省农业厅党组成员、巡视员林果先出席并致辞。22个省（区、市）农业机械化行政管理部门分管水稻生产机械化负责人，2012年50个新建水稻育插秧机械化示范县农机局主管人员，农业部水稻生产机械化专家组有关成员，部分插秧机生产企业、媒体代表约120人参加。

2月22日

广东省农业厅印发《关于开展2012年"平安农机"示范县（区、市）共建活动的通知》，决定与珠海斗门区农机管理总站、英德市农机局开展"平安农机"示范县共建活动。

3月7日

"农机促春耕"活动暨广东省大棚

育秧技术推广现场演示会在廉江市召开。广东省农业厅党组成员、巡视员林果先出席会议并讲话。各地级以上市农业局分管局长,40个水稻育插秧机械化示范县(市、区)农业局分管局长或农机局长参加会议。

3月20日

广东省农业机械化工作会议在梅州兴宁市召开。会议总结、部署农业机械化工作。省农业厅巡视员、党组成员林果先出席会议并讲话。省农业厅与各地级以上市农业局签订农机购置补贴管理责任书和农机安全生产责任书,并为获得2011年全国平安农机示范县、全国设施农业示范单位和全省首批15个农业机械化示范县举行授牌仪式。

3月24日

广东省农机研究所接待联合国粮农组织农业工程专家Theodor博士率领的世界银行贷款广东农业面源污染治理项目鉴别专家团一行6人参观考察。

3月27日

广东省2012年农机购置补贴政策解读班在广州市举办。省农业厅副巡视员陈华富、厅农业机械化办主任郑宏宣、厅纪检监察室主任张利安、省农机鉴定站站长姚运仕等出席并讲话。广东省农机总公司等8家企业代表签订"守法经营、规范操作承诺书"。申报全省2012年农机购置补贴产品目录的企业及一级经销商代表近400人参加。

4月15—19日

广东省农业厅党组成员巡视员林果先、副巡视员陈华富带队赴湖南调研农业机械化工作。

5—11月

广东省农业厅制定实施《广东省农业厅集中开展农机安全生产"打非治违"专项行动实施方案》,集中开展农机安全生产"打非治违"专项行动。

5月15—31日

广东省农业厅在肇庆高要市举办4期全省农机安全技术检验员考证培训班,共培训学员310多人。省农业厅党组成员、巡视员林果先,副巡视员陈华富,厅农业机械化办主任郑宏宣、副主任黎映驰等领导先后到场,对实操考核进行督导。

5月17日

广东省农业厅党组书记陈家记,厅党组成员、巡视员林果先,带领厅办公室、人事处、党委办和农业机械化办负责人到省农机鉴定站、农机推广站和农机研究所检查指导工作。

5月19日

广东省委常委、常务副省长徐少华到省委农办、农业厅调研,督导"三农"工作。徐少华指出,大力推进农业机械化,是建设现代农业强省,推进发展方式的现代化,增强农业投身市场的核心竞争的重要物质技术基础。

5月30日至6月1日

广东省农业厅党组成员、巡视员林果先率厅农业机械化办、省农机鉴定站、推广站和农机所主要负责人赴高要、德庆和紫金县(市)调研检查农机购机补贴政策落实、特色农机推广、农机安全监理和农机专业合作社工作开展情况,调研了解山区丘陵地区特色水果产业机械化和设施农业发展情况等。

6月12—13日

广东省农业厅在珠海市举办全省水稻育插秧机械化示范县技术培训班。邀请农业部水稻生产机械化专家组专家作专题报告,各示范县进行技术推广和经验交流,省农业厅部署下半年全省水稻育插秧机械化示范县工作任务。厅党组成员、巡视员林果先、副巡视员陈华富,农业机械化办负责人等出席并讲话。

6月15日

广东省农业厅在兴宁市举办2012年广东省农机安全生产宣传咨询日大型活动。厅农业机械化办副主任黎映驰、刘亚平,公安厅交通管理局黄秋文处长出席活动,农业厅有关处室和事业单位领导、各地级以上市农机监理所所长、各地有关负责人、农民群众和机手等2 000多人参加。

6月20—21日

广东省农业厅在开平市举办全省农机专业合作社培训班。厅副巡视员陈华富,农业机械化办负责同志等出席并讲话。全省已经工商注册登记成立的农机专业合作社理事长近290人参加。

7月16—17日

广东省农业厅在罗定市召开稻谷热泵干燥节能减排新技术新装备现场演示会。厅党组成员、巡视员林果先出席并讲话。

7月20日

广东省拖拉机标准化技术委员会在江门市成立,秘书处设在江门市新会区新农机械有限公司。

7月20日

根据广东省机构编制委员会办公室《印发广东省农业厅(中共广东省委农村办公室)所属事业单位分类改革方案的通知》,广东省农业机械鉴定站更名为广东省农业机械试验鉴定站,公益一类,正处级;广东省农业机械推广站更名广东省农业机械化技术推广总站,公益一类,正处级;广东省农业机械研究所更名为广东省现代农业装备研究所(广东省内燃机质量监督检验站),公益二类,正处级。

7月31日至8月1日

首届广东省丘陵山区农业机械展示展销会在郁南县召开。广东省农业厅副巡视员陈华富出席并讲话。

8月9—10日

广东省农业厅农业机械化办在广州市举办全省农业机械示范县培训班。

8月21日

省农业厅农业机械化办在广州组织召开广东省2011年农机安全监理装备项目设备采购签约会。

8月22日

广东省公安厅、农业厅联合印发《2012年拖拉机道路安全联合专项整治活动方案》,决定从2012年10月15日至11月30日,在全省范围内联合开展为期45天的拖拉机道路交通安全专项整治活动。

9月18—20日

广东省农业厅举办第二届广东现代农业装备(设施农业)推广演示会,共有国内外知名企业54家、700多台(套)设施设备参展。农业部农业机械化管理司巡视员丁翔文、广东省农业厅党组书记陈家记等出席开幕式。

9月27—30日

广东省农业厅组织省农机研究所等16家企业参加第十届国际农产品交易会现代农业装备展,并单独设立广东现代农业装备展区。华南畜牧机械设备有限公司、揭阳达华和深圳富巍盛科技有限公司3家企业获得金奖,获金奖数量居各省(区、市)之冠。

10月14日

广东省农业机械试验鉴定站通过了省实验室资质认定(计量认证、审查认可)复评审加扩项现场评审。

10月26日

广东省农业机械推广协会在广州成立。省农业厅副巡视员陈华富出席会议并讲话。

11 月 19—24 日

广东省农业厅分两期举办 2012 年全省农机质量投诉工作培训。厅农业机械化办主要负责人出席并讲话。省农机试验鉴定站、各地农业(农机)管理部门的质量监管人员共 145 人参加培训。

11 月

广东省现代农业装备研究所承担的"设施农业关键技术装备的集成创新及推广应用"项目获中国机械科技三等奖。

广西壮族自治区

2012 年 1 月 10—15 日

广西壮族自治区农业机械化管理局派 7 个工作组,分赴各市开展 2011 年度农机购置补贴绩效考评设区市年终核验工作。

1 月 31 日

广西壮族自治区副主席陈章良、广西壮族自治区政府副秘书长蒋家柏到自治区农业机械化管理局检查指导工作并开展新春慰问。

2 月 7 日

广西壮族自治区政府召开专题会议审定 2012 年广西农机购置补贴实施方案。陈章良副主席到会并讲话,会议由秘书长蒋家柏主持。自治区人民检察院、自治区农垦局、自治区发展改革委、自治区监察厅、财政厅、水利厅、农业厅、林业厅、水产畜牧兽医局、自治区法制办、自治区物价局共 11 个相关厅局参加会议。

2 月 10 日

广西壮族自治区农业机械化管理局在南宁市举办局机关及直属事业单位领导干部廉洁从政专题教育培训班。局机关和农机安全监理总站全体干部职工,农机推广总站、农机鉴定站副科长以上领导干部,广西机电工程学校领导班子成员等 80 多人参加培训班。

3 月 1 日

广西壮族自治区政府在南宁市召开全区农业机械化工作会议,自治区副主席陈章良、自治区财政厅副厅长吴云、自治区农业机械化管理局局长黄铭福出席会议并讲话。自治区农垦局、监察厅、财政厅、水利厅、林业厅、水产畜牧兽医局、广西农机研究院负责人,自治区农业机械化管理局副处长级以上干部及直属事业单位负责人,各市、县人民政府分管领导,各市、县财政局、农机局负责人等近 400 人参加会议。会议由自治区政府副秘书长蒋家柏主持。会议对 2011 年全国、全区"平安农机"示范县和全区农机安全生产先进单位和个人进行表彰。

3 月 1 日

广西壮族自治区副主席陈章良到金光农场参加约翰迪尔新型甘蔗收割机作业演示会,自治区农业机械化管理局副局长李一洪陪同。

3 月 2 日

广西壮族自治区农业机械化管理局在来宾市召开全区农机安全生产工作暨农机安全监理"为民服务创先争优"示范窗口创建活动现场推进会。来宾市市长杨和荣、农业部农机监理总站副总站长涂志强、宣传信息处处长刘司法,自治区安监局正处级监察员黄华中、自治区公安厅交通管理局副局长何家伟等领导出席会议,各市及部分农业机械化主管部门、监理所站负责同志等 100 多人参加会议。

3 月 5 日

江垣德同志调任广西壮族自治区农业机械化管理局党组成员、副局长。

3 月 9 日

广西壮族自治区农业机械化管理局在贵港市举办全区水稻育插秧机械化技术培训班,各市农机局分管推广工作副局长、推广站站长,各县推广站长,农机专业合作社或水稻种植大户代表等参加培训班。

3 月 14 日

广西壮族自治区农业机械化管理局在南宁召开全区农机购置补贴工作培训会,各市、县农机局分管领导和具体操作人员共 230 多人参加培训会。

3 月 14 日

广西壮族自治区农业机械化管理局在南宁召开全区农机购置补贴产品经销商培训会,2012 年广西农机购置补贴产品经销商共 400 多人参加会议。

3 月 16 日

广西壮族自治区农业机械化管理局在崇左市召开全区甘蔗生产全程机械化示范区建设推进现场会。自治区农业厅、糖业局有关负责人,10 个甘蔗生产重点市农机局局长、分管副局长、科教科长、推广站站长,有关项目县农机局局长、推广站站长,部分种蔗大户、蔗农、农场负责人及相关农机企业人员共 200 多人观摩现场会。

3 月 20 日

广西壮族自治区党委副书记危朝安在崇左市委 2 月 13 日"崇左市实施百万亩甘蔗高效节水灌溉项目情况汇报"上批示:崇左此经验可贵,拟坚持、完善并大力推广,要在体制机制改革制度上下工夫。要大力推广"政企民"合作共建模式。

4 月 6 日

广西壮族自治区农业机械化管理局在贵港市港北区举办十万亩水稻机械化插秧启动仪式暨现场观摩会。农业部农业机械化管理司司长宗锦耀、农业部农机试验鉴定总站站长刘敏、农业部农业机械化技术开发推广总站站长刘宪等领导出席会议。各市农机局局长、推广站站长、各县农机局局长以及贵港市农机大户、粮食种植大户、农机专业合作社代表等 500 多人观摩现场会。

4 月 15—20 日

广西农业机械化学习考察团 12 人赴湖南省、浙江省学习考察水稻工厂化育秧。

5 月 5 日

2012 年全国科技活动周广西农机管理局小型适用农机具巡回展示与技术培训启动仪式在融安县举行。

5 月 13 日

广西壮族自治区农业机械化管理局帮扶地同村"干部包户"结对帮扶脱贫致富启动仪式在都安县东庙乡地同村举办。自治区农业机械化管理局、河池市农机局及都安县、东庙乡有关领导出席。广西钦州力顺机械有限公司、广西汽牛农业机械有限公司等 11 家单位为地同村捐赠扶贫资金 15.3 万元,以及价值 3.2 万元的扶贫物资。

6 月 5—15 日

广西壮族自治区农业机械化管理局开展 2012 年农机购置补贴大督查。抽调 38 人组成 13 个工作小组分赴全区 14 个市开展督查,共抽查 28 个县 56 个乡镇 112 个行政村以及 42 个经销商、390 个购机户。

6 月 21 日

广西壮族自治区农业机械化管理局在南宁市召开全区农机购置补贴工作会议。各市农机局局长、分管农机购置补贴工作领导、购机办主任、绩效办主任等 60 多人参加会议。

7 月 10 日

广西壮族自治区农业机械化管理局在南宁市举办2012年干部全员培训学习研讨班。自治区农业机械化管理局局长黄铭福作题为“增强事业心提升执行力打造高效团队”的专题讲座。研讨班还培训研讨推进农机购机补贴规范高效廉洁实施、现代农业和新技术新机具应用与推广等内容。各市农机局党政主要负责人、自治区农业机械化管理局全体干部职工、自治区农业机械化管理局直属单位副科长以上干部共140多人参加研讨班。

7 月 10 日

广西壮族自治区农业机械化管理局在南宁市召开全区农机系统深入开展“五廉”教育活动动员会。自治区人民检察院副检察长邓海华、自治区纪委宣教室主任王艳珍出席培训班并授课。各市农机局局长、纪检书记等参加会议。

7 月 29—31 日

以广西壮族自治区农业机械化管理局局长黄铭福为团长，局机关有关处室、直属单位及各市农机局主要领导为成员的广西农业机械化学习考察团，赴广东省考察稻谷烘干、甘蔗收获、工厂化育秧等机械化技术推广应用情况。

7 月 31 日

来宾市兴宾区、兴安县、宁明县、武鸣县、田林县、浦北县6个县(区)农机安全监理站被评为2011—2012年度全国农机安全监理“为民服务创先争优”示范窗口，陈桂豫等10名同志被评为全国农机安全监理“为民服务创先争优”示范标兵。

8 月 20 日

广西壮族自治区政协主席陈际瓦率队到隆安县、西乡塘区就《关于我区同步推进农业现代化的几点建议》重点提案进行督办。广西壮族自治区农业机械化管理局局长黄铭福等陪同。

8 月 21 日

广西壮族自治区主席马飚深入广西农业机械研究院考察调研。自治区副主席陈章良、自治区政府秘书长王跃飞、自治区农业机械化管理局局长黄铭福等陪同。

9 月 11—17 日

广西壮族自治区农业机械化管理局在广西首届全民健身运动会(区直赛区)暨区直机关第六届职工运动会上取得乒乓球男女混合双打团体第4名、乒乓球女子双打第10名、羽毛球男子双打第12名的成绩。

9 月 19 日

广西壮族自治区农业机械化管理局被评为全国农业机械化信息宣传工作先进单位，周祥同志被评为中国农业机械化信息网先进通讯员。

10 月 19 日

广西壮族自治区农业机械化管理局在南宁市召开全区迎接农业部、国家安全生产监督管理总局抽查第四批全国“平安农机”示范县(区、市)工作会议，自治区农业机械化管理局李一洪副局长作动员讲话。灵川、北流、昭平、南丹、合山、金城江、浦北等7县(区、市)农业机械化局局长和农机安全监理站站长，各相关市农业机械化管理局分管副局长、农机安全监理所所长以及自治区农机安全监理总站副科级以上干部参加会议。

10 月 23 日

广西壮族自治区农业机械化管理局在南宁市召开甘蔗生产机械化座谈会。座谈会总结交流2011/2012榨季甘蔗机械收获、机械播种工作经验，探索攻克机收、机种“瓶颈”途径与措施，研究部署2012/2013榨季如何推进甘蔗生产机械化工作。

11 月 1—2 日

广西壮族自治区农业机械化管理局举办全区农机系统干部业务培训班。培训班邀请清华大学马克思主义学院教授、博士生导师刘书林作题为党性修养与干部素质提升的专题讲座，自治区农业机械化管理局局长黄铭福、自治区水产畜牧局畜牧处处长闭强出席并授课。自治区农业机械化管理局在职干部，自治区农机安全监理总站、农业机械化技术推广总站、农机鉴定站、广西机电工程学校领导班子，各市、县农机局领导等140多人参加培训班。

11 月 2 日

广西壮族自治区农业机械化管理局直属企业广西壮族自治区农业机械供应钦州公司整体并入广西物资集团有限责任公司，成为广西物资集团的全资子公司，移交仪式在钦州举行。

11 月 6 日

广西壮族自治区农业机械化管理局在桂平市召开全区农机合作社建设经验交流会。自治区农业机械化管理局局长黄铭福出席会议并讲话，各市农机局负责人，有关县农机局负责人、农机合作社代表等参加交流会。

海 南 省

2011 年 12 月 12—14 日

中国(海南)国际热带农产品冬季交易会在海口举行。交易会现代农业装备展区面积达3 000多平方米，汇集省内外知名农机生产企业20多家，参展机型有9大类130多台(套)。交易会是首次展示水稻、瓜菜育苗机械，以色列、美国智能化喷滴灌设备和畜牧健康养殖机械。

2012 年 3 月 18 日

中央电视台新闻联播和新闻频道同时推出的系列报道《大春耕》(第一期)报道三亚市组织的机插秧作业现场。

3 月 27 日

海南省农业厅在海口市举办海南省2012年农机购置补贴项目启动仪式，正式启动海南省2012年农机购置补贴工作。省农业厅副厅长周燕华出席会议并讲话。省纪律检查委员会第三派驻纪检组、省财政厅、省审计厅有关负责人以及有关新闻媒体记者应邀参加启动仪式。各市县、省农垦总局农机管理部门以及补贴农机具生产经销企业的负责人、补贴工作经办人员共250多人参加启动仪式和业务培训。

7 月 30 日

国家统计局向从事部门统计工作三十年及以上人员颁发荣誉证书，海南省东方市农机服务中心统计员符秀花获此殊荣。

8 月 24—25 日

海南省第二届“澄迈杯”农村实用人才实用技能竞赛活动农机技能竞赛总决赛在琼中县成功举办。大赛以“营造讲科学、用技能、靠科技致富”为主题，充分展示海南现代农机手的风采，激发广大农民学技能的热情，在全省广大农村再次掀起学习、推广、应用农机实用技能的热潮。第二届农村实用人才实用技能活动农机技能竞赛总决赛组委会名誉主任、省农业厅副厅长王晓桥，省人才办副主任、省委组织部人才工作管理处处长谢江波，总决赛组委会总协调、省农业厅人事处处长黄起健，总决赛组委会总协调、省农业机械化管理局局长石礼滨，海南七州洋实业有限公司总经理、海南省越野运动协会秘书长李柏海，琼中县四套班子领导，各市县、农垦总局农机主管部门领导出席大赛开幕式。

11 月 5 日

海南省农业机械管理局在《中国农机化导报》主要版面制作海南省农业机械化宣传专版，系统总结和大力宣传十六大以来全省农业机械化发展成就经验，进一步营造促进农业机械化又好又快发展的舆论环境，迎接党的十八大胜利召开。

1—11 月

继续实施现代农业机械化促进工程。该工程总投资 4 755 万元，其中省级财政预算安排项目资金 555 万元，要求市县财政配套项目建设资金 200 万元以上，引导农民及农业生产组织投入 4 000 万元，建设 9 个流动式农机安全检测监管服务站、5 个县级农机教育培训和驾驶员考试示范点、4 个“平安农机”创建示范县（市）、20 个现代农业机械化示范基地（区）以及省级农机安全监理执法系统、省级农机鉴定推广能力和农机质量检测监管体系、大型农机服务公司、农业机械化公共服务基础设施示范点各 1 个。

11 月

海南省农业机械购置补贴项目全面完成。2012 年，中央财政分两批安排海南省农机购置补贴资金 15 000 万元，落实地方财政资金 2 255 万元（省级财政预算安排农机购置补贴资金 765 万元，三亚、昌江、陵水、保亭、澄迈、东方等市县财政安排农机购置补贴资金 1 490 万元）。共补贴各类农机具 7.52 万台（套）、喷滴灌面积 10.3 千公顷、田头简易冷库 5.37 万立方米，受益农户达到 4.01 万户，直接拉动农民等补贴对象投入购买农机资金约 4.3 亿元以上。

重 庆 市

2011 年 11 月 23 日

重庆市农机安全监理所严格对照拖拉机的相关国家标准对全市拖拉机注册登记目录进行清理，依法停办部分拖拉机注册登记，印发《关于依法停办部分拖拉机注册登记的通知》。

12 月 1 日

重庆市农业委员会、市财政局、市发展和改革委员会制定《2011—2013 年重庆市支持推广的农业机械产品目录》（2012 年度调整）。

12 月 11 日

重庆市委批准杨昌华同志任重庆市农业机械管理办公室副主任。

12 月 20 日

重庆市委同意秦大春同志任重庆市农业委员会副主任、重庆市农业机械管理办公室主任；重庆市委批准秦大春同志任中共重庆市委农村工作委员会委员。

12 月 23 日

重庆市农业委员会，市财政局联合发出《关于印发 2012 年水稻机械化育插秧作业补贴试点方案的通知》。

2012 年 2 月 8 日

重庆农业机械产业园在梁平工业园区破土奠基。总体规划面积 15 平方千米，产业园区规划 7 年完成，5 平方千米启动区建设期 2 年，10 平方千米拓展区建设期 5 年。力争在“十二五”末完成投资 350 亿元，实现产值 520 亿元，税收 25 亿元。

2 月 12 日

重庆市人民政府目标管理办公室、市农业机械管理办公室印发《关于分解 2012 年度农业机械化工作目标任务的通知》。

2 月 22 日

为创新农机购置补贴政策落实工作机制，加强和规范农机购置补贴工作，重庆市农业委员会、市财政局发布《重庆市农机购置补贴工作绩效评价暂行办法》。

2 月 23 日

重庆市农业委员会、市安全生产监督管理局发布《2011 年度全市平安农机示范乡镇和示范村居名单的通知》，确定九龙坡区西彭镇等 34 个乡（镇）为全市“平安农机”示范乡（镇），涪陵区龙潭镇大同村等 338 个村（居）为全市“平安农机”示范村（居）。

2 月 27 日

重庆市农业机械管理办公室公布 56 个重庆市 2012 年度农机购置补贴产品总经销商（第一批）。

3 月 9 日

重庆市农业委员会公布 19 个重庆市 2012 年度农机购置补贴产品总经销商（第二批）。

3 月 12 日

重庆市农业委员会印发《重庆市水稻生产机械化攻坚年活动实施方案》。

3 月 16 日

重庆市农机办公布 45 个重庆市 2012 年度农机购置补贴产品二级经销商（第二批）。

4 月 1 日

重庆市农业委员会印发《关于开展严厉打击农机安全生产非法违法行为专项行动的通知》。

4 月 11 日

重庆市农业委员会办公室印发《关于进一步规范农机购置补贴产品经销商经营行为的通知》。

4 月 16 日

重庆市水稻机插秧现场会在大足区召开。市农业委员会副主任、市农业机械管理办公室主任秦大春，市农业委员会副巡视邓光友，市农业机械管理办公室副主任赵培江、杨昌华，以及市农业委员会相关处、站（所）负责人，32 个区县农委分管领导、农机推广站负责人以及农机经销商、电视台记者等 400 余人参会。

5 月

中共重庆市委农村工作领导小组公布了新一批重庆市农业产业化市级龙头企业名单，重庆合盛工业有限公司、重庆吉峰农机有限公司、重庆富牌农机有限公司 3 家农机企业被评为“重庆市农业产业化市级龙头企业”。

6 月 21 日

重庆市农业委员会公布重庆市 2012 年度农机购置补贴产品二级经销商（第三批）。

6 月 26 日

为加强微耕机安全监管，坚决禁止和严厉打击微耕机挂拖斗违法行为，重庆市农业委员会、市安全生产监督管理局发布《关于坚决禁止和严厉打击微耕机挂拖斗运行安全违法行为的紧急通知》。

7 月 9 日

农业部部长韩长赋一行在重庆市委常委、常务副市长马正其的陪同下来到南川区对现代农业发展情况进行调研。韩长赋部长作指示：南川区要充分利用良好的生态环境和农业资源，努力形成自己的发展特色，力争成为全国现代农业发展示范的一面旗帜。农业部副部长、中国农业科学院院长李家洋，农业部总经济师、办公厅主任陈萌山，重庆市农业委员会主任夏祖相等陪同调研。

7 月 19 日

重庆市农业委员会、重庆市财政局印发《关于扶持农机专业合作社发展培育农机作业服务市场主体的通知》。

7月20日

重庆市农业委员会发出《关于切实做好2012年水稻机收工作的通知》。

8月22日

农业部公告公布农业部农业机械试验鉴定总站排灌机械专业站的离心泵、潜水电泵、微型泵、轻小型喷灌机、微型耕耘机、谷物联合收割机、水稻插秧机等7个产品通过部级鉴定能力认定。

8月27日

重庆市农业委员会、重庆市安全生产监督管理局、重庆市公安局交通管理局联合印发《关于联合开展外籍拖拉机清理统计工作的通知》,在全市范围内开展对外籍拖拉机的清理统计工作。

9月20日

农业部项目验收委员会,对承担《2010—2011年度主要农作物生产机械化示范项目》的29个省(市、区)进行验收。验收委员会专家认为重庆市在《2010—2011年度主要农作物生产机械化示范项目》的实施管理规范、技术路线明确、选用机型合理、试验示范成效突出,全面完成项目任务书的指标和要求,农业部农业机械化管理司评选出重庆市等8个省份水稻机械化育插秧项目为优秀。

10月8—16日

重庆市农机分管领导公共管理创新与领导力提升高研班在北京大学举行。

10月19日

重庆市农业委员会办公室印发《重庆市拖拉机联合收割机驾驶培训教员考核管理办法(试行)》的通知。

10月24日

重庆市农业委员会办公室印发《重庆市农机购置补贴政策落实延伸绩效管理工作实施方案》。

10月30日

在浙江杭州召开的中国农业机械学会2012年国际学术年会上,重庆市农业机械鉴定站质量办主任阳绪英获"中国农业机械学会第三届青年科技奖"。

四川省

2011年12月2日

在福建省漳州市召开的"2011年度神内基金农技推广奖"颁奖会上,宜宾县农业机械化技术推广站站长杨溢、西充县双凤镇凤头农机合作社社长夏再和、彭山县青龙镇华林农机合作社社长杨华林获奖。

2012年2月23日

《中共四川省委四川省人民政府关于全面加强农业科技创新推广确保农业农村发展迈上新台阶的意见》提出,加大农业机械化新技术新机具研发推广力度,探索农业全程机械化生产模式。实施农业机械化示范县建设工程。

3月16日

四川省农业厅在成都首次举行四川省农业机械化发展情况新闻发布会。中央驻川新闻机构,省和成都市主要新闻单位,网络媒体等25家新闻单位的记者参加发布会。厅党组成员、副厅长牟锦毅介绍2011年四川省农业机械化发展的情况和2012年四川省农机工作的目标和重点。厅农业机械化处、计财处、农机装备处、农机安全监管处、机电提灌处等单位的负责同志回答记者的提问。

5月10日

四川省水稻工厂化育秧现场观摩会在什邡市禾丰镇和平村召开。成都、德阳、绵阳、眉山等市、县农业(农机)局分管局长、农机管理股长、农技推广站长,以及部分农机专业合作社社长等60余人参加观摩会。

5月16日

四川省油菜机械化收获现场演示会在德阳旌阳区召开。各市州农机装备科长、农机推广站长和部分县农机推广站站长参加会议。

6月1—20日

四川省农机部门在全省范围内组织开展农机安全生产"打非治违"专项交叉督导检查活动。交叉检查活动将全省21个市(州)分成7个片区,成立7个督导检查组,以规范农机监理业务和确保农机生产安全为主题,以查找问题和薄弱环节为重点,以预防和控制农机事故为目标,通过查阅文件、抽查档案、实地查看、座谈讨论、听取汇报等形式开展督导检查工作,并对检查过程中发现的违规行为进行现场整治。

6月18—24日

四川省农业厅组织开展"全省农业行业安全生产应急预案演练周"活动。绵阳、成都、南充、泸州等地相继举行了农机事故应急预案演练,促进应急预案机制进一步健全完善,提高事故应急分析、处理能力及应急物资储备、供给保障能力。

6月21日

四川省农业厅省财政厅省发展和改革委员会联合印发《关于启动实施"四川省农业机械化示范县建设工程"的通知》,决定于2012—2015年建设"60+2"个农业机械化示范县(在新都区等60个粮食生产重点县、现代农业产业基地强县及甘孜县、若尔盖县2个藏区县)。示范县建设以实现"三个突破"为重点(即在区域上实现平原地区农业机械化全面突破、在作物品种上实现水稻生产机械化率先突破、在薄弱环节上实现机械化育插秧重点突破),加快推进全省农业机械化。

7月1—30日

四川省农业厅组织3个督察组对全省农机购置补贴政策落实情况进行监督检查。对存在的问题进行及时纠正、查处,取消了6家经销商的补贴资格。

7月18—19日

四川省农机监理人员依法行政业务培训班在成都市举办。各市(州)、县农机监理所(站)长、业务统计人员等近300人参加培训。邀请西南农大教授张文长、省农业厅法规处处长杜志仁等专家为学员授课。

7月14日

宜宾县农机监理站等5个单位被评为2011—2012年度全国农机安全监理"为民服务创先争优"示范窗口,陈增才等8名同志被评为2011—2012年度全国农机安全监理"为民服务创先争优"示范岗位标兵。

7月30日至8月2日

按照2012年四川省人民政府立法计划安排,省厅组织进行《四川省农业机械安全监理和事故处理条例》修订起草工作,形成报批稿呈报省人民政府法制办。

8月9日

四川省农机推广工作推进会暨丘陵山区水稻机械化收获现场演示会在犍为县召开。各市州农机装备科科长、农机推广站站长和部分丘陵山区县农机推广站站长参加会议。省农业厅副厅长傅志康、副巡视员冯亮等领导在会上作讲话。

8月9日

在眉山市仁寿县珠嘉乡踏水村召开丘陵地区玉米机收演示会。经四川省农业厅、省农机推广总站和四川农业大学的专家现场测试、验证,在四川省丘陵地区可实现玉米机收。

9月13日

四川省财政厅省农业厅联合印发

《关于印发〈四川省农村机电提灌建设专项资金管理暂行办法〉的通知》《关于印发〈四川省农村机耕便民道建设专项资金管理暂行办法〉的通知》，分别对农村机电提灌建设和农村机耕道建设财政专项资金的使用范围及环节、项目安排和监督管理等作出明确规定。

9 月 20 日

四川省农业厅被省人民政府安委办评为 2012 年“安全生产月”活动宣传工作先进单位。

10 月 8 日

为强化农机农艺结合，四川省农机研究院设置农业机械研究所。其主要职能是：研究四川主要粮食、油料及经济作物机械化生产中关键环节田间作业技术，田间作业机械引进开发、成果转化、技术服务与推广。

10 月 22—26 日

四川省农村机耕便民道建设工程技术人员培训班在郫县农科村培训基地举办。全省 21 市（州）、127 个县（市、区）农业（农机、农牧）局主要从事农村机耕便民道建设工作的 233 名管理和技术人员参加培训。培训内容涉及农村机耕道路基路面工程、道路勘测、计算机辅助设计、项目管理等。

贵 州 省

2011 年

贵州省农机工作成效显著。截至 2011 年底，新增各类农机具 15.53 万台（套），农机总动力达到 1 851.24 万千瓦，机耕面积 791.33 千公顷，机收面积 215.33 千公顷，机械化插秧 27.65 千公顷，扶持农机专业合作社 45 个，耕种收综合机械化水平达 12.83%。

2012 年 1 月 16 日

贵州省农业工作会在贵阳市召开，贵州省农业委员会副主任肖荣军在会上针对农机工作讲话。

3 月 13—15 日

贵州省农业委员会主任刘福成、副主任肖荣军，计划处、财务处、装备处、监管处负责人到农业部农业机械化管理司就全省农业机械化工作与宗锦耀司长和相关处室负责人座谈。

4 月 16—17 日

贵州省农机工作会在贵阳市召开。会议总结 2011 年农业机械化工作，布置 2012 年工作。9 个市州农机办主任、管理科（站）负责人参加，贵州省农业委员会副主任肖荣军作讲话。

5 月 2—30 日

贵州省农业委员会农业机械化管理办公室组成三个组赴全省 9 个市州对 2012 年农机购置补贴工作开展春季督导检查。

5 月 3—30 日

贵州省农业机械化管理办公室组成三个组对 2011 年度省级农机专业合作社、农机维修网点、平安农机示范县建设项目进行验收。

5 月 8 日

贵州省农机购置补贴经销商会议在贵阳市召开。省农业委员会副主任肖荣军出席会议并讲话。

5 月 21 日

贵州省粮食高产创建全程机械化现场会在贵阳市举行。农业机械化管理办公室组织安顺市和西秀区农机局进行农机作业演示。

5 月 23 日

贵州省打击制售假冒伪劣微耕机专项行动启动。

6 月 21 日

贵州省农业委员会与安顺市签署《关于共同推进安顺农业机械化示范区又好又快发展的意见》。

7 月 23 日

贵州省人民政府办公厅印发《贵州省促进农业机械化和农机工业又好又快更好更快发展的意见》。

7 月 25—27 日

贵州省茶叶生产机械化现场会暨技术交流研讨会在铜仁市石阡县召开。

10 月 17—19 日

2011 年度贵州省农业机械化项目验收会在安顺市关岭县召开。

11 月 5—15 日

贵州省农业委员会农机、纪检、财务部门组成三个组检查 9 个市州购机补贴绩效考核工作。

11 月 16 日

贵州省农机购置补贴工作近尾声。截至 10 月 31 日，实施中央补贴资金 36 698.5万元，省级补贴金额，5 243 万元，市级补贴资金 156 万元，县级补贴资金 1 912 万元，引导农民和农业专业合作社投入购机资金 76 262 万元，购置各类补贴机具 26.58 万台、温室大棚 126.63万平方米，23.27 万农户受益。

云 南 省

2012 年 1 月 4 日

云南省农业厅副厅长王常明主持召开 2011 年度农业机械化工作总结会议，部署 2012 年农业机械化工作。

1 月 12 日

云南省印发《云南省农业厅办公室关于开展 2012 年云南省非通用类补贴产品确认工作的通知》，明确在云南省内生产、经销农机产品企业提出的纳入非通用类补贴产品的要求。

1 月 16 日

云南省农业厅副厅长王常明主持召开全省农机购置补贴第一次工作专题会议，专项研究 2012 年农机购置补贴工作，对 2012 年农机购置补贴工作提出具体要求。

1 月 16 日

云南省印发《云南省农业厅办公室关于转发农业部办公厅关于做好今冬明春农机检修工作文件的通知》，部署云南省农机检修工作。

2 月 1 日

云南省农业厅副厅长王常明主持召开全省农机购置补贴领导小组第一次工作会议，研究 2012 年云南省农机购置补贴资金使用方案、补贴产品一览表、经销商选择机制等相关事宜。

2 月 23 日

云南省农业厅副厅长王常明主持召开全省农机购置补贴第二次专题工作会议暨安全生产工作会议，研究 2012 年度农机购置补贴细节工作，对上道拖拉机实施安全监管执法事宜提出具体工作要求。

2 月 24 日

云南省印发《云南省农业机械推广鉴定获证产品及其生产企业目录》，公告 2011 年取得云南省农业机械推广证的企业及产品。

2 月 27 日

云南省农业厅副厅长王常明主持召开农机处专题工作会议，研究农机专业合作组扶持培育等相关工作。

2 月 28 日

云南省印发《关于印发 2012 年云南省农业机械购置补贴资金使用方案的通知》，标志全省农机购置补贴工作全面展开。

3 月 5 日

云南省农业厅副厅长王常明主持召

开全省农机购置补贴第三次专题工作会议，要求“三突破”、“三创新”，即：在投入、政策、安全上有突破，在机制、措施、方法上有创新。

3月7日

云南省印发《云南省农业厅办公室关于做好2012年农机春耕备耕工作的通知》，对全省农机做好春耕备耕工作提出具体要求。

3月13日

云南省印发《云南省农业厅办公室关于认真做好2012年水稻育插秧机械化技术示范推广工作的通知》，细化各地推广示范面积，确保10万亩示范任务。

3月13日

云南省印发《云南省农业厅办公室关于印发2012年补贴机具质量监督管理工作方案的通知》，确定2012年度补贴机具质量督导的范围、时间、工作要求、保障措施。

3月16日

云南省农业厅副厅长王常明主持召开全省农机购置补贴领导小组第二次工作会议。

3月26日

云南省印发《云南省农业厅关于印发云南省2012年农机购置补贴政策落实监督检查方案的通知》。

3月28—29日

云南省2012年度农机购置补贴工作会议在昆明云安会都召开，16个州市农业局分管领导、购机办主任、73家经销商代表参加会议。省农业厅副厅长王常明出席并讲话。

4月5日

云南省农业厅副厅长王常明主持召开全省农机购置补贴工作第四次专题会议，研究部署“设施农业”、“直补方案”、“省级配套经费使用”等工作。

4月6日

云南省印发《2012年云南省农机购置补贴机具补贴额一览表》，公告全省2012年度农机购置补贴产品。

4月9日

云南省印发《云南省农业厅办公室关于推荐上报农机安全监理“为民服务创先争优”示范窗口和示范岗位标兵的通知》。

4月12日

云南省省农业厅副厅长王常明主持召开农业机械化发展工作会，研究部署农机购置补贴与农机监理相结合、购机后的监管、机具核实机制等工作，并决定在全省组织开展“百日千人万机”专项复核行动。

4月13日

云南省印发《云南省农业厅办公室关于深入开展农业机械化教育培训大行动的通知》，明确2012年度全省培训农业机械化管理、科技和实用人才10万人次以上的培训目标。

4月17日

云南省印发《云南省农业厅办公室关于印发“百日千人万机”专项复核行动方案的通知》，决定复核2010年、2011年所有补贴机具（含直补超市所购机具），重点是补贴额度在5 000元以上的补贴机具以及省级财政累加补贴机具。

5月4日

云南省农业厅副厅长王常明主持召开专题会议，就“烟草农业机械发展”进行专题研究，提出《云南省烟草农业机械化发展实施方案》写作提纲要求。

5月11日

云南省农业厅党组印发《关于王兴原等四名同志任免职的通知》，免去王兴原同志农机处党支部书记职务，可斌同志担任农机处党支部书记职务。

5月11日

云南省农业厅印发《云南省农业厅关于杨善禧等十一名同志任免职的通知》，经厅党组会议研究，王兴原同志担任茶业处处长职务，免去农业机械管理处处长职务。可斌同志担任农业机械管理处处长职务，免去省渔政总队总队长职务。史琳同志任发展计划处处长职务，免去省农业机械化干校校长职务。木霖同志任省农业环境监测站站长职务，免去省农业机械推广站站长职务。段晓辉同志任省农业机械推广站副站长（主持工作）职务，免去农业机械化管理处副处长职务。

5月14日

云南省农业厅副厅长王常明主持召开农机专题会议，宣布厅党组任免决定，可斌担任农业机械管理处处长，王兴原不再担任。

5月16日

云南省农业厅副厅长王常明主持召开农机专题工作会议，研究部署“百日千人万机”专项的复核行动、安全生产、近期重点工作。

5月18日

云南省印发《云南省农业厅办公室关于印发云南省农机安全生产“打非治违”执法专项行动实施方案的通知》。通知决定在全省开展打击农机非法违法生产经营、治理纠正农机安全生产违规违章行为执法专项行动。

5月18日

云南省印发《云南省农业厅办公室关于印发2012年云南省“农机安全生产年”活动的通知》，提出全省新创建国家级平安农机示范县3个、省级平安农机示范县6个、省级平安农机示范乡镇30个的工作目标。

5月23日

云南省农业厅副厅长王常明主持召开农机工作办公会，农业机械管理处全体人员、厅属农机事业单位副处以上干部及办公室主任参加会议。

5月31日

云南省印发《云南省农业厅办公室关于开展2012年农机安全生产宣传月活动的通知》。通知要求在全省开展“科学发展、安全发展”为主题的农机安全生产宣传月活动。

6月5日

云南省印发《云南省农业厅办公室关于印发2012年农业机械化新闻宣传工作要点的通知》，明确2012年农业机械化新闻宣传要点。

6月6日

云南省印发《云南省农业厅办公室关于调整云南省农机购置补贴领导小组及办公室组成人员的通知》，明确可斌兼任省购机办主任，段晓辉兼任省购机办专职副主任，胡仁勇兼任省购机办副主任。

6月20日

云南省农业厅、省公安厅联合印发《关于进一步规范农机购置补贴工作的通知》，明确相关工作职责，形成联席会议、信息互通、警示教育工作机制。

6月25—26日

云南省农机安全工作暨购机补贴工作座谈会在保山市腾冲县召开，省农业厅副厅长王常明出席会议并作题为《规范管理强化落实为推进高原特色农业发展保驾护航》的讲话，并提出要进一步加强监管能力建设，落实好安全生产责任制，深化宣传教育工作，推进业务规范化建设，深化安全生产年活动，强化动静态监管一体化的要求。

7 月 3 日

云南省农业厅副厅长王常明主持召开农机工作办公会，要求集中精力抓好"三落实"、"三对接"工作。

7 月 20 日至 8 月 5 日

云南省农业厅派出 4 个督查组赴昭通市、曲靖市、楚雄州、玉溪市、红河州、大理州、丽江市和迪庆州检查农机安全生产工作。

7 月 23 日

云南省印发《关于对 2012 年上半年全省农机安全生产工作进行督导检查的通知》，就全省农机安全生产工作提出具体要求。

7 月 25—29 日

农业部农业机械试验鉴定总站站长刘敏一行 4 人赴昆明市、玉溪市、普洱市和西双版纳州调研补贴机具质量保障督导工作。

7 月 27 日

云南省农业机械购置补贴工作领导小组第三次办公会议召开，专题研究第二批中央资金和省级配套资金使用方案，明确省级配套资金主要用于扶持农机专业合作组织和农机大户购机。

8 月 7 日

云南省印发《关于印发〈云南省 2012 年度农机购置补贴政策落实延伸绩效管理工作实施方案〉的通知》，就农机购置补贴绩效管理工作提出目标任务，操作程序以及保障措施。

8 月 24 日

云南省农业厅、省财政厅联合印发《关于做好 2012 年第二批农业机械购置补贴资金使用工作的通知》，规范第二批中央资金农机购置补贴工作。

9 月 23 日

云南省印发《关于开展 2012—2014 年国家支持推广的农业机械产品目录年度调整申报工作的通知》，要求全省各农机生产企业组织申报 2012—2014 年国家支持推广的农业机械产品。

9 月 27 日

云南省印发《关于进一步加强当前农机安全生产工作的通知》，明确各级农机安全生产主管部门及安全监理机构工作责任。

10 月 8 日

云南省农业厅副厅长王常明主持召开农业机械化工作专题会议，要求农机系统要进一步强化信息互通，抓好目标任务的落实，抓实"卖机具、报账"工作。

10 月 11 日

云南省农业厅、省财政厅联合印发《关于印发 2012 年云南省省级农机购置补贴资金使用方案的通知》，规范省级财政农机购置补贴资金使用范围、补贴对象、操作要求。

10 月 16 日

云南省印发《关于切实加快农机购置补贴实施进度的通知》，要求各级农机主管部门和购机办要结合工作实际，加快工作进度。

10 月 24—27 日

农业部农业机械化管理司安全监管处处长范学民一行 4 人赴开远市、蒙自县开展第四批全国"平安农机"示范县（区、市）抽查、评审工作。

10 月 30 日

云南省印发《关于对全省农机教育培训工作进行监督检查的通知》，对本辖区内农机教育培育的管理体制、设施设备、师资队伍、管理制度、教学规范、安全教学、痕迹管理、质量效果等方面进行检查。

11 月 7—11 日

农业部农业机械试验鉴定总站副站长刘旭一行 4 人赴宜良县、禄丰县对 2012 年度农机购置补贴政策实施情况进行秋季专项督导检查。

11 月 14 日

云南省农业厅印发《云南省农业厅关于涂毅等五名同志任免职的通知》，宣布厅党组会议任免决定，胡仁勇任省农业机械化干部学校校长，免去省农业机械鉴定站站长职务。

西藏自治区

2012 年 3 月 22 日

西藏自治区农牧厅、财政厅联合印发《关于印发（西藏自治区 2012 年农业机械购置补贴实施方案）的通知》，标志着西藏自治区农机购置补贴工作全面展开。2012 年中央和西藏自治区财政共分三批投入农机购置补贴资金 1.7 亿元，资金覆盖全区所有县（市、区）。

6 月 12 日

经西藏自治区政府 2012 年第 9 次常务会议研究，《西藏自治区人民政府关于加快农业机械化发展的意见》以"藏政发[2012]74 号"文件正式印发实施。

9 月 1 日

根据《西藏自治区人民政府关于加快农业机械化发展的意见》精神，西藏自治区教育主管部门在西藏职业技术学院恢复了农业机械化专业，首批招生 50 人，学制三年，大专学历。

9 月 5 日

西藏自治区第一个农机作业公司在省部共建农业机械化示范区白朗县成立，这是西藏自治区第一个"农户 + 合作社 + 公司"模式的农机作业服务主体。

陕 西 省

2011 年 12 月 26 日

陕西省铜川市耀州区孙塬镇新兴农机专业合作社理事长马爱国获"全国种粮售粮大户"荣誉称号。

12 月 29 日

陕西省铜川市人民政府印发《关于促进农业机械化和农机工业又好又快发展的实施意见》，这是陕西省设区市中第一个出台贯彻落实国务院、省人民政府《关于促进农业机械化和农机工业又好又快发展的实施意见》的市。

2012 年

陕西省财政安排 700 万元，要求市县按 1∶1 的资金比例配套，对拖拉机和联合收割机实行免费检验和免费挂牌。

2 月 21—22 日

陕西省 2012 年度农机工作会议和农机购置补贴工作会议在西安市召开。

2 月 27 日

陕西省委、省人民政府出台《关于推进农业科技创新加快现代农业发展的若干意见》，明确提出"十二五"期间农业机械化发展目标和重点，强调要加速推进农业机械化。

6 月 14 日

榆林市人民政府第七次常务会议审议通过《榆林市人民政府关于促进农业机械化和农机工业又好又快发展的实施意见》。

7 月 10 日

陕西省副省长李金柱一行赴武功县道路交通安全农机管理中队检查工作。

7 月 11—14 日

农业部农业机械试验鉴定总站副书记国彩同一行赴西安市户县、铜川市耀州区和渭南市临渭区开展补贴机具质量保障督导工作。

8 月 13 日

陕西省财政厅、省农业机械管理局

联合印发《关于进一步加强农机购置补贴资金使用管理工作的通知》。

8 月 22—24 日

农业部农业机械化管理司副司长胡乐鸣一行赴三原县、扶风县检查指导农机购置补贴工作。

9 月 24 日

农业部确定咸阳市为全国农业机械化示范区，这是全省唯一、全国第二个地市级国家农业机械化示范区。

9 月 25 日

陕西省委组织部常务副部长陈强宣布省委任免决定，任命何存贵为陕西省农业机械管理局党委书记、局长，马驰为陕西省农业机械管理局副局长，陈勇为陕西省农业机械管理局计财处处长。

10 月 8 日至 11 月 28 日

陕西省农业机械管理局领导班子赴渭南、汉中、安康、杨凌、咸阳等市（区）调研农机购置补贴创新改革工作，听取咸阳、西安等地市农业机械化工作汇报。

10 月 30 日

陕西省农业机械管理局开展党风廉政警示教育活动。活动达到了统一思想、振奋精神、以案说法、警示教育的目的，增强了农机部门廉洁自律、反腐倡廉的紧迫感和责任感。

11 月 6—7 日

陕西省农机购置补贴改革创新工作座谈会召开。会议研究和讨论现行农机购置补贴工作运行机制改革创新问题。

11 月 16 日

陕西省农机购置补贴改革创新专题听证座谈会召开。会议听取农机制造、销售企业、农机专业合作社负责人代表和农机大户代表的建议和意见，研究完善农机购置补贴的办法和措施。

11 月 19—23 日

陕西省农业机械管理局党委书记、局长何存贵一行赴湘、苏两省考察学习农机购置补贴创新改革工作经验。

11 月 24—26 日

陕西省农机安全监理所站长学习研讨会在西安召开。各市监理所所长、县监理站站长参加会议。省农业机械管理局党委书记、局长何存贵出席并讲话。

甘 肃 省

2012 年 1 月 10 日

甘肃省农业机械管理局委托甘肃机械国际招标公司、西北（陕西）国际招标有限公司在兰州市进行 2011 年保护性耕作工程建设项目专用农机具设备采购招标，采购机具 647 台、设备 176 台，中标资金 1 050.71 万元。

1 月 18 日

甘肃省农机监理总站表彰 2011 年度全省农机安全监理工作先进单位，兰州市等 10 个农机监理所获得表彰。

2 月 2 日

甘肃省发展和改革委员会批复永昌县、民勤县、景泰县、正宁县、麦积区等 5 县（区）2012 年保护性耕作工程建设项目，总投资 2 700 万元（其中中央资金 1 800万元），每个项目县 540 万元（其中中央资金 360 万元）。

2 月 16 日

甘肃省农牧厅、省财政厅联合印发《2012 年甘肃省农业机械购置补贴资金使用方案》。

2 月 27 日

甘肃省农业机械管理局党委成立联村联户为民富民行动领导机构，在礼县石桥镇王坪村组织开展双联行动。机关 29 名干部，帮扶 49 户贫困户。

2 月 28 日

甘肃省农业机械管理局部署全省农机春耕备耕工作，印发《甘肃省农业机械化生产信息工作考核办法（试行）》，对各市、州上报的农业机械化生产信息工作进行考核计分，并纳入年终目标责任制考核。

3 月 9—10 日

甘肃省农业机械化工作暨农机购置补贴工作会议在兰州市召开。会议传达贯彻全国农业机械化工作会议、农机购置补贴工作会议和全省农业工作会议精神，总结 2011 年工作并安排部署 2012 年工作，省局与各市州农机部门签订农机购置补贴工作责任书。

3 月 12 日

甘肃省文化科技卫生“三下乡”集中示范活动在临泽县举行，省农机推广总站组织人员现场开展技术咨询和宣传，发放宣传资料 5 000 余份。

3 月 16 日

甘肃省农牧厅在定西市安定区举办放心农资下乡进村宣传周活动，省农业机械管理局组织有关企业和单位现场发放宣传资料 5 000 余份，解答农户咨询 120 人次，展示各类新型农机具 30 台。

3 月 19 日

甘肃省财政厅、省农牧厅下达 2012 年中央财政农机具购置补贴资金 2.6 亿元，范围覆盖全省所有农牧业县和农场。

3 月 30 日

甘肃省农业机械管理局印发《2012 年甘肃省农业机械化教育培训大行动工作方案》，计划培训 16 万人次。

4 月 5 日

甘肃省农业机械管理局与省农机装备协会在双联工作联系点礼县石桥镇王坪村举办省内外农机企业向贫困地区捐赠农机具仪式。福田雷沃等 7 家农机企业捐赠各类农业机械 35 台，价值 15.78 万元。

4 月 10 日

甘肃省农牧厅、省财政厅、省发展和改革委员会联合发布《2012—2014 年甘肃省支持推广的农业机械产品目录》公告，2012 年度甘肃省支持推广的农业机械产品目录共涉及 9 936 个产品（其中国家目录产品 8 401 个、省级目录产品 1 535个）。

4 月 11 日

甘肃省农业机械管理局印发《2012 年甘肃省补贴机具质量监督管理工作方案》和《关于开展铡草机质量调查工作的通知》，在甘肃省开展补贴机具质量调查监督工作。

4 月 13 日

甘肃省农业机械管理局印发《2012 年全省农业机械化新闻宣传工作要点》，部署全省农业机械化新闻宣传工作。

4 月 19—22 日

农业部农业机械化管理司副司长胡乐鸣一行赴积石山县、永靖县和榆中县督导农机购置补贴政策落实情况和保护性耕作项目。

5 月 7 日

甘肃省农业机械管理局印发《关于开展拖拉机驾驶机构复审及教学人员资格认证工作的通知》，对 2005 年以来拖拉机驾驶培训机构及人员进行重新审核确认。

5 月 8 日

甘肃省财政厅、省农牧厅下达 2012 年省级财政农机具购置补贴资金 3 500 万元，比 2011 年增加 1 500 万元。

5 月 14 日

甘肃省农业机械管理局在兰州市召开 2012 年农机行业优势农产品重大技术推广项目管理与培训会议，下达保护性耕作项目资金计划，与民勤县等 13 个保护性耕作示范推广项目县签订项目合同。

5 月 14 日

甘肃省农牧厅印发《关于对 2010 年保护性耕作示范基地建设项目进行竣工验收的通知》，检查验收玉门市、榆中县、泾川县、西峰区、镇原县 5 个县保护性耕作示范基地建设项目。

6 月 10 日

甘肃省安全生产监督管理局、省农牧厅组织 3 个工作组对 13 个"平安农机"县(市、区)和 192 个"平安农机"乡镇进行考评验收。

6 月 15 日

甘肃省人民政府在静宁县召开全省全膜覆土穴播小麦现场观摩会议，省农业机械管理局组织 5 家企业进行全膜覆土穴播机现场演示。

6 月 15 日至 7 月 29 日

甘肃省农牧厅、省财政厅、省农业机械管理局联合开展 2012 年度农机购置补贴政策落实情况大检查，6 个调查组对 14 个市州 82 县区和 14 个农垦农场政策落实情况进行全覆盖检查。

7 月 4 日

甘肃省发展和改革委员会、省农牧厅印发《关于转下达保护性耕作工程建设项目 2012 年第二批中央预算内投资计划的通知》，安排全省保护性耕作工程建设项目资金 2 700 万元，其中中央预算内投资 1 800 万元。

7 月 24 日

甘肃省农机购置补贴政策落实延伸绩效管理工作领导小组成立。

8 月 4 日

甘肃省农牧厅副厅长杨祁峰赴榆中县检查保护性耕作项目实施工作。

8 月 7 日

甘肃省财政厅、省农业机械管理局印发《2012 年全省农机化科技项目资金计划》，共下达资金 200 万元，安排三大类十项技术推广项目，涉及项目单位 36 个。

8 月 10 日

甘肃省农业机械管理局邀请省农牧厅、省农业科学院、甘肃农业大学、省农技推广总站、省农机推广总站等单位论证全省马铃薯生产机械化五年发展规划稿。

8 月 18 日

农业部农业机械化管理司科教处处长刘云泽一行赴榆中县督导清水驿乡保护性耕作实施效果长效监测点、农机站保护性耕作工程建设项目样机库和农机专业合作社建设情况。

8 月 27 日

甘肃省农机推广总站和农技推广总站联合举办全省冬小麦全膜覆土穴播技术培训班。

9 月 4 日

甘肃省财政厅、省农牧厅下达 2012 年第二批中央财政农机具购置补贴资金 1.5 亿元。其中，列项下达旱作农业农机具购置补贴资金 2 000 万元。

9 月 5 日

甘肃省农业机械管理局、省交通厅为参加跨区机收作业的玉米联合收获机核准发放 210 份《跨区作业证》，引导开展玉米跨区机收作业，单机平均收入超过 1.6 万元。

9 月 7 日

甘肃省农牧厅印发《关于 2012 年保护性耕作工程建设项目实施方案的批复》，明确永昌县、民勤县、景泰县、正宁县、麦积区 5 县(区)项目建设任务和投资计划。

9 月 15 日

甘肃省农机推广总站在天水市麦积区召开全膜双垄沟播玉米机收现场会暨技术研讨会。省农牧厅巡视员王亨通出席。

9 月 17—18 日

甘肃省农业机械化科技推广工作会议召开。会议总结农业机械化科技推广成就，研究部署农业机械化科技推广工作，表彰 30 个先进单位和 101 个先进个人。

9 月 20 日

甘肃省农业机械管理局、省农机鉴定站联合召开全省农机产品质量分析会，通报 2011 年及 2012 年上半年农机质量投诉情况和 2011 年质量调查情况，发布农机产品质量分析报告。

9 月 21 日

甘肃省农牧厅在兰州市召开甘肃省农机农艺融合专家座谈会。省农牧厅副厅长、全省农机农艺融合专家组组长杨祁峰主持会议，农业、土肥、植保、经作和农机等部门的 15 位专家参加会议。

10 月 10—20 日

甘肃省农业机械管理局组织项目验收组对玉门市、泾川县、西峰区、镇原县 2010 年保护性耕作示范基地建设项目进行竣工验收。

10 月 26 日

甘肃省农业机械管理局印发《农机购置补贴政策信息公开制度》《农机购置补贴资金结算办理制度》《农机购置补贴档案管理制度》《农机购置补贴工作纪律》《农机购置补贴工作信访制度》《农机购置补贴产品质量投诉处理制度》《农机购置补贴实施工作责任制度》7 项制度。

11 月 2 日

2012 年度甘肃省开展农机购置补贴操作方式创新试点市县座谈会召开。

11 月 6 日

甘肃省农机推广总站承担的科技部农业科技成果转化资金项目——《甘肃旱地农业系列农机具中试与示范》通过省科技厅验收。

11 月 9 日

甘肃省农牧厅、省发展和改革委员会组织专家组对 2010—2011 年榆中县保护性耕作示范基地建设项目进行竣工验收。

11 月 15 日

甘肃省农业机械管理局印发通知，全省取得拖拉机驾驶培训资格的机构有 86 所，其中通过复审的 82 所，新增的 4 所。取得拖拉机驾驶培训教学人员资格的 324 人，其中教练员 117 人。

11 月 16 日

农业部农机监理总站副站长涂志强一行对甘肃省第四批申报的全国"平安农机"示范县(区、市)进行考评验收。

青 海 省

2012 年 1 月 5 日

青海省农牧机械推广站组织召开枸杞采摘机研制与开发研讨会。

2 月 14 日

青海省农机部门评审《2010—2013 年青海省支持推广的农业机械产品增补目录》。

2 月 16—20 日

青海省购机补贴领导小组办公室考评验收 2011 年全省农机购置补贴工作。

2 月 17 日

青海省农机部门举办农资打假及放心农资下乡进村启动仪式。现场发放资料 1 000 余份，向农牧民宣传购机补贴法规政策、农机产品质量投诉程序及投诉渠道、假劣农机产品识别知识等。

2 月

青海省农机购置补贴领导小组组织人员对全省 2011 年实施农机购置补贴的县(市)进行考评验收。

2—3 月

青海省农牧厅派三个工作组分赴海北、黄南两州和化隆、循化两县检查指导备耕春播生产。

3 月 16 日

“青海省农牧业科技创新活动年”启动仪式在乐都举办，现场发放宣传资料 5 000 余份。

3 月 21 日

青海省农牧厅、省财政厅制定《青海省 2012 年农业机械购置补贴实施方案》。

3 月 21 日

青海省农牧厅印发《青海省 2012 年农机购置补贴政策落实监督检查工作方案》。

3 月 29 日

青海省 2012 年农业机械购置补贴产品分类分档定额补贴标准通过农业部审核并在青海农牧业信息网上公布。

4—6 月

青海省农机推广站受西宁市质量技术监督局和民和县质量技术监督局的委托，开展农机产品生产领域的定期监督检验，共完成检验 16 项。

4 月 16 日

青海省农牧厅印发《青海省 2012 年农机购置补贴廉政风险防控机制建设工作实施方案》。

4 月 24—27 日

青海省农牧机械管理局对县(市)农机管理部门、各农机生产销售企业的农业机械购置补贴管理系统操作人员进行培训，讲解工作流程和补贴系统的具体操作步骤。

4 月 26 日

青海省农牧厅公布青海省 2012 年农机购置补贴产品经销商名单。

5 月 27 日

青海省农机部门与农业科学院合作启动机械化马铃薯种植、收获项目，用 7 种不同类型的马铃薯种植机种植 0.4 公顷，并重复进行 2 次试验。

6 月 7 日

青海省长骆惠宁在青海省农牧厅第 36 期《农牧工作专报》上批示：“宣传推广我省马铃薯收获机械。”

6 月 10—13 日

青海省农机部门组织、农牧厅主办的农业机械展览首次走进青洽会，展示全省自主生产的农业机械和近年来重点推广的先进机械。

6 月 18—20 日

青海省“平安农机”创建现场观摩会和农机安全生产例会在民和县召开。省农机监理站站长王建元作题为《求真务实，狠抓落实，确保全省农机安全生产目标任务完成》的工作报告。

7 月

青海省第二批农业机械购置补贴资金 3 000 万元下达。

8 月 10 日

枸杞采摘机样机在海西州德令哈进行采摘试验。

8 月 24 日

青海省农牧机械管理局启动《2010—2013 年青海省支持推广农业机械产品目录》年度修订工作。

8 月 27—29 日

青海省农牧机械管理局在刚察县举办畜牧业机械产品质量培训班和草产业机械化现场会，来自省内牧区牧业机械技术人员 70 余人参加培训。

9 月 13 日

青海省农牧厅在互助县举办马铃薯机械化收获现场观摩会。马铃薯主产区的农牧局长、农机站长及农机专业合作社有关人员 130 多人参加现场会。厅长张黄元在会上作了题为《强化技术创新积极示范引导加快推进马铃薯生产机械化》的专题报告。

9 月 30 日

2013 年农业机械购置补贴资金 11 000万元下达。

10 月 29—31 日

青海省农机部门在西宁市举办农机产品“三包”服务人员培训班。

11 月

青海省农牧厅组织监察、财务、农机部门联合抽查全省农机购置补贴政策实施情况。

宁夏回族自治区

2011 年 12 月 6 日

宁夏回族自治区农机监理装备能力建设招标会在银川召开。此次招标涉及农机监理标准化大厅建设、移动式检测线购置、事故处理设备、信息化设备等农机监理装备，资金总额 584 万。

2012 年 1 月 9—16 日

宁夏回族自治区农机学会召开常务理事会，总结 2011 年工作，部署 2012 年工作。

1 月 12 日

宁夏回族自治区农牧厅农业机械化管理局举办农业机械化统计业务培训班，总结 2011 年农业机械化统计工作情况，交流统计工作经验和做法，农业机械化统计汇总工作。

1 月 18 日

宁夏回族自治区农牧厅农业机械化管理局印发《关于加强春节期间农机安全生产工作的紧急通知》，对“春节”期间农机安全生产工作和灾害防范及应急响应工作提出具体要求。

2 月 5 日

宁夏回族自治区农牧厅农业机械化管理局印发《关于进一步做好卷帘机等农业机械安全监管工作的紧急通知》，要求各市县(区)加强对卷帘机等“六小农机”的安全监管，纳入农机安全生产监督管理范围。

2 月 7 日

宁夏回族自治区印发《关于开展我区保温被质量监督检验工作的通知》，在全区开展补贴保温被质量监督检验工作。

2 月 21 日

宁夏回族自治区农业机械化暨购置补贴工作会议在银川召开。宁夏回族自治区农牧厅党组书记、厅长赵永彪，副厅长马明等领导参会。会议总结 2011 年农业机械化工作取得的成绩，分析 2012 年农业机械化面临的形势，部署 2012 年农业机械化及农机购置补贴工作。与会期间签订购机补贴工作责任书、农机安全年生产责任书、购机补贴工作承诺书，举行农机安全监理检测车和装备发放仪式。

2 月 22 日

宁夏回族自治区党委任命张柱为农牧厅党组书记，赵永彪为厅长，马明为巡视员。

2 月 22 日

宁夏回族自治区农牧厅农业机械化管理局编印《2012 年全区农机化重点工作指导意见》《2012 年全区业机械化示范县与示范园区建设实施方案》。

2 月 24 日

农牧厅召开引黄灌区春播现场会。宁夏回族自治区主席助理刘云、农牧厅党组书记张柱、厅长赵永彪等领导参加并观看农机作业演示。刘云强调全区各级农机部门要积极组织广大农民投入春耕生产，确保春耕春播工作顺利进行。农牧厅农业机械化管理局局长王林、农机推广站站长田建民、各市县区农机部门负责人参加现场会。

3 月 1 日

宁夏回族自治区农牧厅巡视员马

明、农业机械化管理局局长王林及农业技术人员一行赴吴忠市利通区参加全区质监"利剑护农"农机、农资打假活动启动仪式。

3月12日

宁夏回族自治区农牧厅召开党的建设暨党风廉政建设工作会议。农牧厅农业机械化管理局局长王林就推进党风廉政建设，实施农机购置补贴政策有关情况进行交流发言。会议表彰2011年度效能考核一等奖单位。

3月26日

宁夏回族自治区农牧厅农业机械化管理局印发《农业机械购置补贴政策落实开展专项检查的通知》。

3月31日至4月2日

中国工程院院士罗锡文、农业部农业机械推广总站站长刘宪一行赴宁夏调研水稻机械化播种生产情况，并就旱直播和水直播等生产技术进行指导。

4月5—7日

中国农机协会常务副会长马世青到宁夏调研农机生产、农业机械化发展情况。

4月6日

宁夏回族自治区水稻大棚育秧现场会在灵武市召开。农牧厅厅长赵永彪、巡视员马明等领导参会并部署水稻工厂化育秧及机械化插秧工作。

4月11日

宁夏回族自治区农业机械化技术推广站召开研讨会，部署2012年玉米、蔬菜机械化移栽工作。农牧厅巡视员马明、农牧厅农业机械化管理局局长王林、农业机械化技术推广站领导及自治区玉米产业专家组专家、部分承担实验任务的县区农机部门负责人参会。

4月24—29日

宁夏回族自治区农牧厅巡视员马明、农牧厅农业机械化管理局局长王林、区农业机械化推广站站长田建民赴甘肃省调研残膜回收工作。

4月25日

宁夏回族自治区农牧厅农业机械化管理局印发《2012年蔬菜与玉米移栽机械化技术试验示范项目实施方案》和《2012年手扶拖拉机配套马铃薯生产机械化示范园区建设实施方案》，分解下达各个马铃薯生产机械化示范园区计划任务。

5月3日

跨区作业机手培训班在石嘴山市召开，部署跨区作业工作，颁发跨区作业证。

5月3日

宁夏回族自治区农牧厅农业机械化管理局印发《宁夏农业机械化教育培训大行动实施方案》。

5月3—4日

宁夏回族自治区农牧厅巡视员马明、农牧厅农业机械化管理局局长王林、副局长杨少军等一行赴平罗县黄渠桥镇开展机关干部"下基层、解民忧、帮发展，促和谐"帮扶活动。

5月4日

宁夏回族自治区玉米、蔬菜机械化移栽现场会在平罗县召开。农牧厅巡视员马明、农牧厅农业机械化管理局局长王林、科技厅农业处李新云处长参会。

5月4日

宁夏回族自治区农牧厅农业机械化管理局印发《关于集中开展农机安全生产"打非治违"专项行动实施方案》，在全区集中开展打击农机非法违法生产经营、治理纠正违规违章行为专项行动。

5月7日

宁夏回族自治区农牧厅农业机械化管理局印发《2012年农业机械化信息宣传工作要点》，将全区农业机械化宣传工作细化为8个方面33类，并提出具体工作要求。

5月7—15日

宁夏回族自治区农牧厅农业机械化管理局调研员朱晓江、副局长杨少军一行深入18个县市（区）、4个农场开展2012年首批购机补贴检查验收工作。

5月8—15日

宁夏回族自治区农机监理站派出专家组开展农机作业公司评星定级工作。

5月9日

宁夏回族自治区水稻机械化插秧现场会在贺兰县召开。自治区政府主席助理刘云、农牧厅厅长赵永彪、厅党组书记张柱等领导参会。

5月16日

宁夏回族自治区农牧厅农业机械化管理局印发《关于开展农机安全监理"为民服务争先创优"示范窗口创建活动实施方案的通知》和《宁夏农机安全"为民服务争先创优"示范窗口申报考评办法的通知》。

5月22日

宁夏回族自治区农牧厅农业机械化管理局印发《关于做好2012年"三夏"农机跨区作业工作的通知》，强调各级农业机械化主管部门务必增强对抓好"三夏"生产重要性的认识，及早制定工作方案，明确目标任务，加强协调，统筹力量，强化对"三夏"农机跨区作业的组织领导。

5月23日

开展宁夏回族自治区农机监理机构"为民服务创先争优"示范窗口单位和岗位标兵考核评比活动。

5月24日

宁夏回族自治区农牧厅农业机械化管理局印发《关于关于开展全区农机合作社发展情况调研的通知》，开展自治区农机专业合作社发展情况调研。

5月29日

全国小型牧草机械收获演示会暨全区牧草机械收获现场会在彭阳县召开，全国牧草体系首席科学家张英俊教授、农业部农业机械试验鉴定总站副站长杨林、农牧厅巡视员马明、全国部分省区牧草专家200余人参会。会议进行小型牧草机械作业演示，并开展收获作业比赛。

5月30—31日

农业部农业机械试验鉴定总站副站长杨林、鉴定一室副主任张健等一行赴中卫市、石嘴山市调研农业机械化工作。宁夏回族自治区农牧厅农业机械化管理局局长王林陪同。

6月4日

宁夏回族自治区苜蓿青贮加工利用技术现场会在固原市召开，自治区农牧厅农业机械化管理局调研员郭广生参会。

6月13—14日

宁夏回族自治区农业机械化新技术应用培训班在利通区举办，全区农机系统160余人参加培训。农牧厅农业机械化管理局副局长杨少军参会。

7月2日

宁夏回族自治区农牧厅农业机械化管理局编制《宁夏2012年上半年农业机械购置补贴工作总结》，印发《关于召开2012年全区农机购置补贴管理暨勤政警示教育工作会议的通知》。

7月5日

宁夏回族自治区农机购置补贴管理暨勤政警示教育工作会议召开，全区农机管理部门、农机生产经销企业180余人参会。会议期间，印发《关于进一步规范农机购置补贴产品经营行为的通知》《宁夏农业机械质量投诉监督管理办法（试行）》《宁夏保温被产品质量监督管理办法（试行）》《（2013—2015年宁夏支持推广的农业机械产品目录）申报指南的通知》和《关于做好三夏农机安全生产工作的通知》。

7 月 5 日

宁夏回族自治区实施保护性耕作基本建设项目研讨会召开，安排部署项目检查验收及新开工项目筹建工作。

7 月 5 日

宁夏回族自治区农业机械化工作座谈会召开，部署下半年农机推广及安全监理工作。

7 月 6 日

宁夏回族自治区玉米蔬菜移栽观摩座谈会召开，农牧厅巡视员马明、区科技厅、农牧厅农业机械化管理局、推广站、监理站及引黄灌区农机、农艺部门负责人 90 余人参会。

7 月 18 日

宁夏国际农机汽车园开工典礼在永宁县举行。中国农机协会常务副会长马世清，中国农机导报社社长李耀辉、副社长刘卓等领导参加开工典礼。

7 月 18 日

中国农机导报社社长李耀辉、副社长刘卓赴平罗县、石嘴山市大武口区调研农机免费管理、农机合作组织、农机监理办证大厅等建设情况。宁夏回族自治区农牧厅农业机械化管理局局长王林陪同。

8 月 8 日

宁夏回族自治区农业机械化技术推广站召开实施残膜回收项目工作会议，部署残膜回收和近期农业机械化工作。农牧厅农业机械化管理局局长王林、农业机械化技术推广站站长田建民、固原五县区、同心县等县区农机部门主要负责人参会。

9 月 19 日

宁夏回族自治区玉米机械化收获现场会在平罗县召开，农牧厅巡视员马明、副厅长王凌、各县区农机部门、农业技术推广部门、农机合作组织、农机企业的代表 200 余人参会。

9 月 21 日

宁夏回族自治区中南部地区秋冬季农业机械化暨马铃薯机收座谈会在西吉县召开。会议安排部署秋冬季中南部地区农业机械化生产暨残膜回收试验项目工作。

9 月 21 日

宁夏回族自治区农牧厅农业机械化管理局印发《关于做好 2012 年“三秋”及国庆期间农机安全生产工作的通知》，要求各基层农业机械化主管部门组织好秋收机械作业，加大农机安全生产宣传培训，强化监管措施，保障农机安全生产。

9 月 22—26 日

宁夏回族自治区农牧厅巡视员马明带队赴黑龙江和黑龙江农垦考察农业机械化生产工作。

10 月 11—12 日

农业部副部长张桃林、农业部农业机械化管理司司长宗锦耀、农机监理站站长刘宪等一行赴中宁县考察金宝农机作业公司、固原农机城，现场观摩固原三营万亩马铃薯基地机械化收获作业。宁夏回族自治区政协副主席袁汉民、农牧厅厅长赵永彪、巡视员马明陪同。

10 月 23 日

宁夏回族自治区农牧厅农业机械化管理局印发《关于召开全区农机作业公司管理及发展经验交流会的通知》，筹备会议议题和相关事宜。

10 月 25 日

宁夏回族自治区农牧厅农业机械化管理局印发《关于 2012 年全区星级农机作业服务公司授牌的通知》，对 8 家星级农机作业服务公司予以星级授牌，其中，三星级农机作业服务公司 3 家，二星级农机作业服务公司 5 家。

11 月 2 日

宁夏回族自治区农机作业公司建设发展与管理经验交流会在中宁县召开，农牧厅巡视员马明、农牧厅农业机械化管理局局长王林、农机监理总站、农机推广站及各县区农机部门负责人、农机作业公司负责人等 100 余人参会。与会期间，监理站、推广站分别安排部署作业公司管理及园区建设工作。

11 月 5 日

宁夏回族自治区农业机械化示范园区建设汇报验收会议在吴忠市利通区举行，18 个县区汇报了园区建设情况。农牧厅农业机械化管理局局长王林、农牧厅巡视员马明参会并部署 2013 年园区建设工作。农业机械化技术推广站站长田建民主持会议。

11 月 6 日

宁夏回族自治区农业机械化技术推广站在吴忠市利通区召开中南部地区农用残膜机械回收试验项目汇报会，农牧厅农业机械化管理局局长王林参会。

11 月 6 日

宁夏回族自治区农业机械化技术推广站在吴忠市利通区召开蔬菜、玉米机械化移栽试验项目汇报会，农牧厅巡视员马明、农牧厅农业机械化管理局局长王林参会。

新疆维吾尔自治区

2012 年 1 月 19 日

新疆维吾尔自治区召开安全生产工作会，自治区农机安全监理总站，哈密地区农机监理所，莎车县农机监理站，巩留县农机监理站，乌什县农机监理站 5 家单位被授予 2011 年度安全生产先进单位称号。

2 月 1 日

新疆维吾尔自治区农牧业机械管理局、财政厅联合印发《新疆维吾尔自治区 2012 年农业机械购置补贴实施方案》（以下简称《方案》）。《方案》以转变农业机械化发展方式为主线，以调整优化农机装备结构布局，提高农业机械化作业水平，增强农业综合生产能力为主要任务。

2 月 10 日

新疆维吾尔自治区农机工作会议在乌鲁木齐召开。会议总结 2011 年农机工作，部署 2012 年工作重点。新疆维吾尔自治区党委副秘书长、农办主任代宁祥、新疆维吾尔自治区农业厅党组书记刘学虎参会并讲话。

2 月 10 日

新疆维吾尔自治区农牧业机械管理局举行“新疆农机综合信息服务平台专用电脑”发放仪式，为全疆 752 个乡镇农机站配备专用电脑。

2 月 27 日

美国迪尔公司高级副总裁麦克斯·奎恩一行来访，就加强新疆机械化采棉国际交流与合作进行座谈。

3 月 8 日

新疆维吾尔自治区农机监理工作会议暨农机监理软件培训班在吐鲁番市召开。

3 月 9 日

新疆维吾尔自治区“送知识、送技能、送服务”三下乡服务活动在昌吉市六工镇正式启动。

3 月 13 日

新疆维吾尔自治区农牧业机械管理局、财政厅联合召开全区农机购置补贴工作座谈会。会上讨论新疆维吾尔自治区农机购置补贴申请确认及核实结算程序规定和兑付程序规定。

3 月 26 日

新疆维吾尔自治区农牧业机械管理

局党组决定开展各级干部赴基层、转变作风、服务群众活动。

3 月 30 日

新疆维吾尔自治区农牧业机械管理局召开 2012 年度设施农业装备选型会议，审查 74 家企业申报的 145 个产品的申报材料。

3 月

昌吉市、沙湾县获批成为全国农艺农机融合示范区。

4 月 1 日

新疆维吾尔自治区农机标准化技术委员申报的《农业机械安全操作规程》《农业机械化示范区建设规范》《农业机械行走安全技术要求》等 12 项农机标准被列入 2012 年度第一批新疆地方标准制修订项目计划。

4 月 2 日

新疆维吾尔自治区政府在塔吉克斯坦首都杜尚别举行客车和拖拉机赠送仪式。新疆维吾尔自治区政府、农业部向塔吉克斯坦共和国赠送 10 辆金龙客车；25 台东方红拖拉机（X1104 型轮式拖拉机 6 台，LX604 型轮式拖拉机 19 台），同时签订人员培训和售后服务协议。

4 月 16 日

新疆维吾尔自治区农业机械化科技创新与推广行动在沙湾县金沟河镇万亩机采棉示范园区启动。活动主题是"农机科技进村入户，助推农业增产增收"。

5 月 17 日

由新疆维吾尔自治区政府主办的第十三届新疆国际农业机械博览会在乌鲁木齐市开幕。

5 月 17 日

由新疆维吾尔自治区农机鉴定站与徐州凯尔机械有限公司联合研制的 KAT4354 型牵引负荷车举行完工交接仪式。KAT4354 是目前国内规模最大的大功率轮式拖拉机及自走式农业机械牵引力和牵引功率指标的现代化检测设备。

7 月 22—29 日

新疆维吾尔自治区农牧业机械管理局举办地州市农机局长培训班，培训以新时期农业现代化建设、政府绩效管理、农机专业合作组织的发展等为主题。

7 月 25 日

新疆维吾尔自治区农牧业机械管理局举办 2012 年第一期拖拉机驾驶培训机构教员准教证培训班，87 名学员通过培训结业考试，其中 85 人取得相应准教资格。

8 月 16 日

新疆维吾尔自治区采棉机驾驶操作人员培训班在沙湾县举办。

8 月 23 日

新疆维吾尔自治区农牧业机械管理局为庆祝新疆农业大学建校 60 周年向其捐赠项目及资金合计 75 万元。

9 月 5 日

新疆维吾尔自治区农牧业机械管理局召开干部大会，农业厅厅长艾则孜·克尤木宣读任免决定，任命木合塔尔·艾沙为自治区农牧业机械管理局局长。农业厅党组书记刘学虎主持会议。

9 月 12 日

由新疆维吾尔自治区农牧业机械管理局、农业厅联合主办的 2012 年全区冬小麦播种现场会在塔城市召开。

9 月 27 日

新疆维吾尔自治区农牧业机械管理局召开南疆片区玉米收获及玉米秸秆加工机械化技术现场会。

10 月 22 日

为期 1 个月的新疆维吾尔自治区农机市场监管工作互查活动结束。此次活动共抽查 64 家农机经销企业和 3 家农机维修点，下达责令整改书 8 个，行政处罚决定书 1 个，指导当地农机部门依法办理农机投诉案件 4 起，有效规范农机市场经济秩序。

大 连 市

2012 年 3 月 26 日

2012 年农业机械化工作会议暨农机购置补贴政策落实警示教育会议在庄河市召开。会议传达国家农业机械化工作会议和农机购置补贴工作会议精神，总结 2011 年、部署 2012 年农业机械化重点工作，签订工作责任书和农机购置补贴政策落实责任书。

4 月 9 日

大连市农业机械化办公室、财政局联合制定《大连市推进玉米秸秆还田工作实施方案》和《大连市农机专业合作社农机具库建设实施方案》。奖补实施玉米秸秆还田的农民、农场职工及农业生产经营组织和农机具库建设达到标准要求的农机专业合作社。

4 月 20 日

大连市第一家农机大市场在庄河市光明山镇开业。该市场规划占地 20 公顷，一期工程占地 5.33 公顷，计划投资2 200万元，当年完工。二期工程占地 14.67 公顷，计划投资 6 000 万元，2013 年完工。

6 月 21 日

大连市农村经济委员会农机处做客在线访谈栏目，讲解国家及大连市农机购置补贴的相关政策，在线解答农民朋友的提问。

9 月 27 日

2012 年大连市玉米机械化收获现场会在瓦房店市召开。会议以玉米机械化收获现场会为载体，展示农机在生产中的作用。大连市人民政府副市长孙广田、秘书长李光副，市农委、市发展和改革委员会、市财政局领导，各区市县主管领导、农机主管部门，部分农机合作社、农机大户代表，新闻媒体记者等共计 160 人参会。

宁 波 市

2011 年 12 月 29 日

宁波市农业机械化管理局获"农村工作指导员工作先进单位"称号，受到宁波市委表彰。

12 月 31 日

浙江省农业厅表彰 2011 年度农业机械化工作先进集体和个人，宁波市农业机械化管理局荣获 2011 年度农业机械化工作先进集体称号。

2011 年宁波市新创建 1 个"平安农机"全国示范县、2 个省级示范区、9 个省级示范镇乡（街道）和示范村、49 个市级示范村和 25 个示范合作社。全年共发生涉及本地拖拉机有责死亡事故 23 起，死亡 24 人；发生辖区内拖拉机道路交通事故死亡 30 人。均比 2010 年有大幅下降。

2011 年宁波市培训各类农业机械化从业人员达 2.7 万人次，完成农业部下达的年度培训指标的 230%，培训量比 2010 年增长 19%。

2012 年 1 月 13 日

宁波市人民政府办公厅印发《关于表彰 2011 年度宁波市安全生产工作先进集体和先进个人的通报》，宁波市农业机械化管理局被评为 2011 年度全市安全生产工作先进单位。

1 月 17 日

宁波市农业机械化管理局获浙江省农业依法行政先进集体称号。

1 月 20 日

宁波市农业机械化管理局、安监局

和公安局联合印发《关于印发宁波市"十二五"创建"平安农机"活动方案的通知》。计划2011—2015年,全市新创建全国"平安农机"示范县(市、区)4个,新建省级"平安农机"示范县(市、区)5个,"平安农机"示范乡(镇、街道)30个,"平安农机"示范合作社(作业公司)120个、"平安农机"示范村150个,"平安农机"示范户1 000个。

2月21日

为有效提高能源利用率,促进节能降耗减排,保障安全生产,宁波市农业机械化管理局、财政局联合出台《宁波市拖拉机报废补偿实施办法(试行)》。《办法》明确补偿对象、补偿标准、审核程序、解体回收、资金管理与监督以及档案台账管理。

2月24日

宁波市农业机械化管理局召开全市农机安全监管工作会议。各县(市)区农机(农林)局(站)长、分管副局(站)长和农村工作局分管领导、市农机推广中心相关负责同志等近50人参会。会议表彰了2011年度农机安全监管工作先进单位和个人,签订了2012年农机安全生产目标考核责任书。农业机械化管理局副局长汪春阳主持,局长李强出席会议并讲话。

3月5日

为进一步加快水稻栽植机械化发展步伐,推广应用机插水稻基质育秧技术,提高机插水稻的规模化育秧水平,实现机插水稻高产稳产,宁波市农业机械化管理局出台了《加快推进水稻基质育秧技术推广工作实施意见》。计划到2015年,机插水稻基质育秧达到总机插育秧的40%,实现基质育秧的工厂化、专业化、市场化、规模化、产业化生产。

3月14—15日

宁波市农业机械化管理局召开全市农机购置补贴工作会议。会议总结2011年度农机购置补贴工作,部署了2012年度工作,签订廉政风险责任书,并邀请市检察院专家作廉政讲座。市农业机械化管理局副局长汪春阳主持会议,局长李强出席会议并讲话。

3月16日

为加强农机社会化服务,大力推进粮食生产全程机械化,促进粮食功能区建设,宁波市农业机械化管理局、财政局联合出台《2012年宁波市农机作业补贴实施意见》。《意见》明确农机作业补贴对象、补贴标准、补贴资金、补贴方式、操作程序和申报要求。

3月20日

宁波市人民政府印发《关于切实抓好2012年粮食产销工作的通知》,明确2012年宁波市粮食购销政策,继续加大对设施农业建设、高性能农机购置、农机社会化服务和拖拉机报废更新的补贴力度。

3月20日

为有效突破机插技术推广中育秧环节技术瓶颈,解决一家一户育秧难题,提高水稻机插育秧质量,促进水稻生产机械化水平再上新台阶,宁波市农业机械化管理局印发《关于加快推进水稻机插规模化育秧中心建设的通知》,明确水稻机插规模化育秧中心的标准要求、补贴标准以及申报与审核等工作。

3月22日

宁波市道路交通事故预防工作领导小组印发《关于表彰宁波市"十一五"道路交通安全管理工作先进单位的通报》,宁波市农业机械化管理局荣获宁波市"十一五"道路交通安全管理工作先进单位称号。

3月28日

浙江省第十一届人民代表大会常务委员会第三十二次会议批准《宁波市人民代表大会常务委员会关于修改部分地方性法规的决定》。《决定》对《宁波市农业机械管理条例》部分内容做修改。原《宁波市农业机械管理条例》第三十二条予以取消,第三十四条内容进行新的调整。

4月9日

农机"六下乡"暨农业机械化科技创新与推广行动启动仪式在余姚市梁弄镇举行。宁波市农业机械化管理局副局长胡国常主持仪式,副市长郑桂春致辞,市农业机械化管理局局长李强作讲话。各县(市)区农机局(站)长、办公室主任、推广科长,余姚各镇(乡、街道)农机站长,合作社、农机大户、种粮大户及其他代表共200余人参加启动仪式。

4月13日

宁波市春耕生产现场会在鄞州区召开。宁波副市长徐明夫出席会议并讲话,市人民政府副秘书长陈少春主持。宁波市农业机械化管理局局长李强介绍春耕生产农业机械化工作进展情况,部署下步工作安排。

4月22—23日

农业部农机购置补贴政策实施春季督导检查组一行赴宁波督导检查农机购置补贴规范操作、制度落实以及农业机械化春耕生产等情况。农业部财务司副司长秦维明带队。检查组抽取余姚市作为实地检查地。

5月4日

宁波市春耕农业机械化作业结束,完成早稻机插面积12.5千公顷。

5月15日

宁波市副市长马卫光到农业机械化管理局调研工作。宁波市农业机械化管理局局长李强汇报近年来农业机械化工作取得的成效、"十二五"农业机械化发展规划以及2012年农业机械化工作任务。

5月24日

为适应现代农业对农业机械化的要求,进一步提升农机装备与应用水平,市农业机械化管理局出台《宁波市农业机械化示范区(基地)建设规范(试行)》。计划到2015年,宁波市共建100个农机示范园区(基地),其中粮食生产全程机械化示范区(区域性整体推进镇)50个。

6月12日

宁波市农机专业合作社联合会成立大会暨第一届会员大会召开。宁波市人民政府副市长马卫光、副秘书长陈少春,市农业机械化管理局全体班子成员,农机专业合作社联合会全体会员和联络员100多人参会。筹备小组表决通过《联合会章程》和有关管理制度,选举产生第一届理事会会长、副会长、秘书长、常务理事和理事。

6月13日

宁波市农业机械化管理局、市检察院联合印发《关于印发宁波市推进农机购置补贴廉政风险防控机制建设实施方案的通知》,进一步规范行政权力运作,落实监管责任,提高行政效能,促进廉政文化建设,确保强农惠农政策的落实。

7月20日

宁波市单季稻机插工作结束。完成单季稻机插面积22.31千公顷,比2011年同期增加3.3千公顷,同比增加17.6%,单季稻机插面积继续位于全省第一。

8月2日

宁波市机割早稻面积达16.07千公顷,完成早稻机割任务;机插连作晚稻面积12.53千公顷,占连作晚稻计划机插面积的97%,宁波市"双夏"农业机械化生产顺利结束。

9月17日

宁波市农业机械化管理局批复同意成立宁波市农业机械化协会的申请,标志宁波市农业机械化协会正式成立。

9月26日

宁波市农业机械化管理局、财政局和贸易局联合出台《宁波市2012年农机报废更新补贴工作实施方案》。《方案》明确农业机械报废更新补贴的实施范围、补贴对象、机具种类及报废补贴资金安排、补贴标准和操作程序。

9月28日

宁波市副市长马卫光、农业机械化管理局局长李强一行赴奉化检查指导农机安全生产工作。奉化市副市长方国波陪同检查。马卫光听取关于拖拉机报废补偿政策实施、奉化市农机交警中队建设等情况的汇报,并到农机办证大厅实地检查农机安全生产档案与资料。

10月11日

2013年第一批中央农机购置补贴资金8 000万元下达,与2012年同期相比,宁波市的中央农机购置补贴资金增加4 400万元,增长了122%。

10月26—27日

农业部农机推广总站站长刘宪一行赴鄞州区调研农机金融租赁工作。宁波市农业机械化管理局局长李强、副局长葛建平陪同调研。

青岛市

2011年12月9日

青岛市农机系统办公室主任会议召开。会议传达2011中国农业机械化信息网年会精神,部署2012年农业机械化信息宣传工作和青岛市农机系统人事统计工作。青岛市农业机械管理局副局长徐伟出席并讲话,市农业机械管理局办公室负责人魏鹏华主持。五市和城阳区、黄岛区、崂山区农机主管部门办公室主任参会。

2012年1月29日至2月1日

青岛市农业机械管理局举办干部理论学习班。市农业机械管理局局长陈志颖作总结讲话,局领导班子成员、各处(室)站负责人分别进行交流。

2月8日

青岛市农业机械管理局、财政局印发《青岛市2012年农业机械购置补贴实施方案》。

3月8日

青岛市农业机械管理局举办第一期农机管理人员培训班。青岛市农机教育培训分管局长、农机校长、推广站长和2012年农业机械化示范基地负责人共40余人参加培训。

3月20日

青岛市农机科技促进年活动举办。市委副书记王伟,市人大副主任张锡君,市政协副主席邵峰晶,市农业机械管理局局长陈志颖、副局长政佃祥等领导出席。

3月

青岛市农机部门开展打假护农"金盾行动",出动农机执法人员1 200人次,宣传车辆300多车次,发放资料2.5万份,利用农机大市场、集市、农村等场所,现场接受群众咨询,开展免费培训服务、义务维修机具服务,受理群众投诉。

4月

青岛市农业机械管理局印发《关于深入开展农机"安全生产年"活动的通知》,要求青岛市各级农机部门进一步加强领导,牢固树立以人为本、安全发展的理念,坚持"安全第一、预防为主、综合治理"方针,有效防范和坚决遏制重特大事故,确保农机安全生产形势的持续稳定。

4月26日

青岛市保护性耕作项目实施会议暨保护性耕作培训班在莱西市召开。青岛市农业机械管理局副局长政佃祥主持并讲话。

5月21—22日

青岛市农业机械化科学发展观摩会召开。会议以农业机械化科学发展为主题,以农机专业合作社为重点。市农业机械管理局机关副处级以上干部和各市(区)农机主管部门负责人参加会议。市农业机械管理局局长陈志颖到会并部署当前工作重点,对进一步加快农业机械化科学发展提出要求。

5月

青岛市农业机械管理局印发2012年"农机安全生产月"活动方案。决定6月1—30日,围绕"科学发展、安全发展"主题,开展"农机安全生产月"活动。

6月15日

农业部副部长张桃林对青岛市农机保护性耕作技术作出批示:青岛市农业机械管理局积极探索、推广保护性耕作技术,促进农机农艺的融合,取得良好的增产增效和节能环保效果。希望再接再厉,不断总结完善,巩固和扩大示范成效。

6月15日

农业部副部长张桃林对青岛市农业机械化工作作出批示:青岛市依托农机专业合作社开展农业机械化推广服务等方面进行积极而富有成效的探索,一些经验和做法值得总结推广。"三夏"期间市各级农机部门充分发挥农业机械主力军作用,科学调配,精心组织,抢时间、争速度、赶进度,集中力量抢收、抢种,确保小麦适时收获,玉米适时播种。截至6月21日,青岛市264.8千公顷小麦收获全面结束,比常年缩短5天左右时间,机收率达99.8%;受干旱影响,7月3日,青岛市玉米播种基本结束,机播玉米237.45千公顷,机播率达到99.9%。

7月18日

青岛市持续高产高效保护性耕作技术研讨会在青岛农业大学召开。市农业机械管理局副局长政佃祥、中国农业大学高焕文教授、市保护性耕作办公室主任何明、市农委高级农艺师李松坚、青岛农业大学等有关人员参加。

8月1日

青岛市人大常委会副秘书长倪志涛、农业与农村委员会主任委员陈波一行调研农业机械化促进法实施情况。市农业机械管理局局长陈志颖参加座谈并介绍全市农机工作情况,市农业机械管理局副局长闫文圣汇报有关实施情况。

8月2—3日

根据联合国粮食及农业组织和农业部保护性耕作研究中心签订的协议项目,朝鲜考察团一行10人来青岛考察保护性耕作情况。

8月17日

青岛市保护性耕作"大宣讲、大培训"活动正式启动。河头店镇70个村的村支部书记、村主任、种植大户、机手共200多人参加培训。

8月

青岛市委副书记王伟和副市长徐振溪分别对《2012年三夏农机化生产工作总结》作出重要批示。王伟批示:"很好!2012年三夏生产充分发挥机械化的威力,10天时间完成收获任务,望总结经验,形成青岛农业机械化的品牌。"

9月6—7日

青岛市农业机械管理局举办农机教师观摩教学竞赛。共评出一等奖1个、二等奖2个、三等奖3个。青岛市农业机械管理局局长陈志颖出席开课仪式,副局长政佃祥作总结讲话。

9 月 7 日

青岛暨平度市花生机械化收获现场会举办。青岛市农机推广站有关人员、各市(区)农机分管局长、推广站长以及平度市镇(街道)农机站长参加现场演示观摩。

9 月 19 日

青岛市“三秋”暨设施农业机械化生产现场会在莱西孙受镇召开。青岛市农业机械管理局副局长闫文圣主持,市农业机械管理局局长陈志颖作讲话,市农业机械管理局副巡视员政佃祥、朱经凡参加。与会人员现场观摩卷帘机、动力开沟机和大姜收获机、大蒜收获机等 10 多种新型农机装备,并现场观摩弥雾机、马铃薯收获机、玉米收割机等作业演示。

9 月

青岛市 2010—2011 年花生生产机械化示范项目通过农业部验收,该项目是全国唯一一个花生生产机械化示范项目。

10 月 17 日

农业部、国家安监总局联合检查组对即墨市创建全国“平安农机”示范县(市)进行检查验收。

10 月

青岛市农业机械管理局、财政局、商务局联合印发《2012 年青岛市农机报废更新补贴试点工作实施方案》,在五市开展农机报废更新补贴试点。“三秋”期间青岛市玉米收获面积达到 256.67 千公顷,机收率超过 81%;小麦播种面积 265.33千公顷,机播率在 99% 以上,各项机收水平均比 2011 年提高 3 个百分点。

厦 门 市

2012 年 2 月 3 日

厦门市农业机械监理所获“2009—2011 年度厦门市开展落实企业安全生产主体责任活动先进单位”称号。

3 月 15 日

厦门市农业机械化、农机购置补贴工作和农机安全生产工作会议在厦门市农机监理所会议室召开,会议总结 2011 年农业机械化及农机安全生产工作情况,部署 2012 年农业机械化及农机安全生产工作任务。市委农办、市农业局党组副书记、副局长张友福等出席会议。

6 月 27 日

厦门市农业局联合同安区农业局、同安区安监局举办第十一个全国“安全生产月”“厦门市 2012 年农机安全生产月宣传咨询日”活动和“2012 年厦门市农机事故应急救援演练”活动。

7 月 24 日

厦门市同安区获评 2011—2012 年度全国农机安全监理“为民服务创先争优”示范窗口。

8 月 31 日

厦门市农业局成立以局长洪春火为组长、副局长张友福为副组长、相关处室处长、市农机监理所所长为成员的农机道路交通安全综合整治“三年行动”工作领导小组,印发《厦门市农机道路交通安全综合整治“三年行动”实施方案》和《厦门市农机道路交通安全集中整治大会战实施方案》。

9 月 5 日

厦门市农业局召开农机道路交通安全综合整治“三年行动”暨集中整治大会战动员部署会。会议部署农机道路交通安全综合整治“三年行动”和集中整治大会战,并提出具体目标。

新疆生产建设兵团

2012 年 1 月 15—16 日

新疆生产建设兵团农业机械化管理局在乌鲁木齐市召开 2012 年农机购置补贴工作座谈会,会议学习《2012 年农业机械购置补贴实施指导意见》等文件,总结 2011 年农机购置补贴工作,部署 2012 年农机购置补贴工作。

3 月 6 日

新疆生产建设兵团农业机械化工作会暨责任书签约会在乌鲁木齐市召开,新疆生产建设兵团农业局副局长何建明到会并讲话。各师主管领导、农业机械化管理局局长、部分团场和有关单位领导共 20 多人参会。会议贯彻全国农业工作会议、农机专业会议精神;总结 2011 年农业机械化工作情况,部署 2012 年农业机械化工作,确定 2012 年农业机械化工作目标和任务,签订《兵团农机购置补贴实施工作责任书》。

3 月 7—8 日

新疆生产建设兵团农业机械化管理局在乌鲁木齐市举办现代农业装备及农机高新技术研讨学习班。培训主要内容有农机高新技术的引进、应用;农机新机具的技术要点;农机新机具的选型、配套与管理;对近几年引进的大功率拖拉机和采棉机进行专题讲座。来自各师、团及科研院所的 200 余名学员参加培训。

5 月 2 日

丁卫东同志任新疆生产建设兵团农业机械化管理局局长;唐军同志任新疆生产建设兵团农机安全监理站站长(新疆维吾尔自治区农机安全监理总站新疆生产建设兵团分站站长);麻平同志任新疆生产建设兵团农机技术推广总站站长(新疆生产建设兵团农机鉴定站站长)。

5 月 16—19 日

新疆生产建设兵团农业机械化管理局与自治区农机局在乌鲁木齐共同举办新疆国际农机博览会。

5 月 17 日

新疆生产建设兵团农机购置补贴工作培训班在乌鲁木齐举办,各师和团场项目点农机部门领导和业务人员 170 余人参加培训。兵团农业局副局长何建明到会并讲话,农业机械化管理局局长丁卫东、农业机械化管理局闫向辉在会上分别就农业机械化工作和农机购置补贴工作发言。

5 月 17 日

农机企业农机购置补贴经销商培训班在乌鲁木齐举办。来自农机生产企业和经销商 120 余人参加培训。

5 月 24—26 日

新疆生产建设兵团农业机械化管理局在乌鲁木齐市举办农机购置补贴管理系统培训班。来自各师和重点团场 40 余名业务人员参加培训。会议讲解农机购置补贴实施操作流程,进行上机操作培训,为全面启用全国农机购置补贴管理系统奠定基础。

6 月 27—28 日

新疆生产建设兵团农机技术推广总站在农一师阿拉尔市召开首届兵团农机技术推广站长会。会议期间观摩农一师农机技术推广站林果业机械展示现场,阿拉尔万达农机社会化服务示范点、七团、十六团的农业机械化服务中心。来自各师农机局、农机推广站及部分团场 60 余名代表参会。

6 月至 10 月中旬

新疆生产建设兵团农业机械化管理局组织有关专家赴一、二、四、五、六、七、八师及部分团场督导检查农机标准化管理开展情况、农机购置补贴政策落实情况、保护性耕作项目执行情况等工作。

7 月 5 日

新疆生产建设兵团农业机械化管理局与自治区农机局召开第一次协调会。会议以加强兵地融合、加强合作为主题,沟通和协商兵地融合发展有关问题。会议确立各地农机局联席会议制度，加强农机执法监督、执法培训、安全监理以及农机信息的合作交流。

7 月 6—9 日

新疆生产建设兵团农机事故处理办法培训班在乌鲁木齐市举办。80 多名农机安全监理人员参加培训。

8 月 14 日

新疆生产建设兵团发展改革委员会在乌鲁木齐市召开“十二五”农业机械发展规划评审会议，审议兵团“十二五”时期兵团农业机械化发展规划。新疆生产建设兵团办公厅、发展改革委员会、农业局、科技局、农垦科学院等单位的领导、专家 15 人参会。

10 月 9 日

新疆生产建设兵团农业机械化管理局会同有关部门开展为期一周的农机安全生产检查工作，主要检查安全责任制的制定、责任书的签订、应急预案的制定与演练、采棉机作业安全措施以及“三秋”作业农机具的安全技术性能等工作。

10 月 23 日

新疆生产建设兵团棉花机采、清理加工及秋翻现场会在农八师召开。与会代表实地参观了一四九团棉花机采、清理加工及秋翻等现场。新疆生产建设兵团农业局局长宋光杰主持，兵团副司令员孔星隆到会并讲话。兵团财务局、质监局等 100 余名会议代表参会。

11 月 15—16 日

新疆生产建设兵团农业机械化管理局在乌鲁木齐市举办农业机械化评价体系和统计业务培训班。培训全国畜牧业、林果业（果茶桑）、渔业、设施农业、农产品初加工机械化水平评价指标体系，讲解 2012 年修订的农业机械化管理统计年报制度，布置 2012 年农业机械化管理统计年报工作。来自各师农机局以及兵团农机监理站和推广站统计工作业务人员共计 30 余人参会。

11 月 19—22 日

新疆生产建设兵团农机安全监理执法培训班在乌鲁木齐市举办。170 多名农机安全监理人员考试合格，获颁《农业行政执法证》。

11 月 26—29 日

新疆生产建设兵团农机推广站在乌鲁木齐市举办提升农机推广能力培训班。兵团农业局副局长何建明到会并讲话，来自各师、团农机人员 70 余人参加培训。兵团农机推广站站长麻平主持。

黑龙江省农垦总局

2011 年 12 月 12 日

黑龙江省农垦总局召开垦区农机监理工作会议。各管理局农机局局长、监理站站长、主管监理内业人员参会。农机局局长李俊部署垦区农机监理工作。

12 月 14 日

黑龙江省农垦总局阳光工程农机培训班举办，主要学习植保动力伞等植保机械使用知识。300 余人参加培训。

2012 年 2 月 18—20 日

黑龙江省农垦总局举办垦区农业机械化工作会议暨农机管理干部培训班。总局副局长徐学阳到会并讲话，农机局局长李俊作题为“依靠科技进步转变发展方式加快推进垦区农机现代化”的工作报告，总结垦区 2011 年农业机械化工作，部署 2012 年农业机械化工作。会议表彰 2011 年农业机械化工作先进单位和先进个人。

3 月 30 日至 4 月 5 日

黑龙江省农垦总局农机监理装备考察组一行 5 人赴江苏、浙江两省学习农机监理工作经验，考察农机监理装备情况。

4 月 9 日

北大荒宾西农机产业园举行开园典礼。农机局局长李俊参加典礼。该园区占地面积 6.8 万平方米，主要研发、制造具有自主知识产权的甜菜、马铃薯移栽机、气吸式播种机等产品。

4 月 18—19 日

黑龙江省农垦总局组织场县共建工作专题调研组，赴宝泉岭管理局、鹤岗市开展调研，研究场县共建由产中向产前和产后延伸事宜。

4 月 24 日

德国机械设备制造业联合会（农机制造协会）代表团一行 24 人来垦区洽谈。黑龙江省农垦总局副局长徐学阳、农机局局长李俊等出席洽谈会。中德双方就如何开展农机贸易、技术交流等合作交流意见。

5 月 16—31 日

黑龙江省农垦总局副局长徐学阳、农机局局长李俊、北大荒农业航空公司总经理郭庆才一行 5 人赴美国迪尔、凯斯农机公司和画眉鸟、空中拖拉机等农用飞机制造公司考察、洽谈合作。

6 月 9 日

黑龙江省农垦总局与福田雷沃公司合资企业“雷沃北大荒农机有限公司”举行开业典礼，省人大常委会副主任申立国、总局副局长徐学阳、农机局局长李俊等出席典礼。

6 月 28 日

黑龙江省农垦总局党委会宣布任免决定，原农机局副调研员冯舟同志任总局农业机械化管理局副局长。

8 月 21—30 日

黑龙江省农垦总局组织农业（农机）农业合作组织专题调研组赴绥化、北安、齐齐哈尔、九三、牡丹江、建三江管理局开展专题调研。

9 月 20 日

国家科技支撑项目“多功能农业装备与设施研制”项目中的第五子课题“大马力拖拉机复式作业装备研究与开发”获 2012 年度农垦总局科技进步一等奖，该项目由总局农机局局长李俊主持。

9 月 25 日

黑龙江省农垦总局召开垦区农机更新报废补贴试点工作座谈会。各管理局农机局主管农机购置补贴领导和农机监理站长参会。会议研究农机报废更新试点工作实施方案，部署农机报废更新试点工作要求。

9 月 28 日

黑龙江省农垦总局农机局局长李俊参加农业部农业机械化管理司在京举办的农机科技创新与农业机械化发展高峰论坛，并作题为“农业科技主要靠农机”的演讲。

10 月 11—13 日

农业部农业机械化管理司副司长刘恒新、生产管理处副处长李庆东一行赴垦区铁力农场检查指导秋收生产和农机更新报废试点工作。

10 月 22—25 日

农机局局长李俊赴俄罗斯滨海边疆（海参崴）地区调研牡丹江管理局在境外农业开发的新友谊农场，深入境外秋收生产一线检查指导秋收秋整地工作。

10 月 27 日

黑龙江省农垦总局召开垦区农机报废更新补贴试点工作推进会议。各管理局农机局主管农机报废更新工作和农机回收单位领导参会。会议就推进垦区农机报废更新试点工作提出意见。

附　录

农业部部门规章及文件

农业部关于进一步加强农机安全工作的通知

农机发[2012]1号

各省、自治区、直辖市及计划单列市农机(农业、农牧)局(厅、委、办),新疆生产建设兵团农业局、黑龙江省农垦总局、广东省农垦总局:

为认真贯彻落实《国务院关于加强道路交通安全工作的意见》(国发[2012]30号,以下简称《意见》),深入实施《农业机械安全监督管理条例》,进一步加强农机安全工作,保障人民群众生命财产安全,现就有关事项通知如下。

一、进一步提高对农机安全工作重要性的认识

最近印发的《意见》,明确将加强农机安全工作作为加强道路交通安全的重要措施,要求发挥农机安全监理机构作用、完善农业机械安全监督管理体系、加强对农机安全监理机构的支持保障、积极推广应用农机安全技术、加强对拖拉机联合收割机等农业机械的安全管理、将农机安全监理各项经费按规定纳入政府预算等。这些规定,体现了国务院对农机安全生产的高度重视,体现了农机安全在全国安全工作中的重要地位和重要影响。各地要认真学习和贯彻落实《意见》要求以及国务院有关农机安全生产的一系列部署,进一步提高做好农机安全工作对保障农民群众生命财产安全、促进强农惠农富农政策落实、推动农村经济社会稳定发展重要性的认识,牢固树立安全发展意识,切实加强农业机械安全监督管理,促进农机安全生产形势持续稳定好转。

二、认真落实促进农机安全生产的政策措施

《农业机械安全监督管理条例》《国务院关于促进农业机械化和农机工业又好又快发展的意见》《国务院关于加强道路交通安全工作的意见》和《安全生产"十二五"规划》等法规和政策文件,规定了一系列保障农机安全生产的政策措施,各地要进一步采取措施狠抓落实。要落实好保障农业机械安全的财政投入政策,将农机安全监理各项经费按规定纳入政府预算,实行农机定期免费检验制度,将农机安全检验、牌证发放等属于公共财政保障范围的工作经费纳入财政预算,鼓励有条件的地方对农机安全保险进行保费补贴。要积极争取安全投入,大力推广免费监理或补贴监理惠民政策,鼓励对农机牌证发放、安全检验、培训考试、报废回收、事故保险等费用给予补贴。要加大农机安全监理装备建设投入,强化安全检验、驾驶培训、事故处理等农机安全监理技术的研究,积极推广应用反光标识、安全防护罩、动力自动切离等农机安全技术。加强机耕道建设,保障农机作业和转移安全。

三、继续完善农机安全监理规章制度

根据《农业机械安全监督管理条例》规定要求,加快建立报废淘汰农业机械回收制度,规范农机回收和拆解的程序和方法,促进农机更新换代、节能降耗和安全生产。要积极落实《农业机械实地安全检验办法》等规章制度,加快完善农业机械安全检验规范,提升安全检验覆盖面,强化农业机械的安全管理。要严格执行机动车、拖拉机、联合收割机运行安全技术条件,逐步完善其他农业机械运行安全技术条件,提高农机安全性能。要尽快完善各类农业机械的安全操作规程,明确技术要求,规范安全生产操作行为,提高驾驶操作安全水平。进一步完善地方农机安全法规和规范,形成较为完备的农机安全监管制度和标准体系。

四、切实加强农机驾驶操作人员培训

提高驾驶操作人员的安全意识和安全操作水平是保障农机安全的关键之一。各地要严格执行《拖拉机驾驶培训管理办法》《拖拉机驾驶证申领和使用规定》和《联合收割机及驾驶人安全监理规定》,加强拖拉机、联合收割机等农业机械驾驶操作人员的培训，促进机手熟练掌握驾驶操作技术、安全法规知识等，提高驾驶操作、防险避险、自救互救等技能。要加强对拖拉机驾驶培训机构的管理和监督检查，严格执行培训资格管理制度，鼓励培训机构改善培训条件，创新培训方法，改进培训手段，提高培训效果。要加强培训考试质量监督，积极推广电子桩考仪和无纸化考试技术，严格按照考试科目和程序进行考试，强化驾驶人安全、法制、文明意识和实际操作能力。

五、不断强化农业机械安全的源头管理

农机鉴定机构要严格贯彻强制性安全标准规定，修改完善农业机械试验鉴定大纲，明确各类产品的安全鉴定内容，严禁不符合安全要求的农业机械通过鉴定；要加强对鉴定产品的监督管理，组织开展监督检查，发现生产销售与鉴定产品不一致的，应责成企业限期整改，拒不整改的，应按规定撤销其鉴定证书。农机安全监理机构要严格进行安全检验，对不符合安全技术标准的不予办理注册登记，并应书面告知不予受理、登记的理由；要完善农机安全监理网上审批管理系统，强化信息化建设，完善信息共享机制，加强档案管理，逐步建立拖拉机、联合收割机注册登记信息库，不断提升信息化管理水平。省级农业机械化主管部门应当根据投诉情况和农业安全生产需要，组织开展在用的特定种类农业机械的安全鉴定和重点检查，并公布结果；对不符合强制性安全标准的农业机械，应按照规定取消享受购机补贴的资格。

六、深入开展农机安全隐患排查治理

积极组织开展农机安全执法检查和隐患排查，坚决治理纠正违规违章现象，采取有效措施，大力提高拖拉机、联合收割机上牌率、检验率、持证率，提高安全监管水平。要严格执行法律法规，禁止无牌拖拉机、联合收割机投入使用，禁止无证驾驶操作拖拉机、联合收割机，禁止未按规定检验的农业机械投入生产使用。要进一步规范农机安全监理执法行为，有效治理违规发放牌证的现象，严禁给不符合国家安全标准的农业机械发放牌证，严禁给未经检验或检验不合格的农业机械发放牌证，严禁跨行政区域发放牌证，严禁给非拖拉机发放拖拉机牌证。

七、大力增强农机事故处理和应急救援能力

各地要认真贯彻《农业机械事故处理办法》《农业部关于加强农机事故应急管理工作的意见》《道路交通事故社会救助基金管理办法》和《安全生产举报奖励办法》，切实加强农机事故勘查、认定复核、赔偿调解、事故报告、分析评估和应急救援工作，配备必要的人员和事故勘查车辆、现场勘查设备、警示标志、摄像设备、现场标划用具等装备，提高事故处理和应急救援能力。要建立24小时值班制度和举报奖励制度，公开事故报告电话，拓宽事故报告渠道。要严格执行农机事故报告制度，严禁迟报、漏报、谎报或瞒报农机事故。要加强与有关部门的协作，及时掌握了解农机道路交通事故情况。要加强对农机事故情况进行分析评估，采取针对性措施减少事故的发生。进一步完善事故应急预案，建立健全应急救援队伍，开展应急演练培训，提高业务素质和专业技能。

八、尽快健全农业机械安全监督管理体系

加强对农机安全监理机构的支持保障，积极推进安全监理机构参公管理。加强农机安全监理队伍建设，合理设置农机考试、检验、宣传、事故、牌证等岗位和配备人员，加大政策法规、业务知识和岗位技能培训力度，提高人员素质。加强装备建设，提高农机安全监督检查、实地检验、事故勘察、信息平台等装备水平，改善执法服务手段，提升农机安全监理服务能力。充分发挥农机合作社、作业协会和乡村农机安全员的作用，建立专兼职安全管理队伍。加强农机安全监理人员作风建设，深入开展"为民服务创先争优"农机安全监理示范窗口和示范标兵创建活动，增强服务意识，改进工作作风，提高业务水平，更好地为广大农民群众服务。

九、积极推进农机安全监管机制创新

进一步转变农机安全监理方式，促进监管环节向农业机械化全过程转变，监管范围向所有农业机械转变，监管方式向管理与服务并重转变，监管手段向现代化转变。积极组织开展"平安农机"创建活动，把"平安农机"创建工作纳入政府安全生产考核目标体系，健全安全生产责任制，加强对创建活动的考核。建立部门协作机制，加强与安监、公安、交通等部门合作，形成监管合力，共同促进农机安全生产。鼓励农业机械操作人员、维修技术人员参加职业技能培训和依法成立安全互助组织，提高农业机械安全操作水平。

十、努力建设农机安全生产文化

按照《意见》和《国务院安委会办公室关于大力推进安全生产文化建设的指导意见》，加强农机安全文化建设，强化安全生产思想基础和文化支撑。加强农机安全宣传工作，大力宣传党中央、国务院关于加强安全生产工作的方针政策，广泛宣传农机安全监理先进典型、成功经验和显著成效。创新宣传教育方法，以农村学校、驾驶培训机构、农机合作社和农民机手为重点，广泛宣传农机安全法律法规、规章标准和安全知识。拓展安全宣传渠道，深入开展农机"安全生产月"、"安全生产咨询日"等群众性安全文化活动，充分利用演讲、展览、征文、书画、歌咏、文艺汇演、移动媒体等群众喜闻乐见的形式，增强活动实效。加强农机安全文化理论创新，推出一批安全文化理论成果。大力开展农机安全文化创作竞赛活动，推出一批优秀安全生产宣传产品，满足农民群众对安全生产多方面、多层次、多样化的精神文化需求。调动文艺创作的积极性和创造性，鼓励社会各界参与创作更多反映农机安全生产的优秀剧目、图书、影视片、宣传画、音乐作品及公益广告等，加快安全文化产品推广，提高安全文化素质。

二〇一二年九月二十三日

农业部关于加强农业机械化技术推广的意见

农机发[2012]3号

各省、自治区、直辖市及计划单列市农机（农业、农牧）局（厅、委、办），新疆生产建设兵团农业局、黑龙江省农垦总局：

为认真贯彻实施新修订的《中华人民共和国农业技术推广法》（以下简称《推广法》），深入贯彻落实中央1号文件有关政策措施,进一步加强农业机械化技术推广工作,促进农业机械化技术普及应用,强化对建设现代农业的支撑,现提出如下意见。

一、深刻认识加强农业机械化技术推广工作的重要意义

近些年来,我国农机化技术推广工作稳步推进,农业机械化技术集成创新,先进适用技术加快应用,技术领域进一步拓展,推广机制不断创新,为促进农业机械化又好又快发展、保障国家粮食安全、促进农民增收,建设现代农业做出了积极贡献。

当前,我国农业发展进入了传统农业向现代农业转变的关键时期,农业机械化正处在加快发展、改善结构、提升质量、拓宽领域的重要阶段。农业机械化技术推广工作面临着新形势、新任务和新要求。农业机械是农业科技的物化载体,农业机械化技术推广是农业技术推广的重要组成部分,是加快农业发展方式转变的重要力量。加强农业机械化技术推广工作有利于实现农机农艺融合、农机化与信息化融合、加快构建高产、优质、高效、生态、安全农业技术体系;有利于加快推广农机化先进适用技术,不断提高土地产出率、资源利用率、劳动生产率;有利于增强农业综合生产能力、抗风险能力和市场竞争力,促进农业稳定发展和农民持续增收。加强农业机械化技术推广工作不仅关系农业机械化发展的速度和质量,而且关系农业现代化的进程。

各级农业机械化主管部门和农业机械化技术推广机构要认真实施《推广法》,深入贯彻落实中央1号文件精神,充分认识加强农业机械化技术推广工作的重要意义,进一步增强紧迫感、责任感和使命感,充分发挥农业机械化在推动农业技术集成、节本增效、推动规模经营等方面的重要作用,为农业现代化提供有力支撑。

二、进一步明确农业机械化技术推广工作的指导思想、基本原则和总体目标

(一)指导思想

更加自觉地深入贯彻落实科学发展观,紧紧围绕粮食等主要农产品有效供给、农民持续增收和农业可持续发展的战略需求,以加快农机化发展方式转变为主线,以促进农机与农艺融合、农机化与信息化融合为着力点,切实贯彻落实有关法律法规和政策,强化国家农业机械化技术推广机构公益性职能,加强推广体系建设、人才队伍建设、设施条件建设和推广工作规范化建设,提升推广服务能力和效率,加快增产增效型、资源节约型、环境友好型为重点的农机化技术普及应用,为推进农业机械化又好又快发展和建设现代农业提供强有力的科技支撑。

(二)基本原则

——坚持政府主导,社会参与。实行公益性推广与经营性推广分类管理,明确国家农业机械化技术推广机构的公益性定位,充分发挥市场机制作用,广泛吸引科研、教学、企业、社会经济组织和个人等多种社会力量投身农业机械化技术推广事业。

——坚持试验示范,农民自愿。试验先行,加大试验力度,确保技术先进、适用和安全,维护农民利益。尊重农民意愿,维护农民选择和应用技术的自主权。通过典型示范,政策引导,广泛开展宣传和培训,调动农民应用技术的积极性。

——坚持机制创新,提高效率。创新完善机制,推动农机与农艺技术融合,农机化与信息化融合,技术推广与经营方式协调发展。鼓励运用现代信息技术等先进手段创新农业机械化技术推广方式方法,提高推广效率。

——坚持因地制宜,注重效益。根据不同区域的自然禀赋、耕作制度和经济条件,采取适宜的技术路线。兼顾社会效益、经济效益,注重生态效益,促进农业可持续发展和农民持续增收。

——坚持突出重点,全面推进。选好重点区域,抓住薄弱环节,把握主推技术,集中优势

资源,扶强带弱。尊重农业机械化技术推广规律,以点带面,促进全面发展。

(三)总体目标

"十二五"农机化技术推广工作的总体目标是:农机化技术推广体系进一步完善,推广服务能力明显增强,人才队伍建设取得新成效,增产增效型、资源节约型、环境友好型农业机械化技术得到大面积推广,粮棉油糖等大宗农作物机械化薄弱环节实现明显突破,先进适用、技术成熟、安全可靠、节能环保、服务到位的农机装备广泛应用,装备结构明显改善,为农业机械化又好又快发展提供有力的技术和装备保障。

三、积极推进农业机械化技术推广体系建设

(一)强化机构建设

强化主体,依法确立推广机构的公共服务性质,明确公益性职责,因地制宜地建立健全县、乡镇或区域国家推广机构,确定机构人员编制,按规定的比例设置专业技术人员岗位。实行乡镇推广机构以县级推广部门管理为主或以乡级政府管理为主、县级推广部门业务指导的管理体制,加快建立起机构健全、职责明确、运行高效、服务到位的农业机械化技术推广机构。

(二)强化队伍建设

加强与有关部门沟通协调,落实推广机构人员编制数量和结构比例,健全完善队伍。全面推进人员聘用管理,明确上岗条件和人员进出考评机制,实施基层农技推广特岗计划,鼓励和引导农科大学生从事基层推广工作,不断优化队伍结构。广泛开展学历提升教育、分层分类定期培训、实施好万名农技推广骨干培养工程,不断更新知识、提升素质。

(三)强化条件建设

制定基层农业机械化技术推广机构建设规划,落实中央1号文件关于农业技术推广机构条件建设项目覆盖全部乡镇等政策措施,加强基层推广机构办公条件、设施设备、试验示范基地等建设,着力提升基层农机推广机构条件能力,确保农业机械化技术推广人员工作有场所、服务有手段、下乡有工具,为广大农民提供及时、便捷、高效的服务。

(四)强化多元服务

适应现代农业发展进程中农民多领域、多样化、全方位的服务需求,完善制度措施,引导科研教学单位成为公益性技术推广的重要力量,深入基层开展技术指导咨询服务,解决农业生产一线的实际问题。发挥农机专业合作社、农机企业、群众性农机科技组织及其他社会力量的推广作用,多渠道为农民提供各种形式的农业产前、前中、产后全程服务,提高农民应用技术的组织化程度。

四、大力推广农业机械化先进适用技术和装备

(一)加强示范区建设。科学规划,合理布局,建立试验示范基地。集中人力、物力、财力,把示范区建成方便试验、具备示范、利于宣传的基地。建立完善农业机械化技术先进性、适用性和安全性等试验评价的方法,为开展试验示范提供支持。

(二)强化试验示范。立足农业生产实际需要,选择引进技术,认真组织试验,探索适合当地机械化生产的工艺流程、技术模式,确定主推作物品种、农机化技术和成熟机型。广泛布点示范,展示示范效果,以点带面,引导农民自觉应用。

（三）注重培训指导。通过培训，使基层农业机械化技术推广人员掌握技术要点、学会技术推广方法，指导农民掌握技术要领、正确操作使用机具。发挥专家、技术推广骨干作用，及时提供技术咨询服务，解决农民疑难问题，加快农业机械化技术普及应用。

（四）实行全面推进。以主要粮食作物关键环节为重点，加强技术集成示范，加快实现瓶颈技术突破。围绕优势农产品区域布局，因地制宜推广重点环节机械化技术，加快提升经济作物、畜牧水产养殖业、林果业、草业、种业、农产品初加工业、设施农业和农业废弃物综合利用机械化水平。

五、不断创新完善农业机械化技术推广机制

（一）创新完善协作机制。突出"一主多元"整体作用发挥，运用行政工作协调、重大项目集聚、市场机制引导等有效手段，努力打破部门、地域、单位界限，统筹配置农机化技术推广服务资源，推进国家农机推广机构、农机科研教学单位、农机专业合作社、农机企业在农业机械化技术推广中联合协作，形成产学研推紧密结合、公益性推广与经营性推广优势互补、专项服务与综合性服务良性互动的农机化技术推广工作新机制。

（二）创新完善运行机制。建立完善工作责任制度，将法定的推广服务职能细化落实到每个岗位人员，明确服务对象、服务内容、服务时间和服务要求。建立完善工作考评制度，以机构职能、岗位职责、工作目标、工作实绩等为依据，量化考核指标，制定考核办法，加强对机构和人员的考评。建立完善激励制度，将推广人员的考评结果作为绩效工资兑现、职务职称晋升和聘任、续签聘任合同、调整岗位、技术指导员补助、学历提升、知识更新培训和评先评优的主要依据。

（三）创新推广服务方式。充分利用现代信息技术、人工智能技术，通过广播、电视、网络、农机110、手机短信等现代服务手段，不断探索建立高效、便捷、实用的农业机械化技术推广服务信息平台，推进技术服务信息化、农机化与信息化融合，提高推广服务效率，促进先进农业机械化科研成果和实用技术快速转化应用，尽快形成生产力。

六、切实加强农业机械化技术推广工作的组织领导

（一）摆上重要位置，落实工作责任。各级农业机械化主管部门要切实加强农业机械化技术推广工作的领导，把推广工作纳入农业机械化工作绩效考核指标体系，并将条件能力建设纳入当地农业机械化发展和经济社会发展的总体规划，科学谋划，强化措施，抓出成效。各地农业机械化主管部门要结合本地实际，认真研究提出加强农业机械化技术推广工作的指导意见，充分发挥农业机械化技术推广机构的技术支撑作用。农业机械化鉴定、监理、培训等机构要根据各自职责，与农业机械化技术推广机构密切配合，共同促进农业机械化技术推广工作。各级农业机械化推广机构要围绕全面履行职责，切实加强自身建设，落实工作责任。

（二）落实政策法规，完善保障措施。要认真贯彻《中华人民共和国农业机械化促进法》《农业技术推广法》《国务院关于促进农业机械化和农机工业又好又快发展的意见》，制定相配套的地方性法规或实施办法，促进各项农业机械化科技创新、技术推广及体系建设扶持政策措施的落实。要积极协调落实中央1号文件提出的"一个衔接、两个覆盖"政策，改善基层人员待遇水平和工作条件。要依法保障推广人员的合法权益，调动推广人员的积极性。充分发挥农机购置补贴的调控作用，把实施农机购置补贴政策与农业机械化技术推广工作紧密结合，优先保证重点和薄弱环节作业机械购置补贴。积极推动扩大农机作业补贴范围，加大技术推广应用补助力度，调动农民应用先进农业机械化技术的积极性。

（三）加大资金投入，强化项目带动。要积极协商、落实农业机械化技术推广机构人员经费和工作经费，加强基层推广机构条件建设，确保推广工作正常运转。要科学谋划项目，发挥项目带动作用，促进农业机械化科技创新、示范推广条件改善和技术应用。要加强农业装备自主创新重大项目的科学论证和立项工作，着力研制适合农业生产需要的农业装备，突破农业机械化技术瓶颈。实施好农业技术试验示范专项（农机）经费项目、保护性耕作工程建设规划项目、阳光工程农机培训项目，不断加大农业机械化技术推广投入。依托实施农业机械化推进工程，加强农业机械化技术推广服务设施建设，提高农业机械化技术推广公共服务能力。

（四）加强信息宣传，营造良好环境。要加强农业机械化和农业机械化技术推广工作宣传，宣传发展农业机械化对建设现代农业，转变农业发展方式的重大意义，宣传农业机械化技术推广工作的重要作用，取得各级政府、有关部门及社会各界的关心和支持，营造农业机械化发展良好的社会氛围。要充分利用广播、电视、报刊、网络等媒体，以群众喜闻乐见的形式，大力宣传农业机械化新技术新装备。要积极宣传模范农机推广人物的事迹，弘扬为民、务实、清廉的优良作风，展示农机人的风采。要加强调查研究，善于发现新典型，总结新经验，推广好做法，充分发挥典型引路的作用，不断提高农业机械化技术推广工作水平。

二〇一二年十一月二十八日

农业部办公厅关于贯彻落实农机安全监理惠农政策的通知

农办机[2012]2号

各省、自治区、直辖市及计划单列市农机（农业、农牧）局（厅、委、办），新疆生产建设兵团农业局，黑龙江省农垦总局：

近年来，国家出台了一系列农机安全监理惠农政策。为进一步推动农业机械化安全发展，贯彻落实好各项农机安全监理惠农政策，现就有关事项通知如下：

一、准确把握农机安全监理惠农政策的基本要求

《农业机械安全监督管理条例》构建了统一完整的农业机械安全监管体系，明确了县级以上人民政府农机安全生产的领导责任，要保障农业机械安全的财政投入。《国务院关于促进农业机械化和农机工业又好又快发展的意见》要求建立健全农机安全使用法规和制度，开展农机使用安全教育，加强基层农机安全监理队伍建设，提高装备水平和监管能力。国务院办公厅印发的《安全生产"十二五"规划》，规定将农机安全检验、牌证发放等属于公共财政保障范围的工作经费纳入财政预算，鼓励有条件的地方对农机安全保险进行保费补贴。财政部和国家发展改革委印发的《关于免征小型微型企业部分行政事业性收费的通知》,要求从2012年起3年内,对小型微型企业免征农机监理行政事业性收费。农业部为规范农机安全检验工作,推进安全监管方式转变,推动各地免费实地安全检验制度的建立,公告实施了《农业机械实地安全检验办法》。这一系列惠农政策的实施为推动我国农业机械化安全发展提出了要求、明确了任务、创造了条件。

二、充分认识农机安全监理惠农政策的重大意义

当前,我国农业机械化整体处于快速发展的黄金机遇期。随着农业机械化快速发展、作业领域拓宽,农机安全事故仍处于多发、易发、高发期,对农机安全监管的需求越来越迫切。农机安全监理惠农政策着眼于以人为本、预防事故、保障安全和促进发展,着力解决农机安全监理长期投入不足、装备落后、手段薄弱等问题,具有很强的针对性、指导性和可操作性,有利于提升农机安全监理地位,提高农机安全监理装备水平,改善农机安全执法条件,增强公共服务能力。农机安全监理惠农政策的制定实施,表明了国家对农机安全监理在保障农民群众生命财产安全、促进农村社会和谐稳定中发挥重要作用的充分肯定,体现了国家对农业机械化安全发展的高度重视。各级农业机械化主管部门及其安全监理机构要统一思想,把力量凝聚到惠农政策提出的各项任务上来,把行动落实到各项惠农政策措施上来,抓住机遇,与时俱进,开拓创新,努力开创农机安全监理工作新局面。

三、推动落实农机安全监理惠农政策措施

各级农业机械化主管部门及其安全监理机构要把贯彻落实农机安全监理惠农政策作为当前重要工作抓紧抓好抓实。要主动向当地政府汇报,明确行政执法职能,推进参公管理,进一步理顺基层安全监理体制,合理设置机构,强化条件手段建设。要积极协调争取财政部门的支持,落实扶持资金,将农机安全监管经费纳入财政预算,形成稳定的农机安全生产财政投入机制;要积极协调落实农业部关于农业系统执法执勤用车配备管理的有关要求,保证行政执法需要。要广泛调研,深入了解农户的需求,找准政策措施的方向和重点,制定切实可行的操作办法。要积极开展试点,推广先进典型,在免费管理、政策性保险、免费实地安全检验等方面取得新的进展。要加强督导,一级抓一级,一级督导一级,层层抓好落实,促进各地在落实农机安全监理惠农政策方面取得新突破。农业部将组织对各地落实政策情况进行督导检查。各省区市农业机械化主管部门要将农机安全监理惠农政策督导落实情况分别于2012年6月和11月底前报农业部农业机械化管理司(同时报送电子文件和纸制文件)。

四、广泛学习宣传农机安全监理惠农政策措施

贯彻落实好农机安全监理惠农政策,学习宣传是前提。各级农业机械化主管部门及其安全监理机构要把学习宣传贯彻作为当前一项关键工作来抓。要制定学习宣传方案,精心组织,加强领导,掀起一个学习宣传贯彻的高潮。要通过召开座谈会、培训班、知识竞赛、政策解读等多种形式,利用报刊、电视、广播、信息网站、公开栏等多种渠道,广泛深入地开展学习宣传活动,形成强有力的宣传声势。要组织农机安全监理干部职工学深吃透,深刻领会精神实质,用于指导实践,把学习成果转化为认真履行工作职责,提高工作成效的实际行动。通过贯彻各项惠农政策,全面落实各级政府农业机械安全监督管理的责任,充分调动广大农民安全用机的积极性,努力营造全社会关心和支持农业机械化安全发展的良好环境。

二〇一二年一月十三日

农业部办公厅关于印发《全国农机化科技创新与推广行动方案》的通知

农办机[2012]11号

各省、自治区、直辖市及计划单列市农机(农业、农牧)局(厅、委、办),新疆生产建设兵团农业局、黑龙江省农垦总局:

为贯彻落实中央1号文件精神,加快推进农业科技进步,根据农业部开展全国农业科技促进年活动的部署,制定《全国农机化科技创新与推广行动方案》,现予印发。请各地结合实际,细化行动方案,扎实做好农机化科技创新与推广各项工作,全面提升科技支撑和服务能力,促进农业机械化又好又快发展,为建设现代农业做出新的更大贡献。

请各省(区、市)农机化主管部门将开展农机化科技创新与推广活动的工作安排、重大活动、工作进展等情况,于每个季度末报送农业部农业机械化管理司科教处。

二〇一二年三月一日

全国农机化科技创新与推广行动方案

为贯彻落实中央1号文件精神,根据农业部《全国农业科技促进年活动方案》的部署,制定农机化科技创新与推广行动方案如下。

一、总体思路

农机化科技创新和推广的总体思路是:深入贯彻落实科学发展观,围绕一个中心,即建设高产、优质、高效、生态、安全的现代农业;加强两个融合,即农机与农艺融合、农机化与信息化融合;促进"三化",即促进农业技术集成化、劳动过程机械化和生产经营信息化,增强综合生产能力、抗风险能力和市场竞争力,提高土地产出率、劳动生产率和资源利用率;突出四个着力,即着力推广三型技术、着力培育三个主体、着力建设三支队伍,着力完善三个机制;全面提升科技支撑和服务能力,促进农业机械化又好又快发展。

二、主要任务

(一)围绕满足农业生产实际需求,着力加快"三型"农机化装备技术研发推广。立足加快农业发展方式转变和建设现代农业需求，大力研发推广增产增效型、资源节约型、环境友好型农机化技术。

（二）围绕提高农机化技术应用水平，着力抓好三个主体建设。提高农机化技术到位率，关键要解决最后一公里、最后一道坎问题，重点要加强基层推广机构、农机服务组织、示范基地等三个技术转化应用主体建设。

（三）围绕提高农机化从业人员素质能力，着力加强三支人才队伍建设。充分整合和利用各种教育资源，有计划、分层次、多渠道开展农机教育培训工作，重点打造农机化管理人才、科技人才和实用人才三支人才队伍。

（四）围绕增强农机化科技创新及服务活力，着力推进三个机制建设。要完善联合协作机制，推进农机科研、农机企业、农机推广、农机鉴定、安全监理、农业技术研究推广等单位和相关专家联合协作。要完善政策激励机制，通过合理确定支持推广农机产品目录范围、补贴标准等措施，对符合农机化发展方向，具有较大市场潜力的新技术新产品重点扶持。要完善评价考核机制，改革农机化科技类项目立项评价机制。

三、重点活动

（一）加强农机农艺融合示范

开展农机农艺融合系列研讨活动，提出油菜、棉花、马铃薯等作物机械化技术指导意见。举办南方丘陵山区机械化技术论坛，促进农机化区域协调发展。推进农机农艺融合示范区建设，在首批水稻、玉米、油菜、棉花、甘蔗、薯类6大作物54个农机农艺融合示范区基础上，引导各类科技项目研发的新技术新装备在示范区进行集成和示范。扩大示范区建设数量，创建主要农作物生产全程机械化示范县。加强技术指导，依托现代农业产业技术体系、农机化技术推广体系和农机化科研教学单位，指导开展农机农艺融合示范区建设，提升示范区建设质量，增强示范带动能力。组织开展农机农艺融合示范建设交流活动，完善农机与农艺相互适应的机械作业规范和农艺标准。

（二）推进农机化科技创新

一是培养科技人才。推进农机化科技人才队伍建设，构建布局合理、门类齐全、结构优化的农业工程与装备科研创新团队，加快农机化科研杰出人才培养。二是建设创新平台。加快农机化科技创新平台建设，充分发挥科研平台在科技创新、成果转化和人才培养中的重要作用。三是明确创新方向。召开农业部科技委农业工程与装备组和现代农业产业技术体系专家座谈会，强化科技创新顶层设计，建立健全以产业需求为导向的科研机制和项目库。四是突出创新重点。推进主要农作物机械化共性技术、关键环节机械化技术、设施园艺、健康养殖装备技术研究，进一步完善机械化生产技术体系。建立农业工程与装备科研信息互动平台，促进技术展示交流。

（三）推广农机化先进技术

围绕农业发展方式转变和现代农业需求，大力研发推广增产增效型、资源节约型、环境友好型农机化技术。2012年主推农机化18项技术，重点抓好：一是保护性耕作技术。力争2012年推广面积突破1亿亩，免耕播种、秸秆还田面积分别比上年新增3 000万亩和4 000万亩，促进粮食增产增收和农业可持续发展。二是节水灌溉技术。通过开展喷滴灌农业装备选型鉴定工作，完善不同作物高效节水灌溉技术模式，扩大喷滴灌农业装备补贴种类和范围，力争2012年高效节水灌溉技术推广工作取得新突破，新增面积2 000万亩以上。三是"两深一精"技术。加快推广普及深松、化肥深施、精量播种技术，新增深松面积2 000万亩、化肥深施1 500万亩、精量播种2 000万亩，努力提高小麦、玉米、水稻生产的科技含量。四是薄弱环节机械化技术。重点推进棉花、甘蔗、茶叶、设施农业和养殖业机械化，在薄弱环节和重点领域取得明显进展。

（四）培训农机化实用人才

深入开展农机化教育培训大行动。开展重要农时农机化技术推广行动，举办全国春耕、"三夏""三秋"农机化生产技术、保护性耕作技术、水稻育插秧机械化技术、重点市县农机局长等培训活动，加快高产、优质、高效、生态、安全农业生产技术推广应用。采取全系统联动的方式，发挥农机鉴定、推广、教育培训、农机科研、农机企业、农民专业合作组织等多方优势，利用冬春农闲季节，多渠道、多形式开展农机化技术培训工作。全年争取完成农机化技术人员培训80万人次以上，培训农机操作、维修等人员450万人次，其中培训新购机农民100万人次以上。做好中国农业工程学会农机化继续教育培训委员会工作，制作开发农机化教育培训教材、教具和音像资料等，开展系统师资教育培训活动，推动农机科技人才知识更新，提升业务素质和综合能力。加强农机试验鉴定行业技术人员的培训考核。

（五）开展农机化科技下乡入户

一是开展大联合、大协作。鼓励农机科研院所、高等学校农机工程专业、现代农业产业技术体系农机岗位专家与全国农机化示范区、农机农艺融合示范区、设施农业技术与装备示范基地、农机专业合作社开展"结对"活动，建立农业工程与装备试验示范基地，强化新技术、新机具在示范县和合作社的推广应用。二是强化公益性服务。充分发挥农机化技术推广机构的主体作用，分层次制定本区域主推技术方案，遴选农机农艺融合程度高、简化实用的农机化技术，按农时季节、分作物品种，通过科技手册、技术明白纸、广播电视和互联网等多种形式，开展技术进村入户、科技下乡活动。三是举办农机化科技成果展示活动。展示党的十六大以来农机化科研开发成果，大力宣传我国农机化科研取得的突出成就和成功模式。举办农机化新技术新装备展览活动，促进科研院所、推广部门与制造企业有效对接，加快科技成果转化应用。

（六）提升农机化质量

加强农机产品质量监督，完善质量管理手段，为提高作业质量奠定基础。开展在用农机产品质量调查和补贴机具质量督导，促进产品性能改进和质量提高。推进作业标准与规范的制修订，完善农机作业质量管理手段，提升农机作业质量水平。支持各地开展丰富多彩的技能竞赛活动，提高农机操作人员技能。组织开展联合收割机生产企业维修能力评定，做好农机质量投诉受理和协调处理工作，维护农民合法权益。

（七）增强农机化科技支撑能力

一是改善创新条件。加强农机化重点实验室、工程技术研究中心等科技条件能力建设，增加农机化科技示范基地建设投入。二是完善工作机制。加强农业工程与装备领域专家和基层农机化技术推广机构有效对接。三是增强推广能力。提出进一步加强农机化技术推广工作的意见和农业机械化技术推广机构建设规范，开展农机化技术推广系统规范建设和能力提升行动，改善基层推广机构技术装备条件。四是加强制度建设。加强农机化技术推广机构制度建设，探索建立省、县级农机化技术推广首席专家制度，发展村级农机化技术推广员队伍，全面推进农机化技术推广责任制、人员聘用制、考评考核制和学习培训制度建设。制修订一批生产急需的农机产品试验鉴定大纲，提升全国农机试验鉴定能力。

四、进度安排

第一阶段：2012 年 1—2 月，制定《全国农机化科技创新与推广行动方案》。3 月上旬，结合全国春耕生产农机手培训和农机化科技下乡活动，举办农机化科技创新与推广行动启动仪式，部署全国农机化科技创新与推广工作。

第二阶段：2012 年 3—11 月，全面组织实施阶段。组织开展全国性和地方重点活动；按季度报送重点工作开展情况；培育典型，做好信息宣传工作。

第三阶段：2012 年 12 月，进行全年工作总结。12 月 15 日前，各省（市、区）农机化主管部门将 2012 年全国农机化科技创新与推广行动总结材料报送到农业部农机化管理司。

五、有关要求

（一）加强组织领导

各级农机化主管部门要把农机化科技创新与推广行动作为 2012 年农机化一项重要工作，提上议事日程，精心组织，周密部署。按照方案要求，结合本地实际，明确工作重点和具体措施，责任到人，扎实做好农机化科技创新与推广的各项工作。引导、鼓励和支持各有关高等学校、科研院所、推广机构和农机制造企业参与农机化科技创新与推广行动。

（二）创新工作机制

加强产学研推结合，创新农机化科技促进工作机制。开展农机化科研立项、管理、成果评价、转化机制创新和新技术新机具推广方式创新，通过全面创新，不断总结经验，完善管理制度，推动农机化科技创新与推广作持续有效开展。

（三）推动措施落实

各地要按照农机化科技创新与推广行动的统一部署，抓好各项措施的落实，组织开展具有地方特色的重点行动。要以农机化科技创新与推广行动为契机，多方面争取支持，加大经费投入，保障农机化科技创新与推广行动取得明显成效。

（四）加强宣传引导

充分利用各种新闻媒体，加大对农机化科技创新与推广工作的宣传力度。中国农机化导报、农机化信息网和农机推广网要设置专栏，及时反映基层典型材料和先进事迹，反映农民对现代农业生产技术的需求。认真总结农机化科技创新与推广行动的成效和经验，树立典型，大力宣传在农机化科技促进行动中涌现出来的先进单位和个人，为农机化发展营造良好氛围。

农业部办公厅关于深入开展农业机械化教育培训大行动的通知

农办机[2012]15 号

各省、自治区、直辖市及计划单列市农机（农业、农牧）局（厅、委、办），新疆生产建设兵团农业局、黑龙江省农垦总局：

自 2009 年以来，各级农业机械化主管部门积极组织开展农业机械化教育培训大行动，不断强化农业机械化人才队伍建设，为农业机械化又好又快发展提供了有力的人才支撑，取得了明显成效。为深入贯彻 2012 年中央 1 号文件精神，落实农机化教育培训“十二五”规划，进一步加强人才队伍建设，促进农机化科技创新与推广，推动农机化科学发展，农业部决定，2012—2015 年继续在全国开展农业机械化教育培训大行动（以下简称大行动）。现将有关事项通知如下：

一、深刻认识重要意义

加快转变发展方式，促进农业机械化又好又快发展，科技是关键，人才是根本，教育是基础。随着我国工业化、城镇化的加快发展，农村劳动力结构和农民的劳动观念发生了深刻变化，农民对农机作业的需求越来越迫切，农业对农机化的依赖越来越明显。在新形势下，深入开展大行动，加强教育培训工作，壮大农机化人才队伍，提高农机化人才素质，对加快推进农业机械化，在工业化、城镇化深入发展中同步推进农业现代化具有十分重要的意义。实践证明，开展大行动，有利于加快造就有文化、懂技术、会操作、善经营的新型农机手和新型职业农民；提高农机手安全驾驶操作水平，有效预防和降低农机事故，保障农民生命财产安全；提升农业机械化人才队伍整体素质，优化农业机械化人才队伍结构，夯实农业机械化发展基础；提高农机科技应用水平，促进农机装备结构优化调整，加快农业机械化发展方式转变。各级农业机械化主管部门要充分认识推进大行动的重要性，增强责任感、使命感和紧迫感，将大行动作为推动农业机械化发展的重要任务来抓，实行一把手负责制，加强领导，精心组织，确保大行动工作抓紧抓好抓到位。

二、进一步明确目标任务

通过大行动，进一步创新体制机制，完善政策体系，增加教育培训投入，强化公共服务，完善教育培训内容，改进教育培训方法，挖掘教育培训资源，优化教育培训队伍，提高教育培训质量，增强农业机械化管理人才、科技人才和实用人才三支队伍的能力素质。2012—2015 年的主要任务：一是建设一支组织管理能力强、执行政策有力、富有奉献精神的农业机械化管理人才队伍，保障国家强农惠农富农政策在农业机械化系统高效贯彻落实。每年培训 20 万人次以上。二是建设一支创新能力强、支撑有力的科技人才队伍，保障先进适用农业机械化技术和机具的快速普及应用。每年培训 80 万人次以上。三是建设一支致富能力强、服务到位的农机实用人才队伍，提高农业综合生产能力。每年培训 450 万人次以上，其中培训新购机农民 100 万人次以上，职业技能鉴定 15 万人以上。各地农机化主管部门每年要按照《全国农业机械化教育培训年度任务分配表》（见附件）完成相应的培训任务。

三、扎实推进重点培训

（一）强化管理人才培训，提高政策执行能力。要针对贯彻执行农机化政策法规和履行管理等职责的需要，进一步加强各级农机管理人员的培训，努力培养造就一支管理能力强、乐于奉献的农业机械化管理人才队伍。要以乡级以上农机管理人员为主，加强思想政治、"三农"政策理论、农机化法律法规和业务知识等方面的培训，提高服务意识，转变工作作风，全面提高农机管理人员的履职能力。

（二）强化科技人才培训，提高技术支撑能力。要积极发挥农业机械化科研院所、高等院校的作用，加强产学研推用结合，依托行业科技、支撑计划等重大科研项目，集聚和培养造就一批国内领先、能进入世界农业机械化科技前沿的高层次科技人才。要加强农机化技术推广人员培训，重点培养县以下推广人员的示范推广、技术服务能力和县以上推广人员的技术创新、成果转化能力，着力打造一支结构合理、技术过硬、精干高效、充满活力的农机化技术推广队伍。要加强农业机械试验鉴定、安全监理等专业技术人员培训，加快知识更新，不断提高专业技术水平和业务素质。

（三）强化农机实用人才培训，提高作业服务能力。适应农业生产由依靠人畜力为主向依靠机械作业为主的历史性转变，加强农机实用人才队伍建设，培养新型职业农民。实施阳光工程农机培训，重点加强农机驾驶操作、维护修理、技术指导、经营服务等岗位实用人员的培训，提高作业服务能力，增强致富本领。加强重点农时季节和农机化新技术专项培训，加快农机化新技术普及应用；结合农机购置补贴政策实施，组织好新购机农民技术培训，提高农机手掌握使用现代农业装备的水平。

（四）强化职业技能培训，提高实用技能水平。进一步推进农机职业技能培训与维修管理、安全监理、技术推广等工作的结合，创新农机职业技能培训、鉴定模式。完善农机行业职业技能标准、工作规范和技师考评办法，提高职业技能鉴定工作规范化水平。加强农机高技能人才培训，优化农机技能人才队伍结构。开展职业技能竞赛活动，激发农机人员学技能、比技能、用技能的热情。

四、切实加强组织领导

（一）夯实基础，提升能力。要以农业机械化学校为主，合理利用技术推广、职业技能开发机构和拖拉机驾驶培训机构等现有各类培训资源，完善培训体系，加强自身建设，提升培训能力。要加强师资队伍建设，鼓励教师深造学习、更新知识，不断提高专业理论知识和实际操作技能水平。加强教材体系建设，本着"实际、实用、实效"的原则，编印好各类培训教材。加强教育培训基础设施建设，研发培训模拟器材、器具和软件，更新教学设备，进一步提升办学水平和培训服务能力。

（二）积极协作，创新方式。各级农机化主管部门要加强与有关部门的密切配合，充分利用好国家面向农民的培训政策和农业机械化重点推广项目，创造培训机会，搞活培训形式，提高培训效果。要充分吸引社会力量参与培训，在行政管理部门领导下，采取事企联合、校企联动等方式，鼓励相关企业、农机社会化服务组织和农机大户等团体共同参与培训活动。要紧紧围绕农业机械化发展的需求，采取现场演示、送教进村、科技入户、技能竞赛等多种形式，大胆探索农机培训新形式，创新培训方式方法，做到灵活多样，生动活泼，吸引更多的农民机手参加培训学习。

（三）制定方案，宣传引导。各地农机化主管部门要积极落实农业部下发的《农机化教育培训"十二五"规划》，结合当地实际，制定年度贯彻落实农业机械化教育培训大行动工作的具体实施方案，明确目标、工作内容和进度，按照总体目标落实好培训任务。要加强对农业机械化教育培训工作的宣传引导，通过新闻媒体、技能竞赛和专题讲座等多种形式，向行业和社会宣传农业机械化教育培训的作用和成效，扩大影响力和认知度，努力营造有利于促进农业机械化科学发展的良好氛围。

（四）加强领导，务求实效。各级农机化主管部门要把开展大行动作为一项为农民办的实事抓好抓实，切实加强组织领导。要把农业机械化教育培训工作摆上重要位置，纳入重要工作日程，认真履行职责，落实工作任务。要积极向当地党委、政府汇报，争取经费投入。要充分发挥农机化学校、农机推广、鉴定、监理和职业技能鉴定等机构的培训主体作用，利用地方资金，探索对培训用机具进行补贴的方式和方法，加强对推广和培训机构的扶持。要把大行动与当地"三农"工作结合起来，与推进农业机械化工作结合起来，与农机科技创新与推广行动等工作结合起来，采取有效措施，如期完成大行动的目标。

各地农机化主管部门要将每年的农业机械化教育培训方案于当年3月底前报送农业部农业机械化管理司；将具体培训进展情况和全年的工作总结分别于每年7月5日、12月5日前报送农业部农业机械化管理司。

附件：全国农业机械化教育培训年度任务分配表（略）

二〇一二年三月十三日

农业部办公厅关于进一步规范农机购置补贴产品经营行为的通知

农办机［2012］19号

各省、自治区、直辖市及计划单列市农机（农业、农牧）局（厅、委、办），新疆生产建设兵团农业局，黑龙江省农垦总局，广东省农垦总局：

农机购置补贴是党的强农惠农富农政策的重要内容。政策实施以来，大部分农机产销企业能够守法诚信经营、严格规范操作，为保障农机购置补贴政策的实施发挥了积极作用。但是，也有一些经销企业不具备基本的资质条件、服务能力达不到要求，有的企业违法违规操作、套取骗取国家补贴资金，有的企业采取不正当竞争手段，扰乱农机购置补贴政策实施秩序，严重损害农民群众的切身利益。为深入贯彻落实《国务院关于促进农业机械化和农机工业又好又快发展的意见》（国发［2010］22号）和农业部办公厅、财政部办公厅《关于印发（2012年农业机械购置补贴实施指导意见）的通知》（农办财［2011］187号）精神，进一步规范农机购置补贴产品经营行为，切实维护农民和诚信企业的合法权益，促进农机购置补贴政策的规范、高效、廉洁实施，现将有关要求通知如下：

一、进一步明确经营农机购置补贴产品企业的资质条件。经销农机购置补贴产品的企业应具备以下资质条件：(一)经工商行政管理部门注册登记，具有企业法人资格；(二)企业注册资金不低于50万元；(三)具有与经营范围、规模相适应的固定经营场所，营业、仓储场地面积200平方米以上；(四)从事农业机械经营业务2年以上，有良好的社会信誉，2年内无有效群体性投诉；(五)具有与经营规模相适应的一定数量从业人员，企业管理者、业务人员、售后服务人员及取得专业资质人员比例达到GB/T 18389—2001《农业机械营销企业开业条件、等级划分及市场行为要求》相关要求，且至少有1名熟悉计算机管理软件操作人员；(六)具备《农业机械产品修理、更换、退货责任规定》要求的售后服务和零配件供应能力，经营所需设施设备达到GB/T 18389—2001《农业机械营销企业开业条件、等级划分及市场行为要求》相关要求；(七)具有健全的企业管理规章制度，诚实守信、管理规范，服务质量达到WB/T 1014—2000《农业机械营销企业服务质量规定》相关要求。

二、严格规范农机购置补贴产品经销企业的确定程序。要认真执行农机补贴产品经销商由生产企业自主推荐制度。农机生产企业依据资质条件自主确定经销商，颁发"农业机械购置补贴产品经销商"标识(式样见附件1)，并报省级农机化主管部门备案(表式见附件2)。省级农机化主管部门要及时汇总经销商名单，统一向社会公布。按照"谁推荐、谁负责"的原则，农机生产企业应当对经销商资质的真实性负责。经销商资质及经营情况发生变化时，农机生产企业应及时书面告知省级农机化主管部门。农机生产企业要加强对经销商的监管和培训，跟踪调查经销商守法经营情况，发现违法违规行为的，应当及时处理并报告县级以上农机化主管部门。经销商出现违法违规行为，省级农机化主管部门应当向生产企业提出告诫。生产企业负有重大责任的，农机化主管部门应按程序取消其相应产品的补贴资格。

三、坚决执行农机购置补贴政策规定。各级农机化主管部门要加强对农机购置补贴产品经营行为的监督。要督促经销商守法经营、诚信服务，严格执行农机购置补贴政策相关规定和纪律要求。经销商应在经营场所醒目位置公示所经营享受补贴农业机械产品的种类、生产企业、型号、配置、价格及补贴标准等相关内容，并悬挂"农业机械购置补贴产品经销商"标识。要按规定向购机者开具销售发票，做好"三包"售后服务、零配件供应，以及农机购置补贴机具档案管理工作，建立销售记录并保存3年以上。经销商必须遵守"七个不得"的规定，即不得倒卖农机购置补贴指标或倒卖补贴机具；不得进行商业贿赂和不正当竞争；不得以许诺享受补贴为名诱导农民购买农业机械，代办补贴手续；不得以降低或减少产品配置、搭配销售等方式变相涨价；不得拒开发票或虚开发票；不得虚假宣传农机购置补贴政策；同一产品在同一地区、同一时期销售给享受补贴的农民的价格不得高于销售给不享受补贴的农民的价格。

四、严厉惩处农机购置补贴产品经营违法违规行为。各级农机化主管部门要重拳打击各类农机购置补贴产品经营违法违规行为，做到严厉查处，决不姑息。对于一般性违规行为，县级以上农机化主管部门应及时向经销商提出严肃警告或责令限期整改等要求。一般性违规行为主要包括：未在经营场所醒目位置公示享受补贴农业机械产品的种类、生产企业、型号、配置、价格及补贴标准等相关内容的；未在经营场所悬挂"农业机械购置补贴产品经销商"标识的；农民购机后，供货不及时，引起投诉的；违反"三包"规定，引起投诉的；未向购机者说明农机操作方法和安全注意事项的；销售记录和农机购置补贴机具档案不健全等。对于情节较重的违法违规行为，省级农机化主管部门要在充分调查取证，并事先书面告知当事人(告知书式样见附件3)的基础上，将经销商及法定代表人列入黑名单并向社会公布。列入黑名单的经销商销售的产品不得再享受补贴，法定代表人不得再参与农业机械购置补贴产品经销活动。相关农机生产企业应当及时取消其经销资格，收回"农业机械购置补贴产品经销商"标识。情节较重的违法违规行为主要包括：向购机者提供假冒伪劣产品的；以非法手段套取国家农机购置补贴资金的；违反本通知"七个不得"规定的；违反"三包"规定，引起群体性投诉，造成恶劣影响的；拒不执行农机化主管部门做出的警告、限期整改处理决定的；其他违反法律法规或农机购置补贴政策，情节严重的行为。对于违法违规性质特别恶劣的生产或经销企业，应建议工商部门吊销其营业执照；情节严重构成犯罪的，应积极协调和配合司法机关处理。

省级农机化主管部门要及时将本省(区、市及兵团、农垦)对违法违规生产或经销企业的查处情况上报农业部备案。

附件：1. 农业机械购置补贴产品经销商标识(略)
2. 农机购置补贴产品经销商资格备案表(略)
3. 违法违规行为处罚事先告知书(略)

二〇一二年三月二十三日

农业部办公厅关于进一步加强农业机械质量投诉监督管理工作的通知

农办机[2012]22号

各省、自治区、直辖市及计划单列市农机(农业、农牧)局(厅、委、办)，新疆生产建设兵团农业局，黑龙江省农垦总局，农业部农业机械试验鉴定总站：

自农业部印发《农业机械质量投诉监督管理办法》(农机发[2008]1号)以来，各级农机化主管部门扎实开展农机产品质量、作业质量、维修质量和售后服务质量的投诉监督管理工作，为维护农机所有者、使用者和生产者的合法权益发挥了重要作用。但是，部分地区仍存在农机质量投诉监督机构不健全、监管责任不明确、投诉渠道不畅通和信息报送不及时等问题，不利于我国农机化质量水平的全面提高。为进一步加强农

机质量投诉监督管理,促进我国农业机械化又好又快发展,现将有关要求通知如下:

一、充分认识农机质量投诉监督的重要意义

农机质量投诉监督是农机化质量工作的重要组成部分,是法律法规赋予农机化主管部门的重要职责。近年来,随着我国农机化进程加快,农机品种数量大幅增长,运用领域不断拓展,农民对农机产品的适用性、安全性、可靠性和售后服务等要求越来越高,对提高农机投诉监管工作的时效性、有效性越来越迫切。进一步加强农机质量投诉监督,有利于掌握农机产品质量信息,有利于维护农民群众的合法权益,有利于促进农机企业提高产品质量和售后服务水平,是新形势下推进农机化科学发展的重要举措。各级农机化主管部门要增强责任感和紧迫感,强化责任意识,树立服务观念,改进工作方法,想群众所想,急群众所急,认真受理、及时处理农机质量投诉,努力提高农机质量投诉监督工作水平。

二、全面加强农机质量投诉监督体系建设

各县级以上农机化主管部门要认真落实《农业机械质量投诉监督管理办法》要求,明确承担农机质量投诉监督职责的处室(科、股)或单位,建立农机质量投诉工作制度,健全部、省、市、县四级农机质量投诉监督网络。要向农机质量投诉监督机构充实相应专业资质的工作人员,配置电话机、传真机、上网计算机等办公设备,保障必要的工作经费。有条件的地区应设立农机质量投诉受理窗口或场所,开通农机质量投诉网络平台或热线电话,不断拓展投诉渠道。各地要在农机经销场所或通过网络、报刊、广播、电视等新闻媒体,向社会公布农机质量投诉监督机构的名称、通讯地址、联系电话、传真、电子邮件等信息,方便农机用户投诉。农业部农业机械试验鉴定总站作为农业部的农机质量投诉受理机构,要主动加强对各地农机质量投诉机构的业务联系,在中国农业机械化信息网开设专栏,公开各地农机质量投诉监督机构信息。

三、进一步明确农机质量投诉受理处理的工作原则

农机质量投诉监督机构要遵循“属地管理、就近处理、首问负责、无偿服务”的原则开展工作。对于“三包”服务期限之内的农机质量投诉,一般由销售该农机的当地投诉监督机构负责处理。对于跨行政区域或越级投诉的一般案件,实行首问负责制。受理单位可按照就地就近处理原则,转由当地投诉监督机构处理,但仍负有本案件的督办和答复责任。当地投诉监督机构应及时向受理单位反馈处理结果。农机质量投诉的受理和调解实行无偿服务,不得以受理或调解的名义,向投诉方或被投诉方收取任何费用。各投诉监督机构要对电话、信件等投诉材料做好登记,认真审查,按要求及时受理和处理,做到事事有解答、件件有回声。对于双方争议较大的投诉,投诉监督机构要加大协调力度,本着实事求是、依法依规的原则,提出具体处理意见,积极促成投诉方与被投诉方达成解决方案。

四、认真落实农机质量投诉信息报送制度

各级投诉监督机构要对辖区内受理投诉的农机产品信息、用户诉求和处理结果等基本情况进行汇总统计和总结分析,按季度报送本级农机化主管部门和上级投诉监督机构。各省级投诉监督机构要在每年 4 月 15 日、7 月 15 日、10 月 15 日之前,分别将一、二、三季度农机投诉信息汇总上报;在 1 月 15 日前,报送上年度的农机质量投诉监督工作总结,内容包括投诉特点、工作成效、对策建议等。对于单次 10 个用户以上、不同用户在同一作业季节累计投诉超过 10 次的群体性投诉或有人员伤亡的重大质量事件,各级投诉监督机构应立即上报,不得瞒报和漏报。

五、积极推进农机质量投诉工作信息化

农业部农机试验鉴定总站以中国农业机械化信息网为平台,负责建立和维护“农机质量投诉工作信息管理系统”,负责有关农机质量投诉信息的汇总与分析,组织开展相关业务培训活动。各地要高度重视农机质量投诉信息化建设,进一步规范工作程序,提高工作效率。力争在 2012 年第三季度前,各级农机质量投诉监督机构全面使用该系统,并认真按照系统设定的文本格式、统计表格等要求,按时填报有关农机投诉的受理和处理情况,汇总上报相关统计信息。

二〇一二年四月十一日

农业部办公厅关于印发马铃薯机械化生产技术指导意见的通知

农办机[2012]29 号

各省、自治区、直辖市及计划单列市农机(农业、农牧)局(厅、委、办),新疆生产建设兵团农业局,黑龙江省农垦总局:

马铃薯是我国第五大粮食作物,同时也是重要的经济作物。加快马铃薯生产机械化,对促进马铃薯增产、增效和农民增收具有十分重要的意义。为推进农机农艺融合,提高马铃薯机械化生产科技含量,农业部组织有关专家研究提出了马铃薯机械化生产技术指导意见(以下简称“技术指导意见”),现予以印发。

请各地在技术指导意见的基础上,结合本地实际,细化技术内容,逐步规范马铃薯种植,探索全程机械化的合理生产模式,完善适宜本地区的马铃薯机械化生产技术体系和操作规范。积极扶持马铃薯生产专业合作组织发展,促进适度规模经营,提高社会化服务能力,推进马铃薯生产标准化、规模化、专业化,为实现马铃薯全程机械化生产创造条件。

附件:马铃薯机械化生产技术指导意见

二〇一二年六月二十六日

附件：

马铃薯机械化生产技术指导意见

一、播前准备

（一）品种选择

我国马铃薯种植大致分为四个区域：北方一季作区、中原二季作区、南方冬作区、西南一二季混作区。北方一季作区为一年一熟制，是马铃薯的主要产区，面积和产量均占全国的50%以上；气候凉爽、日照充足、昼夜温差较大，适宜马铃薯生产；但降雨量不均，主要以雨养为主，有灌溉条件的可发展规模种植；宜选择抗干旱、熟期适宜的中晚熟马铃薯品种，根据市场需求适当搭配早熟品种。中原二季作区无霜期较长，栽培马铃薯分春秋二季，面积约占全国的5%，宜选择早熟品种。南方冬作区面积占全国的8%，属海洋性气候，夏长冬暖，四季不分明，日照短，宜选短日型或对光照不敏感的品种。西南一二季混作区面积占全国的37%，马铃薯生育期较长，因立体气候明显，种植品种多种多样。

（二）种薯处理

播种前，应针对当地各种病虫害实际发生的程度，选择相应防治药剂进行拌种处理。在切割薯块时，切刀需用药液处理。为适应机械化作业，防止种薯块间黏结，需用草木灰或生石灰等拌种。

（三）播前整地

北方一季作区和中原二季作区提倡前茬秋收后、土壤冻结前做好播前准备，包括深松、灭茬、旋耕、耙地、施基肥等作业，有条件的地区应采用多功能联合作业机具进行作业。大力提倡和推广保护性耕作技术。深松作业的深度以打破犁底层为原则，一般为30～40厘米；深松作业时间应根据当地降雨时空分布特点选择，以便更多地纳蓄自然降水；建议每隔2～4年进行一次。秸秆还田时，秸秆长度一般不宜超过10厘米。当地表紧实或明草较旺时，可利用圆盘耙、旋耕机等机具实施浅耙或浅旋，表土处理不超过8厘米。

南方冬作区因稻田地势低洼，土壤粘度大，应采取机械下管和机械筑埂等排灌措施。

西南一二季混作区在播前可进行机械旋耕作业，丘陵山地可采用小型微耕机具作业，平坝地区和缓坡耕地可采用中小型机具作业。对于粘重土壤，可根据需要实施深松作业，提高土壤的通透性。

二、播种

适时播种是保证出苗整齐度的重要措施。当地下10厘米处地温稳定在8～12℃时，即可进行播种。合理的种植密度是提高单位面积产量的主要因素之一。各地应按照当地的马铃薯品种特性，选定合适的播量，保证亩株数符合农艺要求。应尽量采用机械化精量播种技术，一次完成开沟、施肥、播种、覆土（镇压）等多项作业，在不同区域可选装覆膜、铺滴灌管和施药装置。作业要求应符合有关标准。种肥应施在种子下方或侧下方，与种子相隔5厘米以上，肥条均匀连续。苗带直线性好，便于田间管理。

目前，北方一季作区、中原二季作区垄作种植行距大多采用40厘米、50厘米、70厘米、75厘米、80厘米或90厘米等行距，建议逐步向60厘米、70厘米、80厘米和90厘米行距种植方式发展。西南一二季混作区应通过农田的修整、地块合并等措施，为机械化作业提供基础条件。南方冬作区应推广适合机械化作业的高效栽培模式，促进机械化发展。

三、田间管理

（一）中耕施肥

在马铃薯出苗期中耕培土和花期施肥培土，应根据不同地区采用高地隙中耕施肥培土机具或轻小型田间管理机械，田间粘重土壤可采用动力式中耕培土机进行中耕追肥机械化作业。在砂性土壤垄作进行中耕培土施肥，可一次完成开沟、施肥、培土、拢形等工序。追肥机各排肥口施肥量应调整一致，依据种子施肥指导意见，结合各地目标产量确定合理用肥量。追肥机具应具有良好的行间通过性能，追肥作业应无明显伤根，伤苗率＜3%，追肥深度6～10厘米，追肥部位在植株行侧10～20厘米，肥带宽度＞3厘米，无明显断条，施肥后覆盖严密。

（二）病虫草害防控

根据当地马铃薯病虫草害的发生规律，按植保要求选用药剂及用量，按照机械化高效植保技术操作规程进行防治作业。苗前喷施除草剂应在土壤湿度较大时进行，均匀喷洒，在地表形成一层药膜；苗后喷施除草剂在马铃薯3～5叶期进行，要求在行间近地面喷施，并在喷头处加防护罩以减少药剂漂移。马铃薯生育中后期病虫害防治，应采用高地隙喷药机械进行作业，要提高喷施药剂的对靶性和利用率，严防人畜中毒、生态污染和农产品农药残留超标。适时中耕培土，可减少田间杂草。

（三）节水灌溉

有条件的地区，可采用喷灌、膜下滴灌、垄作沟灌等高效节水灌溉技术和装备，按马铃薯需水、需肥规律，适时灌溉施肥，提倡应用一体化技术。

四、收获

根据地块大小和马铃薯品种，选择合适的打秧机和收获机。马铃薯收获机的选型应适合当地土壤类型、粘重程度和作业要求。在丘陵山区宜采用小型振动式马铃薯收获机，可防堵塞并降低石块导致的机械故障率，减小机组作业转弯半径。各地应根据马铃薯成熟度适时进行收获，机械化收获马铃薯应先除去茎叶和杂草，尽可能实现秸秆还田，提高作业效率，培肥地力。作业质量要求：马铃薯挖掘收获明薯率≥98%，埋薯率≤2%，损伤率≤1.5%；马铃薯打秧机应采用横轴立刀式，茎叶杂草去除率≥80%，切碎长度≤15厘米，割茬高度≤15厘米。

农业部办公厅关于印发油菜机械化生产技术指导意见的通知

农办机[2012]31 号

各省、自治区、直辖市和计划单列市农机(农业、农牧)局(厅、委、办),新疆生产建设兵团农业局,黑龙江省农垦总局:

油菜是我国主要的油料作物,对于保障我国食用植物油供给具有重要作用。油菜机械化生产是节本增效、促进油菜生产发展的重要途径。为推进农机农艺融合,提高油菜机械化生产的科技含量,实现高产优质高效,农业部组织有关专家研究提出了油菜机械化生产技术指导意见(以下简称"技术指导意见"),现予以印发。

请各地在技术指导意见的基础上,结合本地实际,细化技术内容,探索全程机械化的合理生产模式,完善适宜本地区的油菜机械化生产技术体系和操作规范。重点围绕油菜机械化生产薄弱环节,强化技术指导和培训,引导油菜生产向机械化、轻简化、集成化、标准化、规模化方向加快发展,全面提升油菜机械化技术水平。

二〇一二年七月六日

油菜机械化生产技术指导意见

本指导意见针对长江流域主产区的油菜生产特点而制定,旨在加强农机与农艺融合,推动机械化作业水平提高,促进油菜生产发展。

一、播前准备

1. 品种选择

各地应在适合当地生态条件、种植制度、综合性状优良的主推品种中选择具有抗倒伏、抗裂角、抗病、株型紧凑等适合机械化作业特性相对较好的油菜品种。对于直播油菜,尽可能选择耐迟播,春天早发能力强的品种。三熟制地区应选择生育期较短的油菜品种。

2. 种子处理

精量播种地区,必须选用高质量的种子并进行精选处理,要求种子水分不高于9%,纯度不低于95%(杂种一代90%左右),净度不低于97%,发芽率90%以上。播种前,应晒种4~6小时,提高发芽率;然后针对当地各种病虫害可能发生的程度,选择相应防治药剂进行拌种或包衣处理,及时灭杀种子表面的病菌,提高播种后的抗病虫害能力。

3. 播前整地

前茬作物收获后,用秸秆粉碎还田机将秸秆粉碎再旋耕灭茬还田,也可使用具有相同功能的复式机具作业,田块表面应无过量的残茬。少免耕直播油菜要求前茬作物的留茬高度:水稻≤20 厘米,玉米≤30 厘米。开沟机作厢宽度应与播种、收获机械作业宽度相对应,厢沟、腰沟、边沟配套,沟深 15~20 厘米,沟上口宽不小于 25 厘米,沟底宽不小于 15 厘米。必须指出,开沟深度、宽度各地应根据当地土壤类型、气候条件、作业习惯在此基础上适当调整。在有灌排条件地方,要根据土壤墒情适时排灌,以保证顺利播种。

在播种前,应根据当地农艺要求及土壤肥力,合理计算肥料的施用量。基肥施用量为总施肥量的50%。硼肥、氮肥、钾肥应根据当地土壤特性及肥力条件进行配施。一般氮磷钾复合肥 300~6 020 千克/公顷,或缓释肥 450 千克/公顷;硼砂 7.5~11.25 千克/公顷,并符合 NY/T 790 的规定。在采取种肥混播复式作业机具施用基肥时,应选用不易吸水的颗粒肥料,以防止化肥在肥箱中结块堵塞。

二、栽培

油菜的栽培方式分为直播和移栽两种。

1. 机械直播

播种期一般在 9 月下旬至 10 月上、中旬,提倡早播。播种行距 25~30 厘米,播种量 3~4.5 千克/公顷,播种深度 5~25 毫米,油菜出苗株数应不少于 37.5 万株/公顷。播种期推迟时应适当加大播种量。

在播种机具选择上,应根据土壤墒情、前茬作物品种以及当地播种机使用情况,选择具有一次完成浅耕灭茬、开沟作畦、播种、施肥等多种工序联合直播机,或少、免耕直播精量油菜播种机等。按照机具使用说明书要求进行作业。播种作业质量应尽量符合下列指标要求:漏播率≤2%;各行播量一致性变异系数≤7%;行距一致性变异系数≤5%。

2. 机械移栽

育苗移栽是长江流域抢农时获高产的一项重要技术。钳夹式移栽机适用前茬为旱作的油菜移栽,稻后移栽需要精细整地才能达到较好移栽效果。一般在育苗播种 25~35 天后进行机械移栽。长江中上游移栽期为 11 月上旬以前,长江下游移栽期为 11 月下旬以前。移栽密度一般不少于 12 万株/公顷、行距 30~40 厘米,移栽时土壤湿度应不大于 30%。油菜裸苗移栽时,苗高在 20~25 厘米,叶龄在 4 叶 1 芯至 5 叶 1 芯。采用钵苗移栽方式,制钵机制取营养钵时,需按要求先配置好营养土。钵苗移栽时,钵体直径小于 2.5 厘米或边长小于 2.5 厘米×2.5 厘米,苗茎直径小于 2.5 毫米,苗高 15~20 厘米,叶龄在 3 叶 1 芯至 4 叶 1 芯。

在移栽机具选择上,应根据秧苗情况选择导苗管式移栽机移栽钵苗,钳夹式或链夹式移栽机移栽裸苗。此外,还应结合当地田块面积、土壤墒情、前茬作物品种等,选择 2 行移栽机、4 行移栽机、6 行移栽机或选择能完成开沟、栽苗、浇水、施肥、覆土等复式作业的机具。

三、田间管理

1. 施肥

根据各地土壤情况及对油菜幼苗的长势，合理追肥，保证油菜苗数。直播油菜一般在间苗后施苗肥，定苗后施第二次追肥；移栽油菜第一次追肥在幼苗成活时施，第二次在植株长成3片至5片新叶时施。

2. 植保

芽前除草。油菜田除草应注重播前及播后各时期的操作环节，即播（移栽）前杀灭前期老草，这是油菜田除草的基础；播种（移栽）后1~2天杂草出土前，使用相应的除草剂封闭土壤，有利于药膜的展开，阻止杂草种子的萌发。

苗期除草。苗后喷施除草剂在油菜4~5叶期进行，选用选择性除草剂防除油菜中的单、双子叶杂草。

油菜生育中后期病虫害防治，应根据"病虫情报"选用对口药剂，及时安全用药。苗期主要防治蚜虫，苔花期主要防治菌核病，在油菜初花期主要防治菌核病、霜毒病。在植保机具选择上，可采用机动喷雾喷粉机、背负式喷雾喷粉机、手动喷雾器等机具进行机械化植保作业，机械化植保作业应符合喷雾机（器）作业质量、喷雾器安全施药技术规范等方面的要求。

四、收获

1. 收获方式与机具选择

油菜收获分为联合收获和分段收获两种方式。各地应根据油菜种植方式、气候条件、种植规模、田块大小等因素因地制宜选择适宜的收获方式。联合收获对于直播油菜或株型适中的移栽油菜，在适宜的收获时机可以获得较好的收获效果；分段收获对于移栽油菜特别是植株高大、高产的移栽油菜能够获得稳定的低损失的收获效果。收获期多雨或有极端天气的地区，采用联合收获存在气候风险，采用分段收获安全性高；小规模、小田块直播或移栽油菜，采用联合收获更显便捷的优势，可优先选择。南方越冬油菜因田间开有纵、横向排水降渍沟不便于小型轮式机作业，因此应选择适宜田块大小和种植规模的履带式联合收割机或割晒机、捡拾收获机。新购置油菜联合收割机或捡拾收获机应选择具有茎秆粉碎装置的，便于茎秆粉碎还田。联合收割机作业前，需对割台主割刀位置、拨禾轮位置和转速、脱粒滚筒转速、清选风量、清选筛等部件和部位适当调整。

2. 收获时机选择

采用联合收获方式时，应在全田90%以上油菜角果外观颜色全部变黄色或褐色，完熟度基本一致的条件下进行。采用分段收获方式时，应在全田油菜70%~80%，角果外观颜色呈黄绿或淡黄，种皮也由绿色转为红褐色，采用割晒机或人工进行割晒作业；将割倒的油菜就地晾晒后熟5~7天（根据天气，晾晒时间可以再延长），成熟度达到95%后，用捡拾收获机进行捡拾、脱粒及清选作业。

3. 作业质量要求

联合收割作业质量应符合总损失率≤8%、含杂率≤6%的要求，割茬高度应根据农户要求在10~30厘米；分段收获作业质量应符总损失率≤6.5%、含杂率≤5%、破碎率≤0.5%等要求。

五、收后菜籽处理与保存

联合收获后的油菜籽含水率高，极易发生霉变，应采用烘干机及时烘干，没有条件的地区应及时晾晒，以防霉变。分段收获的菜籽含水率普遍比联合收获的低，对于田间晾晒充分菜籽含水率低于10%的，可以不再烘干和晾晒，否则应及时烘干或晾晒。

含水率在10%以下的菜籽，可堆2米高存放到高温多雨季节来临前，存放期1个月左右；水分含率在10%~13%的，矮堆或包装存放，只能保存1~3周。若长期存放，应将含水率降至8%以下。

农业部办公厅关于公布2011—2012年度全国农机安全监理"为民服务创先争优"示范窗口和示范岗位标兵名单的通知

农办机[2012]34号

各省、自治区、直辖市及计划单列市农机（农业、农牧）局（厅、委、办），新疆生产建设兵团农业局，黑龙江省农垦总局：

按照中央创先争优活动领导小组和农业部关于在窗口单位深入开展"为民服务创先争优"活动的要求，各级农业机械化主管部门及其安全监理机构高度重视，广泛发动，精心组织，深入开展以"争创群众满意窗口、争创优质服务品牌、争创优秀服务标兵"为主题的农机安全监理"为民服务创先争优"活动，涌现出一批农机安全监理优秀示范窗口和岗位标兵。经申报、推荐、评审和公示等程序，北京市顺义区农机安全监理所等105个单位被评为2011—2012年度全国农机安全监理"为民服务创先争优"示范窗口（见附件1），董德忠等203名同志被评为2011—2012年度全国农机安全监理"为民服务创先争优"示范岗位标兵（见附件2）。希望被评为示范窗口和岗位标兵的单位和个人要珍惜荣誉，发扬成绩，再接再厉，进一步发挥好示范带头作用，为农机安全监理事业的发展做出更大的贡献；希望全国农机安全监理机构和监理人员，努力向示范窗口和岗位标兵学习，形成比学赶超的氛围，争取在以后的创建活动中取得更好的成绩。

农机安全监理"为民服务创先争优"活动，促进了各级农机安全监理系统增强服务意识，改进工作作风，提高业务水平，更好地为人民群众服务，推动了农业机械化安全发展。各地要认真总结全国农机安全监理"为民服务创先争优"活动取得的阶段性成果，查找不足，加大对示范窗口和岗位标兵的宣传力度，结合实际制定下一阶段创建活动方案，推动农机安全监理"为民服务创先争优"活动深入开展。

附件：1. 2012年度全国农机安全监理"为民服务创先争优"示范窗口名单（略）

2. 2012年度全国农机安全监理"为民服务创先争优"示范岗位标兵名单（略）

二〇一二年七月二十四日

农业部办公厅关于成立全国农机化科技创新战略咨询专家组的通知

农办机[2012]51 号

各有关单位：

为推进农机化科技进步，完善农机化科技创新体系，提升科技创新能力，经研究，决定成立全国农机化科技创新战略咨询专家组。

农机化科技创新战略咨询专家组由全国农机化科研、教育、企业的有关专家组成。

主要职责：按照农业部的部署要求，紧紧围绕构建适应现代农业需求的机械化生产技术体系，加强农机化重大关键技术和共性技术问题研究，加强机制创新，推进农业和农机科研单位、农机化产学研推协作，为提高农机化科技创新能力、推进农机化发展方式转变提供决策咨询服务。

主要任务：结合我国农业和农村经济发展目标和科技需求，对农机化科技发展的战略规划、目标任务、科研重点等重大问题开展调查研究，为决策提供技术支撑；推进农机农艺融合，对构建适应现代农业需求的机械化生产技术体系，开展咨询、论证，提出对策和建议；对农机化科研的重点项目、重点平台建设进行立项论证、审议；对农机化科技项目实施情况进行跟踪评估；开展农机化科技成果评价工作；为农机化技术推广、鉴定提供技术指导。

成员名单：

顾　问：汪懋华　傅廷栋　陈温福　刘　旭　陈焕春

组　长：罗锡文

成　员：朱　明　傅泽田　易中懿　李树君　梁　建
赵春江　吴普特　应义斌　李洪文　廖庆喜
孙士明　邓干然　范伯仁　杨智才　朱金光

联络员：农业部农机化司　王国占

电　话：010 - 59193362　传　真：010 - 59192863

E - mail：njhkjc@ agri. gov. cn

特此通知。

二〇一二年十一月七日

农业部办公厅关于开展农机合作社示范创建活动的通知

农办机[2012]56 号

各省、自治区、直辖市及计划单列市农机(农业、农牧)局(厅、委、办)：

为贯彻落实中央 1 号文件精神，深入实施《农民专业合作社法》和《农业部关于加快发展农机专业合作社的意见》(农机发[2009]6 号)，促进和引导农机合作社规范化建设，推动农机合作社持续健康发展，农业部决定在全国范围内开展农机合作社示范社创建活动，拟建设 1 000 个全国农机合作社示范社。现将有关要求通知如下：

一、创建条件

(一)基本要求

1. 依法经工商注册登记，领取《农民专业合作社法人营业执照》，并正常运行两年以上。

2. 登记成员或成员账册人员数量较多，作业服务面积达到一定的规模，在当地有影响力和带动力。

3. 遵守相关法律法规章程，履行作业或服务合同，没有发生过安全责任事故。

4. 能够开展农机具基本维修，农机维修人员具有农机修理工职业资格证书。

5. 农机挂牌率、检验率、驾驶人员持证率在本地处于领先水平。

(二)机构要求

1. 设立成员(代表)大会、理事会、监事会，各机构的每个成员职责明确。

2. 成员(代表)大会、理事会每年至少召开一次，会议有记录且存档、参会人员有签字。

3. 设立必要的日常管理部门或岗位(如财务室、生产作业部、维修服务部等)，且职责明确，至少有 1 名专职财务人员。

(三)制度要求

1. 制定符合《农民专业合作社法》要求并经成员(代表)大会通过的合作社章程。

2. 制定人员聘用、机具管理、财务管理、盈余分配、档案管理等管理制度及作业质量、作业收费等标准文件。

3. 明晰产权关系、设立成员账户、记录作业台账，且规范、准确。

(四)设施要求

1. 有固定的经营管理场所，占地面积较大，并配有机库棚和维修间等设施。

2. 拥有较多数量的农机具，配套机具适合当地农业生产的需要。

3. 对外开展农机维修经营服务还应取得农业机械维修技术合格证。

(五)效益要求

1. 近三年年度总收入、总作业量不断增长，区域带动能力强。

2. 有效开展土地流转，入社经营土地面积逐年增加。

3. 合作社成员收入高于未入社农户(农机户)收入 20% 以上。

4. 新技术新机具推广起到良好示范带头作用,生产经营体现当地农机化特色,推动当地农业机械化又好又快发展。

二、示范建设

(一)建立运行机制。农机合作社示范社建设实行部省共建、地方主抓、协同推进的建设机制。农业部主要负责建设的总体布局和指导,省(区、市)农机化主管部门负责建设的组织和指导,市(地)县农机化主管部门负责建设的具体实施。农机合作社示范建设要按照《农民专业合作社法》的精神,实行政府支持、市场引导、项目带动、规范管理的运行机制。

(二)加大建设投入。各级农机化主管部门要将现有农机化扶持政策和各渠道项目、资金、技术等优先向示范社倾斜,集中力量加强示范建设。要积极协调取得各级发展改革、财政、金融等部门的支持,保障示范建设工作的顺利开展。鼓励广大农民和农机户积极参与示范建设。

(三)发挥示范作用。各地要将示范建设与农机化各项工作紧密结合起来,在农机化新技术推广、创建平安农机、完善农机社会化服务体系等方面充分发挥示范社的作用,建成技术的先行点、机制的创新点、经营管理的样板点,引导带动周围农机服务组织的健康发展。

三、宣传推广

(一)组织申报推荐。请各省、自治区、直辖市和计划单列市等农机化主管部门按照名额分配表(附件 1)组织申报,并填写全国农机合作社示范社申报表(附件 2)和汇总表(附件 3),于 2012 年 12 月 30 日前将纸质和电子版材料报送农业部农机化管理司。

(二)示范建设期限。各省(区、市)农机化主管部门推荐报送的农机合作社,经农业部农机化管理司审定通过后,由农业部发文予以公布,并颁发"全国农机合作社示范社"牌匾。示范建设期限统一为 3 年,从 2013 年起至 2015 年结束。示范建设期间,农业部将免费为其赠送有关农机化等专业期刊。

(三)总结推广经验。各地在建设过程中要及时发现和总结新经验,为推进农机合作社建设提供新思路,探索新机制。各县级农机化主管部门要组织示范社定期报送年度的生产经营状况,完成农业部安排的农机化信息采集任务,及时反映生产经营中的重大问题。要加强对示范建设成效的宣传推广,扩大影响,营造良好的建设环境。

联系人:李庆东　电　话:010 - 59192814

传　真:010 - 59193308,E - mail:njhsglc@ agri. gov. cn。

附件:1. 全国农机合作社示范社名额分配表(略)

2. 全国农机合作社示范社申请表(略)

3. 农机合作社示范社申报汇总表(略)

二〇一二年十一月二十九日

地方性法规、规章及文件

北京市农业局　北京市安全生产监督管理局　北京市公安局　北京市卫生局　北京市民政局　关于印发《北京市农业机械事故应急预案》的通知

京农发[2012]65 号

各区县农业局、安全生产监督管理局、卫生局、民政局、公安局;市公安局公安交通管理局、消防局:

为建立本市协作、高效的农业机械事故(以下简称农机事故)应急处置体系,及时、有效地组织开展农机事故应急救援工作,市农业局会同各有关部门对原有的《北京市突发重大农机田间生产事故应急预案》(以下简称《预案》)进行了修订和完善,重点修改了《预案》中"组织体系与职责分工、预测预警、应急响应"等重要章节,现将修订后的《北京市农业机械事故应急预案》印发给你们,请遵照执行。原《预案》同时废止。

二〇一二年三月二十七日

北京市农业机械事故应急预案

目录

1 总则

1.1 编制目的

1.2 编制依据

1.3 工作原则

1.4 适用范围

1.5 事故分级

2 组织体系与职责分工

2.1 应急领导小组及职责

2.2 相关机构及职责

2.3 应急协作部门及职责
3 预测预警
3.1 预防与预警
3.2 预警信息传报
3.3 预测评估
3.4 预警响应
3.5 预警取消
4 应急响应
4.1 应急响应原则
4.2 分级响应
4.3 应急响应程序
4.4 扩大应急
4.5 响应结束
5 事故信息的报告
5.1 事故报告时限和程序
5.2 事故报告内容
6 后期处置
6.1 善后处理
6.2 保险
6.3 总结与评估
6.4 表彰和奖励
7 保障措施
7.1 责任保障
7.2 经费保障
7.3 队伍保障
7.4 装备保障
7.5 宣传、培训和演练
8 附则
8.1 名词术语
8.2 预案管理
8.3 预案实施
附件:1. 北京市农机事故应急处置工作流程图(略)
2. 北京市农机事故应急组织体系图(略)
3. 北京市农机事故应急领导小组及应急协作部门通讯录(略)

1 总则

1.1 编制目的

为建立本我市协作、高效的农业机械事故(以下简称农机事故)应急指挥体系和现场处置程序,及时、有效地组织开展农机事故应急救援工作,最大限度地减少人员伤亡和财产损失,促进首都经济社会和谐、稳定发展。

1.2 编制依据

依据《中华人民共和国安全生产法》《中华人民共和国突发事件应对法》《生产安全事故报告和调查处理条例》《农业机械安全监督管理条例》《国家生产安全事故灾难应急预案》、农业部《关于加强农机事故应急管理工作的意见》《北京市农业机械化促进条例》《北京市突发公共事件应急预案管理暂行办法》等法律、法规及有关规定,制定本预案。

1.3 工作原则

1.3.1 以人为本

把保障人民群众的生命财产安全作为农机事故应急处置工作的出发点和落脚点,最大限度地减少农机事故造成的人员伤亡和财产损失。

1.3.2 属地管理

按照法定职责和权限,加强与相关部门的配合,共同做好本行政区域内农机事故应急管理和应急处置工作。

1.3.3 预防为主

遵循"安全第一、预防为主、综合治理"的方针,强化事故预防与做好应急处置工作相结合,做好人员、技术、物资和设施设备建设工作,做好安全宣传、教育培训与应急演练工作,做好农机事故的预防、预测、预警和预报工作。

1.3.4 快速反应

根据相关法律、法规,建立和完善农机事故应急体系、响应机制和程序,确保有关部门在接到事故报案后,迅速采取有效的应急处置措施,减少人员伤亡和财产损失。

1.4 适用范围

本预案适用于本市行政区域内发生的农机事故的应急处置工作。

1.5 事故分级

1.5.1 特别重大农机事故(Ⅰ级)

造成30人以上死亡,或者100人以上重伤的事故,或者1亿元以上直接经济损失的事故。

1.5.2 重大农机事故(Ⅱ级)

造成10人以上30人以下死亡,或者50人以上100人以下重伤的事故,或者5 000万元以上1亿元以下直接经济损失的事故。

1.5.3 较大农机事故(Ⅲ级)

造成3人以上10人以下死亡,或者10人以上50人以下重伤的事故,或者1 000万元以上5 000万元以下直接经济损失的事故。

1.5.4 一般农机事故(Ⅳ级)

造成3人以下死亡,或者10人以下重伤的事故,或者1 000万元以下直接经济损失的事故。

2 组织体系与职责分工

2.1 应急领导小组及职责

2.1.1 市农业局成立北京市农机事故应急领导小组,由主管副局长担任组长,农机处处长担任副组长,成员为农机处和市农业机械监理总站的相关负责人。其主要职责:

(1)研究制定本市农机事故应急处理的指导意见和政策措施;

(2)及时向农业部报告本市农机事故的有关情况;

(3)指导全市农机事故应急处理工作;

(4)协调农机事故处置过程中的各种关系;

(5)定期分析总结本市农机事故应急处理工作,决定表彰、奖励先进单位和个人等事宜;

(6)指导全市农机事故的预防、预测、预警和预报工作。

2.1.2 各区县农机主管部门应参照市级农机事故应急领导机构设置,成立相应的应急指挥部,负责组织领导本辖区农机事故的防控和应急处置工作。

2.2 相关机构及职责

2.2.1 日常管理机构及职责

市农机事故应急领导小组下设办公室,作为全市农机事故应急日常管理机构,办公室设在市农业机械监理总站,由总站站长担任办公室主任，主管副站长担任办公室副主任。其主要职责：

(1)负责全市农机事故相关信息的收集与分析，及时上报重要信息；

(2)负责与农业部农机监理总站和区县农机安全监理机构的联络、信息传递等日常工作，做好与专家顾问组的联系工作；

(3)组织制订、修订本市农机事故应急预案，指导区县农机事故应急预案的编制和实施；

(4)组织落实市农机事故应急领导小组决定，指导、协调区县农机安全监理机构开展农机事故应急处理工作；

(5)组织全市农机事故处理人员培训和事故应急演练；

(6)不断提高本市农机事故应急处理队伍素质及装备水平；

(7)负责本市农机事故预测评估系统的建设与管理工作；

(8)承办市农机事故应急领导小组交办的与农机安全生产相关的其他日常性工作。

各区县农机事故应急指挥部应当参照市农机事故应急领导小组日常机构设置及职能，设立办公室作为本地区农机事故应急日常管理机构，办公室应设在区县农机安全监理机构。

2.2.2　专家顾问组及职责

市农机事故应急领导小组聘请农机、安监、公安、卫生等部门及保险公司有关专家，组成农机事故应急处置专家顾问组。其主要职责：

(1)负责完善本市有关的农机事故应急处置工作制度；

(2)负责对全市农机事故处理人员进行技术指导和业务培训；

(3)负责对案情复杂的农机事故的应急处置提出合理化方案和建议；

(4)负责总结农机事故应急处置工作经验，对事故类型、特点、发生原因等要素进行深入分析，为监管部门采取有针对性的安全防范措施提供科学依据。

2.2.3　现场应急指挥机构及职责

农机事故发生后，各级农机主管部门应根据事故级别、涉及范围和应急救援行动的需要，成立农机事故现场应急指挥机构。现场应急指挥机构由农机主管部门、农机安全监理机构和先期抵达现场的救援力量构成，指挥机构总指挥一般由农机安全监理机构主管领导担任。其主要职责：

(1)组织、调配辖区内各种应急救援力量，将应急救援人员分成医疗救护组、现场维护组、事故处理组等，按规定程序和职责分工处置农机事故；

(2)协调农机事故处置过程中的各种关系；

(3)及时向市农机事故应急领导小组报告事故发展及应急救援情况；

(4)配合有关部门做好农机事故的善后处理工作；

(5)承办市农机事故应急领导小组交办的其他工作。

2.3　应急协作部门及职责

农机事故的应急处置，需要有关部门积极配合和共同实施。在发生农机事故后，市农机事故应急领导小组根据事故级别，协调相关部门参加应急协作，各协作部门的应急任务分工据其职责而定。

2.3.1　市安全生产监督管理局

负责组织农机生产安全事故的调查处理工作。

2.3.2　市公安局

对造成人员伤亡的农机事故，公安机关应在接报后及时赶赴事故现场，积极配合各级政府或者主责单位做好事故现场人员疏散、处置和秩序维护工作，并对事故中涉及的犯罪行为依法查处；公安消防部门负责农机起火事故引发火灾的扑灭工作；公安交通管理部门在农机交通事故处理及交通安全培训工作方面向农机部门提供支持和协助。

2.3.3　市卫生局

负责组织协调相关医疗机构和急救部门，及时对农机事故受伤人员进行医疗救治。

2.3.4　市民政局

负责协助区县政府和市农业局，做好农业机械事故受灾群众的生活困难救助工作，妥善安排受灾群众的基本生活。

3　预测预警

3.1　预防与预警

市农机事故应急领导小组应当制定对农机事故的有效预防、预警和处置措施，逐步形成完善的预警工作机制。各级农机主管部门应当加强对农机事故隐患的排查，对可能引发农机事故的隐患和苗头，进行全面评估和预测，做到早发现、早报告、早解决。各级农机安全监理机构应当加强对农机违法行为的整治力度，全面消除各类农机事故隐患，从源头上预防农机事故发生。

3.2　预警信息传报

3.2.1　市农机事故应急领导小组办公室负责全市农机事故预测、预警相关信息的接收和发布工作，应当建立农机事故预警信息报送和发布系统，及时将获得的预测、预警信息分别向农业部农机监理总站和市农机事故应急领导小组报告，并按照法定程序最大限度地将相关信息向农机从业人员发布。

3.2.2　市和区、县农机事故应急领导机构办公室应当设立并公开农机事故预警信息报告电话，确保预测、预警信息报告的及时、准确和畅通。

3.3　预测评估

市农机事故应急领导小组办公室应当建立农机事故预测评估系统，对全市农机事故隐患发展态势及其影响进行综合分析预测，及时向市农机事故应急领导小组报送可能引发农机事故的险情或者其他灾害、灾难可能引发事故的重要信息，并提出科学的预警预防与应急响应措施建议。

3.4　预警响应

市农机事故应急领导小组在接到可能导致农机事故的预警信息后，应当组织农机安全监理机构按照应急预案及时研究制定应对方案和措施，积极采取相应行动预防事故发生。

3.5　预警取消

当可能导致农机事故发生的隐患、险情或者灾害、灾难被消除后，应当按照“谁发布、谁取消”的原则和相关法律法规的规定，及时取消对外发布的预警信息。

4　应急响应

4.1　应急响应原则

农机事故应急响应坚持属地原则，各级农机主管部门和农机安全监理机构按照有关规定全面负责本行政区域内农机事故的应急救援和处置工作。

4.2 分级响应

(1)发生特别重大农机事故时,由市农机事故应急领导小组报请农业部启动Ⅰ级应急响应,并成立由市农业局、市农机监理总站和相关应急协作部门组成的现场应急指挥机构,协助农业部指挥事故发生地农机主管部门和农机安全监理机构做好事故应急处置工作。

(2)发生重大农机事故时,由市农机事故应急领导小组启动Ⅱ级应急响应,成立由市农业局、市农机监理总站和相关应急协作部门组成的现场应急指挥机构,指挥事故发生地农机主管部门和农机安全监理机构做好事故应急处置工作。

(3)发生较大农机事故时,由区县农机事故应急指挥部启动Ⅲ级应急响应,成立由区县农机主管部门和相关应急协作部门组成的现场应急指挥机构,指挥事故发生地农机安全监理机构做好事故应急处置工作。

(4)发生一般农机事故时,由区县农机事故应急指挥部启动Ⅳ级应急响应,成立由区县农机主管部门和相关应急协作部门组成的现场应急指挥机构,指挥事故发生地农机安全监理机构做好事故应急处置工作。

4.3 应急响应程序

农机事故发生后,事发地农机主管部门和农机安全监理机构应当按照职责分工立即启动应急预案,派人赶赴事故现场,组织抢救受伤人员,保护好现场并进行勘验、检查,询问当事人和见证人事故的有关情况,收集证据;造成人员死亡的,还应当向事故发生地公安机关报告;待事故勘查处理程序全部结束后,对事故现场进行清理,尽快恢复正常的生产秩序。

4.4 扩大应急

市和区、县农机事故应急领导机构在启动本级应急响应后,由于能力和条件不足等特殊原因难以有效处置农机事故时,可以向上级农机行政主管部门请求有关应急力量支援。

4.5 响应结束

当农机事故处置工作基本完成,次生、衍生等事故危害被基本消除;伤、亡人员得到医疗救治和转移安放,有关财产得到妥善保管时,市和区、县农机事故应急领导机构可以向上级农机行政主管部门提出终止应急响应的建议,经批准后,宣布响应结束。

5 事故信息的报告

市和区、县农机事故应急领导机构办公室应当严格执行农机事故应急值班制度,公开事故报告电话,确保通信网络畅通,及时接收农机事故信息,并经迅速核实事故有关情况后,立即通过电话、传真等形式进行上报。

5.1 事故报告时限和程序

一般农机事故发生后,事发地农机事故应急指挥部办公室应当在接到报告后,及时向本级农机事故应急指挥部和安全生产监督管理部门报告,并同时报告市农机事故应急领导小组办公室,办公室对事故信息进行确认核实后,应当及时报告市农机事故应急领导小组。

较大以上农机事故发生后,事发地农机事故应急指挥部办公室应当在接到报告后,立即向本级农机事故应急指挥部和安全生产监督管理部门报告,并逐级报告至农业部农机监理总站,每级间隔时间不得超过2小时。特殊情况下,事发地农机事故应急指挥部办公室可以直接将较大以上农机事故信息向上级农机主管部门和农业部农机监理总站报告。

市农机事故应急领导小组办公室事故报告电话为:010－63312505(兼传真),010－63493107,13811410012。

5.2 事故报告内容

(1)事故发生的时间、地点以及事故现场情况;

(2)事故当事人和事故农业机械基本情况;

(3)事故的简要经过;

(4)事故已经造成或者可能造成的伤亡人数(包括下落不明的人数)和初步估计的直接经济损失;

(5)已经采取的应急处置措施;

(6)事故报告的单位、负责人、报告人及联系方式。

6 后期处置

6.1 善后处理

农机事故应急处置结束后,市农机事故应急领导小组应配合有关部门做好农机事故当事人及其家属的安抚工作,帮助其尽快恢复正常的生活、生产。

6.2 保险

农机事故应急处置结束后,事发地农机安全监理机构应积极协调保险公司,及时对相关财产损失和人员伤亡情况进行评估、理赔。

6.3 总结与评估

事发地农机主管部门和农机安全监理机构应当在事故处理完结后5个工作日内,对应急处置工作整个过程进行总结,将总结材料上报市农机事故应急领导小组办公室,并由办公室整理、汇总后,上报市农机事故应急领导小组。

市农机事故应急领导小组应对事故应急处置情况进行调查评估,总结经验教训,提出整改措施。

6.4 表彰和奖励

市农机事故应急领导小组应当对在农机事故应急处置工作中做出突出贡献的先进单位和个人给予表彰和奖励。

7 保障措施

7.1 责任保障

各级农机主管部门应当建立健全农机事故应急处置工作责任制,并将落实情况纳入农机化工作绩效考核的内容,对有失职、渎职、玩忽职守等行为延误事故处理工作的,要依法依纪追究责任。

7.2 经费保障

各级农机主管部门应当将事故应急处置所需经费列入年度财政预算,财政部门应当保障农机事故应急处置的专项经费,并加强对经费的监管。

7.3 队伍保障

市和区、县农机事故应急领导机构应当组建一支以农机安全监理人员为基础的应急队伍,形成规模适度、管理规范、业务过硬的农机事故应急处置队伍体系。

7.4 装备保障

各级农机安全监理机构应当按照《农业机械事故处理办法》和本预案的有关要求,配备事故勘查车辆、现场勘查设备、通信联络设备等必要装备,并保持良好状态,确保事故应急处置工作的顺利实施。

7.5 宣传、培训和演练

7.5.1 宣传

市农机事故应急领导小组办公室应当加强相关宣传教育,组织区县农机安全监理机构开展丰富多彩的宣传活动,广泛宣传农机安全生产应急处置的相关知识，全面增强农民群众的安全意识和预防、避险、避灾、自救、互救等技能。

7.5.2　培训

市农机事故应急领导小组办公室应当定期开展应急培训工作，加强对农机事故应急处置人员的培训力度，使参训人员熟练掌握事故处置相关程序和方法，有效提高其业务素质和专业技能。

7.5.3　演练

市农机事故应急领导小组办公室应当建立健全应急演练制度，定期在全市范围内组织开展农机事故应急处理演练活动，通过实践彻底检验并不断完善应急预案，进一步提高我市农机事故应急队伍的协调、配合以及处置能力。

各区县农机事故应急指挥部每年至少要在本辖区组织一次事故应急处理演练活动。

8　附则

8.1　名词术语

8.1.1　本预案所称农机事故，是指农业机械在作业或者转移等过程中造成人身伤亡、财产损失的事件。

8.1.2　本预案所称“以上”，包括本数；所称“以下”，不包括本数。

8.2　预案管理

8.2.1　本预案由北京市农业局负责制定，市农机事故应急领导小组办公室负责解释。参照本预案，各区县农机主管部门应当制定本地区的农机事故应急预案。

8.2.2　本预案由市农机事故应急领导小组组织审核。

8.2.3　随着相关法律法规的制定、修改，机构调整或应急资源的变化，以及在应急处置和应急演练中发现问题，北京市农业局应当适时组织修订本预案。

8.3　预案实施

本预案自发布之日起实施。

附件：1. 北京市农机事故应急处置工作流程图（略）

2. 北京市农机事故应急组织体系图（略）

3. 北京市农机事故应急领导小组及应急协作部门通（略）

北京市农村工作委员会
北京市安全生产监督管理局　北京市农业局
关于印发开展2012年北京市“平安农机”创建活动实施方案的通知

京政农函[2012]35号

各郊区县人民政府：

为贯彻落实农业部和国家安全生产监督管理总局《关于印发（“十二五”创建“平安农机”活动方案）的通知》（农机发[2011]3号）精神，加强本市农机安全生产措施，强化农机安全生产工作，兴机富民，保民平安，市农村工作委员会、市安全生产监督管理局、市农业局联合制定2012年北京市“平安农机”创建活动实施方案，请认真贯彻落实。

特此通知。

二〇一二年六月二十五日

2012年北京市“平安农机”创建活动实施方案

农业机械安全生产关系到广大农民群众的身体健康和生命财产安全，关系到农业生产和农村经济健康发展，关系到农村社会和谐发展和文明建设。伴随我市农业机械化事业和都市农业的快速发展，用于种植、畜牧、水产、林果业农业生产及农产品加工的农业机械拥有量大幅增长，农机安全事故隐患进一步突出，农机安全生产形势更加严峻，农机监管任务艰巨。为此，制定本活动方案。

一、指导思想

以农业部和国家安全生产监督管理总局《关于印发（“十二五”创建“平安农机”活动方案）的通知》（农机发[2011]3号）精神为指导，以预防和减少农机事故为目标，以创建“平安农机”示范县、乡（镇）、村和户（服务组织）为载体，以提高农机安全监管能力和农民群众安全生产意识为着力点，落实农机安全生产责任制，完善农机安全监管网络，强化农机安全生产措施，夯实农机安全生产基础，构建农机安全生产长效机制，保障农业机械化又好又快发展，为促进本市社会主义新农村建设和都市型现代农业蓬勃发展做出新贡献。

二、工作目标

深化一个转变，即将“平安农机”创建工作贯穿于农机安全监理工作的始终，以创建活动常规化转变为载体，探索农机安全监理全覆盖式分类管理模式，实现农机生产全方位、全过程监管。

“平安农机”创建工作达到以下目标：农机安全生产责任明确，农机安全生产考核制、责任倒查制、过错追究制得到切实落实；农机安全宣传教育工作进一步加强，农机所有者、驾驶操作人员和农民群众的安全意识和技术水平得到明显提高；农机安全监理规范化建设水平不断提升，农机免费实地安全检验不断推进，农机牌证管理不断规范，源头管理得到加强；农机安全生产措施不断完善，拖拉机和联合收割机登记率、检验率及驾驶人持证率逐步提高，农机事故隐患明显减少；农机安全监理机构基础设施和装备建设及配置水平明显提升，农机安全监理公共服务能力得到显著增强；构建农机安全生产的源头管理、执法监控、宣传教育"三大防线",有效提高农机安全监管能力,实现农机安全生产的全程监督管理。

三、工作重点

一是开展"创建回头看",加强已创建各级示范单位的后续性建设。要创新工作方法,拓宽工作思路,对已经创建的各级示范单位开展后续性建设,巩固创建工作成效。2012 年拟续建示范镇 30 个、示范村 200 个、示范户 2 000 户。(各区县创建工作任务详见附件 1)

二是开展"平安农机"先进服务组织、设施农业园区、规模化养殖小区试点建设,探索农机部门监管与其自我管理相结合的新模式,推动建立全市农业机械安全监理全面分类管理机制。2012 年拟创建先进服务组织 30 个、设施农业园区 27 个、规模化养殖小区 16 个。(具体活动方案详见附件 2)

三是做好第四批"全国平安农机示范区"推荐参评工作,以及顺义、怀柔、大兴、延庆四个"全国平安农机示范区"的复查考核工作。

四、工作内容

(一)强化组织领导,落实监管工作职责

1. 成立由区(县)政府分管领导担任负责人,农机、安全监管等部门参加的农机安全管理工作领导机构,明确各部门职责分工。定期召开农机、安全监管、公安交管等部门共同参与的农机安全联席会议,分析农机安全生产形势,确定农机安全监管工作重点。安排专项资金,保障"平安农机"创建活动持续开展。

2. 区(县)政府要制定并下发农机安全管理工作文件,明确"平安农机"创建活动目标。建立包括区(县)、乡(镇)、村、户四级示范单位的创建工作组织机构并公示人员联络图,便于开展工作。

3. 区(县)政府要制定并落实农机安全生产责任制,将农机安全生产工作纳入区(县)、乡(镇)政府年度考核内容,区(县)政府与乡(镇)政府、乡(镇)政府与村委会、村委会与农机户之间要层层签订农机安全生产责任书。不断完善区(县)、乡(镇)、村三级农机安全监管网络,实行目标责任管理。

4. 要建立农机安全生产应急预案,并组织开展应急演练活动。公开农机事故报告电话,建立 24 小时值班制度。

5. 要建立信息通报制度。区(县)农机部门定期向公安交管部门通报拖拉机登记、安全检验和驾驶证发放等情况,定期向安全监管部门通报农机事故情况;公安交管部门定期向农机部门通报农机道路交通违法和交通事故情况。

6. 要将"平安农机"创建活动列入重要议事日程,把农机安全生产工作与农机化中心工作同部署、同检查。要摸清监管对象范围和底数,包括农业机械保有量、农业机械驾驶操作人员数量和农机事故等情况。要科学设置农机安全监理岗位,分工明确。区(县)农机安全监理机构要配备宣传教育、办公自动化等仪器和设备,规范使用农机安全监理行业标识。

(二)强化宣传教育,营造良好社会氛围

1. 要制定农机安全宣传工作计划。结合农时季节、重要节假日和"安全生产月"等有利时机,开展农机安全"六个一"宣传教育活动。在各区(县)农机监理业务大厅和农机考试、检验场地,设置农机安全宣传资料。充分利用媒体或简报等形式,及时发布农机安全生产信息。

2. 要做好农机法律法规和安全常识普及工作。组织农机驾驶操作人员开展农机法律法规及安全生产知识学习教育活动。要在各级示范单位建立农机安全宣传栏、悬挂横幅、树立彩旗、张贴农机安全生产标语和口号,营造农机安全生产氛围。确保辖区内农机驾驶操作人员安全知识普及率达到 80% 以上。

(三)强化源头管理,消除农机事故隐患

1. 严把"三关"——注册登记关、驾驶证核发关和安全技术检验关,努力完善农机监理的源头管理。严格按照相关法律法规实施各项行政许可事项,严格实行"谁检验、谁负责,谁考试、谁负责,谁主管、谁负责"的原则。加强对全市九所拖拉机驾驶培训学校的监督管理,驾驶人考试使用全国农机驾驶人理论考试系统和电子桩考设备进行。拖拉机检验全部实现上线检测。

2. 开展农机维修行业管理与维修质量监督检查工作。严格按照《农业机械安全监督管理条例》《农业机械维修管理规定》要求,做好本辖区农业机械维修和配件经营的监督管理工作。农机维修网点必须取得资格证书,农业机械维修人员必须具有从业资格,持证上岗。杜绝因维修质量或配件质量引发的农机事故。

3. 各区(县)、乡(镇)、村、户(服务组织)四级示范单位要分别建立拖拉机及配套机具、联合收割机、微耕机、卷帘机等农业机械台账和农机驾驶人台账。

(四)强化执法检查,落实安全防范措施

1. 充分利用北京市农机安全生产联合行动机制,区(县)农机主管部门加强与安全监管、公安交管部门的配合,结合京郊"春耕、三夏、三秋"等农时季节,在农田、场院、乡村公路等场所依法开展联合检查,全年检查天数不少于 100 天。

2. 组织开展农机安全生产隐患排查治理工作。排查拖拉机、联合收割机登记证书、号牌、行驶证发放情况和驾驶证申领情况,规范牌证核发行为;排查驾驶员超速、超载、非法载客、无证驾驶、违章操作和无牌行驶等违法行为。针对发现的农机事故隐患制定并落实各项安全防范措施。

3. 开展便民服务。实行执法依据、办事程序、收费项目标准、办事人员、办事结果五公开。区(县)农机监理机构深入乡村开展培训办证、年审检验、维修服务和宣传工作。

(五)强化事故监控,确保农机安全生产形势稳定

1. 建立农机事故报告制度,使用农机事故报送分析系统,按时进行农机事故月报,农机事故统计数据真实;确保不突破农机安全生产死亡控制考核指标;对已发生的农机事故要按照"四不放过"的原则进行调查处理,对事故责任人员进行责任追究;要规范农机事故档案,配备事故勘查设备;对农机事故进行半年、全年分析,并将事故统计分析情况、整改措施向上级部门报告。

2. 确保农机安全隐患排查治理和专项整治工作成效,使无牌行驶、无证驾驶等重点违法、违规现象呈下降趋势。

五、工作进程

第一阶段:动员部署

5 月,市农业局和市安全生产监督管理局联合成立北京市"平安农机"创建活动领导小组。

组　长:王振邦　市农业局副局长

副组长:杨　琦　市农委社会管理处处长

　　　　翟金津　市农业局农机化管理处处长

王丽洁　市农业机械监理总站站长
魏丽萍　市安全生产监督管理局监管二处处长
成　员:王雅红　市农业局农机化管理处副调研员
王艺中　市农业机械监理总站副站长
赵跃平　市安全生产监督管理局监管二处副调研员

各区县要明确本辖区"平安农机"创建活动领导小组,广泛动员,上报创建工作实施方案,明确工作目标,落实工作职责。

第二阶段:积极创建

5月至10月,各区县按照"一个转变,两个重点,五个强化"的内容,结合本辖区实际,积极开展创建工作。市级"平安农机"创建工作领导小组将加强对各区县创建工作的检查指导。

第三阶段:检查考评

7月至8月,按照农业部和国家安全生产监督管理总局要求,做好第四批"全国平安农机示范区"参评工作,并完成对怀柔区、顺义区、大兴区、延庆县四个"全国平安农机示范区(县)"的复查考核工作。

11月,对已创建的各级示范单位进行检查考评。

12月,召开总结会,表彰优秀,对考评不合格的要取消示范单位称号。

附件:1. 北京市第六期创建"平安农机"活动实施计划明细表(略)
2. 2012年创建市级"平安农机"先进服务组织、设施农业园区、规模化养殖小区活动试点方案(略)

河北省人大常委会关于贯彻执行《河北省农业机械管理条例》的通知

冀人常[2012]27号

省人民政府、省高级人民法院、省人民检察院:

河北省第十一届人民代表大会常务委员会第三十一次会议,于2012年7月27日通过了《河北省农业机械管理条例》。现将《条例》等印发,请贯彻执行。

二〇一二年九月十二日

河北省第十一届人民代表大会常务委员会公告

《河北省农业机械管理条例》已经河北省第十一届人民代表大会常务委员会第三十一次会议于2012年7月27日修订通过,现予公布,自2012年11月1日起施行。

二〇一二年七月二十七日

河北省农业机械管理条例

(1994年12月22日河北省第八届人民代表大会常务委员会第十一次会议通过

2012年7月27日河北省第十一届人民代表大会常务委员会第三十一次会议修订)

第一章　总　则

第一条　为了加强农业机械管理,提高农业机械化水平,推进农业现代化发展,根据《中华人民共和国农业机械化促进法》、国务院《农业机械安全监督管理条例》等有关法律、行政法规的规定,结合本省实际,制定本条例。

第二条　本条例所称农业机械,是指用于农业生产及其产品初加工等相关农事活动的机械、设备。

本条例所称农业机械化,是指运用先进适用的农业机械装备农业,改善农业生产经营条件,不断提高农业生产技术水平和经济效益、生态效益的过程。

第三条　在本省行政区域内从事农业机械科研开发、推广、销售、使用、维修及管理,适用本条例。

第四条　县级以上人民政府应当加强对农业机械化工作的领导,将发展农业机械化纳入国民经济和社会发展计划,采取财政支持和实施国家规定的税收优惠政策以及金融扶持等措施,鼓励、支持农民和农业生产经营组织发展农业机械化,逐步实现农业现代化。县级以上人民政府应当加强和完善农业机械化服务体系、安全监督管理体系和基础设施建设,支持农业机械化新技术、新产品推广应用。对促进农业机械化发展做出显著成绩的单位和个人给予表彰和奖励。

第五条　县级以上人民政府农业机械主管部门负责本行政区域的农业机械化促进和农业机械管理工作。县级以上人民政府有关部门按照各自的职责分工,共同做好农业机械化促进和农业机械管理工作。乡、镇人民政府应当引导和扶持农业机械服务组织的发展,做好先进适用的农业机械推广和服务工作。

第二章　科技推广

第六条　省人民政府及其有关部门应当支持科研机构、生产企业及科技人员研究开发先进适用的农业机械新机具、新技术，并组织相关单位采取技术攻关等措施，促进基础性、关键性、公益性农业机械的研究开发和技术创新；支持引进先进适用、节能环保的农业机械及技术，鼓励以研究开发、成果转让和研究成果投资入股以及合资合作等多种方式促进科技成果的转化。省人民政府农业机械主管部门根据本省农业发展规划和农业生产需要，组织编制农业机械化科研开发项目计划。设区的市、县（市、区）人民政府根据本地农业和农村经济发展的需求，采取具体措施，扶持农业机械工业结构调整和产品升级换代，促进生产企业、院校和科研单位、推广机构相结合，加快先进适用农业机械的推广应用。

第七条 省人民政府农业机械主管部门应当编制全省农业机械化发展规划和农业机械化示范区建设规划，并组织实施。设区的市、县（市、区）人民政府可以根据全省农业机械化示范区建设规划，在不同的农业区域建立农业机械化示范基地。鼓励单位和个人建立农业机械化示范点，引导农民和农业生产经营组织使用先进适用的农业机械。

第八条 县级以上人民政府对依法应当予以保障的公益性质的农业机械化公共服务机构工作经费，列入本级财政预算。公益性质的农业机械生产设施基本建设项目列入县级以上人民政府的基本建设计划。公益性质的农业机械试验示范基地、服务设施、生产资料以及其他资产受法律保护，任何单位和个人不得侵占和挪用。

第九条 县级以上人民政府应当加强农业机械技术推广体系建设。基层农业机械技术推广机构应当以公益性质的农业机械试验示范基地为依托，为农民和农业生产经营组织无偿提供公益性农业机械技术的推广、培训等服务。

第十条 农业机械新产品、新技术的推广应当尊重农民和农业生产经营组织的意愿，适应当地农业生产发展的需要，并应当依照农业技术推广法的规定，在推广地区经过试验证明具有先进性、适用性。

第十一条 省人民政府农业机械主管部门应当将通过推广鉴定的农业机械的相关信息予以公告。

省农业机械试验鉴定机构应当提供农业机械推广鉴定服务，按照国家有关规定受理农业机械生产者或者销售者提出的推广鉴定申请，对其定型生产或者销售的农业机械产品进行适用性、安全性、可靠性检测，出具试验鉴定报告。

第十二条 根据国家和本省有关规定，省人民政府应当安排专项资金，对农民和农业生产经营组织购买国家和本省支持推广的先进适用、安全可靠、节能环保的农业机械给予补贴。设区的市、县（市、区）人民政府根据本地农业经济发展实际需要，可以安排专项资金，对适合本地生产使用的农业机械给予补贴。

第十三条 县级以上人民政府农业机械主管部门对农民和农业生产经营组织购买列入国家和本省支持的农业机械推广目录的产品，应当按照公平、公开、公正、及时、便民的原则确定补贴对象给予补贴。

第十四条 省人民政府农业机械主管部门应当会同省人民政府发展和改革部门、财政部门，根据促进农业结构调整、发展粮食生产核心区建设、保护自然资源与生态环境、推广农业新技术与加快农机具更新的原则，确定、公布本省支持推广的先进适用的农业机械产品目录，并定期调整。对列入前款目录的农业机械产品，应当由农业机械生产者自愿提出申请，并通过省农业机械试验鉴定机构进行的先进性、适用性、安全性和可靠性鉴定。

第三章 质量保障

第十五条 县级以上人民政府农业机械主管部门应当加强农业机械作业质量、维修质量、产品质量调查等农业机械质量监督管理工作。产品质量监督部门应当依法组织对农业机械产品的监督抽查。

工商行政管理部门应当依法加强对农业机械产品市场的监督管理工作。

第十六条 县级以上人民政府农业机械主管部门以及产品质量监督部门、工商行政管理部门应当按照各自职责明确投诉监督机构，公布监督电话，设置监督信箱，并负责接受农业机械产品质量、维修质量和作业质量的投诉，调查处理质量纠纷，维护消费者的合法权益。

第十七条 省人民政府农业机械主管部门根据农业机械使用者的投诉情况和农业生产的实际需要，组织省农业机械试验鉴定机构对在用的特定种类农业机械产品的适用性、安全性、可靠性和售后服务状况进行调查，并公布调查结果。被调查单位和个人应当予以配合，提供有关资料和信息，并对其真实性负责。

第十八条 农业机械作业、维修等应当执行国家标准或者行业标准。没有国家标准或者行业标准的，省人民政府标准化行政主管部门应当会同有关部门，制定农业机械维修质量和作业质量等标准。对涉及人身安全、农产品质量安全和环境保护的农业机械产品，应当按照国家规定的强制执行的技术规范执行。

第十九条 农业机械生产者、销售者应当按照国家有关规定为使用者提供零配件供应、培训等售后服务，对不符合质量要求的农业机械产品，应当负责修理或者更换、退货，给农业机械使用者造成损失的，应当依法赔偿。

第二十条 农业机械维修经营者应当经设区的市、县（市、区）人民政府农业机械主管部门审核合格，取得相应类别和等级的农业机械维修技术合格证书，并办理工商登记手续。

第二十一条 农业机械维修经营者应当在农业机械维修技术合格证书核准的维修范围内开展业务，执行国家有关技术标准、规范，履行与用户签订的维修协议，保证维修质量。维修经营者应当按照国家有关规定对维修质量承担相应的责任。

第四章 社会化服务

第二十二条 县级以上人民政府应当支持农村集体经济组织、生产经营企业、科技服务单位和农民兴办农业机械作业服务组织，鼓励共同使用、合作经营农业机械，提高农业机械利用率和作业效率。

鼓励和扶持农业生产经营者通过机械、土地、资本、技术等要素进行联合，在自愿的基础上，依法成立农业机械作业服务组织，其农业机械存放场库用地按照设施农用地对待。

第二十三条 县级以上人民政府应当加强农村机耕道路和农业机械存放场库等基础设施的建设和维护，改善农业机械通行和存放条件，组织有关单位和燃油供应部门保障重要农时季节农业机械作业用燃油供应，并按照国家和省有关规定向直接从事农业机械作业的农民和农业生产经营组织发放燃油补贴。

第二十四条　农业机械作业服务组织和个人提供的农业机械作业服务应当符合农业机械作业质量标准，没有相关作业质量标准的，按照当事人双方协商约定的要求作业。

第二十五条　鼓励、支持农业机械跨区作业。县级以上人民政府农业机械主管部门应当组织、协调农业机械跨区作业，提供有关技术和信息服务，并实施安全监督管理。公安机关以及交通运输、气象等部门应当根据农业机械跨行政区域作业实际需要，采取有效措施，合理安排跨行政区域作业的农业机械运行时间和路线，并提供相关保障和信息服务。跨行政区域作业的联合收割机、运输联合收割机的车辆，免交车辆通行费。

第二十六条　县级以上人民政府农业机械主管部门应当组织农业机械技术推广和培训机构，结合生产实际开展农业机械推广和科技知识宣传活动，做好农业机械从业人员的培训和教育工作，提高农民对先进生产工具及技术的接受能力和安全操作水平。鼓励有关高等院校、中等职业学校和培训机构通过远程教育、现场观摩、广播等多种形式，开展农业机械化专业人才和农业机械作业、维修、管理等技术人员培养工作。

第二十七条　县级以上人民政府农业机械主管部门应当加强农业机械维修服务体系建设，扶持社会力量以及农业机械生产企业兴办农业机械维修服务站点，为农业机械的维修、保养提供便利。

第二十八条　农业机械驾驶、操作、维修人员可以自愿向省人民政府人力资源和社会保障部门、省人民政府农业机械主管部门申请参加职业技能鉴定，获取相应等级的国家职业资格证书。

第二十九条　农业机械生产者、销售者、维修者可以依法自愿成立行业协会，实行行业自律。行业协会应当为会员提供农业机械化的相关信息咨询、技术指导、市场营销、宣传培训等服务，维护会员和行业的合法权益。

第五章　安全监督

第三十条　县级以上人民政府应当落实农业机械安全生产责任制，完善农业机械安全监督管理体系，加强农业机械安全法律、行政法规宣传教育，推广、使用先进的技术、设备，预防和减少农业机械事故。

第三十一条　按照国家规定需要核发牌证的拖拉机、联合收割机实行登记制度，经设区的市、县（市、区）人民政府农业机械安全监理机构注册登记，并领取牌证后，方可使用。拖拉机、联合收割机使用期间登记事项发生变更、所有权转移、用作抵押或者报废的，其所有人应当到原登记机构办理变更、注销等相关手续。新购置而未领取牌证的拖拉机、联合收割机等农业机械，需要临时行驶、使用的，应当申请临时牌证。

第三十二条　县（市、区）人民政府农业机械安全监理机构应当对取得牌证的拖拉机、联合收割机，每年进行一次安全技术检验，未经检验或者经检验不合格的，不得继续使用。对危及人身财产安全的其他农业机械，应当依照国家有关规定定期免费进行实地安全技术检验。

第三十三条　从事拖拉机、联合收割机驾驶培训活动的机构，应当具备与其培训活动相适应的场地、设备、人员等条件，并取得省人民政府农业机械主管部门颁发的驾驶培训许可证，其中经营性的驾驶培训机构还应当持许可证到工商行政管理部门依法办理登记手续后，方可开展拖拉机、联合收割机驾驶培训活动。

第三十四条　拖拉机、联合收割机操作人员经培训后，参加县（市、区）人民政府农业机械安全监理机构组织的考试。考试合格的，由县级人民政府农业机械安全监理机构核发操证件。未取得操作证件的，不得驾驶操作拖拉机、联合收割机。县（市、区）人民政府农业机械安全监理机构应当依法对操作证件进行审验。

第三十五条　拖拉机、联合收割机牌证和有关操作证件，由省人民政府农业机械安全监理机构按照国家有关规定统一制作和发放。设区的市、县（市、区）人民政府农业机械主管部门负责监督本行政区域内牌证和有关操作证件的发放工作。

第三十六条　拖拉机、联合收割机应当悬挂牌证，驾驶操作拖拉机、联合收割机的人员应当随身携带操作证件。禁止使用过期、失效的拖拉机、联合收割机牌证和失效证件。任何单位或者个人不得擅自将原农业机械发动机更换为大功率发动机。

第三十七条　投入使用的农业机械，应当确保安全防护装置、警示标志等安全设施完好。禁止改装、拆除农业机械安全设施。

第三十八条　农业生产经营组织应当制定农业机械安全管理制度，定期对农业机械进行必要的安全检查，排除安全事故隐患，并对农业机械操作人员进行农业机械安全知识教育和操作培训，提高其安全意识和安全操作技能。

第三十九条　本省按照国家有关规定实行落后农业机械淘汰制度和报废更新制度。明令淘汰或者达到报废条件的农业机械应当停止使用并依法实行回收。淘汰、报废的农业机械由设区的市、县（市、区）人民政府农业机械安全监理机构办理注销手续。对于已经报废老旧农业机械并取得拆解回收证明的农民，在购买列入农业机械购置补贴机具种类范围内的农业机械时，可以优先享受财政补贴政策。

第四十条　在道路外发生的农业机械事故，由县级以上人民政府农业机械安全监理机构处理。农业机械事故损害赔偿的项目和标准依照有关法律的规定执行。

第四十一条　拖拉机、联合收割机上道路行驶时，驾驶人员应当遵守道路交通安全法律、行政法规的规定。禁止用拖拉机从事客运和违法载人；禁止驾驶、操作不符合安全规定的农业机械；禁止酒后驾驶、操作农业机械。

第四十二条　县级以上人民政府农业机械主管部门应当配合县级以上人民政府公安机关交通管理部门，在重要农时季节，加强对拖拉机、联合收割机的安全检查，保障人民生命和财产安全。县级以上人民政府交通运输行政管理部门，应当根据农村道路安全的需要，在铁路公路交叉路口、重要公路平交路口、事故多发地段设置必要的警示标志。

第四十三条　建立和完善农业机械保险制度，对参加保险的农业机械可以给予保费补贴。专营运输和兼营运输的拖拉机应当到保险机构办理交通事故责任强制保险，承办机动车强制保险业务的保险机构应当按照规定保费标准开展保险业务，不得拒保或者变相拒保。鼓励各类保险机构研究开发农业机械保险产品。

第四十四条　县级以上人民政府应当鼓励和支持农业机械所有人或者操作人员依照法律、行政法规的规定，自愿成立农业机械安全互助组织，完善救助机制，降低事故损害风险。

第四十五条 县级以上人民政府农业机械安全监理人员进行安全监督检查和事故处理时，应当佩戴统一标志，出示有效的行政执法证件。农业机械安全监督检查、事故勘查车辆应当统一标志、标识。

第六章 法律责任

第四十六条 县级以上人民政府农业机械主管部门、农业机械安全监理等有关机构及其工作人员违反本条例规定，有下列行为之一的，由上级主管机关或者监察机关责令限期改正，对直接负责的主管人员和其他直接责任人员给予行政处分；构成犯罪的，依法追究刑事责任：

（一）截留、挪用财政补贴的；

（二）违反规定实施行政许可的；

（三）其他滥用职权、徇私舞弊、玩忽职守行为的。

第四十七条 违反本条例第三十三条规定的，由省人民政府农业机械主管部门责令停办，没收违法所得，并处违法所得1倍以上3倍以下罚款，但最高不超过3万元；无违法所得的，处2 000元以上1万元以下罚款。

第四十八条 违反本条例第三十六条规定的，由县（市、区）人民政府农业机械安全监理机构责令限期改正；逾期不改正的，处100元以上500元以下罚款。

第四十九条 违反本条例第三十七条第二款规定的，由县（市、区）人民政府农业机械安全监理机构责令限期改正；逾期不改正的，责令停止使用，并处100元以上500元以下罚款。

第五十条 违反本条例第四十一条规定的，由县级以上人民政府公安机关交通管理部门或者有关职能部门，依照有关法律、行政法规的规定处罚。

第七章 附 则

第五十一条 本条例自2012年11月1日起施行。

山西省农机局 山西省财政厅 关于下发《山西省2012年柠条机械平茬作业补贴项目实施方案》通知

晋农机计字［2012］25号

有关市、县（市、区）农机局、财政局：

为搞好柠条机械平茬作业补贴项目的实施工作，省农机局和省财政厅共同制定了《2012年山西省柠条机械平茬作业补贴项目实施方案》，现下发给你们，请遵照执行。

各项目县农机部门要抓紧制定项目实施方案，搞好柠条机械平茬作业的组织实施工作，建立健全作业补贴程序；财政部门要加大对项目实施及资金使用的检查力度，保证项目工作经费的落实，做好补贴资金的及时拨付工作。确保项目顺利实施，达到项目的预期效果。

附：2012年山西省柠条机械平茬作业补贴项目实施方案（略）

二〇一二年四月十日

内蒙古自治区人民政府关于加快自治区农牧业机械工业发展的实施意见

内政发［2012］64号

各盟行政公署、市人民政府，自治区各委、办、厅、局，各大企业、事业单位：

为全面贯彻落实《国务院关于促进农业机械化和农机工业又好又快发展的意见》（国发［2010］22号，以下简称《意见》）精神，推动我区农牧业机械工业健康快速发展，现提出如下实施意见：

一、总体要求

农牧业机械是发展现代农牧业的重要物质基础，是发展农牧业生产、解决"三农三牧"问题和建设社会主义新农村新牧区必备的技术装备。大力发展农牧业机械工业，对于提高我区农牧业装备水平、改善农牧业生产条件、增强农牧业综合生产能力、拉动农牧区消费需求等具有重要意义。

（一）指导思想

深入贯彻落实科学发展观，以提高农牧业装备水平、促进现代农牧业发展、加快社会主义新农村新牧区建设为主线，坚持发展高端先进的农牧业机械与发展经济适用的中小型农牧业机械相结合的原则，以提高农牧业机械在自治区内市场占有率、积极拓展国内外市场为目标，通过进一步加大政策支持、招商引资、消化吸收、自主创新和强化品牌建设的力度，培育和扶植一批龙头企业做大做强，扩大农牧业机械工业总量，提升创新能力和制造、服务水平，促进我区农牧业机械工业又好又快发展。

（二）主要任务

1. 加快发展，努力提升我区农牧业机械工业产业规模和制造水平。发挥企业主体作用，加大政策扶持力度，着力营造有利于农牧业机械工业快速发展的良好环境，努力促进我区农牧业机械工业大发展，大幅度提升我区农牧业机械工业的产业规模。积极引进国内外农牧业机械制造大企业、大集团及高端先进的农牧机械新产品、新技术，发展适合农牧区家庭生产经营需要的中小型、轻简化农牧机械，形成适应我区不同地区经济水平、高中低端产品共同发展的格局，促进产业转型升级，努力提升企业的自主发展能力和产品的核心竞争力。

2. 加强技术创新体系建设，增强农牧业机械工业科技创新能力。依托农牧业机械制造企业和科研院所，搭建科技创新平台，组织开展主机装备和关键技术、关键零部件的研发，解决农牧机产品结构性矛盾，显著增强农牧业机械工业科技创新能力。鼓励企业自主创新，加快技术改造步伐，不断提高生产技术水平和工艺装备水平，提升产品竞争力。

3. 加强农牧业机械生产企业质量管理，提升产品质量。引导企业严格执行相关质量法规和政策，鼓励企业通过质量体系认证和产品认证加强内部质量管理，开展争优创优，努力提升产品质量。

4. 加快农牧业机械市场体系建设，提高售后服务能力。依托农牧业机械生产企业和专业流通企业的销售网络，建立新型农牧业机械市场体系，发展连锁经营。健全农牧业机械零配件供应网络，提高流通效率，方便农牧民购机。建立农牧业机械产品售后服务体系和信息服务平台，依托重点生产企业、专业流通企业建立售后服务中心，提高服务能力。

（三）发展目标

到 2015 年，通过招商引资、消化吸收、技术改造、自主创新和产业集聚，培育农牧机械产业园 3 ~ 5 个、规模以上龙头企业 25 家，总产值达到 30 亿元。企业自主创新能力明显提高，形成一批具有自主知识产权的拳头产品，农牧机械在自治区内的市场占有率达到 65% 以上自治区外的市场占有份额逐年增大。

到 2020 年，培育农牧机械产业园 5 ~ 8 个、规模以上龙头企业 50 家，总产值达到 100 亿元，农牧机械在自治区内的市场占有率达到 80% 以上。

二、发展重点和布局

按照《意见》的总体要求，结合我区实际情况，今后 10 年，我区农牧业机械工业要通过重点发展五大领域、努力打造四大产业基地、培育和扶植发展一批重点龙头企业，实现由小变大、由弱变强。

（一）发展重点

根据我区农牧业机械工业发展现状和农牧业发展需求，今后的发展重点主要集中在五大领域。

1. 耕种施肥机械：大力发展免耕播种机、精量播种机、旋耕机、深松机、马铃薯播种机、中耕施肥机、除草机、灭茬机、甜菜移栽机等耕种施肥机械，积极开发生产适合农牧区家庭生产经营需要的中小型、轻简化的节肥、节药、节种等资源节约型机械。

2. 农田排灌机械：大力发展喷灌设备、滴灌设备、提水泵具等农田排灌机械，积极开发生产高效节能机泵设备、节水灌溉设备、小型抗旱排涝机械等。

3. 作物收获机械和农用动力机械：大力发展马铃薯收获机、胡萝卜收获机、玉米收获机等作物收获机械，通过自主研发和引进国内外知名企业的技术和品牌，积极开发生产小麦联合收割机、自走式玉米联合收获机等大中型、高性能、多功能作物收获机械及关键部件，积极开发生产大中马力拖拉机等农用动力机械。

4. 农产品加工机械：大力发展小麦面粉成套设备、干燥设备、薯类淀粉加工机械、乳制品加工机械、油料加工机械、牲畜屠宰机械、脱粒机、筛选机等农产品加工机械，积极开发生产种子清选和种子处理机械等。

5. 畜牧业机械：大力发展割草机、割灌机、压捆机、揉草粉碎机、挤奶机、冷藏罐、贮奶罐、饲料加工机械、畜牧业运输机械等具有地方特色并具有比较优势的畜牧业机械，积极开发生产青饲料收获机及关键零部件、奶油分离机、剪毛机、畜禽饲喂和饮水机械、畜禽舍除粪及粪便处理机械、畜禽舍环境控制和疫病防治机械等。

（二）发展布局

积极引导国内外技术资本和实力雄厚的农牧机制造企业向农牧业机械工业产业基地集中，充分依托现有产业基础，重点打造四大农牧业机械制造产业基地。

1. 以呼伦贝尔市为中心的畜牧业机械制造产业基地：依托呼伦贝尔经济开发区，重点引进和发展割草机、压捆机、搂草机、捆草机、铡草机、揉草粉碎机、饲料粉碎机、网围栏、挤奶机、冷藏罐、贮奶罐等制造产业，提高畜牧业的机械化水平和产能。重点发展适合林业大型鱼鳞坑整地、开沟机械以及林果采收机械、种苗培育设备等。

2. 以赤峰市为中心的种植机械、作物收获机械、设施农业机械、农田排灌机械制造产业基地：依托赤峰经济开发区和宁城经济开发区，重点引进和发展播种机、脱粒机、青饲料收获机、马铃薯播种机、马铃薯收获机、喷灌设备和滴灌设备及关键零部件等制造产业。

3. 以兴安盟为中心的种植机械、农田排灌机械制造产业基地：依托乌兰浩特经济开发区，重点引进和发展免耕播种机、除草机、铡草机、水泵、喷灌设备和滴灌设备等制造产业。

4. 以巴彦淖尔市为中心的作物收获机械、农产品加工机械、农田排灌机械制造产业基地：依托巴彦淖尔经济开发区和杭后工业园区，重点引进和发展小麦联合收割机、脱粒机、筛选机、榨油机、番茄收获机、喷灌设备和滴灌设备等制造产业。

5. 其他农牧业机械工业产业园区：依托呼和浩特经济开发区、通辽经济开发区、锡林郭勒经济开发区、包头装备制造产业园区、鄂尔多斯装备制造基地、察哈尔工业园区等，积极引进高端先进的农牧机械新产品、新技术，以园区内重点农牧机械生产企业和研发机构为依托，重点发展翻转调幅犁、马铃薯收获机、胡萝卜收获机、潜水泵、风力扬水机、植树机、开沟机、挖树机、甜菜移栽机及枸杞、山茱萸、沙棘采摘器等制造产业，逐步壮大产业规模，提升产品技术水平和产品质量水平，实现产业化、规模化发展。

（三）培育和扶植龙头企业

加大资源整合和核心技术引进开发的力度，引导要素资源向优势企业集中，改变目前少、小、散和大中型农牧机装备制造几近空白的现状。培育和扶植一批相互配套、特色鲜明的农牧业机械制造龙头企业，提升产业集中度和专业化分工协作水平，逐步建立起较为完善的农牧业机械制造产业体系。进一步加大对农牧业机械生产企业技术改造的支持力度，促进农牧业机械加工制造产品的升级换代，引导企业开发、生产适宜我区农牧业发展需要的产品，不断提高产业规模和市场竞争力。根据我区实际，采取政府支持、各部门综合施策、加大资源整合力度和产业布局引导等多种措施，重点培育和扶植一批农牧业机械制造龙头企业做大做强。

三、政策措施

（一）认真贯彻《意见》精神，加大对农牧业机械工业发展的支持力度

各地区、各部门要认真贯彻《意见》精神，加强领导，加大

财政支持力度，切实落实各项税费优惠政策。金融部门要加强与农牧业机械工业主管部门的联系与合作，制定适合我区农牧业机械工业发展特点的金融政策，创新金融产品和服务方式，扩大购机信贷规模，做好融资支持和配套金融服务。要积极推进大中型农牧机具抵押贷款业务，合理确定还贷期限。对符合产业政策和信贷原则的农牧业机械制造企业技术改造、新产品开发和农机流通设施建设，给予信贷支持。自治区促进中小企业发展的各项政策措施要向农牧业机械生产企业倾斜。

自治区设立促进农牧业机械工业发展专项资金，对农牧业机械工业技术改造和新产品研发予以重点支持，对获得中国驰名商标、著名商标的农牧业机械制造企业进行资助。

（二）与实施承接产业转移战略相结合，努力壮大产业规模

发挥我区农畜产品资源丰富的优势，与实施承接产业转移战略相结合，积极承接引进山东、河南等农机工业发达省市农机制造企业及中国机械工业集团等大企业、大集团的高端先进的农牧机械新产品、新技术，承接关联产业和配套产业，提高关键零部件和配套产品技术水平，提升配套服务能力，优化产业布局，引导产业集聚，努力壮大我区农牧业机械工业产业规模，提升制造水平。

对符合国家和自治区产业政策，属于自治区煤炭资源配置范围的项目，经自治区人民政府确认，在煤炭资源配置政策上给予倾斜。

（三）加快农牧业机械工业园区建设，引导产业集中集聚发展

着力加大农牧业机械工业的招商引资力度，积极培育龙头企业，支持小型农牧业机械企业专业化发展，打造相互配套、特色鲜明的农牧业机械产业集群。加快促进农牧机械工业产业园区以及园中园的建设，引导转移产业、新上项目以及老旧企业搬迁改造向园区集聚，积极发挥园区龙头企业的带动作用，吸引产业链条整体转移和关联产业协同转移，提升产业配套能力，促进专业化分工和社会化协作。进一步落实园区政策，对进入园区的农牧机企业在土地使用、用地规模、企业规模等方面降低门槛，为农牧机企业办理各种手续开辟绿色通道。

（四）完善人才培养、培训和奖励机制

支持自治区内高等院校农牧机工程学科建设，强化农牧机工程基础教育。支持自治区各职业技术院校与企业、科研院所加强合作，联合培养农牧业机械工业科技人才、管理人才和高级技工，为农牧业机械工业发展提供人才保障。加大培训力度，定期组织开展农牧业机械工业管理人员和技术人员培训，进一步提升农牧业机械工业管理水平和技术创新能力。与实施自治区“草原英才”工程相结合，重点引进和培养农牧业机械工业高层次经营管理人才和技术研发人才，对农牧业机械装备研发和技术推广工作中有突出贡献的人员给予表彰和奖励。

（五）加强领导，明确分工，落实责任

成立以自治区副主席王波为组长，以自治区经济和信息化委、发展改革委、财政厅、农牧业厅、水利厅、林业厅、质监局、工商局、地税局为成员单位的自治区加快农牧业机械工业发展领导小组，负责自治区农牧业机械工业发展的指导和推进工作。领导小组办公室设在自治区经济和信息化委。各成员单位要按照职责分工，加强联系，密切合作，确保各项工作任务落到实处。

各盟行政公署、市人民政府要把发展农牧业机械工业提上重要议事日程，加强组织领导，结合本地区实际，研究制定发展农牧业机械工业的实施计划和配套政策措施，统筹协调推进。呼伦贝尔市、兴安盟、赤峰市、巴彦淖尔市要切实加强对打造农牧业机械制造产业基地的政策引导和政策支持，地方财政每年预算安排500万元专项配套资金，支持本地区农牧业机械工业发展。要建立工作责任制，明确工作职责，加强目标考核，发挥农牧业机械制造产业基地的示范带动作用，推动我区农牧业机械工业又好又快发展。

二〇一二年五月二十四日

上海市人民政府办公厅转发市农委关于促进本市农业机械化和农机工业又好又快发展实施意见的通知

沪府办发[2012]13号

各区、县人民政府，市政府各委、办、局：

市农委《关于促进本市农业机械化和农机工业又好又快发展的实施意见》已经市政府同意，现转发给你们，请认真按照执行。

二〇一二年三月十六日

关于促进本市农业机械化和农机工业又好又快发展的实施意见

农业机械是发展现代农业的重要物质基础，农业机械化是农业现代化的重要标志。加快促进农业机械化和农机工业又好又快发展，对提高农业装备水平、改善农业生产条件、增强农业综合生产能力、促进农民增收，具有重要作用。根据国务院《关于促进农业机械化和农机工业又好又快发展的意见》（国发[2010]22号）的精神，结合实际，现就促进本市农业机械化和农机工业又好又快发展提出如下实施意见：

一、指导思想

围绕发展都市高效生态农业目标，认真贯彻实施《中华人民共和国农业机械化促进法》《农业机械安全监督管理条例》，加快转变农业机械化和农机工业发展方式，走资源节约型、环境友好型高水平农业装备发展道路，进一步落实完善农业机械化

和农机工业政策，培育发展主体，优化农机结构布局，增强农机公共服务能力，加强农机、农艺融合，主攻薄弱环节，全面提高农机装备水平、作业水平、服务水平、科技水平、管理水平和制造水平，促进本市农业机械化和农机工业又好又快发展。

二、发展目标

促进上海农业机械化和农机工业又好又快发展，努力实现“五个转变”，即由一般农业机械向农业装备转变；由产中为主向生产全过程转变；由种植业生产机械化向种养加结合机械化转变；由单一农机户生产向农机专业合作社等组织化生产、作业转变；农机工业由无序发展向专特精新方向发展转变。

（一）到2015年，全市农机总动力达110万千瓦，主要农作物耕种收综合机械化水平达80%。其中，稻麦耕种收综合机械化水平达85%；粮油作物秸秆综合利用率达90%；蔬菜等园艺作物的机械化耕翻、起垄、播种、移栽等主要生产环节机械化水平达50%以上，标准化蔬菜园艺场基地型冷库普及率达80%以上；标准化畜禽、水产养殖场主要机械配套率达60%以上；实现产学研推结合，农机科技成果转化率达60%以上；农机合作组织服务农户数和作业面积达60%以上；安全生产平稳受控，农机事故死亡率控制在0.3‰以内；全市农机工业总产值达15亿元，形成若干有自主知识产权的产品和技术，部分产品达国际领先水平。

（二）到2020年，全市农机总动力达120万千瓦，主要农作物耕种收综合机械化水平达90%。其中，稻麦耕种收综合机械化水平达95%；粮油作物秸秆综合利用率达95%；蔬菜等园艺作物的机械化耕翻、起垄、播种、移栽等主要生产环节机械化水平达70%以上，初步形成蔬菜供应冷链系统；标准化畜禽、水产养殖场主要机械配套率达80%以上；实现产学研推结合，农机科技成果转化率达70%；农机合作组织服务农户数和作业面积达70%以上；安全生产平稳受控，农机事故死亡率控制在0.3‰以内；全市农机工业总产值达20亿元，初步建成有区域特色的农机制造产业体系。

三、主要任务

（一）提高重点产业农业机械化水平。大力发展大马力、高性能、多功能的农业机械，改善农业机械化装备结构，推动粮食作物生产全程机械化，加快推进蔬菜园艺作物生产、加工、保鲜贮藏机械化，促进标准化畜禽和水产养殖场机械化养殖的全面发展。一是改善粮食作物生产全过程中的薄弱环节，提高粮食作物的播种、移栽和秸秆还田等方面机械化水平。二是主攻蔬菜园艺作物生产过程中的关键环节，逐步实现蔬菜作物耕翻、起垄、播种、移栽等机械化，不断提升蔬菜采收机械化水平。三是加强农业机械化示范基地建设，加快标准化畜禽场、水产养殖场机械选型、配套，指导和鼓励农民及专业合作社选用先进、适用、安全、环保的农业机械，推进农业机械化由数量型向质量效能型转变。四是建立农机与农艺的合作机制，不断探索和完善技术路线，逐步形成涵盖主要粮食作物和蔬菜作物的播种、移栽、田间管理、采收、初加工和物流冷链等机械化生产体系，研究制定一整套科学合理、操作规范并与农艺标准相匹配的机械化作业标准，促进农机农艺持续、有效地协调发展。

（二）加强农机公共服务体系建设。不断强化农机技术推广、质量监督、安全监理、教育培训和信息服务等五大能力建设，提高农机化公共服务的能力和水平。完善基层农机推广体系，根据耕地总量、农机总动力，配备相应的农机技术推广人员，为农民提供农机示范推广、培训、技术咨询、安全教育、信息等公益性服务。创新农机技术推广机制，加快推进农机技术示范区县、示范基地建设，辐射和带动重大农业机械技术的推广应用，提高主要农作物重点环节和关键农业机械化技术的普及率。围绕都市生态高效农业，强化都市型农机产品试验鉴定和质量认证，提升农机试验鉴定能力水平。健全农机产品质量和服务监督制度，完善农机产品质量投诉网络。强化农机安全监理，理顺区县监理机构职责，强化农机监理人员队伍，加强安检和执法装备建设。建立和完善农业机械安全监督检查制度，深化“平安农机”创建活动。加强农机教育培训和职业技能鉴定，建立多渠道、多层次、多形式的农机技术培训体系，加快农机化管理、推广和实践操作的人才培养。加快农机信息化建设，建立农机化信息管理综合平台，完善农机化信息采集、筛选、发布方式，实现农机化信息资源共享，提升农机化管理水平。

（三）推进农机社会化服务体系建设。加快推进农机专业合作社等社会化服务组织建设，坚持“政府导向、农民自愿、政策扶持、加强指导”的原则，提升农机社会化服务能力。加大示范合作社创建力度，加强农机库、配件库、油料库、维修车间和防护设备等基础设施建设，强化农机安全防护、维修保养、零配件供应能力，提高农机作业水平和效率。建设150家农机示范合作社，推进农机专业合作社“五有”（有完善的基础设施、有良好的运行机制、有健全的财务制度、有较大的服务规模、有显著的综合效益）建设。加快农机维修业发展，优化农机维修网点布局，推进农机维修企业能力认定，鼓励多元化投资农机维修业，发展连锁经营，建立以主要农机企业区域性农机维修中心为龙头、专业合作社为主体、社会网点为补充的农机维修服务网络。鼓励农机制造、流通企业等创建营销网络，规范农机产品销售，提升售后服务水平。创新农机教育培训机制，加大农机教育培训力度，以政府购买服务等形式，鼓励社会各界积极参与农机培训，提高教育资源利用率。

（四）增强农机科技创新和新技术示范推广能力。充分发挥本市的技术、资金和区位优势，坚持自主研发与引进、消化、吸收、再创新相结合，加强企业、院校、科研和推广的紧密联系，形成产学研推四位一体的科研推广体系。依托生产企业、科研院所和高等院校合作，推进农业装备研发中心（重点实验室、农业工程中心）建设，提高研发能力。围绕都市生态高效农业，重点研发粮油种植机械与配套农具、蔬菜生产机械、园艺设施、畜牧水产关键设施与装备，以及精准农业、循环农业等先进适用的农业装备，形成一批具有自主知识产权和核心技术的新型农机产品。加快农业机械试验、示范、检测基地建设，根据上海农业发展和农民需求，开展关键技术集成、适用机具组装配备研究，提高农机产品及技术的针对性、适用性、有效性和可靠性。加强农机与农艺融合，创新推广机制，提高推广能力，促进先进适用、技术成熟、节能环保农业装备和技术的推广应用。

（五）加强农机人才队伍建设。以加快形成结构合理、素质优良的农机化管理人才、科技人才、实用人才队伍为目标，加强农机人才队伍建设。实施“人才兴机”工程，围绕都市生态高效农业，引进国内外高层次的相关农机专业人才充实本市农机科研院校和骨干企业。鼓励和支持大专院校恢复或新设农机工程学科，开设农机化相关专业，为农机化和农机工业发展提供更多的专业人才和有较高知识素养的农机操作手。加强对基层农机管理、推广、监理人员的业务培训，认真做好规划，五年轮训一次，提高培训补贴比例。加大农机职业技能和新技术培训力度，结合阳光工程等农民培训项目，加快培养一批懂技术、会管理、善经营的农机合作社等服务组织管理者，探索职业技能和职业资格管理机制，切实推行持证上岗制度。大力培养一线农机操作能手和维修人员，鼓励农村青年农民、农村公益性服务岗位的农民从事或兼职农机服务工作。

（六）促进农机工业发展。全面执行国务院有关扶持政策和国家农机工业发展政策，充分发挥上海人才、技术、信息和科研集聚优势，建立以企业为主体、市场为导向、产学研推相结合的农机工业技术创新体系。坚持自主开发和引进、消化、吸收、再创新相结合，聚焦本市农业生产需求，增强农机新产品开发、试验和制造能力，形成一批具有特色优势的农机新产品。依托上海制造业优势和发展现代农机装备的要求，积极发展以自动化、智能化技术为支撑的农机产品，重点发展适合都市现代农业的智能温室、蔬菜园艺机械等新型、高效、节能、环保、安全的农业机械。鼓励农机制造企业加大技术改造力度，应用先进加工设备和制造技术，提高农机设计水平、制造工艺、装备水平和产品质量，增强高端产品的开发和制造能力，推进产业升级和产品更新换代。建立拖拉机、联合收割机等农机报废、更新制度。发挥农机行业协会作用，强化品牌意识，做大做强农机知名品牌，推进农机产品标准化、系列化和通用化。实施农机装备"走出去"战略，支持企业进入国际农机及零部件的采购体系，开拓国际市场。

（七）强化农机安全生产监督管理。认真贯彻落实《农业机械安全监督管理条例》，全面推进"平安农机"创建，积极开展农机安全生产的隐患排查专项治理、宣传教育、行政执法等"三项行动"，履行好农机登记上牌、驾驶人考试、安全检验和安全教育、事故处理等监督管理职能，依法查纠各类违法、违章行为。加强对农机手的安全教育，提高安全意识，结合农时季节，组织开展农机安全生产大检查、专项治理，预防和减少农机事故发生。进一步强化农机安全检验，保持拖拉机、联合收割机登记率、持牌持证率、检验率的高水平，对涉及人身安全的农机产品实施备案管理制度；依法开展农机安全鉴定，规范农机新产品鉴定工作。强化在用农机产品质量调查和监督，加强对财政补贴农机产品的质量监管，促进补贴农机产品性能和售后服务水平的提高。加强农机产品的质量抽查和市场监管，严厉打击生产、销售假冒伪劣农机产品的行为，维护农民利益。

四、保障措施

（一）加强组织领导。各级政府要将农机化工作列入重要议事日程，加强组织协调，建立工作责任制，统筹协调推进。要将农机化发展规划纳入当地国民经济和社会发展规划，结合实际，研究制订实施计划和配套政策措施。积极支持农机机构、队伍建设，配置专业人员，改善工作条件，保障工作经费，切实解决农机科研、生产、鉴定推广、社会化服务等方面的问题。各有关部门要统一思想认识，按照职责分工，密切协作配合。农业机械化主管部门要认真履行规划指导、监督管理和协调服务职能，与有关部门协调配合，做好技术推广、生产组织、安全监督等工作。农机工业主管部门要加快制订农机工业发展规划、产业政策。发展改革部门要落实扶持农业机械和农机工业发展的基本建设投资。财政部门要落实扶持农业机械化的资金投入，加强农机购置补贴资金监管。商务部门要加强对农机流通行业的指导，加快农机流通体系建设。科技部门要加大对农业机械化和农机工业科研开发的支持力度。水务部门要做好灌排设备更新改造。银行业和保险业监管部门要督促银行金融机构和保险公司积极开展农机信贷、保险业务。规划国土资源、质量技监、安全监管、交通管理、工商、税务等部门要按照各自职责，支持、配合做好有关工作。

（二）加大政策支持力度。建立农机化投入保障制度，继续实施农机购置补贴和作业补贴政策，完善农机购置补贴管理办法，提高政策实施的透明度、公平性和便捷性，加大对生产急需的蔬菜、秸秆还田等机械的补贴力度，补贴农机具适当向粮食主产区、农机专业合作社和主要农业产业的薄弱环节倾斜。进一步重视投诉举报，通过"制度＋科技"，加强农机购置补贴资金监管，严肃查处倒卖补贴产品、套取补贴资金、借补贴之机乱涨价、乱收费等违法违规行为。在规划、用地等方面，积极支持农机合作社建设农机停放场（机具库、油料库、配件库和维修间）。各区县要按照农机合作社等服务组织发展布局规划，在新农村建设和农村土地综合整治等工作中，优先考虑农机停放场（机具库、油料库、配件库和维修间）等农机设施用地的需求。加大对农机工业技术创新能力建设、科技成果产业化以及技术和智力引进的财政支持力度。加大信贷支持力度，支持适应市场需求的农机制造企业进行技术改造、产品升级换代开发和农机流通设施建设，扶持中小农机制造企业做大做强。创新金融产品，完善金融服务，积极发展农机抵押、质押贷款及农机租赁业务，满足农民和农机服务组织购机融资需求，支持农机推广应用。加大对农机具政策性保险补贴力度，稳步扩大补贴险种。农机企业符合条件的研究开发费用可按照国家有关规定，在企业所得税税前扣除。农机批发和零售可按照国家有关规定免征增值税。免收农机专业合作社工商、税务登记证工本费。免收跨区作业农业机械、运输跨区作业机械的车辆和农机维修技术服务车辆通行费。

二〇一二年二月二十四日

江苏省政府办公厅转发省农机局关于实施农业机械化推进行动意见的通知

苏政办发[2012]14号

各市、县（市、区）人民政府，省各委办厅局，省各直属单位：

省农机局《关于实施农业机械化推进行动的意见》已经省人民政府同意，现转发给你们，请认真贯彻执行。

二〇一二年二月六日

关于实施农业机械化推进行动的意见

农业机械化是农业现代化的重要内容和物质基础。为认真贯彻省第十二次党代会精神和《省委省政府关于实施农业现代化工程的意见》（苏发［2011］13 号）及《省委省政府关于加快农业科技创新推进农业现代化工程建设促进农民持续增收的若干意见》（苏发［2012］1 号）文件，推进农业机械化建设，为率先基本实现农业现代化奠定坚实基础，拟在全省组织实施农业机械化推进行动，现提出如下意见。

一、总体要求

以科学发展观为指导，全面贯彻落实省第十二次党代会精神，坚持市场主导、政府扶持，加快转变农业机械化发展方式，着力促进农机与农艺、经营与管理协调发展，推进技术创新、组织创新和制度创新，进一步优化农机装备结构，提高农机科技创新水平，提升农机公共服务能力，走科技领先、节能环保、合作共用、协调发展的新型农业机械化发展道路，使农业机械化发展现代农业、现代工业和现代服务业相匹配，成为产业更加发达、创新更加活跃、管理更加科学、队伍更加完善、发展贡献更大的农业机械化强省。

二、发展目标

到 2015 年，全省农业生产综合机械化水平达到 78% 以上，其中，粮油生产机械化水平达到 85% 以上，基本实现粮油生产机械化，高效设施农业机械化水平达到 60% 以上，苏南等有条件的地区率先基本实现农业机械化。

到 2020 年，全省农业综合机械化水平达到 85%，其中，粮油生产机械化水平达到 90% 以上，高效设施农业机械化水平达到 80% 以上，基本实现农业机械化，接近中等发达国家水平。

——农业机械化综合水平显著提升。粮油生产机械化与高效设施农业机械化全面推进，农作物产中环节机械化与产前、产后加工机械化水平快速提升，苏南、苏中、苏北三大区域协调发展，农业机械化发展速度、结构、质量、安全、效益保持协调发展。

——农业机械化科技创新能力显著提升。农业机械化科技创新体系更加完善，产学研推结合更加紧密，农机企业研发投入占产值的比重显著提升，原始创新、引进消化吸收再创新能力进一步增强，新机具新技术示范推广应用步伐明显加快，基本能够满足现代农业对装备的需要。

——农机社会化服务水平显著提升。以农机合作社为重点的新型农机合作组织布局更合理、结构更优化、运作更规范、服务领域更宽、规模更大。2020 年，全省农机专业合作社达 6 000个以上，创建星级农机示范合作社达到 1 500 个以上，农机合作组织服务农户数和作业面积占全省的 80% 以上，农机经营服务总收入超过 300 亿元。

——农业机械化公共服务保障能力显著提升。农业机械化公共服务体系进一步健全，农机试验鉴定、技术推广、质量监督、安全监理、农机维修、教育培训、信息宣传等公共服务基础设施和装备手段明显改善，队伍素质和服务水平明显提升，基本适应农业现代化发展的需要。

三、主要任务

（一）粮油生产机械化推进行动

1. 大力推进稻麦生产全程机械化。推广高性能插秧机械及其配套技术，重点发展乘坐式插秧机，不断改善插秧机械装备结构，加强育秧中心建设，加快以县为单位的整体推进步伐。2015 年，全省水稻机插率达到 75% 以上，基本实现水稻种植机械化。2020 年，全省机插率超过 85%。大力推广三麦复式播种机械，巩固提高“三麦”机械化种植水平。合理调整收获机械布局结构，加快粮食低温烘干设备示范推广，提高粮食品质，提升应对极端灾害天气的能力，提高稻麦生产全程机械化水平。

2. 加快推进玉米生产机械化。加强农机、农艺协调配合，研究制定适合我省特点的玉米生产机械化作业技术规范。积极培育玉米生产机械化服务市场，营造有利于玉米生产机械化快速发展的环境条件和社会氛围，到 2015 年，玉米主产区纯作连片种植玉米机收水平力争达到 80%，基本实现玉米生产机械化。到 2020 年，全省玉米生产机械化水平达到 90% 以上。

3. 提升油菜生产机械化水平。开发技术性能先进、可靠性好、经济适用的油菜播种和收获机械，并扩大示范推广范围。积极试验示范与油菜机械化种植、收获配套的农艺高产栽培技术，逐步形成一套农机与农艺协调的油菜生产机械化技术体系。加大项目投入，加强油菜生产机械化示范基地、示范村镇、示范县建设，提高示范带动成效。重点试验示范油菜精少量直播机、裸苗（钵苗）移栽机，示范推广稻麦油兼用型联合收割机，探索开展油菜机械化种植、收获作业补贴试点，努力提高油菜种收机械化水平。力争到 2020 年前，基本实现油菜生产机械化。

（二）高效设施农业机械化推进行动

4. 设施园艺业机械化。主攻薄弱环节，重点推广动力机械、耕整地机械、种植机械、水肥灌溉设备、植保机械和采收机械等六大类机械装备。围绕设施蔬菜生产，推广应用小型动力机械和小型田园管理机械，以常温烟雾机、担架式喷雾机、静电喷雾器等为代表的高效植保机械，以微喷、滴灌设备为主的水、肥、药灌溉系统、育苗播种流水线以及移栽机械，提高自动化管理水平；围绕茶叶生产，加快推广应用茶叶杀青机、分筛机、包装机、茶叶精揉机、茶叶修剪机和茶叶防霜设备等茶叶生产加工机械。围绕林果苗木生产，重点示范应用植树挖穴机、起苗机、车载移动式高性能喷雾器等机械装备。2020 年，全省设施园艺主要环节生产机械化水平达到 70% 以上。

5. 设施养殖业机械化。在畜禽养殖方面，加快推广应用养殖场通风散热设备、保温设备、饮水机、喂食机、饲料加工机械、空气净化杀菌防疫设备、孵化设备、粪便处理设备以及挤奶、分栏设备等机械装备。在水产养殖方面，加快推广饲料粉碎和加工制粒设备、投饵机、增氧机、水质及微生物检测设备，智能化远程控制系统、太阳能渔业生产机械、紫菜采收加工设备等机械设备。2020 年，全省设施畜禽和水产养殖主要环节机械化水平达 80% 以上。

6. 农产品初加工机械化。围绕农产品品质提升与加工增值，试验示范新型青毛豆、花生、银杏等豆类、干果类农产品初加工机械；加快微型果蔬节能保鲜库、粮食及特种农产品的低温烘干、种子处理、茶叶加工机械的推广应用；示范推广农产品分级、精选、清洗、包装、净菜加工成套设备。每年建设 3 ~ 5 个农产品初加工机械化技术示范基地。力争到 2020 年，全省基本实现农产品初加工机械化。

（三）耕地质量机械化提升推进行动

7. 大力推广秸秆机械化还田。建立健全秸秆机械化还田技术体系，在熟化稻麦秸秆机械化还田技术的同时，开展油菜、玉米等农作物秸秆机械化还田技术及装备的研究开发。建立健全农机与农艺相结合的工作机制，推广秸秆机械化还田与水稻机插秧集成技术、秸秆机械化还田与机械播种、机械深松整地集成技术，不断提高秸秆机械化还田水平，增加土壤有机质，改善土壤结构，提高土地产出率。增加财政对农作物秸秆机械化还田作业奖补投入，建立秸秆机械化还田长效发展机制。全省稻麦秸秆机械化还田率稳定在40%左右。加快示范推广秸秆捡拾打捆、固化成型、编织加工、青贮等机械，发挥农机合作组织的优势，发展秸秆收集、运输合作组织，加强秸秆收集服务体系建设，为秸秆综合利用提供保障。

8. 积极组织实施农机深松整地作业。加大农机深松整地作业投入，建立完善农机深松整地作业奖补办法。不断改进完善技术模式和作业规范，总结适宜我省不同区域的农机深松整地作业技术模式，制定完善农机深松整地作业标准。加强农机深松整地作业的技术培训和服务指导，提高农民群众的认知程度。到2020年，力争全省适宜深松整地作业的耕地全部深松2遍。

（四）农业机械化科技创新推进行动

9. 发挥农机企业的创新主体作用。围绕农业机械化发展需求，加快建立以企业为主体、市场为导向的生产制造、教学科研、推广使用等密切结合的农业机械化科技创新体系。引导企业加大研发投入，支持农机企业自建或与科研机构共建农机工程技术研究中心、技术实验室，引导企业与高等院校、科研单位共建产业技术联盟和科技成果转化基地。以江苏国际农机展为重要平台，积极实施农业机械化"走出去、引进来"战略，加强对外合作与交流。到2020年，全省共培育20家以上农机科技型企业。

10. 建立农机产学研推协作创新机制。充分发挥农机企业、高等院校、科研单位、推广机构的优势，探索完善多方协作、良性互动、共同发展的农业机械化科技创新机制，提高农业机械化技术创新能力、转化能力和储备能力。进一步发挥我省现有的农业机械化科学技术委员会、农机科技创新中心和农业机械化专家组的作用，加强产学研推协作，积极开展现代农业需要的关键装备和技术的公关研究。促进农机与农艺融合，将机械适应性作为科研育种、栽培模式推广的重要指标，根据农作物品种、耕作制度和农业经营需求研究开发农机产品，制定科学合理、相互适用、统一配套的机械作业规范和农艺标准。到2020年，建成8个省级农机科技创新中心。

11. 加快农业机械化科技成果转化平台建设。以现代农业园区为切入点，加快推进"江苏现代农业装备科技示范中心"建设，进一步扩大省级农机科技示范基地的建设范围，将基地（园区）建设成为集农机试验示范、推广应用为一体的农业机械化科技综合集成应用基地、管理服务机制创新基地、现代农机科技研发成果转化的中试基地，加快科技成果推广应用。到2020年，省级农业机械化科技示范基地（园区）达到100个以上，市、县农业机械化科技示范基地（园区）达到200个以上。

（五）农业机械化服务推进行动

12. 加快发展农机合作社。鼓励和支持农机大户、农机服务人员、村组干部等各类人员，发挥各自优势和资源，牵头领办、创办农机专业合作社。发挥财政资金的引导作用，加强"三库二间一室"（机库、配件库、油库和维修车间、烘干加工间以及培训室）建设，增强农机专业合作社作业服务、技术推广和维修服务等综合能力，努力创办有特色、上规模的农机专业合作社。鼓励农机合作社拓展服务范围，参与土地流转，推动农业适度规模经营。全面开展星级农机示范合作社评比活动，创建一批服务优、经营活、效益好的农机合作服务品牌。继续组织开展农机跨区作业，拓展跨区作业范围和服务项目，加速培育农机作业、信息服务、租赁和闲置机械调剂等市场。扶持发展农机维修业，建设一批区域性农机维修中心，构建以区域性农机维修中心为龙头、企业售后服务为主体、农机专业合作社和社会网点为补充的农机维修网络。依法加强农机维修网点分级分类管理，积极推进农机生产企业维修能力认定工作，规范农机维修业健康发展。

13. 加强农业机械化公共服务能力建设。依托千亿斤粮食增产工程、基层农技推广服务体系建设等项目，积极推进农机试验鉴定、技术推广、质量监督、安全监理、农机维修、教育培训、信息宣传等公共服务基础设施建设，大力提升农机技术推广、试验鉴定、安全监理、质量监督、教育培训、信息服务和应急救灾等公共服务水平。健全农机质量投诉监督机构，受理调解农民对农机质量和售后服务的各类投诉。健全完善农机技术推广体系，拓展推广服务领域，稳定基层推广队伍，增强乡镇农机技术推广机构服务能力，为农民提供农机示范推广、培训、技术咨询、安全教育、信息等公益性服务。加强农机教育培训和职业技能鉴定，建立多渠道、多层次、多形式的农机技术培训体系。完善基层农机安全监管网络，不断提高农业机械实地检验、培训考试、宣传教育、安全检查、事故处理等综合保障能力，建立健全农机事故应急预案和指挥体系。加快农机信息化建设，实现网络互联和信息共享，为农民和农机企业提供信息服务。加大"双优"加油卡推广使用力度，保障农业作业用油供应。开展农机抢收抢种、抗旱排涝应急处置试点，探索农机作业服务快速反应机制，制定应急救灾农机储备调度办法，增强应对灾害性气候的能力。

（六）农机安全和质量监管推进行动

14. 加强农机安全生产监督管理。积极贯彻《农业机械安全监督管理条例》，进一步健全农机安全监督管理法规、政策体系。推进农机安全监理执法队伍规范化建设，落实农机安全生产责任制和责任追究制，全面履行执法职能。加大农机安全监理设施装备建设投入，依法开展农业机械登记、安全技术检验、驾驶证申领及审验、事故处理、安全检查、宣传教育等监督管理工作，全面提高农机安全监理水平。着力提高登记率、检验率及驾驶人持证率，组织农机联合执法检查，开展农机安全专项整治，严肃查处无牌无证等违法违章行为，预防和减少较大以上农机安全事故的发生。探索建立对危及人身财产安全的农业机械实地免费检验方法及备案管理制度。落实好拖拉机、联合收割机的相关保险政策，推进全省农机政策性保险工作。创新农机安全宣传教育形式，积极推广使用"平安农机通"，强化对农机所有人及驾驶操作人员安全法规、知识的宣传教育。深入开展"平安农机"创建活动，不断提升创建成效。到2020年，力争80%以上的县（市、区）成为全国平安农机示范县。

15. 加强农机质量监督。贯彻实施《江苏省农业机械试验鉴定和质量监督办法》，依法开展农机试验鉴定，加强农机新产品试验鉴定工作。加快制(修)订农机产品质量、作业质量、维修质量、服务质量和禁用报废类标准,推进农机标准化建设。组织开展在用农机质量调查和重点检查,强化对财政补贴农机产品的质量监管,建立农机产品质量跟踪追溯制度,促进农机产品性能和售后服务水平的提高。加强农机产品质量抽查和市场监管,严厉打击生产、销售假冒伪劣农机产品的违法行为,切实维护农民利益。

(七)农机人才队伍建设推进行动

16.创新人才培养教育机制。加强资源整合,建立以省级培训基地为核心,市、县农业机械化技术学校为主体,农机企业和社会培训机构以及农机合作社为补充的多层次、分重点的农机人才教育培训体系。丰富培训形式,积极开展境外培训、高等院校培训和农业机械化学校培训等多层次培训模式。逐步完善农机管理人才、农机实用人才和农机科技人才评价标准,通过开展职称评审、组织技能竞赛、组织项目攻关等形式,选拔一批农机高层次人才,改善农业机械化人才队伍结构。到2020年,农机高层次人才占全省农机人才的比例达10%以上。

17.大力培育农机技能人才。积极组织农机实用人才培训活动,组织开展送教下乡、科技入户等活动,扩大农机培训规模,重点培训农机使用、维修和经营人员,培养一批懂技术、善经营、会管理的新型农机手和农机专业合作社负责人。依托各级农机技术学校及培训机构,以阳光工程农机培训等项目为载体,加强校企、校社合作,不断加大农机从业人员培训力度,提高农机人员整体素质。积极开展农机职业技能竞赛活动,鼓励农机从业人员参加职业技能培训和鉴定,加大农机手培训补助力度,研究建立职业技能鉴定"以奖代补"政策。加强拖拉机驾驶培训机构监督管理,严格培训机构资格许可及教学人员资格认定,确保培训质量。到2020年,全省农机技能人才持证率达20%以上。

18.加强农机管理、科技人才培养。发挥省级培训基地的作用,通过对各级农机管理干部和科技人员开展境外培训、高等院校培训等在职教育、定期轮训等形式,努力提高管理人才队伍素质,增强依法行政和公共服务能力。积极发挥农机行业协会、学会等社团组织人才聚集优势,为行政决策提供咨询服务。积极依托高等院校、科研单位、农机企业,大力培养高素质的农机科技创新人才,积极引进国内外高层次人才、特别是掌握自主知识产权和核心技术的海外留学人员创新创业,造就一批农机科技创新领军人才和创新团队。鼓励高等院校、中等职业学校加强农业工程及农业机械化学科建设,开设农业机械化相关专业,在农机企业建设实训、实验基地,促进教学、科研、生产相结合。到2020年,培养农机科技和管理人才5 000名以上。

四、保障措施

(一)强化组织领导

各级政府要将农业机械化作为推进农业现代化的重要基础,把农业机械化发展纳入当地经济社会发展规划,落实各项推进农业机械化发展的政策措施,形成促进农业机械化发展的良好氛围。各相关部门要积极支持配合,形成推动农业机械化发展的合力。

(二)强化扶持措施

各地要加大对农机作业补贴、信贷、税费、项目等方面的支持力度,提高各项政策的累加效应,充分调动农民购置、使用农机的积极性。要抓住当前推进农业机械化的有利时机,认真落实各项促进农业机械化发展的政策措施,确保各项惠农政策不折不扣地落实到位,最大程度地放大政策效应。

(三)强化检查考核

各地要按照《江苏省农业机械化评价指标体系》(试行)的要求,结合本地农业机械化发展实际,认真做好监测评价工作,及时掌握发展进程,主攻薄弱环节,按期实现农业机械化发展目标。要积极做好与《江苏省农业基本现代化指标体系》(试行)的衔接,确保农业机械化与农业现代化同步协调推进。

中共江苏省委农工办
江苏省统计局　江苏省农业机械管理局
关于印发《江苏省基本实现农业机械化考核验收办法(试行)》的通知

苏农机法[2012]12号

各市、县(市、区)委农工办(委、部)、统计局、农机主管部门:

农业机械化是农业现代化的主要标志和重要内容。为贯彻落实省委省政府关于实施农业现代化工程的决策部署,各地积极开展率先基本实现农业机械化创建活动,加强组织领导,完善扶持政策,加大投入力度,推动科技创新,提升服务水平,农业机械化实现了快速健康发展。为进一步推进创建活动深入开展,引导各地农业机械化科学发展、率先发展,根据中共江苏省委、江苏省人民政府《关于实施农业现代化工程的意见》和《江苏省农业基本现代化指标体系(试行)》,省委农工办、省统计局和省农机局制定了《江苏省基本实现农业机械化考核验收办法(试行)》。现将该办法印发给你们,请结合实际贯彻落实,确保率先基本实现农业现代化的目标任务顺利完成。

二〇一二年九月六日

江苏省基本实现农业机械化考核验收办法(试行)

农业机械化是农业现代化的主要标志和重要内容。为贯彻落实省委省政府关于实施农业现代化工程的意见,推进我省在全国率先基本实现农业机械化,对基本实现农业机械化的市、县(市、区)进行考核认定,特制定《江苏省基本实现农业机械化考核验收办法(试行)》。

一、基本原则

以科学发展观为指导,全面贯彻实施"八项工程"、推进"两个率先"的总体要求,积极开展率先基本实现农业机械化创建活动,重点考核各地农业机械化发展情况、率先基本实现农业机械化创建工作组织实施情况以及农业机械化在农业现代化建设中的作用发挥情况。考核验收采取定量考核和定性考核相结合的方法进行。通过考核验收,示范引导全省率先基本实现农业机械化。

二、适用范围

本办法适用于各省辖市和开展率先基本实现农业机械化创建活动的县(市、区)。

三、考核验收内容

(一)农业机械化发展情况。包括农机装备水平、农机作业水平、农机社会化服务水平、农机公共服务和管理水平。

(二)率先基本实现农业机械化创建工作。包括率先基本实现农业机械化创建活动的组织实施情况、农业机械化有关工作开展情况及农业机械化工作的社会满意度。

四、考核验收认定标准

(一)农业综合机械化水平达85%以上。水稻机种、玉米主产县玉米机种机收水平分别达到80%,秸秆机械化还田完成年度省下达的目标任务。

(二)基本实现农业机械化考核得分85分以上。

(三)率先基本实现农业机械化创建工作验收各项指标达到合格以上。

五、考核验收程序

(一)申报

申报基本实现农业机械化的县(市、区),由县级人民政府提出考核验收申请并经省辖市农业机械主管部门审核后报省率先基本实现农业机械化创建工作领导小组。

申报基本实现农业机械化的省辖市,由市农业机械主管部门提出考核验收申请并经市人民政府审核后报省率先基本实现农业机械化创建工作领导小组。

申报单位须提供下列材料:

1.《江苏省基本实现农业机械化考核验收申报书》(附件1);

2. 江苏省基本实现农业机械化考核表(附件2);

3. 江苏省基本实现农业机械化考核基础数据统计表(附件2-2);

4. 江苏省率先基本实现农业机械化创建工作验收表(附件3);

5. 相关证明材料。

申报材料一式3份,装订成册。

(二)初评

省率先基本实现农业机械化创建工作领导小组收到申报书后组织人员初评,初评合格后通知申报单位做好考核验收准备。

(三)专家考核验收

经初评合格后,省率先基本实现农业机械化创建工作领导小组组织有关方面专家进行考核验收。专家考核验收采取以下方法进行:

1. 听取介绍。听取农业机械化发展情况和率先基本实现农业机械化创建工作情况汇报。

2. 查阅资料。查阅农业机械化统计资料、农业机械化水平测算资料和地方政府促进农业机械化发展的政策措施、创建实施方案、财政资金落实情况、规章制度及相关档案、台账等资料。

3. 察看现场。随机抽查2~3个点(乡镇、农机专业合作社、示范基地、公共服务机构等),实地察看农业机械化发展情况,并走访基层和农户,听取5~10名基层干部和农民、农机手的意见。

4. 专家质询。就农机化发展有关情况进行质询,并提出建议。

5. 综合评议。专家根据情况介绍、考核、现场考察等有关情况进行综合评价,形成专家考核验收意见。

考核验收时,申报单位须提交以下材料供专家考核:

1. 农业机械化发展情况和率先基本实现农业机械化创建工作情况汇报;

2. 江苏省基本实现农业机械化考核验收申报书;

3. 江苏省基本实现农业机械化考核表及江苏省基本实现农业机械化考核基础数据统计表;

4. 江苏省率先基本实现农业机械化创建工作验收表;

5. 率先基本实现农业机械化实施方案和创建工作领导小组成员名单;

6. 党委、政府促进农业机械化发展的文件;

7. 地方财政扶持资金下达文件或拨付结算凭证;

8. 开展创建工作重要会议、活动、宣传、考核等证明材料。

考核验收时,申报单位须提交以下材料备查:

1. 近三年农机化统计年报及农业农村统计资料;

2. 率先基本实现农业机械化创建工作档案资料;

3. 近三年农机购置补贴资金使用、补贴机具购置品种数量汇总资料;

4. 农机合作社建设档案资料;

5. 部分农民、农机大户和农机专业合作社负责人联系方式。

六、考核结果确认

(一)省率先基本实现农业机械化创建工作领导小组根据专家考核验收意见,综合申报市、县(市、区)农业机械化发展情况,认定是否基本实现农业机械化。

(二)对通过认定的基本实现农业机械化的市、县(市、区)给予通报表彰,并向社会公布。

七、考核验收组织

考核验收工作由省率先基本实现农业机械化创建工作领导小组办公室组织实施。本办法由省率先基本实现农业机械化创建工作领导小组办公室负责解释。

附件:

1. 江苏省基本实现农业机械化考核验收申报书(略)

2. 江苏省基本实现农业机械化考核表(略)

2-1. 江苏省基本实现农业机械化考核指标计算方法(略)

2-2. 江苏省基本实现农业机械化考核基础数据统计表(略)

3. 江苏省率先基本实现农业机械化创建工作验收表(略)

4. 江苏省基本实现农业机械化考核验收证书(略)

浙江省财政厅　浙江省农业厅
关于印发浙江省高耗能农业机械报废补偿实施办法(试行)的通知

浙财农[2011]597 号

各市、县(市、区)财政局、农业局(宁波不发):

现将《浙江省高耗能农业机械报废补偿实施办法(试行)》印发给你们,请遵照执行。2012 年报废计划请于 4 月 10 日前申报。

特此通知。

二〇一一年十二月三十一日

浙江省高耗能农业机械报废补偿实施办法(试行)

为了鼓励农业机械更新报废,加快淘汰老旧高耗能农业机械,优化农业机械装备结构,提高农业机械技术水平和作业效率,保障安全生产,促进节能减排,根据《浙江省实施(中华人民共和国节约能源法)办法》《浙江省拖拉机报废更新管理办法》(浙政办发[2007]64 号)规定,制定本办法。

一、补偿对象

根据我省农业机械发展状况,本办法先行对高耗能拖拉机实施报废补偿。凡本省籍从事农业生产经营的组织和个人所有的拖拉机(包括手扶拖拉机、轮拉机、履带式拖拉机和拖拉机运输机组),在本省农机主管部门办理注册登记,参加年度安全技术检验,按规定办理报废手续的,均可申请享受经济补偿。

纯农田作业拖拉机在 2012 年 6 月 30 日以前已达到报废条件但未办理注册登记的,可凭村和乡镇政府权属证明申请报废经济补偿。

二、补偿标准

1. 拖拉机报废按照拖拉机种类和发动机功率大小实行定额补偿。具体补偿标准为:14.7 千瓦以下拖拉机 1 500 元/台,14.7 千瓦(含)以上拖拉机 3 500 元/台。

2. 补偿资金省与县(市、区)财政按以下比例承担:欠发达地区补偿资金由省财政承担 70%,县(市、区)财政承担 30%;其他地区由省财政承担40%,县(市、区)财政承担60%。有条件的地区财政可再安排补偿资金,以加大更新淘汰工作力度。

三、审核程序

1. 申请。从事农业生产经营的组织和个人在办理好报废拖拉机注销登记后,农业生产经营组织凭组织机构代码证和《报废拖拉机回收证明》到辖区所在地县(市、区)农机管理部门办理补偿资金申请,个人凭本人有效身份证明和《报废拖拉机回收证明》到辖区所在地县(市、区)农机管理部门办理补偿资金申请。申请时需填写《拖拉机报废补偿资金申请表》(附件 1)。

2. 审核公示。县(市、区)农机管理部门依据有关规定和当地拖拉机报废年度实施计划,对申请者资格、《报废拖拉机回收证明》等材料进行审核,符合规定的,列为经济补偿对象,并在补偿对象所在乡(镇、街道)张榜公示一周无异议后,由乡(镇、街道)政府在公示单上盖章确认。

四、项目资金管理与监督

1. 年度实施计划。县级农机管理部门要认真开展本地报废拖拉机数量排查摸底工作,于每年 10 月底前将下年度报废计划数报当地财政部门和市级农机管理部门,市级农机管理部门汇总后以农业(农机)局文件形式报省农业厅。

省农业厅会同省财政厅,根据预算规模和各地上报的计划要求,于每年 6 月底前下达全省拖拉机报废计划台数和资金控制数,并按控制数的 70% 预拨资金。各市根据省下达的年度拖拉机报废计划台数,制定本地区拖拉机报废年度实施计划,组织实施。年度实施计划应包括各县(市、区)报废拖拉机的数量、机型和实施方案。

2. 资金结算。各县(市、区)农业(农机)、财政主管部门于每年 9 月底前将全年拖拉机报废和补偿资金使用情况及报废拖拉机补偿清单(附件 2)报省农业厅、省财政厅,并抄送省农机管理局。经省农业厅审核和省财政厅复核后拨付市、县(市、区)。各地要严格按照补偿对象和标准,规范操作,通过"一卡(折)通"及时将补偿资金发放到户。

3. 信息上报制度。各县(市、区)农机管理部门要认真做好已办理申请报废补偿台数和补偿资金使用情况的统计工作,严格按附件 3 规定的项目、内容和要求,于每季度结束 5 日内上报当地财政部门和市级农机管理部门;市级农机管理部门汇总后,于每季度结束后 10 日内上报至省农机管理局。各级财政、农业(农机)主管部门要加强报表的审查核实工作,及时纠正虚报情况,确保各项数字的准确。

4. 监督检查制度。各级财政、农业(农机)主管部门应当明确拖拉机报废补偿工作的投诉机构,向社会公布投诉电话,接受人民群众的监督。要加强对拖拉机报废年度实施计划和实施方案执行情况的检查,对违反报废程序和补偿资金违反规定使用的,及时予以纠正,并追究相关责任人责任。县级农机管理部门要建立报废经济补偿拖拉机档案,落实专人负责。档案内容包括申请者身份证明复印件、报废拖拉机回收证明、补偿资金申请表、公示材料、补偿资金拨付证明等。省财政厅、省农业厅适时对资金实施情况进行抽查。

本办法自发文之日起30 日后施行。

附件:

1. 拖拉机报废补偿资金申请表(略)
2. 20__年__县(市、区)报废拖拉机补助清单(略)
3. 拖拉机报废补偿资金使用情况季(年)度统计表(略)

浙江省财政厅 浙江省农业厅 关于印发浙江省农业机械化作业环节补贴资金管理办法(试行)的通知

浙财农[2012]121 号

各市、县(市、区)财政局、农业局(宁波不发):

现将《浙江省农业机械化作业环节补贴资金管理办法(试行)》印发给你们,请遵照执行。执行中有何问题或建议,请及时反馈。

二〇一二年五月十五日

浙江省农业机械化作业环节补贴资金管理办法(试行)

第一章 总 则

第一条 为稳定和发展粮油生产,提高农业生产机械化作业水平,加快推进水稻机插、油菜机收和农作物病虫害统防统治技术推广应用,规范作业环节财政补助资金管理,提高资金使用效益,根据《浙江省农作物病虫害防治条例》和省政府粮食生产意见,制定本办法。

第二条 本办法适用于水稻机插、油菜机收和农作物病虫害统防统治作业环节补助资金(以下简称补助资金)的管理。其中经济作物病虫害统防统治继续对茶叶、水果实行试点,并鼓励各地出台相应政策。

第三条 本办法所称的补助资金,是指省财政预算安排的,用于补助水稻机插、油菜机收和农作物病虫害统防统治的专项资金以及相配套的地方资金。

第二章 补贴对象和补贴标准

第四条 (补贴对象)补贴对象为应用水稻机械化插秧、油菜机械化收获作业以及全季(年)接受具一定服务规模(全年服务面积在500亩以上)的植保服务组织农作物病虫害统防统治服务的农民。优先支持农业“两区”和国家现代农业示范区内的实施主体。

第五条 (补贴标准)水稻机械化插秧作业环节(按亩次)、油菜机械化收获作业环节(按亩次)、农作物病虫害统防统治(水稻按季,经济作物按年),每亩各补贴40元。补贴资金由省与县(市、区)按比例分担,其中欠发达地区由省财政承担60%,县(市、区)财政承担40%;其他地区由省财政承担40%,县(市、区)财政承担60%。

第六条 (补贴原则)补贴资金分配采取因素法,根据各县(市、区)实际完成的上年度水稻机插、油菜机收和统防统治作业面积,于年初核定下达当年度水稻机插、油菜机收和统防统治省级补贴预拨资金。全年作业服务结束后,根据各地实际实施面积进行结算。

第三章 补贴办法及资金发放

第七条 (签订协议)农技(机)专业合作社或机手应与种粮(油)农民或村委签订水稻机插、油菜机收作业服务协议,开展病虫害统防统治服务的植保服务组织应与农民或村委签订农作物病虫害统防统治服务协议(见附1)。与村委签订协议的,必须附表填写每个接受服务农户的姓名、联系电话、水稻(油菜)等农作物种植面积、服务面积、服务费用和财政补贴资金等情况,并由农户签字确认。作业完成后,农民或村委凭协议抵扣补贴资金后将差价款支付给服务组织或机手。

第八条 (面积申报)服务组织或机手应填写农机作业补贴资金申请表(附2),连同服务协议向乡镇人民政府申报;乡镇人民政府对服务协议进行审核,重点审核服务组织资格和服务农户面积,并填写农机作业补贴申请汇总表(附3)报县级农业部门;县级农业部门对服务协议进行审查、核实后,确定协议作业面积,并将农机作业补贴申请汇总表电子稿分别上报省级农机、植保管理部门。

第九条 (申请补贴)服务组织或机手应填写实际作业补贴资金申请表(同附2),并附服务协议、农机服务情况登记表(附4)以及作业档案等材料,按季向乡(镇)政府申请补贴资金。

第十条 (审核)乡镇人民政府对服务组织资格、服务协议以及实际作业面积进行全面核实,对符合条件的,汇总后填写农机作业补贴申请汇总表(附3)上报县级农业(农机)部门。

第十一条 (公示)县级农业(农机)、财政部门采取联合审查、电话抽查、入户调查等方法,进一步核实当次水稻机插、油菜机收、当季统防统治作业面积和补贴金额,并在当地乡镇和村张榜公示7天以上(公示内容包括每个农户服务面积和补贴金额等)。

第十二条 (资金发放)公示无异议后,县财政局、农业局应及时向服务组织或机手拨付补贴资金,并于9月底前将水稻机插、油菜机收和农作物病虫害统防统治作业补贴资金汇总表(附5)以农业、财政两局文件形式上报省农业厅、省财政厅进行资金结算,省农业厅、省财政厅审核后按实结算补贴资金。

第四章 监督与管理

第十三条 各地要切实加强领导,安排必要的工作经费,通力协作,密切配合,制定具体的工作方案和操作程序,把政策的落实工作抓紧抓好,将补贴政策宣传到村到户,保证政策的公开和透明。

第十四条 粮油生产机械化作业环节补贴资金必须专款专用，不得挤占、截留、挪用。市、县（市、区）财政、农业（农机、植保）部门应建立和落实工作责任制，落实人员做好补贴资金的公示和建档工作，加强对资金使用情况的管理和检查，联合审计、纪检等部门做好资金的审计、检查、稽查工作。

第十五条 各地农业、财政部门要严格按照省定补贴对象的要求和相关规定，切实把好审核关，对于申报补贴资金中弄虚作假、虚报作业面积、套用财政资金等违规行为，追回补贴资金，情节严重的追究有关部门及相关人员的责任。

第十六条 各地农业（农机）部门要按当地农业生产实际，提出当年度水稻机插（其中水稻机插指导价分带秧苗和不带秧苗两类）、油菜机收和农作物病虫害统防统治（水稻病虫害统防统治分早稻、单季晚稻和连作晚稻）指导价，并于5月20日前上报省农业厅备案。服务组织或机手不得高于当地作业指导价收取服务费。

第十七条 各地财政部门会同农业（农机）部门切实加强补贴资金绩效评价，组织开展补贴资金使用绩效自评，并于当年10月底前将补贴政策实施情况检查和绩效评价报告报送省财政厅、省农业厅。

第十八条 本办法由省农业厅、省财政厅负责解释。

第十九条 本办法自发布之日起30日内施行。

附件：

1. 水稻机插、油菜机收作业服务协议（略）
2. ____年农机作业环节补贴资金申请表（略）
3. ____年农机作业环节补贴申请汇总表（略）
4. ____年农机作业服务情况登记表（略）
5. ____年农机作业补贴资金汇总表（略）

浙江省人民代表大会常务委员会公告

第81号

《浙江省农业机械化促进条例》已于2012年7月27日经浙江省第十一届人民代表大会常务委员会第三十四次会议通过，现予公布，自2012年10月1日起施行。

二〇一二年七月二十七日

浙江省农业机械化促进条例

（2012年7月27日浙江省第十一届人民代表大会常务委员会第三十四次会议通过）

第一章 总 则

第一条 为了促进农业机械化，保障农业机械安全生产，建设现代农业，根据《中华人民共和国农业机械化促进法》《农业机械安全监督管理条例》和其他有关法律、行政法规的规定，结合本省实际，制定本条例。

第二条 本省行政区域内农业机械化的扶持与农业机械的科研开发和推广、质量保障、安全管理、社会化服务等活动，应当遵守本条例。

第三条 县级以上人民政府应当加强对农业机械化促进和农业机械安全监督管理工作的领导，加大政策扶持和资金投入力度，完善农业机械化服务体系和农业机械安全监督管理体系，建立健全农业机械安全生产责任制，促进农业机械化发展。

第四条 县级以上人民政府农业机械化主管部门负责本行政区域内的农业机械化促进和农业机械安全监督管理工作。农业机械管理机构受农业机械化主管部门的委托具体实施农业机械安全监督管理工作。

县级以上人民政府发展和改革、经济和信息化、财政、公安、质量技术监督、工商行政管理、科学技术、交通运输、水利、林业、海洋与渔业等部门，按照各自职责共同做好农业机械化促进和农业机械安全监督管理工作。

乡（镇）人民政府、街道办事处应当按照规定职责做好农业机械化促进和农业机械安全监督管理工作，加强对农民和农业生产经营组织的服务和指导。

第五条 县级以上人民政府农业机械化主管部门应当组织开展对农业机械应用技术、安全生产知识和法律、法规等的宣传。

报纸、广播、电视等新闻媒体应当开展对农业机械化促进工作和农业机械安全生产知识的宣传。

第二章 扶持措施

第六条 县级以上人民政府应当将下列农业机械化促进和农业机械安全监督管理事项所需资金列入财政预算：

（一）农业机械的购置补贴和作业补贴；

（二）高耗能农业机械提前更新、淘汰的经济补偿；

（三）农业机械的保险费用补贴；

（四）农业机械的公益性科研开发、教育培训和推广；

（五）对可能危及人身财产安全的农业机械的实地安全检验；

（六）其他农业机械化促进和农业机械安全监督管理事项。

第七条 农民和农业生产经营组织购置政府支持推广的农业机械的，可以按照规定享受购置补贴。

购置本省给予购置补贴农业机械的农民和农业生产经营组织，应当与县级人民政府农业机械化主管部门签订购置补贴合同；购置补贴合同应当对所购农业机械的禁止转让期限、违约责任等事项作出约定。

第八条 农民和农业生产经营组织在粮油等农业生产中

使用农业机械的，可以按照规定享受作业补贴。

第九条 农民和农业生产经营组织提前更新、淘汰其使用的高耗能农业机械的，可以按照规定享受经济补偿。

第十条 县级以上人民政府应当采取有效措施，保障农业机械农业生产作业用燃油的供应，燃油销售企业应当予以配合。

第十一条 各级人民政府应当采取有效措施，加强农村机耕道路等农业机械化基础设施的规划、建设和维护。

第十二条 县级以上人民政府应当在建设用地范围内优先安排规模化育秧、粮食烘干以及大中型农业机械停放场(库、棚)等项目所需用地；在粮食生产集中区域还应当按照合理布局的原则，扶持建设规模化育秧中心、粮食烘干中心等农业机械化设施。规模化育秧、粮食烘干以及大中型农业机械停放场(库、棚)等项目，未使用建筑材料硬化地面或者虽使用建筑材料但未破坏土地耕作条件并易于复垦的，可以依法申请设施农用地。

第十三条 鼓励保险机构开展农业机械保险业务。

县级以上人民政府应当逐步将农业生产作业拖拉机、联合收割机、粮食烘干机以及设施农业装备等纳入保险费用补贴范围。

第十四条 鼓励金融机构创新金融产品和服务方式，开展小额信用贷款、联保贷款、农业机械抵押贷款和农业机械融资租赁业务，简化办理手续，支持农民和农业生产经营组织购买先进适用的农业机械。

第十五条 农民和农业生产经营组织可以将农业机械用于抵押。以拖拉机抵押的，向负责拖拉机登记的农业机械化主管部门办理抵押登记；以其他农业机械抵押的，向抵押人住所地县级人民政府工商行政管理部门办理抵押登记。

第十六条 县级以上人民政府农业机械化主管部门应当建立健全农业机械化服务信息体系，建立农业机械信息搜集、整理和发布制度，为农民和农业生产经营组织免费提供农业机械产品、技术、维修、作业市场和扶持措施等信息服务。

第十七条 县级以上人民政府应当通过资金支持、场地保障等措施，扶持区域性农业机械维修中心建设，为农业机械维修提供便利。

第十八条 任何单位和个人不得截留、挪用农业机械财政补贴(包括补偿，下同)资金，不得以虚报、冒领等手段骗取农业机械财政补贴资金。

县级以上人民政府审计部门应当加强对农业机械财政补贴资金使用情况的审计监督。

第三章 科研开发和推广

第十九条 省人民政府经济和信息化主管部门应当会同省人民政府农业机械化主管部门，根据国家农业机械工业产业政策和有关规划，制定并组织实施本省的农业机械工业产业政策和发展规划。县级以上人民政府农业机械化主管部门应当会同同级经济和信息化、科学技术等有关部门，根据本省农业机械工业发展规划，编制农业机械科研开发计划，确定并公布农业机械公益性科研开发项目目录。

第二十条 县级以上人民政府应当组织有关部门和单位建立健全农业机械和农艺在科研、生产、推广等方面的融合机制，组织有关部门制定科学合理的农业机械作业规范和农艺规范，将机械适应性作为科研育种、栽培模式推广的重要指标。

第二十一条 县级以上人民政府应当支持农业机械生产、科研等单位采用新技术、新工艺、新材料，优先开发节能、环保、安全、高效、精准的农业机械新产品。

鼓励科技人员通过技术转让、技术入股等形式，促进农业机械科研成果的转化。

第二十二条 推广的农业机械应当适应当地农业发展需要，并依照《中华人民共和国农业技术推广法》的规定，在推广地区经过试验证明具有先进性、适用性和安全性。

第二十三条 省人民政府农业机械化主管部门应当会同省人民政府财政、发展和改革、经济和信息化等部门，确定、公布省人民政府支持推广的先进适用农业机械产品目录，并定期调整。

市、县人民政府可以根据本行政区域内农业机械化发展需要，补充确定、公布本市、县人民政府支持推广的先进适用农业机械产品目录，并定期调整。

第四章 质量保障

第二十四条 省人民政府质量技术监督部门应当会同省人民政府农业机械化主管部门，根据本省实际，对尚无国家安全技术标准的农业机械制定地方安全技术标准。

第二十五条 农业机械生产者应当依照《农业机械安全监督管理条例》的规定组织生产，建立健全质量保障控制体系，对生产的农业机械进行检验，在产品显著位置标注出厂编号，执行产品出厂记录制度。

第二十六条 农业机械销售者进货时应当查验农业机械的产品合格证明；销售时应当如实记录所售农业机械的名称、规格、生产批号、供货者名称以及联系方式、销售流向等内容，销售记录保存期限不得少于三年；销售可能危及人身财产安全的农业机械的，还应当按月将销售流向记录向销售者所在地县级人民政府农业机械化主管部门汇交。

农业机械销售者应当向购买者说明农业机械操作方法和安全使用注意事项，并依法开具销售发票。

转让在用的拖拉机、联合收割机的，转让者应当提供有效的安全技术检验合格标志或者记录。

第二十七条 农业机械生产者、销售者应当对其生产、销售的农业机械产品质量负责，并依法承担零配件供应和培训等售后服务责任。

农业机械不符合质量要求的，其生产者、销售者应当负责修理、更换、退货；给农业机械使用者造成农业生产损失或者其他损失的，应当依法承担民事责任。

第二十八条 禁止生产、销售下列农业机械：

(一)不符合农业机械安全技术标准的；

(二)依法实行工业产品生产许可证管理而未取得许可证的；

(三)依法应当进行认证而未经认证的；

(四)利用残次零配件或者报废农业机械的发动机、方向机、变速器、车架等部件拼装的；

(五)国家明令淘汰的。

第二十九条 农业机械生产者发现其生产的农业机械存在设计、制造等缺陷，可能对人身财产安全造成损害的，应当依照《农业机械安全监督管理条例》的规定及时召回。

对前款规定应当召回而未召回的农业机械，由省人民政府质量技术监督部门责令生产者召回;拒不召回的,发布农业机械安全警示公告。

第三十条 从事农业机械维修经营的,应当符合《农业机械安全监督管理条例》规定的条件,取得相应的维修技术合格证书,并依法办理工商登记手续。农业机械维修经营者应当遵守国家有关维修质量安全技术规范和维修质量保证期的规定。维修质量不合格的,应当免费重新维修;造成人身伤害或者财产损失的,应当依法承担民事责任。

第三十一条 省人民政府农业机械化主管部门应当根据农业生产的实际需要和农业机械使用者的投诉,组织对在用特定种类农业机械的适用性、安全性、可靠性鉴定和售后服务调查,并向社会公布结果。

经鉴定,农业机械的适用性、安全性、可靠性不符合国家和省有关规定的,由省人民政府农业机械化主管部门按照下列规定处理:

(一)已取得推广鉴定证书的,注销或者建议国务院农业机械化主管部门注销其推广鉴定证书;

(二)已列入支持推广的农业机械产品目录的,会同省人民政府有关部门取消其列入省人民政府支持推广产品目录的资格或者建议国家有关部门取消其列入国家支持推广产品目录的资格;

(三)产品质量不符合法律、法规规定的,应当同时移送质量技术监督部门或者工商行政管理部门依法处理。

第五章 安全管理

第三十二条 拖拉机、联合收割机投入使用前,其所有人应当依照《农业机械安全监督管理条例》的规定向所在地县级人民政府农业机械化主管部门申请登记,取得相关证书和牌照。

拖拉机、联合收割机操作人员应当经培训并参加县级人民政府农业机械化主管部门组织的考试;经考试合格后,方可上机操作。农业机械化主管部门应当在其考试合格后两个工作日内核发相应的操作证件。

第三十三条 县级人民政府农业机械化主管部门应当定期对可能危及人身财产安全的农业机械实行免费实地安全检验。拖拉机的安全检验按照国家有关规定执行。

第三十四条 可能危及人身财产安全的农业机械达到报废条件的,应当停止使用,予以报废。县级人民政府农业机械化主管部门对达到报废条件的可能危及人身财产安全的农业机械,应当书面告知其所有人。

对达到报废条件或者正在使用的国家已明令淘汰的农业机械实行回收。县级人民政府农业机械化主管部门监督回收单位对回收的农业机械进行解体或者销毁。

第三十五条 县级以上人民政府农业机械化主管部门应当履行农业机械安全使用的监督管理职责,做好对农业机械安全使用的宣传、教育培训工作。

农业生产经营组织应当对农业机械使用者进行安全使用知识和操作技能的培训。

农业机械使用者应当按照安全操作规程使用农业机械,在危险部位、作业现场设置防护装置或者警示标志。

第三十六条 县级以上人民政府应当组织公安机关交通管理、农业机械化等部门建立拖拉机道路交通安全违法行为查处的协作机制。

市、县人民政府农业机械化主管部门应当对非本省登记但在本行政区域内驻点从事货物运输的拖拉机进行信息登记和核实,加强日常监督管理,并做好对驾驶人员的安全教育工作。

第六章 社会化服务

第三十七条 农业机械化技术培训机构应当提高农业机械使用、维修、经营管理等培训质量,增强农民和农业生产经营组织应用新机具、新技术和经营管理的能力。

第三十八条 县级以上人民政府应当建立健全农业机械化技术推广体系,逐步完善农业机械化技术推广试验设备、示范基地和基础设施。

农业机械技术推广机构应当为农民和农业生产经营组织无偿提供农业机械应用技术的公益性教育培训、推广等服务。

第三十九条 农业机械服务组织可以根据农民和农业生产经营组织的需要,提供农业机械示范推广、实用技术培训、维修、信息、中介等社会化服务。

第四十条 鼓励、支持农民和农业生产经营组织依法成立、参加农业机械作业专业合作社或者以其他形式合作经营农业机械作业服务。

第四十一条 县级以上人民政府及其有关部门应当支持农业机械进行跨行政区域作业服务。农业机械化主管部门应当做好组织协调和服务工作,维护作业秩序,并依法实施安全监督管理;公安机关交通管理部门应当维护道路交通秩序,保障道路安全畅通。

第七章 法律责任

第四十二条 违反本条例规定的行为,法律、行政法规已有法律责任规定的,从其规定。

第四十三条 违反本条例第二十六条 第一款规定,农业机械销售者未按规定汇交销售流向记录的,由销售者所在地县级人民政府农业机械化主管部门责令限期改正;逾期未改正的,处1 000元以上3 000元以下的罚款。

第四十四条 各级人民政府、有关部门及其工作人员有下列情形之一的,由有权机关按照管理权限对直接负责的主管人员和其他直接责任人员依法给予处分:

(一)未依法发放农业机械财政补贴资金的;

(二)截留、挪用农业机械财政补贴资金的;

(三)违反法定权限和程序实施监督检查、行政处罚的;

(四)有其他徇私舞弊、滥用职权、玩忽职守行为的。

第八章 附 则

第四十五条 本条例所称的拖拉机,包括轮式拖拉机、手扶拖拉机、履带拖拉机和拖拉机运输机组。

本条例所称的联合收割机,包括方向盘自走式联合收割机、操纵杆自走式联合收割机和悬挂式联合收割机。

本条例所称的可能危及人身财产安全的农业机械,包括拖拉机、联合收割机、机动植保机械、机动脱粒机、饲料粉碎机、插秧机、铡草机、粮食烘干机等。

第四十六条 本条例自2012年10月1日起施行。2006年7月24日浙江省人民政府发布的《浙江省农业机械化促进与农业机械安全管理办法》同时废止。

福建省人民政府关于促进农业机械化和农机工业又好又快发展的实施意见

闽政[2012]25 号

各市、县(区)人民政府,平潭综合实验区管委会,省人民政府各部门、各直属机构,各大企业,各高等院校:

为贯彻落实《国务院关于促进农业机械化和农机工业又好又快发展的意见》(国发[2010]22 号),进一步加快我省农业机械化发展进程,现提出如下实施意见:

一、指导思想和发展目标

(一)指导思想。深入贯彻落实科学发展观,全面实施《中华人民共和国农业机械化促进法》,以稳定粮食生产和促进农业增效、农民增收为核心、着力推进农业发展方式转变和农业结构调整,着力加强农机社会化服务体系和公共服务能力建设,着力提高农机工业创新能力、制造水平和产品质量。充分发挥农业机械集成技术、节本增效、推动规模经营的重要作用,加大政策支持力度,建立和完善强农惠农投入稳定增长机制,加快推进农业机械化,促进农业机械化和农机工业又好又快发展。

(二)发展目标。到 2015 年,全省水稻耕种收综合机械化水平达到 40%,其中机耕水平达到 65%,机收水平达到 40%,机插水平达到 20%;茶叶、蔬菜、水果、食用菌等重点特色经济作物的关键生产环节及水稻生产全程机械化水平明显提高;农业机械化服务体系不断完善,公共服务能力进一步增强,闽台农机合作初具规模。到 2020 年,全省水稻耕种收综合机械化水平达到 55%,其中机耕水平达到 70%,机收水平达到 50%,机插水平达到 40%;农业生产方式进入以机械化作业为主的新阶段。

二、促进农业机械化发展的主要任务

(三)加快重点地区重点产业农业机械化进程。重点发展轻便、耐用、低耗中小型耕种收、植保和初加工机械,推进水稻和茶叶、蔬菜、水果、食用菌等特色经济作物生产机械化。到 2015 年,在闽西北产粮区,重点推广水稻育插秧机械化技术,普及水稻耕种收机械装备,努力实现水稻生产全程机械化跨越发展。在沿海地区,加快发展现代设施农业,并大力推广耕作、起垄、节水灌溉、高效植保机械,提升设施农业装备和机械化水平。

(四)促进农机农艺协调发展。建立农机和农艺科研单位协作攻关机制。科研部门要针对全省重点特色农作物机械化的薄弱环节,加强农业机械化生产技术研发工作。要完善农业机械化、种子、土肥、植保等推广服务机构紧密配合的工作机制,为机械化作业创造条件。在“十二五”期间,建成一批农机农艺融合示范区。

(五)推进农机服务组织建设和社会化服务。创新农业机械化服务组织形式,大力发展农机专业合作社。每年扶持一定数量的具有完善的基础设施、良好的运行机制、健全的财务制度、较大的服务规模、显著的综合效益的农机示范合作社。继续加大对专业合作社的农机补贴力度。农机专业合作社需要建造简易库(棚)、生产和管理用房等农业生产配套设施占用农用地的,按照设施农用地管理,不需要办理农用地转用手续。鼓励开展跨区作业,建立农机跨区作业服务网络和信息服务咨询网络,建立县、乡、村三级信息收集和协调调度员队伍,提高农机跨区作业的组织化程度。

(六)加强农业机械化实用人才培养。大力实施农业机械化人才培育工程。逐步增加公共财政对农机化教育培训的投入,加强农机教育培训体系建设,全面提升农机教育培训能力和农机管理、农机科技、农机实用人才“三支队伍”的整体素质。劳动和社会保障部门、农业部门要结合阳光工程加大对各类农民的培训和职业技能鉴定,大力培养农机作业和维修能手,提高农民对先进生产工具及技术的接受能力和操作水平。

(七)加强农业机械化技术推广。在基层农技推广体系建设中,要加大对基层农机推广体系的投入和扶持,不断完善农业机械化推广体系,全面推进“五有”农机化技术推广机构建设。逐步加强县、乡农机推广机构建设,结合乡镇机构改革,创新基层农机推广体系建设,做到有机构、有人员承担农机化新技术、新机具的示范推广、农机维修、农机作业的组织协调和作业质量监督等工作。

(八)强化农机安全使用监督管理。认真贯彻落实《农业机械安全监督管理条例》,加大对农机安全工作的支持,将农机安全监理工作经费、人员经费、装备建设经费纳入当地财政预算,实现全省农机免费管理。有条件的地方要率先开展对农业机械的免费检验。要采取措施努力提高拖拉机、联合收割机上牌率、检验率、持证率“三率”水平。要全面提高农机维修质量、维修能力和维修从业人员素质。要加强农机售后服务能力建设,扶持建设区域性农机维修服务中心、农机维修厂点、农机合作社维修间等不同层次的农机维修网络,基本解决大型、新式、高性能农业机械维修难的问题。

三、促进农机工业发展的主要任务

(九)推进农机工业行业改革。落实国家农机工业产业政策,组织实施农机行业准入制度和市场退出机制,整顿行业秩序,优化产业结构。逐步形成以大型企业为龙头、中小企业相配套的产业体系和产业集群。引导支持中小型农业装备企业向“专、精、特、新”方向发展,加快新技术、新工艺、新设备和新材料应用,研发生产节能、环保、低碳、具有技术和市场优势的产品。建立健全农机科研联合协作机制,提高农机科研整体水平。

(十)着力解决农机产品结构性矛盾。优化农机产品结构,根据我省丘陵山区的地理环境和特色经济作物的种植特点,积极发展适合家庭经营需要的中小型、轻简化农业技术装备,形成适应我省不同地区经济水平、高中低端产品共同发展的格局。鼓励农机生产企业积极开发生产适合丘陵山区使用的山地搬运管理机械以及我省特色农产品食用菌、茶叶、烟叶等从种植到深加工的成套设备。

(十一)扩大农机工业国际交流及闽台合作。抓住两岸经济合作框架协议签署的有利时机，通过“6 · 18”海峡项目成果交易会、海峡两岸现代农业博览会两个平台，努力巩固和扩大两岸交流合作，实现闽台共同研发产品，共创农机品牌，共同开拓市场。通过建立海峡两岸农业机械培训基地、海峡两岸农业机械先进制造业基地等形式，促进我省农机工业的发展。

四、加大政策扶持力度

（十二）加大财政支持力度。建立和完善支农投入的稳定增长机制，继续配套安排省级农机购置补贴资金，完善农机购置补贴政策。加大对农机化资金扶持力度，在重点产业重点区域实施农业机械化示范区建设工程。“十二五”期间，省级财政每年安排不少于5 000万元专项资金用于省级购机补贴累加和农机化示范推广等。

（十三）增强和创新金融服务。加强金融机构与农业机械化管理部门的联系和合作，加快制定适合我省农业机械化发展特点的具体金融信贷措施办法。加大对机手和农机专业服务组织的信贷扶持力度，积极推动农机抵押贷款业务，开展以大中型拖拉机、乘坐式插秧机、粮食收割机、谷物烘干机等为重点的农机具抵押贷款业务。采取灵活的贷款期限与还款方式，为机手和农机服务组织多元化融资提供便利。积极推动农机合作社与农机企业、金融企业开展“社企合作”。对符合产业政策、财政政策扶持和信贷原则的农机制造企业技术改造、新产品开发和农机流通设施建设，优先给予信贷支持。中小农机制造企业可享受国家扶持中小企业发展的相关政策。创新型企业试点向农机制造企业倾斜。支持符合条件的农机企业上市融资。

（十四）落实税费优惠政策。按照国家税法有关规定，继续免征农业机耕、排灌以及相关技术培训业务营业税，免征农机作业和维修服务项目的企业所得税，免征拖拉机车船税。鼓励企业承担国家和省重点发展产品的自主创新任务，对于具有自主知识产权、填补国内空白的新产品开发，给予新产品投放市场3年内增值税折让返还的税收优惠。

（十五）加大基础设施建设的支持和投入力度。实施农业机械化推进工程，加大对农业机械化技术推广、质量监督、教育培训、安全监理、信息宣传、农机维修等公共服务体系建设的投入和支持力度。各级政府和有关部门要制定促进本地农业机械化发展规划和专项扶持政策，逐年加大对农机公共服务体系建设的投入力度。各地在实施《福建省新增6亿斤粮食生产能力实施规划(2010—2020年)》中，要按照项目建设内容安排相应的资金用于农业机械化体系建设，项目县要加快推进粮食作物生产全程机械化，重点解决水稻生产关键环节机械化问题，提高农机具配套比，到2020年，项目县水稻栽植和收获机械化水平应分别达到60%和85%。

五、加强组织领导

（十六）强化各级政府及有关部门责任。各级政府要加强农业机械化和农机工业发展工作的领导，把发展农业机械化和农机工业提上重要议事日程。要建立由农业、经贸、财政、发展改革、人事、海洋与渔业、林业、交通、科技、质监、公安、安监、国土、工商、税务、金融、保险、水利、台办、外贸、石油等部门参加的促进我省农业机械化和农机工业发展联席会议制度，有关部门要在财政扶持农机公共体系建设、基层农机技术推广人员配备、机耕道及农机库（棚）建设、农机信贷及保险、农机绿色加油通道、闽台农机合作等方面各司其职，加大扶持力度，积极支持农业机械化和农机工业科学发展、跨越发展。

江西省人民政府令

第199号

《江西省人民政府关于修改〈江西省城市绿化管理办法〉等8件省政府规章的决定》已经2011年12月26日第59次省政府常务会议审议通过，现予公布施行。

代省长：鹿心社

二〇一二年一月十一日

江西省农业机械安全监督管理办法

第一章　总　则

第一条　为了加强对农业机械（以下简称农机）及其驾驶、操作人员的安全监督管理，预防和减少农机事故发生，保障人民生命财产的安全，促进农业生产和农业机械化事业的发展，根据国家有关规定，结合本省实际，制定本办法。

第二条　本办法所称的农机，是指用于农、林、牧、副、渔业的各种拖拉机（变型机）、自走式农业机械、农业工程机械以及与其配套的作业机械和专用机械。

第三条　凡在本省境内作业的农机及其驾驶、操作人员以及与农机作业有关的人员，均应遵守本办法。

上道路行驶的拖拉机和驾驶员应当遵守国家和本省有关道路交通管理的规定；拖拉机在道路上发生的事故，由公安交通管理机关处理。

第四条　县级以上人民政府主管农机的行政部门应当本着安全第一、预防为主、有利生产、方便群众、促进商品生产和流通、确保安全作业的原则，加强对农机的安全监督管理。

第二章 监理机构及监理人员

第五条 县级以上人民政府的农机行政管理部门(以下简称农机行政管理部门)及所属的农机监理机构(以下简称农机监理机构)负责本辖区内的农机安全监督管理工作。

各级农机监理机构作为农机安全监理的执法机构,依法独立行使监理职权,其业务工作受上一级农机监理机构的指导。

第六条 各级农机监理机构的主要职责:

(一)贯彻执行国家和本省农机安全的法律、法规、规章以及方针、政策;

(二)负责对农机企、事业单位实施安全监察,并组织和督促其进行劳动安全教育培训;

(三)负责对上道路行驶的拖拉机及其驾驶人员核发审验牌证;

(四)依法对农机企、事业单位和农机作业实施安全检查、纠正违章、处理事故;

(五)协助保险公司做好行走式农机的第三者责任法定保险和按自愿的原则参加的农机损失保险工作。

第七条 各级农机监理机构应配备与所承担的工作任务相适应的农机监理员。

农机监理员应具备下列条件:

(一)具有高中以上文化程度或初中文化程度,并从事农机化管理工作3年以上;

(二)掌握农机基础知识和操作技能,熟悉与农机监理业务有关的法律、法规、规章。

农机监理员必须经过专业培训和执法培训,考核合格,取得中华人民共和国农机监理证后,方准上岗。

第八条 农机监理机构应严格执行有关农机安全监理的法律、法规、规章。

农机监理人员进行农机牌证管理、考试考核、技术检验、安全检查、纠正违章和处理农机事故时,必须依法办事,廉洁奉公,并按规定佩戴标志,衣着整齐,主动出示证件,接受群众监督。

第九条 农机监理机构对上道路行驶的拖拉机检验、核发牌证和驾驶许可考试需要收取费用的,应当按照《中华人民共和国道路交通安全法》和《中华人民共和国道路交通安全法实施条例》的有关规定执行。

第三章 农业机械与农机作业

第十条 对上道路行驶的拖拉机实施登记制度。尚未登记的拖拉机,需要临时上道路行驶的,应当取得临时通行牌证。

申请拖拉机登记,应当提交下列证明、凭证;

(一)所有人的身份证明;

(二)来历证明;

(三)整车出厂合格证明或者进口农机进口凭证;

(四)法律、行政法规规定应当在登记时提交的其他证明、凭证。

农机监理机构应当自受理申请之日起5个工作日内完成登记审查工作,对符合前款规条件的,发放登记证书、号牌和行驶证;对不符合前款规定条件的,书面告知当事人,并说明理由。

农机转卖、变更、封存、报废时,必须到农机监理机构办理转籍、过户、变更、注销手续。封存和报废的农机不得作为生产工具进行转让或买卖。

第十一条 农机号牌必须按指定位置安置,并保持清晰。农机的行驶证或使用证应随机携带,不得转借,涂改和伪造。

第十二条 农机监理机构应按照规定对农机进行技术检验。

农机监理机构对申请入户、过户的农机,应进行初次技术检验;从农机入户、申领号牌后的次年起,应进行年度技术检验;农机因故封存、报停或大修后,需恢复使用的,应进行临时技术检验。

农机监理机构根据农业生产的需要,可以对农机进行临时技术检验,但需征得当地县(市、区)人民政府的同意。

第十三条 需要对农机的原有机械结构或性能进行改装、改型时,应报农机监理机构批准。未经批准的不得使用。

第十四条 农机使用人员应对农机按技术规范搞好日常维修保养,技术状态应符合《农业机械作业安全技术条件》,安全设施应齐全有效。上道路行驶的农用拖拉机应达到国家规定的《机动车运行安全技术条件》标准。

第十五条 在农机从事田间作业时,应遵守下列规定:

(一)拖拉机驾驶员与配套农机具操作人员之间应有信号联系;

(二)农机具操作人员应在规定的位置操作,不得超员、越位;

(三)不得在农机具上擅自增设座位或脚踏板;

(四)清除杂物或排除故障,应在停机或切断动力后进行;

(五)喷洒农药应有安全防护和防污染措施。

第十六条 拖拉机从事运输或田间作业,只准牵引一辆挂车或一组作业机具。

第十七条 履带式拖拉机、自走式联合收割机、牵引(悬挂)机具的轮式拖拉机,通过人多或复杂危险地段时,应有专人护行。

第四章 农机驾驶、操作人员

第十八条 农机驾驶、操作人员应具备下列条件:

(一)年满18周岁;

(二)身体健康状况符合驾驶、操作要求;

(三)具有初中以上文化程度和相应的驾驶、操作技术知识。

第十九条 上道路行驶的拖拉机驾驶人员,必须具备相应的专业知识,经农机监理机构考试合格后,领取驾驶证件,方可驾驶。

拖拉机驾驶培训实行社会化。拖拉机驾驶员培训学校、驾驶培训班由农业主管部门实行资格管理。

拖拉机驾驶员培训学校、驾驶培训班应当严格按照国家有关规定,对学员进行道路交通和农机安全法律、法规、驾驶技能的培训,确保培训质量。

第二十条 农机驾驶、操作人员应自觉遵守安全驾驶、操作的法律、法规、规章,按时参加技术审验,执行农机安全操作规程,服从安全检查,接受安全宣传教育。

第二十一条 农机驾驶、操作人员应遵守下列规定:

(一)驾驶证或操作证应随身携带,不得转借、涂改和伪造;

(二)不得驾驶或操作与驾驶证或操作证内容不符的农机;

（三）不得将农机交给无证人员驾驶或操作；

（四）驾驶、操作人员因户籍或服务单位变动，应办理转籍或变更手续；

（五）不得驾驶或操作安全设施不全或机件失效的农机；

（六）不得在患有妨碍安全作业疾病或过度疲劳的情况下驾驶或操作农机；

（七）不得在驾驶或操作农机时吸烟、饮食、谈话或有其他妨碍安全作业的行为；

（八）严禁酒后驾驶或操作农机。

第五章　事故处理

第二十二条　农机在乡村道路、田间、场院、车间从事各种生产作业活动或在停放过程中，发生碰撞、碾压、翻覆、落水、火灾、爆炸、冻裂及其他事故造成人、畜伤亡或财产损失的，均为农机事故。

前款所称乡村道路是指农村中不由交通部门负责投资修建养护并可通行行走式农机的道路。

第二十三条　农机事故发生后，应立即停机（停车），当事人及有关人员应保护现场，抢救伤者（如需移动现场物体时，必须设立标记），并及时报告县级以上人民政府农机行政管理部门和其他有关部门。不得伪造、破坏或逃逸现场。

县级以上人民政府农机行政管理部门接到事故报案后，应当立即派人勘察现场，收集证据，组织调查处理。发生农机事故后企图逃逸的、拒不停止存在重大隐患农机的作业或转移的，可以扣押与事故有关的农机及证书、牌照、操作证件，并出具扣押决定书和清单。事故责任认定后应立即归还扣留的农机及证书、牌照、操作证件。

第二十四条　农机事故分为轻微事故、一般事故、大事故、重大事故、特大事故：

（一）轻伤1～2人，或直接经济损失在100元以上500元以下的为轻微事故；

（二）重伤1～2人，或轻伤3～9人，或直接经济损失在500元以上2 000元以下的为一般事故；

（三）死亡1～2人，或重伤3～9人，或轻伤10人以上，或直接经济损失在2 000元以上10 000元以下的为大事故；

（四）死亡3～9人，或重伤10人以上，或直接经济损失在10 000元以上，50 000元以下的为重大事故；

（五）死亡10人以上，或直接经济损失在50 000元以上的为特大事故。

第二十五条　农机事故由县（市、区）农机监理机构负责处理；对大、重大、特大事故，县（市、区）农机监理机构应在12小时内报省、地（市）农机监理机构，并会同当地公安机关调查处理。对重大事故的调查处理，省、地（市）农机监理机构应及时派员指导。特大事故调查程序按照国务院《特别重大事故调查程序暂行规定》办理。

第二十六条　农机事故当事人应按事故情节及造成的后果承担事故责任。

农机事故责任分为：全部责任、主要责任、同等责任、次要责任和无责任5种。

第二十七条　因农机事故造成的经济损失，由责任者按所负责任大小，承担一次性的损害赔偿。农机监理机构应在查明原因、认定责任、确定造成损失的情况后，按有关规定召集当事人和有关人员对损害赔偿进行调解。

第二十八条　损害赔偿的调解期限一般为30日，情况复杂的可以延长15日。

经调解达成协议，农机监理机构应制作调解书，由当事人、有关人员、调解人签名，加盖农机监理机构印章后即生效。

调解期满未达成协议的，农机监理机构应制作调解终结书，由调解人签名，加盖农机监理机构印章，分别送交当事人和有关人员。

第二十九条　经调解未达成协议或调解书生效后，任何一方不履行的，农机监理机构不再调解，当事人可以向人民法院提起民事诉讼。

第三十条　损害赔偿的具体项目、标准和办法，由省农业厅参照国家有关规定制定。

第三十一条　事故损害赔偿费，由事故责任者按下列比例承担：

（一）负全部责任的承担100%；

（二）负主要责任的承担60%～90%；

（三）负同等责任的承担50%；

（四）负次要责任的承担10%～40%；

（五）无责任的一般不承担，但行走式农机造成对方人员死亡或重伤的，应分担10%以下的经济损失。

第三十二条　重大和特大农机事故责任方应交纳事故处理费，收费标准由省农业厅会同省物价局、省财政厅制定。

第六章　违章处罚

第三十三条　农机在乡村道路、田间、场院、车间从事各种生产作业活动或在停放过程中，违反法律、法规、规章以及农机安全操作规程、驾驶规则的行为，均属农机违章行为。

第三十四条　对农机违章但没有造成事故的责任人员，给予警告，并处以50元以下罚款。

第三十五条　对农机违章造成事故的责任人员，按照《中华人民共和国道路交通安全法》和《中华人民共和国道路交通安全法实施条例》的规定予以处罚。

第三十六条　对未经批准自行改装、拆装农业机械的；迫使、纵容他人违章的或违章人员不服从管理、辱骂、殴打农机监理人员的，处以200元以下的罚款。

第三十七条　对违章和违章造成事故的责任人员，应当给予治安处罚的，由农机监理机构移交公安机关处理；触犯刑律的，由司法机关依法追究刑事责任。

第三十八条　农机监理人员滥用职权、徇私舞弊、索贿受贿的，应视情节轻重，由其所在单位或者上级主管机关给予行政处分；触犯刑律的，由司法机关依法追究刑事责任。

第七章　附　则

第三十九条　本办法所称“以上”包含本数，“以下”不包含本数。

第四十条　本办法自发布之日起施行。过去发布的有关规定与本办法相抵触的，按本办法执行。

江西省农业厅
关于印发《江西省促进农业机械化和农机工业又好又快发展的实施意见》的通知

赣农发[2012]6 号

各市、县(区)人民政府,省直有关单位:

经省政府同意,现将《江西省促进农业机械化和农机工业又好又快发展的实施意见》印发给你们,请结合实际,认真贯彻落实。

二〇一二年九月四日

江西省关于促进农业机械化和农机工业又好又快发展的实施意见

为认真贯彻《国务院关于促进农业机械化和农机工业又好又快发展的意见》(国发[2010]22 号),现结合我省实际,提出如下实施意见:

一、指导思想和发展目标

(一)指导思想

深入贯彻落实科学发展观,全面实施《中华人民共和国农业机械化促进法》《国务院关于促进农业机械化和农机工业又好又快发展的意见》和《江西省农业机械管理条例》,以粮食稳产增产、农业增效、农民增收为目标,加强农业机械化技术创新、组织创新和制度创新,促进农机、农艺、农业生产经营方式协调发展,提升农机公共服务能力,加强农机基础设施和农机社会化服务体系建设,提高农机工业创新能力和制造水平,促进我省农业机械化和农机工业又好又快发展。

(二)基本原则

坚持因地制宜,分类指导。根据省内不同区域的自然环境、耕作制度和经济条件,制定农业机械化发展规划,采取相应的政策措施,推进全省农业机械化发展。

坚持重点突破,全面发展。以促进农机农艺融合、实现关键装备技术突破为重点,加强示范,协同攻关,重点突破主要农作物生产关键环节机械化,促进农机化全面协调发展。

坚持鼓励创新,完善机制。创新农机服务形式,培育农机社会化服务主体,完善农机社会化服务机制,全面提升农机社会化服务水平。加快农机工业现代企业制度建设,以企业为核心,搭建科技创新平台,提高研发能力和制造水平。

坚持安全高效,持续发展。适应环保型社会建设和农业现代化发展要求,优化农机装备结构,研制和推广先进适用、技术成熟、安全可靠、节能环保的农业机械。

坚持市场引导,政府扶持。以市场为导向,引导资本、技术和人才等要素投入,加大对农机购置、使用和农机工业的财税、金融等扶持力度,调动企业研发生产和农民购机用机积极性。

(三)发展目标

到 2015 年,全省农机总动力达到 5 500 万千瓦,水稻生产综合机械化水平达到 67%,其中,水稻机械化耕作、种植、收获水平分别达到 88%、30%、80%;旱作物、养殖业、林果业、农产品初加工机械化协调推进。农机化服务体系不断完善,服务能力进一步增强。初步建立农业机械装备研发、制造、管理、销售、服务、培训体系,初步建成农机工业自主创新平台,新型农机装备研发制造水平和能力明显增强。

到 2020 年,全省农机总动力稳定在 7 000 万千瓦,水稻生产综合机械化水平达到 77% 以上,其中,水稻机械化耕作、种植、收获水平分别达到 92%、50%、86%;油菜机播、机收水平分别达到 20% 和 25%。农机工业技术创新体系得到完善,重点领域的关键技术取得突破,骨干企业装备水平达到或接近国内先进水平。基本建成现代化农机流通体系和完善的农机售后服务网络。

二、全面推进农业机械化

(四)全面提升农机化水平。水稻生产机械化是我省农机化主要任务。加快推进以机插秧为重点的水稻生产全程机械化,水稻主产区要率先实现全程机械化。积极发展油菜种植和收获机械化。着力推进丘陵山区粮油作物和特色农林产品生产机械化。加快林果业和花生、大豆等旱作物机械化推进步伐。快速提升环鄱阳湖区水产生态健康养殖机械化水平。积极发展畜禽及野生动物养殖机械化和自动化等其他农业机械。

(五)加快农机化科技推广步伐。建设和扶持农机化推广示范区、示范基地、示范合作社和示范户。建立农机和农艺科研单位协作攻关机制,促进农机农艺相结合,制定农机作业规范和农艺标准,有针对性地推广适合机械化作业的品种和种植模式。统筹规划,整合现有农机院所的科研力量,针对重点农作物建立我省农业机械化实验室或农业机械化工程技术研究中心,加强农业机械化技术研发工作。主推一批农机化技术,重点推广和普及水稻育插秧、油菜直播和联合收获、园艺作物节水灌溉等机械化技术。加快畜禽栏舍设备、自动喂养、粪污处理及施用等机械化技术的推广。加大农产品初加工机械、谷物烘干设备、设施农业和农业工程机械、节能环保农业机械和农村清洁工程机械推广力度。

(六)构建新型农机社会化服务体系。创新农机服务组织形式,扎实推进农机服务社会化。提高农民专业合作社农机装备水平与社会服务功能。大力发展农机专业合作社,培育和扶持一批示范农机专业合作社。培训农机专业合作社负责人,提高其组织服务能力和经营管理水平。注重发展农机专业大户,鼓励发展农机作业公司，促进农机服务主体多元化。培育农机作业、维修、中介和租赁等市场。组织好农机跨区作业，扩大作业范围和领域。保障春耕、"双抢"、冬季农业生产和抗灾救灾农机作业用油。

（七）增强农机公共服务能力。加强农机推广的条件和队伍建设，提升新技术新机具推广服务能力。强化农机安全生产监管，建立农机安全生产长效机制，加强监理装备和基层队伍建设，提升农机安全生产监管能力。加强农机试验、推广鉴定和质量认证工作，完善推广目录管理办法。加强农机市场监管，完善农业机械质量投诉网络。建立健全农机化公共信息服务平台和服务体系。建立大中型农机报废更新制度，促进安全、节能、环保型农机的推广应用。加强农机行业协会作用，提升教育培训、信息服务水平。

（八）加强农机化实用人才培养。大力培养农机推广、监督管理和试验鉴定专业人才，扎实推进农机化管理、技术和作业服务三支人才队伍建设。广泛开展农机实用技术培训和科普宣传，普遍提高农民素质。开展农机操作、维修等技能竞赛活动，提高农机从业人员的用修技能。依法开展农机职业技能培训和职业资质管理，培养农机作业和维修能手。支持大专院校发展农机工程教育，逐步建立农机设计制造教育体系和技术工人培训体系。

三、加快发展农机工业

（九）推进农机工业企业改革。研究制定我省农机行业发展规划和农机工业政策；深化企业改革，鼓励通过联合、引进、改造等多元方式，培育一批具有较强竞争力和较先进制造水平的集团公司和龙头企业。发展适应丘陵山地先进适用、安全可靠、节能环保的中小型、轻简化农业机械。培育一批具有比较优势的专业化、规模化零部件生产企业。支持组建配套企业、协作企业和科研机构以入股参股等形式加入的农机集团公司，做大做强，逐步形成我省农机产业体系。依法建立农机行业准入制度和市场退出机制，逐步强制淘汰落后产能。

（十）提高农机工业制造水平和产品质量。支持农机制造企业开展生产技术与装备、试验检测和信息化等技术改造。加强农机工业国内外合作，引进先进技术，提高农机企业产品开发、制造和管理水平。鼓励农业机械产品出口。完善企业质量保证体系，建立农机制造企业质量监督检查制度。支持企业建设技术研发中心，提高企业的技术创新能力。鼓励企业建立技术创新战略联盟，逐步建立产学研相结合的农机工业技术创新体系和和成果转化机制。

（十一）建立现代农机流通服务体系。重点培育省级农机市场，发展区域性农机市场，整合县级农机市场。发展农机连锁经营，培育一批大型农机流通企业、品牌农机店和大型农机市场，健全农机零配件供应网络，完善农机产品"三包"制度和召回制度，提高农机售后服务能力，逐步建立效率高、服务优，方便快捷的现代农机流通服务体系。

四、加大政策扶持力度

（十二）完善农机购置补贴政策。简化农机购置补贴程序，改进审批方式，缩短审批时间，加快补贴资金拨付。扩大省自选补贴产品范围。完善农机经销商管理制度，对相关农机销售企业依法实行准入制。严禁农机化事业单位通过成立公司等手段经销补贴产品。加强对农机购置补贴工作的监管，严厉查处倒卖补贴指标和补贴产品、套取补贴资金、乱涨价和乱收费等违规行为。加强对农机产品质量投诉的处理；保障农民的选择权和议价权，在充分探索和试点的基础上，允许农民在本省范围内跨县自主购机。

（十三）加大财政支持力度。各级财政要增加对农机化资金投入，建立农机化发展保障机制。保障公益性、执法性农机工作经费。合理确定省财政农机购置补贴资金规模，继续向产粮大县和农业机械化合作社倾斜，向工厂化育秧、插秧农业机械倾斜。各级财政要根据农机购置补贴工作的需要，足额安排农机购置补贴工作经费；要加大农业机械重大技术推广支持力度。有条件的地方可开展机械化插秧、秸秆还田等农机作业补贴试点。落实农机中小企业扶持政策。

（十四）加强金融支持。开展农业机械小额信贷，推动农业机械抵押贷款业务。开展农业机械保险业务，支持发展农业机械合作互助保险业务以拓展农业机械合作范围。加大对农机装备企业和流通企业的信贷支持力度。对符合产业政策和信贷原则的农业机械技术改造、农业机械新产品开发和农机流通设施建设，给予信贷支持。对农业机械科研攻关予以重点支持。落实中小农机制造企业享受的金融政策。创新型企业试点向农业机械制造企业倾斜，加大支持力度，积极创造促进我省农机工业发展的条件。

（十五）落实税费优惠政策。继续对跨区作业的联合收割机、运输联合收割机（包括插秧机）的车辆免收车辆通行费。进一步落实国家有关增值税转型，技术转让所得税减免，企业研发投入税前扣除，高新技术企业所得税减免的政策。对农机机耕和排灌免征营业税。对批发和零售的农机产品实行免征增值税政策。对农机生产、经销商申请银行贷款的，政府有关担保公司及工商、土地、房产等部门，实行减半收取担保、登记费用。

（十六）加强基础设施建设。加强农村机耕道路建设，改善农机作业、通行条件。完善农机质量鉴定、安全监理、推广培训体系建设，支持农机化信息公共服务平台建设，增强农业机械化公共服务能力。支持农机科研中心、试验场地、农机培训基地、示范基地、产业园区、农用油料供应和农机维修网点建设，建设一批区域性农机三包维修服务中心。凡是符合《国土资源部农业部关于完善实施农用地管理有关问题的通知》（国土资发[2010]155号）中界定为设施农用地范围的农机用地可按照该通知要求办理相关手续。

五、加强组织领导

（十七）落实部门职责。各级农机主管部门要认真履行规划指导、监督管理、协调服务职能，扎实做好农机技术推广、生产组织、安全监理、质量监督管理工作。发展改革、财政、工信、林业、水利、商务、科技、银信等有关部门，要按照各自职责，相互协调配合，落实扶持农业机械化和农机工业发展的基本建设投资，落实扶持农业机械化和农机工业发展的资金，加强农机购置补贴政策实施的监管，加快制定农机工业发展规划、产业政策和行业准入办法，抓好产品质量管理，推进农机企业科技创新体系建设，完善农机地方标准体系，加强农机流通体系建设，加大对农机化和农机工业科研开发支持力度，开展农机信贷、保险业务。

（十八）落实政府责任。各级政府要把发展农业机械化纳入重要议事日程，将农业机械化发展纳入当地经济和社会发展总体规划和政府的工作目标和考核指标，并组织实施。要强化农机行政管理职能，充实力量，改善工作条件，保障工作经费，切实解决农机科研、生产、流通、推广应用、社会化服务等方面存在的突出问题，扎实推进农业机械化和农机工业又好又快发展。

山东省农业机械管理局
关于印发《山东省农机安全监理行政处罚自由裁量适用规则》的通知

鲁农机管字[2012]30 号

各市农机局(办)：

为进一步规范农机安全监理执法行为，统一农机监理行政处罚裁量标准，根据《中华人民共和国行政处罚法》《农业机械安全监督管理条例》《山东省农业机械管理条例》，省局制定了《山东省农机安全监理行政处罚自由裁量适用规则》。现印发给你们，请遵照执行。

二〇一二年十月十五日

山东省农机安全监理行政处罚自由裁量适用规则

第一条 为规范行政处罚行为，保障公平、公正地行使农机监理行政处罚自由裁量权(以下简称自由裁量权)，促进依法行政，根据《中华人民共和国行政处罚法》《农业机械安全监督管理条例》《山东省农业机械管理条例》等法律、法规的有关规定，结合山东省实际，制定本规则。

第二条 山东省各级农机主管部门实施行政处罚时，适用本规则。

第三条 本规则所称行政处罚自由裁量权，是指农机主管部门实施行政处罚时，在法律、法规规定的处罚种类、处罚幅度内，综合考虑违法情节、违法手段、违法后果、改正措施等因素，合理确定处罚种类、处罚幅度或不予处罚的权限。处罚幅度分为轻微、一般、较重、严重、特别严重。

第四条 实施行政处罚时，应当遵循以下原则：

(一)过罚相当原则。实施行政处罚必须以事实为依据，以法律为准绳，在行使自由裁量权时应当考虑违法行为的事实、性质、情节以及社会危害程度等，作出的行政处罚要与违法行为相当。

(二)公平、公正原则。对于违法行为的处罚，应当优先适用法律效力层级高的法律规范，在法律效力相当的情况下，应优先适用新出台的法律规范；对于相同性质的违法行为，应当适用相同的法律规范予以处罚。

对于性质相同、情节相近、危害后果基本相当的违法行为，在行使自由裁量权时，适用的法律依据、处罚种类及处罚幅度应当基本一致。

(三)教育与处罚相结合原则。在行使自由裁量权时，既要制裁违法行为，又要教育当事人自觉遵守法律，维护法律尊严。对情节轻微的违法行为以教育为主、处罚为辅。

(四)综合裁量原则。在行使自由裁量权时，应当综合分析违法行为的主体、客体、主观、客观及社会危害后果等因素，对违法行为处罚与否以及处罚的种类和幅度进行判断，作出相应的处理决定，不能片面考虑某一情节对当事人进行行政处罚。

第五条 法律、法规规定责令改正，逾期不改正再予以行政处罚的行为，应当先责令改正，未先责令改正的，不得实施行政处罚。

责令改正的期限根据案件具体情况确定，法律、法规或者其他规范性文件有明确规定的，从其规定。

第六条 法律、法规规定的处罚种类可以单处或者可以并处的，可以选择适用；规定应当并处的，不得选择适用。

第七条 法律、法规设定的罚款数额有一定幅度的，在幅度范围内分为一般处罚适用，从轻处罚适用，从重处罚适用。

第八条 当事人有下列情形之一的，依法不予行政处罚：

(一)不满 14 周岁的人有违法行为的；

(二)精神病人在不能辨认或者不能控制自己行为时有违法行为的；

(三)违法行为轻微并及时纠正，没有造成危害后果的；

(四)违法行为在 2 年内未被发现的，但法律另有规定的除外；

(五)法律、法规规定不予行政处罚的。

第九条 当事人有下列情形之一的，依法从轻或者减轻行政处罚：

(一)主动消除或者减轻违法行为危害后果的；

(二)受他人胁迫有违法行为的；

(三)配合行政机关查处违法行为有立功表现的；

(四)已满 14 周岁不满 18 周岁的人有违法行为的；

(五)法律、法规规定的其他应当从轻或者减轻行政处罚的。

第十条 当事人在农机行政主管部门做出行政处罚决定之前已经纠正违法行为、尚未造成社会危害后果，如确需实施行政处罚的，一般选择低档幅度从轻处罚。

第十一条 当事人有下列情形之一的，属于情节严重，应当从重处罚：

(一)多次实施违法行为，或者在违法行为被行政处罚后继续实施同一违法行为的；

(二)抗拒检查、阻碍执法的；

(三)伪造证据，隐匿、销毁违法证据的；

(四)指使、胁迫他人或者诱骗、教唆他人实施违法行为的；

(五)在共同违法中起主要作用的；

(六)违法情节恶劣，造成严重后果或者社会影响的；

(七)对检举、举报人或者执法人员实施打击报复，查证属实的；

（八）法律、法规规定的其他情形。

上述从重处罚的行为，办案人员可按对应从重档次确定处罚标准，不得低于该档次标准处罚。

第十二条　当事人的违法行为没有从轻、从重情节的，应当对其予以一般处罚。

全省各级农机主管部门在实施行政处罚时原则上应当按照《山东省农机安全监理行政处罚裁量规范标准》（以下简称《裁量标准》）行使自由裁量权、确定处罚幅度。

第十三条　违法行为情节严重涉嫌犯罪的应当及时移送司法机关处理。

第十四条　实施农机行政处罚，不得因当事人陈述申辩及要求听证而加重处罚。

第十五条　农机行政处罚案件调查结束后，调查人员应当根据具体案情，对照裁量标准，在案件调查材料中对是否实施行政处罚以及处以何种处罚、具体处罚幅度提出建议，并明示裁量的理由及事实依据。对调查人员未按照规定说明裁量理由及事实依据的，审核人员应当将案卷退回，或者要求有关人员补充说明。

第十六条　行使自由裁量权，应当在行政处罚决定作出前，对建议的处罚种类、幅度或者履行方式作必要说明，并书面记录，存入卷宗。有从轻、从重处罚情节的，还应当在行政处罚决定书中说明理由。

第十七条　省级农机主管部门应当根据法律规范和行政执法实际，对本部门自由裁量权适用规则适时进行评估、修订、调整和完善。

第十八条　因行使自由裁量权不当，构成执法过错，有下列情形之一的，应当依照相关规定追究有关人员的过错责任：

（一）造成农机行政处罚案件被人民法院终审判决变更、撤销的；

（二）造成农机行政处罚案件被行政复议机关变更的；

（三）农机行政处罚案件被上级部门确认为自由裁量权行使不当的；

（四）引起当事人投诉，投诉情况查证属实，且在社会上造成恶劣影响的。

第十九条　农机执法人员徇私舞弊、滥用自由裁量权的，其所在单位应当提请行政执法证件核发机关暂扣、吊销直接责任人员的执法证件，农机主管部门对直接负责的主管人员和其他责任人员视情节调离执法岗位或者给予行政处分。

第二十条　本规定自2012年12月1日起施行，有效期至2017年11月30日。

附件：山东省农机安全监理行政处罚裁量规范标准（略）

河南省人民政府
关于促进农业机械化和农机工业又好又快发展的实施意见

豫政〔2012〕64号

各市、县人民政府，省人民政府各部门：

为贯彻落实《国务院关于促进农业机械化和农机工业又好又快发展的意见》（国发〔2010〕22号），提升我省农业装备水平，改善农业生产条件，增强农业综合生产能力，拉动农村消费需求，促进农业机械化和农机工业又好又快发展，现提出如下实施意见，请认真贯彻落实。

一、总体要求和发展目标

（一）总体要求。深入贯彻落实科学发展观，全面实施《中华人民共和国农业机械化促进法》《河南省农业机械化促进条例》，按照中原经济区建设的总体部署，紧紧围绕高标准粮田建设，以促进农业技术集成化、生产过程机械化为主要目标，以促进农业持续增效、农民有效增收、农村加快发展为核心任务，以良种良法配套、农机农艺结合为基本要求，以加快农机装备结构调整、主攻秋粮生产和薄弱环节机械化为重点工作，着力推进技术创新、组织创新和制度创新，着力促进农机、农艺、农业经营方式协调发展，着力加强农业机械化公共服务和支撑保障体系建设，着力提高农机工业创新能力和制造水平，进一步加大政策支持力度，推动农业机械化和农机工业又好又快发展。

（二）发展目标。到2015年，全省农机总动力达到1.2亿千瓦，主要农作物耕种收综合机械化水平达到77%，其中粮食生产机械化水平达到80%以上。小麦生产全程机械化成果持续巩固，玉米生产过程基本实现机械化，水稻生产过程机械化水平达到65%，花生生产过程机械化水平达到60%以上，油菜、大豆等其他经济作物机械化水平明显提高，养殖业、林果业、农产品初加工机械化协调推进。农业机械化服务体系不断完善，服务能力进一步增强。建成协调有效的农机工业自主创新平台，形成若干具有自主知识产权的产品和技术，部分产品达到国际、国内先进水平。农机工业总产值达到800亿元，出口贸易额达到120亿元。

到2020年，全省农机总动力稳定在1.4亿千瓦左右，主要农作物耕种收综合机械化水平达到90%左右。实现玉米、水稻生产全程机械化，花生、油菜生产过程机械化水平达到80%以上，基本解决其他农作物生产种植、收获机械化关键技术问题。农机工业技术创新体系得到完善，重点领域的关键技术取得突破，发展成为我国重要农业装备制造强省。基本建成现代化农机流通体系和完善的农机售后服务网络。

二、促进农业机械化发展的主要任务

（三）加快农业机械化进程。充分发挥农业机械替代人力、集成技术、节本增效、推动规模经营的重要作用，不断拓展农机作业领域，探索农业全程机械化生产模式。重点推进劳动强度高、用工量大和大宗农作物等农业生产领域的机械化，突出抓好玉米收获、水稻育插秧、棉花采摘等关键环节的机械化。在平原地区，围绕高标准粮田建设工程，着力提升粮食生产机械化水平。重点发展大马力、高性能农机，提高大型农机配套比和使用效率；推进小麦生产机械更新换代，进一步优化装备结构，提高作业质量和效益；主攻玉米收获环节，加快实现玉米生产全程机械化；加大花生收获机械示范推广力度，推进花生生产机械化；加大棉花移栽机械和收获机械示范推广力度，推动棉花生产机械化。在豫南、沿黄等水稻主产区，重点普及水稻育插秧机械化技术，加快推进水稻生产全程机械化；加大油菜直播机械和联合收获机械推广力度，推动油菜生产全程机械化；积极发展茶叶生产机械化，提高茶叶生产水平。在丘陵山区，重点推广轻便、耐用、低耗中小型耕种收和植保机械，推进主要粮油作物和特色农产品生产机械化；加大灌排设备更新改造力度，加快推广节水灌溉和小型抗旱设备，提高灌排设备装备水平。同时，各地要因地制宜积极推进设施农业、特色经济作物、畜禽水产养殖、林业生产等领域机械化。

（四）促进农机农艺有效融合。坚持良种良法配套、农机农艺结合，促进农业技术集成、高效、规范应用。逐步淘汰点播、套种等落后生产方式，加速推进农艺和耕作方式现代化。统筹规划，整合力量，建立农机、农艺科研单位和生产单位联合协作攻关机制，加强农机农艺融合技术研究与技术集成配套研究，针对重点薄弱环节，制定科学合理、相互适应的机械作业规范和农艺标准。将机械适应性作为科研育种、栽培模式推广的重要指标，有针对性地推广一批适合机械化作业的品种和种植模式。完善更新小麦、玉米、水稻等大宗农作物种子加工机械，进一步提升种子生产能力和水平。适应农业规模化、精准化、设施化等要求，加强农业机械化生产技术研发。加强农机与水、肥、种、药等因素协调作用的机理研究，完善农业机械化、种子、土肥、植保等推广服务机构紧密配合的工作机制，组织引导农民统一农作物品种、播期、行距、行向、施肥和植保，为机械化作业创造条件。

（五）推进农机服务组织建设和社会化服务。创新农机服务组织形式，大力推进农机专业合作社建设，发展一批设施完备、功能齐全、特色鲜明的示范农机专业合作社，带动大型、复式、高性能农业机械和先进农业技术的推广应用。鼓励发展农机专业大户和开展联户合作，探索发展农机作业公司，促进农机服务主体多元化。加强抗旱排涝和农作物机械植保服务队伍建设。依托农机专业合作社等各类农机服务组织以转包、出租、互换、转让、股份合作等形式，依法加快土地流转，促进农业规模化、产业化经营。培育农机作业、维修、中介、租赁等市场，建设一批大型农机流通企业、品牌农机店和区域性农机市场，为农民购机和售后提供系列化优质服务。继续抓好农机跨区作业，加强组织引导，推动农机跨区作业由小麦向水稻、玉米等大宗农作物延伸，由机收向机耕、机插、机播等环节拓展。加强机耕道路建设，改善农机作业、通行条件。保障重要农时农机作业、排灌及抗旱用油。

（六）大力培养农业机械化实用人才。充分利用高等院校、职业学校等教育资源，培养农业机械化专业人才。加强农机培训机构硬件建设，重点加强130余所县级农机培训机构基础设施建设。以提高科技素质、职业技能、经营能力为核心，大力开展农业机械化实用人才培训，培养新型职业农民，提高农民科学种田水平和就业能力。利用“阳光工程”等各类农民培训项目，大力培养农机作业和维修能手。开展农机使用等技能培训和科普宣传，提高农民对先进生产工具、技术的接受能力和操作水平。有计划、分层次对农机管理、技术推广、安全监理和试验鉴定人员进行定期培训，提升农业机械化公共服务水平。

（七）积极推广先进适用农业机械化技术。适应高产、优质、高效、生态、安全农业发展需要，努力构建运行高效、支撑有力、充满活力的农业机械化推广体系，创新推广机制，提高推广能力。加快普及玉米、水稻等主要农作物重点环节和关键农业机械化技术，促进先进适用农机装备广泛应用。大力推广保护性耕作、节水灌溉、土地深松（耕）、精量播种、化肥深施、高效植保、机械秸秆直接还田和农作物秸秆综合利用等增产增效型农业机械化技术。加大花生、红薯、胡萝卜、大蒜等我省具有区域优势的根茎类作物机械化技术试验、示范和推广力度。建立省、省辖市区域性农机示范推广基地，搞好相关机具的研发和产品的试验选型定型。鼓励农机制造企业、销售企业、农机大户和农机服务组织建立农机示范推广点。要根据农业生产的特点和需求，加强农机研发、改进工作，不断提高农业机械化技术集成和装备配套水平，满足农业生产需求。

（八）强化农机安全使用监督管理。健全农机作业质量、维修质量标准体系，规范农机作业、维修服务，提高农机应用和保障水平。加强农机试验鉴定和质量认证工作，实行农机产品推广目录管理制度，对重点推广的农机产品依法进行质量跟踪调查，并向社会公布调查结果。加强农机市场监管，完善农机质量投诉网络，严格执行农机产品“三包”（保修、包换、包退）规定，严厉打击制售假冒伪劣农机产品等坑农害农行为，切实维护农民利益。逐步建立农机报废更新制度，加快淘汰老旧及高耗能农机，促进安全、节能、环保型农机的推广应用。依法做好农业机械维修网点的分级分类管理和从业人员技术等级的审定工作，规范和促进农业机械维修业健康发展。健全农机安全法规和制度，加强基层农机安全监理队伍建设，对县级农机安全监理基础设施和装备进行改造提升，提高装备水平和监管能力。开展农机使用安全教育，加强牌证管理和安全生产检查，预防和减少农机事故发生。扎实推进“创建平安农机、促进新农村建设”活动，构建农机安全监督管理长效机制，保障广大农民生命财产安全。

三、促进农机工业发展的主要任务

（九）深化农机制造企业产权制度改革。加快推动农机工业产业结构调整和重组，通过承接产业转移，优化产业布局，逐步淘汰落后产能，压缩过剩产能，促进节能减排，杜绝低水平重复建设，形成布局合理、集约发展的新格局。鼓励和引导农机制造企业优化产权结构，建立产权明晰、权责明确、管理科学的现代企业制度，提高科学决策和生产、经营水平，激发企业活力，增强发展后劲。支持国有、集体、民营、股份制等多种所有制农机制造企业发展，鼓励社会资本进入农机制造行业，实现投资主体多元化。支持农机制造企业战略重组，加快集团化、集约化进程，通过资产重组、兼并收购、强强联合等方式，形成3～4个具有先进制造水平和较强竞争力的大型企业集团和产业集群。完善产业组织结构，形成以大型企业为龙头、中小企业相配套的产业体系和产业集群，提升产业集中度和专业化分工协作水平。支持中小型企业走“专、精、特、新”的发展道路，培育一批先进的零部件加工企业，实现专业化、规模化生产，积极参与国际竞争。

（十）优化农机产品结构。结合农业规模化、精准化、设施化生产的发展趋势，优化农机产品结构，开发新产品，广泛采用高新技术，改变目前高端产品不足和进口依存度高、低端产品过剩、质量差的局面。从国情、省情出发，在开发大型农机的同时，积极发展适合家庭经营需要的中小型、轻简化农机，形成适应我国不同地区经济水平、高中低端产品共同发展的格局。坚持节能减排原则，鼓励农机主机生产企业由单机制造为主向成套装备集成为主转变，积极开发生产高效节能环保、多功能、智能化、资源节约型农机。重点突破水稻插秧、玉米收获、油菜种植和收获机械以及节水灌溉设备等瓶颈，优先发展100千瓦以上大型拖拉机、50～70千瓦节能环保型水田拖拉机、高地隙拖拉机、多功能谷物联合收割机、玉米收获机、大中型动力机械配套机具、保护性耕作机具、高效植保机械、高效节能机泵设备、节水灌溉设备、小型抗旱排涝机械、适合丘陵山区使用的小型机械等。加快农业清淤设备研究开发。

（十一）加强农机工业科技创新能力建设。坚持自主开发和引进、消化、吸收、再创新相结合的发展道路，建立以企业为主体、市场为导向、产学研相结合的农机工业技术创新体系。突出"四个围绕"，提高农机工业创新能力。即：围绕大马力拖拉机、多功能收割机、高效节能大中型水泵、喷灌机等重大产品开发，加快产业升级和产品更新换代；围绕发动机、传动、电控、液压等核心部件研发，增强农机工业自主创新和核心竞争力；围绕科研手段和条件改善，提升农机新技术和新产品开发、试验试制能力；围绕科研机制创新，支持重点企业技术进步，带动行业发展。依托洛阳一拖集团国家大马力拖拉机研制中心和豪丰机械制造有限公司在建国家农业装备实验室等研制机构，建成农机工业自主创新平台，在大型农业动力和作业装备领域实现重点关键技术和共性技术的重大突破，推进新产品开发。依托农机制造企业和科研院所，抓紧建设拖拉机、多功能收割机等重点农机产品开发企业技术中心、工程技术研究中心以及农机重点实验室，凝聚优秀研发人才，加快急需的关键和重大共性技术研发，集中力量攻克困扰产业发展的工艺材料、基础部件、关键作业装置等技术瓶颈，形成一批具有自主知识产权的核心技术成果。新技术和新产品的开发要充分考虑农作物品种、耕作制度和经营体系的需要，提高农机的适用性。支持高等院校加强农机工程学科建设，强化农机工程基础教育。完善农机培训体系，利用中等职业学校，加强农机制造等专业实用人才培养。

（十二）提升农机工业制造水平和产品质量。要把为农业生产提供先进、适用、安全、可靠、经济的机械装备作为现阶段我省农机工业发展的一项重大任务，加大研发力度，提升制造水平。加大农机制造企业技术改造力度，改善企业研发和生产条件，应用精密成型、智能数控等先进加工装备和柔性制造、敏捷制造等先进制造技术，提高农机制造工艺及装备水平。完善农机产品质量标准体系，加快制（修）订农机产品技术标准，实现动力机械与配套农具、主机与配件的标准化、系列化、通用化开发生产。加快新技术、新工艺、新设备、新材料应用，提高关键零部件的加工精度，提升农机产品质量，逐步淘汰消耗高、污染重、技术落后的工艺和产品。在提升制造水平的基础上，进一步完善企业质量保证体系，加强对外购零部件的检测和可靠性分析，规范新产品和新技术鉴定验收工作。发挥行业指导作用，对重点农机产品、大型复杂农机产品和涉及人身安全、环境保护及资源节约等农机具，适时制定我省农机生产准入条件，提高产品性能与质量、避免低水平重复建设，促进农机制造企业有序竞争。建立农机制造企业质量监督检查制度，组织开展产品质量抽检。加强生产技术工人培训，提高工人使用现代化机械加工设备的能力，不断提升企业制造水平和产品质量。

（十三）构建现代农机流通体系。建立健全农机制造企业品牌营销网络与专业农机流通企业销售网络相结合的新型农机市场体系。实施农机流通服务品牌工程，优化市场布局，发展连锁经营，培育一批辐射面广、服务质量好的大型农机流通企业、品牌农机店、区域性农机市场，健全农机零配件供应网络，提高农机产品流通效率，方便农民购机。建立农机产品售后服务体系和信息服务平台，依托重点生产企业、专业流通企业，建立售后服务中心，提高服务能力。完善农机产品"三包"规定，健全和规范农机修理市场，明确产品售后维修责任，规范服务程序，提高维修能力和服务质量。

（十四）加强对外交流合作。鼓励大型农机制造企业与国内、国外企业开展合作和建立技术研究中心，提升核心技术、关键部件的研究开发能力。在保障产业安全的前提下，通过与国外企业合资、合作生产等方式，积极引进国外先进技术，通过引进、消化、吸收、再创新，提升大马力拖拉机、多功能收割机、现代农具、农林飞机等先进农机具制造技术水平，逐步降低高端产品进口依赖程度。吸引海外科技人才加入我省农机制造行业，加快动力机械、配套机具研发制造人才的引进，增加技术储备，培养一批具有创新能力的人才和团队，提高农机产品开发、制造和管理水平。实施农机装备"走出去"战略，大力开拓国际市场，鼓励企业参与对外援助和国际合作项目，扩大优势农机产品出口，引导有条件的农机制造企业到国外投资办厂。

四、加强政策扶持和组织领导

（十五）加大财政支持力度。各级财政要持续增加对农业机械化的资金投入，建立农业机械化发展保障机制。继续实施农机购置补贴政策，科学合理确定补贴规模和品种，优先支持当地农业生产薄弱环节推进机械化，新增购机补贴向农机专业合作社、种粮大户倾斜。对农机部门履行公益性、执法性职能所需经费，各级财政要纳入预算。积极开展农机保险业务，有条件的地方可对参保农机给予保费补贴。按照国家统一部署，在适宜地区实施保护性耕作、节水灌溉、深松整地、秸秆还田、高效植保等农机作业补贴试点，鼓励有条件的地方率先开展试点工作。各级财政要支持农机工业技术创新能力建设、科技成果产业化以及技术和智力引进，逐步加大农业机械化重大技术推广支持力度，对农机工业技术改造给予重点扶持。

（十六）加大金融支持力度。鼓励、支持金融机构创新农村金融产品和金融服务，大力发展农机小额信贷，为农民购置农机提供消费信贷服务。鼓励农业发展银行拓展支农领域，对农民购置大型农机给予政策性中长期信贷支持。开展农业机械抵押、质押贷款业务，推广农户联保、农户互保、农机专业合作社为成员担保等多种信用保证方式。对符合产业政策、信贷原则的农机制造企业技术改造、新产品开发和农机流通设施建设，积极给予信贷支持。中小农机制造企业享受国家和省扶持中小企业发展的相关政策。创新型企业试点要向农机制造企业倾斜，加大支持力度。

（十七）落实税费优惠政策。对从事农业机耕、排灌、病虫害防治、植保以及相关技术培训的单位和个人获得的收入免征营业税，对企业从事农机作业和维修服务的所得免征企业所得税。农机专业合作社、农机制造企业缴纳房产税、城镇土地使用税确有困难的，可向当地税务部门申请减免。属于国家重点扶持的认定为高新技术企业的农机制造企业,按照企业所得税法的规定,减按15%的税率征收企业所得税。继续落实农机批发、零售免征增值税政策。继续对跨区作业的联合收割机、运输联合收割机(包括插秧机)的车辆免收车辆通行费。工商、税务部门要为农机专业合作社提供便捷服务,在办理证照登记时免收工本费。对农机专业合作社从事农业生产时的用电,执行农业生产用电电价政策。落实农机制造企业研究开发费用税前扣除优惠政策。对生产国家支持发展的新型、大马力农机装备和产品确有必要进口的关键零部件及原材料,免征关税和进口环节增值税。

(十八)加强基础设施建设。按照《河南省人民政府关于印发河南省粮食生产核心区建设规划(2008—2020年)的通知》(豫政[2010]50号)要求,实施农业机械化推进工程,重点支持89个县(市、区)的89个县级农机技术推广公共服务能力和农机安全监理站标准化建设。实施秋粮生产机械化技术集成与示范、根茎类作物生产机械化技术集成与示范、高效低碳农业机械装备技术集成与示范、现代农机关键技术研究与装备提升、农业机械化推广示范基地等项目。根据国家《保护性耕作工程建设规划》,在42个县(市、区)实施保护性耕作工程建设项目。建设农机跨区作业信息网络设施和智能调度管理服务平台,推进机械化与信息化融合,提高农机信息化服务水平。农机专业合作社建设农机存放场(库、棚)的用地,要按照农业生产用地手续办理。农机研究开发基础设施建设要纳入省级工程(技术)实验室、工程研究中心等项目建设范围。加强农机流通基础设施建设,加大投资扶持力度。

(十九)加强组织领导。各级、各有关部门要统一思想,提高认识,把促进农业机械化和农机工业发展摆上重要议事日程,建立工作责任制。各地要结合实际,制定发展规划,明确发展目标,加强组织协调和相关机构队伍建设,充实力量,改善工作条件,保障工作经费,切实解决农机科研、生产、流通、推广应用、社会化服务等方面存在的突出问题。农机部门要切实履行规划指导、监督管理、协调服务等职能,做好技术推广、生产组织、安全监理等工作。工业和信息化部门要加强农机工业行业管理,加快制定农机工业发展规划、产业政策和行业准入办法,抓好产品质量管理。水利部门要制定灌排设备更新改造规划,推广普及节水灌溉设备,协助工业和信息化部门做好大型灌排设备研发工作。发展改革部门要落实扶持农业机械化和农机工业发展的基本建设投资。财政部门要落实扶持农业机械化和农机工业发展的资金,加强对农机购置补贴政策实施的监管。商务部门要加强对农机流通行业的指导,加快农机流通体系建设。科技部门要加大对农业机械化和农机工业科研开发支持力度。金融保险机构要积极开展农机信贷、保险业务。有关行业协会要充分发挥协调、服务、维权、自律的作用。

二〇一二年七月十七日

四川省农业厅　四川省财政厅
四川省发展和改革委员会
关于启动实施“四川省农业机械化示范县建设工程的通知”的通知

川农业[2012]99号

各市(州)及相关县(市、区)农业(农机)局、财政局、发展改革委(局),成都市农委:

为深入贯彻落实《国务院关于促进农业机械化和农机工业又好又快发展的意见》(国发[2010]22号)、《四川省人民政府关于推进农业机械化和农机工业又好又快发展的实施意见》(川府发[2011]7号)精神,经县(市、区)政府自愿申报,市(州)农业(农机)部门推荐,报省政府领导同意,决定在新都区等60个粮食生产重点县、现代农业产业基地强县(培育县)及甘孜县、若尔盖县等2个藏区县(“60+2”,名单附后)启动实施“四川省农业机械化示范县(培育县)建设工程”(以下简称“示范县建设”)。成都市、德阳市、广安市作为全省整市推进农机化示范市,将所辖县(市、区)全部纳为示范县。现就有关事项通知如下:

一、明确建设目标

示范县建设坚持“统一规划、整体推进,突出重点、全面发展,政府主导、多方参与”的原则,以实现“三个突破”为重点,即在区域上实现平原地区农机化全面突破、在作物品种上实现水稻生产机械化率先突破、在薄弱环节上实现机械化育插秧重点突破,以提高主要农作物耕种收综合机械化水平为目标,进一步加大政策支持力度,加强农机农艺融合,以点带面,以建设促发展,加快推进全省农业机械化。

到2015年,平原地区示范县主要农作物耕种收综合机械化水平达到65%以上;水稻耕种收综合机械化水平达到70%以上。丘陵地区和攀西地区示范县主要农作物耕种收综合机械化水平达到55%以上。示范县杂交水稻制种基地实现全程机械化。

二、突出建设重点

(一)着力提高农业机械装备水平。平原地区示范县大力发展大中型、高性能农业机械,稳步推进粮食烘干和农业废弃物综合利用机械化。丘陵地区和攀西地区示范县以中小型、多功能复合型农业机械推广应用为重点,因地制宜推进特色效益农业、畜牧水产养殖业、设施农业等机械化。藏区示范县结合本地实际,大力发展青稞、马铃薯等适宜的农牧业机械。在60个示范县中,每个平原地区示范县要建成2个万亩以上水稻全程机械化核心示范区;每个丘陵地区和攀西地区示范县要建成1个万亩以上水稻全程机械化核心示范区。2个藏区示范县每个要建成千亩以上的青稞或马铃薯全程机械化核心示范区。

(二)加快培育农业机械化发展主体。大力发展农机专业合作社、农机大户,促进农业机械化发展方式转变,提高农机社会化服务水平。到2015年,平原地区示范县每个乡镇建成2个以上农机专业合作社,丘陵地区和攀西地区示范县每个乡镇建成1个以上农机专业合作社。每个农机专业合作社年作业面积达到2万亩以上。每个示范县建成3～5个具有承担万亩以上水稻机械化育插秧能力的农机专业合作社。

（三）科学建设水稻集中育秧场。按照适度集中和分散育秧相结合，依托农机专业合作社、农机大户，科学布局建设水稻集中育秧场。到2015年，每个示范县建设500亩以上集中育秧场。

（四）完善农业机械化基础保障。搞好高标准农田和机耕便民道、机电提灌设施建设，为推进农业机械化奠定基础保障。

三、强化保障措施

（一）加强组织领导。示范县建设是经省政府领导同意启动实施的一项重要工作，县（市、区）人民政府是农机化示范县建设的责任主体，要成立农业（农机）、财政、发改、国土、水利等部门共同参与的示范县建设领导小组，领导小组办公室设在县农业（农机）部门，负责示范县建设方案的制定、实施等。市（州）农业（农机）部门负责示范县建设的指导、督促。省农业厅负责示范县建设的组织、指导、检查和考核。

（二）加大政策扶持。一是国家农机购置补贴资金及省级农机专项资金要向示范县倾斜，优先安排。二是有关市（州）、县（市、区）财政要加大示范县建设支持力度，加大农机化示范县建设投入。三是按照项目资金渠道、性质、用途不变的原则，市、县（区）政府要积极整合高标准农田建设、新增100亿斤粮食生产能力建设、现代农业产业基地建设、粮油高产创建、农业综合开发等涉农项目资金，加强基础能力建设。四是积极协调金融机构开展农机小额信贷，为农民购置先进适用农业机械提供信贷支持。五是鼓励、引导社会资金和民间资本积极投入农机化建设。

（三）强化机艺联动。各示范县要加强农机农艺融合，推进农业生产规模化、标准化、组织化。组织农业农机科研、企业搞好技术攻关，加快适宜农机作业的作物品种的选育、推广，大力开发、推广适宜丘陵山区和我省农业种植模式的新机具、新技术。制定、推行适宜农机农艺协调发展的农艺标准及机械化作业规范。搞好适宜本地条件和农民群众喜爱的农业机械的选型、推广。切实做好农机农艺技术指导、咨询和培训。

（四）完善服务保障。积极发展农机专业合作社和农机大户。鼓励、支持和推进农机大户、种粮大户“双向发展”（即：把农机大户发展成为种粮大户，将种粮大户发展成为农机大户）。引导农机专业合作社和农机大户为种粮大户、农业企业等提供代耕、代种、代防病（虫）、代收割等农机作业服务。积极开展订单作业、跨区作业，推进农机服务专业化、市场化、产业化。不断加强农机科研、推广、鉴定、监理等公共服务体系建设，充分发挥各自优势，切实保障示范县农机化科学发展、安全发展。

四、落实相关要求

（一）细化任务分解。各示范县要以“三个突破”为重点，结合本地实际，进一步完善建设规划，细化实施方案，将建设任务分解到年度、落实到区域。2012—2013年主要是构建组织体系、运行机制；初步完成核心示范区、集中育秧场的建设；抓好农机大户、农机专业合作社的培育，主要农作物耕种收综合机械化水平每年有较大幅度的提高。2014—2015年主要是优化农机装备结构、增强发展主体能力、强化农机基础保障、建立长效发展机制，全面完成示范县建设目标。

（二）强化检查考核。省农业厅将制定有关示范县建设的考核评价办法，每年对示范县进行评估考核，实行动态管理。考核合格的，报省政府分批命名；考核不合格的，次年取消示范县资格。

（三）搞好宣传总结。要充分利用各种新闻媒体加强对示范县建设的宣传，营造良好的建设氛围，调动各部门及社会群众参与、支持示范县建设。各示范县要总结建设成绩、经验，及时反映建设的情况、问题，并于每年年底前将工作总结报送省农业厅农机化发展处。

联系人：杨建国　周　杉

电　话：028－85505850　028－85505877

E－mail：nyt911@163.com

附件：“四川省农业机械化示范县建设工程”培育县名单（略）

二〇一二年六月二十一日

四川省农业厅　四川省公安厅
关于开展打击非法使用拖拉机牌证专项整治行动的通知

川农业［2012］132号

各市（州）农业（农机）局、公安局，成都市农委：

近年来，我省不少地方拖拉机、低速载货汽车使用假的拖拉机号牌、行驶证或套用拖拉机号牌、行驶证等涉牌涉证交通违法问题日趋突出。这些使用假的拖拉机牌证或套用拖拉机牌证的车辆，长期偷逃国家税费，违反道路交通法规，发生盗抢和交通肇事逃逸后难以侦破，严重影响了农业机械化作业安全、道路交通安全和社会治安稳定，侵害了人民群众的合法权益。为切实维护农业机械化作业和道路交通秩序，有效预防和减少事故，保护人民群众生命财产安全，按照国务院安委会加强道路交通安全工作视频会议精神、农业部办公厅《关于集中开展农机安全生产“打非治违”专项行动的通知》（农办机［2012］23号）和四川省人民政府安全生产委员会办公室《关于印发“打非治违”专项行动办公室工作方案扎实推进专项行动深入开展的通知》（川安办［2012］49号）等有关安排部署，决定自2012年8月15日至10月15日在全省范围内开展一次打击非法使用拖拉机牌证专项整治行动。现就有关要求通知如下：

一、整治目的

通过各级农业（农机）、公安部门密切配合，工作联动，精心组织，周密部署，强化措施，严格整治，使拖拉机、低速载货汽车使用假的拖拉机号牌、行驶证或套用拖拉机号牌、行驶证等涉牌涉证交通违法行为得到有效遏制；制造、贩卖假牌假证窝点得到依法查处和取缔，其违法犯罪行为受到依法惩处；切实规范拖拉机、低速载货车辆牌证制作、发放、注册登记程序，维护农业机械作业和道路交通安全秩序，有效预防和减少事故，为党的十八大顺利召开营造良好社会环境。

二、工作安排

此次专项整治分三个阶段：

1. 宣传动员阶段：8 月 15 日至 8 月底。

2. 排查整治阶段：9 月 1 日至 9 月底。

3. 总结提高阶段：10 月 1 日至 15 日。

三、有关要求

（一）加强领导，周密部署。各市（州）农机化主管部门和公安部门要积极争取当地党委政府的重视和有关部门的支持，加强组织领导，密切协调配合，形成齐抓共管合力。要按照两厅统一部署，制定符合本地实际的整治方案，确保整治任务有序推进，如期完成，取得实效。整治行动期间，省农业厅和省公安厅将派出督导检查组分赴部分市（州）、县（区）抽查整治工作开展情况，及时了解掌握各地整治工作的进展情况，协调解决整治过程中遇到的问题，指导开展好每一个步骤的工作。

（二）强化宣传，营造氛围。各地要充分利用广播、电视、报纸、网络等新闻媒体，宣传有关政策法规和驾驶套牌假牌拖拉机、低速载货汽车的危害性，为群众提供举报制造、贩卖和使用假牌假证等涉牌涉证违法行为的途径，积极动员广大群众踊跃检举揭发制假、贩假以及假（套）牌违法行为。在整治期间，要对制造、贩卖以及套牌假牌违法典型案例进行曝光。

（三）精心组织，排查整治。各市州农机化主管部门和公安部门要加强配合，对本辖区拖拉机、低速载货汽车使用假的拖拉机号牌、行驶证或套用拖拉机号牌、行驶证等涉牌涉证交通违法行为以及制假、贩假拖拉机牌证违法行为进行全面、深入、细致地拉网式检查，并将检查情况进行梳理，认真分析，坚决整治。对于能够立即整改的，要不讲条件、不讲困难，切实整改到位；对于一时难以整改的，要形成书面意见报送相关部门督促整改，全力确保排查不留死角，整改不留后患。农业（农机）部门要自查自纠，严格按规定办理拖拉机牌证，切实强化源头管理，并在档案查询、信息交换、联勤、案例分析等涉及联合整治各环节主动与公安交通管理部门搞好配合；公安交通管理部门要加强路面监控，依法查处使用假冒、伪劣拖拉机牌证等违法行为。同时，要积极加强与我省接壤交界兄弟省、市、县相关部门的联系，建立这些重点难点地区信息通报制度和协作查处机制，及时沟通情况，坚决遏制非法使用拖拉机牌证在省、市、县交界地区滋生蔓延现象发生。公安治安管理部门要从源头上查处和取缔制造、贩卖假牌假证窝点，严厉打击违法犯罪行为。

（四）令行禁止，违法必究。对整治行动中发现的涉牌涉证违法行为，公安交通管理部门、农机化主管部门要严格按照《中华人民共和国道路交通安全法》和国务院《农业机械安全监督管理条例》有关规定查处，切实做到发现一起处理一起，构成犯罪的，依法追究刑事责任。要挖根求源，重拳出击，彻底铲除制假售假源头和窝点，保护合法车主的利益，维护社会公共安全。

（五）信息互通，规范管理。各市（州）农机化主管部门、公安交通管理部门要密切配合，加强信息沟通，完善抄告制度。农机化主管部门要定期向公安交通管理部门抄告本辖区农机牌证核发情况，公安交通管理部门要将上道路行驶拖拉机检查情况抄告农机化主管部门，对发现悬挂伪造、变造嫌疑拖拉机号牌的车辆，要及时核查。通过农机化主管部门源头上管控，公安交通管理部门道路上检查，共同规范拖拉机、低速载货车辆的管理。

（六）妥善处理，化解矛盾。各市州农机化主管部门和公安交通管理部门要制定突发事件应急预案，对在整治过程中出现的矛盾和过激行为苗头，要注意工作方法，采取有效措施，妥善稳妥处理；要切实保护农民机手的切身利益，争取他们的理解和支持，确保专项整治工作平安、顺利进行。

此次专项整治工作结束后，各地要对此次专项整治的成效、经验、存在的问题和不足进行及时认真总结，提出下一步工作措施、建议，并于 10 月 25 日前以书面形式分别报送四川省农业厅和四川省公安厅。

二〇一二年八月八日

贵州省人民政府办公厅关于印发贵州省促进农业机械化和农机工业又好又快更好更快发展意见的通知

黔府办发［2012］32 号

各市、自治州人民政府，各县（市、区、特区）人民政府，省政府各部门、各直属机构：

《贵州省促进农业机械化和农机工业又好又快更好更快发展的意见》已经省人民政府同意，现印发给你们，请认真贯彻执行。

二〇一二年七月十七日

贵州省促进农业机械化和农机工业又好又快更好更快发展的意见

为推进全省农业机械化和农机工业又好又快更好更快发展，现结合实际，提出如下意见。

一、发展目标

到 2015 年，全省农机总动力达到 2 500 万千瓦以上，各类拖拉机、灌排机械、畜牧养殖机械总量分别达14.27万台、32.15万台、43.56万台(套)以上,主要农作物耕种收综合机械化水平达到25%以上。其中,水稻耕种收机械化水平达到30%以上,养殖、蔬菜、茶叶、油菜、马铃薯、玉米等机械化生产水平有明显提高。全省基本形成具有一定生产规模的拖拉机、微耕机、脱粒机、小型发电机组、小型农副产品加工机械等农机生产基地。到2020年,全省农机总动力达到5 000万千瓦以上,各类拖拉机、灌排机械、畜牧养殖机械总量分别达28.7万台、64.66万台、87.61万台(套)以上,主要农作物耕种收综合机械化水平达到40%以上。全省建成协调有效的农机工业自主创新平台。

二、重点任务

(一)实施现代农机装备提升工程。在坝子地区和粮食主产区,重点支持和发展适合我省农业生产特点的多功能、高效能、复式作业机具,提高配套比和利用率,进一步优化农机装备结构。在丘陵山区,加快示范推广轻便耐用、经济实惠、低耗能中小型耕种收机械,推进丘陵山区主要农作物和特色农产品生产机械化。引导农机装备由低档次向高性能,由单项作业向多功能复式作业转变,推动全省农业机械化由数量增长型向质量、技术水平提高型转变。

(二)实施农业生产全程机械化覆盖工程。围绕全省水稻、玉米、小麦、油菜、马铃薯、蔬菜六大农作物和粮、畜、果、蔬、茶、烤烟六大主导产业的产前、产后服务,更新机具设备,强化生产能力,进一步延伸农产品产业链,提高农产品市场竞争力。鼓励广大农民购买使用技术成熟、性能稳定的种子包衣、粮食烘干等产前、产后机具,加快农业生产产前、产后机械化发展。在“菜篮子”工程建设上,重点抓好种植、养殖等设施农业机械化发展,配备先进设备,提高生产效率和产品质量,实现规模经营,大幅度提高经济效益。加快推进农业机械化由种植业向林果业、畜牧养殖业、渔业等各领域拓展,积极引进、开发、推广新型机具,逐步实现农村经济各领域机械化生产全覆盖,推动农村各业持续发展。

(三)实施农机节能减排和节本增效工程。大力发展节种、节肥、节药、节水、节能和环保的农业机械,积极探索节约高效的新型农业耕作制度,推广应用节约型农业机械化技术,提高物化投入利用效率,走投入少、效益高、可持续发展的道路。普及应用以化肥深施、精量播种为主要内容的机械化节本增效技术,引导和鼓励发展高效机械化旱作节水、集雨灌溉、秸秆综合利用等技术,逐年增加实施面积。制定和实行农机报废回收制度,鼓励农机户和农机服务组织报废能耗高、污染重、性能低的旧机械,加速农业机械的升级换代,促进安全、节能、环保型农业机械的推广应用。

(四)实施农业机械化人才培育工程。加强农业机械化人才教育培训工作,全面提升农机管理、农机科技、农机操作手的整体素质。针对农村劳动力转移速度明显加快、农业劳动力数量减少的实际情况,发挥农机教育培训机构的主阵地作用,把培训新型农民作为现代农业和新农村建设的大事来抓。结合阳光工程等各类农民培训项目,组织实施农机操作手培训工程,重点对农机操作手开展操作、机具保养、维修技能等培训,全面提高农机操作手使用农业机械以及应用农业生产技术的基本素质。鼓励农民参加农机职业技能鉴定,实施职业资格证书制度,推行就业准入制度。引导和鼓励农机院校、农机化职业学校积极开展农业机械化学历教育和职业技能教育,培养农业机械化管理人才和专业人才。有计划、分层次对农机管理、推广、监理和试验鉴定等人员进行培训,提高其依法行政和农机化公共服务能力。

(五)实施农机工业振兴工程。坚持市场化改革导向,鼓励和引导农机制造企业优化产权结构,进行战略重组,走集团化的发展道路,逐步在全省建立起以大型企业为龙头、中小企业相配套的产业体系和产业集群,促进农机工业协调发展。加大农机制造企业技术改造力度,在全省挑选一定数量的农机工业龙头企业和选择一定数量的特色农机产品,从贴息贷款、技术改造、科研开发、定额补贴以及优先进入补贴目录等方面进行扶持和培育。外省农机工业企业在我省建立制造基地或与本省企业联营生产农机产品,与本省农机工业企业享受相同政策。

三、保障体系建设

(六)建立健全新型农机社会化服务体系。重点发展农机大户、农机专业合作社和农机销售网络。鼓励引导农机户和农机大户联合组建农机专业合作社,提高农机服务组织化程度。培育和规范各类农机协会、农机作业经纪人(公司)等农机中介组织,扶持发展农机维修、农机销售、信息咨询、人员培训等农机技术服务组织,满足快速推进农业机械化发展的需求。实施农机流通服务品牌工程,发展连锁经营,培育一批辐射面广、服务质量好的大型农机流通企业、品牌农机店和区域性农机市场,鼓励和探索以互联网形式经营农机,确保每县有一个能满足农户需要的农机销售网点。在重要农时季节继续组织开展机械化跨区作业,建立健全省、市、县三级农机化信息网络,为农机户和农机服务组织提供气象预报、作业价格、机具分布、市场需求、道路交通状况等信息,引导作业机具有序流动,不断扩大农机作业的规模和范围。逐步建立起“以农机大户和农机专业合作社为龙头,农机专业户为主体,农机中介服务组织为纽带,农机销售、维修综合服务企业为保障”的新型农机社会化服务体系。

(七)建设农业机械化技术推广体系。深化基层农机推广体制改革,强化公益性职能,创新农业机械化新技术推广机制和管理模式,完善农业机械化技术推广设施,逐步建立以政府推广为主导、社会力量广泛参与的农业机械化推广服务网络。建立和完善不同层次、不同区域、不同耕作制度和不同作物的农业机械化新技术示范基地,重点示范推广水稻、玉米、小麦、油菜、马铃薯、蔬菜等主要农产品生产及加工、秸秆综合利用、农作物高效植保、设施农业、中药材生产、牧草种植收获及加工、农产品干燥保鲜分级等各项机械化新技术。鼓励农机生产企业、销售企业、农机大户和农机服务组织建立农业机械化新技术示范点。通过5年的努力,在全省建设2个省级农业机械化新技术示范基地,9个市(州)级农业机械化新技术示范基地。发挥好基地和示范点的技术示范、效益引导作用,不断扩大农业机械化新技术的应用范围。不断探索农业机械化新技术、新机具示范推广模式,提高农业机械化技术集成和农机装备配套水平,满足农业生产需求。

(八)建立健全农机科技创新体系。坚持自主开发和引进、消化、吸收、再创新相结合,探索完善多方协作、良性互动、共同发展的农机科技创新机制。将农机科技创新纳入我省农业和农村科技发展规划，将促进农机工业发展纳入我省工业发展规划，建立多层次、多元化的农机科技创新平台。加强省级农机科研院所建设，尽快建立重点实验室和中试基地，强化应用基础研究。充分发挥高等院校、专业学校、农机生产企业、农机科研和推广部门各自优势，提高农机科技创新综合能力。鼓励企业建立农机技术开发中心和研发农业生产急需的农机新产品，并优先安排农机企业技术挖潜改造项目。鼓励扶持民办农机科研组织和个人开发研制新型农机具，充分尊重和保护农业机械发明人的科研成果。围绕我省六大农作物和六大农业主导产业，筛选农机科技攻关项目，面向社会公开招标，实行项目课题组长负责制。鼓励对农业生产急需的农机关键技术和装备组织联合攻关，集中力量突破农机发展的技术瓶颈。积极引进省外国外先进农机技术，加快推进农机技术成果的集成创新和中试熟化。

（九）建设农机质量与安全生产监督管理体系。研究制定农机产品的质量保证体系和市场准入管理、退出机制，加强企业质量诚信体系建设，严格执行国家标准和行业标准，并加强相应地方性标准的制定和实施工作，强化对农机产品质量、作业质量和技术服务质量的监督管理。省农机管理部门要定期对特定种类农机产品的适用性、安全性、可靠性和售后服务状况进行调查，并向社会公布调查结果。强化对涉及人身安全、环境保护的农机产品的认证和质量监督检验工作，加大力度打击生产、销售假冒伪劣农机产品违法行为。加强农机安全监理队伍和装备建设，全面提高农机安全监管能力。制定和实施《贵州省农业机械事故处理实施细则》，广泛开展农机安全宣传教育，进一步落实农机安全生产责任制，加强对拖拉机、联合收割机及其驾驶员牌证管理、安全技术检验，加大对在田间场院从事作业的农业机械的安全生产检查力度，扎实推进“创建平安农机，促进新农村建设”活动，构建农机安全监督管理的长效机制，保障农民群众生命财产安全。

四、政策保障措施

（十）加强组织领导。各地政府要加强对农业机械化和农机工业发展工作的领导，将此项工作提上重要议事日程，根据各地实际，积极探索促进农业机械化和农机工业发展的新途径、新办法。要建立工作责任制，制定发展规划，解决实际难题，确保各项政策措施落到实处。农业、发展改革、财政、公安、交通、质监、工商等部门要认真履行职责，密切配合，共同推进我省农业机械化和农机工业加快发展。

（十一）加大财政支持力度。各级财政要逐年加大对农业机械化发展的投入，逐步建立以政府投入为导向，农民和农业生产经营组织投入为主体，社会资金广泛参与的多元化投入机制。继续落实农机购置补贴政策，根据我省农业生产及农业产业结构调整的需要，合理确定补贴资金规模、补贴范围。补贴资金重点用于补贴农民和农业生产经营组织发展粮食生产和特色农业所需的农业机械，以及优势农产品初加工机械。支持农机工业技术创新能力建设、科技成果产业化及技术和智力引进。积极开展农机保险业务，探索对参保农业机械给予保费补贴。

（十二）完善农机化税费优惠和信贷扶持政策。进一步落实农机生产企业技术开发的相关税收优惠政策，对从事农业机械的科研开发、制造、批发、零售以及农业机械生产作业服务的收入，按照国家规定给予税收优惠。对进行跨区作业的农业机械、运输联合收割机的车辆以及从事跨区农田作业的拖拉机，免缴车辆通行费。鼓励金融机构对符合产业政策和信贷原则的农机制造企业技术改造、新产品开发和农机流通设施建设，给予信贷支持。积极推动金融产品和服务方式创新，在保障信贷资金安全的前提下，积极开展农机抵押贷款业务，为农民和农机服务组织多元化融资提供便利。

西藏自治区人民政府关于加快农业机械化发展的意见

藏政发［2012］74号

各行署、拉萨市人民政府，自治区各委、办、厅、局：

为深入贯彻落实《国务院关于促进农业机械化和农机工业又好又快发展的意见》（国发［2010］22号）精神，加快推进我区农业机械化发展，改善农牧民群众生产生活条件，进一步增强农业综合生产能力，推进农业现代化建设，现提出如下意见：

一、充分认识加快我区农业机械化发展的重大意义

（一）加快农业机械化发展是建设现代农业的迫切需要

党的十七届五中全会提出，在工业化、城镇化深入发展中同步推进农业现代化，是“十二五”时期的一项重大任务。“三化同步”着眼点是加快建设现代农业、加快推进社会主义新农村建设、形成城乡经济社会发展一体化新格局。农业机械是发展现代农业的重要物质基础，农业机械化是建设社会主义新农村的重要内容，是农业现代化的重要标志。在社会主义新农村建设的重要时期，进一步加快我区农业机械化发展，既是改善农业生产条件、农民生活水平、农牧区生态环境的有效途径，又是加快传统农业向现代农业迈进的迫切需要。

（二）加快农业机械化发展是贯彻落实党中央国务院决策部署的迫切需要

党中央、国务院高度重视农业机械化发展，近年来制定和实施了一系列扶持农业机械化发展的政策措施。《中华人民共和国农业机械化促进法》《农业机械安全监督管理条例》和《国务院关于促进农业机械化和农机工业又好又快发展的意见》先后发布实施，为构建中国特色的农业机械化法律法规政策体系提供了保证。一系列扶持措施的陆续出台，农机购置补贴投入机制的进一步完善，极大地调动了农民购机、用机的积极性。当前，农业机械化发展正面临重要的战略机遇期，加快我区农业机械化发展，既是抓住机遇、乘势而上的重要举措，又是贯彻落实党中央国务院决策部署的迫切需要。

（三）加快农业机械化发展是改变我区农业发展现状的迫切需要

党的十一届三中全会以来，我区农业发展取得了令人瞩目的成就。20世纪末，实现了粮、油、肉基本自给，标志着我区农业发展进入了一个新阶段。但总体来看，全区农牧业生产水平整体不高。尤其是近几年，随着农村劳动力转移就业力度加大，农业劳动力结构发生变化，迫切需要农业生产方式加快转变。因此，加快我区农业机械化步伐，既是保障我区粮食安全，确保农畜产品有效供给的重要举措，也是转变我区农牧业生产方式，实现农牧业可持续发展的迫切需要。

二、指导思想、发展目标和原则

（一）指导思想

深入贯彻落实科学发展观，全面实施《中华人民共和国农业机械化促进法》和《国务院关于促进农业机械化和农机工业又好又快发展的意见》，坚持中国特色、西藏特点的农机化发展道路，紧紧围绕粮食增产、农牧业增效、农牧民增收这一中心任务，按照"提升一产"的要求，以提高重点作物、重要农时、关键生产环节农业机械化作业水平为着力点，全面提高农机化装备、作业、安全和服务水平，努力推进我区传统农业向现代农业转变。

（二）发展目标

到2015年，全区基本建立完善的农机化行政管理和公共服务体系，农机化科学发展和安全生产得到有效保障。全区农机总动力达到600万千瓦，大中型拖拉机保有量达到7万台，拖拉机配套农机具达到19万套，主要农作物综合机械化作业水平达到61%。全区各类运作规范的农机专业合作组织达到40个，年作业服务面积超过30万亩。

到2020年，全区农机总动力稳定在700万千瓦左右，大中型拖拉机保有量稳定在12万台左右，拖拉机配套农机具达到25万套，主要农作物综合机械化作业水平达到65%，其中：适宜农机化作业区域的麦类作物耕种收机械化水平达到90%以上，油菜机播、机收水平分别达到15%和20%以上，马铃薯机播、机收水平分别达到20%和30%，以上，畜牧业、林果业、设施农业和农产品加工业机械得到广泛应用。全区各类运作规范的农机专业合作组织达到70个，年作业服务面积超过60万亩。

（三）发展原则

1. 因地制宜，分类指导

综合考虑不同区域自然条件、经济发展、生产特点等因素，合理确定发展路线和政策措施，加速不同区域农机农艺融合。

2. 突出重点、统筹兼顾

加大对有作业条件、农机化发展基础好的地区政策扶持，鼓励粮油主产区、畜牧业主产区、经济相对发达地区以及关键生产环节率先实现农业机械化；加大对农机化发展薄弱地区、薄弱作物、薄弱环节的技术攻关，促进各区域、各作物、各环节机械化协调发展。

3. 市场主导、政府扶持

以市场为导向，充分尊重群众意愿、发挥群众力量，调动全社会发展农业机械化的积极性；政府继续加大对农机试验、推广、购置、使用等方面的引导和扶持力度，完善金融、财税等扶持措施，提高服务水平。

4. 量力而行、务求实效

充分考虑西藏农牧业和农机化发展实际，充分尊重农机化发展规律，做到"目标明确、政策到位、循序渐进"，注重农机化发展效率，提高农机化发展效益。

三、促进农业机械化发展的主要任务

（一）全面提升农业生产机械化水平

立足现状，合理布局。在粮食主产区大力发展高性能、中大型粮食作物生产机械，提高中大型农机使用效率，集中力量提升粮食生产机械化收获水平，推进麦类作物生产全程机械化；加快提升油菜、马铃薯、玉米等主要作物生产关键环节的机械化水平，逐步将农机作业范围由田间作业环节向产前、产中、产后全过程机械化延伸。在非粮食主产区和牧区大力推广轻简化、低耗能、中小型农业机械，推进牧区和半农半牧区农业生产机械化；进一步拓宽机械化服务领域，努力将作业范围向饲草料种植、收获、加工、贮存机械化延伸，向畜牧业、林果业、设施农业和农产品加工业机械化延伸，全面提升农业机械化水平。

（二）促进农机农艺协调发展

更新观念、鼓励创新。进一步加大对农机化新机具、新技术试验、攻关、示范、推广的扶持力度，按照现代农业技术应用要求，在全面掌握区域栽培模式和农机具应用现状的基础上，扶持和引导农牧民群众购置和使用新型农机具，加快原有装备的更新、改装和淘汰，全面提升农业机械的适用性、安全性和可靠性；加强农机化重点技术推广和应用，加快普及关键环节和重点领域机械化作业技术，促进先进生产路线和技术模式的推广和应用，促进农机农艺深度融合，推进标准化生产；按照全区农牧业区域布局和产业发展，尽快制定具有地方特色的农机化作业技术规程。

（三）进一步加强农机社会化服务能力建设

多元投入，市场主导。在充分尊重群众意愿的基础上，鼓励和引导群众通过各种形式的土地流转，扩大生产规模，统一种植模式，实现规范化、标准化生产；按照"先扶持、后发展、再服务"的发展思路，大力扶持以农机大户、农机化合作社、农机协会为代表的新型农机服务主体建设，为农机服务组织争取较为宽松的政策环境，给予资金、信贷等政策优惠，充分利用农机购置补贴政策对农机服务组织购置和使用农机具给予补贴倾斜，增强他们的服务功能和辐射带动作用，提高市场竞争力；大力拓展农机化服务市场，创新服务组织形式，鼓励联户经营、订单服务、规模化生产，努力推进经营模式创新，不断培育和发展农机市场，推动农机服务产业化；加快培育中、大型农机流通企业，完善农机销售和服务网络，推动农机专业市场发展，推进售后服务社会化和专业化，加快农机流通信息化进程，促进农机循环消费和回收利用，着力构建"布局合理、经营规范、运作高效、发展协调"的农机现代流通体系。

（四）深入推进农机化示范区建设

科学规划，大力扶持。以社会主义新农村建设为契机，加强项目规划和管理，整合农机化发展扶持政策和项目资金向农机化示范区倾斜，鼓励广大农民和农机户采取不同方式积极参与示范建设，建立政府、农民、社会多元化的投入机制，进一步为农机化示范建设创造有利条件；依托农机化示范区建设，结合农牧民技能培训，加大农机实用技术培训力度，加强农机专业实用人才培养，着力推进基层农机综合服务点建设，切实提升基层农机社会化服务能力。

（五）继续促进农机装备结构优化升级

加强引导,协调发展。坚持走速度、结构、质量协调发展的路子,充分利用农机化重点示范项目样板效应,强化农业机械机型、机具试验选型工作,努力提高机械化技术集成和装备配套水平;促进中大马力、高效能、复式作业机械的发展,避免低水平重复购置、资源浪费和效益下降;保持动力机械规模稳定增长,大力发展配套机具,改善作业机械和动力机械的配套比,解决机械配套不合理状况,提升农业机械对农牧业生产的贡献率。

(六)强化农机安全使用监督管理

以人为本,安全第一。全面落实农机安全生产管理责任制,努力提升农业机械安全监理工作能力,不断强化农牧民安全生产意识,提高农机操作人员技术水平,改善农业机械安全技术状态,努力构建农机安全生产监管长效机制,减少和预防农机事故发生;建立农机报废更新制度,抓紧研究以旧换新办法,逐步淘汰低质量、高耗能、低效率的老旧农业机械,促进安全、节能、环保型农机的推广应用;进一步规范区内农机市场,加强农机市场监管,完善农机质量投诉网络,严厉打击制售假冒伪劣农机产品等坑农害农行为,营造竞争有序、充满活力的市场环境,切实维护农民利益。

四、促进农业机械化发展的保障措施

(一)加强组织领导

全区各级政府及相关部门要深入学习宣传和贯彻实施《中华人民共和国农业机械化促进法》《农业机械安全监督管理条例》和《意见》等有关法律法规,切实统一思想、提高认识、形成合力,将促进农业机械化发展作为推进我区现代农业发展和新村建设的重要任务来抓,列入当地国民经济和社会发展规划,积极推进农机机构队伍建设,改善工作条件,增加扶持农业机械化发展的资金,保障工作经费,不断提高依法促进农业机械化发展的能力和水平。

农机化主管部门要认真履行规划指导、监督管理、协调服务职能,做好技术推广、安全监管等工作,做好与水利、发展改革、财政、商务、科技及银行保险等各部门的协调配合;水利部门要做好灌排设备更新改造规划,推广普及节水灌溉设备;发展改革部门要落实扶持农业机械化发展的基本建设投资;财政部门要落实扶持农业机械化发展的资金,加强农机购置补贴政策实施的监管;商务部门要加强对农机流通行业的指导,加快农机流通体系建设;科技部门要加大对农业机械化科研开发支持力度;银行业和保险业监管部门要督促银行业金融机构和保险公司积极开展农机信贷、保险业务;其他部门也要根据职责积极支持农业机械化发展。有关行业协会要当好政府与企业、农户的桥梁,充分发挥协调、服务、维权、自律的作用。

(二)加大财政支持力度

制定和完善发展现代农业、支持农业机械化发展的产业政策和措施,进一步加大对农业机械化的各项资金扶持力度,改善农牧业生产条件,促进现代农业建设。继续实施农机购置补贴政策,在保证阳光操作、规范管理的前提下,确保补贴投入逐年增加,补贴范围逐步扩大,并向粮食主产区、非主产区产粮大县、畜牧大县、农机示范区,以及农民专业合作社等倾斜;进一步丰富政策内容,加紧研究我区农机燃油补贴、深松补贴等补贴政策,以及先进农机装备技术推广、农机化示范基地建设、特色农产品生产机械化、农机化基础设施建设等重大项目扶持政策,加大资金投入,加快改善农牧业生产条件。

(三)建立健全农机管理体系

开展以农业机械化行政管理、技术推广和安全监理系统建设为主的农机管理体系建设,不断完善基层农机机构组织体系,进一步提升公共服务能力;建立运行高效的农机安全监理网络,强化农机安全监理硬件设施,积极推进农业机械牌证化管理,着力提升农机安全生产监管水平;在区内农业大专院校恢复、开设农机专业,加快农机科技人才培养;依托农业院校或技术推广机构,有计划、分层次、分阶段的做好农业机械化管理和技术人才培训工作,提高农机管理干部和专业技术人员的管理和服务水平,建立一支与农机化事业发展相适应的农机管理和服务队伍。

(四)加强和改进金融服务

进一步加大对农机专业合作组织和农机户的信贷扶持力度,创新金融产品和服务方式,逐步扩大购机信贷规模,积极满足合理信贷资金需求,做好融资支持和配套金融服务。积极推动农机抵押贷款业务,在保障信贷资金安全的前提下,适当放宽贷款条件,简化贷款手续,为多元化融资提供便利。加强农机保险宣传,做好农机保险服务工作,提高农牧民群众保险保障意识。继续实施农机保险保费补贴,加大农机保险财政补贴力度,扩大补贴范围。

(五)大力开展农机化基础设施建设

着力改善农业机械化生产基础设施条件,积极推进机耕道路、机具库棚、维修服务和农机具销售网点、排灌及抗旱设施等建设,增强农机化发展后劲;在规划、用地等方面积极支持农机合作社建设农机停放场(库、棚),改善农机保养条件;围绕农机化公共服务体系的建设,加大对农机安全监理、农机推广鉴定等公益性设施建设的支持力度,补充设备仪器和交通工具,改善农机化工作条件,进一步增强农机化试验、示范、教育、培训等服务能力;开展农机化信息网络建设,建立完备的农机化信息服务平台。

宁波市农业机械化管理局　宁波市财政局关于印发《2012 年宁波市农机作业补贴实施意见》的通知

甬农机管[2012]7 号　甬财政农[2012]208 号

各县(市)区农机(农林)局(站)、财政局:

为加强农机社会化服务,大力推进粮食生产全程机械化,促进我市粮食功能区建设,根据宁波市人民政府有关文件精神,市农机局会同市财政局联合制订了《2012 年宁波市农机作业补贴实施意见》,现印发给你们,请认真贯彻执行。

二○一二年三月十六日

2012年宁波市农机作业补贴实施意见

为加快粮食生产全程机械化步伐，切实提升农机服务组织化程度，全面提高粮食综合生产能力，保障粮食生产稳定发展，促进现代农业建设，根据宁波市人民政府关于推进粮食生产功能区建设有关文件精神，制定本实施意见。

一、指导思想

以邓小平理论和“三个代表”重要思想为指导，深入贯彻落实科学发展观，以保障粮食安全生产，提高农业机械化水平和农机社会化服务水平为目标，按照公开、公平、公正原则，实施农机作业补贴，加强补贴资金管理，提高资金使用效益，充分发挥补贴资金的导向作用，不断推进农机“五统一”服务，全面提高粮食生产机械化水平，切实提升农机专业合作社的组织化程度和社会化服务能力，促进粮食增产、农业增效和农民增收。

二、补贴对象

1. 各类粮食生产社会化服务组织；

2. 水稻种植面积500亩以上的种粮农户；

3. 大小麦种植面积20亩以上的服务组织或农户；

4. 开展油菜机收作业服务的服务组织或农机手。

三、补贴标准

1. 对提供统一育秧、统一机插、统一机耕、统一植保、统一机收“五统一”服务，并严格履约的服务组织，按功能区内每季水稻80元/亩、功能区外每季60元/亩，给予作业补贴。

2. 对为农户提供“菜单式”服务的服务组织，均按规格化水稻育秧每季30元/亩、水稻机插每季30元/亩，给予作业补贴。

3. 对实行统一育秧、统一机插、统一机耕、统一机植保、统一机收“五统一”的种粮大户，按每季水稻60元/亩，给予作业补贴。

4. 对开展规模化育秧的服务组织和种粮大户，按每季育秧秧田面积8～16亩、16～40亩、40亩以上，分别给予每亩秧田200元、300元、400元的补贴，对列入市推广示范的基质秧，给予每盘1.2元的补贴，对市定点用于余缺调剂的早稻后备秧（不超过5%育秧面积）给予每盘2元（其中基质后备秧每盘3元）的补贴。

5. 对大小麦种植面积20亩以上的服务组织或农户，按20元/亩给予作业补贴。

6. 对开展油菜机收作业服务的服务组织或农机手，按40元/亩给予作业补贴。

四、补贴资金

作业补贴资金由市和县（市）区二级财政共同解决，市和县（市）区按1∶1比例承担，其中南三县按7∶3比例承担。

五、补贴方式

农机服务组织根据作业合同开展农机作业服务，按不高于2012年度农机作业指导价收取作业费的，或种粮大户自行开展“五统一”作业的，农机作业补贴面积和金额，经验收、核定、公示后，由县级财政部门通过“一卡通”或镇（乡、街道）政府直接支付给农机服务组织和农户。

六、操作程序

1. 签订合同。农机服务组织与农户签订作业合同（附件1－1、1－2），确定作业内容、作业面积和作业价格等，并由村委会签证，种粮大户自行开展机械作业的由所在村村委会出具证明，并提供身份证复印件、承包合同等相关证明材料，分别上报镇（乡、街道）农机站，镇（乡、街道）核实作业合同后上报县级农机管理部门，县级农机部门审核后，分类分批制作作业合同汇总表（附件2）。

2. 作业服务。农机服务组织（或种粮大户）按照作业合同，组织开展机械化作业。农机部门提供技术指导、组织机具调配、协调零配件供应和维修、开展作业质量和价格监督检查等管理服务。

3. 确认验收。作业结束后，种粮大户自行开展机械作业的，由村委会在作业服务清单（附件3）上签字确认；服务组织作业的，由农户按合同约定的作业价格支付作业费，并在作业服务清单（附件3）上签字确认。服务组织和种粮大户向镇（乡、街道）申请验收，服务组织同时提供农机作业服务发票。镇（乡、街道）组织有关部门人员进行验收后，制作作业服务验收清单（附件4）上报县级农机管理部门，县级农机管理部门汇总后报市农机局。

4. 核实公示。县级农机部门、财政部门对合同履行情况（包括种粮大户作业情况）开展多种形式的检查核实。按照核定结果，将享受作业补贴情况在农户和服务组织所在村公示。公示5天内无异议的，县级农机部门制作作业结算清单（附件5），上报市农机局。

5. 核准结算。市农机、财政部门对各地上报的材料进行审核，并在宁波农机网上公示。公示5天内无异议的，市农机、财政部门联合下达补贴资金。

6. 兑付补贴。县级财政、农机部门在接到市补贴资金30个工作日内，兑现补贴资金，并上报补贴资金发放清单（附件6）和作业补贴资金发放文件备案。

七、申报要求

1. 填报要求。作业服务清单要做到合作社和每个作业社员的名称、姓名、作业数据、被服务农户签名一一对应，同一合作社社员间相互作业服务的注明相互作业社员姓名；种粮大户自行作业服务面积由所在村委会出具证明。验收清单要做到作业社员姓名、作业面积和验收人姓名一一对应，验收人要求2人以上。

2. 申报时间。大小麦于5月25日前，油菜于6月25日前，早稻于8月5日前，单季稻于10月15前，连作晚稻于10月31日前同时上报电子表格和各类书面文档（盖章、签字）。

八、监督管理

1. 加强领导，落实责任。实施农机作业补贴，资金投入大，政策性强，操作环节多，工作任务重。各地农机部门要把农机作业补贴工作摆上重要议事日程，全面落实责任制，明确各部门负责人为第一责任人，建立健全主要领导亲自抓，分管领导直接抓，责任科室具体负责的工作机制，落实镇（乡、街道）、村委会和农机服务组织的责任，认真组织做好作业补贴工作。

2. 严格程序，严格把关。各地农机部门要严格按照上述规定和程序，把握时间节点和关键环节，切实履行审核核查工作职责。要组织检查核实，充分发挥镇（乡、街道）、村委会就地就近优势，严查虚报、多报作业面积等违规行为，确保上报数据的及时性、真实性和准确性，杜绝虚报、漏报现象的发生。

3. 健全机制，强化监督。各级财政、农机部门要建立健全工作机制，加强对补贴资金使用的监督管理和检查。要督促指导镇（乡、街道）财政、农机部门做好作业补贴的监管工作。要会同有关部门组织专项检查，发现问题及时处理，并将检查情况报市财政部门和农机部门。要设立投诉举报电话，及时调查处理投诉举报问题，对违规违纪操作的责任人要严厉查处，决不姑息。同时，要积极配合审计监察部门做好补贴资金的审计、检查和稽查工作，确保资金及时拨付、有效使用。

4. 严肃纪律，专款专用。补贴资金必须专款专用，不得挤占挪用，不得侵占截留。要切实加强对服务组织的管理，对谎报作业量，骗取、冒领、私分补贴资金等违法违规和违纪行为，要严肃处理。对违规违纪取得的作业补贴资金要足额追回，情节严重的，要取消享受作业补贴的资格；构成犯罪的，要协同司法机关处理。

5. 严格执行，严格管理。农机作业补贴实行作业服务指导价，农机服务组织和农机手要严格执行，严禁任意抬高作业价格。各地农机部门要加强监管，对违反作业指导价的，要严肃查处，坚决纠正。

6. 强化服务，加强管理。各地农机部门要深入基层加强指导，做好合同签订、技术培训、技术推广和零配件供应等工作。要建立作业补贴档案，保存作业合同、作业服务清单、作业服务发票、作业验收清单、公示材料、作业结算清单、作业补贴发放清单、作业补贴文件等资料。要认真总结，在年度作业补贴结束15个工作日内，将书面工作总结上报市农机局。

本实施意见自发布之日起施行，有效期一年。

附件：

1. 农机社会化服务作业合同（1－1）及清单（1－2）（略）
2. 2012 年农机社会化服务作业合同汇总表（略）
3. 2012 年农机社会化服务作业服务清单（略）
4. 2012 年农机社会化服务作业验收清单（略）
5. 2012 年农机社会化服务作业补贴结算清单（略）
6. 2012 年农机社会化服务作业补贴发放清单（略）
7. 2012 年大小麦机械化作业统计表（略）
8. 2012 年油菜机割作业统计表（略）
9. 2012 年水稻机插规模化育秧汇总表（略）
10. 2012 年水稻基质育秧汇总表（略）

宁波市人民检察院　宁波市农业机械化管理局 关于印发宁波市推进农机购置补贴廉政风险防控机制建设实施方案的通知

甬农机［2012］7 号

各县（市）区人民检察院，农机（农林）局（站）：

为确保强农惠农政策的落实，进一步规范行政权力运作，落实监管责任，提高行政效能，促进廉政文化建设，根据高检院《全国检察机关查办和预防涉农惠民领域贪污贿赂等职务犯罪专项工作方案》和农业部《关于加快推进农机购置补贴廉政风险防控机制建设的意见》，经市人民检察院与市农机局共同研究，特制定《宁波市推进农机购置补贴廉政风险防控机制建设实施方案》，现印发给你们，请遵照执行。

二〇一二年六月十三日

宁波市推进农机购置补贴廉政风险防控机制建设实施方案

根据高检院《全国检察机关查办和预防涉农惠民领域贪污贿赂等职务犯罪专项工作方案》和农业部《关于加快推进农机购置补贴廉政风险防控机制建设的意见》，为加快推进我市农机购置补贴廉政风险防控机制建设，规范行政权力运作，落实监管责任，提高行政效能，促进廉政文化建设，确保强农惠农政策的落实，经市人民检察院与市农机局共同研究，结合我市实际，制定本方案。

一、指导思想

以邓小平理论和"三个代表"重要思想为指导，深入贯彻落实科学发展观，坚持"标本兼治、综合治理、惩防并举、注重预防"的工作方针，建立履职有标准、教育有载体、预警有措施、监督有责任、问责有依据的廉政风险防控制度规范，不断完善"教育、制度、监督、改革、纠风、惩治"并重的"六位一体"的惩治和预防腐败体系；以制约权力、严守法纪、规范操作为重点，以推进农机购置补贴政策信息公开为着力点，以加强补贴政策执行情况监督管理为切入点，着力构建覆盖权力运行全过程的农机购置补贴廉政风险防控机制，不断提高反腐倡廉建设制度化、科学化、规范化水平。

二、工作目标

进一步完善制度建设，着力健全权力运行的管理、监督和制约机制，建立健全反腐倡廉教育机制、廉政风险排查分析机制、案件线索移送机制、廉政责任制度，构建覆盖权力运行全过程的农机购置补贴廉政风险防控的长效机制。进一步提高干部队伍素质，不断增强勤政廉政意识，牢筑拒腐防变的思想道德防线，最大限度发挥农机购置补贴政策效应，促进现代农业发展，为建成惠及全市人民的小康社会作出更大贡献。

三、工作措施

根据行业特点，发挥检察机关和农机系统各自工作优势，主要从以下几个方面做好工作：

（一）强化廉政教育，重在预警

1. 组织政策法规学习。各级农机化主管部门要组织广大干部职工认真学习《中国共产党党员领导干部廉洁从政若干准则》、胡锦涛在十七届中央纪委第五次和第六次全会上的讲话，学习党和国家反腐倡廉法规制度、农业部和财政部关于农机购置补贴工作的制度规定，学习建设廉政风险防控机制的要求和方法等，进一步提高广大党员干部对推进农机购置补贴廉政风险防控机制建设重要性、必要性和紧迫性的认识，提高开展农机购置补贴廉政风险防控机制建设的能力。

2. 开展警示教育活动。通过集中学习与分散学习相结合的方式，定期开展预防职务违法违纪警示教育活动，并从丰富教育内容、创新教育方法上下工夫，在检察机关的协助下，以警示教育基地为依托，通过"现身说法"、"以案释法"等教育主题活动，以身边人身边事教育身边人，做到警钟长鸣，进一步增强遵纪守法的自觉性。同时，定期召开警示教育例会搭建起廉政教育平台，使廉政教育取得实效。

3. 完善教育防范机制。经常性开展"提醒教育"、"履责教育"和"廉政教育"，做到教育在先，防范在前。运用农机购置补贴信息管理系统平台，通过发放"廉政短信"，结合廉政谈话等形式开展廉政告知性教育。通过内外结合、上下联动的形式开展教育防范，定期邀请纪委、检察院等部门的防腐专家来上教育课，从思想道德层面做好防范，最大限度从源头防控可能发生不廉洁问题的隐患。

（二）定期排查评估廉政风险，重在查漏

1. 内查与外查相结合，全面查找风险源点。针对农机购置补贴政策实施工作全过程，绘制本单位参与实施农机购置补贴涉及的主要风险工作流程表，坚持以自查为主，对涉及的每个单位、每个岗位、每个人员的职责定位、法定权限和工作流程进行认真梳理排查，分析可能发生的廉政风险，通过自己找、领导提、大家评、集体定等多种形式，全员参与，全面排查，深入查找权力行使风险、岗位管理风险和人员素质风险，做到查找风险不漏项、参与排查不漏岗。以农机购置补贴业务流程为主线，明确权力运行流程和行使依据，全面查找廉政风险点，并对排查出的风险点进行公示，接受群众监督。同时，也可借助检察、纪检监察、审计等部门力量，在全市范围内组织农机补贴资金专项检查，发现苗头性、倾向性问题，及时整改和落实。

2. 审核、确定风险等级。对查找出的廉政风险要组织专门人员进行审核把关。对查找不认真、脱离实际、内容空泛、敷衍搪塞的，要督促深入查找，保证查找廉政风险的质量。并对查找出的风险进行分析评估，按风险发生几率和危害程度确定相应的风险等级，建立岗位风险等级目录，实施分类防控管理。

（三）制定防控措施，重在落实

针对排查出的廉政风险点，综合运用教育、监督、制度、惩戒等手段，积极创新，务求实效，建立完善各项廉政风险防控措施，从根本上防控廉政风险。

1. 实行风险预警防范。各级农机管理部门要积极与纪委、检察机关加强沟通，密切联系，抓好衔接，共建农机风险防控机制，要在全市范围内建立和完善覆盖市、县、镇、合作组织四级防腐预警监督体系。设立廉政风险信息收集系统，通过网站、邮箱、热线电话等多种渠道，广泛收集廉政风险信息资料，并组建防腐风险预警联络小组，收集、整理、分析相关信息材料，提出防范建议，对已经存在或可能发生的廉政风险，及时向有关单位和人员发出预警信号，充分发挥预警防范作用，做到早提醒、早预防、早发现、早整改，最大限度地预防和消除风险隐患。

2. 实行督查防范。

（1）加强监督机制建设。通过定期进行廉政预警测评、民意调查、廉政谈话等多种方式，对廉政风险点、工作制度、预防措施、监督管理等工作的开展情况进行监督检查。同时，进一步加强工作透明度，主动邀请财政、审计等部门对资金收支的全过程进行监督检查，并在农机网上设置农机购置补贴专栏，最大限度地推进农机购置补贴信息公开，在补贴的各个环节实行公示制，公开监督电话，接受广大农民群众和社会各界的监督，实现内部监督和外部监督有机统一的监督机制。

（2）推进核查机制建设。在购机补贴工作的操作过程中，进一步完善事前、事中、事后的"三个核查关"，即逐级审核关、单机核实关和质量监督关，确保补贴资金落到实处。由市、县二级组成核查小组，对申请对象条件、购置发票、购置机具等情况进行核查，注重农机购置补贴后调查，通过随机问卷调查、电话调查等多种形式，按不少于购户总数10%的比例，对机具质量及各级农机部门进行的服务情况进行跟踪调查。

3. 实行制度防范。针对排查出的廉政风险点，建立健全相关制度规范，推动形成有效防控廉政风险的"制度链"。着重抓好三项制度：

（1）岗位职责制度。按照明晰职权边界、规范工作权限的原则，对相关单位相关处室、相关人员的工作职责、法定权限制定相应的规范，对单位要签订《农机购置补贴廉政责任状》，对部门和个人要签订《农机购置补贴廉政风险防控承诺书》，并公开承诺公示，自觉接受社会和干部群众的阳光监督。

（2）权力制约制度。科学设定权力，不断加强部门合作，强化部门监督，使权力制约形成制度化，既有效避免因工作程序交叉疏漏，造成责权混淆、权力失范，又形成相互监督制约，切实防止权力寻租、失职渎职等违法违纪行为。

（3）责任追究制度。强化对单位、部门及人员用权的动态监控和经常性监督检查，紧紧围绕确保廉政风险防控机制建设相关制度规范落实，建立健全相应的诫勉谈话、限期整改、组织处理和纪律追责等规定，以制度保障廉政风险防控机制建设扎实有效开展。

（四）严格考核评估，重在取得实效

要重点抓好已经建立的规范权力运行的一整套制度的执行，通过制度执行形成防控廉政风险的机制。坚持边执行边完善，对执行中发现的问题，要及时修订完善，不断提高制度建设水平。

1. 考核评价制。由廉政风险防控领导小组通过信息监测、定期自查、社会评议等方式，对各相关处室及单位的农机购置补贴廉政风险防控机制建设工作情况进行考核评估，并与单位和干部的绩效评定相挂钩，促进廉政风险防控机制建设落在实处、取得实效。同时，根据检查考核结果，纠正存在的问题。

2. 评估防控机制。要组织人力对防控廉政风险制度措施落实情况进行调查研究、跟踪考察，作出客观的评估。并及时调整廉政风险防控的程序内容和相关制度，对脱离实际、针对性和操作性不强、难以落实或效果不好的，要及时进行修订完善，确保防控机制发挥实效。

四、工作要求

（一）加强领导

市检察院、市农机局联合建立全市农机购置补贴廉政风险防控机制建设领导小组，下设办公室。由市检察院分管副检察长杨峰、市农机局局长李强任组长，市农机局副局长汪春阳任副组长兼办公室主任，成员由市检察院职务犯罪预防处和市农机局计财处、办公室等部门负责人组成（名单附后），具体负责农机购置补贴廉政风险防控机制建设的组织、协调和推进工作，进行督促、检查、指导，并协调解决工作中遇到的困难和问题。领导小组要认真结合本地实际开展预防工作，既要明确分工，相互配合，又要各负其责，形成合力。农机局负责做好廉政信息的收集和上传下达，总结好的做法和经验，并及时进行宣传推广。检察院主要针对惠农补贴领域职务犯罪案件，调查研究农机系统职务犯罪案件发生的可能性及其犯罪规律、特征、方式、方法，及时提出预防对策，预警预测，帮助农机部门建章立制，堵塞漏洞，防患于未然。同时，要经常性开展警示宣传教育、预防咨询等活动，使预防职务犯罪工作常态化。

（二）精心部署

建立预防工作联络员制度，确保全市农机购置补贴廉政风险防控机制建设领导小组工作的正常运行。分别由检察院预防处和农机局计财处负责人担任联络员，并根据《宁波市预防职务犯罪条例》的要求和市预防职务犯罪工作领导小组的实际工作需要，把农机部门纳入全市预防职务犯罪网络体系，参加预防工作联席会议、明确预防工作任务、通报有关情况。农机部门发现职务犯罪案件线索，认为需要追究刑事责任的，应及时将案件移交有管辖权的检察院，并积极配合检察机关查处；检察机关对农机系统发生的职务犯罪案件要及时受理，依法办理；此外，对检察机关针对农机系统职务犯罪案件发出的检察建议，农机部门要依照法律规定及时回复，并将整改情况告知检察机关。

附件：宁波市农机购置补贴廉政风险防控机制建设领导小组及办公室成员名单（略）

索 引

说 明

一、本索引采用主题分析索引方法，依据汉语拼音字母顺序排列，同音字按声调排列。

二、类目用黑体字。数字表示内容所在页码或参见页码，数字后字母表示从左到右内容所在栏别。

三、除标题外，机构与负责人、大事记栏目内容不作索引。

2012 年农机购置补贴工作 145a

2012 年农机监理与平安农机建设 145c

A

安排实施好农业机械化技术示范项目工作 129b

安全监督更加有力，安全形势进一步好转 107a

安全监理 156

安全生产管理水平进一步提升 147c

安全形势全面好转 130a

安全形势稳步好转 126b

按照现代化农业理念来组织各农时阶段机械化生产活动 148a

B

把各种农作物收获机械化提上重要日程，利用农业机械化项目的立项和实施，力促薄弱环节有重大突破 148b

办好农机展会，搭建行业交流平台 162a

保安全，加强农机安全监理，提高农机安全管理水平 149c

北京市农村工作委员会 北京市安全生产监督管理局 北京市农业局关于印发开展 2012 年北京市“平安农机”创建活动实施方案的通知（京政农函[2012]35 号） 327

北京市农业局 北京市安全生产监督管理局 北京市公安局 北京市卫生局 北京市民政局 关于印发《北京市农业机械事故应急预案》的通知（京农发[2012]65 号） 323

薄弱环节机械化加快突破 114b

不断强化农机试验鉴定和质量监管 104a

不断强化农机质量管理和安全生产 119c

不断深化农机推广体系改革和建设，推广服务能力明显增强 155a

不断深化农业机械化教育培训 104a

不松懈保持农机安全生产形势持续向好 117a

C

参与 2013—2014 年《国家支持推广的农业机械产品目录》评审等有关工作 161a

参与工业和信息化部多项文件、意见、建议等起草 160b

产业工作 158b

成功举办了各项重大活动 115a

成功实施“农机扶贫试点项目” 165c

成功召开“全国农业机械展览会”和“中国国际农业机械展览会” 166c

承担行业有关项目，发挥决策辅助作用 243a

持续推动农业机械化科学发展 64

充分发挥农机在构建新型农业经营体系中的重要作用 60

出版《农业工程技术》科普杂志 247c

出实招塑造全省农机管理部门新形象 118a

传统与新兴方式相结合，面向农村社区开展科学普及活动 248a

创先争优更加深入，服务能力进一步提升 107c

创新补贴方式，严防农机购置补贴违规 102b

创新农机购置补贴工作机制，把民生实事办实办好 138c

创新人才培养方式，强化农业机械化干部队伍建设 139a

创新推广方式方法，推广效率大幅提升 154b

存在问题 123b，135c，164b

D

搭建金融服务“平台”，为“大市场”建设

提供融资服务　166c
搭建农机工业国际合作平台　161b
大力开展机械化生产　97a
大力开展农机科技年活动,科技创新和技术推广步伐加快　138c
大力推广农业机械化新机具新技术　93c
大力推进水稻生产机械化　118c
大力推进特色优势产业机械化和设施农业发展,加快了农业机械化转型升级　140c
大力推进玉米机械化收获　94a
大事记　252
当前农业机械化发展存在的困难和不足　122a
党风廉政建设取得新成效,风险防控能力进一步提升　156b
地方农业机械化主管部门　249c
地方篇　263
地方性法规、规章及文件　87,323
多措并举推进新技术应用　97a

F

发挥农机在农业生产中的主力军、抗灾救灾突击队作用　138c
分支机构开展丰富的学术交流活动　244c
扶持农业机械化发展项目建设　110b
服务会员　开展会员日活动　246b
服务能力明显提高　126a
服务主体更加茁壮,服务能力进一步增强　106c
福建省人民政府关于促进农业机械化和农机工业又好又快发展的实施意见(闽政[2012]25 号)　346
附录　309

G

改装机具,加快生产　102c
高度重视农业机械化科技创新　119c
高质量完成政府委托课题　166a
各地工作要览　90
各地区农业机械化发展指标　183
各地区农业机械化服务组织及人员表　191
各地区农业机械化管理服务情况表　218
各地区农业机械化经营效益情况表　227
各地区农业机械化投入情况表　220
各地区农业机械化系统机构及人员表　183
各地区农业机械化作业情况表　210
各地区农业机械化作业水平情况表　236
各地区农业机械事故情况表　233
各地区农业机械拥有量表　196
各地区农业生产燃油消耗情况表　231
根据实际需要和农时机械作业特点,积极开展行业技术服务及培训工作　148a
公共服务体系建设扎实推进　111b
购机补贴全面完成　130a
关于农机协同创新的思考　67
关于农业机械化技术推广机构公益性职能的思考　70
关注行业热点,开展多种形式活动　162b
规范内部管理,加强自身组织建设　162b
规范实施国家购置补贴政策　126b
贵州省人民政府办公厅关于印发贵州省促进农业机械化和农机工业又好又快更好更快发展意见的通知(黔府办发[2012]32 号)　358
国际合作与交流内容丰富　244b
国际交流　159

H

河北省人大常委会关于贯彻执行《河北省农业机械管理条例》的通知(冀人常[2012]27 号)　329
河南省人民政府关于促进农业机械化和农机工业又好又快发展的实施意见(豫政[2012]64 号)　353
狠抓关键环节技术突破　104a
狠抓机械化农业生产,组织农机跨区作业　138a
狠抓了农机安全监理和质量监督工作,农机安全生产形势保持稳定　95c
狠抓了农机行业文化建设　96a
狠抓农机安全监管　127b
狠抓农机安全生产管理　97c
狠抓农机基础设施建设　127c
狠抓农机抗灾救灾　127b
狠抓农业机械化示范园区建设,提升农业机械化应用水平　137b
狠抓水稻机插和粮食烘干推广,水稻生产实现全程机械化　140c
狠抓新机具新技术的示范推广　127a
狠抓宣传、法规及调研工作　127c
狠抓重点项目,产业规模进一步扩大　103a
胡乐鸣在华东片农机购置补贴工作座谈会上的讲话　54
胡乐鸣在全国农机购置补贴工作会议上的总结讲话　50
胡乐鸣在全国农机农艺技术融合座谈会暨机采棉现场会上的总结讲话　58
胡乐鸣在全国农业机械化科技创新与推广培训班上的讲话　52
胡乐鸣在全国农业机械试验鉴定工作座谈会上的总结讲话　56
花心思努力推进农机产业快速发展　117b
活跃农业机械化行业文化,建设农业机械化行业精神文明　243a
行业发展　165a
行业特点　164a
行业指导作用进一步发挥　151b

J

机构与负责人　249
机关自身建设得到进一步加强　113c
机收工程取得新突破,超额完成年度计划　147a
机械化水平不断提高　96b
机艺融合更加紧密,作业水平进一步提升　106b
积极参与落实农机购置补贴政策,发挥技术支撑和服务保障作用　154c
积极发展农机专业合作组织　94b
积极开展国际交流活动　242c
积极开展国内外学术交流活动　246b
积极开展机械化生产,服务农业生产　110c
积极开展率先基本实现农业机械化创建工作　105a
积极开展蔬菜生产机械引进、消化和吸收　104a
积极培育农机社会化服务组织,着力提升农机社会化服务能力　137c
积极培育农业机械化作业服务组织　101a
积极提供信息,为行业为会员服务　243c
积极推进"平安农机"建设　104b
积极组织推广农业机械化新技术新机具　135a
积极组织协调,超额完成秋粮机收任务　102c
基础保障能力增强　126b

集中精力抓大事，总站的行业凝聚力和号召力进一步提升 155b
技术推广 153
技术推广全面扩大 130a
继续加强对农机服务组织的扶持力度，促进作业服务水平进一步提高 92a
继续开展信用等级评价工作 166b
继续推广保护性耕作技术，示范推广取得突破 136b
继续做好工程教育认证工作 247c
继续做好学会国际交流工作 247c
加大补贴力度，提高重点环节机械化 140a
加大措施，推动党风廉政建设和预防惩治腐败工作 122a
加大核心零部件的研发，增强自主创新和核心竞争力 165a
加大科技创新力度，提高物理农业装备科技水平 140b
加大科技推广力度，优化农机装备结构 139c
加大农机科研和农业机械化技术推广力度，机械化对现代农业的科技支撑作用显著增强 95b
加快进入国际农机零部件采购体系 165c
加快农机农艺融合 115a
加快推进农机专业合作社和示范园区建设 97b
加快行业产业升级，提高制造能力和装备水平 165b
加强党组织的基层建设 155c
加强分支机构管理 完成各种日常管理 246b
加强分支机构建设，发挥分支机构作用 162c
加强服务指导，为农业机械化发展保驾护航 140a
加强机构和人员队伍建设 155c
加强教育培训，稳步提高人员队伍素质 92a
加强农机产品质量监管和从业人员技能培训 97b
加强农机公共服务能力建设 115a
加强市场监管，推进依法治机，确保农机安全生产 139a
加强系统文化建设，总站精神深入人心 155c
加强组织领导，科学组织实施 140a
坚持搞好与兄弟协会的协调协作 243c
坚持以制度管人管事，积极推进内部管理制度化、规范化 155b
监管由单一部门向部门联动转变 102b
检测工作 158b
建立有效农机零部件配套保障体系 163c
建设学习型单位 155b
建体系，进一步提升农机组织化程度，健全和完善农机社会化服务体系 149b
江苏省政府办公厅转发省农机局关于实施农业机械化推进行动意见的通知（苏政办发[2012]14 号） 336
江西省农业厅关于印发《江西省促进农业机械化和农机工业又好又快发展的实施意见》的通知（赣农发[2012]6 号） 350
江西省人民政府令（第 199 号） 347
教育培训全面推进 130a
教育培训与职业技能鉴定 157
进一步开展农业机械化教育培训 101a
进一步强化农机质量监督管理 101b
经济作物机械化取得突破性进展 112c
经营由单一代耕向经营土地转变 102a
精心组织关键农时季节机械化生产 135a
精心组织实施政策项目 114c
精心组织重要农时季节机械化生产，玉米、薯类机收等农业生产关键环节机械化取得突破性进展 95a
举办 2012 国际学术年会 243b
举办演示活动，推进机械化技术薄弱环节发展 242b
举行“生态环境与畜牧业可持续发展学术研讨会暨中国畜牧兽医学会 2012 年学术年会和第七届全国畜牧兽医青年科技工作者学术研讨会” 247a
举行第 14 届国际田间试验机械化研讨会暨机械装备展览会 247a

K

开展联合收割（获）机和拖拉机行业准入公告管理工作 160a
开展农机产品质量监管，维护农民合法权益 138b
开展农业机械行业信用等级评价工作 160c
开展培育农机工业区域品牌工作 162a
抗灾害，确保粮食丰产丰收 149b
科技成果 158a
科学谋划牧区畜牧业机械化 97b
科研能力不断提升 151c
垦地合作，协力推进 102c
扩影响抓好农业机械化新闻宣传工作 118b

L

立标准构建农业机械化技术路线 117c
粮食生产机械化得到巩固提升 112b
零部件流通能力差，影响各方利益 164b
零部件企业研发和创新能力不强 164b
零部件行业获利能力不强 164c
领导报告与论述 1
领导重视，提前部署 102c
刘恒新在 2012 年全国水稻育插秧机械化技术培训班上的讲话 41
刘恒新在全国农机安全监理“为民服务创先争优”工作经验交流会上的讲话 45
刘恒新在全国农业机械标准化技术委员会农业机械化分会三届四次会议上的讲话 44
刘恒新在中国农机化导报宣传工作会议上的讲话 49
论农机安全教育 76
落实党委、政府的战略部署，实现农机促农增收目标 138b
落实农机科技推广年，新机具推广积极有效 110c

M

明确农机专业合作社发展重点，加快农机专业合作社扶持建设 136b
谋发展开展部门联合调研 118a

N

内蒙古自治区人民政府关于加快自治区农牧业机械工业发展的实施意见（内政发[2012]64 号） 332
宁波市农业机械化管理局 宁波市财政局关于印发《2012 年宁波市农机作业补贴实施意见》的通知（甬农机管[2012]7 号 甬财政农[2012]208 号） 362
宁波市人民检察院 宁波市农业机械化管理局关于印发宁波市推进农机购置补贴廉政风险防控机制建设实施方案的通知（甬农机[2012]7 号） 364
牛盾在国务院安全生产委员会办公室视频会议上的讲话 15
农机安全监管机制不断完善，农机安全生产水平进一步提高 142a

农机安全监管力度加大,农机安全形势平稳 133c
农机安全局面平稳,总体形势趋稳向好 124a
农机安全生产形势保持稳定 90c,93a,111a,116b
农机安全生产形势持续稳定 96c
农机安全生产形势进一步趋好 137b
农机安全生产形势进一步稳定 103c
农机安全生产形势良好 120c
农机安全生产形势稳步好转 112a
农机安全生产形势在农机规模快速增长的压力下持续稳定好转,重大事故发生数量和死亡人数控制在国务院安委会的控制指标之内 157c
农机安全生产扎实推进 139c
农机安全形势持续向好 94c
农机标准化体系不断完善 150c
农机大户和农机专业合作组织蓬勃发展,服务能力不断增强 100a
农机队伍建设不断加强,公共服务水平不断提高 142b
农机扶持力度不断加大,政策保障机制不断创新完善 141b
农机服务效益持续增加 112a
农机服务组织发展壮大,服务能力与经营收入显著提高 133c
农机服务组织建设得到有效推进 113a
农机服务组织迅速发展 120c
农机工业 160a
农机工业与流通 160
农机购置补贴规范推进 120c
农机购置补贴效果突出 92b
农机购置补贴政策规范实施 115c
农机购置补贴政策进一步落实 147a
农机合作社创新发展 114b
农机合作社建设步入"快车道",市场主体地位凸显 124a
农机合作社蓬勃发展,农业机械化效益显著提高 94c
农机合作组织或能突破"谁种粮"难题 79
农机具保有量大幅增长,农业机械化作业面积稳步提升 132b
农机科技支撑和服务能力进一步增强 90b
农机科普活动 245c
农机零部件产值快速增长 163c
农机零部件成为各地经济增长的重要组成部分 163c
农机零部件成为重要产业 163b
农机零部件出口增势强劲 163c
农机零部件工业 163b
农机零部件企业的"三包"服务和社会责任 164b
农机零部件以中小型和微型企业为主 164b
农机零部件质量亟待提高 164c
农机社会化服务力量不断发展壮大 96b
农机社团组织 242
农机生产组织化水平不断提高 114a
农机试验鉴定工作进一步科学规范 150a
农机推广增量提质,装备结构持续优化 123c
农机维修管理工作全面推进 151a
农机新技术推广应用领域拓展、示范效果明显 147b
农机新技术新机具推广步伐加快,质量监督和教育培训成效显著 120c
农机依法管理得到切实强化 113b
农机制造和流通产业较快发展 97a
农机质量监督工作不断深入 150b
农机质量认证工作稳步发展 150b
农机质量状况有所好转 96c
农机重大项目实施顺利,农机装备水平进一步提升 133c
农机专业服务组织进一步壮大 137a
农机专业合作社加速发展 92b
农机专业合作社建设步伐加快,农机社会化服务水平明显提高 95c
农机专业合作社快速有序发展 116b
农机专业合作组织不断发展 93b
农机装备结构不断优化 115b
农机装备结构逐步调优 111c
农机装备数量进一步增加 147a
农机装备水平、作业水平继续提升 114a
农机装备水平持续提高,结构进一步改善,机械化作业水平稳步提高 135c
农机装备水平持续提高,装备结构进一步优化 90a
农机装备水平进一步提升 103b
农机装备总量持续增长 96b,120b
农机装备总量持续增加 93b
农机装备总量进一步增加 137a
农机装备总量快速增长,结构进一步优化 100a,133b
农机作业目标任务圆满完成 139c
农机作业水平不断提高 120b
农机作业水平持续提高,农业生产方式发生根本转变 133b
农机作业水平大幅提升 112a
农机作业水平进一步提高,薄弱环节取得重大突破 100a
农机作业水平稳步提升 93b
农民教育培训明显增强 92c
农业部办公厅关于成立全国农机化科技创新战略咨询专家组的通知(农办机[2012]51 号) 322
农业部办公厅关于贯彻落实农机安全监理惠农政策的通知(农办机[2012]2 号) 312
农业部办公厅关于进一步规范农机购置补贴产品经营行为的通知(农办机[2012]19 号) 316
农业部办公厅关于进一步加强农业机械质量投诉监督管理工作的通知(农办机[2012]22 号) 317
农业部办公厅关于开展农机合作社示范创建活动的通知(农办机[2012]56 号) 322
农业部办公厅关于深入开展农业机械化教育培训大行动的通知(农办机[2012]15 号) 315
农业部办公厅关于印发《全国农机化科技创新与推广行动方案》的通知(农办机[2012]11 号) 313
农业部办公厅关于印发马铃薯机械化生产技术指导意见的通知(农办机[2012]29 号) 318
农业部办公厅关于印发油菜机械化生产技术指导意见的通知(农办机[2012]31 号) 320
农业部办公厅关于公布 2011 - 2012 年度全国农机安全监理"为民服务创先争优"示范窗口和示范岗位标兵名单的通知(农办机[2012]34 号) 321
农业部部门规章及文件 86,309
农业部关于加强农业机械化技术推广的意见(农机发[2012]3 号) 310
农业部关于进一步加强农机安全工作的通知(农机发[2012]1 号) 309
农业部南京农业机械化研究所 158a,159b
农业部农业机械化主管部门 249a
农业部农业机械化技术开发推广总站 153a,156a
农业部农业机械试验鉴定总站 150a,157a,159a
农业机械保有量快速增长 139c
农业机械化安全生产环境逐步改善,安全生产形势总体平稳 132c
农业机械化发展呈现"五个持续快速增长"好势头 134a

农业机械化发展存在的问题　136c,148c,149c
农业机械化发展存在的主要问题　139b
农业机械化发展存在问题　146c
农业机械化发展存在主要问题和困难　131c
农业机械化发展法规政策进一步完善　90a
农业机械化发展面临的突出问题　133a
农业机械化发展排序表　170
农业机械化发展重大目标任务和重大工程圆满完成　90b
农业机械化扶持政策得到周密实施　113a
农业机械化扶持政策力度进一步加大,农机购置补贴政策手段更加完善　132a
农业机械化服务基地建设有了新进展　147b
农业机械化服务能力进一步增强　103c
农业机械化工作呈现“六大亮点”　134b
农业机械化工作　90
农业机械化教育培训更具时效性　96c
农业机械化科技创新与示范推广效果显著　92c
农业机械化科研　158
农业机械化论坛　60
农业机械化示范园区建设进一步深化　96c
农业机械化示范园区建设水平进一步提升　137a
农业机械化水平加快提升,增长势头高速强劲　123c
农业机械化统计资料　168
农业机械化投入大幅度增长,农机发展后劲明显增强　133b
农业机械化新技术推广面积不断扩大　93b
农业机械化新技术推广应用面积不断扩大,增产增收增效作用十分突出　100b
农业机械化新技术应用进一步扩展　96b
农业机械化信息服务水平进一步提升　151a
农业机械化业务部门　249a
农业机械化政策法规及规章　86
农业机械化作业水平持续增长　115b
农业机械化作业水平进一步提升　147a
农业科技支撑和服务能力进一步增强　90b
努力促进农机服务组织健康发展　104b
努力提升协会服务水平　243b
努力营造农业机械化发展良好氛围　104c

P

培育发展农机合作社　127a
培育新型服务主体,提升服务能力,农机社会化服务体系进一步健全　141b
配合政府部门做好政策调研工作　166c
平台建设　158a
评审与推荐　246b

Q

“全价购机”还是“差价购机”　84
其他会议　7
其他统计资料　236
启动“院士专家校园行”活动　247b
启动实施农业机械化示范县建设工程　126c
强管理,坚持农机管理创新,全面提升农机管理标准化水平　149b
强化部门联动,全程监管,农业机械化安全生产形势稳定　91c
强化创新强培训　131b
强化服务备春耕　130b
强化规范把质量　131b
强化监管,确保农机安全生产工作　122c
强化监管抓购机　130b
强化落实保安全　130c
强化农机安全监理工作　129b
强化农机质量监管,维护农机市场秩序　140b
强化示范突瓶颈　130c
强基础狠抓基层农机服务组织建设　117c
切实采取有效措施,扎实抓好农机安全监管工作　140b
切实加大农业机械化工作信息传递和宣传力度　120a
切实加强农机质量监督检验工作　135b
切实加强农业机械化生产管理　119a
全方位开展农业机械化宣传　101c
全国农机工业统计资料摘要　241
全国农业工作会议农机专业会　1
全国农业机械化发展情况综合分析表(二)　169
全国农业机械化发展情况综合分析表(一)　168
全国农业机械化发展指标　171
全国农业机械化服务组织及人员表　172
全国农业机械化管理服务情况表　179
全国农业机械化经营效益情况表　181
全国农业机械化统计分析　168
全国农业机械化投入情况表　180
全国农业机械化系统机构及人员表　171
全国农业机械化作业情况表　177
全国农业机械事故情况表　182
全国农业机械拥有量表　173
全国农业生产燃油消耗情况表　181
全力推进水稻机插秧和秸秆机械化还田　105c
全面部署,加强指导,组织检查,搞好服务,开展了全方位农业机械化监管活动　148b
全面加强农机安全监管,确保农机安全生产　137c
全面加强农机安全监理工作　101b
全面落实农业机械购置补贴政策,创新工作方式　136a
全面统筹管理,农机鉴定推广培训有序推进　121c
全面推进全程农业机械化示范工程建设　100c
全面扎实地实施了农机购置补贴政策　147c
全面组织实施农机361人才计划　106a
确保农机购置补贴政策科学高效规范廉洁实施　61

R

让农机合作社扬帆远航　66
人才工作　158c
认真贯彻落实农机购置补贴政策　134c
认真贯彻执行市政府《实施意见》　103c
认真履行职能职责,制定了“十二五”行业建设规划和年度推进措施,制定了全年工作目标任务　147c
认真落实国发2号文件工作目标　128a
认真落实农机购置补贴政策　93b,104c,110a,118b
认真落实农机购置补贴政策,农机装备水平得到大幅提升　94c
认真落实农机购置补贴政策,推动各项工作上台阶　137b
认真学习贯彻《商务部关于加快农机现代流通体系建设的意见》　165a
认真组织农业机械化生产　101a

认真组织实施农机购置补贴政策 100b
认真做好农机春耕、"三秋"和抗旱防汛救灾工作 129a
认真做好期刊编辑出版工作 247b
认真做好学会组织建设工作 245a
锐意改革进取,农机购置补贴工作高效规范实施 120c

S

山东省农业机械管理局关于印发《山东省农机安全监理行政处罚自由裁量适用规则》的通知(鲁农机管字[2012]30 号) 352
山西省农机局 山西省财政厅关于下发《山西省 2012 年柠条机械平茬作业补贴项目实施方案》通知(晋农机计字[2012]25 号) 332
上海市人民政府办公厅转发市农委关于促进本市农业机械化和农机工业又好又快发展实施意见的通知(沪府办发[2012]13 号) 334
设施农业机械化加快推进 92c
设施农业建设稳步推进,节水灌溉、水肥一体化设备大幅增长 110b
深化监管措施,平安农机创建再显成效 121b
深入开展"联村联户、为民富民"行动 135c
深入开展信息宣传工作 97c
深入落实农机购置补贴政策,强化监督管理,农机装备水平持续提高,装备结构进一步优化 91a
深入落实农业机械化科技创新与推广行动,提升农机科技支撑和服务能力 90c
深入实施农机深松作业补贴 100c
深入实施农业部农业财政项目和省级农业机械化推广补助专项资金项目 100c
生产机械化快速推进,生产能力显著增强 123c
实施超常举措,秋整地工作全面推进 103a
试验鉴定全面规范 130a
试验鉴定与标准化 150
试运行"农机市场景气指数(AMI)" 166b
首次组织农机企业参加农机展 136c
谁来种地 怎样种地——热点问题与农业机械化关系研究之一 72
四川省农业厅 四川省财政厅 四川省发展和改革委员会关于启动实施"四川省农业机械化示范县建设工程"的通知(川农业[2012]99 号) 356
四川省农业厅 四川省公安厅关于开展打击非法使用拖拉机牌证专项整治行动的通知(川农业[2012]132 号) 357
索引 367

T

提高零部件的配套供应能力和售后服务水平 165c
提升科技水平,推进农机化向更高层次迈进 74
提素质,积极开展农机大培训,推进农机队伍和北大荒农机文化建设 149c
突出重点,促进农机系统顶层建设 123b
突出抓好购机补贴试点工作,进一步完善农机补贴管理体制和运行机制 99a
突出抓好节水农业农机配套服务,保证了滴灌节水农业工程顺利实施 99b
突出抓好农机补贴政策落实,农机装备结构得到进一步改善 98b
突出抓好农机合作社建设 105c
突出抓好农机经营体制创新,农机专业合作社发展迅速 99a
突出抓好农机作业补贴,农机耕作制度改革再上新台阶 98c
突出抓好平安农机的创建,农机安全监管能力得到加强 99c
突出抓好水稻生产机械化,水稻机械栽植水平快速提升 98b
突出抓好玉米生产机械化,玉米收获机械化取得显著进展 98c
推进农机产业化发展 98a
拓共建,实现农机"三代"作业的新突破 149a

W

完成《购机补贴惠农政策促进农机工业发展的措施研究》报告编制 161a
完成商务部委托的有关工作 161a
完善运营机制,提高农机合作社综合能力 102a
稳步推进机械化保护性耕作工程,全省粮食生产能力和耕地生产能力得到显著增强 95a
稳步推进农业机械化综合服务体系建设,不断增强农机公共服务能力 138c
我国农机安全生产形势分析 81

X

西藏自治区人民政府关于加快农业机械化发展的意见(藏政发[2012]74 号) 360
下工夫提高农业生产主要环节的机械化水平 117a
项目示范带动,主要作物关键生产环节机械化取得突破性进展 121a
效率规范并重,推行行政审批权和绩效考评 122a
协调企业,购机抢收 102c
协会 249b
信息服务取得新进展 166b
兴产业,紧紧围绕垦区"三年强工攻坚战",大力发展垦区农机制造业 149a
形式由单一领办向带地入社转变 102a
学报编辑出版工作信息化取得成效 245b
学术活动 158a

Y

"以机代牛"工作顺利开展 116b
严格要求,切实保障购置补贴政策的贯彻落实 122b
严格执行农机购置补贴政策 103c
严要求狠抓农机科教质量 117c
一批效益好、规模大的农机零部件企业,成为行业领先者 164a
依法加强农机监理工作,农机安全生产明显好转 136b
以"三个百万"活动为抓手,加大技术培训推广力度 116a
以安全生产为前提,加大农机安全监督管理力度 125b
以夺标创标为导向,推动农业机械化科学发展 142c
以规范提升为核心,农机专业合作社快速发展 144a
以绩效目标管理为抓手,切实加强自身建设 139a
以加强宣传为助推,争取关注农机重视农机支持农机的良好环境 125b
以科技推广为重点,农业机械化发展方式加快转变 143a
以科学发展为原则,统筹推进农业机械化各项工作 125c

以培育主体为导向，大力引导和扶持农机专业合作社创新发展 124c
以强化培训为抓手，着力提升农机队伍整体素质和执行能力 125a
以实干严管为手段，规范廉洁高效落实农机购置补贴政策 124a
以提高水平为目标，狠抓薄弱环节机械化探索突破 124c
以提速增效为目标，全面完成农业机械化生产任务 143b
以推进工程为载体，农业机械化服务条件逐步改善 144a
以网格化管理为主线，“平安农机”建设明显加强 144b
以稳产增产为重点，促进新机具新技术的广泛应用 125c
以重心下移为手段，认真落实农机购置补贴政策 143b
用狠劲落实好农机购置补贴“全价购机、县级结算、直补到卡” 116c
用足购机补贴政策带动作用 97a
与中国农业大学等联合主办“2012 农业与生物系统工程科技创新发展战略国际论坛” 244b
与主机相比农机零部件发展相对缓慢 164a
玉米和薯类机收等薄弱环节机械化取得较大突破，农业机械化作业水平稳步提升 94c
玉米收获机大幅增加、大中型拖拉机和薯类收获机增量持平，农机装备水平得到有效提升 94b

Z

增科技，全面加强农机科技创新与推广，充分发挥现代化大农机对现代化大农业科技的支撑作用 148c
扎实开展农机安全生产监督管理工作 135b
扎实开展农业机械化科技创新推进年活动 105b
扎实开展重大农业机械化技术推广，支撑作用突出显现 153b
扎实提高农机安全生产水平 105c
扎实做好表彰举荐人才工作 245b
张桃林在农机购置补贴政策春季督导检查汇报会上的讲话 9
张桃林在全国农机合作社建设经验交流会上的讲话 11
张桃林在全国农机机械化技术推广站长会上的讲话 8
张桃林在全国农业机械化工作会议上的讲话 1
张桃林在全国农业机械试验鉴定站长会议上的讲话 7
召开第十届全国高等院校农业工程及相关学科建设与教学改革学术研讨会 246c
召开中国农业工程学会第九次全国会员代表大会 246a
浙江省财政厅 浙江省农业厅关于印发浙江省高耗能农业机械报废补偿实施办法（试行）的通知（浙财农［2011］597 号） 341
浙江省财政厅 浙江省农业厅关于印发浙江省农业机械化作业环节补贴资金管理办法（试行）的通知（浙财农［2012］121 号） 342
浙江省人民代表大会常务委员会公告（第 81 号） 343
正式印发《贵州省促进农业机械化和农机工业又好又快更好更快发展意见》 128b
政策措施更加完善，发展环境进一步优化 107b
政策法规建设取得重要进展，农业机械化依法促进得到有效保障 131c
政策环境持续向好 114b
政策实施更加规范，装备基础进一步夯实 106b
制定“农机流通服务品牌工程专项规划” 165c
制修订行业标准 166a
质量监管更加有力，市场秩序进一步规范 107a
中共江苏省委农工办 江苏省统计局 江苏省农业机械管理局关于印发《江苏省基本实现农业机械化考核验收办法（试行）》的通知（苏农机法［2012］12 号） 339
中国农机零部件龙头企业（首批） 163a
中国农业工程学会 245
中国农业机械工业 160
中国农业机械化协会 242
中国农业机械流通 165
中国农业机械学会 243
中央篇 252
种类由单一类型向多元类型转变 102b
重创新，抓落实，规范实施购机补贴政策 108a
重扶持，抓示范，加快发展农机服务组织 108c
重服务，抓会战，精心组织关键农时生产 108a
重监管，抓创建，切实加强农机安全生产 109b
重教育，抓培训，大力提升实用人才素质 109a
重推广，抓融合，着力突破生产薄弱环节 108b
重引导强扶持，农机社会化服务组织发展迅猛 121b
朱保成在农机购置补贴政策春季督导检查汇报会上的讲话 17
朱保成在农机购置补贴政策实施情况专题座谈会上的讲话 16
逐步完善农业机械化社会服务体系 119c
主办科技展会——第三届北京现代农业展览会 247c
主攻玉米收获机械化 114c
主要农业机械化指标呈现“六个不断提高”好形势 134b
主要农作物耕种收综合机械化水平达到 61% 以上，提高 3 个百分点 137a
抓更新，贯彻落实好国家农机购置补贴政策，现代农机装备水平进一步提高 148c
抓好培训，大力提高农机从业人员的技能水平 123b
抓好重要农时季节的机械化生产，保障了农业生产的顺利进行 141c
抓示范项目实施，引导农机社会化服务组织健康发展 123a
装备结构全面优化 129c
装备由单一作业向全程作业转变 102a
装备总量稳步增加 126a
着力改善执法环境，规范执法程序，提高安全服务能力取得积极成效 157a
着力强化农机事故分析能力，事故预防能力进一步提高 156a
着力提升农机“三率”，提高安全生产意识和农业机械安全技术状态 156b
着力在四个方面下工夫，农业机械化技术推广工作的支撑作用进一步凸现 153a
着力抓好农机安全生产 94b
着力抓好农业机械化推广工作 119a
宗锦耀在 2012 年全国农业机械化生产管理工作座谈会上的讲话 25
宗锦耀在全国农机购置补贴工作会议上的讲话 21
宗锦耀在全国农机农艺技术融合座谈会暨机采棉现场会上的讲话 35
宗锦耀在全国农业机械化工作会议上的

总结讲话 5
宗锦耀在全国农业机械化技术推广站长会上的讲话 29
宗锦耀在全国农业机械化科技创新与推广行动启动仪式上的讲话 25
宗锦耀在全国农业机械化评价指标体系和统计业务培训班上的讲话 39
宗锦耀在全国农业机械化政策法规工作座谈会上的讲话 37
宗锦耀在全国农业机械试验鉴定工作座谈会上的讲话 30
宗锦耀在全国农业机械试验鉴定站长会议上的讲话 19
宗锦耀在全国农业系统纪检监察工作座谈会上的讲话 33
综合机械化水平进一步提高 90b,103b
综合机械化水平稳步增长 92b
总站自身建设取得新进展,凝聚力进一步提升 155a
组织2012中国机械工业科学技术进步奖(农机组)评奖工作 161a
组织好重要农时季节农机生产 93b
组织化程度及服务能力显著提高 139c
组织实施农机购置补贴强农惠农政策 128b
组织主题交流活动,谋求行业长远发展 242a
作业水平大幅提升 126b
作业水平全面提高 129c
做好行业动态和信息工作 161b